DOMINVS IOHANNES BOCCACCIVS

보카치오(1313~1375) 안드레아 델 카스타뇨의 벽화. 1450.

▲보카치오 생가
피렌체의 체르탈도

◀〈단테의 딸을 방
문한 보카치오〉
윌리엄 벨 스콧

▲〈아슈도드의 흑사
병〉 니콜라 푸생
1348년 페스트(흑
사병)가 피렌체에
퍼지자 많은 사람
들이 죽어갔다. 보
카치오의 대표작
《데카메론》은 이해
부터 쓰기 시작하
여 1353년에 완성
되었다.

▶〈죽음의 춤〉
미하엘 볼게무트.
1493. 하르트만 쉐
델의 《뉘른베르크
연대기》에서

GIOVANNI BOCCACCIO

보카치오 조각상　오도아르도 판타치오티, 1845. 우피치미술관

Giovanni Boccaccio
DECAMERON
데카메론
조반니 보카치오/한형곤 옮김

동서문화사

머리말

괴로워하는 사람에게 위안을 주는 것은 인정입니다. 인정은 모든 사람이 갖추어야 하는 것이지만, 위안이 필요했던 사람이나 남에게서 그런 위안을 얻었던 사람이라면 특히 지녀야 할 미덕입니다. 만일 괴로워하는 사람 가운데에서 그러한 위안이 필요했거나, 그 가치나 즐거움을 깨달은 사람이 있다면, 나도 그 가운데 하나입니다. 나처럼 신분 낮은 사람이 이런 이야기를 하는 것은 아마 그리 걸맞지 않은 일로 여겨지겠지만, 젊었을 때부터 지금까지 나는 신분이 다른 고귀한 분과 사랑을 불태워 왔습니다.

비록 분별력 있는 사람들 사이에서 내가 칭찬을 받고 유명해졌다는 소문이 전해지고는 있어도, 나로서는 사랑하는 여자가 무정해서가 아니라 잘못된 욕망의 굴레에 갇힌 영혼에서 자라나는 지독한 열정의 불길이 미친 듯이 가슴속에 활활 타올라 지치도록 괴로워하고 고민했습니다. 정말 그 심한 사랑의 불길은 그칠 줄 모르고 타올라 이따금 나는 감당하기 어려운 괴로움을 느끼지 않을 수 없었지요. 그렇듯 괴로움에 휩싸여 있을 때 몇몇 친구들이 즐거운 세상 이야기를 들려주기도 하고, 다시없는 위안의 말을 건네주기도 했습니다. 그러한 위안 덕분에 나는 죽지 않고 살아난 것이라고 지금도 굳게 믿고 있습니다.

그러나 영원하신 하느님은 인간 세상 만물의 불변의 법칙대로, 당신께서 마음 내키실 때 다른 무엇보다도 뜨겁게 타올랐던 나의 사랑에 마침내 마침표를 찍어 주셨습니다. 그리하여 의지의 힘이나 어떤 신중한 충고, 예상되는 수치심이나 뒤따르는 위험에 대한 두려움으로도 꺾지 못한 나의 사랑은 마침내 시간의 흐름을 따라 사그라지기 시작해서, 깊은 바다를 찾아 멀리 나아가는 위험을 무릅쓰지 않은 사람에게 주어지는 그런 기쁨만을 남긴 채 완전히 사라져 버린 것입니다. 전에는 그토록 줄곧 괴로워했었지만, 이제 나는 모든 괴로움에서 벗어나 그때의 사랑을 즐거운 추억으로 느끼고 있습니다.

하지만 고뇌는 사라졌다 해도 내 고뇌의 짐을 함께 져준 사람들의 은혜에 대한 기억은 지워지지 않았습니다. 내가 죽지 않는 한 그와 같은 은혜를 결코 잊지 못할 것입니다. 게다가 내 신념으로는 은혜에 보답하는 것은 미덕 가운데 가장 칭찬받을 일이고, 반대로 은혜를 잊는 것은 가장 버려야 할 악덕이므로, 은혜를 모르는 인간으로 여겨지지 않기 위해 사랑의 고뇌에서 풀려난 지금, 그 은혜에 대한 보답으로 내가 갖게 된 어떤 위로를 전하고 싶어졌습니다. 나를 구원해 준 사람들, 또 사려 분별이 있거나 다행스럽게도 위안 같은 것을 필요로 하지 않는 사람들에게가 아니라, 적어도 도움이 필요한 사람들에게 내 기분을 밝히고 싶은 것입니다.

내가 줄 수 있는 도움이나 위안은 그것을 필요로 하는 사람들에게는 보잘 것없을지도 모르지만, 그 필요성이 존재하는 곳에는 서둘러 손을 내밀지 않으면 안 된다고 생각합니다. 그곳에서는 꽤 도움이 될 것이고 또 기쁘게 받아들여질 것이기 때문입니다.

그런 위안은 아무리 조그만 것이라도 남자보다 마음이 여린 여자에게 베풀어져야 한다는 사실을 누가 부인할 수 있을까요? 여자들은 언제나 수줍어하고 떨면서도, 그 부드러운 가슴속에서 은밀한 사랑의 불길을 태우고 있기 때문입니다. 그것을 경험했거나 또는 지금 경험하고 있는 사람이라면 그것이 얼마나 강렬한 것인지 잘 알겠지요. 더욱이 여자들은 아버지와 어머니, 형제와 남편의 뜻과 기분, 지시 등에 묶여 온종일 좁은 방 안에 갇혀서, 아무것도 하는 일 없이 어느 순간 무언가를 갈망하기도 하고 체념하기도 하면서 공허한 나날을 보내고, 반드시 즐겁다고 할 수는 없는 여러 상념에 잠깁니다. 그러다가 사랑의 욕망이 일어 우울증의 포로가 되어 버리면, 무언가 새로운 이유로 그것을 없애지 않는 한 가슴속에서 서서히 맺히다가 고뇌의 응어리가 되고 말지요. 게다가 여자는 그러한 고뇌의 무게를 버틸 힘이 훨씬 부족하다는 것은 두말할 나위도 없습니다. 우리가 잘 알듯이, 남자들은 사랑에 빠져 있더라도 그런 일은 일어나지 않습니다.

남자들은 우울증이나 무거운 상념에 사로잡히더라도, 여러 가지 방법으로 그것을 가볍게 하거나 다른 데로 돌릴 수 있습니다. 마음만 먹으면 산책을 한다든가, 이것저것 보고 듣는다든가, 새나 짐승 사냥을 하든가 낚시를 나간다든가, 말을 타고 달린다든가, 노름을 한다든가, 장사에 정신을 쏟는다든가 하면 됩니다. 이런 방법으로 남성들은 저마다 충분히 또는 조금이나마 마음의 평정을 되찾고 엉망으로 황폐해진 마음도 얼마간 달랠 수 있습니다. 따라서 이러저러한 방법으로 곧 위안도 얻고 괴로움도 줄일 수 있지요.

우리가 목격하듯 마음씨 부드러운 여자에게 도움을 주는 데는 가장 인색한 운명의 불공평함을 어느 정도 바로잡기 위하여, 사랑을 하고 있는 여자들에게는 구원도 되고 위안도 되는, 또 사랑을 하지 않는 여자들은 바느질을 하거나 물렛가락이나 실을 감는 일로도 충분한 위안을 얻겠습니다만, 100편의 이야기를 소개하려고 합니다. 그 가운데에는 전설과 우화와 역사 이야기 등 여러 가지가 있습니다. 이것은 무서운 역병이 온 거리에 퍼졌을 때 기품 있는 일곱 연인과 세 젊은 남성이 모여 열흘 동안에 이야기한 것들입니다. 또 몇몇 여자들이 여흥으로 부른 칸초네도 들어 있지요.

이 이야기 속에는 옛날 것도 있고 요즘 것도 있으며, 안타까운 사랑 이야기며 행복한 이야기도 들어 있습니다. 앞에서도 말했던 우울증에 사로잡힌 여자들이 이것을 읽는다면, 그 속에 포함된 흥밋거리의 즐거움뿐만 아니라 유익한 충고도 얻게 될 것입니다. 그리고 거기서 피해야 할 점이라든가, 따라야 할 일 같은 것도 알 수 있게 되겠지요. 그렇게 되면 여자들도 괴로움에서 벗어날 수 있을 거라 믿습니다.

만일 하느님이 바라시는 대로 일이 잘되면, 나를 족쇄에서 풀려나게 하시어 여자들에게 기쁨을 선사할 수 있도록 힘을 주신 사랑의 신에게 감사드리기를 부탁하는 바입니다.

데카메론

차례

첫째 날

《데카메론》의 첫째 날이 시작됩니다. 이날은 작자가 어떤 이유로 여기에 나오는 사람들이 모여 함께 이야기를 나누게 되었는가를 설명한 다음, 팜 피네아의 주재 아래 저마다 가장 좋아하는 이야기를 시작합니다.

정숙하신 숙녀 여러분, 인정 많은 성품을 타고난 여러분을 생각하면, 이 이 야기가 여러분에게는 마음을 무겁고도 고통스럽게 만들 첫머리가 되리라는 것을 너무나도 잘 알고 있습니다.

그렇습니다. 이제는 지나간, 죽음에 이르는 페스트의 가슴 아픈 기억은, 그 무서움을 직접 눈으로 보고 귀로 들은 모든 사람들에게 얼마나 큰 타격을 주 는 슬픔이었는지! 그런데 이 이야기는 그 기억을 처음부터 펼쳐 보이고 있는 것입니다. 그렇다고 해서, 눈물과 한숨밖에 안 나올 이야기를 참고 읽어 나가 야 하는 걱정은 하지 않아도 됩니다.

이 무서운 첫머리는 나그네 앞에 험하고 높은 산이 막아서서 치솟아 있는 것과 같습니다. 그 산을 넘으면 아름답고 즐거운 평야가 펼쳐져 있습니다. 그 러므로 나그네의 기쁨은 험한 산을 오르내리는 고생이 많으면 많을수록 그 만큼 각별한 것이겠지요.

그렇습니다. 무릇 환희의 절정 뒤에는 괴로움이 따르듯, 비참 뒤에는 홀연 히 기쁨이 찾아와 즐거운 결말을 맺는 법입니다. 이 얼마 안 되는 애도의 기 간이 지나면, 몇 마디로 표현할 수 있을 정도여서 감히 얼마 안 된다고 말한 것입니다만, 앞에서도 약속했고 만약 내가 이렇게 하지 않았다면 기대조차 못했을 즐거움과 기쁨이 뒤따를 것입니다.

솔직히 말해서, 이렇듯 험한 길을 지나지 않고 내가 바라는 편안한 길로 여 러분을 잘 안내할 수 있었다면 나도 기꺼이 그렇게 했을 것입니다. 그러나 지금부터 여러분이 읽으시는 이야기가 어떻게 해서 나오게 되었는지 그 괴로운 추억을 쓰지 않고는 설명할 수 없으니, 하는 수 없이 쓸 수밖에 없습니다.

하느님의 아들이신 그리스도가 태어나신 지 1348년이 되었을 때, 이탈리아에서 가장 아름답고 번영한 도시 피렌체에 무서운 페스트가 덮쳤습니다. 이 유행병은 천체의 작용에 의한 것인지, 아니면 우리들 인간의 악함을 응징하시기 위해 하느님이 내리신 정의로운 노여움에 의한 것인지 알 도리가 없지만, 몇 해 전 동양에서 생겨나 수많은 사람의 목숨을 빼앗은 뒤 여기저기로 잇따라 번져 무섭게도 서양에까지 이른 것입니다.

이에 대해서는 어떤 인간의 지혜도 예방의 대책도 소용이 없었습니다만, 아무튼 그 때문에 임명된 관원들이 시내에서 산더미 같은 오물을 치워 냈고, 환자는 시내에 들어오지 못했으며, 병을 막기 위한 온갖 예방 조치가 내려졌습니다. 그리고 신앙심 깊은 사람들이 자주 행렬을 짓는다든가 해서 갖가지 기도문들을 되풀이했지만 아무 소용이 없었으며, 앞에서 말했던 해의 초봄에는 페스트가 무서운 감염력을 발휘하여 처참한 양상을 띠기 시작했습니다.

동양에서는 코피가 나기 시작한 이는 죽음을 면치 못했지만, 그와 달리 여기에서는 병에 걸린 첫 무렵에 남자나 여자나 똑같이 사타구니라든가 겨드랑 밑에 가래톳이라고 부르는 여느 사과나 달걀만 한 멍울이 생겼습니다. 그러고는 그 치명적인 가래톳이 몸의 두 부위에서 순식간에 온몸으로 번져 가는 것이었습니다. 어느 틈에 팔이나 허벅지에 납빛 또는 검은 반점이 나타나고, 이어 몸의 다른 부분에도 수없이 생기는데, 어떤 때는 큰 반점이 몇 개, 또 어떤 때는 작은 반점이 무수히 많이 나타났습니다. 그리고 가래톳이 옛날이나 지금이나 다가오는 죽음의 틀림없는 징조이듯, 이 반점이 누구에게 나타나건 죽음을 의미했습니다.

이 전염병에는 어느 의사의 진단도 소용없고 어떤 약도 효력이 없었습니다. 병이 치료를 거부하는 것인지, 의사들이 잘못하고 있는 것인지—자격 있는 의사 외에도 의학 지식이라고는 조금도 없이 진료를 하는 남녀 의사들이 많기도 하지만—병의 원인을 알지 못하여 알맞은 치료를 할 수가 없었습니다. 그 결과 낫는 사람은 아주 드물었고, 오히려 거의 대부분 앞에서 말한 반점이 나타나고부터 조금 늦고 빠른 차이는 있더라도 사흘 안에 열도 없고 다른 증상도 없이 죽어 갔습니다.

페스트는 무서운 기세로 퍼져 나갔습니다. 환자와 신체 접촉만 해도, 마치 불을 옆에 갖다 대면 바짝 마른 것이나 기름 묻은 것에 확 옮겨 붙듯 건강한 이에게 옮았습니다. 아니, 상황은 더 지독했습니다. 환자와 말을 주고받거나 환자와 교제하는 것만으로 전염되거나 죽음의 원인이 되었으며, 환자가 입은 옷 또는 그 밖의 물건을 만지기만 해도 이 병에 감염될 정도였으니까요.

지금부터 하게 될 이야기를 들으면 아마 깜짝 놀랄 테지만, 나도 많은 사람이나 나 자신이 눈으로 직접 본 일이 아니었더라면 아무리 믿을 만한 사람에게서 들었더라도 이 말을 믿거나 더욱이 이에 대해 글을 쓴다는 것은 도저히 불가능했을 것입니다.

나는 사람에게서 사람으로 옮아가는 페스트의 전염력이 얼마나 강한지에 대해 말했지만, 이 병은 단순히 사람에게서 사람에게로 옮겨질 뿐만 아니라 환자 자신이나 또는 이 병으로 죽은 사람의 옷에만 닿아도 사람 이외의 동물에게까지 옮겨져 순식간에 숨지는 일이 정말 자주 일어났습니다.

앞에서도 말했듯이 내가 직접 눈으로 수없이 본 것인데, 어느 날 이런 경험이 있었습니다. 이 병으로 죽은 어느 가난한 사람의 누더기가 길바닥에 버려져 있었는데, 마침 돼지 두 마리가 그곳에 왔습니다. 여느 때처럼 돼지들은 꿀꿀거리며 코끝으로 쑤석거리더니 이어 입에 물고 휘두르기 시작했습니다. 어떻게 되었을까요? 독을 마신 것처럼 곧 발작을 일으키더니, 막 쑤석거리고 휘두르던 누더기 위에 두 마리가 그대로 쓰러져 죽고 말았습니다.

이와 같은, 또는 이와 비슷하거나 이보다 더한 일이 연거푸 일어났기 때문에, 살아남은 자에게는 여러 가지 근심과 망상이 생겨 끝내 거의 모든 사람들이 야박한 마음을 품기 시작했습니다. 환자나 환자에게 속한 것들을 피하고 꺼리면 자기만은 산다는 잔인한 생각을 갖게 된 것입니다. 그 가운데에는 절제 있는 생활을 하고 무슨 일에나 지나침을 삼가면 그와 같은 재앙은 만나지 않는다고 생각한 사람들도 있었습니다. 그들은 서로 모여 다른 모든 것에서 격리되어 살았습니다. 환자가 없는 집 안에 틀어박혀 지내면서 사치스러운 생활은 피하고 최상의 음식과 최고급 와인을 매우 절제하여 먹고 마시면서 최선의 주의를 기울였고, 다른 이와 말을 주고받지도 않았으며, 바깥일이나 죽은 사람이나 환자의 일에는 전혀 참견하지 않은 채, 악기를 다루거나 재미있는 이야기를 나누면서 그 안에서 할 수 있는 오락을 즐겼습니다. 한편 그와 반대로 실컷 술 마시며 흥청거리고 노래 부르며 길거리를 돌아다니고 놀면서 할 수 있는 한 모든 욕망을 만족시키는 것이, 이를테면 명랑하게 서로 웃고 떠들며 모든 것을 죄다 무시해 버리는 것이 이 병에 대한 가장 좋은 약이라고 단정해 버린 사람들도 있었습니다. 그들은 그 일을 실행에 옮겨, 밤낮없이 이 술집 저 술집으로 옮겨 다니면서 규칙 같은 것은 완전히 무시하고 흥청망청 끝없이 마시고, 그들의 마음을 끌어당기는 점이 있기만 하면 이 집 저집 남의 집을 여관이라도 되는 양 마구 돌아다녔습니다.

이런 일은 어렵지 않게 할 수 있었습니다. 사람들은 머지않아 모두 죽는다고 생각하고 있었기에 목숨은 물론, 가진 모든 것을 돌보지 않았기 때문이지요. 그래서 집들은 대개 공동 소유가 되어 난생처음 보는 사람이라도 예사로 열고 들어와 합법적인 주인과의 구분도 없어졌습니다. 그런 짐승 같은 생각을 품었으면서도 그들이 언제나 되도록 환자를 피한 것만은 사실입니다.

이처럼 우리의 도시가 한탄의 바닥에 가라앉고 비참의 바닥에 빠져 있는 동안, 인간의 규범은 물론 하느님의 거룩한 법도의 권위도 거의 땅에 떨어지고 말았습니다. 그러한 법도의 집행자인 고위 관리들이 여느 사람들과 마찬가지로 모두 죽거나 병들어 버려서 하급 관리도 모자라 관청 일을 할 수 없게 되었기 때문입니다. 그러므로 적당한 사람들이 하고 싶은 일을 마음대로 하도록 내버려 두는 형편이었습니다.

그러나 방금 말한 두 가지 유형 외에도, 첫 번째 유형의 사람들처럼 음식을 그리 제한하지도 않고, 두 번째 유형의 사람들처럼 술을 마구 마시며 방탕한 생활을 하지도 않고 가운뎃길을 걸어간 사람도 많았습니다. 이들은 먹고 싶을 때는 충분히 먹었으며, 집 안에만 틀어박혀 있지 않고 가까운 데를 산책하고, 손에는 꽃을, 또 향기로운 풀을, 혹은 여러 가지 향료를 들고서 이따금 들어올려 냄새 맡으며 그 향기로 머리를 식히곤 했습니다. 시체나 죽어 가는 사람들의 악취와 약품 냄새가 곳곳에서 풍기는 것처럼 여겨졌기 때문입니다.

또 사려 분별이 있다 할 수 있겠지만, 더욱 잔혹한 일부 사람들은 환자를 내버려 두고 달아나는 것이 무서운 페스트를 막는 가장 좋은 약이라고 단정 짓기도 했습니다. 이와 같은 생각으로 남자나 여자나 자기 이외의 다른 것은 조금도 돌보지 않고, 자기가 살던 도시를 버리고 집도 땅도 친척도 재산도 버리고 다른 지방을 찾아 떠났습니다. 마치 인간의 악함을 응징하러 페스트를 내리신 하느님이 그들이 도망치는 곳에는 그 노여움을 내리지 않으시리라, 그 재앙은 오로지 이 도시에 둘러쳐진 성벽 안으로만 내리시리라 생각하는 듯했습니다. 이제 도시에는 사람 그림자가 하나도 남지 않아 인류의 마지막이 온 것을 경고하고 있는 듯 여겨지기도 했습니다.

이런 갖가지 의견을 가진 사람들이 모두 죽은 것도 아니고 모두 액운을 면한 것도 아니었습니다. 오히려 저마다 의견을 가졌다 해도 많은 사람들이 곳곳에서 병에 걸려 쓰러졌으며, 그들이 건강할 때는 여전히 건강한 사람들의 본보기가 되었지만, 한번 병에 걸리면 어쩔 도리 없이 어디서나 완전히 내버려져 기력을 잃어 갔습니다.

시민들은 서로 오가기를 피하고, 이웃 간의 따뜻한 정은 하나도 없었으며, 친척끼리도 소원해져서 이따금밖에, 아니 거의 방문하는 일이 없어졌습니다. 이 재난은 남자나 여자들 가슴속에 매우 큰 공포심을 불러일으켰으므로, 형은 아우를, 아저씨는 조카를, 언니는 동생을 버렸을 뿐만 아니라 때로는 아내가 남편을 버리는 일조차 있는 형편이었습니다. 또 거의 믿어지지 않을 정도지만, 부모들이 아이들을 자기 자식이 아닌 것처럼 돌보지도 않거니와 찾는 것조차 피하곤 했습니다.

그러므로 거의 대부분의 사람들은 남녀를 막론하고, 그것도 아주 적은 몇몇이었습니다만, 한번 병에 걸리면 친구들의 동정에 매달리거나, 부당한 조건과 막대한 급료로 일하는 욕심 많은 하인들의 간호를 받는 것 말고는 무엇 하나 의지할 게 없었습니다. 그러나 유능한 남녀 하인들이 많이 있는 것도 아니고 대부분 간호에 익숙하지 않아 환자가 달라는 것을 건네주거나, 임종의 물을 떠주는 일밖에 거의 아무것도 할 줄 몰랐습니다. 이런 하인 노릇으로 엄청난 보수를 받으려다 스스로 희생되어 버린 이도 많았습니다.

이렇듯 환자는 이웃과 친척과 친구들에게 버림받고 하인도 귀해졌으므로, 여태까지 들은 적도 없는 괴상한 습관이 번지기 시작했습니다. 아무리 우아하고 아름답고 예의 바른 부인이라도 한번 병에 걸리면, 젊었거나 늙었거나 누구든 상관없이 남자 하인을 집 안에 들였던 것입니다. 그리고 병들었다는 이유만으로, 여자 앞이라면 모르되 남자 하인 앞에서 부끄러움도 없이 몸의 모든 부분을 드러내 보이는 것이었습니다. 나중에 병이 나은 부인들 사이에 정결함이 덜해진 것은 아마도 이 일이 원인이었던 모양입니다.

그리고 치료만 잘했더라면 살았을 사람들이 불행히도 많이 죽어 갔습니다. 환자가 알맞은 시기에 간호를 받지 못하고, 또 페스트의 기세가 너무나 맹렬하여 눈으로 보면 말할 것도 없거니와 듣기만 해도 깜짝 놀랄 만큼 많은 사람들이 도시에서 죽어 간 것입니다. 그 결과 살아남은 사람들 사이에 필연적이라고나 할까요, 전에 없던 습관이 생겼습니다.

옛날에는, 아니 지금도 이따금 볼 수 있습니다만, 어떤 남자가 죽으면 그의 이웃이거나 친척인 여자들이 초상집에 모여 죽은 이와 가장 친했던 여자들과 함께 슬퍼했고, 한편 그 집 앞에는 친척이나 이웃 남자들, 다른 시민들이 함께 모여 죽은 이의 신분에 따라 사제가 찾아오고, 죽은 이와 비슷한 지위에 있는 사람들이 유해를 어깨에 메고, 촛불을 손에 들고 성가를 부르며 장례 행렬을 지어 죽은 이가 생전에 다녔던 성당으로 가곤 했었지요.

이러한 풍습은 페스트가 맹위를 떨치기 시작하자 거의 대부분, 아니 깡그리 사라져 버리고, 이 도시에 새로운 습관이 생기기 시작했습니다. 사람들은 간호하고 돌봐 주는 여자도 없이 죽어 갔고, 임종의 입회인도 없이 이 세상에서 삶을 끝내는 사람들이 많았던 것입니다. 친척들이 울며불며 슬퍼해 주는 사람은 아예 하나도 없는 형편이었으며, 오히려 초상집에는 많은 사람들이 모여 웃고 떠들고 농담을 주고받으면서 왁자하게 마치 축제처럼 소동을 벌이는 습관이 생겨 버렸습니다. 여자들은 거의 여자다운 신앙심을 잃고, 자기들 건강만을 크게 기뻐하게 된 것입니다.

또 죽은 사람 가운데 그 유해가 성당으로 날려져 갈 때, 열이나 열둘 이상의 이웃들이 따라가는 일은 아주 드물게 되었습니다. 관을 메고 가는 사람들은 지위 높은 유지들이 아니라 하층 계급에서 끌려 나온 무덤 파는 천한 인부들이었으며, 그들은 돈을 받고 대신 관을 메어 주었습니다. 그들은 죽은 이가 생전에 다니던 성당이 아니라 아무 데나 가장 가까운 성당으로 촛불 한두 개만 켜들고, 아니 아무것도 들지 않은 경우가 많았습니다만, 넷이나 여섯 수도사들과 함께 서둘러 관을 메고 가는 것이었습니다. 수도사들 역시 엄숙하게 긴 기도 같은 것은 드리지도 않고, 방금 말한 사람들의 손을 빌려 파둔 구덩이가 있으면 아무 데나 곧 관을 묻어 버렸습니다.

하층 계급이나 중산 계급 사람들은 더 비참했습니다. 대부분 가난한 탓인지, 살게 될지도 모른다는 희망에서인지, 저마다 자기 집이나 구역 안에 머물러 있었기 때문에 날마다 몇천 명씩 병이 옮아갔습니다. 그리고 간호는커녕 아무 도움도 얻지 못한 채 거의 살아나는 일 없이 모두 죽었습니다. 그러므로 밤낮없이 길거리에서 숱한 사람들이 숨져 가는 것을 볼 수 있었습니다. 집 안에서 죽는 사람도 그만큼 많았으며, 이웃 사람들은 시체에서 악취가 날 때까지는 누가 죽어 나가도 알 수 없는 형편이었습니다. 그리하여 이 사람도 저 사람도 모두가 죽어 나가 도시 전체가 묘지가 되어 버렸습니다.

이웃에 사는 사람들은 죽은 이에 대한 동정심은커녕, 시체가 썩어서 자기들에게 병이 옮지나 않을까 걱정하여 모두 똑같은 예방 수단을 찾아낼 궁리를 하게 되었습니다. 그들은 자기들 손으로, 그리고 사람이 있을 때는 그들의 손을 빌려 시체를 집 안에서 들어내어 문간에 두었습니다. 특히 아침 같은 때 거리를 지나가면 죽은 사람들을 헤아릴 수 없이 볼 수 있었습니다. 이윽고 관이 오면 거기에 집어넣지만, 관이 모자라 널빤지에 얹어서 들고 가는 일도 흔했지요. 하나의 관에 시체 둘 또는 셋을 넣는 일은 얼마든지 있었습니다. 더욱이 아내와 남편, 형제 두세 명, 아버지와 자식을 함께 넣은 관은 헤아릴 수 없이 많았습니다.

또 이런 광경도 흔히 볼 수 있었지요. 두 사제가 십자가를 들고 걸어가면서 한 사람을 위해서 마지막 의식을 집전하면, 인부가 나르는 관 서너 개가 그 뒤를 따랐습니다. 그리하여 수도사가 시체 하나를 묻으려고 간 곳에 여섯 명, 여덟 명을 한꺼번에 묻게 되는 일이 흔했습니다. 이런 장례식에는 눈물을 흘리는 사람도, 촛불을 켜는 사람도, 애도하는 사람들도 없었으며, 오히려 산양 한 마리 죽은 것만큼도 돌보지 않게 되었습니다. 따라서 세상이 순조로울 때면 현명한 사람도 어쩌다 일어나는 하찮은 타격을 참지 못하는데, 이렇게 재앙이 커지니 무지한 사람들도 참을성이 있게 되어 무슨 일에나 무관심해져 버리는 사태가 뚜렷이 나타났습니다.

아무튼 앞에서도 말한 것처럼, 어느 성당이고 날마다 끊임없이 시체가 산더미처럼 날라져 들어오므로 묻을 묘지가 없어져 버렸습니다. 옛 관례대로 저마다 제 무덤에 묻히고 싶어 하지만 어디나 꽉 차서 성당마다 묘지에 커다란 웅덩이가 파지고 그 속에 몇 번씩 시체가 잇따라 던져졌습니다. 그런 구덩이 속에는 배에 짐을 싣듯이 몇 층으로 시체를 포개 놓았으며, 구덩이는 곧 가득 차서 밖으로 넘쳤습니다.

이렇듯 우리 도시에서 일어난 지금까지의 비참한 일에 관해서는 자세히 말했으므로 더 이상 쓰지 않고, 그와 함께 변두리 시골에서도 적잖이 이와 비슷한 일이 일어났다는 이야기를 해야겠습니다. 그런 시골에서도—성벽에 둘러싸인 마을은 조그마한 도시와 비슷하므로 말할 것도 없이—외진 마을이나 밭이나 집 안에서 비참하고 가난한 농부와 그 가족들이 의사는 물론 하인의 간호도 받지 못한 채, 사람이 아니라 짐승처럼 내버려져 밤낮없이 죽어 갔습니다.

그들도 도시 사람과 마찬가지로 지금까지의 습관을 포기하고, 신변의 일이나 일과를 아무것도 하지 않게 되었습니다. 마치 죽는 날이 오기를 기다리는 것처럼, 가축도 토지도 지난날의 노고가 가져다준 성과도 전혀 돌보지 않을 뿐만 아니라 지금 갖고 있는 것도 온갖 지혜를 다 짜내어 써버리려는 것처럼 보였습니다. 그 바람에 소, 노새, 양, 염소, 돼지, 닭을 비롯하여 사람에게 충실한 개까지 집에서 쫓거나, 거둬들이기는커녕 베지도 않고 버려져 있는 밭을 제멋대로 헤매고 다니는 형편이었습니다. 많은 가축들은 마치 알고서 그러는 것처럼 낮에 배불리 주워 먹고는 밤이 되면 불룩해진 배로 사람이 몰아가지 않아도 자기 집을 찾아가는 것이었습니다.

그런데 시골에 관해서는 이쯤 해두고 다시 도시로 돌아갑니다만, 피렌체 시내에서는 3월부터 7월 사이에 10만 명 넘는 환자가 죽어 갔다고 말할 수 있습니다. 이것을 모두 하늘의 비정함으로 돌릴 수는 없을 것이며, 페스트가 맹렬히 번지게 되자 살아남은 사람들이 겁에 질려 그들을 필요로 하는 병자들을 내팽겨쳐 둔 것 등 그 죄의 일부분은 인간에게 있었던 셈이지요. 그건 그렇고, 이 같은 참사가 일어나기 전에 그토록 많은 사람들이 시내에 살고 있었다고 어떻게 생각할 수 있었을까요? 아, 옛날에는 많은 하인들의 시중을 받으며 귀족과 신사 숙녀들이 살고 있던 그 많은 저택이며 아름다운 집들이 이제 가장 미천한 하인에 이르기까지 아무도 살지 않게 되어 버렸으니! 아, 얼마나 많은 유서 깊은 혈통과 막대한 유산과 유명한 재물 등이 이어받을 사람도 없이 헛되이 버려졌을까요!

또 앞으로 갈레노스나 히포크라테스나 아스클레피오스가 될 수도 있었을 유능한 사람들과, 아름다운 여자들과 활기 넘치는 젊은이들이 건강의 혜택을 가장 많이 받고 있는 줄 알았는데, 아침에 부모며 친구와 식사를 함께했는가 하면 밤에는 벌써 저세상에서 먼저 죽은 사람들과 만찬을 함께하고 있을 줄이야!

이런 참사를 계속해서 읊다가는 나도 점점 더 비참해질 뿐입니다. 그러니 적당히 생략할 수 있는 데는 줄이기로 하고 이제 드디어 본 주제로 들어갈까 생각합니다. 우리 도시 주민들이 거의 없어져 버렸을 무렵, 이것은 믿을 만한 사람한테서 들은 이야기입니다만, 어느 화요일 아침에 거룩한 산타마리아 노벨라 성당에서 명복을 비는 기도가 끝나고 거의 사람 그림자가 없어졌을 때, 이 시기에 알맞게 상복으로 몸을 감싼 일곱 명의 젊은 부인들이 찾아왔습니다. 저마다 친구들이며 이웃이며 친척뻘이 되는 사이로, 나이는 열여덟 살부터 스물여덟 살 아래였습니다. 모두 귀족의 핏줄을 받았고 총명했으며, 아름답고 태도도 정숙하며 기품 있고 명랑한 사람들이었습니다.

그녀들의 실제 이름은 꼭 밝혀야 할 이유가 없으므로 말하지 않기로 하지요. 지금부터 그녀들이 하는 이야기의 내용이나, 또 그 이야기를 사람들이 들었기 때문에 나중에 그녀들이 부끄러운 생각을 갖게 될지도 모를 게 두려워서입니다. 그즈음에는 그녀들 또래의 사람들이나 더 나이 든 사람들도 꽤 자유롭게 쾌락을 누릴 수 있었지만, 오늘날에는 여러 가지 규칙이 엄해져 있으니까요. 그리고 아무리 훌륭한 생활을 했다 하더라도 곧바로 트집 잡고 욕하고 싶어 하는 시샘 많은 사람들이 있기에, 훌륭한 부인들의 정숙함을 조금이라도 손상시키는 자료를 주지 않기 위해서이기도 합니다. 그래서 그녀들이 저마다 하는 이야기가 서로 헛갈리지 않고 이해될 수 있도록, 저마다의 성격에 조금이나마 알맞은 이름을 붙이기로 하겠습니다.

그녀들 가운데 맨 먼저 입을 여는 가장 나이 많은 부인을 팜피네아라고 이름 짓고, 둘째를 피암메타, 셋째를 필로메나, 넷째를 에밀리아, 다섯째를 라우레타, 여섯째를 네이필레, 그리고 마지막을 엘리사라고 부르기로 합시다. 이런 이름은 까닭 없이 붙인 게 아닙니다.

　　이 부인들은 미리 의논한 게 아니라 우연히 성당 한쪽 자리에 둥그렇게 둘러앉게 되었는데, 기도의 말 따위는 제쳐 놓고 한숨을 섞어 가며 그즈음의 여러 가지 상황이며 사건들을 서로 이야기하고 있었습니다. 그러다가 잠시 말이 끊어졌을 때 팜피네아가 말했습니다.

　　"여러분, 나와 마찬가지로 여러분도 자주 들었겠지만, 자기의 정당한 권리를 행사한다는 것은 누구를 모욕하는 일이 아님을 알고 있겠지요. 이 세상에 태어난 자가 저마다 할 수 있는 데까지 자기의 생명을 살리고 유지하고 지키는 것은 당연한 권리거든요. 그러므로 때로는 자기 생명을 지키기 위해 남을 죽여도 죄가 되지 않았던 예가 있었을 정도랍니다. 이 같은 법도가 허용되고 있는 이상, 그 배려 많은 법도 속에서 아무에게도 폐를 끼치지 않고 자기들의 생명을 유지하기 위해 되도록 올바른 방법을 취하는 것은 인간이 훌륭하게 살아가는 방식이 아니겠어요! 이런 오늘 아침의 우리 습관이며, 여태까지 지내온 여러 가지 사태를 생각하고, 또 우리가 서로 주고받은 이야기를 이것저것 떠올려 보니 문득 짚이는 것이 있습니다. 물론 여러분도 그렇겠지만, 우리는 저마다 자기 자신에 관한 걱정만 하고 있다는 겁니다. 그런 것에 나는 그리 놀라지 않습니다만, 다만 무척 놀라운 것은 우리는 저마다 여자다운 인정을 갖고 있는데도, 정말로 무서워하고 있는 일에 대해서는 아무 조치도 취하지 않고 있다는 거예요.

　　내 생각으로는 우리가 여기 와 있는 것은, 다음과 같은 일들 때문인 거 같아요. 얼마나 많은 시체가 이곳에 날라져 와서 묻혔다든가, 이제 얼마 남지 않은 수사님들이 성무일도(聖務日禱) 시간에 몇 번이나 기도를 하시는지 알기 위해서, 또는 상복을 입은 우리의 모습이 얼마나 비참한 것인가를, 또 여기 들어오는 사람들의 고통이 어떤 것이고 얼마만큼 큰지를 증언하기 위해서 말이죠. 그리고 여기서 한 걸음만 밖으로 나가면 시체나 환자가 날라져 가는 것을 보거나, 죄짓고 재판관한테서 유배를 선고받은 인간들이 관계 관원이 죽었거나 병든 것을 알고 그들을 비웃듯 천한 몸짓으로 뛰어다니고 있는 꼴을 보게 됩니다. 또한 시체 운반자라고 부르는 찌꺼기 같은 인간들이 우리가 겪는 괴로움을 보면서 곳곳에서 뛰어다니고 우리의 재앙을 비웃으며 상스러운 노래를 부르는 모습도 보이지요. 우리가 듣는 것은, '누구누구가 죽었다'든가, '누구누구가 다 죽어 간다'는 말뿐이며, 만일 아직도 슬피 우는 사람이 있다면 비통한 울음소리를 낼 밖에요. 그런데 우리 집에 관해서 생각해 보면, 여러분 가정도 우리 집과 같은지 어떤지는 모르겠습니다만, 전에는 많은 하인들이 있었으나 지금은 하녀가 단 한 사람 있을 뿐 달리 아무도 없으니 그 불안과 공포란 정말 머리끝이 곤두설 정도랍니다. 어느 곳에 있거나 죽은 사람의 얼굴이 눈앞에 어른거리는데, 그것이 또 눈에 익은 얼굴이 아니고 어디서 왔는지도 모르는 무서운 얼굴이라 나를 놀라게 해주려 나타난 듯 여겨져요.

그런 까닭으로 나는 여기 있거나, 바깥에 있거나, 집 안에 있거나 몹시 괴롭고, 게다가 얼마간 재력도 있고 어디나 갈 수 있는 처지로 이곳에 남아 있는 사람은 우리밖에 없는 것 같아서 한층 더 그런 느낌이 듭니다. 하지만 아직 그런 사람들이 있는가 보지요. 그런 사람들이 좋고 나쁜 분간도 없이 다만 충동이 이끄는 대로, 혼자서 또는 무리를 지어 밤낮없이 쾌락에 잠겨 있다는 이야기를 자주 소문으로 듣고, 실제로도 듣고 있지요. 그것이 속세의 사람들이라면 또 모르지만 수도원의 수도사들까지 다른 사람들에게는 허용되어 있지 않지만 자기들은 인정을 받고 있다고 생각하는지, 계율을 깨고 육욕에 젖어, 그리고 있으면 죽을병을 피할 수 있다고 믿는 듯 음탕한 생활을 하고 있답니다. 이것이 실태라면, 아니 사실 그대로입니다만, 대체 우리는 여기서 무엇을 하고 있는 것일까요? 무엇을 기대하고 있는 것일까요? 무엇을 꿈꾸고 있는 것일까요? 어째서 우리는 남아 있는 시민들에 비해 우리 자신의 건강에 마음을 쓰지 않고 태평스레 이러고 있는 것일까요? 어째서 우리는 다른 사람들보다 우리들 자신의 건강에 무관심할까요? 아니면 우리의 목숨은 다른 사람보다 더 튼튼한 쇠사슬에 묶여 있어 생명을 위협하는 힘 따위는 전혀 마음에 둘 필요가 없다고 믿고 있는 것일까요?

그렇다면 이것은 잘못된 일입니다. 잘못을 저지르고 있는 거예요. 우리들의 생각은 어처구니없어요. 참혹한 페스트로 죽어 간 젊은 남녀가 얼마나 많았는지 생각할 때마다 우리는 뚜렷이 그 증거를 보고 있잖아요? 그러니 우리가 나태함이나 무뎌진 마음에 이러저러한 방법을 써서 요행으로 이 재앙에서 달아날 수 있다고 생각해 버리지 않으려면 이 도시에서 나가는 게 가장 좋은 방법이라고 생각해요. 나는 그렇게 여깁니다만, 여러분은 어떻게 생각할지 모르겠군요. 우리는 여자인 데다 외톨이들이니 지금까지 많은 사람들이 한 것처럼, 또 지금도 그렇게 하고 있는 것처럼요. 그렇게 해서 우리는 죽음을 피하는 동시에 다른 사람들의 절제 없는 생활을 피하고, 여러분이 몇 채나 갖고 있는 시골 별장에라도 가서 깨끗한 생활을 하는 게 좋지 않을까 생각하는 거예요. 그리고 이성의 한도를 넘지 않는 범위에서 되도록 즐거운 모임을 갖거나 흥겨운 놀이를 하면서 지내요.

시골에 가면 재잘거리는 새소리가 들리고, 푸른 언덕과 들판을 바라볼 수 있으며, 바다처럼 파도치는 곡식이 익어 가는 밭이며 여러 가지 나무며 끝없이 펼쳐지는 푸른 하늘을 볼 수 있어요. 하늘에는 아직도 가혹한 빛이 스며 있지만, 이 도시의 인적 없는 성벽을 바라보고 있는 것보다 훨씬 훌륭하고 영원한 아름다움을 간직하고 있지요. 뿐만 아니라 시골 공기는 훨씬 신선하고 지금의 생활에 필요한 물자도 매우 풍부하며 성가신 일도 적을 거예요. 물론 시골에서도 여기서 시민들이 죽어 가듯 농민들이 죽어 가겠지만, 집이 드문드문하고 사람도 적으니 이 도시에서 겪는 것보다 불쾌한 일도 훨씬 적지 않겠어요? 그리고 곰곰이 생각해 보면 우리는 사람을 버리고 떠나는 게 아니라 오히려 벌써 오래전에 버림을 받았다고 하는 편이 맞지 않을까요? 우리 가족들은 먼저 죽었거나, 아니면 마치 한 가족이 아닌 듯 죽음이 두려워 달아나 우리를 이런 슬픔 속에 내동댕이쳐 버렸으니까요. 그러므로 내 제안대로 하더라도 누가 잔소리를 할 까닭이 없어요. 이렇게 하지 않으면 괴로운 상념이나 아마 죽음까지도 찾아오게 될지 몰라요. 그러니 싫지 않다면 저마다 하녀에게 필요한 것을 들려서 오늘은 이곳, 내일은 저곳으로 지금 세상에서 할 수 있는 즐거운 일이며 명랑한 소란을 피우고 돌아다니도록 합시다. 그래서 그런 생활을 하면 하늘이 그런 일에 어떤 결과를 보이시게 되는지, 하기야 그 전에 죽음을 당할지 모르겠습니다만…… 보고 싶어요. 그런데 여러분이 기억해 주었으면 하는 것은, 대부분의 사람들이 품행이 좋지 않은 생활을 하고 있는

데 비한다면, 하늘이 우리의 그런 정결한 생활을 마음에 안 들어 하실 까닭이 없다는 거예요."

팜피네아의 말을 듣고 다른 여자들은 그 생각을 칭찬했을 뿐만 아니라 그렇게 하고 싶어져서, 금방이라도 자리에서 일어나 길을 떠나려는 듯 곧 서로 자세한 의논을 하기 시작했습니다.

무슨 일에나 신중한 필로메나가 말했습니다.

"여러분, 팜피네아 님 말씀은 참으로 훌륭한 의견이라고 생각합니다만, 그렇게 서두르지 말고 여러분의 의견을 나누는 편이 좋다고 생각해요. 여러분, 우리는 모두 성숙한 여자로 이제 어린 처녀들이 아니지만, 여자들만 모여 봤자 남자들의 지도 없이는 통제가 되지 않는다는 것을 잘 알고 있으리라 믿어요. 우리들 여자란 변덕이 심하고 다투기 좋아하며, 의심이 많고 겁쟁이고 무서움을 잘 탑니다. 그러니 남자들이 이끌어 주지 않으면 이런 모임은 뜻밖에 빨리 해산되어 버릴지도 모르고, 필요 이상으로 불명예스러운 결과가 될지도 모르는 일이라 나는 크게 걱정스러워요. 그래서 일을 시작하기 전에 서로 잘 의논해 보는 게 좋다고 생각합니다."

엘리사가 말했습니다.

"정말 남자들은 우리의 두뇌예요. 남자들의 지도가 없으면 우리가 무슨 일을 해봐야 좀처럼 성과를 거둘 수 없을 거예요. 하지만 어떻게 하면 그런 남자들을 만날 수 있을까요? 아시다시피 우리들 가족은 거의 다 죽어 버렸고, 살아 있는 분들도 우리가 지금부터 하려는 일을 먼저들 시작해서 여기저기 흩어져 버렸으니, 지금 어디 가 있는지 짐작도 못할 형편이잖아요. 그렇다고 생판 모르는 사람에게 부탁하는 것도 옳은 일이 아니지요. 우리는 건강을 지키고, 휴식과 즐거움을 얻으러 떠나가는 것이지 불쾌한 일이나 추문을 뿌리러 가는 게 아니니, 우리에게 알맞은 좋은 계획을 생각해야 할 줄 압니다."

숙녀들 사이에서 이런 말들이 오가고 있을 때, 마침 세 젊은이가 성당에 들어왔습니다. 그 가운데 가장 젊은 사람은 스물다섯 살을 넘지 않았으며 모두 씩씩하고 혈기에 넘쳤습니다. 이들은 그즈음의 부패와 타락이나 친구들과 친척들을 잃은 슬픔, 몸에 닥쳐오는 공포로도 사랑에 대한 그들의 열정을 식히기는커녕 지우지도 못한 젊은이들이었습니다.

한 젊은이는 판필로, 다음 젊은이는 필로스트라토, 셋째 젊은이는 디오네
오라고 했으며, 모두 쾌활하고 예의범절을 아는 인품의 소유자들이었습니다.
그들은 세상이 이렇게 한창 혼란에 빠져 있을 때에는 연인과 함께 있는 것이
가장 훌륭한 위안이 된다는 생각으로 찾으러 나왔던 것입니다. 그런데 운 좋
게도 앞에서 말한 일곱 숙녀들 가운데 세 젊은이가 마음을 둔 여성이 있었
고, 다른 여성도 몇 명은 친척뻘 되는 사람이었습니다. 그들이 숙녀들 쪽으로
눈길을 돌린 것과 숙녀들이 그들을 본 것은 거의 동시였습니다.

팜피네아가 방긋 웃으며 말했습니다.

"자, 우리가 시작하려는 일에 운이 돌아왔나 봐요. 예의 바르고 훌륭한 신
사 분들이 눈앞에 나타나셨으니까요. 우리만 이의가 없다면 아마 틀림없이
우리를 이끌어 주실 것이고, 우리들에게 봉사해 주실 줄 알아요."

네이필레는 젊은이 가운데 한 사람에게 사랑을 받고 있는 처지였으므로
이 말을 듣자 부끄러워 얼굴을 새빨갛게 물들이며 말했습니다.

"어머나, 팜피네아 님, 말조심하셔야 해요. 내가 아는 바로는, 저분들은 어느
누구 할 것 없이 아무리 칭찬해도 모자라고, 이런 일에 봉사를 시키기에는 정
말 아까운 분들이에요. 그리고 우리보다 훨씬 아름답고 귀여운 여자들의 훌
륭한 상대역이 될 수 있는 분이라고 생각해요. 하지만 저분들이 여기 있는 누
군가를 사랑하신다는 것은 이제 다 알고 있는 일이니, 양쪽에 죄가 없더라도
부끄러운 일이 생기거나 비난을 받는 결과가 되면 큰일이라 걱정이 되네요."

필로메나가 말했습니다.

"그런 걱정은 할 것 없어요. 그곳에 가서 자신이 정결한 생활만 한다면 누
가 그 반대로 보더라도 양심에 전혀 부끄러울 게 없어요. 하느님이 나를 지켜
주시고 진실 또한 나를 보호해 줄 테니까요. 그러니 저분들이 함께 가주신다
면, 아까 팜피네아가 말씀하신 대로 우리의 앞길은 정말 행운이 깃들었다고
할 수 있을 거예요."

이렇게 단호한 말을 들으니 다른 부인들은 아무 반대 의견도 꺼낼 수 없게
되었을 뿐만 아니라, 젊은이들을 불러 계획을 이야기하고 함께해 줄 것을 부
탁해 보자고 기쁜 마음으로 동의하며 모두 입을 모아 말했습니다.

한 젊은이와 친척뻘 되는 팜피네아는 아무 말 없이 일어서더니 자기들 쪽

을 바라보고 서 있는 그들 쪽으로 성큼성큼 걸어갔습니다. 그리고 방긋 웃으며 인사하고는, 자기들 계획을 털어놓고 순수한 남매 같은 기분으로 자기들과 함께 가주면 좋겠다고 부탁했습니다.

젊은이들은 처음에는 놀리는 줄 알았지요. 그러나 그녀가 진심으로 이야기하고 있음을 알게 되자 기꺼이 모시고 가겠다고 대답했으며, 출발에 필요한 준비를 곧 갖추도록 하겠다고 말하면서 헤어졌습니다.

필요한 준비가 다 갖추어지자 목적지로 짐을 먼저 보냈습니다. 그다음 날인 수요일 아침 숙녀들은 하녀 몇 사람을 데리고, 세 젊은이도 하인 셋을 거느리고 도시를 떠나 여행길에 올랐습니다. 그리하여 2마일 남짓 지나자 미리 정해 둔 곳에 이르렀습니다.

그곳은 조그마한 언덕 위에 자리했으며, 어느 큰길에서나 멀리 떨어져 있고, 보기에도 상쾌한 푸른 잎이 무성한 떨기나무며 큰 나무들로 가려져 있었습니다. 그 언덕 꼭대기의 한가운데 아름답고 넓은 안마당이 있는 별장이 있었습니다. 안의 복도며 홀이며 방들은 모두 아름답기 그지없었으며, 방마다 재미있고 아름다운 그림으로 꾸며져 있었습니다. 주위에는 평탄한 들판이 펼쳐져 있고, 훌륭한 정원이 딸렸으며, 맑은 물이 쉴 새 없이 솟아나는 샘이며, 값비싼 포도주를 넣어 둔 지하 창고도 있었습니다. 하기야 이것은 정숙하고 얌전한 숙녀들보다 지칠 줄 모르는 애주가들에게 더 근사한 일이었습니다.

집 안은 청소가 되어 있고, 방마다 침대가 갖춰져 있었으며, 모을 수 있는 계절 꽃은 다 모아 꾸민 데다가 바닥에는 돗자리가 깔려 있어, 그곳에 온 그들의 기쁨은 어디에도 견줄 수 없었습니다.

모두들 자리에 앉자 누구보다도 쾌활하고 기지에 가득 찬 젊은이 디오네오가 곧 입을 열었습니다.

"숙녀 여러분, 우리가 여기에 온 것은 우리의 선견지명이라기보다 여러분의 깊은 사려 덕분이라고 생각합니다. 나는 여러분이 무엇을 하실 생각인지 그 가슴속을 알지 못합니다. 아까 여러분과 함께 도시에서 떠나올 때 내 생각은 그곳에 두고 왔습니다. 그러니, 여러분의 품위를 떨어뜨리지 않는 범위 안에서라고 나는 말씀드립니다만, 나와 웃고 노래해 주십시오. 그렇게 하시지 않으면 나는 여기를 떠나 내 마음대로 그 괴롭던 시내로 다시 돌아가 버리겠습니다."

이 말을 듣자 마찬가지로 팜피네아도 낡은 자기 생각을 모두 털어 버린 듯 명랑한 표정으로 대답했습니다.

"디오네오, 잘 말씀하셨어요. 여기서 모두 의좋게 즐거이 지내도록 해요. 우리가 도시를 떠나온 것도, 슬픔으로부터 달아난다는 이유 말고는 아무것도 없으니까요. 하지만 일에는 절도가 없으면 오래 지속되지 않는 법이에요. 이런 훌륭한 모임의 실마리를 마련한 나로서는, 우리의 즐거움이 오랫동안 이어질 수 있도록 우리들 가운데에서 한 분을 골라 주재자가 되어 주시도록 부탁하고, 우리는 그분을 최고 지도자로 존경하며 그분이 짜낸 지혜로 우리의 시간을 즐겁게 보내는 게 좋겠다고 생각해요. 그런데 한 가지 제안하고 싶은 것은, 주재자쯤 되면 우월감의 기쁨과 더불어 여러 가지 신경을 써야 하는 무거운 짐을 느끼게 되고, 또 선출되었다고 해서 모두들 부러워하지나 않을까 하는 마음을 공연히 느낄 필요가 없도록 하기 위해 하루씩만 그 명예와 무거운 짐을 지게 하자는 거예요. 그러나 첫 번째 지도자는 우리들이 선출하지 않으면 안 됩니다. 그다음은 저녁때 그날의 주재권을 가졌던 남성이나 여성이 좋은 분을 지명하면 되지요. 지명된 분은 주재권이 계속되는 동안 자기 판단에 따라 우리가 모두 함께 즐겁게 보낼 수 있는 장소와 방법을 정하고 명령하면 되는 거예요."

사람들은 이 말이 매우 마음에 들어서 곧 그녀를 첫날의 여왕으로 선출했습니다.

필로메나는 한 그루의 월계수가 서 있는 곳으로 달려갔습니다. 그 나뭇가지는 매우 성스러워 몇 개의 가지로 관을 만들어 명예를 차지할 만한 사람에게 씌운다는 말을 여러 번 들었기에, 그녀는 그 가지로 아름다운 명예의 꽃관을 만들었습니다. 이렇게 해서 머리에 씌워진 꽃관은 이 모임이 계속되는 동안 최고 주재자의 표지로서 그 사람의 머리에 씌워져 있게 되었습니다.

팜피네아는 여왕이 되자 모두에게 잠자코 있도록 이르고, 세 젊은이가 데려온 하인들과 여인들이 데려온 네 하녀들을 불러 말했습니다.

"우리 모임이 질서 있고 즐겁고 정정당당하게 오래 지속되려면 어떻게 해야 하는지 내가 먼저 그 본보기를 보일까 생각합니다. 먼저 디오네오의 하인 파르메노를 책임자로 임명해서 집안일을 모두 돌보게 하겠습니다. 객실도 이 사람이 맡습니다. 판필로의 하인 시리스코는 회계 담당에 임명할 테니, 파르메노의 지시를 받도록 해요. 틴다로는 주인 필로스트라토와 다른 두 분을 돌봐 드려요. 두 하인은 방금 말한 일들이 있어서 바쁠 테니까.

내 하녀 미시아와 필로메나 님의 리치스카에게는 부엌일을 맡기겠어요. 식료품은 파르메노의 지시로 갖추어질 거예요. 라우레타 님의 키메라와 피암메타 님의 스트라틸리아는 우리 여자들 방을 정돈하고, 쾌적하게 청소해 줄 것을 부탁하겠어요. 그리고 모두에게 말하고 싶은 것은, 우리의 이 특혜를 소중히 여기려면, 어디를 가거나, 어디서 돌아오거나, 무슨 말을 듣거나, 무슨 일을 보거나, 마음을 즐겁게 하는 이야기 말고는 무엇이고 결코 갖고 들어오지 말라는 거예요."

이 같은 명령을 내리자 모두 승낙했으므로 그녀는 일어서서 기쁜 듯이 말했습니다.

"이곳에는 정원과 잔디와 그 밖에 여러 가지 즐거운 장소가 많이 있으니 여러분 마음대로 산책을 즐기세요. 그리고 9시가 되거든 시원한 그늘에서 아침 식사를 할 수 있도록 모두 이 자리로 돌아와 주세요."

이 즐거운 모임에 새 여왕이 허가를 내렸으므로, 젊은이들은 아름다운 숙녀들을 데리고 즐겁게 이야기를 주고받으면서 천천히 정원 쪽으로 걸음을 옮겨 여러 개의 꽃가지로 아름다운 꽃다발을 만들기도 하고 노래를 부르기도 했습니다.

여왕에게서 허락받은 시간 동안 천천히 쉬고 돌아온 그들은, 파르메노가 부지런히 자기 일을 다 마친 것을 알았습니다. 아래층 넓은 홀에 들어서니 새하얀 테이블보가 덮인 몇 개의 식탁에 은제 술잔이 놓여 있었으며 금작화 꽃이 가득 꽂혀 있었으니까요. 여왕의 지시대로 그들은 손을 씻고 파르메노가 정해 준 자리에 앉았습니다.

솜씨 있게 요리된 음식이 나오고, 포도주가 잔 가득 따라지자 세 하인이 조용히 시중을 들기 시작했습니다. 이렇듯 훌륭하고 질서 있게 모든 일이 되어 나갔으므로, 모두들 즐겁게 이야기를 나누고 농담을 주고받는 등 왁자하게 웃으며 식사를 했습니다.

식사가 끝나자, 숙녀들이나 젊은이들이 모두 원무를 출 줄 알고 몇몇은 악기를 다루거나 노래를 부를 줄 알았으므로, 여왕은 악기를 가져오게 했습니다. 그리고 그녀의 명령으로 디오네오는 류트를 뜯고, 피암메타는 비올라를 켜며 아름다운 무곡을 연주하기 시작했습니다.

여왕은 하인들을 식사하러 내보내고 다른 여성들과 두 젊은이와 함께 원을 만들어 춤추었습니다. 춤이 끝나자 흥겹고 즐거운 칸초네를 불렀습니다. 이렇듯 오랜 시간 춤추고 노래하다가 여왕은 낮잠을 잘 시간이 되었다고 생각하고 모두를 흩어지게 했습니다. 젊은이들은 자기들 방으로, 숙녀들도 헤어져 저마다 자기 방으로 돌아갔습니다.

방에는 침대가 마련되어 있고, 홀과 마찬가지로 꽃이 가득 꽂혀 있었습니다. 부인들 방도 마찬가지였습니다. 부인들은 옷을 벗고 침대에 드러누웠습니다.

곧 오후 3시가 되었으므로 여왕은 일어나 낮에 너무 자는 것은 몸에 좋지 않다고 여겨 숙녀들을 깨우고 젊은이들도 깨웠습니다. 모두들 잔디밭에 나가보니 햇볕에 시들지 않고 초록빛으로 후리후리하게 자란 풀들이 무성했습니다. 그들이 산들바람을 받으며 여왕의 지시대로 푸른 풀밭에 둘러앉았을 때 여왕이 말했습니다.

"보시다시피 해가 높고 무더워서 올리브나무 위의 매미 소리밖에 들리지 않아요. 이런 시간에 다른 데로 간다는 것은 어리석은 일이에요. 여기 있는 게 시원하고 가장 좋을 것 같아요. 여기에는 보시다시피 주사위도 체스판도 있으니 여러분이 좋은 대로 즐겁게 지낼 수 있을 거예요. 하지만 이 일에 관해 내 의견을 밝히자면, 이기고 지는 내기를 하면 반드시 어느 한쪽의 기분이 상할 뿐만 아니라 주위에서 보고 있는 사람의 기분까지도 불쾌해지니 그런 놀이는 하지 말고 이야기를 하면서, 한 사람이 이야기를 하면 모두 즐겁게 들을 수 있으니까, 이 더운 날을 보내면 어떨까 생각해요. 여러분이 저마다 한 가지씩 이야기를 하시는 동안에 해도 저물 테고, 더위도 가시겠지요. 그때에는 마음 내키는 대로 어디든 갈 수 있어요. 내 말이 마음에 든다면, 이 점은 여러분 기분대로 할 작정이니까, 그렇게 하지 않겠어요? 만일 싫다면 샛별이 반짝이기 시작할 때까지 좋을 대로 하세요."

그러자 숙녀들도 젊은이들도 이야기를 하는 데 찬성했습니다.

"여러분이 다 찬성하시는 모양이니 오늘 첫째 날은 저마다 좋아하는 제목으로 자유로이 좋아하는 이야기를 하도록 하세요."

그리고 여왕은 자기 오른쪽에 앉아 있는 판필로에게 먼저 이야기를 하나 시작해 달라고 부탁했습니다.

모두가 귀를 기울이고 있는 동안 판필로는 명령대로 곧 다음과 같이 이야기를 시작했습니다.

첫째 이야기

체파렐로 씨는 거짓 고해로 성인으로 이름 높은 수도사를 속이고 죽는다. 살아서 극악무도한 사나이였던 그는 죽어서 성 차펠레토로 추앙받는다.

여러분, 무슨 일을 하든 만물의 창조주이신 거룩하고 성스러운 하느님의 이름부터 시작하는 것이 가장 바람직하다고 생각합니다. 내가 맨 먼저 이야기하게 되었으니 하느님의 놀라우신 업적부터 시작할까 합니다. 이 이야기를 들으시면 여러분은 하느님에 대한 희망을 언제까지나 지닐 수 있게 되고, 하느님의 이름을 영원히 찬양하지 않을 수 없게 될 줄 압니다.

세상일은 모두 변천하고 사멸되는 것이니 몸도 마음도 괴로움과 슬픔에 부딪치기 마련이고 끝없는 위험에 맞닥뜨리게 되는 것은 분명한 일입니다. 그러한 일에 휘말려 들어가 그 한 부분으로 살고 있는 우리로서는, 만일 하느님의 특별한 은총과 가르침이 없다면 도저히 여러 가지 어려움을 참아 나갈 수가 없다고 생각합니다. 하기야 우리에게 주어지는 하느님의 은혜는 반드시 우리의 공적에 따라서만 주어진다고 믿어서는 안 됩니다. 그것은 하느님 자신이 너그러우시기 때문이며 또 본디 우리와 마찬가지로 죽을 운명이었으나 살아 있는 동안 하느님의 뜻을 받들다가, 지금은 축복을 받아 하느님과 함께 영원한 존재가 되신 성인들의 기도에 의한 것이지요.

우리는 최고의 심판자이신 하느님께 직접 소원을 말씀드릴 용기가 없기 때문에, 우리는 그분들에게, 다시 말해 우리의 허약함을 몸소 겪으신 우리의 보호자들, 말하자면 성인들에게 소원을 비는 것입니다. 그러므로 더더욱 우리는 하느님의 넘치는 자비를 충분히 인식할 필요가 있습니다. 그 까닭은 살아 있는 사람의 눈으로는 아무래도 하느님의 마음속을 들여다볼 수 없으므로, 때로는 천벌을 받아 지옥에 쫓겨 갈 만한 사람도 잘못 생각하는 바람에 보호자로 만들어 버리는 일이 일어나기 때문입니다. 그럼에도 불구하고 모든 일을 다 알고 계시는 하느님은 마치 자신이 축복받은 이의 가슴속에라도 계시는 것처럼, 기도를 드리는 이의 무지나 죄과를 나무라시기보다 그 순수함을 보고 그들의 기도를 들으시는 것입니다. 이것은 지금부터 시작할 내 이야기 속에 뚜렷이 나올 것입니다. 뚜렷이라고 말한 것은, 하느님의 판단에서가 아니라 인간적 판단에서 그렇다는 것입니다.

그럼, 이제 이야기를 하겠습니다. 프랑스에서 큰 부자가 된 거상(巨商)으로 기사 칭호까지 받은 무쉬아토 프란체지라는 사람이, 프랑스 왕의 동생 샤를 상테르가 교황 보니파키우스(8세)의 부름을 받아 여행을 떠났을 때, 그를 수행하여 토스카나에 가게 되었습니다. 그와 같은 거상에게는 흔히 있는 일이지만, 여기저기에 곧바로 처리할 수 없는 장삿일이 있었으므로 그 일을 몇 사람에게 일러 놓고 가려고 생각했습니다. 그리하여 다른 일은 다 예정이 섰습니다만 한 가지 부르고뉴 사람들한테서 빚을 받아내는 일만이 어렵게 여겨졌습니다. 왜 그런 의문이 솟았는가 하면, 부르고뉴 사람들은 대체로 잘 싸우고 성질이 고약해서 믿을 수 없었으므로, 그런 성질이 고약한 이들과 맞설 만한, 그 이상 성질이 고약한 사람이 좀처럼 생각나지 않았기 때문이지요. 한참 동안 골머리를 앓고 있다가, 겨우 그의 파리 저택에 드나들고 있는 체파렐로 다 프라토라는 사나이가 생각났습니다.

이 사나이는 몸집이 조그마하고 으스대기 좋아했는데, 프랑스 사람들은 체파렐로의 뜻을 몰라 프랑스 말의 속어를 빌려 쓰되 카펠로 즉 화환의 뜻이라고만 생각하고, 방금 말한 것처럼 몸집이 조그마한 사나이였으므로 차펠로라 부르지 않고 차펠레토라고 부르고 있었습니다. 그런 까닭으로 누구에게나 차펠레토로 통했지, 체파렐로라고 부르는 사람은 매우 드물었습니다.

아무튼 이 차펠레토는 이런 생활을 하고 있는 기막힌 사나이였습니다. 그는 공증인이었는데 자기 서류 가운데 하나라도, 그게 얼마나 적었는지는 두말할 것도 없습니다만, 만일 가짜가 아니라면 수치로 생각할 그런 대단한 인간이었습니다.

그는 거짓 서류라면 부탁받는 대로 얼마든지 써주었고, 많은 사례금을 받을 수 있는 다른 어떤 서류를 제쳐 놓고라도 기꺼이 거짓 서류를 만들어 주었습니다. 또 부탁하든 않든 서슴없이 거짓 증언도 했습니다. 그즈음 프랑스에서는 선서가 매우 중요시되었고, 그는 거짓 증언을 하는 데 양심의 가책을 전혀 받지 않았으므로, 그가 호출되어 선서하고 진실을 말한다고 한 이상 그어떤 소송에서나 이겼습니다.

그는 친구나 친척이나 누구를 막론하고 사람들 사이에 악의나 적의나 추문이 생기는 것에서 기쁨을 찾았으며, 사태가 점점 나빠질수록 그의 즐거움은 더욱더 커졌습니다. 살인이나 다른 부정 사건을 도와달라고 부르면 거절하기는커녕 자진해서 나섰고, 자기 손으로 사람을 찌르거나 죽인 경우도 몇 번 있었습니다. 또 하느님이나 성인에 대해 예사로 무엄한 욕을 뇌까렸으며, 남보다 곱으로 화를 잘 내는 성질이라 아무리 하찮은 일에도 곧바로 발끈하곤 했습니다. 그는 성당에 나간 일도 없고, 성당 의식은 모두 천하다면서 추잡스럽게 욕설을 퍼부었습니다. 술집이나 수상한 곳에는 기꺼이 찾아갔고 제집처럼 드나들었습니다. 여자라면 막대기에 달라붙는 개처럼 사족을 못 쓰고, 어떤 호색한보다도 더 여자를 좋아했습니다. 또 성자가 자선을 하는 기분으로 좀도둑질도 하고 때론 크게 훔치기도 했습니다. 대식가에 모주꾼이라 때로는 너절하게 병들어 눕는 일도 있었습니다. 도박도 하고, 속임수 주사위도 만질 줄 알았습니다.

왜 내가 이렇게 지루하도록 욕을 늘어놓는가 하면, 참으로 그는 일찍이 이세상에 태어난 적 없는 극악무도한 사람이었기 때문이지요. 이 무뢰한은 무쉬아토 프란체지 씨의 신분과 권력의 보호 아래에 있었으므로 그가 끈질기게 괴롭힌 사람들이나 쉴 새 없이 격분시켰던 법정 사건에서 특별 대우를 받을 수 있었습니다. 이런 상황을 잘 알고 있는 무쉬아토 씨의 머리에 체파렐로 씨가 떠올랐으므로, 그라면 부르고뉴 사람들의 악의에 문제없이 맞설 수 있으리라 여기고 부르기로 했습니다. 그가 나타나자 무쉬아토 씨는 말했습니다.

"차펠레토 씨, 당신도 알고 있듯이 나는 오랫동안 이곳을 떠나 있게 되었소. 그런데 여러 거래 가운데 거짓말 잘하는 부르고뉴 사람들과의 일이 있어서 말이오. 생각해 보니 당신 말고는 빚을 받아낼 수 있는 사람이 없구려. 내가 보건대 지금 당신은 아무것도 하는 일이 없는 것 같으니, 만일 이 일을 맡아 준다면 재판소 관리들 쪽도 내가 잘 주선해 주고, 당신이 받아낸 돈에서 상당한 몫도 나누어 줄 생각이오."

차펠레토 씨는 당장 할 일도 없고 그즈음은 불경기였으며, 게다가 자신을 후원해 주던 사람이 오래 떠나 있게 된다는 것을 알고 있었으므로 아무 망설임 없이, 또 그렇게 하지 않을 이유도 없고 해서 기꺼이 그 일을 맡겠다고 대답했습니다. 두 사람이 여러 가지로 의논한 끝에 차펠레토 씨는 위임장과 왕실의 추천장을 받아 무쉬아토 씨에게 작별을 고하고, 아는 사람이라고는 하나 없는 부르고뉴로 갔습니다. 그곳에 닿자마자 그는 찾아간 목적을 이루려고 그의 성질에는 맞지 않는 일이건만 부드러운 태도와 공손한 말투로, 마지막 순간으로 화를 미루면서 빚을 받아내기 시작했습니다.

이 일을 하는 동안 그는 이곳에서 피렌체 출신의 형제 고리대금업자의 집에 묵고 있었습니다. 두 사람은 무쉬아토 씨에 대한 존경심에서 그에게 매우 큰 호의를 베풀어 주었는데 갑자기 그가 병들어 눕게 되었습니다.

형제는 곧 의사를 부르고 하인에게 간호를 시키며 그의 병이 낫도록 최선을 다해 주었습니다. 그러나 모든 노력이 헛일이었습니다. 이 다부졌던 인간은 이제 꽤 나이를 먹은 데다 무절제한 생활을 해와서, 의사 말에 의하면 병세가 나날이 나빠져 죽을 것 같았습니다. 이에 형제는 매우 당황하게 되었지요. 어느 날 두 사람은 차펠레토 씨가 누워 있는 방 바로 옆에서 이런 의논을 하기 시작했습니다. 한 사람이 말했습니다.

"저 사람 어떡하면 좋지? 정말 대단한 사람을 끌어들였군. 이런 중환자를 쫓아내면, 세상 사람들은 우리가 그를 기꺼이 맞아들여 간호를 해주고 친절히 의사까지 불러와 치료받게 해주었다는 걸 알고 있겠지만 결국엔 우리가 박정하다고 생각하게 될 테고, 분명히 비난이 뒤따를 거야. 그러니 죽어 가는 병자를 지금 당장 쫓아내려면, 저 사람이 무언가 우리 마음에 들지 않는 짓을 한 것으로 꾸미지 않으면 안 돼.

그런데 저 친구는 도무지 참을 수 없는 악당이었어. 그러니 고해를 하거나 교회의 성사(聖事)를 받을 생각조차 안 할 테지. 만일 고해도 하지 않고 죽는다면 어느 성당에서도 시체를 받아 주지 않을 것이고, 성당 묘지에 매장도 시켜 주지 않을걸. 개처럼 도랑에나 던져질 거야. 비록 고해를 한다 하더라도, 지은 죄가 너무 크고 모두 못된 일뿐이어서 결과는 마찬가지일 거야. 어느 수도사나 사제도 어쩔 도리가 없을 테니까. 이곳 사람들은 우리 장사가 잘되는 게 못마땅해서 늘 욕설만 퍼부어 왔으니, 그런 일을 보는 날에는 우리 재산을 약탈하러 몰려올지도 몰라. 마구 떠들어대면서 외칠 테지. '이 개 같은 이탈리아 롬바르드 놈들아, 성당도 네놈들은 받아 주지 않을 거다. 이젠 네놈들이 하는 짓을 도저히 가만히 보고 있을 수 없다.' 그러고는 집 안에까지 몰려와 우리 물건을 약탈해 갈 뿐만 아니라 목숨까지 빼앗을지도 몰라. 그러니 저 녀석이 죽으면 아무튼 큰일나게 생겼어."

이때 차펠레토 씨는 앞에서도 말했듯 두 사람이 지껄여대는 바로 옆에 누워 있었고, 병자가 흔히 그렇듯 귀가 날카로워져 있었으므로 두 사람이 주고받는 말을 모두 엿듣고 말았습니다. 그는 두 사람을 불러 말했습니다.

"당신들이 나 때문에 여러 가지 걱정을 하고 있는 모양이지만, 나는 두 사람에게 걱정 끼치고 싶지 않으니 나 때문에 화가 미치리라는 생각은 조금도 하지 마시오. 나는 당신들이 한 말을 모두 들었소. 정말 당신들이 말하는 일이 일어난다면 그 말대로 일이 벌어질 게 틀림없소. 하지만 일은 반대의 결과가 될 것이오. 나는 여태까지 하느님께 무척 나쁜 짓을 해왔으니, 죽어 가는 마당에 다시 하나만 더 나쁜 짓을 할까 생각하고 있소. 그러니 어떻게든 덕이 높은 수도사나 훌륭한 사제를 이리로 좀 불러 주시지 않겠소? 만일 그런 분이 계셔서 이리 와주신다면 나머지 일은 나한테 맡기시오. 그러면 당신들이 만족할 만한 방법으로 당신들 일도 내 일도 틀림없이 잘되도록 할 테니까요."

두 형제는 이 말에 큰 기대를 걸지는 않았지만, 아무튼 수도원으로 달려갔습니다. 그리고 자기들 집에 병들어 누운 이탈리아인의 고해를 들어 줄 수 있는 훌륭하고 거룩한 분이 와주시면 좋겠다고 부탁했습니다. 그래서 찾아오게 된 사람이, 성인으로 일컬어질 만한 덕 높은 생활을 보내고 성서에도 정통해 존경을 받고 있는 한 늙은 수도사였습니다. 이분에 대해서는 시내 사람들이 모두 특별히 절대적인 존경심을 느끼고 있었지요. 아무튼 이런 분이 안내되어 왔습니다.

덕 높은 수도사는 차펠레토 씨가 누워 있는 방으로 들어왔습니다. 그리고 머리맡에 앉더니 먼저 부드럽게 위안의 말을 하고는, 지난번 고해 때로부터 얼마나 시일이 지났느냐고 물었습니다. 그러자 여태까지 한 번도 고해 같은 것을 한 적 없는 차펠레토 씨는 대답했습니다.

"신부님, 적어도 일주일에 한 번은 고해를 하는 것이 저의 습관입니다. 물론 그 이상 고해한 적도 자주 있었지요. 하기야 병들어 누운 지 여드레가 지났으니 그동안에는 고해를 하지 못했습니다. 그토록 병이 무거웠거든요."

그러자 덕 높은 수도사가 말했습니다.

"아들이여, 훌륭한 일이오. 앞으로도 그렇게 해주기 바라오. 그토록 자주 고해를 해왔다면 내 물음에 대답하기 그리 힘들지 않을 줄 아는데, 어떻소?"

그 말에 차펠레토 씨는 대답했습니다.

"신부님, 그런 말씀 마십시오. 저는 자주 고해를 해왔습니다만, 결코 충분히 했다고는 할 수 없으니까요. 그래서 저는 이 세상에 태어나게 된 그날부터의 모든 잘못을 남김없이 고백하려고 생각지 않은 적이 없습니다. 신부님께 부탁 드립니다만, 부디 아직 한 번도 고해를 한 적이 없는 인간이라 생각하시고 무엇이든 서슴지 말고 질문해 주십시오. 제가 앓는 몸이라는 사실에 개의치 마시기 바랍니다. 그리고 이 몸을 아끼는 나머지 구세주께서 그 거룩한 피로써 구원해 주신 제 영혼을 지옥에 떨어뜨리느니보다, 이 몸을 괴롭히는 편이 훨씬 낫다고 생각하니까요."

이 말은 덕 높은 수도사를 매우 기쁘게 했습니다. 그리고 충분히 은혜를 입은 사람의 말로 생각했지요. 수도사는 그 고해의 태도를 칭찬하고, 먼저 여자에 대해 호색의 죄를 지은 적이 있느냐고 물었습니다.

차펠레토 씨는 긴 한숨을 쉬면서 대답했습니다.

"신부님, 그 일에 대해서는 허영의 죄를 범하는 것 같아 사실을 말씀드리기가 정말 매우 부끄럽습니다."

덕 높은 수도사는 말했습니다.

"과감히 고백하는 게 좋을 거요. 사실을 말한다는 것은 고해의 경우나 그 밖의 경우나 결코 죄가 되지 않으니까요."

이 말을 듣고 차펠레토 씨는 말했습니다.

"그 말씀을 들으니 마음이 놓입니다. 그럼, 말씀드립니다만, 저는 어머니의 몸에서 나온 그대로 동정(童貞)의 몸입니다."

"오, 하느님, 축복을 내리소서."

덕 높은 수도사는 외쳤습니다. "이 얼마나 훌륭한 일인가! 당신들은 하려고 마음만 먹으면, 우리에게는 허용되어 있지 않은, 그리고 다른 이도 법도에 묶여 부득이 지키고 있는 동정을 얼마든지 깨뜨릴 수 있는 자유로운 의사를 가졌는데도, 이 얼마나 대견스러운 일인가!"

다음에 수도사는 하느님의 마음을 어기고 폭음 폭식의 죄를 지은 적이 없느냐고 물었습니다.

차펠레토 씨는 깊은 한숨을 내쉬며 대답했습니다.

"있습니다. 매우 많이 있습니다."

그는 신앙심 깊은 사람들처럼 사순절에 단식을 했을 뿐만 아니라 매주마다 적어도 사흘은 빵과 물로만 살았는데, 목이 마를 때마다 물을 흡족할 때까지 마구 들이켰다고 말했습니다. 그리고 기도를 한다든가, 순례 여행길에 나서서 좀 피로할 때는 모주꾼이 포도주를 마시듯 욕심스레 물을 마셨다고 말했습니다. 또 귀부인들이 시골에 나갔을 때처럼 채소샐러드를 몇 번이나 먹고 싶어 했는지 모르겠고, 자기와 마찬가지로 기도를 하면서 단식하고 있는 사람들 이상으로 음식의 맛을 즐긴 적도 몇 번이나 있었다고 대답했습니다.

"아들이여, 그런 죄는 아주 당연하고 하찮은 일이오. 그러니 필요 이상으로 그대의 양심을 괴롭힐 필요는 없소. 어떤 사람이나, 비록 성인이라 할지라도 오랜 단식 뒤에는 먹을 것을 맛있게 여기고 피로할 때는 마시는 것을 맛있게 생각하는 법이오."

"아, 신부님." 차펠레토 씨는 말했습니다.

"저를 위로하려는 그런 말씀은 하지 마십시오. 아시다시피 하느님을 섬기는 이상, 모든 일을 뚜렷이 해두어야 하고, 어떤 녹이든지 마음에 슬어서는 안 된다고 생각합니다. 그렇게 하지 않는 자는 누구나 죄를 저지르는 셈이 되니까요."

덕 높은 수도사는 매우 만족해서 말했습니다.

"그대가 그렇게 생각한다니 아주 기쁘오. 거기에 깃든 그대의 순수하고 선량한 양심이 무척 내 마음에 드오. 하지만 이 점은 어떨까요? 말하자면 필요 이상의 것을 갖고 싶어 하거나, 또 가져서는 안 될 것을 갖고 싶어 하는 탐욕의 죄는 저지르지 않았소?"

차펠레토 씨는 곧 대답했습니다.

"신부님, 제가 고리대금업자 집에 신세를 지고 있다고 해서 그런 눈으로 보시면 곤란합니다. 저는 저 사람들의 장사와는 아무 관계도 없습니다. 오히려 저들을 훈계하고 혼을 내줄 뿐만 아니라 그런 얄미운 돈벌이를 그만두게 하려고 여기까지 왔으니까요. 만일 하느님이 저를 이런 병에 걸리게 하시지 않았던들, 저는 벌써 그 일을 다 끝냈을 겁니다. 하지만 신부님이 알아주시기를 바라는 것은, 아버지가 저에게 막대한 재산을 남겨 주셨지만, 저는 아버지가 돌아가시자 그 대부분을 가난한 사람들에게 나누어 주었다는 것입니다. 그 뒤 생계를 유지하고 하느님의 가난한 자식들을 돕기 위해 조촐한 장사를 시작했지요. 물론 장사를 하는 이상 돈을 벌려고 생각했습니다. 그리고 언제나 가난한 사람들을 생각하며 번 돈을 둘로 나누어 절반은 제 생활비로 쓰고 절반은 그들에게 나누어 주었습니다. 그 때문에 하느님도 저를 도와주신 거지요. 장사는 자꾸만 번창해 갔으니까요."

"거참 훌륭한 일을 했구려." 덕 높은 수도사는 말했습니다.

"자주 화를 낸 적은 있소?"

"오, 그런 일이라면 자주 있었습니다. 세상 사람들이 나쁜 짓을 하거나, 하느님의 분부를 지키지 않고 심판도 두려워함 없이 살아가는 것을 날마다 보고 분노를 느끼지 않는 자가 어디 있겠습니까? 젊은이들이 허영을 쫓고, 맹세를 하고는 곧바로 어기고, 밤낮 술집에 틀어박혀 있고, 성당에 갈 생각은 않고 하느님의 길보다 뜬세상의 일에만 잠겨 있는 것을 볼 때마다, 살아 있으니 차라리 빨리 죽어 버리는 편이 낫다고 생각한 적이 몇 번이나 있었는지 모릅니다."

그러자 덕 높은 수도사가 말했습니다.

"아들이여, 그것은 당연한 분노요. 그런 일로 그대에게 보속을 내릴 수는 없소. 하지만 홧김에 누군가를 죽여 버리고 싶었다든가, 심하게 나무랐다든가, 모욕한 일은 없었소?"

차펠레토 씨는 대답했습니다.

"아, 신부님은 하느님 같은 분으로 여겨지는데 어째서 그런 말씀을 다 하십니까? 지금 신부님이 말씀하신 일 가운데 하나라도 할 생각을 했더라면 어떻게 하느님이 여태까지 저를 지켜 주셨겠습니까? 그런 일은 살인자나 악당이 하는 짓입니다. 그런 인간을 만날 때마다 저는 언제나, '하느님이 그 마음을 바로잡아 주시기를!' 하고 입 밖에 내어 말하곤 했습니다."

그러자 덕 높은 수도사는 말했지요.

"아들이여, 하느님의 은혜가 그대에게 있으라. 그럼, 사람을 모함하기 위해 위증을 하거나, 욕설을 퍼붓거나, 또는 소유자의 허가 없이 남의 것을 빼앗거나 한 적은 없었소?"

"있습니다, 신부님." 차펠레토 씨는 대답했습니다.

"남에게 마구 욕을 퍼부은 일이 있다는 것은 의심할 여지 없는 사실입니다. 전에 우리 집 가까이에 늘 아내를 때리기만 하는, 아마도 이 세상에서 가장 나쁘다고 할 만한 사람이 살고 있었지요. 그래서 저는 그 아내의 친척 되는 사람에게 한 번 그의 욕을 한 적이 있었습니다. 그는 술만 취하면 아내를 학대했고, 저는 그런 그녀가 가엾어 견딜 수 없었기 때문입니다."

이 말을 듣자 덕 높은 수도사는 말했습니다.

"좋소. 그러면 더 묻겠소만, 그대는 장사꾼이라고 했는데, 장사를 하다가 남을 속인 적은 없었소?"

"확실히 있습니다. 신부님." 차펠레토 씨는 대답했습니다.

"누구였는지는 잊었지만, 어떤 사람이 제가 판 옷감값을 가져온 적이 있었습니다. 저는 금액을 살펴보지도 않고 돈궤에 넣어 두었는데, 한 달쯤 지나서야 4피치올로쯤 더 왔다는 것을 알았습니다. 그래서 저는 그것을 돌려주려 했습니다만, 그 사람을 만나지 못해서 1년 넘게 갖고 있다가 하느님께 그 여분의 돈을 바쳤지요."

수도사는 말했습니다.

"그런 것은 하찮은 일이오. 그대가 한 일은 훌륭한 일이었소."

성인으로 이름 높은 이 수도사는 그것 말고도 여러 가지 일을 물었지만, 그때마다 그는 모두 이런 식으로 대답했습니다. 그래서 덕 높은 수도사가 이제 면죄를 내리려고 하는데, 차펠레토 씨가 다시 입을 열었습니다.

"신부님, 저에게는 아직도 말씀드리지 않은 죄가 몇 가지 있습니다."

수도사가 어떤 일이냐고 묻자 그는 대답했습니다.

"지금까지도 잊히지 않습니다만, 토요일 오후 3시의 기도 뒤에, 하인에게 집 안 청소를 시킨 적이 있습니다. 이것은 주일에 대한 마땅한 경의를 표하지 않은 것이 되지 않겠습니까?"

"오! 그러나 내 아들이여, 그것은 그리 큰일이 아니니라."

"아닙니다. 그리 큰일이 아니라는 말씀은 거두어 주십시오." 차펠레토 씨가 말했습니다.

"주일이야말로 거룩한 날로 생각지 않으면 안 됩니다. 주께서 죽음에서 부활하신 날이니까요."

덕 높은 수도사는 다시 물었습니다.

"그래, 그 밖에 한 일은?"

"네, 신부님." 차펠레토 씨는 대답했습니다.

"한 번 성당에서, 악의로 한 일은 아니지만 침을 뱉은 적이 있습니다."

그러자 덕 높은 수도사는 웃었습니다.

"아들이여, 그런 것은 조금도 개의할 것 없소. 우리들 성직에 종사하는 이들도 온종일 침을 뱉고 있으니까."

이 말을 듣자 차펠레토 씨는 말했습니다.

"매우 불경한 행동을 하시는군요. 하느님께 제물을 바치는 신성한 성당이야말로 청결해야 하는 곳이 아닙니까?"

이렇게 그는 짧은 시간에 자기가 한 갖가지 행위를 고백했습니다. 그리고 마지막에 깊은 한숨을 쉬며 울음을 터뜨렸습니다. 그는 울려고만 하면 언제라도 마음대로 울 수 있는 사나이였으니까요.

수도사가 물었습니다.

"아들이여, 왜 그러오?"

차펠레토 씨는 대답했습니다.

"아, 신부님, 아직도 말씀드리지 않은 죄가 하나 남아 있습니다. 그것을 말씀드리려니 너무 부끄러운 생각이 들어서 이러는 것입니다. 그 생각을 할 때마다 보시다시피 울음이 터져 나온답니다. 이 죄에 대해서는 하느님도 결코 저를 가엾게 여겨 주시지 않을 것 같아 못 견디겠습니다."

수도사가 말했습니다.

"상관없소. 개의할 건 없으니 말해 보오. 그게 뭔데 그러오? 모든 사람이 저지른 적 있고, 이 세상이 계속되는 한 모든 사람이 저지를 게 틀림없는 모든 죄가 어느 한 사람 속에 있다 하더라도, 그 사람이 지금 내가 그대에게서 보듯 후회하고 회개한다면, 고해할 때 서슴지 않고 용서해 주실 만큼 하느님의 자비와 너그러움은 절대적이오. 그러니 그대는 마음 놓고 말하오."

차펠레토 씨는 점점 더 심하게 울먹이면서 대답했습니다.

"아, 신부님, 저의 죄는 너무나 무겁습니다. 만일 신부님이 기도해 주시지 않는다면, 하느님이 저를 용서해 주시리라고 도저히 생각할 수 없습니다."

"마음 놓고 말하오. 그대를 위해 하느님께 기도드릴 것을 맹세할 테니."

수도사는 말했습니다.

차펠레토 씨는 계속 울면서 아무 말도 하지 않았습니다. 수도사는 고백하라고 재촉했습니다. 그러나 차펠레토 씨는 오랫동안 울먹이면서 수도사의 재촉에도 대답을 않고 있더니, 마침내 땅이 꺼질 듯한 한숨을 쉰 다음 입을 열었습니다.

"신부님, 신부님이 저를 위해 하느님께 기도해 주겠다고 약속하시니 말씀드리기로 하지요. 사실 저는 아주 어릴 때 한 번 어머니를 욕한 적이 있습니다."

그는 그 말을 하고 나더니 몹시 서럽게 울었습니다. 그러자 수도사가 말했습니다.

"오, 아들이여, 그게 그토록 중대하게 여겨지오? 많은 사람들이 날마다 하느님을 욕하고 있소. 하지만 하느님은 욕한 자라도 후회하는 자는 기꺼이 용서해 주시오. 그대는 그만한 일로 하느님이 그대를 용서해 주시지 않는다고 생각하오? 자, 울지 말고 위안을 받으시오. 비록 그대가 그리스도를 십자가에 못 박은 이들 가운데 하나라 하더라도, 지금 그대처럼 깊이 후회한다면 주께서는 반드시 용서해 주실 테니까."

그러자 차펠레토 씨는 대답했습니다.

"아, 신부님, 그게 무슨 말씀입니까? 저를 밤낮없이 아홉 달 동안이나 몸

안에 품어 주시고, 태어난 뒤로는 몇백 번이나 안아 주신 정다운 어머니를 욕하다니, 정말 크나큰 죄라고 생각합니다. 만일 신부님이 저를 위해 기도해 주지 않으신다면, 하느님은 절대로 저를 용서하지 않으실 것입니다."

덕 높은 수도사는 차펠레토 씨가 이제 아무것도 고해할 일이 없음을 알고 면죄를 선고했습니다. 그리고 그의 말을 모두 곧이들었으므로, 이 사람이야 말로 최고의 덕을 갖춘 인물이라고 축복을 내렸습니다. 임종 때 이와 같은 고해를 하는 이를 믿지 않는 사람이 대체 어디에 있을까요?

모든 일이 끝나자 덕 높은 수도사는 말했습니다.

"차펠레토 씨, 하느님의 도움으로 그대는 곧 병이 나을 줄 나는 알고 있소. 하지만 만일 하느님의 축복을 받고 영혼이 구제된 그대를 하느님께서 곁으로 부르시게 된다면, 그대를 우리 수도원에 묻어도 이의가 없겠지요?"

차펠레토 씨는 대답했습니다.

"신부님이 저를 위해 하느님께 기도해 주신다고 약속하신 이상, 어떻게 다른 곳에 가서 묻히기를 바라겠습니까. 저는 평소에도 늘 신부님의 종파를 특히 믿어 왔습니다. 그래서 부탁드릴 일이 있습니다만, 신부님이 수도원에 돌아가시거든 오늘 아침 신부님이 성단에 바치신 그리스도의 성체를 제게 보내 주실 수 없겠습니까? 저는 그만한 값어치가 있는 자가 못 됩니다만, 신부님 허락을 얻어 그것을 배령하고 싶어서입니다. 그리고 성스러운 임종 도유식(塗油式)을 받고 싶습니다. 저는 죄인으로서 일생을 마쳤다 하더라도, 죽을 때만이라도 그리스도교도로서 눈감고 싶군요."

덕 높은 수도사는 그렇게 말해 주니 매우 기쁘다고 하면서 성체를 보내 주겠다고 약속했습니다. 그리고 그대로 실행했습니다.

고리대금업을 하는 두 형제는 혹시 차펠레토 씨가 자기들을 배신하지나 않을까 걱정되어 그가 누워 있는 방과 판자벽 하나로 막힌 곳에서 귀를 기울여 엿들었습니다. 그 벽을 통해 그가 수도사에게 하는 말이 모두 똑똑히 들려왔습니다. 그의 온갖 고해를 듣고 있으려니 우스워서 저도 모르게 곧 웃음이 터질 것만 같았습니다. 두 사람은 이따금 이런 말을 주고받았습니다.

"어디 저런 인간이 다 있담? 늙은이도 환자도 아닌 것 같고, 이제 눈앞에 다가와 있는 죽음의 공포도 없는 것 같잖아. 곧 하느님 앞에 불려 나가 심판을 받게 될 테니 자기의 나쁜 마음을 없애고 올바른 자가 되고 싶어 하는 것이 마땅할 텐데, 지금보다 더 안 좋게 죽고 싶은 모양이지?"

그러나 그가 수도원 묘지에 매장해 주었으면 좋겠다고 말하는 것을 듣고는, 에라 이젠 모르겠다, 될 대로 되라, 하고 생각했습니다.

차펠레토 씨가 성체를 배령하고 나자 어떻게 해볼 수도 없이 상태가 악화됐으므로 마지막 도유식을 했습니다. 그리고 그 엉터리 고해를 한 바로 그날 저녁 기도 시간이 지나 곧 숨을 거두었습니다.

두 형제는 그가 남기고 간 돈으로 훌륭히 장례를 치를 수 있도록 하려고 수도원에 사람을 보내 밤샘 기도를 하러 와줄 것과, 이튿날 아침에 시체를 인수해 줄 것을 부탁하는 등 모든 준비를 고루 다 갖추었습니다.

고해를 들은 덕 높은 수도사는 그가 죽었다는 소식을 듣자 수도원장과 의논하여 수도사들을 집합시키도록 종을 울리게 했습니다. 덕 높은 수도사는 모든 수도사들 앞에서 차펠레토 씨는 그 고해로 미루어 보건대 참으로 훌륭한 성자였다고 설교했습니다. 그리고 하느님은 그를 위해 온갖 기적을 나타내실 줄 믿으니, 큰 경의와 헌신으로 유해를 다루라고 일렀습니다. 원장도 수도사들도 진심으로 이에 동의했습니다. 그리고 그날 밤 모두 차펠레토 씨의 유해가 뉘어 있는 집으로 가서 성대하고 엄숙한 밤샘 기도를 했습니다.

그 이튿날 아침, 그들은 성의(聖衣)를 걸치고 손에 성서를 들고 십자가를 받쳐 든 이를 앞세워 성가를 부르면서 유해를 인수하러 갔다가, 다시 엄숙하고 성대한 장례 행렬을 지어 성당으로 돌아왔습니다. 그 뒤를 온 시내의 남녀들이 모두 나와 따랐습니다. 유해가 성당 안에 안치되자 설교단에 올라간 그 덕 높은 수도사는 고인이 단식을 하던 모습이며, 동정이었다는 사실이며, 그 순박함이며, 무엇 하나 나쁜 짓을 몰랐던 일 등 그의 훌륭한 덕성을 간곡하게 들려주었습니다.

무엇보다 덕 높은 수도사는 차펠레토 씨가 가장 큰 죄라면서 울며 고백한 내용을 들려주고, 그가 한탄하며 괴로워하는 모습을 보고 하느님은 반드시 그의 죄를 용서해 주시리라는 것을 그에게 납득시키기 위해 자기가 얼마나 애먹었는지를 들려주었습니다. 그리고 청중들에게 말했습니다.

"여러분, 하느님께 저주받은 사람들이여, 그런데도 여러분은 지푸라기 하나가 다리에 걸려도 하느님과 성모와 모든 성인들을 욕하고 있단 말입니다."

그 밖에 덕 높은 수도사는 그의 성실함과 순종함을 나타내는 여러 가지 이야기를 했습니다. 그리하여 이 지방 사람들은 곧 차펠레토의 덕을 믿게 되고, 모여든 사람들의 가슴은 깊은 감동을 받아 경건한 기분에 잠겼습니다. 그리고 기도가 끝나자 사람들은 저마다 먼저 유해의 손발에 입을 맞추려고 몰려가 혼잡을 이루었습니다. 그런 가운데 유해를 감싼 수의는 그 천 조각 하나라도 뜯을 수 있으면 다행이라고 여기게 된 사람들의 손에 갈기갈기 찢어지고 말았습니다. 이런 까닭으로 그의 유해는 한번 참배라도 하려고 몰려든 사람들 때문에 그날 온종일 그대로 안치해 두지 않을 수 없게 되었습니다. 이윽고 밤이 되어서야 유해는 성당 안의 대리석 관에 눕혀졌습니다.

그다음 날은 더 많은 사람들이 몰려와 촛불을 켜고, 예배를 드리고, 거듭 기원을 드리고, 기원의 내용에 따라 초로 만든 상을 내걸기 시작했습니다.

그러는 동안 그의 높은 덕에 대한 소문이 점점 더 퍼져 그에게 기도를 바치는 이들이 늘어났으므로, 무언가 불행한 일을 당하면 그에게만 기원하고 다른 성인에게는 기원하는 이가 없어졌습니다. 사람들은 그를 성 차펠레토라고 부르게 되었으며, 지금도 모두 그렇게 부르고 있습니다. 그리고 그를 대신해서 하느님이 많은 기적을 나타내셨다고 굳게 믿게 되었고, 그에게 진심으로 기원하는 자에게는 날마다 기적이 나타난다고 믿고들 있지요.

아무튼 체파렐로 다 프라토 씨는 그와 같이 살다가 이와 같이 죽어 방금 들은 대로 성인이 되었습니다. 나는 이 같은 인간이 하느님 앞에서 축복받는 일이란 도저히 있을 수 없다고는 생각하지 않습니다. 비록 그의 생애는 극악무도했다 하더라도, 하느님이 어쩌다가 그를 가엾이 여기시고 천국에 맞이하시게 된 것이 그가 최후의 순간에 회개하는 마음을 일으켰기 때문인지도 모르지요. 하지만 이런 일은 우리가 알 수 있는 일이 아니니, 이런 자야말로 천국보다 오히려 지옥의 악마에게나 인도되어야 할 인간이었다고 말하고 싶습니다.

그러나 만일 이와 같이 그가 천국으로 맞아졌다고 한다면, 우리들에 대한 하느님의 자비는 참으로 광대무변한 것이라고 생각할 수 있습니다. 하느님의 자비야말로 우리의 잘못에는 눈을 돌리시지 않고 언제나 신앙의 순수함만을 보고 계시며, 우리가 하느님의 적을 친구로 잘못 생각하고 그가 정말 성인이나 되는 것처럼 하느님 은혜의 중개자로 여겨 의지하더라도 우리의 말에 귀를 기울여 주시는 것입니다.

그러니 우리가 지금 재앙의 한복판에서 이와 같이 즐거운 모임을 열고, 또 그 속에서 하느님의 이름을 찬양할 때 우리는 건강히 있을 수 있고, 또 구원을 얻을 수 있습니다. 따라서 우리는 어려울 때 하느님이 반드시 우리 소원을 들어주신다고 마음 놓고 하느님께 의지할 수 있으므로, 하느님을 숭앙하는 일부터 먼저 이야기를 시작한 것입니다.

여기서 그의 이야기가 끝났습니다.

둘째 이야기
유대인 아브라함은 잔노토 디 치비니의 권유로 로마 교황청을 찾아간다. 거기서 성직자들의 나쁜 품행을 보고 파리로 돌아와 오히려 그리스도교도가 된다.

판필로의 이야기는 숙녀들을 웃게 했을 뿐만 아니라 모두를 완전히 감동시켰습니다. 모두 열심히 듣고 있던 이 이야기가 끝나자 여왕은 그 옆에 앉아 있는 네이필레에게 먼저 정해 둔 대로 무언가 이야기를 하라고 명령했습니다. 몹시 아름다운 데다 몸가짐이 무척 정숙한 그녀는 쾌히 승낙하고 다음과 같은 이야기를 시작했습니다.

판필로 님은 이야기 속에서, 하느님은 매우 자비로우셔서 우리가 짐작할 수 없는 일이 생기더라도 그 일로 우리의 잘못을 나무라시지는 않는다는 것을 보여 주셨어요. 그래서 나도 지금부터 하느님이 얼마나 자비로우신지 여러분께 들려드릴까 해요.

말하자면 하느님은, 말과 행동으로 하느님을 증언해야 하는 사람들이 잘못을 저질러도 가만히 참으시고 나무라지도 않으시며, 오히려 그들을 통해 당신의 틀림없는 진실을 보여 주신다는 이야기랍니다. 그래야만 우리는 더욱더 진심으로 하느님을 믿을 수 있다고 생각하기 때문이지요.

여러분, 이것은 전에 들은 이야기입니다만, 파리에 잔노토 디 치비니라는 매우 선량한 대상인이 살고 있었습니다. 그는 정직하고 책임감이 강한 사람으로, 직물업을 크게 경영하고 있었습니다. 그리고 같은 상인이며 역시 책임감이 강하고 매우 정직한 아브라함이라는 돈 많은 유대인과 친하게 지내고 있었습니다.

이 유대인이 정직하고 책임감 강한 사람임을 안 잔노토는 이렇듯 훌륭하고 영리하며 선량한 마음씨를 가진 사람이, 신앙이 모자라 육체의 파멸을 겪는 일이 있으면 큰일이라고 걱정하기 시작했습니다. 그래서 그에게 유대교를 믿는 것은 잘못의 근원이니 그리스도교의 참된 가르침을 배우면 어떠냐, 그리스도교야말로 신성하고 건전한 종교라 나날이 번영하고 신자도 불어 가는 데 비해 유대교는 차츰 쇠퇴하여 이제 쇠망의 길을 걷고 있지 않으냐고 친구로서 타일렀습니다.

아브라함은 유대교만큼 건전하고 좋은 종교는 없다고 생각하며 자기는 이 종교 아래 태어났으니 그 가르침 아래 생각하고 살아가다 죽을 참이므로 무슨 일이 있어도 종교를 바꿀 마음은 없다고 대답했습니다. 그러나 잔노토는 조금도 단념하지 않고 며칠 지나자 상인 특유의 설득법으로 다시 같은 말을 열심히 되풀이하면서, 자기들의 종교가 어째서 유대교보다 뛰어난지 끈질기게 이야기했습니다.

아브라함은 유대교에 대한 신앙이 깊었습니다만, 잔노토의 우정에 깊이 감동했던 것인지 아니면 하느님의 성령이 이 순수한 사나이의 입에 옮아와 지껄이게 한 말에 마음이 움직였던 것인지, 잔노토의 설득에 귀 기울이기 시작했습니다. 하지만 자기 신앙만은 완고하게 바꾸려 하지 않았습니다.

이렇게 그는 완강히 자기의 태도를 지켜 나갔습니다만, 한편 잔노토 쪽도 끈질기게 설득을 계속했으므로 마침내 아브라함은 그의 너무나도 꾸준한 집요함에 지고 말았습니다.

"잔노토, 자네는 내가 그리스도교도가 되어야 직성이 풀린단 말이지? 나도 그래 볼까 생각하는데, 그 약속을 하기 전에 먼저 나는 로마로 가서 자네가 말하는 이 세상의 하느님 대리라는 분을 만나 보고 그분의 품위와 태도, 그리고 형제뻘 되는 추기경들의 품위와 태도를 직접 내 눈으로 보고 싶네. 그리고 자네 말과 견주어 본 뒤 자네가 나한테 들려주었듯이, 자네의 종교가 내 것보다 뛰어나다는 것을 알게 되면 방금 말했듯 나도 그리스도교도가 되겠네. 그러나 만일 자네 말과 다르다면 지금처럼 유대교도로 있겠네."

이 말을 듣고 잔노토는 매우 실망하여 속으로 혼자 중얼거렸습니다.

"이 사람을 개종시킬 수만 있다면 그동안 애쓴 보람이 있겠다고 생각했었는데, 그 고생도 물거품으로 돌아가려는가 보군. 로마 교황청에 가서 성직자들의 그 더러운 악덕 생활을 보면, 그리스도교도가 되기는커녕 진작 그리스도교도로 개종을 했더라도 다시 유대교도로 돌아가고 말 테니."

그래서 아브라함에게 말했습니다.

"허, 어째서 큰돈을 쓰며 일부러 로마까지 간다는 건가? 바다 여행이나 육지 여행이나, 자네 같은 부자한테는 위험이 가득 도사리고 있다네. 이 도시에는 세례를 줄 만한 분이 없단 말인가? 내가 자네에게 말한 신앙에 관해 의문점이 있다면, 자네 질문에 대답해 줄 교의에 밝고 훌륭한 선생이나 총명한 분들이 이곳에도 얼마든지 있잖은가? 그러니 내 생각으로는 그 여행은 쓸데없는 짓일 듯하네. 저쪽에 있는 성직자쯤 되는 분은 이곳에서도 만날 수 있고, 그분들이 굳이 뛰어나다면 교황님 바로 밑에 있다는 것 정도일 걸세. 그러니 내 말대로, 그런 고생은 면죄부를 받으러 가는 날까지 보류해 두게. 그때는 나도 함께 갈 테니까."

유대인은 대답했습니다.

"잔노토, 나도 자네 말이 맞는다고는 생각하네. 하지만 한 마디로 말해 자네가 권하는 개종을 하기 전에 나는 꼭 로마에 다녀오고 싶네. 그렇지 않으면 나는 개종하지 않겠네."

잔노토는 그의 결의가 예사롭지 않음을 알고 말했습니다.

"그렇다면 탈 없이 다녀오게나."

이렇게 말하기는 했으나 로마 교황청을 보고 나면 도저히 그리스도교도가 될 수는 없을 거라고 생각했습니다. 그렇다고 시간을 허비해 봐야 별수가 없다는 생각에 더 이상 구차하게 고집을 피우지 않았습니다.

한편 유대인 아브라함은 말에 올라 되도록 빨리 로마의 교황청을 찾아갔습니다. 로마에 닿자 그는 아는 유대인들로부터 크게 환영을 받았습니다. 하지만 그곳에 머무는 동안 아무에게도 로마에 온 이유를 알리지 않고, 교황이며 추기경이며 그 밖의 성직자들의 생활을 관찰하기 시작했습니다.

그 결과 그는 꽤 관찰력이 날카로운 사람이었으므로 자기가 본 일이며 남한테서 들은 이야기로 미루어, 높은 사람으로부터 낮은 수도사에 이르기까지 모두 불결하기 이를 데 없는 음탕한 생활을 하고 있다는 것을 알았습니다. 또 양심의 가책도 염치도 없이 여색뿐만 아니라 남색에도 빠져 있어 무슨 큰일을 할 때는 매춘부나 미소년 같은 아이들의 힘이 적잖이 영향을 미친다는 것도 알게 되었습니다. 게다가 모두 잘 먹고 잘 마셔서 주정꾼에다, 색정 또한 여간 왕성하지 않아서 야수와 다를 바 없다는 것을 알았습니다.

좀 더 관찰해 보니 모두 돈이라면 사족을 못 쓰는 욕심쟁이로 인간의 피라기보다 그리스도교도의 피와도 같이 신성한, 세속적 소유물이 아닌 영적인 재산조차 모두 똑같이 취급하여 돈으로 바꾸어 사고파는 것을 알았습니다. 그 방법이 그즈음 파리에서 하던 직물이나 그 밖의 물건 거래보다 더 규모가 컸으며, 그 성물(聖物) 매매를 '위임'이라 부르고 그 탐욕스러움을 '생계유지'라고 부르고 있었습니다. 그 말의 뜻은 제쳐 두고, 마치 하느님도 그와 같은 타락한 인간의 의도를 모르고 계시는 것처럼, 인간의 간사한 지혜로 그런 이름을 붙여서 속이고 있는 것처럼 보였습니다. 이와 같은 일이며 차마 입에 담을 수도 없는 여러 가지 일들이 합쳐져서, 이 진지하고 절도 있는 유대인은 완전히 실망하여 이제 충분히 다 관찰했다고 여기고 파리로 돌아가기로 했습니다.

그가 돌아온 것을 알자 잔노토는 도저히 그가 그리스도교도는 되지 않겠구나 생각하면서도 찾아가, 다시 만나게 된 것을 함께 기뻐했습니다. 그리고 며칠이 지나 교황이며 추기경이며 그 밖의 교황청 사람들을 어떻게 생각하느냐고 물어보았습니다.

아브라함은 곧 대답했습니다.

"너무 심하더군. 그러다간 하느님의 벌을 받을걸. 자네니까 똑똑히 말하지만, 내가 보건대 어느 성직자에게서도 경건하고 독실한 데라든가 선행이나 모범적인 생활 같은 것은 찾아볼 수가 없고, 오히려 음탕하고 탐욕스럽고 좋은 음식만 찾고 시샘이 많은 데다 오만하더군. 그 밖에 모두 그와 비슷한 나쁜 것뿐이었으니, 만일 그 이상의 나쁜 일이 있다면 말일세만, 아무리 잘 봐주고 싶어도 하느님의 일에 종사하고 있다기보다 악마의 소업을 만들어 내는 제작소 같은 느낌이 들었네. 더욱이 그런 것을 위해 자네가 말하는 하느님의 양치기, 그러니까 교황은 온갖 신경을 다 쓰고, 모든 지혜를 다 짜고, 모든 술책을 다 부리고 있는 것처럼 보였다네. 그 때문에 다른 사람들도 그리스도교의 초석이자 기둥이어야 하는데도, 그리스도교를 무(無)로 돌려 이 세상에서 추방하려 애쓰고 있는 것처럼 보이더란 말일세.

그러나 내가 알기로는 그들의 그와 같은 안간힘은 열매를 맺지 못하고, 오히려 자네의 종교에는 신자가 더 불어나, 성령이 어느 종교보다도 신성하고 참된 것으로서 찬연히 빛나고, 가르침의 훌륭한 초석이 되고 기둥이 되는 것 같았네. 나는 자네의 권유에도 끄떡하지 않고 그리스도교도가 되기를 거부해 왔네만, 이제는 무슨 일이 있어도 그리스도교도가 되지 않고는 못 견디게 되었다고 말하고 싶네. 자, 함께 성당으로 가세. 자네의 신성한 종교의 관례에 따라 성당에서 내게 세례를 베풀게 해주지 않겠는가?"

잔노토는 전혀 반대의 결과를 짐작하고 있었으므로 그의 말을 듣고 여태까지 그토록 기뻐한 적이 없을 만큼 무척 기뻐했습니다. 그래서 곧 파리의 노트르담 성당으로 가서 성직자들에게 아브라함이 세례를 받게 해달라고 부탁했습니다.

성직자들은 그의 소원을 듣고 곧 세례를 주었습니다. 잔노토는 그를 성수반(聖水盤)에서 일으키고 조반니라는 세례명을 붙여 주었습니다. 그리고 그는 훌륭한 수도사들로부터 그리스도교의 가르침을 완전히 배우게 되었습니다. 그는 곧 교의를 다 배워 선량하고 훌륭한 사람이 되어 신앙이 가득한 삶을 살게 되었답니다.

셋째 이야기

유대인 멜키세덱은 세 개의 반지 이야기로 살라디노가 꾸민 위험에서 벗어난다.

네이필레의 이야기가 사람들의 갈채 속에 끝나자, 여왕의 희망에 따라 이번에는 필로메나가 이야기하기 시작했습니다.

　네이필레 님 이야기를 듣고 나는 어느 유대인이 겪은 재난이 생각났어요. 하느님에 관한 일이라든가 사람들의 실제 신앙에 대해선 이제 충분한 이야기를 들었으니 속계 사람들한테 일어난 사건이나 행동에 대해 이야기하는 것도 필요하다고 생각합니다. 이 이야기를 들으면 여러분은 사람들에게 질문을 받았을 때 매우 조심해서 대답해야만 한다는 걸 깨닫게 될 거예요.

　여러분, 어리석기 때문에 사람은 흔히 불행한 꼴을 당하거나 최악의 비참한 처지에 빠지는 경우가 있지요. 그와 마찬가지로 영리한 사람은 그 지혜 덕분에 최대의 위기를 벗어나 확고한 안전과 평안의 경지에 이르게 됩니다.

　사실 어리석음으로 말미암아 행복한 처지에서 비참한 처지로 떨어지는 예는 헤아릴 수 없이 많아요. 그런 예는 날마다 실제로 보고 있는 일이므로 새삼 말할 필요도 없을 것 같군요. 그래서 지혜 덕분에 위안을 얻게 된 이야기를 약속대로 짤막하게 들려드리기로 하겠어요.

　살라디노는 매우 용감한 사람으로 낮은 신분에서 바빌로니아의 군주까지 되었을 뿐만 아니라, 사라센과 그리스도교 나라 왕들과도 싸워 수많은 승리를 거두었습니다. 그런데 거듭되는 전쟁과 그 자신의 사치스러운 생활 때문에 재산을 모조리 써버렸습니다. 거기에 다시 새로운 사건이 일어나 큰돈이 들게 되었습니다. 그는 필요한 돈을 갑자기 어디서 마련해야 할지 몰라서 난처해하고 있다가, 문득 멜키세덱이라는 돈 많은 유대인이 머리에 떠올랐습니다.

　그 사람은 알렉산드리아에서 고리대금업을 하고 있어, 신청만 하면 그쯤의 돈은 마련해 줄 것 같았습니다. 하지만 매우 욕심 많은 사나이였으므로 자진해서 빌려주지는 않을 것 같고, 그렇다고 권력을 휘두르면서까지 빌릴 생각은 없었습니다. 그런데 돈이 필요한 날짜는 자꾸만 다가왔으므로, 어떻게든 이 유대인에게 마련시킬 좋은 방도가 없을까 하고 이것저것 곰곰이 생각하는 동안, 얼마쯤 구실을 만들어 권력을 휘둘러 보는 것도 괜찮겠다는 생각이 들었습니다. 그는 유대인을 가까이 불러 상냥하게 맞이하고는 자기 앞에 앉혀 놓고 말했습니다.

　"훌륭한 분이여, 나는 많은 사람들한테서 그대가 더할 나위 없이 슬기로우며 또 하느님의 일에 관해서도 조예가 깊다고 들었소. 그러니 그대의 입으로 유대교와 이슬람교와 그리스도교 가운데 어느 것이 훌륭한 종교라고 생각하는지 한번 들려주기를 바라겠소."

이 유대인은 슬기로운 사람이었으므로, 살라디노 왕이 자기 말꼬리를 잡아 트집을 잡을 생각이라는 것을 곧 눈치챘습니다. 그래서 왕이 그 뜻을 이룰 구실을 찾지 못하도록 세 종교 가운데 어느 하나도 칭찬해서는 안 되겠다고 생각했습니다. 그리고 상대편의 덫을 피하는 대답을 찾아 골몰하니, 번쩍하고 이런 대답이 떠올랐습니다.

"왕이시여, 지금 저에게 던지신 질문은 참으로 훌륭하다고 생각합니다. 그래서 제가 느끼고 있는 것을 말씀드리고 싶습니다만, 그 전에 다른 이야기부터 말씀드리는 편이 좋을 것 같으니 먼저 그것부터 들어주십시오. 저는 자주 들어서 잘 기억하고 있습니다만, 옛날에 돈 많고 훌륭한 사람이 있었습니다. 제가 잘못 듣지 않았다면, 그 사람은 많은 보물 가운데에서도 특히 값비싸고 최고로 아름다운 반지 하나를 소중히 간직하고 있었답니다. 그 값어치와 아름다움으로 해서 그는 이것을 가보(家寶)로 삼아 자손 대대로 영구히 물려줄 생각을 하고, 자기 아들 가운데 그 반지를 받을 수 있는 자를 상속자로 하여, 다른 사람들은 그를 가장(家長)으로 여기고 존경과 명예를 바쳐야 한다고 선언했습니다. 그 반지를 받은 사람은 역시 다음 후계자에게 물려주었지요. 이와 같이 선대의 뜻이 실행되어 간 것입니다. 이렇게 이 반지는 잇따라 많은 상속자의 손에 계승되어 마침내 어느 아버지의 손에 건너갔습니다.

이 사람에게는 잘생기고 품행도 방정한 매우 효성스러운 아들이 셋 있었습니다. 그러니 세 아들을 조금도 차별 없이 귀여워할 수밖에 더 있겠습니까. 그리고 물론 아들들은 그 반지에 관한 이야기를 알고 있었습니다. 그래서 저마다 자기야말로 그 영예를 차지할 자격이 있다고 자신하고, 이제 나이가 많아진 아버지에게 죽음의 때가 다가왔을 때 꼭 자기에게 그 반지를 물려 달라고 부탁했습니다. 세 아들을 똑같이 사랑하고 있던 훌륭한 아버지는 누구에게 주어야 할 것인지 마음을 정할 수가 없어서, 저마다에게 약속해서 세 사람 모두를 만족시켜 주어야겠다고 생각했습니다. 그래서 그는 솜씨 있는 기술자에게 몰래 부탁해서 따로 두 개의 반지를 더 만들게 했지요. 어느 것이 가짜이고 진짜인지 그 자신도 분간할 수 없을 만큼 진짜와 똑같았습니다. 이 윽고 임종이 가까워졌을 때 아버지는 세 아들에게 저마다 살며시 하나씩 반지를 내주었습니다. 아버지가 세상을 떠난 뒤 아들들은 유산과 명예를 상속하려고, 그 권리의 증거로 가지고 있던 반지를 내보이며 서로 상대편이 가진 것을 부정했습니다. 그런데 세 개의 반지가 모두 너무나 닮아서 어느 것이 진짜이고 가짜인지 구별할 수 없었으므로, 세 사람 가운데 누가 아버지의 진짜 후계자가 되어야 하는지의 문제는 지금도 해결되지 못한 채 그대로 있는 형편이랍니다.

왕이시여! 저는 아버지이신 하느님이 세 백성에게 주신 종교에 관해 하신 질문에, 이렇게 대답할 수 있다고 생각합니다. 말하자면 백성들은 저마다 그 유산과 법도를 이어받아 법도가 명하는 대로 살아가고 있는 줄 압니다. 하지만 어느 백성의 것이 진짜냐 가짜냐 하는 문제는, 방금 말씀드린 반지처럼 미해결인 채로 남아 있는 것입니다."

살라디노 왕은 유대인이 자기가 걸어 놓은 덫에서 교묘히 빠져나간 것을 깨달았습니다. 그래서 차라리 솔직하게 자기 요구를 밝히고, 그 돈을 마련해 주겠느냐고 물어보기로 했습니다. 그리고 덧붙여서, 만일 방금 한 그런 대답을 하지 않았더라면 권력을 휘두를 작정이었다는 것까지 실토했습니다.

유대인은 너그럽게 살라디노 왕이 요구한 금액을 고스란히 마련해 주었습니다. 그 뒤 왕은 그에게 진 빚을 모두 갚고 그 이상의 선물을 주었으며, 그를 친구로 대우하여 측근자로서 높고 명예로운 지위에 앉혔다고 합니다.

넷째 이야기

어느 수도사가 엄벌을 받을 죄를 짓지만 같은 죄를 저지른 수도원장에게 교묘히 따져 벌을 피한다.

필로메나가 이야기를 마치고 입을 다물자, 그 옆에 앉아 있던 디오네오는 지금까지의 순서로 미루어 다음은 자기 차례라는 것을 알고 이야기하기 시작했습니다.

여러분, 우리가 여기 모여서 이야기를 나누게 된 것은, 모두 즐거운 시간을 보내기 위해서라고 알고 있습니다. 그 목적에 어긋나지 않도록, 모두를 즐겁게 해줄 수 있겠다고 믿는 이야기를 저마다 해서, 아까 여왕님도 그래야 한다고 말씀하셨듯이, 여러분을 기쁘게 해드려야 한다고 생각합니다. 지금까지 잔노토 디 치비니의 권유로 아브라함이 영혼의 구제를 받은 이야기며, 멜키세덱이 지혜롭게 자기 재물을 살라디노 왕의 덫에서 구한 이야기를 들었는데, 그와 비슷한 이야기로 어느 수도사가 얼마나 약삭빠르게 엄벌을 면했는가 하는 이야기를 간단히 해서 여러분의 꾸중을 면하고자 합니다.

여기서 그리 멀지 않은 루니지아나에, 지금은 많이 쇠락했습니다만, 수도사의 수가 많고 신성한 수도원이 있었습니다. 그곳에 젊은 수도사가 하나 있었는데, 건강하고 활력이 넘쳐서 단식을 하고 밤을 새워도 도무지 정력이 사그라지지 않았습니다.

어느 날, 다른 수도사들이 낮잠을 자고 있는 점심때쯤 그는 우연히 수도원 언저리를 거닐고 있었습니다. 그곳은 몹시 외진 곳이었는데 우연히도 매우 아름다운 처녀와 딱 마주쳤습니다. 가까운 곳에 사는 농부의 딸로 밭에 채소를 뜯으러 나왔던 것이지요. 젊은 수도사는 첫눈에 그만 심한 욕정에 사로잡히고 말았습니다. 그래서 처녀에게 다가가 말을 나누었는데, 그러는 동안에 서로 뜻이 맞아 아무도 몰래 자기 방에 데리고 들어올 수 있었습니다. 그러고는 욕정이 치솟는 대로 그녀와 마구 희롱하고 있는데, 낮잠을 자고 난 수도원장이 그 방 앞을 지나다가 두 사람이 내는 소리를 듣고 말았습니다.

원장은 더 잘 들으려고 살며시 방문 앞에 다가가 귀를 기울였습니다. 그러자 안에서 틀림없는 여자 목소리가 들려왔으므로, 문을 확 열려고 했습니다. 그러다가 가만있자, 다른 방법을 쓰는 편이 낫겠구나 하는 생각이 문득 들어서 자기 방으로 돌아가 수도사가 나오기를 기다렸습니다.

수도사는 젊은 여자를 상대로 여전히 심한 애욕의 즐거움에 잠겨 있었습니다만, 역시 불안한 마음은 씻을 수 없었습니다. 그러던 중에 낮잠 자는 방쪽에서 발소리가 들리는 듯했으므로, 조그만 틈새에 눈을 갖다 대고 내다보니 원장이 귀를 기울이고 엿듣는 모습이 뚜렷이 보였습니다. 이렇게 해서 그는 자기 방에 젊은 여자가 있다는 것을 원장이 눈치챈 줄 알게 되었습니다.

굉장히 큰 벌을 받겠다고 무척 걱정이 되었습니다만, 여자에게는 그런 눈치를 조금도 보이지 않고, 어떻게든 벌을 면할 방법이 없을까 재빨리 궁리했습니다. 그러다가 마침내 그럴듯한 간책이 하나 떠올랐습니다. 그래서 이제 더 그녀와 함께 있을 수 없다는 것을 젊은 여자로 하여금 깨닫게 하면서 그는 이렇게 말했습니다.

"어떻게 하면 그대가 남의 눈에 띄지 않고 여기서 나갈 수 있는지 좋은 방법을 찾으러 나갔다 올 테니, 내가 돌아올 때까지 여기서 가만히 기다리고 있어야 해."

방에 자물쇠를 채우고 그길로 원장 방으로 가서, 누구나 외출할 때는 열쇠를 내놓고 가게 되어 있으므로, 원장에게 열쇠를 내밀면서 시치미를 떼고 말했습니다.

"원장님, 날라오기로 한 장작을 오늘 아침에 다 들여놓지 못했습니다. 허락을 해주시면 지금부터 숲에 가서 가져올까 합니다만."

원장은 젊은 수도사가 자기에게 들킨 것을 눈치채지 못하고 있는 줄 알고, 잘됐다, 저 녀석이 저지른 잘못을 따끔하게 혼내 줄 수 있겠구나, 생각하고는 기꺼이 열쇠를 받고 싱글벙글 웃으면서 허락해 주었습니다. 그리고 그가 나가는 것을 보고, 그를 처벌할 때 나중에 불평불만의 소리가 나오지 않도록 모든 수도사들 앞에서 그의 방문을 열어 그가 저지른 죄과를 눈앞에 똑똑히 보이는 편이 좋은지, 아니면 먼저 젊은 여자에게 어째서 이렇게 되었는가 사정부터 물어보는 편이 좋은지, 어느 쪽을 먼저 해야 할 것인지 생각하기 시작했습니다. 만일 여자가 수도사들 앞에서 수치를 당해서는 안 될 만한 집안의 부인이나 딸이라면 어떻게 하나 하는 생각이 들어서 먼저 그 신분부터 알아본 다음에 처리해야 옳다고 판단했습니다. 원장은 살며시 수도사의 방으로 가서 문을 열고 안으로 들어가 방문을 닫았습니다.

처녀는 원장이 들어온 것을 알고 너무나 부끄럽고 당황하여 울음을 터뜨렸습니다. 여자를 보니 머리부터 발끝까지 더없이 싱싱하고 아름다운 처녀였으므로, 나이는 먹었지만 방금 전에 젊은 수도사가 느낀 그 육체의 꿈틀거림을 원장도 느끼지 않을 수 없었습니다. 그래서 저도 모르게 혼잣말로 중얼거렸습니다.

"아, 눈앞에 이런 즐거운 상이 차려져 있는데 어째서 먹으려 하지 않는가? 언제나 불쾌한 일과 성가신 일만 일어나고 있는 생활인데…… 참으로 아름다운 처녀로군. 게다가 이렇듯 고운 여자가 여기 있다는 건 아무도 모르잖나. 마음대로 즐거움을 맛볼 수 있는데 맛보지 않을 까닭이 어디 있지? 누군가에게 알려진다면…… 그러나 누가 안단 말인가? 알려지지 않은 죄는 절반은 용서받은 거나 마찬가지지. 이런 절호의 기회는 두 번 다시 없을걸. 하느님이 행운을 내려 주실 때 고맙게 받는 것도 지혜로운 일이야."

원장은 이런 말을 제멋대로 중얼거리면서 들어왔을 때와는 정반대의 기분이 되어 여자에게 다가가 울지 말라고 상냥하게 달랬습니다. 그리고 조금씩 조금씩 자기의 의도대로 그녀를 다루기 시작했습니다.

물론 젊은 여자는 목석이 아니었으므로 기꺼이 원장의 즐거움에 몸을 맡겼습니다. 원장은 침대에 반듯이 누워 그녀를 껴안고 몇 번이나 입을 맞추었습니다. 아마 자기 위엄의 무게와 여자의 젊음을 고려했던지, 아니면 너무나 자기 몸이 무거워서 여자가 싫어할 것을 꺼렸던지, 여자 위에 타지 않고 자기 몸 위에 그녀를 올려놓고는 오랫동안 즐거움에 잠겼습니다.

한편 수도사는 숲에 가는 척하고 잠시 숨어 있다가 원장이 혼자서 자기 방에 들어가는 것을 확인하고는 그제야 마음을 놓고 자기의 술책이 들어맞았다고 생각했습니다. 더욱이 안으로 걸쇠가 채워진 것을 알자 그 확신은 더욱 굳어졌습니다. 그래서 숨어 있던 곳에서 나와 살며시 문틈에 다가가서는 원장이 행동하고 말하는 것을 모두 눈으로 보고 귀로 들었습니다.

원장은 여자와 실컷 시간을 보냈다고 생각하고 여자를 그대로 가두어 놓은 채 자기 방으로 돌아갔습니다. 한참 있으니 수도사의 목소리가 들렸으므로 숲에서 돌아온 줄 알고, 자기의 수확을 독점할 양으로 그를 호되게 꾸짖은 뒤 감금 처벌을 내릴 작정을 했습니다. 그래서 그를 불러오게 하여 엄숙한 표정과 엄한 말투로 꾸짖고는 감금 처벌을 내린다고 선고했습니다. 그러자 젊은 수도사는 기다리고 있었다는 듯이 말했습니다.

"원장님, 저는 성 베네딕트회에 들어온 지 얼마 되지 않아 이 수도회의 특수한 점을 다 습득하지 못했습니다. 그리고 원장님은 단식이나 밤샘 기도와 마찬가지로 수도사는 여자 수업을 해야 한다고 가르쳐 주시지도 않았고요.

하지만 지금은 원장님이 모범을 보이셨으니, 허락해 주신다면 앞으로는 실수 없이 원장님이 보여 주신 행위를 저도 그대로 해나갈까 생각하고 있습니다."

원장은 현명한 사람이었으므로 수도사가 자기보다 더 영리한 녀석일 뿐만 아니라 자기가 한 짓을 보았다는 것을 깨달았습니다. 그래서 자기 죄에 대한 양심의 가책을 받아, 자기와 똑같은 죄를 지은 벌을 그에게만 내리려고 한 자신을 부끄럽게 생각했습니다.

그를 용서해 주기로 한 원장은 그가 본 것에 대해 잠자코 있도록 명령한 다음, 둘이서 살며시 여자를 밖으로 내보내 주었습니다. 그 뒤 그들이 이따금 그 여자를 방에 끌어들인 것은 두말할 나위도 없는 일이지요.

다섯째 이야기
몬페라토 후작부인은 암탉 요리와 재치로 프랑스 왕의 부질없는 연모를 훈계한다.

디오네오의 이야기에 여자들은 처음에는 발그레하니 얼굴을 붉히며 창피해 하더니 곧 서로 얼굴을 쳐다보고 가까스로 웃음을 참으면서 미소를 지은 채 귀 기울였습니다. 이야기가 끝나자 그녀들은, 그런 이야기는 여자들 앞에서 삼가야겠다고 부드럽게 나무랐습니다. 여왕은 디오네오 옆 풀밭 위에 앉아 있는 피암메타를 돌아보고 다음은 그녀 차례라고 말해 주었습니다.

피암메타는 여왕에게 방긋이 웃어 보이고는 다음과 같이 이야기하기 시작했습니다.

여태까지 우리가 들어온 이야기는, 임기응변의 교묘한 대답이 얼마나 효과가 있는가 하는 이야기들이었으며 매우 흥미 있었어요. 그런데 신분이 다른 남녀의 사랑에 있어서, 신사들 가운데에는 자기보다 신분이 높은 여인을 사랑하는 데 필요한 지혜가 얼마나 있는지 모르겠습니다만, 여자들 쪽에서도 자기보다 신분 높은 남성을 받아들일 경우에는 아주 조심하지 않으면 안 된다고 생각해요. 아름다운 나의 숙녀 여러분, 내 차례가 되어 문득 생각이 났습니다만, 어느 귀족 여성이 그런 때에 어떻게 조심했고 어떤 책략을 써서 상대편의 마음을 다른 데로 돌렸나 하는 이야기를 해볼까 해요.

로마 가톨릭교회의 행정장관 몬페라토 후작은, 그리스도교도가 무기를 들고 결성한 십자군에 참가하여 해외에 원정한 적 있는 매우 무용이 뛰어났던 분이에요.

후작의 무용에 대해서는 '사팔뜨기 왕'이라는 말을 들은 프랑스 왕 필리프의 조정에도 소문이 날 정도였어요. 필리프 왕 역시 십자군에 참가할 준비를 갖추고 있을 때, 어느 기사가 몬페라토 후작과 그 부인처럼 훌륭한 부부는 이 세상에 둘도 없을 거라고 말했습니다. 기사들 가운데 이 후작만큼 덕을 갖춘 사람은 없으며, 그와 마찬가지로 요즘 부인들 가운데에서 이 후작부인만큼 아름답고 훌륭한 여성은 없을 줄 안다고 말씀드린 거예요. 프랑스 왕은 이 말에 매우 마음이 끌려서, 아직 한 번도 후작부인을 본 적이 없으면서도 곧 사랑에 사로잡히고 말았습니다. 그래서 십자군 원정 때 제노바 이외의 항구에서는 바다를 건너지 못하게 하면 거기까지 육지로 가게 되므로 후작부인과 만날 좋은 구실이 생긴다고 생각했습니다. 마침 후작은 원정에 나가서 집에 없을 테니 소망을 이룰 수 있을지 모른다고 여긴 거지요. 왕은 자기 생각대로 실행에 옮겼습니다. 부하들을 모두 먼저 출발시키고, 자기는 얼마 안 되는 수행원과 귀족 부하들을 거느리고 떠났습니다. 후작의 영지가 가까워지자 닿기 하루 전에 신하를 부인에게 보내어, 내일 아침 함께 아침 식사를 하고 싶다고 전하게 했습니다.

신중하고 영리한 부인은, 참으로 영광스러운 일이며 기꺼이 맞이하겠다고 품위 있게 대답했습니다. 그러면서도 부인은 곧 그처럼 높으신 왕이 남편이 없는 것을 알면서도 찾아오겠다니 어찌 된 일일까, 의문을 품게 되었습니다. 그러자 곧 자기 미모에 관한 소문이 왕의 마음을 움직인 게 틀림없다는 생각이 들었습니다. 하지만 부인은 그 신분에 합당하게 예를 깍듯이 하여 왕을 맞을 생각으로 성에 남아 있던 가신들을 불러 그들의 의견에 따라 고루 준비를 시켰습니다. 그러나 식사와 요리에 관해서만은 자기가 직접 지시하겠다고 했습니다. 곧 영지 내의 모든 암탉을 모으게 하여 왕을 대접하는 식탁에 암탉으로만 만든 온갖 요리를 차려 내게 했습니다.

어느덧 약속된 날 아침, 왕이 오자 부인은 화려하게 예를 다하여 왕을 맞이했습니다. 왕은 부인을 보자마자 그 기사의 말보다 더한 미인인 데다 기품이 넘치고 몸가짐이 훌륭해서 은근히 놀랐습니다. 그리고 자기가 상상했던 것보다 훨씬 아름다운 것을 알고는 더더욱 욕망이 타오르는 것을 느꼈습니다.

아무튼 왕이 그에 걸맞게 장식된 방에서 잠시 쉬고 있는 동안 식사 시간이 되었으므로 왕과 부인은 같은 식탁에 앉았습니다. 신하들도 저마다 신분에 따라 식탁에 앉았습니다.

그 자리에서 왕은 여러 가지 음식과 값비싼 술을 들었으며, 이처럼 뛰어나게 아름다운 후작부인을 가까이에서 바라볼 수 있어 매우 흡족해하는 눈치였습니다. 그런데 잇따라 요리 쟁반이 나왔지만, 쟁반은 바뀌어도 암탉 요리 말고 아무것도 없는 것을 깨닫고 좀 이상한 생각이 들었습니다. 왕은 이 언저리 산야에 다른 짐승이 많다는 것을 알고 있었고, 또 자신이 찾아온다는 것을 미리 알려 놓았으니 사냥할 시간도 충분했을 터이기 때문입니다.

왕은 적잖이 어리둥절했지만 그 까닭을 대놓고 묻지는 않고 암탉에 빗대어 물어보기로 했습니다. 그래서 부인을 돌아보고 웃으면서 말했습니다.

"부인, 이 언저리에는 암탉만 나고 수탉은 한 마리도 나지 않습니까?"

부인은 이 질문의 뜻을 환히 알고 있었으므로, 하느님이 자기 소원을 받아들여 가슴속을 분명하게 털어놓을 기회를 주셨다고 여겨, 왕에게 굽힘 없는 시선을 보내면서 참으로 명쾌하게 대답했습니다.

"아닙니다, 전하. 그렇지는 않습니다. 하지만 여자라는 것은 옷차림이나 신분에 여러 가지 변화는 있어도 속은 다 같은 법입니다."

이 말을 듣자 왕은 곧 암탉만으로 마련된 식사의 뜻과 말속에 감추어진 교훈을 깨달았습니다. 그래서 이런 부인은 아무리 설득해 봐야 헛일이며, 권력을 휘두를 경우도 아니라고 생각했습니다. 이 부인을 연모하는 것은 얼마나 철없는 짓이며, 그런 떳떳지 못한 감정은 자기 명예를 위해서도 버려야 함을 깨달았습니다. 왕은 부인의 대답이 두려워 농담 한마디 하지 않고 모든 소망을 단념하고는 식사만 했습니다. 식사가 끝나자 얼른 떠나야 한다는 핑계로 이 수치스런 방문을 적당히 끝맺기로 하고 그녀에게 받은 환대에 감사의 뜻을 표했습니다. 그리고 부인에게 하느님의 축복이 내리기를 빈다는 인사말을 하고 제노바로 떠났습니다.

여섯째 이야기

어느 정직한 사람이 수도사들의 못된 위선을 폭로한다.

후작부인이 참으로 당당한 태도로 프랑스 왕을 부드럽게 훈계한 이야기는 모두를 매우 기쁘게 해서 크게 칭찬을 받았습니다. 그러자 피암메타 옆에 앉아 있던 에밀리아가 여왕의 명령에 따라 다음과 같은 이야기를 시작했습니다.

칭찬하는 것은 웃는 것과 마찬가지라는 속담대로, 나는 어느 속세의 덕망 높은 사람이 욕심 많은 수도사를 골탕 먹인 이야기를 해볼까 해요.

친애하는 여러분, 그리 먼 옛날 일은 아니지만 우리가 사는 도시에 이교도를 심판하는 성 프란체스코회 수도사가 있었습니다. 이 수도사는 남들한테 그리스도교의 거룩한 신앙자라는 평판을 받으려고 무척 노력하고 있었습니다만, 누구나 그렇듯 신앙이 부족한 사람보다 지갑이 두툼한 사람을 찾아내는 데 더 몰두해 있었습니다. 그렇게 조사하다가 우연히 지혜보다 돈이 더 많은 성품 좋은 사람 하나를 발견했습니다.

그 사람은 포도주를 너무 마신 탓인지 또는 기분이 들떠 있었던 탓인지 무슨 말을 하다가, 물론 신앙이 부족해서가 아니라 어느 날 같이 노는 친구들과 함께하는 자리에서 자기 집에는 그리스도도 마실 만한 매우 좋은 포도주가 있다고 그만 저도 모르게 지껄이고 말았습니다.

이 말은 순식간에 그 종교 심문관인 수도사의 귀에 들어갔습니다. 그는 전부터 그 사람의 소유지가 넓고 돈도 많이 비축해 두었다는 소문을 들었으므로, 권력을 앞세우고 달려가 중대한 고발 사항이라고 일렀습니다.

물론 심문할 때는 종교심의 결여 따위는 언급하지 말고 지금까지와 마찬가지로 자기 손에 담뿍 돈이 굴러들어 오도록 다루겠다고 생각했습니다. 그리고 그를 심문소에 불러서, 먼저 그대가 한 말은 사실이냐고 따졌습니다.

호인은 그렇다고 대답하고 그 경위를 설명했습니다. 그러자 신성하기 이를 데 없는 심문관이자 성 조반니 보카도로의 숭배자인 그 수도사는 말했습니다.

"그러면 그대는 그리스도를 술꾼으로 만들어 버렸단 말이냐? 그리고 마치

친칠리오네 같은 모주꾼이나, 그대들 무리가 드나드는 술집의 주정꾼으로 만들어 버렸단 말이냐? 지금 그대는 천한 술안주 삼아 그와 같은 말을 경솔히 지껄이고 있지만, 그대가 생각하는 것처럼 이건 가벼운 문제가 아니다. 우리가 마땅히 해야 할 조치를 취한다면, 화형에 처해야 한단 말이다.”

그리고 수도사는 무서운 얼굴로 그가 영혼의 불멸을 믿지 않는 쾌락주의자이기라도 한 것처럼 마구 협박을 늘어놓았습니다. 곧 부들부들 떨며 겁에 질린 호인은 가벼운 처벌을 받으려고 여러 가지 수단을 쓰면서 조반니 보카도로의 금화를 산더미처럼 그의 손에 쥐어 주었습니다. 돈은 욕심 많은 성직자들 사이에 페스트와도 같이 악질 탐욕병을 퍼뜨리고 말았는데, 특히 돈을 그다지 만진 적이 없는 낮은 신분의 수도사들에게는 매우 큰 효험이 있는 약이지요.

이 치료약은 다른 많은 미덕과 마찬가지로 그 효과가 달리 비할 데가 없어서, 갈레노스의 의학서에는 씌어 있지 않습니다만, 아무튼 그 효험 덕분에 화형은 십자가 처벌로 바뀌게 되었습니다. 옛날 십자군이 바다를 건너 원정할 때 깃발을 아름답게 하기 위해 깃발의 검은 바탕에 노란 십자가를 꿰매 달았듯이, 그 호인은 등에 십자가를 달게 되었지요. 그리고 이미 돈은 받았으므로 며칠 동안 그를 자기 집에 묵게 하며 죄의 보속으로 아침에는 산타크로체 성당의 미사에 참석할 것, 식사 때는 자기 앞에 인사하러 올 것과, 그 밖에는 마음대로 해도 좋다고 일렀습니다.

호인은 수도사의 말대로 실행하고 있었는데, 어느 날 아침 미사를 드리고 있다가 “그대들은 하나에 대해 백을 얻고, 영원한 생명을 얻으리라”라는 복음의 말이 복창되는 것을 들었습니다.

그는 이 말을 머릿속에 잘 간직해 두었습니다. 그리고 하라는 대로 식사 시간에 심문관 앞에 나가니 심문관은 식사를 하고 있었습니다. 심문관이 그에게 오늘 아침 미사는 드렸느냐고 물었습니다. 그래서 곧 “네, 수사님” 하고 대답했습니다.

“그러면 미사드릴 때 무언가 의문으로 여겼다든지 묻고 싶다고 생각한 일은 없는가?” 심문관이 다시 물었습니다.

“네, 미사에 관해서는 그다지 의문이 없습니다. 오히려 모두 진실뿐이라고 생각합니다. 다만 한 가지, 수사님이나 다른 수사님들에 대해 동정을 느끼지 않을 수 없는 일이 있습니다. 그것은 수사님들이 저세상에 가시면 매우 비참해지겠구나 하는 생각이 들었기 때문입니다."

그러자 심문관이 물었습니다.

"아니, 그대가 우리에게 동정을 느끼지 않을 수 없었다니, 그것은 어떤 말을 듣고서였나?"

그가 대답했습니다.

"수사님, 그것은 복음서에 있는 '그대들은 하나에 대해 백을 얻으리라' 하는 구절입니다."

"그건 사실이다. 그런데 어째서 그 말이 그대로 하여금 동정을 일으키게 했는가?"

"네, 수사님, 그럼 사실을 말씀드리지요. 저는 여기 온 뒤로 날마다 수프가 때로는 한 솥 내지 두 솥씩 거리의 가난한 사람들에게 나누어지는 것을 보아 왔습니다. 여러분에게는 너무 많아서 남기 때문이겠지요. 그래서 여러분이 저세상에 가시면 하나에 대해 백을 받으시게 될 테니, 여러분은 수프의 바다에 빠져 죽고 말지 않겠습니까."

심문관과 함께 식탁에 앉아 있던 다른 수도사들은 웃음을 터뜨렸습니다만, 심문관은 자기들의 위선을 비꼰다고 느꼈으므로 그만 당황해 버렸습니다. 그래서 그는 자기 행위 때문에 그런 비난을 받은 것이 아니었더라면, 다시 그 호인을 재판에 넘겼을 게 틀림없습니다. 왜냐하면 그는 그런 우스꽝스러운 말로 자신뿐만 아니라 다른 수도사들의 비속함도 골려 주었으니까요.

그래서 그 수도사는 화가 머리끝까지 치솟아, 이제 여기 오지 말고 네 마음대로 하라고 명령했습니다.

일곱째 이야기
베르가미노가 프리마소와 클뤼니의 수도원장에 관한 이야기를 통해 갑자기 인색해진 카네 델라 스칼라를 풍자한다.

에밀리아의 유쾌한 이야기에 여왕을 비롯하여 모두들 저도 모르게 배꼽을 쥐고 웃으면서, 십자가를 등에 달게 된 사나이의 기발한 충고에 감탄했습니다. 그러나 곧 웃음도 가라앉고 다시 잠잠해졌으므로, 다음 차례인 필로스트라토가 이야기를 시작했습니다.

여러분, 움직이지 않는 표적을 쏘아 맞추는 것도 훌륭한 일이지만 무언가 뜻밖의 표적이 나타났을 때 사수가 곧 이것을 쏘아 맞혔다면 이보다 훌륭한 일은 없을 줄 압니다.

여러 가지 나쁜 일 가운데서도 수도사의 더러운 악덕에 찬 생활은, 누구나 하려고 마음먹으면 그리 어렵지 않게 입 밖에 내거나 풍자하거나 꾸짖을 수 있을 만큼 움직이지 않는 추악한 표적이 되고 있습니다. 그래서 방금 들은 심문관을 골탕 먹인 이야기는 돼지에게 주거나 아예 버리는 편이 좋을 듯한 것을 가난한 사람에게 주는 수도사들의 위선적인 행위를 잘 보여 주고 있습니다. 이것은 거기서 떠오른 이야기인데, 나는 그 사람보다 더 칭찬할 만한 어떤 사람의 이야기를 해볼까 합니다.

그 사람은 훌륭한 신사인 카네 델라 스칼라 씨가 갑자기 인색해진 데 대해서, 다른 사람의 이야기를 짧고 재치 있게 비유하여 자기와 그 사람 사이에 일어난 일을 풍자했습니다. 그건 이런 이야기입니다.

카네 델라 스칼라 씨의 명성은 거의 온 세계에 퍼져 있었습니다만, 여러 가지 점에서 운도 좋아서 황제 페데리고 2세 이래 이탈리아에서 알려진 가장 유명하고 가장 훌륭한 귀족 가운데 한 사람이었습니다.

그는 베로나에서 굉장히 호화로운 축하연을 베풀 계획으로 수많은 예능인들을 포함하여 각계 명사들을 부르게 되었습니다. 그런데 어떤 까닭인지 갑자기 계획을 변경해서, 이미 와버린 사람들에게는 응분의 보상을 해서 모두 돌려보냈습니다.

그 가운데서, 이야기 솜씨를 들어 본 사람이 아니면 도저히 믿어지지 않을 만큼 명쾌하고 말 잘하는 베르가미노라는 예능인만은, 아무런 선물도 받지 못한 데다 돌아가라는 말도 듣지 못했으므로, 아마 자기에게는 곧 무슨 큰 덕이 될 만한 일이 일어나나 보다 생각하고 베로나 시내에 그대로 머물러 있었습니다. 그런데 카네 씨는 그에게 무엇을 준다는 것은 불 속에 던져 버리는 거나 마찬가지라고 생각하고 있었으므로, 그에 대해 아무런 말도 하지 않았고 사람을 보내 무슨 소식도 전하지 않았습니다.

베르가미노는 며칠이 지나도 불러 주지 않고 자기가 자랑하는 기예를 보여 달라는 요청도 없는 데다가, 몇 필의 말과 하인들을 데리고 와 있었으므로 여관 비용만 자꾸 들어 그만 우울해지고 말았습니다. 그러나 떠날 생각은 하지 않은 채 여전히 불러 주기만 기다리고 있었습니다.

그는 멋진 차림으로 축하연에 참석하고 싶었으므로 다른 영주들한테서 받은 세 벌의 아름다운 값비싼 옷을 갖고 있었는데, 여관 주인이 숙박료를 청구하는 바람에 그 가운데 한 벌을 대금으로 내주었습니다. 그리고 계속 더 머물러 있고 싶어서 두 번째도 주었습니다. 그는 세 번째를 담보로 하여 행운을 기다리면서 그것으로 견딜 만큼 견뎌 보다가 돌아갈 생각을 했습니다. 그리하여 이렇게 세 번째를 담보로 식비에 충당하고 있던 어느 날, 우울한 표정으로 식사를 하고 있다가 카네 씨와 우연히 마주치게 되었습니다.

카네 씨는 그를 보자 무언가 재미있는 이야기를 시켜서 즐기자는 생각보다, 한번 짓궂은 소리를 해주자는 생각에서 이렇게 말했습니다.

"베르가미노, 왜 그러는가? 매우 우울한 얼굴을 하고 있는데, 무언가 이야기해 보지 않겠는가?"

그러자 베르가미노는 기다리고 있었다는 듯이, 오랫동안 곰곰이 생각해 온 것처럼 즉시 자신의 지금 처지에 해당하는 이야기를 꺼냈습니다.

"영주님, 아시겠지만 프리마소는 라틴어에 정통했을 뿐만 아니라, 누구에게도 지지 않을 만큼 뛰어난 즉흥시인이기도 했습니다. 그 때문에 그는 아주 유명해졌지요. 하기야 어디를 가나 첫눈에 그를 알아볼 만큼은 아니었습니다만, 그 명성과 평판으로 프리마소가 어떤 인물이라는 것을 모르는 사람은 없을 정도였습니다. 그런데 그 사람이 한때 파리에서 가난한 생활을 한 적이 있었지요. 부자들한테서 좀처럼 초대받지 못해 오랫동안 굶주려야 했는데, 문득 어떤 기회에 클뤼니의 수도원장에 관한 소문을 듣게 되었습니다. 그분은 교회를 맡은 고위 성직자 가운데서도, 교황님을 제외하고는 가장 돈 많은 수도사라는 소문이 나 있었지요. 게다가 더 놀랍고 훌륭한 사실은 언제나 사람을 초대한다는 것이었으며, 그분을 찾아갔는데 만일 식사 중일 때는 의사 표시만 하면 누구든지 먹고 마시는 일을 결코 거절하지 않는다는 것이었습니다. 프리마소는 이 소문을 듣고, 누구든지 명사나 귀족을 만나는 걸 좋아하는 법이니까, 한번 그 훌륭한 수도사를 만나 보자고 생각했지요. 그래서 그가 사는 곳이 파리에서 얼마나 떨어져 있는지 사람들에게 물어보았더니, 파리에서 6마일 정도 떨어진 별장에 살고 있다는 대답을 들을 수 있었습니다.

　프리마소는 아침 일찍 떠나면 꼭 알맞은 시간에, 말하자면 식사 시간에 도착하겠다고 속으로 계산했습니다. 그는 미리 그곳까지 가는 방법을 알아 두기는 했지만, 길을 잘못 들어서 재수 없게 길을 잃어버릴지도 모르고, 엉뚱한 곳으로 가서 식사도 할 수 없는 곳에 이르면 큰일이라고 생각했으므로, 굶는 일이 없도록 빵을 세 덩이 갖고 가기로 했습니다. 물은(그는 별로 물을 마시지 않았고) 어디에나 있겠지, 하고 생각했지요. 그래서 빵 세 개를 호주머니에 넣고 출발했습니다만, 마침 알맞게 식사 시간 전에 수도원장 집에 닿을 수가 있었습니다. 그는 집 안으로 들어가서 내부를 이리저리 둘러보았습니다. 그리하여 준비가 다 되어 가지런히 놓여 있는 식탁이며, 주방의 훌륭한 설비며, 식사를 위해서 마련해 둔 갖가지 산더미 같은 식료품을 보고 중얼거렸습니다. '정말 소문대로 훌륭한 분이구나.' 그가 이런 것들을 바라보며 넋을 잃고 있는데 수도원장의 집사가 식사 시간이 되었으니 손 씻을 물을 내오라고 하인에게 일렀습니다. 물이 나누어지자 손님들은 저마다 식탁에 앉았습니다.

　그런데 우연히도 프리마소는 원장이 식당에 드나드는 문을 마주 보고 앉게 되었습니다. 그러나 여기서는 원장이 식탁에 앉기 전에 아무도 식탁의 포도주나 빵이나 그 밖의 음식물을 결코 먼저 마시거나 먹어서는 안 된다는 관례가 있었습니다. 집사는 음식을 식탁에 다 차렸으므로, 언제라도 좋으실 때 드실 수 있습니다, 하고 원장에게 보고하러 사람을 보냈습니다. 원장은 자기 방을 나와 식당에 들어가려고 문을 열어 앞을 바라보았는데, 그러자 초라한 옷을 걸친 처음 보는 얼굴의 프리마소가 눈에 띄었습니다. 그를 보는 순간 여태까지 일찍이 든 적이 없는 불쾌한 생각이 솟아올라 '대체 내가 누구에게 식사 대접을 하나!' 하고 중얼거렸습니다. 그리고 휙 몸을 돌려 자기 방의 문을 닫게 하고는, 옆에 있는 사람에게, 맞은편에 앉아 있는 초라한 몰골의 사나이가 대체 누구냐고 물었습니다. 모두 모른다고 대답했습니다.

프리마소는 먼 길을 걸어온 데다, 굶주림에는 익숙하지 않았으므로 빨리 식사를 하고 싶었습니다. 하지만 한참을 참고 기다려도 원장이 들어오지 않자 호주머니에 든 세 개의 빵 가운데 하나를 꺼내 먹기 시작했습니다. 원장은 한참 있다가 그자가 나갔는지 보고 오라고 하인에게 일렀습니다. 그 하인은 '아닙니다, 신부님. 자기가 갖고 온 빵을 먹고 있습니다' 하고 대답했습니다. 그러자 원장은, '그렇다면 자기가 갖고 온 빵을 먹게 내버려 두어라. 오늘은 우리 음식을 대접하지 않을 테니까' 하고 말했습니다. 쫓아내기까지 하는 것은 좋지 않다고 원장은 생각하고, 프리마소가 스스로 돌아가기를 바란 모양이지요. 그런데 프리마소는 빵 한 개를 다 먹도록 주인이 모습을 나타내지 않자 두 개째를 먹기 시작했습니다. 그가 돌아갔는지 어떤지 보러 간 사람이 원장에게 본 대로 보고했습니다. 두 개째를 다 먹고 난 프리마소는 아직도 원장이 나타나지 않자 마침내 세 개째를 먹기 시작했습니다. 그것도 원장에게 보고되었습니다.

이때 원장은 이렇게 중얼거리기 시작했습니다. '아, 내가 오늘 이런 생각을 하다니 어찌 된 일일까? 이 무슨 인색하고 부끄러운 짓인가! 어째서 이런 짓을 했던가? 나는 오랜 세월 내 음식을 먹고 싶어 하는 사람이면 누구에게나 대접하지 않았던가? 그게 신사건, 하잘것없는 인간이건, 부자건, 가난뱅이건, 큰 상인이건, 작은 장사치건…… 그뿐만 아니라 부랑자 같은 인간들이 마구 먹어 치우는 것을 이 눈으로 보아도, 오늘 저 사람을 보고 내 마음에 일어난 그런 생각은 조금도 솟아나지 않았었다. 보잘것없는 인간들에게 인색해지고 싶은 마음은 조금도 솟지 않았단 말이다. 그런데 저 부랑자 같은 사람은 내게 경멸심을 갖게 했으니, 여간한 인물이 아닌가 보다.'

이처럼 혼잣말을 내뱉고 나자 원장은 그가 어떤 인물인지 알고 싶어졌습니다. 그리하여 자기가 관대하다는 소문을 듣고, 직접 자신을 보려고 찾아온 프리마소임을 알았습니다. 원장은 그가 유능한 인물이라는 소문을 전부터 듣고 있었으므로 매우 부끄럽게 생각했습니다. 그래서 그 보상을 하려고 그에게 경의를 표시하기 위해 온갖 방법으로 환대했습니다. 그러고는 식사가 끝나자 프리마소의 가치에 걸맞는 훌륭한 의복을 입히고 많은 돈과 타고 갈 말을 한 필 주었으며, 떠나거나 더 묵고 가거나 좋을 대로 하라고까지 말해 주었습니다. 그래서 프리마소는 매우 기뻐하며 감사의 뜻을 충분히 표한 다음, 올 때는 걸어서 온 파리를 갈 때는 말을 타고 유유히 돌아갔다고 합니다."

눈치 빠른 카네 씨는 그 이상의 설명을 들을 것도 없이 베르가미노가 말하고자 하는 참뜻을 이해하고 웃으면서 말했습니다.

"베르가미노, 그대는 그대가 입은 손해와 그대의 능력과 나의 인색함, 또 그대가 내게 바라는 바도 분명히 알려 주었네. 사실 나는 이번에 그대에게 한 것 같은 인색한 짓은 한 번도 한 적이 없었네. 하지만 그대가 들려준 충고의 회초리로 나를 단련시키도록 하겠네."

이렇게 말하고 그는 베르가미노의 숙박비를 지불해 주고, 자기의 훌륭한 옷을 입힌 다음 많은 돈과 타고 갈 말을 주었으며, 떠나든지 계속 묵든지 좋을 대로 하라고 말했습니다.

여덟째 이야기

굴리엘모 보르시에레가 신랄한 말솜씨로 에르미노 데 그리말디 씨의 탐욕스러움을 호되게 골려 준다.

필로스트라토 옆에는 라우레타가 앉아 있었습니다. 그녀는 베르가미노의 임기응변적인 이야기에 모두 감탄하는 것을 보고는, 이번에는 자기가 말할 차례라고 생각했으므로 지시도 받기 전에 스스로 이야기를 꺼냈습니다.

여러분, 나는 방금 그 이야기를 듣고 역시 어느 훌륭한 궁정인이 한 부자 상인의 탐욕스러움을 꼬집어서 크게 효과를 본 이야기를 해볼까 합니다. 이 건 앞선 이야기와 주제가 비슷합니다만, 결말이 매우 좋게 끝나기 때문에 아마 여러분도 만족하실 겁니다.

꽤 오래전 일입니다만, 제노바에 에르미노 데 그리말디라는 귀족이 살고 있었습니다. 이 사람은(당시에는 모두가 그렇게 생각하고 있었습니다만), 그 무렵 이탈리아에서 알려진 다른 모든 부자보다 훨씬 많은 광대한 토지와 막대한 재산을 갖고 있었습니다.

재물에 있어서 그 무렵의 어느 이탈리아인에게도 뒤지지 않았듯이, 인색하고 욕심 많은 점에서도 이 세상의 어느 욕심꾸러기나 노랑이에게 한 걸음도 양보하지 않았습니다.

그런 까닭으로 다른 사람을 대접할 때에는 돈주머니를 꼭꼭 묶어 놓았을 뿐만 아니라, 옷을 고상하게 갖춰 입는 것이 제노바 사람들의 풍습인데도 그는 반대로 돈을 쓰기 싫어서 가장 궁핍한 생활을 견뎠으며, 마찬가지로 먹고 마시는 것도 극단적으로 절약했습니다. 그래서 당연한 일입니다만, 그리말디라는 성을 부르는 사람은 없고, 모두 그저 '욕심쟁이 에르미노'라고만 부르게 되었지요. 그런데 이 사람이 돈을 아껴 쓰고 모으던 무렵에, 굴리엘모 보르시에레라는 품행도 좋고 말도 잘하는 훌륭한 궁정인이 제노바에 온 적이 있었답니다. 이분은 요즘 우리 주변에서 흔히 보는 궁정인과는 달랐습니다. 워낙 요즈음 궁정인들은 귀족이나 귀한 신사라 불리고 싶어 하고, 이름이 나기를 바라는 사람들뿐이며, 썩을 대로 썩은 부도덕한 생활을 부끄러워하지도 않고, 궁정에서 자랐다기보다는 아주 천한 인간들의 보기 흉한 거지 같은 생활 속에서 자란 당나귀라고 말하는 편이 옳을 인간들뿐이니까요.

그 무렵의 궁정인들은 귀족들 사이에 분쟁이나 증오가 생기면 화해시키기 위해서 애를 썼고, 결혼이라든가 친척 간에 일어난 문제를 해결해 주거나 그들 간에 우정을 맺어 주기 위한 주선을 직무로, 혹은 습관으로 생각하고 있었습니다. 또 괴로워하는 사람은 훌륭한 경구나 우스갯소리로 마음을 달래 주고, 다른 궁정인들에게는 심심풀이로 할 만한 일거리를 주었으며, 사악한 자의 과오에 대해서는 아버지처럼 엄하게 꾸짖곤 했지만, 그렇다고 그런 일에 보상 따위를 바라지는 않았습니다.

그런데 오늘날에는 서로서로 욕을 퍼붓고, 불화의 씨를 뿌리고, 남의 욕이나 불행을 지껄여대고, 더 나쁜 것은 남의 눈앞에서 그런 것을 예사로 폭로하여 사실이건 아니건 서로 잘못한 일을 따지고, 창피한 일을 공개하고, 서로의 슬픔을 건드리고 있습니다. 게다가 마음에도 없는 아첨을 늘어놓고, 선량한 사람들을 천한 악행으로 끌고 들어가면서 생활하고 있어요. 그리고 이 같은 자가 오히려 사랑받고, 가장 혐오스러운 말과 행동은 오히려 찬양되고, 최고 보수를 받으면서 예의범절을 모르는 가엾은 인간들의 존중을 받고 있는 것입니다. 이것이 바로 지금 우리 사회의 가장 큰 치욕이자 비난받아 마땅할 결점으로서, 오늘날 가엾은 인간들이 악의 구렁텅이에 미덕을 내동댕이쳐 버렸다는 분명한 증거라고 아니할 수 없을 것입니다.

내 뜻과 어긋나게 어느새 이야기가 빗나가고 말았습니다만, 본줄기로 돌아가서, 아까 말했던 굴리엘모는 제노바의 귀족들이 모두 환영하고 기꺼이 맞이했습니다.

그런데 그는 잠시 이 도시에 묵고 있는 동안에, 에르미노가 얼마나 인색하고 욕심이 많은지에 대해 지겹도록 듣게 되어, 한번 만나 보기나 하자는 생각이 들었습니다.

에르미노 쪽에서도 굴리엘모 보르시에레가 훌륭한 인물이라는 말을 듣고 있었으므로, 욕심꾸러기이기는 하지만 품위를 지키도록 교육받은 귀족이기도 해서, 아주 친절한 말투와 밝게 웃는 얼굴로 그를 맞이했습니다. 그리고 여러 가지 주제를 가지고 이야기를 나누면서 다른 제노바 사람들과 함께 얼마 전에 세워 매우 아름답게 꾸민 자신의 집 안으로 그를 안내했습니다. 그리고 집 안을 구석구석 보여 준 다음 말했습니다.

"그런데 굴리엘모 씨, 당신은 여러모로 견문이 넓은 분이라고 들었습니다. 그러니 이 집 응접실에 무엇을 그리게 하면 좋겠는지, 여태까지 사람들이 본 적이 없는 그런 것을 가르쳐 주시지 않겠습니까?"

굴리엘모는 이 말을 듣고 짓궂게 대답했습니다.

"글쎄요, 여태까지 사람들이 본 적이 없는 물건이라면, 이를테면 재채기라든가 뭐 그런 것밖에 가르쳐 드릴 수가 없군요. 하지만 굳이 바라신다면, 당신이 보지 못했을 만한 것을 하나 가르쳐 드리지요."

"오오, 그럼 부탁합니다. 말씀해 주십시오." 에르미노 씨는 말했지만, 그런 게 있을 까닭이 없다고 생각했습니다.

그러자 굴리엘모는 서슴지 않고 말했습니다.

"친절한 성품을 그리게 하십시오."

에르미노 씨는 이 말을 듣자 매우 부끄럽게 생각했습니다. 그래서 조금 전과는 아주 딴판으로 마음을 고쳐먹게 되었습니다.

"굴리엘모 씨, 꼭 그것을 그리게 하겠습니다. 당신에게나 다른 사람에게나 내가 그런 미덕을 전혀 모르는 사람이라는 말을 듣고 싶지 않으니까요."

굴리엘모의 신랄한 그 한마디는 매우 효과가 있어, 그 뒤로 그는 아주 예의 바르고 너그러운 귀족이 되었으며, 당시의 제노바 사람들 가운데 누구보다도 다른 나라 사람이나 시민들을 극진히 대접하게 되었답니다.

아홉째 이야기

겁쟁이 키프로스 왕이 가스코뉴의 한 부인에게 모욕을 당한 뒤에 용감한 왕이 된다.

마지막으로 여왕이 지명을 할 차례가 되자 엘리사는 명령을 기다릴 것도 없이 스스로 이야기하기 시작했습니다.

여러분, 사람들한테서 실컷 비난을 받고 심한 일을 당해도 효과가 없었는데, 우연한 기회에 무심코 들은 한마디가 그 사람을 움직이게 했다는 예는 지금까지 흔히 있었던 일이에요. 라우레타의 이야기도 그랬고요. 그래서 나도 한 가지 짤막한 이야기를 해볼까 해요. 좋은 이야기는 말하는 사람이 누구든 간에 듣는 이를 기쁘게 하고 감명을 준다고 생각하기 때문이에요.

내가 하고 싶은 이야기는, 고드프루아 드 부용이 성지(聖地)를 탈환한 뒤 키프로스 초대 국왕 시대에 일어난 일인데, 프랑스 가스코뉴의 어느 귀족 부인이 그리스도의 묘지를 참배하고 돌아오는 도중 키프로스섬에 닿았을 때, 몇몇의 무뢰한들한테서 심한 모욕을 당했습니다.

그래서 너무나 분한 나머지 국왕에게 호소할까 생각했습니다. 그런데 어떤 사람이 말하기를, 그래 봤자 헛일이라는 것이었습니다. 그 국왕은 너무 무기력해서 어떤 일을 한다는 것은 생각지도 못할뿐더러 정의를 내세우고 처벌을 내리기는커녕, 자기가 받은 모욕조차 보기 흉하도록 비굴하게 참고 있는 인물이라는 거예요. 그래서 모두 국왕을 업신여기고, 욕설을 퍼부을 정도라는 것이었습니다.

이 말을 듣고 부인은 처벌을 맡길 것을 단념했으나 조금이나마 마음을 풀기 위해 국왕의 무기력함을 비난해 보아야겠다고 생각했습니다. 그래서 눈물을 흘리며 국왕 앞에 나아가 말했습니다.

"전하, 저는 제가 받은 모욕에 대해서 상대편을 처벌해 주십사고 이렇게 뵈러 나온 것은 아닙니다. 하지만 하다못해 조그만 위안이라도 삼도록, 전하께서도 당하고 계신다는 그 갖가지 수모를 어떻게 참고 견디시는지 들려주셨으면 고맙겠습니다. 그러면 저도 본받아서 제가 당한 모욕을 참을 수도 있을 것 같으니까요. 실은 가능하다면 참을성 많으신 전하께 제가 받은 모욕을 드리고 싶습니다만……."

바로 그때 느림보요 게으름뱅이였던 왕은 깊은 잠에서 홀연히 깨어, 무엇보다도 먼저 이 부인을 모욕한 자들을 엄벌에 처했으며, 그 뒤부터는 왕위의 명예를 조금이라도 더럽히는 자가 있으면 용서하지 않고 엄하게 벌주었다고 합니다.

열째 이야기

볼로냐의 알베르토 선생이 사모하는 여성한테 수치를 당하게 되자 기지로 역습하여 그녀를 모욕하고 오히려 존경받게 된다.

엘리사가 이야기를 마치자 이제 여왕이 마지막으로 이야기할 차례가 되었습니다. 여왕은 여자답고 정숙하게 다음과 같이 이야기를 시작했습니다.

젊고 훌륭하신 여러분, 별은 맑게 갠 밤하늘의 장식이고, 푸른 들판의 꽃은 봄의 장식이듯이, 짧고 재치 있는 경구는 칭찬할 만한 교양의 꽃이며, 즐거운 이야깃거리의 근원입니다.

그런 경구는 간결한 것이니까 신사들보다 오히려 숙녀들이 더 좋아하죠. 그것은 긴 이야기가 간결하게 다루어졌을 때, 남자들보다 여자들이 더 좋아하는 것을 보아도 알 수 있을 거예요. 하기야 요즈음은 경구를 알 만한 여성은 매우 적고, 아니 적다기보다 거의 없는 형편이며, 그 참뜻을 모를 뿐만 아니라 알아도 묻는 대로 거침없이 대답할 수 있는 사람은 아주 드물어요. 이것은 우리들이나 요즘 여성들 모두의 수치라고 생각해요. 그래서 옛날 여성은 마음속에 미덕을 간직하고 있었지만, 지금 사람들은 옷을 차려입는 데 온 정신을 쏟고 있는 거예요. 흔히 여성들이 여러 색의 무늬 옷을 입고, 화려하게 장식품으로 치장하고 있는 것을 봅니다만, 그녀들은 그것을 당연한 일이며 남에게 존경받는 조건이 된다고 믿고 있어요.

만일 그런 것을 노새에게 장식하는 사람이 있다면, 노새가 인간보다 훨씬 더 많이 몸에 지닐 수 있다는 건 생각하지도 않아요. 차려입어 봐야 노새는 노새로밖에 취급되지 않는다는 걸 생각지도 않는단 말예요. 이런 말을 하는 것을 나는 정말 부끄럽게 생각해요. 남의 욕을 하면서 나 자신을 비난하는 꼴이 되거든요. 하지만 그와 같이 화려하게 차려입고 치장한 여성을 보면 마치 대리석상처럼 무감각하게 아무 말도 하지 않을 때가 많지요. 혹은 누가 무엇을 물으면 대답이랍시고 입을 열지만, 차라리 잠자코 있는 편이 좋을 성싶을 때도 있어요. 그리고 자기들이 여성들 사이에서, 혹은 훌륭한 남성들 사이에서 서로 말을 잘 나누지 못하는 것은, 자기들이 순수하기 때문에 그런 줄 믿고 있단 말이에요.

뿐만 아니라 자기들의 어리석음에 기품이라는 이름을 씌우고, 세상에 마치 그런 기품 있는 여성은 없는 것처럼 생각하고, 그러면서도 하녀나 빨래하는 여자나 빵 굽는 여자와는 서슴지 않고 재잘대지 않겠어요. 그녀들이 생각하고 있는 것처럼 그게 자연의 섭리라면, 한편으로 그런 쓸데없는 수다는 그만두어야 하지 않을까요?

물론 다른 경우와 마찬가지로 언제 어디서 누구와 이야기하고 있는가, 그걸 염두에 두는 것이 당연한 일이죠. 그래서 남자건 여자건, 몇 마디 교묘한 말로 상대에게 창피를 주려고 할 경우에는 자기 힘과 상대편의 힘을 잘 분간하지 못하면 상대한테 주려고 했던 모욕이 오히려 자기에게 돌아오는 일이 흔한 법이에요. 그러니 여러분도 조심을 해주시고, 아니 그 이상으로, 세상에서 흔히 말하듯 '여자는 언제나 손해만 본다'는 속담이 여러분에게는 해당되지 않도록, 오늘 내가 마지막으로 이야기하게 되었으니, 지금부터 내 이야기를 듣고 여러분 스스로 교훈을 찾으시면 좋겠어요. 여러분은 다른 여자들과는 달리 고상한 마음을 가진 분들이니까, 그들과는 교양의 깊이가 다르다는 것을 보여 주셨으면 해요.

그다지 먼 옛날은 아닙니다만, 볼로냐에 매우 유명한 의사가 살고 있었습니다. 아직 살고 있는지도 모르겠군요. 명성이 너무나 높아서 온 세계에 그의 이름이 알려져 있었답니다. 이름은 알베르토라고 하죠. 이분은 벌써 일흔이 다

되어 가는 나이여서 육체의 열정은 거의 사라졌지만, 마음만큼은 아직 젊음을 조금도 잃지 않았으므로 사랑의 불길도 이따금 타오르곤 했답니다. 몇 사람의 이야기를 들어 보면, 이 의사는 어느 연회에서 말게리다 데 기솔리에리라는 과부를 만났는데, 이제까지 본 적 없는 미인이라 첫눈에 그만 마음을 고스란히 빼앗겨서 낮에 그 아름다운 부인의 매우 우아하고 사랑스런 얼굴을 한 번이라도 보지 않고는 그날 밤을 제대로 잠도 이룰 수 없을 만큼, 마치 젊은 사내처럼, 늙은 가슴에 사랑의 불길을 태웠답니다. 그래서 이 의사는 기회만 있으면 그 과부 집 앞을 말을 타고, 또는 걸어서 줄곧 왔다 갔다 하곤 했습니다. 그런 일로 해서 그 여자는 물론 다른 아낙네들도 그 까닭을 알게 되었지요. 사람들은 모두 그와 같은 사랑의 열정이란 젊은 사내의 어리석은 마음에나 솟을 일이지, 그 밖의 자리에 솟을 일은 아니라고 믿는 듯, 그이를 볼 때마다 이제 분별도 있음직한 늙은이가 어떻게 사랑에 빠질 수 있었을까, 하고 서로 웃으며 지껄이곤 했습니다.

이와 같이 우리 알베르토 선생이 여전히 그 과부 집 앞을 꾸준히 왔다 갔다 하고 있던 중, 어느 축제날 많은 부인들과 함께 문 앞에 앉아 있는 그녀와 마주쳤습니다.

사람들은 알베르토 선생이 저쪽에서 가까이 오는 것을 보고 과부와 의논해서, 의사 선생을 맞아들여 정중히 대접한 다음 한번 그이의 사랑을 놀려 주자고 의견을 모았습니다. 그러고는 준비를 시작했지요. 곧 사람들은 모두 일어나 의사 선생을 맞아들여 시원한 안마당으로 안내하고는 고급 포도주와 달콤한 과자를 대접했습니다. 그러다가 어지간히 흥이 돋았을 때 의사에게, 잘생기고 젊고 쾌활한 많은 귀족들이 이 아름다운 부인을 사모하고 있다는 것을 잘 아실 텐데, 어째서 선생님이 연모하시게 되었느냐고 물었습니다.

알베르토 선생은 가볍게 비꼬는 말투를 깨닫고 상냥하게 웃으면서 대답했습니다.

"부인, 내가 사랑을 하고 있다는 이 문제에 대해선 총명한 분이라면 별로 놀라시지 않을 것이오. 특히 그럴 만한 가치가 있는 부인은 전혀 놀라지 않으실 줄 알고 있소. 물론 늙은이에게는 사랑을 완수할 체력은 없지만, 그렇다고 사랑하는 마음을 눌러 버려야 한다거나, 사랑받을 가치가 있는 것을 몰라보는 법은 없소. 더욱이 늙은이는 젊은이보다 경험과 지식이 더 풍부하고, 당연히 사물을 분별할 줄 아는 힘도 더 많이 갖추고 있으니까요. 많은 젊은이들한테 사랑을 받고 있는 부인을 이제 다 늙은 내가 사랑하게 된 까닭은, 내가 부인들이 간식으로 루핀 콩이나 부추 같은 것을 먹는 모습을 자주 보았기 때문이라오. 부추는 맛이 없지만, 뿌리 쪽은 별로 해롭지도 않고 입 안의 감촉도 좋지요. 그런데 당신들은 그걸 먹는 방법이 틀려서, 뿌리는 손에 들고 잎을 먹더군요. 잎은 전혀 자양분이 없을뿐더러 맛도 나쁘다오. 혹시 부인은 연인을 고르실 때도 그런 식으로 하고 있지는 않으신가요? 만일 그러시다면, 부인이 골라야 할 사람은 바로 나이며, 다른 자들은 버려야 합니다."

그러자 이 귀부인은 다른 부인들과 함께 약간 부끄러운 듯이 대답했습니다.

"선생님은 매우 교묘히, 그리고 은근히 저희들의 무례한 꿍꿍이셈을 꾸짖으셨어요. 정말 선생님은 총명하고 훌륭한 분이라고 생각해요. 이렇게 된 이상 선생님의 사랑을 받아들이지 않을 수 없네요. 그러니 부디 제 명예를 더럽히지 마시고 선생님의 바람대로 저를 사랑해 주세요."

의사는 다른 사람들과 함께 자리에서 일어나 부인에게 깊이 감사하고 매우 쾌활하게 싱글벙글 웃으면서 작별 인사를 하고는 그 집에서 나갔습니다. 부인은 놀릴 상대를 잘못 보았기 때문에 이길 줄 알았다가 지고 만 거예요. 제발 여러분도 현명하게, 스스로를 돌아보며 조심하시기를 부탁합니다.

젊은 부인들과 세 청년의 이야기가 끝났을 무렵에는 벌써 해도 기울고, 더위도 거의 수그러들었습니다. 그래서 여왕은 참으로 흔쾌한 기분으로 말했습니다.

"여러분, 오늘 나에게 맡겨진 지휘권은 새 여왕님을 선출하는 일 말고는 이것으로 다 끝났습니다. 새 여왕님은 자기의 생각에 따라 자신은 물론 우리 생활을 즐겁게 해주시기를 바랍니다. 그런데 자정이 될 때까지는 아직 오늘이 계속된다고 생각됩니다만, 시간의 여유가 있지 않으면 앞으로의 준비를 할 수 없을 것 같고, 또 새 여왕님이 다음 준비를 하시기 위해서는 지금부터 내일이 시작된다고 판단하는 편이 좋을 것 같아요. 그래서 만물의 근원이신 하느님을 숭앙하고, 우리가 위안을 얻을 수 있도록, 내일은 젊고 분별 있는 필로메나가 여왕을 맡아서 우리들 나라를 주재해 주시게 될 거예요."

이렇게 말하고 그녀는 일어서더니 월계관을 벗어 엄숙히 필로메나에게 씌워 주었습니다. 그리고 가장 먼저 자기가, 이어 남자들이 똑같이 여왕으로 뽑힌 그녀에게 인사하고, 기꺼이 그녀의 지배를 받겠다고 말했습니다.

필로메나는 왕위에 앉게 되었으므로 수줍어서 발그스레 얼굴을 붉혔습니다만, 팜피네아가 한 말을 생각하고 바보처럼 보이지 않도록 용기를 냈습니다. 그리고 먼저 팜피네아가 일러 준 모든 역할을 재확인하고는, 이튿날 아침과 저녁 식사는 지금 자기들이 있는 이 장소에서 하기로 했습니다. 그리고 이렇게 인사했습니다.

"여러분, 나의 힘이라기보다 팜피네아 님 호의로 내가 여러분의 여왕으로 선출되었습니다만, 혼자만의 판단으로 우리의 생활을 정하지 않고 여러분의 의견을 받아들여 정해 나갈 생각이에요. 그래서 내 생각을 여러분에게 미리 알려 드리고, 그 가운데 여러분이 자유롭게 선택하시도록 간단히 설명해 보겠습니다. 오늘 팜피네아가 쓰신 방법은, 내 견해가 틀림이 없다면 찬양할 만한 값어치가 있는 동시에 즐거운 것이었다고 생각합니다. 여러분의 이야기가 너무 길다든가, 또 다른 이유로 따분한 것이 되지 않는 한, 그렇게 이야기하는 것을 중지할 생각은 없습니다.

자, 이것으로 우리들의 이야기 모임은 끝났어요. 자리에서 일어나 잠시 근처를 산책하도록 하십시오. 이제 해도 다 기울어 가고 있으니까, 신선한 바깥 공기를 �쐰 다음 식사를 하도록 하세요. 그리고 노래를 부르거나, 재미있는 놀이라도 한 다음 잠자리에 드는 편이 좋겠다고 생각해요. 내일 아침에는 시원할 때 일어나도록 해주세요. 그리고 근처를 산책하도록 합시다. 저마다 산책 시간의 차이는 있겠습니다만, 오늘 하신 것처럼, 정해진 시간에는 돌아와서 식사를 하고 춤을 춥시다. 이야기 가운데는 재미있고 우스운 일도 많이 있습니다만, 교훈도 꽤 많이 들어 있는 것 같아요. 사실은, 여왕에 늦게 선출되는 바람에 팜피네아가 못 하신 걸로 압니다만, 그걸 내가 해볼까 생각해요. 그건, 우리가 이야기하는 내용을 얼마간 제한해, 주제를 미리 알려 드리고 그것으로 무언가 재미있는 이야기를 생각할 여유를 모두에게 갖게 하는 거예요. 그래서, 상관없으시다면, 이번 주제는 이것으로 할까 해요. 이 세상이 시작된 이래 인간은 여러 가지 운명에 희롱되어 왔고 아마 이 세상 마지막까지 그건 계속될 줄 압니다. 그러니 여러 가지 장애로 괴로움에 시달렸지만 뜻밖에 행복한 결과를 얻은 사람이라든가, 그런 이야기에 한정해서 해보면 어떨까 생각해요."

부인들도 청년들도 이 제안에 찬성하고 그렇게 하겠다고 대답했습니다. 다만 디오네오만은 모두가 입을 다물자 이렇게 말했습니다.

"여왕님, 여러분이 말씀하신 것처럼 여왕께서 내거신 조건은 매우 재미있고 훌륭한 것이라고 생각합니다. 그러나 이 모임이 계속되는 한, 저한테는 특별한 혜택을 베풀어 주십사고 부탁드리고 싶습니다. 그것은 다름이 아니라, 제 마음이 내키지 않을 때는 그런 규정에 얽매이지 않고 억지로 그런 의도에 맞춘 이야기를 하지 않아도 된다는 것입니다. 그렇게만 해주신다면 저는 즐겁게 이야기를 할 수 있을 것입니다. 그런데 이런 부탁을 드리면 제가 마치 이야깃거리를 아무것도 갖고 있지 않은 인간처럼 여겨질지도 모르겠습니다만, 앞으로는 제 순서가 언제나 마지막이어도 상관없습니다."

그가 명랑하고 쾌활한 청년임을 알고 있던 여왕은, 사람들의 이야기 때문은 아니더라도 듣는 데 지쳐서 따분해졌을 때는 모두의 허락을 얻어 우스꽝스러운 이야기라도 해서 사람들을 왁자하게 웃기고 싶다는 그의 말뜻을 곧 깨닫고 기꺼이 그 특전을 베풀어 주었습니다.

이윽고 여왕이 일어서자 모두들 천천히 맑은 물이 흐르는 시냇물 쪽으로 걸어갔습니다. 그 시냇물은 약간 높은 언덕에서 매끈매끈한 돌과 초록 풀 사이를 지나 나무가 울창하게 자란 골짜기 쪽으로 흘러내리고 있었습니다. 물가에 이른 그들은 신발을 벗고, 소매를 걷어붙이고는 물속에 들어가 뛰고 달리고 물을 끼얹으며 즐겁게 보냈습니다.

이윽고 식사 시간이 되었으므로 집으로 돌아가서 맛있게 저녁을 먹었습니다. 식사 뒤에 여왕은 악기를 내오게 하고는 함께 춤을 추자고 말했습니다. 그리고 라우레타에게는 앞장서서 춤을 추게 하고, 에밀리아에게는 디오네오의 류트 반주에 맞춰 노래를 부르도록 했습니다. 그 지시대로 곧 라우레타가 춤추기 시작하고, 에밀리아가 달콤한 가락으로 노래를 불렀습니다.

나는 아름다워, 이 기쁨에
다른 야릇한 감정의 유혹에는
끌리지도 돌아보지도 않으리.

거울에 비춰 볼 때마다
하느님도 기리실 이 아름다움
이 기쁨은 꺼지지 않노니,
무엇이 일어나든 타이르든
유혹에 마음이 흔들릴
그 어떤 즐거움 있을지라도
꿈에도 내 마음 앗아 가지 못하리.

이 기쁨 속에 잠겨 있으면
이 행복 꺼지지 않노니,
그토록 달콤함으로
들뜬 내 마음 즐거움 가득하여
야릇한 설득에도 타오르지 않으리.
꿈속에 찾아와도 소용없으리라.

그렇게 거울을 들여다보면
나의 마음 더욱 불타올라,
하느님이 주신 기쁨 맛보고
그 곁에 다가갈 기쁨 바라며
하느님께 바치리, 나의 모든 것.
그러니 행여 꿈에라도
야릇한 유혹은 들리지 않으리라.

모두 노래를 즐겁게 화답하여 불렀으며, 그쳤을 때는 가사의 뜻을 곰곰이
생각하는 사람도 있었습니다. 그리고 두세 번 둥그렇게 돌면서 춤추는 동안

에 짧은 여름밤이 깊었으므로, 여왕은 이로써 첫째 날을 마쳐야겠다고 생각하고 모두 내일 아침까지 쉬도록 명령했습니다. 그들은 저마다 자기 방으로 물러가서 잠의 휴식에 빠져들었습니다.

둘째 날

《데카메론》의 둘째 날이 시작됩니다. 이날은 필로메나의 주재 아래 여러 가지 일로 괴로움을 겪은 사람들이 뜻밖에 행복한 결실을 얻는 이야기를 나눕니다.

벌써 해도 떠올라 온통 주위를 비추니, 새로운 날이 시작되었습니다. 참새들은 푸른 나뭇가지 위에서 명랑하게 노래를 재잘거리며 아침이 찾아온 것을 알리고 있었습니다.

이 무렵 부인들도 남자들과 마찬가지로 일어나 정원에 내려와서는, 느릿한 걸음으로 이리저리 거닐며 아름다운 화환을 만들곤 하면서 오랜 시간 즐겁게 보냈습니다. 그리고 그들은 오늘도 어제와 똑같이 지냈습니다. 시원할 때 식사를 마치고, 춤을 조금 춘 뒤, 낮잠을 자러 가서 오후 3시쯤 일어나서는, 여왕의 희망대로 시원한 잔디밭에 나와서 그녀를 가운데에 두고 둘러앉았습니다.

아리따운 얼굴의 여왕은 그때 벌써 왕관을 쓰고 있었는데, 잠시 묵묵히 앉아 있다가 사람들의 얼굴을 둘러보더니, 네이필레에게 가장 먼저 이야기의 막을 올리라고 명령했습니다. 그러자 네이필레는 별로 망설이지 않고 즐거운 듯 이야기를 시작했습니다.

첫째 이야기

마르텔리노는 손발이 불편한 불구자인 척하다가 성 하인리히의 유해에 닿는 순간 몸이 제대로 움직여지기 시작한 것처럼 꾸며 보인다. 이 속임수가 발각되어 사람들에게 실컷 두들겨 맞고 관원에게 붙들려 교수형을 당할 뻔하지만 가까스로 그 위기를 벗어난다.

여러분, 나쁜 일을 꾸미면서 사람을 놀리거나 특히 존경할 만한 사물에 무엄한 짓을 하거나 하면 때로 그 자신이 봉변을 당하는 수가 흔히 있는 법이에요. 여왕님의 명령에 따라 여왕님이 내주신 주제의 이야기를 가장 먼저 하게 되었으니까, 처음에는 불행한 일을 당했지만 나중에는 뜻밖에 행복을 찾게 된 우리 도시에 사는 사람에게 일어난 이야기를 해볼까 해요.

그리 먼 옛날은 아닙니다만, 트레비소라는 곳에 하인리히라는 독일 사람이 살고 있었습니다. 그는 무척 가난했으므로, 누가 부탁하면 짐을 날라다 주고 삯을 받아서 살았습니다. 이런 하찮은, 짐 나르는 일을 하는 사람에 지나지 않았지만 선량하고 매우 종교심이 두터운 사람이었다고 해요. 그래서 사실인지 어떤지는 모르지만 트레비소 사람들의 말을 들어 보면, 그가 죽었을 때 아무도 종을 치지 않았는데도 트레비소 시내 교회의 종들이 모두 울렸다고 합니다. 이런 기적이 일어났으므로 사람들은 모두 입을 모아 하인리히를 성인이라고 말하면서, 유해가 안치되어 있는 그의 집으로 몰려가 마치 성체(聖體)라도 다루듯이 큰 성당으로 운반해 갔습니다. 그 바람에 절름발이나 손발이 오그라든 사람이나 장님들, 그 밖에 무슨 병이 들었다든가 어디 장애가 생긴 사람들이 그 유해에 한 번 닿기만 하면 낫는다고 믿게 되어 모두 그 뒤를 따라갔습니다.

이렇게 시내 사람들이 번잡을 이루며 왔다 갔다 하고 있을 때, 우리와 같은 피렌체 사람 셋이 이 도시를 찾아왔습니다. 한 사람은 이름이 스테키, 또 한 사람은 마르텔리노, 나머지 한 사람은 마르케제였는데, 귀족이나 영주의 저택이나 궁전을 찾아가서는 변장을 하거나 다른 사람 흉내를 내면서 구경하는 이들을 즐겁게 해주는 예능인들이었습니다.

세 사람은 이 고장에 와본 적이 없었으므로, 시내 사람들이 이리 뛰고 저리 뛰고 하는 것을 보고 깜짝 놀랐으며, 그 까닭을 알자 자기들도 가보고 싶어졌습니다. 그래서 여관에 짐을 풀자 마르케제가 말했습니다.

"어때, 그 성인인지 뭔지 하는 사람을 만나러 가볼까? 하기야 암만해도 그 곁에까지는 못 갈 것 같지만. 광장에는 독일 용병들과 무장한 사람들로 가득 찼다고 하잖아. 이곳 영주가 소동이 일어날까 봐 그렇게 한 거래. 게다가 성당은 이제 사람 하나 더 들어가지 못할 만큼 미어터진다더군."

그러자 마르텔리노가 대답했습니다.

"그만한 일로 그만둘 것까진 없지. 내가 그 성인의 유해 곁에까지 가는 좋은 방법을 찾아볼 테니까."

"어떤 방법인데?" 마르케제가 물었습니다. 마르텔리노가 대답했습니다.

"잘 들어. 내가 손발이 오그라든 불구자가 되는 거야. 그러면 너와 스테키가 양쪽에서 나를 부축해서, 내가 걸음을 걷지 못하는 사람처럼 보이게 하고, 그 곁에 데려다주길 갈망하는 것처럼 보이게 하는 거야. 말하자면 성인이 고쳐 주시기를 바라는 사람으로 말이야. 그걸 보면 길을 비켜 주지 않는 사람이 없을 테니까, 우리는 편안히 통과하게 되는 셈이지."

마르케제와 스테키는, 그것 참 묘안이다 하고 곧바로 함께 여관을 나와 인기척 없는 곳으로 갔습니다. 그리고 마르텔리노는 손발은 물론 손가락까지 비틀리게 하고 게다가 눈과 입, 온 얼굴을 보기에도 무서울 만큼 경련시켰습니다. 이렇게 변해 버린 모습을 보면, 아마 누구라도 그를 알아볼 사람은 없었을 것입니다. 이렇게 해서 그는 마르케제와 스테키의 부축을 받으면서 아주 신앙심이 깊은 표정으로 앞에 있는 사람들에게, "제발 지나가게 해주십시오. 지나가게 해주십시오" 애원하며 교회로 걸어갔습니다.

이런 애원을 들은 사람들 모두가 곧 공손히 대해 주면서, 그를 통과시켜 주라며 함께 외쳐 주었으므로, 세 사람은 성 하인리히의 유해가 안치되어 있는 장소에 쉽게 다다를 수 있었습니다. 그리고 마르텔리노는 그 주위에 있던 신분 높은 사람들의 부축을 받아 완쾌의 은혜를 받도록 유해 가까이 다가갈 수 있었습니다.

사람들이 어떻게 될까 하고 지켜보고 있노라니 마르텔리노는 잠시 뒤 제법 그런 일을 잘 아는 사람처럼, 먼저 손가락 하나를 펴더니 이어 손 전체를 펴고 다시 팔이 펴지는 것처럼 보이게 하여 마침내 온몸을 완전히 쭉 폈습니다. 그것을 지켜보고 있던 사람들이 성 하인리히의 덕을 찬양하며 왁자하게 소리를 질렀으므로 천둥 소리조차 들리지 않을 정도였습니다.

마침 그 자리에 마르텔리노를 아주 잘 아는 피렌체 사람이 있었습니다. 그가 부축되어 들어올 때는 완전히 얼굴이 바뀌어 있어서 알아보지 못했습니다만, 벌떡 일어났을 때 그 정체를 알아차리고 낄낄 웃으면서 말했습니다.

"주여! 그를 벌하소서! 어쩌면 저렇게도 용케 불구자로 변했었담? 저건 누구라도 속겠는걸."

이 말을 듣고 몇몇 트레비소 사람들이 "뭐라고요? 저 사람은 진짜 불구자가 아니었단 말입니까?" 하고 물었습니다.

피렌체 사람은 곧바로 대답했습니다.

"그럼요! 저놈은 우리와 마찬가지로 지금까지 줄곧 사지가 멀쩡했다오. 하지만 보시다시피 마음대로 용모를 바꾸고, 시치미를 뚝 떼면서 다른 사람이 되는 속임수는 그야말로 거저먹기랍니다."

사람들은 이 말을 듣고 나자 그 이상 아무것도 더 들으려 하지 않았습니다. 그들은 군중을 헤치고 앞으로 나아가 소리쳤습니다.

"저 배신자를 붙잡아라. 저놈은 하느님과 성인들을 우롱했다. 불구자도 아무것도 아니면서 불구자로 변장해 가지고 성인들과 우리를 놀렸단 말이야!"

이렇게 외치며 그를 붙들고 끌어내려 머리카락을 움켜쥐고 옷을 벗긴 다음, 주먹 세례를 퍼붓고 걷어찼습니다. 달려들어서 이 일에 가담하지 않는 자는 한 사람도 없는 형편이었습니다.

마르텔리노는 '살려 주십시오, 살려 주십시오' 하고 부르짖으며 애걸했습니다만 아무런 소용도 없었습니다. 시간이 흐르면 흐를수록 때리고 차는 소동은 점점 더 심해질 뿐이었습니다. 이 모양을 본 마르케제와 스테키는 일이 잘못되었다는 말을 서로 주고받으면서도 자기 자신들까지 위태로워졌으므로, 감히 그를 구하려고 하지 못했습니다. 오히려 다른 사람들과 합세해서 죽여 버려 하고 소리치고 있었는데, 그래도 속으로는 어떻게 하면 군중의 손에서 마르텔리노를 구해 낼 수 있을까 궁리하고 있었습니다.

이때 문득 마르케제가 좋은 계책을 떠올리지 못했더라면 아마 마르텔리노는 맞아 죽고 말았을 것입니다. 도시 경관들은 모두 성당 바깥에 있었으므로, 그는 시장 대리를 찾아가서 호소했습니다.

"도와주십시오! 저놈은 금화가 백여 닢이나 들어 있던 내 지갑을 훔쳐 간 나쁜 놈입니다. 제발 저놈을 붙잡아서 돈을 되찾게 해주십시오."

이 말을 듣자 곧 관리들 여남은 명이 마르텔리노가 맞고 있는 현장에 달려가서 치고 밟고 차고 하는 봉변을 당하고 있는 그를 구출해 내어 시장 관저로 데리고 갔습니다. 그러자 그에게 완전히 놀림당한 줄 알고 있던 군중들도 그 뒤를 줄줄 따라와서 그가 소매치기라는 말을 듣고는, 그를 골탕 먹이려면 이보다 더 좋은 방법이 없다는 생각에 저마다 자기들 역시 지갑을 소매치기 당했다고 떠들어대기 시작했습니다. 이 말을 듣자 재판관은 본디 난폭한 사람이었으므로, 그가 끌려오자마자 곧 엄한 심문을 시작했습니다.

그러나 마르텔리노는 붙잡힌 것쯤 아무렇지도 않다는 듯이 빈들빈들 농담조로 대답만 하고 있었습니다. 이에 그만 화가 난 재판관은 고문용 밧줄로 그의 목을 매게 하고, 나중에는 정말로 교수형에 처하기 위해 사람들이 말하는 죄를 고백시키려고 몇 번이나 적당히 잡아당기게 했습니다. 그러다 이윽고 아래로 내려져서, 재판관이 모두가 하는 말이 사실이냐고 묻자 "아니요"라고 말해 봐야 헛일이라고 생각하고 이렇게 대답했습니다.

"재판관님, 곧 사실을 말씀드리겠습니다. 하지만 저를 고발하고 있는 사람들 하나하나에게, 언제 어디서 제가 그들의 지갑을 훔쳤는가 말하게 해주십시오. 그러면 저도 제가 한 일과 하지 않은 일을 고백하겠습니다."

"좋아" 하고 재판관이 몇 사람인가 불러서 물어보자 한 사람은 여드레 전에 소매치기당했다고 말하고, 다른 한 사람은 엿새 전이라고 말했으며, 또 다른 사람은 나흘 전이라고 주장했습니다. 그 말을 들은 다른 사람들도 비슷한 날짜를 댔습니다.

그들의 이야기를 듣자 마르텔리노가 말했습니다.

"재판관님, 이 사람들은 모두 입에서 나오는 대로 아무렇게나 지껄이고 있습니다. 사실을 말씀드리겠습니다. 그 증거를 말씀드리겠습니다. 저는 이 도시에 갓 도착했습니다. 그러니, 그 무렵엔 여기 없었습니다. 도착하자마자 성인의 유해를 보러 갔다가, 운이 나쁘게도 보시는 바대로 봉변을 당한 것입니다. 제 말이 사실이라는 것은 외국인 출입을 담당하는 관원이 분명히 밝힐 수 있고, 그 기록부와 여관 주인이 증명할 수 있습니다. 그러니 제가 말하는 것을 알아들으시거든, 이 악인들이 하는 말을 곧이듣고 저를 고문하거나 죽이는 일이 없도록 해주십시오."

사태가 이렇게 된 줄 모르는 마르케제와 스테키는 재판관이 가혹한 재판을 하여 그를 목매달아 버렸다는 소문을 듣고 부들부들 떨면서, "우리가 괜한 짓을 했어. 이건 냄비에서 꺼내 가지고 불 속에 집어 던진 거나 마찬가지잖아" 하고 서로 말했습니다.

그래서 재빨리 달려가 여관 주인을 찾아내어 일의 자초지종을 이야기했습니다. 그러자 주인은 웃으면서 오래전부터 트레비소에 살면서 시장에게도 아낌을 받고 있는 산드로 아골란티한테 데리고 갔습니다. 그리고 사정을 자세히 이야기한 다음 세 사람이 입을 모아 마르텔리노를 좀 살려 달라고 애원했습니다. 산드로는 크게 웃고 시장을 찾아가서 마르텔리노를 석방해 주도록 부탁했습니다. 그리하여 그렇게 되었습니다.

시장이 보낸 사자들이 그곳에 도착하니, 마르텔리노는 셔츠 바람으로 재판관 앞에 앉아 두려움에 떨며 어찌할 바를 몰라 하고 있었습니다. 재판관이 그의 변명을 하나도 인정하려 하지 않았기 때문입니다. 재판관은 마침 피렌체 사람들에게 반감을 품고 있었으므로, 무슨 일이 있더라도 마르텔리노를 교수형에 처할 생각이었던 것입니다. 그래서 처음에는 좀처럼 시장의 말을 따르려 하지 않다가 마지막에 가서 결국 내키지 않는 마음으로 그를 풀어 주지 않을 수 없게 되었습니다. 마르텔리노는 시장 앞에 나아가 자초지종을 있는 그대로 이야기한 다음, 피렌체로 돌아가지 않고는 아직도 목에 밧줄이 걸려 있는 듯한 기분이 들어서 못 견디겠으니 빨리 물러가게 해달라고 부탁했습니다.

시장은 배꼽을 움켜쥐고 웃었습니다. 그리고 엄청난 위험을 모면한 세 사람은 옷을 한 벌씩 선물받고, 바라는 바대로 무사히 집으로 돌아갔다고 합니다.

둘째 이야기

리날도 다스티는 노상강도를 만난 뒤 카스텔 굴리엘모에 이르러 어느 과부 집에 묵게 된다. 그리고 도둑맞은 것을 되찾고 무사히 집으로 돌아간다.

네이필레가 이야기한 마르텔리노의 사건에 숙녀들은 모두 크게 웃었습니다. 청년들 가운데 특히 필로스트라토가 많이 웃었습니다. 필로스트라토는 네이필레 옆에 앉아 있었으므로, 여왕은 그에게 다음 이야기를 하라고 지시했습니다. 그래서 그는 곧 이야기를 시작했습니다.

여러분, 나는 신앙심과 재난과 연애가 뒤섞인 재미있는 이야기를 들려드리 겠습니다. 이런 이야기는 알아 두면 나중에 도움이 될 테니까요. 특히 다른 고장을 여행하다가 연애의 위태로운 다리를 건너게 될 분들에겐 더욱 도움이 될 겁니다. 그런 고장에서 성 줄리아노의 기도를 외지 않는 자는 훌륭한 침상은 어쩌다 얻어걸릴지 몰라도 좋은 숙소에는 머무르지 못하는 법입니다.

아초 다 페라라 후작 시대의 일입니다만, 리날도 다스티라는 상인이 사업상 볼일이 있어 볼로냐에 간 적이 있었습니다. 볼일도 다 봤으므로 집으로 돌아가려고 페라라 시내를 나와서 베로나로 말을 몰고 가다가 나그네 몇 사람을 만났습니다. 그들은 얼핏 보기에 장사꾼들 같았습니다만, 실은 강도질을 하면서 살아가는 자들이었습니다. 그는 그런 줄도 모르고 조심성 없이 세상 이야기를 주고받으며 그들과 동행하게 되었지요.

그들은 리날도 다스티가 상인이라는 것을 눈치채고 틀림없이 돈을 지니고 있으리라고 믿고서, 호시탐탐 빼앗을 기회만을 노리고 있었습니다. 그래서 의심받지 않도록 그에게는 매우 겸손한 태도로 조심스럽게 건실한 이야기를 하면서, 정직하고 생활도 그런대로 괜찮은 사람들처럼 보이도록 애쓰며 함께 말을 몰았습니다.

다스티 또한 말을 탄 하인 한 사람밖에 데리고 있지 않았으므로, 그들과 동행하게 된 것을 오히려 운이 좋았다고 여겼지요. 그런데 이렇게 여행을 계속해 가면 흔히 있는 일입니다만, 여러 가지 이야기 끝에 하느님께 바치는 기도가 화제에 올랐습니다. 그러자 세 노상강도 가운데 한 사람이 리날도에게 물었습니다.

"그래, 선생은 여행하면서 어떤 기도를 올리시나요?"

리날도는 이렇게 대답했습니다.

"사실을 말씀드리면, 나는 그런 일에 대해서는 아는 게 거의 없고 소박한 생활을 하고 있기 때문에 기도의 종류도 그다지 많지 않아요. 돈이 24데나로 들 때는 10솔도로 그럭저럭 때우는 인간이랍니다. 하지만 여행길에 나와 있을 때는, 아침에 숙소를 떠날 때 성 줄리아노의 부모님 영혼을 위해 기도문과 아베 마리아를 습관적으로 외고 있지요. 그리고 오늘 밤에도 좋은 숙소를 베풀어 주십사고 하느님과 줄리아노 님께 기도를 드릴 거랍니다. 여태까지 여행을 하다가 큰 재난을 만난 적이 여러 번 있었습니다만, 모두 그런대로 피할 수가 있었고, 밤에도 좋은 숙소에 들곤 했지요. 그래서 나는 내가 성 줄리아노 님을 받들고 굳게 믿기 때문에 하느님이 그처럼 은혜를 베풀어 주신다고 생각하고 있습니다. 아침에 기도를 드리지 않으면 그날을 무사히 보내지도 또 그날 밤에 좋은 숙소에서 잘 수도 없을 것 같은 기분이 든답니다."

그러자 그에게 질문한 사나이가 "그럼, 오늘 아침에도 기도를 드렸나요?" 하고 물었습니다.

"그럼요, 물론입니다." 리날도가 대답했습니다. 그러자 지금부터 어떤 일이 일어날지 잘 알고 있는 그 사나이는 속으로 '그 말이 맞는지 틀리는지는 시간 문제로군. 우리가 실패하지 않는다면, 넌 변변한 숙소에 들어가지도 못해' 생각하면서, 겉으로는 이렇게 말했습니다.

"나도 여러 곳을 여행 다녔고, 기도라는 게 참 좋다고 많은 사람들한테서 듣곤 있습니다만, 나 자신은 아직 한 번도 기도를 한 적이 없지요. 하지만 지금껏 나쁜 숙소를 얻은 일은 없습니다. 그런데 오늘 밤엔 기도를 드린 선생과 드리지 않은 나와 어느 쪽이 더 좋은 숙소에 들게 되나 곧 알게 되겠군요. 사실을 말씀드리면, 나는 기도 대신 우리 집 할머니가 언제나 외고 있는 디루피스티라든가, 인테메라타라든가, 데프로푼디 같은 문구를 외고 있는데, 이게 꽤 효험이 있답니다."

이와 같은 잡담을 나누며 계속 길을 가면서도 그들은 나쁜 꿍꿍이셈을 실행에 옮길 기회와 장소를 노리고 있었는데, 해거름에 카스텔 굴리엘모를 지나서 어느 강가에 도착해 그 강을 건너게 되었습니다. 세 사람은 시간도 적당하고 인기척도 없고 어느 방향에서도 눈에 띄지 않는 장소였으므로, 느닷없이 리날도에게 덤벼들어 가진 물건을 깡그리 빼앗고 말에서 끌어내려 속옷 바람을 만들어 버렸습니다. 그리고 달아날 때 이런 말을 남겼습니다.

"네놈의 그 성 줄리아노인가 뭔가가 오늘 밤에 좋은 숙소를 베풀어 주는지 어떤지 한번 시험해 봐라. 우리들한테는 틀림없이 훌륭한 숙소가 마련될 테니까 말이다."

이렇게 말하고 그들은 강을 건너 달아나 버렸습니다. 리날도의 하인은 또 어떤가 하면, 매우 비겁한 녀석이라 조금이라도 주인을 도우려고는 하지 않고,

말 머리를 돌려 카스텔 굴리엘모에 닿을 때까지 뒤도 돌아보지 않고 달아났습니다. 그리고 마을에 들어가니 벌써 해가 저물었으므로, 아무 어려움 없이 숙소를 잡을 수가 있었습니다.

리날도는 신발까지 빼앗기고 속옷 바람이 된 데다가 마침 눈도 심하게 내려 이가 딱딱 부딪치도록 와들와들 떨면서, 어떻게 하면 좋을지 몰라 얼이 빠져 있었습니다만, 차츰 밤도 깊어 갔으므로 얼어 죽지 않도록 하룻밤을 지새울 피난처는 없을까 하고 주변을 두리번거렸습니다.

그러나 이 근처는 최근에 싸움이 벌어진 곳이라 모두 불타서 황폐해져 있었기 때문에, 피난처가 될 만한 곳은 어디를 찾아보아도 눈에 띄지 않았습니다. 그래서 추위에 쫓기듯이 카스텔 굴리엘모를 향해 비틀비틀 걸어갔습니다. 하인은 어디로 달아나 버렸는지 짐작도 가지 않았고, 아무튼 마을에 들어가기만 하면 하느님의 구원이 있을지 모르겠다고 생각한 것이지요.

하지만 마을 성벽까지 1마일쯤 남은 거리에서 그만 캄캄해져 버리고, 도착도 늦어지고 성문도 닫히고 다리도 걷어 올려져서 성안으로 들어갈 도리가 없었습니다. 이제는 어떻게 할 수도 없어서 울고 싶은 심정으로 하다못해 눈이라도 피할 수 있는 장소는 없을까 하고 사방을 둘러보았습니다.

그때 성벽 위로 약간 처마가 튀어나온 집 한 채가 눈에 띄었습니다. 그래서 그 처마 밑에서 하룻밤을 새우자고 결심했습니다. 다가가서 보니 처마 밑에는 닫혀 있기는 했지만 문이 하나 나 있었습니다. 그래서 주위에 흩어져 있는 짚부스러기를 긁어모아 비참하고 슬픈 마음으로 앉아서, 자기가 그토록 깊이 믿고 있는데도 성 줄리아노 님은 보답을 해주시지 않는구나 하고, 매우 불만스럽게 시무룩한 기분으로 앉아 있었습니다. 그러나 성 줄리아노 님은 그를 생각하고 계셔서 즉시 좋은 숙소를 마련해 주셨습니다.

이 마을에는 세상에 보기 드문 미인인 과부가 살고 있었는데, 이 과부는 아초 후작에게 목숨 같은 사랑을 받고 있었습니다. 리날도가 하룻밤을 지새우려고 들른 처마 있는 집이 실은 그 과부의 집이었던 것입니다. 그런데 마침 그날은 아초가 마을에 와 있어서, 그날 밤은 이 과부와 자려고 목욕물을 데워 놓고 호화로운 만찬 준비를 하라고 미리 일러 두었습니다. 그래서 그녀는 모든 준비를 마치고 그가 오기만을 기다리고 있었습니다만, 심부름꾼이 찾아와 아초에게 급한 일이 생겼다고 보고했으므로, 그는 곧 말을 타고 떠나지 않으면 안 되게 되었습니다. 그래서 그녀에게 오늘 밤엔 기다리지 말라는 소식을 보내 놓고 즉시 마을을 떠났습니다. 과부는 약간 실망했습니다만, 그를 위해 데운 물에서 목욕이나 한 다음 저녁을 먹고 자려고 먼저 목욕탕에 들어갔습니다.

그런데 그 목간통이 가엾게도 리날도가 밖에서 몸을 의지하고 있던 문간 바로 옆에 있었던 것입니다. 그 때문에 목간통에 들어가 있던 과부는 리날도가 투덜투덜 푸념을 늘어놓고, 황새처럼 이를 딱딱거리며 떨고 있는 소리를 들었습니다. 그래서 하녀를 불러 말했습니다.

"밖에 나가서 문간에 누가 있나 보고 오너라. 거기서 누가 무얼 하고 있는지 알아봐."

하녀가 밖에 나가 보니, 앞에서도 설명한 것처럼 어떤 사람이 신도 신지 않은 채 속옷 바람으로 와들와들 떨고 있는 것이 주위의 으스름한 달빛 아래 눈에 띄었습니다. 하녀가 누구냐고 물었습니다. 리날도는 떨면서, 자기가 누구며 어째서 여기 오게 되었는지를 간신히 짤막하게 대답했지요. 그리고 될 수만 있다면 오늘 밤 여기서 얼어 죽지 않게 해달라고 애원했습니다.

하녀는 그를 불쌍히 여기고는 주인에게 돌아가서 사실대로 전했습니다. 과부도 역시 가엾게 생각하고 아초가 이따금 몰래 찾아올 때 쓰는 그 문의 열쇠가 생각나서 말했습니다.

"가서 살며시 열어 주어라. 우리 집엔 음식이 산더미처럼 있지만 먹을 사람도 없고, 재워 줄 방도 얼마든지 있으니까."

하녀는 주인의 인정 많은 배려에 찬사를 보낸 다음 문을 열어 주었습니다. 안에 들어온 사나이를 보니 곧 얼어 죽을 것 같은 몰골이었으므로 과부는 말했습니다.

"빨리 목욕을 하세요. 아직 물이 식지 않았으니까요."

그래서 리날도는 안내해 주기를 기다릴 것도 없이 얼른 목간통으로 들어갔습니다. 뜨거운 물에 들어가 있으니 얼었던 몸이 녹고 정말로 죽었다 되살아난 기분이었습니다.

과부는 얼마 전에 죽은 남편 옷을 입히기로 했습니다. 그가 그 옷을 입어 보니 정말 맞춘 듯이 꼭 맞았으며, 마치 자기를 위해서 만든 옷처럼 여겨졌습니다. 그래서 리날도는 안주인이 무슨 말을 하기를 기다리며, 하느님과 성 줄리아노 님에게 이렇듯 저주받은 밤에서 자기를 구해 주시고, 예측한 대로 이와 같이 훌륭한 숙소로 인도해 주신 것에 감사의 기도를 드리기 시작했습니다.

부인은 잠시 쉬고 나서 큰 방 하나에 불을 때게 하고는 그 사람은 어떻게 하고 있느냐고 하녀에게 물었습니다.

그러자 하녀는 "마님, 그분은 옷을 입으셨어요. 매우 미남이시고, 예의범절도 바르신 것 같아요" 하고 대답했습니다.

"그럼, 이리 모셔 오너라. 이리 오셔서 불 좀 쬐시라고. 그리고 아직 저녁 식사 전일 것 같으니 식사도 하시게 해라."

리날도는 응접실에 들어와서 과부를 보자 꽤 신분이 높은 부인으로 여겨져 정중히 인사했습니다. 그리고 자기에게 베풀어 준 호의에 대해서 진심으로 고맙다고 말했습니다.

리날도를 보고 그 인사를 듣자 하녀의 말대로 훌륭한 사람이라고 생각했으므로, 방긋이 웃으면서 맞이하여 친절하게 난롯가에 앉히고는 그가 겪은 사건에 관해서 이것저것 물었습니다. 리날도는 자초지종을 순서대로 이야기했습니다.

리날도의 하인이 이 마을에 달려 들어온 것에 대해 부인은 어느 정도 소문을 들은 터라 그의 말이 틀림없다고 믿었습니다. 그래서 자기가 아는 것을 그에게 말해 주고, 하인은 내일 아침이면 쉽게 찾아낼 수 있을 거라고 말했습니다. 그러는 동안에 식사가 준비되었으므로 리날도는 부인이 권하는 대로 손을 씻고 함께 식사를 시작했습니다.

리날도는 풍채 좋은 미남이고 호감 가는 얼굴을 하고 있는 데다 태도가 공손하고 침착한 한창 나이의 남자였습니다. 부인은 그를 보고 또 바라보면서 몇 번이나 칭찬을 했습니다. 그리고 아초 후작과 잠자리를 약속한 날이었기 때문에 아까부터 음탕한 욕정에 몸이 비비 꼬이고 있었습니다. 그래서 식사가 끝나고 식탁에서 일어났을 때, 아초가 약속을 어겼으니 눈앞에 주어진 행운을 놓치지 않는 편이 좋지 않겠느냐고 하녀에게 의논했습니다.

하녀는 주인의 소망을 알고, 되도록이면 그렇게 하시는 게 좋을 거라고 권했습니다. 그러자 부인은 리날도가 무료하게 앉아 있는 난롯가에 돌아가서, 색정이 담긴 눈길로 그를 바라보며 말했습니다.

"어머, 리날도 님, 뭘 그렇게 골똘히 생각하세요? 도둑맞은 말과 옷이 이젠 돌아오지 않을 거라고 생각하시는 건가요? 힘을 내시고, 당신 집처럼 편히 쉬도록 하세요. 아니, 전 그 이상을 말씀드리고 싶어요. 세상을 뜬 남편의 옷을 입은 당신을 이렇듯 보고 있으니, 정말로 당신이 남편처럼 느껴져서, 오늘 밤엔 몇 번이고 입을 맞추고 껴안고 싶어지네요. 그런 짓을 싫어하실까 하는 걱정만 없다면, 벌써 그렇게 했을 정도라니까요."

리날도는 이런 말을 듣고 부인의 눈이 탐욕에 젖어 있는 것을 보자, 본디 머리가 모자란 사나이도 아니었으므로 두 팔을 벌리고 성큼성큼 그녀 앞에 다가가 말했습니다.

"부인, 제가 부인 덕분에 살아난 것은 몇 번 인사를 드려도 모자랍니다. 부인이 제게 베풀어 주신 호의를 생각해서, 부인이 기뻐하시는 일이라면 저는 뭐든지 하겠습니다. 만일 그렇게 하지 않는다면 큰 실례가 될 것입니다. 그러니 부인이 원하시는 대로, 껴안으시건 입을 맞추시건 마음대로 하십시오. 저도 기꺼이 부인을 안을 것이며 입을 맞추겠습니다."

다른 말은 아무것도 필요 없었지요. 욕정에 몸이 스멀거렸던 부인은 곧 그의 품 안에 뛰어들었습니다. 그리고 몇 번이나 열정적으로 껴안고 입을 맞추었습니다.

한편 남자 쪽에서도 열렬히 키스해 왔습니다. 그리고 두 사람은 일어나서 침실로 들어가 그대로 침대에 누워 날이 샐 때까지 욕정을 만족시켰습니다.

그러나 하늘이 부옇게 밝아오기 시작하고, 부인도 이젠 흡족했으므로 두 사람은 침대에서 일어났습니다. 부인은 아무에게도 이 일을 알게 하고 싶지 않았으므로, 리날도에게 더러운 옷을 다시 입히고 지갑에 돈을 가득 넣어 주면서 하인과 만날 수 있는 길을 가르쳐 주고는, 그를 끌어들인 문간으로 내보냈습니다.

날이 새자 리날도는 제법 멀리서 온 체하며 성문이 열리는 것을 기다려 마을 안으로 들어갔습니다. 하인을 만난 리날도가 여행용 자루에 넣어 두었던 새 옷으로 갈아입은 다음 하인의 말에 올라타려 하는데, 뜻밖에도 전날 밤 그를 깡그리 털어 간 세 노상강도가 다른 나쁜 짓을 하다가 발각되어 좀 전에 붙잡혀서 성안으로 끌려 들어오는 것을 보았습니다. 더욱이 그들은 어제의 일도 자백하여 말과 옷과 돈이 고스란히 리날도에게 되돌아왔습니다. 돌아오지 않은 것이라고는, 강도들이 훔쳤는지 훔치지 않았는지 모를 양말 몇 켤레 정도였습니다.

이리하여 리날도는 하느님과 성 줄리아노 님에게 "감사합니다. 감사합니다" 하고 수없이 외면서 말을 타고 무사히 집으로 돌아왔습니다. 그리고 세 노상강도는 교수형을 받았다고 합니다.

셋째 이야기

세 젊은이가 재산을 탕진하고 가난해진다. 그들의 조카가 실망한 나머지 고향으로 돌아가다가 어떤 수도원장과 친해진다. 그런데 그 수도원장이 영국 왕의 딸인 게 밝혀진다. 공주는 그를 남편으로 맞고, 그의 숙부들이 입은 손실을 모두 보상해 주고 다시 훌륭한 신분으로 만들어 준다.

리날도 다스티가 겪은 사건 이야기를 듣고 있던 부인들은 매우 감탄했습니다. 그러고는 그의 돈독한 신앙을 칭찬하고, 위기에 처했을 때 구원의 손을 내리신 하느님과 성 줄리아노에게 감사를 드렸습니다.

그런 분위기였으므로 소곤소곤 사담이 나누어지는 가운데, 하느님이 자기 집에 보내 주신 행운을 잘 포착한 그 부인에 대해 그다지 바보는 아니었다고 평가를 내렸습니다. 그리고 그녀가 보낸 즐거운 밤의 일을 시샘도 해가면서 해죽해죽 웃으며 이야기하는 동안에, 팜피네아는 필로스트라토 옆에 앉아 있는 자신이 다음 차례임을 깨닫고 어떤 이야기를 할까 하고 생각에 잠겼습니다. 그리고 여왕의 명령에 정신이 든 듯, 망설이는 기색도 없이 기꺼이 다음과 같은 이야기를 시작했습니다.

여러분, 인생의 일을 주의해서 살펴보면 볼수록, 우리가 얼마나 운명의 신에게 희롱당하고 있는지 알 수 있다고 흔히들 말합니다만, 정말 그래요. 그러나 모든 일을 신중히 생각하고 있으면, 별로 놀랄 것이 없어요. 그러니까 우리가 어리석게도 자기 탓이라고 생각하는 모든 사건이 실은 운명의 신의 손에 쥐어져 있으며, 우리에게는 보이지 않는 그 운명의 신이 판단하는 대로 쉼 없이 줄곧 잇따라 연결되고 바뀌면서, 우리들이 짐작도 할 수 없는 순서를 좇아 변화되어 가는 결과라고 생각한다면, 아무것도 놀랄 것이 없다는 말이에요.

이와 같은 것은 날마다 무슨 일에나 나타나고 있고, 지금까지의 이야기 속에서도 몇 번 언급되었어요. 하지만 여왕님의 뜻으로 제 차례가 되었으니까, 조금이나마 여러분에게 도움이 되리라는 기대에서 이야기를 하나 덧붙이기로 하죠. 이 이야기를 들으면 아마 모두 만족하실 거라 생각해요.

옛날 우리 도시에 테발도라는 기사가 살고 있었습니다. 이 사람을 람베르티 집안사람이라고 말하는 분도 있고, 또 아골란티 집안 출신이라고 말하는 사람도 있어요. 아골란티 집안 계통이라고 하는 것은, 이 사람의 자식들이 아골란티 집안 대대의 사람들과 직업이 같았다는 것 말고는 다른 이유가 없어요.

하지만 그 사람이 어느 집 출신이었는가는 별개로 하고, 내가 말하려는 것은 그가 매우 유복한 기사였으며, 세 아들이 있었다는 거예요. 맏이가 람베르토, 둘째가 테달도, 막내가 아골란테였습니다. 이 세 아들은, 큰 부자였던 아버지 테발도 씨가 막대한 동산(動産)과 부동산을 남기고 죽었을 때, 큰아들이 아직 열여덟 살이 되지 않았습니다만, 셋 다 벌써 늠름하고 잘생긴 젊은이들이었습니다.

아무튼 아들들은 돈과 부동산으로 큰 부자가 된 것을 알자, 노는 것밖에 생각지 않고 누구의 눈치를 볼 것도 없이 재산을 물 쓰듯 쓰기 시작했습니다. 많은 하인들을 고용하고, 값비싼 말이며 개며 새를 잔뜩 기르고, 호화로운 연회를 베풀고, 누구 할 것 없이 덮어놓고 선물을 주고, '말 위에서 창 겨루기' 시합을 개최하며, 귀족들만 하던 사치스럽기 짝이 없는 생활을 했을 뿐만 아니라 젊음이 바라는 대로 여색에도 빠졌던 것입니다.

이런 생활은 오래가지 않아서, 아버지가 물려준 재산은 자꾸만 줄어들었습니다. 그리고 자기들의 수입만으로는 이 낭비를 감당할 수 없게 되자 땅을 저당잡히기도 하고 팔기도 하기 시작했습니다. 이렇게 해서 오늘은 여기, 내일은 저기, 하고 팔아먹는 동안에 세 사람은 남은 재산이 거의 없다는 것을 깨닳게 되었습니다. 지금까지 막대한 재산으로 어두워져 있던 눈이 가난해져서야 비로소 떠진 거지요. 그래서 어느 날 람베르토는 두 아우를 불러서, 부모의 빚이 얼마나 훌륭했던가, 그리고 자기들이 얼마나 부모가 남긴 빚의 혜택을 입었던가, 또 재산이 얼마나 있었던가를 떠올린 뒤, 하지만 그것도 자기들의 부질없는 낭비 탓으로 바닥이 나버렸다고 실토했습니다. 그래서 가장 좋은 방책으로써, 이 이상 비참한 처지에 빠지기 전에 얼마 되지 않는 물건이라도 팔아서 함께 이곳을 떠나자고 제안했습니다. 그래서 세 형제는 그렇게 하기로 했습니다.

그들은 아무에게도 작별 인사 한마디 없이 몰래 피렌체를 떠나 영국으로 건너가서 살기로 했습니다. 그리고 런던에서 조촐한 집을 한 채 사고 생활비를 아주 절약해서 고리대금업을 시작했습니다. 그렇게 하는 동안 다시 운이 돌아와서 몇 해가 안 되어 막대한 돈을 모을 수 있게 되었습니다. 그래서 한 사람씩 피렌체에 돌아와서는, 팔아 버렸던 땅의 대부분을 다시 사들이고 다른 토지까지 사서 저마다 아내를 맞이했습니다. 그러나 그들은 영국에서 하던 고리대금업을 계속하고 있었으므로, 그 일을 맡기기 위해 조카뻘 되는 알레산드로라는 젊은이를 런던에 보냈습니다.

그런데 피렌체에 살게 된 세 사람은 옛날의 방탕한 생활이 어떤 결과를 가져왔던가도 잊어버리고, 이번에는 가족에게까지 영향이 미칠지도 모를 텐데 또다시 지난날보다 더 심한 낭비를 되풀이하여 상인이란 상인들한테서는 물론 모든 사람들한테 예사로 큰돈을 빌려 쓰게 되었습니다.

이런 어처구니없는 낭비가 몇 해 동안 계속될 수 있었던 것은 런던에 가 있는 알레산드로가 큰 성(城)과 수입을 담보로 잡고 돈을 빌려줘서 크게 벌었기 때문이죠.

세 형제는 이와 같은 낭비로 형편이 어려워져도, 영국에서 부쳐 줄 돈을 예상하고 계속 돈을 빌려 쓰고 있었는데, 그러던 어느 날 생각지도 못한 사건이 일어났습니다. 많은 사람들의 의견에도 아랑곳하지 않은 채 영국의 국왕과 왕자 사이에 전쟁이 터지고 만 것입니다. 그 때문에 온 나라가 왕을 지지하는 사람과 왕자 편을 드는 사람으로 나뉘어 버렸습니다. 그리고 귀족들의 성이라는 성은 모조리 몰수되어 성을 원천으로 얻고 있던 알레산드로의 수입이 몽땅 끊어지고 말았던 것입니다.

알레산드로는 곧 국왕과 왕자가 화해를 하겠지, 그렇게 되면 모든 것이 잘 되어 이자도 원금도 돌아오겠지 생각하고 날마다 희망을 잃지 않고, 영국에서 철수하지 않았습니다. 한편 피렌체에 있던 세 형제는 날마다 빚이 늘어 가는데도 도무지 낭비하는 생활을 그치려고 하지 않았습니다. 몇 해가 지나도 바람대로 전쟁이 끝나지 않아 세 형제는 그만 완전히 신용을 잃었고, 채권자들은 돈을 갚으라고 달려들어 세 사람을 붙잡고 말았습니다. 더욱이 그들의 재산으로는 빚을 다 갚을 수 없다는 것이 밝혀지자, 나머지 빚 때문에 그들은 감옥에 들어가게 되었습니다. 그들의 아내들과 어린아이들은 초라한 몰골로 이곳저곳 시골에 흩어져서, 비참한 앞날 말고는 아무것도 기대하지 못한 채 가난한 생활을 이어 가고 있었습니다.

한편 알레산드로는 영국에 평화가 찾아오기를 몇 해나 기다리고 있었습니다만, 그럴 낌새가 보이지 않자, 언제까지나 쓸데없이 머물러 있다가는 목숨이 위태로울 수도 있다는 생각이 들어서, 이탈리아로 돌아가기로 하고 혼자 여행길에 나섰습니다. 그리고 플랑드르의 브뤼헤를 떠나왔을 때, 마침 흰옷을 입은 수도원장이 많은 수도사를 거느리고 역시 종자며 짐마차를 이끌고 이 도시에서 떠나가는 것을 보았습니다. 짐마차 옆에는 늙은 기사 둘이 붙어 있었는데, 그 사람들은 국왕의 친척으로 알레산드로와는 아는 처지였으므로, 그가 일행에 끼워 줄 수 없느냐고 부탁했더니 흔쾌히 승낙했습니다.

알레산드로는 함께 걸어가면서, 이렇게 많은 종자들을 거느리고 말에 올라앉아 선두에서 가고 계시는 성직자들은 대체 어떤 분들이며, 어디로 가시는 길이냐고 조심스럽게 물어보았습니다. 그러자 기사 한 사람이 대답했습니다.

"맨 앞에서 말을 타고 가시는 젊은 분은 우리의 친척인데, 이번에 영국의 큰 수도원의 원장으로 발탁되셨지. 그런데 정식으로 그런 권위 있는 지위에 앉으시기엔 아직 젊으셔서, 우리와 함께 로마에 가서서 너무 젊다는 결점을 없애 주십사고, 그래서 앞서 말한 그 지위에 어울리는 위엄성을 확보해 주십사고 교황님께 부탁드리러 가는 길이라네. 하지만 이 일은 아무에게도 말해선 안 되네."

그런데 귀족들의 여행에서는 날마다 보는 일입니다만, 그 젊은 수도원장도 종자들과 앞서거니 뒤서거니 말을 몰아가는 동안에, 자기 곁에서 걸어가고 있는 알레산드로가 눈에 띄었습니다. 알레산드로는 매우 젊고 풍채도 훌륭했으며, 아주 미남이었습니다. 더욱이 점잖고 몸가짐이 누구 못지않게 반듯하고 세련되어 보였습니다.

수도원장은 여태까지 다른 일로 이런 기분이 된 적이 없었는데, 첫눈에 이 젊은이가 그만 마음에 들어 버렸습니다. 그래서 가까이 불러 즐거운 듯이 말을 건네며, 너는 대체 누구냐, 어디서 어디로 가는 길이냐, 하고 물었습니다. 그래서 알레산드로는 묻는 말에 대답하여 자기 신상을 다 털어놓고는, 대단한 일은 할 줄 모릅니다만 무엇이든 심부름을 시켜 주십시오, 하고 말했습니다.

수도원장은 그의 말투가 훌륭하고 조리도 있었으며, 특히 그 태도로 미루어 보아 직업은 천했는지 모르나 귀족 출신이 틀림없다고 생각하고 더욱더 호감을 느꼈습니다. 그래서 그의 불운을 동정하여 부드럽게 위로해 주었습니다. 그리고 당신은 훌륭한 사람이므로 하느님은 당신을 절망의 처지에서 끌어올려 다시 높은 지위에 앉혀 주실 테니, 계속 희망을 잃지 말도록 하라고 일렀습니다. 또한 자기는 토스카나로 가는 길이니까 만일 같은 방향으로 간다면 동행이 되어 주면 기쁘겠다고까지 덧붙였습니다.

알레산드로는 그런 위로의 말을 매우 고마워하면서, 어떤 명령이라도 따르겠다고 대답했습니다.

수도원장은 알레산드로를 만나고부터 묘한 마음의 설렘을 느끼고 있었고, 그러는 동안 며칠이 지나서 일행은 변변한 여관 하나 없는 마을에 도착했습니다. 수도원장이 그 마을에 묵고 싶어 했으므로, 알레산드로는 자신과 친한 사람이 운영하는 여관으로 데리고 가서 수도원장을 말에서 내려 주고, 가장 좋은 방으로 안내했습니다. 그리고 그는 이제 수도원장의 집사 같은 처지가 되어 있는 데다가 매우 노련한 남자였으므로, 되도록 부지런히 움직여서 모든 종자들을 여기저기 나누어 머무르게 해주었습니다. 수도원장의 식사가 끝나자 밤도 깊어져 모두 침실로 물러갔습니다. 그래서 알레산드로는 여관 주인에게 자기는 어디서 자면 되냐고 물었습니다. 그러자 주인은 대답했습니다.

"실은 나도 알 수 없군요. 보시다시피 방마다 사람들로 꽉 차서, 나나 가족들도 걸상 위에서 자야 하는 형편이니까요. 다만, 수도원장님 방에는 곡물 상자가 몇 개 있으니까, 그리로 안내해서 잠자리 비슷한 걸 만들어 드리지요. 상관없다면 거기서 주무시도록 하십시오."

알레산드로는 대답했습니다.

"내가 어떻게 원장님 방에 갑니까? 방이 너무 좁아서 수도사들도 그곳에 들어가지 못했잖아요? 침대의 장막을 내릴 때 그런 줄 알았더라면, 수도사들을 곡물 상자 위에서 자게 했을 텐데요. 그랬으면 나는 지금 수도사들이 자고 있는 방에 갔을 텐데 말이죠."

그러자 주인이 말했습니다.

"그건 그렇습니다만, 상관없다면 거기서 주무세요. 그런대로 편히 쉴 수 있습니다. 이제 원장님도 잠이 드셨을 것이고, 장막도 내려져 있을 겁니다. 살며시 이불을 날라다 드릴 테니 거기서 주무시도록 하십시오."

알레산드로는, 그렇게 해준다면 수도원장에게 별로 폐를 끼치지 않아도 될 거라고 생각하고 승낙했습니다. 그리하여 되도록 소리가 나지 않게 곡물 상자 위에 몸을 뉘었습니다. 그런데 수도원장은 아직 잠들어 있지 않았습니다. 잠들기는커녕 처음 느껴 보는 욕망에 흥분되어 잠을 이룰 수가 없어서 여관 주인과 알레산드로가 주고받는 말을 모두 들어 버렸습니다. 그래서 알레산드로가 자기 방에서 자리라는 것을 알고 너무나 기뻐서 '하느님은 내 뜻을 이루는 절호의 기회를 주신 거다. 만일 이 기회를 놓치면 앞으로 오랫동안 이런 때는 찾아오지 않을 거야' 하면서 중얼거렸습니다. 그래서 수도원장은 이 기회를 잡겠다고 결심하고, 온 주위가 다 잠들어 고요해지기를 기다렸다가, 나직한 소리로 알레산드로를 불러 자기 곁에 와서 눕지 않겠느냐고 말했습니다. 그는 몇 번이나 정중하게 거절했습니다만, 마침내 못 이겨 옷을 벗고 수도원장 옆에 가서 누웠습니다.

수도원장은 그의 가슴 위에 손을 얹고, 연인들끼리 사랑을 호소할 때 하듯 쓰다듬기 시작했습니다. 이에 알레산드로는 소스라치게 놀라서, 이런 불결한 사랑을 하다니! 어쩌면 수도원장이라는 것은 새빨간 거짓말이 아닐까 하고 의심하기 시작하면서 몸을 이리저리 움직여 쓰다듬으려는 손을 피했습니다.

수도원장은 직감적으로 알레산드로의 동작에서 자기가 의심받고 있다는 것을 깨달았습니다. 그래서 입고 있던 속옷을 벗고 알레산드로의 손을 잡아 자기의 가슴 위로 가져다 얹으면서 말했습니다.

"알레산드로, 쓸데없는 의심은 하지 마세요. 여기 내가 감추고 있는 것을 확인해 보세요."

알레산드로가 수도원장의 가슴을 더듬어 보니, 상아로 된 것 같은 둥글고 좀 딴딴하지만 부드러운 두 개의 유방이 있었습니다. 그것을 깨닫자 수도원장이 여성이라는 것을 알았으므로, 그 이상 상대편의 유혹도 기다리지 않고 느닷없이 그녀를 껴안고 입을 맞추려 했습니다. 그러자 그녀는 말했습니다.

"옆에 오시기 전에 내 말을 주의해서 들으세요. 아시다시피 나는 여자이지 남자가 아닙니다. 처녀로서 집을 나와 교황님께 결혼 상대를 주선해 주십사고 부탁드리러 가는 길이었어요. 그런데 당신을 보는 순간, 당신에게는 행복이 되고 내게는 불행이 될지 모르지만, 당신에게 불같은 사랑을 느끼고 말았어요. 지금까지 어느 여성도 이렇게 뜨거운 생각을 남자에게 품은 적은 없을 거라고 여겨질 정도예요. 그래서 누구보다도 당신을 내 남편으로 삼기로 결심했어요. 만일 당신이 나를 아내로 삼고 싶지 않으시거든, 지금 바로 당신 침대로 돌아가세요."

알레산드로는 그녀가 어떤 여성인지 아직 몰랐습니다만, 야단스러운 수행원들의 모습에서 짐작하더라도 돈 많은 고귀한 분이 틀림없다고 생각했고, 더욱이 매우 아름답다는 것을 이젠 다 알게 되었으므로 우물쭈물 생각할 것도 없이, 당신만 좋다면 나로서는 이보다 더 즐거운 일이 없습니다, 하고 대답했습니다. 그러자 그녀는 침대 위에 일어나 앉아 그리스도상이 그려져 있는 성판(聖板) 앞에서 그의 손에 반지를 끼워 주고 결혼 약속을 했습니다.

그리고 서로 얼싸안고는 그날 밤의 시간이 허락하는 데까지 다시없을 애욕의 기쁨을 서로 즐겼던 것입니다. 날이 새자 둘이서 여러 가지 의논을 한 다음, 알레산드로는 일어나서 간밤에 어디서 잤는지 아무도 눈치채지 못하게 몰래 그 방에서 나와, 하늘에라도 올라갈 듯한 기분으로 수도원장과 그 수행원 일행과 더불어 여행을 계속했습니다. 그리고 여러 날이 지나 로마에 도착했습니다.

이렇게 며칠 묵고 있는 동안에 수도원장은 두 사람의 기사와 알레산드로를 데리고 교황을 알현하고는, 공손히 예를 갖추어 인사한 뒤 다음과 같이 말했습니다.

"교황님은 지혜로운 분으로서, 진실되게 더러움 없이 이 세상을 살고자 원하는 자는, 그 소원을 옆길로 빗나가게 하는 원인이 무엇이든 되도록 피해야 한다는 것을 잘 알고 계실 줄 압니다. 전부터 더러움 없이 살아가기를 바라고 있는 저는 그것을 실현할 수 있도록 보시는 바와 같은 모습으로 바꾸게 되었고, 아버지이신 영국 왕의 재산 대부분을 갖게 되었습니다. 그런데 보시다시피 아직도 젊은 저를 아버지는 늙은 스코틀랜드 왕에게 출가시키려 하셨기 때문에, 교황님의 뜻에 따라 제 남편을 골라 주시기를 부탁드리려고 이렇게 찾아뵈었습니다.

제가 달아난 것은 스코틀랜드 왕이 노인이기 때문만은 아닙니다. 만일 제가 왕과 결혼하더라도 젊고 철이 없어 황송하게도 하느님의 법도를 어기지나 않을까, 또 왕가의 거룩한 혈통과 명예를 더럽히지나 않을까 하는 걱정이 있었기 때문입니다. 제가 이런 생각으로 있을 때, 사람 저마다에게 가장 알맞은 것을 홀로 잘 알고 계시는 하느님께서는, 자비를 베푸시기 위해 그러신 줄 믿고 있습니다만, 마음에 드는 분을 제 남편으로서 눈앞에 데려다주셨습니다. 그 사람은 바로 이 청년입니다." 그러면서 그녀는 알레산드로를 가리킨 다음, 다시 말을 이었습니다.

"교황님이 보시는 이 사람은, 왕가만큼 높은 혈통을 잇지는 않았습니다만, 용기가 있고 예의범절이 바르며 귀부인에게 결코 손색이 없는 분입니다. 그래서 저는 이 사람을 남편으로 골랐습니다. 이 사람도 그것을 바라고 있습니다. 아버지나 다른 분들이 어떻게 생각하시든지, 저는 결코 이 사람 말고는 다른 누구와도 결혼하지 않겠습니다. 그런 까닭으로, 제가 일부러 여기까지 찾아온 여행의 가장 큰 이유는 없어져 버렸습니다. 그래도 제가 기꺼이 여행을 계속했던 것은, 이 도시 곳곳에 있는 성지를 순례하고, 높은 성직자들을 뵙고, 아울러 교황님도 뵙고 싶었기 때문입니다. 그리고 또 하느님 앞에서 저와 알레산드로가 한 결혼 서약을, 교황님을 비롯해서 다른 분들 앞에서 당당히 발표하고 싶었기 때문입니다. 그래서 하느님이 흡족해하시고 저도 진심으로 기뻐하는 일을 교황님도 흔쾌히 허락해 주실 것을 진심으로 부탁드리고, 또 교황님이 맡아 하시는 하느님의 뜻이 더욱더 확실해지고, 그것으로 우리 두 사람이 다 함께 하느님과 교황님의 은혜로 평생을 복되게 보낼 수 있도록 교황님이 축복을 내려 주시기를 부탁드립니다.”

알레산드로는 자기 아내 될 사람이 영국의 공주라는 말을 듣고 놀랐습니다만, 마음은 이루 말할 수 없는 기쁨으로 가득 찼습니다. 그런데 더 아찔해진 것은 수행해 온 두 기사였습니다. 만일 교황 앞이 아니었더라면 흥분한 나머지 알레산드로에게, 아니 공주에게까지 무례한 행동을 했을지 모릅니다.

한편 교황은 공주의 차림새와 그녀가 선택한 길에 무척 놀랐습니다. 그러나 이제 되돌릴 수도 없는 일이라 그녀의 희망이 이루어지게 해주자고 생각했습니다. 그래서 먼저 두 기사의 흥분을 가라앉혀야겠다고 생각하고, 기사들과 공주와 알레산드로를 화해시킨 다음, 앞으로 해야 할 일을 명령했습니다.

교황은 자신이 정한 날이 오자, 자신이 준비한 성대한 피로연에 초대한 모든 추기경들과 귀족들에게 왕족다운 옷차림을 한 공주를 소개했습니다. 참석한 사람들은 모두 그 아름다움과 온화함에 그저 눈이 휘둥그레질 뿐이었습니다. 그리고 역시 품위 있게 차려입은 알레산드로는 그 풍채며 태도가 고리대금업을 하던 사람이라고는 도저히 생각할 수 없는 귀공자로 보였습니다. 아니 오히려 왕자이기나 한 것처럼 보였습니다. 그래서 두 사람을 수행한 기사들조차 크게 경의를 표시하지 않고는 못 견딜 정도였습니다.

교황은 엄숙하게 결혼식을 거행하고, 예식에 화려함과 품위를 더해 준 피로연의 끝에 가서는 거룩한 축복을 내렸습니다. 알레산드로와 공주는 매우 기뻐하면서, 로마를 떠나 피렌체로 향하게 되었는데, 피렌체에서는 벌써 그들에 대한 소문으로 들끓고 있었습니다. 두 사람은 시민들에게서 최고의 명예와 환영을 받았습니다. 공주는 세 형제를 감옥에서 풀어 주고, 그들의 빚을 다 갚아 준 뒤에 그들과 아내들을 저마다 소유지로 돌려보냈습니다. 많은 사람들에게 감사를 받은 알레산드로와 공주는 아골란테를 데리고 피렌체를 떠나 파리로 향했습니다. 파리에 도착하자 국왕은 경의로써 두 사람을 맞이했습니다. 두 기사가 영국에 먼저 돌아가서 왕에게 상세히 설명한 다음 양해를 얻으려고 노력했으므로, 왕도 공주에 대한 불쾌감을 버리고 공주와 사위를 성대히 맞이했습니다. 알레산드로는 곧 기사로 승격되었으며 콘월의 백작령(領)을 얻었습니다.

알레산드로는 매우 수완이 뛰어난 사람이어서 왕과 왕자 사이를 화해시켰고 그 덕에 영국 온 섬에 평화가 돌아왔습니다. 한편 아골란테는 채권을 모두 회수하여 큰 부자가 된 데다 알레산드로 백작으로부터 기사의 칭호를 받고 피렌체로 다시 돌아갔습니다.

백작은 그 뒤의 나날도 아내와 더불어 영예로운 생활을 보냈습니다. 어떤 사람들의 말로는 타고난 예지와 용기, 국왕인 장인의 도움으로 스코틀랜드를 정복하여 왕위에 올랐다고 합니다.

넷째 이야기

란돌포 루폴로는 몰락하여 해적이 되었다가 제노바 사람들에게 붙잡히는 신세가 되며, 그들의 배도 난파한다. 그는 보석이 가득 든 조그만 궤짝에 올라타 그들에게서 달아난다. 그는 떠돌다 코르푸섬에 닿아 한 여자의 구조를 받아 부자가 되어 집으로 돌아간다.

팜피네아 옆에 앉아 있던 라우레타는 그녀의 이야기가 행복스러운 결말로 끝나자, 서슴지 않고 다음과 같이 이야기하기 시작했습니다.

여러분, 방금 팜피네아가 알레산드로에게 일어난 이야기에서 보여 주셨듯이 가난의 밑바닥에 떨어진 사람이 어느 날 갑자기 국왕의 자리까지 올라간 것을 보면, 인생이 얼마나 운명의 신에게 좌우되는 것인가를 그대로 보는 듯한 기분이 들어요.

지금부터는 주어진 주제 아래서 이야기하게 되었으니까 방금 들으신 결말처럼 되어야 한다고는 생각합니다만, 유감스럽게도 내 이야기는 불행한 점에서는 아까 것보다 몇 배는 더하지만 끝은 그다지 특별한 것이 못돼요. 하지만 나는 그것을 별로 부끄럽게 생각하지 않아요. 결말에만 관심을 가진 분은 신이 안 나시겠지만, 다른 이야기로 바꿀 수도 없으니 용서해 주시면 좋겠어요.

레지오에서 가에타에 이르는 해안은 이탈리아에서도 가장 아름다운 장소라는 말을 듣고 있습니다만, 그곳 살레르노의 가까운 곳에 바다가 내려다보이는 해안이 있습니다. 지방 사람들은 그곳을 아말피 해안이라고 부르지요. 그 지방에는 조그만 도시며 샘이 솟는 정원 등이 많았고, 또 다른 고장에는 좀처럼 없는, 장사에 열심인 부자들이 많이 살고 있었습니다.

그런 도시 가운데, 오늘날에는 부자가 많습니다만, 라벨로라는 도시에 란돌포 루폴로라는 큰 부자가 살고 있었습니다. 그는 자신의 막대한 재산에도 만족하지 못하고 더 늘리려다가, 재산뿐만 아니라 자기 목숨마저 잃을 뻔했던 것입니다.

한번은 세상 상인들이 흔히 하듯이, 이 사람도 큰 배를 사서 온 재산을 다 쏟아 넣어 여러 가지 상품을 가득 사서 싣고는 키프로스섬을 향해서 출범했습니다.

그런데 닿아 보니 자기와 똑같은 상품을 잔뜩 실은 배가 몇 척이나 먼저 와 있다는 것을 알았습니다. 그 때문에 갖고 온 상품을 싼값으로 팔아 치우지 않으면 안 되었을 뿐만 아니라, 그는 굳이 처분하고 싶으면 바다에라도 버리지 않으면 안 될 궁지에 빠지고 말았습니다. 그래서 그는 파산 직전 상태가 되고 말았던 것입니다.

이 때문에 그는 어떻게 해야 좋을지 몰라서 그만 신경 쇠약에 걸려 버렸습니다. 큰 부자가 하루아침에 거의 무일푼의 가난뱅이가 된 것을 생각하고, 차라리 죽어 버릴까, 아니면 해적이라도 되어 손해를 되찾을까 하고 이 궁리 저 궁리하게 되었습니다. 왜냐하면 출발할 때는 부자였는데 돌아갈 때는 무일푼이래서야 그대로 돌아갈 기분이 나지 않았기 때문이죠. 그래서 배를 살 사람을 찾아서는 배를 판 돈과 상품을 헐값에 팔아넘긴 돈을 합쳐서 해적들이 잘 쓰는 속도가 빠른 조그만 배 한 척과 그 일에 필요한 모든 무기를 사들여 완전히 준비를 갖추었습니다. 그리고 남의 재산을, 특히 터키 사람들의 재산을 약탈해 보자고 생각하게 된 것입니다.

해적 일은 불운했던 무역업에 비하면 매우 운이 좋았습니다. 그는 약 1년 동안에 터키인들한테서 많은 배를 빼앗아, 장사로 잃은 손해 이상의 액수를 되찾았을 뿐만 아니라, 시간은 좀 흘렀지만 전 재산의 곱절보다 더 갖게 되었습니다.

그는 첫 손해의 슬픔에서 회복되고, 이제 재산도 충분히 손에 넣었으니 두 번 다시 실패하지 않기 위해 더는 욕심을 부려서는 안 된다고 스스로에게 타일렀습니다. 그래서 그 재산을 가지고 고향에 돌아갈 생각으로—또한 무역업은 지긋지긋해졌으므로—재산을 다른 데 투자하지 않고 약탈한 것을 산더미처럼 실어 배를 몰아 귀로에 올랐습니다. 에게해(海)에 들어설 무렵, 밤에 심한 동남풍이 불어닥쳤습니다. 그 때문에 진로는 거꾸로 바뀌고 바다는 거칠 대로 거칠어졌습니다. 작은 배로는 사나운 바다를 건널 수가 없어서, 조그만 섬 뒤로 바람을 피하여 날씨가 좋아지기를 기다리게 되었습니다. 그런데 섬 그늘에 들어간 지 얼마 안 되어, 콘스탄티노플에서 나온 제노바 사람의 커다란 상선 두 척이 란돌포와 마찬가지로 간신히 폭풍을 피해 들어왔습니다.

상선 사람들은 조그만 배를 보자 선주가 누구냐고 물어보고는, 그가 큰 부자라는 것은 이미 알고 있었으므로, 태어날 때부터 돈에는 매우 욕심이 많은 인간들이라 란돌포를 약탈할 생각으로 그의 작은 배가 떠나지 못하도록 진로를 막아 버렸습니다. 그러고는 석궁(石弓)을 들고 완전 무장을 한 일부 선원들을 상륙시켜, 작은 배에 탄 사람들이 도망칠 만한 장소에 진을 치게 했습니다. 그리고 배에 있던 다른 사람들은 작은 배로 해류를 따라 란돌포의 배에 다가가서, 힘들이지 않고 배와 선원들을 깡그리 나포해 버렸습니다. 짐을 다 옮겨 실은 다음 배는 가라앉혀 버리고, 란돌포는 자기들 배 한 척에 옮겨 망가진 윗옷 바람의 포로로 만들었습니다.

이튿날 풍향이 바뀌어 상선 두 척은 서쪽을 향해 떠나갔습니다. 그리고 그날은 순조로이 항해를 계속할 수가 있었는데, 저녁때쯤 되니 폭풍이 불기 시작하고 파도가 높아져서 두 척의 배는 그만 따로따로 떨어지고 말았습니다. 이 바람 때문에 가엾은 란돌포가 탄 배는 케팔로니아섬 암벽의 무시무시한 힘에 부딪쳐, 마치 벽에 부닥뜨린 유리병처럼 산산조각이 나버리고 말았습니다.

배에 타고 있던 가련한 사람들은, 캄캄한 밤이었음에도 불구하고 흔히 있듯이 궤짝이며 널빤지며 상품들이 가득 떠 있는 바다를 헤엄쳐 갔습니다. 그들은 높은 파도가 솟고 사나울 대로 사나운 바다를 헤엄쳐 가면서 운 좋게 눈앞에 뜬 물건들을 발견하여 매달리곤 했습니다.

그 속에 낀 란돌포는 한 푼도 없이 고향으로 돌아가느니 차라리 죽는 편이 낫다고 몇 번이나 생각했지만, 막상 죽음 직전에 이르니 역시 무서웠습니다. 그래서 다른 사람들과 마찬가지로 손에 닿은 널빤지에 매달려서, 이렇게 빠져 죽지 않고 있으면 하느님이 도와주실지도 모른다고 애처롭게 기다리고 있었습니다. 그리고 널빤지에 되도록 몸을 잘 얹고 높은 파도와 거센 바람에 이리저리 밀려 흘러가면서, 날이 샐 때까지 몸을 지탱하고 있었습니다.

날이 샌 뒤 사방을 둘러보니, 보이는 것은 구름과 바다뿐이었습니다. 그런데 물에 떠다니는 궤짝 하나가 이따금 파도에 밀려 바싹 접근해 오는 것이 무서워서 견딜 수 없었습니다. 자기가 궤짝에 부딪쳐서 변을 당하지 않을까 하고 걱정했기 때문이죠. 그래서 옆에 접근해 올 때마다 지칠 대로 지쳐 있었지만, 되도록 멀리 손으로 밀어내곤 했습니다.

그러나 일은 염려한 대로 되어 버렸습니다. 별안간 회오리바람이 일더니 바다 쪽으로 불어닥쳐 그 궤짝이 널빤지에 부딪쳤으므로, 널빤지에 타고 있던 란돌포는 벌렁 뒤집혔습니다. 그는 곧 물속에 가라앉아 버렸습니다만, 자기 힘 때문이라기보다 무서워서 필사적으로 떠올라와 보니 널빤지는 멀리 떠내려가고 없었습니다.

거기까지는 이제 헤엄쳐 갈 수 없을 것 같았으므로, 바로 옆에 떠 있는 그 궤짝으로 다가가서 뚜껑 위에 가슴을 얹고 두 팔로 상자가 똑바로 떠 있도록 받쳤습니다. 이렇게 하여 바다 한가운데에 내동댕이쳐져서 이리저리 떠다니는 동안 아무것도 먹지 못한 채 소금물만 실컷 마시고 바다만 바라볼 뿐, 자기가 어디에 있는지 짐작도 못 하고 그날을 온종일 보내다가 밤이 되었습니다.

이튿날 하느님의 뜻인지 어떻게 된 영문인지 모르지만, 해면처럼 녹초가 되어 있으면서도, 물에 빠진 자는 지푸라기라도 잡는다는 속담대로 그는 상자 끝을 두 손으로 꽉 붙들고 떠돌다 마침내 코르푸섬에 닿았습니다. 때마침 그곳에는 다행히도 가난해 보이는 여자 하나가 모래와 소금물로 냄비와 그릇들을 씻고 있었습니다. 여자는 그가 가까이 오는 것을 보더니 사람인 줄은 모르고 너무나 무서워 외마디 소리를 지르며 달아나려고 했습니다.

란돌포는 말도 할 수 없었고 눈도 잘 보이지 않아 아무 이야기도 하지 못했습니다. 하지만 파도가 그것을 육지로 밀어붙이자, 그녀는 궤짝이라는 것을 깨닫고 다시 잘 바라보니, 먼저 상자 위에 걸려 있는 두 손이 보이고 이어 얼굴이 보여, 가까스로 그게 무엇인지 알게 되었습니다. 그래서 동정심이 우러나, 바다도 이미 잔잔해지고 있었으므로, 물속으로 조금 들어가서 그의 머리칼을 붙잡고 상자와 함께 물가로 끌어올렸습니다. 그리고 간신히 그의 손을 상자에서 떼고는, 그것을 함께 있던 딸에게 이워 가지고 그를 어린애 부축하듯 마을로 데리고 갔습니다.

따뜻한 목욕통에 넣어 몸을 문지르고 더운물로 씻어 주었으므로, 싸느랗게 식었던 체온이 되살아나고 잃었던 체력도 얼마간 회복될 수 있었습니다. 몸조리는 어지간히 되었다고 여겨졌으므로, 좋은 포도주와 영양 많은 음식을 주어 원기를 북돋아 주었습니다. 이리하여 며칠 동안 할 수 있는 한 정성껏 간호를 해주자, 그는 힘을 되찾게 되고 자기가 어디에 있는지도 깨닫게 되었습니다. 그래서 여자는 자기가 맡아 두었던 궤짝을 돌려주고, 이제 앞으로의 일은 스스로 처리하라고 말했습니다.

그는 궤짝에 대해서는 기억이 없었고, 어차피 이삼 일이면 다 써버릴 별로 값어치도 없는 물건이겠거니 하고 생각하면서도 그 친절한 여자가 내주는 대로 받았습니다. 받아 보니 매우 가벼워서 그런 희망조차 사그라져 버렸습니다. 그러나 여자가 집에 없을 때, 대체 무엇이 들어 있나 하고 뚜껑을 열어 보았습니다. 그러자 그 안에는 뜻밖에도 갖가지 보석들이 낱개로 혹은 펜 채로 가득 들어 있었습니다. 그는 보석에 얼마간 지식이 있어 그것들이 꽤나 값진 것임을 알고는, 신은 아직 자기를 버리시지 않았구나 하고 하느님께 감사하면서 날아갈 듯이 기뻐했습니다. 하지만 그는 짧은 기간에 두 번이나 악운을 겪었기 때문에 또다시 그런 일이 일어날 것을 걱정하여, 이 보석을 집에 가지고 가더라도 무척 조심해야겠구나 하고 생각했습니다. 그래서 몇 장의 누더기에 최대한 잘 싼 뒤에 상자는 필요 없다고 여자에게 주었습니다. 그 대신 가능하면 자루를 하나 달라고 부탁했습니다.

친절한 여자는, 얼마든지 드리지요 하고 자루를 하나 내주었습니다. 그는 여자가 베풀어 준 여러 가지 호의를 진심으로 고마워하며 자루를 목에 걸고 그녀의 집을 떠났습니다. 그리고 조그만 배를 타고 브린디시에 도착하여 거기서부터는 해안을 따라 트라니까지 갔습니다.

그리하여 그곳에서 포목상을 운영하는 제노바 사람을 만났습니다. 그가 그 상자 이야기는 빼놓고 되도록 상세히 자기가 겪은 일을 이야기하니, 고맙게도 옷을 한 벌 내주었습니다. 게다가 말과 하인까지 빌려주어 어떻게든지 돌아가려고 작정했던 라벨로로 보내 주었습니다.

여기까지 오면 이제 안심이라고 생각하고, 자기를 무사히 돌아오게 해주신 하느님께 감사하면서 자루를 열었습니다. 그리고 아직 잘 살펴보지 못했던 보석들을 다시 면밀히 조사해 보니, 적당한 값으로 팔면 아니 그 이하로 팔더라도 출발할 때보다 곱절인 부자가 될 만큼 많은 값비싼 보석들이라는 것을 알았습니다. 그래서 보석을 잘 팔아 자기를 바다에서 건져 준 친절한 여자에게 사례로서 상당한 돈을 코르푸섬에 보내 주고, 마찬가지로 자기에게 옷을 준 트라니의 상인에게도 사례금을 보내 주었습니다. 그리고 남은 돈으로, 이제 장사할 생각은 없어졌으므로, 여생을 안락하게 보냈다는 얘깁니다.

다섯째 이야기

페루자의 안드레우치오는 말을 사러 나폴리에 갔다가 하룻밤 새에 세 번이나 큰 변을 당하지만 모두 잘 피해 루비 반지를 손에 넣고 집으로 돌아간다.

이야기 차례가 돌아와 피암메타는, 란돌포가 손에 넣은 보석 이야기를 듣고 그 이야기에 못지않은 위급한 상황을 교묘히 피한 어떤 이야기가 생각났어요, 하고 입을 열었습니다.

하지만 아주 다른 것은, 여러분이 들으면 아시겠지만, 아까 이야기는 몇 해에 걸친 것인데 이건 하룻밤 사이에 일어났다는 점이에요. 이것은 예전에 들었던 얘기인데, 말을 중매(仲買)하는 안드레우치오 디 피에트로라는 젊은이가 페루자에 살고 있었습니다. 그 사람은 나폴리에 좋은 말 시장이 선다는 소식을 듣고, 그곳에 가기 위해 금화 500피오리노를 지갑에 넣고는 한 번도 다른 지방에 가본 일이 없었던 터라 다른 상인들과 함께 길을 떠났습니다.

일요일 저녁때 나폴리에 도착한 그는 이튿날 아침 여관 주인이 가르쳐 주는 대로 말 시장이 서는 곳으로 나갔습니다. 거기서 많은 말을 보니 참으로 마음에 들어 몇 번이나 흥정을 했습니다. 그런데 좀처럼 잘 이뤄지지 않자 본디 조심성 없고 약간 어수룩한 젊은이인지라, 오가는 사람들 앞에서 그것을 살 마음이 있다는 것을 과시하려고 금화가 들어 있는 지갑을 몇 번이나 슬쩍슬쩍 내보였습니다.

이렇게 흥정을 하면서 보라는 듯이 지갑을 꺼내고 있을 때, 젊고 매우 아름다운 시칠리아 여자 하나가, 하기야 얼마 안 되는 돈으로 어떤 사나이에게나 몸을 맡기는 여자였습니다만, 그 옆을 지나다가 그 지갑을 보고, "아아, 저 돈이 내 것이라면 얼마나 좋을까" 하고 혼잣말로 중얼거렸지만 젊은이는 알아채지 못했습니다.

이 젊은 여자는 역시 시칠리아에서 온 할머니와 동행이었는데, 할머니는 안드레우치오를 보더니 무척 반가운 듯이 그에게 달려들었습니다. 젊은 여자는 옆에서 그것을 말없이 지켜보았습니다. 뒤돌아보니 잘 아는 할머니이기에 안드레우치오도 매우 반가워했습니다. 할머니는 나중에 여관으로 찾아가겠다고 약속하고 그 자리에서는 긴 이야기를 하지 않고 헤어졌습니다.

안드레우치오는 다시 흥정을 시작했으나, 그날 아침에는 한 마리도 사지 못했습니다.

젊은 여자는 안드레우치오의 묵직해 보이는 지갑에 눈독을 들였다가, 할머니가 그와 잘 아는 사이라는 것을 알자 어떻게든 그 돈을 모두 아니 절반이라도 좋으니 손에 넣을 방법은 없을까 생각하고는, 그가 어떤 사람이냐, 어디서 왔느냐, 거기서 무엇을 하느냐, 어떻게 알게 되었느냐 하고 할머니에게 슬쩍슬쩍 물어보았습니다.

할머니는 그의 아버지와 시칠리아의 한동네에서 오래 살았고, 페루자에서도 산 적이 있어서, 마치 안드레우치오 자신이 이야기하는 것처럼 그에 관한 일을 하나에서 열까지 모두 들려주었습니다. 또한 그가 어디에 묵고 있으며, 뭘 하러 와 있다는 것도 일러 주었습니다.

젊은 여자는 그의 이름과 친척들까지 모두 알게 되었으므로 간사한 꾀로 자신의 바람을 이루어야겠다고 계획을 짰습니다. 그래서 집에 돌아가자 할머니에게 온종일 걸리는 일을 시켜 그 때문에 안드레우치오를 찾아가지 못하게 만들었습니다. 그런 다음 이런 일에는 안성맞춤인 하녀를 불러, 저녁때 안드레우치오가 돌아올 시간을 기다렸다가 그 여관으로 찾아가게 했습니다.

하녀가 가보니 운 좋게도 그가 혼자서 문간에 서 있었습니다. 하녀가 안드레우치오를 찾으니, 자기가 바로 본인이라고 대답했으므로, 하녀는 한쪽으로 데리고 가서 "선생님, 이 도시의 어떤 귀부인께서, 상관없으시다면 뵙고 이야기를 좀 나누고 싶다고 하십니다" 하고 말했습니다.

이 말을 들은 그는 자기 자신을 훑어보고, 이만하면 나도 미남이지, 하고 우쭐해하면서, 나폴리에는 잘생긴 청년이 없어서 그 귀부인이 자기를 사랑하게 됐다고 생각했습니다. 그래서 곧, 그러겠다고 대답하고는, 그분이 언제 어디서 만나고 싶어 하시더냐고 하녀에게 물었습니다.

"선생님만 좋으시다면, 댁에서 기다리고 있겠다고 하셨어요." 하녀는 대답했습니다.

안드레우치오는 여관에는 아무 말도 해두지 않고 "그럼 네가 앞장서서 가거라. 나는 뒤에서 따라갈 테니까" 하고 흔쾌히 말했습니다. 그래서 하녀는 그를 안내해 갔습니다. 집은 말페르투지오(악마의 굴)라고 부르는, 이름만 들어도 얼마나 불결한 곳인지 알 수 있는 거리에 있었습니다. 그러나 그는 그런 것은 조금도 알지 못하고, 또 아무 의심도 없이, 훌륭한 장소에 사랑하는 여자를 찾아간다는 생각으로 태평스럽게 하녀의 뒤를 따라 그 부인 집으로 들어갔습니다.

층계를 올라가니, 하녀는 벌써 부인을 불렀던 모양으로, "안드레우치오 님이 오셨습니다" 하고 말했습니다. 바라보니 층계 위에서 그를 기다리고 있는 부인의 모습이 보였습니다.

그녀는 아직 매우 젊고 풍만한 몸집에 얼굴도 아름답고 매력이 넘치는 데다가 화려하게 차려입고 있었습니다. 안드레우치오가 가까이 가자, 두 팔을 벌리고 층계를 세 개나 내려와서 그를 맞이했습니다. 그리고 그의 목에 팔을 두르더니 가슴이 메어서 아무 말도 못 하는 듯 그대로 가만히 있었습니다. 그런 다음 눈물을 글썽거리며 이마에 입을 맞추고는 들뜬 목소리로 말했습니다.

"아아, 나의 안드레우치오, 정말로 잘 와주었어요."

그는 이와 같이 정다운 사랑의 표현에 그만 얼떨떨해하며 "부인을 뵙게 되어서 기쁘게 생각합니다" 하고 대답했습니다.

그녀는 그의 손을 잡고 윗방으로 데리고 가더니, 아무 말 없이 장미와 오렌지꽃 향기가 그윽이 떠도는 침실로 들어갔습니다. 그 방에는 장막이 쳐진 아름다운 침대가 하나 묵직하게 놓여 있고, 그곳의 습관대로 옷걸이에는 아름다운 옷이 가득 화려하게 걸려 있었습니다. 그 밖에 아름답고 값비싼 가구들도 놓여 있었습니다. 그는 매우 단순한 사나이였으므로 이것을 보고 그녀가 신분 높은 귀부인이 틀림없다고 생각했습니다. 두 사람이 침대 발치에 있는 상자에 걸터앉자 그녀가 입을 열었습니다.

"안드레우치오, 아직도 나를 몰라보는 당신에게 눈물을 흘리며 매달렸으니, 아마 당신은 무척 놀랐을 줄 알아요. 비록 우연이라도 나에 관해서는 조금도 들은 적이 없을 테니까요. 하지만 내가 당신의 누나라는 것을 알면 더 놀랄 거예요. 정말 죽기 전에 형제들 가운데 한 사람이라도 만날 수 있다니, 물론 나는 형제 모두를 만나고 싶었지만, 하느님의 대단한 자비가 틀림없다고 생각해요. 나는 지금 죽어도 아마 기쁜 마음으로 눈감을 수 있을 거예요. 그럼 이런 이야기는 아직 들은 적이 없을 테니, 모두 이야기해 볼까 해요.

내 아버지인 동시에 당신 아버지이기도 한 피에트로는, 당신도 알겠지만 오랫동안 팔레르모에 살고 있었어요. 유쾌하고 친절한 분이어서 아는 사람들은 모두 아버지를 무척 사랑했어요. 더욱이 그중에서도 귀족 출신으로 당시 과부였던 내 어머니한테서 가장 사랑을 받으셨죠. 어머니는 친정아버지와 형제들의 노여움에도 아랑곳없이, 또 명예도 돌보지 않고, 친밀의 도를 넘는 사이가 되어 나를 낳으셨어요. 그런 나를 지금 당신이 보고 있는 거예요. 피에트로는 그 뒤 사정이 있어서 어머니와 어린 딸인 나를 남겨 두고 팔레르모를 떠나 페루자로 돌아가셨어요. 그 뒤 내가 아는 한, 나나 어머니를 두 번 다시 생각하지 않으셨어요. 그걸 생각하면, 만일 우리 아버지가 아니셨더라면, 하녀나 천한 여자한테서 태어난 게 아닌 자기의 친딸에게 마땅히 품었어야 할 애정은 지금 언급하지 않겠지만, 어머니에게 한 이 배은망덕한 행위를 몹시 비난했을 거예요. 어머니는 피에트로가 어떤 분인지 자세히 모르신 채, 진심으로 애정을 바치고 몸과 재산을 그 손에 맡겨 버렸으니까요. 그런데 어떻게 되었는지 알아요? 일단 행해진 나쁜 짓은 아무리 시간이 흘러도 보상받기보다 비난받는 쪽이 빠른 법이에요. 사실 그대로 되었죠.

아버지는 어릴 때 나를 팔레르모에 두고 가시고, 나는 그곳에서 자라 이렇게 어른이 되었어요. 어머니는 돈이 많아서, 지르젠티(아그리젠토)에 사는 훌륭한 인품을 가진 어느 귀족에게 나를 시집보냈어요. 그는 어머니와 나를 위해서 팔레르모에 살았어요. 그이는 열렬한 겔프당(교황당)의 당원이었는데, 샤를 왕과 무슨 절충을 시작했대요. 그런데 그 조약이 발효되기 전에 그 사실이 그만 페데리고 왕의 귀에 들어가서, 조금만 있으면 내가 시칠리아 제일가는 기사 부인이 될 참이었는데, 거기서 달아날 수밖에 없었던 거예요. 그래서 얼마 안 되는 것을 챙겨서—얼마 안 되는 것이라 한 것은 가지고 있던 많은 것에 비해서의 이야기지만—땅과 큰 집을 버리고 이 도시로 온 거예요. 그 대신 샤를 왕이 우리에게 매우 친절하게도 우리가 왕 때문에 입은 손해의 일부분을 보상해 주시고, 땅과 집도 주시고, 또 어차피 만나게 되겠지만, 당신 자형인 내 남편에게 그 뒤로 지금까지 계속 여러 가지 수당을 보내 주고 계시는 거예요. 이렇게 해서 나는 지금 여기에 살고 있는데, 그리운 동생을 만날 수 있게 된 것은 당신 덕분이 아니라 하느님의 은혜라고 생각해요."

이렇게 말하고 그녀는 다시 그를 얼싸안고는 또 부드럽게 그의 이마에 입을 맞추었습니다.

안드레우치오는 떠듬거리지도 않고 조리 있게 교묘히 만들어 낸 그녀의 이야기를 듣고, 사실상 아버지가 팔레르모에 있었다는 것과 자기 자신이 젊기 때문에 무릇 남자란 젊을 때는 기꺼이 사랑을 하게 되는 법이라고 여기고 있는 참인 데다, 또 그녀가 구슬피 눈물을 흘리면서 정답게 안아 주고 깨끗한 입맞춤까지 해주었기에, 그녀의 이야기를 사실이라고 곧이들어 버렸습니다. 그래서 그녀가 입을 다물자 말했습니다.

"부인, 내가 깜짝 놀랐더라도 개의치 마십시오. 사실 아버지가 이유야 어떻든 부인 어머님이나 부인에 관한 이야기를 해준 적이 없습니다. 또 이야기했다고 하더라도, 내 귀에는 들어오지 않았을 것입니다. 그러니 부인과 같은 분이 계시다는 것을 조금 전까지도 전혀 모르고 있었지요. 그러나 여기서 내 누님을 만날 수 있게 되다니 이렇게 기쁜 일은 없습니다. 이곳에서 나는 외로웠고, 또 이런 행운은 꿈에도 생각해 본 적이 없거든요. 정말 아무리 신분이 높은 남자라도, 부인과 같은 분을 누님으로 할 수가 있는데 기뻐하지 않을 자는 없다고 생각합니다. 하물며 나는 하찮은 일개 상인에 지나지 않으니 더욱 그렇지요. 하지만, 한 가지 더 물어보고 싶은 것이 있는데, 내가 여기 온 것을 어떻게 아셨지요?"

그러자 그녀는 대답했습니다.

"오늘 아침 우리 집에 자주 드나드는 가엾은 여자 하나가 나한테 알려 주었어요. 그 사람은 우리 아버지 아래서—그 사람 말에 의하면—오랫동안 일하면서 팔레르모와 페루자에서 함께 살았거든요. 그리고 나는 아까 밖에서 한참 동안 당신을 보고 있었는데, 내가 당신을 찾아가기보다는 당신이 나한테오도록 하는 게 더 낫다고 생각한 거예요."

이렇게 말하고 그녀는 그의 친척 모두의 이름을 들어 가며 상세히 묻기 시작했습니다. 안드레우치오는 일일이 대답해 주었습니다. 이렇게 해서 그는 믿어서 안 될 것을 점점 더 믿어 버리고 말았던 것입니다.

이야기가 길어지고 더위는 심했으므로, 그녀는 그리스산(産) 포도주와 달콤한 과자를 갖고 오게 해서 안드레우치오를 대접했습니다. 그는 다 마시고 나서 식사 시간이 되었으므로 돌아가려고 했지만 그녀는 붙들고 놔주지 않았습니다. 그리고 매우 섭섭한 표정으로 그를 껴안으며 말했습니다.

"아아, 당신은 나를 조금도 반갑게 생각하지 않네요. 당신은 한 번도 만난적이 없는 자기 누나와 지금 함께 있잖아요! 그 누나 집에 왔으면 거기서 묵어야 마땅한데, 여관에 돌아가서 저녁을 먹을 생각을 다 하다니! 여기서 나와식사하는 게 옳은 거예요. 유감스럽게도 남편은 집에 없지만, 나는 귀부인으로서 실례가 되지 않도록 할 수 있는 데까지 대접하겠어요."

이에는 안드레우치오도 대답이 궁해져서 말했습니다.

"나도 부인을 누님으로서 반갑게 생각하고 있습니다. 하지만 내가 돌아가지 않으면 나 때문에 모두 밤새도록 저녁을 못 먹게 되어서 실례를 하게 되거든요."

그러자 그녀가 말했습니다.

"이봐요, 조금만 생각해도 알 수 있잖아요. 우리 집에 그런 소식을 보낼 만한 심부름꾼 하나 없을 줄 알아요? 소식을 보낸다면, 그 동행들도 여기 오게 해서 식사를 함께하도록 권하는 것이 더욱 예의에 맞고 또 그게 당신의 의무 아니겠어요? 그런 다음에 돌아가고 싶으면, 그들과 함께 돌아가면 되잖아요?"

안드레우치오는, 오늘 밤에는 동행들을 부르고 싶지 않습니다, 그렇지만 누님이 희망하신다면 기꺼이 식사 초대를 받지요, 하고 대답했습니다. 그러자 그녀는 여관에다 오늘 밤 식사는 그를 기다리지 않아도 좋다는 소식으로 심부름꾼을 보내는 체했습니다. 그리고 그 밖의 여러 이야기를 나누면서 두 사람은 식탁에 앉았습니다. 그리하여 훌륭한 음식을 차려 내고 밤이 깊어질 때까지 교묘하게 시간을 끌었습니다. 이윽고 식사도 끝났으므로 안드레우치오가 돌아가려고 하자, 그녀는 나폴리는 밤이 깊은 뒤에 더욱이 타지방 사람이 나다닐 곳이 못 되니 지금 이 시간에 절대로 돌아가서는 안 된다, 게다가 저녁 식사는 기다리지 않아도 된다고 사람을 보냈으니 여관에서도 돌아오지 않을 줄 알고 있을 거라고 붙잡았습니다.

안드레우치오는 그 거짓말에 속아 기꺼이 그녀 집에서 묵기로 했습니다. 식사가 끝난 뒤에도 여러 가지 말이 나와서 이야기가 길어졌습니다만, 여기에는 그럴 만한 까닭이 있었죠. 이렇게 밤이 깊어지자 그녀는 무슨 볼일이 있으면 시키라고 소년을 하나 붙여 놓고, 자기 침실을 내주며 안드레우치오에게 잘 자라고 말했습니다. 그리고 그녀는 하녀들과 다른 방으로 물러갔습니다.

그날 밤은 매우 무더웠습니다. 그래서 혼자 남은 안드레우치오는 곧 겉옷을 벗고 속옷 바람으로 긴 양말은 벗어 침대 머리맡에 놓았습니다. 그런데 배가 불러 곧 용변이 보고 싶어졌으므로 소년에게 어디에 변소가 있느냐고 물으니, 소년이 방 한쪽 구석에 있는 문을 가리키면서 "저리 들어가십시오" 하고 대답했습니다.

안드레우치오는 아무 생각도 없이 문을 열고 나가 무심코 한 장의 발판 위에 올라섰습니다. 그 널빤지가, 저쪽에 받쳐 놓은 막대기가 빠지면서, 뒤집어져 그도 함께 아래로 떨어지고 말았습니다. 무척 높은 데서 떨어졌는데도 상처 하나 입지 않은 것은 하느님의 은혜였습니다. 그 대신 가득 차 있던 오물 속에 빠지고 말았습니다.

방금 말한 내용과 지금부터 말할 내용을 이해하기 쉽도록, 그 변소에 관해서 좀 더 상세히 설명하도록 하겠어요. 그것은 흔히 이층집에서 볼 수 있듯이 좁은 골목을 사이에 두고 두 집 벽에 걸쳐 둔 두 개의 막대기 위에 몇 장인가 발판이 놓여 있고, 거기에 걸터앉아 용변을 보게 되어 있었던 것입니다. 그와 함께 떨어진 널빤지는 그런 발판 가운데 한 장이었던 셈이죠.

그런데 골목에 떨어진 안드레우치오는 어처구니없는 처지가 되었구나, 하고 생각하면서 소년을 불렀습니다. 그런데 그가 떨어지는 소리를 듣자 소년은 부인에게 달려가서 보고했습니다. 그녀는 그의 침실로 달려가서 얼른 옷이 있는가 살펴보았습니다. 그리하여 옷과, 그가 사람을 믿지 않아 언제나 몸에 지니고 다니는 돈을 그 속에서 발견했습니다.

돈을 손에 넣자, 결국 이 돈 때문에 팔레르모에서 태어났으면서도 페루자 태생인 안드레우치오의 누나라고 속였으므로, 이제 그가 어떻게 되든 상관없다며 그가 나가떨어진 문을 닫으러 갔습니다.

안드레우치오는 소년이 대답이 없자 점점 더 큰 소리로 불러대기 시작했습니다. 하지만 헛일이었습니다. 그래서 수상하게 생각한 그는, 그제야 보기 좋게 속았다는 것을 깨닫고 골목을 막아 둔 담에 기어 올라가서 집 앞 한길로 뛰어내려 눈에 익은 그 집 문으로 갔습니다. 그리고 오랫동안 두들기고 밀고 했지만 헛일이었습니다.

그는 자기의 불행에 서글퍼져서 눈물을 글썽거리며 투덜댔습니다.

"아아, 큰일 났구나. 눈 깜짝할 사이에 500피오리노와 누님을 잃어버렸으니!"

그리고 계속 푸념을 늘어놓다가 다시 문을 두들기며 외치기 시작했습니다. 오랫동안 그렇게 하는 바람에 이웃 사람들이 시끄러워 잠에서 깨고 말았습니다. 그때 그 여자의 하녀 하나가, 몹시 졸리는 듯한 모습으로 창문에 나타나더니 마치 노래라도 부르듯이 말했습니다.

"누구야, 문을 두들기는 건?"

"오오!" 안드레우치오는 소리쳤습니다.

"나를 모르느냐? 피오르달리조 부인의 동생이야, 안드레우치오야."

그러자 하녀가 대답했습니다.

"당신, 너무 마셨군요, 얼른 가서 자고 내일 아침 다시 와요. 난 안드레우치오니 어쩌니 하는 사람 따위 몰라요. 농담일랑 대강 해치우고 냉큼 돌아가요. 우리도 잠을 좀 자야죠."

"뭐라고!" 안드레우치오는 소리쳤습니다.

"내 말 못 알아듣겠느냐? 분명히 알고 있을 게 아니냐? 시칠리아의 친척은 그렇게 빨리 잊어버리게 되어 있나? 그렇더라도 하다못해 거기 두고 온 내 옷쯤은 돌려줘야 하잖나? 그러면 기꺼이 돌아가겠다."

그러자 하녀는 웃음이라도 터뜨릴 듯이 대답했습니다.

"당신, 꿈이라도 꾸는 모양이군."

그러고는 뒤로 물러서서 창문을 탕 닫아 버렸습니다.

안드레우치오는 이제 점점 더 자기가 속았다는 것이 뚜렷해졌으므로, 분한 생각이 노여움으로 변해 말로 안 된다면 폭력이라도 행사해야겠다고 생각했습니다. 그래서 이번에는 큼직한 돌을 집어 들고 아까보다 더 심하게 문을 쾅쾅 두드리고 난폭하게 흔들어대기 시작했습니다. 그 때문에 이미 잠에서 깨어 일어난 이웃 사람들은, 문을 두드리는 소리가 하도 시끄러워 창문으로 얼굴들을 내밀고, 그가 선량한 여자를 난처하게 만들려고 엉터리로 지껄이며 떼를 쓰고 있는 거라 여겨, 낯선 개 한 마리가 나타나면 온 마을의 개가 몰려와 짖어대듯이 큰 소리로 욕설들을 퍼붓기 시작했습니다.

"이봐, 이런 밤중에 그게 무슨 짓이야. 착한 여자만 사는 집에 그런 트집을 잡으러 오다니, 냉큼 꺼져라, 이놈아! 잠 좀 자자. 그 여자에게 원한이 있다면 내일 다시 찾아오면 되잖아. 이렇게 남의 집에까지 폐를 끼치다니, 오늘 밤엔 작작 해두란 말이야!"

이런 말을 듣더니 그 여자에게 손님을 끌어다 주는 사나이 하나가, 그는 본 적도 들은 적도 없는 녀석이었습니다만, 창문으로 얼굴을 내밀고, 굵고 무시무시한 난폭한 목소리로 거만하게 물었습니다.

"거기 있는 자식은 어디서 온 누구야?"

안드레우치오는 그 소리에 고개를 쳐들고 그자를 보았습니다. 똑똑히 볼 수는 없었지만, 얼굴에 짙은 턱수염이 난, 제법 지위가 높아 보이는 사나이였습니다. 그는 단잠을 자다가 깬 듯이, 하품을 하면서 눈을 비비고 있었습니다. 안드레우치오는 조금 기가 질려 대답했습니다.

"나는 이 집에 사는 여자의 동생입니다."

그런데 그 사나이는 이 대답이 채 끝나기도 전에 아까보다 더 거친 목소리로 외쳤습니다.

"내가 어째서 뛰어내려가지 않고 참는지 모르겠다. 내려가기만 하면, 네놈을 실컷 두들겨 주겠는데, 이 바보 자식아. 시끄러운 주정뱅이야, 밤에 잠 좀 자자."

이렇게 말하고 그는 안으로 물러서서 창문을 닫아 버렸습니다.

이 사나이의 정체를 잘 알고 있는 이웃 사람들이 친절하게도 안드레우치오에게 말했습니다.

"여보세요, 냉큼 돌아가시오. 그러고 있다간 언제 죽을지 몰라요. 돌아가는 게 당신한테 이로울 거요."

그 사나이의 무서운 목소리며 얼굴에 질려 있던 안드레우치오는, 동정심에 말을 건네주는 듯한 이웃 사람들의 위안 섞인 말에 마음이 좀 바뀌어 돈을 찾을 희망을 버리고 어떻게 돌아가야 하는지는 몰랐지만, 낮에 하녀가 안내해 온 길을 더듬어 고개를 푹 숙이고 여관으로 돌아갔습니다. 그런데 자기 몸에서 나는 냄새가 도무지 견딜 수 없어 바다에 가서 몸이나 씻자는 생각에, 왼쪽으로 꺾어 루가 카탈라나라는 거리로 나갔습니다. 그리하여 시내의 높은 지대 쪽으로 걸어가는데, 마침 등불을 든 두 사나이가 걸어오는 것이 보였습니다. 안드레우치오는 만일 순찰을 도는 사람들이 아니라면 무언가 나쁜 짓을 하는 악당인지도 모른다는 생각에 두려워져서, 마침 눈에 띈 바로 옆의 오두막 안으로 살며시 몸을 숨겼습니다.

그런데 그 두 사람은 마치 초대를 받은 집에라도 들어오듯이 곧장 오두막 안으로 들어오지 않겠습니까. 들어오더니 하나가 목에 걸었던 쇠연장 같은 것을 내려놓고, 동행과 그 연장을 살펴보며 지껄이기 시작했습니다. 지껄이는 동안에 한 사람이 말했습니다.

"아무래도 이상한데? 난 이렇게 지독한 구린내를 맡은 적이 없어."

이렇게 말하고 등불을 쳐들었으므로 비참한 꼬락서니의 안드레우치오는 곧 들키고 말았습니다. 사나이는 깜짝 놀라면서 소리쳤습니다.

"거기 있는 게 누구야?"

그들이 잠자코 있는 안드레우치오에게 등불을 들고 다가오더니 도대체 그 지독한 냄새는 어떻게 된 거냐고 물었습니다. 그래서 안드레우치오는 자초지종을 이야기했습니다. 두 사람은 어디서 그런 봉변을 당했는지 대강 짐작이 갔으므로, 서로 이런 말을 주고받았습니다.

"틀림없이 그 불한당 부타푸오코 집에서 일어난 일일 거야."

그리고 한 사람이 안드레우치오를 돌아보고 말했습니다.

"당신은 큰돈을 잃었다고 했는데, 똥통에 떨어져서 두 번 다시 그 집에 들어가지 못하게 된 게 하느님 덕분인 줄 알아야 해. 만일 떨어지지 않았더라면, 잠들자마자 살해되어 돈은 말할 것도 없고 목숨까지 빼앗겼을 테니 말이야. 이제 와서 울고 짜면 뭘 해? 그 돈을 되찾겠다는 생각은 하늘의 별을 따려고 하는 거나 같아. 이젠 찾을 수 없어. 만일 그런 소릴 퍼뜨리고 돌아다니다가 그놈 귀에 들어가기라도 하면 목숨이 붙어 있지 못할 테니까 조심해야 해."

이렇게 말하고 두 사람은 무언가 의논을 하더니 다시 덧붙였습니다.

"알겠어? 우린 당신을 동정하고 있는 거야. 그러니 지금부터 하는 일에 한 몫 끼지 않겠나? 잃어버린 돈보다 몇 배나 큰 몫이 돌아갈 텐데, 어때?"

안드레우치오는 거의 자포자기하고 있었으므로, 해보자고 대답했습니다.

마침 그날은 필리포 미누톨로라는 나폴리의 대주교가 묻힌 날이었습니다. 대주교는 매우 값비싼 장신구와 함께 손가락에는 금화 500피오리노 이상의 값이 나가는 루비 반지를 낀 채 묻혔습니다. 그들은 그 무덤을 파헤쳐서 그것을 훔치려고 했습니다. 안드레우치오에게 그들은 이 계획을 털어놓았습니다. 그는 욕심에 눈이 멀어 그들과 함께 떠났습니다. 그렇게 대성당을 향해서 걸어가는데, 그의 몸에서 구린내가 너무 심하게 나자 도둑 하나가 말했습니다.

"이렇게 구린내가 나서야 어디 견딜 수 있나. 몸을 좀 씻게 할 순 없을까?"

그러자 다른 한 사람이 대답했습니다.

"응, 그게 좋겠군. 다행히 이 근처에 우물이 있을 거야. 우물에는 도르래와 두레박이 달려 있게 마련이지. 그리로 가서 얼른 씻어 주자고."

그 우물에 가보니, 밧줄은 있었으나 두레박은 없었습니다. 그래서 그들은 그를 밧줄에 묶어 우물 안에 내려 주기로 했습니다. 그리고 그가 안에 내려가서 몸을 다 씻고 나면 밧줄을 흔들기로 하고, 그러면 끌어올리는 것으로 의논이 되었습니다. 그래서 그대로 하게 되었죠.

그런데 두 사람이 그를 우물 안에 내려놓았을 때, 마침 경관 몇 사람이 무더운 데다가 누군가를 쫓느라 목이 말라 물을 마시려고 찾아왔습니다. 도둑들은 그들을 보자 눈치채지 않게 재빨리 달아나 버렸습니다.

우물 밑에 도착한 안드레우치오는 몸을 다 씻고 나서 밧줄을 흔들었습니다. 목이 잔뜩 마른 경관들은 나무 방패며 무기며 윗도리를 한쪽 옆에 내려놓고 물이 가득 든 두레박이 올라올 줄만 알고 밧줄을 끌어당기기 시작했습니다. 안드레우치오는 우물가에 다 올라왔으므로 밧줄을 놓고 두 손으로 우물 가장자리를 붙잡았습니다. 이것을 본 경관들은 깜짝 놀라며, 아무 말도 못한 채 밧줄을 팽개치고 달아나 버렸습니다. 그들을 본 안드레우치오도 까무러치게 놀랐습니다. 만일 꼭 잡고 있지 않았더라면 밑에 떨어져서 몹시 다쳤거나, 아니면 죽었을지도 모릅니다.

놀란 가슴을 추스르며 우물에서 기어 올라와 보니 무기가 그대로 내동댕이쳐져 있었습니다. 자기 일행이 가지고 있던 무기가 아닌 것을 알자 더욱더 놀라지 않을 수 없었습니다. 하지만 이상한 일이라고 생각하면서도—무슨 일이 일어났나 짐작이 안 가는 바도 아니어서—자기의 불운을 한탄하며 무기 따위는 건드려 보지도 않고 그 자리를 떠나 어느 쪽으로 가야 좋을지도 모르는 채 무턱대고 걷기 시작했습니다.

그렇게 걸어가다가 두 도둑과 딱 마주쳤습니다. 그들은 그를 우물에서 끌어올려 주려고 되돌아오는 길이었습니다. 두 사람은 그를 보자 매우 놀라면서 누가 끌어올려 주더냐고 물었습니다.

안드레우치오는 자기도 모르겠다고 대답하고는, 어떤 일이 일어났으며 우물가에서 무엇을 발견했는지 차례로 이야기했습니다. 그러자 그들은 일의 경위가 짐작이 가서, 자기들이 왜 달아났으며 그를 끌어올려 준 것이 누구였나 설명해 주었습니다.

그런데 벌써 한밤중도 지나 있었으므로, 더는 긴 이야기를 하지 않고 대성당으로 향했습니다. 안으로 들어가는 것은 어렵지 않았고, 무덤도 이내 찾을 수 있었습니다. 큰 대리석으로 만들어진 무덤 앞에 이르러서 준비해 온 철봉을 지렛대 삼아 무척 무거운 뚜껑을 사람이 하나 들어갈 만큼 들어올리고 막대기를 괴었습니다. 이것이 끝나자 도둑 하나가 말했습니다.

"누가 안에 들어가지?"

그러자 상대편은 "나는 싫다"고 대답했습니다.

"나도 싫어. 안드레우치오가 들어가면 어때?" 처음에 물은 사나이가 말했습니다.

"나도 그런 일은 하고 싶지 않은걸." 안드레우치오가 대답하자, 그들은 그를 돌아보고 덤벼들었습니다.

"왜 안 들어가? 좋아! 들어가지 않겠다면 이 철봉으로 대갈통을 한 대 갈겨 버릴 테다."

안드레우치오는 무서워서 하는 수 없이 안에 들어갔습니다. 그리고 무덤 안에 들어가자 생각했습니다.

'놈들은 나를 속여서 안에 들여보내려고 했구나. 내가 모두 꺼내 와서 놈들에게 건네준 뒤에 막상 무덤에서 나오려고 하면 나 몰라라 하고 달아나 나한테는 아무것도 주지 않고 내버려 둘 속셈인가 보지.'

그래서 그는 자기 몫부터 미리 차지해 두자고 결심했습니다. 그러고는 무덤 안에 내려갔을 때, 아까 들었던 값비싼 반지 이야기가 떠올라, 대주교의 손가락에 끼여 있는 것을 뽑아 자기 손가락에 끼었습니다. 그리고 주교 지팡이며 모자며 장갑 같은 것을 벗기고, 다시 속옷까지 벗겨서 그들에게 내주고는 이제 아무것도 남아 있지 않다고 말했습니다. 그들은 반지를 끼고 있을 테니 잘 살펴보라고 말했습니다. 하지만 그는 보이지 않는다고 여전히 찾는 체하면서 그들을 기다리게 했습니다.

한편 바깥에 있는 두 사람도 그에 못지않게 교활해서, 더 잘 찾아보라고 말하면서 기회를 보아 무덤 뚜껑을 받쳐 놓은 막대기를 뽑아 버렸습니다. 그러고는 그를 무덤 속에 가두어 놓은 채 뒤도 돌아보지 않고 달아났습니다.

그것을 알았을 때 안드레우치오의 기분이 어떠했겠는지, 아마 누구나 상상할 수 있을 거예요. 그는 머리와 어깨로 뚜껑을 들어올리려고 몇 번이나 안간힘을 써보았지만, 헛되이 힘만 빠질 뿐이었습니다. 그러다가 너무나 심한 괴로움에 그만 대주교의 시체 위에 까무러치고 말았습니다. 만일 이때 그를 본 사람이 있었더라면 죽은 것이 대주교인지 그인지 분간하기가 어려웠을 것입니다.

그러나 잠시 뒤 정신을 차린 그는, 자기가 이런 무덤 속에 그대로 갇혀 아무도 뚜껑을 열어 주지 않는다면 구더기가 몰려드는 데다 굶주림과 악취까지 심해 죽어 버릴 것이고, 아니면 누군가 찾아와서 자기가 안에 있다는 것을 발견하더라도 도둑으로서 체포되고 말 것이 틀림없다고 생각하고는 서글퍼져서 자꾸만 눈물을 흘렸습니다.

이런저런 생각에 완전히 절망 상태에 빠져 비탄의 눈물에 젖어 있었는데, 성당 쪽으로 오는 많은 사람들의 발소리며 말소리가 들렸습니다. 아까 그가 생각한 대로 그와 그의 일당들이 이미 한 것과 같은 짓을 하러 온 인간들이었습니다. 그는 점점 더 무서워졌습니다.

그런데 그들도 무덤 뚜껑을 열어 막대기를 괴고는, 누가 안에 들어가느냐 하는 문제를 가지고 실랑이를 시작했고, 아무도 들어가려고 하는 자가 없었습니다. 그러다가 오랜 의논 끝에 한 수도사가 말했습니다.

"당신들, 뭘 무서워하고 있지? 누가 잡아먹을 줄 아나? 송장은 인간을 먹지 않아. 그럼 내가 들어가지."

이렇게 말하고 가슴을 무덤가에 얹고 머리를 밖으로 돌려 두 다리부터 무덤 안으로 들어가려고 했습니다.

이것을 본 안드레우치오는 일어서서 수도사의 한쪽 다리를 붙잡고 끌어들일 듯이 획 잡아당겼습니다. 수도사는 꽥 소리를 지르고 무덤 밖으로 뛰쳐나갔습니다. 그 모습을 본 다른 사람들은 무덤을 열어 둔 채 10만 명의 악마들이라도 쫓아오는 듯이 헐레벌떡 달아나 버리고 말았습니다. 안드레우치오는 잘됐다고 매우 기뻐하면서 무덤 밖으로 뛰어나가 먼저 온 길로 해서 성당 밖으로 나갔습니다.

이때는 벌써 날이 부옇게 밝아 오고 있었습니다. 그는 반지를 손가락에 낀 채 무작정 걸어가다가 운 좋게도 바닷가에 이르렀습니다. 그리고 우연히도 그의 여관 앞까지 이르게 되었습니다. 여관에서는 그의 동행들과 주인이 그가 어떻게 되었나 걱정하여 밤새도록 일어나 앉아 있었습니다.

그는 자기가 겪은 사건을 모두 이야기하고 여관 주인의 충고대로 한시바삐 나폴리를 떠나는 편이 낫겠다고 생각했습니다. 그래서 일찌감치 나폴리를 떠나 페루자로 돌아갔습니다. 다만, 생각해 보니 말을 사러 가서 반지를 하나 손에 넣고 돌아온 셈이 되었습니다.

여섯째 이야기

베리톨라 부인은 어느 섬에서 두 아들을 잃어버리고 새끼 사슴 두 마리와 살다가 발견되어 루니지아나로 간다. 큰아들은 그곳에서 그녀가 섬기게 된 주인의 하인으로 일하고 있었는데 주인 딸과 함께 있는 것을 들켜 감옥에 들어간다. 시칠리아가 샤를 왕을 모반했을 때 감옥에 들어가 있는 하인이 베리톨라 부인의 아들임이 밝혀져 주인 딸과 결혼한다. 그리고 그의 아우도 찾게 되어 본디의 신분으로 돌아간다.

피암메타의 이야기에 부인들도 청년들도 크게 웃었습니다. 에밀리아는 이야기가 끝난 것을 알고, 여왕의 명령대로 다음과 같은 이야기를 시작했습니다.

운명이 끊임없이 변화한다는 것은 인간으로서는 참으로 중대하지만 한편 매우 성가신 일이에요. 하기야 무엇이든 그런 이야기가 나올 때마다 달콤한 행운의 꿈에 젖어 있는 우리의 눈을 번쩍 뜨이게 해주기는 하죠.

말하자면, 행복한 사람에게는 경고가 되고 불행한 사람에게는 위안이 된다는 점에서 모두가 다 귀를 기울여야 한다고 생각해요. 그래서 지금까지 여러 가지 훌륭한 이야기가 나왔습니다만, 나는 실제로 있었던 슬픈 이야기를 하나 해드릴까 해요. 이 이야기는 행복하게 끝나고 있기는 합니다만, 깊은 고뇌가 하도 오래 계속되어서, 결국에는 기쁨이 찾아오고 고통이 누그러진다고는 상상도 못했던 이야기랍니다.

여러분, 페데리고 2세가 돌아가시고 만프레디가 시칠리아의 왕이 되신 것은 다 아실 줄 압니다. 이 왕의 측근으로 아리게토 카페체라는 귀족이 높은 지위에 앉아 있었습니다. 그리고 그의 아내는 베리톨라 카라치올라라는, 역시 나폴리 태생의 귀족 부인으로 아름다운 분이었습니다.

이 아리게토는 시칠리아섬을 다스리고 있었는데, 샤를 1세가 베네벤토 싸움에서 만프레디 군대를 격파하여 그를 죽였다는 소식을 들었습니다. 본디 시칠리아섬 사람들은 조정에 충성심을 품고 있지 않았으므로, 온 섬이 샤를 왕에게 저항했습니다. 그리고 아리게토는 새삼스레 국왕의 적을 섬길 생각이 없었으므로 망명할 준비를 하고 있었습니다. 그러나 이것이 그만 시칠리아 사람들에게 알려져서 그는 친구들 및 만프레디 왕의 신하들과 함께 곧바로 투옥되어 샤를 왕 측에 인도되었고, 시칠리아섬은 이내 샤를 왕의 영지가 되어 버렸습니다.

베리톨라 부인은 사태가 급변해 남편에게 무슨 일이 일어났는지 알지도 못한 채, 평소에 늘 치욕을 받는 일이 있어서는 큰일이라고 생각하고 있었던 터라, 주스프레디라는 여덟 살쯤 먹은 남자아이만을 데리고 모든 것을 버려둔 채 달아났습니다. 그리고 가엾게도 임신한 몸으로 조그마한 배를 타고 리파리로 가서 난을 피했습니다.

거기서 다시 사내아이 하나를 낳아서, 스카치아토라고 이름을 지었습니다. 그리고 유모를 고용하여 나폴리에 있는 친정으로 돌아가려고 다른 사람들과 함께 배를 탔습니다. 그런데 뜻밖에도 나폴리로 가게 되어 있는 배가 강풍에 떠밀려 폰차섬에 이르고 말았습니다. 그래서 베리톨라 부인은 조그마한 만(灣)으로 들어가 항해에 알맞은 날씨가 되기까지 기다리기로 했습니다.

베리톨라 부인은 다른 사람들과 마찬가지로 섬에 올라갔습니다만, 혼자 외딴 장소를 발견하고는, 처량하게도 남편 아리게토를 생각하고 있었습니다. 이렇게 날마다 아무도 알지 못하는 곳에 와서 슬픔의 나날을 보내고 있는데, 하루는 해적선이 습격해 와서 해안에 있던 사람들을 깡그리 휩쓸어 가버렸습니다.

한편 베리톨라 부인은 마치 일과처럼 슬픈 생각에 잠겨 있다가 아이들을 보면서 위안을 얻으려고 바닷가로 갔으나 그곳엔 아무도 없었습니다. 처음에는 여간 놀라지 않았지만 이상하게 생각하고 앞바다를 바라보니, 그리 멀지 않은 곳에 커다란 갤리선 한 척이 그녀가 타고 온 조그마한 배를 끌고 가는 것이 보였습니다. 이리하여 부인은 남편과 마찬가지로 아이들까지 잃어버린 것을 똑똑히 깨달았습니다.

가엾게도 부인은 외톨이로 남게 되어 어디로 가야 사람들을 만날 수 있는

지도 모르는 채, 남편과 아이들의 이름을 불러대면서 바닷가 모래 위에 까무러치고 말았습니다.

그곳에는 차가운 물을 뿌려 줄 사람도, 실신한 그녀의 기력을 회복시켜 줄 사람도 없었으므로, 영혼은 자유로이 허공을 헤맸습니다. 그러는 동안에 정신을 되찾은 그녀는 비탄의 눈물 속에 아이들의 이름을 구슬프게 부르면서 근처의 동굴이라는 동굴은 모조리 찾아 헤맸습니다.

그러나 그 노력도 헛일이었습니다. 그리고 날도 저물었으므로 그녀는 희망은 버리지 않았으나 어떡해야 좋을지 모르겠고, 자기 몸 상태도 걱정이 되어 실신해 쓰러졌던 바닷가에 있을 때 언제나 일과처럼 찾아가서 한탄하던 동굴로 돌아갔습니다.

그리하여 불안과 슬픔의 하룻밤을 지새우고 나니 어느새 새날이 밝아 있었습니다. 그녀는 전날 밤부터 아무것도 먹지 않아 배고픔에 못 이겨서 풀을 뜯어 먹었습니다. 먹고 나서는 앞으로 자기는 대체 어떻게 될까, 하고 울면서 여러 가지 생각에 잠겼습니다. 그렇게 생각에 잠겨 있는데, 뜻밖에 암사슴 한 마리가 눈에 띄었습니다. 암사슴은 가까운 동굴에 들어가더니 잠시 뒤에 나와서 숲 쪽으로 모습을 감추었습니다. 그녀가 일어나서 그 동굴에 들어가 보니 아마도 그날 낳은 듯한 새끼 사슴 두 마리가 있었습니다.

이 세상에 이토록 귀엽고 아름다운 것이 또 있을까 하고 그녀는 생각했습니다. 그녀는 아이를 낳은 지 얼마 되지 않아 젖이 나왔으므로 자기 가슴을 새끼 사슴의 입에 갖다 대보았습니다. 새끼 사슴이 싫어하지 않았으므로 그녀는 마치 어미처럼 젖을 먹였습니다. 그때부터 새끼 사슴은 어미와 그녀를 조금도 구별하지 않게 되었고, 그녀와 같은 귀부인도 이렇게 인적 없는 곳에서 친구가 생긴 듯한 기분이 들어 풀을 뜯어 먹고 빗물을 마시면서 살아가기 시작했습니다.

물론 남편이나 아이들이나 지난날의 생활 같은 것을 이따금 회상하기는 했지만, 새끼 사슴뿐만 아니라 어미 사슴도 제법 다정스레 따랐으므로 평생을 여기서 보낼까 하는 생각까지 하곤 했습니다. 이렇게 살아가는 동안에 귀부인은 그만 야생 동물처럼 되어 버렸습니다. 그런데 몇 달이 지났을까, 그녀의 배가 표착하여 며칠 닻을 내렸던 바닷가에 똑같이 폭풍우를 만난 피사의 조그마한 배 한 척이 들어왔습니다.

이 배에는 말레스피니 후작 일족인 쿠라도라는 귀족과 여자지만 용기 있고 신앙심 두터운 부인이 타고 있었습니다. 이 두 사람은 풀리아 왕국 안의 성지를 모두 순례하고 집으로 돌아가는 길이었습니다.

쿠라도는 어느 날 무료해서 아내와 하인들과 함께 개를 데리고 섬 안으로 산책을 나섰습니다. 그리하여 베리톨라 부인이 사는 장소에서 그리 멀지 않은 곳에서 쿠라도의 개들이, 이제 제법 자라서 풀을 뜯어먹고 있는 두 마리의 새끼 사슴을 발견하고 쫓기 시작했습니다. 개에게 쫓긴 새끼 사슴은 달리 달아날 곳이 없어 베리톨라 부인이 있는 동굴로 뛰어들었습니다. 그것을 본 부인이 일어나서 지팡이를 휘둘러 개들을 쫓았습니다. 거기에 개를 따라온 쿠라도 부부가 나타나서, 새까맣게 햇볕에 그을고 앙상하게 여윈 데다가 머리까지 마구 헝클어진 여자를 보고 깜짝 놀랐습니다. 그들보다 더 놀란 것은 베리톨라 부인이었습니다.

쿠라도는 베리톨라 부인의 부탁으로 개를 쫓아 버리고 당신은 누구이며 여기서 무엇을 하고 있느냐고 정중하게 물었습니다. 베리톨라 부인은 자기의 신분과 겪은 불운과 이곳에서의 미개한 생활 같은 것을, 이 섬에서 혼자 지내겠다는 굳은 결심과 함께 죄다 털어놓았습니다.

그 말을 듣자 아리게토 카페체를 잘 알고 있었던 쿠라도는, 동정의 눈물을 흘리면서 온갖 친절로 그녀의 마음을 바꾸기 위해 자기 집에 오지 않겠느냐, 그러면 누이동생처럼 대우하겠다, 하느님이 행운을 내려 주시도록 모든 노력을 아끼지 않겠다고 설득했습니다. 하지만 부인이 그의 제의를 받아들이려 하지 않았기 때문에 아내더러 그 자리에 남게 하여, 그녀와 식사를 하고 또 누더기 같은 옷도 아내의 좋은 옷으로 갈아입히게 하고는, 끝까지 자기들과 함께 가도록 권하라고 일렀습니다.

친절한 쿠라도 부인은 베리톨라와 둘이 남게 되자 오랫동안 그녀의 불행에 함께 울었습니다만, 옷과 식사를 가져오게 하여 갈아입히고 함께 식사를 하는 데는 무척 힘이 들었습니다.

하지만 아무리 설득해도 그녀는 자기 얼굴이 알려진 곳에는 가고 싶지 않다고 말해서, 그렇다면 새끼 사슴 두 마리와 어미 사슴까지 데리고 루니지아나로 가자고 해서 간신히 설득시켰습니다. 이렇게 말한 것은, 그녀가 간곡히 설득을 하고 있는 동안에 어미 사슴이 돌아와서 놀랍게도 베리톨라 부인에게 달라붙어 어리광 부리는 것을 보았기 때문입니다. 그러는 동안에 날씨도 좋아졌으므로, 베리톨라 부인은 쿠라도 부부와 함께 배에 올랐습니다. 어미 사슴과 두 마리의 새끼 사슴도 탔습니다. 이런 일로 해서 배의 선원들은 그녀의 이름을 몰랐으므로 카브리우올라(암사슴)라고 불렀습니다. 마침 바람이 알맞게 불어 배는 마그라 항구에 닿았고, 거기에 상륙하여 쿠라도의 저택으로 들어갔습니다. 거기서 베리톨라 부인은 과부답게 검정 옷을 입고 공손하고 얌전하며 순종적인 태도로 쿠라도 부인의 시중을 들면서, 귀여운 사슴들을 아들 삼아 살아갔습니다.

한편 폰차섬에서 베리톨라 부인이 타고 온 배를 약탈했던 해적들은 그녀의 모습을 보지 못한 채 사로잡은 사람들과 함께 제노바로 갔습니다.

거기서 갤리선 주인들이 수확물을 나누어 가졌는데, 우연히 다른 물건과 함께 베리톨라 부인의 유모와 두 아이는 과스파리노 도리아라는 사람의 손으로 넘어가게 되었습니다. 그는 세 사람을 노예로 부려먹으려고 자기 집으로 보냈습니다.

유모는 주인을 잃은 데다가 다시 자기와 주인의 두 아들이 빠지게 된 비참한 처지에 슬퍼서, 줄곧 울고만 있었습니다. 그러나 아무리 울어 봐야 소용이 없다는 것을 알고 또 자기가 어린아이를 데리고 있는 노예의 신세라는 것을 깨닫고—가난했지만 영리하고 눈치 빠른 여자였으므로—마음을 고쳐먹고 어떻게 하면 가장 좋겠는가 하고 궁리했습니다. 그래서 자기들의 처지를 생각하다, 만일 두 아이의 정체가 드러나면 생각지 않던 귀찮은 일이 생기겠구나 하고 판단했습니다. 게다가 어쩌면 운명이 바뀔지도 모르겠고, 살아만 있다면 두 아이는 본디의 신분으로 돌아갈 수 있을지도 모르겠다는 희망이 생겨 그런 시기가 올 때까지는 아무에게도 정체를 밝히지 않는 편이 좋겠다고 생각했습니다. 그래서 주위 사람들이 물으면 언제나 자기 아이라고 대답했습니다. 그리고 큰아이의 주스프레디라는 이름을 잔노토 디 프로치다로 바꾸고, 동생 쪽은 이름을 바꿀 필요도 없을 것 같아서 그대로 두었습니다. 그런 다음 주스프레디에게는 이름을 바꾼 까닭을 일러 주고, 만일 정체가 밝혀지면 얼마나 위험한 꼴을 당할지 모른다며 몇 번이나 되풀이해 새 이름을 익히게 했습니다. 주스프레디는 영리한 아이라 조심스럽게 이르는 유모의 당부를 그대로 지켰습니다.

이렇게 하여 두 아이는 다 떨어진 신발에 너절한 누더기 옷을 입고 머슴으로 혹사당하면서, 과스파리노 집에서 유모와 함께 몇 년을 참고 일했습니다. 그러나 잔노토는 열여섯 살이 되자 하인에게서는 볼 수 없는 기품이 갖추어지기 시작했습니다. 그는 천한 머슴 생활이 싫어져서 과스파리노의 집을 뛰쳐나가 알렉산드리아로 가는 갤리선을 탔습니다. 그 뒤 여러 곳을 돌아다녔습니다만 형편은 조금도 나아지지 않았습니다.

그가 과스파리노 집을 떠난 지 삼사 년쯤 지나니 체격도 당당한 잘생긴 젊은이가 되었고, 죽은 줄만 알았던 아버지가 아직 살아 있으나 샤를 왕 때문에 감옥에 갇혀 비참한 처지에 빠져 있다는 소식도 듣게 되었습니다. 여기저기를 돌아다닌 끝에, 마침내 그는 루니지아나에 이르렀습니다.

거기서 뜻밖에도 쿠라도 말레스피니 댁에 들어가게 되어, 주인에게 매우 귀여움을 받으면서 일했습니다. 그런 까닭으로 쿠라도 부인 밑에 있는 그의 친어머니와 우연히 얼굴을 마주치는 수도 있었습니다만 어머니인 줄 알 도리가 없었고, 어머니 쪽에서는 아들이라고는 꿈에도 생각지 못했습니다. 그토록 세월은 서로 헤어진 두 사람의 모습을 바꾸어 놓았던 것입니다. 한편 잔노토가 쿠라도 집안에서 일하고 있을 때, 스피나라는 쿠라도의 외동딸이 남편 니콜로 다 그리냐노와 사별하고 친정에 돌아왔습니다.

그녀는 매우 아름답고 귀여운, 겨우 열여섯 살을 갓 넘긴 젊은 여인이었습니다. 이따금 가만히 잔노토를 지켜보았고, 그도 그녀를 유심히 바라보았습니다. 그리하여 두 사람은 뜨거운 사랑에 빠지고 말았습니다. 이와 같은 사랑이 언제까지나 결실을 보지 못할 까닭이 없었습니다. 이 사랑은 처음 몇 달 동안은 아무도 눈치채지 못했습니다. 그러나 두 사람은 점점 대담해져서 그만 조심성을 잃게 되었습니다. 그러던 어느 날, 스피나는 잔노토와 함께 나무가 울창하게 자란 아름다운 숲속을 다른 동행들과 떨어져 앞장서서 들어가게 됐습니다.

두 사람은 이제 다른 일행과 멀리 떨어졌다고 생각했으므로, 나무에 둘러싸여 풀이 무성하게 자란 데다 꽃까지 만발한 좁은 장소에 앉아 사랑의 즐거움에 잠기기 시작했습니다. 그리하여 오랜 시간을 보냈습니다만, 즐거움이 즐거움인지라 시간이 얼마 되지 않은 듯한 기분이었습니다. 그러다가 먼저 어머니에게, 이어 쿠라도에게 현장을 들켜 두 사람은 몹시 당황하고 말았습니다.

쿠라도는 그 모습을 보고 매우 슬퍼하면서, 하인 셋에게 두 사람을 붙잡아 꽁꽁 묶어서 저택으로 끌고 가게 했습니다. 그리고 치솟는 노여움과 슬픔으로 부들부들 떨면서, 두 사람에게 굴욕스러운 죽음을 맞게 하겠다고 결심했습니다.

어머니도 매우 당황하여 딸의 이런 잘못은 어떤 엄벌을 내려도 하는 수 없다고 생각했지만, 남편의 말투로 미루어 죄를 지은 두 사람에게 가장 가혹한 형벌이 내려질 것임을 알았으므로, 그 점에 대해선 역시 어머니라 가만히 있을 수는 없었습니다. 그래서 분노에 차 있는 남편 앞에 달려가, 어른답지 않게 딸을 죽이는 그런 처참한 짓을 하지 말아 주세요, 천한 하인의 피로 손을 더럽히지 말아 주세요, 하고 애원하면서 그 노여움을 가라앉히기 위해 두 사람을 따로따로 감옥에라도 처넣어 괴로움을 맛보게 하고 죄를 뉘우치게 하자고 부탁했습니다. 이처럼 신앙심 두터운 아내가 열심히 조리 있게 설득을 했으므로 남편도 생각을 바꾸었습니다.

그리하여 두 사람을 따로따로 가두어 엄중히 감시하도록 명령하고는, 다시 지시가 있을 때까지 식사도 조금 주고 대우도 아주 나쁘게 하라고 일렀으며, 그와 같이 실행되었습니다. 감옥에 갇힌 두 사람의 생활이 얼마나 쓰라린 것이었는지, 언제나 눈물로 지새고 필요 이상의 오랜 굶주림에 괴로워한 그 상황은 아마 여러분도 짐작이 가실 거예요.

아무튼, 이렇게 잔노토와 스피나는 쿠라도가 아예 관심도 보여 주지 않은 가운데 슬픈 생활을 계속해야만 했는데, 세월은 빠르게 흘러 어느새 1년이 지났습니다.

그때 피에로 디 라오나 왕이 잔 디 프로치다와 밀약을 맺고 시칠리아에 반란을 일으켜 샤를 왕에게서 섬을 탈취하는 사건이 일어났습니다. 이것은 기벨린당(황제당)이었던 쿠라도를 매우 기쁘게 했습니다. 이 소식을 옥지기한테서 들은 잔노토는 큰 한숨을 쉬면서 저도 모르게 이렇게 중얼거렸습니다.

"아아, 슬프구나! 내가 그런 일이 일어났으면 좋겠다고 오직 그것만 바라고 비참한 생활을 하면서 세상을 헤매는 동안에 벌써 14년이 흘러 버렸구나. 그런데 이제 그런 것도 바랄 수 없는, 죽지 않으면 나가지 못하는 감옥에 갇힌 지금에야 겨우 그런 일이 일어나다니!"

"뭐라고?" 옥지기가 물었습니다.

"높으신 왕들이 하시는 일에, 너 같은 게 무슨 상관이 있단 말이야? 너는 대체 시칠리아에서 뭘 하고 있었나?"

잔노토는 대답했습니다.

"아버지의 옛 지위와 그분이 하시던 일을 생각하니, 내 가슴은 찢어질 것 같습니다. 내가 시칠리아에서 달아난 것은 어릴 때였습니다만, 만프레디 왕이 살아 계실 때 시칠리아를 통치하시던 아버지의 모습을 지금도 기억하고 있습니다."

그러자 옥지가가 말했습니다.

"아니, 네 아버지가 누군데?"

"우리 아버지는" 잔노토가 대답했습니다.

"이제는 아버지를 똑똑히 밝힐 수 있습니다. 여태까지는 그것을 입 밖에 냈다가는 위험이 닥치므로 사람들이 알까 봐 두려워하고 있었습니다. 아버지의 이름은 아리게토 카페체, 만일 살아 계시다면 지금도 그렇게 불리고 있을 것입니다. 내 이름은 잔노토가 아니라 주스프레디입니다. 만일 내가 여기서 나가 시칠리아로 돌아갈 수만 있다면, 높은 지위에 앉을 것은 틀림없는 일이라고 생각합니다."

옥지기는 그 이상 들으려고도 하지 않고, 이건 보통 일이 아니구나, 우물쭈물하고 있을 수 없다고 얼른 주인 쿠라도에게 달려가서 알렸습니다. 그 말을 듣자 쿠라도는 짐짓 옥지기에게 무관심한 듯 보이면서, 곧 베리톨라 부인을 찾아가 상냥하게 웃으면서, 부인은 아리게토와의 사이에 주스프레디라는 아들이 있었느냐고 물었습니다. 그러자 부인은 눈물을 줄줄 흘리면서, 그와의 사이에 난 두 아들 가운데 큰애가 살아 있으면 그런 이름이고 나이는 스물두 살이 된다고 대답했습니다.

이 말을 듣자 쿠라도는 그 청년이 틀림없다고 생각하고, 딸을 그에게 아내로 주면 큰 자비를 베푸는 일이 될 뿐만 아니라, 동시에 자기의 수치도 없앨 수 있다고 생각했습니다. 그래서 살며시 잔노토를 불러 그의 과거를 모두 물어보았습니다. 그리하여 그가 아리게토 카페체의 아들 주스프레디가 틀림없다는 것을 알고 말했습니다.

"잔노토, 자네가 내 딸에게 한 행위가 내게는 얼마나 큰 모욕이었는지 알고 있을 줄 안다. 나는 이 집에서 상냥하고 친절하게 자네를 다루어 왔으니, 자네는 하인의 의무대로 내 명예를 중히 여기고 언제나 내 일을 위해 일했어야 했던 거야. 만일 자네가 다른 사람들에게 내게 한 그런 짓을 했더라면, 그 사람들은 인정사정없이 자네를 죽였을 거야. 그러나 그와 같은 짓은 내 자비심이 허락하지 않았어. 이제 자네가 존귀한 신분이라는 것을 안 이상은, 자네도 바라고 있듯이 그 괴로움을 덜어 주고, 또 현재의 비참하고 쓰라린 처지에서 구해 주고 싶군. 동시에 내 명예와 자네 명예를 되찾기도 하고. 그런데 자네가 사랑한 스피나는 불행히도 과부야. 하지만 막대한 지참금을 갖고 있지. 자네는 이제 딸의 품성도, 부모인 우리에 대해서도 잘 알고 있을 거야. 자네의 지금 처지에 대해서는 아무 말도 않겠네. 그러니 자네가 그럴 생각만 있다면, 전에는 세상에 떳떳이 얼굴을 들 수 없는 자네의 애인이었던 내 딸을, 이제는 당당한 아내의 자리에 앉혀 주고 싶단 말이야. 그리고 자네는 내 사위가 되어 나의 딸과 함께 마음 내키는 대로 살 수 있도록 해주고 싶은데……."

잔노토는 감옥 생활을 하느라 초췌하게 여위어 있었지만, 귀족의 피를 이어받은 고상한 그의 마음은 그녀에 대한 생각을 조금도 쇠퇴시킴 없이 사랑은 더욱 깊어질 뿐이었습니다. 그래서 쿠라도의 그런 제의를 진심으로 바라고 있었고, 그의 권력에 지금 자기가 쥐어져 있다는 것을 잘 알고 있었지만, 그의 귀족으로서의 마음에 할 말은 다 해야 한다고 생각하고 조금도 주저함 없이 의젓하게 말했습니다.

"쿠라도 님, 저는 지배욕이나 금전욕에서, 혹은 그 어떤 이유로든 영주님의 생명이나 재산을 노리고 배신자 같은 책략을 부린 적이 없습니다. 저는 영주님의 따님을 사랑했습니다. 지금도 사랑하고 있고, 앞으로도 계속 사랑할 것입니다. 그것은 따님이 제가 사랑할 만한 사람이라고 생각하기 때문입니다. 그래서, 설혹 제가 무지한 세상 사람들이 흔히 말하듯 젊음의 과오를 몰래 저질렀다고 하더라도, 거기에는 언제나 젊음이라는 것이 결부되어 있는 것입니다. 만일 이 과오를 제거하려고 한다면, 그것은 제 젊음을 제거하는 일이 되어 버릴 것입니다. 그래서 연로하신 분들이 자기가 젊었을 때를 회상하여, 젊은이의 과오를 자기 것처럼 생각하고 자기들의 과오를 남의 입장에 서서 생각하신다면, 영주님이나 다른 사람들이 생각하시는 것만큼, 제 과오는 그토록 무거운 게 아닐 것입니다. 그러니 제가 그런 과오를 범한 것은, 영주님을 적으로서가 아니라 한편으로서 했다는 것을 알아주실 줄 압니다. 영주님이 제의하신 것은 저도 늘 바라고 있던 일입니다. 그렇게 허락해 주실 줄 알았더라면 벌써 오래전에 부탁을 드렸을 것입니다. 그런 희망은 도저히 바랄 수도 없다고 생각했던 만큼, 지금 저는 더없이 기쁩니다. 만일 영주님이 하신 말씀이 진심이 아니시라면, 저에게 헛된 희망을 품지 말게 하시고 곧바로 감옥으로 돌려보내 주십시오. 그리고 마음이 풀릴 때까지 실컷 저를 슬프게 해주십시오. 저는 스피나를 매우 사랑하고 있으니, 그녀를 사랑하면 할수록 그만큼 점점 더 변함없이 영주님을 사랑할 것입니다. 영주님이 저를 어떻게 하시든, 저는 영주님을 존경할 것입니다."

쿠라도는 이 훌륭한 말을 듣고 놀랐습니다. 그리고 그가 고상한 정신과 딸에 대한 강한 애정을 품고 있다는 것을 알고, 더욱더 친밀한 정을 느꼈습니다. 그러므로 쿠라도는 일어서서 그를 얼싸안고 입을 맞추고는, 주저할 것도 없이 즉시 스피나를 비밀리에 데려오라고 하인에게 일렀습니다.

그녀는 옥중 생활 탓에 안색도 창백해지고 무척 수척해 보였습니다. 그리고 지난날의 용모는 간 곳 없고 마치 딴사람처럼 보였습니다. 잔노토도 딴사람 같았습니다. 두 사람은 쿠라도 앞에서 우리 습관에 따라 서로의 동의 아래 약혼을 했습니다. 그리고 며칠 뒤, 아무도 이렇게 된 사정을 눈치채지 못하게 해두었다가 두 사람이 필요한 것과 기뻐하는 일을 모두 다 갖추어 준 다음, 이제는 두 사람의 어머니들을 기쁘게 해주어도 좋을 때라고 생각해 부인과 베리톨라를 불러서 말했습니다.

"부인, 큰아드님을 돌려드리고 내 사위로 삼을까 싶은데, 어떻게 생각하십니까?"

베리톨라는 대답했습니다.

"저는 지금 분에 넘치도록 영주님의 은혜를 입고 있습니다. 더구나 저 자신보다 더 소중한 아들까지 돌려주신다니, 제가 더욱더 영주님의 은혜를 입는 사람이 된다고 말씀드리는 수밖에 달리 드릴 말씀이 없습니다. 정말 영주님의 말씀대로 제 아들을 돌려주신다면, 그것은 오래전에 잃었던 희망을 제게 소생시켜 주시는 일이며 그 이상 기쁜 일은 없을 것입니다." 그녀는 이렇게 말하고 나자 눈물 때문에 더 이상 말을 잇지 못했습니다. 이어 쿠라도는 아내에게 말했습니다.

"당신은 어떻게 생각하시오, 사위를 당신에게 소개해 준다면?"

"그 사람이 귀족이 아니고 천한 신분이라도, 당신 마음에 드는 사람이라면 저도 마음에 들 거예요." 부인은 대답했습니다.

"그럼, 이삼 일 안으로 기쁘게 해주리다."

이리하여 그는 두 사람이 건강을 회복하게 되자 훌륭한 옷을 주스프레디에게 입히고 "만약 자네가 여기서 어머님을 만난다면, 지금의 그 기쁨이 더욱더 커질 테지?" 하고 말했습니다.

"그와 같이 슬픈 변을 당하신 어머니가 살아 계시리라고는 도저히 믿어지지 않습니다. 하지만 만일 살아 계신다면, 생각하시는 대로 제가 시칠리아에서 본디의 지위를 되찾을 수 있게 될 테니, 그 이상 기쁜 일은 없을 것입니다." 주스프레디는 이렇게 대답했습니다.

그리하여 쿠라도는 그 자리에 두 부인을 불렀습니다. 두 부인은 진심으로 신부에게 기쁨의 인사를 했지만, 쿠라도가 어째서 갑자기 딸을 잔노토와 결혼시킬 마음을 먹었는지 그 점은 적잖이 궁금했습니다.

베리톨라 부인은 문득 쿠라도가 아들에 대해 하던 말이 생각나서, 자세히 주스프레디를 들여다보았습니다. 그러자 가라앉고 있던 기억의 샘이 솟아나서 아들의 어릴 때 모습이 떠올랐습니다.

그녀는 두 팔을 벌리고 달려가 아들의 목에 매달렸습니다. 그리고 어머니로서의 깊은 애정과 넘치는 기쁨으로 한마디 말도 못하고, 아니 오히려 모든 감각의 통로가 막힌 듯 아들의 품 안에서 죽은 듯이 까무러치고 말았습니다.

한편 아들은 지금까지 집 안에서 몇 번이나 그녀를 보고도 어머니라는 것을 조금도 깨닫지 못한 데에 크게 놀랐지만, 본능적으로 곧 어머니의 냄새를 느꼈습니다. 그래서 자기가 얼마나 얼빠진 인간이었는가에 대해 자책감을 느끼면서 어머니를 부드럽게 얼싸안고 눈물을 흘리며 입을 맞추었습니다.

베리톨라 부인은 쿠라도 부인과 스피나가 차가운 물로 식혀 주고 정성껏 간호를 해주자 곧 정신을 차리고, 눈물을 비 오듯 쏟으면서 정답고 달콤한 말로 아들을 껴안고는 어머니의 깊은 애정을 깃들여 몇 번이나 몇 번이나 입을 맞추었습니다.

아들은 존경과 감사로 어머니의 키스를 받았습니다.

이어 두 사람은 몇 번이나 되풀이해서 즐겁고 다정한 인사를 나누었고, 주위 사람들도 기쁨과 축하의 말을 해주었습니다. 그리고 두 사람은 서로 지금까지 겪어 온 일을 자세히 이야기했습니다. 그리고 주스프레디는 쿠라도가 맺어 준 결혼을 무척 기뻐하면서, 또 그가 이미 친구들에게도 알려 놓았고 훌륭한 피로연을 열도록 지시해 둔 것을 알고는 말했습니다.

"영주님은 벌써 여러 가지로 제가 기뻐할 일을 해주셨습니다. 이제 영주님이 하실 일은 아무것도 없습니다만, 단 한 가지 부탁드리고 싶은 것은, 동생을 불러 어머니와 저의 피로연을 더한층 즐거운 것으로 만들어 주셨으면 하는 것뿐입니다. 동생은 전에도 말씀드렸듯이, 해적 시절에 저와 동생을 붙잡아 간 과스파리노 도리아 씨 댁에서 노예로 일하고 있습니다. 또 한 가지는, 시칠리아에 누군가를 보내서, 그곳 상황을 상세히 조사하여 알려 주시는 것입니다. 그리고 저의 아버지 아리게토가 아직 살아 계시는지, 아니면 벌써 돌아가셨는지, 그것도 알려 주시면 감사하겠습니다. 만일 살아 계신다면 어떤 처지에 놓여 있는지, 그 밖에 알 만한 일을 뭐든지 상세히 알려 주도록 주선해 주실 수 없겠습니까?"

쿠라도는 주스프레디의 부탁을 흔쾌히 승낙했습니다. 그리고 즉시 믿을 만한 사람들을 제노바와 시칠리아에 보냈습니다.

제노바에 간 사람은 과스파리노를 만나, 쿠라도가 주스프레디와 그 어머니를 위해서 해준 여러 가지 일들을 차례대로 말하고는, 동생 스카치아토와 유모를 돌려달라고 쿠라도 대신 부탁했습니다.

과스파리노는 그 말을 듣고 매우 놀라면서 말했습니다.

"내가 할 수 있는 일이라면 쿠라도 님 자신을 위한 일뿐만 아니라, 그분이 기뻐하실 일까지도 뭐든지 하겠다고 맹세하지요. 나는 찾으시는 아이와 그 어머니를 집에 둔 지 벌써 14년이 됩니다. 그러니 기꺼이 그들을 돌려드리지요. 그런데 나로서는 그 사람을 너무 믿지 마시도록, 말하자면 주스프레디라고 자칭하는 사람이 멋대로 만들어 낸 이야기를 신용하지 마시도록 말씀드리고 싶소. 그자는 보기보다 훨씬 나쁜 녀석이니까."

이렇게 말하고 사자를 대접하고 있는 동안에 살며시 유모를 불러 사실을 확인해 보았습니다. 유모도 이미 시칠리아에 반란이 일어났다는 말을 듣고 있었고 아리게토가 살아 있다는 것도 풍문으로 듣고 있었으므로, 지금까지 주인에게 품고 있던 경계심을 다 풀고서 차례대로 모든 사실을 털어놓으며 아울러 지금껏 숨겼던 까닭도 실토했습니다.

과스파리노는 유모의 말과 쿠라도의 사자가 전하는 말이 일치하자 그 이야기를 믿기 시작했습니다. 그러나 그는 매우 빈틈없는 사나이였으므로 여기저기 알 만한 곳을 통해 이 이야기를 조사했습니다. 조사하면 할수록 믿을 만한 사실이라는 것이 밝혀져, 그들에 대한 처우가 너무나 나빴던 것을 부끄럽게 여기고, 또 아리게토가 얼마나 지위가 높은 사람인가를 알자 열한 살난 자기의 귀여운 딸에게 막대한 지참금을 딸려 스카치아토에게 시집보내기로 했습니다.

그리하여 호화로운 잔치를 베풀고는 사위와 딸과 사자와 유모를 무장한 갤리선에 태워 레리치로 데리고 갔습니다. 그곳에서 그는 쿠라도의 영접을 받고 일행과 함께 그의 저택으로 갔습니다. 저택에서 그다지 멀지 않은 곳에는 이미 성대한 피로연 준비가 다 갖추어져 있었습니다.

작은아들을 다시 만나게 된 어머니의 기쁨은 어떠했을까요? 또 두 형제의 기쁨, 충실한 유모에 대한 세 사람의 기쁨, 과스파리노 씨와 그 딸에 대한 그들의 기쁨, 그리고 이 모든 사람들을 바라보는 과스파리노 씨의 기쁨, 게다가 쿠라도와 그 부인과 딸과 친구들이 함께 어울려 모두가 얼마나 기뻐했는지 말로서는 도저히 표현할 수 없습니다. 그러니 그것은 부인 여러분들의 상상에 맡기기로 하겠어요.

이와 같이 만사가 경사스럽게 되었고 하느님은 한 번 자비를 내리시기 시작하면 넘치도록 내리시는 분이라, 이 기쁨 위에 다시 아리게토 카페체가 건재하며 행복한 처지에 있다는 기쁜 소식까지 덧붙이기로 하셨습니다.

그것은 큰 잔치가 벌어져서 초대받은 남녀 손님들이 탁자에 둘러앉아 첫 요리에 막 손을 대려 할 때, 시칠리아에 갔던 사자가 돌아와서 보고하는 가운데 아리게토에 관한 다음과 같은 소식을 전했기 때문입니다.

아리게토는 왕에 대한 반란이 일어났을 때는 샤를 왕 때문에 카타니아에서 투옥되었으나, 격노한 섬 사람들이 감옥에 몰려와서 옥지기들을 죽이고 그를 구출해 냈습니다. 그리고 그는 샤를 왕의 최대의 적으로서 체포되어 있었기 때문에, 이번에는 그를 지휘관으로 내세워 프랑스인 토벌을 시작해서 그들을 모두 죽여 버렸습니다. 그 때문에 그는 피에트로 왕의 총애를 받게 되었고, 왕은 그의 전 재산과 모든 명예를 되찾아 주었으므로 이제 그는 훌륭한 지위와 처지에 있다는 것이었습니다.

사자는 또 아리게토가 자신이 감옥에 갇힌 몸이 되고부터 행방불명이었던 부인과 아들의 소식을 듣고는, 사자를 이루 말할 수 없이 융숭하게 대접해 준 데다가, 부인과 아들을 데려가기 위해 부하 귀족들을 태운 소형 쾌속선까지 내주어 지금 이리로 오고 있는 중이라고 말했습니다.

이처럼 기쁜 소식에 사람들은 모두 환성을 질렀으며, 쿠라도는 즉각 몇몇 친구들을 데리고 베리톨라 부인과 주스프레디를 데리러 오는 귀족들을 마중 나갔는데 얼마 가지 않아 그들과 마주쳤습니다. 쿠라도는 반가이 그들을 맞이하고는 아직도 잔치가 절반도 치뤄지지 않은 연회장으로 안내했습니다.

부인을 비롯해서 주스프레디와 그 밖의 사람들도 무척 기뻐하며 그들을 맞이했는데, 이렇게 기쁜 일을 여태까지 본 적도 들은 적도 없었던 것은 두말할 것도 없습니다.

귀족들은 식탁에 앉기 전에 아리게토를 대신하여 정중히 인사하고, 쿠라도와 그 부인이 아리게토 부인과 아들에게 베푼 더할 나위 없이 친절한 환대에 깊은 감사의 뜻을 전한 다음, 아리게토가 그들을 위해 할 수 있는 일이 있으면 뭐든지 말해 달라고 했습니다. 그리고 과스파리노에게는, 아직은 그 호의를 모르고 계시지만 둘째 아들 스카치아토에게 베풀어 준 친절이 아리게토에게 알려지면 마찬가지로 커다란 감사함을 표할 것이 틀림없다고 말했습니다.

이어 두 신부에게 축사를 한 다음, 신부들과 함께 식탁에 앉았습니다.

쿠라도는 여러 날 동안 신랑과 귀족들과 친척 친구들을 위해 잔치를 계속했을 뿐만 아니라, 많은 주민들을 불러서 축하연을 베풀어 이 기쁨을 나누었습니다.

이윽고 며칠 동안에 걸친 잔치가 끝나자, 베리톨라 부인과 주스프레디와 그 밖의 사람들은 이제 그만 출발해야겠다고 생각하고, 쿠라도와 그 부인과 과스파리노에게 눈물을 흘리면서 작별 인사를 한 다음 스피나를 데리고 쾌속선에 올라 시칠리아로 떠나갔습니다. 배는 부드러운 바람을 타고 어느새 시칠리아에 도착했습니다.

이리하여 팔레르모에서 아리게토는 부인과 아들들을 큰 기쁨으로 맞이했는데, 그 광경은 도저히 말로는 형용할 수 없었습니다. 그리고 그분들은 그 땅에서 하느님의 은혜에 감사하며 하느님의 충실한 종으로서 행복하게 살았다고 합니다.

일곱째 이야기

바빌로니아의 술탄은 가르보의 왕에게 딸을 왕비로 보낸다. 공주는 온갖 재난을 만나 4년 동안 곳곳에서 아홉 명의 남자 손을 거친다. 그러나 끝내 아버지에게 돌아가 처음처럼 다시 가르보의 왕에게 출가하여 왕비가 된다.

에밀리아의 슬픈 이야기가 좀 더 길어졌더라면, 젊은 부인들은 베리톨라 부인의 신세에 눈물을 흘리지 않을 수 없었을 것이라고 생각합니다. 하지만 이 이야기도 끝났으므로, 여왕의 희망에 따라 판필로가 뒤를 이어 이야기를 하게 되었습니다. 그래서 매우 온순한 그는 얼른 이야기를 꺼내기 시작했습니다.

여러분, 우리는 무엇이 우리의 분수에 맞는가 좀처럼 알 수 없는 법입니다. 그러니까 이따금 목격하는 일입니다만, 부자가 되면 아무 걱정도 없이 안락한 생활을 할 수 있을 줄 알고 하느님에게 넉살 좋은 기원을 드릴 뿐만 아니라, 어떤 고생도 위험도 거들떠보지 않고 부자가 되려고만 애를 쓰곤 합니다.

그런데 일단 부자가 되고 나서는 부자가 되기 전에는 만족스러웠던 자신의 삶을 막대한 유산을 노리는 사람들의 손에 잃게 되기도 합니다.

낮은 지위에서 입신하여 온갖 위험한 싸움을 직접 겪고, 형제나 친구들의 피를 흘리고 나서 왕위라는 높은 지위에 앉은 사람들도 왕의 식탁에 오른 황금의 잔에 몰래 탄 독약으로 죽기도 한다는 사실을, 직접 보기도 하고 듣기도 하여 공포에 사로잡혀 있곤 했던 것입니다.

또 힘을 갖거나 아름다워지고 싶은 열망에 빠졌거나 인간으로서의 다른 욕심에 붙들린 사람들은, 그 욕심이 결국 화를 불러 오히려 자기들의 죽음이나 불행의 원인이 되었다는 것을 알고서야 비로소 그 생각이 잘못되었음을 깨닫는 것입니다. 그래서 나는 인간의 모든 욕망에 대해서 일일이 말씀드릴 수는 없지만, 온갖 운명의 변덕과 장난에도 불구하고 이거야말로 절대로 행복한 상태라고 단정지을 수 있는 가능성은 있을 수 없다고 말하고 싶은 것입니다. 그러므로 우리가 사려 깊게 생활하고 있으면 우리가 필요한 것을 잘 아시고 또 주시는 유일하신 하느님이 그것을 내려 주실 것이라는 마음가짐으로 자기 몸에 필요한 것을 얻고 또 만족해야 할 줄 압니다.

그런데 말씀드리고 싶은 것은, 남자는 여러 가지 일에 욕망을 품고 죄를 짓지만, 여성 여러분들은 한 가지 일, 즉 아름답게 되고 싶다는 이유로 큰 죄를 짓는 수가 있다는 것입니다. 그 소원을 들어 보면, 타고난 아름다움에 만족하지 못하고 더욱 아름다워지려고 놀랄 만한 기교를 부릴 정도입니다. 그래서 나는 어느 사라센 여자가 아름다웠기 때문에 얼마나 불행했던가, 다시 말해서 그 미모 때문에 4년 동안 아홉 번이나 다른 남자와 결혼한 이야기를 해볼까 합니다.

벌써 오랜 옛날입니다만, 바빌로니아에 베미네다브라는 술탄(군주)이 있었습니다. 살아 있을 동안에 무슨 일이고 자기 뜻대로 되지 않은 일이 하나도 없었다는 왕입니다.

그에게는 많은 자녀들이 있었는데, 그중에서도 알라티엘이라는 공주는, 그녀를 본 일이 있는 사람들의 말을 들어 보면, 당시 온 세계를 다 찾아보아도 그토록 아름다운 여성은 없다고 이구동성으로 말할 만큼 절세의 미인이었습니다.

그런데 그의 나라에 아라비아의 대군이 몰려온 적이 있었는데, 그때 그들에게 패배의 고배를 마시게 한 것은 가르보(알가르브)의 왕이 보낸 훌륭한 응원군이 있었기 때문입니다. 그 왕이 술탄의 아름다운 공주를 왕비로 맞이하고 싶다는 절실한 소원을 전해 왔으므로, 술탄은 그에게 공주를 출가시키기로 했습니다.

그래서 그는 많은 남녀 신하를 딸려서 산더미 같은 값비싼 가구와 함께, 엄중히 무장하고 필요한 것은 모두 갖춘 한 척의 배에 공주를 태워 신의 가호를 빌면서 출범시켰습니다.

날씨도 좋아서 선원들은 순풍에 돛을 올리고 알렉산드리아의 항구를 순조롭게 떠나갔습니다. 그리하여 며칠 동안은 평온한 항해가 계속되었습니다. 그런데 사르데냐섬도 지나고 긴 항해도 거의 끝날 무렵의 어느 날, 갑자기 이상한 바람이 불기 시작했는데, 그 기세가 어찌나 사납던지 공주와 선원들을 태운 배를 마구 뒤흔들어 언제 바다에 가라앉을지 모를 지경이 되어 버렸습니다.

그러나 굳건한 선원들이라 힘을 합쳐서 요령 있게 배를 몰아, 거칠어진 넓은 바다와 싸우며 이틀간을 버텨 나갔습니다.

폭풍이 불고 사흘째가 되는 밤이었는데, 바람이 그치기는커녕 점점 더 사나워져 갈 뿐, 이제 배의 위치도 모르게끔 되어 버렸지요. 캄캄한 밤인 데다가 하늘마저 흐려 시야가 꽉 막히고 말아서, 선원들의 경험에 따른 판단력조차 아무 소용이 없었습니다. 그리하여 이럭저럭하는 동안에 마욜리카섬에 가까워졌을 무렵, 선원들은 배가 삐걱삐걱 부서지기 시작하는 것을 깨달았습니다.

이렇게 되면 살아날 길은 없다고 생각한 선원들은 남이야 어떻게 되든 자기들만 살 생각으로 보트를 바다에 던져 내리고는, 부서진 배에 남아 있느니보다 그쪽이 더 안전하다고 보았던지, 앞을 다투어 그 보트에 옮겨 탔습니다. 그들 뒤를 따라 모선에 남아 있던 몇몇 사람들도 먼저 보트에 올라탄 사람들이 칼을 휘두르며 막았지만, 죽자 사자 기어 올라갔습니다. 이렇게 해서 그들은 이제 죽음을 면했다고 믿었지만 실은 거꾸로 위기에 빠져 버렸습니다. 말하자면, 조그마한 배에 너무 많이 올라탔기 때문에 사나운 파도가 몰아치자 속절없이 뒤집혀서 모두 물에 빠져 죽고 말았습니다.

한편, 강풍에 몰려 떠내려가는 동안 다 부서져서 물이 들어차게 된 모선에는 공주와 시녀들만 남아 있었는데, 사나운 파도와 무서운 바람 때문에 거의 죽은 듯이 배 위에 쓰러져 있었지요. 배는 강풍을 받아 굉장한 속력으로 달려서 마욜리카섬의 물가에 밀려 올라가게 되었습니다. 배는 상당한 힘으로 떠밀린 모양으로, 해안에서 돌을 던질 만한 거리의 모래톱에 처박히고 말았습니다. 그 때문에 배는 밤새도록 파도에 시달리고 강풍을 맞았지만, 뒤집히지는 않고 그대로 서 있었습니다.

이윽고 날이 새고 폭풍도 어지간히 가라앉았을 때, 거의 죽은 듯이 되어 있던 공주는 이제 기력도 없었지만 간신히 고개를 쳐들고 시녀들의 이름을 하나씩 부르기 시작했습니다. 하지만 아무리 불러도 헛일이었습니다. 이름을 불린 시녀들은 너무나 멀리 떨어져 있었기 때문입니다.

공주는 아무리 불러도 대답하는 자가 없고, 모습을 보이는 자도 없으므로, 매우 놀라며 심한 공포에 사로잡히기 시작했습니다. 그래서 남은 힘을 다하여 간신히 일어나 보니, 수행해 온 귀부인들과 시녀들이 여기저기 쓰러져 있는 것이 눈에 띄었습니다. 그 가운데 한두 사람은 공주가 이름을 부르고 몸을 흔들자 의식이 좀 남아 있다는 것을 알았습니다만, 나머지 사람들은 심한 멀미와 공포로 거의 죽어 가고 있었으므로, 그녀의 공포는 절정에 이르렀습니다.

그러나 어떻게든 대책을 강구하지 않으면 안 된다는 생각에, 멀쩡한 사람은 자기 혼자뿐이고 또 어느 곳에 와 있는지 짐작도 할 수 없었지만, 살아 있는 사람들을 격려하여 일으켜 세웠습니다. 시녀들은 남자들이 다 어디로 가버렸는지 보이지 않고 더구나 배가 온통 물을 뒤집어쓴 채 모래톱에 쑤셔 박혀 있는 것을 보고 공주와 함께 엉엉 울기만 할 뿐이었습니다.

시간은 벌써 정오가 되어 있었습니다. 그러나 그들을 구해 주러 올 만한 사람은 바닷가에도 그 근처에도 누구 하나 눈에 띄지 않았습니다. 마침 그때, 우연히 페리코네 다 비살고라는 귀족이 말을 타고 자기 장원에서 돌아가는 길에 많은 하인들을 거느리고 그곳을 지나가게 되었습니다. 그는 배를 보고 곧 사정을 짐작하고는, 얼른 하인 하나를 보내어 배에 올라가서 상황을 알아

보게 했습니다.

간신히 배 위에 올라간 그 하인은 뱃머리에 몇 명의 시녀들과 함께 한 젊은 귀부인이 공포에 떨고 있는 것을 보았습니다. 그녀들은 그를 보자, 울면서 몇 번이나 살려 달라고 애원했지만, 서로 말이 통하지 않아 손짓으로 자기들의 불행한 조난을 알렸습니다.

하인은 배 위의 상황을 되도록 상세히 조사하여 페리코네에게 보고했습니다. 페리코네는 배에 있는 귀중품을 내릴 수 있는 만큼 배에서 내리게 한 뒤 여자들을 데리고 자기 성으로 돌아갔습니다. 거기서 여자들에게 음식을 주고 쉬게 하며 위로하는 동안, 그는 화려한 복장으로 미루어 그 젊은 여자가 매우 신분이 높은 귀족의 딸이 틀림없다고 생각했습니다. 그리고 다른 여자들이 모두 그녀를 깍듯이 모시고 있는 것도 알게 되었습니다.

그녀는 폭풍의 바다에 시달려서, 안색도 창백하고 건강도 좋지 않은 듯했지만, 페리코네는 그 아름다움이 어디다 비할 데 없을 정도임을 깨달았습니다. 그래서 그녀에게 아직 남편이 없다면 자기 아내로 삼고 싶다고 생각했습니다. 아내로 삼을 수 없을 때는 사랑만이라도 차지하고 싶다고 생각했습니다.

페리코네는 매우 다부진 용모에 체격도 무척 건장했습니다. 그가 며칠 동안 할 수 있는 모든 뒷바라지를 다해서 그녀는 완전히 본디대로 건강한 몸이 되었습니다. 그러고 나니 예상보다도 더 절세의 미인이었으므로, 그는 오로지 서로 말이 통하지 않는 것이 원통해서 못 견딜 지경이었습니다. 그래서 그녀의 신분을 모르는 채, 페리코네는 그 미모에 마음이 끌려 그녀의 마음에 들도록 사랑이 담긴 온갖 몸짓을 하면서, 그녀가 저항하지 않고 자기 뜻을 받아들이도록 애썼으나 아무런 효과도 없었습니다. 그러나 그녀가 사랑을 거절하면 할수록 페리코네의 정열은 그만큼 더 자꾸만 타오를 뿐이었습니다.

공주는 그것을 눈치챘지만, 며칠 묵는 동안에 풍속과 습관 등으로 미루어 자기가 그리스도교도들 사이에 있다는 것을 깨달았습니다. 그리고 얼마간이라도 그들의 말을 알게 되면 자기 신분이 알려져서 덕 볼 것은 적을 것이고, 어차피 오랜 시간이 지나면 폭력이나 애정에 굴복할 수밖에 없게 되리라는 생각에 어떤 재난이 닥쳐도 마음을 굽히지 않겠다고 결심했습니다. 그래서 공주는 세 명밖에 살아남지 않은 시녀들에게, 자기들이 달아날 수 있다는 확신이 조금이나마 서기 전에는 결코 아무에게도 신분을 밝히지 말라고 엄명했습니다. 게다가 자기도 남편 이외에는 몸을 허락하지 않을 각오니까, 너희들도 정조를 굳게 지키라고 일렀습니다. 시녀들도 공주의 각오가 대단한 것을 칭찬하고, 모든 노력을 다하여 그 명령을 지키겠다고 저마다 맹세했습니다.

한편 페리코네는 날마다 가슴의 불길이 사납게 타올랐고, 가까이 가서 자기의 소망을 거절하기만 하는 그녀를 볼 때마다 연모의 정은 더 심해질 뿐이었습니다. 그래서 자기가 아무리 설득해 봐야 헛일이라는 것을 알고, 계책을 써서 내 것으로 만들자, 그래도 안 될 때는 폭력으로라도 뜻을 이루자고 생각하게 되었습니다.

그런데 공주는 종교상의 법도로 포도주를 마시진 않았지만 그 맛을 좋아하여 이따금 입에 대는 것을 페리코네는 보았으므로, 페리코네는 사랑의 신을 위해 술의 힘을 빌려야겠다고 생각했습니다. 그래서 그녀가 자기를 싫어하는 것쯤은 조금도 개의치 않는 체하면서, 어느 날 밤 훌륭한 음식을 차려 성대한 연회를 베풀고 공주도 그 자리에 나오게 했습니다. 페리코네는 산해진미로 공주를 대접하며 그녀의 시중을 드는 자에게 갖가지 포도주를 섞은 강한 포도주를 내도록 일러 놓았습니다.

페리코네의 속셈을 꿈에도 알 리 없는 공주는 평소의 조심성도 잊고 입에 달콤한 와인을 그만 도가 지나치게 마셔 버렸습니다. 그런 까닭으로 여태까지의 불행도 잊고 아주 명랑해져서, 여자 몇 사람이 마욜리카풍의 춤을 추는 것을 보더니 자기도 알렉산드리아풍의 춤을 추었습니다.

그것을 본 페리코네는 이제 자기 희망이 이루어지게 되었다고 생각하고, 마실 것과 먹을 것을 잇달아 차려 내어 밤이 깊어질 때까지 연회를 끌었습니다. 마침내 초대 손님들이 모두 돌아가고 페리코네는 공주를 이끌고 침실로 들어갔습니다. 그녀는 술 탓이라고는 하나 평소의 정숙함을 잊고 페리코네를 시중드는 시녀의 한 사람인 줄 알았던지, 조금도 부끄러워하는 기색 없이 그의 눈앞에서 옷을 훌훌 벗고 침대에 들어갔습니다.

페리코네도 곧 그 뒤를 따랐습니다. 불을 모두 끄고 반대쪽에서 그녀 곁으로 기어들어가 누웠습니다. 그리고 그녀를 껴안고는 아무런 저항도 받지 않고 사랑의 즐거움에 잠기기 시작했습니다. 그때까지 공주는 남자가 어떤 뿔로 여자를 찌른다는 것을 전혀 몰랐으므로, 한 번 그 즐거움을 맛보니 여태까지 페리코네에게 설득을 당하면서도 이렇게 달콤한 밤으로 유혹하는 것인 줄은 꿈에도 모르고 건성으로 듣고만 있었던 것이 후회되어, 말로 해봐야 알아듣지 못하므로 동작으로 스스로 적극적으로 나왔습니다.

이렇게 하여 페리코네와 공주는 온갖 사랑의 환락을 즐기고 있었습니다만, 운명은 한 나라의 왕비가 될 그녀를 한낱 조그마한 성주의 정부(情婦)로 그치게 하는 데 만족하지 않고, 더 참혹한 정사로 물들였던 것입니다.

페리코네에게는 마라토라는 미남이자 장미처럼 젊은 스물다섯 살 난 동생이 있었습니다. 마라토는 공주를 보자 곧 사랑의 포로가 되어 버렸습니다. 그리고 그녀의 몸짓을 보고는 자기에게 매우 호의를 느끼고 있다고 마음대로 혼자 판단해 버렸습니다.

그래서 페리코네만 줄곧 그녀에 대한 감시의 눈을 번쩍이지 않으면, 아무것도 자기의 사랑을 방해할 것이 없다고 생각하고 아주 잔인한 계획을 품었습니다. 그 결과 그만 무서운 사건이 일어나고 말았습니다.

때마침 이 항구 도시에 한 척의 배가 들어와 있었습니다. 상품을 싣고 로마니아의 카렌차로 가는 길이었으며, 선주는 두 명의 젊은 제노바 사람이었습니다. 마침 순풍이 불고 있어서 곧 돛을 올려 출발하게끔 되어 있었습니다. 마라토는 그들과 의논해서 그날 밤 자기와 공주를 태워다 달라고 부탁했습니다. 이렇게 약속이 되어 밤이 깊어지자, 아무런 경계도 하지 않고 있는 페리코네의 집에 가장 믿을 만한 몇 명의 패거리들을 이끌고 몰래 들어가자마자 정해진 대로 저마다의 장소에 몸을 숨겼습니다.

그러는 동안에 밤도 차츰 깊어져서 마라토가 가르쳐 준 대로 그들은 페리코네와 공주가 자고 있는 방으로 들어갔습니다. 방문이 열리자마자 그들은 잠들어 있는 페리코네를 죽이고는, 잠에서 깨어 눈을 뜨고 울부짖는 공주를, 떠들면 죽인다고 협박하여 잡아끌고 아무도 눈치채지 못하는 사이에 페리코네의 갖가지 귀중품까지 훔쳐 해안으로 달렸습니다. 그리고 마라토와 공주는 즉시 배에 오르고, 부하들은 되돌아갔습니다.

뱃사공들은 상쾌하고 부드러운 바람에 돛을 달고 곧 떠나갔습니다.

공주는 한 번이 아니라 두 번이나 이런 불행을 당해 매우 슬퍼했습니다. 그러나 마라토가 온갖 노력으로 그녀를 달래기 시작했으므로, 하느님이 내리신 성(聖) 크레시 님 덕분에 공주도 차츰 그에게 친근함을 느끼게 되었습니다. 그리하여 어느새 페리코네를 잊어 갔습니다. 그리고 이 처지도 그리 나쁘지 않다고 생각하기 시작할 무렵, 운명은 여태까지의 불행으로도 모자랐던지 다시 새로운 슬픔을 공주에게 안겨 주었습니다.

앞에서도 여러 번 말씀드렸듯이, 그녀는 좀처럼 보기 드문 미인인 데다가 예의범절이 바르고 행동거지가 우아해서, 이번에는 두 선주가 그만 홀딱 반하고 말았습니다. 그래서 다른 것을 다 팽개치고는 그녀에게만 봉사하며, 마라토에게 눈치채이지 않게 그녀의 마음을 사로잡으려고 안간힘을 썼습니다.

두 사람은 또 서로의 연모를 눈치채고, 사랑이 금전이나 상품의 거래와 마찬가지로 흥정을 할 수 있는 것으로 생각했는지, 그녀를 함께 손에 넣자고 몰래 의논했습니다.

그러나 두 사람은 마라토가 줄곧 감시의 눈을 번쩍이고 있어서 좀처럼 자기들의 꿍꿍이셈이 실현되지 않았으므로 어느 날 밤 돛을 가득 펴서 배를 전속력으로 달리게 했습니다. 그때 마라토는 배 꽁무니에 서서 그들이 자기를 노리고 있다는 것도, 음모가 진행되고 있다는 것도 깨닫지 못하고, 우두커니 바다만 바라보고 있었습니다. 그러다가 눈 깜짝할 사이에 그들에게 붙들려 바다에 던져지고 말았습니다. 그때 마라토가 바다에 떨어졌다는 것을 깨달은 자가 있었다고 하더라도 배는 벌써 1마일이나 멀리 떠나와 있었을 것입니다.

공주는 상황을 파악하고 이제 그를 되찾을 수 없다는 생각에 배 위에서 다시 새로운 슬픔에 깊이 잠기기 시작했습니다. 거기에 때를 놓치지 않고 두 선주가 달려와서 위로하고 달랬습니다.

비록 뜻은 통하지 않았지만 달콤한 말을 속삭이고 호들갑스러운 언약의 표시를 해, 마라토를 잃고서 또다시 자기 몸에 겹친 불행을 한탄하고 있는 그녀의 마음을 달래려고 무던히 노력을 기울였습니다.

그렇게 오래도록 위로하는 동안에 간신히 그녀의 기분이 가라앉기 시작한 것을 알고는, 두 사람은 어느 쪽이 먼저 그녀와 자느냐 하는 문제를 가지고 의논하기 시작했습니다.

그런데 서로 먼저 자고 싶어 해서 아무리 해도 약속이 이뤄지지 않았습니다. 처음에는 말만 거칠게 오가다가 어느새 맞잡고 밀고 당기는 싸움으로 바뀌더니, 결국은 노여움이 절정에 이르러 칼을 꼬나들고 무서운 격투를 벌이기 시작했습니다. 이렇게 서로 찌르고 찔리다가 배에 탄 사람들은 두 사람을 떼어놓을 수가 없었으므로, 마침내 한쪽이 살해되고 말았습니다. 그리고 나머지 한쪽도 중상을 입었지만, 겨우 목숨만은 건질 수가 있었습니다.

이것을 본 공주는 배 위에는 누구 하나 자기에게 구원의 손을 내밀어 줄 사람도 의논 상대가 되어 줄 사람도 없는 신세가 되었음을 알았으므로, 다시 깊은 슬픔에 잠겼습니다. 그뿐 아니라, 두 선주의 친척들과 친구들이 자기에게 앙갚음을 하지나 않을까 두려워졌습니다. 그러나 중상을 입은 선주의 부탁으로 한시바삐 카렌차로 가게 되어 가까스로 죽음의 위기는 면했습니다.

카렌차에 도착하자 공주는 중상을 입은 선주와 배에서 내려 어느 여관에 들어갔습니다. 그러자 순식간에 그녀의 아름다움이 온 마을의 화젯거리가 되었습니다. 그때 마침 그곳에 머물고 있던 모레아의 영주도 그녀의 아름다움에 대한 소문을 들었습니다. 그래서 영주는 그녀를 한 번 보고 싶어서 만나 보니 소문과 다름없는 절세의 미인이었으므로 곧 그녀에게 넋을 잃어 다른 것은 아무것도 머리에 들어오지 않게 되어 버렸습니다.

영주는 그녀가 이곳에 오게 된 까닭을 듣고, 그렇다면 그녀를 손에 넣을 수 있을 거라고 생각했습니다. 그래서 그 방법을 생각하고 있는데, 선주의 친척들이 영주의 뜻을 알고 즉시 그녀를 갖다 바쳤습니다. 영주가 무척 기뻐한 것은 물론이지만, 공주 쪽에서도 큰 위난을 면하게 된 줄 알고 여간 기뻐하지 않았습니다.

영주가 그녀를 가만히 훑어보니, 아름다울 뿐만 아니라 왕가의 출신처럼 예의범절이 바르기에, 신분은 알 도리가 없었지만 귀부인이 틀림없다고 생각했습니다. 그래서 공주에 대한 연정은 점점 더해 갈 뿐이었습니다. 그런 까닭으로 영주는 그녀에게 크게 경의를 표하고, 정부로서가 아니라 마치 정실처럼 그녀를 대우했습니다. 공주도 과거의 불행을 돌이켜보고는 지금의 처지가 그나마 훨씬 다행이라고 생각하고 완전히 원기를 되찾아 명랑해지기까지 했습니다. 더욱이 날이 갈수록 그녀의 아름다움은, 비유해서 말하면 꽃 같은 아름다움이 되어 갔으므로, 온 로마니아가 그녀에 관한 소문으로 들끓었습니다.

아직 나이도 젊고 미남인 데다가 당당한 체구를 가진 아테네의 공작이 이 소문을 듣고 모레아 영주의 친척도 되고 친구 사이이기도 해서, 공주를 보러 가야겠다고 생각하게 되었습니다. 그리하여 훌륭한 많은 신하들을 거느리고 카렌차에 들이닥쳤습니다. 아테네 공작은 성대한 환영과 아울러 환대도 받았지만 공주를 곧바로 볼 수는 없었습니다.

이윽고 며칠이 지나서 이야기가 마침 공주의 아름다움으로 옮겨졌을 때, 아테네 공작은 소문처럼 그렇게 아름다운지 영주에게 물었습니다.

"소문 이상이지. 내 말보다 자네가 직접 확인해 보게나."

이렇게 대답하고 영주는 공작을 재촉하여 함께 공주가 있는 곳으로 갔습니다. 그녀 쪽에서도 두 사람이 온다는 것을 미리 알고 있었으므로, 복장을 갖추고 정숙한 모습으로 미소를 띠며 맞이했습니다. 그리하여 공주는 두 사람 사이에 앉게 되었지만, 그들의 말을 도무지 알아듣지 못한 까닭에 공작은 그녀와 즐겁게 이야기를 나눌 수가 없었습니다.

그래서 두 사람은 서로 이상한 것이라도 보듯이 쳐다보고만 있었습니다. 특히 아테네 공작은 정신없이 그녀를 들여다보게 되었는데 보면 볼수록 너무나 아름다워, 마치 이 세상 사람이 아닌 듯한 생각이 들 정도였습니다. 그리하여 계속 응시하고 있는 동안에, 자기의 눈이 독을 품은 사랑을 마시고 있다는 것을 깨닫지 못하고 그녀를 바라보고만 있으면 자기의 욕망이 채워질 줄 알았습니다. 그러나 사실 그녀에 대한 사랑에 미쳐 스스로 비참한 시련의 함정에 빠져 들어가고 있었던 것입니다.

영주와 함께 그녀 곁에서 물러난 공작은 혼자 생각에 잠기는 여유가 생기자, 그렇게 아름다운 사람을 자기의 즐거움으로 삼을 수 있는 영주는 얼마나 행복한 인간인지 모르겠다고 생각했습니다. 그리고 이 궁리 저 궁리 하고 있는 동안에, 자기의 결백한 사고방식보다 이 타는 듯한 사랑의 상념을 소중히 하는 편이 낫겠다고 생각하고, 나중에는 어떻게 되든 그에게서 이 행복을 빼앗아 자기의 행복으로 만들자고 결심했습니다. 또한 일은 서두르는 편이 좋다고 여겨, 일체의 이성도 정의도 내동댕이치고는 자기의 생각을 오로지 흉한 책모에 돌렸습니다.

그리하여 어느 날, 공작은 계책을 꾸미며 영주의 신임이 가장 두터운 추리아 치라는 하인을 한패로 끌어넣고는, 언제라도 출발할 수 있도록 자기 말과 짐을 모두 챙겨 놓게 했습니다. 그런 다음 완전히 무장한 아테네 공작은 하인 하나를 데리고 추리아치의 뒤를 따라 영주의 침실로 들어갔습니다.

공주는 자고 있었으나, 영주는 너무 더워서 발가벗은 채 바다가 내려다보이는 창가에 서서 불어 들어오는 시원한 바람을 쏘이고 있었습니다. 그래서 자기가 할 일을 미리 들은 하인은, 침실을 가로질러 살며시 창가로 다가가서 단도로 영주의 옆구리를, 반대쪽으로 칼끝이 쑥 나올 만큼 힘껏 찔렀습니다. 그리고 그를 번쩍 들어 창밖으로 내던졌습니다.

영주의 저택은 바닷가의 높은 언덕 위에 있었습니다. 그래서 영주가 기대어 섰던 창문에서는, 폭풍우에 부서져서 사람의 출입이 드물거나 혹은 전혀 없는 두세 채의 집이 보일 뿐이었습니다. 그런 까닭으로 공작이 예상한 대로, 영주의 시체가 던져진 것을 아무도 보지 못했고 그 소리조차 듣지 못했습니다.

공작의 하인은 일이 끝나자 추리아치 옆으로 친근한 체하며 다가가더니, 들고 있던 밧줄로 느닷없이 그의 목을 감아 조르기 시작했습니다. 거기에 공작이 달려들어 둘이서 힘을 합해 그를 목 졸라 죽이고는 역시 영주를 내던진 창밖으로 집어 던졌습니다.

이 일이 끝나자, 공주나 그 밖에 누구도 이것을 알아채지 못했다는 것을 알고, 아테네 공작은 등불을 손에 들고 침대를 비춰 세상 모르게 자고 있는 공주를 바라보다가 이불을 조심조심 걷어 보았습니다. 드러난 공주의 알몸을 본 공작은 너무나 감탄하여 저도 모르게 신음 소리를 냈습니다. 실오라기 하나 걸치지 않은 그 아름다운 육체는 옷을 입었을 때의 몇 배 이상으로 그를 황홀경에 몰아넣었습니다. 그리하여 욕정에 불이 붙어 방금 저지른 끔찍스러운 일도 잊고, 아직 피에 젖은 손으로 그녀 옆에 누웠습니다. 그리고 꿈결처럼 자기를 영주인 줄로만 알고 있는 그녀를 끌어안았습니다.

공작은 잠시 그녀와 최고의 쾌락을 즐기다가 이윽고 일어나서 하인 몇 명을 불러, 소리를 내지 못하게 그녀의 입을 막게 하고 들어온 비밀문으로 하여 몰래 들어내 갔습니다. 그리고 말에 태워 소리 내지 않게 주의시키면서 수행원들을 모두 거느리고 아테네로 떠났습니다.

그러나 그에게는 아내가 있었으므로, 아테네로는 가지 않고 거기서 좀 떨어진 해변의 별장으로 갔습니다. 공주는 또다시 깊은 슬픔에 잠겼지만, 그곳에 들어가서 이루 말할 수 없는 극진한 대우를 받았습니다.

한편 이튿날 아침, 영주의 신하들은 오후 3시까지 영주가 일어나기를 기다렸으나 아무 기척이 들리지 않아, 이상하게 생각하고 문을 열고 방에 들어갔는데 아무도 보이지 않았습니다. 하지만 그들은 그 아름다운 부인과 몰래 며칠 동안 즐기러 어디로 떠나셨나 보다 하고 생각했을 뿐, 참혹한 사건이 일어났다고는 아예 생각조차 하지 않았습니다. 그런데 그다음 날, 미치광이 하나가 영주와 추리아치의 시체가 버려져 있는 폐허에 들어가서, 목에 감긴 밧줄로 추리아치의 시체를 끌어내어 온 시내를 질질 끌고 다니는 사태가 벌어졌습니다.

이것을 본 많은 사람들은 몹시 놀라 온갖 수단으로 미치광이를 어르고 달랜 끝에 시체를 끌어낸 곳으로 안내하게 했습니다. 그리하여 영주의 시체를 발견한 온 시민들은 깊은 슬픔에 잠겨 그를 고이 묻어 주었습니다.

관리들이 이 사건을 계속 조사해 보니, 아테네 공작이 없어졌고 더욱이 밤중에 아무도 모르게 출발해 버렸다는 사실을 알게 되어, 이것은 틀림없이 그의 소행이며 그가 공주를 빼앗아 데리고 가버렸다고 사실대로 판단했습니다. 그래서 신하들은 죽은 영주의 자리를 아우에게 계승시키고, 자기들도 힘을 합할 테니 복수하자고 권했습니다.

새 영주는 여러 가지 증거로써 일이 모두의 상상에 어긋남 없이 그대로 벌어진 것을 알고, 각지에서 친구들과 친척들과 신하들을 불러 모아 강력한 군대를 조직해 아테네 공작과 일전을 치르려고 마음먹었으며 그 지휘를 직접 맡았습니다.

이것을 안 아테네 공작도 역시 방위하기 위해 모든 군대를 모았습니다. 응원군으로서 많은 귀족들이 달려왔는데, 그 가운데에는 콘스탄티노플의 동로마 제국 황제가 파견한 왕자 콘스탄티누스와 조카 마노벨루스도 대군을 이끌고 참가하고 있었습니다. 공작부인은 그들의 누님이었던 것입니다. 그러는 동안에 결전의 날은 하루하루 다가왔고, 공작부인은 기회를 보아 두 사람을 자기 방에 불러 눈물을 흘리면서 자세하게 이 전쟁이 일어나게 된 경위를 털어놓았습니다. 그리고 몰래 숨겨 놓은 그 여자 때문에 자기는 남편으로부터 모욕당했다고 호소했습니다. 그러니 어떻게든 남편의 명예를 되찾고 자기를 슬픔에서 구해 마음의 평화를 얻게 해달라고 부탁했습니다.

두 젊은 왕족은 이미 사실을 모두 알고 있던 터라, 그 이상 이것저것 따져 묻지는 않았습니다. 그리고 자기들은 할 수 있는 힘을 다해 돕겠다고 부인을 위로하여 희망을 갖게 했습니다.

그러고는 그 여자의 거처를 알아낸 다음 방을 나왔습니다. 두 사람은 진작부터 그 여자가 절세의 미인이라는 말을 듣고 있었기에, 한 번 보고 싶다는 생각이 들어 공작에게 소개해 달라고 부탁했습니다. 아테네 공작은 모레아의 영주가 그녀를 자기와 만나게 해주었기 때문에 그에게 불행한 사건이 일어난 사실을 잊고, 만나게 해주마고 약속했습니다. 그리고 공작은 다음 날 아침 그들을 그녀가 살고 있는 별장으로 초대해서 몇몇 신하들과 함께 최고로 아름다운 정원에서 훌륭한 아침 식사를 즐겼습니다.

그녀 옆에 앉은 콘스탄티누스 왕자는 지금까지 이토록 아름다운 여성을 본 적이 없어서, 눈이 둥그레진 채로 줄곧 그녀만 바라보고 있었는데, 속으로는 이와 같은 미녀이니 공작이 그녀를 손에 넣기 위해 친구를 배신하고 그런 일을 저지를 만도 했다고 생각했습니다. 이렇게 그녀를 바라보며 그 아름다움에 경탄하고 있는 동안에, 그만 공작에게 일어난 것과 마찬가지의 생각이 그에게도 일어나 버렸습니다. 그리하여 그 역시 그녀에 대한 사랑의 포로가 된 채 연회 자리에서 물러나 이제 전쟁 같은 것은 다 잊어버리고, 아무도 자기의 사랑을 눈치채지 못하게 한 채 공작에게서 그녀를 빼앗을 수는 없을까 하는 생각만으로 머리가 가득 찼습니다.

그러나 그가 이렇듯 사랑에 가슴을 태우고 있는 동안 벌써 모레아 영주의 군대가 공작의 영지로 접근해 오고 있어서, 공작의 진격 개시 시간도 시시각각으로 다가오고 있었습니다. 그래서 공작과 콘스탄티누스 왕자와 다른 귀족들의 군대는 영주군의 진격을 막기 위해 미리 정해 둔 대로 국경을 향해 출발했습니다.

하지만 잠시 국경에 주둔하고 있는 동안에도 콘스탄티누스 왕자의 머리와 마음에는 줄곧 그녀에 대한 생각이 들러붙어 떨어지지 않았습니다. 그리고 공작도 그녀 곁에 없으니 지금이야말로 자기 뜻을 이룰 절호의 기회라고 생각하고, 아테네로 돌아갈 구실을 만들기 위해 꾀병을 앓기 시작했습니다. 마침내 공작의 허락이 내려져, 왕자는 마노벨루스에게 군대의 지휘를 맡기고 아테네의 누나 집으로 돌아갔습니다. 그곳에 며칠 누워 있는 동안, 왕자는 공작이 그 여자를 데리고 삶으로써 누님이 받게 된 모욕으로 슬쩍 화제를 돌려, 원한다면 그 여자를 다른 데로 끌어내어 누님의 기분을 풀어 드리겠다고 꾀었습니다.

부인은 그런 짓을 해주는 것이 누나인 자기를 사랑해서이기 때문이지 그녀에 대한 연모 때문이 아니라고 생각하고, 자기가 동의한 것을 남편이 알지 못하게만 해준다면 더 바랄 것이 없다고 대답했습니다. 콘스탄티누스 왕자는 그렇게 하겠다고 확실히 약속했습니다.

왕자는 몰래 조그마한 배 한 척을 무장시켜 어느 날 밤 그 여자가 살고 있는 별장의 정원 가까이에 갖다 대게 했습니다. 그 배에는 그의 지시를 상세히 받은 부하 몇 사람을 태워 놓았습니다. 이렇게 해놓고 왕자는 부하를 거느리고 그녀가 살고 있는 별장으로 갔습니다. 왕자는 공주와 하인들로부터 큰 환영을 받았습니다. 그리고 그녀는 왕자가 바라기도 전에 하인들과 왕자의 신하들을 거느리고 정원으로 내려갔습니다. 왕자는 공작이 전하는 소식이 있기라도 한 듯이 바다 쪽으로 나 있는 사립문으로 그녀를 데리고 갔습니다. 문은 이미 부하 한 사람이 열어 두었으므로, 신호를 하여 조그마한 배를 가까이 오게 하고는, 재빨리 그녀를 붙잡아 강제로 배에 태운 다음 그녀의 하인들에게 소리쳤습니다.

"목숨이 아깝거든 떠들거나 움직이지 마라. 나는 공작에게서 여자를 빼앗으려고 이러는 게 아니다. 공작이 누님에게 주고 있는 모욕을 씻어 버리기 위해서이다."

이 말에는 누구 하나 대답하는 자가 없었습니다. 왕자는 부하들과 함께 배에 올라타, 울고 있는 여자 옆에 앉았습니다. 그리고 곧 부하들에게 출발할 것을 명했습니다. 부하들은 젓는다기보다 거의 나는 듯이 조그마한 배를 몰앉고, 다음 날 새벽에는 벌써 에지나에 도착해 있었습니다.

거기에 내려 쉬고 있는 동안에, 왕자는 자신의 아름다움으로 일어나는 불행을 한탄하고 있는 공주를 위로하며 사랑의 즐거움에 잠겼습니다. 그리고 다시 배를 타고 며칠 뒤 키오스섬에 닿았습니다. 왕자는 아버지에게 꾸중 들을 것이 무섭고, 누군가가 그녀를 빼앗아 가지 않을까 염려스러워 안전한 장소인 이곳에 머물자고 생각했습니다.

아름다운 공주는 날마다 오로지 자기의 불행만 슬퍼하고 있었으나, 그러는 동안에 왕자의 위로를 받아 지금까지도 여러 번 그러했듯이, 운명이 자기 앞에 마련해 준 것에 기쁨을 느끼기 시작했습니다.

이와 같은 사태가 벌어지고 있는 동안에 당시 터키의 술탄 오스베크는 동로마 제국의 황제와 줄곧 싸움을 계속하고 있었는데, 이 무렵 우연히 스미르나에 와 있었습니다. 여기서 콘스탄티누스 왕자가 빼앗아 온 여자와 키오스섬에서 아무런 방비도 없이 음란한 생활을 하고 있다는 소문을 듣고, 어느 날 밤 무장선 몇 척을 이끌고 찾아왔습니다. 그리고 부하를 거느리고 몰래 배에서 내려, 적이 온 줄도 모르고 침상에서 자고 있던 왕자의 많은 부하들을 사로잡았으며, 깨어나 무기를 찾아들고 달려온 자는 모두 죽였습니다. 그런 다음 그곳에 불을 지르고 전리품과 포로를 배에 실어 스미르나로 돌아왔습니다.

돌아와서 전리품을 조사하다가 오스베크는 아름다운 여자 한 명을 발견했습니다. 그는 이 여자가 침대에서 자다가 사로잡힌 콘스탄티누스 왕자의 그 소문난 미녀가 틀림없다고 생각하고, 이 여자를 얻게 되어 여간 흐뭇해하지 않았습니다. 그래서 아무런 주저함 없이 그녀를 아내로 삼아 성대한 결혼식을 올렸으며, 몇 달 동안 쾌락을 즐겼습니다.

한편 이와 같은 사건이 일어나기 전, 황제는 카파도키아의 바사노 왕과 양쪽에서 오스베크를 동시에 공격하자는 협정을 맺으려 하고 있었으나, 바사노 왕이 낸 몇 가지 조건이 마음에 들지 않아 완전히 합의를 보지 못하고 있었습니다. 그러다가 왕자에게 일어난 사건을 듣고 더없이 슬퍼진 황제는 카파도키아의 왕이 낸 조건을 주저 없이 들어주고, 있는 힘껏 오스베크를 치도록 부추기고는 자기도 다른 방향에서 그를 습격할 준비를 진행시켰습니다.

오스베크는 이것을 알고 강력한 황제와 왕의 군대에게 공격당하기 전에 자기 군대를 집결시키고, 스미르나에는 충실한 신하이자 친구인 한 사나이를 사랑하는 여자를 감시하도록 남겨 두고, 카파도키아의 바사노 왕을 공격하기 위해 떠나갔습니다. 그러나 카파도키아 왕과 잠시 싸움을 계속하다가 격전 중에 그는 전사하고, 군대도 대패하여 사방으로 흩어지고 말았습니다. 이 때문에 싸움에 이긴 바사노 왕은 승리한 군대를 이끌고 쉽게 스미르나로 진격해 갔으며, 길가의 주민들은 모두 그를 승리자로 맞이하여 항복했습니다.

한편, 아름다운 공주를 감시하기 위해서 뒤에 남은 안티오쿠스라는 오스베크의 충실한 신하는, 공주의 아름다움을 보자 나잇값도 못 하고 주책없이 친구이며 주군인 오스베크에 대한 봉사와 신의를 잊고 그녀를 사모하게 되었습니다. 그리고 그가 그녀의 언어를 알고 있었기 때문에, 지난 몇 해 동안 남이 하는 말을 알아듣지 못하고 자기 말도 남이 알아주지 못해 벙어리나 귀머거리 같은 생활을 해온 공주도 여간 기뻐하지 않았습니다만, 연정에 못 이겨 주군이 먼 곳에서 무기를 들고 싸우고 있다는 것에도 아랑곳없이 불과 며칠 새에 가까워져서는, 그 우정은 곧 사랑으로 바뀌어 서로 한 잠자리에서 쾌락에 잠겼던 것입니다.

그러나 오스베크가 싸움에 져서 전사하고 바사노가 인근 지방을 약탈하면서 이리로 진격해 오고 있다는 소식을 듣자, 안티오쿠스는 이런 곳에서 멍하니 앉아 있을 필요가 없다고 생각하고 공주와 함께 손을 잡고 도피하기로 했습니다. 게다가 오스베크가 그곳에 남기고 간 값진 물건들을 대부분 가로채어 둘이서 몰래 로도스섬으로 달아났습니다.

그런데 두 사람이 로도스에서 살게 된 지 얼마 안 되어 안티오쿠스가 죽을 병에 걸리고 말았습니다. 마침 그들과 함께 키프로스 상인이 머물고 있었는데 그는 이 상인을 무척 아껴 주었습니다. 또 특히 친구처럼 사귀고 있었기에, 곧 죽을 때가 다가온 것을 깨닫고는 자기 애인과 귀중한 물건들을 그에게 남겨 주자고 생각했습니다. 그는 임종이 가까워지자 두 사람을 불러서 말했습니다.

"나는 이제 아무래도 살아날 가망이 없네. 나는 지금처럼 사는 보람을 느껴 본 적이 없어서 이렇게 즐거운 생을 떠나야 하는 것이 원통하기 짝이 없지만, 그래도 만족하게 생각하고 죽을 수 있네. 그것은 이 세상의 그 누구보다도 사랑하는 두 사람의 팔에 안겨서, 말하자면 자네의 팔과 내 몸보다 더 사랑해 온 이 여자의 팔에 안겨 죽어 갈 수 있기 때문이네. 그러나 내가 죽으면 이 여자가 타향에서 누구의 도움도 얻지 못하고 의논 상대도 없이 혼자 남게 될 것을 생각하니 도무지 마음이 놓이지 않아 견딜 수가 없네. 자네는 나를 사랑해 준 이상으로 나 대신 이 여자를 알뜰히 돌봐 주리라고 믿겠네. 자네가 이곳에 없었더라면 나는 눈을 감을 수가 없었을 걸세. 그러니 꼭 자네에게 부탁하고 싶은 것은, 내가 죽거든 내 재산과 이 여자를 자네가 맡아 주게. 내 영혼의 평안을 위해서 그렇게 해주기 바라네. 그리고 가장 사랑하는 당신에게 부탁하네만, 제발 나를 잊지 말아 주게. 그러면 나는 저세상에 가서 자연이 만들어 낸 최고의 미녀에게 사랑을 받았다고 자랑할 수 있을 테니까. 만약 당신들이 이 두 가지를 지켜 준다면, 나는 아주 편안히 저세상에 갈 수 있을 걸세."

친구인 상인도 공주도 이 말을 들으면서 눈물을 흘렸습니다. 그가 말을 끝내자, 상인은 만일 자네가 죽으면 부탁받은 일은 모든 마음을 다하여 실행하겠다고 위로하고 또 굳게 약속도 했습니다. 그리고 곧 안티오쿠스는 숨을 거두었고 두 사람은 그를 고이 묻어 주었습니다.

며칠이 지나자 키프로스의 상인은 로도스에서의 일을 마치고 마침 항구에 들어와 있던 카탈루냐의 화물선을 타고 키프로스섬으로 돌아가기로 마음먹고, 공주에게 자기는 키프로스로 돌아가 볼일이 있는데 부인은 어떻게 하겠느냐고 물었습니다. 그러자 그녀는, 안티오쿠스의 사랑을 받았으니 자기를 누이동생으로 알고 그렇게 대해 달라고 부탁하면서, 상관없다면 함께 데려다줄 수 없겠느냐고 말했습니다. 상인은 자기도 그것이 가장 좋은 길이라고 생각한다고 대답했습니다. 그리고 둘이서 키프로스에 닿을 때까지 부질없는 쑥덕공론으로부터 그녀를 지킬 생각으로 다른 사람에게는 부부라고 말해 두었습니다. 그래서 뱃머리의 조그마한 침실이 주어지자 남이 이상하게 생각하지 않도록 좁은 침대에 함께 누웠습니다. 그 때문에 로도스를 떠날 땐 서로 생각지도 않던 일이 일어나고 말았습니다. 말하자면 주위의 어두움과 서로 간의 위로와 침대의 따뜻한 기운 때문에 그만 크게 자극을 받아 죽은 안티오쿠스에 대한 우정도 애정도 잊어버리고, 상인이 태어난 고향 키프로스섬의 바파에 도착하기도 전에 서로 정욕에 못 이겨 살을 섞고 말았던 것입니다. 그리하여 공주는 바파에 도착하여 잠시 이 상인과 함께 살았습니다.

그 무렵 마침 안티고누스라는 귀족이 볼일이 있어 바파에 와 있었습니다. 나이도 지긋하고 매우 사려 깊은 사람이었지만 부자는 아니었습니다. 그래서 키프로스 왕을 섬기며 여러 가지 바쁜 일에 종사하고 있었지만, 운이 따라 주지 않았습니다.

어느 날 이 사람이 우연히 그녀가 살고 있는 집 앞을 지나가게 되었는데, 마침 상인은 아르메니아에 가서 집에 없었고 그녀 혼자 창가에 나와 있다가 서로 눈이 마주쳤습니다. 워낙 굉장한 미인이었기에 자기도 모르게 자꾸만 쳐다보는 동안에 어디서 한 번 만난 적이 있는 여자 같은 생각이 들었지만, 그것이 어디였는지 도무지 머리에 떠오르지 않았습니다.

오랫동안 운명의 노리개가 되어 온 아름다운 공주의 불행도 이제 사라질 모양으로, 공주는 안티고누스를 보자 그가 알렉산드리아에서 아버지를 섬기며 그리 낮지 않은 지위에 있었던 사람이라는 것이 생각났습니다. 그래서 그에게 의논하면 자기 나라로 돌아가 공주의 신분을 되찾을 수 있을지도 모르겠다고 생각하고 얼른 안티고누스를 집 안으로 불러들였습니다. 그가 들어오자, 혹시 당신은 파마고스타의 안티고누스 님이 아니시냐고 물었습니다.

안티고누스는, 그렇습니다 하고 대답하고는 덧붙였습니다.

"부인, 저도 부인을 뵌 듯한 느낌이 듭니다만, 어디서 뵈었는지 아무리 생각해도 떠오르지 않는군요. 만일 상관없으시다면, 누구신지 밝혀 주시지 않겠습니까?"

공주는 그가 안티고누스임을 알자 목에 매달리며 울음을 터뜨렸습니다. 그리고 잠시 뒤, 공주는 놀란 그에게, 당신은 나를 알렉산드리아에서 본 적이 없느냐고 물었습니다. 이 질문을 받고 안티고누스는 그녀가 다들 바다에 빠져 죽은 줄로 알고 있는 술탄의 공주 알라티엘이라는 것을 곧 깨닫고 공손히 예를 갖추려고 했습니다.

그러나 공주는 그것을 막으면서 그대로 그 자리에 앉아 있어 달라고 부탁했습니다. 그래서 안티고누스는 자리에 앉은 채, 온 이집트에서는 오래전에 바다에 빠져 죽은 줄 알고 있고, 벌써 몇 해나 지났는데 언제 어디서 어떻게 이곳으로 오게 되었느냐고 정중히 물었습니다. 그러자 공주는 대답했습니다.

"지금까지 내가 보낸 비참한 생활을 떠올려 보면 살아 있으니 차라리 빠져 죽었던 편이 좋았을 거라고 생각해요. 아버지가 아시면 역시 똑같은 생각을 하실 거예요."

이렇게 말하고 다시 애처롭게 울기 시작했습니다. 그래서 안티고누스가 말했습니다.

"공주님, 그렇게 한탄하지 마십시오. 무슨 일이 일어났으며, 또 어떤 생활을 해오셨는지 상세히 들려주실 수 없습니까? 경우에 따라서는, 하느님의 가호로 그 보상을 얻을 수 있는 방법이 있을지도 모르니까요."

"안티고누스" 하고 공주는 말했습니다.

"당신을 만나니 아버지를 뵙는 듯한 기분이 들어요. 내가 아버지에게 품고 있는 애정과 친밀감에 마음이 움직여서, 숨겨 둘 수도 있는 것을 당신에게 그만 털어놓게 되는군요. 내가 당신을 보고 안티고누스라는 것을 알았을 때 얼마나 기뻤는지요. 좀처럼 만날 수 없는 분을 만나게 되었으니까요. 그러니·불운한 일들을 당하는 동안 줄곧 남에게는 숨겨 온 일을 아버지처럼 여겨지는 당신에게 모두 털어놓기로 하겠어요. 내 이야기를 들으시고 그 전 신분으로 돌아갈 수 있는 방법이 있으면, 그 방법을 취해 주세요. 만일 없거든, 나를 만났다는 말을 아무에게도 하지 말아 주세요. 또 내가 하는 이야기도 절대로 누구에게도 말하는 일이 없도록 부탁드리겠어요."

이렇게 말하고 계속 훌쩍거리면서, 마욜리카섬에서 조난당한 뒤 지금까지 겪은 사건을 남김없이 이야기했습니다. 안티고누스도 이야기를 듣고 너무나 슬퍼져서 그만 울고 말았습니다. 그리고 그는 한참 생각하다가 말했습니다.

"공주님, 그런 불행에도 불구하고 감쪽같이 신분을 감추어 오셨으니, 아버님은 틀림없이 공주님을 지금 이상으로 어여삐 여기실 것입니다. 그리고 다시 가르보의 군주에게 왕비로 보내실 줄로 압니다."

어떻게 하면 그렇게 될까요, 하는 공주의 물음에 안티고누스는 그 방법을 일러 주었습니다. 그리고 우물쭈물하고 있다가는 또 어떤 방해가 생길지 모르는 일이었으므로 안티고누스는 즉각 파마고스타로 돌아가 키프로스 왕 앞에 나가서 말했습니다.

"전하께서 만일 마음에 드신다면 즉시 최고의 명예를 받으실 수 있는 일이 있습니다. 그리고 가난에도 굽히지 않고 전하를 모시고 있는 저도 전하께 손해를 끼치지 않고 최대의 이익을 얻을 수 있는 일입니다."

왕은 그게 어떤 일이냐고 물었습니다. 그래서 안티고누스는 대답했습니다.

"실은 꽤 오래전에 바다에서 익사하셨다는 소문이 돌았던 술탄의 젊고 아름다운 공주께서 지금 바파에 살아 계십니다. 공주님은 정조를 지키시기 위해서 오랫동안 무척 고생을 하셨습니다. 그리고 지금은 가엾은 처지에 빠져 아버지 곁으로 돌아가고 싶어 하십니다. 만일 전하께서 공주를 모셔 오는 호위관으로 저를 임명해 주신다면, 전하께 명예가 될 뿐만 아니라 저에게도 대단한 행운이 되겠습니다. 전하께서도 이만한 일은 생각해 주셔도 마땅하실 줄 압니다만."

키프로스 왕은 참으로 왕다운 관용으로 곧 허락했습니다. 그리고 공주를 맞이하기 위해 그를 사자로서 파견하여 공주를 파마고스타로 데려오게 했습니다. 공주는 거기서 왕과 왕비로부터 왕족다운 성대한 환영을 받았습니다. 그리고 지금까지 일어난 일을 물었을 때 안티고누스가 가르쳐 준 대로 자세히 이야기했습니다.

며칠 뒤 왕은 공주의 소원대로 안티고누스를 사신으로 하여 왕가의 신하에게 알맞은, 화려하게 차려입은 남녀 수행원들을 딸려 술탄에게 공주를 보내 주었습니다. 술탄이 이게 꿈이냐 생시냐 하고 기뻐하며 공주를 맞이한 것은 두말 할 것도 없고, 안티고누스도 수행원들과 더불어 매우 융숭한 대접을 받았습니다.

공주가 잠시 숨을 돌리자 이윽고 술탄은, 어떻게 하여 살아올 수 있었고, 그렇게 오랫동안 어디에 살고 있었으며, 어째서 아무 소식도 알려 주지 않았느냐고 공주에게 물었습니다.

공주는 안티고누스의 지시를 잘 이해하고 있었으므로, 아버지 앞에 가서 말했습니다.

"아버지, 제가 배를 타고 떠난 뒤 아마 20일째 되는 날이었을 거예요. 심한 폭풍이 휘몰아쳐서 배는 부서지고, 어느 날 밤 아구아모르타(에그모르트)라는 곳에 가까운, 그 서쪽 해안으로 떠밀려 가고 말았어요. 배에 타고 있던 사람들이 어떻게 되었는지 지금도 저는 모르겠어요.

그러는 동안에 실신하여 죽은 듯이 쓰러져 있던 제가 날이 샌 뒤에 깨고 보니, 그곳 사람들이 벌써 난파한 배를 발견하고 사방에서 달려와 약탈하기 시작하지 않겠어요? 저와 두 시녀는 해안의 모래사장으로 끌려갔지만, 곧 젊은 사람들이 우리를 붙잡아 한 사람은 이쪽으로 한 사람은 저쪽으로 시녀들을 가로채서 달아나 버렸어요.

그 뒤 시녀들이 어떻게 되었는지 저도 알지 못해요. 저는 저항했지만, 두 젊은이가 땋은 머리칼을 움켜쥐고 질질 끌고 가는 바람에 비명을 지르면서 울부짖었어요. 그런데 저를 끌고 가던 남자들이 깊은 숲으로 들어가는 길목에 이르렀을 때, 마침 말을 탄 남자 넷이 지나갔어요. 저를 끌고 가던 사람들은 그들을 보더니 그만 저를 버리고 달아나 버렸어요.

말을 탄 네 사람은 얼른 보기에도 매우 높은 분들 같았는데, 그 광경을 보고 제 앞으로 달려와서 여러 가지 물어보았어요. 저는 일일이 대답했습니다만 그 사람들에게는 통하지 않고, 그 사람들이 하는 말도 저는 알아들을 수가 없었어요.

그들은 무엇인가 오랫동안 의논하더니, 저를 그 사람들의 말 하나에 태워서 그들이 믿는 종교의 규율에 따라 어느 여자 수도원으로 데려갔어요. 거기서 그 사람들이 뭐라고 했는지는 모르겠습니다만, 저를 친절하게 맞이해서 정중히 대접해 주었어요. 거기서 저는 그 지방 부인들 모두가 깊은 신앙을 바치고 있는 성 크레시 님에게 수녀들과 함께 정성껏 기도를 드리게 되었지요.

하지만 그렇게 해서 그곳에 살고 있는 동안에 말도 얼마간 통하게 되니까, 수녀들은 제 신분이 무엇이며 어디서 왔느냐고 물어보지 않겠어요? 그래서 저는 그때 제가 있는 장소도 알고 있었고, 만일 사실을 그대로 말하다가는 종교의 적이라 하여 추방당할지도 몰라서, 나는 키프로스 귀족의 딸인데, 아버지의 뜻에 따라 크레타섬에 있는 남편 될 사람에게 시집가려고 배를 탔다가 도중에 폭풍우를 만나 난파하는 불행을 당했다고 대답했어요.

저는 그 이상 불행한 사고를 당하고 싶지 않아서, 기회가 있을 때마다 무슨 일이든 그 사람들의 풍습을 배웠어요. 그러는 동안에 수도원장이라는 가장 높은 분이, 키프로스로 돌아가고 싶지 않느냐고 묻길래, 무슨 일이 있더라도 돌아가고 싶다고 대답했어요. 하지만 수도원장은 제 신상을 걱정해서 키프로스로 가는 사람이 있어도 저를 맡기지 않았어요.

그러다가 이럭저럭 두 달쯤 지났을까요, 프랑스의 신분 높은 사람들이 부인들을 데리고 그곳에 도착했어요. 그 가운데는 수도원장의 친척들도 있었는데, 그분들이 유대인에게 살해당하여 구세주로 숭앙받고 묻혀 있는 분의 묘소를 참배하러 예루살렘으로 가는 길이란 말을 듣고, 수도원장은 저를 그분들에게 소개해 키프로스에 있는 아버지에게 데려다주면 좋겠다고 부탁해 주셨어요.

그분들이 얼마나 저를 소중히 대해 주고, 부인들과 함께 얼마나 반가이 맞이해 주었는지, 다 말씀드리자면 끝이 없을 거예요. 아무튼 배를 타고 며칠인가 지나서 바파에 도착했어요. 도착하기는 했지만 저를 아는 사람도 없고, 원장이 부탁한 대로 저를 아버지에게 데려다 달라고 어떻게 말해야 하는지 몰라서 난처해하고 있는데, 아마 하느님께서 저를 불쌍히 여기셨나 봐요. 우리가 바파에 내리자마자 곧 바닷가에서 안티고누스를 만나게 해주신 거예요.

곧 저는 안티고누스를 불러서 그 귀족들과 부인들이 눈치채지 못하게 우리말로, 저를 보고 딸을 만난 것처럼 행동해 달라고 부탁했지요.

안티고누스는 즉시 사정을 눈치채고 저를 껴안고 기뻐하면서 그 사람에게 딸을 만나게 해주어 고맙기 이를 데 없다고 정중히 인사했어요. 그러고는 저를 키프로스 군주 앞에 데리고 가니 왕은 저를 공손히 맞이해 주시고는, 이렇게 아버지 앞으로 보내 주신 거예요. 혹시 다 말씀드리지 못한 일이 있으면, 제가 겪은 재난에 대해서는 여태까지 몇 번이나 이야기했으니 안티고누스에게 물어 주세요."

그러자 안티고누스가 술탄에게 말했습니다.

"전하, 공주님이 저에게 몇 번이나 털어놓으신 일과, 함께 오신 귀족 부부들이 제게 물어본 것을 공주님은 그대로 전하께 말씀드렸습니다. 다만 일부분 말씀드리지 않은 부분이 있습니다. 제가 짐작건대 그것은 말씀드리기 어려워서 하시지 않은 것으로 여겨집니다.

그것은, 실은 함께 온 그 사람들이 전해 준 말입니다만, 공주님이 수녀들과 함께 얼마나 정결한 생활을 하고 계셨는가, 또 얼마나 공주님이 미덕의 소유자이셨는가, 그리고 예의범절을 터득하고 계셨는가 하는 점이고, 또 그분들이 제게 공주님을 돌려주고 헤어져 가면서, 얼마나 눈물을 흘리며 이별을 슬퍼했는가 하는 점입니다.

만일 제가 그런 일에 대해서 그분들이 제게 이야기해 준 대로 모두 말씀드리려고 한다면, 오늘 낮은커녕 밤이 되어도 다 말씀드리지 못할 것입니다. 그분들의 말대로, 또 제가 본 대로 현재 왕관을 쓰고 계시는 어느 왕보다도 전하께서는 가장 아름답고 가장 정결하고 가장 훌륭한 공주님을 갖고 계신다는 것을 자랑하셔도 된다는 말씀을 드리고 싶을 뿐입니다."

이런 말을 듣고 술탄은 더욱 기뻐했으며, 몇 번이나 몇 번이나 공주를 소중히 대해 준 모든 사람들, 특히 공주를 돌려준 키프로스 왕에게는 그에 합당하는 은총을 내려 주십사고 신께 기도를 드렸습니다. 그리고 며칠이 지난 뒤, 안티고누스에게는 선물을 산더미처럼 실어 키프로스로 돌려보냈으며, 왕에게는 공주에게 베풀어 준 호의에 대한 보답으로 친서와 특사를 파견하여 감사의 뜻을 전했습니다.

그것이 끝나자 술탄은 처음 계획을 다시 실행하려고, 말하자면 공주를 가르보의 왕에게 왕비로 보내려고 여러 가지 보고를 한 다음, 만일 왕비로서 맞이할 생각이 있으면 그녀를 보내겠다고 알렸습니다. 가르보의 왕은 무척 기뻐하면서 훌륭한 사신을 보내어 공주를 기꺼이 맞이했습니다.

그런데 공주는 여덟 명의 남자들과 아마 만 번은 관계를 가졌을 텐데도, 숫처녀로서 왕과 잠자리를 같이하고 또 그에게 그것을 믿게 했습니다. 그리고 왕비로서 오래오래 즐겁게 살았습니다.

그러니 세상에서는 "키스를 받은 입술은 빛이 바래지기는커녕 달처럼 새롭게 빛이 난다"고 말하고 있습니다.

여덟째 이야기

앙베르(안트베르펜)의 백작은 억울하게 죄를 뒤집어써서 영국으로 망명한 뒤 두 아이를 따로따로 남에게 맡긴다. 그 뒤 아일랜드에서 힘든 생활을 하다가 다시 영국으로 돌아온다. 그는 두 아이가 행복한 것을 보고 프랑스 왕 군대의 말구종으로 들어간다. 그 뒤 그의 억울한 사정이 밝혀져 본디 지위로 돌아간다.

부인들은 아름다운 공주가 겪은 여러 가지 사건에 몇 번이나 깊은 한숨을 쉬었지만, 왜 한숨을 쉬었는지 모릅니다. 아마 가엾게 생각했다기보다, 그렇게 여러 번 결혼한 것을 부럽게 생각하고 한숨지은 것이 아닐까요? 그러나 지금은 그런 것은 언급하지 않기로 해둡시다.

아무튼 판필로가 한 마지막 말에 사람들이 왁자하게 웃자, 여왕은 이야기가 끝난 것을 알고 엘리사를 돌아보며, 차례대로 이야기를 시작하라고 말했습니다. 엘리사는 방긋이 웃으면서 다음과 같은 이야기를 시작했습니다.

우리가 오늘도 산책하고 있는 이 들판은 아득히 넓은 허허벌판이에요. 누구든지 한 번은커녕 열 번이라도 가볍게 마상 창시합을 하면서 돌아다닐 수 있을 만큼 넓고 넓은 들판이죠. 그러니 이런 곳에서는 운명의 신이 색다른 사건이나 이 세상의 중대한 사건을 수없이 발생시키고 있는 거예요. 그래서 나는 무수히 많이 있는 이야기 중에서 한 가지 이야기를 꺼내서 해볼까 해요.

로마 제국의 권력이 프랑스인에서 독일인의 손으로 옮아가고부터, 두 민족 사이에는 매우 심한 적의가 생겨 끊임없이 전쟁이 벌어졌습니다. 그래서 프랑스의 왕과 왕자는 조국의 방위와 적을 토벌하기 위해 나라에 총력을 기울이고, 가능한 데까지 친구와 친척의 힘을 빌려 적국에 침입하려고 대군을 편성했습니다. 그리고 진격하기 전에 통치자 없이 나라를 비워 둘 수 없었으므로, 앙베르의 백작 고티에가 훌륭하고 총명한 귀족이며 신의가 깊고 부하로서도 믿을 만한 인물인 데다가 전술에도 능하다는 것을 알고 있었지만, 싸움터의 고생보다 정치 같은 복잡 세밀한 직무를 맡기는 편이 나을 거라고 생각하고 그를 왕국 정부의 수석으로 남겨 놓고 출진했습니다.

고티에는 언제나 모든 일을 왕비 및 왕자비와 의논하면서 질서 있고 슬기롭게 정무(政務)를 처리하기 시작했습니다. 왕비와 왕자비가 그의 감시와 권한 아래 놓여 있기는 했지만, 그는 두 사람을 주인으로서 그리고 상사로서 받들었습니다.

고티에는 마흔 살쯤 된 잘생긴 남자로서, 예의범절에 밝고 행동거지도 세련

되어 어떤 귀족도 미치지 못할 만큼 호감이 가는 인물이었습니다. 더욱이 당대 가장 우아하고 품위 있는 기사였을 뿐만 아니라, 복장도 세련되게 갖추어 입을 줄 알았습니다. 그런데 고티에의 아내는 세상을 떠나고 없었고, 아내와의 사이에 난 어린 사내아이와 여자아이만 있었습니다. 국왕과 왕자가 멀리 출전 중이었기에 고티에는 왕비와 왕자비의 궁정에 자주 출입하여 함께 나랏일을 의논하곤 했는데, 언제부턴가 왕자비가 그에게 호의를 품은 채 지그시 바라보기 시작했습니다. 그리고 그의 사내다운 용감함과 품위 있고 우아한 태도에 반하여 남몰래 애를 태우다, 결국 그것이 불륜의 연정으로 변해 버리고 말았습니다.

그에게는 부인이 없었으므로, 아직 싱싱하고 젊은 왕자비는 쉽게 자기의 뜻을 이룰 수 있겠거니 하고 생각했습니다. 방해가 되는 것은 자기의 수줍음 정도가 있을 뿐 달리 아무것도 없다고 생각하여 부끄러움을 물리치고 사랑을 고백할 결심을 했습니다.

그리하여 어느 날, 혼자 있게 되자 좋은 기회라 여기고, 정무를 떠나 할 말이 있다면서 그에게 심부름하는 아이를 보냈습니다. 백작은 왕자비가 그런 생각을 갖고 있는 줄은 꿈에도 모르고 곧 그녀를 찾아갔습니다. 그리고 그녀가 권하는 대로 단둘이서 방 안의 긴 의자에 앉은 뒤, 오늘 두 번이나 자기를 입궁시킨 까닭을 물었으나, 왕자비는 잠자코 있었습니다. 그러나 왕자비는 마침내 사랑의 열렬한 감정을 누르지 못해 부끄러움에 얼굴을 새빨갛게 물들이고 곧 울음을 터뜨릴 듯이 몸을 떨면서, 더듬더듬 말하기 시작한 것입니다.

"친애하는 백작님, 당신은 총명한 분이니까 사람은 저마다 이유는 다르더라도 남녀의 마음이 얼마나 허약한 것인지 잘 알고 계실 거예요. 그러니 공정한 재판에서는 같은 죄라도 저마다의 차이를 무시한 채로 똑같은 벌을 주어서는 안 된다고 생각해요. 생활에 필요한 것을 피땀 흘려 벌어야 살아갈 수 있는 가난한 남녀가 사랑에 넋을 잃는 것이, 돈이 있고 얼마든지 여가가 있고 갖고 싶은 것은 뭐든지 손에 넣을 수 있는 여자가 사랑에 빠진 것보다 더 비난받아야 한다고 생각하지 않는 사람이 있을까요? 그렇게 할 수 있는 사람은 아무도 없으리라고 확신해요. 그러니 여가나 돈을 가진 여자가 그 덕분에 어쩌다가 사랑에 몸을 태우게 되더라도, 너그럽게 이해하고 용서해 주어야 한다고 생각하는 거예요. 하물며 사랑한 상대가 총명하고 훌륭한 분이라면 더욱더 그렇지요. 제 생각으로 저는 그 두 가지를 다 가졌다고 생각하고, 또 저는 아직 젊고 남편이 멀리 있으니, 당신 앞에서 제 사랑으로 불타는 마음을 입 밖에 내더라도 용서받을 수 있으리라 믿어요. 사물의 이치를 아는 분들 앞이라면 반드시 용서받을 줄 알고 있으며 따라서 제가 부탁드리는 것에 대해서 충고나 조언을 해주시면 좋겠어요.

제발 부탁드려요. 남편이 없어서 사랑의 힘에 저항하지 못할 만큼 저는 참을 수 없는 욕망을 느끼고 있어요. 그 사랑의 힘은 너무나 강렬해서, 연약한 여자는 말할 것도 없이 옛날부터 굳건한 남자라 해도, 그 사랑에 무릎을 꿇지 않는 경우가 거의 없지요. 아니 거의 날마다 그 앞에 굴복할 거예요. 아시다시피 저는 안락하게 살고 시간이 너무 많아서, 그런 사랑의 포로가 되어 그 기쁨에 잠기고 싶은 기분이 되었답니다. 이런 것이 세상에 알려진다면 부정한 여자라는 말을 듣게 된다는 것도 알고 있어요. 하지만 남에게만 알려지지 않는다면 부정한 여자라는 소리를 들을 까닭이 없지 않겠어요? 게다가 사랑의 신이 제게 호의를 보여서, 사랑하는 사람을 고르는 데 제 눈이 잘못되지 않게 해주었을 뿐만 아니라 큰 힘을 빌려주었고, 저 같은 여자에게 사랑을 받을 만한 가치가 있는 분으로서 당신을 제게 보내 주신 게 아니겠어요. 제 눈이 틀림없다면 당신이야말로 온 프랑스를 다 찾아도 얻을 수 없을 만큼, 이 나라 제일가는 미남이시고 호인이며 가장 고상하고 총명한 기사라고 생각해요. 지금의 저는 남편이 없는 거나 마찬가지인 몸이고, 당신에게는 부인이 안 계세요. 그러니 저의 이 같은 사랑을 위해서 저에 대한 당신의 마음을 부정하지 마시도록, 그리고 제 젊음이 불 앞의 얼음처럼 녹아 가는 기분이니, 제발 그 젊음이 힘차게 타오를 수 있도록 제 마음에 호응해 주시기를 부탁드려요."

이렇게 말하는 동안 왕자비의 눈에서는 닦아도 닦아도 눈물이 넘쳐흘렀습니다. 그래서 더 많은 말을 하고 싶었지만 이제 그 이상 말을 할 수가 없었습니다. 대신 울면서 힘이 다 빠진 듯이 고개를 숙이고 백작의 가슴에 머리를 갖다 댔습니다.

그러나 백작은 청렴한 기사였으므로, 엄숙한 말투로 불륜의 사랑을 꾸짖고, 자기의 목에 매달리려는 그녀를 밀어냈습니다. 그리고 그와 같이 주군의 명예를 손상하는 짓을 나에게든 남에게든 허용하는 자가 있다면, 그자부터 먼저 갈기갈기 찢어 줘야 한다고 단호히 말했습니다. 이 말을 듣고 왕자비는 사랑이 위협으로 변하여 곧 미친 듯이 화를 내며 말했습니다.

"어머나, 정말 비겁한 기사로군요. 내가 가슴속을 다 털어놨다고 해서 왜 그런 모욕을 받아야 하나요? 당신이 나를 상사병으로 죽게 하고 싶어도 그렇게는 안 될걸요. 하느님도 내가 당신을 죽이거나 감옥에 처넣는 걸 기뻐하실 거예요."

이렇게 말하고는 두 손으로 자기 머리를 마구 헝클어뜨리고 뽑더니, 옷을 갈기갈기 찢고 비명을 지르기 시작했습니다.

"도와줘요! 도와주세요! 고티에 백작이 나를 강간하려고 해요."

백작은 그 모습을 보고 아무리 사람들이 자기에 대한 신뢰가 강하더라도 궁궐 속 왕족의 질투에는 이기지 못한다, 사람들은 자기의 결백보다 여자의 거짓말을 더 곧이들을지 모른다고 생각하고, 이내 일어나서 잽싸게 방을 뛰쳐나가 궁중 밖으로 내달렸습니다. 그리고 집으로 달려가서 뒷일은 아무것도 생각지 않고 아이들을 말에 태워서 되도록 빨리 칼레를 향해 달렸습니다.

한편, 궁전에서는 그녀가 외치는 소리에 많은 사람들이 달려가서 그녀를 보고 까닭을 듣고는 그 말을 믿었을 뿐만 아니라, 백작이 오랫동안 점잔을 뺀 것도 이와 같은 꿍꿍이셈 때문이었다고 여겨 버렸습니다. 그리고 백작을 체포하려고 부랴부랴 그의 집으로 달려갔으나 보이지 않았으므로, 마음대로 약탈하고는 마침내 주춧돌까지 뽑아 버렸습니다.

이 고약한 소문은 곧 싸움터의 왕과 왕자의 귀에도 들어갔습니다. 불같이 화가 난 두 사람은 백작과 그 아이들을 영원히 추방하고, 살았거나 죽었거나 간에 그를 붙잡아 온 자에게는 막대한 상금을 내리겠다고 발표했습니다.

백작은 죄도 없는데 달아나 오히려 죄를 떠안게 되고 만 것이 고통스럽기는 했지만, 신분도 밝혀지지 않고 밀고를 당하는 일도 없이 무사히 칼레에 도착하여 곧 영국으로 건너갔습니다. 그리고 더러운 옷을 걸치고 런던으로 향하는 길에, 도착을 앞두고 어린 두 자식에게 다음 두 가지 일을 간곡히 명심하라고 일렀습니다. 첫째, 죄도 없이 이런 운명에 빠진 가엾은 처지라도 끝내 참고 견딜 것, 둘째, 목숨이 소중하다면 자기들이 누구의 자식이며 어디서 왔나 하는 것을 극히 조심해서 아무에게도 말하지 말 것, 이것을 몇 번이나 타일렀습니다.

루이라는 이름의 사내아이는 아홉 살 정도이고, 비올랑트라는 여자아이는 아직 일곱 살이 채 되지 않았습니다. 두 아이는 아직 어렸지만, 아버지의 말을 잘 이해하고 그 뒤 어김없이 지켰습니다. 그리고 아버지는 되도록 사람들에게 알려지지 않게 하기 위해서는 아이들의 이름을 바꿀 필요가 있다고 생각하고, 사내아이 이름은 페로로 바꾸고, 여자아이의 이름은 자네트로 바꾸었습니다. 그리고 세 사람은 초라한 몰골로 런던에 들어가서는, 프랑스 부랑자들이 흔히 하듯이 구걸을 하고 돌아다녔습니다.

어느 날 아침, 이렇게 거지 노릇을 하면서 성당 앞에 있었는데 한 귀부인이—그분은 영국 왕을 섬기는 군단장의 부인이었습니다만—성당에서 나오다가 구걸을 하고 있는 백작과 두 아이를 보았습니다. 부인은 백작에게 어디서 왔으며 이 아이들은 친자식들이냐고 물었습니다.

그는 피카르디에 사는데 큰아들이 나쁜 짓을 해서 이 두 어린 자식들을 데리고 그곳을 떠나왔다고 대답했습니다.

동정심이 많은 부인은 여자아이를 한참 바라보고 있더니, 아이가 매우 예쁘고 어딘지 귀한 집 딸의 모습을 하고 있는 것을 보고 무척 마음에 들어서 말했습니다.

"여보세요, 이 여자애를 나한테 맡기지 않겠어요? 아주 귀여워서 데려다가 키울까 하는데…… 훌륭한 아가씨로 키워 좋은 집안에 시집을 보내 주겠어요."

백작은 이 말을 듣고 매우 기뻐하며 즉시 승낙하고는, 눈물을 흘리면서 제발 잘 돌봐 달라고 부탁했습니다. 그리고 이렇게 딸을 맡기게 되고 그 집도 알았으므로, 이곳에는 이제 더 머물지 않는 편이 좋겠다고 생각했습니다. 그래서 구걸을 계속하며 아들과 함께 영국 본토를 가로질러—워낙 걷는 데는 익숙해 있었지만—적잖은 고생을 하면서 웨일스에 이르렀습니다.

이곳에는 국왕을 섬기는 군단장으로서 매우 높은 지위에 앉아 하인들도 많이 거느리고 있는 사람이 있었습니다. 백작과 아들은 이따금 그 저택의 정원에 가서 음식물을 구걸하여 많이 얻어먹곤 했습니다.

이 고관의 정원에서는 흔히 그 댁의 몇몇 아이들과 다른 귀족집 아이들이 뛰어다니며 놀이를 하고 있었으므로, 페로도 그들 사이에 끼어서 노는 일이 많았습니다. 그런데 페로는 무슨 놀이를 해도 다른 아이들보다 잘했습니다. 이따금 그것을 보게 된 군단장은 페로의 모든 태도가 매우 마음에 들어, 저 아이는 누구의 아이냐고 옆에 있는 사람에게 물었습니다. 옆에 있는 사람은, 가끔 구걸하러 정원에 오는 가난한 사람의 아들이라고 대답했습니다. 그래서 군단장은 그 아이를 자기가 맡아 기르겠다고 나섰습니다. 백작은 이 이상의 은혜는 없다고 생각하고, 헤어지는 것은 쓰라렸으나 기꺼이 승낙했습니다.

이같이 두 아이들이 아주 잘되었으므로, 백작은 이제 영국에 더 있으려고 하지 않았습니다. 그래서 아일랜드로 건너가는 게 좋겠다고 생각하고 스탬퍼드에 도착하여 그곳의 한 백작 기사의 말구종이 되어 마구간 일은 물론 하인 일까지 닥치는 대로 했습니다. 그리하여 아무에게도 자기의 정체를 드러내지 않고, 여러 가지 속박과 고생을 견디면서 그곳에 오랜 세월 동안 머물러 있었습니다.

한편, 자네트라고 이름을 바꾼 비올랑트는 런던의 귀부인에게 양육되어 자라는 동안 점점 아름다워져서, 부인과 그 남편을 비롯하여 온 집안사람들과 그녀를 아는 모든 사람들이 보면 볼수록 놀랄 만큼 우아한 처녀가 되어 갔습니다. 그리고 세월이 지날수록 그녀의 아름다운 자태 못지않게 예의범절을 아는 훌륭한 태도와 고귀한 품성을 알게 되어 사람들은 그녀야말로 최고의 영예와 행복을 차지할 권리가 있고 또 그렇게 될 것이라고 믿었습니다.

그녀를 아버지한테서 맡은 귀부인은, 아버지 입으로 들은 것 말고는 그 근본을 몰랐지만 대강의 신분을 설정하고, 그에 걸맞은 결혼을 시킬 생각을 하고 있었습니다.

하지만 사람의 모든 것을 훤히 내려다보시는 하느님은, 그녀가 명문 출신이며 죄도 없는데 그 벌을 강요당하고 있다는 것을 잘 알고 계셨으므로 다른 길을 마련하셨습니다. 그러므로 그 뒤 그녀에게 일어날 일은 귀족의 딸이 천한 사나이의 짝이 되지 않도록 하느님이 이끄신 것이라고 믿지 않으면 안 됩니다.

그런데 자네트를 맡은 귀부인에게는 남편과의 사이에 아들 하나가 있었습니다. 물론 자기 자식이기 때문이기도 했지만, 그 아들은 다른 사람에 비해 예의범절도 바르고 행동도 훌륭하고 사내다운 데다가 용감한 자태도 한층 뛰어났으므로, 그 인품으로 보나 행동으로 보나 부모에게 사랑을 받는 것은 당연한 일이었습니다.

그 아들은 자네트보다 여섯 살이 위였습니다. 그는 자네트가 차츰 아름다워지고 품위를 갖춰 가는 것을 보자, 외곬으로 그녀만 생각하게 되어 그녀 이외의 여자는 아예 거들떠보지도 않을 만큼 되어 버렸습니다.

그런데 그는 자네트를 신분이 낮은 여자임에 틀림없다고 생각하고 있었으므로, 감히 부모에게 아내로 삼겠다는 말을 꺼내지 못했을 뿐만 아니라, 그런 천한 여자를 사랑한 데 대해 꾸중을 들을까 두려워서 속마음을 그저 감추고만 있었습니다. 그러니까 고백하는 것 이상으로 자기 마음을 괴롭히고 만 것이죠. 그 때문에 애를 태우다 못해 아주 중병에 걸리고 말았습니다. 그를 치료하기 위해서 많은 의사들이 불려와 여러모로 증상을 진찰했지만, 모두가 하나같이 나을 가망이 없다고 두 손을 들어 버렸습니다.

그것을 안 그의 부모는 그만 낙심하여 더할 수 없이 슬퍼했습니다. 아버지와 어머니는 정답게 애원하듯 몇 번이나 아들에게 병의 원인을 물었습니다만, 그는 한숨만 쉴 뿐 몸이 점점 더 쇠약해지는 것 같다고 대답할 따름이었습니다.

그런데 우연히 어느 날, 나이는 젊지만 의학에 조예가 깊은 한 의사가 그의 옆에 앉아서 막 진맥을 하고 있을 때, 그 어머니의 수고를 조금이라도 덜어 줄 생각으로 열심히 간호를 하고 있던 자네트가 무슨 볼일로 병실에 들어왔습니다.

환자는 말도 하지 않고 몸도 움직이지 않았으나 그 순간 가슴에 사랑의 불길이 심하게 타올라 맥이 갑자기 강하고 빠르게 뛰기 시작했습니다. 의사는 곧 알아채고 놀라면서 그것이 언제까지 계속되는가 가만히 그대로 맥을 짚고 있었습니다. 그런데 자네트가 방에서 나가자 맥박이 이내 가라앉았습니다. 의사는 젊은이가 병에 걸린 까닭을 알 것 같은 생각이 들었으므로, 무슨 다른 볼일이 있는 체하고 맥을 짚은 채 다시 그녀를 불러 달라고 말했습니다.

그녀는 곧 다시 들어왔습니다. 그녀가 방 안에 들어서는 순간 환자의 맥박은 다시 빨라졌습니다. 그리고 그녀가 나가 버리자 맥박은 또 본디대로 돌아갔습니다. 의사는 이것으로 확증을 잡았다고 생각하고 일어나서 그의 부모를 한쪽으로 불러 말했습니다.

"아드님의 병은 의사의 힘으로는 어떻게 고칠 도리가 없습니다. 오히려 자네트의 손에 달려 있는 것 같군요. 그 증거를 똑똑히 잡았기에 말씀드립니다만 아드님은 자네트를 무척 사랑하고 있습니다. 하기야 내가 볼 때 아가씨는 그것을 조금도 깨닫지 못하고 있습니다만…… 아드님의 목숨이 소중하시다면, 어떻게 하셔야 하는지 이제 잘 아셨을 줄 압니다."

이 말을 듣자 부모는 아들의 목숨을 건질 수 있다는 희망을 갖게 되어 매우 기뻐했습니다. 물론 그러기 위해선 자네트와 결혼시키지 않을 수 없다는 어려운 문제가 남아 있었으나 어쨌든 아들의 목숨이 더 중한 것이 아니겠습니까. 그래서 의사가 돌아가자 그의 부모는 아들의 머리맡에 앉았습니다. 어머니가 말했습니다.

"얘야, 네가 네 마음을 이 어미에게까지 숨기리라고는 꿈에도 생각지 않았구나. 더욱이 소망이 이루어지지 않아 병까지 다 나다니…… 설혹 신분이 다르더라도…… 네가 기뻐하는 일이라면―나 자신을 위해서라면 하고 싶지 않은 일이다만―내가 너를 위해서 해줄 수 없는 일이 이 세상에 어디 있겠느냐. 하느님은 네 자신보다 네 병을 더 가엾이 여기셨단다. 이 병으로 네가 죽지 않도록 그 원인을 내게 가르쳐 주셨어. 네 병은 다름이 아니라, 그게 누구인지는 모르겠다만 어느 여자를 너무나 사랑한 나머지 일어난 병이라는구나. 너는 그걸 털어놓는 것을 부끄럽게 생각한 모양인데, 네 나이로는 사랑하는 것이 당연한 일이지. 오히려 네가 사랑도 않고 있었더라면 나는 너를 모자라는 사람으로 생각했을 거다. 자, 나한테 체면 차릴 것 없으니, 네 소망을 모두 말해 보아라. 네가 공연히 울적해서 기쁨을 느끼지 못하고 이것저것 골똘히 생각하다가 병이 난 것이니, 그런 것은 모두 털어 버리고 가슴속을 후련하게 말해 보렴. 네가 나한테 고백하는 것 이외에 네가 만족할 만한 것은 아무것도 없으니, 내게 털어놓아라. 나는 내 목숨보다도 너를 더 사랑하니 할 수 있는 모든 일을 다 해주마. 글쎄, 부끄럽다던가 걱정이 된다던가 하는 마음은 다 버리라니까. 그리고 네 사랑을 위해서 내가 어떻게 해주면 좋겠는지 말해 보렴. 만일 내가 네 사랑에 힘이 되지 못하고, 또 일이 뜻대로 되지 않을 때는, 나를 아들을 가진 어머니 중에서도 가장 못난 어머니라고 생각해도 좋다."

아들은 어머니의 말을 듣고 처음에는 부끄러워했지만, 이윽고 자기의 소원을 이뤄 줄 수 있는 사람은 어머니밖에 없다고 생각하고 수치심을 뿌리치고 말했습니다.

"어머니, 제가 어머니에게 제 사랑을 감추고 있었던 것은 다른 까닭이 아닙니다. 사람은 나이를 먹으면 자기 젊었을 때의 일을 생각하려 하지 않는다고 여겼기 때문입니다. 하지만 어머니는 이런 일에 무척 이해심이 많으시다는 것을 알았으니, 어머니가 깨달으신 것은 사실이라고 말씀드려야겠고, 또 어머니가 그것을 실현시켜 주시겠다고 약속해 주신다면 상대가 누구라는 것을 밝히겠습니다. 그렇게만 해주신다면 저도 틀림없이 건강해지리라 생각합니다."

어머니는 이미 아들의 마음을 알고 있었으므로, 안심하고 네 소망을 말해 주면 좋겠다, 그러면 곧 네가 기뻐하도록 만들어 주겠다고 대답했습니다.

"어머니"하고 아들은 말했습니다.

"우리 집 자네트의 고상한 아름다움, 정숙한 태도에 반했습니다. 그런데도 그 사람에게 말을 건네지 못하고 제 사랑을 알게 하지 못했다는 것, 그리고 아무에게도 그것을 고백할 용기가 없었다는 것 등이, 어머니가 보시는 이런 상태에 제가 빠진 원인이 된 것입니다. 만일 어머니가 제게 약속하신 일이 끝내 실현되지 않는다면, 저는 더 이상 살아갈 자신이 없습니다."

어머니는 아들을 꾸짖기보다 위로해 주어야 할 때라고 생각하고 정답게 웃으며 말했습니다.

"아아, 너는 그만한 일로 병이 다 났느냐? 힘을 내렴. 나한테 맡겨 두면 잘될 테니까."

아들은 밝은 희망이 싹텄으므로, 순식간에 병이 나을 조짐이 보이기 시작했습니다. 이에는 어머니도 매우 기뻐하면서, 어떻게 하면 약속을 지킬 수 있을까 시험해 보자고 생각했습니다. 그래서 부인은 어느 날 자네트를 불러, 누군가 마음에 드는 사람이라도 있느냐고 농담이라도 하듯이 상냥하게 물었습니다.

자네트는 얼굴이 새빨개지면서, "마님, 저같이 집을 쫓겨나 남의 집에서 일하고 있는 가엾은 여자는 사랑 같은 것을 기대할 수 없고, 또 그런 짓을 해서는 안 된다고 생각해요"하고 대답했습니다.

이에 대해서 부인이 다시 말했습니다.

"네게 연인이 없다면 한 사람 마련해 줄까 생각한다만. 그러면 너도 즐겁게 살 수 있고, 네가 가진 아름다움에 대해 네 스스로 더욱더 기뻐질 게 아니냐. 너처럼 아름다운 처녀에게 연인이 없다니, 말이 안 되거든."

그러자 자네트는 대답했습니다.

"마님, 마님께서는 아버지가 가난해서 어려움에 빠져 계실 때에 저를 맡아 이토록 처녀가 될 때까지 길러 주셨어요. 그러니 마님께서 기뻐하실 일이라면 저는 무엇이든지 하지 않을 수가 없어요. 하지만, 이 일만은, 그것이 비록 좋은 일이더라도 마님의 말씀대로 할 수는 없어요. 그러나 만일 연인이 아니고 남편을 골라 주신다면 저는 그 사람을 사랑할 거예요. 남편 이외의 사람을 사랑할 수는 없어요. 제게 남겨진 유산이라면 정조 이외에 아무것도 없으니, 목숨이 붙어 있는 한 그것을 지켜 나갈 작정이에요."

이 말은 아들에 대한 약속을 지키기 위해 부인이 의도하고 있었던 것과 정반대의 것처럼 여겨졌으므로 일이 좀 어려워지겠구나 생각하면서도 속으로 꽤 훌륭한 말을 하는 처녀라는 생각에 다시 물었습니다.

"그렇다면, 만일 아직 젊고 훌륭한 기사이신 국왕 전하께서 네가 아름다운 처녀라 사랑의 위안을 얻고 싶다고 말씀하셔도 너는 거절하겠느냐?"

그러자 그녀는 서슴지 않고 대답했습니다.

"아무리 국왕이시더라도, 제가 동의하지 않으면 그렇게 하실 순 없어요. 만일 그것이 올바르지 못한 일이라면 더욱더 못 하실 거예요."

부인은 처녀의 마음이 굳세다는 것을 알았으므로, 이야기는 이 정도로 하고 이번에는 실제로 시험해 보자고 생각했습니다. 그래서 부인은 아들에게 병이 나으면 그녀를 방에 넣어 줄 테니 뜻을 이루도록 궁리해 보라고 말했습니다. 그리고 뚜쟁이처럼 너를 치켜세우거나 그 애를 미리 달래 놓거나 하는 일은 불결한 기분이 들어서 해줄 수 없다고 덧붙였습니다.

이런 방식에 아들은 만족하지 않았습니다. 그래서 곧 병이 악화되어 버렸습니다. 그것을 안 부인은 자네트에게 자기 생각을 모두 털어놓아 버렸습니다.

그러나 자네트의 마음이 변하지 않자 자기가 한 일을 남편에게 이야기했습니다. 부모의 입장에서는 참으로 곤란한 일이었지만, 장가를 보내지 않고 아들을 죽이느니 균형은 맞지 않더라도 아내를 맞이하여 살게 하는 편이 낫다고 생각하고 결혼시키자는 데 의견이 모아졌습니다. 그래서 여러 가지로 의논한 끝에 그렇게 하게 되었던 것입니다.

이에 자네트도 매우 기뻐하면서, 자기를 버리지 않은 하느님께 진심으로 감사했습니다. 그러나 그렇게 된 뒤에도 자기가 피카르디에서 태어난 여자라는 것 말고는 아무것도 밝히지 않았습니다. 아들의 병은 씻은 듯이 나았습니다. 그리고 어느 남자보다도 행복한 결혼을 하여 그녀와 함께 즐거운 나날을 보내게 되었습니다.

한편 웨일스에서 영국 왕 군단장 밑에 있게 된 페로도 주인 덕분에 누이동생과 마찬가지로 훌륭하게 자라 잘생긴 청년이 되었을 뿐만 아니라 영국에서는 어깨를 겨룰 자가 없을 만큼 뛰어난 용사가 되었으며, 말을 타고 하는 창시합에 있어서나 검술에 있어서나 그 밖에 어떤 무술에 있어서도 온 나라 안에서 그를 당해 낼 자가 없을 정도로 되었습니다. 그러므로 곳곳에서, 피카르디 태생의 페로는 이름을 천하에 떨쳤던 것입니다.

이렇게 하느님은 누이동생을 잊어버리시지 않았던 것처럼, 그도 잊지 않으셨습니다. 마침 그 지방에 무서운 페스트가 발생하여 주민의 반은 저세상에 가고 살아남은 사람들도 거의가 다른 곳으로 달아나서, 그 지방에는 사람의 그림자가 하나도 남지 않게 된 듯이 보였습니다. 이와 같은 전염병 때문에 그의 주인인 군단장도 부인도 아들도 그리고 그 밖에 군단장의 형제와 친척들도 모두 죽어 버리고, 나이가 찬 딸과 하인 몇 사람과 페로만 남게 되었습니다.

전염병이 얼마쯤 가라앉았을 때 딸은 살아남은 몇몇 사람들의 권유대로, 용감하고 훌륭한 청년인 페로를 남편으로 맞이합니다. 그리하여 그녀가 물려받은 유산이 모두 그에게 속하게 되었던 것입니다.

그 뒤 얼마 안 되어 영국 왕은 군단장이 세상을 떠났다는 말을 듣고, 피카르디 출신인 페로의 진가를 알고 있었으므로 그를 죽은 군단장의 후임에 앉혔습니다. 간단히 말씀드렸습니다만 이상이 고티에 백작이 남에게 맡긴 철없던 아이들이 겪은 이야기입니다.

한편 고티에 백작이 파리에서 달아난 지 어느덧 18년이 흘렀습니다. 그 동안 아일랜드에 살면서 슬프고 비참한 생활을 보내고 있었습니다만, 이제 나이가 많아져 가능하다면 아이들의 소식만이라도 알고 싶다는 생각을 하게 되었습니다.

백작은 옛날에 비해서 모습이 완전히 변했고, 오랫동안 심한 노동에 종사하여 젊어서 편안히 지내던 때보다 몸은 굳건해져 있었습니다. 오래 신세를 진 사람들 곁을 떠나 초라한 몰골로 영국에 건너가서 페로를 맡겨 두었던 곳을 찾아갔습니다. 가보니 아들은 군단장으로 그 지방의 영주가 되어 있었고, 더욱이 늠름한 체격에다 무척 건강하고 잘생긴 청년으로 자라 있었습니다.

백작은 그것을 알고 매우 기뻤지만, 자네트의 일을 알 때까지는 자기 신분을 밝히고 싶지 않았습니다. 그래서 그대로 그곳을 떠나 런던에 도착할 때까지는 조금도 쉬지 않았습니다. 런던에 도착하여 딸을 맡겨 둔 귀부인에 관한 이야기며 그 뒤의 소식을 넌지시 사람들에게 물어보고 자네트가 그 집 며느리가 되었다는 것을 알았습니다. 백작은 자식들이 살아 있을 뿐만 아니라 저마다 귀한 신분이 되어 있다는 것을 알고 무척 기뻐하면서, 여태까지 자기가 겪었던 고생 따위는 이제 아무것도 아니라는 생각이 들었습니다.

이렇게 되니 아무래도 딸이 보고 싶어져서, 구걸을 하며 그녀의 집 근처를 서성거리기 시작했습니다. 그리하여 어느 날 자케토 라미엔스—이것이 자네트의 남편 이름이었습니다만—는 백작의 모습을 자기 집 가까이에서 보고, 그 처량한 몰골에 동정심이 우러나서 하인에게 집 안으로 들여 먹을 것을 주라고 일렀습니다.

하인은 기꺼이 시키는 대로 했습니다.

자네트는 자케토와의 사이에 벌써 여러 명의 아이를 두고 있었습니다. 가장 큰 아이가 여덟 살쯤 되었을까, 모두 보기 드물게 예쁘고 귀여운 아이들뿐이었습니다.

아이들은 백작이 식사를 하고 있는 것을 보더니 우르르 주위로 몰려와서, 눈에 보이지 않는 힘에 끌려 자기들의 외할아버지 같은 기분이 들었던지, 좋아하며 와글와글 떠들기 시작했습니다.

백작은 그 아이들이 자기의 손주라는 것을 알고 못 견디도록 귀여워 쓰다듬어 주었습니다. 그런 까닭으로 아이들은 가정교사가 아무리 불러도 백작 곁을 떠나려 하지 않았습니다. 이 말을 듣고 자네트가 백작이 있는 방으로 들어갔습니다. 그리고 선생님 말씀을 듣지 않으면 때려 주겠다고 아이들을 꾸짖었습니다. 아이들은 울면서, 선생님보다 자기들을 더 귀여워해 주는 이 좋은 할아버지 곁에 있고 싶다고 저마다 말했습니다. 이 말을 듣고 어머니도 백작도 소리 내어 웃어 버렸습니다.

백작은 아버지라는 기색을 조금도 보이지 않고 조용히 일어나서는, 딸이지만 귀부인을 대하듯 공손히 절을 했습니다. 그리고 속으로 솟아오르는 기쁨을 누르지 못했습니다. 그러나 그녀는 그때도 그 뒤에도 그 거지가 자기 아버지라고는 꿈에도 깨닫지 못했습니다. 두말할 것도 없이 그가 너무나 늙고 백발이 되었으며, 수염을 텁수룩하게 기른 데다가 얼굴은 햇볕에 그을려 새까맣고, 앙상하게 여위어서 지난날의 모습은 전혀 찾아볼 수 없었고, 자기 아버지와는 아주 다른 사람이 되어 있었기 때문입니다.

어머니는 아이들이 그에게서 떨어지려 하지 않고, 또 억지로 떼어 놓으면 울기 시작하는 바람에, 가정교사에게 잠시 그대로 두라고 말했습니다. 이렇게 아이들이 좋아하는 늙은 거지와 함께 있는 동안 자케토의 아버지가 돌아와 가정교사로부터 사정을 들었습니다.

그는 본디 자네트를 못마땅해하고 있었으므로, "그런 고약한 인연이니 그대로 두는 수밖에. 혈통은 어쩔 수 없는 거야. 어미로 말하면 본디 거지 출신이니, 애들이 제 어미를 닮아 거지와 놀고 싶어 하더라도 조금도 이상할 게 없지"하고 씁쓸하게 말했습니다.

백작은 이 말을 듣고 몹시 슬퍼졌습니다. 그러나 그런 모욕은 지금까지도 몇 번이나 들어 왔으므로 다만 어깨를 움찔할 뿐이었습니다.

자케토는 아이들이 그런 늙은이에게, 다시 말해서 백작에게 달라붙어 떨어지지 않는다는 말을 듣고 언짢게 생각했지만, 아이들을 무척 귀여워했으므로 울리는 것보다는 낫다고 생각하고 그대로 내버려 두었습니다. 그리고 그 늙은이가 이 집에 살면서 일할 생각이 있으면 그렇게 해주어도 좋다고 하인에게 알아보게 했습니다.

백작은 기꺼이 일하고 싶지만 자기가 여태까지 해온 일이라고는 말을 돌보는 것 정도며, 그 밖에는 아무것도 할 줄 모르지만 만약 필요하다면 고맙게 일하겠다고 대답했습니다.

그래서 그에게 말 한 필이 맡겨졌고, 그 뒷바라지가 끝나면 아이들과 놀아줘야지 하고 생각했습니다.

그런데 여태까지 말씀드렸듯이 고티에 백작과 아이들이 운명의 파도에 희롱당하고 있는 동안 프랑스 왕은 독일과 몇 번이나 휴전 조약을 맺곤 했으나, 마침내 세상을 떠나고 대신 왕자가 왕위에 올랐습니다. 두말할 것도 없이 그 왕자비 때문에 백작은 추방을 당했던 것이지요.

새 국왕은 독일과의 마지막 휴전 조약도 기한이 지났으므로 다시 격렬한 전쟁을 시작했습니다. 신임 프랑스 왕과 친척 관계에 있는 영국 왕은 군단장 아들인 페로와 또 한 사람의 군단장 아들인 자케토 라미엔스의 지휘 아래 대규모의 원군을 보냈습니다. 그래서 그 사람, 다시 말해서 백작도 라미엔스를 수행하여 출정하게 된 것입니다. 그리고 아무에게도 신분이 알려지는 일 없이 말구종으로서 오랫동안 주인 밑에서 일하는 동안에 뭐니 뭐니 해도 훌륭한 기사였으므로, 묘책을 건의하기도 하고 공훈을 세우기도 하면서 신분 이상의 활약을 했습니다.

그런데 이 싸움 동안에 프랑스 왕비가 병에 들어 중태에 빠졌습니다. 왕비는 죽을 때가 가까워진 것을 알자, 자기가 저지른 모든 죄를 회개하여 성인으로서 그리고 성자로서 널리 알려진 프랑스의 대주교에게 진심으로 고해를 했습니다. 왕비가 고백한 죄 속에는, 가장 나쁜 일로서 고티에 백작에게 뒤집어씌운 죄가 들어 있었습니다.

왕비는 대주교에게 고백한 것만으로 만족하지 않고, 많은 훌륭한 귀족들 앞에서 사실을 모두 털어놓은 다음, 백작이 아직 살아 있으면 백작을, 죽었으면 뒤에 남은 아이들을 왕에게 이야기해서 본디의 신분으로 돌려주라고 부탁했습니다. 그리고 곧 이 세상에서의 생애를 마치고 엄숙히 장례가 치러졌습니다.

왕비의 고해가 왕에게 전해지자 그와 같이 훌륭한 기사에게 성급하게 모욕을 준 것을 후회하고, 온 군대는 말할 것도 없이 모든 방면에 포고를 냈습니다. 그것은 고티에 백작이나 혹은 그 자식의 소식을 알려 주는 자에게는 막대한 상을 내리겠다는 것이었습니다.

왕비의 고백으로 백작이 억울하게 추방당했다는 것을 알았으므로, 왕은 그에게 최고의 지위를 돌려주고 싶었기 때문입니다. 이 소식은 말구종 노릇을 하고 있는 백작의 귀에도 들어갔습니다. 그리고 그것이 사실이라는 것을 확인하고 즉시 자케토를 찾아가서 페로를 만나 보고 싶다고 부탁했습니다. 백작은 왕이 찾고 있는 것을 두 사람에게 밝히고 싶었기 때문입니다.

그리하여 세 사람이 한자리에 모이자, 백작은 이제 자기의 신분을 밝혀야 되겠다고 생각하고 페로에게 말했습니다.

"페로, 여기 있는 자케토는 네 누이동생을 아내로 맞이했지만 아직 지참금을 받지 않았다. 그러니 네 누이가 지참금 없이 결혼 생활을 하는 일이 없도록, 왕이 너를 위해 그렇게 약속하고 계시는 막대한 상금을 다른 사람이 아니라 이 자케토에게 받도록 하고 싶다. 그러니 너는 고티에 백작의 아들로서, 네 누이이자 이 사람의 아내인 비올랑트를 위해서, 그리고 고티에 백작이자 네 아버지인 나를 위해서 왕에게 내 소식을 알려라."

페로는 이 말을 듣고 그의 얼굴을 자세히 들여다보더니, 정말 아버지라는 것을 알고 울음을 터뜨리며 그의 발아래 몸을 내던져 매달렸습니다.

"아버지, 참으로 잘 오셨습니다."

자케토는 먼저 백작의 말을 듣고, 이어 페로의 태도를 보고는, 한동안 놀랍기도 하고 기쁘기도 하여 어떻게 해야 좋을지 몰라 그저 얼떨떨해할 뿐이었습니다. 그러나 백작의 말이 사실로 여겨졌으므로 말구종이었던 그에게 여태까지 여러 가지 모욕적인 말을 한 것을 부끄럽게 생각하고 눈물을 흘리며 그 발아래 엎드려 지난날의 무례를 사과했습니다. 백작은 참으로 관대하게 그를 용서해 주고 일어서게 했습니다.

이렇게 하여 세 사람은 서로가 겪은 온갖 이야기들을 주고받으면서 함께 눈물을 흘리고 웃고 했습니다. 그리고 페로와 자케토는 백작에게 옷을 갈아입도록 권했습니다만 아무리 해도 듣지 않고, 우선 자케토가 약속한 상금을 틀림없이 받게 되거든 이대로 말구종 모습으로 왕 앞에 나아가 왕에게 좀 부끄러운 생각을 느끼게 하자고 말했습니다. 그래서 자케토는 백작과 페로를 데리고 왕 앞에 나아가 포고대로 상금을 주신다면 백작과 그 자식들을 데려 오겠습니다, 하고 말했습니다.

왕은 즉시 자케토의 눈앞에 눈이 둥그레질 만큼 많은 상금을 들고 나오게 했습니다. 그리고 백작과 자식들을 정말로 자기 앞에 데려온다면 이 상금을 주겠다고 선언했습니다. 그러자 자케토는 뒤돌아보고 말구종 모습의 백작과 페로에게 앞으로 나오라고 말했습니다.

"전하, 여기 백작과 그의 자식이 있습니다. 제 아내가 된 그의 딸은 이 자리에 없습니다만, 하느님의 도움으로 곧 전하를 뵐 수 있게 되리라 생각합니다."

왕은 이 말을 듣고 백작을 가만히 바라보았습니다. 볼품없이 변해 버린 백작에게는 옛 모습이 조금도 남아 있지 않았지만, 자세히 살펴보는 동안에 틀림없이 백작이라는 것을 알았습니다. 그래서 왕은 눈물을 글썽거리면서 무릎을 꿇고 있는 백작을 일어서게 하여 얼싸안고 입을 맞추었습니다. 그리고 페로도 친절히 맞아 주었으며, 백작에게는 즉시 그 신분에 맞는 복장과 하인과 말과 무구를 갖추어 주라고 명령했습니다. 이 명령은 곧바로 실행되었습니다.

그런 다음 국왕은 페로를 칭찬하고, 지금까지 일어난 일을 모두 이야기하라고 말했습니다.

자케토가 백작과 그 자식의 소식을 알려 준 공적으로 막대한 상금을 받자, 백작이 그에게 이렇게 말했습니다.

"국왕 전하의 선물로 받아들이게. 그리고 자네 부친의 손주들이자 나의 손주들은 거지 혈통이 아님을 잊지 말아 달라고 자네 부친에게 말씀드려 주게."

자케토는 하사금을 받고 아내와 어머니를 파리에 불렀습니다. 그리고 페로의 아내도 파리에 왔습니다. 그리하여 백작과 함께 성대한 잔치가 베풀어졌습니다. 국왕은 그의 재산을 본디대로 돌려주고, 전에 못지않은 높은 지위에 앉혔습니다. 그 뒤 저마다 자기 집으로 돌아갔으며, 백작은 파리에서 죽을 때까지 영예로운 생활을 보냈다고 합니다.

아홉째 이야기

제노바의 베르나보는 암브로주올로에게 속아 재산을 잃고, 죄 없는 아내를 죽이도록 하인에게 명령한다. 아내는 교묘히 남장을 하고 술탄을 섬긴다. 그러다가 남편을 속인 자를 찾아내어 베르나보를 알렉산드리아로 부른다. 속인 자는 그곳에서 처벌을 받고, 그녀는 다시 여성의 모습으로 돌아가 남편과 함께 제노바로 돌아간다.

엘리사가 동정을 금할 수 없는 슬픈 이야기를 하여 자기 책임을 다하자, 누구보다도 아름답고 품위 있는 여왕 필로메나는 애교에 넘치는 미소를 띤 얼굴로 말했습니다.

"디오네오와의 약속을 지켜야겠네요. 그래서 지금부터 이야기할 사람은 디오네오와 나밖에 남아 있지 않으니 내가 먼저 시작하기로 하겠어요. 그리고 디오네오는 희망대로 맨 나중에 해주시도록 부탁드려야겠어요."

이렇게 말하고 다음과 같이 이야기를 시작했습니다.

세상에 '남을 속이면 저도 속는다'는 속담이 있습니다만, 그것이 사실인가는 우리 주위에서 일어나는 그와 비슷한 일들을 보면 알 수 있어요. 그래서 나는 이 주제를 벗어나지 않으면서 이 속담이 맞다는 것을 보여 주는 얘기를 해야겠어요. 이 얘기를 들으시면 사람을 속이는 자를 어떻게 경계해야 하는가 잘 알게 되어서 뒷날 참고로 삼으실 수 있을 거예요.

파리의 어느 여관에, 언제나 그렇듯이 저마다의 볼일을 가진 이탈리아 상인들 몇 명이 함께 머문 적이 있었습니다. 그런데 어느 날 밤의 일이었어요. 모두 즐겁게 저녁 식사를 마친 다음 우연히 이런저런 세상사가 화제에 올랐습니다. 그러다가 이야기는 비약적으로 집에 남겨 두고 온 저마다의 아내에게로 옮겨 갔습니다. 그러자 한 사람이 반농담조로 말했습니다.

"아내가 지금쯤 어떻게 하고 있는지 나야 도저히 알 수 없지. 하지만, 이것만은 확실히 알고 있어. 내 손이 닿는 곳에 마음에 드는 젊은 여자가 온다면, 아내에게 품고 있는 애정 따위는 제쳐 놓고 그 여자와 즐길 것이라는 사실을 말이야."

그러자 다른 사람이 맞장구를 쳤습니다.

"나도 마찬가지일걸. 우리 집사람은 무언가 정사의 모험을 하고 있을 거다, 하고 생각하면 틀림없이 하고 있거든. 아내를 의심하건 하지 않건 반드시 하고 있단 말이야. 그러니 피장파장이지 뭐야. '당나귀가 벽에 부딪치면 벽은 튕겨 낸다'는 속담 그대로야."

세 번째 사나이도 같은 의견을 내놓았습니다. 그래서 집에 남겨 두고 온 아내들이, 도깨비가 집에 없을 때 빨래를 하지 않을 까닭이 없다는 데 곧 의견이 일치되는 듯했습니다. 그런데 제노바의 베르나보 로멜린이라는 사람만이 반대 의견을 내놓았습니다. 자기는 여자가 가져야 할, 아니 대부분의 기사나 기사에 준하는 자가 가져야 할 모든 덕을 완전히 갖춘, 그리고 온 이탈리아를 다 찾아봐야 둘도 없을 여자를 하느님 덕분에 아내로 두고 있다고 단언했습니다.

왜냐하면, 아직 젊고 아름다우며 원기 왕성하고 노련한 데다가 여자의 일이라면 설혹 비단 손질이나 그 밖에 이와 비슷한 일 등 어느 여자도 할 수 없는 일까지 거뜬히 해내고, 게다가 본디 영리하고 눈치가 빠르며 예의범절을 잘 알고 있어서 남편의 밥상 시중을 드는 것도 어떤 종보다도 훌륭히 해내는 여자이기 때문이라는 겁니다.

그뿐만 아니라 말도 잘 타고 배도 부릴 줄 알며, 읽고 쓰는 지식은 물론 상인이 되었더라면 좋았겠다고 생각할 만큼 돈 계산도 잘한다고 극찬한 다음, 다시 그 밖의 온갖 자랑을 늘어놓고는 마지막에 사람들이 지금까지 주고받은 화제로 돌아가서, 자기의 아내만큼 성실하고 정숙한 여자는 이 세상에 절대로 없다고까지 단언했습니다. 그래서 설령 자기가 10년, 아니 평생 동안 집을 비워 놓더라도 정부를 끌어들일 여자가 아니라는 것을 확신한다고까지 말했습니다. 그런데 이런 말을 주고받는 상인들 가운데 피아첸차 태생의 암브로주올로라는 젊은 상인이 있었습니다. 이 사람은 베르나보가 아내를 극찬하며 마지막에 한 말을 듣더니, 배를 움켜쥐고 껄껄 웃어대고는, 그렇다면 황제는 그런 특권을 다른 사람에게는 주지 않고 자네에게만 주었나 하고 비웃듯이 되물었습니다.

베르나보는 약간 얼떨떨해하면서, 황제가 아니라 황제보다 훨씬 힘이 있는 하느님이 그런 은총을 베풀어 주셨다고 대답했습니다. 그러자 암브로주올로는 말했습니다.

"베르나보, 나는 당신이 사실을 말하고 있지 않다고는 생각지 않아요. 하지만 내가 보건대, 당신은 사물의 본질을 조금도 옳게 보고 있지 않다는 느낌이 드는군요. 그러니, 세상을 좀 더 잘 보고 머리를 좀 써서 그런 문제에는 겸손한 말을 하여 인식 부족이라는 취급을 받지 않도록 해야 한다고 생각해요. 게다가 우리는 마누라들에 관해서 그저 멋대로 지껄인 것뿐이지, 당신이 말한 것과는 다른 마누라를 가졌다고 생각한다면 곤란한데요. 우리는 인간의 본질을 말한 데 지나지 않으니까요. 그러니 나는 이 문제에 대해서 당신과 좀더 이야기해 보고 싶어요. 나는 하느님이 만드신 생물 가운데서 남자야말로 가장 고귀한 동물이고, 여자는 그다음이라고 생각하고 있지요. 더욱이 남자는 일반적으로 모든 것에서 볼 수 있듯이 여자보다 완전하게 되어 있단 말이에요. 이처럼 남자는 완전에 가까울 뿐만 아니라 믿을 수 있고 또 여자처럼 그렇게 자주 마음이 바뀌는 일도 없는 법이라오. 하지만 이렇게 마음이 굳은 남자라도 여자 쪽에서 먼저 사랑을 요구해 오거나 여자가 무심결에 욕망의 눈빛을 띠기만 해도 그녀를 유혹하기 위해 온갖 노력을 기울일 거란 말이지요. 이와 같은 욕망은 한 달에 한 번 정도가 아니라 하루에 천 번이나 일어난단 말이오.

남자가 그렇거늘 하물며 여자는 어떻겠소? 본디부터 변덕이 많은 여자가 애원을 듣거나, 설득을 당하거나, 선물을 받거나, 빈틈없는 남자들이 흔히 잘 쓰는 갖가지 방법으로 공격을 받는다면, 그 남자를 사랑하지 않고 대체 어떻게 할 수 있다고 당신은 생각하는 거요? 그 여자가 가만히 참고 있을 줄 아시오? 설혹 당신이 그것을 믿는다고 하더라도 나는 그 말이 사실이라고는 절대로 믿을 수 없소. 당신 자신만 하더라도, 부인은 여자이고 다른 여자와 마찬가지로 뼈와 살로 되어 있다고 말하고 있지 않소? 만일 그렇다면 부인도 다른 여자들과 마찬가지 욕망을 가지고 있을 것이고, 그와 같은 자연의 욕정에 저항할 만한 힘도 일반 여자가 간직하고 있는 힘과 다를 바 없을 것이오. 그러니 당신 부인이 정결하기 짝이 없는 여성이라고 하더라도, 다른 여자가 하는 짓을 안 한다고는 할 수 없는 것이오. 다시 말해서 그런 일은 없다고 입에 침이 마르도록 부정하거나, 혹은 그 반대라고 당신처럼 주장한다는 것은 절대로 해서는 안 될 일이라고 생각한단 말이오."

그러자 베르나보는 대답했습니다.

"나는 상인이지 철학자가 아니오. 그러니 상인으로서 대답하겠소. 나는 당신이 말하는 그런 일은, 체면도 염치도 없고 창피도 모르는 어리석은 여자에게나 있는 일이라는 것을 잘 알고 있소. 슬기로운 여자는 명예를 매우 존중하니, 그런 것을 존중하지 않는 남자보다 의지가 강해서 명예를 지키게 되는 거요. 내 아내 같은 사람은 바로 그런 여성이오."

이에 암브로주올로가 말했습니다.

"그렇소. 여자가 남의 입에 오르내릴 만한 일을 할 때마다 그 증거가 될 뿔이 이마에 돋거나 한다면 그런 짓을 할 여자는 드물겠지요. 그런데 뿔 같은 것도 돋지 않고, 그런 흔적도 남지 않아요. 창피를 당한다든가 명예가 상한다든가 하는 것은, 그것이 밝혀졌을 때 비로소 일어나는 일이오. 그러나 여자들은 남이 모르겠거니 생각하면 몰래 하는 법이죠. 하지 않는 것은 바보뿐이오. 그런데 당신은 부인만이 정결하다고 생각하고 있구려. 요컨대 그것은 누구에게도 유혹을 받은 일이 없거나, 자기 쪽에서 말을 꺼내도 상대편이 받아 주지 않은 여자의 경우에만 해당될 것이오. 인간 고유의 본성에 의하더라도 이것은 사실이겠지만, 내가 수없이 많은 여자들과 실제 경험을 통해서 증명할 수 없었다면, 이렇게 확실하게 말하지는 않을 거요. 이런 말을 하는 것도, 만일 당신의 그 성녀 같은 부인과 가까워질 수만 있다면 아주 단시간에 내가 다른 여자와 한 일을 해 보일 자신이 있어서 하는 말이오."

베르나보는 당황스러워하면서 말했습니다.

"억지소리를 해봐야 소용없소. 당신이 이렇게 말하면 나는 저렇게 대답하고, 결국 아무런 결론이 나지 않거든. 당신은 여자란 모두 남자가 하자는 대로 하는 것이고, 당신 수완이 상당하다고 자랑하고 있는 모양인데, 내 아내의 정결함을 증명하기 위해서 당신의 그 수법으로 그 사람을 뜻대로 할 수 있다면 내 목을 걸겠소. 만일 하지 못한다면, 당신한테서 금화 1000피오리노를 받겠소."

암브로주올로는 이 제안에 솔깃해서 대답했습니다.

"베르나보, 내가 이겼다고 해서 당신 피를 흘려 봐야 무슨 소용이 있겠소. 그러나 내가 아까부터 말하고 있는 문제의 증거를 당신이 보고 싶다면, 내가 금화 1000피오리노라면 당신은 5000피오리노를 내시오. 목보다는 그래도 싸오. 당신은 기한을 정하지 않았는데, 나는 지금 제노바에서 출발한 날부터 석 달 이내에 당신 부인을 손에 넣어 보이겠소. 그 증거로 부인이 가장 소중히 하고 있는 물건이나, 당신 자신이 이거라면 틀림없다고 확실히 인정할 수 있는 것을 갖고 오겠소. 다만, 그 기간에 당신이 제노바에 가거나, 이 일에 대해서 조금이라도 부인한테 편지로 알리지 않는다는 약속을 해줘야겠소.”

베르나보는 좋다고 대답했습니다. 한자리에 있던 상인들은 이런 것으로 돌이킬 수 없는 일이 일어나면 큰일이라고 생각하고 이 자리를 수습하려고 애썼습니다만, 두 사람 다 흥분해 있어서 그들의 만류에도 불구하고 서로 서약서를 교환하고 말았습니다.

약속이 성립되자 베르나보는 파리에 남고 암브로주올로는 되도록 빨리 제노바로 돌아갔습니다. 그리고 이삼 일이 지나는 동안에 매우 조심스럽게 동네 이름이며 그 부인의 생활 상태 등을 수소문해 보니, 베르나보의 말이 틀림이 없으며 오히려 그보다 더하다는 것을 알았습니다. 그런 까닭으로 그는 바보 같은 내기를 했구나, 하는 생각까지 들었습니다.

그래도 그는 그녀의 집에 자주 드나드는 가난한 여자 하나를 사귀었습니다. 그래서 이 여자를 이용하자고 생각하고, 달리 좋은 방법도 없고 해서 돈으로 매수하여, 자기 몸이 고스란히 들어가는 궤짝 안에 들어가 그것을 그녀 집에 운반시키고는 더욱이 침실 안에 갖다 놓게 했습니다. 그리고 그 사람 좋은 여자에게 자기가 어디 좀 다녀오게 되었으니 그 집 부인더러 며칠만 이 궤짝을 맡아 달라고 부탁하게 했습니다.

이렇게 해서 궤짝은 아무 지장 없이 베르나보의 아내가 자는 침실에 운반되었습니다. 그리고 밤이 되자 암브로주올로는 부인이 세상 모르게 잠들기를 기다렸다가 연장으로 뚜껑을 열고 살며시 궤짝에서 나왔습니다. 침실에는 등불이 하나 켜져 있었으므로, 그는 침실의 꾸밈새며 벽의 그림이며 방 안에 있는 모든 것을 다 살펴보고 모두 기억해 두었습니다.

그리고 침대에 다가가 보니 부인과 어린 여자아이가 함께 누워 정신없이 잠들어 있었고, 살며시 이불을 들춰 보니 옷을 입고 있을 때와 마찬가지로 벗은 몸도 눈부실 만큼 아름다웠습니다. 그러나 증거로서 익히고 돌아갈 만한 특징은 아무것도 발견되지 않았습니다. 좀 더 자세히 보니 왼쪽 유방 아래 검은 점이 하나 있고 그 가장자리에 황금 같은 몇 가닥의 금빛 털이 나 있었습니다. 그것을 확인하고 더욱이 그렇게 아름다운 그녀의 육체를 보았으니 목숨을 걸고라도 뜻을 한번 이루어 보자고 그녀 옆에 누우려고 하다가, 잠시 더 기다리자고 다시 이불을 덮어 주었습니다.

하지만 그녀가 이와 같은 정사에는 지나치게 완고하다고 들었으므로 차마 모험은 하지 않았습니다. 그는 그날 밤 날이 다 새도록 눈치채이지 않고 침실에 있을 수 있었기에, 귀중품 상자에서 지갑이며 윗도리며 몇 개의 반지며 띠, 그 밖에 증거가 될 만한 것을 여러 가지 훔쳐서 궤짝 안에 넣고 다시 자기도 그 속에 들어가 본디처럼 걸쇠를 채웠습니다. 이렇게 이틀 밤이 지났으나 부인은 아무것도 깨닫지 못했습니다.

사흘째가 되자 그 사람 좋은 아낙네가 지시받은 대로 궤짝을 찾으러 와서 본디 있던 곳으로 운반해 갔습니다. 암브로주올로는 궤짝에서 나와 약속대로 돈을 주고는, 훔쳐 온 물건을 갖고 약속된 기한 전에 부랴부랴 파리로 돌아갔습니다.

파리에 도착하자 곧 그는 논쟁과 내기에 입회한 상인들을 불러 모아 베르나보의 앞에 놓고, 자기가 하겠다고 한 일을 해냈으니 약속한 내기에 이겼다고 말했습니다. 그 증거로서 먼저 침실의 꾸밈새며 벽에 걸려 있던 그림을 설명하고, 이어 자기가 들고 나온 물건들을 보이면서, 이것은 당신 부인에게서 얻은 것들이라고 단언했습니다.

베르나보는 침실의 꾸밈새는 그의 말과 틀림이 없고 그 물건들도 정말 아내의 것이 틀림없다고 인정했습니다. 그러나 침실의 꾸밈새는 하인한테서 들을 수도 있는 일이고, 물건도 마찬가지로 손에 넣을 수 있다고 반박했습니다. 그러니 다른 증거가 더 없는 한 당신이 이겼다고 생각할 수는 없다고 뿌리쳤습니다. 암브로주올로가 다시 말했습니다.

"사실은 이것으로 충분한 거요. 하지만 당신이 더 증거를 보이라고 한다면 말하지요. 당신 부인 지네브라의 왼쪽 유방 아래 큼직한 검은 점이 하나 있소. 그리고 그 가장자리에는 금빛 털이 여섯 개 나 있소."

베르나보는 이 말을 들었을 때 칼로 심장을 쿡 찔리는 듯한 고통을 느꼈습니다. 그리고 싹 안색이 변하더니 한마디도 말을 하지 않았으므로, 암브로주올로의 말이 사실이라는 뚜렷한 증명을 한 셈이 되었습니다. 잠시 뒤에야 그는 간신히 입을 열었습니다.

"여러분, 암브로주올로가 한 말은 틀림없습니다. 그러니 이 사람이 이겼습니다. 이 사람 형편대로 언제든지 오면 내기한 돈을 지불하겠습니다."

이렇게 하여 암브로주올로는 그 이튿날 돈을 다 받았습니다. 그리고 베르나보는 분노에 떨며 파리를 떠나 제노바로 향했습니다. 그런데 그는 제노바에 가까워지자 시내로 들어가지 않고, 20마일쯤 떨어진 곳에 있는 자기 별장으로 갔습니다. 그리고 매우 신뢰하고 있는 한 하인에게 편지를 들려서 말 두 필과 함께 제노바로 보냈습니다. 그 편지에는 자기가 돌아왔다는 것과 하인과 함께 자기에게로 와 달라는 사연이 아내 앞으로 적혀 있었습니다. 그리고 하인에게는 알맞은 장소에 이르거든 인정사정없이 아내를 죽이고 돌아오라고 명령했습니다.

하인은 제노바에 도착하여 편지를 전달하고 심부름꾼의 역할을 마치고는, 무척 기뻐하며 자기를 맞이한 부인을 말에 태워 이튿날 아침 별장으로 향했습니다. 이렇게 말을 몰아 세상 이야기에 꽃을 피우면서 동굴이 있는 높은 낭떠러지와 나무에 둘러싸인 쓸쓸한 깊은 골짜기에 이르렀습니다. 하인은 주인의 명령을 수행하기 위해서는 이곳이 가장 좋은 장소라고 생각하고 단도를 뽑아 부인의 팔을 붙잡고 외쳤습니다.

"마님, 각오하십시오. 이제 한 걸음도 더 가실 수 없습니다. 여기서 죽어 주셔야겠습니다."

부인은 단도를 보고 그 외침 소리를 듣자 간이 콩알만 해졌습니다.

"제발 살려 다오. 나를 죽인다면, 내가 너한테 죽어야 할 무슨 나쁜 짓을 했는지, 그것이나 좀 알려 다오."

"마님은 제가 화낼 만한 일을 아무것도 하시지 않았습니다." 하인은 대답했습니다. "또 마님이 무엇으로 주인어른을 그토록 노엽게 하셨는지도 저는 알지 못합니다. 다만 별장으로 가는 도중에 인정사정없이 마님을 죽이라는 분부를 주인에게서 받았을 뿐입니다. 만일 그 분부대로 하지 않을 때는 제 목을 졸라 죽이겠다고 위협하셨습니다. 마님도 아시듯이, 저는 주인어른에게 무척 신세를 지고 있습니다. 그러니 하라시는 일을 싫다고 할 수는 없습니다. 저는 마님을 진정으로 딱하게 생각합니다. 그렇지만 저로서는 어쩔 도리가 없습니다."

부인은 눈물을 흘리면서 말했습니다.

"아아, 제발 살려 다오. 너를 노여워하게 만들지도 않은 사람을, 남을 섬기기 위해서 죽이다니, 그런 짓은 하지 말아 다오. 하느님도 알고 계신다. 나는 남편에게 이렇듯 심한 짓을 당해야 할 나쁜 짓은 아무것도 하지 않았다. 하지만 지금은 아무래도 좋아. 너만 생각을 고쳐먹고 내가 하라는 대로만 해준다면, 하느님도 네 주인도 그리고 나도 모두 기쁘게 해줄 수 있을 거야. 내 옷을 가져가고, 그 대신 네가 입고 있는 윗옷과 모자를 내게 주면 그것으로 되지 않겠느냐? 그것을 갖고 가서, 내 남편이자 네 주인에게 나를 죽였다고 말하면 그만이 아니냐? 네가 내 생명을 구해 주면 나는 자취를 감추겠다. 남편에게도 네게도, 그리고 이 근처의 누구에게도 아무런 소문이 전해지지 않을 그런 곳으로 가버리마. 하느님을 두고 맹세하마."

하인은 본디 그녀를 죽이고 싶은 마음은 조금도 없었으므로 딱하게 생각하지 않을 수 없었습니다. 그래서 부인이 입고 있던 옷을 받아 들고, 자기의 윗옷과 모자를 주고는, 가진 돈은 그대로 지니고 이 근처에서 자취를 감추어 달라고 다짐한 뒤 골짜기에 그녀를 남겨 둔 채 말없이 떠나가 버렸습니다. 그리고 주인에게 돌아가서는, 명령대로 했을 뿐만 아니라 시체는 늑대가 뜯어 먹도록 그 자리에 팽개치고 왔다고 보고했습니다.

베르나보는 잠시 별장에 머물다가 제노바로 돌아갔는데, 이 일이 세상에 알려지자 무척 비난을 받았습니다.

한편 부인은 혼자 남아 비탄의 눈물에 젖었지만, 이윽고 밤이 되자 되도록 모습을 바꾸어 가까운 오두막에 이르렀습니다. 거기서 한 노파로부터 필요한 것을 손에 넣은 다음, 윗옷은 자기 몸에 맞도록 줄이고, 속옷으로 짤막한 바지를 만들어 달래서는 머리카락을 짧게 깎고, 뱃사람 같은 모습이 되어 바닷가를 향해서 걸어가기 시작했습니다. 해안에 이르자 우연히도 엔카라르라는 카탈루냐의 귀족을 만났습니다. 이 사람은 거기서 조금 떨어진 곳에 갖다 댄 자기 배에서 내려 알바에 있는 샘에 먹을 물을 찾아 나온 참이었습니다. 그녀는 이 사람에게 사정을 이야기하고 하인으로 써달라고 부탁했습니다. 그리고 이름을 시쿠라노 다 피날레라고 바꾸어 배에 올랐습니다. 배에서는 그 선주에게 좋은 옷을 얻어 입었고, 열심히 일했으므로 차츰 그의 마음에 들게 되었습니다.

얼마 안 가서 이 카탈루냐의 선주는 짐을 싣고 알렉산드리아로 떠나갔습니다. 짐 가운데는 잘 길들인 매가 몇 마리 있었는데, 선주는 알렉산드리아에서 이 매들을 술탄에게 바쳤습니다. 그래서 술탄은 선주를 몇 번이나 식사에 초대했습니다. 그때 선주를 따라간 시쿠라노의 태도를 보고 술탄은 매우 마음에 들어 이 하인을 자기에게 양도해 달라고 말했습니다. 선주로 봐서는 매우 아까웠지만 넘겨주기로 했습니다. 그러자 시쿠라노는 짧은 시일 안에 충실히 일해서 카탈루냐의 선주에게 받은 것과 마찬가지의 호의와 신뢰를 술탄에게서 받았습니다.

그러는 동안에 술탄이 1년 중 어느 한때 여는 행사인 상품 박람회가 아크리에서 개최되어 많은 그리스도교 신자와 사라센 상인들이 모이게 되었습니다. 술탄은 상인들과 상품을 보호하기 위해서, 부하 관리들 이외에 군대를 거느린 귀족들을 파견해서 경비를 서게 하는 것을 해마다 관례로 삼고 있었습니다. 마침 그런 시기가 되었으므로, 이미 말도 잘 통하게 된 시쿠라노를 파견하기로 하여 그대로 실행했습니다.

시쿠라노는 상인들과 상품의 경비 대장으로서 아크리에 가서 즉시 자기 임무를 충실하게, 그리고 매우 슬기롭게 수행하며 주위를 둘러보았습니다. 그리하여 많은 시칠리아인들과 피사인들과 제노바 사람들, 그리고 베네치아 사람들과 그 밖에 많은 이탈리아 상인들을 보니, 고향 생각이 나서 그들과 말을 나누게 되었습니다.

그러던 어느 날, 그녀가 베네치아인의 가게에 들러 보니, 여러 가지 귀중품 속에 지갑과 띠가 하나 눈에 띄었습니다. 그녀는 곧 자기 것임을 깨닫고 은근히 놀랐습니다. 그러나 아무렇지 않은 듯이 이 물건은 누구 것이며 팔 생각이 있느냐고 공손히 물었습니다. 마침 그 자리에 베네치아 배에 상품을 가득 싣고 와 있었던 피아첸차의 암브로주올로가 경비 대장이 누구 것이냐고 묻고 있는 것을 듣자, 나서서 웃으면서 대답했습니다.

"대장님, 제 것입니다. 팔 생각은 없지만 대장님이 마음에 드신다면 기꺼이 드리겠습니다."

시쿠라노는 그가 웃고 있는 것을 보고, 어떤 점에서 자기를 눈치채지 않았을까 궁금해졌지만, 의젓한 얼굴로 말했습니다.

"너는 군인이 이 같은 여자의 물건에 대해서 물었다고 웃는 것이냐?"

"아닙니다, 대장님. 저는 이 물건을 손에 넣었을 때 일이 생각나서 웃었던 것입니다."

"그래, 그렇게 우스운 일이라면 하느님도 기뻐하실 일일 테니, 어떻게 손에 넣었는가 들려주지 않겠나?"

"대장님, 이 물건들은 제노바의 귀부인, 그러니까 베르나보 로멜린이라는 사람의 아내인 지네브라 부인이 다른 물건과 함께 제게 주신 것인데, 어느 날 밤 저와 즐겼을 때 사랑의 기념으로 받아 달라고 주신 것입니다. 제가 지금 웃는 것은 베르나보가 하도 바보라서 그랬던 것입니다. 그 사람은 자기 아내가 남의 위안거리 노릇은 절대로 하지 않는다고 우기면서, 제 금화 1000피오리노에 대해서 5000피오리노를 걸 만큼 큰 바보였습니다. 저는 그 사람과 내기해서 이겼습니다. 그 사람은 자기 아내가 어떤 여자든 다 하는 짓을 했다고 해서 벌줄 게 아니라 오히려 자기 자신의 어리석음을 벌해야 했을 텐데, 이건 나중에 들은 일입니다만, 파리에서 제노바로 돌아가자마자 사람을 시켜 아내를 죽여 버렸다는 얘깁니다."

시쿠라노는 이 말을 듣고, 곧 베르나보가 자기에게 격분한 까닭을 알게 되고, 이자야말로 자기에게 불행을 가져다준 사람이라는 것을 똑똑히 알았습니다. 그래서 이런 자야말로 벌을 주지 않으면 안 된다고 결심했습니다.

시쿠라노는 아주 재미있는 이야기를 들은 체하고, 교묘히 그와 더 친하게 사귀었으므로, 암브로주올로는 그가 권하는 대로 박람회가 끝나자 상품을 모두 가지고 시쿠라노와 함께 알렉산드리아로 갔습니다. 거기서 시쿠라노는 그를 위해 가게를 열어 주고 돈도 많이 마련해 주었습니다. 그는 뜻밖에 수지 맞았다고 생각하고 매우 좋아하며 그곳에 정착하게 되었습니다.

빨리 자기의 결백을 남편 베르나보에게 증명해야겠다고 생각한 시쿠라노는 그때 알렉산드리아에 와 있던 몇 명의 제노바 대상인들의 힘을 빌려, 어떻게든 구실을 만들어 베르나보를 불러올 때까지 초조한 마음으로 나날을 보냈습니다. 이제 베르나보의 처지는 매우 초라해졌으므로 시쿠라노는 적당한 때가 올 때까지 우선 친구 집에 머무르게 했습니다.

한편 시쿠라노는 또한 이미 술탄 앞에서 암브로주올로로 하여금 그 이야기를 하게 하여 술탄의 흥미를 끌어 놓았습니다. 그리고 시쿠라노는 이제 이 곳에 온 베르나보의 모습도 보았으므로, 우물쭈물할 수는 없다고 생각하고 기회를 보아 암브로주올로와 베르나보를 불러 달라고 술탄에게 부탁했습니다. 만일 베르나보 앞에서 일이 순조로이 진행되지 않을 때는, 준엄한 심문을 하고서라도 과연 사실이었는가, 다시 말해서 그가 자랑하는 대로라면 베르나보의 아내가 정사를 어떻게 하더냐고 따질 작정이었습니다. 이렇게 하여 암브로주올로와 베르나보가 궁 안에 들어오자 술탄은 많은 신하들 앞에서 암브로주올로에게 어떻게 하여 베르나보한테서 금화 5000피오리노를 받게 되었는가, 그 경위를 말하라고 무서운 얼굴로 명령했습니다. 물론 그 자리에는 암브로주올로가 매우 믿고 있던 시쿠라노도 있었으나, 그녀도 굳은 얼굴로 만일 말하지 않으면 무거운 형벌을 받게 될 것이라고 위협했습니다.

암브로주올로는 양쪽에서 위협하는 바람에 겁이 났으나, 베르나보와 많은 사람들 앞에서 금화 5000피오리노와 빼앗아 온 물건을 돌려주기만 하면 설마 무거운 벌이야 안 받겠지 하고, 내키지 않는 마음으로 모든 사실을 털어놓았습니다.

이제 거의 명령의 집행자 지위에 있던 시쿠라노는 암브로주올로의 말이 끝나자마자, 베르나보를 향해서 물었습니다.

"그러면, 너는 그와 같은 거짓말에도 불구하고 네 아내에게 무슨 짓을 했느냐?"

베르나보가 대답했습니다.

"저는 큰돈을 잃게 된 노여움과 아내에게서 받은 불명예의 굴욕 때문에 하인을 시켜 아내를 죽였습니다. 하인의 보고를 들으면 아내는 곧 늑대의 밥이 되었다고 합니다."

술탄은 이 모든 광경을 보면서 두 사람의 고백을 들었지만 시쿠라노가 이런 일을 벌이고 심문을 해서 대체 어떻게 할 작정인지, 아직도 그 까닭을 모르고 있었습니다. 그래서 시쿠라노는 술탄에게 말했습니다.

"전하, 그 살해된 훌륭한 부인이 지금부터 어떻게 이 잘난 사나이와 남편을 찬양하게 되는가 똑똑히 아시게 될 것입니다. 왜냐하면 이 잘난 사나이는 그 부인의 명예를 빼앗고, 거짓말로 부인의 명성을 망쳤을 뿐만 아니라 동시에 부인의 남편까지도 파산시켜 버렸으니까요. 그리고 남편 쪽은 오랜 세월의 경험으로 터득한 진실보다 남의 거짓말을 믿고 참혹하게도 부인을 죽이게 하여 늑대의 밥을 만들었습니다. 그뿐만 아니라 이 사나이와 남편은 지금 오랜 시간 그 부인과 얼굴을 맞대고 있으면서도 아무것도 깨닫지 못하고 있으니, 그 사랑과 호의가 참 대단한 것이군요. 아무튼 전하께서는 이 두 사람이 어떤 조치를 받을 만한 사람들인가 잘 아셨을 줄 압니다. 그러니 이 속인 자를 벌주고, 속은 자를 용서하는 특별한 조치를 제게 맡겨 주시기 바랍니다. 저는 여기서 전하와 많은 분들 앞에 그 죽은 여자를 데려오게 할까 생각합니다."

술탄은 이 문제에 대해서는 모두 시쿠라노의 방침대로 할 작정이었으므로, 그대가 하고 싶은 대로 하라고 말하고는, 그 여자를 데려오라고 일렀습니다. 죽은 줄만 알았던 아내가 나타난다고 하므로, 베르나보는 얼마나 놀랐는지 모릅니다. 그리고 아까부터 이거 큰일 났구나, 하고 생각하고 있던 암브로주올로는 최악의 경우 돈을 돌려주면 되겠다고 각오하고 있었는데, 베르나보의 아내가 살아 있고 여기 나타나게 된다면, 희망을 가져야 좋을지 더 무서운 사태가 일어날 것인지 도무지 짐작할 수 없었습니다. 그러나 무엇보다도 놀라움이 앞서서 그녀가 나타나기를 조마조마하게 기다렸습니다.

한편 술탄의 허락이 내리자 시쿠라노는 눈물을 흘리면서 술탄 앞에 무릎을 꿇더니, 곧 남자 목소리를 버리고 여자로 돌아가 외치듯이 말했습니다.

"전하, 제가 바로 그 가엾고 불행한 아내 지네브라입니다. 저는 이 암브로주올로라는 신의 없는 자의 터무니없는 거짓말로 최악의 창피를 당했고, 이 잔인하고 정의를 모르는 사나이에게 하인의 손으로 살해당하여 늑대의 밥이 될 뻔하다가 6년이나 남장을 하고 슬픈 마음으로 세상을 살아왔습니다."

지네브라는 이렇게 말하고는 옷을 찢고 젖가슴을 드러내어 자기가 여성이라는 것을 술탄과 그 자리에 있는 사람들에게 밝혔습니다. 그리고 암브로주올로를 향해서—노여움에 떨며 표정도 무섭게—너는 아까 자랑스러운 듯이 말하더라만, 언제 나와 잤느냐고 물었습니다.

그는 그녀가 틀림없는 지네브라라는 것을 알고 너무나 부끄러워 벙어리처럼 한마디도 말을 하지 못했습니다.

술탄은 지금까지 남자라고만 생각해 온 그녀의 말을 듣고 또 그 모습을 보고 너무나 놀라서, 지금 자기가 보고 듣고 하는 일이 현실이 아니라 꿈이 아닐까, 하고 몇 번이나 생각했습니다. 그러나 이윽고 놀라움도 가라앉고 그것이 사실이라는 것을 알게 되어, 그때까지 시쿠라노라고 부르던 지네브라의 괴로웠던 생활이며, 그 강인한 의지며, 바른 예의범절이며, 미덕에 찬 행동거지를 최고의 찬사로 칭찬했습니다. 그리고 술탄은 훌륭한 의상을 갖고 와서 그녀에게 입게 하고, 시중드는 시녀를 붙여 주었으며, 그녀의 소원대로 죽어 마땅한 베르나보의 죄를 용서해 주었습니다.

베르나보는 그녀가 아내라는 것을 알자 그녀 앞에 몸을 내던지고 용서를 빌었습니다. 용서해 줄 값어치도 없는 남편이었지만, 그녀는 따뜻한 마음으로 그를 용서해 주고, 일으켜 세워 남편으로서 부드럽게 안아 주었습니다.

술탄은 즉시 암브로주올로를 시내 높다란 언덕으로 끌고 가서 말뚝에 묶어 햇볕을 쪼이도록 명령했습니다. 그리고 온몸에 벌꿀을 발라서 말라 죽을 때까지 절대로 풀어 주어서는 안 된다고 일렀습니다. 그리하여 그대로 집행되었습니다.

그 뒤 술탄은 암브로주올로의 재산을 지네브라에게 주라고 명령했습니다. 금화 1만 도피아가 훨씬 넘는 금액이었습니다. 그리고 호화로운 잔치를 베풀어 지네브라의 남편으로서 베르나보도 초대하여 부인을 여자의 거울로서 찬양한 다음 보석과 금은 집기와 돈을 주었는데, 이 또한 총액이 1만 도피아가 넘는 것이었습니다.

두 사람을 위해서 베푼 잔치가 끝나자, 술탄은 한 척의 배를 마련해 주고 언제든지 마음 내킬 때 제노바로 돌아가도 좋다고 허락해 주었습니다. 그래서 두 사람은 큰 부자가 되어 최고의 기쁨을 누리며 고향으로 돌아갔습니다. 그리하여 그 영예가 찬양되어 성대한 환영을 받은 것은 말할 것도 없지만, 특히 죽은 줄만 알았던 지네브라에 대한 환영은 대단했습니다. 그리고 한평생 사람들은 그녀의 덕을 찬양했습니다.

한편, 그날로 말뚝에 묶여 온몸에 벌꿀이 칠해진 암브로주올로는 그 나라에 특히 많은 파리와 벌과 등에 쏘여 괴로워하면서 죽었을 뿐만 아니라 뼈까지 뜯어 먹히고 말았습니다.

허옇게 된 뼈는 오랫동안 살의 힘줄에 매달려 남아 있었으므로, 보는 사람들의 눈에 그가 저지른 나쁜 짓의 상징으로 비치게 되었습니다. 이렇게 하여 남을 속이면 저도 속는다는 본보기가 되었던 것입니다.

열째 이야기

파가니노는 리차르도의 아내를 빼앗는다. 아내의 행방을 안 리차르도는 파가니노의 친구가 되어 아내를 돌려 달라고 부탁한다. 그는 그녀가 바란다면 돌려주겠다고 대답한다. 그녀는 남편과 돌아가려 하지 않고, 리차르도가 죽자 파가니노의 아내가 된다.

여왕의 이야기는 이 자리에 모인 저마다 행실이 좋은 사람들에게서 매우 칭찬을 받았습니다. 특히 그날 마지막으로 이야기를 하게 된 디오네오가 크게 칭찬했습니다. 그는 이야기의 내용을 극구 찬양한 뒤, 다음과 같이 입을 열었습니다.

여러분, 방금 나는 여왕님의 이야기를 듣고서 그 내용의 한 부분이 내가 갖고 있던 생각을 바꾸게 했으므로, 다른 이야기를 할까 합니다. 내용의 한 부분이란, 결과적으로 경사스럽게 끝나기는 했습니다만, 베르나보가 얼마나 어리석은가 하는 점입니다. 그리고 그의 확신을 그대로 무조건 받아들여 믿어버리는 그 밖의 사람들이 또한 얼마나 바보냐 하는 점입니다. 다시 말해서 그들 자신은 세상을 돌아다니며 이 여자 저 여자 줄곧 즐기고 있으면서도, 집에 두고 온 아내들은 허리띠도 끄르지 않고 단단히 몸을 지키고 있는 줄 알고 있으니 말입니다. 그리고 또 자기들이 여자에게서 태어나고, 여자의 양육을 받아 지금과 같이 되었으면서도, 여자들이 설득당하기 쉽다는 점에 대해서는 전혀 모르고 있기 때문입니다.

나는 그러한 이야기로 그들이 얼마나 바보인가, 동시에 그 어리석음의 정도가 얼마나 심한가, 다시 말해서 그들이 천성보다 자기들의 힘이 위라고 생각하고 불가능한 것을 기상천외한 논증으로 가능케 할 수 있다고 생각하고 있거나, 아니면 천성을 어기고 남의 성질을 고치려고 애쓰는 모습을, 드러내 볼까하는 것입니다.

옛날 파사 시내에 리차르도 디 킨치카라는, 육체적인 힘보다 정신적인 힘, 즉 슬기와 재치가 더 뛰어난 재판관이 있었습니다. 이 사람은 아마 학문을 하는 것과 마찬가지 방법으로 아내를 만족시킬 수 있다고 생각했던 모양이지요. 부자였으므로 매우 태평스러운 생각으로 젊고 아름다운 여자를 아내로 맞이하려고 애쓰고 있었습니다. 만일 그가 남에게 하듯이 자기 자신에게도 충고할 수 있더라면, 아내 될 사람으로는 젊은 사람도 아름다운 사람도 다 피했어야 옳았습니다. 그러나 돈이 많았으므로 나름대로 바라는 것도 있었답니다. 로토 괄란디라는 사람이 자기 딸을 그의 아내로 주었는데, 딸의 이름은 바르톨로메아라고 했습니다. 대단한 미인이었지만, 피사의 그 누구보다 바람기가 많았습니다. 사실 피사 처녀들 중에 얼룩덜룩해진 도마뱀 같지 않은 여자는 거의 없었습니다.

재판관은 그녀를 집에 데리고 와서 성대한 잔치를 베풀고 매우 훌륭한 결혼식을 올렸습니다. 첫날밤에 간신히 그녀와 단 한 번 결혼의 교합을 할 수 있기는 했지만 하마터면 큰 낭패를 볼 뻔했습니다. 왜냐하면 그는 앙상하게 마른 데다가 정력이 부족한 사나이여서, 그 이튿날 강한 백포도주며 강장제며 그 밖에 모든 약제로 원기를 회복하지 않으면 안 되었기 때문입니다. 그래서 이 재판관은 자기 정력에 관해서 차분히 생각해 보고는 아동용 학습판 같은 달력을 꺼내어—라벤나에서 아이들에게 행해지고 있던 일입니다만—아내를 가르치기 시작했습니다. 그 까닭은 그가 보여 준 달력에 의하면 1년에 성인의 축일에 해당되지 않는 날이 하루도 없고, 그뿐 아니라 제사가 겹치는 날이 헤아릴 수 없이 많았기 때문입니다.

그는 온갖 이유를 들어 그와 같은 축제일을 숭앙하려면 그런 날은 남녀가 잠자리를 함께하지 않도록 억제해야 한다고 가르쳤습니다. 게다가 각 계절 초마다 단식일이 있고, 사도들과 수많은 성인들이 돌아가신 기일 전야의 금기가 있고, 금요일과 토요일이 있고, 주일이 있고, 사순절이 있고, 또 달이 차고 기우는 등 여러 가지 예외가 있어서 여자와 잠자리를 함께할 수 있는 밤은, 그가 어쩌다가 법정에서 열변을 토할 때가 있는 것과 마찬가지로 거의 없게 되어 버렸답니다.

이와 같은 방법으로 아내와는 한 달에 한 번 잠을 잘까 말까 하는 생활이 오래 계속되었습니다. 그녀는 도무지 울적하고 재미가 없어 마치 병자처럼 되어 버렸으며, 남편은 남편대로 자기가 아내에게 쉬는 날을 가르쳐 주었듯이 다른 남자가 일하는 날을 가르쳐 주지나 않을까 하고 감시를 게을리하지 않고 초조해하는 형편이었습니다.

그러다가 우연히 이런 일이 일어났습니다. 마침 매우 무더운 날이 계속되어, 리차르도 씨는 몬테네로에 가까운 자기의 아름다운 별장에 기분 전환을 하러 가야겠다고 생각했습니다. 그리하여 그곳에 가서 며칠 묵으면서, 신선한 공기나 쐬자고 아름다운 아내를 데리고 갔습니다. 그곳에 머무르고 있는 동안, 아내를 얼마간이라도 즐겁게 해주려고 어느 날 낚시를 하러 나갔습니다. 그래서 두 척의 조각배를 내어 한 척에는 그가 고기잡이들과 함께 타고, 한 척에는 아내가 다른 부인들과 함께 타고 따라가며 구경했습니다. 그런데 무척 재미가 있어서, 자기들도 모르는 사이에 앞바다로 멀리 나아가 버리고 말았습니다.

이렇게 그들이 낚시에 정신이 팔려 있을 때, 그즈음 매우 이름이 높던 해적 파가니노 다 마레의 갤리선이 갑자기 나타나더니, 조각배 두 척을 보고는 돌진해 왔습니다. 조각배는 갑자기 달아나지도 못하여 파가니노는 여자들이 타고 있는 배를 붙잡았습니다. 그리고 그 조각배에 타고 있는 한 미인을 보더니, 이때 벌써 육지에 올라가 있던 리차르도의 눈앞에서 다른 여자들은 거들떠보지도 않고 유유히 그녀를 자기 배에 태워 데려가고 말았습니다. 이 광경을 보고 공기의 움직임에도 질투심을 불태우는 재판관 나리가 얼마나 슬퍼했는지, 새삼 말할 필요도 없을 줄 압니다.

그는 피사나 그 밖의 도시에서 해적들의 악행에 푸념을 늘어놓으며 돌아다녔지만 소용이 없었고, 누가 아내를 가로채서 어디로 데려갔는지 도무지 알 도리가 없었습니다.

한편 파가니노는 아름다운 여인을 얻게 되어 기분이 매우 좋았으며 마침 아내가 없었으므로 자기 곁에 붙들어 둘 생각으로, 울먹이는 그녀를 정답게 달래기 시작했습니다. 그리하여 밤이 되자, 물론 그는 달력 따위를 갖고 있지 않았고 일체의 축제일이고 휴일이고 염두에 없었으므로, 낮의 상냥한 말만으로는 효과가 없을 것 같아 행동으로 달래 주자고 생각했습니다. 이 때문에 그녀는 모나코에 닿기도 전에 남편인 재판관도 그의 규정도 다 잊어버리고, 파가니노와 마치 꿈과도 같은 즐거운 생활을 하기 시작했습니다. 파가니노는 파가니노대로 모나코에 도착하자 이제 밤낮없이 그녀를 즐겁게 해주었을 뿐만 아니라, 자기의 아내로서 소중히 다루었습니다.

　그러는 동안에 리차르도는 아내의 거처를 알게 되었으므로, 자기 이외에 필요한 일을 할 수 있는 자는 없다고 생각하고, 그녀를 되찾겠다는 열망에 불타서 몸값이라면 얼마를 내도 상관없으니 그녀를 찾아와야겠다고 결심했습니다. 그래서 바다를 건너 모나코로 갔습니다. 그리하여 그는 그녀를 보고, 그녀도 그를 보았습니다. 그날 밤 그녀는 파가니노에게 이 이야기를 하고, 자기의 생각도 털어놓았습니다.

　다음 날 리차르도 씨는 파가니노를 만나 이야기를 나누었습니다. 두 사람은 한 시간도 되기 전에 뜻이 아주 잘 맞아 매우 친밀해졌는데, 파가니노는 그가 누구라는 것을 모르는 체하면서 그가 어떻게 말을 꺼낼지 은근히 기다리고 있었습니다.

　리차르도 씨는 적당한 때를 보아 상대편의 감정이 상하지 않도록 자기가 찾아온 까닭을 말하고, 아내를 돌려 달라고 부탁했습니다. 그러자 파가니노는 상냥하게 웃으면서 대답했습니다.

"아, 그렇습니까, 정말 잘 오셨습니다. 그럼 간단히 말씀드리겠습니다만, 일은 이렇게 됩니다. 그야 우리 집에 젊은 여자가 있기는 합니다. 하지만 나는 그 사람이 과연 선생의 부인인지, 아니면 다른 사람의 아내인지 알지 못합니다. 실제로 나는 선생을 알지 못하고 또 그 사람도 함께 살게 된 지 아직 얼마 되지 않아서 잘 알지 못합니다. 만일 선생이 말씀하시는 대로 그 사람의 남편이시라면, 온후한 신사 같으시니까, 그 사람에게 안내해 드리지요. 그러면 아마 그 사람은 선생이 남편이라는 것을 인정하겠지요. 그래서 만일 그 사람이 선생 말씀이 틀림없다고 말하고 함께 돌아가고 싶어 한다면, 선생이 몸값으로 갖고 오신 돈을 기꺼이 받겠습니다. 그러나 만일 그렇지 않을 때는 선생이 나한테서 그 여자를 빼앗아 가는 심한 행위를 하시게 됩니다. 나는 아직 젊고, 남과 마찬가지로 여자 하나쯤 옆에 두고 살 수 있을 정도는 되는 데다가, 더욱이 그토록 귀여운 여자는 본 적이 없으니까요."

그래서 리차르도 씨는 말했습니다.

"정말로 그 사람은 내 아내입니다. 만일 당신이 나를 그 사람에게 데려다주신다면 곧 아시게 됩니다. 당장 내 목에 매달릴 테니까요. 그러니 지금 당신이 생각하신 대로 해주시기 바랍니다."

"그럼, 가십시다."

두 사람이 파가니노의 집으로 가서 응접실에 들어가자, 그는 그녀를 불러 오게 했습니다. 그녀는 옷매무새를 가다듬고 침실에서 나왔습니다. 그리고 리차르도 씨가 파가니노와 함께 있는 응접실에 들어왔는데, 그녀는 마치 파가니노의 집에 찾아온 낯선 사람에게 하는 듯이 인사를 했습니다. 무척 기뻐하며 자기를 맞이해 줄 줄 알았던 재판관은 그것을 보고 기가 막혀서 속으로 혼자 중얼거렸습니다.

"아내를 가로채이고 나서 내가 오랫동안 슬퍼하고 괴로워한 탓에 얼굴이 변해 버려서 깨닫지 못하는 모양이지."

그래서 그는 말했습니다.

"여보, 당신을 낚시에 데리고 나가서 이상한 변을 다 당했소. 나는 당신이 없어진 뒤로 그처럼 슬픈 적은 일찍이 없었소. 그런데 당신은 나를 알아보지 못하는 모양인지, 무척 쌀쌀맞은 인사를 하는구려. 당신은 내가 리차르도라는 것을 모르겠소? 나는 이분이 바라는 것을 지불하러 이분 댁에 온 거요. 그리고 당신을 되찾아서 함께 집으로 돌아갈 생각이오. 친절하게도 이분은 내 희망대로 당신을 내게 돌려주시겠다고 말하고 계시는 거요. 그것을 모르겠소?"

부인은 리차르도 씨를 보고 방긋이 웃으며 대답했습니다.

"그건 저한테 하시는 말씀인가요? 무언가 착각하신 게 아닐까요? 저는 선생님을 뵌 적이 없는데요."

리차르도 씨가 말했습니다.

"무슨 소리요? 나를 잘 봐요. 자, 생각해 봐요, 내가 당신의 리차르도 디 킨치카라는 것을 분명히 알 수 있을 테니까."

그러나 부인은 대답했습니다.

"실례가 되었다면 용서해 주세요. 그렇게 선생님을 빤히 들여다본다는 것은, 선생님은 어떻게 생각하실지 모르지만, 저로서는 얌전한 짓이 못 돼요. 하지만 아무리 보아야 한 번도 뵌 적이 없는 분인 것 같네요."

리차르도 씨는 그녀가 이런 말을 하는 것은 파가니노가 무서워서 그의 눈 앞에서는 자기를 인정하지 않기 위해서 그러는 것이라고 생각했습니다. 그래서 잠시 뒤 파가니노에게, 그녀와 단둘이 그녀 방에서 이야기를 하게 해달라고 정중히 부탁했습니다.

파가니노는, 그것은 좋으나 그녀가 싫어하는데도 입을 맞추거나 해서는 안 된다고 다짐을 받았습니다. 그리고 그녀를 돌아보고, 그와 함께 방에 가서 그의 말을 들어 보고 당신 좋은 대로 대답하라고 말했습니다. 그래서 부인과 리차르도 씨만이 그녀의 방으로 갔습니다. 리차르도 씨는 서로 의자에 앉자 입을 열었습니다.

"아아, 당신은 나의 마음, 나의 영혼, 나의 희망이오. 그런 당신이 자기 목숨보다 당신을 사랑하는 리차르도를 모른단 말이오? 그런 일이 있을 수 있을까? 내가 그토록 변해 버렸단 말인가? 아아, 그 아름다운 눈으로 잠깐이라도 좋으니 나를 잘 좀 보시오."

그러자 부인은 호호호 하고 웃었습니다. 그리고 그의 말을 막으면서 말했습니다.

"당신도 아시잖아요? 제가 기억을 잃어버리지 않았다는 것쯤은? 저는 당신이 남편 리차르도 디 킨치카라는 것도 다 알고 있어요. 하지만 당신은 제가 당신과 함께 있었을 때는 조금도 저를 몰라주시는 것 같던데요. 왜냐하면 만일 당신이 바라는 것처럼 당신이 열정적이고 머리가 좋은 분이시라면, 제가 아직도 젊고 싱싱하고 정력이 넘쳐흐른다는 것을 알아주실 만큼 머리가 움직였어야 하지 않았을까요? 그 결과 젊은 여자로서는 좋은 옷을 입고 맛있는 음식을 먹는 것보다, 부끄러워서 입 밖에 낼 수 없는 것을 더 바라고 있다는 것쯤 아셨어야 했던 거예요. 그런데 당신은 어떻게 하셨는지 잘 알고 계시죠? 만일 당신에게 아내보다 당신의 법률 공부 쪽이 더 중요하다면, 아내를 맞이하지 말았어야지요. 더욱이 저는 당신이 법률가로서 여겨지지 않았어요. 오히려 성당의 축일이나 제삿날의 공보 담당자 같은 느낌이 들었어요. 그런 날을 잘 알고 계실 뿐만 아니라, 단식일이며 제삿날 전야의 금기 같은 것을 참으로 잘 알고 계셨거든요. 그래서 당신에게 말씀드리고 싶은 것은, 만일 당신 농원에서 일하고 있는 농부들에게 저의 조그마한 밭을 갈아야 할 자한테 부과한 것 같은 그 많은 축제일을 강요한다면, 당신은 한 톨의 보리도 거둬들이지 못하게 되실 거라는 거예요. 하느님은 제 젊음을 아깝게 보시고, 저와 만나게 해주시려고 했던 사람을 소개해 주셨어요. 저는 그 사람과 이 방에서 함께 지내면서, 오늘이 무슨 축제일인지 알 필요도 없이, 똑똑히 말씀드리지만, 여자보다 하느님에 대한 봉사에 넋을 잃고 있는 당신이 그토록 열심히 축하하신 그 헤아릴 수 없이 많은 축제일 말씀이에요, 그런 것들이 저 문간으로는, 토요일이고 금요일이고 축제일 전야의 금기고 사계절 초의 단식일이고 그 긴 사순절이고, 절대로 들어오지 않아요. 오히려 밤이고 낮이고 일을 벌여서 사랑을 나눈답니다. 오늘 아침에도 아침 종이 울린 뒤에 한 번 이상 한 것을 기억하고 있어요. 그래서 저는 그 사람과 함께 살면서 젊을 때에는 열심히 그 일을 할 생각으로 있어요. 그리고 축제일이라든가 순례라든가 단식이라든가 하는 것은, 나이를 먹은 뒤에 하도록 제쳐 놓을 생각이에요. 그럼 행복하게 한시바삐 여행을 떠나서, 실컷 저 없는 축제일을 기리기나 하세요."

리차르도 씨는 이 말을 들으면서 가만히 슬픔을 참고 있다가, 그녀의 말이 끝나자 말했습니다.

"아아, 나의 귀여운 당신이 그런 말을 다 하다니? 당신의 친척이나 자기의 명예는 생각하지 않소? 피사에서 내 아내로 살기보다 죽을죄를 짓더라도 그자의 매춘부가 되어 여기서 머물러 있고 싶단 말이오? 그자는 당신에게 싫증이 나면 욕설을 퍼붓고 당신을 내동댕이쳐 버릴 거요. 나는 언제까지나 당신을 사랑하오. 비록 내가 당신을 싫어하게 되더라도, 당신은 언제까지나 내 집의 부인이오. 아아, 당신은 이렇게 타락하고 부정스러운 욕망 때문에 자기의 명예를 버리고 자기보다 당신 자신을 사랑하는 나를 버릴 생각이오? 아아, 당신은 나의 희망이오. 이제 그런 말은 하지 말아 주오. 나와 함께 돌아가 주오. 나도 이제 당신이 바라는 것을 알았으니, 지금부터는 열심히 노력하겠소. 그러니 아무 말 말고 나와 함께 돌아가 주지 않겠소? 당신이 납치당하고부터 나는 하루도 마음 편할 날이 없었소."

그러자 부인은 말했습니다.

"제 명예는 이제 새삼 누구를 위해서도 지킬 수 없다고 생각해요. 제 친척들은 당신에게 저를 시집보낼 때 그것을 생각해 주었어야 했는데, 그때는 나를 조금도 생각해 주지 않았어요. 그래서 저는 지금 그 사람들을 생각지 않아요. 만일 제가 지금 죽을죄를 짓고 있다면, 저는 이곳에 머물면서 기꺼이 절굿공이의 징역을 살겠어요. 그러니 이제 저에 관한 것은 걱정하지 말아 주세요. 똑똑히 말씀드리자면, 저는 여기서 파가니노의 아내라는 기분이 들지만, 피사에서는 당신의 매춘부 같은 기분이 들었답니다. 달이 차고 기운다든가, 기하학의 삼각 사각으로 유성을 당신과 나 사이에서 결합시키게 해왔지만 여기서는 파가니노가 밤새도록 저를 껴안아 애무하고 깨물어 준답니다. 그리고 얼마나 저를 미치도록 즐겁게 만들어 주는지 하느님, 저 대신 말씀 좀 해주세요. 당신은 열심히 노력하겠다고 말씀하시지만, 그게 무슨 뜻이지요? 세 번 시도해 보고 막대기로 두들겨 흥분시키는 건가요? 당신과 헤어진 뒤 당신이 훌륭한 기사가 되신 것을 잘 알겠어요. 자, 돌아가셔서 힘차게 사시도록 애써 주세요. 본디 당신은 비쩍 마르고 허약해서, 살아 있다는 건 명색뿐인 것 같은 기분이 드니까요. 그리고 더 말씀드리지만 만일 그 사람이 저를 버리는 일이 있더라도—제가 함께 있고 싶어 하는 한 그런 일이 있으리라곤 생각되지 않지만—당신 곁으로 돌아갈 생각은 없어요. 당신을 아무리 쥐어짜 봐야 한 쟁반 정도의 소스도 나오지 않을 테니까요. 저는 당신과 함께 살게 된 뒤에 본전도 이자도 다 까먹어 버렸으니, 이번에는 다른 곳에서 돈벌이를 찾겠어요. 다시 한번 말씀드리지만, 여기서는 축일도 그 전야의 기일도 없어요. 그러니 저는 여기 있을 생각이에요. 그럼, 한시바삐 하느님과 함께 돌아가세요. 돌아가지 않으면, 당신이 폭력을 휘두른다고 큰 소리를 지르게 될 거예요."

이쯤 되고 보니 리차르도 씨도 이건 도저히 어쩔 수 없다고 생각하고, 체력도 없는데 젊은 아내를 맞이한 자기의 어리석음을 깨닫고 슬픈 마음으로 고개를 푹 숙인 채 그녀의 방을 나왔습니다. 그리고 파가니노에게 구질구질하게 애원해 보았지만, 아무런 소용도 없었습니다. 그래서 마침내 하는 수 없이 아내를 남겨 놓고 피사로 돌아갔습니다.

그리하여 슬픔이 매우 심해 정신이 이상해진 그는 피사의 거리를 걸어가다가 누가 인사를 하거나 무엇을 물으면, "나쁜 구멍은 축제일을 참아내지 못해서 말이야" 하고 대답할 뿐, 그 밖에는 아무 말도 하지 않았습니다. 그리고 그는 곧 죽었습니다. 이 소식을 듣자 파가니노는 부인이 자기를 매우 사랑하고 있다는 것을 알았으므로, 정실로 삼아 축제일도 전야의 금기도 아랑곳없이 사순절 따위도 걷어차 버리고는, 허리 힘이 계속될 때까지 해주어 서로 행복을 나누었습니다. 그런 까닭이니 친애하는 여러분, 베르나보는 공연히 암브로주올로와 언쟁을 벌여서 일을 그르친 것 같습니다.

이야기가 매우 재미있어서 그들은 턱이 아프도록 크게 웃었습니다. 그리고 부인들은 디오네오의 주장대로, 베르나보는 정말 바보였다고 말했습니다.

그러나 이야기가 끝나고 웃음도 가라앉자, 여왕은 이제 시간도 늦고 이야기도 다 끝났으며 자기의 주재도 끝났으니, 처음 결정한 대로 월계관을 벗어 네이필레의 머리에 얹어 주면서, "자, 이제 당신이 이 조촐한 국민을 다스리실 차례가 되었어요" 하고는 방긋이 웃고 자리에 앉았습니다.

네이필레는 이 영예를 받고 불그스레 얼굴을 붉혔습니다. 샛별처럼 반짝이는 아름다운 눈을 내리뜬 채 약간 숙인 그녀의 두 볼은, 아침 햇살을 받은 사오 월의 갓 피기 시작한 장미 같았습니다. 하지만 이윽고 여왕에 대한 친애의 정을 나타내는 좌중의 웅성거림이 가라앉자, 그녀는 용기를 내어 제자리에 앉으며, 평소보다 약간 높은 소리로 말했습니다.

"이렇게 여왕의 자리에 앉게 해주신 이상, 여러분이 칭찬하신 앞선 분들의 통치에 따라 그 방법에서 멀어지지 않도록 하기 위한 나의 생각을 간단히 말씀드릴까 합니다. 만일 여러분에게 좋은 의견이 있으시면 따르도록 하겠어요. 그런데 내일은 금요일이고 모레는 토요일입니다. 두 날이 다 관례가 되어 있는 날이어서, 식사에 관해서 말씀드리면, 많은 분들이 얼마쯤 지긋지긋해하실 날이에요. 그렇지만 금요일은 우리 대신에 돌아가신 주께서 수난을 견디신 날이니, 경의를 나타내야 한다고 말씀드리지 않을 수 없군요. 그러니 하느님을 위해서는 우리들의 이야기를 듣느니보다 기도를 드리는 편이 올바르고 훌류한 일이라고 생각해요.

그날에 이은 토요일은, 부인들이 머리를 감고 한 주일 동안의 고생으로 쌓인 먼지며 더러움을 말끔히 씻어 내는 관례가 있는 날이에요. 그리고 관례에 따라 성모 마리아를 공경하여 단식하고, 그다음 날인 주일을 위해 저마다 일을 쉬게 되어 있어요. 그래서 그날은 우리들의 이 생활 방식을 그대로 다 수행할 수 없으니, 역시 이날도 이야기는 하지 않는 편이 좋다고 생각해요. 그러면 우리는 이곳에 나흘이나 묵게 되니까, 만일 다른 분들이 이곳에 오는 것을 피하고 싶으시면, 이곳을 떠나 다른 데로 가는 편이 좋을 것 같아요. 물론 그 장소는 내가 벌써 생각해 두었고, 준비도 하고 있어요. 그곳에서 일요일 낮잠 뒤에 모이게 되면, 우리는 여태까지도 매우 광범위한 이야기를 서로 나누었지만, 그때까지는 충분히 다음 이야기를 떠올릴 여유도 생기고, 주제에 대한 선택도 자유로이 할 수 있다고 생각해요. 그러니 운명이 일으키는 갖가지 양상을 하나로 모아, 자기가 무척 바라던 것을 용케 손에 넣었거나, 혹은 잃었던 것을 다시 찾았거나 한, 그런 사람들의 이야기를 해보면 어떨까 합니다. 그리고 여러분은 이 모임이 유익하게 될 만한 이야기를 생각해 두세요. 물론 디오네오가 마지막에 이야기한다는 특권은 그대로 두겠어요."

그들은 새 여왕의 말과 제안에 찬성하여 그렇게 하기로 했습니다. 그런 다음, 여왕은 하인 우두머리를 불러오게 하여, 저녁 식탁을 차릴 장소와 그 뒤 자기가 통치하는 동안에 할 일을 지시했습니다. 그것이 끝나자 사람들과 함께 일어나서, 각자 마음 내키는 일을 해도 좋다고 그들에게 시간을 주었습니다. 그래서 부인들과 청년들은 조그만 정원 쪽으로 가서 잠시 즐겁게 보내다가, 곧 저녁 식사 시간이 되어 즐겁게 식사를 했습니다. 식탁이 치워지자 여왕의 희망에 따라 에밀리아가 먼저 춤을 추기 시작하고, 팜피네아는 칸초네를 불렀으며, 모두 그에 맞추어 노래했습니다.

내가 아니면 어느 누가 노래하랴,
축복으로 가득한 내가 노래하지 않으면?
오라, 사랑의 신이여, 그대는
내 행복과 희망과 기쁨의 모두이니

잠시 함께 노래하지 않으련가.
사랑의 괴로움에 한숨짓지 않고
달콤한 기쁨에 잠기면서
타는 불길만이 기쁨의 불 붙이노니.
나는 사랑한다, 사랑의 신을.

사랑의 신이여, 내 앞에서
그대의 불꽃 타기 시작한 날
잘생기고 호기로우며
비할 자 없는 덕을 갖춘
젊은이의 모습 나타났네.
그 사람으로 인해 가슴이 타오르니
사랑의 신이여, 함께 노래 부르자.

나의 가장 큰 기쁨은
둘이 서로 좋아하는 것,
사랑의 신이여, 그것은 그대의 은혜.
이 세상의 희망 이루어지면
내 가슴에 간직한 믿음에
평안을 얻게 하라, 저승에서도.
아, 그걸 보시는 신이시라면
나에게 허용하라, 그대의 나라.

이 노래가 끝난 뒤에도 그들은 다시 여러 가지 노래를 불렀습니다. 그러면서 춤을 추며 온갖 악기를 연주했습니다. 그러나 여왕이 이제 잘 시간이라고 지시하자 저마다 촛대를 들고 침실로 물러갔습니다. 그리고 그다음 이틀은 여왕이 말한 대로 보내며, 일요일이 오기를 기다렸습니다.

셋째 날

《데카메론》의 셋째 날이 시작됩니다. 이날은 네이필레의 주재 아래, 무척 바라던 것을 손에 넣은 사람들과 한 번 잃었던 것을 다시 찾은 사람들의 이야기를 나누게 됩니다.

해가 솟아오름에 따라 눈부시게 붉은빛은 이제 오렌지 빛깔로 바뀌기 시작했습니다. 이 일요일 아침, 여왕은 일어나서 사람들을 깨우게 했습니다. 하인 우두머리는 벌써 일찌거니 그들이 가야 할 장소에 필요한 물건과 필요한 일을 할 하인들을 보내 놓고 있었는데, 여왕이 떠나가는 것을 보자 곧 남아 있는 물건들을 수레에 싣고 마치 진지를 철수하듯이 남아 있는 하인들과 함께 부인들과 청년들의 뒤를 따라 출발했습니다.

여왕은 느릿한 걸음걸이로 부인들과 세 청년들을 거느리고, 아마도 스무 마리 남짓은 되는 꾀꼬리와 다른 새들의 재잘거림을 따라 초록 풀을 비치기 시작한 태양 아래 한껏 피어오르기 시작한 꽃들로 덮인, 평소에 별로 사람이 다니지 않는 오솔길 서쪽으로 걸어갔습니다. 이렇게 여럿이서 지껄이고, 농담을 주고받고, 웃고 하면서 2000걸음도 채 걷지 않아서, 8시 반 훨씬 전에 여왕은 평지에서 약간 높게 솟은 언덕 위의 아주 아름답고 훌륭한 저택으로 그들을 안내했습니다.

안으로 들어가서 두루 살펴보니 넓은 응접실이 있고 침실에 필요한 모든 도구를 갖추고 있는, 깨끗이 청소되어 말끔히 치워진 몇 개의 침실이 있었으므로 그들은 감탄을 금하지 못했을 뿐만 아니라, 이 집의 주인이야말로 훌륭한 사람이 틀림없다고 서로 칭찬했습니다. 그리고 아래로 내려가 보니 널찍하고 참으로 시원한 안마당이 있고, 지하실에는 고급 포도주가 가득 저장되어 있었으며, 샘에서는 끊임없이 맑은 물이 솟고 있어서, 이것 또한 칭찬의 대상이 되지 않을 수 없었습니다.

그들이 안마당에 면한 회랑에서 잠시 쉬기 위해 자리에 앉으니, 계절의 꽃들이 만발하고, 푸른 잎이 무성한 정원이 한눈에 바라보였습니다. 그러자 그곳에 충실한 하인 우두머리가 나와서, 값진 설탕과자와 훌륭한 포도주를 대접해 주었습니다.

그것이 끝난 뒤 그들은 집 옆의 바깥 정원을 열게 하여, 사방을 흙벽으로 둘러싼 정원 안으로 발을 들여놓았습니다. 한번 발을 들여놓고 보니 안마당과 마찬가지로 너무나 아름다워 눈이 휘둥그레지지 않을 수 없었습니다. 그래서 정원 구석구석을 알뜰히 살펴보며 돌아다녔습니다.

정원 주위와 한가운데에는 폭넓은 길이 똑바로 나 있고, 포도 시렁에 덮인 포도의 풍작을 눈앞에 볼 수 있었습니다. 그리고 지금 한창 포도꽃이 만발해서 온 정원에 훈훈한 향기가 떠돌았으며, 그것이 정원 가득히 스민 다른 꽃향기와 뒤섞여서 마치 동양에서 나오는 갖가지 향료 속에 파묻혀 있는 듯한 느낌이었습니다.

길 양쪽은 희고 붉은 장미꽃이며 재스민꽃으로 덮여 있어서, 아침뿐만 아니라 해가 높이 솟은 뒤에도 햇빛이 내리쬐지 않는 꽃향기 그윽한 그늘로 어디로든 걸어갈 수 있었습니다.

그런데 이 정원에 있는 나무가 어떤 나무들이고 어떻게 심어져 있나 하나하나 설명하다가는 끝이 없을 것입니다. 비록 매우 희귀한 종류라도 이곳 계절에 맞는 것은 무엇이든지 있었습니다.

정원 한가운데에는—이것이야말로, 여기서 볼 수 있는 많은 것 가운데에서도 가장 칭찬할 만한 것입니다만—잘 손질된 잔디가 빽빽이 나 있는 풀밭이 있었습니다. 그 푸르름이 거의 검게 보일 만큼 주위는 진초록의 산뜻한 오렌지며 레몬나무로 둘러싸여 있었고, 잔디밭 자체가 여기저기 몇천 종류나 되는 색색 가지 꽃으로 물들어 있었습니다. 그리고 그 나무들은 익은 열매나 아직도 덜 익은 푸른 열매를 달았고 또 꽃이 핀 것도 있어서 보기에도 상쾌한 그늘을 이루고 있을 뿐만 아니라, 거기서 풍기는 향긋한 향기가 코를 찔러 도취될 듯한 황홀한 기분으로 만들어 주었습니다.

잔디밭 중앙에는 훌륭하게 조각된 대리석 분수가 물을 뿜어 올리고 있었습니다. 그 풍부한 물은 천연수인지 인공수인지 알 수 없었습니다만, 대리석 중심의 기둥 위에 서 있는 조각상에서 하늘에 이를까 여겨질 만큼 높이 치솟고 있었습니다. 그리고 물레방아라도 움직일 수 있을 것 같은 거센 힘으로 상쾌한 소리를 내며 연못에 떨어졌습니다.

그 넘쳐흐르는 분수의 물은 잔디밭 밑의 숨은 홈통을 통해서, 잔디밭 주위에 인공적으로 아름답게 파놓은 도랑을 따라서 정원의 모든 부분을 적셔 주는 몇 가닥의 시냇물이 되어 마지막에는 출구의 한군데로 모였습니다. 그리고 맑은 냇물이 되어 평야 쪽으로 흘러내려갑니다만, 그 전에 거센 힘으로 두 대의 물레방아를 움직여 이 집 주인에게 적잖은 이익을 가져다주고 있었습니다.

이 정원의 그 아름다운 질서와 나무와 시냇물이 흘러나오는 분수를 보고, 일곱 명의 여자들과 세 명의 청년들은 여간 기뻐하지 않았습니다. 그래서 이 세상에 낙원을 만들 수 있다면, 이와 같은 모양 이외는 있을 수 없고, 생각할 수도 없고, 이 이상 아무것도 보탤 것이 없다고 생각할 정도였습니다. 아무튼 그들은 너무나 기뻐서 근처를 산책하며 온갖 나뭇가지로 아름다운 화환을 만들기도 하고, 스무 종류는 될 것 같은 색다른 울음소리로 서로 다투듯 재잘거리는 새소리에 황홀히 귀를 기울이기도 하는 동안에, 지금까지 깨닫지 못했던 또 하나의 유쾌한 것을 발견했습니다. 그것은 정원 안에 온갖 종류의 귀여운 동물들이 있었다는 것입니다.

정원 한구석에서 하얀 집토끼가 뛰어나오는가 하면, 다른 구석에서는 산토끼가 달려오고, 암사슴이 누워 있기도 하고, 몇 마리의 새끼 사슴 가운데는 돌아다니며 풀을 뜯어 먹는 것도 있어서, 사람들은 저마다 손을 들어 그런 광경들을 가리키곤 했습니다. 그 밖에도 사람을 해치지 않는 동물들이 마치 가축처럼 제멋대로 여러 가지 모습을 보이며 즐기고 있었습니다. 이런 것들이 사람들에게 무엇보다도 큰 기쁨을 보태지 않을 수 없었습니다.

그들은 이것저것 구경하면서 주위를 거닐다가 이윽고 분수 주위에 식탁을 갖다 놓게 하고 여섯 곡 정도 칸초네를 부르며 춤을 춘 다음, 여왕이 바라는 대로 식사를 시작했습니다. 훌륭한 시중으로 맛있는 고급 요리를 먹고 충분히 쉰 다음, 그들은 일어서서 다시 악기를 울리며 노래를 부르고 춤을 추었습니다. 그리고 더위가 차츰 심해져서 낮잠을 잘 시간이 되었다고 여왕이 생각할 때까지 놀았습니다.

개중에는 낮잠을 자러 간 사람도 있었고, 정원의 아름다움에 끌려 침실로 가지 않은 사람도 있었습니다. 그리고 남은 사람들은 다른 사람들이 자고 있는 동안, 줄곧 사랑 이야기를 읽기도 하고, 체스를 두기도 하고, 주사위놀이를 하기도 했습니다.

그러나 3시가 되자 낮잠을 자러 갔던 사람들이 일어나 차가운 물로 얼굴을 씻고, 여왕의 지시에 따라 분수 가까이에 모여들었습니다. 그리고 여느 때처럼 앉아 여왕이 제안한 주제의 이야기가 나오기를 기다렸습니다.

그리하여 가장 먼저 이야기할 사람은 필로스트라토라고 여왕이 책임을 지웠으므로, 그는 다음과 같은 이야기를 시작했습니다.

첫째 이야기
람포레키오의 마제토는 거짓으로 벙어리 흉내를 내어 수녀원의 정원사가 되고, 수녀들은 앞을 다투어 그와 자게 된다.

그러면 아름다운 숙녀 여러분, 세상에는 젊은 여자에게 흰 수건을 씌우고 검은 옷만 입히면, 돌로 만든 수녀가 된다고까지는 생각지 않더라도, 이제 여자가 아니며 여자로서의 욕정도 느끼지 않게 된다고 생각하는 어리석은 남녀가 많습니다. 그리고 이에 대한 반대론이라도 들으면 마치 자기 자신에 대한 경멸인 것처럼 생각하고, 자연에 대해서 최고의 악행이라도 범한 것처럼 당황해 버립니다. 그와 같은 사람들은 마음 내키는 대로 별의별 짓을 다 해도 만족하지 못하는 자기 자신은 생각지도 않고, 여자가 너무 많다든가, 쓸쓸하다든가 하는 것이 얼마나 치명적인 영향을 인간에게 미치는가 생각지도 않습니다.

또 마찬가지로 농부들은 괭이를 휘두르고, 가래를 잡고, 험하게 먹고, 자유로운 생활을 할 수 없기에 음란한 욕망을 잃어버렸으며, 지능이나 지혜마저 잃어버린다고 생각하는 어리석은 사람들이 의외로 많은 것 같습니다. 다행히도 여왕께서 나를 지목해 주셨기에, 그렇게 생각하고 있는 사람들이 어떻게 배반을 당하는가 하는 것을 여왕이 제안하신 주제에서 벗어나지 않도록 짤막한 이야기로 밝혀 볼까 합니다.

우리가 살고 있는 이 지방에 신성하기로 이름난 수녀원이 있었습니다. 나는 조금이라도 그 명성을 더럽히지 않기 위해서 이름을 말하지는 않겠습니다. 그 수녀원은 지금도 있습니다.

그리 옛날은 아닙니다만, 그 무렵 그 수녀원에는 모두 합해 여덟 명의 젊은 수녀들과 수녀원장밖에 없었으며, 남자로는 아름다운 정원을 손질하는 키가 자그마한 사람 좋은 정원사가 한 명 있었습니다. 그런데 이 사람은 급료가 적은 것을 불만스레 여기고, 수녀원 관리인에게 급료를 결산받아 가지고는 고향 람포레키오로 돌아가 버렸습니다.

마을로 돌아가니 반가이 맞이하는 사람들 가운데, 참으로 남자답게 몸집이 굳건한 젊은 농부가 한 사람 있었습니다. 농부치고는 체격도 늘씬하고 얼굴도 호감이 가는 마제토라는 젊은이였는데, 지금까지 그렇게 오래도록 대체 어디에 가 있었느냐고 그에게 물었습니다.

그 사람 좋은 정원사 누토는 어느 곳에 있는 무슨 수녀원이라고 지금까지 있었던 곳을 가르쳐 주었습니다. 그러자 마제토가 거기서는 무슨 일을 했었느냐고 다시 물었으므로, 누토는 대답했습니다.

"그곳에 있는 아름다운 정원에서 일했지. 정원 일 이외에는 때로 숲에 장작을 패러 가기도 하고, 물을 길어 오기도 하고, 그 밖에 여러 가지 잡일을 했었지. 하지만 수녀들이 급료를 너무 박하게 줘서, 나는 구두 한 켤레 제대로 사지 못했어. 그리고 수녀들이 모두 젊어서 몸에 악마가 깃들어 있는 거 같아. 무엇을 해도 그 사람들의 마음에 들지 않는단 말이야. 내가 집 뒷밭에서 일을 하고 있으면, 한 사람이 '이걸 여기 놓아 줘요' 하고 말해서 그렇게 하면, 다른 사람이 와서 '이건 저기에 놔요' 하고 옮기게 하거든. 그러면 또 다른 수녀가 와서 내가 쥐고 있는 괭이를 뺏어 들고는 '이렇게 하면 안 돼요.' 아, 글쎄 이런 소릴 다 하잖겠어? 그런 일이 한두 번이 아니야. 너무 귀찮아서 나는 그만 밭에서 나와 버리고 일을 팽개쳐 버리는 형편이었지. 그래, 이런 것 저런 것 여러 가지가 겹쳐서, 이젠 더 있고 싶지 않아 돌아와 버린 거야. 그런데 내가 돌아올 때 관리인 녀석이 적당한 사람이 있거든 보내 달라길래 약속은 했지만, 하느님이라면 모르되 그런 일을 대신할 사람을 누가 일부러 찾아서 보내 준담.”

누토의 말을 듣고 젊은 수녀들과 함께 살아 보고 싶은 달콤한 소망이 마제토의 가슴에 솟아난 것은, 그의 말투에서 자기 희망이 이루어질 수 있을 것 같다고 판단했기 때문입니다. 그러나 그런 일을 입 밖에 내면 성공하지 못할 거라 생각하고 이렇게 말했습니다.

“돌아왔으니 정말 잘됐군. 남자 혼자 그 많은 여자들 속에 섞여서 어떻게 살아! 그러느니 차라리 악마와 함께 사는 편이 낫지. 여자란 일곱 번 중에서 여섯 번은 자기가 뭘 바라는지도 모르거든.”

하지만 이야기가 끝나자 마제토는 어떻게 하면 수녀들과 함께 살 수 있을까 하고 궁리하기 시작했습니다.

그는 누토가 말한 그런 일은 자기도 충분히 할 수 있다고 생각했으므로, 그 후임이 될 수 없다고는 의심도 하지 않았습니다. 다만 자기가 젊고 잘생겨서 채용해 주지 않을지도 모른다는 걱정이 있었습니다. 그래서 여러 가지 궁리 끝에 마침내 묘안이 하나 떠올랐습니다.

‘그곳은 여기서 꽤 멀리 떨어져 있으니 아무도 나를 아는 사람이 없지. 그러니 벙어리 노릇을 하며 찾아가면, 채용해 줄지도 몰라.’

이렇게 생각하고는, 아무에게도 어디 간다는 말도 없이 도끼를 메고 수녀원을 찾아갔습니다. 그리고 안으로 성큼성큼 들어가다가 우연히 안마당에서 관리인을 만나서 벙어리 흉내를 내며, 제발 먹을 것을 주십시오, 그 대신 장작을 패드리겠습니다 하고 손짓 발짓을 해 보였습니다.

관리인은 기꺼이 먹을 것을 준 다음 누토가 패지 못했던 나무 그루터기를 날라 왔습니다. 이 농부는 힘이 굉장했으므로, 한 시간도 안 되어 모두 잘게 쪼개 놓았습니다.

관리인은 숲에 볼일이 있었기에 그를 데리고 가서 장작을 패게 하고는, 노새를 끌고 와서 등에 싣고 수녀원으로 끌고 가라고 손짓으로 일렀습니다.

마제토가 그것을 솜씨 있게 잘해서, 관리인은 여러 가지 밀렸던 일을 시키려고 며칠 묵게 해두었습니다. 그러자 어느 날 수녀원장이 농부를 보고 누구냐고 관리인에게 물었습니다. 그래서 그는 대답했습니다.

"원장님, 이 사람은 불쌍한 벙어리에 귀머거리입니다. 며칠 전에 구걸을 하러 왔길래, 구해 줄 생각으로 밀린 일을 시켰지요. 만일 이 사람이 밭일도 할 줄 알고 여기 있고 싶어 한다면, 우리는 좋은 머슴을 얻게 될 줄 압니다. 마침 이런 사람이 필요했고, 힘도 세서 여러 가지 일을 시킬 수 있을 테니까요. 게다가 이곳 젊은 수녀들을 희롱할 걱정은 조금도 없을 것 같습니다."

수녀원장이 대답했습니다.

"정말 그렇군요. 저 사람이 일을 잘할 것 같거든 붙들어 보세요. 신발 두어 켤레와 헌 두건을 주고, 적당히 칭찬하면서 귀여워해 주고, 맛있는 음식을 주도록 해요."

관리인은 그렇게 하겠다고 대답했습니다.

그때 마제토는 그 자리에서 그리 멀지 않은 곳에 있었으므로, 마당을 쓰는 체하면서 두 사람의 말을 모두 들어 버렸습니다. 그래서 속으로 빙그레 웃으며 혼잣말을 했습니다.

"여기 있게 해준다면, 여태까지 없었을 만큼 훌륭하게 밭을 갈아 주지."

관리인은 그를 참으로 부지런한 녀석이라고 생각했기에, 손짓으로 여기 있을 생각은 없느냐고 물었습니다. 그래서 마제토도 손짓으로 바란다면 있고 싶다고 대답했습니다. 관리인은 그를 채용하기로 하고는, 밭일을 시키고 자질구레한 지시를 한 다음, 다른 볼일이 있어서 그를 남겨 놓고 수녀원을 떠났습니다.

마제토가 이렇게 날마다 일을 하고 있으니, 수녀들은 벙어리에 대해서 흔히 그렇듯이, 그를 따라다니며 놀리기 시작했습니다. 그리고 그가 알아들을 까닭이 없다고 아주 천한 말을 예사로 그에게 퍼부었습니다.

원장은 그에게 혀가 없듯이 꽁지도 없는 줄 알았던지 그런 것은 조금도 개의치 않았습니다.

그러던 어느 날 이런 일이 일어났습니다. 힘든 일을 마치고 마제토가 잠시 쉬고 있는데, 마당에 나온 젊은 수녀 두 명이 가까이 다가왔습니다. 그가 잠든 체하고 있으니, 두 사람은 그를 아래위로 훑어보았습니다. 그리고 조금 대담한 쪽이 말했습니다.

"당신이 비밀을 지켜 준다면 평소에 내가 생각하고 있던 말을 할까요? 아마 당신 마음에도 들 거예요."

그러자 상대편이 곧 대답했습니다.

"안심하고 말해요. 절대로 아무에게도 말하지 않을 테니까."

그래서 대담한 쪽이 말했습니다.

"당신이 생각해 본 적이 있는지 모르지만, 여기 들어와 있는 남자라고는 그 늙은 관리인과 이 벙어리밖에 없을 만큼 우리는 딱딱한 생활을 강요당하고 있잖아요? 그런데 여기 자주 찾아오는 부인들한테서 들은 이야기지만, 이 세상에서 남자와 여자가 하는 즐거움만큼 좋은 것은 없대요. 그래서 우리는 다른 남자와 그런 짓을 할 수는 없으니까, 이 벙어리와 한번 시험해 봐야겠다고 몇 번이나 생각했어요. 이 남자가 가장 편리하거든요. 말하고 싶어도 남에게 말할 수도 없으니까. 그리고 머리는 좀 비었어도 얼굴도 잘생기고 체격도 꽤 좋고 아주 쓸 만한 젊은이잖아요? 당신은 어떻게 생각해요? 기꺼이 내 의견을 듣겠죠?"

"어마!" 하고 상대편이 대답했습니다.

"무슨 그런 말을 다 해요? 우리는 이미 하느님께 순결을 약속했잖아요?"

"아아, 날마다 얼마나 많은 일들을 약속하고 있는지! 하지만 무엇 하나 지켜지고 있지 않잖아요? 우리가 약속했지만, 하나고 둘이고 지켜지고 있는 것이 뭔지 한번 말해 봐요."

그러자 상대편이 말했습니다.

"하지만, 만일 배가 부르면 어떻게 하죠?"

그래서 말을 꺼낸 수녀가 말했습니다.

"아직 일이 일어나지도 않았는데 그런 불길한 결과부터 생각해요? 만일 일어나거든 그때 생각하기로 합시다. 그걸 숨길 수 있는 방법이 많이 있을 거예요. 우리만 밖에다 말하지 않으면 돼요."

이 말을 들으니 그녀는 말을 꺼낸 수녀 이상으로 남자란 대체 어떤 동물인지 실컷 시험해 보고 싶어져서 "그건 그래요, 그럼 어떻게 하면 되죠?" 하고 물었습니다. 그러자 말을 꺼낸 수녀가 대답했습니다.

"지금은 3시가 지났어요. 그러니 우리 말고는 모두 자고 있을 거예요. 하지만 밭에 혹시 누가 있나 보고 옵시다. 만일 아무도 없으면 이 남자의 손을 잡고 저 곳간으로 데리고 들어가는 거예요. 그 곳간은 이 남자가 비를 피하는 곳이죠. 그곳에 우리 두 사람 가운데 하나가 먼저 이 남자와 안으로 들어가고, 한 사람은 밖에서 망을 보는 거예요. 이 남자는 바보니까, 우리가 하자는 대로 할 거예요."

마제토는 이런 이야기를 다 들어 버렸습니다. 그래서 하자는 대로 해야지 하고 생각하고는 어느 쪽인가가 끌고 가기를 고대하고 있었습니다.

주위를 잘 살펴보고 온 두 수녀는 아무도 보고 있지 않다는 것을 확인했습니다. 먼저 입을 연 수녀가 가까이 가서 마제토를 흔들어 깨웠습니다. 그는 곧 일어났습니다.

수녀는 아양을 떠는 듯한 몸짓으로 그의 손을 잡았습니다. 그러자 그가 빙그레 웃었으므로 곳간으로 데리고 들어갔습니다. 그리하여 그는 별로 애태우는 법도 없이 그녀가 바라는 것을 해주었습니다.

그녀는 뜻을 이루자 충실한 친구로서 또 한 사람과 교대했습니다. 그래서 마제토는 여전히 바보인 체하면서 그녀들의 희망을 다 이루어 주었습니다. 그래서 두 사람은 곳간을 떠나기 전에 이 벙어리가 몇 번이나 자기들에게 올라탈 수가 있을까, 계속 시험해 보았을 정도였습니다.

그 뒤 두 사람은 서로 듣던 것보다 훨씬 기분 좋은 쾌락이었다고 소곤거리면서 기회만 있으면 이 벙어리와 즐기러 갔습니다.

그런데 어느 날, 다른 수녀 하나가 자기 방 창문에서 이것을 발견하고 다른 두 사람에게도 보여 주었습니다. 처음에는 원장에게 보고하여 벌을 받게 해야지 하고 엄격한 말을 했지만, 그러는 동안에 생각을 고쳐먹고 친구들에게 한몫 끼어 마제토가 경작해 주는 몸이 되었습니다. 그리고 이들 말고도 다른 세 사람이 시간을 바꾸어서 한패에 끼어들었습니다.

이런 일을 마지막까지 몰랐던 수녀원장은 어느 날 혼자서 어슬렁어슬렁 마당을 거닐고 있다가, 더운 날이었으므로 마제토가(하기야 밤에 하는 승마의 도가 지나쳐서 낮에는 간단한 일만 해도 곧 피로해졌기 때문에) 감복숭아나무 그늘에서 늘어지게 낮잠을 자고 있는 것을 발견했습니다. 그때 바람이 휙 불어와서 옷자락을 걷어 버려서, 그것이 완전히 드러나 버렸습니다.

여자가 더욱이 혼자서 그런 것을 보았으니 수녀원장도 제자들과 똑같은 욕정에 사로잡히고 말았습니다. 그래서 마제토를 깨워 자기 방으로 데리고 들어가서 며칠 동안이나, 다른 여자들이 했더라면 자기가 앞장서서 호통쳤을 그 달콤한 즐거움을 되풀이해서 맛보며 붙잡아 놓고 있었습니다. 이 바람에 제자들인 젊은 수녀들은 정원사가 밭일을 해주러 오지 않아 그만 요란스레 비난의 소리를 높였습니다.

수녀원장은 마침내 그를 놓아주었습니다. 그 뒤 몇 번이나 자기 방에 끌어들여서는 그가 할 수 있는 것 이상의 것을 요구했으며, 그리하여 마제토도 도저히 많은 사람들을 혼자서 만족시켜 줄 수는 없는 일이므로, 이 이상 벙어리 흉내를 내고 있다가는 큰일 나겠다고 생각하기 시작했습니다. 그래서 어느 날 밤, 수녀원장 방에 있을 때 혀짜래기소리로 말을 꺼냈습니다.

"원장님, 한 마리의 수탉은 열 마리의 암탉을 만족시킬 수 있지만, 인간은 남자 열 명이 여자 한 명을 만족시키기가 어렵다고들 합니다. 그런데 저는 아홉 사람에게 봉사해야 하지요. 이러다간 돈이 산더미처럼 쌓이더라도 몸을 지탱하지 못하겠습니다. 아니, 저는 지금까지의 봉사 탓으로 많든 적든 이제 더 아무것도 할 수 없는 데까지 와버렸어요. 그러니 저를 내보내 주시든가, 아니면 다른 좋은 방법이 있으면 가르쳐 주셔야겠습니다."

벙어리인 줄만 알았던 사나이가 갑자기 말을 하기 시작했으므로, 수녀원장은 까무러치게 놀라면서 "아니 어찌 된 일이냐, 대체 이건? 너를 벙어린 줄만 알고 있었는데?" 하고 소리쳤습니다.

"원장님." 마제토는 얌전하게 대답했습니다.

"저는 정말 벙어리였습니다. 하지만 태어날 때부터 그런 게 아니고 병을 앓고 말을 못 하게 되었죠. 그러다가 이번에 처음으로 말을 할 수 있게 되었어요. 하느님의 덕은 참으로 고마운 것입니다."

수녀원장은 그의 말을 믿었습니다. 그래서 아홉 사람에게 봉사해 왔다는 말은 무슨 뜻이냐고 물었습니다. 마제토는 사실을 털어놓았습니다. 그 말을 듣고 원장은 젊은 수녀들이 자기보다 훨씬 머리가 좋다는 것을 깨달았습니다. 그래서 원장은 상당히 빈틈없는 사람이라, 마제토가 수녀원의 욕을 퍼뜨리고 다니면 곤란하므로, 그를 해고하지는 않고 그 수녀들과 함께 해결책을 찾아 보자고 생각했습니다.

그런데 마침 갑자기 관리인이 죽었습니다. 원장은 수녀들의 동의를 얻어서 지금까지 서로가 해온 일을 고백하면서, 세상 사람들이 믿을 수 있도록 마제토는 오랫동안 벙어리였지만 수녀들의 기도 덕분에, 그리고 이 수녀원의 수호 성인의 은혜로 말을 할 수 있게 되었다는 것으로 의논을 모았고, 마제토는 매우 기뻐했습니다. 그리고 그는 관리인에 임명되었습니다. 더욱이 그의 몸이 지탱되는 방법을 찾아 피로도 덜 수 있게 해주었습니다.

마제토는 젊은 수녀들에게 몇 번이나 아이를 낳게 하는 사태를 일으켰지만, 워낙 조심했기 때문에 세상에는 조금도 알려지지 않았습니다.

그러는 동안에 수녀원장이 세상을 떠났습니다. 그 때문은 아니지만, 마제토도 나이를 먹었으므로 자기 집에 돌아가고 싶은 생각이 들었습니다. 수녀들이 그것을 알게 되자 그의 소원은 간단히 받아들여졌습니다. 이리하여 마제토는 나이가 들고, 아버지가 되고, 또 애써 돈을 벌고, 아이들을 기르는 고통도 모르는 채, 조금의 비용도 드는 일 없이 선견지명으로 젊음을 유효하게 보내고서 도끼 한 자루를 어깨에 메고 떠났던 마을로 돌아왔습니다. 이와 같이 성공하여 고향에 돌아올 수 있었던 것은 정말 그리스도 덕분이라고 그는 언제나 말하고 다녔다고 합니다.

둘째 이야기
한 말구종이 아질룰프 왕의 아내와 관계를 맺는다. 왕은 그것을 눈치채고, 그를 발견하여 그 머리칼을 몰래 조금 잘라 놓는다. 머리칼을 잘린 말구종은 다른 말구종의 머리칼도 똑같이 잘라 가까스로 곤경에서 벗어난다.

필로스트라토의 이야기를 들으면서 부인들은 이따금 얼굴을 붉히기도 하고, 때로는 웃기도 하고 했습니다만, 마침내 이야기도 끝났으므로, 다음은 팜피네아의 차례라고 여왕이 말했습니다. 팜피네아는 방긋이 웃어 보이며 다음과 같은 이야기를 시작했습니다.

세상에는 별로 자기가 알지 않아도 될 일을 듣고서는 그것을 남에게 떠벌리고 싶어 하는, 생각이 좀 모자라는 사람이 적잖게 있는 법이에요. 그래서 알려지지 않았던 남의 결점을 들추어서는, 그렇게 하다간 언제까지나 창피만 당하는데도 자기는 그들의 창피를 덜어 주었다고 믿고 있는 것 같아요.

나는 마제토보다 보잘것없는 남자가 그와는 반대로 약은 꾀로 훌륭한 왕의 신중한 방법을 헛일로 만든 이야기를 해서, 지금 내가 말씀드린 것이 사실이라는 것을 여러분에게 밝혀 볼까 해요.

롱고바르디의 왕 아질룰프는 조상과 마찬가지로 롬바르디아의 도시 파비아에 수도를 정하고, 같은 롱고바르디의 왕이었던 아우타리의 과부인 왕비 테우델링가를 아내로 맞았습니다. 그녀는 매우 아름답고 총명하며 정숙했으나, 달콤한 사랑의 추억 같은 것은 가진 적이 없었습니다.

아질룰프 왕은 총명하고 덕도 아울러 갖추고 있어서, 롱고바르디는 번영하여 평화가 계속되고 있었습니다. 그런데 이 왕비의 말구종 가운데, 태생이 천해서 그런 천한 직업을 가졌으면서도 보기에는 그와 반대로 왕처럼 당당한 풍채를 지닌 잘생긴 젊은이가 있었는데, 이 녀석이 분수도 모르고 왕비를 사모하게 되었습니다.

그러나 자기 신분이 낮아서 이 사랑이 도저히 이루어질 수 없다는 것을 알고 있었기에 누구에게도 속마음을 털어놓지 않았고, 또 영리한 사나이라 행여 추파를 보내어 왕비에게 자기 마음을 알리려고도 하지 않았습니다.

이렇게 그는 왕비가 자기를 좋아해 주겠지 하는 희망도 없이 살아가고 있었으며, 다만 자기가 높은 가지에 매달린 꽃에 연정을 보내고 있다는 것만을 자랑으로 삼고 있었습니다.

하지만 사랑의 불길에 몸을 태우는 까닭에 무슨 일이건 왕비가 기뻐할 일이라면 동료들을 제쳐 놓고 누구보다도 열을 올렸습니다. 그렇기 때문에 왕비도 그 성의를 알고, 말을 탈 때는 언제나 다른 말보다 그가 손질한 말을 기꺼이 탔습니다. 그렇게 되니 그는 다시없는 영광이라 생각하고 왕비의 등자 곁을 떠나지 않았고, 그 옷자락에 닿는 것만으로도 하늘에라도 오른 듯한 기분이 되곤 했습니다. 세상에 흔히 있는 일입니다만 희망이 없으면 없는 대로 오히려 생각은 더욱더 간절해지는 법이어서, 이 가엾은 말구종도 희망이 없는데도 자기의 분수를 모르는 소망을 도저히 가슴속에 간직해 둘 수 없는 중대한 단계에 이르고 말았습니다. 이 사랑에서 벗어나지 못할 바에는 차라리 죽어 버려야겠다고 몇 번이나 생각하게 되었던 것입니다.

이렇게 죽는 방법을 생각하고 있는 동안에, 어차피 죽을 바에는 자기가 왕비에게 품어 온 사랑 때문에 죽는다는 것을 사람들이 알 수 있는 방법을 쓰기로 했습니다. 그것은 자기 소망의 전부는 아니더라도 조금이나마 이룰 수 있는지 없는지, 자기의 운명을 걸어 보는 일이었습니다.

그러나 왕비에게 이러한 소망을 입 밖에 내거나 글로 쓰거나 한다는 것은 헛된 일임을 알고 있었으므로, 사랑의 고백을 하거나 글로 옮기지는 않았습니다. 하지만 어떻게든 교묘한 수단을 써서 왕비와 잠자리를 함께하는 방법을 시도해 보자고 생각했습니다. 그러려면 시치미를 떼고 왕이 되는 수밖에 좋은 방법이 없었습니다. 왕이 날마다 왕비와 잠자리를 함께 하지는 않는다는 것을 알고 있었으므로, 왕을 가장하면 왕비의 침실로 들어갈 수 있었습니다. 그래서 그는 왕이 왕비에게 갈 때는 어떤 모습으로 어떤 복장을 하고 가는가 잘 보아 두려고, 밤이 깊어진 뒤에 왕의 방과 왕비의 방 중간에 있는 큰 홀에 몇 번이나 들어가서 숨어 있었습니다. 그러자 어느 날 밤, 왕이 커다란 망토에 몸을 감싸고 한 손에 횃불을 들고 나머지 손에 지팡이를 짚고 자기 방에서 나왔습니다. 그리고 왕비 방에 가더니 아무 말도 하지 않고 지팡이로 한두 번 가볍게 문을 두드렸습니다. 그러자 곧 문이 열리더니 안에서 누가 횃불을 받아 들었습니다.

그는 이 광경과 왕이 돌아가는 모습을 보아 두었다가, 자기도 이와 같이 해야 되겠다고 생각했습니다. 그래서 왕이 입었던 것과 똑같은 망토를 손에 넣었습니다. 그리고 먼저 뜨거운 목욕통에 들어가 몸을 잘 씻고, 말똥 냄새로 왕비를 불쾌하게 만들지 않도록, 또 이 계략이 눈치채이지 않도록 하고는 완전히 왕의 몸차림을 갖추고서 큰 홀에 들어가서 숨었습니다. 그리하여 주위가 완전히 조용해지기를 기다렸다가, 드디어 자기의 소망이 이루어질 것인가 아니면 이 당돌한 일이 발각되어 자기가 각오한 죽음의 때가 올 것인가 생각하면서, 갖고 간 부싯돌과 쇳조각으로 횃불에 불을 붙이고는 망토에 몸을 푹 감싸고 왕비의 방문 앞에 가, 두 번 똑똑 지팡이로 두들겼습니다.

잠에 취한 시녀가 문을 열고 횃불을 받아 들더니 불을 껐습니다. 그래서 그는 말없이 침대의 장막을 걷어 올리고 안으로 들어가서 망토를 벗고는 왕비가 잠들어 있는 침대로 기어 들어갔습니다.

그러고는 욕정에 못 이기는 듯이 왕비를 껴안고 매우 성급한 체하면서(왜냐하면, 왕은 급하면 아무 말도 하지 않고, 또 들으려고도 하지 않는 버릇이 있다는 것을 알고 있었으므로), 아무 말도 없이 또 왕비에게도 말을 시키지 않고 몇 번이나 왕비의 육체를 맛보고 말았습니다.

그 자리를 떠나기가 얼마나 서운했는지 말할 나위도 없었습니다만, 우물쭈물하고 있다가는 모처럼 맛본 기쁨이 슬픔으로 바뀔 것이 두려워 얼른 일어나서는 망토를 걸치고 횃불을 손에 들고, 묵묵히 왕비의 침실에서 나와 자기 방의 침대로 돌아갔습니다.

그가 자기 침대에 들어갔을까 말까 했을 때, 왕이 다시 일어나서 침실에 들어오는 것을 보고 왕비는 깜짝 놀랐습니다. 그리고 왕이 침대에 들어오더니 기분 좋은 듯이 말을 했으므로, 왕비는 그만 기뻐서 말했습니다.

"어머 전하, 오늘 밤엔 별일이시네요? 돌아가신 지가 얼마 되지 않는데, 그리고 평소에 없이 저를 즐기셨는데 이렇게 빨리 다시 오시다니, 과로를 삼가시는 게 좋겠어요."

왕은 아내의 말을 듣고, 왕비가 자기의 모습으로 꾸민 누군가에게 속았다는 것을 곧 깨달았습니다만, 영리한 사람이었기에 왕비나 다른 사람이 깨닫지 못하고 있는 것을 다행으로 여기고 그대로 두는 편이 좋겠다고 생각했습니다.

보통 사람이었더라면 그렇게 하지는 않았겠지요.

"그건 내가 아니다. 대체, 여기에 온 게 누군가? 어째서 그렇게 되었지? 누가 왔었나?" 이렇게 호통을 쳤을 것입니다. 그러한 일로 해서 여러 가지 사건이 일어나고, 그 때문에 뜻하지 않게 왕비를 슬프게 만들지도 모르며, 한 번 맛본 것을 다시 겪어 보고 싶다고 생각하는 결과를 빚을지도 모를 일이지요. 잠자코 있으면 그 이상 창피를 당하지 않아도 될 것을 괜히 입 밖에 내서 비웃음을 받을지도 모를 일이니까요.

아무튼 왕은 속으로는 크게 혼란을 느꼈습니다만, 내색은 하지 않고 대답했습니다.

"부인, 내가 다시 돌아와서 한 번 더 이런 일을 못할 남자라고 생각하오?"

그러자 왕비는 말했습니다.

"오 전하, 그렇게는 생각지 않아요. 하지만 건강에 조심하시도록 부탁드리고 싶어요."

그래서 왕이 대답했습니다.

"그럼 기꺼이 그 충고에 따르리다. 그러니 오늘 밤은 이 이상 귀찮게 하지 않고 돌아가겠소."

왕은 일의 결말이 이런 식으로 자기에게 돌아온 것을 생각하니 매우 불쾌해지고 화가 나서 망토를 걸치고는 방에서 나왔습니다. 그리고 누가 대체 이런 짓을 했는가, 범인은 아직도 이 궁 안에 있을 것이 틀림없다, 어차피 그리 멀리 가지는 못했을 것이라고 생각하고, 그 녀석을 몰래 찾아내자고 생각했습니다. 그래서 왕은 조그만 등불에 가냘픈 불을 켜 들고는, 궁전 안 마구간 위에 있는 길쭉한 다락방으로 올라갔습니다. 거기에는 하인들 모두가 저마다의 침대에서 자고 있었습니다.

왕은 만일 왕비가 말한 그런 짓을 한 자가 있다면 과도한 피로 때문에 맥박도 심장의 고동도 아직 높을 것이 틀림없다고 생각하고, 살며시 방 입구에 있는 침대서부터 심장이 빨리 뛰는 녀석을 가려내려고 모조리 가슴에 손을 대며 훑어 나갔습니다. 그런데 모두 세상 모르게 잠들어 있었지만, 왕비 방에 들어갔던 녀석만은 아직도 잠들어 있지 않았습니다.

그는 왕이 들어온 것을 알고—무엇 때문에 누구를 찾으러 왔는가 짐작하고는—조금 전의 피로 때문에 심장이 빨리 뛰는 데다가 무서움이 겹쳐서 더욱더 심하게 가슴이 두근거리기 시작했습니다. 만일 왕이 그것을 깨닫는다면 당장 목숨이 달아날 것이 틀림없다고 생각했습니다. 그래서 어떻게 하면 좋을까 하고 골똘히 궁리하다가, 왕이 무기 같은 것을 지니지 않았다는 것을 알고 잠든 체하며 무엇을 하는가 기다려 보기로 했습니다.

한편 왕은 많은 하인들을 조사하고 그럴듯한 자가 발견되지 않은 채 그의 침대로 다가왔습니다. 그리고 심장이 매우 빨리 뛰는 것을 깨닫고 "옳지, 이 녀석이구나" 하고 혼잣말을 했습니다.

그러나 왕은 자기의 생각이 누구에게 알려지는 걸 원하지 않았으므로, 갖고 있던 가위로 그의 머리칼을 약간 자르는 일밖에 하지 않았습니다. 당시 이런 하인들은 머리를 길게 기르고 있었으므로, 이와 같이 표를 해두면 이튿날 아침 곧 알 수 있을 거라고 생각한 것입니다. 왕은 이렇게 해두고 다락방에서 나와 자기 방으로 돌아갔습니다.

머리칼을 잘린 말구종은 제법 약은 사람이어서, 자기에게 표를 해둔 것을 알고는, 곧바로 일어나서 마구간에 있던 말에 사용하는 가위 하나를 들고 나와서 방에서 자고 있는 자들 옆에 다가가 깡그리 귀 위의 머리칼을 자기처럼 잘라 놓았습니다. 아무도 알아채지 못하게 그렇게 하고는 자기 침대에 들어가서 자버렸습니다.

이튿날 아침, 왕은 눈을 뜨자마자 궁전 문을 다 열기 전에 자기 앞에 하인들을 모두 불러 모으라고 명령했습니다. 모두들 무슨 일인가 하고 모여들었습니다.

하인들이 머리에 아무것도 쓰지 않고 줄지어 서자, 왕은 자기가 머리칼을 잘라 둔 녀석은 어디 있나 하고 살펴보았습니다. 그런데 하인들의 머리칼이 대부분 똑같이 잘려 있었으므로, 왕은 은근히 놀랐습니다. 그래서 "내가 찾아내려고 한 녀석은 어차피 신분이 낮은 녀석임이 틀림없겠지만, 제법 머리가 좋은 녀석이구나" 하고 중얼거렸습니다.

왕은 소동을 일으키지 않고는 그자를 찾아내지 못하리라는 것을 알고 조그마한 복수를 위해 큰 수치를 당할 것까지는 없다고 생각하여, 한마디의 호통으로 이쪽이 이미 다 알고 있다는 것을 알리는 것에 만족하기로 했습니다. 그래서 하인들에게 일렀습니다.

"당돌한 짓을 한 놈, 두 번 다시 그런 짓을 하지 못할 것이다. 이제 물러가거라."

만일 다른 왕이었더라면, 목에 밧줄을 걸거나, 고문을 하거나, 준엄하게 조사하거나, 심문을 하거나 했을 것입니다. 그리고 그렇게 함으로써 모두가 다 감추고 싶어 하는 일을 오히려 드러내 버리는 결과가 되었을 줄 압니다. 또 그렇게 사실이 밝혀지고 충분한 복수를 했다고 하더라도 자신이 받은 모욕이 지워지기는커녕 오히려 더 커질 뿐이고, 왕비의 정숙함도 더럽혀지고 말았을 것입니다.

왕의 말을 들은 사람들은 모두 한결같이 놀랐습니다.

그리고 그 참뜻을 오랫동안 이것저것 추측해 보았습니다만, 그 일에 관련이 있는 자 말고는 아무도 알 도리가 없었습니다.

그 말구종은 약은 사나이였으므로, 왕이 살아 있는 동안에는 한마디도 입밖에 내지 않았고, 또 두 번 다시 그런 일에 목숨을 걸지 않았습니다.

셋째 이야기

한 젊은이를 사랑하게 된 부인이 고해를 핑계로 그럴듯한 거짓말을 해서, 신부를 중매쟁이 삼아 젊은이를 만나고 쾌락을 맛본다.

팜피네아가 이야기를 마치자, 사람들은 말구종의 담력과 재치에 혀를 내두르는 동시에, 왕의 큰 도량을 칭찬했습니다. 그러자 여왕은 필로메나를 돌아보고 계속해서 이야기를 하라고 명령했습니다. 그래서 필로메나는 방긋 웃어 보이며, 다음과 같은 이야기를 시작했습니다.

나는 지금부터 여러분에게, 어느 아름다운 부인이 참으로 근엄하고 신앙심이 두터운 수도사를 꾀어낸 나쁜 장난 이야기를 해드릴까 합니다.

정말이지 수도사들을 보면, 속계 사람들이라면 누구나 다 웃음을 터뜨릴 그런 망측한 복장을 하고 기묘한 습관에 사로잡혀 있는 어리석은 사람들이면서, 자기네들이 세상의 누구보다도 아는 것이 많고 뛰어난 인간들인 줄만 알고 있어요. 그리고 근본이 천해서 다른 사람들처럼 일해서 끼니를 버는 수단이 없기 때문에, 마치 돼지처럼 먹을 것이 얻어걸릴 수 있는 장소라면 어디나 찾아간답니다.

여러분, 지금부터 내가 꺼내려는 이야기는 그저 분부를 받았기 때문에 하는 것이 아니고, 우리가 무엇보다도 믿고 있는, 오히려 너무나 믿고 있는 그들 수도사들마저 때로는 남자에게나 혹은 우리들 여자에게 교묘하게 속아 넘어가며, 또 그런 일이 있을 수 있다는 것을 여러분이 알아주셨으면 해서 이야기하는 거예요.

사랑이나 신앙보다 위선으로 가득 차 있는 우리 도시에, 그리 먼 옛날은 아닙니다만, 매우 아름다우며 행실도 바르고 마음도 고상하며, 타고날 때부터 누구보다도 잔재주가 뛰어난 귀부인이 살고 있었습니다.

이분의 이름도 이 이야기에 나오는 다른 사람들의 이름도 나는 다 알고 있습니다만, 밝히지 않기로 하겠어요. 왜냐하면 그분들은 아직도 다 살아 계시고, 또 이 이야기를 들으시고 웃어넘겨 버린다면 좋겠지만 혹시 화를 낼 분도 있을지 모르기 때문이죠.

아무튼 이분은 귀족 출신이면서, 큰 부자가 된 모직물 직공과 결혼했는데, 내심으로는 남편을 경멸하는 기분을 씻지 못하고 있었습니다. 그래서 비록 큰 부자라도 신분이 낮은 남자는 귀부인과 어울리지 않는다고 생각하고 있었습니다.

그런 까닭으로 큰 부자이면서도 직물을 짜기 위해서 양털을 고르게 하고, 리넨을 짜게 하고, 혹은 짜는 실을 가지고 직공과 말다툼을 하는, 그런 점잖지 못한 그를 보고 있으니 피치 못할 때는 하는 수 없지만 무슨 방법을 쓰든지 남편에게 안기려 하지 않았습니다.

한편 자기 자신을 만족시키기 위해서, 양털을 짜는 남편 이상의 누군가를 찾고 싶다는 생각을 늘 품고 있었는데, 그러다가 꽤 훌륭한 중년 신사에게 열을 올리게 되어 낮에 그 남자를 보지 않으면 밤에는 잠도 제대로 이루지 못할 만큼 되어 버렸습니다. 그런데 상대편 귀족은 그런 것을 조금도 깨닫지 못하고 있어 그녀를 염두에도 두지 않고 있었습니다. 게다가 그녀는 매우 조심스러운 성미여서 혹시라도 위험한 변을 당해서는 곤란하다고 생각하고, 하녀를 보내거나 편지로 자기의 가슴속을 호소하거나 하지는 않았습니다.

그런데 부인은 그가 어느 수도사와 매우 친하게 지내고 있다는 것을 알았습니다. 이 수도사는 우둔하고 눈치도 빠르지 못한 사람이었지만, 매우 신앙심이 두터운 생활을 하고 있었으므로, 어디 하나 나무랄 데 없는 훌륭한 수도사라는 평을 듣고 있었습니다. 그래서 부인은 그가 자기와 그리워하는 사람과의 사이를 연결시켜 줄 가장 적당한 사람이라고 생각했습니다. 그래서 그녀는 어떤 방법을 써야 좋을까 하고 이것저것 궁리하다가, 적당한 때를 보아 그 수도사가 살고 있는 성당으로 가서 그에게 괜찮으시다면 고해를 들어 주십사고 간청했습니다.

수도사는 그녀를 보고 귀부인이 틀림없다고 생각해 기꺼이 허락했습니다.

부인은 고해를 마친 뒤에 다음과 같이 말했습니다.

"신부님, 제가 지금 말씀드린 일에 대해서, 신부님의 도움과 충고를 구하고 싶습니다. 아까도 말씀드렸으니, 제 친척이 누구며 남편이 누구라는 것은 이제 아셨을 줄 압니다. 남편은 자기의 목숨처럼 저를 사랑하고 있습니다. 남편은 돈이 많고 무엇이든지 할 수 있는 사람이라서 제가 바라는 것은 무엇이든 손에 넣을 수 있습니다. 이 모든 이유들로 저는 제 자신만큼이나 그이를 사랑하고 있어요. 그러므로 남편을 배반하는 일이나 남편이 싫어하는 일을 한다든가, 아니 그런 것을 생각만 해도 저는 화형을 받아 마땅한 나쁜 여자가 될 것입니다. 그런데 최근에 이름은 모르겠습니다만 상당히 신분이 높은 어느 분이—만일 제가 틀리지 않는다면—이 성당에 자주 출입하는 모양이에요. 그분은 체격이 훌륭한 미남자시고, 언제나 신분과 나이에 알맞은 갈색 옷을 입고 계십니다. 그분은 아마 제가 방금 말씀드린 그런 생각을 갖고 있는 줄 모르는지 저를 노리고 있다고밖에 생각할 수 없을 정도로 제가 문간에 나서거나, 창가에 서 있거나, 또 집을 나가거나 하면 곧 제 눈앞에 나타난답니다. 지금 바로 이곳에 그분이 없는 것이 이상할 정도입니다만, 그 일을 저는 무척 성가시게 생각하고 있습니다. 그런 일이 줄곧 계속되면, 설혹 정숙한 부인이라도 부질없는 소문이 나버리고 말거든요.

지금까지 저는 몇 번이나 그분한테 말해 달라고 형제들에게 부탁할까 생각했는지 모릅니다. 하지만 남자들에게 그런 일을 시키면, 이야기가 복잡해지거나 말을 잘못 주고받다가 혹시 폭력 소동이라도 일어날지 모른다고 생각했습니다. 그래서 그런 불행한 일이나 추문 소동이 일어나지 않도록 잠자코 있었습니다만, 신부님께는 오히려 말씀드리는 편이 좋겠다는 생각이 들었습니다. 왜냐하면 신부님은 그분과 친구 사이신 것 같고, 또 이런 일에 대해서는 친구분뿐만 아니라 전혀 모르는 분이라도 꾸짖을 수 있는 위치에 계신 분이니까요. 그러니 저는 그 일에 대해서 신부님이 유일하신 하느님의 사랑으로 꾸짖어 주시기를 바라고, 그분이 그런 일을 하지 마시도록 오로지 하느님께 기도드릴 뿐입니다. 이런 일은 다른 부인들에게는 흔히 일어나는 일이고 그런 것을 은근히 기다리고 있는 것도 같으니까, 만일 그런 여자들을 바라보거나 접근하거나 한다면 무척 기뻐하겠지요. 하지만 저는 아무리 해도 그런 기분이 들지 않고, 성가셔서 못 견디겠습니다."

이렇게 말하고 부인은 눈물이라도 흘릴 듯이 고개를 숙였습니다. 경건한 수도사는 그 남자가 누구라는 것을 곧 알았으므로, 부인이 취한 조치를 칭찬했을 뿐만 아니라 그 말도 곧이들어 버렸습니다. 그래서 그가 두 번 다시 그런 짓을 하지 않도록 타이를 것이니 이제 그런 일로 부인을 성가시게 하지는 않을 거라고 대답했습니다. 그리고 그녀가 매우 유복하다는 것을 알고 있었으므로, 은근히 자기의 가난을 호소하고 기부와 자선을 부탁했습니다.

"그럼, 제발 잘 부탁드리겠어요. 만일 그분이 그런 일은 없다고 부정하시거든, 제가 여기 와서 고충을 호소했다고 똑똑히 말씀해 주세요."

그리고 부인은 고해의 속죄를 받고는, 수도사가 기부를 원하던 것이 생각나 그 손에 살며시 돈을 쥐어 주며 세상을 떠난 집안사람들의 명복을 비는 미사를 부탁하고, 그의 발 아래서 일어나 집으로 돌아갔습니다.

그 뒤 얼마 안 있어서, 이 덕 높은 수도사를 여느 때처럼 그 훌륭한 신사가 찾아왔습니다. 수도사는 이런 이야기 저런 이야기를 하다가 한쪽 옆으로 그를 불러, 정중한 태도로 그 부인에게 추파를 보내지 말라고 충고했습니다. 수도사는 부인에게 완전히 회유되어 그가 정말로 그런 짓을 한다고 믿었기 때문입니다.

신사는 그녀에게 추파를 보낸 일도 없거니와 그 집 앞을 지나다닌 일도 아주 드물었기 때문에 깜짝 놀라 해명하기 시작했습니다. 그러자 수도사는 그의 말을 가로막고 말했습니다.

"이제 와서 새삼 깜짝 놀라는 체해서는 안 돼. 아무리 변명해도 어쩔 수 없어. 나는 이웃에 떠도는 소문으로 안 게 아닐세. 당사자인 부인이 자네의 태도에 무척 괴로워하면서 나한테 호소해 왔으니까. 자네에게야 어떻든 간에 그런 장난은 좋지 않아. 똑똑히 말해 두지만, 그런 바보스런 짓은 나도 싫어하니까, 그 부인도 마찬가질 걸세. 그러니 자네의 명예를 위해서, 그녀의 평안을 위해서 그런 짓은 그만두고 부인의 기분을 편하게 해주기 바라네."

귀족은 이 거룩한 수도사보다 오히려 사물을 더 잘 깨닫는 사람이었으므로 곧 부인의 뜻이 무엇인가를 알아챘습니다. 그래서 약간 부끄러운 체하면서 앞으론 그런 짓을 하지 않겠다고 대답했습니다. 그리고 수도사와 헤어져 그녀의 집으로 발걸음을 돌렸습니다. 부인은 그가 지나가면 볼 수 있도록 조그만 창문가에서 지켜보고 있었습니다.

그리하여 그가 오는 것을 보자 부인은 자못 기쁜 듯이 교태를 지으며 모습을 나타냈으므로, 그는 수도사가 한 말의 속뜻을 뚜렷이 이해할 수 있었습니다. 그래서 그날부터 조심을 하면서도, 자기도 즐겁고 부인에게도 큰 기쁨과 위안이 되는 일이라 무언가 다른 볼일이 있는 체하고 줄곧 그 길을 지나다녔습니다.

그러는 동안에 부인은 자기가 호감을 갖고 있듯이, 그도 그다지 나쁘게 생각지 않는다는 것을 깨달아, 그의 마음을 불태우고 자기의 사랑에 열매를 맺고 싶어서, 기회를 보아 그 거룩한 수도사를 다시 찾아갔습니다. 그리고 그의 발 아래 무릎을 꿇고 울음을 터뜨렸습니다.

수도사는 그것을 보고 무척 가엾게 생각하면서, 무슨 별다른 일이라도 있느냐고 물었습니다.

"신부님, 다른 일이 아닙니다. 일전에 신부님께 제가 푸념을 늘어놓은, 저를 곤혹스럽게 하는 신부님의 친구분에 관한 일입니다. 그분은 저를 성가시게 만들 뿐만 아니라, 저를 슬프게 만들고 신부님을 찾아뵙지 못하게 하기 위해서 이 세상에 태어나지 않았는가 여겨질 정도입니다"하고 부인은 대답했습니다.

수도사는 깜짝 놀라면서 말했습니다.

"뭐라고요! 그 사람이 아직도 부인을 성가시게 굴고 있나요?"

"네, 그렇습니다. 그뿐만 아니라 신부님께 괴로움을 털어놓고부터 제가 성가셔 하는 것이 아마 불쾌해진 모양인지, 마치 화가 난 것처럼 집 앞을 왔다 갔다 하는데, 그 뒤 일곱 번이나 지나다녔습니다. 그리고 지나가면서 저를 보기만 하면 그래도 괜찮지만, 차츰 대담해지고 뻔뻔스러워져서 어제는 심부름하는 여자를 우리 집에 보내서는 자기 자신에 관한 일이며 어처구니없는 이야기를 지껄이게 하고, 더욱이 제가 지갑이나 속옷도 안 가진 사람으로 알았던지 지갑과 속옷까지 보내왔습니다. 얼마나 불쾌하던지, 지금도 불쾌해서 못 견디겠습니다.

만일 제가 죄의 무서움을 생각지 않거나 신부님의 관대한 사랑을 잊고 있었더라면, 추문을 일으켜 버렸을지도 모릅니다. 하지만 저는 마음을 가라앉히고, 먼저 신부님에게 말씀드릴 때까지는 아무 말도 하지 않고 아무 행동도 하지 말아야지, 하고 생각한 것입니다. 그뿐만 아니라 지갑과 속옷은 갖고 온 여자더러 그 사람에게 되돌려 주라고 다시 들려서 쫓아냈습니다만, 어쩌면 심부름 온 여자가 가로챈 뒤(흔히 그런 여자는 그런 짓을 잘한다는 것을 알고 있었기 때문에) 제가 기꺼이 받더라고 보고라도 하면 큰일이라고 생각해 다시 불렀습니다. 그리고 홧김에 다시 빼앗아 지금 여기 갖고 왔습니다.

이것은 신부님이 돌려보내 주시고, 저는 하느님과 남편 덕분에 지갑이나 속옷 같은 것은 그 속에 묻혀 죽을 만큼 얼마든지 갖고 있으니 필요 없다고 하더라고 말씀해 주셨으면 합니다. 그리고 신부님을 아버지처럼 생각하니까 말씀드립니다만, 만일 그 사람이 앞으로도 계속 그런 짓을 할 때는 남편과 제 형제들에게 일러바칠까 생각하고 있습니다. 그렇게 되면 무슨 불행한 일이 일어날지 아무도 모릅니다. 비난을 받아야 한다면, 저보다 그 사람이 받아야 마땅하다고 생각하거든요. 신부님, 그렇지 않습니까?"

이렇게 말하고 부인은 다시 심하게 울면서, 매우 아름답고 훌륭하고 화려한 지갑과 값진 속옷을 외투 아래서 꺼내 수도사의 무릎 위에 올려놓았습니다. 수도사는 부인이 하는 말을 모두 곧이듣고, 몹시 화를 내며 그것을 집어 들고 말했습니다.

"부인이 그런 일로 괴로워하시다니 얼마나 놀랐는지, 지금 새삼 이러니저러니 부인을 나무랄 수가 없습니다. 하지만 이런 일로 부인이 내 충고를 따라 주신 것을 크게 칭찬해 두겠습니다. 나는 일전에 그를 나무랐지요. 그런데 내게 한 약속을 어기다니 어이가 없군요. 그러니 지난번 일과 이번 일 같은 것으로 이제 그 사람이 부인을 성가시게 하지 않도록, 호되게 혼을 내주도록 하겠습니다. 그러니 부인은 하느님의 힘으로, 부인 자신의 격분에 져버리는 일이 없도록 하시고, 가족에게는 말씀하지 마십시오. 그 결과 생각지도 못한 일이 일어나면 곤란하니까요. 이 일로 부인이 비난받을 일은 없으니 절대로 걱정하지 마십시오. 반드시 하느님과 많은 사람들 앞에서 부인의 결백을 뚜렷이 증명할 생각이니까요."

부인은 얼마간 안심한 듯이 보였습니다. 그리고 이런 고해신부나 그 밖의 사제들이 얼마나 탐욕스러운가 잘 알고 있었으므로, 그의 말을 듣고 말했습니다.

"신부님, 지난 이삼 일 동안 자꾸만 제 집안사람들의 망령이 머리맡에 나타나요. 아무래도 무언가 큰 괴로움에 부대끼고 있는 것 같아요. 그리고 모두 성당에 성금을 바치라는 소원들이에요. 특히 어머니는 보기에도 딱할 만큼 슬퍼하고 괴로워하시는 것 같았어요. 어머니는 제가 그와 같은 하느님의 적 때문에 괴로워하고 있는 것을 보시고, 무척 가슴 아파하시는 것 같았어요. 그래서 제 집안사람들의 명복을 빌기 위해서, 성 그레고리오의 40회 미사와 신부님의 기도를 부탁드리고 싶어요. 하느님의 불길 같은 이 괴로움을 없애 주시도록……."

이렇게 말하고 부인은 피오리노 금화를 한 닢 수도사의 손에 쥐어 주었습니다. 거룩한 수도사는 흔쾌히 그것을 받았습니다. 그리고 종교상의 고마운 말씀이나 신앙이 두터웠던 여러 사람들의 예를 들면서 그녀의 신앙이 두터움을 인정했습니다. 그러고는 그녀에게 축복을 내리고 돌아가게 했습니다.

부인이 돌아가자 수도사는 자신이 속고 있다는 것도 깨닫지 못하고, 그 친구인 귀족을 불러오게 했습니다. 그가 와보니 수도사가 화를 내고 있었으므로, 그 부인의 새로운 소식을 알 수 있겠거니 하고 곧 짐작하고는, 수도사가 입을 열기를 기다렸습니다. 수도사는 지난번에 한 말을 되풀이하면서, 또다시 올바르지 못한 짓을 해서 그녀를 괴롭힌 그 귀족을 크게 꾸짖었습니다.

귀족은 수도사가 무슨 말을 하려는 것인지 아직 알 수 없었지만, 자기가 지갑이며 속옷 같은 걸 보냈다는 말을 우물쭈물 부정했습니다. 왜냐하면 만일 부인이 자기에게 보내는 물건일 경우 그것을 수도사가 알아챈다면, 모처럼 수도사가 믿고 있는 것을 허사로 만들어 버리는 결과가 되기 때문이죠. 그러자 수도사는 격노해서 소리쳤습니다.

"자네는 나쁜 사나이군. 어떻게 그것을 부정할 수 있는가? 여기 그 부인이 울면서 갖고 온 물건이 있어. 기억이 나겠지?"

귀족은 부끄러워하는 체하면서 대답했습니다.

"네, 본 기억이 있습니다. 제가 잘못했습니다. 부인의 기분을 알았으니, 이제는 아무 말씀도 마십시오."

그리고 여러 가지 설교를 들었습니다. 그런 다음 마지막으로 어리석은 수도사는 친구에게 지갑과 속옷을 내주었습니다. 그리고 간곡히 설교한 끝에 이제 이런 짓은 하지 않겠다고 굳게 약속시킨 다음 그를 돌려보냈습니다.

귀족은 부인이 자기를 사랑하고 있다는 것도 알았고 훌륭한 선물도 받았으므로, 매우 기뻐하면서 수도사와 헤어져 그길로 곧장 부인을 찾아가 받은 두 물건을 살며시 내보였습니다. 부인은 그것을 알고 매우 흡족해하면서, 자기의 계획이 들어맞아 여간 좋아하지 않았습니다. 그래서 여기까지 계획이 진행되었으니 자기 일을 완성시키기 위해서 이제 남편이 어디로 떠나기만을 기다리게 되었습니다. 곧 남편은 무슨 볼일로 제노바에 가게 되었습니다. 남편이 말을 타고 떠나가자 부인은 다시 그 거룩한 수도사를 찾아갔습니다. 그리고 울먹이면서 푸념을 늘어놓은 다음 말했습니다.

"신부님, 저는 이제 참을 수가 없습니다. 하지만 일전에 무슨 일이든 먼저 신부님께 말씀드린 뒤에 하겠다고 약속했으니 말씀드리러 왔습니다. 신부님은 제가 울고 슬퍼하는 것도 무리는 아니라고 생각해 주시니 그 친구분이, 아니 그 지옥의 악마가 오늘 아침 기도 시간 조금 전에 제게 무슨 짓을 했는지 말씀드리고 싶습니다. 저는 그 사람이 어떤 계기로 남편이 어제 아침 제노바로 떠났다는 것을 눈치챘는지 모르겠습니다만, 오늘 아침 아까 말씀드린 시간에 우리 집 정원에 들어오더니, 정원을 향한 제 침실 창가에 있는 한 그루의 나무에 올라가서 창문을 열고 방 안에 들어오려고 했습니다. 그때 저는 문득 눈을 뜨고 벌떡 일어나서 소리를 지르려고 했습니다. 아직 안에 들어오지 않은 그 사람이 자기 이름을 대며, 제발 하느님과 신부님을 보아 용서해 달라고 애원하지 않았더라면, 저는 하마터면 큰 소리를 지르고 떠들어댈 뻔했습니다. 그렇지만 저는 신부님의 성함을 말하는 것을 듣고 신부님을 위해서 소리를 지르지 않았습니다. 그래서 발가벗은 채 창가로 달려가서 창문을 탕 닫아 버렸습니다. 그 뒤 아무 소리도 들리지 않은 걸 보니 그 사람은 아마 겸연쩍어서 정원 밖으로 나간 모양입니다. 그래, 이런 일이 좋은 일일까요? 참아야 하는 일일까요? 신부님은 잘 아실 줄 압니다. 저는 이제 이 이상 참을 수가 없습니다. 아무리 생각해도, 신부님을 생각해서 제가 너무 참고 있는 듯한 생각이 들어서 못 견디겠습니다."

수도사는 이 말을 듣고 매우 화가 났습니다. 그래서 분명히 그 사람이지요, 틀림없지요, 하고 몇 번이나 다짐을 받는 이외에는 아무 말도 하지 못했습니다. 이에 부인은 대답했습니다.

"어머나, 제가 그 사람과 다른 사람을 분간도 못 할 줄 아세요? 분명히 그 사람이라고 말씀드릴 수 있습니다. 만일 그 사람이 부정하더라도 믿지 마세요."

그래서 수도사는 말했습니다.

"부인, 이거야말로 대담하다고 할까, 당돌하기 짝이 없는 악행이라고 할까, 기가 차서 말이 안 나온다는 것은 바로 이런 일을 두고 하는 말입니다. 그건 그렇고, 부인께서 그 사람을 쫓아내셨다니 참으로 훌륭한 행동을 하셨습니다. 하지만 하느님은 부인을 수치에서 지켜 주셨으니, 지금까지 두 번이나 내 충고를 들으셨듯이 이번에도 그렇게 해주기를 바랍니다. 말하자면 친척의 누구에게도 이런 일을 말씀하지 마시고 내게 맡겨 주십시오. 나는 그 사람을 성인이라고 믿고 있었는데. 사슬 풀린 악마 같은 그 녀석을 눌러 버릴 수 있는지 없는지 지켜봐 주십시오. 만일 내가 그 녀석의 짐승 같은 근성을 제거할 수 있으면 그보다 좋은 것은 없습니다. 만일 하지 못할 때는 축복의 말씀과 더불어 부인이 마음 내키시는 대로 하셔도 좋다는 것을 약속드리겠습니다."

"그럼, 그렇게 하겠어요." 부인은 말했습니다.

"이번 일로 신부님을 난처하게 해드리거나 신부님의 말씀을 어기거나 하는 짓은 하고 싶지 않아요. 하지만 그 사람이 더 이상 저를 괴롭히지 않도록 조치해 주세요. 이런 일로 두 번 다시 신부님을 찾아뵙지 않겠다고 약속드릴 테니까요."

이렇게 말하고 부인은 마치 화난 듯한 표정으로 수도사와 헤어져 돌아갔습니다.

부인이 성당에서 막 나갔을까 말까 했을 때, 그 귀족이 찾아왔습니다. 수도사는 그를 한쪽으로 데리고 가서, 너는 믿을 수 없는 인간이라든가, 위선자라든가, 배신자라든가 하고, 지금까지 사람이 들어 본 적도 없을 것 같은 가장 심한 욕설을 퍼붓고 나무랐습니다. 그러나 귀족은 여태까지 벌써 두 번이나 수도사에게 호통을 당하여 알고 있었으므로, 잠자코 흘려들으면서 어떻게 대답하면 이야기를 끌어낼 수 있을까 하고 생각한 끝에 먼저 이렇게 말했습니다.

"어째서 그렇게 화가 나셨지요, 신부님? 제가 그리스도를 십자가에라도 못 박았단 말씀인가요?"

그러자 수도사는 대답했습니다.

"이 염치를 모르는 인간 같으니! 무슨 잠꼬대를 하고 있는 게야! 2년이나 지난 일을 지껄이고 있는 것 같잖은가. 시간이 너무 지나서 슬픈 것도 불결한 것도 다 잊어버린 말투가 아닌가. 오늘 아침 기도 시간 조금 전에, 남의 명예를 더럽힌 일을 벌써 잊었는가? 자네는 새벽에 어디 가 있었는가?"

귀족은 대답했습니다.

"어디 가 있었는지 모르겠는데요. 그건 그렇고, 어지간히도 빨리 소식이 전해졌군요?"

"그건 사실이야." 수도사는 대답했습니다.

"소식이 빨리 도착한 것은…… 자네는 그 부인의 남편이 집을 비웠기 때문에 그 부인이 얼른 자네를 껴안아 줄 줄 알았을 테지. 이봐, 신사 나리, 여기 점잖은 사나이 있노라! 밤에 나다니고 남의 정원에 들어가 나무에 기어 올라갔노라! 자네는 밤에 나무에 올라가서 창가에 다가가면, 그 부인의 신성함을 뻔뻔스럽게도 깰 수 있다고 생각했던가? 자네가 한 짓은 그 부인이 가장 싫어하는 일이란 말이야. 더욱이 자네는 그 짓을 몇 번이나 했어. 실은 그 부인이 그때 자네에게 어떤 태도를 취했는지 다 알고 있지만, 그 말은 하지 않기로 하지, 내가 그만큼 꾸짖었으면 자네도 마음을 고쳐먹었어야 할 게 아닌가. 하지만 나는 자네에게 이렇게 말하고 싶네. 지금까지 그 부인이 참고 잠자코 있었던 것은 자네에게 호의를 품고 있었기 때문이 아니라, 내가 부탁을 해서 자네가 한 일을 남에게 말하지 않은 게야. 그렇지만 이제는 잠자코 있지 않을 걸세. 이 이상 자네가 그 부인이 싫어하는 짓을 계속한다면 마음대로 하라고 내가 허락했단 말이야. 만일 그 부인이 형제들에게 자네가 한 일을 폭로한다면 자네는 어떡할 작정이지?"

귀족은 자기가 해야 할 일을 똑똑히 알았으므로 되도록 여러 가지 약속을 해서 수도사의 마음을 달랬습니다. 그리고 그에게서 물러나 이튿날 아침 기도 시간 조금 전 부인의 집 정원에 들어가서 나무에 기어 올라갔습니다. 올라가 보니 창문이 열려 있어 침실에 들어가 재빨리 아름다운 부인의 품에 뛰어들었습니다. 부인은 정욕에 가슴을 태우며 기다리고 있던 터라 미칠 듯이 반기며 그를 맞아 말했습니다.

"정말, 그 수도사 덕분이에요. 저를 찾아오실 수 있는 방법을 당신에게 이토록 잘 가르쳐 주셨으니까요."

그리고 서로 사랑의 즐거움에 잠기면서 어리석은 수도사를 비웃기도 하고, 실타래라든가 빗이라든가 보풀 이는 연장만 가지고 있는 남편을 비웃으면서 욕정을 태웠습니다.

두 사람은 앞으로 만날 방법을 의논해서 이제 수도사를 찾아가는 일도 없이, 그 뒤에도 며칠 밤이나 같은 쾌락에 잠겼답니다. 나를 비롯해 그와 같은 욕망을 가진 모든 사람들을 그러한 밤으로 인도해 주시도록, 하느님께 거룩한 자비를 내려 주십사고 나는 부탁해 마지않겠어요.

넷째 이야기

돈 펠리체가 프라테 푸치오에게 고행으로 하느님의 축복을 받을 수 있는 방법을 가르쳐 준다. 푸치오가 고행을 하고 있는 동안 돈 펠리체는 그의 아내와 즐긴다.

필로메나가 이야기를 마치고 입을 다무니 디오네오는 그 부인의 영리함을 극구 칭찬하고, 또 필로메나가 마지막에 빈 소원도 자기 뜻에 꼭 맞는다고 말했습니다.

그러자 여왕은 웃으면서 판필로를 돌아보고 말했습니다.

"자, 판필로, 무언가 재미있는 이야기로 우리들을 즐겁게 해주세요."

판필로는 좋습니다, 하고는 다음과 같은 이야기를 시작했습니다.

여왕님, 이 세상에는 자기들이 천국에 가려고 애쓰다가 생각잖게 남을 천국에 보내는 사람이 뜻밖에 많습니다. 이것은 그리 먼 옛날 일이 아닙니다만, 우리와 가까이에 살고 있던 한 부인에게 일어난 사건을 말씀드리기로 하지요.

내가 전에 들은 얘깁니다만, 성 브란카치오 사원 가까이에 푸치오 디 리니에리라는 정직한 부자가 살고 있었습니다. 나중에 이 사람은 완전히 종교에 귀의하게 되어, 성 프란체스코 수도회의 제삼회(재속회在俗會) 회원이 되었으며, 프라테 푸치오라고 일컬어지게 되었지요.

이 사람은 그와 같이 독실한 신앙생활을 하고 있었는데, 가족이래야 아내와 하녀가 있을 뿐이고 별로 할 일도 없어서 언제나 성당에 나가고 있었습니다. 그런데 그는 어수룩하고 고지식한 사람이어서 주기도문을 외거나, 설교를 듣거나, 미사에 참석하거나, 신도들이 부르는 성가를 부르는 일은 빠뜨리지 않고 있었습니다. 더욱이 단식을 하고 엄격한 규율을 지켜, 사람들은 모두 그를 광신자라고 불렀습니다.

그의 아내 이자베타는 스물여덟 살쯤 되는 젊은 여자였으며, 카졸라나 능금처럼 복스럽고 둥근 얼굴의 싱싱한 미인이었습니다다만—남편이 종교에만 빠져 있어서 또 아마 늙었던 탓이겠지요—오랫동안 남편과 접하지 못하는 일이 자주 있었습니다. 그런 까닭으로 그녀가 남편과 자고 싶고 희롱하고 싶을 때도, 남편은 그리스도의 생애라든가 프라테 나스타지오의 설교라든가 막달라 마리아가 겪은 슬픔이라든가 그 밖에 이와 비슷한 이야기나 들려주는 꼬락서니였습니다. 마침 그 무렵, 돈 펠리체라는 성 브란카치오 사원의 수도사가 파리에서 돌아왔습니다. 그는 젊고 잘생겼으며, 재치가 있고 더욱이 박식했습니다. 프라테 푸치오는 이 사람과 매우 친해졌습니다.

이 수도사는 프라테 푸치오가 의문으로 여기는 것은 무엇이나 풀어 주었고, 게다가 그의 신분을 알고는 자기를 아주 성인처럼 보이게 했으므로, 푸치오는 자주 그를 집에 불러 점심 식사나 저녁 식사를 대접하게 되었습니다. 그래서 아내도 마찬가지로 푸치오를 위해서 충실한 하녀처럼 정중히 그를 대접했습니다.

이와 같이 프라테 푸치오의 가정에 드나들고 있는 동안 돈 펠리체는 그의 아내가 싱싱하고 능금처럼 혈색이 좋은 얼굴을 하고 있는 것을 보게 되었는데, 그녀가 가장 부족해하고 아쉬워하며 참고 있는 것이 바로 그 일이라는 것을 알아챘습니다. 그래서 가능하면 푸치오의 노동을 덜어 주고, 자기가 대신 그 역할을 해주자고 생각했습니다. 이리하여 애정을 가득 담은 눈으로 그녀를 지그시 바라보면서 그가 품은 생각을 그녀의 마음속에도 타오르게 해놓고 기회가 무르익었다 싶었을 때 자기의 소망을 그녀에게 털어놓았습니다.

그러나 그것을 실행에 옮기는 방법이 문제였는데, 그에게 몸을 맡기는 데는 그녀의 집 이외에 더 좋은 장소가 있을 까닭이 없었으나, 그 방법을 찾을 수가 없었기 때문입니다. 또한 푸치오는 자기가 사는 동네에서 한 걸음도 밖에 나간 적이 없는 사람이라 도저히 집에서는 그런 짓을 할 수가 없었습니다. 이에 펠리체도 그만 아주 우울해져 버렸습니다. 그리고 한참 지나서의 일입니다만, 마침내 그는 푸치오가 집에 있어도 방해받지 않고 걱정 없이 그녀와 함께 있을 수 있는 좋은 방법을 생각해 냈습니다. 그래서 어느 날, 프라테 푸치오가 자기를 만나러 왔을 때 이렇게 말했습니다.

"푸치오 님, 당신의 희망은 성인이 되는 데 있다는 것을 잘 알았습니다. 그러려면 지름길이 있는데, 당신은 아무래도 먼 길을 돌아가고 있는 것 같은 기분이 드는군요. 교황님을 비롯해서 그 밖의 훌륭한 성직자들은 그것을 일찌감치 깨닫고 그 지름길을 가셨는데, 그것을 남에게 가르쳐 주려고는 하시지 않았습니다. 왜냐하면 수도사의 신분은 신자들의 성금으로 지탱이 되는 것인데 만일 신자들이 성금은 물론 다른 기부를 하나도 하지 않는다면 곧 허물어지고 말 테니까요. 그러나 당신은 내 친구이시고 나를 정중히 대접해 주시니, 당신이 절대로 입 밖에 내지 않겠다고 약속해 주시고 그 지름길을 가보겠다고 생각하신다면 그것을 가르쳐 드리기로 하지요."

프라테 푸치오는 그것이 알고 싶어, 꼭 가르쳐 달라고 부탁했습니다. 그리고 원하신다면 아무에게도 말하지 않겠다고 맹세하면서, 자기도 그 길을 갈수만 있다면 가고 싶다고, 이만저만 결의를 보이는 게 아니었습니다.

"당신이 맹세해 주신다면" 수도사는 말했습니다.

"가르쳐 드리지요. 먼저 당신은, 하느님의 축복을 받는 신분이 되고 싶은 사람은 지금부터 말하는 고행을 해야 한다는 말을 박식한 높은 성직자들이 하고 계신다는 것을 알아야 합니다. 잘 아시겠지만, 당신이 고행을 한다고 해서 현재 죄인인 당신이 거기서 벗어난다는 뜻은 아닙니다. 그러나 이렇게 하면 될 것입니다. 말하자면, 고행을 하기 전까지 당신이 저지른 죄는 깨끗이 씻겨서 그 덕분에 용서를 받게 됩니다. 그리고 그 뒤로 죄를 짓는 일이 있더라도 지옥에 떨어지는 일은 없을 것이고, 지금까지의 가벼운 죄와 마찬가지로 성수(聖水)로 깨끗이 지워질 것입니다. 그런데 고행을 시작하는 사람들은 먼저 열심히 그 죄를 고백하지 않으면 안 됩니다. 그리고 엄격한 단식과 금욕을 하지 않으면 안 됩니다. 그것을 40일간 계속해야 하는데, 그동안에는 다른 여성과는 물론 부인과도 접촉하지 못할 만큼 엄한 금욕을 필요로 합니다. 게다가 당신은 집 안에 밤하늘을 쳐다볼 수 있는 장소를 골라, 밤의 고행 시간이 오면 그곳에 가 있어야 합니다. 그곳에는 큰 널빤지를 준비해 두고 당신이 일어선 채 등에 기대서 마치 십자가에 못 박힌 것처럼 두 팔을 벌리고 서 있을 수 있게 해두는 것입니다. 만일 받침나무가 필요하면 쐐기를 박아도 좋겠지요. 그래서 그와 같은 자세로 아침 기도 때까지 하늘을 쳐다보고 가만히 서 있어야 하는 것입니다. 그런데 당신이 지식인이라면 내가 가르쳐 드리는 기도를 그런 자세로 외우셔야 합니다만, 당신은 그렇지 않으니 삼위일체의 신을 공경하기 위해서 300번씩 주기도문과 성모송을 외우십시오. 그리고 하늘을 쳐다보면서 천지의 창조주이신 하느님을 머릿속에, 또한 당신은 그리스도와 마찬가지로 십자가에 못 박힌 자세로 있으니 줄곧 그리스도의 수난을 생각하도록 해야 합니다. 그러다가 아침 기도의 종이 울리기 시작할 때, 원한다면 그 자리를 떠나 옷을 입은 채로 침대에 들어가 주무셔도 좋습니다. 그러나 그날 아침은 성당에 가서 적어도 세 번 미사를 드리고 50번 주기도문을 외고, 또 그 수만큼 성모송을 외우지 않으면 안 됩니다. 그런 다음에는 아주 편안한 기분으로 천천히 무언가 볼일이 있으면 그걸 하시고, 식사가 끝나고 밤 기도 시간이 다 되었을 때 성당에 가서 내가 써 드리는 기도문을 외우는 것입니다. 그것은 반드시 하셔야 합니다. 그것이 끝나면, 내가 아까 말씀드린 대로 그 밤의 고행을 시작하시는 것입니다. 나는 이미 이와 같은 고행을 했습니다만, 당신도 그렇게 하는 동안에, 물론 헌신적으로 행하신다면, 영원한 축복을 받는 훌륭한 결과를 얻게 될 것입니다."

이 말을 듣자 프라테는 말했습니다.

"그런 정도라면 대단한 일도 아니고, 그리 길다고도 생각되지 않습니다. 충분히 할 수 있겠지요. 그럼, 하느님께 맹세코 이번 주일부터 시작하기로 하겠습니다."

이렇게 그는 수도사와 헤어져 집에 돌아와서는—미리 허가를 얻어 두었으므로—조리 있게 아내에게 설명했습니다.

아내는 아침 기도 때까지 남편이 한군데 가만히 있어야 한다는 말을 듣고 수도사의 속셈을 깨달았습니다. 그리고 더없이 좋은 방법이라고 생각해, 남편의 영혼을 구제하는 일이라면 매우 좋은 일이고 자기도 만족스럽게 생각한다고 말하고는, 아마 하느님도 고행을 대견하게 생각하실 테니 다른 일은 모르지만, 단식쯤은 함께해 드릴 수 있다고 말했습니다. 의견이 모아져 일요일이 되자 프라테 푸치오는 고행을 시작했습니다. 수도사는 미리 부인과 의논이 되어 있었기에, 어떤 사람들의 눈에도 띄지 않는 캄캄해진 시간에 그녀를 찾아가서 함께 식사를 하고 술을 마신 다음 아침 기도 때까지 함께 자고는 시간이 되면 일어나서 돌아갔습니다. 그런 뒤에 프라테 푸치오가 침대에 기어 들어갔습니다.

그런데 프라테 푸치오가 고행을 하는 곳은 아내의 침실 바로 옆이었으며, 얇은 벽 하나로 가려져 있을 뿐이었습니다. 그러므로 수도사와 아내가 음란하게 희롱하고 있을 때 푸치오는 마치 집 마룻바닥이 흔들리는 듯한 느낌이 들었습니다. 그래서 그는 100번째 주기도문을 막 끝내고 난 뒤 잠깐 그대로 몸을 움직이지 않고 아내에게 말을 건네어, 무엇을 하고 있느냐고 물었습니다.

아내는 매우 재치 있는 여자였으므로(아마 성 베네딕트라든가 성 조반니 구알베르토의 동물 위에 안장 없이 타고 있었던 모양이지요) 이렇게 대답했습니다.

"저는 잠을 이루지 못해서 이리 뒤척 저리 뒤척 하고 있는 거예요."

그러자 푸치오가 다시 물었습니다.

"이리 뒤척 저리 뒤척 하다니? 그게 무슨 뜻이야?"

간교한 아내는 재미있다는 듯 깔깔 웃으면서(하기야, 우스워서 못 견디기도 했겠지요) 말했습니다.

"어째서 그 까닭을 모르세요? 전 몇 번이나 들었는데, 밤에 안 먹고 자면 밤새도록 뒤척인다고 하잖아요……."

프라테 푸치오는 아내도 단식을 하고 있어서 잠을 이루지 못하는구나, 그래서 침대 위에서 뒤척거리고만 있었구나, 생각하고 부드러운 목소리로 말했습니다.

"그러기에 당신은 단식할 필요가 없다고 그토록 말했잖아. 당신은 고집을 피웠지만, 이제는 그런 생각일랑 말고 잘 자도록 해요. 당신은 여기가 다 건들건들 흔들릴 만큼 침대를 삐걱거리고 있단 말이야."

그러자 아내가 대답했습니다.

"그런 것, 개의치 마세요. 저는 제가 하고 있는 일을 잘 알고 있어요. 당신은 당신 할 일이나 하세요. 저도 되도록 잘할 테니까요."

이 말을 듣고 푸치오는 입을 다물고 다시 기도를 하기 시작했습니다. 그래서 그날 밤부터 아내와 젊은 수도사는 침대를 다른 방에도 마련해 놓고 푸치오의 수업이 끝날 때까지 조금도 거리낌 없이 요란스레 치정의 희롱에 잠겼습니다. 그리고 시간이 되면 수도사는 돌아가고, 아내는 자기 침대로 돌아갔습니다. 그러면 곧 수업을 마친 남편이 그 침대로 돌아오는 것이었습니다. 이런 식으로 그는 고행을 계속하고, 아내는 수도사와의 애욕 행위를 계속했습니다만, 그녀는 흔히 수도사에게 이런 농담을 하곤 했습니다.

"당신이 프라테 푸치오에게 고행을 시킨 덕분에, 우리는 천국에 올라갈 수 있었네요."

이렇게 하여 아내는 수도사가 베풀어 주는 즐거움에 그만 길이 들어 버렸고 본디 남편에게는 오랫동안 별로 즐거움을 얻지 못했기 때문에, 남편의 수업이 끝난 뒤에도 방법을 찾아 다른 장소에서 오랫동안 조심스럽게 사랑의 즐거움을 계속했던 것입니다.

다섯째 이야기

치마는 프란체스코 베르젤레시에게 자기 말을 한 필 선물하고 그 대신 그의 아내와 이야기할 수 있도록 허락받는다. 그러나 그녀가 입을 떼지 않으므로 부인의 대답을 자기가 한다. 그리고 결과적으로 그 대답대로 된다.

여인들의 웃음 속에 판필로가 프라테 푸치오의 이야기를 마쳤고, 여왕은 상냥하게 엘리사더러 다음 이야기를 하라고 말했습니다. 엘리사는 몸에 밴 습관 때문에 좀 새침데기 같은 태도로 다음과 같은 이야기를 시작했습니다.

세상에는 자기가 너무나 지식이 풍부하기 때문에 다른 사람들은 아무것도 모른다고 생각하는 사람이 많습니다. 그런 사람들은 남을 속인 줄 알았는데, 나중에 보니 실은 자기가 속았다는 것을 깨닫곤 합니다.

그런 까닭으로 나는, 필요도 없이 남의 능력을 시험해 보려고 하는 것은 어리석기 짝이 없는 일이라고 생각합니다.

이렇게 말씀드려도 누구나 나와 같은 의견이라고는 생각하지 않으므로, 마침 이야기할 차례도 돌아오고 했으니, 피스토이아의 어느 기사에게 일어난 일을 이야기해 볼까 합니다.

피스토이아의 베르젤레시 집안에 프란체스코라는 기사가 있었습니다. 이 사람은 매우 돈이 많고 머리도 좋았으며 눈치도 빨랐지만, 너무 욕심이 많았습니다. 그는 밀라노의 장관직에 부임하게 되었을 때 이 직위에 부끄럽지 않게 필요한 것은 모두 갖추었지만, 장관의 신분에 걸맞은 말이 손에 들어오지 않았습니다. 마음에 드는 말이 눈에 띄지 않았으므로 그는 고심하게 되었습니다.

마침 그 무렵, 피스토이아에 리차르도라는 젊은이가 살고 있었습니다. 신분이 낮은 태생이었지만 돈이 많고, 동네 사람들한테서 치마(멋쟁이)라는 말을 들을 만큼 말쑥하게 차려입는 청년이었습니다.

그리고 오래전부터 매우 아름답고 정숙하다는 소문이 높은 프란체스코 씨의 부인을 연모하며 안타까운 희망을 품고 있었습니다.

그는 토스카나 지방에서 가장 아름다운 말 한 필을 갖고 있었고, 그 아름다움 때문에 무척 소중히 하고 있었습니다. 그런데 그가 프란체스코 씨의 부인에게 마음을 두고 있다는 것은 세상 사람들이 다 아는 일이었으므로 어떤 사람이 프란체스코 씨에게, 그가 당신 부인에게 뜻을 두고 있으니 그 말을 달라고 한번 말해 보면 어떠냐고 물었습니다.

프란체스코 씨는 욕심에 끌려서 치마를 불러, 속으로는 선물로 받아야지 하고 생각하면서도, 자네의 말을 팔지 않겠느냐고 부탁했습니다.

치마는 그 말을 듣더니 기다렸다는 듯이 대답했습니다.

"각하의 전 재산을 다 주셔도 제 말을 드릴 수는 없습니다. 하지만 각하께서 다음과 같은 조건을 받아 주신다면 선물로 드리겠습니다. 그것은 각하가 말을 받으시기 전에 각하의 호의로, 각하가 보시는 앞에서 부인과 몇 마디 이야기를 나누게 해달라는 것입니다. 다만 그 경우 사람들을 저만치 물려 주시고, 부인 이외에는 아무도 제 말을 듣지 못하도록 해주시면 됩니다."

기사는 욕심에 끌려 그를 속일 수 있다고 생각하고 "좋아, 원하는 만큼 실컷 말하게" 하고 대답했습니다. 그래서 기사는 자기 집 응접실에 치마를 남겨 두고 부인 방으로 가서, 어떻게 하여 명마가 쉽게 손에 들어오게 되었는가 말하고, 치마에게 가서 그의 말을 들어 주라고 일렀습니다. 다만 그가 하는 어떤 말에 대해서도 많건 적건 대답을 해서는 안 된다고 주의시켰습니다.

부인은 그와 같은 거래를 비난했습니다만, 남편의 마음에 들도록 하지 않으면 안 되었기에 그렇게 하겠다고 대답했습니다. 그리고 치마가 하고 싶다는 말을 들으려고 남편 뒤를 따라 응접실에 들어갔습니다.

치마는 다시 기사와 굳은 약속을 나눈 다음, 사람들한테서 멀찍이 떨어져 응접실 한쪽 구석으로 가서 부인과 단둘이 앉아 입을 열었습니다.

"부인! 부인은 참으로 총명한 분이시니, 제가 벌써 오래전부터 부인의 아름다움 때문에 얼마나 간절한 생각을 품게 되었는지 알고 계실 줄 압니다. 정말 부인의 아름다움은 제가 여태까지 본 그 어느 여성의 아름다움보다도 뛰어납니다. 또 부인의 훌륭한 몸가짐, 순수한 마음씨에는 어떤 남자의 영혼도 매료되지 않을 수 없습니다만, 지금 이 자리에서는 그 말씀은 않기로 하지요. 그러니 얼마나 제가 부인에게 열렬한 사랑을 느끼고 있는가 하는 것은 구태여 말로 표현해서 호소할 것까지는 없다고 생각합니다. 그러므로 제 사랑은 이 가엾은 생명이 사지를 지탱하고 있는 한 사라지지 않을 것이고, 아니 오히려 더 오래 지속될 것입니다. 이 세상의 사랑이 저세상에서도 사그라지지 않는 것이라면 저는 영원히 부인을 사랑하고 있을 테니까요. 그로 해서 부인이 대가로 받으실 수 있는 것은 물론 아무것도 없습니다. 다만, 부인이 소유하실 수 있는 것은 가치가 있을지 없을지 모르는 저라는 인간뿐입니다. 그 가치가 어떤 것인지는 그때그때 판단해 주시면 되고, 제 소유물에 대해서도 같은 말을 할 수 있습니다. 그러기에 이에 대해서 확실한 이유를 가져 주시기 위해서 감히 말씀드립니다만, 저는 온 세계가 기꺼이 내 뜻대로 되는 것밖에 생각지 않으니까, 부인이 바라시는 것이라면 무엇이든 해드릴 생각입니다. 그토록 저는 최대의 호의를 갖고 제안드리는 것입니다. 방금도 말씀드렸듯이, 저는 부인의 것이니까 감히 고귀한 부인에게 제 소원을 실토하겠습니다만, 오직 부인에 의해서만 저의 모든 마음의 평화, 저의 행복, 저의 건강이 주어지는 것이지 그 밖의 것으로부터는 절대로 얻을 수 없다는 것입니다.

그리고 부인의 가장 천한 종으로서 거듭 말씀드릴 것은 부인은 부인의 마음속에 사랑의 불길이 일기를 바라는 제 영혼의 유일한 희망이며, 유일한 행복의 근원이라는 것입니다. 제발 저를 가엾게 여기시고 자비를 내리셔서 부인의 것인 저에게 지금까지 보이신 완고함을 부드럽게 해주십시오. 제발 부인의 연민의 정에 위로를 받아, 제가 부인의 아름다움 때문에 사랑에 빠졌고 그 때문에 살 보람을 느끼게 되었다고 말하게 해주십시오. 만일 부인이 제 소원을 들어주시지 않는다면, 틀림없이 저는 살아갈 힘을 잃고 자살해 버릴 것입니다. 그렇게 되면 부인은 저를 죽였다고 세상 사람들의 지탄을 받게 되십시오. 그러니 제가 죽어 봐야 부인에게는 아무런 명예도 되지 않습니다. 그렇기는커녕 부인도 때로는 자기가 한 일을 후회하시며 양심의 가책에 괴로워하실 수도 있을 것이고, 때로는 절실히 '아아, 치마에게 냉정하게 굴어서 나쁜 짓을 했구나' 말씀하시게 될 날도 있을 줄 압니다. 하지만 그때는 후회해 봐야 이미 돌이킬 수 없으며, 아마도 깊은 고뇌의 씨가 되고 말 것입니다. 그러니, 그렇게 되기 전에 저를 구할 수 있는 지금, 불쌍히 여기시고, 제가 죽지 않도록 자비를 베풀어 주십시오. 저를 이 세상에서 가장 불행한 사나이로 만드시는 것도 가장 행복한 사나이로 만드시는 것도, 오로지 다 부인의 마음 하나에 달려 있으니까요. 제발, 이렇게 깊이 사랑하고 있는 저에게 그 보답으로 죽음 같은 것을 베풀어 주지 마시고 슬픔을 깊게 만들지 마시도록, 그리고 부인 앞에서 떨고 있는 제 마음을 상냥하고 흐뭇한 대답으로 위로해 주시도록, 오직 부인의 호의에 호소하는 바입니다."

그는 이렇게 말하고 입을 다물더니 깊은 한숨을 내쉰 다음 묵묵히 눈물을 흘리면서 부인이 뭐라고 대답하는가 기다렸습니다.

아무리 오래 설득을 당하더라도, 창 시합을 보아도, 새벽녘에 사랑의 노래를 들어도, 이와 비슷한 일을 보아도, 치마가 자기를 사랑하고 있다는 소문을 들어도 전혀 마음이 움직이지 않던 부인도 사랑에 빠진 남자의 고백을 직접 들으니 적잖이 동요하지 않을 수 없었습니다. 그리고 지금까지 일찍이 느끼지 못한 것을, 말하자면 사랑 비슷한 것을 느끼기 시작한 것입니다. 그래서 비록 그녀가 남편의 지시에 따라 입을 열지 않았다고 하더라도, 그녀가 무심코 흘린 한숨은 가능하면 기꺼이 치마에게 대답을 해주고 싶다는 생각을 나타낸 것과 다름이 없었습니다.

치마는 잠시 기다리고 있었지만 아무런 대답도 해주지 않아 크게 실망했으나, 잠시 그러고 있는 동안에 이것은 남편의 지시가 틀림없다는 것을 깨달았습니다.

그러나 계속 그녀의 얼굴을 지그시 바라보고 있으니, 이따금 그를 돌아보는 그녀의 눈빛이 빛나는 것을 보고, 또 그뿐 아니라 나오려는 한숨을 내쉬지 않으려 애써 참고 있는 것을 알았으므로 얼마간 희망을 가졌습니다.

여기에 힘을 얻어 색다른 대책이 생각난 그는 자기의 말을 듣는 여자의 입장에서 마치 그녀 자신이 대답하는 것처럼 스스로 말하기 시작했습니다.

"치마 님, 저는 벌써 오래전부터, 저를 생각하시는 당신의 사랑이 얼마나 깊고 힘찬 것인지 다 알고 있었어요. 그리고 지금 당신의 말씀으로 그것을 확인할 수 있어서, 당연한 일이지만 이렇게 기쁠 수가 없어요. 지금까지 저를 너무나 완고하고 잔인하기 짝이 없는 짐승 같은 여자라고 생각하셨을지 모르지만, 내심은 그렇지 않았다는 것을 믿어 주세요. 그뿐만 아니라, 저는 언제나 당신을 사랑하고 있었고, 다른 누구보다도 귀여운 분이라고 생각하고 있었어요. 그러나 남의 눈이 두려웠고 또 내 정숙함에 대한 명성을 떨어뜨리고 싶지 않아 지금까지 냉정하게 대해 왔던 거예요. 하지만 이제는 뚜렷이 제가 당신을 사랑하고 있다고 말씀드릴 수 있고, 당신이 제게 품어 주신 사랑에 보답할 수 있는 시기가 왔어요. 그러니 제발 힘을 내시고 밝은 희망을 가져 주세요. 왜냐하면 당신이 저에 대한 사랑 때문에 그 명마를 선물로 주셨기에, 당신도 아시다시피, 프란체스코는 며칠 내에 장관이 되어 그 말을 타고 밀라노에 부임해 갈 것이기 때문이에요. 그이가 떠나 버리면 당신은 이삼 일 안에 저를 만나실 수 있고, 우리의 사랑을 즐거이 성취할 수 있다는 것을, 당신이 품고 계시는 열렬한 사랑을 위해 진심으로 맹세하겠어요. 그러니 이런 식의 말씀을 다시 당신에게 시키지 않기 위해, 앞으로는 정원으로 나 있는 제 침실 창문에 수건을 두 장 걸어 둘 테니 그것을 보시거든 그날 밤 다른 사람의 눈에 띄지 않도록 정원 입구로 해서 저를 찾아오세요. 저는 거기서 기다리고 있겠어요. 그리고 밤새도록 실컷 사랑을 즐기기로 해요."

치마가 부인 대신 이렇게 대답한 다음, 이번에는 치마 자신으로 돌아가서 말했습니다.

"사랑하는 부인, 저는 부인의 고마운 대답을 듣고 너무나 기뻐서 온몸이 마비되어 감사의 말씀을 어떻게 드려야 할지 모르겠습니다. 비록 마음대로 말을 할 수 있다고 하더라도, 제가 바라는 대로 감사의 마음을 나타낼 수 있는 말이 잘 나올지 어떨지 모르겠습니다. 그러니 말로써 표현할 수 없는 점은 부인의 뛰어난 판단력으로 짐작해 주십시오. 이것 하나만은 말씀드려 두겠습니다만, 부인이 지시하신 일은 반드시 실행하겠습니다. 그때는 부인에게 허용된 한도껏 풍부한 선물이 포장된 셈이 되니까 저도 가장 큰 감사를 힘껏 돌려드릴 생각입니다. 자, 이제 더 말씀드릴 것이 없습니다. 사랑하는 부인, 저는 하느님께 부인이 바라시는 가장 큰 기쁨과 행복을 내려 주십사고 빌겠습니다."

이런 말을 하고 있는 동안 부인은 한마디도 입을 떼지 않았습니다. 그래서 치마는 일어서서 남편인 기사가 있는 곳으로 돌아섰습니다.

그가 일어서는 것을 보고 기사가 성큼성큼 걸어와서 웃으면서 말했습니다.

"어떤가? 나는 훌륭하게 약속을 지켰지?"

"아닙니다, 각하." 치마는 대답했습니다.

"각하는 부인과 말을 시켜 주신다고 약속하셨는데, 대리석상과 말을 하게 하셨으니까요."

이 말은 기사의 마음에 무척 들었습니다. 그는 본디 부인을 믿었지만, 이것으로 더 확신을 굳히고 말했습니다.

"그럼 이것으로 당신 말은 내 것이 된 셈이지?"

치마는 이 말에 대답했습니다.

"네, 그렇습니다. 하지만 모처럼 각하에게 받은 호의가 이런 결과가 될 줄 알았더라면, 이런 부탁을 드리지 않고 그냥 내드렸을 것을 그랬습니다. 하지만 하느님이 이렇게 시키셨으니, 각하는 말을 사신 것이 되나 저는 말을 판 것이 되지 않았습니다."

이 말을 듣고 기사는 낄낄대고 웃었습니다. 이렇게 하여 말도 갖추어졌으므로 그는 이삼 일 뒤에 장관직에 앉기 위해 밀라노로 떠나갔습니다.

집에 자유로이 혼자 남게 된 부인은 치마의 이야기와 그가 품고 있는 사랑의 마음과 자기를 사랑하기 때문에 선물로 준 말 같은 것이 자꾸만 생각났으며, 집 앞을 자주 왔다 갔다 하는 그 모습을 볼 때마다 저도 모르게 혼잣말이 나왔습니다.

"나는 도대체 뭘 하고 있는 걸까? 어째서 내 젊음을 헛되이 보내고 있는 것일까? 남편은 밀라노에 가서 반년 뒤에나 돌아올 텐데 언제 그 손해를 메꿔 준단 말인가? 내가 할머니가 된 뒤에? 그리고 치마 같은 멋있는 연인이 언제 또 발견된단 말인가? 나는 지금 외톨이이고, 두려운 사람은 아무도 없다. 어째서 이런 절호의 기회를 붙잡지 않고 있는지 나도 모르겠다. 게다가 이런 일은 아무도 알 까닭이 없고, 설혹 남에게 알려진다고 하더라도, 나중에 가서 후회하는 것보다야 훨씬 낫지 않은가."

이렇게 혼자서 이것저것 생각하고 있다가, 하루는 마침내 치마가 말한 대로 마당 쪽으로 난 창문에 수건 두 장을 걸어 놓았습니다.

치마는 그것을 보고 그만 기뻐서 밤이 되기를 기다려 혼자서 살며시 부인 집의 정원 출입구로 갔습니다. 가서 보니 문이 열려 있었습니다. 얼른 그리로 해서 재빨리 집 안으로 들어가는 또 하나의 문간에 이르니 부인이 그를 기다리고 있었습니다.

부인은 그가 온 것을 보더니, 일어서서 다가와 무척 반가이 그를 맞았습니다. 그는 그녀를 껴안고 수도 없이 입을 맞춘 다음, 그녀를 따라 층계를 올라갔습니다. 그리고 바쁘게 침대에 뛰어들어 사랑의 극치를 몇 번이나 맛보았습니다.

이것이 처음이기는 했습니다만, 마지막은 아니었습니다. 왜냐하면 남편이 밀라노에 가 있는 동안은 말할 것도 없고, 돌아온 뒤에도 치마는 자주 그 부인을 찾아가 함께 최고의 정사를 즐겼기 때문입니다.

여섯째 이야기

리차르도 미누톨로는 필리펠로 시기놀포의 아내를 연모한다. 리차르도는 그녀가 질투심 많은 여자라는 말을 듣고, 자기 아내가 내일 필리펠로와 목욕탕에서 만나게 되었다면서 그녀를 그곳에 가게 한다. 그리하여 그녀는 남편과 자고 있는 줄만 알았는데, 실은 리차르도와 자고 있었음을 깨닫는다.

엘리사의 이야기가 거기서 끝나자 여왕은 치마의 영리함을 칭찬한 다음, 피암메타에게 다음은 당신이 이야기할 차례라고 말했습니다. 피암메타는 방긋이 웃으며 "네, 여왕님" 대답하고는 이야기를 시작했습니다.

우리 도시는 다른 것은 말할 것도 없고 얘깃거리에 조금도 부족을 느끼지 않는 곳입니다만, 엘리사가 방금 이야기하신 것처럼 나도 이 도시를 떠나 다른 땅에서 일어난 이야기를 하겠어요. 장소를 나폴리로 옮겨, 연애니 정사니 하는 말만 들어도 얼굴을 찌푸리는, 성녀인 척하는 여자가, 자기를 사랑한 남자의 교묘한 책략에 걸려서 사랑의 꽃이 뭔지도 모르는 동안에 열매를 맺어 버렸다는 이야기를 하겠어요. 이 이야기는 여러분이 언젠가 겪게 될지도 모를 여러 가지 사건에 주의를 환기시켜 드리게도 될 것이고, 또 과거의 사건을 즐겁게 회상하시는 일도 될 거예요.

이탈리아에는 멋있는 도시가 많습니다만, 그중에서도 특히 즐겁고 가장 오래된 도시는 나폴리지요. 그 나폴리에 리차르도 미누톨로라는 귀족 출신의 돈 많은 청년이 살고 있었습니다. 이 청년은 매우 아름답고 정숙한 젊은 아내가 있었는데도, 어찌 된 일인지 다른 여자를 연모하게 되었습니다.

그 여성은 누가 보나 나폴리의 어느 여자보다도 아름답다고 오래전부터 소문이 나 있었습니다. 이름은 카텔라였으며, 역시 젊은 귀족인 필리펠로 시기놀포의 아내였는데, 정숙한 것으로 이름난 데다가 무엇보다도 남편을 위하고 사랑했습니다. 리차르도 미누톨로는 이 카텔라를 연모하게 되자 온갖 수법을 다 써서 그녀의 호의와 사랑을 얻으려고 애썼지만, 아무리 해도 뜻을 이루지 못했으므로 거의 절망의 밑바닥에 가라앉아 있었습니다. 그렇다고 이 사랑을 단념할 수도 없어 삶의 기쁨도 사라져 버렸습니다.

이런 기분으로 나날을 보내고 있는데, 어느 날 집안 아낙네들이 찾아와 그를 위로하면서, 그러한 사랑은 단념해 버리라고 충고했습니다. 카텔라는 남편 필리펠로 이외에는 남자가 없다고 생각하는 그런 여자이고, 더욱이 질투심이 강해서 하늘을 나는 새만 봐도 남편을 빼앗아 가지 않을까 걱정하는 여자이기 때문에 사랑을 해봐야 헛일이라는 것이었습니다.

리차르도는 카텔라가 질투심이 강하다는 말을 듣자 즉각 자기의 뜻을 이룰 묘안이 생각났습니다. 그는 카텔라를 단념하고 사랑의 대상을 다른 여자로 바꾼 체하기 시작했습니다. 말하자면 여태까지 카텔라를 위해서 베풀어 온 검술 시합이라든가, 마상 창 시합이라든가, 그 밖에 여러 가지 일을 새 여자를 위해서 베푸는 체하기 시작한 것입니다. 그리하여 차츰 온 나폴리 사람들뿐만 아니라 카텔라까지도 그가 사랑하는 것은 자기가 아니라 새 여자라고 생각하게 되었습니다. 더욱이 그는 끈기 있게 이런 일을 계속했으므로, 누구나 다 그가 마음이 변한 것이 틀림없다고 생각했으며 카텔라조차도 자기에 대한 사랑 때문에 늘 그에게 보여 온 완고한 태도를 고쳐, 길거리에서 만나더라도 다른 사람들과 마찬가지로 이웃으로서 상냥하게 인사를 나누게 되었습니다.

그러는 동안에 더운 여름이 다가왔고, 귀부인들과 기사들은 나폴리 사람들의 습관대로 친구들과 어울려 바닷가로 나가 점심을 먹기도 하고 저녁 식사를 하기도 했는데, 어느 날 리차르도는 마침 카텔라도 많은 사람들과 함께 바닷가에 나왔다는 것을 알았습니다. 그래서 자기도 친구들을 모아 그곳으로 갔습니다. 그리고 남자들끼리 그런 데에 있는 것은 재미없는 체하면서, 카텔라의 여자 친구들로 하여금 자기들을 부르게 하여 그녀의 일행과 자리를 함께하게 되었습니다. 그러자 여자들은 카텔라와 함께 그가 새로 시작한 사랑을 놀리기 시작했습니다. 그래서 리차르도는 무척 열을 올리고 있는 체해 보이면서, 그녀들에게 애깃거리를 제공했습니다.

이렇게 오랜 시간 놀고 있는 동안에 이러한 모임에는 흔히 있는 일입니다만, 여자들이 한 사람 두 사람 이리저리 흩어져 가서, 뒤에는 리차르도 옆에 카텔라와 여자 두셋밖에 남지 않게 되어 버렸습니다. 그때 그는 카텔라를 돌아다보고 그녀의 남편 필리펠로의 어떤 연애 이야기를 슬쩍 비치기 시작했습니다.

그 말을 듣자마자 카텔라는 질투심에 불타올라 리차르도가 슬쩍 비친 이야기가 더 알고 싶어져서 안절부절못했습니다. 그리하여 잠시는 참고 있었지만 더 참지 못하게 되어 리차르도에게, 당신이 그토록 사랑했던 여자를 위해서 남편 필리펠로에 대해 하신 말씀을 좀 더 상세히 들려줄 수 없겠느냐고 부탁했습니다. 그래서 그는 말했습니다.

"사랑했던 부인을 위해서라고까지 하시면서 부탁을 하시니 무정하게 거절할 수도 없군요. 그러니 당장 말씀드리겠습니다만, 내 말이 틀림없는 사실임이 밝혀질 때까지는, 당신 남편은 물론 누구에게도 절대 말하지 않겠다고 약속해 주셔야겠습니다. 원하신다면, 어떻게 그 현장을 보실 수 있는가도 가르쳐 드리지요."

부인은 그의 말이 당연하다고 생각하고, 또 점점 더 사실이라고 믿고는, 아무한테도 말하지 않겠다고 굳게 맹세했습니다. 그래서 리차르도는 남이 들으면 곤란하므로 좀 떨어진 곳으로 가서 말했습니다.

"부인, 내가 그전처럼 아직도 부인을 사랑하고 있다면, 부인을 불쾌하게 만들지도 모를 일을 도저히 말씀드릴 생각은 나지 않았을 것입니다. 그러나 내 사랑은 이제 과거의 것이니 아무 거리낌 없이 모든 진실을 털어놓을 수가 있습니다. 필리펠로는 내가 부인에게 품은 사랑으로 굴욕을 느꼈는지, 아니면 내가 한 번쯤 부인에게 사랑을 받은 일이 있다고 생각하고 있었는지 그 점은 잘 모르겠습니다. 그러나 아무튼 그는 나 자신에 대해서는 아무런 눈치도 보이지 않으셨습니다. 그런데 요즘에 와서, 아마도 내가 아무 의심도 품지 않게 되었다고 여겨질 때를 기다리고 계셨던지, 내가 그에게 한 짓을 그가 아무렇지도 않게 생각하고 있었다고 믿은 것은 내 잘못이었다고 생각지 않을 수 없는 일을 나한테 하시려 하고 있습니다. 다시 말해서, 내 아내와 정사를 벌이려고 하고 있단 말씀입니다. 내가 아는 것만 하더라도, 그는 요즘 자주 살며시 심부름하는 여자를 보내서 아내를 재촉하고 있습니다.

나는 그것을 모두 아내에게 들었지요. 아내는 이제 내가 시키는 대로 대답을 하고 있습니다. 그런데 오늘 아침, 여기 오기 전의 일입니다만 집 안에서 아내와 소곤소곤 말을 주고받는 여자를 발견했지요. 나는 곧 그 여자가 누구라는 것을 알았으므로 얼른 아내를 불러서 그 여자가 무슨 이야기를 그렇게 길게 늘어놓았느냐고 따져 물었습니다. 그러자 아내는 이렇게 말하지 않겠습니까? '필리펠로는 정말 끈질긴 사내예요. 당신이 시켜서 제가 마치 마음이 있는 것처럼 대답을 하고 있으니까 찰싹 붙어서 떨어지질 않아요. 그 사람은 저더러 어떻게 할 것인지 확실한 답을 듣고 싶다는 거예요. 제가 바란다면 이 근처의 목욕탕으로 살짝 빠져나올 수 있도록 주선을 해주겠다고 뻔뻔스럽게 말하지 않겠어요? 당신은 어떻게 생각하시는지 모르지만, 당신만 그런 것을 받아들이게 하시지 않았더라면 부끄러워서 얼굴도 들지 못할 그런 거추장스러운 사람은 벌써 깨끗이 물리쳐 버렸을 텐데요.' 일이 이쯤 되니 너무나 도가 지나쳐서, 아내가 이 이상 괴로워하지 않도록 부인에게 털어놓아야겠다고 생각지 않을 수 없었습니다. 결국 부인의 순결은 이런 식으로 보답을 받았고 덕분에 나도 죽음과 같은 괴로움을 맛보게 된 것입니다. 그래서 이것이 거짓말이거나 지어낸 이야기라고 생각지 않으시도록, 부인이 편리하실 때 똑똑히 눈으로 확인해 두실 수 있게 하기 위해서 나는 아내에게 지시해 기다리고 있던 심부름 온 여자에게, 내일 오후 3시쯤 가족들이 낮잠을 자고 있을 때 그 목욕탕에 가 있겠노라고 대답하게 했지요. 이 말을 듣고 심부름 온 여자는 매우 기뻐하면서 아내와 헤어져 돌아갔습니다. 그런데 나는, 그런 곳에 내가 아내를 보낸다고 부인이 믿으시리라고는 생각지 않습니다. 내가 부인이라면, 내 아내가 가 있다고 당신 남편이 믿고 있는 장소에 가겠습니다. 그리고 잠시 함께 잔 다음, 남편이 실은 누구와 잤는가를 깨닫게 해주고, 그런 행위에 알맞은 명예를 줄 것입니다. 그러면 남편은 창피를 당한 꼴이 되고, 부인과 내게 모욕을 주려고 한 데 대해서 동시에 복수도 하게 될 것입니다."

카텔라는 이 말을 듣더니, 자기에게 이런 말을 하고 있는 사람이 누구인지를 조금도 생각지 않고, 또 거짓말이 아닐까 깊이 의심해 보지도 않고, 질투심이 강한 여자로서 당장 그 말을 곧이듣고는, 전에 있었던 일도 모두 이 일과 결부시켜 버렸습니다. 그리고 이내 노여움에 불타면서 "그것은 그다지 힘드는 일이 아니니까 반드시 해보겠어요. 그이가 나타나면 앞으로는 어떤 여자를 보아도 이 일이 생각나지 않을 수 없도록 큰 창피를 주고 말겠어요" 하고 대답했습니다.

리차르도는 이 대답에 만족했습니다. 그리고 자기 계획이 들어맞을 것 같은 생각이 들었으므로, 계속 이런저런 말을 하는 동안에 점점 더 자신을 굳했습니다. 그래도 자기에게 들었다는 말은 결코 입 밖에 내지 말라고 거듭 다짐을 받았습니다. 부인은 맹세코 그렇게는 하지 않겠다고 약속했습니다.

이튿날 아침, 리차르도는 카텔라에게 일러 준 목욕탕으로 가서 안주인에게 자기 계획을 실토하고, 잘되도록 도와 달라고 부탁했습니다. 선량한 안주인은 그에게 여러 가지 신세를 지고 있었으므로 기꺼이 그렇게 하겠다고 대답하고, 해야 할 말과 해야 할 일을 그와 미리 상세히 의논해 두었습니다.

욕실이 있는 그녀의 집에는 밖에서 햇빛이 들어올 창문이 하나도 없는 캄캄한 방이 있었습니다. 선량한 안주인은 리차르도의 지시대로 그 방을 치우고 적당히 침대를 들여놓았습니다. 리차르도는 식사를 마치고, 그 침대에 기어 들어가서 카텔라가 오기를 기다렸습니다.

한편 카텔라는 리차르도의 말을 필요 이상으로 믿어 버리고는, 화가 잔뜩 나서 저녁때쯤 집으로 돌아갔습니다. 그때 마침 필리펠로도 무언가 수심에 찬 얼굴로 돌아왔는데, 평소의 그 상냥한 태도를 보이지 않았습니다. 그것을 본 그녀는 전에 없이 의심이 생겨서, 저도 모르게 혼잣말을 중얼거렸습니다.

"아마 내일 실컷 즐길 작정으로 있는 여자만 생각하고 있는 모양이지? 하지만, 그렇게는 안 될걸."

그녀는 이런 생각에 내일 남편을 만나면 뭐라고 해줄까 궁리하면서, 그날 밤은 잠시도 눈을 붙이지 못하고 그대로 지새웠습니다.

아무튼 이 대목은 이 정도로 해두고, 다음 날 카텔라는 오후 3시가 되자 하인을 하나 데리고 별로 계획을 바꿀 생각도 없이 리차르도가 가르쳐 준 목욕탕으로 들어갔습니다. 그리고 선량한 안주인에게 필리펠로가 와 있느냐고 물었습니다. 그러자 안주인은 리차르도가 미리 일러 놓은 대로 대답했습니다.

"그분에게 할 말씀이 있어서 오신다는 분이 바로 부인이세요?"

"네, 그래요."

"그럼, 이리 올라오세요." 선량한 안주인은 말했습니다.

전혀 즐겁지 않은 이유로 가는 것이니까, 카텔라는 리차르도가 있는 방에 안내되고 나서도 베일을 벗지 않았고, 안에 들어가자마자 방문을 닫아걸었습니다.

리차르도는 그녀가 들어온 것을 알자 기뻐서 뛸 듯이 일어나, 그녀를 와락 껴안고 속삭였습니다.

"잘 오셨습니다."

카텔라는 아내가 아닌 다른 여자로 여기게 하기 위해서 그를 껴안고 입을 맞추었습니다. 그리고 무척 기쁜 체하면서, 입을 열면 정체가 드러날까 봐 한마디도 말을 하지 않았습니다. 그 방이 캄캄하다는 것은 서로로 봐서 편리했습니다. 상당히 오랫동안 아무것도 보이지 않았으니까요.

리차르도는 그녀를 침대에 끌고 들어갔습니다. 그리하여 소리를 내면 눈치챌 것이기에 서로 입을 열지 않고 오랜 시간 온갖 쾌락의 기쁨에 잠겼던 것입니다. 그것이 끝난 다음 카텔라는 가슴속의 노여움을 폭발시키는 것은 이때라 생각하고, 불처럼 타는 울분을 한꺼번에 토해 냈습니다.

"아아, 여자의 운명이란 어쩌면 이렇게도 비참할까! 아무리 사랑해도 남편에게 속임만 당하니. 아아, 비참한 나! 당신을 내 목숨보다 사랑한 지 벌써 8년이나 되었는데, 듣자 하니 당신은 다른 여자에게 넋을 잃고 있다니, 이렇게 죄 많은 악인이 또 있을까? 지금 당신은 누구와 자고 있었는 줄 아세요? 8년간 잠자리를 함께해 온 여자와 자고 있었던 거예요. 제법 사랑하는 체하면서, 다른 여자를 사랑하고 거짓 감언으로 농락해 온 여자와 말씀이에요. 나는 카텔라예요, 리차르도의 부인이 아니란 말예요. 당신이란 사람은 어쩌면 이렇게도 불성실한 배신자죠? 내 목소리를 알아들으실 테니, 잘 들어 보세요. 나는 틀림없는 당신의 아내예요. 당신에게 알맞은 창피를 주려고, 불이 켜지기를 얼마나 기다렸는지 아세요? 당신이란 사람은 염치를 모르는 천한 들개예요. 아아, 불쌍한 나! 이런 들개에게 그토록 오랫동안 변함없는 사랑을 바쳐 왔으니! 당신은 다른 여자를 안고 있는 줄 알고 여기서 이 짧은 시간에, 지금까지 내가 겪은 어느 순간보다도 더 힘차고 멋있는 애무를 해주었지요? 아아, 뻔뻔스럽기 짝이 없는 들개! 평소에는 그렇게 시시하고, 약하고, 무능하면서, 오늘 당신이 보여 준 그 분발하는 모습이라니! 하지만 당신이 갈아 준 밭이 당신이 생각하고 있던 그 여자가 아니고 나였으니 하느님께 감사드릴 일이죠. 간밤에 당신이 내 옆에 오지 않은 것은 당연한 일이었어요. 당신은 다른 데서 짐을 내릴 작정이었으니까. 억센 기사로서 싸움터에 나갈 작정이었단 말씀이죠? 하지만, 내가 눈치가 빨라서 그 덕에 물이 낮은 데로 흘러가듯 흘러 준 거예요. 어머나, 너무하시네! 왜 잠자코 계세요? 왜 아무 말씀 안 하시죠? 내 말을 듣고 벙어리가 되셨나요? 실은 이 손가락을 당신 눈에 쑤셔 넣고 눈알을 도려내고 싶을 정도인데, 어째서 내가 참고 있는지 나도 모르겠네. 이런 심한 배신을 들키지 않고 살면서 할 수 있을 줄 알고 있었다니. 천만에! 자기가 알고 있는 일은 남도 다 아는 거예요. 당신의 엉큼한 수작대로는 되지 않는 거예요. 나는 당신이 생각지도 않던 훌륭한 첩자를 써서 당신 뒤를 밟게 했던 거예요."

리차르도는 이런 말에는 대답도 않고, 그녀를 꽉 껴안으며 연거푸 입을 맞추었습니다. 그리고 아까보다 더 심하게 애무해 주었습니다. 그러자 그녀는 다시 말을 이었습니다.

"아아, 그렇군요. 당신은 열심히 나를 애무해서 내 비위를 맞출 생각이죠? 정말 당신은 천한 개예요. 그렇게 해서 내 기분을 가라앉히고, 달랠 작정이죠? 하지만 그런 수법은 성공하지 못할걸요. 이번 일만은 내 친척들과 친구들과 이웃 사람들 앞에서 당신에게 창피를 주지 않고는 무슨 일이 있어도 그냥 참지 않겠어요. 그래, 내가 리차르도 미누톨로의 아내보다 아름답지 않단 말이에요? 내가 그만한 귀부인이 아니란 말이에요? 왜 잠자코 있어요? 이 한심한 개 같으니. 나보다 그 여자의 어디가 더 좋다는 거예요? 좀 더 멀리 떨어져요. 날 만지지 말아요. 오늘 일은 그만하면 훌륭했어요. 나는 잘 알아요. 당신이 내가 누구라는 걸 안 뒤니까, 지금쯤은 그저 건성으로 이러고 있다는 것을…… 하지만 하느님께 맹세코, 앞으로는 애걸복걸하더라도 누가 상대해 줄 줄 알아요? 어째서 나는 바보스럽게도 리차르도에게 사람을 보내지 않았을까? 그분은 무척 나를 사랑해 주셨는데. 나는 한 번도 다정한 얼굴을 보여준 적이 없었으니. 어째서 그런 무정한 짓을 했을까? 당신은 여기서 그 사람부인을 손에 넣을 줄 알고 있었으니, 성공하지 못했더라도 잘못이 없어지는 게 아니에요. 그러니 만일 내가 그 사람과 만난다 하더라도 나를 나무랄 수는 없을 거예요."

이렇게 여자의 끊임없는 탄식이 이어졌습니다. 그래서 마침내 리차르도는 그녀에게 그런 생각을 간직하게 해서 돌려보낸다면 뒤에 더 큰 화를 남기게 되겠다고 생각하고, 모든 내막을 다 밝히고 그녀를 빠뜨린 속임수를 알려 주자고 결심했습니다. 그래서 그녀를 꼭 껴안고 달아나지 못하게 하고는 입을 열었습니다.

"아아, 내 사랑 카텔라, 놀라지 말아요! 사랑하고 있으면서 아무리 해도 손에 넣을 수 없었던 것을, 사랑의 신은 책략을 이용해서 손에 넣는 방법을 가르쳐 주셨소. 난 리차르도요."

이 말을 듣자 카텔라는 앗, 하고 외마디 소리를 지르며 침대에서 뛰어나가려고 했습니다. 그러나 그럴 수가 없었습니다. 그래서 소리를 지르려고 했습니다만, 리차르도는 한 손으로 입을 막고 말했습니다.

"부인이 한평생 소리를 질러 봐야, 한 번 일어나 버린 일은 절대로 되돌릴 수가 없소. 만일 부인이 크게 소리치거나, 또 다른 방법으로 사람들에게 알리려고 한다면 두 가지 일이 일어나게 될 것이오. 그 하나는—부인으로 봐서 매우 중대한 일이오만—부인의 명예와 훌륭한 명성이 엉망이 되어 버린다는 것입니다. 비록 부인이 속아서 이리 끌려왔다고 변명해도, 그건 거짓말입니다, 내가 돈과 선물을 주겠다고 약속했더니 찾아왔습니다, 그런데 이 여자는 기대한 것만큼 내가 주지 않았다고 화가 나서 이런 변명을 하고 이런 소동을 벌이고 있습니다, 하고 나는 말해 버릴 것이오. 그리고 부인도 아실 것이오, 사람이란 좋은 일보다 나쁜 일을 더 믿기 쉽다는 것을. 그러니 부인 말보다 내 말을 사람들은 더 믿게 마련이오. 또 거기에 이어서 부인의 남편과 나 사이에 결투 소동이 일어나오. 그러면 내가 그 사람을 죽이거나, 그 사람이 나를 죽이거나 하는 사태가 벌어지게 되오. 그 일을 부인도 기뻐하고 만족하게 여길 수는 없지 않겠소. 그러니 나의 소중한 부인께서는 자기의 명예를 손상시키거나, 동시에 당신 남편과 나를 분쟁에 끌어넣거나 위험한 꼴을 당하게 하지 않도록 하시오. 부인은 뭐 이 세상에서 속은 최초의 사람도 최후의 사람도 아닐 것이오. 그리고 나는 부인의 사랑을 빼앗으려고 부인을 속인 것이 아니라, 내가 평소부터 줄곧 품어 온 최고의 사랑을 위해서, 그리고 부인의 가장 충실한 노예가 되려고 부인을 속인 것이니까요. 나는 오랫동안 나 자신은 물론 나 자신이나 내가 가질 수 있는 소중한 것은 모두 부인의 것이며, 부인을 위한 것이라고 생각해 왔습니다만, 앞으로는 더더욱 그렇게 되기를 바라고 있소. 그러니 매사에 총명한 부인께서는 내 말을 따르시오. 난 부인을 믿겠소."

카텔라는 리차르도가 이렇게 말하고 있는 동안 줄곧 심하게 흐느꼈습니다. 그리고 얼마나 마음이 어지럽고, 얼마나 깊은 슬픔에 잠겼는지 이루 말할 수 없을 정도였습니다만, 리차르도의 말도 일리가 있다고 생각하고, 그런 사태가 일어날 우려도 있을 것 같아서 다음과 같이 대답했습니다.

"리차르도 님, 나는 당신이 나한테 준 이런 모욕과 속임수를 하느님이 허락하시지 않는 한, 견딜 수 있을지 모르겠네요. 하지만 나의 단순함과 남다른 질투심이 이런 결과를 빚고 말았으니, 떠들어댈 생각은 없습니다. 그러나 당신이 한 일에 대해서 어떻게든 복수하지 않으면 내 직성이 풀리지 않으리라는 것만은 확실합니다. 이제 그만 괴롭히고 놓아주세요. 당신은 자기 욕망을 채웠고, 실컷 나를 못살게 굴었습니다. 이제 놓아줘도 될 때예요. 부탁이니 놓아줘요."

리차르도는 그녀가 아직도 화가 나 있다는 것을 알고, 화가 완전히 가라앉을 때까지 보내 주지 말자고 생각했습니다. 그래서 그녀의 노여움을 가라앉히기 위해 온갖 노력을 다 기울여 정답고 상냥한 말로 달래고, 애원하고 맹세하고 했으므로, 끝내는 그녀도 더 버티지 못하고 그와 화해하게 되었습니다. 그리고 서로의 합의 아래 오랜 시간 더없는 사랑의 즐거움에 잠겼던 것입니다.

이렇게 하여 부인은 남편의 키스보다 연인의 키스가 얼마나 맛있는 것인가 알고부터는 리차르도에 대한 과거의 완고함이 달콤한 연정으로 바뀌어, 그날 이후로 정답게 그를 사랑하게 되었습니다. 그리고 빈틈없이 움직여서 몇 번이나 두 사람의 사랑을 즐겼습니다.

하느님, 우리들에게도 사랑을 즐기게 해주소서.

일곱째 이야기

테달도는 자기 연인에게 화가 나서 피렌체를 떠났다가 몇 해 뒤 순례자의 모습으로 돌아온다. 그리하여 연인을 만나 그녀의 오해를 풀고, 자기를 죽였다는 혐의로 사형을 받게 된 그녀의 남편을 구해 준다. 이어 자기 형제들과 그를 화해시킨 다음 조심스럽게 그녀와의 사랑을 즐긴다.

피암메타가 호평 속에서 이야기를 마치자, 여왕은 시간을 허비하지 않기 위해 곧 에밀리아에게 이야기를 시작하라고 말했습니다. 그래서 그녀는 다음과 같은 이야기를 시작했습니다.

지금까지 두 분이 하신 이야기는 우리가 사는 도시가 아닌 곳에서 일어난 일이었지만, 나는 다시 우리 도시로 돌아와서 어떤 사람이 한때 연인과 헤어졌다가, 어떻게 또다시 만나게 되었나 하는 이야기를 할까 해요.

피렌체에 테달도 델리 엘리제이라는 젊은 귀족이 살고 있었습니다. 이 사람은 알도브란디노 팔레르미니라는 사람의 아내 에르멜리나 부인을 연모하다가 뜻을 이루었는데, 그것은 그의 품성이 뛰어났기 때문이었습니다.

그런데 행복의 절정에는 흔히 운명의 역전이 일어나는 법이죠. 왜냐하면 어찌 된 셈인지 한때는 스스로 테달도를 기쁘게 해주던 부인이 전혀 그렇게 하지 않게 되고, 사람을 보내도 귀를 기울이지 않을뿐더러, 만나 주지도 않았기 때문입니다. 그 때문에 그는 그만 우울해져서 비탄의 구렁텅이에 빠져 버렸습니다. 그러나 본디 그는 자기의 사랑을 남에게 조금도 눈치채이지 않게 숨기고 있었으므로, 아무도 그가 왜 우울해하는지 원인을 알지 못했습니다.

그로서는 자기가 잘못해서 사랑을 잃게 되었다는 생각이 별로 들지 않았으므로 모든 수를 다 써서 본디대로 돌리려고 했지만, 결국 아무리 애를 써 보아야 헛일임을 깨달았습니다. 그래서 자기를 이토록 슬프게 한 그 여자에게 수척해져 가는 자기의 모습을 보이고 싶지 않아 이 도시에서 멀리 떠나 버리자고 결심했습니다. 그래서 그는 자신이 구할 수 있는 만큼 많은 돈을 갖고, 모든 사정을 다 알고 있는 친구 한 명 말고는 친척들에게나 다른 친구들에게나 자기의 계획을 알리지 않고 몰래 안코나로 가서 이름을 필리포 디 산로데치오라고 바꾸었습니다. 그리고 그 도시에서 어느 돈 많은 상인과 알게 되어 그의 하인으로 들어가, 그를 따라 배를 타고 키프로스로 갔습니다.

그러는 동안 그의 품성과 행동거지가 주인의 마음에 쏙 들어서, 주인은 아주 많은 급료를 주었을 뿐만 아니라 자기의 친구로 삼아 주고 게다가 일의 대부분을 맡기게 되었습니다. 테달도는 그 일을 재치 있게 열심히 처리해 냈으므로, 몇 해가 안 가서 훌륭하고 돈 많은 상인으로 이름나게 되었습니다.

이렇게 일을 계속하면서도 그는 줄곧 그 매정한 연인을 생각했습니다. 그리고 자기가 얼마나 실연의 상처를 입었는가 생각하니, 한 번만 더 만나고 싶은 생각이 간절했습니다만 7년간이나 꾹 참고 이 마음의 싸움을 이겨 나갔습니다.

그런데 어느 날, 그는 자기가 부인을 사랑하고 부인이 자기를 사랑한 기쁨을 노래한, 자기가 지은 노래가 키프로스에서 불려지고 있는 것을 들었습니다. 그래서 그녀도 자기를 잊어버릴 수는 없을 것이라고 생각하고, 보고 싶은 생각이 불길처럼 솟아 이제 더 참을 수 없게 되어 한시바삐 피렌체로 돌아가자고 결심했습니다. 그는 모든 일들을 정리하고는, 하인 한 명만 데리고 안코나로 갔습니다. 거기에 그의 짐이 전부 도착했으므로, 안코나의 친구로 피렌체에 가 있는 아는 사람에게 그 짐을 부치고, 자기는 예루살렘에서 돌아온 순례자 같은 행색으로 하인과 함께 몰래 피렌체로 향했습니다. 그리하여 피렌체에 도착하자 연인 집 가까이에서 두 형제가 경영하는 조그만 여관에 들었습니다.

그는 먼저 가능하면 한번 그녀를 보고 싶어서, 그녀의 집 앞에 갔습니다. 그런데 그가 본 것은 출입문도 창문도 꼭꼭 닫혀 있는 집이었습니다. 그것을 본 그는 그녀가 죽어 버린 것은 아닐까, 아니면 다른 데로 이사를 간 것일까, 몹시 궁금해졌습니다. 그래서 깊은 시름에 잠긴 채 자기 형제의 집으로 갔는데, 집 앞에 이르러 이번엔 자기 형제들 넷이 모두 상복을 입고 서 있는 것을 보고 깜짝 놀랐습니다. 그는 자기가 출발할 때와 모습이나 차림이 완전히 변해 있으니, 누가 설마 눈치채진 못하지, 하고 태연스럽게 한 구두 가게로 들어가서 저 사람들이 왜 상복을 입고 있느냐고 물었습니다. 그러자 구둣방 주인이 대답했습니다.

"저분들의 형제로 벌써 오래전에 이 도시를 떠난 테달도라는 분이 살해당한 지 아직 보름도 안 되었기 때문에 저렇게 상복을 입고 있죠. 듣자니 알도브란디노 팔레르미니라는 사람이 그이를 죽였다고 저들이 호소를 해서 붙잡혔다는구려. 그를 죽인 까닭은, 그 사람의 마누라에게 반한 테달도가 살며시 돌아와서 몰래 만나려고 했다나 어쨌다나요."

놀란 테달도는 자기와 비슷한 누군가가 오해를 받았구나 생각했습니다. 불행한 알도브란디노를 생각하니 가슴이 아팠습니다. 반면에 부인은 건강하게 살고 있다고 들었고, 밤도 깊어 여러 가지 생각에 잠긴 채 일단 여관으로 돌아갔습니다. 그리고 하인과 더불어 식사를 마친 다음, 그 집의 가장 높은 곳에 있는 방에 가서 잤습니다. 그런데 여러 가지 생각으로 흥분되어 있었던 탓인지, 침대가 너무나 딱딱했던 탓인지, 아니면 저녁 식사가 시원찮았기 때문인지 한밤중이 되어도 좀처럼 잠이 오지 않았습니다. 그래서 눈이 말똥말똥한 채 잠을 이루지 못하고 있는데, 깊은 밤에 지붕을 타고 몇 사람인가 집 안으로 들어오는 소리가 들렸습니다. 이어 침실 문틈에서 불빛이 비쳐 들어오는 것이 보이지 않겠습니까. 그는 살며시 문틈으로 다가가서, 무슨 일일까 하고 밖을 내다보았습니다. 그러자 매우 아름다운 여자 하나가 등불을 손에 들었고 지붕을 타고 들어온 세 사나이가 가까이 오는 것이 보였습니다. 그들은 서로 웃으며 이야기하더니, 그 가운데 한 사람이 젊은 여자에게 말했습니다.

"다행히 이젠 안심이다. 테달도 엘리제이가 죽은 것은 알도브란디노 팔레르미니가 한 짓이라고 그 형제들이 증언했고, 그 녀석도 그렇다고 고백했거든. 이제 판결이 났단 말이야. 하지만 제발 입 조심들 해라. 만일 우리가 했다는 게 밝혀지는 날에는 그야말로 알도브란디노 대신 우리가 위험한 꼴을 당하게 된다."

이렇게 말하고 그들은 무척 기쁜 표정을 보인 젊은 여자와 함께 아래로 자리 내려가는 듯했습니다.

테달도는 이 말을 듣고, 어째서 이런 과오가 인간의 판단에 일어나는 것일까 생각하기 시작했습니다. 먼저 머리에 떠오른 것은 형제들이 잘 알지도 못하는 사람을 자기라고 착각하여 한탄하고 슬퍼하고 매장했으며, 죄 없는 사람에게 혐의를 걸어 고소하여 사형을 받게끔 증언했고, 또 법률이라든가 재판관들이 맹목적으로 엄격하다는 것이었습니다. 재판관은 흔히 진상에 대한 규명을 너무 서두르는 나머지 냉혹해져서 그릇된 증명을 하고, 더욱이 정의와 신의 대변자 같은 소리를 하면서 실은 부정과 악의 집행자가 되고 있다고 생각했습니다. 그래서 그는 알도브란디노를 구해야겠다고 생각하고 해야 할 일을 계획했습니다.

그리하여 이튿날 아침 일어나서, 하인을 남겨 두고 혼자 시간을 보아 부인

집을 찾아갔습니다. 우연히 문이 열려 있어 안으로 들어가 보니, 부인이 아래층의 조그마한 방 안에 앉아 눈물을 흘리고 있었습니다. 그는 그만 측은해져서 눈물을 글썽거리며 가까이 가서 말을 건넸습니다.

"부인, 울지 마십시오. 곧 마음도 가라앉게 될 것입니다."

부인은 이 말을 듣고 얼굴을 들어 울먹이며 대답했습니다.

"당신은 다른 데서 오신 순례자 같은데, 어떻게 제 마음이 가라앉는다든가 제가 슬퍼하고 있다는 것을 아세요?"

그래서 순례자는 대답했습니다.

"부인, 나는 콘스탄티노플에서 온 사람입니다. 하느님이 보내 주셔서 이곳에 갓 도착했습니다만, 부인의 눈물을 웃음으로 바꾸고, 부인의 남편을 죽음에서 구하려고 왔지요."

"뭐라고요?" 부인은 놀라서 물었습니다.

"콘스탄티노플에서 사시고 이곳에 갓 도착한 분이, 어떻게 제 남편 일이며 우리들 사정에 대해 알고 계시죠?"

순례자는 이어 알도브란디노의 불행한 사건을 다 이야기한 다음, 다시 그녀가 어떤 사람이고 언제 결혼했으며, 또 자기가 잘 아는 그녀의 신상에 관한 여러 가지 일을 말했습니다. 그의 말을 듣고 부인은 무척 놀라면서, 이분은 예언자가 틀림없다고 생각하고, 그의 발 아래 무릎을 꿇고, 만일 알도브란디노를 구하러 오셨다면 우물쭈물하고 있을 수 없으니 서둘러 주세요 하고 빌듯이 부탁했습니다.

순례자는 성자 같은 태도로 말했습니다.

"부인, 울지 마시고 어서 일어나십시오. 앞으로 내가 하는 말을 잘 들으시고, 결코 아무에게도 입 밖에 내지 말도록 하십시오. 하느님의 계시에 의하면, 부인이 지금 겪는 고뇌는 부인이 과거에 저지른 죄 때문입니다. 하느님은 그와 같은 괴로움을 주셔서 부인을 깨끗이 해드리려고 하십니다. 그리고 그것을 부인 자신이 보상하시기를 바라고 계십니다. 만일 그것을 하지 못하시면 다시 쓰라린 슬픔에 빠지게 되실 것입니다."

그래서 부인은 대답했습니다.

"순례자님, 저는 지금까지 온갖 죄를 지었습니다. 그러니 하느님이 바라시는,

제가 회개해야 할 일이 어느 것인지 알 수가 없어요. 만일 알고 계시거든 제게 말씀 좀 해주십시오. 그러면 저는 회개하기 위해서 할 수 있는 모든 일을 다 하겠어요."

"부인, 나는 그것이 어느 것인지 잘 알고 있습니다. 그래서 더 상세히 알려고 질문을 하지는 않겠습니다. 그러니 부인께서 깊이 후회하시도록, 부인 자신의 입으로 말해 주셔야겠습니다. 그러면 사실을 언급하기로 하지요. 부인은 전에 누군가 연인을 가지신 적이 있지요, 어떻습니까?"

부인은 이 말을 듣고 매우 놀라면서 깊은 한숨을 쉬었습니다. 왜냐하면 테달도로 오인되어 매장된 사나이가 죽은 날, 두 사람 사이를 알고 있었던 테달도의 형제들이 경솔하게 조금 비친 적은 있지만, 아무도 그 일은 모르겠거니 생각하고 있었기 때문입니다. 그래서 대답했습니다.

"하느님께서 인간의 비밀을 모두 순례자님께 가르쳐 주신 것 같으니, 제 비밀을 숨기지 않겠어요. 제가 젊었을 때, 제 남편에게 살해당했다는 그 불행한 청년을 더없이 사랑한 적이 있습니다. 그분의 죽음이 얼마나 저를 괴롭혔는지, 저는 그저 눈물로 지샐 뿐이랍니다. 비록 제가 그분이 떠나가기 전에 쌀쌀한 태도를 보이기는 했습니다만, 오래 떠나가 계시는 동안에도, 불행한 죽음에 즈음해서도, 그분을 한시도 잊을 수가 없었어요."

순례자는 말했습니다.

"부인이 사랑하고 계신 것은 살해된 젊은 사람이 아니라 테달도 엘리제이입니다. 그런데 부인은 왜 그 사람에게 화를 내셨지요? 그 사람이 무언가 비위라도 건드렸던가요?"

그러자 부인이 대답했습니다.

"아뇨, 그분은 결코 저를 화나게 하지는 않았어요. 그것은 제가 이 사랑을 고백한, 어느 고약한 수도사가 한 말 때문이었답니다. 제가 그분에게 품고 있는 사랑이며 친애의 마음을 고백했더니, 그 사람은 지금도 아찔해질 만한 심한 말을 했어요. 만일 제가 그 사랑을 단념하지 않으면, 지옥 밑바닥에 있는 악마의 입에 떨어져서 무서운 형벌 속에 던져지게 될 거라고 위협하지 않겠어요? 그래서 저는 그만 무서워져서 그분과 친히 사귀는 것은 이제 그만두어야지, 하고 결심한 거예요. 그러고는 그와 같은 기회의 원인을 만들지 않도록,

그 뒤로부터 그분의 편지도 심부름꾼의 전갈도 아예 받지 않도록 했던 거예요. 하지만 저는 생각하죠. 그분은 절망한 나머지(저는 그렇게 판단하고 있어요) 이 도시에서 떠나 버렸습니다만, 만일 좀 더 참아 주셨더라면 제 군은 결심도 햇볕 아래 눈처럼 녹아 버렸을 거라고 말이에요. 왜냐하면 저는 일찍이 이 세상에 없었을 만큼 깊은 애정을 그분에게서 느끼고 있었으니까요."

그래서 순례자는 대답했습니다.

"부인, 바로 그것이 지금 부인을 괴롭히고 있는 유일한 죄입니다. 나는 테달도가 무엇 하나 부인에게 강요한 일은 없다고 확신하고 있습니다. 부인이 그 사람을 좋아하시게 되었을 때는, 그 사람이 마음에 쏙 들어서 부인 자신의 의지로 그렇게 하신 것입니다. 다시 말해서 부인 자신이 바라셨기 때문에 그의 마음이 부인을 향한 것입니다. 부인이 점점 더 친근해져서 정다운 말과 애정이 깃든 태도로 그를 기쁘게 해주셨기 때문에, 처음에는 그 사람이 먼저 부인을 사랑했다고 하더라도, 그 몇천 배나 되는 애정을 부채질하시고 만 겁니다. 사실이 그렇게 되었는데(나는 그렇다고 생각합니다만), 어떻게 부인은 그토록 차갑게 그를 버릴 수 있었을까요? 그런 일은 이렇게 되기 전에 잘 생각하셨어야 합니다. 나중에 가서 후회할 일이었다면, 처음부터 하지 말았어야 하는 것입니다. 어쨌든 이렇게 해서 그 사람은 부인 것이 되고, 부인은 그 사람 것이 되었습니다. 만일 그 사람이 부인 것이 되지 않았더라면, 부인 자신에게만 관련된 일이니 부인의 생각대로 행동할 수 있었을 것입니다. 그러나 부인은 그 사람의 것이었으니, 그 사람한테서 부인을 빼앗아 버린다는 것은 그의 뜻이 그렇지 않았을진대, 도둑질과 마찬가지로 좋지 않았다고 생각합니다. 그런데 보시다시피 나는 성직에 있는 몸이라, 수도사들의 수법을 잘 알고 있습니다. 그래서 부인을 위한 것이라도 다소 내 멋대로 하는 말 같습니다만, 남의 일이라고 생각하고 들어주십시오.

나는 수도사들에 대해서 부인이 과거의 경험으로 알고 있다고 생각하시는 것보다 앞으로 아셔야 할 일을 말씀드리는 편이 좋겠다고 생각합니다. 그야 옛날에는 성덕의 명성이 높았던 훌륭한 성직자들이 많았습니다. 그러나 오늘날 성직자라고 불리거나 그런 대접을 받고 싶어 하는 사람들은, 수도복 이외에 다른 것은 아무것도 몸에 지니고 있지 않습니다. 그 수도복조차도 성직자의 옷이라고는 할 수 없지요. 왜냐하면 전에는 수도복을 나쁜 천으로 입으면 답답할 만큼 좁다랗게 만들었을 것이며, 그와 같은 소박한 천으로 몸을 감싸고 있을 때는 속계의 일을 가엾게 여기는 영혼을 나타냈습니다만, 요새는 품도 넉넉하고 이중으로 되어 있는 데다가 번쩍번쩍 빛나는 고급 천으로 만들어져 있으니까요. 그러므로 모양도 우아하고 당당하며 그것을 입고 성당이나 광장에 나갈 때는 속계 사람들이 좋은 옷을 입고 나다닐 때처럼 어슬렁어슬렁 으쓱대고 걸어가며 조금도 겸손해하는 빛이 없습니다. 더욱이 어부가 강에서 그물로 한꺼번에 많은 물고기를 잡듯이, 큼직한 수도복으로 감싸서 여자 신도나 과부나 그 밖에 많은 어리석은 남녀들을 포섭하는 일에만 전념하고 있어서, 종교의 수행보다도 그게 오히려 최대의 관심사가 되어 있습니다. 그런 까닭으로 성직자는 수도복을 입고 있는 게 아니라, 수도복의 빛깔을 몸에 걸치고 있는 데 지나지 않습니다. 옛날의 수도사는 사람을 구하고자 했습니다만, 요즘의 수도사는 여자와 돈을 노리고 있습니다. 그리고 그들의 관심은 모두 열변을 토하거나 그림 또는 조각상 같은 것을 보이거나 하면서, 어리석은 대중의 마음을 놀라게 하여 성금을 내게 하고 미사만 올리면 죄가 깨끗이 씻어진다고 가르치는 데 기울어지고 있습니다.

그들은 하느님께 몸을 바치기 위해 성직자가 된 것이 아니라, 천한 근성에 성직자라는 직업으로 도피한 것입니다. 그리고 고생하고 싶지 않아 이 사람에게는 빵을 저 사람에게는 포도주를, 또 다른 사람들에게는 죽은 망령을 위로한다면서 요리 쟁반을 배달시키고 있는 것입니다. 확실히 성금이나 기도가 죄를 깨끗이 씻어 주기는 하겠지요. 그러나 성금을 내는 사람들이 만일 그것을 실제로 누구에게 기부하고 있는가 안다면, 그 돈을 자기를 위해서 저축하거나 아니면 차라리 돼지에게 주는 편이 낫다고 생각하게 될 것입니다. 그래서 그들은 큰 재물을 가진 자가 줄면 줄수록, 자기들이 편히 살 수 있다는 것을 알기 때문에 열변을 토하고 협박을 하고 자기들이 재물을 독점하고 싶어서 남이 접근하지 못하도록 하고 있는 것입니다. 그들은 남자들에게 여색을 즐기지 말기를 훈계합니다만, 그것은 훈계받는 자를 멀리 밀어냄으로써 자기에게 여자가 남도록 하기 위해서입니다. 그들은 고리대금업이며 부정한 돈벌이를 비난합니다. 이는 그런 것을 자기들에게 환원시켜 훌륭한 수도복을 만들고, 사제나 그 밖에 높은 지위에 앉을 수 있게 하기 위해서입니다. 그렇게 하기 위해 그런 것을 갖고 있으면 몸의 파멸이라고 협박하곤 하는 것입니다. 그런데 이런 일과 그 밖의 부정한 것을 비난받으면 그들의 대답은 언제나 판에 박은 듯합니다.

'우리의 가르침을 지키시오. 행위는 흉내 내면 안 되오.'

이렇게 말하고 무거운 책임을 면하고 있다고 생각하는 것입니다. 그것은 마치 양치기보다 양이 더 굳세고 강하다고 말하는 거나 같습니다. 그리고 성직자의 대부분은 자기들의 그런 대답을 그대로 이해하지 못하는 사람이 얼마나 많은가 잘 알고 있습니다. 오늘날의 성직자들은 부인 같은 사람들이 그들의 말대로 실행하기를 바랍니다. 그것은 부인 같은 사람들이 자기들의 지갑을 돈으로 가득 채워 주고, 자기들에게 비밀을 실토해 주고, 순결을 지키고, 참을성 있게 남의 모욕을 용서해 주고, 남의 욕을 하지 않게 하기 위해서입니다.

물론 그것은 모두 좋은 일이며 신성한 일입니다. 그런데 왜 그런 것들을 끊임없이 요구할까요? 속계의 사람들이 그렇게 해주면, 자기들이 할 수 없는 일을 쉽게 할 수 있기 때문입니다. 돈이 없으면 편안한 생활을 할 수 없다는 것을 모르는 사람이 있겠습니까? 만일 부인이 자기 자신의 즐거움을 위해서만 돈을 쓴다면, 수도사들은 그 지위에 있으면서 빈둥거릴 수는 없을 것입니다. 만일 부인이 이웃 여자 친구 집에 간다면, 수도사는 갈 곳이 없어질 것입니다. 부인이 인내심이 부족하고 남의 모욕을 용서치 않는다면, 수도사는 댁에 가서 감히 가정의 명예를 손상시키는 일은 하지 않게 될 것입니다.

왜 내가 소상하게 이런 이야기를 하고 있겠습니까? 그들은 지식인들 앞에서 비난받을 때마다 변명을 늘어놓습니다. 그들이 만일 금욕적인 거룩한 생활을 할 수 있다면, 왜 집에 틀어박혀 있지 않겠습니까? 혹은 어떤 생활이 하고 싶으면, 왜 복음서에 있는, '그리스도는 먼저 자기가 행한 다음 가르치기 시작했다'는 말대로 실행하지 않을까요? 먼저 그들 자신이 실천하고, 그런 다음에 남에게 가르쳐야 하지 않겠습니까? 나는 오늘날까지 헤아릴 수 없이 많은 성직자들이, 여자를 꾀고, 여자에게 반하고, 여자를 찾아다니고 하는 것을 내 눈으로 자주 보아 왔습니다만, 놀랍게도 그들의 상대는 속계의 여자들

뿐 아니라 수녀들에게까지 이르고 있습니다. 그런 인간들이 설교대에서 열변을 토하고 있단 말입니다. 그런 인간들을 본받아야 합니까? 본받고 싶은 사람은 그렇게 하라지요. 하지만 하느님은 다 내려다보고 계십니다. 그것이 과연 현명한 일일까요? 성직자들이 큰 소리로 훈계한 일, 다시 말해서 결혼의 맹세를 깨는 것이 가장 큰 죄라고 말한 점을 지금 인정한다면 남에게서 훔친다는 것은 더 큰 죄 아닐까요? 사람들을 죽여 이 세상에서 비참하게 추방한다는 것은 더 큰 죄 아닐까요? 이것은 누구나 동의할 것입니다. 어떤 여자가 어떤 남자와 친해진다는 것은 자연에서 비롯된 죄입니다. 그러나 남에게서 훔치거나, 사람을 죽이거나, 추방하거나 하는 것은 인간의 악의에서 나오는 것입니다.

앞에서도 말씀드렸듯이, 스스로 원해서 테달도의 것이 되신 부인이 그 사람을 버렸다는 것은 그 사람한테서 도둑질을 한 것과 마찬가집니다. 더 똑똑히 말씀드리면, 그 사람은 부인 것이었기 때문에 부인은 그를 죽인 것입니다. 그 사람이 자기 손으로 스스로를 죽이고 싶었을 만큼, 그 사람을 점점 더 냉혹하게 다루어 부인 속에서 지워 버렸기 때문입니다. 법률은 악이 행해지는 원인이 되는 자를, 악을 저지른 자와 마찬가지 죄를 범한 것으로 간주하고 있습니다. 그래서 말씀드립니다만, 그 사람을 추방하여 7년간이나 비참하게 떠돌게 만든 원인이 부인 자신이 아니었다고 부정하실 수는 없습니다. 방금 말씀드린 세 가지 죄 가운데서, 어느 하나를 들어 보더라도(가까이 있었을 때 부인은 그런 짓을 하지 않았으니까), 부인은 가장 큰 죄를 범한 것이 됩니다. 그럼 테달도는 그런 변을 당해야 할 잘못이 있었을까요? 아니, 그런 것은 전혀 없었습니다. 그 점은 이미 부인 자신도 고백하고 계시고, 나도 그 사람이 자기 자신보다 부인을 더 사랑했다는 것을 알고 있습니다. 그 사람이 솔직히 아무에게도 의심을 받지 않고 부인 이야기를 할 수 있었을 무렵, 그 어느 여성보다도 얼마나 부인을 존경하고 찬양하며 칭찬했는지 모릅니다. 그 사람은 자기의 모든 행복, 모든 명예, 모든 자유를 부인의 손에 맡겨 놓았습니다. 그는 훌륭한 귀족 청년이 아니었습니까? 다른 시민들에 비해 그 사람은 미남이 아니었던가요? 청년들이 하는 갖가지 경기에서 그 사람은 용감하지 않았던가요? 사람들에게 사랑을 받고 있지 않았던가요? 친밀감을 느끼게 하지 않았던가요? 환영받지 않았던가요? 부인은 결코 아니라고 말씀하시지 못할 것입니다.

아무튼 그렇다면 어째서 부인은 그 질투심이 강한 짐승 같은, 머리가 좀 돌아 버린 수도사의 말을 듣고 그에게 그런 냉혹한 태도를 취하셨을까요? 남자의 가치를 얕잡아 보고, 그를 싫어하는 것이 얼마나 큰 잘못인지는 잘 모르겠습니다. 그러나 여자가 자기들이 어떤 존재들인가를 생각하고, 다른 모든 동물을 초월해 하느님이 남성에게 부여한 고귀함이 얼마나 훌륭한 것인가를 생각했다면 그 남성에게 사랑을 받고 있을 때는 무엇보다도 그에게 친절히 하여 결코 그 사랑을 물리치는 일이 없게끔 모든 배려를 다해 그를 기쁘게 해주도록 애쓰지 않으면 안 될 것입니다. 그런데 부인은 부질없는 수도사의 말을 곧이들어, 무슨 짓을 했는지 부인 자신이 잘 아실 것입니다. 그 수도사야말로 확실히 악질 사기꾼입니다. 사람을 쫓아내려고 흉계를 꾸민 것을 보면, 아마 자기가 그 자리를 차지할 생각이었던 모양이지요.

이와 같은 죄야말로 인간의 모든 행위를 올바른 저울에 얹어서 재판하시는 하느님께서 반드시 벌을 내리시고야 말, 큰 죄라고 생각합니다. 아무 이유도 없이 부인께서 자기 자신을 테달도로부터 멀리하신 것처럼, 부인의 남편도 까닭 없이 테달도 때문에 위험에 처해 있으며, 그래서 부인까지 괴로운 처지에 놓이게 되신 셈입니다. 만일 거기서 빠져나오고 싶으시면, 부인은 다음의 것을 약속하고 실천에 옮기셔야 합니다. 그것은 만일 테달도가 오랜 추방의 여행에서 돌아오는 일이 있다면, 부인의 상냥함과 애정과 호의와 친밀함을 그에게 바쳐 어처구니없게 그 미친 수도사가 부인을 농락한 이전의 상태로 그를 돌려놓는 일입니다."

순례자는 긴 설교를 마쳤습니다. 열심히 그 말을 듣고 있던 부인은, 그의 말이 매우 지당하다고 생각하고 확실히 그 죄 탓으로 자기가 괴로워하고 있다고 느꼈으므로 말했습니다.

"순례자님, 그 말씀은 사실이라고 생각해요. 그것으로 방금까지 신성한 분들이라고 생각했던 성직자들이 대부분 어떤 인간들인가 하는 것을 알았어요. 확실히 제가 테달도에게 취한 태도가 매우 큰 실수였다는 것도 깨달았어요. 그러기에 할 수만 있다면, 기꺼이 순례자님이 말씀하신 것처럼 보상을 하겠습니다. 하지만, 그러려면 대체 어떻게 해야 할까요? 테달도는 이제 이 세상에 돌아오지 않아요. 그 사람은 죽었어요. 그러니 할 수 없는 일을 어떻게 순례자님께 약속할 수 있는지 저는 모르겠어요."

그러자 순례자는 말했습니다.

"부인, 하느님의 계시에 의하면 테달도는 절대로 죽지 않았습니다. 만일 그 사람이 부인의 정다운 마음을 받게 된다면, 되살아나서 건강을 회복하고 행복한 상태가 될 수 있을 줄 압니다."

그래서 부인은 말했습니다.

"잘 아시고 말씀하세요. 저는 우리 집 문 앞에서 그가 칼에 몇 번이나 찔려 죽은 것을 제 눈으로 직접 봤어요. 제가 이 팔로 안아 들고 죽은 얼굴에 하염없이 눈물을 뿌렸는걸요. 그 때문에 세상 사람들한테서 부정하다는 비난과 욕설을 듣게 되었지만 말입니다."

그러자 순례자는 말했습니다.

"부인, 부인이 무슨 말씀을 하시더라도, 테달도는 살아 있다고 단언하겠습니다. 그러니 아까 하신 약속을 지키실 마음만 가지신다면, 부인은 언제라도 그 사람을 만나실 수 있다고 생각합니다."

부인은 대답했습니다.

"물론, 기꺼이 약속하겠어요. 남편이 무사히 석방되고, 살아 있는 테달도를 만날 수 있다니, 이런 기쁜 일이 어디 있겠어요."

테달도는 이제야말로 자기의 정체를 밝히고, 그녀의 남편에 대한 밝은 희망으로 그녀를 위로해 줄 때가 왔다고 생각하고 말했습니다.

"부인, 남편의 일로 부인을 기쁘게 해드리기 위해서 비밀 하나를 밝히게 됩니다만, 그것은 한평생 입 밖에 내지 않도록 주의해 주셔야만 합니다."

부인은 순례자의 태도며 말 속에서 일종의 존엄성을 느끼고 있었으므로, 아까부터 아무도 없는 곳에 단둘이 있었던 것입니다. 이윽고 테달도는 부인과 보낸 마지막 밤, 그녀가 주었고 지금도 늘 몸에 지니고 다니는 반지를 꺼내어 부인에게 보이면서 말했습니다.

"부인, 이것을 기억하십니까?"

부인은 그것을 보니 곧 생각이 났습니다.

"네, 그것은 제가 테달도에게 준 거예요."

그러자 순례자는 자리에서 벌떡 일어나 순례자가 입는 망토를 벗고 두건을 벗어 던지면서 피렌체 말투로 말했습니다.

"그럼, 나를 기억하십니까?"

부인은 그를 보고 테달도라는 것을 알자 까무러칠 듯이 놀랐습니다. 처음에는 죽은 사람인데 하고 떨기 시작했고, 곧 살아 있다는 것을 알자 더더욱 와들와들 떨었습니다. 그리고 키프로스에서 일부러 만나러 온 테달도를 반가이 맞아 주기는커녕, 무덤에서 송장이 나온 것처럼 무서워 달아나려고 했습니다.

그것을 보고 테달도는 말했습니다.

"부인, 무서워하지 마십시오. 나는 멀쩡하게 살아 있는 테달도입니다. 부인을 비롯해서 나의 형제들이 어떻게 생각하건, 죽지도 않았고 살해되지도 않았습니다."

부인은 얼마간 마음을 놓으며 그의 말을 듣고 있는 동안에, 다시 유심히 관찰해 보고 테달도가 틀림없다는 것을 믿게 되었습니다. 그래서 흐느껴 울며 그의 목에 매달려 입을 맞추었습니다.

"오, 그리운 테달도 님, 정말 잘 돌아와 주셨어요."

테달도는 그녀를 꽉 껴안고 입을 맞추며 말했습니다.

"부인, 지금은 이렇게 우물쭈물하고 있을 때가 아닙니다. 나는 알도브란디노가 무사히 구출될 수 있도록 곧 다녀오겠습니다. 내일 밤까지는 부인에게 좋은 소식을 전해 드릴 수 있게끔 노력하겠습니다. 그렇습니다, 내 생각대로 당신 남편의 안전에 대해서 좋은 소식을 전해 드릴 수 있으면, 오늘 밤에 다시 이리로 오겠습니다. 지금은 겨를이 없어서 할 수 없지만, 그때는 천천히 여러 가지 이야기를 나눌 수 있을 줄 압니다."

이렇게 말한 다음 또 순례자의 망토를 걸치고 두건을 쓰고는, 다시 한 번 부인에게 입을 맞추었습니다. 그리고 밝은 희망을 갖도록 위로하고는 그녀를 떠나 알도브란디노가 갇혀 있는 감옥으로 달려갔습니다.

알도브란디노는 살아날 희망도 없이 죽음의 공포로 떨고 있었습니다. 그래서 테달도는 교회사(教誨士)인 양 옥지기의 허가를 얻어 안으로 들어가서 그의 옆에 앉아 말했습니다.

"알도브란디노, 나는 당신을 구하기 위해 하느님이 파견하신 당신의 친구입니다. 하느님은 당신의 무고한 죄를 가엾게 생각하고 계십니다. 그러니 만일 당신이 하느님에 대한 경건한 마음으로 내가 부탁하는 조그만 선물을 해주신다면, 틀림없이 당신은 사형 선고가 내릴 밤을 기다리지 않게 되고 석방 소식을 듣게 될 것입니다."

이 말을 듣고 알도브란디노는 대답했습니다.

"용감하신 분이여, 저는 당신을 모르고 또 뵌 적도 없는 것 같습니다만, 저를 살려 내시려고 애를 쓰고 계시는 걸 보면, 말씀하시는 것처럼 제 친구가 틀림없습니다. 실제로 저는 남이 말하는 것처럼 사형을 받을 만한 큰 죄를 절대로 짓지 않았습니다. 다른 죄를 여러 가지 지어 왔으니, 그런 터무니없는 짓도 했겠거니 하고 그만 지레짐작들을 해버린 것입니다. 하지만 만일 하느님께서 지금의 죄를 가엾이 여기신다면, 하느님에 대한 경건한 마음으로 조그만 선물은커녕 무엇이든 기꺼이 약속드리겠습니다. 무엇을 바라시는지 말씀해 주십시오. 여기서 나가면 반드시 마련해 드리겠습니다."

그러자 순례자는 말했습니다.

"내 희망은 다른 것이 아닙니다. 형제를 죽인 자인 줄 알고 당신에게 이런 변을 당하게 한 네 사람의 형제들을 용서하시는 일입니다. 그리고 그들이 용서를 빌거든, 형제나 벗으로 알고 앞으로 오래도록 사귀어 주시는 일입니다."

이 말에 알도브란디노가 대답했습니다.

"모욕을 받은 자라면, 누구나 노여움에 불타서 복수하고 싶게 마련이지요. 그러나 결국 하느님께서 저를 구하실 마음으로 계시므로, 저는 기꺼이 그들을 용서하겠습니다. 아니, 이제는 벌써 용서하고 있습니다. 만일 제가 살아서 이곳을 나갈 수 있다면 당신의 마음에 드는 방법을 따르겠습니다."

이 말에 순례자는 기뻐했습니다. 그래서 그 밖에 다른 말은 하지 않고, 내일 중으로는 확실히 석방 통지를 받을 것이니, 침착하게 기다리고 있으라고만 부탁했습니다. 이렇게 말하고 그와 헤어져 장관을 찾아가 은밀히 만나 말했습니다.

"각하, 사람은 누구나 일의 진상을 분명히 밝히기 위해 스스로 노력하지 않으면 안 된다고 생각합니다. 특히 각하가 관리하시는 관청을 맡은 사람들은 죄를 짓지 않은 자에게 벌을 주는 일 없이 꼭 진범을 처벌해야 합니다. 그와 같이 시행되도록 저는 각하의 명예를 위해서 그리고 진범을 처벌하시도록 하기 위해서, 이렇게 찾아뵌 것입니다. 아시다시피 각하는 알도브란디노 팔레르미니에게 엄한 재판을 하셨습니다. 그리고 테달도 엘리제이를 그 사람이 죽였다고 알고 처형하시려 하고 있습니다. 그것은 전적으로 잘못된 일임을 저는 확신하고 있습니다. 오늘 한밤중까지 그 청년을 죽인 범인들을 인도해 드림으로써 그것을 증명할 생각입니다."

유능한 관리였던 장관은 전부터 알도브란디노에게 동정을 느끼고 있었으므로, 이 순례자의 말에 기꺼이 귀를 기울였습니다. 그리고 다시 여러 가지 물어본 다음, 그가 안내하는 대로 그 여관으로 가서 막 잠든, 두 형제 주인과 하인을 별 어려움 없이 체포할 수 있었습니다. 그리고 진상을 밝히기 위해 그들을 고문하려고 했습니다만, 그렇게 할 것까지도 없이 저마다 한 사람씩, 그 뒤에는 함께 입을 모아 테달도 엘리제이를 죽였다고 고백했습니다. 하기야 그 때는 죽인 것이 그 사람인 줄은 몰랐다고 했습니다만 죽인 까닭을 물어보니, "우리들 가운데 한 사람의 아내에게, 남편이 없을 때 달려들어 억지로 뜻을 이루려고 했기 때문입니다" 하고 말했습니다.

이런 것을 알아 두고 순례자는 장관의 허가를 얻어 그 자리에서 떠나 몰래 에르멜리나 부인 집으로 갔습니다. 집안사람들은 모두 침실에서 자고 있었는데, 그녀 혼자서 남편에 대한 좋은 소식을 듣고 싶고, 테달도와 천천히 화해도 하고 싶고 해서 그를 기다리고 있었습니다. 테달도는 그녀에게 다가가 밝게 웃으면서 말했습니다.

"그리운 부인, 기뻐해 주십시오. 알도브란디노는 틀림없이 무사히 돌아오십니다."

이렇게 말하고는 자기 말을 한층 더 믿어 달라고 자기가 한 행동을 상세히 들려주었습니다.

부인은 뜻밖에 이 두 가지 일, 말하자면 틀림없이 죽은 줄만 알고 있었던 테달도와 살아서 만날 수 있었다는 것, 이삼 일 뒤에는 사형을 당한다고 슬퍼하던 알도브란디노가 위기를 면하여 다시 만날 수 있게 되었다는 것을 알았으므로, 하늘에라도 오를 듯한 기분으로 테달도를 얼싸안고 열렬히 입을 맞추었습니다. 그리고 서로 껴안은 채 잠자리로 들어가 편안하고 즐겁게 사랑의 기쁨에 잠겼던 것입니다. 아침이 되자 테달도는 일어나서 자기가 하려는 일을 부인에게 말한 다음 반드시 비밀로 해달라고 부탁하고는, 역시 순례자의 모습으로 부인 집에서 나갔습니다. 적당한 시기를 보아 알도브란디노에게 한 약속을 실현시켜야 했기 때문입니다.

장관은 이튿날 사건에 대해서 충분히 증명이 되었다고 생각했으므로 즉각 알도브란디노를 석방하고, 며칠 뒤에는 악당들이 사람을 죽인 같은 장소에서 그들의 목을 쳐 처형했습니다.

알도브란디노 자신이 몹시 기뻐한 것은 두말할 것도 없고 아내와 친구들과 온 친척들의 기쁜 환영을 받으며 자유로운 몸이 되자, 순례자의 활동으로 이렇게 된 것을 똑똑히 알았으므로, 피렌체에서 얼마든지 머무르고 싶은 만큼 있으라고 그를 자기 집으로 데리고 갔습니다. 그리고 그를 칭찬하며 극진히 대접했습니다. 더욱이 부인은 누가 그런 일을 했는지 잘 알고 있어서 더욱더 열심이었습니다.

며칠이 지나자, 테달도는 형제들이 알도브란디노가 무죄 석방되어 체면이 없어진 데다가 복수를 당하지 않을까 초조해하고 있다는 말을 듣고, 꼭 화해시켜야 되겠다고 생각하고는 알도브란디노에게 그 약속은 언제 지키겠느냐고 물었습니다. 알도브란디노는 언제든지 준비가 되어 있다고 분명히 말했습니다. 그래서 순례자는 그다음 날 성대한 연회를 베풀게 하기로 작정하고, 친척들을 부인들과 함께 부를 때 그 네 형제도 부인들과 함께 초대해 달라고 부탁하고는, 자신이 그의 대리가 되어 형제들을 찾아가 화해를 위한 연회에 꼭 참석하도록 권하겠다고 말했습니다.

알도브란디노는 기꺼이 동의했으므로, 순례자는 곧바로 형제들을 찾아가서 사정을 상세히 설명하고는, 이유는 틀림없이 이러이러할 것이라고 일러 준 다음, 알도브란디노에게 용서를 빌고 그와의 우정을 되찾자고 그들을 마침내 납득시켰습니다. 그러고는 다음 날 아침 알도브란디노와 함께 식사를 하도록 형제와 그 아내들을 초대했습니다. 그들은 안심하고 이 초대에 응했습니다.

한편 이튿날 아침이 되자, 테달도의 네 형제들은 평소와 같이 상복을 입고 몇 명의 친구들과 더불어 정각에 알도브란디노가 기다리고 있는 집으로 갔습니다. 그리고 알도브란디노에게 초대받아 온 사람들 앞에서 지니고 있던 무기를 방바닥에 내려놓고, 여태까지의 행위에 대해 용서를 빌면서 자기들에 대한 처분을 알도브란디노에게 맡겼습니다.

알도브란디노는 눈물을 흘리면서 정답게 그들을 맞이하고 그 입에 일일이 키스해 준 다음, 몇 마디 말로 여태까지 받은 모든 모욕을 용서했습니다. 그들 뒤에서 아내와 자매들이 갈색 상복을 입고 들어오자 에르멜리나 부인과 그 밖의 여자들은 그녀들을 상냥하게 맞아들였습니다.

식탁에서는 남녀가 모두 융숭한 대접을 받았습니다. 단 한 가지 흠을 제외하면, 아무리 찬양해도 다하지 못할 만큼 극진한 연회였습니다. 흠이란 테달도측 사람들이 검은 상복을 입고 있어서 어두운 분위기가 감돌아 사람들의 말수가 적었다는 것입니다. 그 때문에 상복을 입은 사람들을 초대한 테달도의 계획과 이 초대연을 비난하는 사람이 있었으므로, 그도 그것을 깨닫고 이제 그런 기분을 떨쳐 버릴 때가 왔다고 생각하여 사람들이 아직 과일을 먹고 있을 때 결심하고 말했습니다.

"여러분, 이 연회에 테달도만 있었더라면 이보다 더 즐거운 모임은 없었을 겁니다. 그런데 여러분은 줄곧 그 사람과 함께 있으면서도 깨닫지 못하시는군요. 제가 곧 그 사람을 여러분께 보여드리기로 하지요."

이렇게 말하고는 그는 망토와 그 밖의 순례자 복장을 벗어 던지고 초록빛 윗옷 차림이 되었습니다. 사람들은 눈이 둥그레지며 놀라서, 누군가가 테달도라고 말할 때까지 반신반의하며 한참 동안 그저 말똥말똥 쳐다보고만 있는 형편이었습니다. 그것을 보고 테달도는 친척 관계와 그 밖의 사건과 자기가 겪은 온갖 일들을 이야기했습니다.

형제들은 물론 다른 사람들도 모두 기쁨의 눈물을 흘리면서 그에게 우르르 몰려가서 얼싸안았습니다. 부인들도 달려가서 얼싸안고, 친척들이 아닌 사람들도 에르멜리나 부인 말고는 모두 그에게로 달려가서 매달렸습니다. 이것을 보고 알도브란디노가 말했습니다.

"에르멜리나, 왜 그러오? 어째서 당신은 다른 부인들처럼 테달도에게 기쁨의 인사를 드리지 않소?"

부인은 사람들에게 들리도록 말했습니다.

"저는 그분 덕분에 당신을 되찾았으니, 어떤 분보다도 은혜를 입은 몸이라 자진해서 기쁨의 인사를 드리는 것이 옳다고 생각해요. 하지만, 지난번 제가 테달도가 죽은 줄 알고 울었을 때, 모두 이상한 소리를 한 일이 있어서 이렇게 체면을 차리고 있는 거예요."

알도브란디노는 이 말을 듣고 대답했습니다.

"무슨 소릴, 그대는 내가 그런 소문을 믿고 있는 줄 아오? 저분은 내 목숨을 구해 주시고, 그게 다 거짓말이라는 것을 뚜렷이 증명해 주셨단 말이오. 나는 그런 소문을 조금도 믿지 않소. 자, 어서 일어나서 저분을 환영하시오."

부인은 물론 진심으로 그것을 바라고 있었으므로, 곧 남편의 말을 따랐습니다. 그래서 일어나 다른 부인들이 한 것처럼 그를 껴안고 기쁨의 인사를 했습니다.

이와 같은 알도브란디노의 관용에 테달도의 형제들은 매우 기뻐했습니다. 그 자리에 있던 다른 남녀들도 그랬습니다. 그리고 소문을 듣고 마음속에 지니고 있던 의심도 이것으로 모두 깨끗이 가셨습니다.

한편 그들에게 축복을 받은 테달도는 형제들이 입고 있는 검은 옷을 벗게 하고, 또 누이들이나 형수들이 입고 있는 갈색 옷도 벗게 했습니다. 그리고 그 자리에 다른 옷을 갖고 오게 했습니다.

이렇게 모두 옷을 갈아입고는 즐겁게 노래를 부르고, 춤을 추고, 그 밖의 놀이에 흥을 돋우었습니다. 그래서 처음에는 침울했던 연회도 마지막에는 매우 명랑한 것이 되었습니다. 그런 다음 그들은 그만 흥에 못 이겨 테달도네 집으로 몰려가서 만찬을 함께했습니다.

그리하여 며칠 동안 잔치를 계속했던 것입니다.

한편, 피렌체 사람들은 오랫동안 죽었던 사람이 살아온 것처럼 이상한 듯이 테달도를 바라보았습니다. 그리고 많은 사람들은 물론 형제들까지도, 만일 살해된 사람의 신원이 밝혀지지 않았더라면, 틀림없이 그인지 확신을 갖지 못하고 오랫동안 완전히 믿을 수가 없었을 것입니다. 그런데 그 신원이 판명된 것입니다.

어느 날, 루니지아나의 군인들이 그들의 집 앞을 지나가다가 테달도를 보더니 가까이 와서, "파지우올로, 잘 있었나?" 하고 말을 건넸습니다.

이 말을 듣고 테달도는 형제들 앞에서 대답했습니다.

"당신들 착각하고 있는 게 아니오? 그건 내 이름이 아닌데."

군인들은 겸연쩍은 듯이 사과하고 말했습니다.

"정말이지, 선생은 폰트레몰리 태생의 파지우올로라는 우리 친구와 쌍둥이처럼 닮았습니다. 그 사람은 약 보름 전에 이곳에 왔을 텐데, 그 뒤 도무지 소식을 듣지 못하겠네요. 하기야 우리처럼 그 사람도 용병이었으니까, 옷이 좀 이상하다고는 생각했습니다만……."

이 말을 듣고 테달도의 맏형이 앞으로 나서면서, 그 파지우올로라는 사람이 어떤 복장을 하고 있었느냐고 물었습니다. 그들은 옷차림에 대해 설명해 주었습니다.

그 말을 들으니 살해된 사나이가 바로 그런 복장을 하고 있었다는 것을 떠올렸습니다. 결국 이것저것 종합해 보니, 죽은 사람은 테달도가 아니라 확실히 파지우올로였다는 것이 확인되었습니다. 이렇게 해서 형제들도 다른 사람들도 테달도에 대한 의문을 모두 풀게 되었던 것입니다.,

한편 테달도는 본디대로 부자가 되고 그의 사랑을 되찾았으며, 그 뒤로는 부인과의 사이도 원만해져서 몰래 약속을 하고는 오랫동안 두 사람의 사랑을 즐겼습니다.

하느님, 우리들에게도 사랑을 즐기게 해주소서.

여덟째 이야기

페론도는 어떤 가루약을 먹고 죽은 사람으로 매장된다. 그의 아내와 사랑을 즐기던 수도원장이 그의 몸을 무덤에서 꺼내 지하실에 넣어 버리는데, 그는 자기가 연옥에 들어가 있는 줄 안다. 나중에 이 세상으로 돌아와 자기 아내가 낳은 수도원장의 아이를 자기 아이인 줄 알고 기른다.

에밀리아의 긴 이야기가 끝났는데, 길다고 해서 사람들은 조금도 지루하게 생각지 않았을 뿐만 아니라 그 이야기가 매우 다채로워서 재미있고 잘 짜여 있다고 생각했습니다. 그래서 여왕은 라우레타에게 눈짓해서, 자기 뜻을 알리고 입을 열 계기를 만들어 주었습니다.

그럼 여러분, 너무 조작된 이야기 같아서 사실처럼 여겨지지 않겠지만 실제로 있었던 이야기를 하나 들려드릴까 해요. 그것은 방금 이야기를 듣고, 오인되어 눈물로써 매장된 사람 이야기가 생각났기 때문이죠.

나는, 어째서 살아 있는데도 죽은 자로서 묻히고 더욱이 그 뒤 되살아났는데도 살아 있지 않은 사람처럼 취급받아 당사자는 물론 다른 사람들까지 무덤에서 나왔다고 믿게 되었는지, 그리고 죄인으로서 처벌을 받아야 할 수도사가 어째서 성인으로 숭앙을 받게 되었는지 그 경위를 말씀드리기로 하겠어요.

토스카나에 한 수도원이 있었습니다. 그것은 지금도 있습니다만, 여러분도 아시다시피 수도원이라는 것은 대개 사람들이 사는 곳에서 멀리 떨어진 장소에 있는 법이죠. 그곳에 한 수도사가 원장으로 있었는데, 여자를 농락하는 점을 제외하고는 모든 일에 덕과 명성이 높은 사람이었습니다. 워낙 여자에 대해서도 신중하게 했으므로, 아무도 깨닫지 못했을 뿐만 아니라 의심을 품은 사람도 없었습니다. 성직자인 데다가 모든 일을 올바로 처리하는 사람이었으니까요.

그런데 페란도라는 돈 많은 농부를 이 수도원장이 매우 친하게 사귀고 있었습니다. 이 농부는 고지식하고 둔한 사람이어서, 수도원장으로서는 이따금 그 단순함을 놀리면서 재미있어할 상대에 지나지 않았고, 그가 자기에게 친밀하게 구는 게 싫어서 못 견딜 지경이었습니다. 그러는 동안에 수도원장은 페론도의 아내가 매우 미인이라는 것을 알고 그만 홀딱 반해서, 밤낮 그녀만 생각하게 되었습니다. 그런데 무슨 일에 있어서나 얼빠진 바보였던 페론도가 아내를 사랑하고 감시하는 데 있어서는 머리가 잘 돌아갔던 터라, 수도원장의 소망은 뜻대로 이루어지지 않았습니다.

그러나 수도원장은 영리한 사나이였으므로, 페론도를 꾀어 이따금 아내를 데리고 수도원의 정원에 심심풀이하러 나오게 했습니다. 그래서 두 사람이 나오면, 영원한 생명의 행복을 설교하기도 하고, 이미 저세상 사람이 된 남녀들의 독실한 신앙심을 제법 종교인답게 차근차근히 설교해 들려주곤 했습니다. 그 때문에 아내는 그를 찾아가서 고해를 하고 싶은 생각이 들어서 페론도의 허락을 얻게 되었습니다. 이렇게 페론도의 아내가 수도원장에게 고해를 하러 왔으므로, 그의 기쁨은 이루 비할 데가 없었습니다. 아내는 원장의 발 아래 무릎을 꿇고 먼저 이렇게 입을 열었습니다.

"신부님, 만일 하느님께서 제게 남편을 주시지 않았더라면, 혹은 참으로 남편다운 남편을 주셨더라면, 저는 기꺼이 신부님의 인도를 받아 신부님이 말씀하시는 영원한 생명으로 들어가는 길을 누구보다도 먼저 나아갔을 거예요. 페론도가 어떤 사람이고 얼마나 어리석은 사람인가 생각하면, 저는 과부와 다름없다고 말할 수 있어요. 하지만 남편이라는 존재가 있고 그 사람이 살아 있는 이상, 다른 남자를 남편으로 삼을 수는 없어요. 그는 정말 미친 사람이어서, 이유도 없이 마구 질투를 하고 심술을 부려요. 덕분에 저는 줄곧 괴로워하면서 불행한 나날을 보내고 있답니다. 그래서 저는 고해를 하기 전에 그 점에 대해서 무언가 좋은 말씀을 주실 것을 신부님에게 진심으로 부탁드려요. 왜냐하면 제가 이 점에서 행복해질 이유를 얻지 못하는 한, 아무리 고해를 하고 또 다른 행복한 이야기를 들어 봐야 조금도 기쁘지 않을 테니까요."

이 고백을 듣고 수도원장은 몹시 만족했습니다. 그리고 드디어 운이 돌아와서 가장 큰 소망을 이룰 수 있는 길이 트이기 시작한 것 같은 기분이 들어 말했습니다.

"내 딸이여, 나는 그대처럼 아름답고 더욱이 얌전한 분이, 머리가 돈 사나이를 남편으로 맞아 얼마나 괴로워하고 있는가 잘 알 수 있소. 더욱이 질투심이 강하다면 더욱더 그러리라 생각되오. 이 두 가지에 시달려서야 그대의 괴로움은 더 불어나기만 할 것이 틀림없소. 그러니 간단히 말하자면, 페론도의 질투심을 고치는 일 이외에 다른 충고는 없소. 그 치료법을 잘 알고 있으니 가르쳐 드리지만, 앞으로 말씀드리는 일은 굳게 비밀을 지킨다는 약속을 해 주시지 않으면 곤란하오."

부인이 이에 대답했습니다.

"신부님, 그 점은 안심하세요. 신부님께서 저더러 말하지 말라고 하시는 것을 남에게 말할 정도라면, 그 전에 저는 죽어 버릴 테니까요. 어떻게 비밀을 지키지 않을 수 있겠어요?"

그러자 수도원장이 말했습니다.

"만일 우리가 그대 남편의 질투를 고치려면, 그분이 연옥에 가줘야 하오."

"살아서 어떻게 그런 곳에 갈 수 있을까요?"

"죽어서 연옥에 가는 것이오. 거기서 실컷 쓰라린 꼴을 당하면, 그의 질투심도 나을 것이오. 그런 다음 우리가 하느님께 어떤 기도를 드려서 이 세상에 되돌아오도록 하는 것이오. 하느님은 반드시 그렇게 해주실 것이오."

"그렇다면" 하고 부인이 물었습니다.

"저는 과부가 되어야 하나요?"

"그렇소." 수도원장이 대답했습니다.

"잠시 동안 그렇게 되셔야 하오. 그러니 그동안 조심해서 재혼을 하지 말도록 하시오. 그렇지 않으면, 하느님이 노하실 것이오. 페론도가 이 세상에 돌아오면 부인은 다시 그 사람에게 돌아가야 하는데 그러면 전보다 더 질투를 하게 되니까요."

부인이 말했습니다.

"남편의 병만 없어진다면, 저는 감옥에 갇힌 것 같은 처지에서 벗어날 수 있으니 만족이에요. 신부님의 말씀대로 해주세요."

그래서 원장이 말했습니다.

"그럼, 그렇게 하기로 하지요. 그런데 그 수고의 대가를 무엇으로 보답해 주시겠소?"

"신부님, 제가 할 수 있는 일이라면 무엇이든지 말씀하세요. 하지만 저 같은 사람이 신부님처럼 훌륭한 분의 마음에 드실 일을 할 수 있을지 모르겠어요."

그러자 원장이 말했습니다.

"부인, 내가 지금부터 부인을 위해서 해드리는 일을 해주시면 되오. 그것은 다름이 아니라, 내가 부인의 행복과 위안이 될 일을 해드릴 생각으로 있으니, 부인도 내 생명의 구원이 되고 행복이 될 일을 내게 해주시면 되겠소."

부인이 대답했습니다.

"그런 일이라면, 저도 얼마든지 그렇게 할 생각이에요."

"그러면" 하고 원장은 말했습니다.

"나는 부인의 사랑을 얻고 싶소. 나를 기쁘게 해주시기를 바라오. 나는 몸이 여윌 만큼, 부인을 생각하고 있으니 말이오."

이 말을 듣고 부인은 깜짝 놀라면서 "어머나, 신부님, 무슨 그런 요구를 다 하세요? 저는 신부님을 성자님으로 알고 있었습니다. 성자쯤 되시는 분이, 가르침을 받으러 온 여자에게 그런 요구를 하셔도 될까요?" 하고 되물었습니다.

그러자 원장은 말했습니다.

"아름다운 분이여, 그렇게 놀라시면 안 됩니다. 그만한 일로 신앙을 잃지는 않는 법이오. 신앙은 영혼 속에 있는 것이고, 내가 바라는 것은 육체의 죄에 지나지 않소. 아무튼 그건 그렇고 부인이 너무나 아름다워서 사랑의 신이 억지로 내게 이러한 짓을 시킨 것이오. 감히 말씀드리오만, 부인의 아름다움은 천국의 아름다운 분들을 줄곧 보아 온 성인들의 마음에도 드실 거라 생각하니, 더욱더 부인을 어느 여성보다도 눈부시게 빛나는 인물로 만들고 싶소. 게다가 나는 수도원장이기는 하지만 다른 사람들과 조금도 다름없는 한 명의 남자이고, 보시다시피 아직 그다지 나이도 먹지 않았소. 그러니 부인이 나에게 그런 일을 하신다고 해서 조금도 어렵게 생각하실 필요는 없으며, 오히려 기꺼이 그렇게 하셔야 하는 것이오. 페론도가 연옥에 들어가 있는 동안, 밤에는 내가 부인 곁에서 남편 몫의 위안을 대신 드리겠소. 그런 것은 아무도 눈치채지 못할 것이오. 아까 부인이 말씀하신 것처럼, 세상에서는 나를 성인이라고 믿고 있으니까요. 제발, 하느님이 내리신 이 은혜를 거절하지 말아 주시오. 부인이 내 충고를 들으시면, 이 세상의 모든 여성들이 열망하고 있는 것을 손에 넣을 수 있으니까요. 게다가 나는 많은 아름다운 보석과 귀중한 물건들을 갖고 있는데, 결코 부인 이외의 사람에게는 주지 않을 작정이오. 그러니 자, 나의 다정한 희망이여, 내가 부인을 위해 기꺼이 하고자 하는 일을, 부디 나를 위해서 해주시오."

부인은 어떻게 거절해야 할지 몰라서 가만히 고개를 숙이고 있었습니다. 그에게 몸을 허락한다는 것은 결코 좋은 일이라고 생각되지 않았기 때문이지요.

수도원장은 그녀가 납득은 했지만 대답을 주저하고 있을 뿐이며, 절반은 승낙을 한 거라고 여기고서 끈질기게 설득을 계속했는데, 그것이 다 끝나기 전에 마침내 성공했다는 자신을 가질 수 있게 되었습니다. 왜냐하면 그녀가 수줍은 듯이, 그럼 무엇이든지 말씀대로 하겠습니다만 페론도가 연옥에 가기 전에는 하지 못해요, 하고 대답했기 때문입니다.

그러자 수도원장은 매우 흐뭇해졌습니다.

"그렇다면 그를 곧바로 연옥에 보내도록 하지요. 내일이나 모레쯤 그가 이리로 올 수 있게 해주시오."

이렇게 말하고서 수도원장은 그녀의 손에 살며시 훌륭한 반지를 쥐어 돌려보냈습니다.

부인은 이 선물에 기뻐하면서 앞으로 다른 물건도 얻을 수 있겠다고 기대하며, 아는 여자들이 모여 있는 곳으로 가서 원장의 높은 덕을 이것저것 이야기했습니다. 그리고 그녀들과 함께 집으로 돌아왔습니다.

며칠이 지나서 페론도가 수도원을 찾아왔습니다. 원장은 그를 보자 곧바로 연옥으로 보내자고 생각했습니다. 그래서 동방의 군주가 사용하던 매우 효과가 큰 가루약을 꺼내 왔습니다. 그 가루약은 '산의 노인'이 언제나 누군가를 잠든 채 낙원에 보내거나 혹은 낙원에서 데려오거나 할 때 쓴다는 약이었습니다. 양을 조절해 적당히 먹으면 조금도 해를 주지 않고 먹은 자를 잠재울 수 있으며, 효력이 있는 동안에는 그 잠자는 상태를 보고 아무도 그가 살아 있다고 단언한 적이 없을 만큼 진기하다는 약입니다.

원장은 사흘간은 충분히 잠재워 둘 수 있을 만한 양을 꺼내어 탁한 포도주에 탄 다음 자기 방에 들어가 페론도에게 아무런 의심도 갖지 않게 먹일 수 있었습니다. 그리고 그를 회랑으로 데리고 나와 다른 수도사들과 함께 그의 어리석음을 놀리며 재미있어했습니다. 그러나 그 시간은 오래 지속되지 않았으며, 약의 효력이 나타나 곧 졸려서 못 견뎌 하더니 처음에는 서서 꾸벅꾸벅 졸다가 마침내 쓰러지고 말았습니다.

원장은 이 사건에 당황하는 체하면서, 그의 옷을 벗기게 하고 찬물을 갖고 와서 얼굴에 끼얹게 하는 등 법석을 떨었습니다. 그러고는 다시 배 속에서 무언가 독기 있는 나쁜 것을 토해 내게 하는 것처럼 여러 가지 치료를 하여 의식을 회복시키고 다 꺼져 가는 생명을 되살리려 했습니다.

그래도 의식은 회복되지 않고 맥박도 뛰지 않았으므로, 수도사들은 그가 죽은 줄로만 알게 되었습니다. 그래서 심부름꾼을 보내어 그의 아내와 친척들에게 알렸고 그들은 모두 곧바로 달려왔습니다. 아내가 친척들과 훌쩍거리며 울고 있는 동안에, 원장은 옷을 입힌 채 그를 묻게 했습니다.

아내는 집에 돌아오자 남편과의 사이에 난 어린 아들 곁에서 절대로 떠나지 않겠다고 고집을 피웠습니다. 이렇게 집에서 나오지 않기로 하고 어린 아들을 기르면서 남편의 것이었던 재산을 관리하기 시작했습니다.

한편 원장은 그날 볼료냐에서 온, 그가 매우 신뢰하는 수도사와 밤중에 살며시 일어나 페론도를 무덤에서 파내어 캄캄한 지하실로 옮겼습니다. 거기는 무언가 과오를 범한 수도사를 가두는 감방으로 만들어진 곳이었습니다.

두 사람은 페론도의 옷을 벗기고 수도사 같은 옷을 입히고, 짚단 위에 뉘어 의식을 회복할 때까지 내버려 두었습니다. 볼로냐의 수도사는 원장한테서 해야 할 일을 지시받고 있었으므로, 그렇게 해놓고 페란도가 의식을 회복할 때까지 기다렸습니다.

원장은 다음 날 몇 명의 수도사를 데리고 애도를 표시하러 가는 체하여 그 아내의 집을 찾아갔습니다. 부인이 상복을 입고 눈물에 젖어 있어서, 원장은 몇 마디 위로의 말을 건넨 다음 나직한 소리로 그 약속에 관해 물어보았습니다.

부인은 페론도나 그 누구에게도 얽매이지 않는 자유로운 몸이 되었습니다. 그녀는 원장의 손가락에 또 다른 아름다운 반지가 끼워져 있는 것을 보고, 자신은 언제든지 준비되어 있다고 대답하고는 오늘 밤에 찾아와 주시면 좋겠다고 덧붙였습니다. 그래서 원장은 밤이 되자 페론도의 옷으로 갈아입고는 그 수도사를 데리고 그녀의 집으로 갔습니다. 그리고 아침이 될 때까지 그녀와 자면서 다시없는 즐거움을 누리고 수도원으로 돌아갔습니다. 그 뒤에도 이와 같은 봉사를 부지런히 해주었습니다.

이처럼 자주 왔다 갔다 하는 동안에 남의 눈에 띄게 되었으며, 그를 본 사람들은 페론도가 현세의 죄를 갚기 위해 이 근처를 서성거리고 있다고 생각하게 되었습니다. 이윽고 이 소문은 어리석은 마을 사람들 사이에서도 화제에 올랐으며, 진상을 알고 있는 아내의 귀에까지 들어왔습니다.

한편 볼로냐의 수도사는 페론도가 의식을 회복하기는 했으나 자기가 어디에 있는지 아직 모르고 있는 것을 알자, 지하실에 들어가서 무서운 소리를 지르며 그를 꽉 누르고, 쥐고 있던 잔가지 다발로 심하게 때렸습니다.

페론도는 울부짖으면서, "저는 지금 어디에 있습니까?" 하고 묻는 말밖에 하지 못했습니다.

"연옥에 있다." 수도사가 대답했습니다.

"어째서요? 그럼, 저는 죽었습니까?"

"그렇다."

이 말을 듣자 페론도는 자기 자신의 일이며 아이들 이야기를 하면서 울음을 터뜨리고 헛소리를 했습니다. 수도사는 먹을 것과 마실 것을 조금 주었습니다.

페론도는 그것을 보고, "죽은 사람도 무엇을 먹습니까?" 하고 물었습니다.

"그렇다. 이것은 네 아내였던 여자가 오늘 아침 네 망령을 위로하기 위해서 성당에 보내온 것을 갖고 온 것이다. 그것을 하느님이 너에게 주라고 말씀하셨기 때문이다."

"오오, 하느님, 아내에게 좋은 세월을 주소서. 저는 살아 있을 때 정말 그 사람을 귀여워해 주었습니다. 밤새도록 껴안고 입을 맞추어 주기도 했습니다. 또 다른 것을 해달라면, 무엇이든지 해주었습니다."

페론도는 그러다가 몹시 배가 고파져 먹고 마시고 했습니다. 그런데 포도주가 맛이 없자 말했습니다.

"아아, 이건 너무하군! 못된 계집 같으니, 벽 옆에 둔 가장 좋은 술을 왜 신부님에게 드리지 않았담."

그가 식사를 끝내자 수도사는 다시 그를 누르고 예의 잔가지 다발로 심하게 후려쳤습니다. 페론도는 큰 소리로 울부짖었습니다.

"어째서, 이렇게 심하게 때립니까?"

"하느님이 하루에 두 번, 이렇게 하라고 말씀하셨기 때문이다."

"무슨 까닭으로요?"

"그것은 네가 이웃에서 제일가는 아내를 가졌으면서도, 질투심이 많았기 때문이다."

"아아, 말씀대로입니다. 최고로 상냥했죠. 과즙보다 더 달콤한 여자입니다. 하지만 저는 남자가 질투를 한다고 해서 하느님이 화내실 줄은 몰랐지요. 그런 줄 알았더라면, 질투를 하지 않았을 텐데."

"그런 것은 속세에 있을 때 깨닫고 고쳤어야지. 만일 네가 다시 속세로 돌아가 간다면, 내가 지금 너에게 한 일을 기억해서 절대로 질투를 하지 않도록 해야 하느니라."

"오오, 그럼 죽은 자가 되살아난단 말씀입니까?"

"그렇다, 하느님의 뜻으로 말이다."

"아아, 만일 다시 한 번 속세로 돌아갈 수 있다면, 세상에서 첫째가는 남편이 되겠습니다. 이제는 결코 아내를 때리지 않을 것이고, 절대로 심한 짓을 하지 않겠습니다. 하지만 오늘 아침처럼 이런 포도주를 보낸대서야…… 게다가 초도 한 자루 보내지 않다니. 이래서야, 캄캄한 암흑 속에서 음식을 먹어야 하잖습니까?"

"아니, 초도 보내왔다. 그러나 미사 때 모두 써버렸다."

"아아, 지당한 말씀입니다. 만일 속세로 돌아갈 수만 있다면, 그때는 꼭 아내가 바라는 대로 해주겠습니다. 그건 그렇고 이런 일을 하시는 당신은 대체 누구십니까?"

"나도 죽은 영혼이다. 본디는 사르데냐에서 태어난 사람인데, 질투심이 많은 주인을 극구 칭찬했더니 하느님께서 이런 벌을 주시고 말았다. 그러니 하느님께서 다른 명령을 내리실 때까지, 이와 같이 너에게 음식물을 주고 나뭇가지로 때리고 있어야만 한단 말이다."

"우리 둘 말고 여기에는 아무도 없습니까?"

"아니, 몇천 명이나 있다. 그러나 너는 그런 자를 볼 수도 목소리를 들을 수도 없다. 물론 그들도 너와 마찬가지다."

"아아, 우린 그 전에 살던 데서 얼마나 먼 곳에 있습니까?"

"굉장히 먼 곳에 와 있다. 몇천 마일이라고 해봐야 턱도 없는 일이다."

"네에! 그렇게 멉니까? 그렇다면 속세 밖으로 나와 버린 모양이지요?"

이렇게 여러 가지 말을 주고받는 한편 식사를 하고 얻어맞고 하면서 페론도는 열 달쯤 지하실에 갇혀 있었습니다. 그동안 원장은 뻔질나게 아름다운 부인을 찾아가서 이 세상의 가장 좋은 시간을 그녀와 함께 보내고 있었습니다.

그런데 뜻밖의 사태가 일어난다는 것은 언제나 세상에 있는 일이지만, 그녀가 그만 임신을 해버렸습니다. 재빨리 이것을 깨달은 그녀는 곧 원장에게 알렸습니다. 이렇게 되니 두 사람은 우물쭈물하고 있을 수 없으므로, 페론도를 이 세상에 다시 불러 그녀에게 돌아가서 자기 아이를 밴 것처럼 하는 수밖에 없겠다고 생각했습니다.

　그래서 원장은 그날 밤 지하실에 내려가서 목소리를 바꾸어 페론도에게 말했습니다.

　"페론도여, 안심하라, 하느님은 그대를 본디의 세상으로 돌려주실 생각이시다. 그대가 돌아가면, 아내와의 사이에 아이를 점지하실 것이다. 그 아이를 베네데토라 이름 지어라. 그대의 거룩한 수도원장과 그대 아내의 기도로, 아울러 성 베네데토(베네딕트)의 은혜로, 이와 같은 경사가 이루어지는 것이니라."

　이 말을 들으니 페론도는 여간 기쁘지 않아서, "고마운 일이십니다. 하느님, 주 예수님, 그리고 원장님, 그리고 성 베네데토 님, 그리고 가장 사랑하는 상냥하고 그리운 내 아내여!" 하고 외쳤습니다.

　그래서 원장은 네 시간쯤 잠재우는 그 가루약을 갖고 오게 하여 포도주에 타서 그에게 먹이고는, 들어올 때 입었던 옷을 입혀서 자기의 충실한 수도사와 함께 살며 매장되었던 무덤에 다시 갖다 넣었습니다.

　이튿날 아침 날이 샐 무렵, 페론도는 눈을 떴습니다. 그리고 무덤 틈새에서 열 달 이상이나 보지 못했던 밝은 빛을 보았습니다. 그래서 자기가 다시 살아났다고 생각하고 외치기 시작했습니다.

　"열어 주십시오, 열어 주십시오!"

　이렇게 부르짖으며 머리로 무덤 뚜껑을 힘껏 밀어 올리니, 뚜껑이 쉽게 움직여 옆으로 밀쳐졌습니다. 마침 아침 기도를 마친 수도사들이 페론도가 부르짖는 소리를 듣고 달려가 보니, 그가 막 무덤에서 기어 나오려 하고 있었습니다. 이 광경에 새파래진 수도사들은 헐레벌떡 원장에게 달려갔습니다.

　원장은 기도를 마치고 막 일어서는 참이었는데, "아들들이여, 두려워할 것 없다. 십자가와 성수를 들고 나를 따라오너라. 하느님께서 베푸시는 기적을 보기로 하자"고 말하고 그대로 했습니다.

　페론도는 오랫동안 햇빛을 보지 못하여 창백한 얼굴로 무덤에서 나왔습니다. 그는 원장의 모습을 보더니 그 발 아래 무릎을 꿇고 말했습니다.

"신부님, 하느님의 계시대로 신부님을 비롯해서 성 베네데토 님과 아내의 기도 덕분에, 저는 연옥의 고통에서 구출되어 이 세상에 돌아올 수 있었습니다. 하느님, 신부님께 무한한 은총을 내려 주시옵고 내내 평안함을 누리게 하여 주시옵소서!"

그러자 원장은 말했습니다.

"오오, 하느님의 전능하신 힘이여, 찬양받을 하느님의 아들아, 하느님께서 그대를 이 세상에 되돌려 주셨으니, 가서 아내를 위로해 주어라. 그대의 아내는 그대가 저세상에 가고부터 밤낮 울음으로 지새우고 있었느니라. 앞으로는 하느님의 충실한 종으로서 살아가도록 하라."

페론도는 대답했습니다.

"신부님, 잘 말씀해 주셨습니다. 제게 맡겨 주십시오. 아내를 만나면, 실컷 입을 맞춰 주겠습니다."

원장은 제자들과 함께 페론도의 말을 크게 칭찬해 주고 함께 시편을 엄숙히 부르게 했습니다.

페론도가 마을로 돌아가니 마을 사람들은 그를 보고 무서운 유령을 만난 것처럼 달아나려고 했습니다만, 그는 사람들을 다시 불러 모아서 자신이 되살아난 일에 대해 열심히 설명했습니다. 아내도 마을 사람들과 마찬가지로 무섭게 생각한 것은 두말할 것도 없습니다.

그러나 차츰 마을 사람들도 안심하게 되어 그가 정말로 살아 있다는 것을 알았으므로, 온갖 질문을 퍼부었습니다. 그는, 저세상에 갔다 온 뒤 좀 영리해졌는지, 하나하나 대답해 주고, 마을 사람들과 친척들의 망령에 관한 이야기며 연옥에서 일어난 일에 대해 터무니없는 이야기를 꾸며서 들려주기까지 했습니다. 그리고 어리석은 마을 사람들 전부를 앞에 놓고, 되살아나기 전에 천사 가브리엘의 입으로 계시를 받았다고 말했습니다.

이렇게 그는 집으로 돌아와서 아내와 함께 살게 되었고, 본디대로 재산을 자기 것으로 했으며, 그리고 아내를 자기가 임신시켰다고 믿었습니다. 다행히도 '여자는 아홉 달 만에도 아이를 낳는다'고 믿고 있던 어리석은 마을 사람들의 생각대로 아내는 아홉 달 만에 사내아이를 낳았습니다. 그 아이는 베네데토 페론도라고 이름 지어졌습니다.

페론도는 사실상 이 세상에 돌아왔고, 그의 말대로 누구나 다 그가 죽었다 되살아났다고 완전히 믿었으므로, 수도원장의 명성은 점점 더 올라갈 뿐이었습니다.

그리고 질투심 때문에 대단히 혼이 난 페론도는 그 버릇도 없어지고, 원장이 아내에게 약속한 말대로 그 뒤부터는 시샘을 하지 않게 되었습니다. 그녀는 매우 기뻐하여 본디대로 정숙한 아내로서 그와 더불어 살았습니다만, 사실은 적당한 기회를 보아 원장과의 밀회도 기꺼이 즐겼습니다. 원장이 부지런히 욕정의 가장 으뜸가는 기쁨을 그녀에게 주고 있었던 것은 두말할 나위도 없습니다.

아홉째 이야기

프랑스 왕의 오래된 부스럼을 고쳐 준 질레트 드 나르본(네르보나)은 베르트랑 드 루시용을 남편으로 맞고 싶다고 왕에게 호소한다. 베르트랑은 자기 뜻과 달리 그녀와의 결혼을 강요당한 데 화가 나서 피렌체로 달아나 한 처녀에게 뜻을 둔다. 아내 질레트는 그 처녀가 되어 그와 잠자리를 함께한다. 그리하여 두 아이를 가진다. 그러는 동안 그도 처녀를 사랑하게 되어 정실로 대우하게 된다.

라우레타의 이야기가 끝났으므로 디오네오가 마지막 차례의 특권을 잃지 않게 하기 위해 다음은 여왕의 차례가 되었습니다. 그래서 여왕은 다른 사람들에게 부탁을 받기도 전에 상냥하게 이야기를 시작했습니다.

라우레타의 재미있는 이야기를 들은 지금, 누가 그 이상 더 훌륭한 이야기를 할 수 있을까요? 라우레타가 첫 번째 순서가 아니었던 것이 다행이었어요. 왜냐하면 그 뒤에는 누구의 이야기고 아주 재미없이 들렸을 테니까요. 앞으로 남은 이야기도 그렇게 되지 않을까 하고 실은 걱정이에요. 하지만 그렇다 치더라도 내 머리에 떠오른 이야기가 정해진 주제에는 맞는다고 생각해요.

프랑스 왕국에 루시용 집안의 백작으로 이스나르라는 귀족이 살고 있었습니다. 이 사람은 그다지 건강이 좋지 않아서 언제나 곁에는 제라르 드 나르본 선생이라는 의사를 대기시켜 놓고 있었습니다.

백작에게는 베르트랑이라는 외동아들이 있었는데, 매우 얼굴이 잘생기고 호감이 가는 소년이었습니다. 백작은 이 아들과 함께 같은 또래 아이들을 기르고 있었으며, 그 가운데는 방금 말씀드린 의사의 딸 질레트도 끼어 있었습니다. 그런데 질레트는 채 나이도 차기 전에 베르트랑에 대한 열렬한 사랑을 불태우기 시작했습니다. 하지만 베르트랑은 아버지가 죽자 왕에게 맡겨져 파리로 가게 되었습니다. 그 때문에 소녀는 그만 실망해 버렸습니다. 그러는 동안 소녀의 아버지도 세상을 떠서, 그럴싸한 이유만 있으면 베르트랑을 만나러 파리에 갈 수 있었습니다만, 외동딸로서 막대한 재산을 상속하게 되었기에, 친척들의 감시가 심해서 좀처럼 적당한 구실을 찾을 수가 없었습니다.

이윽고 그녀도 결혼할 나이가 되었지만, 아무리 노력해도 베르트랑을 잊을 수가 없었습니다. 친척들은 그녀에게 구혼하는 여러 신랑감 가운데에서 적당히 골라서 결혼시키려고 했으나, 그녀는 이유도 말하지 않고 모두 거절해 버렸습니다. 그리고 베르트랑이 아주 잘생긴 청년이 되었다는 소문을 전해 듣고, 점점 더 그에 대한 사모의 정을 불태우고 있었습니다. 그런데 마침 프랑스 왕이 가슴에 난 종기 치료를 잘못 받아서 구멍이 생기는 바람에, 심한 아픔으로 몹시 괴로워하고 있다는 소문이 전해졌습니다. 물론 많은 의사가 치료를 했습니다만 아무 효력을 못 보았을 뿐만 아니라 점점 더 악화되기만 해서, 왕은 절망하여 누구의 진찰이나 치료도 받으려 하지 않는다는 이야기였습니다.

이 소문을 듣고 그녀는 매우 기뻐했습니다. 이것으로 파리에 갈 구실이 생겼을 뿐만 아니라, 왕의 병이 자기가 짐작하는 그런 것이라면, 베르트랑을 남편으로 맞이하는 것도 쉬워진다고 생각했기 때문입니다. 그녀는 아버지한테서 의학에 관한 여러 가지 지식을 배웠으므로, 이거라면 그 병에 듣겠지 하고 생각되는 갖가지 약초로 가루약을 만들어 말을 타고 파리로 달렸습니다. 파리에 닿아서도 그녀의 생각은 오직 베르트랑을 만나는 것밖에 없었습니다만, 곧장 왕 앞에 나아가서, 왕이 앓는 부스럼을 보여 달라고 공손히 부탁했습니다. 왕은 그녀가 젊고 아름다운 데다가 정숙한 처녀라 거절하지 못하고 환부를 보였습니다. 그녀는 환부를 보더니, 곧 이거라면 고칠 수 있다고 생각했으므로 말했습니다.

"전하, 만일 허락해 주신다면, 제가 전하께 성가신 통증이나 괴로움을 끼치지 않고, 반드시 여드레 이내에 고쳐 드릴 수 있다고 생각합니다."

왕은 속으로 그녀의 말을 비웃으면서 '온 세계의 명의들이 고치지 못한 것을, 어떻게 이런 아가씨가 고칠 수 있을까?' 하고 생각했습니다만, 겉으로는 그 호의를 고마워하면서, 자신은 이제 의사의 의견 같은 건 들을 생각이 없다고 대답했습니다. 그러자 질레트가 말했습니다.

"전하께서는 제가 어리고 또 여자이기 때문에 제 의술을 얕잡아 보고 계십니다. 하지만 저는 의사가 아닌 저의 지식이라기보다, 하느님의 도움과 생전에 이름난 의사였던 제 아버지의 지식으로 고쳐 드릴 수 있다고 말씀드리는 것입니다."

그러자 왕은 '어쩌면 이 처녀를 하느님이 보내셨는지도 모른다. 게다가 성가신 일도 없이 단기간에 고칠 수 있다니, 이 처녀의 치료를 한번 시험해 보지 않을 것도 없겠지' 이렇게 속으로 중얼거렸습니다. 그래서 시험해 보기로 하고 말했습니다.

"처녀여, 그대는 나의 결심을 바꾸게 해놓고, 만일 고치지 못할 때는 어떻게 할 작정이냐?"

"전하." 질레트는 대답했습니다.

"저에게 감시인을 붙이십시오. 그리고 만일 여드레 이내에 고쳐 드리지 못하면 화형에 처하셔도 상관없습니다. 하지만 만일 제가 고쳐 드리면 어떤 상을 내려 주시겠습니까?"

왕은 대답했습니다.

"그대는 보아하니 미혼인 듯하구나. 그러니 만일 성공하면 누구든 재산도 있고 신분도 높은 자에게 출가를 시켜 주마."

이에 대해 질레트는 말했습니다.

"전하, 제게 남편을 주신다니 기쁘기 한이 없습니다. 하지만 저는 제가 전하께 부탁드리는 사람과 결혼하고 싶습니다. 그렇다고 해서 전하의 왕자님이나 왕족분을 원하는 것은 아닙니다."

왕은 곧 그렇게 하겠다고 약속했습니다.

질레트는 치료를 시작해서 약속한 기간보다 빨리 왕을 건강한 몸으로 만들어 주었습니다. 왕은 완쾌된 것을 알고 말했습니다.

"처녀여, 그대는 그대의 희망대로 신랑을 맞이하게 되었구나."

질레트는 대답했습니다.

"전하, 저는 말씀대로 베르트랑 드 루시용을 남편으로 맞게 되었습니다. 실은, 저는 어렸을 때부터 그를 사랑해 왔고 그 뒤에도 줄곧 그 마음을 품고 있었습니다."

왕은 그를 남편으로 준다는 것은 쉬운 일이 아니라고 생각했습니다. 그러나 한번 약속한 이상 신뢰를 배반하고 싶지 않아 베르트랑을 불러서 말했습니다.

"베르트랑, 그대는 성인이 되어 훌륭한 교양도 몸에 지녔다. 그래서 그대는 고향으로 돌아가 영지를 다스려 주기 바란다. 그리고 내가 아내로서 그대에게 주는 처녀를 데리고 가주기 바란다."

베르트랑은 대답했습니다.

"그 처녀란 누구입니까, 전하?"

왕은 대답했습니다.

"나를 치료해서 병을 고쳐 준 처녀다."

베르트랑은 그녀를 보고 매우 아름답다고는 생각했으나, 자기와 같은 귀족 출신이 아니라는 것을 알고 있었으므로 그만 기분이 상해서 말했습니다.

"전하, 그럼 전하께서는 아내로 제게 여의사를 주실 생각이십니까? 그런 여자를 아내로 맞이하는 것은 싫습니다."

그러자 왕은 말했습니다.

"그러면, 그대는 내가 약속을 어겨도 상관없단 말인가? 나는 건강 회복의 교환 조건으로, 그대를 남편으로 삼고 싶다는 그 처녀에게 그대를 주겠다고 약속했느니라."

베르트랑은 말했습니다.

"전하, 전하께서는 제가 가진 것을 가져가실 수도, 신하인 저를 마음에 드시는 분에게 주실 수도 있습니다. 하지만 저는 이 결혼에 매우 불만이라는 것을 말씀드리고 싶습니다."

"아니, 곧 만족하게 될 것이다." 왕은 말했습니다.

"그 처녀는 매우 아름답고, 총명하며, 더욱이 그대를 매우 사랑하고 있거든. 그러니 신분 높은 여성과 결혼하기보다, 그 처녀와 결혼하는 편이 더 즐거운 생활을 보내게 해주리라 믿는다."

베르트랑은 입을 다물어 버렸습니다. 왕은 결혼식을 위해서 성대한 준비를 갖추게 했습니다. 그리고 그날이 되자 베르트랑은 내키지 않는 마음으로 왕 앞에서 자기 자신보다도 더 그를 사랑하는 처녀와 결혼식을 올렸습니다. 결혼식이 끝나자 그는 자기가 할 일을 작정해 놓고 있었으므로 영지로 돌아가 결혼 생활을 하고 싶다며 왕에게 허락을 구했습니다. 그리고 말을 타고 떠나갔습니다만, 실제로는 영지로 돌아가지 않고, 토스카나로 가버렸습니다.

때마침 피렌체 사람들은 시에나 사람들과 싸움을 하고 있는 중이었습니다. 그래서 그는 피렌체 사람을 도와주기로 결심했습니다. 피렌체 사람에게 정중한 환영을 받은 그는 지휘관으로서 상당한 수의 부하를 얻어 많은 급료를 받으면서 군무에 종사하며 오랫동안 피렌체에 머물러 있었습니다.

신부 질레트가 이것을 좋게 생각할 까닭이 없었습니다. 어떻게든 남편을 영지로 불러야지 하고 생각하면서 루시용으로 돌아갔습니다. 그러자 루시용의 백성들은 그녀를 영주의 부인으로서 매우 반가이 맞이했습니다.

워낙 오랫동안 영주가 밖에 나가 있었으므로 모든 것이 황폐하고 무질서해진 것을 알자, 총명한 그녀는 부지런히 움직여 모든 질서를 바로잡았습니다. 백성들은 몹시 기뻐하고, 부인에게 깊은 친애감을 느끼게 되었으며, 이렇게 훌륭한 부인을 싫어하는 영주를 비난하게 되었습니다.

부인은 영지를 깨끗이 정리했으므로 두 기사를 보내어 백작에게 이것을 보고하게 하고, 자기가 있어서 영지에 돌아오지 않는 거라면 백작이 바라는 대로 자기는 영지에서 떠나겠다고 전하게 했습니다. 그러자 백작은 사자들에게 냉정히 말했습니다.

"그 일은 그 사람이 좋을 대로 하게 하라. 나는 그 사람이 이 반지를 끼게 되고, 내 팔에 내 아이를 안게 되는 일이 생기면, 고향으로 돌아가서 그 사람과 함께 살겠다."

그는 한시도 빼놓은 적이 없는 매우 값진 반지를 끼고 있었습니다. 그것을 끼고 있으면 무언가 특별한 마법의 힘이 생긴다고 믿는 귀중한 반지였습니다.

두 기사는 이 두 가지 조건이 거의 불가능하고 무리한 것이라고 생각했습니다만, 자기들의 말로는 주인의 결의를 움직일 수 없다고 생각해 부인에게 돌아가 백작의 대답을 그대로 전했습니다.

부인은 매우 슬퍼하다가 오래 궁리한 끝에, 남편이 정말 돌아올 것인지 그 두 가지 조건을 한번 이루어 보자고 결심했습니다. 그래서 그녀는 자기가 취해야 할 방법을 곰곰이 생각한 다음, 영지의 고위층과 장로들을 한자리에 모아, 남편을 사랑하기 때문에 자기가 여태까지 해온 일을 눈물로 조리 있게 호소하고는 지금부터 자기가 하고자 하는 일을 털어놓았습니다. 마지막으로, 자기가 여기 있는 한 남편은 영원히 영지로 돌아오지 않는다—이것은 내 본의는 아니다—그러니 내 영혼을 구원하도록 순례자가 되어 자선 사업에 몸을 바치며 여생을 보낼 생각이라고 말했습니다. 그리고 다시 모여든 사람들에게 영지를 관리하고 다스리도록 부탁하고, 재산은 완전히 백작 앞으로 남겨 두었으며, 자기는 절대로 영지 루시용에는 돌아오지 않는다고 전하게 했습니다.

그녀가 이런 말을 하는 동안, 선량한 백성들은 줄곧 눈물을 흘렸습니다. 그리고 제발 생각을 바꾸어 이곳에 머물러 주십사고 부탁했습니다만, 아무 소용도 없었습니다.

그녀는 그들에게 하느님의 가호를 빈 다음, 종자와 하녀를 한 명씩 데리고 순례자의 모습이 되어 많은 돈과 값비싼 보석들을 지니고 어디로 간다는 목적지도 말하지 않은 채 길을 떠났으며, 피렌체에 도착할 때까지 쉬지도 않았습니다.

피렌체에 도착하자 우연히 마음씨 좋은 아낙네가 운영하는 조그마한 여관에 묵게 되지만, 어떻게든 남편의 소식을 알려고 검소한 순례자의 행색을 끝내 지켰습니다. 그다음 날, 그녀는 여관 앞을 베르트랑이 종자 하나를 데리고 말에 올라앉아 지나가는 것을 보았습니다. 물론 그라는 것을 잘 알고 있었습니다만, 선량한 여주인에게 저분이 누구냐고 물어보았습니다. 그러자 여주인은 대답했습니다.

"저분은 베르트랑 백작이라고, 다른 나라의 귀족입니다. 아주 예의 바르고 호감 가는 분으로, 이 도시에서는 누구나 다 좋아하고 있습죠. 그런데 시내의 한 젊은 처녀를 무척 좋아하고 계신다는 소문이 있답니다. 그 처녀는 귀족이지만 가난하죠. 더없이 정숙한 처녀지만 가난하기 때문에 아직 시집도 못 가고, 매우 품위 있고 총명한 어머니와 함께 살고 있어요. 아마 그 어머니가 없었더라면, 저 백작의 희망대로 되었을 겁니다."

백작부인은 이 말을 꼭 가슴에 간직해 두었습니다. 그리고 더 상세한 것을 조사하여 모든 사정을 다 알고는 자기의 생각을 정했습니다. 그래서 그 집 주소와, 어머니와 백작에게 사랑을 받고 있다는 처녀의 이름을 알아 가지고 어느 날 살며시 순례자의 모습으로 그 집을 찾아갔습니다. 가보니 어머니도 처녀도 가난한 생활을 하고 있다는 것을 곧 알 수 있었습니다. 인사를 하고는 어머니에게 괜찮다면 몇 가지 이야기를 하고 싶다고 말했습니다. 귀부인은 일어서서, 어서 들어오십시오, 하고 권했습니다. 두 사람은 그녀의 방으로 들어가서 자리에 앉았습니다. 백작부인이 먼저 입을 열었습니다.

"마님, 뵙자니 마님도 저와 마찬가지로 불운하신 것 같네요. 하지만 만일 마님께서 그럴 생각만 하신다면, 마님이나 저나 행복해질 수 있습니다만……."

그러자 귀부인은 조촐하고 깨끗한 생활을 할 수 있다면, 그것으로 행복하니 그 이상 아무것도 바라지 않겠다고 대답했습니다.

백작부인은 말을 이었습니다.

"그럼 말씀드리겠습니다만, 저는 마님의 도움이 필요합니다. 저는 그것을 기대하고 여기에 온 것입니다. 그러니 만일 마님에게 배신을 당하면, 마님의 행복도 제 행복도 모두 헛되이 되어 버리고 맙니다."

"절대로 그런 짓은 하지 않겠어요." 귀부인은 대답했습니다.

"무엇이든지 말씀하세요. 결코 당신을 배반하지는 않을 테니까요."

그래서 백작부인은 자기의 첫사랑에서부터 시작해서, 자기의 신분과 지금까지 일어난 일을 조용히 털어놓았습니다. 귀부인은 이미 소문으로 들어서 대강은 알고 있었으므로, 그녀의 말을 믿고 그만 동정하게 되었습니다. 백작부인은 최근에 일어난 일들을 이야기한 다음, 말을 이었습니다.

"방금 말씀드린 이야기로 아시겠지만, 제가 남편을 다시 찾으려면, 두 가지 난관을 극복하지 않으면 안 돼요. 그런데, 제가 그것을 할 수 있게 해주실 분은 마님밖에 안 계세요. 만일 제가 들은 것이 사실이라면, 남편은 댁의 따님을 무척 좋아하고 있다니까요."

그러자 귀부인은 대답했습니다.

"백작이 우리 집 아이에게 뜻을 두고 계시는지 어떤지 나는 모르겠습니다. 하지만 그런 눈치는 채고 있습니다. 그런데 부인의 희망을 이루려면, 대체 내가 어떻게 해야 할까요?"

"마님." 백작부인은 말했습니다.

"그 점에 대해 말씀드리겠어요. 하지만 그 전에, 마님께서 제게 힘을 빌려주실 때 제가 해드리고 싶은 일부터 말씀드리고 싶어요. 제가 보니 따님은 매우 아름답고, 결혼할 나이도 되었어요. 그런데 듣기로는, 그리고 짐작건대 결혼 준비가 충분치 않아서 댁에 있는 것 같아요. 그래서 저는 마님께서 제게 힘을 빌려주신다면 그 사례로, 실례가 되겠습니다만 댁의 따님을 훌륭하게 출가시킬 수 있는 지참금을 드릴까 생각하고 있어요."

귀부인은 생활에 어려움을 겪고 있었으므로, 그 제의를 무척 기뻐했습니다만, 귀부인으로서의 자존심은 잃지 않고 있어서 이렇게 대답했습니다.

"부인, 내가 부인을 위해서 어떤 일을 해야 하는지 말씀해 주세요. 내게 불명예가 되지 않는 일이라면 기꺼이 하겠습니다. 그런 뒤에는 부인이 희망하시는 대로 하셔도 좋습니다만."

이에 백작부인은 말했습니다.

"그럼, 이렇게 해주시면 좋겠어요. 마님께서 믿을 만한 사람을 백작에게 보내셔서, 우리 집 아이를 백작께서 평소에 나타내 보이고 계시듯이, 진정 사랑하신다는 것을 똑똑히 확인할 수만 있으면 백작의 뜻에 따를 생각이라고 전하게 하세요. 그리고 백작이 손가락에 끼고 무척 소중히 여긴다는 그 반지를 주신다면 우리 집 아이는 백작의 사랑을 믿을 것입니다, 하고 전하게 하는 거예요. 그이가 반지를 마님께 드리거든, 그것을 제게 보내 주세요. 그런 다음 다시 사람을 보내서, 우리 집 아이는 백작의 뜻에 따를 준비가 되어 있습니다 하고 전하게 하세요. 그러고는 그이를 몰래 여기 오게 해서, 따님 대신 살며시 저를 그이 옆에 자게 해주세요. 아마 하느님의 은혜로 저는 임신하게 될 거예요. 그렇게 되면 저는 그이의 반지를 끼고, 백작의 아이를 팔에 안고 다시 남편을 되찾아, 마님 덕분에 아내로서 그이와 함께 살게 될 거예요."

귀부인은 자기 딸에게 어두운 소문이 나지나 않을까 걱정이 되어, 이것은 퍽 어려운 일이라고 생각했습니다. 그러나 이처럼 훌륭한 부인이 남편을 되찾는다는 것은 올바른 일이며, 자기의 순수하고 솔직한 마음에 의지하여 그와 같이 훌륭한 목적을 위해서 일하는 것이라고 생각하고, 해보겠다고 부인에게 약속했습니다. 단순히 말로만 한 약속이 아니라 이삼 일이 지나자 부인이 지시한 대로 몰래 일을 진행시켜, 그 반지를 (백작은 약간 아까운 듯했습니다만) 손에 넣고는 교묘히 딸 대신 부인을 백작 옆에 누워 자게 했습니다.

한편 백작이 열렬히 행한 이 최초의 교합이 하느님의 뜻에 맞았나 보죠. 부인은, 태어날 때 안 일입니다만 쌍둥이 아들을 뱄습니다. 하기야 귀부인이 백작부인에게 남편을 포옹시켜 기쁘게 해준 것은 한 번이 아니라 몇 번이나 되었으며, 남몰래 이루어졌기 때문에 나쁜 소문은 조금도 나지 않았습니다. 그리고 백작은 자기가 사랑하는 처녀와 자고 있다고 생각했지, 아내라고는 조금도 깨닫지 못했습니다.

백작은 아침이 되어 헤어질 때 값비싼 아름다운 보석을 선물로 주었으며, 부인은 그것을 모두 고이 간직했습니다. 부인은 임신한 것을 깨닫자, 이제는 이와 같은 일로 귀부인을 더 성가시게 해서는 안 된다고 생각하고 말했습니다.

"마님, 하느님과 마님 덕분에 저는 바라던 것을 손에 넣었습니다. 그러니 이제는 부인을 기쁘게 해드릴 때가 되었어요. 저는 떠나기로 하겠어요."

그녀의 말에 귀부인은 그녀가 만족한다니 자신도 무척 기쁘지만, 사례를 바라고 한 것이 아니라 단지 좋은 일을 하고 싶었을 뿐이라고 대답했습니다.

그래서 백작부인이 말했습니다.

"마님, 매우 훌륭하신 말씀이세요. 그런데 저도 마님께 사례로서 무엇을 해드린다는 생각은 없어요. 다만 마님을 행복하게 해드리기 위해서 그렇게 하고 싶을 뿐이에요. 저는 그렇게 하는 것이 옳다고 생각하거든요."

그러자 귀부인은 무척 필요하기도 했으므로 참으로 부끄러운 듯이—딸의 결혼을 위해 100리라쯤만 주시면 좋겠다고 말했습니다.

백작부인은 그녀가 매우 부끄러워하는 모습을 보고, 몹시 체면을 차린 그 제의를 듣고는 500리라를 주었습니다. 또한 그만한 가치가 있는 값비싼 아름다운 보석들도 주었습니다. 귀부인은 이만저만 기뻐하지 않았으며, 몇 번을 말해도 모자랄 만큼 감사 인사를 되풀이했습니다.

백작부인은 그녀의 집을 떠나 여관으로 돌아갔습니다.

한편 귀부인은 베르트랑이 이제 자기 집에 찾아올 기회가 없어지도록, 딸을 데리고 시골 친척 집으로 이사해 버렸습니다.

그 뒤 곧 베르트랑은 부인이 영지에서 사라졌다는 말을 듣고, 신하들의 요청도 있고 해서 고향으로 돌아갔습니다.

백작부인은 남편이 피렌체를 떠나 고향으로 돌아갔다는 말을 듣고 무척 기뻐했습니다. 그리고 피렌체에 머물고 있는 동안에 산기가 있더니 아버지를 쏙 빼닮은 쌍둥이 사내아이를 낳았습니다. 그녀는 열심히 아이들을 길렀습니다.

이윽고 적당한 시기가 왔다고 생각되었을 때 길을 떠나 아무도 깨닫지 못하는 가운데 몽펠리에 도착했습니다. 거기서 며칠 쉰 다음 백작의 소식을 알아본 결과, 모든 성인의 날 대축일에 영지 루시용에서 귀부인들과 기사들을 한자리에 불러 성대한 잔치를 베풀 것이라는 말이 들렸으므로, 순례자의 모습을 하고 찾아갔습니다.

영지에 이르니 귀부인들과 기사들이 백작 저택에서 막 식탁에 앉으려 하는 중이라고 듣고는 순례복 그대로 두 아이를 팔에 안은 채 큰 홀로 올라갔습니다. 그리고 사람들 사이를 빠져나가 성큼성큼 백작 앞에 나가서, 무릎을 꿇고 눈물을 흘리며 말했습니다.

"영주님, 저는 당신이 집에 돌아와서 살아 주셨으면 하는 희망으로, 오랫동안 비참한 여행을 계속해 온 당신의 불행한 아내예요. 저는 당신께 보낸 두 기사를 통해 제게 내리셨던 조건을 당신께서 지켜 주시도록, 하느님께 부탁드리겠어요. 자, 여기 제 품엔 하나가 아니라 둘이나 당신의 아들이 있습니다. 그리고 또 여기 당신의 반지도 있고요. 지금이야말로 약속대로 저를 당신의 아내로서 맞이해 주셔야 할 때라고 생각해요."

백작은 이 말을 듣고 크게 놀랐습니다. 반지는 자기 것이 틀림없었고, 두 아이도 자기를 쏙 빼닮았기에 놀랄 수밖에 없었습니다. 그는 어리둥절한 채 말했습니다.

"대체 어떻게 이런 일이 다 일어났을까?"

부인은 백작과 그 자리에 모인 사람들이 놀라는 모양을 보고, 일이 어떻게 되었는가를 조리 있게 말했습니다. 그 이야기를 듣고 백작은 아내가 하는 말이 사실이라고 인정했습니다. 그리고 그녀의 끈기 있는 인내심과 사려 깊은 마음씨를 알고는, 귀여운 아이들에게 다가가서 새삼스레 들여다보았습니다.

이렇게 하여 백작은 약속을 지키기 위해서, 또 귀부인들과 기사들 모두가 그녀를 정식 아내로서 맞이하도록 부탁했으므로, 그 마음들을 보아 지금까지의 완고했던 생각을 버렸습니다. 그리고 부인을 일으켜 세워 얼싸안고 입을 맞추고는, 정식 아내로 인정하고 두 아이도 틀림없이 자기의 아이라고 선언했습니다. 아울러 그녀에게 백작부인으로서 알맞은 옷을 입히고, 그 자리에 모인 사람들과 이 소식을 듣고 달려온 신하들의 축하를 받았습니다.

그리고 며칠이나 계속해서 잔치를 베풀었습니다.

이리하여 그날 이후, 백작은 그녀를 아내로서 공경하고 깊이 사랑하며 소중히 여겼다고 합니다.

열째 이야기

루스티코라는 수도사는 은자가 된 알리베크에게 악마를 지옥에 몰아넣는 방법을 가르쳐 준다. 그 뒤 그녀는 은둔의 땅에서 돌아와 네르발레의 아내가 된다.

여왕의 이야기를 열심히 듣고 있던 디오네오는 이야기가 끝나고 드디어 마지막으로 자기 차례가 된 것을 알고는, 명령을 기다릴 것도 없이 싱글벙글 웃으면서 이야기를 시작했습니다.

상냥한 마음씨를 가지신 여러분, 여러분은 어째서 악마가 지옥에 몰려 들어가는지, 그런 이야기는 아마 들으신 적이 없을 줄 압니다. 그래서 나는 여러분이 오늘 이야기하신 주제에서 그다지 빗나가지 않게 그런 이야기를 해볼까 합니다. 이 이야기를 익혀 두시면 아마 영혼을 구제할 수도 있을 것이고, 또 대체로 사랑의 신이 초라한 오두막보다 훌륭한 저택이나 기분 좋은 방을 더 좋아하는 모양이나, 때로는 깊은 숲속이나 험한 알프스의 골짜기에나 인적이 드문 동굴 속에서도 그 힘을 나타낸다는 것을 아시게 될 것입니다. 말하자면 사랑의 힘이 모든 것을 극복한다는 점을 여러분은 아시게 될 것입니다.

그러면 이야기를 시작하겠습니다. 옛날에 바버리의 카프사라는 도시에 어떤 부자가 살고 있었습니다. 이 사람에게는 자녀들이 여럿 있었는데, 그 가운데 알리베크라는 아름답고 성품도 고운 소녀가 있었습니다.

그녀는 그리스도교 신자는 아니었지만, 시내의 신자들이 그리스도교의 신앙과 하느님에 대한 봉사를 매우 예찬하는 말을 듣고, 어느 날 어떻게 하면 아무런 방해도 받지 않고 하느님께 봉사할 수 있을까 하고 한 신자에게 물어보았습니다. 그러자 그 사람은, 테베의 쓸쓸한 사막으로 떠나간 사람들처럼 속세의 일에서 벗어날수록 하느님께 대한 봉사를 더 잘할 수 있다고 대답했습니다.

소녀는 매우 순진하고 아직 나이도 열네 살 정도밖에 되지 않았으므로, 대단한 생각을 품은 건 아니었지만 아무에게도 말하지 않고 어느 날 몰래 혼자서 테베의 사막으로 떠나갔습니다. 그리고 거듭되는 고생과 굶주림도 참아가면서 이삼 일 뒤에 그 쓸쓸한 사막에 닿았습니다. 그러자 아득히 먼 저편에 한 채의 오두막이 보여 간신히 도착해 보니 한 성자 같은 사람이 문 앞에 서 있었습니다.

성자는 이런 곳에 찾아온 소녀를 보고 이상히 여겨, 무엇을 찾아왔느냐고 물었습니다. 소녀는, 하느님의 영감을 얻어서 하느님에 대한 봉사를 찾으려고 나왔으며 어떻게 하면 훌륭하게 봉사할 수 있는지 가르쳐 줄 분을 찾아왔다고 대답했습니다.

그 훌륭한 성자는 소녀가 아직도 어리고 매우 아름다운 것을 보고, 만일 여기에 머물러 있게 해두었다가는 자기가 악마의 유혹에 사로잡힐 우려가 있겠다고 생각하고, 그녀의 훌륭한 마음씨를 칭찬한 다음 풀뿌리며 야생의 능금이며 대추야자의 열매 같은 먹을 것과 물을 주고 말했습니다.

"소녀여, 여기서 그다지 멀지 않은 곳에 한 성자가 계신다. 그분은 네가 찾고 있는 그런 분으로서는 나보다 훨씬 뛰어난 선생님이시다. 그분을 찾아가도록 해라."

이렇게 말하고 그리로 보냈습니다.

그래서 그녀는 그 사람을 찾아갔습니다만, 그 사람한테서도 같은 말을 들었습니다. 다시 길을 더 나아가니 한 젊은 은자가 살고 있는 오두막에 이르렀습니다. 그의 이름은 루스티코였으며, 참으로 신앙심이 두터운 선량한 사람이었습니다. 소녀는 그에게도 지금까지 다른 사람에게 말한 것과 똑같은 질문을 했습니다.

그러자 이 사람은 자기의 굳은 신념을 한번 큰 시련에 걸어 보자는 생각으로 지금까지 여러 성자들이 그녀를 쫓아 보내거나 멀리한 것과는 달리, 자기 오두막에 붙들어 놓고 그곳에 있으라고 말했습니다. 그리고 밤이 되자, 오두막 한쪽 구석에 종려나무 잎으로 잠자리를 만들어 주고 그 위에서 자라고 말했습니다.

이 때문에 곧 온갖 유혹이 그의 저항력을 시험하려고 도전해 왔습니다. 오랫동안 자기의 의지력을 과신하고 있던 그는, 유혹을 맞아 물리치기는커녕 순식간에 그 유혹에 지고 말았습니다. 그래서 거룩한 명상도 기도도 규율도 다 잊어버리고 그녀의 젊음과 아름다움만이 머리에 가득 차게 되었습니다. 그뿐만 아니라 어떻게 하면 여자의 육체를 탐하는 속된 사나이라는 인상을 주지 않고 그녀를 손에 넣을 수 있을까를 궁리하기 시작했습니다. 그래서 먼저 여러 가지 질문으로 시험해 보니, 아직 한 번도 남자를 경험하지 못한, 보는 바 그대로의 순진한 소녀라는 것을 알았습니다. 그래서 하느님께 봉사한다는 구실을 어떻게 꾸며서 그녀로 하여금 자기의 쾌락에 응하게 할까 하고 궁리했습니다.

그리하여 먼저 악마가 아주 나쁜 하느님의 적이라는 것을 자세히 일러 주고는, 그 하느님에 대한 봉사야말로 그분에 대한 감사의 뜻을 한층 더 나타내는 일이며, 옛날에 하느님이 지옥에 떨어뜨려 괴롭힌 악마를 다시 지옥에 몰아넣는 일이 된다고 설교했습니다. 소녀는 어떻게 하면 그것을 할 수 있느냐고 물었습니다. 루스티코는 대답했습니다.

"그것은 곧 알게 되지. 내가 하는 대로만 하면 되는 거야."

이렇게 말하고 몸에 걸쳤던 몇 오라기의 옷을 벗어 발가숭이가 되었습니다. 처녀도 그대로 했습니다. 그리고 그는 기도를 할 때처럼 무릎을 꿇고 소녀를 자기 앞에 세웠습니다. 눈앞에 이와 같이 아름다운 소녀를 바라보게 된 루스티코는 일찍이 없었던 욕정이 불현듯 타올라, 육체의 일부가 일어섰습니다.

그것을 보고 알리베크는 깜짝 놀라면서 물었습니다.

"루스티코 님, 그 툭 튀어나온 게 뭐예요? 저한테는 그런 것이 없는데요."

"오오, 소녀여, 이것이 내가 몇 번이나 말한 악마다. 알겠느냐? 이것이 이제 더 참을 수 없을 만큼 몹시 나를 괴롭히고 있느니라."

그러자 소녀가 말했습니다.

"아아, 하느님, 고마워라. 제가 루스티코 님보다 행복한 것 같네요. 저한테는 그런 악마가 없으니까요."

루스티코가 말했습니다.

"그렇다. 그러나 대신 내가 갖지 않은 다른 것을 그대는 가졌느니라."

"어머나, 그게 뭔데요?"

"지옥을 갖고 있느니라. 분명히 말하지만, 하느님은 내 영혼을 구해 주시기 위해서 그대를 이리로 보내신 것이다. 만일 이 악마가 이런 괴로움을 내게 주더라도, 그대가 나를 가엾게 여기고 그 악마를 지옥으로 몰아넣어 주기만 한다면, 그대는 내게 최대의 만족을 주게 되느니라. 게다가 그대는 하느님께 다시없는 기쁨을 드리며 봉사하게 되느니라. 그대가 말하듯이 그 때문에 그대는 여기까지 일부러 찾아온 것이니까."

신앙에 불타 있던 소녀는 대답했습니다.

"오오, 신부님, 제가 지옥을 갖고 있다면 좋으실 때 쓰도록 하셔요."

그러자 루스티코가 말했습니다.

"소녀여, 그대에게 축복 있으라. 그럼 행하기로 하겠다. 악마가 내게서 나가도록, 지옥에 몰아넣도록 하리라."

이렇게 말하고 그는 조그만 침대로 소녀를 데리고 가서, 하느님께 저주받은 그 악마를 지옥에 몰아넣으려면 어떻게 해야 하는가를 가르쳤습니다.

소녀는 아직 한 번도 어느 악마고 지옥에 넣어 본 적이 없었으므로, 처음 겪는 일에 좀 아픔을 느끼고 루스티코에게 말했습니다.

"신부님, 확실히 그 악마는 나쁜 짓을 하네요. 그리고 정말로 하느님의 적인가 봐요. 지옥에 들어갔을 때도 아픔을 느끼게 했으니, 정말로 하느님의 적이에요."

루스티코가 말했습니다.

"소녀여, 반드시 그렇지만도 않느니라."

그래서 더는 그런 일이 일어나지 않도록 다시 침대에 누워 몸을 서로 움직여서 여섯 번 악마를 쫓았습니다. 이쯤 되니 내로라하는 그 오만한 악마의 머리도 꺾이어 자연히 얌전해졌습니다.

그러나 그 뒤에도 계속 몇 번이나 악마는 오만한 머리를 쳐들었으므로, 순진한 소녀는 언제나 꺾어 주려고 애를 썼습니다. 그러는 동안에 이 일에 쾌감을 느끼기 시작해서 루스티코에게 말했습니다.

"카프사의 훌륭한 분들이 하느님을 섬기는 일은 매우 기분 좋은 일이라고 말씀하셨는데, 그게 거짓말이 아니라는 것을 알았어요. 정말로 악마를 지옥에 몰아넣는 일만큼 즐겁고 기분 좋은 일을 저는 여태껏 한 번도 해본 적이 없어요. 그러니 하느님께 봉사하지 않고 다른 일을 하는 사람들은 모두 바보 같아요."

이와 같이 즐거운 일을 하기 위해서 소녀는 몇 번이나 루스티코 곁에 가서 말하는 것이었습니다.

"루스티코 님, 저는 하느님을 섬기려고 여기 왔지, 게으름을 피우려고 온 게 아니에요. 악마를 지옥에 몰아넣기로 해요."

이렇게 다시 즐거운 일을 하면서 때로는 이런 말을 하는 것이었습니다.

"루스티코 님, 저는 악마가 왜 지옥에서 달아나는지 모르겠어요. 지옥이 악마를 기분 좋게 받아들여서 악마가 기꺼이 지옥에 들어간다면, 결코 나오지 않아야 할 게 아녜요?"

이렇게 소녀는 자주 루스티코를 졸라 하느님을 섬기고 그를 위로했으므로 그는 더 이상 견디기 어렵게 되어서, 다른 사람이라면 그런 때 땀을 흘릴 텐데 한기를 느끼게끔 되어 버렸습니다. 그래서 그는 소녀에게, 악마가 오만한 머리를 쳐들 때가 아니면 악마를 벌주거나 지옥에 넣어서는 안 된다고 말하기 시작했습니다.

"게다가 하느님 덕분에 우리는 악마를 완전히 골려 주었으니, 악마도 아마 하느님께서 가만히 놔두기를 바라고 있을 것이 틀림없느니라."

이렇게 말하며 소녀에게 잠시 얌전히 있도록 타일렀습니다.

그런데 소녀는 그 뒤 도무지 루스티코가 악마를 지옥에 넣기를 요구하지 않자, 어느 날 그에게 말했습니다.

"루스티코 님, 그 악마가 혼이 나서 이제 신부님을 괴롭히지 않더라도 제 지옥을 그대로 내버려 두지 마세요. 제가 지옥으로 신부님의 오만한 악마를 꺾어 버리는 일을 거들어 드린 것처럼, 그 악마로 제 지옥의 노여움을 가라앉히는 일을 도와주세요."

루스티코는 워낙 풀뿌리와 물만으로 살고 있었으므로, 이렇게 거듭되는 요구에 도저히 응할 수가 없었습니다. 그래서 지옥을 가라앉히려면 많은 악마가 필요하지만 자기가 할 수 있는 데까지는 해주겠다고 말했습니다. 그래서 이따금 그녀를 만족시켜 주기는 했습니다만 아주 뜸해졌으므로, 마치 사자 입에 누에콩을 던져 넣는 거나 같았습니다. 그 때문에 그녀는 자기가 바라는 것만큼 하느님을 섬기지 못한 듯한 기분이 들어서, 이러면 싫다고 툴툴거리기 시작했습니다.

그런데 루스티코의 악마와 알리베크의 지옥 사이의 너무나 강한 욕망과 너무나 약한 힘의 차이 때문에 이와 같은 갈등이 벌어지고 있을 무렵, 마침 카프사 시내에 큰불이 나서 알리베크의 아버지를 비롯하여 그 자식들과 하인들과 집을 몽땅 태워 버렸습니다. 그 때문에 알리베크가 전 재산의 상속자가 되었습니다.

그때 심한 낭비로 자기 재산을 탕진해 버린 네르발레라는 젊은이가 있었는데, 그녀가 살아 있다는 말을 듣고 찾아 나섰습니다. 그리하여 정부가 상속인 없이 죽었다고 해서 아버지의 재산을 몰수하기 전에 그녀를 찾아냈습니다. 루스티코에게 매우 다행스럽게도, 네르발레는 그대로 머무르려고 하는 그녀를 데리고 카프사로 돌아가 아내로 삼아 버렸으며, 둘이서 막대한 재산을 상속했습니다. 그런데 그녀가 아직 네르발레와 잠자리를 함께하기 전의 일입니다만, 아낙네들이 사막에서 무엇을 하고 있었느냐고 물으니, 악마를 지옥에 몰아넣는 봉사를 하고 있었다고 대답하고, 네르발레는 하느님을 위한 그와 같은 봉사를 막은 큰 죄를 지었다고 덧붙였습니다.

그래서 아낙네들이, "어떻게 악마를 지옥에 몰아넣었지?" 하고 번갈아 물었습니다.

그녀는 손짓과 말로써 설명해 주었습니다. 이 말을 듣고 아낙네들은, 지금도 웃음거리로 삼고 있을 만큼, 와아 하고 웃어댔습니다. 그리고 말했습니다.

"그런 일이라면 뭐 그리 걱정할 것 없어요. 여기 있어도 그런 것은 얼마든지 할 수 있으니까. 네르발레가 그것을 사용해서 당신과 함께 하느님을 섬기게 될 거예요."

아낙네들은 이 일을 저마다 온 시내에 퍼뜨리고 다녀서, 하느님에 대한 가장 즐거운 봉사는 악마를 지옥으로 몰아넣는 일이라는 속담까지 생겨 버렸습니다. 그 속담이 바다 건너 여기까지 건너와 남아 있는 것입니다.

그러니 젊은 숙녀 여러분, 여러분에게는 하느님의 은혜가 필요하니 악마를 지옥에 몰아넣을 마음가짐을 하고 계십시오. 그것은 하느님의 뜻에 맞는 일이고 서로에게 기쁨도 되며, 거기서 많은 행복이 생겨나서 언제까지나 계속될 테니 말입니다.

디오네오의 이 이야기는 그 말솜씨도 말솜씨지만, 얌전한 부인들을 몇 번이나 웃겼습니다. 이야기가 끝나자 여왕은 자기의 지배 기한이 끝난 것을 알고, 월계관을 벗어 얼른 필로스트라토의 머리에 얹어 주며 말했습니다.

"지금까지는 양이 늑대를 이끌어 왔습니다만, 지금부터는 늑대가 양을 잘 인도해 주실지 어떨지, 수완을 잘 지켜보기로 해요."

이 말을 듣고 필로스트라토는 빙그레 웃으며 말했습니다.

"만일 내 말을 믿으셨더라면 늑대들은, 루스티코가 알리베크에 한 것보다 더 멋지게, 양들에게 악마를 지옥에 몰아넣는 일을 가르치고 있었을 것입니다. 그런데 여러분은 믿지 않으신 걸 보면 양이 아니었던 모양이니, 우리를 늑대라고 부르지는 말아 주십시오. 그건 그렇고 이번에는 나한테 맡겨 주셨으니, 이 왕국을 내가 지배하기로 하지요."

그러자 네이필레가 말했습니다.

"이봐요, 필로스트라토! 당신이 우리에게 가르치실 생각이었더라면 람포레키오의 마제토가 수녀들한테 배웠듯이 우리한테서 배웠을 것이고, 또 당신이 바짝 말라서 해골의 뼈가 딸가닥거릴 만큼 뼈만 앙상하게 남은 뒤에야 비로소 그런 말씀을 할 수 있을 거예요."

필로스트라토는 여자들의 말이 자기가 해대는 이상으로 신랄하다는 것을 알고, 농담은 그만두고 왕국의 일을 시작하기로 했습니다. 그래서 하인 우두머리를 불러 모든 일이 어떻게 되어 가고 있느냐고 물어보았습니다. 자기의 지배가 계속되는 한 이 모임의 사람들을 최고로 만족시켜 주고 싶었으므로 신중히 명령을 내렸습니다. 그리고 부인들을 돌아보고 말했습니다.

"여러분, 나는 철이 들고부터 지금까지 불행히도 여러분들 가운데 한 분의 아름다움에 끌려 가슴을 태워 왔습니다. 나는 겸손하고 얌전하게 그분의 습관을 따랐습니다만, 조금도 효과가 없었습니다. 먼저 나는 다른 사나이 때문에 버림을 받았고, 그 뒤로는 나쁜 일만 계속되었으니, 이런 식으로 나는 죽어 갈 모양이지요. 그러니 내일의 이야기 주제는 내 경험과 일치되는 것, 다시 말해서 별의별 사람들의 사랑이 불행하게 끝난 이야기를 해주셨으면 합니다. 앞으로 내 사랑이 가장 큰 불행이 될 것으로 생각하니까요. 여러분이 불러 주시는 내 이름도 그 유래를 잘 알고 있는 분이 붙여 주신 거예요."

이렇게 말하고 일어나서 저녁 식사 때까지 모두에게 여유를 주었습니다. 그러나 정원이 너무나 아름다워 거기에 있는 편이 더 즐거웠으므로, 아무도 그 이상의 즐거움을 찾아 다른 데로 가려고 하지 않았습니다. 그보다 해도 기울고 더위도 수그러들어, 몇몇 여인들은 정원에서 앉아 있는 사람들 주위를 뛰어다니며 성가시게 달라붙던 수사슴이며 산토끼며 그 밖의 동물들을 쫓아다니기 시작했습니다.

디오네오와 피암메타는 굴리엘모 씨와 베르주 부인의 노래를 부르기 시작했습니다. 필로메나와 판필로는 체스를 두기 시작했습니다. 이와 같이 저마다 흥에 겨워 있는 동안에, 어느새 식사 시간이 되었습니다. 식탁은 아름다운 분수 주위에 차려져서 그날 저녁 그들은 매우 즐거운 식사를 할 수 있었습니다.

필로스트라토는 앞서의 여왕이 행한 방식에서 벗어나지 않도록, 식탁이 치워지자 라우레타에게 춤을 추고 칸초네를 부르게 했습니다. 라우레타는 대답했습니다.

"전하, 저는 이런 즐거운 모임에 알맞은 노래뿐만 아니라, 다른 노래도 무엇 하나 아는 것이 없습니다. 하지만 제 마음대로 노래해도 괜찮다고 하신다면 기꺼이 부르겠습니다."

이에 대해서 왕이 말했습니다.

"당신이 부르는 노래라면, 즐겁고 아름다운 노래임에 틀림없습니다. 그러니 당신이 부를 수 있는 노래를 불러 주세요."

그러자 라우레타는 약간 구슬픈 가락이지만, 매우 달콤한 목소리로 노래를 불렀습니다. 다른 사람들은 그 뒤를 따라 불렀습니다.

아, 나처럼 한숨을 지으면서
사랑을 받은 몸으로
한탄하는 사람은 없네.

하늘과 별, 그곳에 계시는 하느님은
마음 내키시는 대로
귀엽고 아름답게 나를 만드셨네.
드높은 지혜 기울여
늘 하느님의 눈에 띄는
저 낙원의 여인이 지닌
아름다움을 이 세상에 주시려고.
아, 그러나 사람 눈은 어리석어
나를 옳게 보지 않고
얕잡아 보기까지 하네.

그 옛날, 나를 사랑한 사람 있어
기꺼이 젊은 내 몸을
품에 안고, 마음에 안고
사랑의 불 내 눈에 태우더니
다만 말로만 지새고
시간은 곧 사라졌네.
나는 정답게 따랐지만
지금은 슬퍼라, 그 사랑도 없으니.

다음에는 뻔뻔스럽고
오만한 젊은이 나타나
가문을 내세워 나를 차지하고는
부질없는 소문에 밤낮으로 시새움.
아, 많은 사람을 기쁘게 해주려고
이 세상에 태어난 줄 알았는데
한 사나이의 독차지되었으니
나는 모든 기쁨 잃어버렸네.

아, 상복 벗는다고 했을 때의
내 몸 불행이 저주스럽네.
그 옷 입고도 즐겁더니
지금은 나들이옷 입어도
차가운 나날의 생활이라
그 옛날의 정결 소문도 없네.
아, 슬퍼라, 그 향연에
나가기 전에
죽었어야 할 것을.

오, 첫사랑의
귀여운 분, 지금은 떠나갔네.
그대를 만드신 하느님 곁으로.
아, 가엾게 여기시라, 그대를
잊지 못하는 이 몸을.
그대가 붙여 준 사랑의 불꽃
다 꺼지기 전에
불러 주시라
하느님 곁으로, 이 몸까지.

라우레타의 노래가 끝났습니다. 노래 내용은 저마다 여러 가지로 해석되었습니다. 개중에는 아름다운 처녀보다 살찐 돼지가 더 낫다는 밀라노의 속담처럼 해석하는 사람도 있었습니다. 그 밖의 사람들은 더 높은 지적인 뜻을 지닌 노래라고 해석했습니다만, 지금은 그런 것을 이러니저러니 할 자리가 아닙니다. 노래가 끝났으므로, 왕은 풀과 꽃 위에 많은 촛대를 세워 놓고 불을 밝혀 별들이 기우는 한밤중에 이르기까지 다시 노래를 부르게 했습니다. 그러는 동안 이윽고 잘 시간이 되었다고 여겨, 왕은 "안녕히들 주무십시오" 하고 저마다 침실로 물러가게 했습니다.

넷째 날

《데카메론》의 넷째 날이 시작됩니다. 이날은 필로스트라토의 주재 아래 저마다 사랑이 불행하게 끝나는 이야기를 합니다.

친애하는 부인 여러분, 나는 지금까지 지혜로운 사람들에게서 들은 말이나 수없이 보고 읽은 것들에서 미루어, 시샘이라는 격심한 광기의 바람은 높은 탑이나 높은 나무들의 가지만을 뒤흔든다고 생각해 왔습니다. 그런데 그 생각은 틀렸다는 것을 알았습니다. 왜냐하면 나는 늘 그런 심한 질투라는 심리적 충동을 피하고, 또 거기에서 교묘히 도망치기 위해서 평지뿐만 아니라 사람 눈에 띄지 않는 조용하고 깊은 골짜기로 걸어야 했기 때문입니다. 그것은 피렌체의 속어로, 게다가 미사여구도 나열하지 않은 산문으로 쓰였고, 더욱이 될 수 있는 한 매우 평이한 문장으로 쓰여 거기 실린 이야기를 읽는 분들은 바로 이해하시리라 믿습니다.

그 같은 온갖 조심에도 불구하고 질투의 심한 폭풍에 뒤흔들려, 아니 오히려 뿌리째 뽑혀 갈기갈기 씹히고 찢기는 것을 어떻게 막을 길이 없었습니다. 그래서 현자가 "비참함만이 이 세상에서는 질투를 면한다"고 말하고 있는 뜻을 뼈에 사무치게 알았던 것입니다.

그런데 뛰어난 분별력을 갖추신 숙녀 여러분, 이 이야기를 읽은 사람 가운데에는 내가 너무나 여성에게 호의를 보내고 있다든가, 내가 그녀들을 기쁘게 하고 위로하는 것에서 즐거움을 찾는 일이 아무래도 석연치 않다고 말하는 사람이 있고, 또 내가 여성을 너무 추어올린다고 험담을 한 사람도 있습니다. 또 개중에는 이제 자기는 쓴맛 단맛도 분간할 나이라면서 내 나이에는 그런 일에 허송세월하든가, 즉 여자 이야기를 하든가 여자를 기쁘게 하든가 하는 따위의 이야기를 하는 것은 부적절하다고 말한 사람도 있습니다.

게다가 대부분의 사람은 나의 명성을 지지하는 척하면서 내가 여자 속에 뒤섞여 이러한 쓸데없는 이야기를 하며 자랑스러워하기보다는 파르나소스산에서 뮤즈의 여신과 함께 있는 편이 훨씬 현명하다고 말하고 있습니다. 또한 타이른다기보다는 경멸하듯이, 내가 그런 여자들의 꽁무니를 좇아 어리석은 짓을 하는 것보다는 빵을 얻는 방법이라도 생각하는 편이 현명하다고 말한 사람도 있습니다. 또 어떤 사람들은 나의 노작(勞作)을 트집 잡아 다른 표현법을 써서 내가 만든 이 이야기는 마치 여성에게 제공하는 것이라고 보이게 하는 데 애를 쓴 것이라고 혹평하고 있는 것입니다.

여러분, 나는 여러분들을 위하여 봉사하는 마음으로 그 이야기를 썼고 지금도 쓰고 있는데 이렇게 갖가지 혹평을 받고 날카로운 이빨로 물리고 바늘로 찔려서 목숨을 잃을 정도로 얻어맞았던 것입니다. 그러나 나는 하느님만은 잘 알고 계시리라 믿고 그러한 혹평을 스스로 듣고 마음에 받아들이려고 노력하고 있습니다. 그래서 나 때문에 변명해 주시는 것은 여성분들밖에 없다고 생각합니다만, 그렇다고 나의 노작에 수정을 가하려고는 생각지 않습니다. 오히려 일일이 대답해 주지 않고 귀를 막고 뭔가 적당한 농담으로 서슴없이 반박하겠습니다.

왜냐하면 나의 노작은 아직 3분의 1에도 미치지 못하고 있는데 제멋대로 말하는 사람이 하도 많아, 끝까지 다 쓰지도 않았는데 이 모양이기 때문입니다. 그러니 앞으로 그 수가 두 배로 불어날지 모르니까 애초에 뭔가 반박을 해두지 않으면 그들은 애를 쓰지 않고 나를 때려눕힐 것이고, 비록 당신들의 힘이 크더라도 그들의 힘에는 대항할 수 없을 것이기 때문입니다.

그러나 나는 누군가에게 반박을 가하기 전에 나 자신을 위해, 완전무결한 이야기는 아니어도 여기서 어떤 이야기를 해볼까 합니다. 이렇게 말씀드리는 것은 내가 이 책에서 소개한 뛰어난 남녀 집단의 이야기와 내 이야기를 혼동시키고 싶지 않기 때문입니다. 나의 이야기는 겨우 그 일부입니다만 줄거리가 서 있지 않은 점에서 그 사람들의 이야기와 명확히 구별됩니다.

나를 공격하는 사람들에게 이제 내가 말하는 이야기란 다음과 같습니다.

벌써 오래전 일입니다만 피렌체의 시민으로 필리포 발두치라는 사람이 있었습니다. 그는 신분이 낮았으나 부자였으며 그 환경에 알맞게 세상일에 정통한 분별이 있는 사람이었습니다. 그에게는 아내가 있었는데 두 사람은 서로를 몹시 아끼고 사랑했습니다. 이처럼 평화로운 생활이었으므로 서로 즐겁게 살아가려고 했을 뿐 걱정할 일은 아무것도 없었습니다.

그런데 누구에게나 일어나는 일입니다만, 이 선량한 아내가 뜻하지 않게 죽고 말아 두 사람 사이에 생긴, 겨우 두 살 남짓한 아들 하나가 필리포에게 남겨졌던 것입니다. 그는 사랑하는 아내를 잃고, 누구나가 사랑하는 이를 잃으면 낙심하듯이 몹시 소침해지고 말았습니다. 그리고 더없이 사랑하던 반려자를 떠나보내고 혼자 남게 된 것을 사무치도록 곰곰이 생각하다가 이 세상에 대한 미련을 모두 버리고 신에게 봉사하기로 결심하고 어린 자식에게도 그렇게 시키기로 했습니다. 그래서 모든 재산을 신을 위해 바친 뒤 곧 아지나이오산으로 올라가 어린아이와 함께 작은 암굴에 들어갔습니다. 그리고 사람들에게서 받은 자선금만으로 단식과 기도의 생활을 보내며 어린아이를 속계의 일에서 떼어 놓고 그러한 일이 눈에 들어가지 않도록, 또 그러한 것을 입에 담지 못하도록 조심했습니다. 즉 속계의 일 때문에 신에 대한 봉사를 소홀히 하지 않도록 주의를 기울였을 뿐만 아니라, 영원한 생명이나 신이나 성인에 대한 것만을 화제로 삼고, 신성한 기도 말고는 아무것도 가르치지 않았습니다. 이러한 생활 속에 여러 해 동안 아들을 가두어 둔 채 결코 암굴에서 밖으로 내보내지 않았으며, 아버지인 자기 이외의 다른 것은 무엇 하나 보여 주려고 하지 않았습니다. 이 선량한 사나이는 이따금 피렌체에 나갔습니다. 그는 필요한 것이 있으면 신앙심이 두터운 친구들로부터 도움을 받아서 암굴로 돌아왔습니다. 아들은 벌써 열여덟 살의 청년이 되고 필리포도 노인이 되었습니다. 어느 날 아들은 아버지에게 어디로 가느냐고 물었습니다. 필리포는 솔직하게 대답했습니다. 그러자 아들은 말했습니다.

"아버지, 아버지는 이제 나이가 드셨습니다. 그런 고생을 하시면 몸에 해롭습니다. 왜 저를 피렌체로 데려가 주시지 않습니까? 거기서 저를 친구들이나 신에게 봉사하고 있는 사람들이나 친척분들에게 소개해 주시면, 저는 젊어서 아버지보다 일을 잘할 수 있으니 아버지가 좋으실 때 필요한 물건을 가지러 피렌체로 갈 수 있으며, 아버지는 여기서 쉬실 수 있지 않습니까?"

이 선량한 사나이는, 아들도 이제 컸고 신을 섬기는 생활에 익숙해졌으므로 세속의 일에 흔들리지는 않을 것이라 생각하고, 아들 말이 옳다고 마음속으로 중얼거렸습니다. 그래서 피렌체에 갈 때 함께 갔습니다. 피렌체에 도착하자 아들은 궁전이며 집, 교회 등 태어나 처음 보는 온갖 것에 아주 놀라서 아버지에게 이건 무엇이고 저건 어떤 것이냐 부지런히 물었습니다.

아버지는 하나하나 그것에 대답해 주었습니다. 그러자 아들은 귀담아듣고는 또 다음 질문으로 옮기는 것이었습니다.

이렇게 아들이 묻고 아버지가 대답하기를 되풀이하는 동안 마침 결혼식에서 돌아오는, 아름답게 차려입은 젊고 예쁜 여자들 일행과 만났습니다. 젊은 아들은 그것을 보자 저것들은 뭡니까, 하고 아버지에게 물었습니다. 그러자 아버지는 말했습니다.

"얘야, 눈을 내리깔고 땅을 보아라. 보면 안 돼. 저건 보면 독이 되는 것이란다."

아들이 다시 물었습니다.

"대체 뭐라고 부르는데요?"

아버지는 젊은 아들의 들뜬 마음을 쓸데없이 자극하지 않도록 바로 그 이름, 즉 '여자'라는 이름을 말하기 싫어 이렇게 대답했습니다.

"거위라는 것이야."

태어나 처음 듣는 그 거위라는 말이 얼마나 멋있게 들렸는지! 여태껏 한 번도 여자를 본 일이 없었던 아들은 궁전이나 소나 말이나 당나귀나 금이나 지금까지 보아 온 그 밖의 물건 따위는 다 잊어버리고 곧 이렇게 말했습니다.

"아버지, 부탁합니다. 저 거위라는 것을 하나 사주세요."

"얘야, 당치도 않은 소리 말아라" 하고 아버지는 대답했습니다.

"저건 독이 있는 것이란다."

이에 젊은 아들은 이렇게 말했습니다.

"독이 있는 것은 저렇게 생겼습니까?"

"그렇지" 하고 아버지는 대답했습니다.

그러자 아들이 말했습니다.

"저는 아버지 말씀이 이해되지 않습니다. 왜 저 거위들에게 독이 있다고 하시는지 모르겠어요. 저렇게 예쁘고 저렇게 기분 좋은 것을 저는 지금껏 본 일이 없습니다. 저건 아버지가 곧잘 보여 주신 그림에 있던 천사보다 훨씬 예쁩니다. 아아! 저를 아끼신다면, 저 거위를 하나 데리고 돌아가도록 해주십시오. 먹이는 제가 줄 테니까요."

"안 돼! 저것이 어떻게 먹이를 먹는지 너는 모르잖아." 아버지는 이렇게 말은 했지만 자연의 힘이 인간의 지혜보다 얼마나 강한가를 느꼈습니다. 그리고 아들을 피렌체에 데리고 온 것을 후회했습니다.

그러나 이 이야기는 여기까지로 충분하다고 생각하므로 내가 이 이야기를 하게 한 그 상대에게 창끝을 돌려 보려고 생각합니다.

나를 비난하는 사람들 가운데에는 오오, 젊은 부인 여러분, 내가 당신들을 억지로 기쁘게 하려고 지나치게 연구하고 있다든가 내가 당신들을 너무나 좋아한다든가 말하고 있는 자가 있습니다. 이렇게 말하는 것을, 즉 내가 당신들을 좋아한다든가 당신들을 억지로 즐겁게 하려고 지나치게 연구하고 있다든가 하는 점을 나는 분명히 인정합니다. 하지만 그것이 대체 뭐가 나쁘냐고 나는 그들에게 묻고 싶습니다. 만약 그들이 상냥한 부인들에게서 늘 받고 있는 사랑에 찬 키스나 달콤한 포옹, 그리고 그 쾌락의 극치라든가는 말할 것도 없고, 단지 차려입은 옷이나 정숙한 아름다움, 부드러운 애교, 또한 여성다운 우아한 품위를 가까이 바라보는 것만으로도 매혹을 느낄 줄 아는 사람들이라면 나의 숙녀에 대한 찬사가 결코 틀렸다고는 말 못 할 것입니다.

사람도 찾아오지 않는 한적한 산 위의 작은 암굴 속에 갇히다시피 하여 아버지 이외에는 아무도 못 본 채 자란 아이가 여자를 처음으로 보자마자 마음이 들떠 여자를 탐내고 애정을 느끼고 하는 것을 보아도, 내가 여자들에게 대단히 호의를 베푸는 것이 비난받고 이상하게 여겨져야 할까요?

하늘이 여성 여러분을 사랑하듯 아주 적합하게 만드신 육체를 갖고 있는 내가, 그리고 어렸을 때부터 여성들 눈의 반짝임이나 꿀같이 달콤한 말의 울림이나 가련해 보이는 한숨에서 불타오르는 사랑의 불꽃을 느껴 온 내가, 당신들을 좋아하고 당신들을 기쁘게 하려고 애를 쓴다고 해서 왜 그 사람들이 나를 갈기갈기 찢으려고 하는 것일까요? 더욱이 세상을 등진 채 아무것도 모르고 야생 동물처럼 살아온 젊은이조차도 당신들을 좋아했다는 사실을 생각해 볼 때 나를 비난하는 것은 있을 수 없는 일입니다.

당신들을 전혀 사랑하고 있지도 않고 당신들로부터 사랑을 받은 일도 없는 자, 즉 인간으로서 자연스럽게 우러나오는 애정의 힘이나 즐거운 기쁨을 느낀 일도 없고 알지도 못하는 자가 이같이 나를 비난하고 있는 것입니다. 그러므로 나는 조금도 마음에 두지 않기로 하겠습니다. 그리고 툭하면 내 나이에 대해서 말하는 자가 있는데 그 사람들은 '부추는 뿌리는 희지만 끝은 초록색'이라는 사실을 모르니까 그런 말을 하는 것입니다. 하여간 농담은 그만두고 그 사람들에게 나는, 이미 나이를 먹은 귀도 카발칸티와 단테 알리기에리, 그리고 훨씬 늙은 치노 다 피스토이아마저도 부인들을 찬양하고 그녀들을 즐겁게 하기 위해 노력한 것처럼, 나도 목숨이 다하는 날까지 부끄러움을 느끼는 일 없이 스스로 그러한 일을 해야 한다고 대답할 수 있습니다.

만약 이렇게 이야기를 진행시키는 것이 옆길로 빠지는 게 아니라면 나는 역사를 증거로 들어 옛날의 훌륭한 사람들이 말년에 이르러 부인들을 기쁘게 하는 일에 얼마나 애썼는가, 그런 예를 많이 들 것입니다. 그들이 그것을 모른다면 어딘가에 가서 열심히 공부를 해주었으면 합니다. 그런데 파르나소스산에서 뮤즈 여신들과 함께 살고 있는 편이 낫다는 말은 좋은 충고라고 나는 생각합니다. 그러나 우리는 결국 뮤즈들과 함께 살 수는 없으며 그녀들도 우리들과 함께 살 수는 없습니다. 인간이 뮤즈들과 떨어져 있을 때가 있더라도 그녀들과 닮은 것을 보고 즐기는 것은 비난할 일이 아니겠지요.

뮤즈들은 여성입니다. 그래서 비록 여성들이 뮤즈만큼 가치를 지니고 있지 않더라도 보기에는 뮤즈 여신과 닮아 있습니다. 그러므로 다른 점에서 나를 기쁘게 하지 않을 때에는 그 점에서 나를 기쁘게 할 것입니다.

그런데 나는 여자들 때문에 많은 시를 썼습니다만, 뮤즈들은 내 시의 동기는 되지 않았습니다. 그러나 내가 많은 시를 짓는 데 있어서는 뮤즈 여신이 여러 가지로 나를 도와주었습니다. 비록 내가 쓰는 것들이 지극히 보잘것없다고 할지라도 뮤즈들은 아마 봉사하는 의미에서도, 또 인간인 여성이 자기들과 닮은 점을 찬양하는 의미에 있어서도 나를 북돋아 주었습니다. 그러므로 나는 이 이야기를 쓰면서도 많은 사람이 생각하고 있는 것처럼 파르나소스산이나 뮤즈의 여신으로부터 멀리 떨어져 있지 않습니다.

하지만 굶주림에 울게 되는 일이 일어날 것을 걱정하며 빵을 얻는 방법이라도 연구하는 것이 좋으리라고 충고해 주는 사람들에게는 뭐라고 대답해야 좋을까요? 나로선 전혀 모르겠습니다. 그러나 그 사람들로부터 무엇인가 대답을 기대하고, 난처한 처지에 있다면서 빵을 구하면 "그대 이야기 속에서 찾아라" 하고 대답하리라 생각합니다. 그야 물론 과거의 많은 부자가 그들의 재산에서 빵을 얻은 이상으로 시인들은 자기 작품에서 빵을 얻고 있습니다. 그리고 작품을 계속 써 나가서 노년에 이르기까지 화려하게 살아간 사람도 있고, 그 반대로 자기에게 필요한 것 이상 빵을 얻으려고 너무 일하다 요절한 시인도 많습니다.

무슨 말이 더 필요하겠습니까? 만약 내가 그들에게 빵을 구걸했다면 나를 쫓아내면 되는 것입니다. 하지만 다행히 나는 아직 굶주림에 쫓기고 있지는 않습니다. 게다가 필요에 쫓기는 일이 있더라도, 사도 바울의 가르침에 따라 조금 남는 경우에나, 부족한 경우에나 다 참아 낼 수 있습니다. 그런 까닭으로 이 이상 내 일에 대해서는 상관 말아 주십시오.

여기에서 다루어진 이야기가 실제로는 없었던 일이라고 말씀하시는 분들은 이야기의 진상을 알려 주시면 감사하겠습니다. 만약 그것이 내가 쓴 것과 일치하지 않는다면 그들의 꾸지람을 바르게 받아들여 나 자신이 수정하겠습니다. 그러나 말로만 주장할 뿐이라면 제멋대로 하게 내버려 두고, 나는 내 생각대로 그들이 내 일에 대해 이러쿵저러쿵 말하고 있는 것을 그들에게 되돌려 주겠습니다.

이번에는 이것으로 충분히 대답했다고 생각하므로, 나는 신의 은총과 상냥한 여러분들의 도움에 힘입어 참고 따르는 마음으로 그 같은 질투의 바람이 부는 대로 내버려 둔 채 앞으로 나아가려 합니다. 그 때문에 나의 신변에 무언가 다른 일이 일어난다 하더라도 사소한 먼지가 인 정도로밖에는 생각할 수 없으며, 회오리바람이 불더라도 지면의 잔 먼지는 내버려 둘 테고, 먼지를 일으키더라도 위로만 솟구치게 할 뿐입니다. 그리고 그러한 경우에는 종종 사람들의 머리 위에나, 황제의 왕관 위에나, 때로는 높은 궁전의 지붕 위에나, 높이 솟은 탑 위 같은 곳에 떨어지는 것입니다. 거기에서 또 떨어진다 해도 올라간 본디의 장소에 떨어지는 일은 있을 수 없습니다.

내가 온 마음을 다하여 몇 가지 이야기 속에서 당신들을 기쁘게 하려고 애써 온 이상, 앞으로도 그렇게 하는 데 더욱 노력하겠습니다.

왜냐하면 나는 그 점에 대해 아무도 정당한 이유를 들어 이러쿵저러쿵 말할 수 없다고 생각하며, 더구나 당신들 여성을 사랑하는 나나 다른 사람들이나 자연히 그렇게 된다고 알고 있기 때문입니다.

그 같은 법칙에 대하여, 즉 자연의 법칙에 대하여 반항하려면 너무나 큰 힘이 필요합니다. 그리고 종종 그러한 일은 허사일뿐더러 커다란 타격을 받습니다. 그러한 힘은 내게 없고 또 가지려고도 생각지 않습니다. 만약 그러한 힘이 있다면 나 자신을 위해 쓰기보다는 남에게 빌려주겠습니다. 그것으로써 비방하는 사람들의 입을 막게 해주십시오. 그리고 만약 그들이 여자에 대한 열정에 불타지 않는다면 바보처럼 그럭저럭 살아가면 되는 것입니다. 그들 나름대로의 즐거움 속에서라기보다는 오히려 썩어 빠진 욕망 속에 잠겨 있으면 될 것입니다.

나에 대해서는 이 짧은 생명 속에서 나대로의 희망 속에 놓여 있게 해주시면 좋겠습니다.

그런데 아름다운 부인 여러분, 이야기가 너무 옆으로 빗나갔군요. 처음으로 돌아가 다시 시작하기로 하고 순서대로 이야기를 진행시키겠습니다.

필로스트라토가 일어나 동료들을 모두 깨웠을 때 태양은 이미 하늘에서 모든 별을 쫓아 버리고, 지상에서는 밤의 축축한 그림자를 모두 쫓아내고 있었습니다. 모두 아름다운 정원에 나아가 기분 전환으로 한가로이 걷기 시작했습니다. 그리고 시간이 되자 전날 밤 식사를 한 장소에서 아침을 먹었습니다. 그 뒤 태양이 하늘 높이 떠올랐을 때 낮잠을 자고, 잠에서 깨자 지금까지 해 온 대로 아름다운 분수 가까이에 앉았습니다.

거기서 필로스트라토는 피암메타에게 이야기를 시작하라고 말했습니다. 그녀는 다시 재촉받기도 전에 그야말로 여자다운 부드러운 태도로 말하기 시작했습니다.

첫째 이야기

살레르노의 탕크레디 공은 딸의 연인을 죽이고 그 심장을 황금 술잔에 넣어 딸에게 준다. 그러자 딸은 독액을 넣어 그것을 마시고 자살한다.

우리의 왕께서 오늘은 가혹한 주제를 내셨습니다. 그것을 생각하니 사실 우리는 여기에 즐겁게 지내기 위해 왔는데 말하는 사람이나 듣는 사람이나 동정하지 않고는 못 배길 만한 눈물겨운 이야기를 하게 된 것 같습니다.

그것은 아마 지금까지 우리가 날마다 너무 들떠서 지내 온 기분을 어느 정도 억제하기 위한 일인지도 모르겠습니다. 그러나 어떤 동기이든 나는 왕의 희망을 바꾸게 하고 싶지 않으므로 불쌍하다기보다는 너무나 비참하여 여러분의 눈물을 자아내게 하지 않고는 못 배길 만한 이야기를 하려고 합니다.

살레르노의 탕크레디 대공은 늘그막에 딸의 연인의 피로 자기 손을 더럽히는 일만 하지 않았더라면 대단히 인간적인 부드러운 분이었다고 할 수 있습니다. 그에게는 생애에 딸 하나밖에 자식이 없었는데 그 딸마저 없었더라면 더 행복했을 것입니다. 딸은 아버지에게 아주 귀염을 받고 있었습니다. 그 귀염을 받는 정도는 어떤 아가씨도 이토록 아버지로부터 사랑을 받은 일이 없을 만큼이라고 할 수 있을 것입니다. 대공은 그토록 딸을 귀여워하고 있었기에 그 딸이 혼기를 훌쩍 넘겼음에도 자기 곁에서 떼어 놓고 싶지 않아 결혼을 시키지 않고 있었습니다. 마침내 카푸아의 공작 아들에게 시집보냈는데, 딸은 잠시 함께 살다 남편과 사별하여 아버지 곁으로 돌아왔습니다.

그녀는 다른 어떤 여성보다 뛰어난 용모를 갖고 있었고 재기에 넘쳤으며, 여자로서는 불필요하게 여겨질 만큼 두뇌가 명석했습니다. 그리고 인자한 아버지와 함께 귀부인으로서 정숙하게 지내고 있었습니다만, 아버지가 그녀에게 보내는 강한 애정 때문에 그녀를 재혼시키려는 기미도 안 보이고 그렇다고 자기 입으로 말하는 것도 품위가 없다고 생각해, 가능하다면 남몰래 훌륭한 연인을 갖고 싶다고 생각하게 되었습니다.

그래서 아버지의 궁정에 드나드는 (우리들도 궁정 안에서 자주 보는) 귀족이나 평민들을 잘 관찰하고 있었습니다. 그 결과 그들의 예의범절, 태도와 몸짓, 품성 등을 잘 보고 그 가운데에서 아버지를 시중드는 젊은이를 골랐습니다.

그의 이름은 귀스카르도로, 신분은 낮았으나 품위가 있고 몸가짐도 다른 사람들보다 귀족적이어서 아주 마음에 들었습니다. 그리하여 은밀히 살펴보는 동안에 그녀는 더욱더 매혹되어 격렬한 연정을 불태우게 되고 말았습니다. 한편 젊은이도 눈치가 없지 않았으므로 그녀의 태도를 알아채고 똑같이 그녀의 마음을 받아들여 그녀를 사랑하는 것 말고는 어떤 일에도 마음을 움직이지 않게 되었습니다. 이리하여 서로 마음속으로 사랑하고 있었습니다만 여자 쪽은 어떻게 하면 단둘이 만날 수 있을까 하고 골똘히 생각했습니다. 그러나 이 사랑을 남에게 알리고 싶지 않았으므로 둘만 만나는 방법을 알리기 위해 하나의 꾀를 생각해 냈습니다. 그녀는 두 사람이 만나기 위해 그 이튿날 그가 해야 할 일을 편지로 적었습니다. 그리고 그 편지를 갈대 줄기 속에 넣어 귀스카르도에게 주면서 농담처럼 이렇게 말했습니다.

"오늘 밤 이것으로 하녀에게 풀무를 만들어 주세요. 틀림없이 불을 잘 피울 겁니다."

그것을 받아 든 귀스카르도는, 왜 그녀가 그런 말을 하며 이것을 자신에게 주었을까 곰곰 생각하면서 집으로 돌아갔습니다. 그리고 갈대를 자세히 살펴보니 금이 가 있어서 갈라 보았는데, 그 속에 그녀의 편지가 들어 있었습니다. 그는 그것을 읽고 자기가 해야 할 일을 알았습니다.

그는 어느 인간도 이러한 기쁜 표정을 지은 적이 없을 정도로 하늘을 날 듯이 기뻐하며, 그 속에 쓰여 있는 방법에 따라 그녀에게로 숨어 들어갈 작전을 시작했습니다.

그런데 대공의 궁정 근처에는 낡은 굴이 하나 있었습니다. 그 굴에는 산을 뚫어 만든 공기통이 있어 그곳을 통해 약간의 빛이 들어오도록 되어 있었는데 아무튼 오랫동안 사용되지 않은 채 방치된 동굴이어서 거의 가시나무나 잡초로 뒤덮여 있었습니다. 또 그 동굴에는 비밀 계단이 있었고, 그것이 그녀가 머무는 1층 방으로 이어졌습니다. 그렇긴 하나 그 입구가 굳게 잠겨 있었음은 말할 나위도 없습니다.

이 계단은 옛날부터 사용된 일이 없었으므로 모든 사람들 머리에서 아주 지워져 있었습니다. 단지 그녀만이 그것을 기억하고 있었습니다. 사랑이란 무서운 것이어서 그 눈에는 어떤 것도 끝까지 감출 수는 없는 법입니다. 사랑에 빠진 여인은 그것을 생각해 낼 수 있었으니 말입니다. 그녀는 아무에게도 들키지 않게 여러 가지 도구를 써서 며칠이나 걸려 그 문을 열 수 있었습니다. 문이 열리자 혼자서 굴 안으로 내려가 공기구멍을 발견하고 그리로 들어갈 수 있다는 것과 지하까지의 깊이를 알아내어 귀스카르도에게 편지로 알렸습니다.

귀스카르도는 곧 오르내릴 수 있도록 이음매나 고리를 많이 만든 밧줄을 마련했습니다. 그리고 가시나무에 대비하여 가죽옷을 입고 아무도 눈치채지 않게 그날 밤 암굴이 있는 데로 와서, 굴 입구에 자라난 나무의 튼튼한 가지에 밧줄 끝을 단단히 매고 그것을 따라 굴속으로 들어가 그녀를 기다렸습니다. 한편 그 이튿날 그녀는 그야말로 잠이 와서 못 견디는 체하고 시녀들을 물리친 뒤 혼자 방에 남아 문을 걸어 잠그고는, 다시 비밀 문을 열고 혼자서 굴속으로 내려갔습니다. 그리고 귀스카르도를 만나자 미친 듯이 기뻐하며 함께 그녀 방으로 올라가서 그날 하루 동안 사랑의 기쁨을 만끽했습니다. 이리하여 두 사람은 아무도 둘의 사랑을 눈치채지 못하도록 주의를 게을리하지 않았습니다. 그 뒤 귀스카르도는 굴에 돌아갔고, 그녀는 문을 잠그고 시녀들이 있는 데로 나갔습니다.

귀스카르도는 밤이 되자 밧줄을 타고 들어왔던 암굴로 해서 밖으로 나가 집으로 돌아갔습니다. 이처럼 이 비밀 샛길을 이용하여 그 뒤에도 자주 다녔습니다.

그러나 운명은 이 같은 오랫동안의 쾌락을 시기하여 두 연인의 정사를 깊은 슬픔 속에 빠뜨리는 비통한 사건이 벌어지고 말았습니다. 탕크레디 대공은 이따금 혼자서 딸의 방으로 찾아와서는 함께 시간을 보내고 이야기를 나누다 돌아가곤 했습니다. 그런데 어느 날 식사를 하고 나서 아래층에 내려가니 딸 기스몬다가 시녀들과 뜰에 나가 있어 아무에게도 들키지 않고 눈치채이지도 않은 채 그녀 방으로 들어갔습니다. 대공은 딸이 노는 데 방해가 되고 싶지 않았던 것입니다. 방의 창문은 닫혀 있고 침대의 커튼이 내려져 있어 방 구석의 침대 옆 의자에 앉았습니다. 그리고 머리를 침대에 기대고 커튼을 잡아당기자 알맞게 몸이 완전히 감추어지게끔 되어 그대로 깊은 잠이 들고 말았습니다. 이리하여 대공이 잠들어 있을 때, 불행하게도 그날이 귀스카르도를 부르는 날이어서 기스몬다는 시녀들을 뜰에 둔 채 가만히 방에 들어왔습니다. 그리고 방문에 자물쇠를 걸자, 누군가 사람이 있다고는 생각지도 못하고 귀스카르도를 위하여 지하실의 문을 열어 맞아들이고는, 여느 때처럼 침대에 누워 시시덕거리며 사랑의 유희를 시작했고 그 바람에 탕크레디 대공이 잠에서 깨고 말았습니다. 그리하여 대공은 귀스카르도와 딸이 하고 있는 것을 처음부터 끝까지 모두 보고 들어 버렸습니다. 그는 이 상황을 비통히 여겨 자기도 모르게 큰 소리로 꾸짖으려고 했습니다만, 이대로 조용히 숨어 있는 편이 좋겠다고 다시 생각했습니다. 할 수만 있다면 신중히 일을 처리하여, 해야 할 조치를 최소한으로 줄여 자신만의 수치로 그치게 할 수 있다고 생각했기 때문입니다. 두 연인은 탕크레디 대공이 있으리라고는 꿈에도 생각지 않고 여느 때와 같이 오랫동안 침대 위에 있었습니다만 이제 헤어질 때라 생각했으므로 침대에서 내려왔습니다. 그리하여 귀스카르도는 동굴로 돌아가고 그녀는 방에서 나갔습니다. 노인이었음에도 불구하고 탕크레디 대공은 창문에서 뜰로 뛰어내려 아무에게도 들키지 않고 자기 방으로 돌아갔으며, 정말 죽고 싶을 만큼 커다란 슬픔에 잠겨 있었습니다. 가죽옷으로 단장한 귀스카르도는 그날 밤 사람들이 모두 잠들었을 무렵 암굴에서 나올 때, 대공의 명령을 받은 두 부하에게 잡혀 남몰래 대공 앞으로 끌려갔습니다. 대공은 그를 보자 흐느끼며 이렇게 말했습니다.

"귀스카르도, 나는 오랫동안 너를 보살펴 주었는데, 그 대가로 돌아온 것은 모욕뿐이었다. 너는 나를 잘도 창피하게 만들었구나. 이 눈으로 나는 오늘 모든 것을 보았다."

이에 대하여 귀스카르도는 이렇게 대답할 수밖에 없었습니다.

"사랑은 대공 전하에게나 저에게나 어쩔 수 없을 만큼 강한 것입니다."

그래서 대공은 비밀리에 먼 데 있는 방에 귀스카르도를 가두어 두도록 부하에게 명령했고 그대로 실행되었습니다.

이튿날 기스몬다는 아무것도 눈치채지 못했으므로 대공은 여러모로 궁리한 끝에 여느 때와 같이 식사를 마치고 딸의 방에 가서 딸을 불러오게 하여 방문을 잠그고 단둘이 되자 눈물을 흘리면서 말했습니다.

"기스몬다, 나는 너의 품행이 단정하고 성실하다고 믿고 있었으니 누가 뭐라 일러바쳐도 내 눈으로 확실히 보지 않았다면 네가 남편도 아닌 사나이에게 몸을 맡기고 있다는 것은 있을 수 없는 일이라고 생각했을 테고 그런 것은 상상할 수도 없었을 게다. 나는 이제 늙어 살날도 얼마 남지 않았지만, 그것을 생각할 때마다 슬픔에 잠길 것이다. 네가 이런 잘못을 저지르지 않을 수 없었다 하더라도, 바라건대 귀족인 네 몸에 알맞은 상대를 골랐어야 했다. 더구나 궁정에 드나드는 많은 사람 중에서 고르고 고른 것이 귀스카르도라니! 그는 나의 자비로 어렸을 때부터 궁정에서 길러 준 가장 신분이 낮은 사나이다. 참으로 너는 나를 고뇌의 밑바닥에 떨어뜨렸다. 나는 지금 너의 일을 어떻게 처리할까 괴로워하고 있다. 귀스카르도는 어젯밤 굴에서 나오는 것을 붙잡아 감옥에 처넣었으니 이미 처분은 끝났다. 그러나 너는, 신이라면 몰라도 나로선 어떻게 해야 할지 모르겠다. 나는 어느 아버지도 딸에게 품을 수 없을 정도의 애정을 늘 간직하여 왔으니 한편에서는 그 애정에 끌리고, 또 한편에서는 너의 어리석은 행동 때문에 심한 분노로 창자가 뒤집히고 있다. 애정은 너를 용서하라 말하고, 분노는 이 감정에 맞서 엄벌에 처하라고 말한다. 하지만 내가 처리하기 전에 네가 이번 일을 어떻게 여기고 있는지 먼저 들려 다오."

대공은 그렇게 말하고는 머리를 숙이고 얻어맞은 어린애처럼 엉엉 울기 시작했습니다. 기스몬다는 아버지의 말을 듣자 자기의 은밀한 사랑이 발각됐을 뿐만 아니라 귀스카르도도 감옥에 갇혔다는 것을 알고 깊은 슬픔에 사로잡혀, 여자들이 다 그렇듯이 엉겁결에 눈물을 흘리고 울부짖을 뻔했습니다. 그러나 기특하게도 그런 연약한 감정에 지지 않고 엄숙한 얼굴로 돌아간 그녀는, 귀스카르도가 이미 죽었을지 모른다는 생각이 들자 더 이상 자기 목숨에 연연하지 않기로 마음먹었습니다.

그리하여 마치 슬픔에 빠져 있는, 그리고 잘못을 힐난당하고 있는 여자 같지 않게 그야말로 씩씩하고 훌륭한 여자처럼 조금도 당황한 티가 보이지 않는 태연한 얼굴로 아버지에게 이렇게 말했습니다.

"아버지, 저는 저의 처지에 대해서 변명도 애원도 하지 않겠습니다. 변명해도 허사일 테고 애원하고 싶지도 않기 때문입니다. 게다가 저는 아버지의 관대함이나 애정에 어떤 식으로든 결코 매달리고 싶지 않습니다. 하지만 솔직히 말씀드려 먼저 올바른 이유로 저의 명예를 지키고 다음에는 사실로써 제가 품위를 더럽히지 않았음을 보여 드리려고 합니다. 제가 귀스카르도를 사랑한 일, 그리고 지금도 사랑하고 있는 것은 틀림없습니다. 저의 목숨도 그다지 길지는 못할 테지만, 살아 있는 한 그를 한결같이 사랑할 것입니다. 만약 죽어도 사랑할 수 있다면 저에게는 그를 사랑하는 일밖에 남아 있지 않습니다. 그러나 이러한 결과가 된 것은 제가 여자이기에 연약해서가 아니라, 저의 결혼에 아버지의 마음 씀이 부족했던 것과 그의 덕이 높기 때문입니다. 아버지, 아버지도 살아 있는 몸을 가지셨기에, 돌이나 쇠가 아니라 살아 있는 몸을 가진 딸을 낳으신 게 아닙니까. 아버지는 이제 연로하셨지만, 어떤 모양으로 얼마나 왕성하게 젊음의 힘이 솟아오르는지 알고 계실 것이며 몸소 느끼신 적도 있으리라고 생각합니다. 그래서 사나이로서 한창때는 무장을 하고 몸을 단련하셨겠지만, 젊었을 때뿐만 아니라 노년이 되어서도 틈이 있을 때나 삶의 희열을 찾고 싶을 때에는 무엇을 하는지 모르실 리 없다고 생각합니다.

저는 아버지의 자식으로 살아 있는 육체를 지니고 있고 게다가 아직 젊음의 열정으로 가득 차 있습니다. 그러한 두 가지 이유로 욕정에 불타오릅니다. 특히 저는 한 번 결혼했던 몸이니만큼 그 욕정을 채우는 일이 얼마나 즐거운가를 잘 알고 있습니다. 그래서 격렬한 자극을 받아 왔고, 그 강렬한 충동을 거역할 길이 없어 끌리는 대로 몸을 맡겨 사랑에 빠지고 말았던 것입니다. 물론 저는 그러한 인간 천성의 죄에 마음이 이끌린 것이기에 될 수 있는 대로 아버지에게 수치가 되는 일은 하지 않으려고 노력해 왔습니다. 그것에 대해 동정심 많은 사랑의 신과 자비로운 운명의 신이 저에게 비밀의 샛길을 찾아 주고 가르쳐 주셨습니다. 그래서 저는 누구에게도 들키지 않고 소망을 이룰 수 있었습니다. 이런 사실을 누가 알아냈는지 또는 아버지가 어떻게 아셨는지 저는 알고 싶지 않습니다.

저는 많은 여성들처럼 우연하게 귀스카르도를 고른 것은 아닙니다. 생각한 끝에 누구보다도 훌륭한 사람이라고 여겨 그를 택했던 것입니다. 그와 저는 저마다의 상황에서 신중하게 오랫동안 서로 연인으로서 즐겼습니다. 아버지는 제가 사랑의 과실을 범한 데다가 그 사실 자체에 더해서 비속한 방식에 따라 신분이 낮은 자와 그렇게 되었다고(만약 그가 아니라 좋은 집안 출신 남자를 선택했더라면 이렇게까지 노여워하지는 않으실 텐데) 심하게 저를 꾸짖고 계시는 것 같습니다. 그러나 아버지가 지금 꾸짖고 계시는 것은 저의 죄가 아니고 운명이라는 것을 깨닫지 못하고 계십니다. 운명이라는 것은 품격 없는 자를 높이 떠올리고, 정말로 품격 있는 자를 낮은 자리로 떨어뜨리곤 하는 일이 자주 있습니다.

하지만 지금은 그런 일을 말씀드리지 않기로 하고 세상의 도리를 생각해 보겠습니다. 그렇다면 우리들은 모두 똑같은 육체로 되어 있으며, 한 창조주에 의해 우리 영혼이 모두 같은 힘, 같은 재주, 같은 덕으로 만들어져 있다는 것을 아실 것입니다. 이처럼 평등하게 태어났고, 앞으로도 평등하게 태어날 우리들을 구별하는 것은 무엇보다도 그 마음의 덕입니다. 그리고 그 마음의 덕을 많이 소유하고 그 힘을 발휘한 자는 고귀한 사람이라 불리고 그렇지 않은 자는 고귀한 사람이 되지 못하는 것입니다. 그 뒤 이 법칙이 속세의 나쁜 습관으로 일부 은폐되었다고는 하지만 완전히 손상되지는 않아 아직 자연에서도 풍속에서도 사라지지 않았습니다. 그러므로 덕의 힘을 발휘하는 자는 어디에서나 그 품위가 나타납니다. 따라서 그런 사람을 천하다고 말하는 것은 말을 듣는 쪽이 아니라 말한 사람이 잘못인 것입니다.

아버지 주위에 있는 귀족들의 덕이나 품성이나 태도를 잘 생각해 보세요. 그리고 한편으로 귀스카르도가 갖춘 것들과 비교해 보세요. 만약 아버지가 아무런 미움도 섞지 않고 판단할 의향이 있으시면 그 사람이야말로 가장 귀족적인 사람이며 귀족인 그들은 오히려 천하다고 말씀하실 겁니다. 귀스카르도의 덕과 품격에 대해서 저는 아버지 말씀과 제가 눈으로 본 것에 의한 판단 이외에 누구의 판단도 믿지 않았습니다. 그 같은 점이 뛰어나기 때문에 그를 품격 있는 사나이로 칭찬하셨겠지만 아버지만큼 그를 칭찬한 분이 또 있을까요? 확실히 그것은 잘못되지 않았습니다. 제 눈이 저를 속이지 않았다면, 비록 아버지가 그에 대해서 어떤 칭찬의 말도 하시지 않았더라도, 그가 덕을 실행하는 것을, 아버지가 말로써 표현하실 수 있는 것보다 더 높은 덕을 실행하는 것을 보았기 때문입니다. 만약 제가 지금 조금이라도 속고 있는 것이라면 그것은 아버지 탓이겠지요. 그래도 아버지는 끝까지 제가 신분이 낮은 자와 관계를 맺었다고 말씀하시겠습니까? 그렇다면 아버지는 진실을 말씀하시지 않는 것이 됩니다. 만약 제가 가난한 남자와 우연히 이렇게 되었다고 말씀하신다면, 그렇게 품격 있는 남자로 알고 있으면서 제대로 대우를 하지 않았다는 것을 인정하시는 일이 되어 자신의 수치가 됩니다. 하지만 가난은 가난한 사람에게서 고결함을 뺏지는 않습니다. 오히려 부유함이야말로 그것을 뺏는 법입니다. 많은 왕과 많은 대공도 본디는 가난했습니다. 그리고 땅을 일구고 양을 치고 있는 사람들의 대부분이 본디 부자였고, 지금도 부유한 사람이 많습니다.

아버지는 지금 저를 어떻게 하면 좋을지, 더 정확히는 최후의 판단을 망설이고 계십니다. 제발 그런 망설임은 모두 버려 주십시오. 아버지는 젊으실 때에도 하시지 않았던 것을, 즉 잔혹한 형벌을 내리시려고 연세가 많이 드신 지금 결심하셨으니까요. 부디 혹독한 처분을 내려주십시오. 만약 이것이 죄라면 저는 가장 큰 죄를 범한 셈이니 그 지독한 처분에 대해서 어떤 애원도 하지 않겠습니다. 아버지가 귀스카르도에 대해서 이미 취하신 또는 이제부터 하시려는 처분과 같은 것을 제게 내리시지 않는다면 저는 제 손으로 그것을 실행할 것입니다. 자, 나가 주세요. 나가서 시녀들과 눈물을 흘려 주세요. 그리고 저희가 한 일이 그래야 마땅하다면 단번에 그와 저를 잔혹하게 죽여 주세요.”

탕크레디 대공은 딸의 마음이 훌륭함을 알았습니다. 그렇다고 해서 입 밖에 내고 있는 그녀의 말투만큼 결심이 굳다고는 생각지 않았습니다. 그래서 딸의 곁을 떠나자 딸의 몸에 뭔가 잔혹한 처분을 내리려던 생각을 그만두고 그녀의 불타는 듯한 사랑에 다른 벌을 주려고 생각했습니다. 그리하여 귀스카르도를 감시하고 있던 두 부하에게 오늘 밤 가만히 그를 목 졸라 죽이고 그 심장을 빼내어 자기에게 가져오도록 명했습니다. 두 부하는 명령대로 실행했습니다.

다음 날이 되자 대공은 크고 아름다운 황금 잔을 가져오게 하여 그 안에 귀스카르도의 심장을 넣고 부하에게 명하여 딸에게 보내도록 했습니다. 그리고 그 잔을 줄 때 이렇게 말하도록 분부했습니다.

“이것은 대공 전하의 선물입니다. 아가씨가 전하께서 가장 사랑한 것으로 전하를 위로했듯이, 전하께서도 아가씨가 가장 사랑하고 있는 것으로 아가씨를 위로해 드리라고 하셨습니다."

그런데 기스몬다는 자기의 단호한 결심을 바꾸지 않고 아버지가 나가자 독초와 유독한 나무뿌리를 가져오게 하여 그것을 달여서 독약을 만들고 자기가 두려워하는 일이 일어나면 단번에 마시려고 결의를 단단히 하고 있었습니다.

거기에 대공의 부하가 와서 그 같은 말을 전하고 선물을 내밀었으므로 그녀는 굳은 표정으로 그 황금 잔을 받았습니다.

그리고 잔 뚜껑을 열어 보자 심장이 들어 있고 아버지의 전언을 이해했으므로 이것은 귀스카르도의 것이 틀림없다고 확신했습니다.

그래서 얼굴을 똑바로 쳐들고 부하에게 말했습니다.

"이 심장에 알맞은 것은 황금 잔 이외에는 없지요. 현명하신 아버지는 그걸 알고 계셨군요."

이렇게 말하고 입술을 갖다 대어 심장에 키스했습니다.

"나는 평소 그리고 나의 목숨이 다하는 이날까지도, 모든 일에 있어 내게 쏟아부어 주신 아버지의 깊은 애정을 한없이 느끼고 있습니다. 더구나 지금이야말로 전에 없을 정도로 사무치게 느끼고 있습니다. 그러므로 아무래도 말씀드려야 할 마지막 감사의 마음을, 이토록 훌륭한 선물에 대하여 보답하는 것으로 표현합니다."

그렇게 말하고는 꼭 껴안듯이 갖고 있던 잔에 얼굴을 숙이고 그의 심장을 바라보면서 말했습니다.

"아아! 내 모든 기쁨의 정다운 집이여, 내 눈으로 그것을 바라보게 만든 자의 잔혹함에 저주 있으라! 나는 평소 마음의 눈으로 이 정다운 집을 보아 왔습니다. 이제 그대는 그 생명을 다하였습니다. 그리고 운명이 정하는 삶의 길에서 해방되었습니다. 누구나 도달하는 길의 끝에 다다랐습니다. 그대는 이 세상의 비참함과 노고를 뒤로하고, 그대에게 알맞은 땅을 그대의 적에게서 선물받았던 것입니다. 그대가 살아 있을 때 그토록 사랑한 여인의 눈물이 없다면 그대의 장례를 다할 수는 없습니다. 그러므로 그대가 나의 눈물을 받을 수 있도록 신은 저 잔혹한 아버지 마음속에 그대를 내게로 보낼 마음을 품게 해주었던 것입니다. 그러므로 나는 눈물을 흘리지도 않고 어떤 일에도 동요함 없이 태연한 얼굴로 죽으려고 마음먹었던 것이었는데 그대를 위하여 이제야말로 맘껏 눈물을 흘려 드리겠습니다. 그리고 눈물을 흘리면 주저하지 말고 나의 영혼이 지금까지 깨끗이 간직하고 있던 그대의 영혼과 결합되도록 해주십시오. 그대의 영혼과 함께라면 나는 어디든지 기꺼이 길동무가 되어 드리겠습니다. 반드시 그대의 영혼은 아직 이 속에 있어 그대와 나의 기쁨의 장소를 바라보고 있을 것입니다. 그대의 영혼은 나의 영혼으로부터 더없이 큰 사랑을 받았으니, 내 영혼이 그대에게 가기까지 기다려 주세요."

이렇게 말하자 그녀는 보통 여자라면 울고불고하겠으나 조금도 그런 태도를 보이지 않고, 마치 머릿속이 눈물의 샘이라도 되는 듯이 놀라울 정도의 눈물을 흘리며 죽어 있는 심장에 몇 번이고 키스를 했습니다. 주위에 있던 시녀들은 그것이 누구의 심장인지, 그녀의 말이 무슨 의미인지 전혀 몰랐습니다. 그러나 뜻도 모른 채 공연히 슬퍼져 따라 울고 말았습니다. 그리고 왜 우느냐고 그 까닭을 물었으나 그녀의 대답을 듣지 못했으므로 할 수 있는 만큼 위로의 말을 건네고 있었습니다.

그녀는 이제 울 만큼 울었다고 생각하고 머리를 들더니 눈물을 닦고 이렇게 말했습니다.

"오오, 정다운 나의 심장이여, 그대를 향한 나의 소임은 완전히 끝났습니다. 이제 내가 해야 할 일은, 나의 영혼과 그대의 영혼이 하나가 되는 것밖에 남아 있지 않습니다."

이렇게 말하고 그녀는 전날 만들게 해두었던 독액이 든 단지를 가지고 오게 해서 눈물로 씻긴 심장이 들어 있는 잔 속에 그 독액을 부었습니다. 그리고 두려움도 없이 단숨에 들이켜 잔을 비우고, 잔을 손에 든 채 침대 위로 올라갔습니다. 그러고는 할 수 있는 만큼 침대 위에서 몸자세를 단정히 하고 자기 심장 부분에 연인의 심장을 가까이 대고 입을 다물고 조용히 죽음을 기다렸습니다.

시녀들은 이 모든 과정을 눈으로 보고 그녀의 말을 들었으므로 그녀가 마신 것이 무엇인가는 알 수 없었으나, 모든 일을 탕크레디 대공에게 알리러 사람을 보냈습니다.

대공은 까무러칠 듯이 놀라 딸의 방으로 달려왔습니다. 마침 딸이 침대 위에 누워 있을 때였습니다. 그러므로 이미 때가 늦어 손을 써볼 수도 없었습니다. 그는 딸의 죽음이 가까웠음을 알고 가슴을 쥐어뜯으며 울었습니다. 그때 딸은 아버지에게 말했습니다.

"아버지, 눈물은 이런 일보다 더 불행한 일이 생길 때까지 아껴 두세요. 저 때문에 눈물을 흘리지 마세요. 저는 그런 눈물은 바라지 않으니까요. 자신의 뜻대로 이루어진 일을 보고 우는 사람이 아버지 말고 누가 있겠어요? 하지만 저에 대한 사랑이 조금이라도 아직 마음속에 남아 있다면, 저와 귀스카르도 가 가만히 남의 눈을 피하여 살아온 것이 못마땅하더라도 마지막 선물로 아버지가 그의 시체를 버리신 곳에 저의 시체를 함께 묻어 주시기를 부탁합니다."

대공은 가슴이 찢어지는 슬픔으로 말을 할 수가 없었습니다. 그녀는 드디어 자신의 죽음이 다가온 것을 알고 연인의 심장을 꼭 껴안고 말했습니다.

"부디 행복하게, 안녕……."

그렇게 말하자 눈이 흐려지고 모든 감각을 잃어버림과 함께 그녀의 슬픈 생명은 이 세상에서 사라졌습니다.

지금 여러분이 들으신 바와 같이 귀스카르도와 기스몬다의 사랑은 비극적인 종말을 고했습니다. 탕크레디 대공은 두 사람의 죽음을 슬퍼하고 나중에 가서 자기의 잔혹한 행동을 매우 후회했습니다. 이것을 안 살레르노의 시민들은 모두 깊은 비탄에 젖었으나 두 사람의 명예로운 사랑을 칭송하였고, 대공은 두 사람을 같은 무덤에 묻어 주었다고 합니다.

둘째 이야기

수도사 알베르토는 어떤 부인에게 천사 가브리엘이 그녀를 연모하고 있다고 믿게 하고 종종 관계를 맺는데, 그 뒤 그녀의 시동생들에게 들켜 어느 가난한 남자의 집으로 도망쳐 들어간다. 그 남자는 그를 야만인으로 꾸며 거리의 광장에 데려간다. 그곳에서 동료 수도사들에게 정체가 들통난 알베르토는 붙잡혀 감옥에 갇힌다.

피암메타의 이야기는 몇 번이고 모두를 눈물짓게 했습니다. 그러나 그 이야기가 끝났으므로 왕은 굳은 표정으로 이렇게 말했습니다.

"기스몬다가 귀스카르도와 함께 나누었던 기쁨의 절반이라도 얻을 수 있다면 나는 내 목숨을 내던져도 아깝지 않을 것 같습니다. 이 같은 사랑도 못 해보고 기쁨도 느껴 본 일 없이 살아 있는 내내 죽고 싶을 정도의 고통을 맛보고 있는 내가 그렇게 생각했다 하더라도 여러분은 조금도 이상히 여기지 않겠죠. 하지만 지금은 나 자신의 일은 제쳐 놓고 내 처지와 얼마간 닮은 애달픈 이야기를 팜피네아가 해주셨으면 합니다. 만약 팜피네아가 피암메타와 같은 이야기를 해주신다면, 틀림없이 나의 뜨거운 정념의 불길 위에 물방울이 떨어지는 듯한 느낌을 받을 것입니다."

팜피네아는 자기에게 내려진 명령을 듣고 왕이 지금까지 한 말에 나타난 기분을 알아챘습니다. 그래서 그녀는 명령에서 빗나가지 않도록 하고 왕을 기쁘게 하기보다는 모든 사람들을 즐겁게 해주고 싶다는 생각으로, 그러면서도 주제에서 벗어나지 않는 한 가지 우스운 이야기를 하려고 결심하고 이렇게 말문을 열었습니다.

악인이면서 선인으로 여겨지면 나쁜 일이 나쁜 일로 되지 않는다는 속담이 세상에 있습니다. 이 속담은 나에게 내려진 주제에 풍부한 이야깃거리를 줍니다. 또한 성직자들의 위선이 어떤 것이며 그것이 얼마나 대단한가를 보여주고 있습니다.

그들은 헐렁한 긴 옷을 입고 엄숙하고 창백한 얼굴을 한 채로, 남에게 무엇을 부탁할 때에는 그야말로 겸손한 듯이 간사한 목소리를 내며, 남의 속에 있는 죄를(자기들에게도 있으면서) 드러낼 때나 헌금을 하면 영원한 구원을 얻는다고 설교할 때는 카랑카랑한 드높은 소리를 내곤 합니다. 그뿐만 아니라 성직자들은 우리처럼 천국을 찾고 있는 인간과는 달리 천국의 소유자이기나 한 것처럼 죽어 가는 사람에게 그들이 기부하는 금액의 많고 적음에 따라 천국에서의 장소까지도 정해 주고(그들은 그렇게 믿고 있었으므로), 그렇게 함으로써 무엇보다도 먼저 자기들을, 다음으로는 자기들의 말을 믿고 있는 사람들을 기만하려고 노력하는 것입니다. 그들에 대해서 모조리 이야기해도 좋다면 그들의 헐렁헐렁한 옷 속에 감추고 있는 것을 지극히 단순한 사람들에게 당장에라도 속속들이 폭로할 수 있습니다. 하지만 어느 수도사가(그 수도사는 당시 상당한 나이로 베네치아에서는 카세시파의 사제로 통하고 있었는데) 받은 죄의 응보가 모든 수도사에게 일어났으면 하고 바랄 뿐입니다. 요컨대 나는 무엇보다도 그 이야기를 하여 기스몬다의 죽음에 대한 연민으로 가득 차 있는 여러분의 마음에 다소나마 웃음과 기쁨을 채워 주고 싶습니다.

정숙한 숙녀 여러분, 이몰라의 거리에 베르토 델라 마사라는 지극히 타락한 생활을 하고 있는 사나이가 있었습니다. 그의 파렴치한 행실은 이몰라 사람들에게는 널리 알려져 있었습니다. 그래서 거짓말은 물론이거니와 사실을 이야기해도 이몰라에서는 누구 하나 믿는 자가 없을 정도였습니다. 그래서 이 거리에서는 자기 속임수가 이젠 통하지 않는다는 것을 알고 온갖 나쁜 짓이 거리낌 없이 활개를 치는 베네치아로 아예 이사를 갔습니다. 거기에서 다른 데서는 통하지 않던 나쁜 짓을 다른 방법으로 해보려고 생각했던 것입니다. 이리하여 지금까지 그가 저질러 온 온갖 악행을 마음으로 후회하고 있으며 앞으로 겸허하게 살겠다는 얼굴을 하고 있었을 뿐만 아니라, 누구보다도 신앙심이 두터운 그리스도교 신자로 믿게 한 다음 성 프란체스코파의 교단에 들어가 수도사 알베르토 다 이몰라라고 불리게 되었습니다. 그리고 앞에서도 말씀드린 바와 같이 수도복을 걸치고 고기도 먹지 않고 술도 마시지 않으며 엄격한 계율 아래 참회와 금욕의 생활을 하는 것처럼 보이게 했습니다만, 남몰래 즐겨 입에 댄 것은 물론이고 그나마 술과 고기를 멀리한 것은 식욕이 없을 때뿐이었습니다. 그가 설교하는 것을 들으면 예전에 그가 도둑질에 뚜쟁이 짓, 가짜 돈 만들기, 게다가 살인을 한 사람이라고는 아무도 생각할 수 없었습니다. 그러나 남에게 알려지지 않는 한 여전히 나쁜 짓을 계속했습니다.

사제로서 미사를 올릴 때 그는 많은 사람들 앞에서 그리스도의 수난을 생각하는 체하며 거침없이 눈물을 흘리곤 했습니다. 이리하여 그럴듯한 설교와 언제라도 흘릴 수 있는 눈물 덕분에 완전히 신임을 받아 유언장이 만들어질 때에는 언제나 그 작성자가 되고 위탁자가 되었을 뿐만 아니라 많은 사람의 금전 관리자가 되었으며, 거의 모든 남녀의 고해신부나 충고자가 되기까지 했습니다. 이러한 짓으로 그는 늑대에서 갑자기 양이 된 것이었습니다. 성자로서의 평판은 그 근처에서 성 프란체스코의 명성보다도 훨씬 높아졌습니다. 그런데 여기에 리제타 다 카퀴리노 부인이라는 바보 같은 젊은 여자가 있었습니다. 그녀는 갤리선을 타고 장사하러 플랑드르 지방에 나가 있던 대상인의 아내였으나, 어느 날 다른 여자들과 함께 이 수도사에게 참회하러 갔습니다. 베네치아 사람이었으므로 수도사의 발밑에 꿇어앉아 자기 신상에 대해서 조금씩 고백하기 시작했고 알베르토는 누군가 연인이 있느냐고 물었습니다. 그녀는 얼굴을 찌푸리며 그에게 대답했습니다.

"어머나, 신부님. 신부님은 어디에 눈이 붙어 계십니까? 저의 아름다움이 다른 여자들과 뒤범벅이 되어 보이십니까? 연인 따위 가지려고 마음먹으면 몇 사람이라도 가질 수 있어요. 하지만 저의 아름다움은 이 사람 저 사람 누구에게나 무차별로 사랑받는 따위의 것은 아닙니다. 천국에 가서도 아름답다고 여겨질 정도인 저의 미모를 다른 데서 보신 일이 있으십니까?"

그렇게 말하고 또다시 질문한 사람이 싫증 나도록 자기 미모를 자랑했습니다. 알베르토는 단번에 이 여인의 어리석음을 간파했습니다. 그리고 자기 취향에 맞는 여자라고 생각해 이 여인이 아주 마음에 들었습니다. 그런데 성인답게 보이지 않으면 안 되기에 꾀는 것은 때를 보아 하기로 하고 당장에는 아름다움을 자랑하는 일은 쓸데없는 허영에 지나지 않는다든가, 그 밖에 당신이 말하는 것은 모두 조작해 낸 이야기에 불과하다든가 하는 말로 설교하는 데 그쳤습니다. 그러자 그녀는 "신부님, 당신은 짐승과 같군요. 누구의 아름다움이 얼마나 더 뛰어난지도 분간 못 하시잖아요" 하고 대답했습니다. 그러나 알베르토는 그녀를 너무 난처하게 하지 않으려고 참회가 끝나자 다른 여자들과 함께 돌려보냈습니다. 그리고 나서 며칠 뒤 알베르토는 마음이 통하는 친구와 함께 리제타 부인 집에 갔습니다. 그리고 다른 사람들 눈에 띄지 않는 응접실 한구석에서 그녀와 단둘이 있게 되자 그녀 앞에 무릎 꿇고 이렇게 말했습니다.

"부인, 지난 일요일 부인께서 자신의 아름다움을 이야기하셨을 때 제가 말씀드린 많은 실례의 말을 깊이 사과드립니다. 실은 그 때문에 그날 밤부터 오늘까지 방바닥에서 일어나지 못할 정도로 저는 심한 벌을 받고 말았습니다."

그러자 어리석은 부인이 물었습니다.

"누가 그렇게 벌을 주었나요?"

알베르토는 대답했습니다.

"지금 이야기하겠습니다. 그날 밤 제가 여느 때처럼 기도를 올리고 있는데 갑자기 방 안에 눈부신 빛이 비쳤습니다. 처음에는 뭔지 몰랐습니다만 뒤돌아보니 손에 굵은 지팡이를 쥔 잘생긴 청년이 서 있었습니다. 그는 불쑥 저의 옷자락을 잡아 발밑으로 끌어당겨 뼈가 부서질 정도로 저를 때렸습니다. 그래서 제가 왜 이런 짓을 하느냐고 물으니까 이렇게 대답하더군요. '그것은 오늘 그대가 리제타 부인의 숭고하리만큼 아름다운 용모를 헐뜯는 괘씸한 행동을 했기 때문이다. 나는 하느님을 제외하고는 누구보다도 더 그녀를 사랑하고 있다.' 그래서 저는 '당신은 누구십니까?' 하고 물었습니다. 그러자 그는 '천사 가브리엘이다'라고 대답하지 않겠습니까. '오오, 천사님, 제발 미련한 저를 용서해 주십시오' 하고 저는 외쳤습니다. 그러자 그는 말씀하셨습니다. '그럼 이러한 조건으로 용서해 주마. 먼저 가능한 한 빨리 부인 곁으로 가서 용서를 빌어라. 만약 부인이 용서하지 않는다면 나는 또 모습을 나타내어 그대의 목숨이 붙어 있는 한 때리고 또 때려눕힐 것이다.' 그리고 나서 뭐라고 말씀하셨는지는 부인이 먼저 저를 용서하시지 않으면 말할 수 없습니다."

머리가 전혀 돌아가지 않는 이 얼빠진 여인은 수도사의 말에 미칠 듯 기뻐하며 곧이듣고 있다가 잠시 뒤에 이렇게 말했습니다.

"알베르토 신부님, 그러니까 제가 저의 아름다움은 숭고할 정도의 것이라고 말씀드리지 않았나요? 하지만 저는 당신을 동정합니다. 그래서 이제부터는 당신께서 매를 맞지 않도록 용서해 드리겠습니다. 자 그럼, 천사님이 당신께 말씀하신 것을 알려 주세요."

알베르토는 다음과 같이 말했습니다.

"부인, 부인이 저를 용서해 주신다니 기꺼이 말씀드리겠습니다. 그러나 한가지 꼭 알아 두셔야 할 일이 있습니다. 다른 게 아니라 부인이 자신의 일을 망치고 싶지 않으시다면, 이 세상 그 누구에게도 이 일을 말하지 않도록 주의해 달라는 것입니다. 당신은 현재 이 세상에서 가장 행복한 사람이기 때문입니다. 천사 가브리엘은 저에게 이렇게 말씀하셨습니다. 천사님은 평소부터 당신이 대단히 마음에 들어 당신을 놀라게 하지만 않는다면 종종 한밤중에 당신 곁에 오고 싶어 못 견딜 정도였다고 부인께 알리라고 하셨습니다. 지금 천사님은 하룻밤 당신 곁에 와서 잠시 함께 시간을 보내고 싶다고 말씀하셨습니다. 하지만 천사의 모습으로는 당신의 손도 만질 수 없기 때문에 인간의 모습을 하고 오고 싶어 하십니다. 그러니 당신이 천사의 왕림을 바라신다면 그렇게 알려 주길 바란다고 말씀하셨습니다. 그렇게만 되면 천사님은 이곳에 오실 것입니다. 그리고 당신은 이 세상에서 어떤 여성보다도 행복해질 수 있을 것입니다."

허영에 들뜬 부인은 그 말을 듣자 천사 가브리엘 님이 그렇게 자기를 좋아하고 계신다니 이보다 기쁜 일은 없다, 자신도 천사님을 사랑하고 있어 그 조각상을 대할 때마다 언제나 값비싼 초를 바쳤을 정도라고 말했습니다.

또 천사님이 자기한테로 오고 싶으시면 자신은 자기 침실에 혼자 있으니 기꺼이 맞이하겠다고 했습니다. 그러나 성모 마리아 때문에 자신을 버리시는 일은 없어야 한다는 조건을 내걸었지요. 천사님이 마리아 님을 아주 좋아하시며, 마리아 님이 계시는 곳에는 어디든지 천사님이 무릎 꿇고 계시는 것을 누구나 다 알고 있다는 겁니다. 아울러 천사님이 어떤 모습으로 나타나시든 자기는 조금도 두려워하지 않겠다고 대답했습니다.

"부인, 부인은 현명한 말씀을 하셨습니다. 저는 당신의 말을 천사님께 잘 전하겠습니다. 하지만 저에게 한 가지 은혜를 베풀어 주십시오. 결코 당신에게 부담이 되는 일은 아닙니다. 다름 아니라 천사님께 저의 몸이 되어 여기까지 오시도록 요청하는 일입니다. 그것이 왜 저에게 은혜가 되는가 하면, 천사님이 저의 몸에 들어오시려면 제 혼을 몸에서 빼내 천국에 보내셔야 하기 때문입니다. 그래서 천사님이 당신과 오랫동안 시간을 보내고 계시면 계실수록 저는 천국에 오래 있을 수 있기 때문입니다."

그러자 머리가 모자라는 부인이 말했습니다. "좋습니다. 저 때문에 천사님께 얻어맞으셨으니 말씀하시는 그러한 기쁨을 받으실 수 있도록 해드리고 싶습니다."

그래서 알베르토는 말했습니다.

"그럼 오늘 밤 천사님이 들어오실 수 있도록 댁의 문을 열어 놓고 계십시오. 인간의 몸으로 오시는 것이니 문으로만 들어오실 수 있으니까요."

부인은 그렇게 하겠다고 대답했습니다. 알베르토가 돌아가고 혼자 남게 되자, 그녀는 하늘을 날듯이 기뻐하면서 천사 가브리엘이 나타나기만을 초조한 마음으로 기다렸습니다. 알베르토는 그날 밤은 천사가 아니라 기사가 될 심산이었으므로 말에서 흔들려 떨어지지 않도록 정력을 왕성하게 해주는 단것과 그 밖에 도움이 되는 음식을 담뿍 먹었습니다. 그리고 밤이 되자 외출 허가를 얻어 친구 한 명과 이전에도 오입하러 갈 때 이용하던 어느 여자의 집에 갔습니다. 그러다가 기회를 봐서 옷차림을 바꾸고 부인 집으로 향했는데, 따로 챙겨 온 천사용 장식을 달고 천사인 체하며 집 안으로 들어갔습니다. 그리고 곧장 침실로 올라가자 부인은 그가 단 새하얀 장식품을 보고는 그의 앞에 무릎을 꿇었습니다. 천사는 부인에게 축복을 베풀고 일어나게 하여 침대 쪽으로 가도록 손짓했습니다. 부인은 기꺼이 천사님의 분부를 좇아 그대로 했고 천사는 신앙심이 두터운 여인 곁에 몸을 눕혔습니다.

알베르토는 보기 드물게 억센 사나이로 상체를 받치는 두 다리도 건장했습니다. 그처럼 단단한 몸을 상대하게 되자 눈같이 희고 매끈매끈한 피부를 가진 리제타 부인은 아직 남편 이외의 남자하고는 잠자리를 함께한 일이 없었으므로, 그날 밤은 날개도 없는데 몇 번이고 몸도 마음도 허공에 떠서 즐거움에 겨워 크게 소리를 질렀습니다. 게다가 고맙게도 천사는 천국의 영광을 설교하여 들려주었던 것입니다.

이윽고 새벽녘이 가까워졌으므로 그는 다음 내방의 절차를 정하고 천사의 날개를 갖고 밖으로 나갔습니다. 그리고 혼자 자면서 곤란을 당할 일이 없게 멋진 여자에게 상대하도록 했던 친구가 있는 곳으로 돌아갔습니다. 부인은 아침 식사를 마치자 친구들을 데리고 알베르토에게로 왔습니다. 그리고 천사 가브리엘이 자기 집에 모습을 나타낸 일이나 그가 들려준 영원한 생명의 영광에 관한 일이나, 그때의 천사 모습이나, 그뿐만 아니라 자기가 꾸며 낸 이야기까지 덧붙여 깡그리 털어놓았습니다.

그것에 대하여 알베르토는 이렇게 말했습니다.

"부인, 저는 당신이 천사님과 어떤 일을 하셨는지 모르지만 어젯밤 천사님이 저의 집에 오셨기에 제가 당신의 말을 전했더니 이내 제가 지금까지 본 일이 없는 그러한 장미꽃이나 그 밖에 여러 가지 꽃이 마구 피어 있는 곳에 저의 영혼을 데려가 주신 것은 알고 있습니다. 그리고 지금까지 제가 가본 일이 없는 그러한 즐거운 장소에 오늘 아침까지 있었기 때문에 제 육체가 어떻게 되어 있었는지도 모르겠습니다."

"누구의 육체였는지 말하지 않을 수 없지요." 부인이 말했습니다.

"당신의 육체는 밤새도록 천사 가브리엘 님과 함께 저의 팔 속에 안기어 있었습니다. 만약 믿지 않으신다면 당신의 왼쪽 젖꼭지 밑을 살펴보세요. 며칠 동안 지워지지 않을 만큼 제가 천사님께 뜨거운 키스를 해두었으니까요."

그러자 알베르토는 말했습니다.

"저는 벌써 오랫동안 그런 일은 한 적이 없습니다만, 당신이 말하는 것이 정말인지 아닌지 오늘 옷을 벗고 살펴보겠습니다."

그리고 부인은 마음이 매우 들떠서 여러 가지 일을 지껄이고 돌아갔습니다. 알베르토는 그 뒤에도 천사의 모습을 하고 아무에게도 방해받는 일 없이 그녀 집에 갔습니다. 그런데 어느 날 리제타 부인은 대모와 함께 있는 자리에서 아름다움에 대한 것을 서로 이야기하던 중에 얼마쯤 머리가 모자란 그녀인지라 자기가 다른 여성보다 아름답다는 것을 강조하고 싶은 나머지 이렇게 말하고 말았습니다.

"나의 아름다움이 누구의 마음에 들었는지 당신이 아신다면 세상에 나보다 아름다운 여자가 있다고는 차마 말할 수 없을 거예요."

대모는 그녀를 잘 알고 있는 만큼 무슨 얘긴지 듣고 싶어져 말했습니다.

"부인, 당신 말은 사실이겠지만 그래도 결국 그 사람이 누구인지 모르는 동안에는 아무도 그러한 이야기를 쉽게 믿지는 않을 겁니다."

그러자 부인은 그만 참지 못하고 이렇게 대답했습니다.

"저, 그분은, 말이 나는 것은 바라지 않으시지만, 당신에게만 말하지요. 실은 나의 연인은 천사 가브리엘 님입니다. 천사님은 자신보다도 나를 더 사랑한다고 하셨어요. 천사님의 말씀에 의하면 내가 온 세계에서, 아니 천상 천하 어떠한 곳에도 나보다 아름다운 사람은 없다는 거예요……."

이것을 듣고 대모는 저도 모르게 웃음이 터질 뻔했지만 더 들어보기 위해 웃음을 참고 말했습니다.

"어머나, 부인, 천사 가브리엘 님이 당신의 연인이고, 그런 말씀을 하셨다면 그것은 틀림없겠죠. 하지만 천사님이 그런 일을 하시다니 믿기 힘든 이야기군요."

"이봐요, 그것은 잘못이에요. 하느님께 맹세코 그분은 우리 남편보다 솜씨가 좋아요. 그런 일은 천국에서도 하신다고 말씀하셨어요. 하지만 천국에 있는 누구보다도 내가 미인이라고 생각했기 때문에 나를 좋아하게 되셨대요. 그래서 꾸준히 내게로 오시곤 해요. 아시겠어요?"

머리가 모자라는 부인은 아주 자랑스럽게 대답했습니다.

대모는 리제타 부인과 헤어져 돌아오자 이런 터무니없는 이야기를 모든 사람과 함께 한바탕 크게 웃고 떠들고 싶어 몸살이 날 지경이었으며, 한시바삐 그러한 장소와 기회가 오기를 조바심치며 기다리고 있었습니다. 그러자 어느 축제일에 많은 여인들이 모였으므로, 그녀는 이 이야기의 처음부터 끝까지를 떠벌려댔습니다. 여인들은 그 천사 이야기를 남편이나 다른 여자들에게 전했습니다. 그들은 또다시 다른 사람들에게 이야기하여 이틀도 지나지 않은 사이에 이 이야기는 베네치아 전체에 퍼지고 말았던 것입니다. 그런데 이 이야기를 얼핏 들은 사람들 가운데 부인의 시동생들이 있었습니다. 이들은 부인에게는 아무것도 알리지 않은 채, 그 천사가 정말 공중을 날 수 있는지 없는지 확인해 보려고 결심했습니다. 이런 까닭으로 며칠 밤이나 감시하고 있었던 것입니다.

이런 일이 있는 줄 꿈에도 모르는 알베르토는 또 부인을 만나려고 어느 날 밤 어슬렁어슬렁 찾아가서 옷을 벗으려는 찰나, 그가 들어가는 것을 본 시동생들이 침실 앞에 와서 문을 열려는 사태가 발생하고 말았습니다. 그 소리를 들은 알베르토는 무슨 일이 생긴 것을 눈치채고 자리에서 일어났지만 숨을 데라곤 없었으므로 커다란 운하 쪽으로 난 창문을 열고 물속으로 뛰어들었습니다. 운하 밑은 깊었으나 그는 헤엄도 잘 쳤기 때문에 별로 다치지도 않고 빠져나올 수 있었습니다. 그리하여 해안에 다다르자 운 좋게 문이 열려 있던 집에 뛰어 들어가, 마침 거기에 있던 한 사나이에게 이런 시간에 왜 알몸으로 헤엄쳐 왔는가를 아무렇게나 꾸며대며 제발 살려 달라고 부탁했습니다.

선량한 사나이는 그를 불쌍히 여겨 침대에 눕게 한 다음 자기는 볼일이 있어 나간다면서 돌아올 때까지 여기 있으라고 말하고 문단속을 한 뒤 나가 버렸습니다.

　시동생들이 방 안으로 들어간 것은 천사 가브리엘이 날개를 팽개친 채 도망친 뒤였습니다. 그래서 그녀에게 창피를 줄 만한 여러 가지 욕지거리를 퍼부었습니다. 그러고 나서는 실없이 울고 있는 부인을 흘겨보며 천사의 날개를 갖고 그들의 집으로 돌아갔습니다. 그러던 중 날이 밝아, 아까의 그 선량한 사나이가 거리의 중심인 리알토 다리에 다다르자 이러한 이야기가 들려왔습니다. 그것은 간밤에 천사 가브리엘이 리제타 부인과 잠자리를 함께하기 위해 갔었는데, 부인의 시동생들에게 발견되어 놀라서 운하에 뛰어들었으며 그 뒤는 어떻게 됐는지 행방이 묘연하다는 것이었습니다.

　그는 집에 두고 온 남자가 바로 그 사람임에 틀림없다고 짐작했습니다. 집에 돌아가자 확실히 그라는 것을 알았으므로 여러 가지로 의논한 끝에 사람들에게 넘겨지기 싫으면 금화 쉰 닢으로 결판내자는 데 합의하여 약속이 이루어졌습니다. 그리하여 그대로 실행되었습니다. 그 뒤에 알베르토가 여기서 돌아가겠다고 말을 꺼내자 그 사나이는 이렇게 말했습니다.

　"단 한 가지밖에 별다른 방법이 없군요. 오늘 여기에서는 축제가 열리는데, 그 축제에는 어떤 자는 곰으로 가장한 사나이를 데리고 가며, 어떤 자는 야만인의 분장을 한 자를 데리고 가고, 또 어떤 자는 이렇게, 어떤 자는 저렇게 하는 식으로 여러모로 머리를 짜내어 꾸미고 산마르코 광장에 모여 가장무도회, 사냥놀이 등을 합니다. 이 모든 축제가 끝나면 저마다 데리고 온 자와 제 갈 데로 가는 거죠. 당신이 여기 있는 것을 들킬 수도 있으니 이러한 방법으로 내가 데리고 나가도 좋다면 바라는 곳으로 데려다 드리죠. 그렇게라도 하지 않으면 남에게 들키지 않고 여기서 빠져나가는 것은 생각도 못 합니다. 그 부인의 시동생들이 당신이 이 부근에 있는 줄 알고 붙잡으려고 감시를 하게 했으니 말예요."

　수도사 알베르토는 그렇게 몸차림을 바꾸고까지 나가는 것은 괴로운 일이라고 여겨졌지만 역시 그들이 두려운지라 아무 데에나 데려가 달라, 그것으로 만족한다고 말했습니다.

　사나이는 알베르토의 온몸에 꿀을 발라 새의 솜털을 잔뜩 붙이고 목에는 쇠사슬을 감고 얼굴에는 가면을 쓰게 했습니다. 그리고 한 손에 굵은 지팡이를 쥐게 하고 다른 한 손에는 도살장에서 끌어온 커다란 개 두 마리를 끌게 했습니다. 그리고 심부름꾼을 보내어 천사 가브리엘을 보고 싶은 자는 산 마르코 광장으로 오도록 말을 퍼뜨리게 했습니다. 이것이 베네치아인의 신에 대한 성의라는 것이었습니다. 얼마 뒤 알베르토를 끌어내어 그를 앞세우고 자기는 뒤에서 목의 쇠사슬을 쥐고 광장으로 걸어오니 "저건 뭐야? 저건 뭐지?" 하고 사람들이 떠들썩거리는데 그 법석이 이만저만이 아니었습니다. 광장은 뒤에서 줄줄 따라온 사람들과 리알토 다리 위에서 소문을 듣고 잇따라 몰려든 사람들로 가득 찼습니다.

사나이는 그곳에 도착하자 한층 더 높은 장소에 있는 원기둥에 야만인을 묶고 가장무도가 시작되기를 기다리는 체하고 있었는데 알베르토의 몸에는 꿀이 발라져 있어서 파리나 등에가 떼 지어 모여들어 그 괴로움이란 이루 말할 수가 없었습니다. 그런데 사나이는 광장이 군중으로 가득 찬 것을 알자 야만인의 쇠사슬을 푸는 체하고 수도사 알베르토의 가면을 잡아 벗기고 이렇게 외쳤습니다.

"여러분, 오늘은 돼지가 오지 않아 축제를 벌일 수 없습니다. 그래서 여러분이 헛걸음하는 일이 없도록 천사 가브리엘 님을 보여 드리고자 합니다. 천사 님은 간밤에 베네치아의 여자들을 위로하기 위하여 천국에서 지상으로 내려오셨습니다."

가면이 벗겨지자 단번에 그것이 수도사 알베르토라는 것이 탄로 나고 말았습니다. 그러자 군중은 와아, 하고 고함을 지르며 다투어 꾸짖고 이때까지 어떤 악당도 들어 본 일이 없는 심한 욕설을 퍼부었습니다. 그뿐만 아니라 그 얼굴을 향하여 오물을 끼얹는 자도 있었고 그것과 비슷한 것을 던지는 자도 있었습니다. 이렇게 갖은 학대를 받는 동안 이 사건은 마침내 그의 동료 수도사들에게 전해졌습니다. 그래서 여섯 명의 수도사가 현장에 찾아와서 그에게 수도복을 입히고 쇠사슬을 풀고 군중의 욕지거리를 들으며 수도원으로 데리고 돌아갔습니다. 그는 감옥에 갇혀 비참한 생활을 보낸 뒤 죽었다고 합니다.

이같이 그는 선인으로 가장했을 뿐만 아니라 더 나아가 사람들로부터 성인으로 존경받으면서 나쁜 짓을 저지르고 대담하게도 천사 가브리엘 행세까지 했습니다. 그리하여 그 때문에 야만인 취급을 받고 결국은 마땅한 벌로 모욕을 당하고 자기가 저지른 죄를 뉘우쳤습니다만 이미 때가 늦었습니다. 여러분, 바라건대 이러한 짓을 하고 있는 다른 자들도 똑같은 벌을 받게 되길 바랍니다.

셋째 이야기
세 젊은이가 세 자매를 사랑하여 그들과 크레타섬으로 사랑의 도피를 한다. 큰언니는 질투 때문에 자기 연인을 죽인다. 둘째는 크레타섬 영주에게 몸을 맡기고 언니의 목숨을 구한다. 그러자 그 연인이 그녀를 죽이고 언니와 달아나고 만다. 셋째와 그 연인은 함께 고문당한 끝에 죄를 뒤집어쓰고 감옥에 갇히자 사형을 두려워하여 돈으로 관리인을 매수하고 빈손으로 로도스섬으로 달아난다. 그리고 그 땅에서 비참하게 살다가 죽는다.

필로스트라토는 팜피네아의 이야기가 끝나자 잠시 생각에 잠긴 듯한 모습을 하고 있었으나 이윽고 그녀를 향해 이렇게 말했습니다.
"당신 이야기는 나중 부분이 마음에 드는군요. 첫 부분은 장난기가 많이 섞여 있었어요. 물론 재미는 있었지만 오늘의 주제에서는 약간 빗나간 느낌이 없지는 않았다고 생각합니다."
그러고는 라우레타 쪽을 향해 말했습니다.
"자, 될 수 있으면 이번에는 좀 더 어울리는 이야기를 해주십시오."
라우레타는 웃으며 대답했습니다.
"당신이 연인끼리 불행한 처지를 당하는 이야기를 바라신다면 그것은 그 사람들에게는 너무 잔혹하지 않을까요? 좋아요, 그럼 나는 당신 생각대로 처음에는 연인끼리 조금은 그 연애를 즐겼지만 나중에는 같은 처지의 비운에 빠졌다는 이야기를 하겠습니다."
이렇게 말하고는 그녀는 말문을 열었습니다.

여러분, 여러분들도 아시다시피 나쁜 짓을 하면 그 일을 저지른 본인에게 그 보복이 돌아오는 것입니다만, 종종 남에게도 그 불티가 튀기도 합니다. 그리고 그 밖에 여러 가지 나쁜 일 가운데에는 조금도 억제하지 않고 자유로이 놔두면 우리들을 위험한 처지에 빠뜨리는 나쁜 일이 있는데, 노여움이라는 것도 그것에 해당합니다. 노여움은 갑자기 맛본 불쾌감에서 솟아오른 돌발적이고 무분별한 충동과 다름없습니다. 그 충동은 온갖 이성을 초월하고 마음의 눈을 흐리게 하여 사람의 마음을 광포한 격정 속에 몰아넣습니다. 그리고 이것은 종종 남자들에게 일어나는 모양인데 사람에 따라 약간씩 차이는 있는 것 같습니다. 그렇다고는 하지만 여자들에게도 그러한 폐해가 심하게 일어나고 있습니다. 여자들에게는 그 충동의 불이 가볍게 일기는 하지만 곧 거세게 타올라 억제할 수 없을 만큼 마음을 치솟게 하기 때문입니다.

그것은 별로 이상하지는 않습니다. 생각해 보면 불이라는 것은 그 성질상 빽빽하고 무거운 것보다는 가볍고 부드러운 것에 더 쉽게 붙기 때문입니다. 게다가 우리는(남자들은 나쁘게 해석하지 마세요) 남자들보다 훨씬 감정이 세심하고 민감하니까요. 우리는 그러한 성향을 갖고 있어서 우리의 부드러움과 상냥함으로 남자들에게 마음의 휴식과 기쁨을 준다는 것을 알고 있습니다만, 이와 마찬가지로 우리의 광포한 노여움이 남자들에게 엄청난 고뇌와 위험을 불러일으키고 있다는 것도 알고 있습니다. 그래서 우리는 마음을 강하게 먹고 그런 결과를 막을 수 있도록 아까 말씀드린 바와 같이 세 명의 젊은 이와 그 연인들의 사랑이 그중 한 사람의 충동적인 노여움 때문에 행복의 절정에서 불행의 밑바닥으로 떨어진 이야기를 이제부터 말씀드리겠습니다.

여러분, 마르세유라 하면 여러분도 아시다시피 프로방스에 있는 바다에 맞닿은 오래되고 아주 품위 있는 도시입니다. 그리고 옛날에는 지금에 비해 부호나 대상인이 많이 살고 있었습니다. 그들 가운데에 나르날드 치바다라는 사람이 있었습니다. 그는 평민 출신이었으나 신앙심이 두터운 훌륭한 상인으로 넓은 땅과 막대한 돈도 갖고 있었습니다. 부인과의 사이에 아이를 몇 명 낳았는데, 그 가운데 셋은 여자아이고 나이는 뒤의 사내아이보다 훨씬 위였습니다. 여자아이 가운데 둘은 쌍둥이로 이미 열다섯 살이 되었고, 또 하나는 열네 살이었습니다. 친척들은 장사를 하러 스페인에 가 있는 나르날드가 돌아오면 무슨 일이 있어도 그 아이들을 혼인시키려고 그가 돌아오기만을 고대하고 있었습니다.

두 쌍둥이 자매는 니네타와 막달레나라 하고 셋째는 베르텔라라는 이름이 없습니다. 니네타보다는 가난했지만 귀족 청년 레스타뇨네가 그녀를 매우 사랑했고 그녀 또한 그를 사랑했습니다. 두 사람은 눈치 있게 행동해서 세상 사람들 아무도 모르게 사랑을 만끽하고 있었습니다. 이렇게 꽤 오래도록 서로 즐기고 있는 동안의 일입니다만, 한 사람은 폴코라 하고 또 한 사람은 우게 토라는, 같은 무렵 아버지를 잃고 유산으로 부유해진 두 청년이 막달레나와 베르텔라를 사랑하게 되었습니다. 이 사실을 니네타에게서 듣고 알게 된 레스타뇨네는 두 사람의 사랑을 이용하여 가난으로부터 벗어나려고 생각했습니다.

그래서 그들과 친해지자 둘 중 한 명씩 번갈아서, 또 때로는 두 사람과 함께 그들의 연인이나 자기 연인을 만나러 갔습니다. 이리하여 그들과 아주 친한 친구가 되었다고 생각해서 어느 날 레스타뇨네는 자기 집으로 두 사람을 불러 이렇게 말했습니다.

"이보게들, 내가 이같이 다정한 교제로 자네들에게 기울이는 애정이 얼마나 깊은지, 자네들을 위해서는 나 자신을 위한 것 이상으로 애를 쓰려고 생각한다는 것을 알아주었으면 하네. 그래서 나는 자네들을 사랑하는 나머지 생각하고 있는 것을 하나 말해 보려고 하는데, 자네들과 의논하여 자네들에게 가장 좋다고 여겨지는 방법을 취할 생각이라네. 자네들의 말에 거짓이 없다면, 또 자네들의 평소 행동에서도 안 일이지만, 자네들이 두 자매에게 열중하고 있다는 것을 나는 알고 있어. 그리고 나는 그 두 자매의 언니에게 열을 올리고 있는데, 자네들이 동의해 준다면 나의 열렬한 기분에 즐겁고 달콤한 결과가 생기는 방법을 강구해 주기를 바라는 걸세. 그러니까 이렇게 하는 것일세. 자네들은 대단한 부자이지만 나는 그렇지 않네. 자네들의 재산을 하나로 모아 그 3분의 1을 내가 맡도록 하고, 그것을 갖고 세 자매와 즐겁게 지내기 위하여 어딘가 다른 세계로 사랑의 도피를 하자는 걸세. 그렇게 하면 나는 틀림없이 그녀들에게 아버지 재산의 대부분을 빼내게 하여 우리가 가고 싶은 데로 오게 하려고 하네. 이렇게 하면 우리 세 사람은 형제처럼 저마다의 연인과 이 세상에서 행복한 인간으로 살아갈 수 있을 거야. 자, 어떤가, 그러한 즐거운 생활 방식을 취하느냐, 또는 그만두느냐, 그 결의는 자네들 마음에 달렸어."

두 청년은 저마다의 사랑에 열중하고 있었으므로 연인이 품 안에 들어온다고 하자 깊이 생각하지 않고 정말 그렇게만 된다면 그렇게 하겠다는 마음이 들었습니다.

레스타뇨네는 두 청년으로부터 그 같은 대답을 받고 이삼 일이 지나서야 겨우 니네타를 만날 수 있었습니다. 물론 그는 그리 쉽게 그녀를 만날 수 있는 것은 아니었습니다. 잠시 함께 즐거운 시간을 보낸 다음 그는 젊은이들과 의논한 것을 툭 털어놓고 여러 가지로 이유를 들어 이 일에 찬성해 주길 바란다고 부탁했습니다. 그러나 이것은 별로 어려운 일이 아니었습니다. 그녀 쪽에서 오히려 세상을 피하여 둘만의 생활을 하고 싶다고 진작부터 바라고 있었기 때문입니다. 그래서 그녀는 계획이 마음에 든다고 대답하고 동생들도 찬성하여 자기 뜻대로 할 것이라고 대답했습니다. 그뿐만 아니라 할 수 있는 대로 빨리 실행에 옮길 때를 결정해 달라고 했습니다.

레스타뇨네는 이 일을 서둘러 달라고 재촉해 온 두 젊은이한테로 돌아가서, 여자 쪽에서도 찬성했다고 전했습니다. 두 젊은이는 크레타섬으로 가기로 결정해 놓고, 돈을 갖고 장사하러 간다는 구실 아래 집이나 땅을 팔고 다른 여러 가지 물건은 모두 돈으로 바꾸고, 소형 쾌속선을 사들여 필요한 물품은 물론 어마어마한 무장까지 비밀히 갖춰 약속한 날이 오기를 기다리고 있었습니다.

한편 동생들의 마음을 잘 알고 있었던 니네타는 교묘한 말로 그녀들을 부추겨 동생들은 그날이 올 때까지 안절부절못하는 생활을 보내고 있었습니다. 이윽고 배를 타야 할 밤이 오자 세 자매는 아버지의 커다란 금고를 열어 그 안에서 많은 돈과 보석들을 꺼냈습니다. 그리고 그것을 손에 쥐고 미리 약속한 대로 세 사람 모두 가만히 집을 빠져나와 기다리고 있는 연인들 곁으로 갔습니다. 그러고는 그들과 곧 쾌속선을 타고 출발했습니다. 이리하여 아무 데에도 닻을 내리지 않고 다음 날 밤 제노바에 도착하여 세 쌍의 연인들은 비로소 사랑의 환락을 맛보았습니다. 그들은 필요한 것을 배에 싣고 제노바를 떠났으며, 항구에서 항구를 거쳐 여드레도 되지 않은 사이에 무사히 크레타섬에 도착했습니다.

섬에서 그들은 경치 좋고 아름다운 광대한 땅을 사서 칸디아 거리 부근에 웅장하고 아름다운 주택을 마련했습니다. 그리고 많은 하인을 두고 개와 새와 말을 기르고 축제 분위기의 잔치를 벌여 마음껏 재미있게 놀면서, 마치 왕후나 귀족처럼 이 세상에서 가장 행복한 사람들로서 연인들과 달콤한 생활을 시작했던 것입니다. 이 같은 생활을 계속하고 있는데(아무리 좋아하는 것이라도 너무 많이 가지면 물리게 되듯이) 일이 발생했습니다. 그것은 니네타를 더없이 사랑하고 있었던 레스타뇨네가 아무런 걱정 없이 그녀와 사랑의 환락에 빠질 수 있게 되자 싫증이 나서 그녀에 대한 애정이 식기 시작한 것이었습니다. 이런 때 그는 어느 연회에서 이 고장 사람으로 대단히 예쁜 귀족의 딸을 보고 반하고 말았습니다. 그리하여 그 뒤부터는 갖은 수단을 다하여 그녀에게 달라붙어 그녀를 여왕처럼 모시며 친절을 베풀기 시작했습니다. 니네타는 그것을 눈치채고 심한 질투의 불길에 휩싸였습니다. 그 때문에 그는 그녀 몰래 한 발짝도 외출할 수 없게 되었고 게다가 그녀는 투정을 부리고 우는소리를 늘어놓으며 그를 괴롭히기만 했습니다.

그러나 세상일이란 지나치게 많으면 싫증이 나는 법이고 바라는 것이 가로막히면 더욱더 그 소망은 간절하기 마련이라, 니네타의 투정이나 우는소리는 도리어 레스타뇨네의 새로운 사랑에 대한 정념을 더욱더 부채질하는 결과로 이어졌습니다. 그리고 시일이 지남에 따라 그것이 어떤 결과가 될지, 즉 레스타뇨네가 여자의 사랑을 얻을 수 있을지 아직 분명하지도 않은데 사람들이 모두 둘 사이가 맺어졌다고 말하여 니네타는 그대로 믿고 말았습니다. 그 때문에 그녀는 깊은 비탄에 빠졌고 심한 분노를 느껴, 그 결과 광란 상태가 되어 지금까지 레스타뇨네에 대해서 품고 있었던 사랑은 심한 증오로 변했습니다. 그리하여 자기가 받았다고 생각했던 치욕은 레스타뇨네를 죽임으로써 복수하는 길밖에 없다고 생각했습니다. 그래서 그녀는 독약을 만드는 명수라고 알려진 그리스인 노파를 만나서 선물을 준 다음 여러 가지 달콤한 약속을 해서, 마시면 반드시 죽는 독약을 만들게 하여 아무에게도 의논하지 않고 어느 날 밤 더위에 허덕이고 있는, 그리고 그런 일을 당하리라고는 생각조차 못 한 레스타뇨네에게 먹이고 말았습니다. 그 독약의 효과는 대단하여 아침을 기다리지 못하고 그는 죽었습니다. 폴코와 우게토, 그리고 그들의 연인들은 그가 독약으로 죽임을 당했다고는 생각지도 못하고 니네타와 함께 울면서 정중히 장례를 치러 주었습니다. 그런데 그로부터 며칠 지나지 않아서의 일이었습니다만, 니네타에게 독약을 만들어 준 그리스인 노파가 다른 나쁜 짓으로 잡혀 고문당하던 중에 이 사실을 고백하고 그 결과가 어떻게 되었는가에 대해서도 말해 버렸습니다.

크레타의 대공은 이 사실을 밝히지 않고 어느 날 밤 가만히 폴코의 저택을 포위하여, 소동도 벌이지 않고 저항도 받지 않고 니네타를 체포해 연행했습니다. 그리고 고문할 것까지도 없이 그녀로부터 듣고자 했던 레스타뇨네 독살 사건의 진상을 모두 알아냈습니다.

폴코와 우게토는 니네타가 체포된 이유를 대공한테서 은밀히 전해 듣고 그 것을 연인들에게 전했습니다. 이 말에 그녀들은 매우 슬퍼했습니다. 그래서 언니를 화형에서 구하려고 할 수 있는 모든 노력을 기울여 보았습니다. 그만 한 짓을 했으므로 그 같은 극형에 처해질 것이 틀림없다고 생각되었기 때문입니다. 그러나 화형에 처하려는 대공의 결의가 대단히 굳었으므로 무슨 짓을 해도 헛수고일 듯했습니다.

그런데 아직 젊고 예쁜 막달레나가 오랫동안 대공으로부터 사랑의 호소를 받았던 것을 생각해 냈습니다. 그녀는 그 호소에 이때껏 귀도 기울이지 않았으나 지금이라도 대공의 말을 들어주면 언니를 화형에서 구할 수 있으리라 생각했습니다. 그래서 입이 무거운 하인을 보내어 두 가지 일을 실행해 주신다면 무엇이든지 대공의 의향에 따르겠다고 전하게 했습니다.

두 가지 일이란, 언니를 무죄 석방하여 돌려보내 줄 것과 또 하나는 이 일은 절대로 비밀로 해달라는 것이었습니다.

대공은 심부름꾼의 말을 듣고 무척 기뻐하면서도 잠시 동안은 어떻게 할까 망설이다가 마침내 동의하고 그렇게 하겠다고 했습니다. 대공은 막달레한테서도 동의를 얻어 이번 사건에 대해서 폴코와 우게토로부터 더 조사할 일이 있는 것처럼 가장하고 연행하여 하룻밤 관청에서 지내게 하고 남몰래 그녀에게로 갔습니다. 그보다 앞서 대공은 니네타를 큰 자루에 넣은 다음 밤을 기다려 돌을 넣은 부대를 니네타의 자루인 것처럼 바다에 던지고, 그러고 나서 막달레나한테로 운반해 가서 그날 밤의 보상으로 주었습니다. 그리고 아침이 되자 이것이 두 사람에게 첫 번째 밤이었지만 마지막 밤이 되어서는 안 된다고 그녀에게 당부했습니다. 이 일로 대공이 나쁘게 소문나든가 또다시 그녀를 잔혹한 형에 처해야 하는 일이 없도록 죄인은 어딘가 먼 데로 추방해 주기 바란다고 일렀습니다.

이튿날 아침 폴코와 우게토는 니네타가 한밤중에 바다에 던져졌다는 말을 듣고 그대로 믿어 버렸습니다. 그리고 석방되자마자 언니의 죽음을 슬퍼할 것이 틀림없을 동생들을 위로하려고 집에 돌아갔습니다. 막달레나는 언니를 감추려고 애를 썼으나 폴코는 그녀가 살아 있는 것을 알아차렸습니다. 그는 아주 놀라(이전부터 대공이 막달레나를 연모한다는 것을 들어 알고 있었으므로) 아무래도 수상하다 여기고 니네타가 살아서 여기 있는 까닭을 따졌습니다. 막달레나는 그럴듯한 이야기를 한참 늘어놓으며 속이려고 했으나 눈치 빠른 그는 도무지 믿지 않고 사실대로 말하라고 다그쳤습니다. 그래도 그녀는 계속 속이려고 했으나 마침내 사실을 털어놓고 말았습니다.

폴코의 가슴은 슬픔으로 찢어질 듯했습니다. 그리고 분노의 불길이 울컥 치솟아 칼을 뽑아 들고 용서를 비는 그녀의 울음소리도 듣지 않고 베어 죽였습니다. 그는 대공의 노여움과 처벌이 두려워 시체를 방 안에 내버려 둔 채 니네타가 있는 방으로 갔습니다. 그러고는 아주 기쁜 듯이 이렇게 말했습니다.

"막달레나가 안전한 장소를 마련해 놓고 기다리고 있으니 빨리 갑시다. 여기 있다가 또 대공에게 붙잡히면 살아나기 힘드니까요."

니네타는 그 말을 믿었습니다. 그녀는 공포에 질려 어딘가로 달아나고 싶다고 생각하던 참이라 동생들에게 작별 인사도 하지 못하고, 이미 밤인지라 다행이라 생각하며 폴코와 함께 도망쳤습니다.

몸에 지닌 것이라고는 폴코가 갖고 나올 수 있었던 얼마 안 되는 돈뿐이었습니다. 해안에 가서 작은 배를 탔으나 어디로 가는 건지 그녀는 전혀 알 길이 없었습니다.

이튿날 막달레나가 살해된 채 발견되자 우게토에게 평소 시샘이나 미움을 갖고 있었던 사람들이 곧 그 사실을 대공에게 알렸습니다. 그러자 막달레나를 깊이 사랑하고 있던 대공은 불같이 노하여 그녀 집에 달려와 우게토와 그의 연인을 체포하고, 이 일, 즉 폴코와 니네타의 도망에 대해서 아무것도 모르고 있는 두 사람에게 막달레나 살해의 책임을 묻고 공범으로 몰아세워 억지 자백을 시키고 말았습니다. 이 같은 자백을 한 이상 두 사람은 사형을 면치 못하리라 생각하고, 교묘한 계책을 꾸미며 얼마간의 돈으로 옥지기들을 매수했습니다. 그 돈은 만일의 경우에 대비하여 집에 감추어 두었던 것이었습니다. 그리하여 남은 재산을 챙기지도 못한 채, 옥지기들과 함께 배를 얻어 타고 로도스섬으로 달아났습니다만 그 땅에서 가난하고 비참한 생활을 하다가 곧 죽었다고 합니다.

이처럼 레스타뇨네의 광적인 연정과 니네타의 질투는 자기들을 비참한 꼴로 만들었을 뿐만 아니라 다른 사람들도 불행에 빠뜨렸던 것입니다.

넷째 이야기

제르비노는 할아버지 굴리엘모 왕이 내린 서약을 어기고 튀니지 왕의 딸을 뺏으려고 왕의 배를 습격한다. 공주는 배에 타고 있던 이들에게 살해되고 제르비노는 그들을 죽이지만 뒤에 그도 역시 참수형을 받는다.

라우레타가 이야기를 끝마치고 입을 다물자 사람들 가운데에는 연인들의 불행을 깊이 슬퍼하는 자도 있고, 니네타의 질투에 비난의 소리를 하는 자도 있고, 또 이것저것 여러 가지 점을 들어 말하는 자도 있었습니다. 그때 왕은 깊은 생각에서 깨어난 듯한 얼굴을 들고 엘리사에게 뒤를 이어 이야기를 하도록 지시했습니다. 그녀는 겸손한 태도로 이야기를 시작했습니다.

여러분, 세상에는 소문만 듣고도 사랑을 할 수 있다고 믿는 자를 깔보고, 연애라는 것은 타오르는 눈에서 불꽃이 튀어야 비로소 가능한 것이라고 믿고 있는 사람이 많은 것 같습니다. 이러한 사람들의 생각이 틀렸다는 것이 이제부터 말씀드리는 이야기 속에 명백히 나타날 것입니다. 이 이야기를 들으시면, 서로 만난 적도 없는데 평판만으로 사랑을 느낄 수 있다는 것뿐 아니라, 당사자인 두 사람이 그 때문에 비참한 죽음을 맞게 되었다는 것도 잘 아시게 될 것입니다.

시칠리아 사람들에 의하면 시칠리아의 두 번째 왕 굴리엘모에게는 자식이 둘 있었습니다. 왕자는 루지에리, 공주는 고스탄차라 했습니다. 이 루지에리 는 아버지보다 먼저 죽고 뒤에 제르비노라는 아들을 남겼습니다. 제르비노는 할아버지의 자애로운 양육 아래 헌칠하고 잘생긴 청년으로 자라났으며, 무용 이 뛰어났을 뿐만 아니라 예의 바르고 왕자다운 품위가 넘쳐흘렀습니다. 그 명성이 시칠리아 국내뿐만 아니라 다른 나라에까지도 널리 퍼졌고, 특히 그 무렵 시칠리아 왕에게 공물을 바치고 있었던 바버리에서는 대단한 평판이었 습니다. 그리하여 제르비노의 무용과 인품에 대한 평판은 여러 사람의 입을 거쳐서 어느새 튀니지 왕국의 공주에게도 들려왔습니다. 그녀를 만난 적이 있는 사람의 이야기로는, 신이 지금까지 이렇게 아름다운 사람을 만드신 일 은 없지 않을까 여겨질 만큼 아름다운 여인이었습니다. 또한 기품이 넘치고 태도와 행동도 정숙하며 마음이 너그러웠습니다. 공주는 훌륭한 사람들의 이야기를 듣는 것을 좋아했으므로, 특히 흥미를 갖고 여러 사람들이 제르비 노의 훌륭한 행실에 대해 이야기하는 것을 들었습니다. 그리고 대단히 마음 에 들어 혼자서 어떤 분일까 상상하고 있는 사이에 그를 사랑하기에 이르렀 습니다. 이리하여 스스로 그의 이야기를 하기도 하고 그에 대한 새로운 소식 에 가만히 귀를 기울이기도 했습니다.

한편 그녀의 아름다움이나 기품 어린 태도에 대한 소문도 곳곳에서 입에 오르내렸고 물론 시칠리아에도 전해졌습니다. 제르비노의 귀에도 들어가게 되어 그는 그녀에게 호감을 품었습니다. 아니 호감 정도가 아니라 공주가 그 에게 열정을 불태운 이상으로 사랑의 불길을 태우고 말았던 것입니다. 어떻 게든지 그녀를 만나고 싶어 견딜 수 없었던 왕자는 정당한 이유가 없이는 할 아버지에게서 튀니지로 가도록 허락받을 수 없었기 때문에, 그동안 튀니지로 가는 친구가 있으면 누구든 가리지 않고 자기의 은밀히 불타는 사랑을 최선 의 방법으로 그녀에게 전해 달라고 부탁했으며, 그녀에 대한 소식도 전해 주 도록 당부하고 있었습니다. 그런데 친구 중 하나가 상인으로 가장하고 보석 을 부인들에게 구경시키면서 공주에게 접근하는 방법을 써서 부탁받은 일을 멋지게 해치웠습니다. 그 친구는 제르비노의 열렬한 연정을 공주에게 전한 다음 왕자와 왕자의 소유물은 모두 그녀의 것이 될 거라고 전했습니다.

공주는 그야말로 기뻐 어쩔 줄 몰라 하며 그 사자에게 자기도 똑같이 왕자에 대해서 뜨거운 사랑을 불태우고 있다고 대답하고, 그 증거로 가장 소중히 간직하고 있던 보석들 가운데 하나를 내놓았습니다.

제르비노는 뭔가 최고의 귀중품을 받은 것처럼 기쁨에 춤추며 그 보석을 받았습니다. 그 뒤 먼젓번 그 친구를 통하여 자주 편지를 쓰고 여러 번 값진 선물을 보냈을 뿐만 아니라, 만약 운명이 허락한다면 서로 손을 맞잡고 만나고 싶다고 약속했습니다. 그런데 일은 이렇게 되어 갔지만 공주와 제르비노가 서로 열정을 불태우면서도 만나 보지 못한 사이에 튀니지 국왕은 공주를 그라나다의 왕에게로 시집보내려 했습니다. 그 때문에 공주는 연인에게서 너무 멀어질 뿐만 아니라 모든 것이 끝나게 된다고 생각하니 앞이 캄캄해졌습니다. 만약 무슨 좋은 방법이 있었다면 공주는 그런 일을 막기 위해 부왕 곁에서 도망쳐서 제르비노 곁으로 달려갔을 것입니다.

제르비노도 이 결혼 소문을 듣고 깊은 슬픔에 울적한 나날을 보내고 있었으나, 만약 공주가 바다를 건너 남편 곁으로 가는 날이 오면 방법을 찾는 대로 그녀를 빼앗아 오려고 혼자서 열심히 생각하고 있었습니다.

튀니지의 왕은 공주에 대한 제르비노의 사랑과 그 계획을 얼마쯤 들어서 알고 있었으므로, 왕자의 용기와 무력을 두려워하여 마침내 공주를 시집보내야 할 때가 오자 굴리엘모 왕에게 사자를 파견하여 공주의 결혼을 전했습니다.

즉 제르비노 및 그 밖의 자들로부터 방해받지 않고 이 결혼을 성사시키고 싶으니 왕께서 보장해 주시기를 간절히 바란다고 요청한 것입니다.

이미 늙고 또 그때까지 제르비노의 사랑에 대한 이야기 따위는 무엇 하나 들어 본 적이 없었던 굴리엘모 왕은, 왜 이런 보장이 요구되었는지도 모른 채 태평한 기분으로 기꺼이 보장해 주겠노라 약속하고 그 증거로 튀니지 왕에게 자기 장갑을 선물했습니다.

튀니지 왕은 약속을 받았으므로 튀니지의 항구에 커다랗고 멋진 배를 준비시켜 항해에 필요한 모든 물자를 싣고, 그라나다로 시집가는 공주를 위해 여러 가지 아름다운 장식물을 붙인 뒤 순풍이 불기만을 기다리고 있었습니다.

젊은 공주는 이러한 일을 모두 알게 되자 비밀리에 하인을 팔레르모에 보내 잘생긴 왕자 제르비노에게 자신의 정식 인사를 전하며 며칠 내에 그라나

다로 시집간다는 것을 알리고, 이제야말로 세상의 평판대로 당신이 훌륭한 대장부인가를, 또한 자주 편지로 전해 왔듯이 얼마나 자기를 사랑하고 있는가를 보여 줄 때라고 전하도록 분부했습니다. 명령을 받은 하인은 훌륭하게 공주의 말을 전하고 튀니지로 돌아왔습니다. 제르비노는 공주의 전갈을 들었으나 할아버지인 굴리엘모 왕이 튀니지 왕에게 약속한 것을 알고 있었기 때문에 어떻게 해야 좋을지 몰랐습니다. 그러나 뜨거운 연정은 끊을 길이 없었고, 공주의 진심을 깨달은 이상 비겁한 인간으로 여겨지지 않기 위해 메시나로 가서 경무장한 갤리선 두 척에 용감한 선원들을 태우고, 공주가 탄 배가 반드시 지나가리라고 생각되는 사르데냐섬 앞바다로 향했습니다.

왕자의 예상은 빗나가지 않았습니다. 사르데냐섬 앞바다에 도착하여 며칠 지나자 제르비노가 매복하고 있는 장소에서 그다지 멀지 않은 곳에 튀니지 왕의 배가 미풍을 받으면서 항해해 왔습니다. 그것을 보자 제르비노는 승무원들에게 말했습니다.

"여러분, 여러분이 내가 생각하고 있듯이 참으로 용기가 있는 사람들이라면 사랑을 해본 일이 없거나 또는 현재 사랑을 하고 있지 않은 자는 한 사람도 없을 것이다. 나 자신의 일에서 미루어 보아 어떠한 인간도 사랑 없이 무훈을 세울 수도 선행을 베풀 수도 없다. 그러니 만약 여러분이 사랑을 불태워 본 적이 있고 또 현재 사랑을 하고 있다면 내 소망도 쉽사리 알아주리라 믿는다. 나는 지금 사랑을 하고 있다. 그리고 그 사랑 때문에 여러분에게 이런 고생을 시키고 있는 것이다. 내가 사랑하는 여성은 여러분이 눈앞에 보고 있는 저 배에 타고 있다. 게다가 저 배에는 내가 가장 바라고 있는 여성과 함께 막대한 재물이 쌓여 있다. 만약 여러분이 용감하다면 사나이답게 싸워 쉽사리 우리가 바라는 것들을 뺏을 수 있을 것이다.

나는 승리를 얻어도 전리품으로 한 명의 여자밖에 요구하지 않는다. 그 여자에 대한 사랑 때문에 나는 무력을 사용하고 있는 것이니까. 나머지 물건은 지금부터 전부 자유로이 여러분들의 것으로 해도 좋다. 자, 가자. 하늘의 가호를 빌고 저 배를 습격하자. 신도 우리의 거사에 호의를 보이셔서 바람을 달래고 배를 꼼짝 못 하게 하고 있다."

잘생긴 왕자 제르비노는 이 이상 웅변을 토할 필요가 없었습니다. 그와 행동을 함께하고 있었던 메시나 사람들이 약탈욕에 불타 제르비노가 선동하기 시작하자 일을 결행하려고 벌써부터 사납게 흥분하고 있었기 때문입니다. 그의 연설이 끝나자마자 모두 함성을 지르고 나팔을 불어댔습니다. 그리고 무기를 손에 쥐자 노를 바닷속에 집어넣고 세차게 저어 나가 적선을 향해 돌진했습니다. 배 위의 사람들은 먼 데서 갤리선이 다가오는 것을 보고도 도망치지 못하게 되자 곧 방어 태세에 들어갔습니다.

잘생긴 왕자 제르비노는 적선에 다가가자 싸움을 원치 않으니 배 안의 각 지휘관을 갤리선에 인도하도록 명령시켰습니다. 사라센 사람들은 그들이 어떤 자이며 무엇을 요구하고 있는지를 확인하고 나서 자기들은 굴리엘모 왕으로부터 서약을 받았는데 이게 무슨 짓이냐고 말하고는, 그 증거로 왕에게서 받은 장갑을 보이면서 절대로 항복하지 않을 것이며, 배 안의 물건도 내주지 않겠다고 대답했습니다.

제르비노는 꽁지부리에 서 있는, 자기가 상상한 이상으로 아름다운 공주를 보고 더욱 사랑의 정념에 불타, 장갑을 보여도 장갑 낀 손에 앉힐 매가 없으므로 장갑은 필요 없다고 응수했습니다. 그리고 공주를 내주기 싫으면 싸움이 있을 뿐이라고 외쳤습니다. 그렇게 된 이상 이제 지체할 수도 없었습니다. 양쪽에서 화살을 쏘고 돌을 던지며 격렬한 싸움이 시작되었습니다. 이렇게 오랫동안 싸우고 있는 사이에 쌍방에 커다란 손해가 생겼습니다.

제르비노는 싸움이 유리하게 흘러가지 않자 마침내 사르데냐에서 끌고 온 작은 배에 불을 질러 갤리선과 함께 적선에 접근시켰습니다. 그것을 본 사라센인들은 항복하느냐 싸우다 죽느냐 어느 한쪽을 선택할 수밖에 없다고 생각하고, 갑판 밑에서 울고 있던 공주를 뱃머리로 데리고 가서 제르비노가 보는 앞에 세워 놓고, 구원을 바라며 울부짖는 공주를 베어 바닷속에 집어 던지고 이렇게 외쳤습니다.

"자, 가져가라, 줄 테니까. 우리가 할 수 있는 일은 이것뿐이다. 네놈의 불충에는 이것이 알맞다."

제르비노는 그들의 잔인성을 눈앞에서 보고 마치 죽음을 각오한 사람처럼 날아오는 화살이나 돌을 무릅쓴 채로 갤리선을 접근시켜 떼 지어 오는 자들이 얼마나 많든 눈 하나 까딱하지 않고 적선에 뛰어올랐습니다. 그리고 황소 떼 속에 뛰어들어간 사자가 굶주림에서라기보다도 노여움에서 날카로운 이빨과 발톱으로 닥치는 대로 죽여 버리듯, 손에 든 검으로 좌우로 덤벼드는 사라센인들을 무찌르고 무참한 시체 더미를 쌓았습니다. 그러자 이미 불은 배에 번져 나가고 있었으므로 제르비노는 승무원들에게 가질 수 있는 만큼 물건을 약탈하게 했습니다. 그리하여 적으로부터 승리를 얻기는 했으나 조금도 기쁜 마음을 얻지 못한 채 적선에서 내려갔습니다. 그는 아름다운 공주의 시체를 바다에서 건지게 하여 오랫동안 하염없이 울었습니다. 그리고 시칠리아로 돌아가는 도중 트라파니 거리 거의 맞은편에 있는 우스티카라는 작은 섬에 정중히 묻어 주었습니다. 그는 깊은 슬픔을 안고 초연히 저택에 돌아왔습니다.

튀니지 왕은 이 소식을 듣자 굴리엘모 왕에게 검은 옷을 입은 사자를 파견하여 약속 위반에 대해 항의함과 동시에 일의 자초지종을 알렸습니다. 굴리엘모 왕은 그 사실을 듣자 대단히 노하였고, 그들이 요구하고 있는 공정한 처벌을 거절할 구실도 찾지 못한 채, 제르비노를 체포하도록 했습니다. 더구나 신하 가운데서도 제르비노를 구하고자 청원하는 자가 없었으므로 참수형을 명하고 자기 눈앞에서 목을 자르게 했습니다. 이는 서약을 어기는 국왕이라고 평판받기보다는 오히려 손자를 잃는 편이 낫다고 생각했기 때문이겠지요.

이리하여 두 연인은 겨우 며칠 사이에 자기들 사랑의 열매도 맛보지 못한 채, 아까 말씀드린 바와 같이 비참한 죽음을 맞고 말았습니다.

다섯째 이야기

리사베타의 오빠들이 그녀의 연인을 죽인다. 그 망령이 그녀의 꿈속에 나타나 자기가 묻혀 있는 곳을 알려 준다. 그녀는 가만히 연인의 머리를 파내어 바질나무 항아리에 넣어 두고 날마다 오랜 시간 눈물을 떨어뜨리는데, 그것을 안 오빠들은 그 항아리를 빼앗는다. 그러자 그녀는 슬픈 나머지 죽고 만다.

엘리사의 이야기가 끝나고 왕에게서 얼마간의 칭찬이 있은 다음 필로메나가 지명을 받았습니다. 불쌍한 제르비노와 그의 연인에게 몹시 동정한 그녀는 슬픈 듯이 한숨을 쉬고 이야기를 시작했습니다.

여러분, 나의 이야기는 엘리사가 한 이야기 속의 사람같이 신분 높은 사람들이 나오진 않습니다. 그러나 그것에 뒤지지 않는 가련한 이야기가 될 것입니다. 지금 메시나에 대한 것이 이야기 속에 나왔기 때문에 생각났습니다만, 이 이야기도 거기에서 일어난 사건입니다.

메시나에 젊은 상인 세 형제가 살고 있었습니다. 아버지는 산지미냐노 사람이었는데 그가 죽고 나자 유산을 물려받아 세 사람은 대단한 부자가 되었습니다. 그런데 그들에게는 리사베타라는 아주 예쁘고 우아한 누이동생이 있었습니다만 무슨 까닭인지 아직도 시집을 가지 않았습니다. 이 세 형제는 자기들 가게에 피사 태생의 로렌초라는 젊은이를 고용하고 있었는데, 이 사나이가 가게 일을 모두 꾸려 나갔습니다. 그는 외모도 훌륭하고 인품도 매우 훌륭한 청년이었으므로 평소 얼굴을 맞대고 있는 동안에 리사베타는 그가 몹시 마음에 들었습니다.

로렌초도 어느덧 그것을 눈치채자 다른 연인들도 몇몇 있었으나 모조리 팽개치고 그녀에게만 애정을 쏟기 시작했습니다. 그러고는 서로 똑같이 좋아하고 마음을 허락하는 사이가 되자 두 사람이 서로 바라고 있는 일을 하는 데에 이렇다 할 시간도 걸리지 않았습니다. 그리하여 이러한 일을 계속하면서 즐겁고 행복한 나날을 보내고 있었는데, 그러던 중 마침내 비밀의 정사를 더 계속할 수 없는 사태가 일어나고 말았습니다. 어느 날 밤 리사베타가 로렌초가 자고 있는 방으로 숨어 들어가는 것을, 그녀는 알아채지 못하는 사이에 큰오빠에게 들켜 버렸기 때문입니다.

이 오빠는 영리한 젊은이였으므로 그런 일을 알고 몹시 마음이 아팠으나 그 순간에는 아무 말도 하지 않고 꾸짖지도 않는 것이 적당한 조치라고 생각하고는, 그러한 사태에 대처해야 할 여러 가지 일들을 이튿날 아침까지 미루기로 했습니다. 이윽고 날이 밝자 맏형은 동생들에게 간밤에 본 리사베타와 로렌초의 일을 이야기했습니다. 그리고 셋이서 여러모로 의논한 결과 자기들에게도 누이동생에게도 수치가 되지 않도록 이 일을 말없이 그냥 넘겨 버리기로 하고, 눈에 띄는 어떠한 일도 입 밖에 내지 않도록 하자, 그리고 이러한 치욕이 모두에게 피해를 주거나 굴욕이 되지 않고 또 이 이상 진행되지 않도록 조용히 기회를 살피다가 일을 처리해 버리자고 결정했습니다. 이렇게 결정하고 그들은 전과 다름없이 로렌초와 이야기하기도 하고 우스갯소리도 했습니다. 그러다가 세 사람은 교외로 놀러 가는 것처럼 꾸며 로렌초를 데리고 가기로 했습니다. 그리하여 인적이 드문 먼 곳에 닿았을 때, 바로 지금이라고 생각하고, 그런 일이 일어나리라곤 생각조차 못 하고 있는 로렌초를 죽여 아무도 모르게 땅속에 묻은 뒤 메시나로 돌아와서는, 그를 다른 곳에 출장 보냈다고 말을 퍼뜨렸습니다. 지금까지 종종 부근에 출장을 보내곤 했으므로 사람들은 아무 의심 없이 그것을 믿었습니다.

로렌초가 돌아오지 않고 그의 출장이 너무 오래 걸리자 리사베타는 기다리다 못해 오빠들에게 자꾸 물어보게 되었는데, 오빠 중 한 사람이 이렇게 말하고 말았습니다.

"너 왜 그러는 거냐? 그렇게 맨날 묻는데 로렌초에게 무슨 볼일이라도 있는 거냐? 다시 한 번 물어봐라, 네가 바라는 대답을 해줄 테니까."

슬프고 우울했던 그녀는 어쩐지 두려워져서 그 이상 묻지 않았습니다. 그리고 밤이 되자 슬픔을 참을 길 없어 수없이 그의 이름을 부르고 빨리 돌아오기를 빌었습니다. 때로는 하염없이 눈물을 흘리고 그렇게 오랫동안 돌아오지 않는 것을 원망하기도 하며, 좀처럼 불안한 마음을 누르지 못한 채 계속 기다리고만 있었습니다. 그러던 어느 날 밤 돌아오지 않는 로렌초를 슬퍼하며 울고 있다가 그만 잠이 들고 말았습니다. 그러자 머리를 헝클어뜨린 창백한 얼굴에 조각조각 찢어진 옷을 입은 로렌초가 꿈속에 나타나 이렇게 말한 것 같이 느껴졌습니다.

"오오, 리사베타, 그대는 내가 돌아오지 않는 것을 슬퍼하여 그저 울기만 하면서 눈물로 나를 책망하고 있는데, 나는 이제 세상에 되돌아갈 수 없다는 것을 알아주오. 그대가 나를 본 마지막 날에 나는 그대의 오빠들에게 죽임을 당했으니까."

그렇게 말한 다음 자기가 살해당하여 묻힌 장소를 알려 주고, 이제는 자기를 부르거나 자신이 돌아오기를 기다리지 말라고 부탁하고는 안개처럼 사라지고 말았습니다.

그녀는 눈을 뜨자 지금 꾼 꿈이 사실일지 모른다고 생각하여 몸부림치며 울기 시작했습니다. 이윽고 아침이 되어 일어나자 오빠들에게는 어떤 말도 꺼낼 엄두가 나지 않아, 꿈에 로렌초가 일러 준 장소에 가서 꿈의 계시가 사실 인지 확인해 보려고 마음먹었습니다. 그리하여 전에 자신의 집에서 일한 적이 있어 자기 일에 대해서는 뭐든지 다 알고 있는 하녀에게 함께 교외로 산책을 가자고 권하여 급히 빠른 걸음으로 그 장소에 갔습니다. 그리고 그 근처의 마른 잎을 치우면서 흙이 굳지 않은 곳을 찾았습니다. 그러자 얼마 파지도 않았는데 아직 예전 그대로의 모습을 지니고 있는 불행한 연인의 시체가 나타났습니다. 그녀의 꿈은 현실 그대로였던 것입니다. 너무도 기막힌 사실에 그녀는 몸부림치며 통곡했습니다만 지금은 울고 있을 때가 아니라고 생각하고, 만약 할 수 있다면 시체를 마을로 가져가 좋은 땅에 고이 묻어 주리라 마음먹었습니다. 그러나 그것도 불가능한 일이라고 깨달았으므로 칼을 꺼내서 머리만 잘라 보자기에 쌌습니다. 그리고 그 자리에는 흙을 덮고 보자기를 하녀에게 들려 아무에게도 의심받지 않고 집으로 돌아왔습니다.

그녀는 방 안에 틀어박혀 연인의 얼굴에 마치 눈물로 씻듯이 오랫동안 비통한 눈물을 쏟고 얼굴 전체에 계속 키스를 했습니다. 그리고 보통 마저럼이나 스위트바질을 심는 예쁘고 커다란 항아리를 가져다가, 깨끗한 천에 싼 머리를 넣어 그 위에 흙을 덮고 살레르노산의 싱싱한 바질 몇 뿌리를 심었습니다. 그러고는 장미꽃이나 오렌지꽃으로 만든 물이나 자기 눈물 이외에는 아무것도 뿌리지 않았습니다. 이렇게 하여 그녀는 그 곁에 앉아 거기에 로렌초가 숨어 있기나 하듯이 자기 마음을 온통 호소하고 있었습니다. 그리고 마음에 맺힌 한을 전부 호소하고 나면 곁에 가서 또 울기 시작하여 나중엔 언제나 바질 가지가 눈물로 젖어 버렸습니다.

이같이 오랜 기간의 끊임없는 정성 때문에, 또 그 속의 머리가 썩어 흙이 비옥해진 탓도 있어, 가지는 훌륭히 자라 향기 좋은 꽃을 피웠습니다. 그런데 그녀가 이러한 일을 계속하고 있는 모습이 근처 사람들의 눈에 종종 띄게 되었습니다. 그들은 이상한 일도 다 있다 생각하고 오빠 중의 한 사람에게 리사베타의 이상한 행동을 말하며 도대체 어떻게 된 거냐고 물었습니다. 오빠들도 누이동생의 아름다움이 갈수록 시들 뿐만 아니라 눈마저 쑥 들어가 이상하게 여기던 참이라 그 말을 듣고 잘 관찰해 보기로 했습니다. 그리하여 그것을 확인한 다음 동생을 꾸짖었으나 아무런 소용이 없자 꽃항아리를 치워 버렸습니다.

이것을 안 그녀는 오빠들에게 몇 번이나 끈질기게 되돌려 달라고 부탁했으나, 아무리 졸라도 돌려주지 않자 그만 병에 걸리고 말았습니다. 그녀는 앓아누워서도 꽃항아리를 돌려 달라고 계속 졸라댔습니다.

오빠들은 이같이 끈질기게 졸라대는 품이 아무래도 미심쩍어 그 속에 무엇이 들어 있는가 알아보려고 했습니다. 그리하여 항아리의 흙을 비우고 그 안을 보니 헝겊에 싼, 사람의 두개골이 보였습니다. 그것은 아직 완전히 썩지 않았는데 곱슬곱슬한 머리카락 모양으로 보아 로렌초의 머리임에 틀림없다는 것을 알았습니다. 이에는 그들도 눈이 휘둥그레질 정도로 놀라 로렌초를 죽인 것이 탄로 나지 않을까 두려워져 그 머리를 땅에 묻고는 아무에게도 알리지 않고 가만히 메시나를 떠났습니다. 그리고 적당한 구실을 붙여 메시나에서의 장사를 그만두고 나폴리로 이주해 버렸습니다.

리사베타는 그 뒤에도 날마다 울면서 꽃항아리를 돌려 달라고 애원하다가 마침내 죽고 말았습니다. 이리하여 그녀의 불행한 사랑은 종말을 고했습니다. 그러나 나중에 이 일이 세상에 알려져 오늘날에 이런 노래가 불려지고 있습니다.

내 꽃항아리
누가 가져갔나
그 나쁜 사람은 누구일까.

여섯째 이야기

안드레우올라는 가브리오토를 사랑하고 있었다. 그녀는 자기가 꾼 꿈을 그에게 이야기하고 그도 그녀에게 자기 꿈 이야기를 한다. 그리고 갑자기 그녀 팔에 안긴 채 죽는다. 그녀는 하녀와 함께 시체를 그의 집으로 날라 가다가 경찰에게 잡혀 행정장관 앞에 끌려가 모든 이야기를 한다. 장관은 억지로 그녀를 욕보이려 하나 그녀는 완강히 물리친다. 이때 그녀 아버지가 달려오고 그녀는 무죄임이 밝혀져 석방된다. 그녀는 이런 세상에서 더 이상 살 수 없다고 여겨 수녀가 된다.

필로메나가 한 이야기는 부인들을 감동시켰습니다. 그 같은 노래가 늘 불려지는 것을 들어 왔으면서도 만들어진 유래에 대해서는 처음 알게 되었기 때문입니다.

그건 그렇고, 왕은 이야기가 끝났으므로 판필로를 향하여 차례가 되었으니 이야기하라고 명령했습니다. 이윽고 판필로가 조용히 이야기를 시작했습니다.

조금 전 이야기 속에 나온 꿈 덕분에 내 머릿속에 그와 비슷한 이야기가 떠올랐습니다. 이 속에서는 두 가지 꿈이 나옵니다.

아까의 이야기는 과거를 보여 주는 꿈이지만 내 이야기는 미래를 예언하는 것입니다. 즉 각자가 꾼 꿈을 모두 이야기하면 곧 두 사람에게 그대로의 일이 생기는 것입니다.

그런데 여러분, 꿈속에서 여러 가지 일을 보는 것은 살아 있는 자에게 있어 일반적인 현상입니다. 그리고 비록 자고 있어도 자면서 본 것이 모두 사실처럼 여겨집니다. 그런데 잠이 깨고 보면 어떤 꿈은 정말인 것 같은 느낌이 들지만 또 전혀 있을 수 없는 일로 여겨지는 것도 있습니다. 그럼에도 많은 꿈이 현실에서 실제로 일어납니다. 그 때문에 많은 사람은 눈을 뜨고 본 것과 마찬가지로 수면 중의 꿈을 믿어 버려, 그것이 좋은 꿈인가 나쁜 꿈인가에 따라 걱정하거나 기뻐하고 있습니다. 그런데 그 반대로 꿈이 위험에 빠질 것을 예언하고 있는데도 조금도 꺼리지 않는 사람이 있습니다. 나는 그것에 대해서 어느 쪽에도 찬성하지 않습니다. 왜냐하면 꿈이 반드시 사실을 보여 준다고는 말할 수 없으며 반드시 거짓이라고도 단정할 수 없기 때문입니다. 꿈이 모두 사실이지는 않다는 것은 우리가 종종 경험하는 바이며, 또 꿈이 모두 거짓은 아니라는 것도 아까 필로메나의 이야기에 있었던 대로이고, 나도 처음에 말씀드린 바와 같이 앞으로 하게 될 이야기 속에서 이것을 증명할 작정입니다. 올바른 생활이나 행동을 하고 있으면 정반대인 나쁜 꿈을 꾸어도 조금도 걱정할 필요가 없으며, 그 때문에 좋은 계획을 포기할 필요도 없다고 생각합니다. 만약 좋지 않은 일을 하려는 경우에는 비록 꾼 꿈이 바람직하고 기뻐해야 할 암시처럼 여겨져도 조금도 믿을 수는 없다고 생각합니다. 그리고 반대로 좋은 일을 하려고 할 때에는 전폭적인 신뢰를 두어도 좋을 것입니다. 그럼 이야기를 시작하겠습니다.

옛날 브레시아 거리에 네그로 다 폰테 카라로라는 귀족이 살았습니다. 이 사람은 자식을 여럿 두었는데 그중에 안드레우올라라는 아직 젊고 매우 아름다운 딸이 있었습니다. 이 딸은 우연한 일로 이웃에 사는 가브리오토와 사랑에 빠졌습니다.

그는 신분이 낮았으나 예의범절이 바른 잘생긴 청년으로 사람들에게서 호감을 얻고 있었습니다. 그래서 그녀는 하녀의 도움을 받아 여러 가지로 애를 쓴 끝에 자기의 마음을 전하여 알게 하고, 그를 아름다운 정원에 가끔 불러 서로 사랑의 즐거움을 누렸습니다. 그런 까닭으로 어느 쪽인가 죽지 않는 한 이 즐거운 사랑으로부터 떼어 놓을 것이 아무것도 없었으므로 두 사람은 남몰래 서로 남편이 되고 아내가 되었던 것입니다. 이렇게 열렬히 연애를 계속하고 있던 어느 날 밤이었습니다. 딸은 뜰에서 가브리오토와 밀회하여 끌어안고 최고의 쾌락을 맛보는 꿈을 꾸었습니다. 한참 이렇게 하고 있을 때 그의 몸에서 뭔가 거무스름한 무서운 괴물이 나타난 것 같은 느낌이 들었습니다. 그 모양은 잘 몰랐으나 그것이 억지로 가브리오토를 그녀의 팔에서 빼앗아 땅속으로 들어가더니 양쪽 다 보이지 않게 되었습니다. 너무나 무서워 몸부림치는 순간 꿈에서 깨었습니다. 눈을 뜨고 살피니 꿈에서 본 일이 일어나 있지 않음을 알고 안심하긴 했으나 꿈에서 본 일이 걱정되었습니다.

이런 일이 있었으므로, 그녀는 다음 날 밤 가브리오토가 그녀에게로 오고 싶어 했으나 될 수 있는 대로 오지 않도록 애썼습니다. 그러나 그는 기어코 오고 싶어 했고 그녀는 쓸데없는 의심을 받고 싶지 않았으므로 다음 날 밤에 그를 정원에 맞아들였습니다. 계절이 계절인 만큼 희고 붉은 장미꽃을 많이 꺾어서 손에 들고 그와 함께 뜰 안에 맑은 물이 솟아 나오고 있는 아름다운 분수 곁에 가서 앉았습니다.

거기서 두 사람은 오랫동안 즐겁게 이야기하고 있었는데 문득 가브리오토가 왜 전날 자신이 오는 것을 거절했느냐고 그 까닭을 물었습니다. 처녀는 전날 밤 꾼 꿈 이야기를 고백하고 꿈이 나빠서 그랬다고 말했습니다. 가브리오토는 그것을 듣자 웃음을 터뜨리고 꿈이란 과식했을 때나 공복일 때 잘 꾸는 것이며, 꿈을 믿는다는 건 어리석기 짝이 없는 일이라고, 평소의 경험으로 그런 일은 있을 수 없다는 것을 잘 알지 않느냐고 말했습니다. 그리고 이렇게 덧붙였습니다.

"만약 내가 꿈을 믿는다면, 당신이 엊저녁에 꾼 것처럼 내가 꾼 꿈을 걱정하여 여기에 오지 않았을 거요. 그 꿈은 내가 아름답고 쾌적한 숲속에서 사냥을 하고 있다가 지금까지 본 일이 없는 대단히 귀엽고 아름다운 암사슴을 붙잡는 꿈이었소. 그것은 눈보다 흰 사슴으로, 대뜸 나를 따르고 나에게서 떨어지지 않으려 했단 말이오. 나는 그 사슴이 아주 귀여워 달아나지 않도록 목에 금목걸이를 끼우고 금사슬을 매달아 꼭 쥐고 있었소. 그런데 그 사슴이 머리를 내 가슴에 대고 쉬고 있을 때, 어디서인지 숯같이 새까맣고 보기에도 무서운 굶주린 사냥개가 나타나 내 쪽을 향하여 달려오지 않겠소? 나는 그놈에게 도저히 대항할 수 없을 것처럼 느껴졌소.

그 개는 나의 왼쪽 가슴을 향해 덤벼들어 이빨이 심장에 닿을 정도로 꽉 물어뜯더니 그만 심장을 입에 문 채 달아나고 말았소. 나는 너무나 고통스러워 갑자기 꿈에서 깨어서는 곧 왼쪽 가슴에 손을 대보았으나 아무 일도 없었소. 나도 모르게 가슴을 어루만진 나 자신이 우스워져 웃음을 터뜨렸소. 그러나 이런 꿈에 무슨 의미가 있겠소? 이런 꿈만이 아니라 나는 더 무서운 꿈을 지금까지 여러 번 꾸었으나 내 몸에 별다른 일이 일어난 적은 없소. 그러니 꿈에 본 일 따윈 걱정하지 말고 즐거운 시간을 보내기로 합시다."

그렇지 않아도 무서운 꿈에 떨고 있던 처녀는 그 이야기를 듣자 더욱 무서워지고 말았습니다. 하지만 가브리오토의 기분을 상하게 하면 안 되겠다고 생각하여 될 수 있는 대로 걱정을 감추고 있었습니다. 그래서 몇 번이고 그를 껴안고 키스하고 그에게 안기어 키스를 받으며 사랑의 쾌락에 몸을 맡기기는 했으나 아무래도 마음에 걸려 여러 번 그의 얼굴을 바라보고, 어디선가 검은 괴물이 나타나지나 않을까 두리번거렸습니다.

그런데 갑자기 가브리오토가 깊게 한숨을 내뱉고는, 그녀를 안은 팔에 더욱 힘을 주며 소리치듯이 말하는 것이었습니다.

"아아, 괴로워 죽을 것 같아, 도와줘."

그러더니 털썩 풀 위에 쓰러져 버렸습니다.

처녀는 그것을 보자 쓰러진 그를 무릎 위에 끌어안고 울먹이며 말했습니다.

"아니, 왜 그래요, 가브리오토?"

가브리오토는 아무런 대답도 없이 온몸이 땀투성이가 되어 괴로운 듯 허덕이다가 곧 숨을 거두고 말았습니다. 자기 목숨보다 소중히 그를 사랑하고 있었던 처녀에게 그의 죽음이 얼마나 슬펐는지 그것을 모르는 사람은 아무도 없을 것입니다.

그녀는 눈물을 흘리며 허망하게 연인의 이름을 계속 부르고 있었습니다. 온몸을 만져 보니 이미 싸늘하게 식어 있어 아주 숨이 끊어져 버렸음을 알기는 했으나, 슬픔과 고통이 너무 심하여 어떻게 하면 좋을지 몰라 그저 당황하고 있을 뿐이었습니다. 그러나 곧 자기들의 사랑을 잘 알고 있는 하녀를 불러서 이 슬픈 사건을 울면서 이야기했습니다. 두 사람은 잠시 가브리오토의 죽은 얼굴에 눈물을 쏟고 있었습니다만 이윽고 처녀는 하녀에게 이렇게 말했습니다.

"하느님이 이분을 부르신 것이니 나는 이제 더 살고 싶지 않다. 하지만 내가 죽기 전에 나의 명예와 사랑의 비밀이 지켜지도록 하고 싶고, 그리운 영혼이 사라진 그의 육체를 무사히 묻어 주고 싶다."

그러자 하녀가 대답했습니다.

"어머, 아가씨, 죽다니 그게 무슨 말씀이세요. 아가씨가 이승에서 그분을 잃었다고 목숨을 끊으시면 저세상에 가서도 잃는 셈이 됩니다. 그분은 훌륭한 청년이셨으니 그 영혼이 천국에 가 계실 텐데 아가씨가 스스로 목숨을 끊는다면 지옥에 가게 될 테니 말예요. 그러니 기운을 내시고 하느님께 기도를 드리든가, 무언가 선한 일을 하시는 것이 가장 좋은 일이라고 생각합니다. 그분은 이 뜰에 매장하는 것이 간편하고 그분 마음에도 들 거예요. 그분이 이곳에 와 있었던 사실은 아무도 모르니까 그런 일을 눈치챌 사람도 없을 겁니다. 그것이 싫으시면 뜰 밖에 내놓읍시다. 내일 아침이면 발견되어 친척들이 집으로 데려가 묻어 줄 테니까요."

처녀는 슬픔에 복받쳐 여전히 눈물을 흘리고 있었습니다만 그 와중에도 하녀의 말에 귀를 기울이고 있었습니다. 그리고 처음에는 그저 어리둥절한 채 있다가 이윽고 이렇게 말했습니다.

"나의 이렇게 소중한 분을, 남편이라고 여기고 사랑해 온 분을 어떻게 그리 한단 말이냐! 개처럼 파묻든가 길가에 내버려 두다니…… 나는 내가 갖고 있는 모든 눈물을 쏟았으니 친척들의 눈물도 뿌려져야지. 좋아, 어떻게 해야 할지 생각이 났어."

그렇게 말하고 곧 하녀에게 궤 속에 간직해 두었던 명주천을 찾아오도록 시켰습니다. 그것을 가져오자 땅 위에 펴서 가브리오토의 시신을 눕혔습니다. 그리고 머리 밑에 베개를 받쳐 주고 눈물을 흘리면서 눈과 입을 감겨 주었습니다. 그리고 장미꽃 다발을 만들어 장식하고 장미꽃을 가득 뿌려 준 다음 하녀에게 말했습니다.

"여기서부터 이분 집 입구까지는 그리 멀지 않아. 너와 둘이서 이렇게 꾸며 드렸으니 들고 가서 이분 집 앞에 두고 오기로 하자. 이제 곧 날도 샐 테니까 곧 알아차리고 집 안으로 들여놓으리라 생각해. 이렇게 해드려도 집안사람들에게는 아무런 위로도 되지 않겠지만 나로서는 내 팔에 안기어 죽었으니 퍽 위안이 돼."

이렇게 말하고는 또다시 시신을 끌어안고 그 얼굴에 눈물을 뿌리며 오랫동안 울었습니다. 그러던 중 날이 새어 하녀의 재촉을 받고 일어서서 가브리오토와의 결혼 기념반지를 뽑아 그의 손가락에 끼워 주고는 울먹이는 목소리로 말했습니다.

"그리운 이여, 당신의 영혼이 저의 눈물을 보시거든, 영혼이 사라진 뒤에라도 당신의 감성과 지력이 남아 있으시거든, 살아 계실 때 그토록 사랑했던 여인의 마지막 선물을 기꺼이 받아 주세요."

이렇게 말하더니 그녀는 정신을 잃고 시신 위에 쓰러졌습니다. 이윽고 정신을 차려 일어서자 하녀와 함께 시체를 싼 명주천을 들어 올리고 뜰에서 나가 그의 집으로 향했습니다. 그런데 이렇게 걸어가는 도중 마침 그 시각에 무슨 사건이 있어 순찰하고 있던 경찰들의 눈에 띄어 시체와 함께 붙잡히고 말았습니다.

안드레우올라는 살아 있기보다는 죽는 편이 낫다고 생각했던 만큼 그들이 경찰인 줄 알면서도 조금도 두려워하지 않고 이렇게 말했습니다.

"저는 당신들이 누구인지 잘 알고 있습니다. 도망치려 해도 도망칠 수 없다는 것을 알고 있어요. 당장에라도 여러분들과 함께 가서 숨김없이 일의 자초지종을 말씀드릴 생각입니다. 조금도 반항하지 않을 테니 제게는 손가락 하나도 대지 말아 주세요. 그리고 시비를 당하기 싫으면 이 시체에서 무엇 하나라도 빼어 가지 말아 주세요."

그래서 아무런 방해도 받지 않고 가브리오토의 시체와 함께 행정장관의 관저로 갔습니다.

장관은 이야기를 전해 듣고 일어나 자기 거실에서 그녀를 취조하기 시작했습니다. 그리고 의사 몇 명을 불러 이 사나이가 독살되었는지 또는 그 밖의 방법으로 살해되었는지 진단을 해보게 했고, 의사들은 타살을 부정했습니다. 심장 옆의 종기가 터졌기 때문에 호흡이 멎었다고 증언했습니다. 죄가 없다는 것이 밝혀졌으니 마땅히 내보내야 할 것이나 장관은 그녀의 미모에 반하여 무슨 큰 은혜나 베푸는 듯이 생색을 내며, 자기 말을 들으면 석방해 준다고 말했습니다. 그러나 그녀에게 그런 말은 아무 소용도 없었으므로 폭력을 쓰려고 했습니다. 안드레우올라는 몹시 화를 내며 조금도 굽히지 않고 입에 담을 수 없는 험한 말로 욕을 퍼붓고 장관을 뒤로 밀어뜨리고 용감하게 몸을 지켰습니다. 이윽고 날이 새어 이 일이 네그로 씨에게 전해지자 그는 이루 말할 수 없이 슬퍼했습니다. 그는 곧 많은 친척들과 함께 장관 관저로 찾아갔습니다. 그리고 장관에게서 자초지종을 듣자 눈물을 흘리며 딸을 돌려 달라고 부탁했습니다.

장관은 자기가 처녀에게 가하려고 한 폭력 행위에 대해서 그녀한테 비난받기 전에 선수를 쳐서 언급했습니다. 그녀를 시험하려고 덤볐는데 아주 훌륭한 아가씨였다고 그녀의 굳은 의지를 칭찬한 것입니다. 그리고 이것으로 그녀가 훌륭한 처녀임을 알았으며 아주 마음에 들었으니, 만약 아버지인 당신과 그녀 자신이 동의한다면 저런 신분 낮은 사나이의 정부였다는 점은 문제 삼지 않고 기꺼이 아내로 맞이하고 싶다고 제의했습니다. 장관이 이런 말을 했을 때 안드레우올라가 아버지 곁에 다가가 울면서 무릎을 꿇고 이렇게 말했습니다.

"아버지, 제가 앞뒤 생각 없이 저지른 일이나 저에게 닥친 불행을 아버지께 말씀드리지 않아도 이미 들으셔서 다 알고 계실 줄 압니다. 정말 진심으로 저의 잘못에 대해서, 그러니까 아버지가 아시지 못하는 사이에 자신이 가장 좋아하는 사람을 남편으로 삼아 버린 일에 대해서 용서를 구하려고 합니다. 이러한 부탁을 드리는 것은 제가 살아남기 위해서가 아니라 아버지 딸로서 죽고 싶기 때문입니다. 아버지의 원수로서가 아니라……."

이렇게 말하고 쓰러져 울기 시작했습니다.

네그로 씨는 이제 연로한 데다가 부드럽고 애정이 깊은 사람이었으므로 딸의 이러한 말을 듣자 자기도 함께 울면서 위로하듯 딸을 안아 일으키며 말했습니다.

"얘야, 만약 내가 생각하던 사람과 같은 남자를 네가 남편으로 삼아 주었다면 얼마나 기뻤을까. 그러나 비록 네가 좋아하는 남자를 선택했더라도 결코 나는 나쁘게 생각하지는 않았을 거란다. 하지만 네가 나를 믿지 않고 내게 그것을 감추고 있었던 것은 슬픈 일이다. 더구나 내가 모르는 사이에 죽어 버렸다니 더욱 슬프구나. 그러나 이렇게 된 이상 네가 만족하도록 그가 살아 있었다면 기꺼이 내가 해주었으리라 믿는 것을 해주마. 다른 게 아니라 내 사위로서 성대한 장례를 치러 주마."

이렇게 말하고 그는 아들들과 친척들 쪽을 향하여 가브리오토를 위한 정중한 장례식을 준비하라고 명했습니다. 이러는 사이 소문을 들은 가브리오토의 친척들과 온 거리의 남녀들이 모여들었습니다. 그리하여 안드레우올라의 명주천에 싸여 그녀가 뿌려 놓은 장미꽃에 장식된 가브리오토의 시체는 시청 안마당에 안치되었고, 그 위에 그녀와 그의 친척들은 물론 온 거리의 남녀들이 흘린 애도의 눈물이 뿌려졌습니다. 그리고 서민이 아니라 귀족에게 하는 것 같은 형식으로 시청 안마당에서 운반되어 신분이 높은 시민의 어깨에 메어져 성대하고 엄숙하게 묘지로 운반되어 갔습니다.

그 뒤 이삼 일이 지나 장관에게서 다시 청혼이 와 네그로 씨가 딸에게 전했으나 그녀는 들으려고도 하지 않았습니다. 그래서 아버지는 딸이 좋을 대로 하게 했습니다.

그녀는 하녀와 함께 성스럽기로 이름 높은 어느 수도원에 수녀로 들어가 평생 깨끗한 생활을 보냈다고 합니다.

일곱째 이야기

시모나는 파스퀴노를 사랑한다. 두 사람이 공원에서 만나고 있을 때 파스퀴노가 아무 생각 없이 샐비어 잎으로 이를 문질러 그 바람에 죽는다. 시모나는 살인죄로 붙잡혀 재판관에게 파스퀴노가 왜 죽었는가를 설명하려고 샐비어 잎으로 이를 문지르고 마찬가지로 죽고 만다.

판필로가 이야기를 끝내자 왕은 안드레우올라에 대해서 조금도 동정을 표하지 않고 에밀리아 쪽을 보면서 지금까지 이야기해 온 사람들의 뒤를 이어 이야기하도록 지시했습니다. 에밀리아는 주저하지 않고 입을 열었습니다.

여러분, 판필로의 이야기를 듣고 그것과 비슷한 이야기를 하고 싶어졌습니다. 더구나 안드레우올라가 정원에서 연인을 잃은 것처럼 내 이야기도 같은 결과를 맞이합니다. 그리고 안드레우올라와 마찬가지로 관리에게 잡히는데, 좀 다른 것은 힘이나 용기에 의해서가 아니라 여주인공의 갑작스러운 죽음에 의해 법정에서 풀려난다는 것입니다.

그런데 전에도 우리들 사이에서 이야기가 나온 것처럼 사랑의 신은 기꺼이 귀족의 집에 머물러 살지만 그렇다고 해서 가난한 사람들의 집을 다스리는 것을 가치 없다 여기지는 않습니다. 오히려 때로는 무서운 힘의 소유자인 대부호를 두려움에 떨게 만들 때보다 결코 모자라지 않은 힘을 가난한 사람들의 집에서 발휘하기도 합니다. 이것은 완전하다고는 말할 수 없어도 어느 정도 내 이야기 속에 나타날 것입니다. 오늘은 갖가지 일이 이야기되었지만 장소도 다른 고장이었고 우리 도시와는 떨어져 있는 곳의 이야기였으므로 나는 우리들이 살고 있는 도시로 되돌리려고 합니다.

그다지 옛일은 아니지만 피렌체의 가난한 집에서 태어난 시모나라는 처녀가 있었습니다. 비록 그러한 신분이긴 했지만 아주 예쁘고 마음씨가 고운 처녀였습니다. 가난하기 때문에 자신의 가냘픈 두 손으로 빵을 벌어야 했으므로 양털을 자아서 생계를 유지하고 있었습니다만, 그렇다고 해서 마음속에 사랑의 신을 받아들이려 하지 않을 만큼 메마른 감정의 소유자는 아니었습니다. 그녀에게 있어 사랑의 신이란 주인인 양털 상인 대신 집에 양털을 운반해 오고 있던 같은 신분의 파스퀴노라는 젊은이였습니다. 그는 부드러운 말과 다정한 태도로 꽤 오래전부터 그녀의 환심을 사려 하고 있었습니다. 그런데 그녀는 자기를 사랑하고 있는 젊은이의 믿음직한 태도에 마음이 끌려 열렬한 사랑을 느끼기 시작했는데도 그 이상 조금도 진전되지 않아 몹시 애를 태우고 있었습니다. 물렛가락에 실이 다 감길 때마다 양털을 보내오는 사나이를 생각하고는, 실을 자으면서도 저도 모르게 깊은 한숨을 몇 번이나 쉬었는지 모릅니다.

한편 젊은이 쪽은 주인의 털실이 잘 자아지도록 자주 재촉하러 나타나곤 했습니다.

마치 털실을 자을 줄 아는 사람은 이 세상에 시모나밖에는 아무도 없는 것처럼 빈번히 그녀에게로 재촉하러 나타나는 것이었습니다.

그렇듯 젊은이가 재촉하러 오면 처녀는 재촉당하는 것을 기뻐했고 이러한 일을 계속하고 있는 사이에 그는 전보다 훨씬 대담해지고 처녀도 본디의 부끄러움이나 두려움 같은 것을 버려 둘은 즐거운 부부의 언약을 맺고 말았습니다. 그것은 서로에게 참을 수 없을 정도로 즐거운 일이었기에 어느 쪽이 먼저랄 것도 없이 서로 유혹하여 밀회를 거듭했습니다. 이리하여 두 사람은 오늘도 내일도 사랑의 쾌락에 빠져 있었고, 사랑의 열정은 더욱더 뜨거워지기만 할 뿐이었습니다.

어느 날 파스퀴노가 시모나에게 작은 공원으로 놀러 가자면서 그곳이면 좀 더 마음 놓고 아무에게도 의심받지 않고 둘이 함께 있을 수 있을 거라고 말했습니다. 시모나는 기꺼이 가겠다고 대답했습니다. 그리하여 어느 일요일 오후 그녀는 산갈로의 축제에 가고 싶다고 말해 아버지한테 허락을 얻고, 라지나라는 친구와 함께 파스퀴노가 가르쳐 준 작은 공원으로 갔습니다. 거기에는 파스퀴노가 어느 친구와 함께 와 있었습니다. 그 친구의 이름은 푸치노였으나 사람들로부터 스트람바라고 불렸습니다. 스트람바와 라지나 사이에는 곧 새로운 사랑의 유희가 시작되었고, 파스퀴노와 시모나는 두 사람을 공원 한구석에 내버려 둔 채 다른 구석으로 가서 자기들의 쾌락에 잠겼습니다.

파스퀴노와 시모나가 간 곳에는 너르고 깊숙한 샐비어 숲이 있었습니다. 두 사람은 그 뿌리 쪽에 앉아 오랫동안 서로 즐겼습니다. 그러던 중 그 공원에서 쉬면서 먹으려고 생각했던 도시락 이야기가 나오자 파스퀴노는 샐비어 숲 쪽으로 몸을 굽혀 한 조각 잎을 뜯어냈습니다. 그리고 샐비어 잎은 음식을 먹은 뒤 치아 사이에 낀 찌꺼기를 빼내는 데 안성맞춤이라고 말하면서 그 잎으로 이와 잇몸을 문질렀습니다. 그렇게 한참 문지르면서 다시 아까의 그 도시락 이야기를 계속했답니다. 그런데 이야기를 시작한 순간 파스퀴노의 얼굴이 갑자기 새파래지더니 눈도 보이지 않고 말도 못 하게 되었습니다. 그러더니 곧 죽어 버리는 것이 아니겠습니까! 이것을 본 시모나는 너무 놀라 울부짖으며 큰 소리로 스트람바와 라지나를 불렀습니다. 두 사람은 곧 달려와서 파스퀴노가 죽어 있을 뿐만 아니라 얼굴이 부어 있고 거무스름한 반점이 얼굴과 몸에 생겨나 있는 것을 보았습니다. 이에 스트람바가 외쳤습니다.

"이 나쁜 계집, 네가 독을 먹였구나!"

그렇게 욕하며 큰 소리를 지르자 공원 근처에 있던 많은 사람들이 금세 모여들었습니다. 소동을 듣고 달려온 사람들은 온몸이 부어 죽어 있는 젊은이를 바라봤고, 스트람바가 울면서 "네가 속여 독을 마시게 했지"라고 시모나를 꾸짖고 있는 것을 본 데다가 시모나 쪽은 갑작스런 연인의 죽음이라는 엄청난 사건에 그저 어쩔 줄 모르며 넋을 잃고 말도 제대로 못 하는 상태였기 때문에 사람들은 스트람바의 말을 그대로 믿고 말았습니다. 그래서 엉엉 울고 있던 그녀는 사람들에게 붙잡혀 행정장관의 관저로 이끌려 갔습니다. 거기에 스트람바를 비롯하여 파스퀴노의 친구인 아티치아토와 말라제볼레가 달려와서 그녀를 욕하며 강력히 재판을 요구했고, 재판관은 곧 사실을 심리하기 시작했습니다. 그런데 재판관은 이 사건에서 그녀가 유죄가 될 행위를 저질렀는지 어쨌는지 말만으로는 확인할 방법이 없었기에, 그녀를 입회시켜 직접 시체와 현장을 보고 사건의 자초지종을 그녀 입을 통해 설명시키려고 생각했습니다.

그리하여 파스퀴노의 시체가 술통같이 부어오른 채 아직 놓여 있는 장소에 다른 사람들 몰래 그녀를 가게 했습니다. 물론 재판관도 동행했는데 시체를 보고 깜짝 놀라 어떻게 하다 이렇게 됐느냐고 그녀에게 물었습니다. 그녀는 일의 상세한 내용을 잘 알게 하기 위해 샐비어 숲속에 들어가 자초지종을 이야기한 다음 파스퀴노가 한 것처럼 샐비어 잎을 하나 잡아 뜯어 이를 문질렸습니다.

스트람바와 아티치아토, 그 밖의 파스퀴노의 친구들은 그런 일은 모두 쓸데없는 짓이라고 재판관 앞에서 그녀를 비웃었을 뿐만 아니라 더욱 격렬히 비난하며 이 같은 범죄를 처벌하려면 화형 이외에는 없다고까지 말하는 것이었습니다. 그러나 연인을 갑자기 잃은 슬픔과 스트람바와 친구들이 부르짖는 화형의 공포감으로 정신이 혼미해진 이 불행한 처녀는, 샐비어 잎으로 이를 문질렀기 때문에 그녀에게도 파스퀴노에게 일어난 것과 같은 일이 일어나 갑자기 쓰러지고 말았습니다. 그것을 본 사람들의 놀라움이란 이루 말할 수가 없었습니다. 이렇게 해서 두 사람은 죽었지만 생각해 보면 그들이야말로 행복한 연인이라 할 수 있습니다. 같은 날에 불타는 사랑과 한정된 인간의 목숨에 종말을 고할 수 있었다니! 더욱이 그들은 같은 장소로 갈 수 있었으니 얼마나 행복한 일입니까! 또한 저세상에 가서도 이승에서 한 것처럼 서로 사랑할 수 있으니까! 더구나 그녀 뒤에 남은 우리들의 생각으로는, 시모나의 영혼은 더욱 오래오래 행복하리라고 여겨집니다. 그녀의 순결성은 스트람바나 아티치아토나 말라제볼레 같은 천한 인간들의 악의로부터 벗어나 모욕을 당하지 않고, 그녀가 사랑하는 파스퀴노의 뒤를 따라 저세상에서 영혼의 결합을 이룰 수 있으니 말입니다.

재판관이나 입회인들은 이 돌연한 사건에 아주 놀라 한마디 말도 못 하고 그저 멍하니 있었으나 이윽고 재판관이 먼저 정신을 가다듬고 이렇게 말했습니다.

"이 샐비어는 독이 있는 모양이다. 여태 샐비어에 독이 있다는 말은 못 들었는데, 이상한 일이군. 지금부터 다른 사람에게 이런 일이 생기지 않도록 아예 이 샐비어들을 뿌리째 뽑아서 불태워 버리도록 하여라."

그래서 정원지기가 재판관의 눈앞에서 커다란 풀뿌리들을 파낸 순간, 불쌍한 두 연인이 죽은 원인이 명백해졌습니다. 그 샐비어의 커다란 뿌리 밑에서 놀랄 정도로 커다란 두꺼비가 모습을 나타냈습니다. 이 두꺼비가 숨을 쉴 때마다 독이 뿜어져 나와 샐비어를 적셔 버렸던 것입니다.

이 커다란 두꺼비에게 아무도 다가설 용기가 없었으므로 주위에 장작더미를 만들어 샐비어와 함께 불태워 버렸습니다.

이리하여 불행한 파스퀴노의 돌연한 죽음에 대한 조사는 끝났습니다.

파스퀴노의 창백하게 부은 시체는 같은 모양의 시모나의 시체와 함께 스트람바와 아티치아토, 구치오 임브라타 및 말라제볼레에 의해 두 사람이 교구민으로 속해 있던 산파올로 교회에 묻혔습니다.

여덟째 이야기

지롤라모는 살베스트라를 사랑한다. 어머니 부탁으로 부득이 파리에 갔다 돌아오니 그녀는 결혼해 있었다. 그는 몰래 그녀 집으로 숨어 들어가 그녀 옆에서 죽는다. 그리하여 그의 시체가 성당으로 옮겨지자 살베스트라가 찾아와 그의 곁에서 죽는다.

에밀리아의 이야기가 끝나자 왕의 명령으로 네이필레가 다음과 같이 이야기를 시작했습니다.

여러분, 내 생각에는 세상일에 대해 별로 아는 것도 없으면서 잘 안다고 믿는 사람들이 있는 것 같습니다. 이러한 사람들은 남의 충고를 듣지 않을뿐더러 사물의 이치를 어기고 자기 생각으로만 판단하고 있습니다. 이 같은 그릇된 판단 때문에 커다란 재앙을 부르게 되고 좋은 일은 무엇 하나 일어나게 되지 않는 것입니다. 그런데 그런 자연의 이치 속에 있지만 단 하나, 남의 충고나 의도에 좌우되지 않는 것이 바로 사랑입니다. 사랑이란 아무리 열심히 돌아다니며 없애려고 해도 사랑 그 자체가 사라져 버리지 않는 한 제거할 수 없는 성질의 것입니다. 그래서 나는 그 일에 관한 어느 부인의 이야기를 여러분께 들려 드리고자 합니다.

그 부인은 태어났을 때부터 현명하지 못한데도 현명한 체하고 자연의 이치를 어기면서까지 자기 판단에 의지하려 했으며, 하늘의 순리로 일어났다고 여겨지는 사랑의 싹을 그것을 연모한 자에게서 없애려고 한 결과 자식에게서 사랑과 영혼을 동시에 없애 버리는 결과를 낳고 말았던 것입니다.

옛날 사람의 이야기에 따르면 이 도시에 이름이 레오나르도 시기에리라는 부유한 상인이 살고 있었다고 합니다. 이 사람은 아내와의 사이에 지롤라모라는 사내아이가 있었는데, 자식이 태어난 지 얼마 안 되어 신변을 깨끗이 정리하고 세상을 떠났습니다. 후견인들은 어머니와 함께 그 아이가 행복하도록 성실하게 가르치고 있었습니다. 지롤라모는 근처의 어린이들과 사이좋게 놀면서 자랐습니다만 특히 같은 나이인 재단사의 딸과 더 가깝게 지냈습니다. 그리하여 성숙해지자 애초의 단순했던 우정은 격렬한 연정으로 변하여 그녀의 얼굴을 보지 않으면 그날은 기분이 좋지 않을 정도였습니다. 물론 그녀 쪽에서도 그에 못지않게 그를 사랑하고 있었습니다.

어머니는 이것을 알고 몇 번이나 꾸짖고 엄하게 책망했는지 모릅니다. 그래도 지롤라모를 단념시킬 수 없었으므로 후견인들에게 가서 그 일을 털어놓았습니다. 본디 어머니는 자식에 대해서만큼, 재산이 있으면 자두를 오렌지로도 만들 수 있다고, 즉 불가능한 일은 없다고 믿고 있었으므로 그들에게 이렇게 말했습니다.

"저 애는 아직 열네 살도 안 되었는데 살베스트라라는, 근처에 사는 재단사의 딸과 친밀해졌어요. 지금 단념시키지 않으면 아무도 모르는 사이에 아내로 만들어 버릴 것입니다. 그렇게 되면 나는 큰일이죠. 그렇다고 그 처녀가 다른 데로 시집이라도 가는 날에는 우리 애는 병이 나서 죽게 될지 몰라요. 그러니 그런 결과가 되지 않도록 여러분이 가게 일을 핑계 삼아 그 애를 어딘가 먼 외국에라도 보내 주신다면 좋지 않을까 생각해요. 오랫동안 그 처녀와 만나지 않게 해두면 그러는 사이에 어디든 좋은 집안의 처녀를 아내로 맞아들일 수 있을 테니 말예요."

후견인들은, 그거 좋은 생각이라고 말하고, 그렇게 될 수 있도록 최선을 다하겠노라고 대답했습니다. 그래서 아들을 가게에 불러, 그 가운데 한 사람이 부드럽게 말했습니다.

"여보게, 이제 자네도 다 자랐고, 슬슬 집안일을 보살펴도 좋을 나이라 생각하네. 그래서 우리는 자네가 잠시 파리에 가 있으면 어떨까 생각한다네. 파리로 가면 재화의 상당 부분이 어떻게 거래되는지 알 수 있게 되고, 그뿐만 아니라 그곳에 있는 많은 귀족이나 신사들을 만나 여기서는 얻을 수 없는 훌륭한 예의범절을 몸에 익힐 수 있으니 참 좋은 일이 아닌가. 그런 다음 돌아오면 어떨까?"

지롤라모는 열심히 듣고 있었습니다만, 피렌체에 있는 것을 다른 사람과 마찬가지로 행복하게 여기기 때문에 그럴 생각은 없다고 깨끗이 거절했습니다.

훌륭한 후견인들은 이 말을 듣자 더욱 입이 닳도록 설득했지만 결국 실패하고 그 뜻을 어머니에게 알렸습니다. 그러자 어머니는 매우 화가 나서 파리에 안 가겠다고 한 일이 아니라 그의 어리석은 사랑을 탓하며 아들을 몹시 꾸짖었습니다. 그러나 잠시 뒤엔 그를 부드럽게 달래면서 후견인들의 권고를 좇도록 부탁해 보기도 하고 여러 가지로 호기심까지 자극시키면서 애원했습니다. 그래서 마침내 아들도 1년쯤으로 해서, 그 이상 연장되지만 않으면 가겠다고 동의하고 말았습니다. 그리하여 그대로 실행되었습니다. 이렇게 해서 지롤라모는 사랑에 미련이 남아 뒷일을 걱정하면서 파리로 떠났습니다만, 오늘내일하며 하루하루 지내는 동안에 어느새 2년이나 지났습니다. 그래서 전보다 한층 그리움이 더하여 돌아와 보니 처녀는 이미 커튼을 제조하는 젊은이와 결혼했고, 그는 비탄에 잠기고 말았습니다. 그러나 이제 와서 어쩔 도리도 없어 체념하려고 여러모로 노력했습니다. 하지만 그녀가 있는 집을 찾아내어, 자기가 그녀를 잊지 않고 있듯이 제발 그녀 편에서도 자기를 잊지 않고 있었으면 하는 마음에, 흔히 사랑에 빠진 젊은이가 하듯이 그녀 집 앞을 왔다 갔다 하기 시작했습니다.

그런데 그러한 희망도 허망하게 사라졌습니다. 여자는 마치 한 번도 만난적 없는 사람처럼 그를 기억하지 못했습니다. 아니, 조금쯤 기억하고 있었는지는 모르겠지만 겉으로는 모르는 사람을 대하듯 했습니다. 그는 곧 그것을 알아채고 아주 슬퍼하지 않을 수 없었습니다. 그녀에게 자기를 생각나게 하려고 뭐든지 시도해 보았으나 아무런 효과가 없자, 마지막 수단으로 목숨을 걸고라도 말을 걸어 봐야겠다고 생각하기에 이르렀습니다. 그는 근처 사람들에게서 그녀 집의 내부 구조를 자세히 알아 둔 다음, 어느 날 밤 그녀가 남편과 함께 이웃 사람들과 밤놀이에 간 사이에 몰래 그녀 침실까지 숨어 들어가 드리워진 커튼 뒤에 몸을 숨겼습니다. 이렇게 오랫동안 기다리고 있으려니 그들이 돌아와 침대에 누웠습니다. 잠시 뒤 남편은 곤히 잠들어 버렸습니다. 지롤라모는 미리 보아 두었던 살베스트라의 침대 곁으로 다가가 그녀 가슴에 손을 대고 작은 소리로 이렇게 말했습니다.

"이봐, 자?"

그녀는 자고 있지 않았으므로 깜짝 놀라 소리를 지르려고 했으나 지롤라모는 재빨리 말했습니다.

"부탁이야. 소리를 내지 말아 줘. 나는 너의 지롤라모니까……."

그러자 그녀는 떨면서 말했습니다.

"어머, 지롤라모, 나가 줘요. 우리가 연인이었던 시절은 이미 지났어요. 내가 남편 있는 몸이라는 걸 알잖아요. 그러니 남편 이외의 사내를 바라는 것은 나쁜 일이에요. 제발 부탁이니 나가 줘요. 만약 남편이 눈치채면 무슨 다른 일이 일어나지 않더라도, 나는 이제 편안하고 평화롭게 살아갈 수 없게 돼요. 지금 나는 남편의 사랑을 받으며 평온하고 행복하게 지내고 있으니 말예요."

지롤라모는 이 말을 듣자 가슴이 찢어질 듯이 비통해졌습니다. 그리하여 그녀에게 즐거웠던 지난 일을 상기시키고, 멀리 떨어져 있어도 약한 마음을 갖지 않고 지냈던 자기 마음을 고백하며 여러 가지로 애원하기도 하고 앞으로 이렇게 저렇게 하겠다는 약속까지 했습니다만 아무런 소용도 없었습니다. 그래서 이제 더 살아 있기도 싫어져서 그는, 너를 기다리고 있는 동안 몸이 차가워졌으니 이 깊은 사랑을 봐서 조금이라도 몸이 녹을 때까지 곁에 눕게 해달라, 아무 말도 하지 않을 것이고 몸도 건드리지 않을 테니, 하고 마지막으로 애원했습니다. 그리고 조금이라도 몸이 녹으면 나가겠노라고 덧붙였습니다. 살베스트라는 좀 가련한 생각이 들어 그것을 허락해 주었습니다.

지롤라모는 그녀 곁에 누웠으나 물론 그녀 몸은 건드리지도 않았습니다. 그리고 오랫동안 간직해 왔던 자기 사랑에 대한 것과 지금 그녀의 싸늘한 반응을 생각하며, 이제 모든 희망도 사라졌으니 차라리 죽는 게 낫겠다고까지 생각했습니다. 이리하여 말없이 주먹을 불끈 쥐고 가만히 숨을 죽이고 있는 동안에 그는 그녀 옆에서 정말로 숨지고 말았던 것입니다. 한참 있다가 살베스트라는 그의 모양이 좀 이상하다고 여기고 남편이 눈을 뜰 것을 걱정하여 이렇게 말했습니다.

"이봐요, 지롤라모. 왜 나가지 않죠?"

그래도 대답이 없자 잠들어 버렸는가 생각했습니다. 그래서 눈을 뜨게 하려고 손을 뻗쳐 흔들었는데, 만지고 있는 사이 얼음같이 싸늘해진 것을 느끼고 몹시 놀랐습니다. 그래서 힘을 주어 흔들었으나 꼼짝도 하지 않았습니다. 더 흔들어 보다가 그가 분명히 죽어 버린 것을 똑똑히 알았습니다. 이렇게 되고 보니 그녀도 가슴이 죄는 듯한 슬픔을 느껴 어떻게 하면 좋을지 오랫동안 가만히 궁리해 보았습니다. 이리저리 생각한 끝에 이를 남의 일처럼 이야기해 보아서 이런 경우 남편이 어떻게 하는지 의견을 물어보려고 결심했습니다. 그래서 남편을 깨워 지금 자신에게 일어난 일을 남에게서 일어난 일처럼 이야기한 뒤에, 그런 일이 나에게 생기면 당신은 어떻게 하겠느냐, 한번 당신 생각을 들려주길 바란다고 말했습니다.

사람 좋은 남편은 죽은 사나이를 남몰래 그의 집에 가져다 놓고 올 뿐이다, 마누라에겐 별로 잘못이 없으니까 그녀에 대해서는 조금도 꾸짖을 일은 못 된다고 대답했습니다.

그러자 그녀가 말했습니다.

"그럼 우리도 그렇게 하는 편이 좋겠군요."

그러고는 남편 손을 잡아 죽어 있는 청년의 몸을 만지게 했습니다.

남편은 놀라 벌떡 일어나 등불을 켜고, 아내에게는 아무 말도 물어보지 않고 시체에 본래대로 옷을 입혔습니다. 그리고 곧 어깨에 메고 그의 집으로 가져가서 문간에 두고 왔습니다. 이렇게 해서 아침이 되어 그의 시체가 문 앞에서 발견되자 큰 소동이 벌어졌습니다. 특히 어머니의 놀라움이란 이루 말할 수 없었습니다. 그의 온몸을 만지며 살펴보아도 얻어맞은 흔적이나 가벼운 상처 하나 없었으므로 의사들도 무슨 슬픔의 충격 때문에 죽었으리라고 진단했습니다.

시체는 성당으로 옮겨졌습니다. 비탄의 눈물에 젖은 어머니는 친척 여자들과 이웃 여자들과 함께 성당에 가서, 이 도시의 관습대로 시체 위에 또다시 하염없는 애도의 눈물을 쏟았습니다. 이처럼 쓸쓸한 눈물의 추도식이 행해지고 있을 때, 젊은이가 죽은 집에서는 사람 좋은 남편이 아내에게 이렇게 말하고 있었습니다.

"여보, 당신도 베일을 쓰고 지롤라모가 안치된 교회에 가서 여자들 틈에 섞여 봐요. 그렇게 하면 모두가 이 사건에 대해서 무슨 말을 하고 있는지 들을 수 있잖아. 나도 남자들 틈에 끼어 들어가 보겠어. 우리에 대한 뭔가 험담이 나오면 들을 수 있을 테니 말이야."

이제 와서 그를 불쌍히 여기기 시작한 젊은 아내는 살아 있을 때 키스 한번 해주려고 하지 않았던 사나이를 죽어서나 한번 보려 생각하고 기꺼이 집을 나갔습니다. 아아, 사랑의 힘을 확인하는 것은 얼마나 힘든 일인지 정말 놀라지 않을 수가 없습니다. 지롤라모의 부귀로도 열 수 없었던 여심을 불행이 열어 주었던 것입니다. 그녀는 죽은 그의 얼굴을 보는 순간 옛사랑의 불꽃이 세차게 타올라 걷잡을 수 없는 동정의 마음이 솟아올랐습니다. 그는 베일에 얼굴을 감싼 채 여자들 틈에 끼어들어 그들을 헤치고 시체 곁으로 갔습니다. 그리고 한마디 날카로운 외침 소리를 내고는 시체 위에 몸을 내던지더니 얼굴을 묻은 채 움직일 줄을 몰랐습니다. 울고 있는 것이 아니라, 지난밤 지롤라모가 쓰라린 마음에 애를 태우다 죽은 것처럼 살베스트라도 너무나 슬픈 충격에 그의 시체 위에서 그대로 숨을 거두고 말았던 것입니다.

사람들은 그녀가 아직 누군지도 잘 몰랐으나 위로해 주면서 이제 그만 일어나라고 했습니다만 아무리 달래도 꼼짝하지 않아 일으켜 주었는데, 놀랍게도 그녀는 죽어 있었습니다. 사람들이 놀라 누군가 살펴보니, 그것은 살베스트라였습니다. 거기 모여 있던 모든 여자들은 이 새로이 더해진 슬픔에 크게 가슴 아파하면서 더욱 크게 울었습니다. 이 소식은 곧 성당 밖에 모여 있던 사람들에게도 전해지고, 그들 속에 섞여 있던 그녀의 남편 귀에도 들어갔습니다. 그는 너무나 놀라 다른 사람들의 위로 따위는 아예 들으려고도 않고 오랫동안 목 놓아 울었습니다.

한참 울고 난 뒤 남편은 모여 있는 사람들에게 지난밤에 자기 아내와 지롤라모 사이에 일어났던 일을 이야기했습니다. 사람들은 그제야 두 사람이 죽은 원인을 알게 되었으며, 그에 따라 그들에 대한 슬픔과 동정의 마음은 더욱 커져 갔습니다. 살베스트라의 몸에도 수의가 입혀져서 지롤라모가 들어 있는 관 속에 나란히 눕혔습니다. 사람들은 한동안 애도의 뜻을 표한 뒤 묘지에 고이 묻어 주었습니다.

살아서 함께할 수 없었던 두 연인은 이리하여 머나먼 저세상에서 영원히 맺어지게 된 것입니다.

아홉째 이야기

기욤 드 루시용은 아내가 사랑하던 기욤 드 가데탕을 죽이고 그 심장을 아내에게 먹인다. 그것을 알고 아내는 높은 창문에서 뛰어내려 죽는다. 그리하여 연인과 함께 같은 무덤에 묻힌다.

네이필레의 이야기는 모두에게 큰 감동을 주고 끝났습니다. 왕은 디오네오의 마지막 차례의 권리를 깨뜨릴 생각도 없었고 이야기할 다른 사람도 없어졌으므로 자기 이야기를 시작했습니다.

여러분, 여러분은 불행한 사랑의 이야기에 깊이 동정하고 계십니다. 그래서 나는 지금 이야기 이상으로 슬픔을 자아내는 이야기를 말씀드리려고 합니다. 왜냐하면 이 이야기에 나오는 사람들은 훨씬 신분이 높은 분들이고 사건 역시 더욱 심각하기 때문입니다. 프로방스 사람들의 이야기에 따르면 옛날 프로방스에 많은 성과 신하를 가진 두 명의 귀족 기사가 있었습니다. 그중 한 사람은 기욤 드 루시용이라 하고 또 한 사람은 기욤 드 가데탕이라는 이름이었습니다. 그리고 두 사람은 다 무술에 뛰어나 아주 가까워졌고, 늘 말을 타고 겨루는 창 시합이나 기타 무술 시합에 같은 복장으로 참가하곤 했습니다. 두 사람은 잘해야 10마일 정도밖에 떨어져 있지 않은 각자의 성에 살고 있었습니다. 루시용은 정숙한 절세미인을 아내로 두었는데, 가데탕은 그와 무술 친구이며 두터운 우정으로 맺어져 있었음에도 어느새 그의 아내를 깊이 사랑하게 되었습니다. 그녀 쪽에서도 그가 끊임없이 보내오는 은근한 유혹을 눈치채게 되었고, 대단히 훌륭한 기사라는 것도 알게 되어 그에게 호의를 품었습니다. 그리하여 호의가 곧 사랑으로 발전하게 되고 오로지 그만을 위하고 그가 사랑의 손길을 뻗기만을 기다리게 되었습니다. 이윽고 그것이 실현되어 밀회를 하기에 이르러 두 사람을 자주 만나 애욕을 불태우곤 했습니다.

그런데 두 사람은 좀 신중하지 못했으므로 남편이 그것을 눈치채고 매우 화를 냈습니다. 그리하여 지금까지 가데탕에게 품고 있던 두터운 우정이 상대를 죽여 버리지 않고는 못 견딜 만큼의 증오로 바뀌고 말았습니다. 그는 연인들이 그들의 정사를 비밀로 해두지 못했던 것과 같은 서툰 짓은 하지 않았습니다. 그는 교묘히 자기감정을 감추고 절호의 기회를 노려 그를 죽이기로 결심했습니다.

루시용이 이같이 굳은 결심을 하고 있을 때 마침 프랑스에서 말을 타고 겨루는 창시합이 열리게 되었습니다. 그래서 루시용은 가데탕에게 알려 생각이 있으면 자기 성에 와서 출전 문제에 관해 이야기하자고 사자를 보냈습니다. 그러자 가데탕은 틀림없이 내일 찾아가서 저녁 식사를 함께하겠노라고 기꺼이 대답해 왔습니다. 루시용은 그 대답을 듣자 드디어 그를 죽일 기회가 왔다고 생각했습니다. 그래서 이튿날 그는 무장하고 부하 몇 명과 함께 말을 타고 성에서 1마일쯤 떨어진, 가데탕이 반드시 지나갈 장소에서 매복하고 있었습니다. 이리하여 상당한 시간 기다리고 있을 때, 이런 일이 있을 줄은 티끌만큼도 모르는 가데탕이 무장도 하지 않은 채, 역시 아무 무장도 갖추지 않은 수행원 둘을 데리고 오는 것이 보였습니다. 드디어 그가 기다리던 장소에 왔을 때 루시용은 분노와 증오를 노골적으로 드러내고 창을 휘두르며 "각오하라!"고 소리치며 달려들었습니다.

루시용의 창은 똑바로 상대의 가슴팍에 꽂혔습니다. 가데탕은 몸을 피할 새도 없이 한마디 말도 못 하고 창에 찔려 푹 그 자리에 쓰러져서 곧 죽고 말았습니다. 그의 부하들은 누구의 소행인지 알지도 못한 채 곁눈질할 엄두도 못 내고 말 머리를 돌려 곧바로 주인의 성으로 도망쳐 갔습니다.

루시용은 말에서 내리자 단도로 가데탕의 가슴을 가르고 자기 손으로 그의 심장을 끄집어내어 창끝에 달린 작은 깃발로 싸서, 그것을 부하에게 갖고 가도록 명령했습니다. 그리고 이 일은 절대로 발설하지 말 것을 한 사람 한 사람에게 엄명한 뒤 말을 타고, 이미 밤이 되어 있었던 터라 사람 눈에 띄지 않고 자기 성으로 돌아왔습니다.

부인은 그날 밤 가데탕이 저녁 식사를 하러 온다고 들었기에, 초조하게 기다리고 있는데도 좀처럼 모습을 나타내지 않자 몹시 걱정이 돼 남편에게 이렇게 물었습니다.

"웬일일까요, 가데탕 님이 오시지 않으니?"

그러자 남편은 대답했습니다.

"내일이 돼야 온다고 알려 왔어."

부인은 그 말을 듣자 조금 마음의 안정을 되찾았습니다.

루시용은 말에서 내리자 요리사를 불러오게 하여 이렇게 말했습니다.

"이 멧돼지 심장을 받아라. 이것으로 입맛을 다실 만한 맛있는 특별 요리를 만들어라. 그리고 내가 식탁에 앉으면 은접시에 담아 가져와야 한다."

요리사는 그 심장을 가지고 한껏 솜씨를 발휘하여 잘게 썰어 담뿍 향료를 치고 성의를 다한 맛있는 요리 한 접시를 만들었습니다. 루시용은 시간이 되자 부인과 식탁에 앉았습니다. 그는 음식이 나왔으나 자기가 저지른 악행이 마음에 걸려 식사를 제대로 할 수 없었습니다.

이윽고 요리사가 그 요리를 가져오자 그는 부인 앞에 놓게 하고 그날 밤에는 식욕이 없는 체하며 그 요리를 칭찬만 했습니다.

부인은 식욕이 없지는 않았으므로 먹어 보니 아주 맛있었습니다. 그래서 모두 먹어 버렸습니다. 루시용은 아내가 다 먹어 치운 것을 보자 이렇게 말했습니다.

"여보, 그 요리 어떻소?"

부인은 대답했습니다.

"아주 맛있었어요."

"그럴 테지!" 남편은 말했습니다.

"살아 있을 때 그렇게 좋아했었으니 죽어서도 좋겠지. 별로 이상할 것 없지."

부인은 이 말을 듣고는 잠시 가만히 있더니 겨우 입을 열었습니다.

"뭐라고요? 저에게 먹인 이 요리는 뭐죠?"

"당신이 먹은 것은, 실은 부정한 아내로서 당신이 사랑했던 가데탕의 심장이오. 내가 돌아오기 조금 전에 그의 가슴에서 이 손으로 잘라 왔으니 그 자신이라고 알아 두면 돼."

자기가 먹은 바로 그것이 무엇보다도 사랑하고 있었던 연인의 심장이라는 말을 듣자, 부인이 얼마나 비통한 기분이 들었는지는 새삼스레 말할 나위도 없는 일입니다. 잠시 뒤에 그녀는 이렇게 말했습니다.

"당신은 비열하고 악랄한, 기사답지 못한 짓을 하셨군요. 내 쪽에서 억지로 그분에게 나의 사랑을 받아들이게 했으니까, 이 같은 당신 분노의 단죄는 그이가 아니라 내가 받아야 했어요. 하지만 제발 하느님, 가데탕 님처럼 진실되고 예의 바른 기사의 심장 같은 훌륭함을 다른 무엇이 감히 뒤쫓는 것을 금하시기를."

이렇게 말하고 일어서자 부인은 주저하지 않고 창밖으로 몸을 내던졌습니다. 창이 대단히 높은 데 있었기 때문에 아차 하는 순간에 밑으로 떨어진 부인은 곧바로 죽었을 뿐만 아니라 온몸이 산산이 부서지고 말았습니다. 이것을 보자 루시용은 몹시 놀라, 아 내가 나쁜 짓을 했구나, 하고 후회했습니다. 그리고 프로방스 주민이나 프로방스 백작의 후환을 두려워하여 말을 타고 어디론가 떠나 버렸습니다.

이튿날 아침 이 일은 부근 일대에 널리 알려졌습니다. 그 때문에 두 사람의 시체는 가데탕의 부하와 부인의 하인들에 의해 깊은 슬픔과 눈물 가운데 인수되어 부인이 다니던 성당 묘지에 묻혔습니다. 그리고 그 무덤 위 비석에는 묻힌 사람들의 이름과 죽었을 때의 모습이나 그 이유를 서술한 시가 새겨졌습니다.

열째 이야기

어느 의사의 아내가 마취약으로 잠들어 버린 연인을 죽은 줄 알고 궤 속에 넣는다. 그러자 두 사람의 고리대금업자가 궤를 훔쳐 집으로 가져간다. 연인은 잠에서 깨어나 도둑으로 잡힌다. 의사 아내의 하녀는 고리대금업자들이 훔친 궤에 그 사나이를 넣은 것은 자기라고 재판관에게 호소한다. 사나이는 교수형을 면하고 고리대금업자들은 궤를 훔친 죄로 벌금형에 처해진다.

왕의 이야기가 끝나 이제 남은 것은 디오네오뿐이었습니다. 그는 물론 그것을 알고 있었고 왕에게서 명령도 받았으므로 다음과 같이 이야기를 시작했습니다.

여러분, 여러분이 지금까지 들려주신 불행한 사랑 이야기는 여러분들만이 아니라 나에게도 슬픈 마음을 자아내어 눈물을 흘리게 했으므로 이제 그런 이야기는 그만둬 주었으면 하고 생각했을 정도입니다.

그런데 여기서 고맙게도 그런 슬픈 이야기는 끝난 셈인데, 물론 내가 그 같은 슬픈 주제에다 또 하나 심술궂게 그 같은 이야기를 덧붙이고 싶지 않기에 하는 이야깁니다만, 그것에 대해서는 신께서도 나에게 주의를 주고 있는 것 같으므로, 나는 이제 비참한 이야기에서 벗어나 즐겁고 유쾌한 이야기를 하려고 합니다. 그렇게 하면 내일부터 시작되는 새 이야기에 좋은 본보기가 되지 않을까 생각합니다.

젊고 아름다운 여러분, 그리 먼 옛날의 일은 아닙니다만 살레르노에 마체오 델라 몬타냐라는 유명한 외과 의사가 있었던 것을 아시리라고 생각합니다. 이 사람은 만년에 가서 그 도시의 귀족이며 미인인 젊은 처녀를 아내로 맞이하여, 그곳의 어느 여자도 그렇게 하지 못할 만큼 아름답고 사치스런 옷을 입히고 여자가 좋아하는 보석이나 그 밖의 온갖 것으로 단장시켰습니다. 그러나 침대 위에서 아내를 안는 일이 적었으므로 늘 차가운 느낌을 갖게 했던 것은 사실입니다.

이 유명한 선생은, 전에도 이야기에 나왔던 리차르도 디 킨치카 씨가 아내에게 축일들을 가르치고 있었던 것과 마찬가지로 여자와 한 번 자면 그 회복에는 며칠 걸릴지 모른다든가 그 밖에 그것과 비슷한 일을 부인에게 늘 말하곤 했습니다. 그래서 부인은 불만에 가득 찬 나날을 보내고 있었습니다. 하지만 부인은 아주 영리한 여자이고 대담하기까지 했으므로 집 안의 쓸모없는 것은 쓰지 않기로 하고 바깥에 나아가 남의 것을 이용하기로 작정했습니다. 그래서 젊은 사나이를 물색하던 중 드디어 마음에 드는 청년 하나가 나타났습니다. 그녀는 그 사나이에게 온갖 희망과 마음과 행복을 걸었습니다. 청년 쪽에서도 그것을 알고 몹시 기뻐하며 그녀에 못지않게 애정을 기울이고 있었습니다.

루지에리 다이에롤리라 하는 이 청년은 귀족 출신이었으나 친척 가운데서도, 친구들 사이에서도 호의를 얻기는커녕 만나려고 하는 자도 없을 만큼 세상에서 미움받고 따돌림을 당하는 악덕에 찬 생활을 하고 있었습니다. 그리고 도둑질을 비롯하여 온갖 비천한 악행을 그가 거듭하고 있는 것이 살레르노 전체에 알려져 있었는데, 부인에게 그런 것은 상관없는 일이었으므로 조금도 개의치 않고 하녀를 통하여 밀회를 했습니다. 이리하여 한동안 쾌락에 빠져 지내면서 부인은 그의 과거 생활 태도를 비난하게 되었고, 그녀의 사랑을 위해서 그런 짓은 그만둬 달라고 부탁했습니다. 그리고 어떤 때는 돈으로 또 어떤 때는 돈 이외의 것으로 도와주기 시작했습니다. 이런 식으로 서로 매우 조심스럽게 그 관계를 계속하고 있었는데, 어느 날 한쪽 발이 썩은 환자가 의사의 진료를 받게 되었습니다. 의사는 환부를 보고 친척들에게 썩은 뼈를 잘라 내지 않는 한 두 다리를 절단하게 된다, 그 뼈를 잘라 내면 나을지 모른다, 그러나 수술하지 않으면 죽게 되리라고 덧붙였습니다. 친척들은 잘 알아듣고 의사에게 모든 것을 맡겼습니다.

의사는 환자를 마취시키지 않으면 고통을 견디지 못할 것이며 수술도 할 수 없으리라고 판단해서 수술을 저녁으로 미룬 뒤, 아침 중에 특수한 물약을 만들게 했습니다. 그것을 마시면 환자는 고통스러운 수술이 이루어지는 동안 잠들어 있게 되는 약이었습니다. 그리하여 그것을 집에 가져오게 하고는, 아무에게도 그 약이 무엇인지를 말하지 않고 자기 침실 창가에 두었습니다.

저녁이 되어 의사가 환자에게로 가야겠다고 생각하고 있는데, 아말피의 친구들이 사람을 보내 그 고장에 대폭동이 일어나 부상자가 많이 나왔으니 와 달라고 부탁하여, 모든 것을 다 제쳐 놓고서도 떠나지 않으면 안 되게 되었습니다.

의사는 다리 수술을 내일로 미루기로 하고 작은 배에 올라 아말피로 갔습니다. 의사의 아내는 오늘 밤 남편이 돌아올 리 없다고 생각하고 여느 때처럼 루지에리를 불러 침실에 끌어들이고 집안사람들이 자러 갈 때까지 거기에 두었습니다. 그런데 루지에리는 침실에서 부인이 오기를 기다리는 동안 그날 일이 고되었기 때문인지, 짠 음식을 먹은 탓인지, 또는 늘 그러는지 모르겠지만 대단히 목이 말랐습니다. 그러다 문득 그의 눈에, 의사가 환자에게 먹이기 위해서 만들어 창가에 놓아두었던 물약 병이 들어왔습니다. 그는 음료수인 줄 알고 입에 대고 단숨에 마셔 버렸습니다. 그러자 대뜸 졸려서 곤히 잠들고 말았습니다.

부인이 서둘러 침실로 와보니 루지에리가 잠들어 있어 흔들어 보기도 하고 작은 소리로 깨워 일으키려고도 해보았으나 소용이 없었습니다. 그는 대답도 하지 않고 꼼짝도 하지 않았습니다. 그래서 부인은 좀 화가 나서 몸을 확 밀어뜨리며 이렇게 말했습니다.

"일어나요, 잠꾸러기 나리! 자고 싶으면 집에 돌아가서 자면 되잖아요. 이런 데에 오지 말고……."

부인이 힘껏 미는 바람에 그는 자고 있던 궤 위에서 밑바닥으로 굴러떨어졌는데 눈을 뜰 기색은 없고 마치 죽은 사람처럼 보였습니다. 그래서 부인은 깜짝 놀라 몸을 흔들어 깨우려고 코를 세게 꽉 쥐어 보기도 하고 수염을 잡아당기기도 했습니다. 그러나 아무 소용이 없었습니다. 남자는 정신없이 자고만 있었습니다. 그래서 부인은 혹시 그가 죽은 것이 아닌가 걱정되어 다시 심하게 살을 꼬집어 보기도 하고 초에 불을 붙여 살에 대보기도 했으나 그래도 허사였습니다. 남편은 의사지만 부인은 의사가 아니었으므로 그녀는 확실히 그가 죽었다고 생각했습니다.

부인은 이 청년을 누구보다도, 무엇보다도 사랑하고 있었으므로, 그 충격은 이루 말할 수가 없었습니다. 그러나 소리를 내고 떠들 수도 없는지라 그 위에 몸을 던져 엎드린 채 울음을 터뜨리며 불행한 사건에 한없이 서러워했습니다. 하지만 얼마 안 지나 자기 불행 위에 더 창피한 꼴을 당해서는 안 되겠다고 생각하고, 죽은 그를 이 집에서 들어 내갈 방법을 궁리했습니다. 좀처럼 좋은 생각이 떠오르지 않자 조용히 하녀를 불러 그 불행한 사건을 이야기하고 의견을 물었습니다.

하녀도 아주 놀라서 청년의 몸을 잡아당기기도 하고 꼬집어 보기도 했으나 역시 살아 있는 것 같지 않았으므로, 확실히 죽었으니 집 밖으로 들어내야 한다고 대답했습니다. 부인은 말했습니다.

"하지만 어디로 운반하면 좋을까? 내일 사람들의 눈에 띄었을 때 이 집에서 나왔다고 의심받지 않게 하려면?"

그러자 하녀는 대답했습니다.

"마님, 오늘 밤 좀 늦은 시간에 우리 집 근처 목공소 앞에서 그다지 크지 않은 궤를 하나 보았어요. 만약 아직 가게 안에 들여놓지 않았다면 우리의 일에 안성맞춤일 거예요. 그 속에 시체를 넣고 나이프로 두세 번 찔러 밖에 버려두면 되잖아요. 그걸 발견한 사람은 딴 데서 넣었다고 생각하면 했지 설마 이 집에서 넣었다고는 상상도 못 할 거예요. 본디 평판이 나쁜 사람이었으니 오히려 무슨 나쁜 짓을 저지르러 갔다가 누군가에게 살해되어 궤 속에 넣어졌다고 생각할 것이 틀림없어요."

부인은 하녀 의견이 마음에 들었으나 시체에 상처를 내어 영혼을 다치게 하는 일만은 절대 해서는 안 된다며 반대했습니다. 어쨌든 아직 그 궤가 그 자리에 있는지 어떤지 하녀를 보냈더니 돌아와서 그대로 있다고 보고했습니다. 하녀는 젊고 힘도 있어 부인의 도움으로 루지에리를 어깨에 짊어졌습니다. 부인은 누군가 보지는 않을까 걱정하면서 그 궤가 있는 데로 가서 시체를 속에 넣고 뚜껑을 닫은 뒤 그곳에 내버려 두었습니다. 그런데 며칠 전에 고리대금업을 하고 있는 두 젊은이가 집 가까이로 이사 왔는데 이들은 낼 돈은 적게, 이득은 크게라고 생각하는 자들이었습니다. 가구가 부족한 그들은 전날 봐두었던 그 궤가 만약 한밤중까지 그대로 있다면 둘이 가서 훔쳐 오자고 의논했습니다.

이윽고 한밤중이 되어 가보니 아직 그냥 봐둔 채로 있어서 별로 살펴보지도 않고, 좀 무겁구나, 생각하기는 했으나 곧바로 집으로 날라왔습니다. 그리고 그곳에 두는 것이 적당한가 어떤가는 생각지도 않고 마누라들이 자고 있는 방 옆에 놓았습니다. 그러고는 그곳에 놔둔 채 침실로 가버렸습니다. 오랫동안 잠들었던 루지에리는 마신 약의 효력이 사라져 버려 아침쯤 잠이 깨었습니다. 잠에서 깨어 감각은 되찾았으나 아직 머릿속은 흐리멍텅한 채였습니다. 그런 상태는 그날 밤뿐만 아니라 그 뒤 며칠 동안 계속되었습니다. 그리하여 눈을 떴는데도 아무것도 보이지 않으므로 손으로 더듬어 보니 아무래도 무슨 상자 속에 있는 것 같아서 희미하게 여러 가지 일을 생각하면서 중얼거렸습니다.

"이게 어찌 된 일이지? 내가 지금 어디에 있는 걸까? 내가 자고 있는 걸까, 깨어 있는 걸까, 대체 어느 쪽이야? 가만있자, 간밤에 난 분명히 그 여자의 침실에 있었던 것 같은데 지금은 어쩐지 궤 속에 들어 있는 것 같구나. 어찌 된 일일까? 의사인 남편이 돌아왔던가 무슨 다른 일이 생긴 게 틀림없다. 그래서 부인은 내가 잠들어 있으니까 이 속에 숨긴 모양이다. 그렇다. 그렇게 생각하지 않을 수 없어."

이런 것을 생각하며 그는 무슨 소리가 나지 않나 하고 가만히 귀를 기울이고 있었습니다. 이렇게 오랫동안 작은 궤 속에서 숨 막히도록 갑갑한 꼴을 당하고 있는 동안 한쪽 옆구리가 아파 와 도저히 참을 수 없어 몸을 뒤척였습니다. 그런데 잘못하여 궤 측면에 옆구리를 부딪치고 말았습니다. 본디 궤를 높이가 고르지 못한 장소에 놔두었기 때문에 기울어지는가 하는 순간 뒤집혀 커다란 소리를 내고 말았습니다. 그 소리에 가까이에서 자고 있었던 마누라들이 눈을 뜨고 공포감에 사로잡혔습니다. 그녀들은 너무나 무서워 가만히 숨을 죽이고 있었습니다.

루지에리는 어떻게 되었는지 몹시 걱정이 되었으나 궤가 뒤집힌 순간 뚜껑이 열린 것을 알고 어떻든 간에 안에 있는 것보다 밖에 나가는 편이 낫겠다고 생각했습니다. 그래서 밖으로 나가긴 했으나 어디에 있는지 도무지 알 수가 없어 어딘가 밖으로 나갈 수 있는 출구는 없을까 하고 손으로 더듬으며 집 안을 걷기 시작했습니다. 그러자 손으로 더듬으며 걷고 있는 소리를 눈을 뜨고 있던 마누라들이 듣고 소리를 질렀습니다.

"누구요?"

루지에리는 그 목소리가 낯설었으므로 대답하지 않았습니다. 그러자 마누라들은 젊은 남편들을 부르기 시작했는데 그들은 밤늦도록 깨어 있다가 이제 막 잠들었기에 그녀들이 부르는 소리가 조금도 귀에 들어오지 않았습니다.

마누라들은 더욱더 무서워져서 일어나 창문을 열고 외쳤습니다.

"도둑이야, 도둑이야!"

그 외침 소리에 근처 사람들이, 어떤 자는 지붕을 타고, 어떤 자는 이쪽에서 또 어떤 자는 다른 쪽에서 우르르 달려와 집 안으로 들어왔습니다. 이 소동에 남편들도 일어났습니다.

그래서 루지에리는 이 난장판에서 그저 놀랄 뿐 어디로 도망쳐야 할지 몰라 어리둥절한 채 그들에게 잡히고 말아, 소동을 듣고 뛰어온 경찰의 손에 인도되었습니다. 그는 본디 모든 사람들로부터 악당이라고 여겨졌던 사나이였으므로 곧 고문당하여 고리대금업자 집에 도둑질하러 들어간 것이라는 자백을 강요당하고 말았습니다. 루지에리는 결국 자백했고 장관은 당장이라도 교수형에 처해야 할 것이라고 생각했습니다.

아침이 되자 루지에리가 고리대금업자 집에 도둑질하러 들어갔다가 잡혔다는 소문이 곧 살레르노 거리 전체에 알려졌습니다. 그것을 들은 의사 부인과 하녀는 놀라는 동시에 아무래도 이상하다고 생각했습니다. 그 때문에 간밤에 자기들이 한 일이 실제로 한 것이 아니라 그런 꿈을 꾼 것이 아닌가 하고 생각하기 시작했습니다. 그거야 어쨌든 루지에리의 신변이 위험하다고 생각하니 부인은 미칠 듯이 가슴이 아파 왔습니다. 7시쯤 아말피에서 돌아온 의사는 그가 환자에게 사용하려고 했던 그 물병은 어디로 갔느냐고 물었습니다. 그리고 병이 텅 비어 있는 것을 보자 이 집안에서는 뭐 하나 제대로 붙어 있는 것이 없다고 소리를 질렀습니다. 부인은 다른 슬픔에 애가 타 있었으므로 버럭 화를 냈습니다.

"무슨 소릴 하시는 거예요? 그 정도의 일을 가지고 그렇게 소리를 지르다니? 세상에 물이 그렇게 없나요?"

그러자 의사는, "당신은 그걸 보통 물인 줄 아는군. 그건 바로 마취약이야!" 이렇게 소리치고, 만들어 두게 한 까닭을 설명했습니다. 그것을 들은 부인은 루지에리가 그걸 마셨기 때문에 죽은 것같이 되어 버렸다는 것을 알고 이렇게 말했습니다.

"여보, 그런 줄은 몰랐어요. 다시 한 번 만드는 수밖에 없군요."

의사는 할 수 없이 또 새것을 만들게 했습니다.

얼마 뒤 부인의 분부로 루지에리의 소문을 들으러 갔던 하녀가 돌아와 그녀에게 말했습니다.

"마님, 루지에리에 대해서 좋게 말하는 사람은 아무도 없습니다. 제가 알아낸 바로는 친척이나 친구들 중에서도 그를 구하기 위해 발 벗고 나서려는 사람이 한 사람도 없습니다. 모두들 내일이라도 교수형에 처해질 거라고 믿고 있습니다. 그런데 한 가지 이상한 일을 말씀드리고 싶습니다만 그분이 어떻게 돼서 그들 고리대금업자 집에 있다가 붙잡혔는가 하는 일입니다. 아무튼 그 사정을 들어 보세요. 마님도 아시다시피 목공소 앞에 놓였던 궤에 우리는 그분을 넣었죠. 목수는 아까 그 궤의 소유자인 듯한 사나이와 심한 말다툼을 하고 있었어요. 그 사나이가 궤의 대금을 청구하자 목수는 '그건 판 것이 아냐. 어젯밤 도둑맞은 거야'라고 말했습니다. 그러자 그 사나이가, '그렇지 않아, 당신은 그 젊은 고리대금업자들에게 팔았을 거야. 루지에리가 잡혀 있고 내가 그 궤를 그들 집에서 발견했을 때 간밤에 그자들이 내게 그렇게 말했으니 말야' 하고 응수했습니다. 그러자 이번에는 목수가, '그건 그자들이 거짓말을 하고 있는 거야. 나는 절대로 판 일이 없으니까. 그자들이 간밤에 내 가게에서 훔친 거야. 그럼 그자들한테로 가보기로 하자' 하고 응수했습니다. 그래서 두 사람은 함께 고리대금업자 집에 갔고, 저는 돌아왔어요. 그러니 루지에리 씨는 아시겠지만 그렇게 돼서 그들 집에 날라졌다고 생각합니다. 하지만 납득이 안 가는 것은 그분이 어떻게 되살아났는가 하는 점입니다."

부인은 이제 사정을 똑바로 알았으므로 하녀에게 남편에게서 들은 이야기를 모두 하고 너만 그럴 생각이 있다면 루지에리를 구할 수도, 내 명예를 구제할 수도 있으니 어디 좀 도와주지 않으련, 하고 부탁했습니다.

"마님, 어떻게 하면 되는지 가르쳐 주세요. 전 기꺼이 뭐든지 하겠으니까요."

하녀가 대답했습니다.

부인은 서두르지 않으면 안 된다 생각하고 하녀가 할 일을 차근차근 주의 깊게 가르쳤습니다. 하녀는 곧 주인인 의사에게로 가 흐느껴 울면서 말하기 시작했습니다.

"나리, 나리께서도 그 루지에리 다이에롤리라는 젊은이가 어떤 인간인지 아시지요. 그 사나이가 저를 좋아하여 저는 무서움과 그리움이 뒤얽힌 가운데 저도 모르는 새 그 사나이의 연인이 되고 말았습니다. 그는 나리께서 지난 밤에 집을 비운다는 것을 알고 자꾸만 저를 꾀는 바람에 그와 함께 자려고 그만 제 방에 들인 것입니다. 그런데 그 사람이 갑자기 목이 마르다고 하길래 물이나 포도주가 어디에 있는지 미처 생각이 나지 않았고, 안방에 계셨던 마님께 얼굴을 보이고 싶지도 않아, 주인 나리 방에서 물병을 본 것이 생각나서 그것을 가져다주었습니다. 그래서 그것을 마시게 하고 먼저 있던 데에 병을 두었던 것입니다. 그리고 나중에야 나리께서 크게 화를 내신 것을 알았습니다. 정말 저는 나쁜 짓을 했습니다. 하지만 누구에게나 실수라는 건 있지 않아요? 물론 저는 제가 한 짓을 아주 후회하고 있습니다. 그런데 그 뒤에 이것 저것 여러 가지 일이 일어난 결과 지금 루지에리는 목숨을 잃을 위험에 놓여 있습니다. 그러니 나리께서 저를 용서해 주시기를, 그리고 제발 잠시의 여가를 주시도록 부탁합니다. 저는 할 수 있는 데까지 힘을 써서 루지에리를 구하러 가려고 합니다."

의사는 하녀의 말을 듣고 몹시 화를 냈으나 이윽고 놀리듯 대답했습니다.

"그게 자업자득의 죄라는 거야. 밤에 젊은 놈을 끌어들여 아주 신날 판이 었는데 쿨쿨 잠들어 버렸으니 안됐군. 그럼 네 연인을 구하러 가렴. 이제부턴 그런 사내를 끌어들이면 안 돼. 이번 일과 합쳐서 크게 벌을 줄 테니까."

잘 풀렸다고 생각한 하녀는 곧바로 루지에리가 갇힌 감옥으로 달려갔습니다. 그리고 옥지기를 잘 구슬러서 루지에리와 대면하게 되었습니다. 그녀는 루지에리에게, 만약 살고 싶으면 재판관에게 어떻게 답변해야 되는가를 알려주고 난 다음 곧 재판관을 찾아갔습니다. 그런데 그녀는 그야말로 싱싱하고 팔팔한 몸매를 하고 있었으므로 재판관은 한번 이런 여자에게 갈고리를 걸어 보고 싶다고 생각했습니다. 그녀는 그녀대로 목적하는 바가 있었기에 깨끗이 그 요구를 받아들였습니다. 이리하여 방아 찧는 일이 끝나고 일어나자 그녀는 이렇게 말했습니다.

"재판관님, 재판관님께선 루지에리 다이에롤리를 도둑으로 붙잡고 계시는데 사실은 그렇지가 않습니다."

이어서 그녀는 연인인 자기가 주인인 의사 집에 그를 끌어들인 일이며 멋도 모르고 마취약 물을 먹였다가 그가 죽은 줄 알고 궤 속에 넣었던 일 등을 처음부터 끝까지 조리 있게 털어놓았습니다. 그러고 나서 목수와 궤 임자와의 말다툼을 이야기하고, 그래서 루지에리가 고리대금업자의 집에 있었던 것이라고 진술했습니다.

재판관은 그것이 사실인가를 조사하는 것은 지극히 간단한 일이라고 생각하고, 우선 의사에게 마취약에 대한 일을 물어 사실이라는 것을 알았습니다. 그리고 이어서 목수와 궤 임자와 고리대금업자를 출두시켜 여러 가지로 심문한 결과 고리대금업자들이 그날 밤 궤를 훔쳐 집으로 가져간 것이 밝혀졌습니다. 그러고 나서 마지막으로 루지에리를 불러오게 하여 전날 밤엔 어디에서 잤는가를 묻자, 그는 어디서 잤는지 기억이 없으나 하녀와 자기 위해 마체오 선생 집에 간 것은 잘 알고 있다고 대답하고 그녀의 침실에서 목이 말라서 물을 마신 것까지는 기억하고 있다고 대답했습니다. 그러나 그다음에 어떻게 되었는지, 왜 자기가 궤 속에 들어가게 되었는지는 전혀 알 수가 없으며 생각이 나지 않는다고 대답했던 것입니다.

재판관은 그 말을 듣고 아주 재미있어하며 하녀와 루지에리, 목수, 그리고 고리대금업자들에게 여러 번 이야기를 되풀이하도록 했습니다. 그리하여 루지에리는 마침내 무죄판결로 석방되었으며 궤를 훔친 고리대금업자들은 금화 열 닢의 벌금형에 처해졌습니다. 그가 얼마나 기뻐했는지는 말할 나위도 없습니다. 그리고 부인이 얼마나 기뻐했겠는가는 여러분의 상상에 맡기기로 하겠습니다. 이리하여 부인은 연인인 루지에리와, 그를 나이프로 찌를 뻔했던 하녀와 함께 그 일을 생각할 때마다 웃었으며, 두 사람은 그 뒤에도 자주 만나 마음껏 사랑의 쾌락을 누렸습니다. 나에게도 이런 일이 있었으면 하고 바라 마지않습니다만, 궤 속에 넣어지는 일은 사양할까 합니다.

이전의 이야기들은 우아한 숙녀들의 마음을 슬프게 했으나 디오네오의 이 마지막 이야기는 그녀들을 몹시 즐겁게 만들었습니다. 특히 재판관이 하녀에게 갈고리를 걸었다고 말했을 때에는, 모두가 지금까지의 이야기로 침울해 있었던 기분을 되돌릴 수 있을 만큼 크게 웃었던 것입니다.

그러는 동안 해는 이미 기울어 황금빛으로 물들기 시작했습니다. 왕은 이미 자기의 지배가 다했다는 것을 알고 아름다운 숙녀들에게 그야말로 정중히 자기가 한 일, 즉 불행한 연인들의 비련에 관련된 잔혹한 소재를 다루게 한 것을 깊이 사과했습니다. 그는 사과의 말을 한 다음 일어서서 자기 머리에서 월계관을 벗어, 그것이 누구의 머리에 얹힐까 모두들 지켜보는 가운데, 미소를 지으며 피암메타의 금발 위에 얹고 이렇게 말했습니다.

"나는 이 관을 당신 머리 위에 얹습니다. 오늘 같은 슬픈 날과 달리 내일이라는 날에는 반드시 색다른 즐거운 이야기로 우리를 위로해 주리라 믿고 있습니다."

피암메타의 눈부시게 물결치는 금발은 하얗고 매끄러운 두 어깨에 드리워졌고, 약간 동그스름한 얼굴은 흰 백합과 붉은 장미를 뒤섞은 것 같은 빛깔로 빛났으며, 두 눈은 야생의 매 같은 생생한 빛을 띠었고, 앙증맞고 작은 입과 두 개의 루비 같은 입술은 웃으며 이렇게 대답했습니다.

"필로스트라토, 월계관을 기꺼이 받겠습니다. 그리고 당신이 하신 일이 헛되지 않았다고 여겨지도록, 내일은 연인들이 비록 여러 가지 가혹하고 불행한 일을 겪어도 마침내 행복해지는 이야기를 준비해 두시도록 지금부터 여러분께 부탁하고 또 명령해 두는 바입니다."

이 제안은 모두들에게 크게 환영받았습니다. 그리하여 그녀는 하인 우두머리를 불러 함께 필요한 일을 의논한 다음 일어서서 저녁 식사 시간까지 자유로이 지내도록 했습니다. 그들은 아직도 그 아름다움에 싫증이 나지 않은 정원으로 발길을 옮기기도 하고, 정원 바깥쪽에서 가루를 빻고 있는 물레방아쪽으로 가기도 했습니다. 그리고 저마다 생각나는 대로 저녁 식사 때까지 즐겁게 보냈습니다.

시간이 되자 여느 때처럼 아름다운 분수 곁에 모여 웃고 떠들며 저녁 식사를 했습니다. 그리고 식사가 끝나 일어서자 선례에 따라 노래를 부르기도 하고 춤을 즐기기도 했습니다.

여왕은 필로메나가 춤에 끼어들자 말했습니다.

"필로스트라토, 나는 지금까지 해오던 것들을 빼버리고 싶지 않아요. 지금까지 여러분들이 하신 것처럼 나의 명령으로 한번 노래를 불러 주셨으면 해요. 아마 당신의 칸초네도 당신이 주재한 이야기와 마찬가지로 슬픈 게 틀림없으리라고 생각합니다만, 오늘 가장 좋아하는 노래를 실컷 들려주시고 내일부터는 당신의 슬픈 이야기로 우리들의 마음을 아프게 하지 마시도록 부탁드리겠어요."

필로스트라토는 기꺼이 노래하겠노라고 대답했습니다. 그리고 곧 다음과 같은 노래를 불렀습니다.

아, 마음 슬프게
눈물 흘리며 호소하리.
믿고 있었건만
배신당했나니.

아, 사랑의 신이여, 그대를
연모한 그날부터
병들어 나오는 것은 한숨.

아, 내게 힘을 주소서.
슬픔만 남은 마음속에
스며드는 이 괴로움
모두 가볍게 생각하건만.
그러나 나의 잘못을 이제는 알았노라.
슬픔 없는 것은 아니련만.

오로지 바라던 여인에게
이제 버림받고
알았노라, 그 배신을.
먼 뒷날의 슬픔 될지도 모르고
다정함 때문에 나는
그대 노예가 되려 했거늘.
이제야 알았노라
다른 사람을 사랑하고
나를 버린 것을.

아, 버림받았음을 알았을 때
아직도 사라지지 않노라
마음에 솟은 이 슬픔은.
아, 저주하노라 그날 그때를,
불같이 타는 숭고하고도 아름다운
그대 얼굴 바라보았을 때를.
죽어 가는 마음은 비웃을 뿐
희망도 애원도 불타는 정념도.

아, 사랑의 신이여 들으소서.
위안도 없는 이 괴로움을
슬픈 소리로 부르나니.

내 마음 찢기어 나는 이제
죽음을 바라노라, 작은 수난이련만.
자, 어서 와서
신의 힘으로 끝맺게 해다오
죄 많은 내 목숨 내 정념을,
죽지 않으면 영원히 사라지지 않기에.

아, 지금은 죽음 말고는
괴로움을 끊을 길도 위안도 없노라.
그러니 사랑의 신이여, 내 목숨을
거두시어
내 불행을 끝나게 하소서,
슬픈 목숨 빼앗아서.
내 잘못으로 기쁨도
슬픔도 잃었나니.
나 죽으면 신이여, 그녀를
귀여운 여인으로 찬양하소서.

아, 나의 노래를
부르는 이 없어도 개의치 않노라
나만큼 부르는 이 없나니.
사랑의 신이여, 나는 바치노라
이 노래를.
그대를 만나기 위해 그대에게만.

이 가사는 필로스트라토의 기분과, 어떻게 해서 그런 기분이 되었는가를 아주 잘 나타내고 있었습니다. 만일 땅거미가 내려앉아 한 여성의 얼굴이 붉어진 것을 감추어 주지 않았더라면 그 얼굴 모습이 더 뚜렷이 보였을 것입니다.

그 노래도 끝나고, 잘 시간이 되기까지 잇따라 여러 노래를 불렀습니다. 그리고 여왕이 명령을 내려 저마다 침실로 물러갔습니다.

다섯째 날

《데카메론》의 다섯째 날이 시작됩니다. 이날은 피암메타의 주재 아래 몇 가지 잔혹하고 불행한 사건이 일어난 뒤 연인들에게 행복이 찾아오는 이야기가 전개됩니다.

이미 동녘은 완전히 밝아 떠오르는 아침 햇빛이 땅덩어리를 아주 밝게 비추고 있었습니다. 피암메타는 새 아침을 노래하며 나무들 사이에서 새벽녘부터 즐겁게 지저귀고 있던 작은 새들의 귀여운 소리에 눈을 뜨고 일어났습니다.

그리고 다른 부인들과 세 젊은이를 깨워 주었습니다.

그녀는 천천히 초원에 내려가 모든 이들과 이것저것 이야기하면서 해가 완전히 떠오를 때까지 이슬에 젖은 풀을 밟으며 넓은 들판 쪽으로 즐거운 듯이 걸어갔습니다.

그러나 차츰 햇볕이 뜨거워져 별장의 홀 쪽으로 걸음을 옮겼습니다. 홀에 이르자 최고급 포도주와 달콤한 과자가 모든 이들의 가벼운 피로를 풀어 주었습니다.

그리고 나서 식사 시간까지 조촐한 정원에서 즐겁게 지냈습니다.

식사 때에 맞추어 눈치 빠른 하인 우두머리가 모든 준비를 갖추어 놓고 있었으므로, 여왕의 소망대로 칸초네 몇 곡과 한두 개의 무도곡을 부른 다음 즐겁게 식사를 시작했습니다. 그리고 이러한 일이 차례대로 즐겁게 끝나자 모두들 여느 때처럼 춤을 추는 일을 잊지 않고 악기를 연주하며 노래 부르고 잠시 춤을 추었습니다.

그것이 끝나자 곧 여왕은 낮잠 시간이 지날 때까지 모두에게 자유로운 시간을 주어, 어떤 사람은 낮잠을 자러 가고 어떤 사람은 정원에 남아 산책을 즐기고 있었습니다. 오후 3시가 좀 지나자 모두 여왕의 뜻대로 언제나처럼 분수 곁에 모였습니다.

그리고 여왕은 둥그렇게 모여 앉은 그 가운데에 자리를 잡고 판필로 쪽을 향해 미소를 지으면서 이날의 행복한 이야기를 맨 먼저 시작하도록 했습니다.

그래서 그는 기꺼이 분부에 따라 다음과 같은 이야기를 시작했습니다.

첫째 이야기

치모네는 사랑을 한 덕분에 현명해지고, 연인인 에피제니아를 바다 위에서 납치한다. 로도스섬에서 감옥에 들어가게 되지만 리시마쿠스가 그를 구해 낸다. 그는 리시마쿠스와 함께 결혼식장에 쳐들어가 에피제니아와 카산드라를 빼앗아 크레타섬으로 달아난다. 두 여인은 각각 그들의 아내가 되어 자기 마을로 돌아간다.

여러분, 틀림없이 즐거운 오늘 하루, 첫 번째로 이야기를 시작해야 할 나는 그에 알맞은 많은 이야기를 생각해 냈습니다. 그 가운데 마음에 든 게 하나 있습니다. 들으면 모두 아실 테지만 이제부터 우리가 이야기를 하면서 염두에 두어야 할 '행복한' 결말이 될 뿐만 아니라, 많은 사람들이 까닭도 모르고 욕지거리를 하고 험담을 하는 사랑의 신의 힘이 얼마나 신성하고 강한 것인가, 그리고 그 힘이 얼마나 고루고루 미치는가를 잘 나타내고 있습니다. 만약 잘못된 생각이 아니라면, 여러분도 틀림없이 사랑을 하고 계실 테니 내 이야기는 크게 환영받으리라 믿는 바입니다.

여러분도 옛이야기 속에서 이미 읽으셨을 테지만 키프로스섬에 아리스티푸스라는 훌륭한 귀족이 있었는데, 그는 모든 점에서 남들보다 뛰어났고 아무도 그를 따를 사람이 없을 정도의 대부호였습니다. 단 한 가지, 운명이 그를 괴롭히지만 않았다면 그는 틀림없이 이 세상에서 가장 행복한 사람이었을 것입니다.

그에게는 자식이 몇 있었는데 그 가운데 갈레수스라는 아들은 체격도 크고 훌륭하여 다른 형제라든가 그 밖의 젊은이들보다도 외모는 뛰어났지만 머리가 좀 모자라 앞으로 무엇을 시켜야 할지 걱정거리였습니다. 게다가 아무리

가정교사가 애를 써도, 아버지가 부드럽게 달래 보거나 때려 보아도, 또 다른 사람들이 여러모로 연구해 보아도, 초보적 학문이나 예의범절조차 깨닫지 못할뿐더러 저속하고 품위 없는 말씨에다 인간이라기보다는 짐승 같은 거칠고 사나운 동작을 했으므로 그는 모든 사람들한테 바보 취급을 당하여 치모네라 불리고 있었습니다. 치모네라는 것은 그 고장 말로 '커다란 짐승'이라는 뜻이었습니다.

아버지는 이 아무런 장래성 없는 아들이 보기 싫어 죽을 지경이었습니다. 그리고 아들에 대한 모든 희망이 사라져 버려 자기 슬픔의 원인을 늘 눈앞에서 바라보고 싶지 않았으므로, 아들에게 시골 별장에 가서 농부들과 함께 지내도록 분부했습니다. 치모네는 그러한 거친 농부들의 풍습이나 행동이 도시 사람들에 비해 훨씬 마음에 들었기 때문에 시골에 가는 것을 몹시 기뻐했습니다. 이리하여 시골에 간 치모네는 자기에게 어울리는 생활을 하고 있었는데, 어느 날 이런 일이 일어났습니다. 이미 정오를 넘긴 시간에 치모네는 굵은 지팡이를 어깨에 메고 소유지인 밭에서 밭으로 걸어가다가 그 근처에서 가장 아름다운 숲에 들어가게 되었습니다. 마침 때는 5월이었기에 나무들은 잎이 무성해 있었습니다.

치모네가 그 숲속으로 들어가자, 행운이 그를 이곳으로 이끈 것인지, 높은 나무들에 둘러싸인 어느 초원으로 나가게 되었습니다. 그 한구석에는 차디찬 맑은 샘물이 솟아나고 있었고, 옆의 푸른 잔디 위에는 눈같이 흰 속살이 들여다보일 듯한 엷은 옷을 걸쳤을 뿐인 젊은 여자가 자고 있지 않겠습니까. 더구나 허리부터 아래는 새하얀 엷은 천으로 덮여 있을 뿐이었습니다. 그리고 발밑에는 이 처녀의 하인들로 여겨지는 두 여인과 한 사나이가 같은 모양으로 자고 있었습니다.

치모네는 젊은 처녀를 보자 지금까지 여인의 그러한 모습은 본 일이 없었으므로 굵은 지팡이에 기대어 한 마디 말도 없이 감탄한 눈으로 가만히 바라보고 있었습니다. 그리고 지금까지 아무리 교육받아도 시민적 교양 따위는 무엇 하나 받아들이지 않았던 그의 거친 마음에, 그 거칠고 무지한 지능으로도 알 수 있는 어떤 감각이 눈을 떠, 여태까지 본 일이 없는 가장 아름다운 것이 비쳐 들었던 것입니다. 이리하여 그는 그녀를 하나하나 관찰하기 시작했습니다. 눈부시게 물결치는 금발이며 수려한 이마, 오뚝한 코, 귀여운 입, 목덜미, 날씬한 두 팔, 그뿐만 아니라 봉긋이 솟아 있는 가슴에 그저 감탄할 뿐이었습니다. 이리하여 농부에서 일변하여 미(美)의 감상가가 된 그는, 깊은 잠에 빠진 그녀의 감은 두 눈을 뜨게 해보려고 몇 번이나 흔들어 깨우고 싶었는지 몰랐습니다. 그는 지금까지 이렇게 아름다운 여성을 본 일이 없는 것같이 여겨져 이것은 여신이 틀림없으리라 생각했습니다. 물론 그에게도 신성한 것이 더럽혀진 속계의 것보다는 값어치가 있다는 느낌은 있었으므로, 가만히 참고 그녀가 스스로 눈뜨기를 기다리고 있었습니다. 기다림이 너무 길다고는 생각했습니다만 유달리 즐거운 기분 때문에 그 자리를 떠날 수 없었습니다. 그러던 중 꽤 시간이 지나 에피제니아라는 이름의 그 처녀가 먼저 잠이 깨어 눈을 뜨고 머리를 들었습니다. 그녀는 지팡이에 기대 자기를 멍하니 보고 있는 치모네를 눈앞에 보고 놀라서 말했습니다.

"치모네, 이 시각에 이 숲에 뭘 찾으러 왔어요?"

치모네는 이 근처에서는 그 커다란 몸집이나 거친 품성이나 아버지가 귀족이고 부자라는 것 등으로 누구 하나 모르는 사람이 없었습니다.

그는 에피제니아의 말에 아무 대답도 없이 그녀의 눈을 가만히 바라보기 시작했습니다. 그러자 그 눈에서는 뭔가 달콤한 느낌이 솟아나 가슴이 지금까지 한 번도 맛보지 못했던 기쁨으로 가득 찼습니다.

처녀는 그것을 눈치채자 이러한 것이 자기의 수치가 되는 난폭한 행위를 불러일으킬지 모른다고 걱정해, 하녀와 하인을 불러 깨우고 그를 향해 이렇게 말했습니다.

"치모네, 그럼 천천히."

그러자 치모네는 "나도 함께 돌아가겠어" 하고 대답했습니다.

처녀는 여전히 그에 대한 공포심이 사라지지 않았으므로 그와 함께 돌아가는 것을 거절했으나, 끝내는 어쩔 수 없이 자기 집까지 따라오게 했습니다. 이런 일이 있은 다음 치모네는 아버지 집으로 가서, 이젠 절대로 시골에는 돌아가고 싶지 않다고 뜻밖의 말을 했습니다. 아버지와 가족들에게 이러한 중대사는 없었으나 하여간 무슨 까닭으로 그런 마음이 생겼는지를 관찰하기로 하고 그냥 집에 두기로 했습니다. 그런데 지금까지 어떤 가르침도 받아들이지 않았던 치모네의 마음에 에피제니아의 눈부신 아름다움으로 사랑의 화살이 꽂혀 어느 사이에 생각이 확 달라졌으므로, 아버지를 비롯하여 가족이나 그를 알고 있던 사람들을 아주 놀라게 하고 말았습니다. 그는 우선 그 형제들처럼 옷과 그 밖의 물품들을 훌륭한 것으로 해달라고 아버지에게 부탁했습니다. 아버지는 몹시 기뻐하여 그대로 해주었습니다. 그리고 그는 교양 있는 청년들과 사귀기 시작하여 신사들이 몸에 지녀야 할 예의범절을 배우고 특히 사랑할 때의 예법을 배웠습니다. 이에는 모두들 놀라움으로 눈이 휘둥그레졌습니다만, 그는 짧은 기간 동안에 초보적인 학문을 깨우쳤을 뿐만 아니라 철학을 논할 수 있을 정도로까지 훌륭한 발전을 보였습니다. 이어서, 이 같은 원인은 모두 에피제니아에게 품은 사랑에서 비롯된 것이었지만, 그 거칠고 시골뜨기 같은 말투를 확 바꾸어 점잖고 부드러운 말을 쓰게 되었을 뿐만 아니라, 노래도 부르고 악기도 켤 수 있게 되고 승마나 육해(陸海)의 군사(軍事)에도 정통한 훌륭한 청년이 되었습니다.

치모네의 이러한 발전을 일일이 말할 수는 없으므로 세세한 점은 생략합니다만, 처음으로 사랑을 느꼈을 때부터 4년쯤 지날까 말까 했을 때 그는 키프로스섬에 사는 어떤 젊은이보다도 한결 뛰어난 청년이 되어 우아한 마음가짐과 여러 가지 재주를 겸비하게 되었던 것입니다.

여러분, 우리는 이 놀라운 변화를 뭐라고 설명하면 좋을까요? 그것은 그의 마음 한구석 훌륭한 영혼 속에 갇혀 있었던 천부적 재능이 시새움 많은 운명의 신에 의해 단단한 굴레로 동여매져 있던 것을, 운명의 신보다도 강한 사랑의 신이 그것을 끊어 버렸다고 생각할 수밖에 없습니다. 그리고 잠들어 있던 재능을 끌어내는 사랑의 신은 가장 큰 지배력을 발휘하여 잔혹한 암흑으로부터 밝은 빛 속으로 그를 인도했다고 생각해야 옳을 것입니다.

그런데 치모네는 에피제니아를 향한 누를 수 없는 그리움 때문에 어떤 점에서는 사랑에 빠진 젊은이로서 종종 정상에서 벗어나는 일을 했습니다만, 그의 아버지 아리스티푸스는 그가 짐승이나 다름없는 상태에서 인간으로 돌아와 주었다고 여기고 끈기 있게, 잔소리 없이 참았을뿐더러 뭐든지 아들이 하고 싶은 대로 하도록 내버려 두었습니다. 그런데 치모네는 에피제니아로부터 치모네라 불린 것이 생각나서 본명인 갈레수스라고 불리고 싶지 않았을 정도였으며, 자기 소망에 명예로운 결말을 내고 싶은 마음에 에피제니아를 아내로 맞이하고 싶다고 그녀의 아버지인 치프세우스에게 여러 번 사람을 보내어 부탁했습니다. 그러나 그럴 때마다 치프세우스는 에피제니아가 로도스섬의 귀족 청년 파시몬다스와 결혼하기로 약속이 되어 있으므로 그 약속을 깨뜨릴 수 없다고 대답해 왔습니다.

그러는 동안 에피제니아의 결혼일이 다가와 파시몬다스는 그녀를 맞이하러 사람을 보냈습니다. 그것을 알게 된 치모네는, "오오, 에피제니아, 너를 내가 얼마나 사랑하고 있는지 마침내 보여 줄 때가 왔다. 나는 네 덕택으로 훌륭한 남자가 되었다. 이로써 너를 손에 넣을 수 있다면 어떤 신보다도 영광에 빛나는 자가 될 것은 틀림없다. 반드시 너를 내 손에 넣고야 말 테다. 그렇지 않으면 차라리 죽어 버리자" 하고 중얼거렸습니다. 이러고 나서 그는 가만히 친구인 젊은 귀족들을 모아들이고 해전용 온갖 무기를 장비한 배 한 척을 마련하여 바다로 나아가, 에피제니아를 로도스섬의 신랑에게 보내는 배를 기다리고 있었습니다. 한편 신랑이 될 청년의 친구들은 그 아버지에게서 많은 축복을 받고 배를 바다에 띄우자 뱃머리를 로도스섬으로 돌려 떠나갔습니다.

한잠도 못 잔 치모네는 그 이튿날 그 배를 따라잡자 뱃머리에 서서 에피제니아가 탄 배의 사람들에게 큰 소리로 외쳤습니다.

"서라, 돛을 내려라! 그렇지 않으면 헛되이 죽어 바닷속 고기밥으로 사라질 뿐이다."

그러자 그들은 갑판 위에 무기를 내놓고 전투 태세를 갖추었습니다. 그것을 본 치모네는 쇠갈고리를 들고 전속력으로 달리고 있는 로도스섬 사람들의 꽁지부리로 쳐들어가 힘을 다하여 자기 배의 머리 쪽으로 잡아당겼습니다. 그리고 한 마리 사자처럼 혼자서 저쪽 배에 뛰어올랐습니다. 이리하여 사랑의 신으로부터 박차가 가해진 듯 칼을 휘두르며 눈이 휘둥그레질 정도의 힘을 발휘하여 적의 한복판에서 좌우 양쪽으로 닥치는 대로 마치 양이라도 베듯이 적을 쓰러뜨렸습니다. 그것을 본 로도스섬 사람들은 무기를 내던지고 입을 모아 항복하겠다고 말했습니다. 치모네는 그들에게 말했습니다.

"여러분, 내가 무기를 들고 이 배를 바다 한복판에서 습격하려고 키프로스를 떠나온 것은 전리품을 바라서도 아니고 여러분을 미워해서도 아니다. 이렇게 움직여 내가 손에 넣으려고 한 것은, 내게 있어서는 최대의 것이지만 그 것을 순순히 내게 넘겨주는 것은 여러분에게는 아주 사소한 일에 불과하다. 그것은 다름 아니라 내가 사랑하고 있는 에피제니아다. 나는 그녀 부친으로 부터 그녀를 아내로서 허락받을 수 없었기 때문에, 사랑의 힘이 부득이 내 게 무기를 잡게 하였던 것이다. 그러므로 나는 여러분의 파시몬다스와 같은 자격으로서 그녀를 맞을 작정이다. 자, 보내 다오. 그리고 여러분은 신의 가호 아래 고향에 돌아가 주기 바란다."

젊은이들은 아량이라기보다 상대의 강한 힘에 압도당하여 울고 있는 에피 제니아를 넘겨주었습니다. 그는 울고 있는 그녀를 보자 이렇게 말했습니다.

"아가씨, 울지 마시오. 나는 당신의 치모네입니다. 치모네는 당신을 오랫동안 연모해 왔습니다. 파시몬다스는 단지 말만으로 언약한 상대일 뿐이지만, 나는 내 모든 것을 바쳐 당신을 사랑하고 있으니 누가 더 당신을 아내로 맞을 자격 이 있겠습니까?"

이렇게 먼저 달래 놓은 치모네는 그녀를 자기 배에 태우고, 로도스섬 사람 들의 배에 실은 물건에는 손 하나 대지 않고 무사히 떠나보내고 나서, 동료들 에게로 돌아왔습니다.

치모네는 이같이 귀중한 전리품을 손에 넣은 것이 너무나 기뻤습니다만 잠 시 동안은 비탄하는 그녀를 계속 위로하지 않으면 안 되었습니다. 그래서 당 장에는 키프로스로 돌아가지 않는 편이 낫지 않을까 하고 동료들과 의논했습 니다. 모두의 의견도 같았으므로 뱃머리를 크레타섬으로 돌렸습니다. 그곳에 는, 다른 사람들도 그러했지만, 특히 치모네에게는 오래된 친척도 새 친척도 있고 친한 벗들도 있었으므로 에피제니아를 데리고 가도 안전하다고 여겨졌 기 때문입니다. 그러나 운명은 에피제니아를 뺏는 데까지는 기꺼이 도와주었 으나 웬일인지 갑자기 변덕을 부려 사랑을 얻은 젊은이의 크나큰 기쁨을 쓰 디쓴 슬픔으로 순식간에 바꾸고 말았습니다.

치모네가 로도스섬 사람들을 보내고 아직 네 시간도 지나지 않아 밤이 되 었습니다. 그날 밤이야말로 치모네는 여태껏 맛보지 못했던 사랑의 환희를 기대하고 있었는데, 어두워짐에 따라 하늘은 시커먼 구름으로 가득 뒤덮이고 미친 듯이 바람이 세차게 불어대더니 맹렬한 폭풍우가 몰려왔던 것입니다.

그 때문에 어찌하면 좋을지, 어느 쪽으로 진로를 잡아야 할지 당황할 뿐이었으며, 배를 움직일 수조차 없는 형편이 되었습니다.

치모네가 그것을 얼마나 슬퍼했는지는 말할 나위도 없습니다. 신들이 그를 도와주어 그에게 희망의 실마리를 얻게 한 것은, 사랑의 기쁨을 잠깐 맛보게 함으로써 전에는 두려워해 본 적도 없는 죽음이라는 것을 뼈저리게 느끼며 받아들이도록 꾸몄기 때문인 것 같았습니다. 마찬가지로 그의 동료들도 슬퍼했습니다. 또한 에피제니아의 슬픔은 대단하여 몹시 울어대면서 배가 큰 파도에 흔들릴 때마다 공포에 떨었습니다. 울면서 치모네의 사랑을 갖은 말로 저주하고 그의 분별없는 처사를 꾸짖었습니다. 그러고는 신이 그의 소망을 바라고 있었다면 이러한 폭풍우는 일어날 리 없다고 말하며, 이것은 신들의 뜻을 어기고 강제로 자기를 아내로 삼으려는 그 분수에 넘치는 욕망을 미워했기 때문이며, 먼저 자기가 죽는 것을 보인 다음 이어 그에게 무참한 죽음을 내리려는 것이라고까지 욕을 퍼부었습니다. 이렇게 슬픔과 공포와 욕설이 뒤섞인 가운데, 뱃사람들조차 배를 어떻게 다루어야 할지 몰라 쩔쩔맬 뿐이었는데, 그러는 동안 바람은 더욱 거세어져 어디로 가는지조차 알 수도 없이 헤매고 있다가 로도스섬 근처에 오게 되었습니다.

그들은 거기가 로도스섬인 줄은 꿈에도 모르고 그저 살아나고 싶은 일념으로 갖은 노력을 다하여 해안에 배를 대려고 참담한 고생을 했습니다. 이에는 운명의 신도 호의를 보여 주어 작은 만(灣)으로 인도해 주었습니다. 그런데 그 만에는 그보다 조금 전에 치모네에게 습격당했던 로도스섬의 사람들도 배를 들이대고 있었습니다. 새벽녘이 되어 사방이 얼마간 훤해지자 화살이 닿을 만한 가까운 거리에 전날 놓아 보내 준 배가 있는 것을 보고 치모네는 자기들이 로도스섬에 와 있다는 것을 알았습니다. 치모네는 두려워했던 일이 일어날 것 같은 느낌이 들어 몹시 당황하며 전력을 다해서 이곳을 탈출하여 운을 하늘에 맡기고 어디로든지 가자고 명령했습니다. 여기보다 위험한 곳은 어디에도 없었기 때문입니다.

뱃사람들은 좁은 만에서 빠져나가려고 몹시 애썼습니다만 허사로 끝났습니다. 강한 바람이 반대로 불고 있어 만에서 나가기는커녕 오히려 육지 쪽으로 배를 밀어 보내는 것이었습니다. 그래서 물에 떠밀린 순간 이미 배에서 내리고 있던 로도스섬의 뱃사람들에게 발견되고 말았습니다. 이 사실을 안 그들 중 몇몇은 곧 로도스섬의 젊은 귀족들이 와 있었던 근처 별장으로 달려가서 에피제니아를 빼앗아 간 치모네가 자기들과 마찬가지로 폭풍우에 밀려 배를 이곳에 대고 있다는 것을 알렸습니다. 이 소식을 듣자 그들은 매우 기뻐하며 별장의 많은 하인을 이끌고 급히 해안으로 달려왔습니다. 이미 동료들과 해안에 내려섰던 치모네는 어딘가 근처의 숲으로 도망치자고 의논하고 있다가 에피제니아와 함께 모두 붙잡혀 별장으로 끌려갔습니다.

그러자 그해 로도스섬에서 최고 사법관의 직위에 있던 리시마쿠스가 시내에서 많은 병사를 데리고 와서 치모네와 그 동료 전원을 체포하여 감옥에 집어넣고 말았습니다. 왜냐하면 소식을 듣고 달려온 파시몬다스가 로도스섬의 재판부에 고소하여 그 같은 명령이 내렸기 때문입니다. 이렇게 해서 가련한 치모네는 방금 손에 넣은, 두세 번 키스했을 뿐인 에피제니아를 그대로 잃고 말았던 것입니다.

에피제니아는 로도스섬의 많은 귀부인들로부터 환영받고, 납치당하여 받은 고통이나 폭풍우의 바다에서 겪은 괴로움에 대해 크게 동정을 받았습니다. 그리고 결혼식 날이 올 때까지 그 사람들과 함께 머물게 되었습니다.

파시몬다스는 치모네와 그의 동료들을 사형에 처해 달라고 강력히 요구했으나 재판부에서는 전날 로도스섬의 젊은이들을 바다에서 무사히 돌려보냈던 일을 참작하여 그들을 사형 대신 종신형에 처했습니다. 그들이 이제 어떠한 희망도 갖지 못하게 된 채 감옥에 갇혀, 얼마나 큰 슬픔에 잠겼는가 하는 것은 새삼스레 말씀드릴 필요도 없을 것입니다.

한편 파시몬다스는 다가올 결혼식 때문에 온갖 준비를 서두르고 있었습니다만, 운명의 신은 너무나 빨리 치모네에게 모욕을 가한 것을 후회했는지 다시 그를 도와주려고 새로운 사건을 만들어 냈습니다.

파시몬다스에게는 오르미스다스라는 동생이 있었습니다. 아직 나이는 젊었으나, 인품에 있어선 형에게 뒤지지 않았습니다. 그 동생은 꽤 오래전부터 도시에서 미인으로 이름난 카산드라라는 젊은 귀족 처녀와 결혼하기로 되어 있었는데, 이 처녀에게 리시마쿠스가 몹시 연정을 느끼고 있었습니다. 또 그밖에 여러 가지 일로 해서 오르미스다스와의 결혼은 자꾸 지연되고 있었습니다. 그런데 파시몬다스는 평소 자기 결혼식을 성대히 하려고 생각하고 있었기 때문에 자기 결혼식과 같은 날에 동생 오르미스다스가 결혼하도록 하면 비용도 그다지 들지 않고 성대하게도 되어 일거양득이리라 생각했습니다. 그래서 카산드라의 부모에게 제안하여 설득시켰습니다. 이리하여 같은 날에 파시몬다스는 에피제니아와, 오르미스다스는 카산드라와 결혼식을 올리기로 했습니다. 이것을 안 리시마쿠스는 그녀가 오르미스다스와 결혼하지 않으면 틀림없이 자기 것이 될 거라는 희망을 품고 있었기에 아주 걱정하지 않을 수 없었습니다. 그러나 본디 빈틈없는 사람이었으므로 자기 불쾌감은 겉으로 드러내지 않고 어떻게 하면 이 결혼을 방해할 수 있을까를 생각하기 시작했는데, 결국 그녀를 납치하는 것 이외에는 좋은 방법이 없었습니다.

이 같은 일은 그의 직책으로 보아 쉽게 할 수 있는 일이었지만 자신의 직책을 이런 데 이용하는 것은 좀 비겁한 짓이라 생각했습니다. 그러나 그는 오랫동안 궁리한 끝에 결국 정의도 사랑에는 지고 말아 나중에야 어떻게 되든 일단 실행하기로 결정하고 카산드라를 빼앗기로 했습니다. 이리하여 이것을 실행하기 위한 동지나 그 수단 방법을 생각하고 있는 동안에 문득 동료들과 감옥에 있는 치모네를 기억해 냈던 것입니다. 그리고 이 일을 하는 데 있어 치모네 이외에 더 이상 믿을 만한 동지는 없다고 생각했습니다. 그래서 다음 날 밤 가만히 그를 자기 방에 불러들여 다음과 같이 말했습니다.

"치모네, 신들은 인간에 대해서 여러 가지 사건을 자유로이 내리는 분이신 동시에 인간의 진가에 대해서도 가장 뛰어난 시험관이시네. 그리고 어떠한 경우에도 마음이 흔들리지 않는 의연한 사람들을 발견한 경우에는 그들에게 최고의 상으로 보답하시네. 자네의 부친이 굉장한 부자라는 것을 나도 알고 있는데, 지금 신들은 자네가 집에 있을 때 했던 것보다 더욱 큰 시련으로써 자네를 시험하고 계시는 중이야. 내가 생각해 보건대 신들은 먼저 자네에게 아름다운 에피제니아를 보여 줌으로써 사랑에 눈을 뜨게 하여 그 사랑의 힘으로 짐승이나 다름없는 존재였던 자네를 하나의 훌륭한 사람으로 만들어 주셨고, 사랑하는 에피제니아를 손안에 넣게 해주셨다가 폭풍의 시련과 지금 자네가 당하는 것 같은 감옥에서의 쓰라린 고통으로써 자네를 시험하시는 걸세. 그리하여 자네가 최고의 행운에 달해 있다고 생각했을 때와 지금처럼 아주 괴로운 시련을 당하고 있을 때의 그 마음가짐과 신들에 대한 믿음이 조금이라도 달라지지 않았는가 그것을 보시려는 것이네. 그래서 자네의 신념이 행복했을 때나 불행에 처했을 때나 달라진 것이 없다면 신들은 더할 수 없는 크나큰 은총을 베푸실 것이네.

자, 용기를 되찾고 내 말을 들어보게. 지금 파시몬다스는, 변덕스러운 운명이 처음에는 자네에게 주었다가 곧 다시 빼앗아 버린 그 포획물, 즉 자네의 에피제니아와 결혼식을 올려 실컷 즐기려고 결혼식을 서두르고 있네. 내가 믿고 있듯이 자네가 그녀를 정말 사랑하고 있다면 그것이 얼마나 고통스러운 일인가 나도 잘 아네. 그뿐만 아니라 운명은 자네에게 주는 것과 같은 모욕을, 동생 오르미스다스가 같은 날 내가 사랑하여 마지않는 카산드라와 결혼식을 올리게 함으로써 나에게도 가하려는 것이네. 그래서, 이같이 너무도 잔인한 운명의 모욕이나 장난에서 벗어나기 위해서는 우리의 용기와 정의의 힘에 의지하는 수밖에는 달리 개척할 길이 없다고 생각하네. 우리는 칼을 휘두르고 길을 터놓은 다음 우리의 두 여자 가운데 자네는 두 번째의 포획물을, 나는 최초의 포획물을 손에 넣는 거야. 자네는 어차피 감옥을 나가 봤자, 아니 나는 석방이라는 말을 쓰고 싶지 않네만, 자네 연인이 없어서는 조금도 기쁘지 않으리라 생각하네. 반대로 자네가 연인을 되찾게 된다면 얼마나 기쁘겠나. 나의 뜻에 따르려고만 한다면 신들은 그것을 자네 손에 다시 넘겨줄 것이 틀림없네."

이러한 말은 치모네의 침울했던 마음을 희망에 부풀게 했습니다. 그는 주저없이 이렇게 대답했습니다.

"리시마쿠스 님, 당신이 그런 생각을 갖고 계시다면 그 일에 나만큼 신뢰할 수 있는 강력한 동지는 없으리라 생각합니다. 그럼 당신이 내게 시키려는 것을 말해 주시오. 그러면 한번 멋지게 힘을 발휘해 보겠습니다."

그러자 리시마쿠스가 말했습니다.

"오늘부터 사흘째 되는 날, 두 신부가 남편들의 집으로 시집갈 것이네. 자네는 무장한 동지와 함께, 나는 가장 신뢰할 수 있는 부하 몇 명과 함께 해 저물 무렵 그들의 집으로 쳐들어가는 것이네. 그리고 두 여자를 납치하여 내가 남몰래 준비해 둔 배에 태워 덤비는 놈이 있으면 닥치는 대로 죽이고 그 자리를 떠나는 걸세."

치모네는 이 계획이 아주 마음에 들었습니다. 그래서 그날이 하루바삐 오기를 기다리며 얌전히 감옥 속에 있었습니다.

결혼식 당일이 되자 그 연회의 성대함이란 눈이 휘둥그레질 정도였습니다. 그리고 그 형제의 집안은 온통 축하의 기쁨으로 넘쳐 있었습니다.

리시마쿠스는 빈틈없이 준비를 갖춘 다음 옷 밑에 무기를 감추고 대기하고 있는 치모네와 그의 일행을 3조로 나누었습니다. 한 조는 아무도 배에 접근하지 못하도록 남몰래 항구에 파견했습니다. 그리고 다른 한 조는 파시몬다스의 집에 가서 모두를 가두어 탈출을 막도록 출입구가 있는 곳에 배치하고, 그는 나머지 한 조와 함께 현관 계단을 뛰어 올라갔습니다.

이리하여 홀에 들어가니 두 신부는 내객인 많은 부인들과 이야기하며 식탁에 앉아 이제 막 식사를 하려 하고 있었습니다. 치모네 일행은 거침없이 뛰어들어가 식탁을 뒤집어엎었습니다. 손님들이 놀라고 있는 틈을 타 리시마쿠스와 치모네는 각각 연인을 붙잡고 부하에게 곧장 준비해 둔 배에 데려가도록 명령했습니다.

신부들은 울부짖기 시작했습니다. 다른 부인들이나 하녀들도 울부짖기 시작해서 순식간에 대소동이 일어나 울음소리가 홀 전체에 가득 찼습니다. 그러나 치모네와 리시마쿠스와 부하들이 칼을 뽑자 아무 저항 없이 순순히 길을 내주어 계단 있는 데까지 왔습니다. 그들이 계단을 내려가고 있는데, 소동이 일어나는 소리를 들은 파시몬다스가 굵다란 몽둥이를 들고 달려왔습니다. 치모네는 주저하는 빛도 없이 그의 머리에 일격을 가했고, 그는 머리 깊숙이 칼을 맞고 발밑에 쿵 쓰러져 죽어 버렸습니다. 동생인 오르미스다스가 형을 구하러 달려왔으나 그 역시 같은 모양으로 치모네의 일격에 가엾게도 죽고 말았습니다. 그리고 덤벼들던 다른 자들도 리시마쿠스와 치모네의 동지들에게 격퇴되고 말았습니다.

그들은 소동을 일으켜 울음소리와 슬픔으로 가득 찬 집을 뒤로하며 아무런 방해도 받지 않고 신부와 함께 배가 있는 데까지 왔습니다. 그리고 배에 여자들을 태우고 자기들도 동지들과 함께 배에 타자, 곧 해안에 여자들을 도로 빼앗으려고 달려온 무장한 사람들이 가득 몰려들었습니다. 그들은 성공을 기뻐하면서 급히 노를 저어 앞바다로 나아갔습니다. 이리하여 크레타섬에 도착하자 친척과 친구 등 많은 사람들의 환영을 받았습니다.

치모네와 리시마쿠스는 곧 성대한 잔치를 벌이며 결혼식을 올려 자기들이 납치해 온 두 여인과 더불어 즐거운 나날을 보내게 되었습니다.

키프로스섬과 로도스섬에서는 이러한 그들의 행동에 오랫동안 요란한 비난의 소리가 쏟아졌으나, 양쪽 섬에서 친구들이나 친척들이 중재 역할을 해주어 잠시 동안의 추방형을 마친 다음 용서를 받았습니다. 치모네는 에피제니아를 데리고 기쁨에 넘쳐 키프로스로 돌아오고, 마찬가지로 리시마쿠스도 카산드라를 데리고 로도스섬으로 돌아가 자기들의 마을에서 함께 오래도록 행복하게 살았답니다.

둘째 이야기

고스탄차는 마르투치오 고미토를 사랑하는데 그가 죽었다는 말을 듣고 절망한 나머지 혼자 작은 배를 타고 바람에 떠내려가 수사에 이른다. 그러나 그녀는 마르투치오가 튀니지에 살아 있다는 것을 알고 그 앞에 모습을 나타낸다. 그는 국왕에게 여러 가지 유익한 도움말을 올려 높은 신분이 되어 있었다. 그는 리파리에 돌아와 그녀와 결혼한다.

여왕은 판필로의 이야기가 끝나자 매우 칭찬한 다음 에밀리아에게 다음 이야기를 계속하도록 명했습니다. 에밀리아는 다음과 같이 이야기하기 시작했습니다.

여러분, 자기가 한 일에 따라 그 보답이 있다는 것은 누구나 기뻐해야 할 일입니다. 본디 사랑한다는 것은 기나긴 시간 동안 슬퍼하기보다는 기뻐하는 데 가치가 있는 것인 만큼, 어제 왕이 명령을 내렸을 때는 그렇게 하지 못했지만 이번 주제에는 매우 기쁘게 여왕님의 요구에 응하려고 합니다.

상냥하신 여러분, 시칠리아 근처에 리파리라고 부르는 작은 섬이 있다는 것은 아시리라 믿습니다. 그 섬에, 그다지 먼 옛날의 일은 아닙니다만 명문 출신으로 고스탄차라는 매우 아리따운 처녀가 있었습니다. 그런데 같은 섬에 사는 마르투치오 고미토라는 품성이 고상하고 예절이 바르고 일솜씨도 좋은 청년이 그녀를 연모했습니다. 처녀 쪽에서도 그와 마찬가지로 뜨거운 정념을 불태우게 되어 그 청년의 얼굴을 보지 않으면 마음이 편치 않을 정도로 되어 버렸습니다.

마르투치오는 그녀를 아내로 맞으리라 생각하고 사람을 내세워 그녀 아버지에게 딸과 혼인하고 싶다는 뜻을 전했으나, 그는 가난한 마르투치오에게 딸을 줄 수 없다고 거절했습니다.

마르투치오는 가난 때문에 거절당한 것에 몹시 격분하여 친구들과 친척들과 함께 한 척의 작은 배에 무장을 하고, 부자가 되지 않으면 리파리에는 돌아오지 않겠다고 결심했습니다. 이리하여 섬을 출발한 뒤 바버리의 해안에 이르러서 해적질을 일삼으며 자기보다 약해 보이는 배는 닥치는 대로 약탈하기 시작했습니다. 그런데 그가 자기 행운의 한도를 깨닫는 분별만 있었더라도 운명은 그러한 행위에 호의적이었을 텐데, 그와 동료들은 짧은 기간에 부호가 되었는데도 만족하지 않고 더 큰 부자가 되려고 욕심부리다가 어느 날 사라센인들이 탄 여러 척의 배에 습격당했습니다. 그들은 오랫동안 있는 힘을 다해 싸웠음에도 불구하고, 동료들과 함께 잡히고 배 안의 물건도 모두 빼앗기고 말았습니다. 그리고 동료들 대부분은 그들에 의해 목에 추를 단 채 자루에 넣어져 바다에 던져졌고 배는 침몰당했습니다. 그러나 그만은 튀니지에 끌려가 감옥에 감금된 뒤 엄중히 감시당하는 비참한 생활을 보내게 되었습니다. 그러는 동안 한두 사람으로부터가 아니라 여러 사람의 입에서, 마르투치오와 함께 배에 타고 있던 사람들은 한 명도 남김없이 익사했다는 소문이 리파리에 전해졌습니다.

마르투치오가 떠나 버린 것을 몹시 슬퍼하던 처녀는 그와 동료들이 죽었다는 말을 듣고 오랫동안 눈물 흘린 끝에 자기도 죽어 버리자고 결심했습니다. 그러나 난폭하게 자기 심장에 칼을 꽂든가 하여 고통을 느끼면서 죽고 싶진 않았기에 뭔가 색다르고 확실한 방법으로 죽어야겠다고 생각했습니다. 그래서 어느 날 밤 가만히 집을 빠져나와 항구에 가보니 우연히도 다른 배와 떨어진 곳에 작은 배 한 척이 있는 것을 발견했습니다. 그 작은 배는, 배에 탔던 사람들이 뭍에 방금 올라갔는지, 돛대도 돛도 노도 모두 그대로 있었습니다.

그녀는 곧 그 작은 배를 타고, 그 섬 여자들은 일반적으로 그렇지만 그녀도 다소 노를 저을 줄은 알고 있었기에, 노를 저어 앞바다로 나아갔습니다. 그리고 돛을 올린 다음 노와 키를 팽개치고 그냥 바람 부는 대로 가게 내버려 두었습니다. 그렇게 하면 짐도 싣고 있지 않았겠다, 키잡이도 없겠다, 결국 작은 배는 바람에 뒤집히거나 바위에 부딪쳐 부서지거나 하여 살아난다는 것이 불가능하게 되므로 자신이 바라는 대로 익사하게 되리라고 생각했습니다. 이리하여 머리부터 망토를 푹 뒤집어쓰고 울면서 배 바닥에 누워 있었습니다. 그런데 생각과는 달리 폭풍은 일어나지도 않고 대신 알맞은 북풍이 불어와, 그녀가 탄 노도 키도 없는 작은 배를 100마일쯤 떨어진 수사라는 거리 근처의 해안에 안전하게 닿게 했던 것입니다.

처녀는 배 안에 누운 채 무슨 일이 생기든 머리를 들지도 않고 일어날 생각도 하지 않았으므로 바다 위에 있는 건지 땅 위에 있는 건지 전혀 눈치채지 못했습니다. 그런데 마침 배가 물가를 향하여 밀려가고 있을 때 한 가난한 여인이 해안에서 고기잡이에 쓰는 그물을 걷고 있었습니다. 그 여인은 웬 작은 배가 돛을 팽팽히 단 채 뭍을 향해 부딪친 듯 돌진해 오는 것을 보고 놀랐습니다. 아마 어부가 배 안에서 자고 있는 모양이라고 생각하고 달려가 보니, 배에는 아가씨 혼자만 타고 있었습니다.

여인은 곤히 잠들어 있는 처녀에게 여러 번 소리쳤습니다. 이리하여 겨우 그녀를 잠에서 깨울 수 있었습니다. 여인은 옷차림으로 보아 그녀가 그리스도 교도임을 알았으므로 어떻게 이런 작은 배를 타고 이곳까지 오게 됐느냐고 이탈리아어로 물었습니다.

처녀는 여인이 이탈리아어로 말하는 것을 듣자 풍향이 바뀌어 배가 다시 리파리로 되돌아오게 된 것이 아닌가 의아해했습니다. 그래서 곧 일어나 사방을 살폈습니다. 그러나 처음 보는 곳인지라 여기가 어디냐고, 사람 좋아 보이는 그 여인에게 물었습니다. 그러자 여인은 이렇게 대답했습니다.

"아가씨, 당신은 바버리의 수사 근처에 있는 거예요."

그 말을 듣자 처녀는 신이 자기를 죽게 하시지 않은 것을 슬프게 여기고 욕을 당하지 않을까 걱정이 되어 작은 배 곁에 털썩 주저앉아 울기 시작했습니다.

친절한 여인은 그것을 보자 불쌍해져서 진심으로 애원하듯 하여 자기 오막살이에 데려가 친절히 달래었고, 마침내 그녀는 어떻게 이곳에 닿게 되었는가를 말하게 되었습니다. 여인은 처녀가 아무것도 못 먹었다는 것을 알고 딱딱한 빵이나마 생선과 물을 곁들여 내놓았습니다. 그리고 자꾸 권하기에 처녀는 조금 입에 넣었습니다. 그리고 나서 고스탄차는 이탈리아 말을 쓰는 당신은 어떤 분이십니까, 하고 친절한 여인에게 물었습니다. 그러자 여인은, 자기는 트라파니 사람으로 이름은 카라프레사라고 하며 여기서 그리스도교도인 어부의 일을 돕고 있다고 대답했습니다.

고스탄차는 카라프레사라는 이름을 듣자, 아직 슬픈 감정에서 벗어날 수는 없었지만, 자기도 모르게 그것이 어쩐지 좋은 전조인 듯 여겨졌습니다. 그리고 자기도 알 수 없는 희망이 솟아나기 시작하여 어느새 죽으려는 마음으로부터 조금씩 멀어졌습니다.

처녀는 자기의 이름과 고향을 밝히지 않았지만, 제발 자기의 젊음을 불쌍히 여겨 좋은 지혜를 빌려주어 창피를 당하지 않도록 해주었으면 고맙겠다고 그 친절한 여인에게 부탁했습니다.

카라프레사는 그 말을 듣자 그야말로 사람 좋은 여자답게 처녀를 집에 남겨 둔 채 곧 해안에 나아가 그물을 마저 거두어들이고 난 다음 곧 돌아와 자기 망토로 그녀의 얼굴을 가리고 수사로 데려갔습니다. 그곳에 도착하자 이렇게 말했습니다.

"고스탄차, 이제부터 아가씨를 아주 친절한 한 사라센 부인 집에 데려가겠습니다. 저는 그분의 여러 가지 일을 도와드리고 있습니다. 이젠 연로하시지만 아주 동정심이 두터운 분입니다. 저는 할 수 있는 만큼 아가씨를 잘 부탁하겠습니다. 그분은 기꺼이 아가씨를 맞아들여 자기 딸같이 대접할 것입니다. 그러니 아가씨도 그분을 할 수 있는 한 최고로 정성껏 잘 섬기도록 하여 신이 아가씨에게 행운을 내리실 때까지 그분의 마음에 들도록 노력해 주세요."

그리고는 이 여인은 자신이 말한 대로 했습니다.

이미 나이가 많은 그 부인은 그녀 이야기를 듣자 고스탄차의 얼굴을 물끄러미 바라보더니 눈물을 흘리며 이마에 키스했습니다. 그리고 손을 잡고 집 안으로 데리고 들어갔습니다. 그 집에서 부인은 남자는 하나도 없이 몇 명의 여자들과 살고 있었는데 모두들 명주나 종려나무 잎, 가죽 등으로 수예품을 만들고 있었습니다.

고스탄차는 며칠 사이에 만드는 법을 익혀 함께 일을 시작했습니다. 그리고 그 부인이나 다른 여인들의 마음에 들게 되었는데, 놀랍게도 얼마 뒤에는 그 사람들에게서 그 고장 말까지 배웠습니다.

이렇게 수사에서 살고 있는 동안, 그녀의 마을에서는 모두 그녀가 죽은 줄로만 알고 슬퍼하고 있었습니다.

그 무렵 튀니지의 왕은 마리압델라라는 분이었는데, 그라나타에 큰 세력을 펴고 있던 한 청년이, 튀니지는 자기가 지배해야 할 나라라고 선언하고는 대군을 이끌고 국왕을 쫓아내려고 진격해 왔습니다. 이 소문은 옥중에 있던 마르투치오 고미토의 귀에도 들려왔습니다. 그는 이 미개국의 말에 익숙해 있었는데 튀니지의 왕이 나라를 지키기 위해 고심하고 있다는 말을 듣자 그와 그의 동료들을 감시하던 한 옥지기에게 이렇게 말했습니다.

"만약 내가 국왕을 배알할 수 있다면 한 가지 진언할 일이 있네. 내 말대로 하면 이 싸움에서 반드시 이길 수 있으리라 믿네."

옥지기가 그 말을 상관에게 전하자 상관은 곧 왕에게 보고했습니다. 왕은 마르투치오를 데려오도록 명하고 진언할 게 무엇이냐고 물었습니다. 그러자 그는 이렇게 대답했습니다.

"전하, 저는 지금까지 튀니지에 몇 번 온 일이 있어 이 나라가 싸움을 할 때 어떤 전법을 쓰고 있는지 알고 있습니다. 여기서는 다른 어떤 무기보다도 활과 화살을 많이 사용하는 것 같습니다. 그러니 적에게는 화살이 떨어지고 아군에게는 화살이 충분히 남아 있게 되는 그러한 방법을 쓴다면 싸움은 전하의 승리가 되리라고 생각합니다."

그 말에 왕은 대답했습니다.

"그런 일이 가능하다면 확실히 승리할 수 있으리라 믿는다."

마르투치오는 계속해서 말했습니다.

"전하, 전하께서 그럴 생각이 있으시다면 성공은 의심할 바 없습니다. 그럼 그 방법을 말씀드리겠습니다. 전하께서는 군사들에게 지금까지 쓰고 있는 것보다도 훨씬 가는 줄의 활을 만들게 하는 겁니다. 그리고 그 가는 줄에 맞는 화살 오늬를 만들게 합니다. 이것이 적에게 알려지지 않도록 특히 조심해야 합니다. 만약 알려지면 모든 것이 헛일이 될 테니, 극히 비밀리에 만들게 해야 합니다. 제가 이런 말씀을 드리는 것은 다음과 같은 이유가 있기 때문입니다. 적의 군사는 자꾸 활을 쏠 테고 전하의 군사도 활을 쏠 테지요. 그렇게 싸우고 있는 동안에 모자라는 화살을 메울 수 없게 되고 전하의 군사도 적의 화살을 줍지 않으면 안 되게 되는 것은 전하께서도 아시는 바와 같습니다. 그러나 적은 전하의 화살을 사용할 수 없습니다. 왜냐하면 오늬가 작아서 지금 쓰고 있는 굵은 줄에는 맞지 않기 때문입니다. 그런데 가는 줄은 굵은 오늬의 화살을 받아들일 수 있으므로 전하의 군사는 적의 화살을 사용할 수가 있습니다. 이리하여 전하의 군사는 적이 화살이 모자라 쩔쩔맬 때 충분한 화살을 지니게 될 것입니다."

왕은 총명한 분이었으므로 마르투치오의 진언을 받아들여 그대로 한 결과 큰 승리를 거두었습니다. 그리하여 마르투치오는 왕의 마음에 들게 되어 높은 신분에 오름과 동시에 큰 부자가 되었습니다. 이 소문은 곧 온 나라 안에 퍼졌습니다. 마르투치오가 죽은 줄로만 알았던 고스탄차의 귀에도 마르투치오 고미토가 살아 있다는 사실이 전해졌습니다. 그리하여 그녀 가슴속에 이미 오래전에 식어 버렸던 그에 대한 열정이 단번에 세차게 타올라, 사라졌던 희망이 되살아났습니다.

그녀는 지금까지 신세를 져 온 친절한 부인에게 자기 신상을 모두 털어놓고 모든 것을 이 눈으로 확인하고 싶으니 튀니지에 보내 달라고 간청했습니다. 부인은 그녀의 희망을 몹시 칭찬했을 뿐만 아니라 그녀를 친딸이나 다름없이 사랑하고 있었기 때문에 배를 타고 함께 튀니지에 갔습니다. 튀니지의 친척 집에 도착하자 친척들은 부인과 고스탄차를 정중히 환영했습니다. 그녀는 함께 온 카라프레사를 시켜 마르투치오가 소문대로 진짜 살아 있는지 알아보러 보냈습니다. 그녀는 곧 돌아와 실제로 그가 살아 있을 뿐만 아니라 소문대로 훌륭한 인물이 되어 있더라고 전해 주었습니다. 부인은 마르투치오에게 연인인 고스탄차가 와 있다는 것을 알리려고 어느 날 마르투치오를 찾아가 이렇게 말했습니다.

"마르투치오 님, 리파리에서 당신의 옛 하인 한 사람이 와서 저희 집에 머물러 있습니다. 은밀히 당신께 여쭐 말이 있다고 합니다. 그 사람의 부탁으로 남에게 알려지지 않도록 제가 직접 전하러 왔습니다."

마르투치오는 감사의 뜻을 표하고 함께 부인 집으로 갔습니다. 고스탄차는 그의 얼굴을 본 순간 기뻐서 숨이 막혀 죽을 것 같았습니다. 그녀는 더 이상 참을 수 없어 곧 두 팔을 벌리고 달려들어 그의 품에 안겼습니다. 그리하여 연인을 만난 기쁨과 과거의 수많은 불행과 불운에 대한 회상 같은 것들이 한데 뒤엉켜 말 한 마디 못 하고 눈물만 흘릴 뿐이었습니다. 마르투치오도 그녀를 본 순간 너무나 놀라 한동안 정신 나간 사람처럼 멍하니 서 있었습니다. 이윽고 제정신을 되찾은 그는 깊은 한숨을 쉬고 나서 말했습니다.

"아아, 고스탄차, 그대는 살아 있었단 말이오? 꽤 오래전에 바다에서 실종되었다는 말을 들었을 뿐, 그 뒤로 아무런 소식도 없어 죽은 줄만 알고 있었지."

그렇게 말하고 눈물을 흘리며 다정하게 그녀를 껴안고 키스했습니다.

고스탄차는 지금까지의 일을 모두 이야기하며 친절한 귀부인에게 친딸처럼 사랑을 받으며 별 걱정 없이 지냈다고 말했습니다. 그리고는 둘이서 여러 가지 이야기꽃을 피웠습니다. 마르투치오는 곧 왕에게 가서 자신과 그녀의 신변에 일어난 사건을 모조리 털어놓고, 허락해 주신다면 자기는 종교의 규율을 좇아 그녀와 결혼하고 싶다고 말했습니다.

왕은 그 이야기에 몹시 놀랐습니다. 그리하여 처녀를 불러 다시 한 번 그 이야기를 시켜 확인한 다음에 이와 같이 말했습니다.

"참으로 그대는 훌륭한 남편을 얻었도다."

왕은 많은 값진 선물을 가져오게 하여 절반은 그녀에게, 절반은 마르투치오에게 나누어 주고 둘의 생각대로 하도록 모든 것을 맡겼습니다.

마르투치오는 고스탄차를 맡아 주었던 귀부인에게 경의를 표하고 친절한 대우에 깊이 감사의 뜻을 표한 다음 많은 선물을 했습니다. 부인은 그들의 행복을 빌며 고스탄차의 눈물 속에 작별을 고했습니다. 그리고 두 사람은 왕에게 작별 인사를 한 다음 카라프레사와 함께 배를 타고 순풍에 돛을 달고 리파리로 돌아왔습니다.

리파리에서 그들은 이루 말할 수 없을 정도의 대환영을 받았습니다. 마르투치오는 그녀와 결혼하여 성대한 피로연을 베풀고 그 뒤 그녀와 함께 평화롭게 그리고 오랫동안 서로의 사랑을 즐기며 살았다고 합니다.

셋째 이야기

피에트로 보카마차는 아뇰렐라와 사랑의 도피를 한다. 그런데 도적의 습격을 받고 아뇰렐라는 숲으로 달아나 어느 성에 안내되어 간다. 피에트로는 도적에게 붙잡혔으나 그 손을 벗어나 몇몇 사건을 거쳐 아뇰렐라가 있는 성에 이른다. 거기에서 그녀와 결혼해 함께 로마로 돌아간다.

에밀리아의 이야기를 칭찬하지 않는 사람은 한 명도 없었습니다. 여왕은 이야기가 끝난 것을 알자 엘리사 쪽을 향하여 다음 이야기를 하도록 명령했습니다. 엘리사는 기꺼이 분부를 좇아 이야기하기 시작했습니다.

여러분, 다소 분별없는 두 젊은 남녀가 어느 날 밤 무서운 일을 당했던 이야기가 생각납니다. 하지만 그 뒤에는 즐거운 나날이 계속되었으므로 오늘 우리 주제에는 알맞은 것으로 생각되기에 이야기해 볼까 합니다.

옛날에 세계 제일의 도시였으나 지금은 형편없는 도시로 전락하고 만 로마에, 그다지 오래된 일은 아닙니다만 피에트로 보카마차라는 명예 있는 가문의 청년이 살고 있었습니다. 그리고 그 청년은, 평민이지만 로마인에게는 몹시 친숙해져 있었던 질리우오초 사울로의 딸인 아뇰렐라라는 매우 아리따운 처녀를 사랑하고 있었습니다. 그 청년은 그녀를 사랑해 여러 가지 성의를 보여 주었기에 처녀 쪽에서도 그와 마찬가지로 그를 사랑하게 되었습니다. 그런데 피에트로는 점점 연정이 더해 가기만 하여 뜻을 이루려는 욕망에 더 이상 견딜 수 없어 그녀에게 아내가 되어 달라고 간청했습니다.

이것을 안 그의 친척들은 모두 그에게로 찾아와서 그 행위를 비난했습니다. 그리고 한편으로 질리우오초 사울로한테 사람을 보내서, 피에트로의 청혼을 받아들여서는 안 된다, 만약 그렇게 하면 우리는 피에트로를 벗으로도 친척으로도 인정하지 않을 작정이니 그렇게 알라고 엄중히 전하게 했습니다.

피에트로는 소망이 이루어지는 길은 결혼밖에 없다고 생각했는데 그 방법이 끊기고 말았으므로 죽고 싶도록 절망적인 기분이 되었습니다. 만약 질리우 오초가 이쪽 친척들의 뜻을 어겨서라도 그의 신청을 받아들여 주었다면 그 녀를 아내로 삼았을 것입니다. 그리고 처녀만 승낙해 주면 이것은 실현될 수 있다고 믿었습니다. 그래서 중매인을 내세워 뜻을 들어 본 결과 처녀도 동의 한다는 것을 알았으므로 둘은 로마에서 사랑의 도피를 하기로 결심했습니다. 준비가 갖추어지자 피에트로는 어느 날 아침 매우 일찍 일어나 그녀와 함께 말을 타고 그와 몹시 친한 몇 명의 친구가 있는 알라냐로 향했습니다.

두 사람은 뒤쫓아 올 사람들이 걱정되어 결혼식을 올릴 틈이 없었으므로, 말을 타고 가면서 서로 사랑의 열정을 이야기하며 이따금 키스를 나누는 정 도로 만족했습니다. 그런데 피에트로가 길을 잘 몰라서 로마에서 8마일쯤 떨 어진 곳에 와서 오른쪽으로 돌아야 할 것을 왼쪽으로 돌고 말았습니다. 그런 채 2마일쯤 나아가자 두 사람 앞에 작은 성이 나타났습니다. 두 사람을 보고 성에서 열두어 명의 병사가 뛰어나왔습니다. 그것을 알아차렸을 때에는 이미 그들이 눈앞에 다가와 있었으므로 처녀는 소리를 질러, "피에트로, 도망가요! 습격당해요!" 하고 외치며 급히 말 머리를 깊은 숲 쪽으로 돌렸습니다. 그러 고는 안장 옆에 엎드려 말 옆구리에 박차를 가하자 늙은 말은 박차의 아픔에 곧장 깊은 숲을 향하여 달려갔습니다.

한편 피에트로는 길보다도 그녀 얼굴만 보고 말을 몰고 있었기 때문에 병 사들을 보는 것이 그녀보다 늦어, 어느 방향에서 오는 건지 두리번거리는 사 이에 그만 포위되어 붙잡혀 안장에서 끌어내려지고 말았습니다. 어떤 놈이냐 는 물음에 그가 이름을 대자 그들은 뭔가 의논하더니 이렇게 말했습니다.

"이놈은 우리의 적과 한패이다. 이놈의 말을 뺏고 옷을 벗겨, 오르시니 놈 들에게 본때를 보이기 위해 저 떡갈나무에 매달아 목을 졸라 죽여야 한다."

그들 모두가 이 제안에 동의했고 피에트로에게 옷을 벗으라고 지시했습니 다. 피에트로가 옷을 벗으면서 드디어 최악의 사태가 닥쳤다고 생각하고 있 는데 갑자기 스물다섯 명은 족히 되리라 생각되는 복병들이 "쳐라! 죽여라!" 하고 저마다 외치며 뛰어나왔습니다. 허를 찔린 성의 병사들은 피에트로를 팽개치고 적을 막기에 바빴습니다. 그러나 습격해 온 자들이 자기들보다 많은 것을 알자 사방으로 흩어져 도망치기 시작했습니다. 복병들은 그들을 추격해 갔습니다. 그것을 본 피에트로는 곧 자기 소지품을 챙겨서 말에 올라타, 연인이 달아난 것으로 짐작되는 방향으로 할 수 있는 만큼 가장 빨리 도망쳤습니다. 그러나 숲속에는 길은커녕 샛길조차 없었으며, 말의 발자국도 없었습니다. 그를 붙잡은 성의 병사와 그들을 덮친 복병의 수중에서 간신히 벗어났다고 여긴 것도 잠깐, 가장 사랑하는 연인의 모습을 찾을 수 없게 되자 그는 억울해서 엉엉 울고 말았습니다. 그리고 그녀 이름을 부르면서 숲속을 이리저리 헤매기 시작했습니다. 그러나 아무런 대답도 없고, 그렇다고 이제 와서 되돌아갈 기력도 없어 그저 목적도 없이 앞으로 앞으로 나아갔습니다. 더구나 숲속에서 살고 있을 맹수를 생각하면 자신의 신변이나 연인의 일이 걱정되어 나중에는 곰이나 이리에게 먹혀 죽는 꼴이 눈앞에 떠오르는 형편이었습니다.

이렇게 불운한 꼴을 당한 피에트로는 앞으로 나아간다는 게 도로 뒷걸음질치는 일을 종종 되풀이하며 큰 소리로 그녀를 부르면서 그날 하루 종일 그 숲속을 헤매고 다녔습니다. 그처럼 큰 소리로 부르짖고 울어댄 데다가 공포와 배고픔까지 겹치고 지칠 대로 지쳐 이제 꼼짝달싹도 못하게 되었습니다. 그러다 아주 해가 저물어 어떻게 했으면 좋을지 모르고 있는데, 문득 커다란 떡갈나무를 발견했습니다. 그는 말에서 내려 말을 나무에 매고는 한밤중에 맹수의 먹이가 되지 않도록 나무에 올라갔습니다.

곧 달이 떠 사방은 대낮처럼 밝아졌습니다만 나무에서 떨어질까 봐 감히 잘 수는 없었습니다. 하기야 조금은 안전한 장소에 있을 수 있었다 치더라도 연인에 대한 걱정과 슬픔 때문에 잠이 올 리가 없었겠지요. 그래서 그는 한숨을 쉬고 울며 또 자신의 불운을 저주하면서 눈을 뜬 채로 있었습니다.

그런데 앞에서 말씀드린 바와 같이 처녀는 도망치기는 했으나 어디로 가야 할지를 몰랐고, 말 또한 자기가 태우고 있는 사람을 어디로 데리고 가야 할지 몰랐기 때문에 어느새 숲속 깊숙이 들어가고 말았습니다. 그 때문에 처녀는 어느 쪽에서 숲속으로 들어왔는지 그 방향조차 짐작할 수 없게 되었습니다. 그래서 그녀도 피에트로와 마찬가지로 그날 온종일 말을 멈췄다가 다시 몰았다가 하며 어찌할 바를 모르는 채 울면서, 그의 이름을 마구 부르기도 하고 또 자신의 불행을 탄식하기도 하면서 황량한 숲속을 헤매고 있었습니다. 그러고 있는 사이에 아무래도 피에트로가 나타나지 않는 데다가 이미 황혼이

다가오고 있어 문득 한 줄기 샛길을 발견하자 그리로 말을 몰았습니다.

샛길로 말을 달려 2마일쯤 왔을 때 저 멀리 오막살이 한 채를 발견했습니다. 반가운 마음에 급히 말을 달려가 보니 거기에는 사람이 좋아 보이는 노인과 같은 또래의 아내인 듯한 노파가 있었습니다.

두 사람은 그녀가 혼자임을 알자 "아니, 아가씨, 왜 이런 시간에 이 근처를 헤매고 있소?" 하고 물었습니다.

처녀는 눈물을 흘리면서 동행과 떨어져 숲속에서 길을 잃었다고 대답하고 그 두 사람에게 알라냐로 가는 길을 물었습니다. 그 사람 좋아 보이는 노인은 "아가씨, 여기는 알라냐로 가는 길이 아니오. 알라냐는 여기서 12마일 이상은 앞으로 가야 해요" 하고 대답했습니다.

"그럼 이 근처에 묵어갈 만한 집은 없을까요?" 처녀가 이렇게 물었습니다.

"해 저물기 전에 갈 만한 곳에는 그런 집이라곤 없어요."

선량해 보이는 노인이 대답했습니다.

"그럼 도무지 갈 수 있을 것 같진 않군요. 부탁이에요. 오늘 밤 댁에서 좀 묵어갈 수 없을까요?"

그러자 노인은 이렇게 대답했습니다.

"아가씨, 당신이 오늘 밤 우리 집에서 묵어가는 것은 아무 상관없소이다만 알아 두어야 할 일은, 이 근처에 밤낮없이 패를 짠 무리들이 출몰하여 적과 자기편을 구별하지 않고 마구 피해를 입힐 뿐만 아니라 강도질까지 일삼고 있다는 것이오. 만약 운수 사납게 아가씨가 묵고 있을 때 그 작자들이 와서 아가씨처럼 아름다운 젊은 처녀를 본다면 싫은 짓을 하든가 욕을 보일 것은 뻔한 일이오. 우리 늙은이들은 그것을 보면서도 아가씨를 구할 힘이 없단 말이오. 그런 일이 일어난 다음 나중에 가서 이러니저러니 시비를 듣지 않기 위해서 미리 말해 두는 거요."

처녀는 노인의 말을 듣고 놀랐습니다만 이미 해도 저물어 가고 있었기에 이렇게 대답했습니다.

"만약 하느님께서 우리를 보살펴 주신다면 그런 불행한 일에서 우리를 지켜 주시겠지요. 설사 그러한 불행한 일이 일어나더라도 숲속에서 맹수에게 물려 죽는 것보다는 인간에게 곤욕을 당하는 편이 그래도 나으리라 생각합니다."

　그녀는 말에서 내려 그 가난해 보이는 노인의 집 안으로 들어갔습니다. 그리고 그들과 함께 조촐한 식사를 한 뒤 옷을 입은 채 딱딱한 침대에 들어가 몸을 눕혔습니다. 그러나 자신의 불행이나 피에트로의 불운을 생각하니 한숨과 눈물밖에 나오지 않았으며, 더구나 피에트로에게는 최악의 사태가 일어났다고밖에 여겨지지 않아 밤새도록 좀처럼 눈을 붙일 수가 없었습니다.

　그러는 동안 새벽이 가까워졌습니다. 그때, 많은 사람의 발소리가 들렸습니다. 그녀는 벌떡 일어나 이 집 뒤쪽 넓은 뜰로 나갔습니다. 뜰 한구석에 마른 풀이 산처럼 쌓여 있어 성급히 그 속에 숨었습니다. 거기에 숨어 있으면 그리 쉽게 들킬 염려는 없다고 생각했기 때문입니다.

　이렇게 겨우 몸을 숨긴 순간 수많은 도적의 무리가 이 집 문 앞에 닥쳤습니다. 그들은 문을 열게 하고는 안으로 들어가 아직 안장이 놓인 채로 있는 처녀의 말을 보자 누가 왔느냐고 물었습니다. 선량한 노인은 침대에 그 처녀가 없는 것을 보자 이렇게 대답했습니다.

　"여기엔 우리밖에 없어요. 이 늙어 빠진 말은 간밤에 어디에선지 도망쳐 왔길래 붙잡아, 이리에게 잡아먹히지 않도록 집 안에 들여놓았습니다."

　"그렇다면" 하고 도적단 두목이 말했습니다. "주인이 없다면 우리가 가져가네."

　그러고는 저마다 분담하여 그 좁은 집 안을 뒤지기 시작했고, 몇 사람은 뒤뜰로 나갔습니다.

　그들은 창이나 나무 방패를 땅 위에 던져 놓았는데 그중 하나가 무심코 자기 창을 그 마른풀 속에 던졌습니다. 그 때문에 숨어 있던 처녀는 자칫 잘못했으면 죽거나 모습을 나타낼 뻔했습니다. 창끝이 처녀의 옷을 찢고 왼쪽 젖꼭지 옆을 스쳤기 때문입니다. 그래서 또 엉겁결에 비명을 지를 뻔했으나 현재 자기 처지를 생각하곤 몸이 떨려도 가만히 소리를 내지 않고 참았습니다.

　도적 일당은 여기저기 흩어져, 새끼 염소나 그 밖의 가축의 고기를 불에 구워 먹기도 하고 술을 마시기도 한 뒤 처녀의 말을 빼앗아 어디론가 떠났습니다. 그들이 멀리 사라진 뒤 사람 좋은 할아버지는 할머니에게 물었습니다.

　"간밤의 처녀는 어떻게 됐을까? 우리가 일어난 뒤 보이지 않던데."

할머니는 자기도 모른다고 대답하고 찾으러 나갔습니다.

처녀는 도적들이 돌아가 버린 걸 알자 마른풀 더미에서 나왔습니다. 이것을 본 할아버지는 매우 기뻐했고 더구나 도적들의 손에 넘어가지 않게 되어 더욱 기뻐했습니다. 날도 밝아 왔으므로 이렇게 말했습니다.

"자, 날이 밝았소. 아가씨가 원한다면 여기서 5마일쯤 되는 곳에 있는 성까지 안내하겠소. 그곳이라면 안전하긴 한데 걸어가야 하오. 그 악당놈들이 당신의 말을 갖고 갔으니 말이오."

처녀는 까짓 말이야 어떻든 그 성에만 데려가 달라고 부탁했습니다. 이리하여 두 사람은 걸어서 8시 반쯤 성에 도착했습니다. 그 성은 오르시니 집안의 일족인 리엘로 디 캄포 디 피오레라는 사람의 것으로, 그곳에는 다행히도 매우 신앙심이 두텁고 마음씨가 훌륭한 귀부인이 살고 있었습니다. 그 부인은 그녀를 보자 아뇰렐라임을 알고 기꺼이 맞아들였습니다. 그리고 왜 여기에 왔는지 자세히 이야기해 달라고 부탁했습니다. 아뇰렐라는 있는 그대로 모두 털어놓았습니다.

부인은 남편의 친구인 피에트로를 잘 알고 있었으므로 이 일을 몹시 슬퍼했습니다. 그리고 그가 잡힌 장소를 듣자 벌써 살해되었을지도 모른다고 생각했습니다. 그래서 부인은 아뇰렐라에게 이렇게 말했습니다.

"당신은 피에트로 씨가 어떻게 되었는지 모르니까, 내가 당신을 안전하게 로마로 보내 줄 때까지 여기에 묵고 있어요."

한편 피에트로 쪽은 그 이상의 슬픔은 없을 정도로 비탄의 구렁텅이에 빠진 채 나무 위에 있었는데, 그때 갑자기 스무 마리는 될 것 같은 이리 떼가 말을 발견하고 달려와 둘러싸고 말았습니다. 그것을 알아차린 말은 머리를 치켜들곤 고삐를 끊고 달아나려고 했습니다. 그러나 이리에게 둘러싸여 있어 도망칠 수 없었습니다. 말은 한동안 이빨을 드러내고 발길질을 하면서 맞섰으나 마침내 사나운 이리 떼에 물려 땅에 쓰러져 숨이 끊어졌습니다. 그러자 이리 떼는 굶주린 창자를 채우고 말의 뼈만 남겨 놓은 채 달아나 버렸습니다. 그것을 본 피에트로는, 말이야말로 소중한 동반자이며 피로한 몸을 지탱해 주는 것으로 더없이 믿고 있었던 만큼 아주 낙심하여 이젠 영영 이 숲을 빠져나가지 못하리라 생각했습니다.

그는 떡갈나무 위에서 추위에 떨면서도 쉴 새 없이 사방을 바라보고 있었는데, 이윽고 새벽이 가까워지자 1마일쯤 전방에 한창 모닥불이 타오르고 있는 것이 보였습니다. 날도 다 밝았으므로 떡갈나무에서 내려와 어슬렁어슬렁 걸어가 그곳에 도착했습니다. 모닥불 주위에서 양치기들이 식사를 하며 즐거운 이야기들을 하고 있다가 피에트로를 보자 반가이 맞아 주었습니다. 피에트로는 그들로부터 친절한 대접을 받으며 몸을 녹일 수 있었습니다. 그리하여 자신의 불행한 사건을 털어놓고 어떻게 이곳에 오게 됐는가를 말한 다음 이 근처에 자기가 갈 만한 성이나 동네가 없느냐고 물었습니다.

양치기들은 여기서 3마일쯤 되는 곳에 리엘로 디 캄포 디 피오레의 성이 있는데 지금은 부인이 있을 것이라고 대답했습니다. 그 말을 듣자 피에트로는 매우 기뻐하며 누군가 그곳까지 안내해 주지 않겠느냐고 부탁했습니다. 그러자 두 양치기가 친절하게 그를 데려다주었습니다. 성에 이르자 몇 사람의 친지를 만나게 되어 숲속에서 행방불명이 된 처녀를 찾아낼 방법은 없을까, 하고 의논하고 있는데 부인이 불렀습니다. 가보니 뜻밖에도 아뇰렐라가 와 있는 것이 아니겠습니까? 아, 피에트로의 그 기쁨이란 이루 헤아릴 수 없었습니다.

그는 대뜸 뛰어가 그녀를 껴안으려고 했습니다만 귀부인이 보는 앞이라 부끄러워 그렇게 할 수는 없었습니다. 한편 아뇰렐라의 기쁨도 피에트로 못지않았으며 그녀 역시 그의 품에 안기고 싶은 것을 가까스로 참았습니다.

마음씨 부드러운 부인은 그를 극진히 대접해 주었습니다. 그리고 그에게서 그동안 일어난 사건을 듣고는 친척들의 말을 어기고 사랑의 도피를 하려 했던 것을 나무랐습니다. 그러나 그의 결심이 변함없을 뿐만 아니라 처녀도 그것을 바라고 있다는 것을 알자 그에게 이렇게 말했습니다.

"그렇다면 구태여 반대할 필요가 없겠군요. 두 분은 서로 사랑하고 서로 잘 알고 있으며 또 두 분 다 주인 친구인걸요. 게다가 서로의 마음도 순수하잖아요. 그래서 하느님의 뜻으로 한 분은 교수대의 밧줄에서 벗어나고, 또 한 분은 창끝에서 재난을 면했을 뿐만 아니라 두 분 다 야수의 이빨로부터 몸을 지킬 수 있었다고 생각됩니다. 그러니 두 분이 좋으실 대로 하세요."

그러고는 다시 두 사람 쪽을 향해 말했습니다.

"만약 두 분의 행동이 남편이 되고 아내가 되고 싶다는 진정한 마음에서 나온 것이라면, 물론 나는 그러리라 믿지만, 결혼하세요. 결혼식 비용은 리엘로의 돈으로 마련하지요. 두 분과 친척 사이는 내가 좋도록 처리하겠어요."

피에트로는 몹시 기뻐했으며 아뇰렐라 역시 그 이상으로 기뻐했습니다. 그들은 무사히 결혼했습니다. 부인은 이런 산속이나마 할 수 있는 데까지의 온갖 성의를 보여 성대한 피로연을 베풀어 주었습니다. 이리하여 두 사람은 비로소 달콤하고 아기자기한 사랑의 기쁨을 맛보았습니다. 그러고 나서 며칠 뒤 부인은 두 사람과 함께 많은 수행원들을 데리고 말을 타고 로마로 돌아왔습니다. 로마의 친척들은 피에트로가 저지른 일을 심하게 비난했습니다만 부인이 가운데서 일을 잘 주선하여 원만히 해결해 주었습니다.

이리하여 피에트로는 아뇰렐라와 함께 오래오래 즐겁고 평화롭게 살았습니다.

넷째 이야기

리차르도 마나르디는 리치오 다 발보나 씨에게 그의 딸과 함께 있는 장면을 들킨다. 그는 곧 그녀와 결혼하고 장인과도 사이가 좋아진다.

엘리사의 이야기가 끝나고 모든 사람으로부터 칭찬을 받자 여왕은 필로스트라토에게 뭔가 이야기하도록 명했습니다. 그는 빙긋 웃으며 이야기를 시작했습니다.

나는 여러분들한테서 많은 꾸지람을 들었습니다. 너무도 잔혹한 주제를 골라서 여러분을 슬프게 하는 이야기만 시켰기 때문입니다. 그래서 그러한 일을 보상하려는 생각에서 다소나마 여러분을 웃기는 어떤 이야기를 해야겠다고 생각합니다. 그래서 처음에는 한숨이라든가 조금은 부끄러움이 뒤섞인 사소한 걱정거리가 생겼지만 나중에는 행복하게 되는 사랑 이야기를 간단히 하려고 합니다.

여러분, 그리 먼 옛날 일은 아닙니다만 로마냐에 리치오 다 발보나라는 예절바른 부유한 기사가 살고 있었습니다. 그는 노년 가까이 되어 자코미나 부인과의 사이에 딸을 하나 얻었습니다. 이 아이는 나이가 차면서 그 일대에서는 보기 드물게 귀여운 예쁜 처녀로 자라났습니다.

부모에게 있어서 둘도 없는 외동딸이었으므로 금이야 옥이야 하고 사랑을 쏟았고, 또 지나칠 만큼 특별한 보호와 감시 속에 키워 나중에 훌륭한 결혼을 시켜 주려고 마음먹고 있었습니다. 그런데 이 리치오 씨의 집에, 이름을 리차르도, 성을 마나르디 다 브레티노로라고 하는 체격도 늘씬하고 잘생긴 젊은이가 곧잘 찾아와서는 리치오 씨와 허물없이 이야기를 주고받곤 했습니다. 리치오 씨는 그를 마치 자기 아들같이 대접하여 행동을 감시한다든가 하지는 않았습니다.

청년은 이 아름답고 우아한 처녀를 여러 번 보는 사이에, 어느새 예의범절이나 행동거지가 훌륭해지고 이미 성숙하게 자란 그녀를 깊이 사랑하게 되었습니다. 다만 세심한 주의를 기울여 자기 연정을 숨기고 있었습니다. 그러나 처녀 쪽에서도 그것을 눈치채고 사랑받고 있는 것을 조금도 싫어하지 않았을 뿐더러 똑같이 그를 사랑하기 시작했습니다. 그것을 알게 된 리차르도는 얼마나 기뻤는지 모릅니다. 그는 여러 번 그녀에게 말을 걸고 싶은 마음이 생겼지만 두려워서 입을 다물고 한 마디도 건네지 못했습니다. 그러던 어느 날 크게 마음먹고 이렇게 말했던 것입니다.

"카테리나, 부탁이오. 나를 애태워 죽게 하지 마시오."

그러자 처녀는 곧 이렇게 대답했습니다.

"어머, 당신이야말로 더 이상 저를 죽도록 애타게 하지 마세요."

이에 몹시 기뻐한 리차르도는 용기를 얻어 다음과 같이 말했습니다.

"나는 당신이 기뻐하는 일이라면 뭐든지 하겠소. 하지만 당신과 나를 구하는 방법을 찾아낼 사람은 당신 쪽이오."

그러자 처녀는 대답했습니다.

"리차르도, 당신은 제가 얼마나 엄중히 감시받고 있는지 잘 아실 거예요. 그러니 어떻게 하면 제 곁에 오실 수 있을지 저로선 알 수 없어요. 하지만 제가 창피한 꼴을 당하지 않고도 그럴 수 있는 방법이 있으면 가르쳐 주세요. 말씀대로 하겠어요."

리차르도는 여러 가지 방법을 궁리해 둔 것이 있었으므로 곧 이렇게 말했습니다.

"나의 귀여운 카테리나, 이렇게 하는 수밖에 달리 좋은 방법은 없다고 생각하오. 당신은 아버지의 뜰이 내려다보이는 발코니에서 자고 있든가 또는 거기서 기다려 주시오. 나는 당신이 한밤중에 거기 있는 것을 알게 되면 아무리 높다 하더라도 어떻게든 방법을 찾아서 꼭 올라가겠소."

카테리나는 이렇게 대답했습니다.

"당신이 그런 곳까지 와주신다면, 저는 거기로 자러 가는 일쯤 간단히 할 수 있을 거예요."

리차르도는 꼭 그렇게 하겠다고 말했습니다. 그리고 재빨리 가볍게 키스하고 거기서 떠났습니다.

다음 날, 이미 5월도 마지막에 가까웠기에 처녀는 어머니에게로 가 간밤엔 무더워서 잘 수가 없었다고 투덜댔습니다. 어머니는 말했습니다.

"아니, 그렇게 더웠니? 오히려 서늘하던데?"

그러자 카테리나는 말했습니다.

"어머니, 어머니는, '나로선'이라고 말씀하셨어야 돼요. 어머니는 아마 그랬을 거예요. 하지만 젊은 처녀는 훨씬 몸이 뜨겁다는 것을 생각해 주셔야죠."

그러자 어머니는 말했습니다.

"얘야, 정말 그렇겠구나. 하지만 나로선 네가 바라는 대로 덥게 할 수도 춥게 할 수도 없어. 날씨라는 것은 계절이 정하는 대로 참고 견딜 수밖에 없단다. 그렇게 생각하면 오늘 밤은 아마 훨씬 선선해져서 잘 잘 수 있을 거야."

"그랬으면 얼마나 좋겠어요." 카테리나는 말했습니다.

"하지만 여름이 가까웠는데 밤이 서늘해지다니 그런 일은 있을 수 없어요."

"그럼 어쩌겠다는 거냐?"

카테리나는 대답했습니다.

"아버지와 어머니만 괜찮으시다면 아버지 방 옆의 뜰로 튀어나와 있는 발코니에 작은 침대를 놓았으면 해요. 그렇게 하면 밤꾀꼬리 울음소리도 잘 들리고, 훨씬 서늘하니 어머니 침실에서보다 잘 잘 수 있을 거예요."

그 말에 어머니가 대답했습니다.

"그야 그렇겠지. 알겠다. 아버지께 말씀드려 보고 좋다고 하시면 그렇게 하도록 해주마."

부인에게서 그 말을 듣자 이제는 연로하여 완고해진 데다가 성미도 좀 까다로워진 리치오 씨는 이렇게 말했습니다.

"울음소리를 들으며 자고 싶다는 밤꾀꼬리는 도대체 뭐야? 그런 애는 매미 울음소리로 재워 주어야 해."

카테리나는 아버지 말을 듣자 더위보다도 노여움으로 그날 밤에는 밤새도록 자지 못했을 뿐만 아니라 더워 죽겠다고 투덜대며 어머니를 자지 못하게 했습니다.

밤새 딸에게 시달린 어머니는 이튿날 아침 리치오 씨한테로 가서 이렇게 말했습니다.

"여보, 당신은 저 애를 그다지 귀여워하지 않는군요. 발코니에서 자고 싶다는 게 어떻다고 그래요? 걔는 더위를 타서 밤새도록 한숨도 못 잤어요. 게다가 아직 어린애니까 밤꾀꼬리 울음소리를 듣고 싶다는 건 별로 놀랄 일도 아니잖아요? 젊은 사람은 젊은 사람에게 알맞은 짓을 하고 싶어 하는 법이에요."

리치오 씨는 아내 말을 듣자 말했습니다.

"좋아. 그럼 발코니에 놓을 만한 침대를 마련해 줘요. 그리고 둘레를 명주 커튼으로 쳐주어야 해. 거기서 자면서 실컷 밤꾀꼬리 노랫소리를 듣게 해줘요."

딸은 아버지 말을 전해 듣자 발코니 위에 침대를 마련하게 했습니다. 그리고 그날 밤은 거기서 잘 생각으로 있는데, 과연 기대한 대로 리차르도가 와서 그들은 서로 정해 두었던 신호를 했습니다. 그것으로 그는 자기가 할 일을 알았습니다. 리치오 씨는 딸이 침대로 간 것을 알자 자기 침실에서 발코니로 통하는 문을 잠그고 역시 침대에 들었습니다.

한편 리차르도는 사방이 고요해진 것을 확인한 다음 벽에 사다리를 걸치고 올라가서 다시 그 벽에서 다른 한쪽 벽이 튀어나온 부분에 이르렀습니다. 그런 다음 추락의 위험을 무릅쓰며 애를 쓴 끝에 겨우 발코니로 올라갔습니다. 카테리나는 미칠 듯이 기뻐하며 말소리는 내지 못하고 리차르도를 힘차게 끌어안았습니다. 그리하여 둘은 계속 뜨거운 키스를 나누며 침대에 누워 밤새도록 그야말로 여러 차례나 밤꾀꼬리 울음소리를 내며 환희와 환락 속에 잠겼습니다. 밤은 짧고 환락은 끝이 없어—두 사람은 그런 줄도 몰랐습니다만—이미 날이 새기 시작했습니다. 그러나 환락에 활활 몸을 불사른 데다가 기후 탓도 있어 두 사람은 발가벗은 채 곤히 잠이 들어 버렸습니다. 카테리나는 오른손으로 리차르도의 목을 껴안고 왼손으로는 여러분이 남자 앞에서 입 밖에 내기도 부끄러운 그것을 쥐고 있었습니다.

이러한 꼴로 세상모르고 잠들어 있는 동안에 아침이 되고 말았습니다. 리치오 씨는 일어나자 곧 딸이 발코니에서 자고 있는 것을 생각하고는 조용히 문을 열며 중얼거렸습니다.

"어디 간밤엔 밤꾀꼬리가 어떤 모양으로 카테리나를 잠재웠는지 보고 올까?"

이렇게 말하며 발코니로 나아가 침대를 둘러치고 있는 명주 커튼을 높이 치켜 올렸습니다. 자, 여러분, 아버지가 얼마나 놀랐을까요? 그는 리차르도와 딸이 알몸으로 이불도 덮지 않고 앞서 말씀드린 바와 같은 모습으로 자고 있는 것을 보았던 것입니다. 멍하니 있던 그는 사나이가 리차르도라는 것을 분명히 확인하자 그 자리를 떠나 아내 침실로 가서 아내를 깨워 이렇게 말했습니다.

"자, 빨리 일어나서 보고 와요. 밤꾀꼬리를 그리워하던 당신 딸이 새를 꼭 붙잡아 손에 쥐고 있으니까."

"아니, 어떻게 그럴 수가?" 부인이 말했습니다.

"빨리 따라오면 볼 수 있지." 리치오 씨가 나가며 대답했습니다.

부인은 성급히 옷을 입고 가만히 리치오 씨 뒤를 따랐습니다. 이윽고 둘이서 발코니의 침대 곁에 다가가서 커튼을 치켜올리자 자코미나 부인은 딸이 노랫소리를 듣고 싶어 했던 밤꾀꼬리를 손에 꼭 쥐고 있는 모습을 눈앞에서 볼 수 있었습니다. 이것을 보자 부인은 틀림없이 리차르도에게 속아 넘어갔다고 믿고 소리쳐 욕해 주려고 했습니다. 그러자 리치오 씨가 부인에게 말했습니다.

"이봐, 당신이 나의 애정을 기쁘게 여기고 있다면 지금 이 자리에선 야단을 치지 말도록 해요. 사실 딸애가 잡았으니까 이 사내는 딸의 것이야. 리차르도는 귀족이고 부자야. 사실 이 사람만큼 훌륭한 사윗감은 없지 않은가. 잘 주선해서 두 사람을 결혼시키면 일이 원만하게 될 거요. 그렇게 하면 밤꾀꼬리를 자기 둥우리 속에 넣는 셈이니까 잘된 일이지."

이 말을 들은 부인은 남편이 이 사건에 화를 내지 않는 이유를 알아채고 마음이 놓였습니다. 그리고 딸이 즐거운 밤을 보내며 곤히 쉴 수 있었고, 게 다가 밤꾀꼬리마저 붙잡았으므로 아무 말도 하지 않았습니다. 이런 이야기가 오가는 사이에 리차르도는 문득 잠이 깨었습니다. 그리고 아침이 된 것을 알 자, 이거 야단났다고 생각하며 카테리나를 깨워 이렇게 말했습니다.

"아아, 야단났어. 어떡하지, 날이 밝았는데……."

그 말을 들은 리치오 씨는 곁에 다가가 커튼을 들어 올리고 대답했습니다.

"염려 말게, 잘 처리할 테니."

그는 리치오 씨를 보자 소스라치게 놀라 침대 위에 바로 일어나 앉아 이렇 게 말했습니다.

"제발 용서해 주십시오. 저는 도리에 어긋난 짓을 한 나쁜 놈입니다. 죽이셔 도 할 수 없습니다. 그러니 마음대로 하십시오. 하지만 될 수 있으면 목숨만 은 살려 주십시오. 부탁입니다. 제가 죽지 않도록 해주세요."

이에 대해서 리치오 씨는 이렇게 말했습니다.

"리차르도, 이런 엄청난 짓을 하다니! 자네는 내가 자네에게 품고 있었던 사랑과 자네에게 기대하고 있었던 신뢰를 배신하고 말았어. 그러나 이렇게 된 이상, 그리고 그것이 아주 젊은 기분에서 온 과실인 이상, 자네가 죽음을 면하고 나의 수치를 구하기 위해서는 카테리나를 정식 아내로서 맞는 수밖에 없네. 즉 내 딸이 간밤에 자네 것이었던 것처럼 일생 동안 자네 것으로 만들 게. 이렇게 하면 일은 원만하게 수습되고 자네 목숨도 구해지는 셈이야. 그러 나 그렇게 하고 싶지 않으면 하느님께 자네 목숨이 구해지도록 비는 수밖에 도리가 없지."

이런 말이 오가는 사이에 카테리나는 밤꾀꼬리를 놓고 이불을 걸치며 엉엉 울면서 리차르도를 용서해 주세요, 하고 아버지에게 애원하기 시작했습니다. 한편 리차르도는 리치오 씨의 생각대로 자기들 두 사람이 오래도록 확실하 게 오늘 밤 같은 밤을 보낼 수 있도록 해주십사고 부탁했습니다. 그러나 그렇 게 오래 부탁하고 있을 필요는 없었습니다. 한쪽에는 이러한 과실에 대한 수 치심과 그것을 보상하려는 감정이 있고, 또 한쪽에는 죽음에 대한 공포와 그것을 면하려는 소원이 불타는 듯한 사랑과 사랑하는 여성을 소유하고 싶다는 욕망에 합쳐져 있었기 때문에, 리차르도는 아무런 망설임 없이 리치오 씨의 뜻에 따라 그 자리에서 그렇게 하겠다고 동의했기 때문입니다. 이리하여 리치오 씨가 자코미나 부인에게서 반지를 하나 빌려 그에게 주자 리차르도는 두 사람 앞에서 카테리나를 아내로 삼았습니다. 그것이 끝나자 리치오 씨와 부인은 그 자리를 떠나면서 말했습니다.

"자, 그대로 여기서 쉬게. 일어나기보다는 그 편이 나을 테니까."

부모가 나가자 젊은 두 사람은 서로 껴안고 간밤에는 여섯 번밖에 하지 않았으므로 다시 일어나기 전에 두 번 더 하고 그날의 마지막을 장식했습니다. 그리고 다시 일어나 리치오 씨를 찾아가서 정식으로 의논하고, 며칠 뒤에는 친구와 친척들 앞에서, 반드시 필요한 일이기 때문에, 카테리나와 다시 성대한 결혼식을 올리고 그녀를 집에 데려가 손님을 초청하여 피로연을 열고 마음껏 즐겼습니다. 이리하여 그들은 즐겁고 사이좋게 밤꾀꼬리를 붙잡고 밤이나 낮이나 즐겼던 것입니다.

다섯째 이야기

귀도토 다 크레모나는 자코민 다 파비아에게 딸을 하나 남기고 죽는다. 잔놀레 디 세베리노와 밍기노 디 밍골레라는 두 사나이가 이 처녀에게 연정을 태운다. 마침내 두 사람은 칼을 빼고 싸우게 되지만, 그 처녀가 잔놀레의 누이동생임이 밝혀져 밍기노의 아내로 정해진다.

밤꾀꼬리 이야기를 들으면서 부인들은 몹시 웃었는데 이야기가 끝난 다음에도 도무지 웃음을 그치지 않았습니다. 이윽고 어느 정도 웃음이 그치자 여왕이 말했습니다.

"정말로 어제는 우리를 슬프게 했습니다만 오늘은 우리를 즐겁게 만들었군요. 이제 아무도 당신에게 불평하는 사람은 없겠지요."

이렇게 말하고 여왕은 네이필레 쪽을 향해 다음 이야기를 하도록 명령했습니다. 그녀는 기꺼이 이야기를 시작했습니다.

필로스트라토 님이 로마냐 지방의 이야기를 했으니 나도 다소 범위는 넓어지지만 마찬가지로 그 부근의 이야기를 하려고 합니다.

꽤 이전의 일입니다만, 파노시(市)에 귀도토 다 크레모나라고 하는 사람과 자코민 다 파비아라는 롬바르디아 태생의 두 사나이가 살고 있었습니다. 둘 다 지금은 나이를 먹었습니다만 젊었을 때에는 군인으로 싸움터에 나간 적이 있는 사나이들이었습니다. 이러구러 귀도토는 죽을 때가 가까워졌음을 알았습니다. 그에게는 아들도 없고 자코민밖에는 신뢰할 만한 친구도 친척도 없기에, 여러 가지 신앙 문제를 이야기한 다음 열 살쯤 되는 여자아이와 자기의 모든 재산을 그에게 맡기고 죽었습니다. 그때 마침 오랫동안의 전쟁으로 재해에 시달리던 파엔차가 그 무렵 다시 질서가 잡혀 가고 있었으므로, 도시로 되돌아가고 싶은 자는 자유로이 돌아가도 좋다는 허가가 나왔습니다.

자코민은 이전에 한번 살아 보아 그 도시가 살기 좋은 곳이라는 것을 알고 있었기 때문에, 전 재산을 갖고 파엔차로 돌아왔습니다. 그리고 귀도토에게서 맡은 애도 데리고 왔습니다. 그는 그 여자아이를 자기 친딸같이 대해 주고 또 귀여워하기도 했습니다. 아이는 성장함에 따라 당시 이 거리의 어떤 여자애보다 뛰어나게 예쁜 처녀가 되었습니다. 그녀는 예쁘기만 한 게 아니라 예절 바른 정숙한 처녀이기도 했습니다. 그 때문에 여러 사람들로부터 사랑을 고백받게 되었는데, 그 가운데에서도 기품 있고 재산도 있는 두 젊은이가 특히 그녀를 열렬히 사랑하게 되었습니다. 그 결과 서로 맹렬히 질투심을 불태우기 시작했습니다. 한쪽은 잔놀레 디 세베리노라 하고, 또 한쪽은 밍기노 디 밍골레라는 이름이었습니다.

처녀가 열다섯 살이 되었을 때, 이 두 사람은 그들 부모가 허락만 한다면 기꺼이 그녀를 아내로 삼으려고 했습니다. 그런데 정식으로는 거절을 당했으므로 적당한 방법으로 자기 것으로 할 수밖에 없게 되고 말았습니다. 그런데 자코민 집안에는 늙은 하녀와 크리벨로라는 이름을 가진 쾌활하고 재미있는 하인이 있었습니다. 잔놀레는 이 하인과 아주 친해져 적당한 때마다 자기 연정을 털어놓으면서 자기 사랑이 이루어지도록 해주면 사례는 듬뿍 할 테니 그렇게 해달라고 부탁했습니다. 그러자 크리벨로는 이렇게 대답했습니다.

"아시겠지만, 그 일로 제가 당신에게 해드릴 수 있는 것이란 자코민 어른이 어딘가 저녁 식사하러 나가실 때 아가씨가 있는 곳에 당신을 불러들이는 일 정도입니다. 제가 당신을 위해 귀찮고 끈덕지게 말씀드려 봤자 아가씨는 절대로 귀를 기울일 분이 아니니까 말씀입니다. 그래도 좋으시다면 그렇게 할 것을 약속합니다. 그다음 일은 염려하지 않아도 되겠죠? 좋도록 해보십시오."

잔놀레가 그 이상의 일은 바라지 않는다고 말하여 약속이 이루어졌습니다.

밍기노 쪽은 하녀를 매수하고 있었는데, 하녀를 이용하여 종종 자기 마음을 호소한 결과 그녀의 마음도 그에게 끌리기 시작했습니다. 그리고 하녀도 무슨 일이 생겨 자코민이 밤에 외출하는 일이 있으면 그녀를 만나게 해주겠다고 약속했습니다. 그러자 이러한 일이 있은 지 얼마 안 되어 자코민은 크리벨로의 계획으로 어느 친구와 저녁 식사를 하기 위해 나갔습니다. 그래서 그는 잔놀레에게 곧 그것을 알려 신호를 보고 찾아오면 반드시 문이 열려 있을 거라고 말한 다음 들어가는 방법을 정했습니다.

한편 하녀는 그런 일은 꿈에도 모르고 밍기노에게, 오늘 밤 자코민은 집에서 식사를 하지 않는다는 것을 알리고 될 수 있는 대로 집 근처에 있다가 자기가 신호를 하면 집 안으로 들어오라고 말했습니다. 저녁이 되자 두 연적은 서로 그런 일은 모르는 채, 상대방을 의심하면서도 무장한 패거리를 이끌고 처녀를 손에 넣으려고 그곳에 찾아왔습니다.

밍기노는 자기 패들과 신호를 기다리며 처녀의 집에서 가까운 친구 집에서 대기하고 있었습니다. 또 잔놀레도 같은 모양으로 한패를 거느리고 그녀의 집에서 조금 떨어진 곳에서 기다리고 있었습니다. 그런데 크리벨로와 하녀는 자코민이 집을 비우자 서로 상대방을 내쫓으려고 궁리를 했습니다. 이윽고 크리벨로가 하녀에게 말했습니다.

"왜 당신은 잠도 안 자고 집 안을 오락가락하고 있지?"

그러자 하녀는 대답했습니다.

"당신이야말로 왜 주인님을 모시러 가지 않죠? 이젠 식사도 끝났을 텐데 왜 거기서 우물쭈물하고 있는 거예요?"

서로 이렇게 말했을 뿐 아무도 상대방을 내쫓을 수는 없었습니다. 그러는 동안 잔놀레를 맞아들일 시간이 되고 말았고, 크리벨로는 "이런 일에 신경 쓰고 있을 필요 없어. 여러 말 하면 말하는 것만큼 손해가 될 뿐이야" 하고 중얼대며 약속의 신호를 보낸 뒤 문을 열기 위해 갔습니다. 그리하여 잔놀레는 곧 두 동지와 함께 집 안으로 들어왔습니다. 그리고 홀에 있던 처녀를 보자 붙잡아 데려가려고 했습니다.

처녀는 반항하며 크게 소리를 지르기 시작했습니다. 하녀도 마찬가지로 크게 소리를 질렀습니다. 그 소리를 듣자 밍기노가 곧 동지들과 뛰어왔습니다. 와서 보니 처녀가 문간에서 끌려가려는 순간이었으므로 모두 칼을 뽑아 들었습니다.

"야, 이 배신자들, 죽여 버릴 테다. 그렇게 너희 멋대로는 되지 않을걸. 도대체 이게 무슨 짓들이냐!"

그렇게 외치고 한꺼번에 덤벼들었습니다. 그러자 이웃 사람들이 이 소동을 듣고 손에 칼이나 등불을 들고 달려와서 저마다 욕을 퍼붓고 밍기노 편이 되었습니다. 이렇게 소동을 벌이며 오랫동안 싸운 끝에 밍기노는 겨우 처녀를 도로 빼앗아 자코민의 집으로 데려갔습니다. 그런데 이 소동을 듣고 시장 (市長)이 보낸 관리들이 달려와 그 자리에 있는 사람들을 체포해 버렸습니다. 그 가운데에는 밍기노와 잔놀레, 크리벨로도 끼어 있었는데 모두 감옥 신세가 되고 말았습니다. 이윽고 소동이 수습되었을 무렵 자코민이 집에 돌아왔습니다. 그는 이 사건을 듣자 매우 슬퍼했습니다만, 여러모로 들어보곤 처녀에게는 조금도 나쁜 일이 일어나지 않았음을 알게 되어 다소 안도의 숨을 쉬었습니다. 그리고 다신 이런 일이 일어나지 않도록 될 수 있는 대로 빨리 결혼시켜야겠다고 생각했습니다. 아침이 되자 사건의 전말을 들은 양쪽 집안의 친척들은 체포된 두 사람 몸에 재난이 내릴까 걱정을 했는데, 자코민의 의견에 따라 죄가 결정된다고 생각하곤 그를 찾아왔습니다. 그리고 제발 자기들에게 호의와 자비를 베풀어 주어 젊은 사람의 얕은 소견이 끼친 노여움을 가라앉히도록 간청했습니다. 또한 이런 나쁜 짓을 한 그들 젊은이에게는 마음이 풀리도록 어떤 벌을 내려도 괜찮다고 말했습니다.

자코민은 지금까지 여러 가지 일을 겪어 왔고 마음씨도 좋은 사람이었기에 깨끗이 이렇게 대답했습니다.

"여러분, 나는 지금 여러분의 고장에 있습니다만, 비록 내 고향에 있다 하더라도 여러분을 친구로 할 것입니다. 그러므로 여러분이 원하시지 않는 일을 이리저리하고 싶지 않습니다. 게다가 여러분 자신들도 어려운 처지에 있으니 여러분의 희망에 따라야 하지 않겠습니까? 무슨 말인고 하니, 그 처녀는 많은 사람이 생각하고 있는 것과는 달리 크레모나 태생도 파비아 태생도 아니고 실은 파엔차 출신입니다. 또 나도 그렇고 나에게 그 애를 맡긴 사람도 그 애가 누구의 자식인지 모르고 있습니다. 어쨌든 여러분들이 부탁하시는 대로 해보겠습니다."

사람들은 처녀가 파엔차 태생이라는 말을 듣고 놀랐습니다. 그리고 자코민의 그 관대한 대답에 깊은 감사의 뜻을 표하고 어떻게 해서 그가 그녀를 맡게 되었으며 어떻게 파엔차 태생인 줄 알았는지, 상관없다면 이야기해 주었으면 좋겠다고 부탁했습니다. 자코민은 이렇게 대답했습니다.

"귀도토 다 크레모나라는 사나이는, 나의 전우이기도 하고 친구이기도 했습니다. 그리고 죽을 때 한 말에 따르면 이 도시가 페데리고 황제에게 점령되어 약탈이 자행되었을 때 자기 전우들과 어느 집에 들어갔더니 가재도구가 가득 있었는데, 저 처녀 말고는 사람이 아무도 없었다고 합니다. 나이가 두 살밖에 안 된 그 아이는 그가 계단을 올라가자 그를 파파(아버지)라고 불렀다고 합니다. 그 소릴 듣자 불쌍해져서 그는 물건들을 챙긴 다음 그 아이를 데리고 파노에 돌아갔습니다. 그러고는 죽을 때 자기 재산과 함께 그녀를 나에게 맡기고 결혼시킬 시기가 오면 그것을 지참금으로 주라고 부탁했습니다. 어느덧 그 애도 결혼 적령기가 되었는데 마음에 드는 인물을 골라 주지 못하고 있었습니다. 하지만 어젯밤 같은 사건이 또 일어나기 전에 결혼시키려고 생각하고는 있습니다."

그런데 그곳에 와 있었던 사람 가운데 굴리엘미노 다 메디치나라는 사람이 있었습니다. 그는 당시 귀도토와 행동을 함께하고 있었으므로 그가 약탈한 집이 누구의 집이었는가 잘 알고 있었습니다. 더구나 바로 그 집 주인이 그 자리에 있었기 때문에 곁에 가서 이렇게 말했습니다.

"베르나부치오, 자코민이 말한 것을 들었습니까?"

베르나부치오는 대답했습니다.

"들었습니다. 나는 그 북새통에 지금 자코민이 말한 것과 같은 또래의 딸을 잃고 슬픈 나날을 보내고 있습니다."

그러자 굴리엘미노는 그에게 말했습니다.

"확실히 그 애가 저 처녀입니다. 나는 그때 어디서 약탈했는지 귀도토에게서 듣고, 그것이 당신 집에 틀림없다고 생각했으니 말이오. 그러니 딸이라고 확인할 수 있는 무슨 특징을 생각해 보시오. 그리고 확실히 당신의 딸인지 알 수 있도록 조사해 달라고 하시오."

베르나부치오는 딸의 왼쪽 귀 위에 작은 십자가 같은 상처 자리가 있었다는 것을 생각해 냈습니다. 그것은 그 사건 조금 전에 종기를 잘랐기 때문에 생긴 흉터였습니다. 그래서 그는 아직 그 자리에 있던 자코민 곁으로 다가가서, 자기를 댁에 데려가서 그 처녀와 만나게 해달라고 부탁했습니다.

자코민은 기꺼이 그를 집으로 데려가서 처녀를 그의 앞에 데려오게 했습니다. 베르나부치오는 그녀를 보자 지금도 미인이라는 말을 듣고 있는 그녀 어머니를 보는 듯한 마음이 들었습니다. 그러나 그것만으로는 충분치 않아 자코민에게 미안하지만 그녀 왼쪽 귀 위의 머리카락을 좀 들어 올려 달라고 부탁했습니다.

자코민은 승낙했습니다.

베르나부치오가 부끄러운 듯 다소곳이 앉아 있는 처녀에게 다가가서 오른손으로 머리카락을 올려 보니 십자의 흉터가 있었습니다. 틀림없이 자기 딸이라는 것을 알고는, 걷잡을 수 없이 눈물을 흘리며 아무것도 모르는 딸이 싫어하는 것도 무릅쓰고 껴안으려고 했습니다. 그리고 자코민 쪽을 향해 이렇게 말했습니다.

"이 아이는 내 딸입니다. 귀도토에게 약탈당한 집이 우리 집이었습니다. 그때 갑작스런 약탈 소동에 내 아내, 그러니까 애 엄마가 이 애를 잃어버렸던 것입니다. 여태껏 그날 불타 버린 집 안에서 어린 딸이 타 죽은 줄로만 알았습니다."

처녀는 이 말을 듣자 상대가 나이가 지긋한 분이고 말하는 품으로 보아도 거짓말 같지는 않아, 눈에 보이지 않는 본능에서 그의 포옹을 받으며 소리 없이 울기 시작했습니다.

베르나부치오는 곧 사람을 보내어 어머니와 다른 친척 그리고 형제자매를 불러와서 모두에게 그녀를 소개하고, 그동안에 있었던 일들을 다 이야기해 주었습니다.

그리하여 모든 사람에게 여러 번 기쁨의 포옹과 키스를 받고 자코민이 몹시 기뻐하는 가운데 그녀를 집으로 데려오게 되었습니다. 이 이야기를 듣자 너그러운 시장은 체포된 잔놀레가 베르나부치오의 아들이며 처녀와는 친남매임을 알고 그가 저지른 죄를 관대히 용서해 주겠다고 말했습니다. 더구나 베르나부치오와 자코민 그리고 잔놀레와 밍기노, 이들 모두가 화해를 했으며 특히 밍기노에게는 아녜자라는 처녀를 짝지어 주기로 했으므로 모든 친척들은 매우 기뻐했습니다. 그리고 이 사건에 관계한 크리벨로나 그 밖의 사람들도 풀려났습니다.

이리하여 밍기노는 하늘에라도 오를 듯한 기쁨으로 성대한 결혼식을 올리고 그녀를 자기 집에 맞아들여 함께 사이좋게 오래오래 행복을 누렸습니다.

여섯째 이야기

잔니 디 프로치다는 페데리고 왕에게 바쳐진 여인과 밀회하다가 들켜 둘 다 기둥에 묶여 화형에 처해지게 된다. 그러나 루지에리 데 로리아의 눈에 띄어 구출되고, 둘은 결혼하여 고향으로 돌아간다.

부인들에게 환영받은 네이필레의 이야기가 끝나자 여왕은 팜피네아에게 다음은 그녀가 이야기할 차례라고 말했습니다. 그녀는 생긋 웃으며 곧 이야기를 시작했습니다.

여러분, 사랑의 힘이라는 것은 정말로 위대한 것입니다. 그리고 오늘 이야기에서도 또 지금까지의 여러 차례의 이야기에서도 있었던 것처럼, 연인들은 사랑 때문에 얼마나 뜻하지 않은 이상하고 괴로운 처지에 빠지는가 잘 이해할 수 있었으리라 믿습니다. 그럼에도 나는 사랑에 빠진 한 젊은이가 얼마나 대담한 모험에 의하여 그 힘을 나타내는가, 그러한 이야기를 하려고 합니다.

이스키아는 나폴리 바로 가까이에 있는 섬입니다. 옛날 그 섬에 레스티투타라는 매우 예쁘고 쾌활한 아가씨가 살고 있었습니다. 그녀는 섬에 있는 귀족 마린 볼가로의 딸이었는데 근처의 프로치다라는 작은 섬에 살고 있는, 잔니라는 이름의 청년이 목숨을 걸고 그녀를 사랑하고 있었습니다. 그리고 그녀 쪽에서도 그 청년을 좋아하게 되었습니다.

그는 낮뿐만 아니라 밤에도 그녀를 만나러 자주 프로치다에서 이스키아로 찾아왔습니다. 배가 없을 때는 하다못해 그녀 집의 벽만이라도 보고 싶다며 이스키아까지 헤엄쳐 간 일도 있었습니다.

이처럼 열렬한 사랑이 계속되고 있던 어느 날, 처녀는 혼자 해안에 나와 바위에서 바위로 건너뛰며 작은 칼로 바위의 조개를 따고 있었습니다. 그러다 바위와 바위 사이의 길을 통해 작은 골짜기 같은 데까지 나오고 말았습니다. 거기는 응달이고 신선한 샘이 쉴 새 없이 솟아나오고 있었기 때문에 때마침 나폴리에서 온 시칠리아의 젊은이들이 배를 대고 머무르고 있었습니다. 그들은 곧 근사한 미인이 나타난 것을 눈치챘으나 처녀는 그들을 눈치채지 못했습니다.

젊은이들은 그녀가 혼자라는 것을 알자 붙잡아 데리고 가자고 의논했습니다. 그리하여 모두가 동의하자 실행에 옮겼습니다.

처녀는 놀라서 크게 소리를 질렀지만 결국 젊은이들의 억센 힘에 끌려가고 말았습니다. 그들은 처녀를 배에 태워 앞바다로 나아갔습니다. 그리고 칼라브리아에 도착하자 그녀를 누구의 것으로 하느냐는 문제로 서로 말다툼을 벌였는데, 왜냐하면 그들 모두가 자기 것으로 하고 싶었기 때문입니다. 결국 좀처럼 의견이 일치하지 않아 이 처녀 하나 때문에 자기들의 일이 잘되지 않고 사이가 깨지는 것을 두려워하여 시칠리아의 국왕 페데리고에게 바치기로 결정했습니다. 당시 국왕은 아직 젊어 그러한 일을 좋아했습니다. 이리하여 그들은 팔레르모에 도착하자 그대로 실행했습니다.

국왕은 그녀를 보자 몹시 마음에 들었습니다. 그러나 그때 왕은 몸이 좀 불편했으므로 기운을 되찾을 때까지, 자기 정원 안에 있는 쿠바라 불리는 아름다운 저택에 살게 하고 시녀를 딸려 두도록 명령했습니다.

젊은 처녀가 납치되었다는 소문으로 이스키아에서는 온통 큰 소동이 벌어졌습니다. 특히 사람들을 슬프게 한 것은 누가 납치했는지 전혀 모른다는 것이었습니다. 누구보다도 슬픈 마음에 사로잡힌 잔니는 이스키아에 있다가는 도저히 아무것도 알아낼 수 있을 것 같지 않아, 배가 어느 방향으로 사라졌는지는 들어서 알고 있었기에, 무장한 배를 마련해서 미네르바곶(岬)에서 칼라브리아의 스칼레아까지 해안을 가능한 한 빨리 샅샅이 살피며 항해했습니다. 그리하여 가는 곳마다 처녀의 행방을 찾고 있는 중에 스칼레아에서, 그녀가 시칠리아의 선원들에 의해 팔레르모로 끌려갔다는 사실을 알아냈습니다.

잔니는 곧 배를 그쪽으로 돌려 팔레르모에 도착했습니다. 그리고 사방으로 찾아다닌 끝에 그녀가 국왕에게 바쳐져 쿠바에 들어가 있다는 것을 문득 깨닫고 어떻게 할 바를 몰라 난처한 심경에 빠져 버렸습니다. 이렇게 되면 그녀를 되찾기는커녕 한 번 볼 수조차 없게 되었다고 거의 절망하고 말았습니다. 그러나 사랑의 미련에 이끌리어 그곳에서는 아무도 자기를 알지 못한다는 것을 문득 깨닫고 배를 돌려보내고는 팔레르모에 머무르면서 종종 쿠바 주위를 돌아다녔습니다. 그러던 어느 날 우연히 창가에 있는 그녀의 모습을 보았습니다. 그녀 쪽에서도 그를 알아보아 두 사람은 하늘에라도 오를 듯이 기뻐했습니다.

잔니는 곧 주위에 인기척이 없는 것을 확인하고 창가로 바싹 다가가 말을 걸었습니다. 그리고 더 가까이 가서, 다정하게 이야기하려면 어떻게 하면 되는지를 의논한 끝에 그녀에게서 그 방법을 듣고 우선 그곳의 사정을 철저히 조사한 다음 일단 그 자리를 떠났습니다. 이리하여 밤이 되기를 기다려 다시 돌아와 딱따구리조차도 발붙이기 힘든 미끄러운 절벽을 기어올라 간신히 뜰 안으로 들어갔습니다. 그리고 통나무를 발견하자 처녀가 가르쳐 준 방의 창문에 세워 손쉽게 기어올랐습니다.

지금까지 처녀는 자기 명예를 더럽히지 않으려고 어느 정도 그에게 쌀쌀맞은 태도를 취해 왔으나, 지금은 이미 자기 몸을 내맡길 가치가 있는 사람은 그 이외에는 없는 것처럼 여기게 되었습니다. 그래서 그가 오면 데리고 도망가 달라고 부탁하기로 마음먹고는 그가 바라는 어떤 일에도 응하여 그를 기쁘게 해줄 생각이었습니다. 창 앞에 다다른 잔니는 열린 창문으로 해서 쉽게 안으로 들어갈 수가 있었습니다.

그는 소리 내지 않고 방 안으로 들어가, 자지 않고 기다리고 있는 처녀 곁에 몸을 눕혔습니다. 그러자 그녀는 그 이상의 행위로 옮기기 전에 자기 생각을 고백하고, 자기를 여기에서 데리고 도망가 달라고 간절히 부탁했습니다.

그 말을 듣고 잔니는 뛸 듯이 기뻐하며 그 말이 진심이라면 그토록 기쁜 일은 없다고 대답하고는, 여기서 일단 돌아가서 실패하지 않도록 모든 준비를 갖춘 뒤에 그녀를 데리고 가겠노라고 대답했습니다. 이리하여 두 사람은 환희의 절정에서 서로 껴안고, 사랑이 베풀어 줄 수 있는 최고의 즐거움을 맛보았습니다. 어느새 두 사람은 여러 번 그 즐거움을 되풀이하는 동안에 그냥 서로 껴안은 채 곤히 잠들어 버렸습니다. 그런데 처음 보았을 때부터 그녀가 마음에 들었던 국왕은 문득 그녀 생각이 나서—이미 몸도 좋아졌으므로—새벽녘 가까이 되어 그녀 곁에서 지내자고 마음먹었습니다. 그래서 시종을 한 사람 데리고 가만히 쿠바로 갔습니다. 왕은 저택 안에 들어가자 처녀의 침실 문을 열게 하고는 불을 켠 커다란 촛대를 앞세워 방 안으로 들어갔습니다. 이리하여 침대 위에 처녀가 발가벗은 잔니와 껴안은 채 잠들어 있는 모습을 보았던 것입니다.

국왕은 이것을 보자 무서운 분노가 치밀었습니다. 그리하여 격노한 나머지 말없이 허리에 차고 있던 단검을 뽑아 단숨에 둘 다 죽여 버리려고 했습니다. 그러나 알몸으로 자고 있는 두 남녀를 죽인다는 것은 누구든 비겁하기 그지없는 일인데 하물며 국왕의 몸으로 그럴 수는 없다는 생각이 들어 마음을 고쳐먹고, 많은 사람들 앞에서 화형에 처하려고 생각했습니다. 그래서 시종을 향해 말했습니다.

"이 더러운 여자를 어떻게 생각하느냐? 나는 몹시 마음에 들었었는데."

이렇게 물은 다음, 궁 안에까지 숨어들어 이런 모욕과 불쾌감을 준 대담무쌍한 이 젊은이의 신분을 알고 있는지 물었습니다.

물음을 받은 시종은 전혀 보지도 못한 놈이라고 대답했습니다. 국왕은 매우 불쾌한 얼굴을 하고 방에서 나가, 벌거벗은 두 남녀를 그대로 잡아 묶도록 명령했습니다. 그리고 날이 새면 팔레르모에 데려가 광장에서 높은 기둥에 등을 맞대게 동여매어 아침 9시경까지 사람들에게 보이도록 한 뒤 죄의 보상으로 화형에 처하도록 명했습니다. 왕은 이렇게 분부하고 왕궁으로 돌아갔지만 맹렬한 노여움이 풀리지 않은 채 자기 방으로 들어갔습니다. 국왕이 나가자 많은 시종들이 두 사람에게 덤벼들어 눈을 뜨게 했을 뿐만 아니라 인정사정없이 붙잡아 묶어 버렸습니다. 연인들은 갑자기 당한 일에 놀라 자기들에게 닥친 불행과 죽음에 대한 공포로 그만 울음을 터뜨리고 말았습니다.

두 사람은 왕의 명령대로 팔레르모로 끌려가 광장 기둥에 묶였습니다. 그러자 눈앞에 산더미 같은 장작이 쌓이고 불이 준비되었습니다. 왕이 명령을 내리는 대로 불을 붙일 판이었습니다. 팔레르모 안의 남녀가 모두 두 사람을 구경하러 몰려왔습니다.

남자들은 모두 처녀를 바라보고 그녀의 너무나 아름다운 모습에 매혹되어 저마다 칭찬하지 않을 수 없었고, 여자들은 여자들대로 달려와서 젊은이를 보고 잘생긴 데다가 그 체격마저 늠름해 그저 경탄할 뿐이었습니다. 그러나 불행한 연인들은 부끄러운 나머지 머리를 숙인 채 들지도 못했습니다. 그들은 자기들의 불행을 슬퍼하며 시시각각으로 다가오는 죽음을 기다리는 수밖에 없었습니다. 이리하여 두 사람이 형의 집행을 기다리고 있는 동안, 그들이 저지른 죄상이 온 거리에 공개되었으므로, 국왕의 해군 제독이며 대단히 뛰어난 인물로 알려졌던 루지에리 데 로리아의 귀에도 그것이 전해졌습니다.

그래서 그는 두 사람을 보기 위해 광장으로 갔습니다. 광장에 이르러 그 처녀를 보자 너무나 아름다운 모습에 눈이 휘둥그레지지 않을 수 없었습니다. 그리고 뒤에 있는 젊은이를 보자 곧 누구인가를 알고 놀라 더 가까이 가서, 잔니 디 프로치다가 아니냐고 물었습니다. 잔니는 얼굴을 들고 상대가 제독임을 알자 이렇게 대답했습니다.

"각하, 저는 각하께서 물으신 자가 맞습니다. 하지만 이제는 그 같은 자가 아니게 될 것입니다."

제독은 왜 이렇게 됐느냐고 물었습니다.

"사랑과 국왕의 노여움 때문입니다." 잔니는 이렇게 대답했습니다.

제독은 더 자세히 이야기하도록 재촉했습니다. 그리고 사건 내용을 듣고는 그 자리를 떠나려고 했으므로 잔니는 그를 불러 세웠습니다.

"아아, 각하, 가능하시다면 제게 이 같은 꼴을 당하게 한 분에게 자비를 부탁드려 주실 수 없을까요?"

루지에리는 그건 무슨 뜻이냐고 되물었습니다.

잔니는 말했습니다.

"저는 이제 곧 죽지 않으면 안 된다는 것을 알고 있습니다. 그래서 자비를 바라는 것입니다. 저는 이 아가씨를 제 목숨보다 더 사랑하고 있고 그녀도 저를 사랑하고 있는데, 저는 이같이 그녀에게 등을 돌리고 그녀는 제게 등을 돌리고 있습니다. 그래서 서로 마주 보도록 해주었으면 하는 것입니다. 그렇게 되면 서로 얼굴을 보면서 죽어 갈 수 있으니 얼마나 위안이 되겠습니까."

루지에리는 싱긋 웃으며 말했습니다.

"좋아, 그럼 앞으로 신물이 나도록 그녀 얼굴을 보게 해주지."

루지에리는 이렇게 말하고 그의 곁을 떠나, 형의 집행을 명령받은 사람들에게 왕의 특명이 있을 때까지 손을 써서는 안 된다고 엄명했습니다. 그리고 곧장 그길로 국왕한테로 갔습니다. 국왕은 아직 노여움을 거두지 않고 있었습니다만, 제독은 왕이 자기 의향을 말할 겨를도 없이 이렇게 말했습니다.

"전하, 화형에 처해지기 위해 광장에 묶여 있는 두 젊은이는 무슨 일로 전하의 노여움을 샀습니까?"

국왕은 그 까닭을 말했습니다.

왕의 말을 듣고 난 루지에리는 이렇게 말했습니다.

"두 사람이 저지른 죄는 처벌할 만합니다. 그러나 전하께서 그들을 벌하시는 것은 거두어 주시기 바랍니다. 과실은 모름지기 벌받아 마땅하오나 그것과 마찬가지로 선행도 자비나 연민 이상으로 포상할 가치가 있습니다. 전하께서는 화형에 처하시려는 그 두 사람이 누구인지 아십니까?"

국왕은 모른다고 대답했습니다. 루지에리는 말했습니다.

"그럼, 말씀드리겠습니다. 그래야 전하께서 저 두 사람에 대하여 얼마나 신중히, 충동적인 노여움을 억제했어야 하셨는지 아실 줄 믿기 때문입니다. 젊은이는 전하께서 이 섬의 지배자가 되시고 군주가 되시는 데 큰 공을 세웠던, 그 잔 디 프로치다 씨의 친형제 란돌포 디 프로치다의 아들입니다. 또 여자 쪽은 오늘날 왕의 지배가 이스키아에 미치고 있는 데 크게 힘을 보탠 마린 볼가로의 딸입니다. 그뿐만 아니라 두 사람은 오랫동안 서로 사랑하고 있었습니다. 그리하여 부득이 그 같은 결과가 된 것입니다. 그것은 결코 전하의 위신을 더럽히려는 행위가 아니었습니다. 할 수 없이 이 같은 죄를—만약 젊은이들끼리의 이 같은 일을 죄라 불러야 하는 것이라면—저지른 결과가 된 것입니다. 그러므로 오히려 매우 기뻐하시어 가장 큰 선물로 축복해야 할 일이

거늘 어찌하여 전하는 그들을 사형에 처하려고 하시나이까?"

국왕은 이 놀라운 사실을 듣자, 루지에리가 말하는 것이 지당하다고 생각해 잔혹한 형에 처하려고 했던 일뿐 아니라 그동안 그가 했던 일에 대해서도 몹시 후회했습니다.

국왕은 곧바로 사자를 보내어 두 사람의 포박을 풀고 자기 앞으로 데려오도록 명했고 물론 그대로 실행되었습니다. 이리하여 두 사람의 사정을 잘 알게 된 국왕은 명예와 선물을 주어 자기가 지금까지 화가 나서 저지른 일들에 대한 보상이 되게 했습니다. 그래서 두 사람에게 훌륭한 옷을 입히고, 두 사람 모두 결혼 의사가 있음을 확인하여 잔니를 처녀와 결혼시키고 많은 선물을 준 뒤 기뻐하는 두 사람을 그들의 집으로 보내 주었습니다.

고향에 이르자 두 사람은 성대한 환영을 받고 오래도록 행복하게 살았다고 합니다.

일곱째 이야기

테오도로는 주인의 딸 비올란테와 사랑에 빠져 임신시킨 일로 교수형에 처해질 위기에 놓인다. 그는 매를 맞으면서 거리를 끌려 다니는데, 친아버지가 나타나 자기 자식임을 밝혀 석방되고 비올란테를 아내로 삼는다.

부인들은 두 연인이 화형에 처해지는 것이 아닌가 하고 걱정하면서 이야기를 듣고 있었는데, 두 사람이 구출되었다는 것을 알자 신을 찬양하며 서로 기뻐했습니다. 여왕은 이야기가 끝났으므로 다음에는 라우레타에게 이야기를 하도록 명했습니다. 라우레타는 기꺼이 이야기를 시작했습니다.

여러분, 어진 왕이었던 굴리엘모가 시칠리아를 다스리고 있었던 시대의 일입니다만, 아메리고 아바테 다 트라파니라는 귀족이 있었습니다. 이 사람은 다른 귀족들에 비하여 재산뿐만 아니라 자식 복도 많았습니다. 그리하여 하인들이 필요하게 되었는데, 마침 아르미니아의 연안에서 노략질하여 많은 어린아이들을 납치해 온 제노바인의 해적선이 레반트(동방제국)에서 돌아왔습니다. 그래서 그는 그 가운데에서 터키인으로 짐작되는 몇 명의 어린이를 샀습니다. 그 아이들은 모두 양치기로 보였는데, 한 아이만은 다른 애들보다 품위가 있고 또렷한 얼굴 생김새를 하고 있었으며 이름을 테오도로라 했습니다.

그 아이는 노예 취급을 받고 있었으나 아메리고 씨의 아이들과 함께 길러졌습니다. 소년은 자람에 따라, 우연이라기보다는 본인의 천성이 나타났던 것일 텐데, 예의범절을 잘 익히고 행동거지가 좋아서 아메리고 씨 마음에 몹시 들어 노예 신분에서 벗어나게 되었습니다. 아메리고 씨는 터키인으로 여겨지는 이 소년에게 세례를 받게 하여 피에트로라는 이름을 지어 주고, 매우 신임하여 자기 일의 관리를 맡겼습니다. 그런데 아메리고 씨의 여러 아이들 가운데 비올란테라는 딸아이가 있었습니다. 비올란테는 아주 예쁘고 마음씨가 고왔습니다. 아버지가 딸의 결혼에 대해 꾸물거리고 있는 사이 비올란테는 어느덧 피에트로를 사랑하게 되었습니다. 그러나 그녀는 그의 일솜씨나 예의 바른 점에 경의를 표하고 있으면서도 부끄러움이 앞서 자기 마음을 고백하지 못하고 있었습니다. 그런데 사랑의 신은 그 같은 괴로움을 그녀에게서 덜어 주었습니다. 즉 피에트로 쪽에서도 자주 그녀를 바라보고 있는 사이에 그녀를 보지 않으면 마음이 우울할 정도로 그녀를 연모하게 되었기 때문입니다. 하지만 이런 일은 용서받을 수 없는 일이라 생각했으므로 누군가에게 들키면 야단이라고 겁을 내며 떨고 있었습니다.

그와 눈이 마주치는 것을 큰 기쁨으로 여기며 바라보곤 하던 처녀는 그 같은 그의 태도를 눈치챘습니다. 그래서 그를 안심시킬 생각으로 자기도 아주 기쁘게 생각하고 있다는 표시를 했습니다. 이러한 상태로 서로 사랑을 바라면서도 한마디도 입 밖에 내지 못한 채 시간이 흘러갔습니다.

그러나 그처럼 두 사람이 사랑의 불길을 서로 열렬히 태우고 있는 사이에 운명은 그렇게 되기를 바라기라도 한 듯이 두 사람에게 길을 마련해 주어 그들을 가로막고 있던 두려움에서 벗어나게 했습니다.

아메리고 씨는 트라파니에서 1마일 정도 떨어진 곳에 매우 아름다운 장원(莊園)을 갖고 있어 곧잘 자신의 부인과 함께 딸이나 친지의 귀부인과 하녀들을 데리고 나들이를 갔었습니다. 어느 몹시 더운 날 아침 피에트로도 데리고 갔는데 도중에, 여름에는 흔히 있는 일입니다만, 갑자기 먹구름이 하늘을 뒤

덮어 잔뜩 찌푸린 날씨가 되었습니다. 그래서 많은 동행인과 함께 있던 부인은 이런 데서 비를 맞으면 큰일이라 생각되어, 트라파니로 돌아가기로 하곤 부지런히 걸음을 재촉했습니다. 그러나 젊은 피에트로와 비올란테는 날씨를 걱정한다기보다는 아마 사랑의 정념에 독촉받았다고 할까요? 그녀의 어머니나 그 동행인들을 떼어 놓고 훨씬 앞으로 가고 말았습니다. 그런데 두 사람이 동행한 여자들의 모습이 거의 보이지 않을 정도로 앞서게 되었을 무렵, 우르릉 천둥소리가 울리는가 싶더니 굵은 우박이 쏟아지기 시작했습니다. 그렇게 되니 부인과 그 일행들은 급한 대로 어느 농가로 뛰어 들어갔습니다. 피에트로와 비올란테는 근처에 피신할 장소가 없었으므로 아무도 살고 있지 않은, 처마도 기울어진 낡은 오두막집으로 달려갔습니다. 그리고 겨우 남아 있던 지붕 밑에서 서로 몸을 움츠리고 있었습니다.

더구나 지붕은 조금밖에 없어서 서로 꼭 몸을 붙이고 있어야만 했습니다.

이런 식으로 몸을 바싹 붙이고 있는 동안에 두 사람의 마음속에는 그만 사랑의 욕망이 걷잡을 수 없이 타오르고 말았습니다. 먼저 입을 연 것은 피에트로였습니다.

"아아, 하느님, 부탁합니다. 우박이 계속 내려 언제까지나 이렇게 하고 있을 수 있도록 해주세요."

그러자 처녀도 말했습니다.

"저도 마찬가지예요."

이러한 대화가 계기가 되어 두 사람은 몸을 가까이 붙이며 손을 맞잡고 꼭 껴안고 말았습니다. 이윽고 키스를 나누었습니다. 우박은 계속 내리고 있었습니다.

나는 이 장면을 자세히 이야기하지 않겠습니다. 요컨대 두 사람은 사랑의 종착역인 최후의 환락을 맛보고, 그 뒤에도 몰래 만나 사랑을 즐기자고 약속했는데 그동안 하늘에서는 줄곧 비와 우박이 쏟아지고 있었습니다.

이윽고 폭풍은 그쳤습니다. 두 사람은 이제 아주 가까워졌고 거리로 들어서자 부인이 기다리고 있어 함께 집으로 돌아갔습니다. 이리하여 이번에는 약속대로 집 안에서 밀회를 계속했는데, 그러는 사이에 당연한 결과로 처녀는 임신하고 말았습니다. 이것은 두 사람에게 있어 여간 곤란한 일이 아니었습니다. 그래서 자연의 이치를 어겨 낙태시키려고 여러모로 시도해 보았으나 잘 되지 않았습니다. 그런 까닭에 피에트로는 목숨이 걱정되어 이 집에서 도 망치려고 생각하고는 그것을 처녀에게 고백했습니다. 그 말을 들은 비올란테 는 "당신이 도망가면 나는 자살해 버릴 거예요" 하고 말했습니다.

그녀를 몹시 사랑하고 있던 피에트로는 안타까운 듯이 이렇게 말했습니다. "아가씨, 당신은 왜 나에게 여기 있으라고 합니까? 당신이 임신했으니 우리 들의 죄가 탄로 나지 않을 까닭이 없습니다. 당신은 간단히 용서를 받겠지만 나는 야속하게도 당신의 죄와 나 자신의 죄 양쪽을 짊어지게 됩니다."

그러자 처녀는, "피에트로, 나의 죄는 곧 알게 돼요. 하지만 당신의 죄는 당 신만 입을 열지 않으면 결코 들통날 리 없어요" 하고 대답했습니다. 그러자 피 에트로는 말했습니다.

"당신이 그렇게 하겠다고 약속해 준다면 나는 여기에 머물겠습니다. 하지만 반드시 약속을 지켜야 해요."

이런 연유로 비올란테는 될 수 있는 대로 몸이 무거워지는 것을 감추고 있 었는데 점점 배가 커져 이젠 더 이상 감출 수도 없게 되었습니다. 그래서 어 느 날 어머니 앞에 가서 갑자기 울음을 터뜨리고 임신한 것을 고백했습니다.

부인은 몹시 슬퍼하며 딸을 크게 꾸짖었습니다. 그리고 어떻게 해서 그런 결과가 되었는가 그 까닭을 말하라고 다그쳤습니다. 딸은 피에트로에게 괴로 움이 끼치지 않도록 사실을 감추고 동화 같은 이야기를 꾸며 냈습니다.

어머니는 그 이야기를 믿었습니다. 그리고 딸의 죄를 감추기 위해 교외 별 장으로 딸을 보냈습니다. 거기에 머무르는 동안 드디어 출산할 때가 되어서 모든 여자들이 하듯이 딸이 큰 소리를 내며 울부짖고 있는데, 어머니로서는 뜻하지 않게도, 지금까지 한 번도 온 일이 없는 아메리고 씨가 갑자기 찾아왔 던 것입니다. 마침 사냥에서 돌아오는 길에 딸이 울부짖고 있는 방 옆을 지나 던 그는 놀라서 성큼 방 안으로 들어와 도대체 이게 어찌 된 일이냐고 물었습 니다.

부인은 남편이 갑자기 들어온 것을 보자 고개를 숙인 채 일어서서 딸의 몸 에 일어난 일을 털어놓았습니다.

그러나 남편은 부인처럼 단순하게 거짓으로 꾸민 일을 믿는 사람이 아니었으로 딸이 누구의 자식을 뱄는지 모른다니, 그런 일이 있을 수 있느냐고 소리쳤습니다. 그리고 진상을 자세히 알기 위해, 사실을 자백하면 관대하게 보아주겠지만 말하지 않는다면 용서 없이 죽여 버릴 것이니 각오하라고 말했습니다.

부인은 자기가 말한 것만으로 남편을 만족시키려 여러 가지로 애를 썼지만 소용이 없었습니다. 몹시 화가 난 아버지는 자신이 아내와 말을 주고받는 사이에 딸이 사내애를 낳았으므로, 화가 머리끝까지 치밀어 곁에 다가서서 칼을 휘두르며 외쳤습니다.

"누구 애를 낳았는지 말해. 말하지 않으면 당장 죽여 버릴 테다."

딸은 죽인다는 말을 듣고 두려운 나머지 피에트로와의 약속을 깨뜨리고 두 사람 사이의 일을 자백하고 말았습니다. 이 말을 듣자 아버지는 펄쩍 뛰면서 당장이라도 딸을 한칼에 베어 버리려고 했습니다만 가까스로 참았습니다. 그러나 아무래도 분노가 가시지 않아 한참 욕을 퍼부은 다음 이윽고 말을 타고 트라파니로 돌아갔습니다. 그러고는 국왕을 섬기며 그 도시를 다스리고 있던 쿠라도라는 사람에게 가서 피에트로에게서 받은 모욕을 호소하여, 그런 결과가 될 줄 모른 채 마음 놓고 있던 피에트로를 당장 체포하게 했습니다.

피에트로는 고문을 당하자 모든 것을 자백하고 말았습니다. 이리하여 그는 장관으로부터 이삼 일 매를 맞으며 거리에서 조리돌림당한 뒤 교수형에 처해진다는 선고를 받았습니다. 아메리고 씨는 피에트로가 사형된다는 것만으로는 아직 노여움이 풀리지 않아, 이 두 연인과 그 사이에서 태어난 사내아이를 동시에 이 세상에서 없애 버릴 생각으로 포도주 잔에 독을 넣은 다음, 하인에게 그 잔과 칼집에서 빼낸 단도를 주며 이렇게 말했습니다.

"이 두 가지 물건을 비올란테에게 가져가라. 그리고 나의 명령이라고 말하고 이 독이나 칼 어느 한쪽을 골라 곧 죽으라고 전하라. 만약 그렇게 하지 않으면 많은 사람들이 보는 앞에서 불태워 죽이겠다고, 마땅히 그래야 할 것이라고 말하라. 그렇게 말한 다음 며칠 전에 그년이 낳은 사내애를 빼앗아 벽에 머리를 쳐서 죽여 개나 먹도록 내다 버려라."

하인은 엄격한 아버지에게서 자기 딸과 손자에 대한 이렇듯 잔혹한 엄명이 내리자, 본디 성미가 고약했던지라 즉시 명령을 실행하러 떠났습니다.

한편 피에트로는 경관들로부터 채찍을 얻어맞으면서 교수대로 향하는 도중 그들을 인솔하고 있던 지휘관의 명령으로 아르미니아의 세 귀족이 묵고 있던 여관 앞을 지나게 됐습니다. 그들은 아르미니아에서 로마 교황에게 십자군의 일로 중대한 협의를 하기 위해 파견된 사람들이었습니다. 그리고 이곳에서 며칠 동안 휴양과 산책을 겸하여 머무르고 있었던 것인데 트라파니의 귀족들, 특히 아메리고 씨로부터 극진한 대접을 받고 있었습니다. 이 사람들은 피에트로를 조리돌리는 무리가 지나간다는 말을 듣고 창가에 모여 구경하고 있었습니다.

피에트로는 허리부터 위는 발가벗었고 두 손은 뒤로 묶여 있었습니다. 피에트로를 보고 있던 세 사람 가운데 이름이 피네오라는 나이 많고 권위 있는 귀족이 피에트로의 가슴에 커다란 붉은 점이 있는 것을 발견했습니다. 이 점은 그려진 것이 아니고 태어났을 때부터 갖고 있던 것으로 이 부근 여자들 사이에서는 '장미'라고 불렸습니다. 그것을 보자 피네오의 머리에는 문득 잃어버린 자식의 일이 떠올랐습니다. 이미 15년 전 라이아초의 해안에서 해적에게 납치당한 뒤 완전히 소식이 끊기고 만 아들의 일이었습니다. 그리고 채찍을 맞고 있는 가련한 사나이와 나이를 비교해 보곤, 아들이 살아 있다면 같은 또래일 거라고 생각했습니다. 만약 그가 바로 자기 아들이라면 아직 자기 이름이나 아버지 이름, 아르미니아의 말을 기억하고 있을지 모른다고 여겼습니다. 그래서 죄인이 자기 가까이 왔을 때 말을 걸었던 것입니다.

"오오, 테오도로."

그 소리를 듣자 피에트로는 곧 머리를 쳐들었습니다.

피네오 씨는 아르미니아어로 말을 걸었습니다.

"너는 어디 태생이냐? 그리고 누구의 아들이냐?"

죄인을 끌고 가던 경관들은 이 훌륭한 귀족에게 경의를 표하여 그를 멈추게 해주었으므로 피에트로는 이렇게 대답했습니다.

"저는 아르미니아 태생입니다. 피네오라는 사람의 아들이며 어렸을 때 낯모르는 사람들에게 이곳으로 끌려왔습니다."

그 말을 듣자 틀림없이 어렸을 때 행방불명이 된 자기 아들이라는 것을 피네오 씨는 알았습니다. 그래서 눈물을 흘리면서 동행인 사절들과 함께 아래로 내려가 경관들 사이를 헤치고 달려가서 아들을 껴안았습니다. 그리고 자기가 입고 있던 화려한 외투를 벗어 아들에게 걸쳐 주고, 사형에 처하기 위해 아들을 끌고 온 경관에게 위에서 다시 명령이 올 때까지 여기서 대기해 달라고 부탁했습니다. 관리는 기꺼이 대기하겠다고 대답했습니다.

피네오 씨는, 소문이 곳곳에 퍼져 있어 죄인이 사형에 처해지게 된 까닭을 이미 알고 있었습니다. 그래서 곧 다른 사절들과 함께 하인들을 데리고 쿠라도에게 가서 이렇게 말했습니다.

"장관님이 노예로서 사형을 언도한 자는 노예가 아니라 실은 저의 아들입니다. 따라서 순결을 빼앗겼다고 전해지는 여성을 아내로 삼을 자격이 있습니다. 그러니 상대가 남편으로서 그를 맞이할 생각이 있는지 어떤지 확인될 때까지 형의 집행을 유예하시는 것이 좋으리라 생각합니다. 만약 상대방이 그것을 바라고 있는데도 그 같은 형을 집행하신다면 법률을 어기는 일이 됩니다."

쿠라도는 죄수가 피네오 씨의 아들이라는 말을 듣자 놀랐습니다. 그리고 운명의 장난이라고는 하나 다소 자신의 처사도 부끄럽게 여겨, 피네오 씨가 말한 것이 옳다고 생각하고 곧 피에트로를 집으로 돌아가게 하는 한편, 아메리고 씨에게 사람을 보내어 일의 경과를 전하게 했습니다. 이미 딸과 손자는 죽은 줄로만 알고 있던 아메리고 씨는 그 말을 듣자, 죽게 하지 않았더라면 모든 일이 잘되었을 것을, 하고 생각하니 자기가 한 짓이 후회되어 발을 구르며 안타까워했습니다. 그래도 혹시나 자기 명령이 실행되지 않았을지도 모른다는 생각으로 딸에게 성급히 사람을 보냈습니다. 그가 달려가 보니 아메리고 씨로부터 명령을 받은 하인이 단도를 쥐고 독이 들어 있는 술잔을 막 그들 앞에 내밀고 있었습니다. 딸이 우물쭈물하고 있어 어느 쪽이든 선택시키기 위해 더러운 말로 욕지거리를 퍼붓고 있었던 것입니다. 그러나 주인의 명령을 듣자 그녀를 그냥 내버려 둔 채 주인한테로 돌아와서 일의 경과를 보고했습니다. 그 말을 들은 아메리고 씨는 너무나 기뻐하며 피네오 씨에게 가서 눈물을 흘릴 정도로 사과하고 용서를 빌었습니다. 동시에 테오도로가 딸을 아내로 맞아 주기만 한다면 자기로서는 그야말로 기꺼이 딸을 그에게 시집보내겠노라고 분명히 말했습니다. 피네오 씨는 너그럽게 용서하고 이렇게 말했습니다.

"나도 내 아들에게 당신 딸을 아내로 맞아들이게 할 작정입니다. 그러나 만약 싫다고 하면 그에게 내려진 벌을 받게 하겠습니다."

이리하여 피네오 씨와 아메리고 씨의 생각이 일치되어, 아버지와의 재회를 기뻐하면서도 아직 죽음의 공포에 사로잡혀 있는 테오도로에게 가서 결혼에 대한 그의 마음을 알아보았습니다. 테오도로는 자기가 희망하면 비올란테가 자기 아내가 된다는 말을 듣고 지옥에서 단번에 천국에 오른 듯이 기뻐하며, 여러분이 만족하신다면 자기로서는 이 이상의 기쁨은 없겠다고 대답했습니다.

한편 처녀에게도 그 의향을 듣기 위해 사람을 보냈습니다. 처녀는 테오도로의 신상에 일어난 일이나 앞으로 일어날 일을 상상하며 깊은 슬픔에 잠겨 있었는데, 피에트로가 살아나게 될 뿐만 아니라 그와 결혼해도 좋다는 말을 듣고는 기뻐서 어쩔 줄 몰랐습니다. 그리고 자기로서는 테오도로의 아내가 되는 것만큼 이 세상에서 기쁜 일은 없다고 대답했습니다. 그러나 모든 것은 아버지의 뜻대로 따르겠다고 덧붙였습니다.

이처럼 모두의 의견이 일치하여, 불행했던 두 남녀는 모든 시민의 축복 속에 성대한 결혼식을 올렸습니다.

비올란테는 완전히 다시 태어난 듯이 자식을 키우며 지내는 동안 이전보다 더 아름다워졌습니다. 그리고 산욕이 끝나자 로마에서 돌아오기를 기다리고 있었던 피네오 씨 집에 가서 며느리로서 인사를 올렸습니다. 피네오 씨는 이렇게 아름다운 며느리를 맞은 것을 몹시 기뻐하며 화려한 결혼 잔치를 베풀고 늘 친딸같이 대했습니다. 며칠 뒤 아들과 며느리와 작은 손자는 조그만 배를 타고 라이아초에 가서, 그 땅에서 평화롭고 행복한 생애를 보냈다고 합니다.

여덟째 이야기

나스타지오 델리 오네스티는 트라베르사리 집안의 딸을 연모하나 사랑을 얻지 못한 채 재산만 써버린다. 그는 친척의 권유로 키아시에 가는데, 그곳에서 어느 처녀가 한 기사에게 이리저리 쫓기다가 살해되어 개에게 마구 뜯어 먹히는 장면을 목격한다. 그 뒤 그 친척과 자기가 사랑하는 여자를 식사에 초대한다. 그녀는 자기와 같은 또래의 처녀가 무참히 살해되는 것을 보고 같은 봉변을 당하는 게 두려워 나스타지오를 남편으로 삼는다.

라우레타가 이야기를 마치자 여왕의 명령에 의하여 필로메나가 이야기하기 시작했습니다.

여러분, 우리들 사이에서 사람에게 동정심을 베푸는 일은 훌륭한 행동이라고 여겨지고 있습니다. 그것과 마찬가지로 잔혹한 짓은 신의 섭리에 의해 엄중히 처벌받는다고 합니다. 그래서 나는 여러분에게 잔혹한 감정이라는 것을 완전히 제거하도록 부탁하는 그런 주제를 골라, 재미있다기보다는 오히려 몹시 동정심을 일으키는 이야기를 해보려고 합니다.

로마냐의 옛 서울 라벤나에는 매우 많은 귀족들과 부자들이 살고 있었습니다. 그중에 나스타지오 델리 오네스티라는 젊은 귀족이 있었는데, 아버지와 숙부가 죽고 그 유산을 물려받아 단번에 헤아릴 수 없을 정도의 재산을 가진 부자가 되었습니다. 그는 아직 독신이었는데 젊어서는 흔히 있는 일로, 자기보다 훨씬 신분이 높은 귀족인 파올로 트라베르사리의 딸을 연모하게 되었습니다. 그리하여 그녀의 사랑을 얻기 위해 선물을 한다든지 그 밖에 여러 가지 방법을 썼습니다. 그 수단은 그야말로 눈이 휘둥그레질 정도로 화려하고 근사했으나 그것은 결국 그에게 이익을 가져오기는커녕 불리한 결과로 끝나고 말았던 모양입니다. 구애를 받은 처녀는 잔혹할 만큼 냉담하게 흥미 없다는 태도를 계속 취하고 있었으니 말입니다. 그녀는 자신의 뛰어난 미모 때문인지, 신분이 높은 귀족의 지위를 코에 걸고 고자세를 취하고 있었던 탓인지, 그 자신은 물론 그가 보내는 선물에도 기쁜 기색조차 나타내지 않았습니다.

나스타지오는 더 이상 참지 못하여 절망하고 슬퍼한 나머지 차라리 죽어버릴까 하고 생각했을 정도였습니다. 그러나 간신히 마음을 고쳐먹고 그녀 일에 대해서는 아주 단념해 버린다든가 할 수만 있다면, 그녀가 자기를 미워하듯 자기도 그녀를 미워할까 하고 종종 생각했습니다. 하지만 희망이 엷어지면 엷어질수록 연정은 더해 갈 뿐이었습니다. 이처럼 나스타지오는 사랑에 자신을 소모시키고 있었을 뿐만 아니라 재산마저도 계속 낭비하고 있었습니다. 친구나 친척들은 이래서는 그의 건강과 재산마저 위태로워지겠다고 걱정했습니다. 그래서 모든 사람이 잠시 라벤나를 떠나 다른 고장으로 가는 편이 좋지 않겠느냐고 충고하기도 하고 부탁하기도 했습니다. 그렇게 하면 시간이 지나면서 연정도 식고 낭비도 그치리라고 생각했기 때문입니다.

이런 충고를 나스타지오는 늘 일소에 부쳤습니다. 하지만 너무 귀찮게 계속해서 말하자, 마침내 견디지 못하고 승낙하고 말았습니다. 그리하여 프랑스나 스페인, 또는 더 먼 나라로 가기라도 하듯이 대대적으로 채비를 한 뒤 많은 친구들이 뒤따르는 가운데 라벤나를 떠났습니다. 그리고 라벤나에서 3마일쯤 떨어진 키아시라는 고장에 이르자 커다란 천막을 치고 오두막을 짓게 한 다음 친구들을 향하여, 자기는 여기에 머무를 작정이니 모두들 라벤나로 돌아가 달라고 말했습니다. 그런데 나스타지오는 여기에 머무르게 되자 지금까지보다 더 사치스러운 생활을 시작하여 전과 같이 만찬을 베풀고 누구든 가리지 않고 사람들을 초대했습니다.

그러자 마침 5월에 접어든 어느 금요일, 아주 날씨가 좋은 날이었는데 갑자기 그 잔혹한 귀족의 딸이 생각났습니다. 그래서 실컷 상념에 잠기려고 하인들을 물러나게 한 뒤 천천히 걸어 다니는 사이에 소나무 숲속까지 와버렸습니다. 시각은 이미 11시를 넘었습니다만 식사할 마음도 잊고 반 마일쯤 솔숲 깊숙이 들어오고 말았습니다. 그때 갑자기 여자의 날카로운 외침과 울음소리가 들려온 것 같은 느낌이 들었습니다. 그 바람에 불현듯 달콤한 상념이 깨어져 무슨 일인가 하고 그는 얼굴을 들었는데 그제야 자신이 솔숲 깊숙이 들어와 있는 것을 알고 놀랐습니다. 그런데 떨기나무와 가시나무 숲 쪽에서 발가벗은 아름다운 처녀가 머리카락을 흩뜨린 채 온몸을 잔가지와 가시에 긁히며 용서해 달라고 울부짖으면서, 이쪽으로 뛰어오지 않겠어요? 아니, 그뿐만 아닙니다. 처녀 양쪽에서 크고 사나운 개가 쫓아오면서 덮치고는 사정없이 물고 늘어졌습니다. 더구나 그녀 뒤에서는 검은빛 말을 탄 검은 복장의 기사가 무서운 얼굴을 한 채 손에 장검을 휘두르며 죽여 버린다고 온갖 더러운 욕을 퍼부으면서 쫓아오고 있었습니다.

이 광경을 보자 나스타지오는 놀라움과 두려움을 동시에 느꼈습니다만, 그것이 곧 불행한 여인에 대한 동정심으로 바뀌어 할 수만 있다면 이 같은 참혹한 죽음길에서 구해 주고 싶었습니다. 그러나 무기를 갖고 있지 않아서 달려가 굵은 나뭇가지를 하나 꺾어 들고 맹견과 기사에게 대항해 갔습니다. 이것을 보고 기사는 먼 데서 소리쳤습니다.

"나스타지오, 방해하지 마오. 나에게 그냥 맡겨 주오. 그 악녀는 이같이 당해야 하오."

이렇게 말한 순간, 개가 여인의 허리를 물어 여인의 발길을 멈추게 했고 기사는 쫓아와서 말에서 내렸습니다.

나스타지오는 곁에 다가가서 말했습니다.

"당신은 나를 알고 있는 모양인데 나는 당신이 누구인지 모르오. 하지만 감히 말하겠소. 이런 알몸의 여인을 무장한 기사가 쫓아다니며 죽이다니, 비겁하기 그지없는 일이 아니오? 더구나 야생의 짐승처럼 옆구리를 개에게 물리게 하다니. 나는 힘이 닿는 한 여자를 지키고 말 테요."

그러자 기사가 대답했습니다.

"나스타지오, 나는 당신과 같은 도시의 사람이었소. 당신이 아직 어린애였을 때 나는 귀도 델리 아나스타지라는 사람이었는데, 지금 당신이 트라베르사리 가문의 처녀를 연모하고 있는 것보다 더 열렬히 이 여인을 사랑하고 있었다오. 그런데 이 여인의 냉혹하고 무참한 태도 탓에 불행의 밑바닥에 빠져 절망한 나머지 지금 당신이 보다시피 내 손에 쥐고 있는 이 장검으로 어느 날 자살해 버렸던 것이오. 이리하여 나는 씻을 수 없는 영겁의 벌을 받고 있소. 그런데 얼마 뒤 나의 죽음을 유달리 기뻐한 이 여인도 죽고 말았다오. 그리고 그 잔혹함과, 조금도 뉘우치지 않고 나의 고통을 좋아했던 죄 때문에, 그러니까 자기 행위를 부끄러워할 줄 몰랐던 업보로서 보는 바와 같이 지옥의 심한 형벌을 받는 것이오. 이리하여 이 여인이 지옥에 떨어뜨려지자 당연한 결과로서 나와 이 여인에게 벌이 주어져서 이 여인은 내 앞에서 도망쳐야 하며 나는 옛날 사랑했던 연인으로서가 아니라 원수로서 쫓지 않으면 안 되게 된 것이오. 그래서 나는 몇 번이나 몇 번이나 이 여인을 쫓아가서는 전에 나 자신을 죽인 이 칼로 이 여인을 죽이고 있는 것이오. 지금 곧 보게 될 테지만, 이 여인의 등을 찔러 연인도 사랑도 받아들이지 않았던 이 여인의 냉혹하고 완고한 심장을 다른 내장과 함께 도려내어 이 개들에게 먹이는 것이오. 하지만 이 여인은 신의 정의와 권력이 바라는 대로 죽음을 당하지 않고 곧 되살아나 또 이처럼 도망가고 개와 나는 이 여인을 뒤쫓게 된다오. 그리고 금요일마다 이 시각에 여기까지 쫓아와서 지금 여기 보는 바와 같이 참살을 되풀이하게 되오. 그렇다고 다른 날에는 쉬고 있는 줄 알면 안 되오. 이 여인이 나에 대해서 잔혹한 생각을 품고 잔인한 행동을 한 장소 곳곳에서 이 여인을 쫓고 있으니까요. 이제 알겠지만 이 여인은 연인에게 원수가 되어 있으므로, 이 여인이 내게 잔혹한 처사를 한 달 수만큼 그것을 햇수로 고쳐서 그동안 쫓기게 된 것이오. 이 일은 당신이 막을 수 없는 것이니 방해하지 말고 제발 정의의 칼을 휘두르게 해주오."

나스타지오는 이 이야기를 듣자 두려움에 휩싸였습니다. 그리고 오싹 소름이 끼쳐 뒷걸음질 치고 이제부터 기사가 가련한 여인에게 하려는 일을 겁에 질려 바라보기 시작했습니다. 기사는 이야기를 마치자 노여움으로 날뛰는 개처럼 한 손으로 장검을 휘두르며 두 마리의 맹견에 눌리어 무릎을 꿇고 있는 여인에게 달려들었습니다. 여인은 울음소리를 내고 자비를 구했습니다만 기사는 힘껏 가슴 한복판을 찔러 등까지 꿰뚫었습니다.

이 일격을 당하자 여인은 울부짖으면서 푹 쓰러졌습니다. 기사가 단도를 손에 들고 배를 갈라 심장이며 내장들을 들어내 두 마리의 개에게 던져 주었습니다. 개는 게걸스럽게 마구 뜯어 먹었습니다. 그러자 곧 여인은 아무 일도 없었던 듯이 바다 쪽을 향하여 달려가기 시작했습니다. 개가 쫓아가며 물어뜯기 시작하자 기사도 다시 말을 타고 장검을 휘두르며 쫓아갔습니다. 그러다 어느새 나스타지오가 볼 수 없도록 자취를 감추고 말았습니다.

그는 이런 광경을 보자 어쩐지 가련한 마음이 생기고 또 두려운 마음이 들어 오랫동안 그 자리에 버티고 서 있었습니다. 그러나 잠시 있다가 매주 금요일에 이러한 일이 일어난다니, 이것을 한번 유리하게 이용해 보자는 생각이 들었습니다. 그래서 그 장소에 표시를 해두고 하인들이 있는 곳으로 돌아갔습니다. 그리고 적당한 시기에 친척과 친구들한테 사람을 보내 그들을 불러 이렇게 말했습니다.

"여러분은 꽤 오래전부터 나에게 그 원수 같은 여자를 사랑하는 것 때문에 그처럼 재산을 낭비하는 일은 삼가는 것이 좋다고 충고해 왔습니다. 그래서 나도 기꺼이 여러분의 충고에 따르기로 했습니다. 그런데 여러분께 한 가지 부탁이 있습니다. 그것은 다름 아니라 오는 금요일에 여러분의 힘으로 파올로 트라베르사리 씨와 그 부인과 딸, 그리고 여러분의 친척 되시는 부인들, 또 좋아하시는 분은 누구라도 여기 모이도록 부탁하여 식사할 수 있도록 힘써 주십사 하는 것입니다. 나의 의도가 무엇인지는 그때가 되면 아시리라 생각합니다."

그들에게는 그러한 약속을 실행하는 것은 대단한 일이 아니라고 여겨졌으므로, 라벤나에 돌아가자 기회를 보아 나스타지오가 희망한 사람들을 초대했습니다. 물론 그가 사랑하는 여성을 오게 하는 것은 쉬운 일이 아니었습니다만, 어찌 됐든지 그녀도 함께 왔습니다.

나스타지오는 훌륭한 식사를 마련한 뒤 그 잔혹한 여인이 참살당하는 것을 본 장소 가까이에 있는 소나무 아래에 식탁을 놓았습니다. 그리고 남녀 손님들을 식탁에 앉혔는데, 특히 무서운 사건이 정면으로 보이는 곳에 자기를 실연에 빠뜨린 여자를 앉도록 했습니다. 그리하여 마지막 요리가 나올 무렵 쫓기는 그 여인의 절망적으로 울부짖는 소리가 모두의 귀에 들려오기 시작했습니다. 그 소리를 들은 사람들은 다같이 놀라서 이게 무슨 소리냐고 물었습니다만 누구 하나 대답하는 사람은 없었습니다. 그들이 일어나서 소리 나는 쪽을 바라보고 있으려니까 울부짖는 여자와 그 뒤를 쫓는 기사와 개가 보였습니다. 어느새 그들은 연회석 한복판으로 들어와 있었습니다. 모두들 큰 소리를 지르며 앞으로 나아가서 기사와 개를 가로막아 처녀를 구하려고 했습니다. 그러나 기사는 나스타지오에게 고백했던 사실을 말하며 조금도 양보하지 않을뿐더러 오히려 그들을 놀라게 하고 엄청난 공포 속에 몰아넣었습니다. 그리고 전에 한 것과 같은 짓을 했으므로 많은 부인들은, 그중에는 이 울부짖는 처녀와 기사의 친척도 있어 그의 사랑이나 자살 사건을 기억하고 있었으므로, 마치 자신이 그 일을 당하고 있는 듯이 가슴 아프게 울었습니다.

참살 사건이 끝나고 처녀와 기사가 자취를 감추어 버리자 이 광경을 목격한 사람들은 이것을 여러모로 이야기하기 시작했습니다. 그중에서도 가장 두려운 감정을 느낀 것은 나스타지오가 사랑하는 냉혹한 처녀였습니다. 그녀는 직접 모든 것을 보고, 모든 것을 듣고, 다른 누구보다도 이 일이 자기와 관계가 깊다는 것을 느꼈던 만큼, 나스타지오에 대해서는 늘 냉혹한 태도를 취해 왔던 것을 생생하게 기억해 냈습니다. 그리하여 당장 그에게 쫓겨 그 무서운 개에게 허리를 물어뜯기는 것 같은 기분이 들었습니다.

그녀의 공포는 너무나 컸기 때문에 이런 일이 자기 몸에 생기지 않도록 지금까지의 미움을 사랑으로 바꾸어, 바로 그날 밤에 기회를 보아 신뢰하는 하녀를 나스타지오에게로 보냈습니다. 하녀는 아가씨의 전갈이라며, 아가씨는 당신의 소망이라면 뭐든지 할 작정이시니 제발 와주십사 하고 부탁했습니다. 그것에 대하여 나스타지오는 그처럼 기쁜 일은 없다, 그러나 그녀만 좋다면 그녀의 명예를 중시하여 정식 아내가 되어 주는 것이 자기 소망이라고 대답해 보냈습니다.

처녀는 나스타지오와 맺어지지 못한 것은 자기 탓임을 알고 있었으므로 그렇게 하겠노라고 대답해 왔습니다. 그리고 스스로 부모에게 나스타지오의 아내가 되고 싶다고 말했습니다. 그러자 부모는 대단히 기뻐했습니다. 그리하여 다음 일요일, 나스타지오는 그녀와 결혼하여 오래오래 행복한 날을 보냈습니다.

말하자면 그 무서운 일이 원인이 되어 이런 행복한 결과가 생긴 셈인데, 이런 일이 있은 뒤 라벤나의 여자들은 모두 공포증에 빠져 이전과는 달리 남성의 소망에 쉽게 응하게 되었다는 것입니다.

아홉째 이야기

페데리고 델리 알베리기는 어느 귀부인을 연모하지만 상대로부터 사랑을 받지 못한다. 구애를 계속하는 동안 재산을 다 써버리고 겨우 매 한 마리만 남는다. 그 밖에는 아무것도 없었으므로 집에 온 그녀에게 그 매를 요리하여 대접한다. 그것을 알고 그녀는 감동하여 그를 남편으로 맞아 부자로 만들어 준다.

필로메나가 이야기를 마쳤을 때 여왕은 마지막 차례의 특권을 얻고 있는 디오네오 외에는 남은 사람이 아무도 없음을 알고 생그레 웃으며 이야기를 시작했습니다.

여러분, 나는 지금 이야기와 어느 정도 비슷하긴 합니다만 이런 종류의 이야기를 해볼까 합니다. 그것은 여자들의 아름다운 용모가 남자들에게 큰 영향을 미치기는 하지만 용모가 아름답다고 해서 반드시 행운이 따른다는 법은 없으며, 사랑을 할 때에는 그것을 운명에만 맡길 것이 아니라 자기 일인만큼 스스로의 생각과 판단대로 처리하라는 것에 대한 이야기입니다. 실제로 운명이라는 것은 신중성을 결여하고 있을뿐더러, 흔히 일어나는 일이지만 종종 엉터리 보상 방법을 취하기도 합니다.

우리 도시에 사셨던 코포 디 보르게제 도메니키라는 분을 아시리라 믿습니다. 그분은 아직 살아 계실 뿐만 아니라 오늘날 시민의 존경을 한 몸에 받고 있을 만큼 훌륭한 분입니다. 그분은 귀족이라는 신분에서가 아니라, 그 높은 덕과 예절 바른 행동으로 명성이 자자한 까닭에 후세에도 그 이름이 전해질 만한 고명한 분입니다. 그분은 이제 연로하시므로 근처 사람이나 그 밖의 사람들을 모이게 하시어 옛이야기를 하는 것을 대단한 즐거움으로 삼고 계십니다.

그 말솜씨야말로 매우 능란하고 게다가 그 이야기는 줄거리가 정연하고 기억도 틀림이 없어 어떤 사람도 따르지 못할 만큼 통일성이 있었습니다. 그 여러 가지 이야기 속엔 훌륭한 것들이 많았습니다만 그 가운데 이러한 이야기가 있었습니다.

옛날 피렌체에 필리포 알베리기 씨의 아들로 페데리고라는 청년이 있었는데, 무예에 있어서나 예절에 있어서나 토스카나 안의 어느 젊은이보다도 뛰어났습니다. 귀족에게 흔히 있는 일입니다만 그는, 피렌체 첫째가는 미인인 우아한 조반나 부인을 연모하고 있었습니다. 그는 그녀의 사랑을 얻으려고 그녀에게 보이기 위해 말을 타고 겨루는 창 시합이나 무술 대회를 열기도 하고, 또 성대한 연회를 베풀거나 그녀에게 값진 선물을 하기도 하며 돈을 아끼지 않았습니다. 그러나 그녀는 아름다울 뿐만 아니라 그 못지않게 정숙한 부인이었으므로 그러한 일을 해주어도 그를 아무렇게도 여기지 않았고 관심을 기울이지도 않았습니다. 그래서 페데리고는 분수에 넘치는 낭비를 거듭할 뿐 사랑에 있어서는 하나도 얻는 바가 없었고, 당연한 결과로서 재산을 탕진하고 가난뱅이가 되고 말았습니다. 그리하여 남은 것이라고는 간신히 살아갈 만한 수입밖에 가져오지 못하는 작은 농원과 세상에 흔치 않은 훌륭한 매 한 마리가 있을 뿐이었습니다. 부인에 대한 그의 연정은 나날이 더해 가기만 했으나 이제 도시에서는 전과 같이 화려한 생활은 할 수 없을 듯싶어, 그는 자기 농원이 있는 캄피로 이주했습니다. 거기서 틈만 있으면 매사냥을 하든가 하며 아무에게도 돈을 빌리지 않고 가난한 살림을 참으며 견디어 나가고 있었습니다. 그런데 이같이 페데리고가 가난한 생활을 하고 있을 때 조반나 부인의 남편이 중병에 걸렸습니다. 남편은 마침내 살날이 얼마 남지 않은 것을 알고 유언장 속에 이미 소년이 된 아들을 상속인으로 정하고, 또한 조반나 부인을 매우 사랑하고 있었으므로 만약 아들이 상속인도 없이 죽으면 그녀를 그 재산의 상속인으로 할 것 등을 적어 놓고 죽었습니다.

과부가 된 조반나 부인은 관습에 따라 그해 여름 아들을 데리고 시골 소유지로 가 있게 되었는데, 그곳은 페데리고의 농원 근처에 있었습니다.

그녀의 아들이 거기서 우연히 페데리고와 친해졌고, 새나 개와 놀게 되었습니다. 소년은 페데리고가 부리고 있는 매를 여러 번 보는 가운데 흠뻑 빠져서 갖고 싶어 견딜 수 없었습니다. 하지만 어린 마음에도 그 매가 페데리고에게는 아주 소중한 것이라고 여겨졌으므로 감히 말을 꺼내지 못하고 있었습니다. 그런데 이렇게 지내는 동안 그 아이가 병에 걸렸습니다. 어머니는 둘도 없는 외아들을 매우 걱정하며 하루 종일 아이 곁에서 간호했습니다. 그리고 몇 번이나 뭔가 갖고 싶은 것이 없느냐, 있으면 말해 봐라, 가능하다면 어떻게 해서라도 꼭 구해 주겠다고 물었습니다. 아이는 어머니로부터 이 같은 제안을 여러 번 듣자 이렇게 말을 꺼냈습니다.

"엄마, 페데리고 아저씨의 매를 갖다 주면 병이 곧 나을 것 같은데."

어머니는 이 말을 듣자 잠시 생각에 잠겨 어떻게 할까 하고 여러모로 궁리했습니다.

그녀는 물론 페데리고가 자기를 오랫동안 연모하고 있었던 것도, 그리고 자기 쪽에서는 단 한 번도 응해 주지 않았다는 것도 알고 있었습니다. 그런 만큼 마음속으로 이렇게 중얼거리지 않을 수 없었습니다.

"사람을 보내든 내가 가든 어떻게 그 매를 갖고 싶다고 말할 수 있으랴. 듣자하니 새를 잘 잡는 훌륭한 매이며 그것으로 그분은 살림을 지탱하고 있다는데…… 그러니 내가 어떻게 그런 일을 모르는 체하고, 다른 즐거움이라곤 하나도 남아 있지 않은 그분에게서 그 매를 뺏을 수 있을까……."

만약 자기가 부탁하면 얻어 올 수 있으리라고 생각했지만, 어떻게 말해야 할지 몰라 아이에게는 아무 말도 하지 않은 채 결심을 못 하고 있었습니다. 그러나 마침내 자식에 대한 사랑에는 이길 수 없어, 아들을 낫게 하려고, 다른 사람을 시키지 않고 자기 자신이 직접 그에게 가서 매를 달라고 해야겠다고 결심하고 그녀는 아들에게 이렇게 말했습니다.

"얘야, 기운을 내서 무슨 일이 있더라도 병이 나아야 한다. 엄마는 내일 아침 일찍이 무엇보다도 먼저 네가 바라는 것부터 해줄게. 페데리고 아저씨에게 가서 매를 받아 가지고 오마."

그 말을 듣자 아이는 아주 기뻐하여 그날이 지나기도 전에 조금 병세가 좋아졌습니다.

부인은 이튿날 아침 한 부인을 데리고 산책하러 나가는 체하고 페데리고의 조그마한 집으로 찾아가 문 앞에 나타났습니다. 페데리고는 마침 사냥철이 아니어서 그날은 새 사냥에도 나가지 않고 채소밭에서 간단한 밭일을 하고 있었습니다. 조반나 부인이 자기를 찾아온 것을 보자 페데리고는 깜짝 놀라는 동시에 몹시 반가워하며 달려갔습니다. 부인은 그가 달려오는 것을 보자 귀부인다운 애교 있는 얼굴로 앞으로 나아가 페데리고의 정중한 인사에 답례했습니다.

"그동안 안녕하셨습니까, 페데리고 님!"

그러고는 "오늘은 지금까지 당신이 저를 필요 이상으로 사랑해 주시고 그로 인해 괴로움을 당하신 데 대한 보답을 해드리러 왔습니다. 보답이라곤 하지만 당신이 여기 계시는 제 친구와 저와 함께 아침 식사를 해주십사 하는 것에 지나지 않지만요" 하고 말을 이었습니다.

그 말에 페데리고는 겸손한 태도로 이렇게 대답했습니다.

"부인, 저는 조금도 당신으로부터 괴로움을 받았다고는 여기지 않습니다. 오히려 저는 아무런 가치 없는 인간이긴 하지만, 제가 당신을 사랑하게 되고 당신의 훌륭한 가치를 알게 된 것을 다행으로 여기고 있을 정도입니다. 게다가 당신에게서 그처럼 정중한 말씀을 들으니 옛날 제가 낭비한 만큼 또다시 재산을 낭비하는 일이 있더라도 저로서는 대단히 기쁘게 생각할 것입니다. 하물며 일부러 이런 누추한 집에 와주셨으니…….”

이렇게 말하고 부끄러운 듯이 부인을 집 안으로 맞아들여 뜰 쪽으로 안내했습니다. 그러나 거기에는 상대를 해줄 사람이 아무도 없었으므로 다음과 같이 덧붙였습니다.

“부인, 여기에는 저밖에 아무도 없으니 제가 식사 준비를 하는 동안 저 농부의 아내에게 부인의 편의를 돌봐 드리라고 하겠습니다.”

페데리고는 가난의 구렁텅이에 빠져 있었지만 자신의 낭비 때문에 지금 자기가 얼마나 커다란 궁핍 속에 있는지 그때까지는 정확하게 몰랐습니다. 그러나 한때는 이 부인을 사랑한 나머지 많은 사람을 식사에 초대할 수 있었는데, 오늘 아침 그녀를 식사에 초대하는 마당에 대접할 것이 하나도 없음을 알자 그 사실을 뼈저리게 느꼈습니다. 그래서 그는 허망한 생각이 들어 자신의 불운을 탄식하면서 정신 나간 사람처럼 집 안을 이리저리 걸어 다녔습니다만, 돈은커녕 저당 잡힐 만한 것도 찾지 못한 채 시간만 자꾸 가는 바람에 귀부인을 어떻게 해서라도 대접하려는 마음만 초조해질 뿐이었습니다. 그렇다고 다른 사람에게는 물론 소작인 농부에게도 도움을 받을 마음은 내키지 않아 이러지도 저러지도 못하고 있었습니다. 이때 문득 방 안의 화에 앉아 있는, 그가 아끼는 매가 눈에 띄었습니다.

그 매밖에는 아무것도 보이지 않아 매를 손에 들어 보니 통통 살이 쪄 있었습니다. 그래서 이것이라면 그 부인에게 대접할 요리가 되리라 생각했습니다. 그는 더 이상 고민하지 않고 곧장 매의 목을 비틀어 하녀에게 넘겨주며 빨리 털을 뽑고 꼬챙이에 끼워 맛있게 굽도록 분부했습니다. 이리하여 아직 얼룩이 묻지 않고 남아 있던 서너 장의 새하얀 식탁보를 깔고 명랑한 얼굴로 뜰에 있는 부인 곁으로 돌아가서 자기로서는 정성껏 식사 준비를 마련했음을 알렸습니다.

부인은 동행한 부인과 함께 식탁에 앉아 무엇인지도 모르고 페데리고와 함께 그 훌륭한 매를 먹고 말았습니다. 그런 뒤 식탁을 떠나자 잠시 즐겁게 세상 이야기를 하다가 부인은 마침내 이렇게 찾아온 용건을 말할 때라고 생각하고 상냥하게 페데리고 쪽을 향해 입을 열었습니다.

"페데리고 님, 당신은 자신의 지나간 일과, 정숙함을 지키기 위해 제가 당신에게 무정하고 냉혹하게 대해 온 것을 생각한다면 이제 제가 여기에 온 진정한 까닭을 듣고 저의 염치없는 태도에 틀림없이 놀라시리라 생각합니다. 하지만 만약 당신에게 자식이 있으시다면 자식에 대한 어버이의 사랑이 얼마나 강한 것인가 알아주시고 다소나마 용서하실 기분이 드시리라 믿습니다.

당신에게는 아이가 없지만 저에게는 아들이 하나 있어 어머니로서의 운명에서 벗어날 수가 없습니다. 그 같은 힘에 이끌리어 자신의 감정이나 모든 체면이나 예의를 어겨서까지 당신에게 한 가지 부탁을 드리게 된 것입니다. 제가 부탁드릴 것이 당신에게 있어서 얼마나 소중한 것인가를 저는 잘 알고 있습니다. 형편이 어려워져 다른 위로나 즐거움이라곤 무엇 하나 남지 않게 된 이 마당에 당신에게 이러는 것이 옳지 않은 일이란 걸 잘 압니다만, 실은 제가 바라는 것은 당신의 매입니다. 그것을 아들이 매우 갖고 싶어 합니다. 만약 제가 그 매를 데리고 돌아가지 않으면 지금 앓고 있는 병이 무거워질뿐더러 목숨까지 위태롭지 않을까 걱정입니다. 그러니 당신이 제게 품고 계시는 사랑을 위해서가 아니라, 그것으로 당신은 아무것도 얻지 못했습니다만, 친절하신 점에 대해서는 누구보다 뛰어나신 당신의 고귀한 마음에 기대어 제게 그 매를 선물하시도록 간곡히 부탁드립니다. 그러면 그 선물 덕택으로 아들의 목숨을 구할 수 있을 것 같습니다. 또한 그렇게 해주신 데 대해서 저는 언제까지나 은혜를 잊지 않겠습니다."

페데리고는 부인의 말을 들으면서, 매를 이미 죽여 버린 뒤였기에 한마디 대답도 못 하고 그녀 앞에서 갑자기 울음을 터뜨리고 말았습니다. 부인은 페데리고가 우는 것을 보자 처음에는 무엇보다도 아끼는 훌륭한 자기 매를 내놓기가 슬퍼서 그러는 줄 알고, 그럼 부탁은 없었던 일로 합시다, 하고 말하려고 했습니다. 그러나 다시 망설이며 페데리고가 울음을 그치고 대답할 때까지 기다리기로 했습니다. 그는 이렇게 말하기 시작했습니다.

"부인, 하느님의 뜻으로 당신에게 사랑을 품게 되면서부터 어쩐지 모든 일이 운명과는 반대 방향으로만 돌아가 저는 늘 슬픈 마음에 사로잡혀 왔습니다. 하지만 그러한 것들은 지금 이 순간의 제 불운에 비하면 보잘것없는 일이 아닐 수 없습니다. 제가 부유했을 때 당신은 몇 번이고 초대를 해도 응해 주지 않았습니다. 지금 모처럼 가난한 저의 집을 찾아 주셔서 저로서는 기꺼이 들어드릴 수 있는 부탁을 하시는데, 행운의 여신은 끝내 저를 외면하여 부탁을 들어드릴 수 없도록 만들어 놓았으니 야속한 운명을 원망치 않을 수 없습니다. 왜 그 매를 드릴 수 없는가, 그 까닭을 간단히 말씀드리겠습니다. 실은 당신이 상냥한 마음씨로 저와 식사를 함께하고 싶다고 말씀하셨을 때, 당신의 높은 지위, 신분을 생각하여 제가 할 수 있는 한 보통 사람이 하는 식사보다 훨씬 더 훌륭한 식사를 대접해 드리지 않으면 안 되리라 생각했습니다. 그래서 지금 말씀하시는 매에 생각이 미쳐 그 매야말로 당신을 대접하는 데 알맞은 요리가 되리라 생각했습니다. 그래서 오늘 아침 구워서 맛있는 요리로 만들었던 것입니다. 그런데 당신이 바로 그 매를 구하러 오셨다니 이 얼마나 슬픈 일입니까? 저는 당신이 원하는 매를 드리지도 못할뿐더러 앞으로 계속 후회만 하게 될 테니 말입니다."

이렇게 말하고 그는 매의 털이나 다리, 부리를 갖고 오게 하여 부인 앞에 놓았습니다. 부인은 이러한 사실을 듣고 그 증거를 눈으로 보았으므로 처음에는 여자 한 사람을 대접하는 데 그 소중한 매를 잡았다는 것을 비난했습니다만, 그렇게 가난한 생활을 하면서도 꺾이지 않은 훌륭한 그의 마음씨를 속으로는 한없이 칭찬했습니다. 그리고 매를 가져갈 희망도 사라졌고 아들의 병도 걱정되어 자기를 위해 베푼 그의 호의와 경의에 깊이 감사하고 몹시 슬퍼하면서 아들에게로 돌아갔습니다.

아들은 매를 갖지 못하는 슬픔에서인지 그렇게 될 운명이었는지 며칠 뒤 어머니의 비통한 울음 속에 세상을 떠나고 말았습니다. 부인은 그 뒤로 고통과 눈물로 나날을 보내고 있었으나, 아직 젊은 데다가 막대한 재산이 남겨졌으므로 친정 오빠들로부터 여러 번 재혼을 권유받았습니다. 부인은 재혼할 생각은 없었으나 너무나 끈질긴 권유에 못 이겨 재혼을 생각하기에 이르자 곧 페데리고가 떠올랐습니다. 그리하여 자기를 위해 그렇게 아끼던 매를 요리하여 대접한 페데리고의 한결같은 마음과 훌륭한 인품을 생각하고 오빠들에게 이렇게 말했습니다.

"오빠들의 말씀만 아니라면 저는 이대로 혼자 살고 싶어요. 그러나 꼭 재혼해야 한다면 저는 남편으로서 페데리고 델리 알베리기 씨를 택하겠습니다.

페데리고 씨가 아니라면 저는 누구에게도 가지 않겠어요."

그 말을 듣자 오빠들은 비웃으며 말했습니다.

"바보같이 무슨 소릴 하는 거야? 그런 가난뱅이가 뭐가 좋아서?"

그러자 그녀는 이렇게 대답했습니다.

"오빠들이 왜 그렇게 말씀하시는지 잘 알아요. 하지만 돈 있고 인격이 보잘 것없는 사람보다 돈은 없더라도 인품이 훌륭한 사람을 택하고 싶어요."

오빠들은 그녀의 말을 듣자 그들 역시 페데리고가 가난하지만 훌륭한 인물이라는 것을 알고 있었기 때문에, 그녀의 소원대로 전 재산을 지참금으로 주어 그에게 시집보냈습니다.

이리하여 그는 자기가 진심으로 사랑했던 부인을 아내로 삼을 수 있었고, 또한 대부호가 되어 많은 재산을 관리하며 그녀와 함께 행복한 생애를 보냈던 것입니다.

열째 이야기

피에트로 디 빈치올로는 친구 집에 식사하러 가고, 아내는 젊은 사내를 끌어들인다. 남편 피에트로가 돌아오자 아내는 사내를 닭장 밑에 감춘다. 피에트로는 식사하러 갔던 에르콜라노 집에서 그의 아내가 끌어들인 젊은이가 발견되었다고 말한다. 그의 아내는 에르콜라노의 아내를 욕한다. 그런데 당나귀가 불행히도 닭장 밑에 숨어 있는 정부의 손가락을 밟았으므로 사내는 비명을 지른다. 주인은 달려와 사내를 발견하고 속은 것을 알았지만 자기대로 다른 생각이 있어 결국 아내와 화해한다.

여왕의 이야기가 끝나자 모두들 신이 페데리고에게 상응한 보상을 하신 것을 찬양했습니다. 이때 디오네오는 여왕의 명령을 기다리지도 않고 이렇게 말을 꺼냈습니다.

우리 인간들은 선행보다는 나쁜 행위를 더 즐거워하는 경향이 있습니다. 특히 그것이 자기들과 관계가 없을 때는 더욱 그렇습니다. 그것은 우연히 생긴 악덕인지 또는 인간의 악습 때문에 생긴 것인지, 그것도 아니면 태어날 때부터 인간이 지닌 죄에서 오는 것인지, 나로서는 단언할 수가 없습니다. 지금까지 여러 번 그래 왔지만 나는 우울한 생각에 잠겨 있는 여러분들을 우스운 이야기로써 즐겁게 해드리려고 늘 노력했고, 앞으로도 그럴 생각입니다. 이번 것도 오늘의 주제에서는 좀 벗어나지만 무척 우스운 젊은 남녀의 이야기로, 틀림없이 여러분에게 즐거움을 안겨드리리라 생각합니다.

그러나 여러분은 이 이야기를 들으시면서, 정원에 나가 부드러운 손길을 뻗쳐서 장미를 딸 때, 가시는 손대지 않고 꽃만 따는 그러한 마음가짐을 가져 주셨으면 합니다. 따라서 이야기에 나오는 나쁜 남자는 그 행위대로 벌을 받도록 내버려 두고 음탕한 여자의 간계에 대해서는 크게 웃어 주셨으면 합니다. 그리고 필요하다면 남편 되는 사람을 동정해 주셔도 좋습니다.

아직 그리 먼 옛날 일은 아닙니다만, 페루자에 피에트로 디 빈치올로라는 부자가 살고 있었습니다. 이 사나이는 아내를 갖고 싶다는 소망에서라기보다는 오히려 세상의 눈을 속이고 페루자 안의 사람들이 자기에게 품고 있는 악평을 줄이려는 생각에서 아내를 얻었습니다. 그러자 그와 생각을 같이한 '운명'은 다음과 같은 방법을 취했습니다. 즉 그가 얻은 아내는 불타는 듯한 빨간 머리를 가졌으며, 몸이 무쇠같이 단단한 남편이 한 사람이 아니라 두 사람이 있어도 좋을 만한 여자였다는 것입니다. 그런데 그녀는 여자인 자기보다 남색 쪽에 정신을 빼앗긴 남자에게로 시집오고 말았습니다. 시간이 지남에 따라 그녀는 그것을 눈치채기 시작했고 자기가 젊고 싱싱한 미인이며 원기 왕성하고 정력이 뛰어나다는 것을 알고 있었으므로, 처음에는 신경이 곤두섰고 때로는 더러운 말로 남편을 욕하면서 불만스러운 생활을 이어 나갔습니다. 그러던 중 이러한 생활을 하다가는 남편의 나쁜 버릇을 고치기 전에 자기 몸이 먼저 말라비틀어질 거라 생각하고 이렇게 중얼거렸습니다.

"제기랄, 나를 내버려 두고 흙투성이 신발을 신고 그런 메마른 데로 가다니, 그럼 나는 더 축축한 곳으로 누군가를 배에 태워 데려올 궁리를 할 테다. 그래도 난 그놈을 사내라고 생각하고 뭇 사내들이 탐내는 것을 그 작자도 탐낼 줄 알았기 때문에 남편으로 맞이해서 많은 지참금을 줬지, 만약 그 작자가 그런 줄 알았으면 남편으로 가졌겠어? 그놈은 내가 여자인 것을 알았을 것이 아닌가? 여자가 마음에 없으면 왜 나를 아내로 삼았단 말인가? 이제 나로선 참을 수 없단 말이야. 내가 이 세상에서의 욕망을 버리고 싶었다면 벌써 수녀가 되었겠지. 욕망을 버릴 수 없었기 때문에 이처럼 결혼한 거야. 그 작자가 나를 만족시켜 주고 기쁨과 즐거움을 갖다 주기를 마냥 기다리고만 있다간 늙어 빠진 할망구가 될 게 아닌가! 할망구가 다 된 다음에 젊음을 헛되이 보낸 것을 뉘우쳐 봤자 아무 소용도 없지. 젊었을 때 마음껏 즐겨야 해. 그놈이 즐기는 것처럼 나도 멋대로 즐기라고 그놈이 좋은 본보기가 되어 주고 있는 거야. 그놈의 즐거움은 비난할 만한 악덕이지만 나의 즐거움은 훌륭한 행동이야. 나는 세상 법칙을 어길 뿐이지만 그놈은 세상의 법칙뿐만 아니라 자연의 법칙도 어기고 있어."

그리하여 이 선량한 여인은 이러한 생각을 남몰래 실행에 옮기려고 여러 번 궁리한 끝에, 먹이를 주어 뱀을 키웠다는 성 베르디아나의 재래(再來)라고까지 세상에서 여겨졌었던 어느 노파와 친해졌습니다. 그 노파는 늘 묵주를 손에 쥐고서 면죄를 받는 자리라면 어디라도 찾아갔으며, 이야기라면 역대 교황들의 생애라든가 성 프란체스코의 고행에 대한 것밖에 말하지 않았으므로 누구에게서나 성녀처럼 존경받고 있었습니다. 그래서 피에트로의 아내는 기회를 보아 자신이 품은 생각을 이 노파에게 전했습니다. 노파는 이렇게 말했습니다.

"나의 딸이여, 하느님은 무슨 일이든지 알고 계십니다. 그러므로 당신이 하는 일이 옳다는 것도 알고 계십니다. 당신을 비롯하여 젊은 여자가 모두 다른 이유에서가 아니라 젊음을 헛되이 보내지 않기 위해서 그런 일을 하지요. 시간을 헛되이 보냈다는 것을 아는 것만큼 슬픈 일은 또 없습니다. 우리가 나이를 먹은 뒤에 하는 일이 화로 곁에서 재를 바라보는 일 말고 또 무엇이 있겠어요? 그런 건 아무도 알아주지 않으며 아무도 관심을 가져 주지 않습니다. 나도 그러한 여자 가운데 한 사람입니다. 할머니가 된 이제 와서 헛되이 젊음을 보내고 만 것이 쓰디쓰게 가슴을 쿡쿡 찌르거든요. 하지만 나도 그냥 시간을 헛되이 보낸 것은 아니에요. 어리석은 여자라고 여겨지지 않도록 말하지만 나는 스스로 할 수 있었던 일을 하지 않았던 것뿐이에요. 하지만 보는 바와 같은 늙은이가 되어 정신을 차려 봤자 아무도 말라빠진 살구를 씹으려고 하지 않는단 말이죠. 내가 얼마나 비통한 생각을 하고 있는지 알고 계신 건 하느님뿐예요.

그런데 남자들은 그렇지 않거든요. 남자들은 이런 일뿐만 아니라 여러 가지를 할 수 있도록 천성이 그렇게 되어 있어요. 그리고 대부분의 남자가 나이를 먹어서도 여러 가지 일을 할 수 있도록 되어 있단 말입니다. 하지만 여자들은 그 일로 어린애를 낳는 일 말고는 아무것도 할 수 없단 말예요. 그리고 그 일 때문에 사랑을 받고 있는 겁니다. 그런데 당신은 다른 일은 눈치채지 못하더라도 이런 일은 알 수 있을 겁니다. 즉 남자들과는 달리 여자들은 언제나 그런 일을 할 수 있는 준비가 갖추어져 있다는 겁니다. 게다가 여자는 혼자서 많은 남자를 녹초로 만들 수 있는데 남자는 아무리 많이 덤벼도 한 여자를 피로하게 만들기가 힘든 것입니다. 우리는 이런 식으로 태어났으니 되풀이해서 말하지만, 나이를 먹고 당신의 마음이 육체를 꾸짖는 일이 없도록 지금 젊었을 때 남편에게 보복을 하는 것은 아주 좋은 일일 것입니다.

이 세상에서 사람은 누구나 가질 수 있을 만한 것은 손에 넣고 있어요. 특히 여자들은. 그러니 여자들은 시간이 허락하는 한 남자들보다 시간을 더 잘 이용할 필요가 있어요. 왜냐하면 당신도 알겠지만 우리가 나이를 먹으면 다른 사람은커녕 남편조차도 우릴 돌아보지 않으니까요. 그뿐만 아니라 부엌으로 몰아넣어 고양이를 상대로 지껄이든가 냄비나 접시를 세든가 하는 그런 일밖에 시키지 않는단 말예요. 또한 더 나쁜 일로는 이런 노래까지 부르고 있잖아요. '젊은 여자에겐 맛있는 음식을, 할망구에겐 입마개를' 하고 말예요. 그리고 그 밖에도 여러 가지 험담을 듣게 되거든요. 그러니 이 이상 이야기할 것 없이 마지막으로 말해 두는데, 아마 나만큼 당신에게 도움이 되는 사람은 이 세상 어디를 찾아봐도 없을 거예요. 아무리 고귀한 사람이라도 내가 싫으면 필요한 이야기를 해줄 마음이 없고 아무리 천하고 완고한 자라도 내 마음대로 주물러 요리하지 못할 인간은 하나도 없어요. 자, 당신 소원을 말해요. 그리고 그 뒤는 내게 맡겨요. 하지만 부인, 한 가지 부탁해 두지만 내가 가난하다는 걸 잊지 말도록. 그 대신 앞으로는 나의 모든 면죄 기도에 당신이 참가하도록 하고 주기도문을 외울 때마다 당신 이름을 부르도록 하겠어요. 하느님께서 돌아가신 당신 친척들을 구원해 주시도록."

이렇게 말하고 노파는 입을 다물었습니다.

그리하여 이 젊은 여인은 노파와 이야기가 잘되어 그 근처에 늘 다니는 젊은 남자의 특징을 설명하고, 그를 만날 수 있도록 잘 부탁한다고 당부했습니다. 그리고 햄 한 조각을 주고 돌려보냈습니다.

노파는 며칠도 되지 않는 사이에 그녀가 말한 남자를 가만히 그녀의 침실로 데려왔습니다. 그리고 며칠 뒤 그녀가 좋아할 만한 다른 사내를 또 데려왔습니다. 남편을 생각하면 좀 꺼림칙한 기분이 들었으나 그녀는 그러한 일을 할 수 있는 기회를 놓치지 않았습니다. 그러던 어느 날 밤 남편이 에르콜라노라는 친구 집에서 저녁을 함께하기로 되었습니다. 그래서 대뜸 그녀는 노파에게 페루자에서 가장 잘생기고 쾌활한 젊은 사내를 보내 달라고 부탁했습니다. 노파는 곧 부탁대로 해주었습니다. 그래서 그녀가 젊은이와 저녁 식탁에 앉아 있는데 갑자기 피에트로가 문을 두드리며 열라고 외치는 것이었습니다. 이 소리를 듣자 그녀는 깜짝 놀라 새파랗게 질렸습니다. 그리하여 젊은이를 숨기려고 했습니다만 당장 어디에 숨겨야 할지 생각이 나지 않아, 식사를 하고 있던 방의 바깥 복도에 놔두었던 닭장 속에 들여보냈습니다. 그리고 커다란 부대를 그 위에 푹 씌우고 나서 문을 열러 달려갔습니다. 그녀는 남편이 들어오자 이렇게 말했습니다.

"어머, 당신, 오늘 저녁 식사는 후닥닥 삼키고 왔어요?"

그러자 피에트로는 대답했습니다.

"삼키기는커녕 맛도 못 봤어."

"왜요?" 이렇게 다그쳐 묻자 피에트로는 대답했습니다.

"잘 들어 봐. 에르콜라노와 그 부인과 내가 식탁에 앉아 있을 때 우리들 바로 곁에서 재채기 소리가 들렸단 말야. 첫 번째도 두 번째도 눈치채지 못했는데 재채기 소리가 세 번, 네 번, 다섯 번, 아니 그 이상이나 들리는 바람에 우리는 깜짝 놀랐지. 실은 문을 열지 않고 꽤 오랫동안 우리를 밖에서 기다리게 했던 아내에게 다소 기분이 언짢아졌던 에르콜라노는 이 지경에 이르러서야 화가 잔뜩 나서 이렇게 말했지. '이게 도대체 무슨 일이야? 이렇게 재채기를 하는 놈이 대관절 어떤 놈이야?' 그러고는 식탁에서 일어나 곧장 가까운 계단 쪽으로 성큼성큼 걸어갔지. 그 계단 밑에는 곧잘 사람들이 집 안을 정돈하기 위해 물건들을 넣어 두는, 널빤지로 된 벽장이 있었어. 에르콜라노는 그

안에서 재채기 소리가 들리는 것 같아서 문을 벌컥 열었단 말야. 그런데 문을 연 순간 지독한 유황 냄새가 코를 찔렀어. 물론 그 전부터도 그런 냄새가 나서 투덜대곤 했었지만.

그러자 마누라가 이렇게 말했지. '아까 내가 유황으로 베일을 표백했어요. 그 뒤 연기로 그슬리기 위해 유황을 앉혔던 냄비를 계단 밑에 넣어 두었더니 아직 냄새가 나는 거예요.' 에르콜라노가 문을 연 것은 그 뒤의 일이 되는 셈인데, 사실 어느 정도 유황 냄새가 풍기는 그 속을 들여다보니 재채기를 한 놈이 발견되었어. 그놈은 그때에도 아직 유황의 악취 때문에 연거푸 재채기를 하고 있었단 말야. 아무튼 강한 냄새에 가슴이 막혀 재채기를 계속했던 건데, 자칫 잘못했다간 재채기는 둘째 치고 목숨을 잃을 지경에까지 와 있었던 거야. 에르콜라노는 그 사내를 보자 이렇게 외쳤어. '이봐, 마누라, 이제야 알겠군. 아까 우리가 돌아왔을 때 오랫동안 문을 열지 않고 밖에 세워 뒀던 까닭을 말이야! 그냥 놔두었다간 앞으로 뭐 하나 좋은 일이 생기지 않겠어.'

그의 아내는 그 말을 듣자 자기 죄가 들통난 걸 알고서 아무 변명도 하지 않고 식탁에서 일어나 도망쳐 버렸는데, 어디로 도망갔는가는 신만이 아실 일이지. 에르콜라노는 아내가 도망친 것은 눈치채지 못한 채 재채기를 하고 있던 사내에게 나오라고 몇 번이나 외쳤지만 그 작자는 꼼짝달싹 못 하고 있었어. 에르콜라노가 아무리 소리를 질러도 몸을 움직이지 못하더군. 그래서 에르콜라노는 한쪽 다리를 끌어 밖으로 내놓곤 죽여 버리겠다고 단도를 가지러 달려갔어. 그러나 나는 나까지 경찰에 끌려가서는 안 되겠다고 생각해서, 죽이든가 상처를 입히지 못하도록 큰 소리로 그를 제지하면서 사내를 감싸 주었지. 그러자 그때 근처 사람들이 소동을 듣고 달려와 이미 정신을 잃고 있는 젊은이를 붙잡아 어딘지 모르지만 밖으로 끌어내 갔지. 그러는 바람에 우리의 만찬은 엉망이 되어 후닥닥 삼키기는커녕 아까도 말했지만 맛조차 보지 못했단 말야."

이 이야기를 들은 부인은, 때로는 뜻하지 않은 불행한 꼴을 당하는 자가 있으나 자기처럼 빈틈없는 여자도 있는 것이라고 생각하며 에르콜라노의 아내를 변호해 주려고 생각했습니다. 그러나 남의 나쁜 일을 욕함으로써 자기 악행도 발뺌할 길이 트일지도 모른다고 생각하고 이렇게 말했습니다.

"어머, 별일도 많네요! 그분은 아주 마음이 곧고 신앙심이 두터운 부인이라고 들었는데, 그것이 정숙한 부인의 본보기군요. 아주 신앙심이 깊은 부인이라고 하기에 그분 집에 참회하러 갈까 생각하고 있었거든요. 그렇게 나이 든 여자가 그런 짓을 하다니 젊은 여자들까지 물들까 두려워요. 그런 나쁜 여자는 살아 있는 동안에 저주받아야 해요. 정말 이 도시에 사는 모든 여성의 망신이며 모욕이에요. 자신의 정절이나 남편에게 맹세한 약속을 저버리고 이 세상의 명예를 망쳤지 뭐예요. 그렇게 훌륭한 인물이자 모범적인 시민인 남편에게 다른 사내로 말미암아 치욕을 입히고도 전혀 부끄러워하지 않다니. 그뿐 아니라 그것은 자기 자신에게도 치욕스러운 일이에요. 그러니 하느님이 나를 구원해 주셔도, 그러한 여자에겐 동정의 여지가 없다고 생각해요. 죽여도 시원치 않은 그런 여자는 산 채로 화형에 처해 재로 만들어 버리는 게 좋아요."

그녀는 말을 마친 뒤, 바로 곁의 닭장 속에 숨게 한 샛서방이 생각나 피에트로를 위로하며 이젠 잘 시간이니 자리에 들도록 하자고 말했습니다.

피에트로는 잠이 오기는커녕 배가 잔뜩 고팠기 때문에 저녁으로 먹을 만한 것이 없느냐고 물었습니다.

부인은 그 말을 듣고 이렇게 대답했습니다.

"네, 있고말고요! 당신이 집을 비울 때는 우린 늘 잔뜩 저녁을 먹기로 하고 있으니까요. 네, 에르콜라노의 마누라처럼! 왜 자러 가지 않는 거죠? 오늘 밤엔 그만 주무세요. 그러는 편이 좋아요!"

그런데 그날 저녁 피에트로의 소작인들이 마을에서 여러 가지 물건을 싣고 와서 몇 마리의 당나귀를 물도 주지 않고 바깥 복도 옆의 마구간에 매어두었는데, 그중 한 마리가 너무 목이 말라 굴레를 벗어 던지고 밖으로 나와 버렸습니다. 그놈은 어디 물이 없는가 하고 냄새를 맡으며 어슬렁거리다가 그 젊은이가 숨어 있는 닭장 바로 앞으로 왔습니다.

젊은이는 엎드려 있어야 했기 때문에 닭장 밖에 손끝이 약간 나와 있었습니다. 그 바람에 행운인지 불행인지 그 당나귀가 밖으로 나와 있던 손가락을 밟아 버리고 만 것입니다. 젊은이는 너무나 아파서 저도 모르게 소리를 질렀습니다.

그 소리를 들은 피에트로는 놀랐습니다. 더구나 그 소리가 집 안에서 났다는 것을 알자 방에서 나갔습니다. 그러나 그때까지도 당나귀는 손가락을 밟고 있는 발을 들지 않고 그 자리에 버티고 있었으므로 사나이는 계속 소리를 지르고 있었습니다.

"거기 있는 게 누구냐?"

피에트로는 이렇게 외치며 닭장 곁으로 달려갔습니다. 닭장을 들어 올리고 보니 웬 젊은 녀석이 있지 않겠습니까? 젊은이는 당나귀에게 밟히고 있는 손가락의 아픔에다, 피에트로에게 혼이 나지 않을까 하는 두려움으로 벌벌 떨고 있었습니다. 그런데 이자는 바로 피에트로가 파렴치한 남색을 할 속셈으로 오랫동안 따라다니던 사나이였으므로 피에트로는 그를 잘 알고 있었습니다. 피에트로는, "거기서 뭘 하는 거냐?" 하고 물었으나 상대는 그것에는 대답하지 않고 제발 살려 달라고 계속 빌 뿐이었습니다. 그러자 피에트로가 말했습니다.

"일어서. 그리고 걱정 마라. 너를 때리지는 않겠어. 하지만 왜 거기 있는지 그 까닭을 말해."

젊은이는 모든 것을 털어놓았습니다.

아내의 낙담과는 반대로 이 사내를 만났다는 것을 적지 않게 기뻐한 피에트로는 그의 손을 잡고, 침실에서 무슨 일이 벌어질까 걱정하면서 떨고 있는 부인에게로 데리고 갔습니다. 피에트로는 그녀와 마주 보고 앉아 이렇게 말했습니다.

"너는 방금 에르콜라노의 마누라를 마구 욕하고 그런 여자는 태워 죽이는 게 좋다, 또는 너희들 여자의 수치다, 하며 떠벌렸지. 왜 그때 너는 네 이야기를 하지 않았지? 네 일에 대해 덮어 둘 작정이었으면서 어떻게 그녀의 험담을 할 수 있어? 그녀랑 똑같은 짓을 해놓고서? 너희들 여자는 본디부터 그렇게 생겨 먹었고, 남의 죄로 자기 죄를 은폐하려고 하는 모양이로군. 하늘에서 불덩어리라도 내려 너희들 같은 나쁜 인종을 모두 태워 죽여 버렸으면 좋겠다!"

부인은 남편이 잔뜩 화만 낼 뿐 자기에게 아무런 짓도 하지 않는 것을 보자, 게다가 이같이 잘생긴 젊은이를 손에 넣고 날뛰듯이 기뻐하고 있는 것을 알자 기운을 내고 이렇게 말했습니다.

"확실히 당신은 하늘에서 불덩이라도 내려 우리 여자들 따위는 모두 태워 죽이는 게 좋다고 생각하고 있을 거예요. 당신은 우리 여자들을 막대기로 만들어진 개처럼 생각하고 있으니까요. 하지만 하느님의 십자가에 맹세하건대 그건 절대 그렇지 않아요. 그건 그렇다 치고, 당신이 지금 무슨 일로 나를 괘씸하게 여기고 있는지 그걸 좀 이야기해 보고 싶어요. 당신이 에르콜라노의 마누라와 나를 비교하고 싶다면 얼마든지 비교해도 좋아요. 그 사람은 할머니고 가짜 신자이고 위선자이지만 바라는 것을 남편에게서 받고 있고 아내로서 아주 사랑을 받고 있어요. 하지만 나에겐 그런 것이 하나도 없단 말예요. 나는 아주 좋은 옷을 입고 좋은 신을 신고 있긴 하지만 다른 일에서는 어떤지 당신은 잘 알 거예요. 당신이 나와 잠자리를 멀리한 지가 얼마나 되는지 아세요? 나는 지금처럼 호사스럽게 대우받고 가질 것을 다 가지는 것보다 누더기를 걸치고 맨발로 걷더라도 당신이 잠자리에서 잘 대해 주는 게 훨씬 좋아요. 이봐요, 피에트로, 잘 생각해 봐요. 나는 세상의 다른 여자와 조금도 다를 것이 없어요. 다른 여자들이 얻고 있는 것을 바랄 뿐이에요. 그러니 당신에게서 얻을 수 없는 것을 다른 데서 구했다고 해서 비난받을 이유는 없다고 생각해요. 적어도 나는 말구종이나 거지와는 그런 짓을 하고 있지 않으니까 아주 당신의 명예를 존중하고 있는 셈이죠."

피에트로는 이대로 내버려 두었다간 밤새도록 끝이 없을 것 같았을 뿐만 아니라 그녀 일 따윈 마음에 두고 있지 않았으므로 이렇게 말했습니다.

"이제 그만둬. 그 점에 대해선 앞으로 당신이 만족하도록 해주지. 그보다 셋이서 뭔가 식사라도 할 수 있게 부탁하고 싶어. 이 친구도 나처럼 저녁을 먹지 못했을 것 같으니."

"그래요." 부인이 대답했습니다.

"이 사람 아직 밥을 못 먹었어요. 우리가 식탁에 앉으려는 찰나에 운수 나쁘게 당신이 돌아왔으니 말예요."

"그럼, 곧" 하고 피에트로가 말했습니다. "함께 식사하도록 해줘. 그리고 조금 전의 그 점에 대해서는 앞으로 당신이 불만을 터뜨리지 않게끔 해주지."

부인은 남편의 기분이 풀린 것을 알자 일어서서 다시 한 번 식사 준비를 시키고 아까 마련해 두었던 요리를 가져오게 했습니다. 그리고 남편과 젊은 사내와 함께 들뜬 기분으로 식사를 했습니다.

식사를 마치고, 세 사람이 다 만족하도록 피에트로가 어떤 방법을 취했는지 그 점은 잊어버렸습니다. 내가 알고 있는 건 젊은이가 이튿날 아침 광장에 갈 때까지 아내와 남편 가운데 어느 쪽에 더 봉사를 했는지 그 자신도 알지 못했다는 것입니다.

그러니 친애하는 부인 여러분, 나는 여러분에게, "상대가 나에게 하는 대로 되돌려 주라"고 말씀드리고 싶습니다. 만약 그것이 불가능하다면 "당나귀가 부딪치면 벽도 마주 튀긴다"라는 속담이 있듯이 시기가 올 때까지 가만히 기다리는 것입니다.

디오네오의 이야기가 끝났을 때 부인들은 우스워 견딜 수가 없었지만 부끄러워서 그다지 웃음소리를 낼 수가 없었습니다. 여왕은 자기의 주재가 끝났다고 생각하고 일어서서 월계관을 벗고 생긋 웃으며 엘리사의 머리에 씌우고 이렇게 말했습니다.

"자, 여왕님, 이제부터는 당신이 명령할 차례입니다."

엘리사는 명예로운 여왕의 역할을 받자 지금까지 진행되어 온 것처럼 우선 자기가 주재하는 동안에 필요한 일을 하인 우두머리에게 지시했습니다. 모두가 그것에 만족하자 이렇게 입을 열었습니다.

"우리는 지금까지 많은 사람들이 멋진 기지와 즉흥적인 대답과 예리한 판단으로 교묘하게 응수해 상대의 송곳니를 막든가 또는 갑작스런 위험을 피할 수 있었던 이야기를 여러 번 들었습니다. 그 때문에 이야기 줄거리가 재미있었을 뿐만 아니라 유익하기도 했습니다. 내일은 하느님의 보호 아래 그러한 내용의 이야기를, 즉 절묘하고 재치 있는 이야기로 응수하든가 또는 즉각적인 대답이나 날카로운 통찰로 손실이나 위기나 모욕을 면하게 된 사람의 이야기를 해주시기를 부탁합니다."

이 제안은 모두의 환영을 받았습니다. 여왕은 일어서서 저녁 식사 시간까지 모두에게 자유 시간을 주었습니다. 예절 바른 그들은 여왕이 일어서는 것을 보고 자기들도 일어나서 여느 때처럼 저마다 즐기는 일을 했습니다. 그러다가 이미 매미 우는 소리도 그쳐 그들은 저녁 식사를 하러 갔습니다. 저녁 식사가 즐거운 분위기 속에 끝나자 그들은 노래를 부르기도 하고 악기를 켜기도 하며 놀았습니다. 그런 뒤 여왕은 자기의 희망대로, 에밀리아의 춤이 끝난 다음 디오네오에게 칸초네를 한 곡 부르도록 명령했습니다.

디오네오는 곧 〈알드루다 아주머니, 치맛자락을 걷어요. 재미있는 이야기를 하러 가니까〉를 부르기 시작했습니다.

이 노래에 부인들은 호호호, 하고 웃음을 터뜨렸습니다. 그중에서도 가장 많이 웃은 것은 여왕이었습니다만 그녀는 그런 건 그만두고 다른 걸 불러 달라고 부탁했습니다.

디오네오는 말했습니다.

"우리 여왕님, 만약 제가 쳄발로(하프시코드)를 가졌다면 〈라파 아주머니, 옷을 들어 올려요〉나 〈올리브나무 그늘은 풀밭〉을 부르고 싶어요. 그렇지 않으면 〈바다 물결은 몹시 나를 우울하게 해요〉를 부를까요? 하지만 쳄발로가 없으니까 다른 것이 마음에 드실지 몰라요. 그래, 이건 어때요? 〈빨리 달아나요. 우리에게 들꽃 가지처럼 꺾일 테니〉는?"

그러자 여왕은 말했습니다.

"아니 그런 것 말고, 다른 걸."

"그럼" 하면서 디오네오는 말했습니다. "〈시모나 아주머니는 술통에 채워 넣을 수 있어요, 채워 넣을 수 있어요! 10월도 아닌데〉를 부르지요."

여왕은 웃으며 말했습니다.

"아이참, 장난도 심하셔. 좀 건전하고 아름다운 내용의 노래를 불러 줘요. 우리는 그런 건 좋아하지 않으니까요."

그러자 디오네오가 대답했습니다.

"아니, 여왕님, 불쾌해하지 마세요. 어떤 것이 마음에 드시나요? 저는 천 가지 이상 알고 있어요. 그럼 〈내가 이 조가비를 두들기지 않았다면〉이라든가, 〈제발 천천히, 주인님〉이라든가, 〈나는 100리라로 수탉을 샀습니다〉 등은 어떻습니까?"

다른 부인들은 모두 웃고 있었습니다만 여왕은 좀 화를 내며 말했습니다.

"디오네오, 놀리는 건 그만해요. 깨끗한 노래를 불러요. 그렇지 않으면 정말 화를 내고 말 테예요."

디오네오는 그 말을 듣자 장난을 그만두고 곧 노래를 했습니다.

오, 사랑의 신이여, 지금 나는
그대 눈동자에 머금은 야릇한 빛에
그대와 그녀의 종이 되도다.

그대 눈의 반짝임은
내 눈동자를 꿰뚫고
불길이 되어 마음을 태우도다.
그대 매력이 얼마나 큰지
아름다운 그 얼굴이 나에게 가르치도다.
그것을 생각만 해도
한숨이 나오나니
그대 힘에 묶이어
종이 되려는 마음 일도다.

사랑의 신이여
나는 그대의 종, 엎디어 기다리노라
그대의 은혜를 얻을 때까지.
그러나 모르노라 모르노라
내 가슴에 그대가 준
희망을 강하게 느끼긴 해도
마음을 차지한 그 사람에게
자신은 없고 안정을 잃고
단지 그녀를 바랄 뿐.

그러니 바라노라, 오, 사랑의 신이여
나를 위하여 그대 사랑의 불을
그 사람에게 주소서,

느끼게 하소서.
지금 나는 사랑에 여위어
스러질 날이 가까웠나니
내 목숨 마지막이 되었을 때는
그이에게 나를 맡겨 다오.
기꺼이 그대 곁에 갈지니.

　디오네오의 노래가 끝나고 나서 여왕은 다른 부인들에게도 노래를 부르게 했습니다만 디오네오의 노래가 가장 훌륭하다고 칭찬했습니다. 이윽고 밤이 꽤 깊어 여왕은 낮의 더위가 깊은 밤의 냉기에 서늘해졌다고 여기고 이튿날까지 저마다 마음대로 자리에 들도록 모두에게 분부했습니다.

여섯째 날

《데카메론》의 여섯째 날이 시작됩니다. 이날은 엘리사의 주재 아래 궁지에 몰린 사람들이 경묘한 경구로 반박하고, 임기응변의 대답과 뛰어난 통찰력으로 피해며 위험이며 창피를 벗어난 이야기를 나눕니다.

중천에 걸려 있던 달은 이제 빛을 잃고, 떠오르기 시작한 태양의 새로운 빛은 우리 지구의 한 면을 구석구석 밝히고 있었습니다. 그러자 여왕이 일어나서 모두를 깨웠고 그들은 아름다운 집에서 천천히 나와 이슬에 젖은 정원으로 내려가서 이런저런 일을 화제로 삼아, 그들이 이제까지 들은 이야기 가운데 좋고 나쁜 것을 가리기도 하고, 또 그 가운데 재미있었던 여러 가지 사건을 꺼내어 새삼 웃곤 하면서 집으로부터 멀어져 갔습니다. 그러는 동안 해가 높이 솟아 더워지기 시작했으므로 그들은 슬슬 발길을 돌려 집으로 돌아왔습니다.

돌아와 보니 식탁에 음식들이 차려져 있고, 주위에는 갓 뜯어 온 향기로운 풀이며 아름다운 꽃들이 뿌려져 있었습니다. 더위가 더 심해지기 전에 여왕의 명령으로 식사를 시작했습니다. 왁자하니 식사가 끝나자, 다른 일을 시작하기 전에 다 같이 명랑하고 아름다운 칸초네를 두세 곡 불렀습니다. 그런 다음, 어떤 사람은 낮잠을 자러 가고 어떤 사람은 체스를 두었으며, 어떤 사람은 주사위놀이를 했습니다. 디오네오는 라우레타와 함께 트로일로스와 크리세이드의 사랑에 관한 노래를 부르기 시작했습니다.

모일 시간이 되어 그들은 여느 때와 다름없이 여왕이 부르는 대로 샘가에 둘러앉았습니다. 거기서 여왕이 첫 이야기를 시키려 하는데 이제까지 없었던 일이 일어났습니다. 부엌에서 하인들과 식모들이 소란을 일으키고 있었던 것입니다. 그래서 하인 우두머리를 불러, 저 고함과 떠들썩한 소란은 대체 무슨 일 때문이냐고 물어보니, 그는 리치스카와 틴다로가 다투고 있길래 말리러 가는 길이었는데 여왕님이 부르셨습니다, 어찌 된 영문인지 아직은 저도 모르겠습니다, 하고 대답했습니다. 그래서 여왕은 곧바로 리치스카와 틴다로를 데려오라고 명령했습니다.

두 사람이 나타나자 여왕은 어째서 그런 소란을 피웠느냐고 물었습니다.

틴다로가 대답하려고 하는데, 흥분해서라기보단 본디 콧대가 센 꽤 나이 먹은 리치스카가 마구 소리치다가 그에게 오만상을 찌푸리며 말했습니다.

"뭐야, 뻔뻔스럽게 나보다 먼저 지껄이려고 하다니. 내가 먼저 말해야겠어."

그리고 나서 그녀는 여왕을 돌아보고 지껄이기 시작했습니다.

"여왕님, 이 사내는 저한테 시코판테의 마누라 이야기를 들려주고 싶어 한답니다. 저는 그 여자와 친한 사이인데, 시코판테가 그 여자와 잔 첫날밤 억지로 말뚝을 검은 언덕에 꽂아 넣은 바람에 피가 확 솟구쳤다느니 어쩌니, 마치 보고 온 사람처럼 맹랑한 거짓말을 하며 저더러 그걸 믿으라는 거예요. 그래서 저는 그런 건 새빨간 거짓말이다, 그러기는커녕 오히려 쉽게 쑥 들어가서 쾌감이 더할 나위 없었을 거라고 응수해 주었죠. 정말, 이 사내는 이만 저만 바보스러운 게 아녜요. 3년이나 4년씩 결혼을 늦추고 있는 세상 처녀들이 일곱 가운데 여섯쯤은 부모 형제들의 감시를 받으면서 시간을 헛되이 보낼 만큼 태평스러운 줄 알고 있으니까요. 천만에, 그렇게 우물쭈물하고 있을 줄 아세요? 그리스도께 맹세해도 좋아요. 맹세할 때는 제 말에 자신이 있기 때문에 그러는 거죠. 저는 처녀로 시집가는 이웃 아이들을 본 적이 없어요. 남편을 가진 뒤에도 얼마나 남편을 속이는 여자가 많은지 저는 알죠. 그런데 이 바보는 마치 저를 어제 갓 태어난 어린애처럼 취급하고는 저한테 여자라는 게 대체 어떤 것인가 가르쳐 주려 하지 않겠어요?"

리치스카가 지껄이고 있는 동안 부인네들은 이를 뽑으려면 실컷 뽑을 수 있을 만큼 커다랗게 입을 벌리고 웃어댔습니다. 여왕은 그녀에게 그만두라고 여섯 번이나 소리를 질렀지만 헛일이었습니다. 리치스카는 자기가 하고 싶은 말을 다 할 때까지 입을 다물려고 하지 않았습니다. 그러다가 간신히 이야기가 다 끝나 여왕은 디오네오를 돌아보고 말했습니다.

"디오네오, 이건 당신 영역이에요. 그러니, 오늘 우리의 이야기가 끝나거든 이 문제에 마지막 판결을 내려 주세요."

디오네오는 얼른 대답했습니다.

"여왕님, 새삼 무슨 말을 할 것도 없이 판결은 이미 내려져 있습니다. 리치스카의 말이 맞습니다. 이 사람이 말한 것 같은 일이 실제로 행해지고 있는 줄 압니다. 정말 틴다로는 바보입니다."

이 말을 듣자 리치스카는 키드득 웃으면서 틴다로를 돌아보고 소리쳤습니다.

"그것 봐! 내 말이 맞지? 냉큼 물러가라. 코흘리개 주제에 나보다 뭘 더 안다고 그래? 하느님 덕분에 나는 나이를 헛먹진 않았단 말이야."

여기서 여왕이 얼굴을 찌푸리며, 몽둥이로 맞고 싶지 않거든 이제 그만 떠들어, 하고 엄하게 꾸짖으며 그녀와 틴다로를 쫓아 버리지 않았더라면 그날은 온종일 그녀를 상대하다가 아무것도 하지 못했을 것입니다. 이렇게 두 사람은 그 자리를 떠났고 여왕은 필로메나에게 오늘 이야기의 막을 올리라고 명령했습니다.

그녀는 흔쾌히 다음과 같은 이야기를 시작했습니다.

첫째 이야기

어느 기사가 오레타 부인에게 재미있는 이야기로 말을 타고 가는 듯한 기분을 느끼게 해주겠다고 한다. 그런데 그 이야기 솜씨가 서툴러 부인은 말에서 내려 달라고 말한다.

여러분, 맑은 밤하늘에는 별이 하늘의 장식이 되듯, 봄에는 꽃과 나무가 들판을 꾸미며, 언덕은 잎이 무성한 나무들에 덮여 빛을 보탭니다. 이와 마찬가지로 훌륭한 예의범절이나 교묘한 화술은 상쾌한 경구가 되지요. 그런 것은 본디 짧은 것이라서 남자들보다 여성들에게 더 중요하답니다. 왜냐하면 지루하게 지껄이는 것은 남자들보다 여자들이 더 해서는 안 되는 일이니까요.

어떤 까닭인지 모르지만, 다시 말해서 하늘이 우리들에게 품은 단순한 적의(敵意)인지 아니면 우리들의 재능에 대한 악의인지 모르겠지만, 거침없이 반박을 하거나 들은 말을 곧바로 이해하는 여성이 세상엔 없어요. 있다고 해도 매우 드물죠. 이것은 우리 모든 여성의 수치라고 생각해요.

이 문제에 대해서는 팜피네아가 벌써 말했으니까, 그 이상 말씀드리진 않겠습니다. 하지만 때를 잘 잡아 던진 말이 얼마나 훌륭했는가 알리기 위해, 어떤 귀부인이 부드러운 말투로 어떤 기사의 입을 막아 버린 이야기를 여러분께 들려 드릴까 해요.

그리 먼 옛날 일이 아니라서, 여러분도 보신 적이 있거나 혹은 소문으로 들어서 알고 계실지도 모르겠습니다만, 우리가 사는 도시에 인품도 훌륭하고 예의범절도 바르며 또 말씀도 매우 재치 있게 하는 귀부인 한 분이 있었습니다.

이름을 밝혀도 그분의 가치를 더럽히진 않을 테니까 말씀드리지만, 오레타 부인이라고 하는, 제리 스피나 씨의 아내이죠. 부인은 마침 지금 우리처럼 시골에 머물고 있었는데, 어느 날 식사에 초대한 부인들과 기사들과 어울려서 어떤 장소로 심심풀이 겸해서 산책하러 나갔습니다. 그들은 목적지까지 걸어 가려고 했는데 뜻밖에도 거리가 멀어 기사 한 사람이 입을 열었습니다.

"오레타 부인, 상관없으시다면 지금부터 상당히 먼 길을, 세상에 드문 재미 있는 이야기를 들려드림으로써 마치 말을 타고 가는 즐거운 기분으로 가시게 해드리겠습니다."

"그런 일이라면 오히려 제가 부탁하고 싶은걸요. 아마 퍽 즐거울 거예요."

부인은 이렇게 대답했습니다. 그래서 칼도 제대로 쓸 줄 모르고, 화술도 아주 서툰 기사가 곧 이야기를 하기 시작했습니다.

사실 이야기 그 자체는 참으로 재미있었는데, 그 기사는 서너 번이 아니라 대여섯 번이나 같은 말을 되풀이하기도 하고, 줄거리를 거꾸로 거슬러 올라가기도 하고, 때로는 "아니, 이건 잘못 말했군요" 말하는가 하면, 이름을 바꾸기도 하고 틀리기도 하는 바람에 본디 이야기의 재미를 엉망으로 만들어 버렸습니다. 하긴 솜씨도 서투르긴 했으나, 인물의 성격이나 일어난 사건이 복잡하기 때문이기도 했죠. 그래서 부인은 이야기를 듣는 동안에 식은땀이 다 나고 마치 병에 걸렸거나 숨넘어갈 때처럼 가슴이 답답해진 적이 몇 번이나 있었는지 몰라요. 부인은 기사가 그만 궁지에 빠져서 이야기를 그 이상 계속할 수 없는 것을 알자 더 참지 못하고 방긋이 웃고 말했습니다.

"저기, 기사님의 말(馬)은 너무나 걸음이 딱딱해서 못 견디겠어요. 그러니 저를 다시 걸어가게 해주시지 않겠어요?"

기사는 이야기를 하기보다 말을 알아듣는 것에 더 능숙했으므로 곧 그 경구와 뜻을 깨닫고 가벼운 농담으로 받아들여 이번에는 여러 가지 다른 화제를 꺼내기 시작했습니다. 그래서 처음 시작했던 이야기는 끝마치지 못해 꽁지 빠진 수탉 격이 되어 버렸답니다.

둘째 이야기

빵장수 치스티는 재치 있는 말솜씨로 제리 스피나를 깨우쳐 주어 자기의 분에 넘치는 요구를 알리고, 그로 하여금 자기를 신사로서 또한 친구로서 대하게 한다.

오레타 부인의 재치 있는 말은 부인들과 남성들로부터 매우 크게 칭찬받았습니다. 여왕은 팜피네아에게 다음 이야기를 하도록 명령했고 그녀는 다음과 같이 이야기를 꺼내기 시작했습니다.

여러분, 다음과 같은 경우, 어느 쪽이 잘못인지 나는 잘 판단할 수 없어요. 말하자면 자연이 고귀한 마음에 천한 육체를 준 경우와, 우리와 같이 이곳 시민인 치스티나 그 밖에 많은 사람들에게서 볼 수 있듯이, 운명이 고귀한 마음의 소유자에게 천한 직업을 준 경우 가운데 어느 쪽이 잘못되어 있나 하는 거예요.

치스티는 매우 고귀한 마음의 소유자였지만, 운명은 그를 빵장수로 만들어 버렸답니다. 어리석은 사람들은 대개 운명은 장님이라느니 어쩌니 말하고 있습니다만, 운명은 천 개나 눈이 달려 있고 자연은 매우 사려가 깊다는 것을 몰랐더라면 나도 똑같이 저주의 말을 뇌까렸을 거예요.

나는, 그와 같이 매우 사려 깊은 운명이나 자연도 역시 인간이 흔히 하는 것과 마찬가지로 일을 처리한다고 생각해요. 다시 말해서 인간은 뜻밖에 일어날 일을 걱정해서, 가장 소중한 것을 남에게 의심받지 않게 집 안의 가장 평범한 장소에다 두고 바쁠 때는 언제든지 즉시 꺼낼 수 있도록 하잖아요. 그

평범한 장소가 훌륭한 방보다 훨씬 안전하게 보관해 주기 때문에, 필요할 때 쉽게 꺼낼 수 있답니다. 이처럼 인생의 지배자라고 할 수 있는 자연과 운명은 사람들이 소중히 하고 있는 것을 가장 천하다는 직업 뒤에 감추어 놓는 거예요. 그러고는 필요에 따라 그것을 꺼내서 한층 더 빛나게 해 보이는 거죠. 그래서 나는 빵장수 치스티가 어떻게 아주 사소한 일로 제리 스피나 씨를 깨우쳐 주어 자기의 빛을 발휘했는가를 아주 짤막한 이야기로 들려드릴까 해요. 실은 아까 이야기에 나온 오레타 부인이 그분의 아내라서 문득 이 이야기가 머리에 떠올랐습니다만.

본 줄거리로 들어가면, 제리 스피나 씨는 교황 보니파키우스의 측근으로 중요한 지위에 앉아 있었습니다.

교황은 언젠가 중대한 볼일로 몇 사람의 귀족을 사절로 피렌체에 파견한 적이 있었는데, 그때 사절들이 제리 씨 댁에 묵었고, 제리 씨는 그들과 함께 교황의 일을 보았습니다. 그런데 이유는 모르지만, 제리 씨는 아침마다 사절들과 함께 산타마리아 우기 성당 앞을 지나갔습니다. 빵장수 치스티는 그곳에 가게를 열고 장사를 하고 있었죠.

운명은 이 사나이에게 천한 직업을 주기는 했지만, 대단한 부자로 만들어 줄 만큼 큰 호의를 베풀고 있었어요. 그래서 다른 장사는 꿈에도 생각지 않고 호화로운 생활을 하면서 여러 가지 진귀한 그릇들을 갖고 있었으며, 특히 피렌체나 그 지방에서 가장 좋은 백포도주와 적포도주를 늘 갖추어 놓고 있었습니다.

치스티는 아침마다 제리 씨와 교황 사절들이 가게 앞을 지나는 것을 보고 있었고, 더욱이 무더운 계절이었으므로 자기 가게에 있는 최상의 백포도주를 드시게만 한다면 얼마나 좋은 대접이 될까 하고 늘 생각했습니다. 하지만 자기의 낮은 신분과 제리 씨의 높은 지위를 생각하니 포도주를 드린다는 것이 큰 실례가 될 것 같아서 제리 씨로 하여금 스스로 청하도록 하는 방법을 생각하게 되었습니다.

치스티는 아침마다 제리 씨가 사절들을 데리고 지나가는 시간이 되면, 새하얀 겉옷에 언제나 갓 세탁한 앞치마를 두르고는 빵장수라기보다 밀가루장수 같은 모습으로, 가게 앞에 신선한 물을 가득 담은 새 양동이와 고급 백포도주를 담은 조그만 볼로냐제(製) 새 항아리와 반짝반짝 빛나는 은으로 만든 같은 잔을 둘 준비시켜 놓고, 그들이 지나가는 때를 기다렸다가 한두 번 입을 가신 다음 죽은 사람도 마시고 싶어 할 만큼 맛있게 그 백포도주를 마시기 시작했습니다.

제리 씨는 그런 모습을 그날 아침, 그다음 날 아침, 이렇게 연거푸 보았고, 사흘째 아침이 되자 스스로 말을 건넸습니다.

"치스티, 어때 맛있는가?"

치스티는 곧 일어나서 대답했습니다.

"네, 나리. 하지만 직접 마셔 보시지 않으면 맛있는지 어떤지 그 맛을 모르실 겁니다."

제리 씨는 더위 탓인지, 아니면 여느 때보다 피로했던지, 아니, 아마도 치스티가 참으로 맛있게 포도주를 마시고 있었던 탓일 텐데, 목이 몹시 마르기 시작해 사절들을 돌아보고 미소를 지으면서 말했습니다.

"여러분, 이 사람의 포도주를 한번 마셔 보는 것도 재미있을 겁니다. 마시고 후회할 그런 물건은 아닐 테니까요."

치스티는 곧 화덕 앞에 깨끗한 걸상을 내오게 하여 그들에게 앉기를 권했습니다. 그러고는 잔을 씻더니 앞으로 나온 하인들에게 말했습니다.

"여러분은 뒤로 물러나 있어요. 이 시중은 나에게 맡겨 주면 좋겠습니다. 나는 빵을 굽는 것보다 술을 더 잘 따르지요. 한 방울도 흘리지 않을 테니까, 여러분은 맛볼 기회도 없을 거요."

이렇게 말하고 손수 아름다운 새 잔을 네 개 씻어서 고급 포도주가 들어 있는 조그만 항아리를 갖고 오게 하여 제리 씨를 비롯한 사절들에게 열심히 술을 부어 주었습니다. 그 포도주는 그네들이 오랫동안 마셔 온 것보다 훨씬 질이 좋은 것 같았습니다. 그래서 제리 씨는 크게 칭찬했으며, 사절들은 그곳에 머무는 동안 거의 아침마다 제리 씨와 함께 이 가게에 포도주를 마시러 들렀습니다.

그러는 동안에 사절들은 임무를 마치고 떠나게 되어, 제리 씨는 화려한 환송연을 베풀었습니다. 그 술잔치에는 시내 유지(有志)들을 거의 다 불렀을 뿐만 아니라 치스티도 초대했습니다. 그런데 그는 아무리 해도 그 자리에 참석하려고 하지 않았습니다. 그래서 제리 씨는 하인더러 치스티에게 달려가서 그 백포도주를 한 병 얻어다가 첫 요리가 나올 때 손님들 잔에 절반씩 따르라고 일렀습니다.

하인은 아직 한 번도 그 고급 포도주를 얻어먹은 적이 없어서 속으로 분개하고 있었던 모양인지, 일부러 큼직한 병을 들고 찾아갔습니다. 치스티는 그것을 보고 말했습니다.

"여보게, 제리 님이 당신을 보내신 게 아니지?"

하인은 몇 번이나 제리 씨가 보내서 왔다고 말했지만 치스티가 인정하지 않았으므로, 주인에게 돌아가 사정을 보고했습니다.

"다시 가서 틀림없이 내가 보냈다고 말해라. 그래도 그가 똑같은 대답을 하거든 내가 대체 누구에게 심부름을 보냈겠느냐고 물어보아라."

제리 씨는 그렇게 일렀습니다.

하인은 돌아가서 "틀림없이 제리 님은 당신한테 나를 심부름 보내셨습니다" 하고 말했습니다. 그러자 치스티는 대답했습니다.

"아니, 그럴 까닭이 없어."

"그럼" 하고 하인은 화가 나서 물었습니다.

"제리 님은 누구에게 심부름을 보내셨단 말입니까?"

치스티가 대답했습니다.

"아르노강이겠지."

하인이 이 말을 제리 씨에게 전하자 그는 문득 생각이 나서 하인에게 말했습니다.

"네가 들고 간 병을 이리 가져오너라."

그리고 그것을 보더니, "과연, 치스티의 말이 맞구나" 하며 하인을 꾸짖고는 다시 적당한 병을 들려 보냈습니다.

치스티는 그제야 이렇게 말했습니다.

"이번에는 틀림없이 나리가 당신을 보내신 거야. 잘 알겠소."

그러고는 시원스레 그 병에 포도주를 가득 채워 보냈습니다.

그런 다음 그날 중으로 작은 술통에 같은 포도주를 가득 담아 몰래 제리 씨 댁에 전하게 해놓고 찾아갔습니다. 그리고 그를 만나자 말했습니다.

"나리, 제가 오늘 아침 큰 병을 보고 깜짝 놀라서 하인을 돌려보낸 줄로 아신다면 유감스럽습니다. 하지만 제가 처음 오셨을 때부터 조그만 항아리로 드린 것은, 이것이 하인배들에게 마시게 할 그런 포도주가 아니기 때문이었는데 그걸 잊어버리시지나 않았나 하고, 오늘 아침 나리께서 그 생각을 해주십사고 그랬던 것입니다. 이제 저는 나리를 위해서 포도주지기 노릇을 하고 싶지 않아 모두 갖고 왔습니다. 그러니 좋으실 대로 처분하십시오."

제리 씨는 치스티의 선물을 매우 고맙게 생각하고 그에게 그만한 인사를 했습니다. 그리고 그 뒤부터는 훌륭한 사람으로서 또 친구로서 그와 사귀었다고 합니다.

셋째 이야기

논나 데 풀치 부인은 피렌체의 주교가 노골적인 농담을 하자 재치 있는 대답으로 그를 골탕 먹인다.

팜피네아의 말이 끝나자 사람들은 모두 치스티의 대답과 그 넓은 도량을 크게 칭찬했습니다. 그리고 여왕은 라우레타에게 다음 이야기를 하라고 분부했고, 그녀는 기꺼이 이런 이야기를 하기 시작했습니다.

여러분, 아까는 팜피네아가, 또 방금은 필로메나가 우리들에게도 조졸하지만 미덕이 있고 때로는 훌륭한 경구가 입에서 나온다는 말씀을 하셨어요. 그래서 더 이상 덧붙여서 말할 것까지는 없지만 그저 내가 한마디 하고 싶은 것은, 경구란 본질적으로 양이 사람을 무는 것 같아야지, 개처럼 물어뜯어서는 안 된다는 것을 기억해 주십사는 거예요. 경구가 개처럼 문다면 이미 경구가 아니라 욕설이 되어 버리거든요. 정말 오레타 부인의 말이나 치스티의 대답은 경구의 역할을 훌륭히 다했다고 말할 수 있을 거예요.

경구가 논박으로 이용될 경우, 다시 말해서 대답하는 사람이 먼저 개처럼 물렸다면 그도 개처럼 물었다고 해서 별로 비난할 순 없겠지요. 만일 그렇지 않았는데도 상대편을 물어뜯었다면 비난을 받아도 하는 수 없다고 생각해요. 그러니까 경구를 사용하실 때는, 어떻게, 언제, 누구에게, 그리고 어디서 경구를 토해야 할 것인가 잘 주의하지 않으면 안 됩니다.

벌써 오래전 일입니다만, 우리 도시의 주교가 이런 일에 별로 주의를 하지 않아서 자기가 말한 이상으로 심하게 물어뜯긴 적이 있었답니다. 그 이야기를 간단히 말씀드려 보겠어요.

명예도 드높은 고위 성직자인 안토니오 도르소 님이 피렌체의 주교로 계실 때, 루베르토 왕의 군단장이었던 카탈루냐의 귀족 데고 델라 라타가 피렌체에 찾아왔습니다. 제법 용모도 단정했고 무엇보다도 대단한 호색가였는데, 그는 많은 피렌체의 여성들 가운데서 특히 방금 말씀드린 주교의 아우님의 손녀뻘 되는 아름다운 부인을 마음에 들어 했습니다.

군단장은 그녀의 남편이 상류 계급 출신이지만 매우 욕심이 많고 뱃속이 검은 인간이라고 들었으므로, 그에게 부인과 하룻밤만 자게 해주면 금화 500 피오리노를 주겠다고 했습니다.

그래서 아내는 본의 아니게 군단장과 자게 되고, 군단장은 그 무렵 사용되던 포폴리노 은화를 도금해서 그녀의 남편에게 주었습니다. 그런데 곧 이 일이 세상에 알려져서 그 속 검은 남편은 손해를 보았을 뿐만 아니라 세상의 웃음거리가 되어 버렸습니다. 하지만 주교는 영리한 분이라 아무것도 모르는 체하고 있었습니다.

주교와 군단장은 자주 만났는데, 성 요한 축제일이었지요. 서로 말을 타고 경마가 열리는 경마장 쪽으로 걸어가는 많은 여자들을 바라보고 있다가, 그 가운데 젊은 여자 하나가 주교의 눈에 띄었습니다.

이분은 늘그막에 지금 한창 번지고 있는 페스트에 걸려 돌아가신 알레시오 리누치 씨의 사촌동생으로 논나 데 풀치라는 부인이었으니까 여러분도 아실 거예요. 그즈음 이분은 싱싱하고 젊어서 매우 아름다웠으며, 말솜씨도 좋고 마음씨도 상냥했는데, 포르타 산 피에로에 사는 남편에게 시집온 지 얼마 안 된 무렵이었습니다.

주교는 군단장에게 그녀를 가리켜 보이고, 그녀 곁에 다가가서 군단장의 어깨에 손을 얹고 말했습니다.

"논나 님, 이분을 어떻게 생각하시나요? 한번 잘해 보시지 않겠습니까?"

이 말에 논나 부인은 자기의 정결함이 더러워진 듯한 기분이 들었습니다.

게다가 주위에서 이 말을 듣고 있는 사람들에게 오해를 받을 두려움도 있었고요. 그래서 오해를 받지 않겠다는 생각에서가 아니라, 반발을 해주려고 대답했습니다.

"주교님, 이분은 저를 정복하진 못하실 거예요. 저는 진짜 돈을 갖고 싶은걸요."

이 말을 듣고 군단장도 주교도 두 손을 들어 버렸습니다. 한 사람은 주교의 아우의 손녀에게 파렴치한 짓을 한 장본인이고, 또 한 사람은 자기 아우의 손녀가 당한 피해자였으니까요.

두 사람은 서로 얼굴도 쳐다보지 못하고 말도 못한 채 부끄러운 듯이 슬금슬금 그 자리를 물러났으며, 끝내 그녀와는 한마디도 말을 하지 못했습니다. 상대편이 그런 식으로 먼저 물었으니 젊은 부인이 비꼬는 말투로 반박을 해도 누구 하나 비난하는 사람이 없었습니다.

넷째 이야기

쿠라도 잔필리아치의 요리사 키키비오는 교묘하게 임기응변으로 대답을 하여 주인 쿠라도의 노여움을 웃음으로 바꾼다. 그리하여 주인이 내릴 뻔한 최악의 벌을 피한다.

라우레타의 이야기가 끝나니 모두들 논나를 크게 칭찬했습니다. 여왕이 이번에는 네이필레더러 이야기하라고 분부했으므로 그녀가 입을 열었습니다.

여러분, 순간적인 기지는 경우에 따라서는 간혹 화술가에게 유리하고 훌륭한 명언을 토하게 합니다만, 운명은 때로 겁쟁이에게 구원의 손을 뻗쳐 여느 때 같으면 생각해 내지도 못할 근사한 말을 그들의 말 위에 얹어 주기도 하는 것입니다. 나는 그와 같은 점을 내 이야기에서 밝히고자 합니다.

쿠라도 잔필리아치에 관해서는, 이미 여러분께서 이야기로 듣기도 하고 만나 보기도 하셨을 줄 압니다만, 우리 도시에서 정말로 의젓하고 또 자유로운 활달한 시민이었습니다. 그리고 귀족다운 생활을 보냈습니다만 지금은 그 업적은 잠시 접어 두기로 합시다. 그는 언제나 개를 훈련시켜 사냥에 정신을 쏟고 있었습니다.

어느 날 그는 페레톨라 근방에서 매를 써서 학을 한 마리 잡았는데 오동통하게 살진 어린 학이었기에, 베네치아 태생인 요리사 키키비오에게 보내어 저녁 식사 때 먹게끔 맛있게 구워 요리해 놓으라고 분부했습니다. 키키비오는 아주 소탈하고 우스운 사나이인데, 학의 털을 뜯고 불에 구워 정성스레 요리하기 시작했습니다. 그런데 고기가 다 구워져서 먹음직스런 냄새를 풀풀 풍기기 시작했을 때 마침 이웃 아낙네가 주방에 들어왔습니다. 브루네타라고 하는, 키키비오가 홀딱 반한 여자였습니다.

그녀는 학 굽는 냄새를 맡고 눈앞에서 그것을 보게 되었으므로 친한 사이임을 믿고 다리 하나만 주지 않겠느냐고 키키비오에게 부탁했습니다. 키키비오는 노래 부르듯이 가락을 붙여 대답했습니다.

"나는 줄 수 없노라, 브루네타. 나는 줄 수 없노라, 브루네타."

그 말을 듣자 브루네타는 화가 나서 말했습니다.

"흥, 못 주면 말라지. 나도 당신이 갖고 싶어 하는 거 절대로 안 줄 테니."

이렇게 해서 곧 둘 사이에 격렬한 입씨름이 벌어졌습니다.

마침내 키키비오는 연인을 달래기 위해 학의 다리를 하나 뚝 떼어 주었습니다. 그런 다음에 쿠라도와 몇몇 손님 앞에 한쪽 다리가 없는 학을 내놓자 쿠라도는 깜짝 놀라 키키비오를 불러들여 한쪽 다리는 어떻게 된 거냐고 물어보았습니다. 그러자 거짓말쟁이 베네치아 사나이는 서슴지 않고 이렇게 대답했습니다.

"나리, 학은 본디 다리 하나에 발이 하나밖에 없습니다."

그러자 쿠라도는 화가 나서 말했습니다.

"뭣이라고! 학이 한쪽 다리밖에 없다고? 내가 이런 학밖에 보지 못한 줄 아는가?"

키키비오는 얼른 대꾸했습니다.

"나리, 제가 말씀드리는 그대로입니다. 원하신다면 살아 있는 놈을 보여드리죠."

쿠라도는 동석한 손님 앞에서 체면도 있고 하여 더는 말다툼을 벌이지 않기로 하고 이렇게 말했습니다.

"그럼 이제껏 본 적도 들은 적도 없는 다리 하나 발 하나를 가진 학을 보여 준다 하니 내일 아침에 보겠다. 보면 납득이 가겠지. 하지만 하느님께 맹세코 일러두지만 만약에 네 말이 거짓이라면, 네가 살아 있는 한 내 이름을 고통스러운 마음으로 떠올리도록 혼을 내줄 터이니 그리 알아라."

이렇게 그날 밤은 입씨름으로 그쳤습니다만 화가 치밀어 잠을 잘 자지 못했기 때문에 쿠라도는 다음 날 아침이 되자 벌컥 화를 내며 일어나 하인에게 말을 준비시켰습니다. 그리고 키키비오를 한 마리의 늙다리 말에 태워 가지고 해돋이 무렵에 학을 볼 수 있다는 큰 강가로 데리고 갔습니다.

"엊저녁에 거짓말한 게 넌지 난지 곧 알게 될 거다."

키키비오는 주인의 화가 아직 가라앉지 않은 것을 알고 온 세계의 공포를 저 혼자 짊어지기라도 한 것처럼 벌벌 떨면서 쿠라도 곁에서 말을 타고 따라 갔습니다. 아무리 그럴듯한 거짓말을 생각해 내려 해도 얼른 떠오르지 않았습니다. 할 수만 있다면 꼭 도망치고 싶었습니다. 그러나 그렇게도 하지 못한 채 앞과 뒤, 왼쪽 오른쪽을 흘금흘금 둘러보면서 눈에 띄는 놈은 모조리 두 다리의 학이 아니겠는가 하고 걱정했습니다.

그런데 강가에 와서 보니 모래벌판에 열두어 마리의 학이 눈에 띄었는데, 희한하게도 하나같이 한 다리로 서서 자고 있지 않겠습니까? 학은 잠잘 때는 그렇게 하니까요. 거기서 그는 학을 손가락으로 가리키며 쿠라도에게 말했습니다.

"나리, 잘 보십시오. 엊저녁에 제가 드린 말씀이 정말이지요. 저기 서 있는 것을 보시면 학의 다리가 하나밖에 없다는 걸 아실 겁니다."

쿠라도는 학을 보고 이렇게 말했습니다.

"아니 잠깐, 이제 내가 다리가 둘이라는 걸 보여 주겠다."

그러고는 가까이 다가가서 "훠이, 훠이!" 크게 소리 질렀습니다. 그 소리에 잠이 깬 학들은 한쪽 다리를 마저 내려 두어 걸음 걷다가 훌쩍 날아가 버렸습니다.

그러자 쿠라도는 키키비오를 뒤돌아보며 말했습니다.

"어떠냐, 이 거짓말쟁이야. 다리가 둘이란 걸 알았겠지?"

키키비오는 눈을 희번덕거리며 우물쭈물하더니만 대답했습니다.

"네, 나리. 하지만 나리는 엊저녁에 '훠이, 훠이' 소리는 외치지 않으셨습니다. 만약에 그렇게 외치셨다면 지금 날아간 학들처럼 그 학도 한쪽 다리를 마저 내놓았을 텐데요."

쿠라도는 이 대답이 매우 마음에 들어 이제까지의 노여움도 싹 사라져 아하하, 웃음을 터뜨리며 이렇게 말했습니다.

"키키비오, 네 말이 맞다. 그렇게 했어야 하는 건데."

이와 같이 키키비오는 재치 있고 유쾌한 대답을 해서 재난을 면하고 주인과의 사이도 원만하게 되었습니다.

다섯째 이야기

포레제 다 라바타 씨와 조토 화백은 무젤로에서 돌아오는 길에 서로 상대방의 초라한 모습을 보고 경구로 놀려댄다.

네이필레가 이야기를 끝내자 키키비오의 기지에 찬 대답에 부인들은 크게 즐거워했습니다. 이번에는 판필로가 여왕의 명령으로 입을 열었습니다.

친애하는 여러분, 조금 전 팜피네아의 이야기와 마찬가지로 운명이라는 것은 천한 직업 그늘에도 훌륭한 덕의 보배를 감추어 놓았듯이, 자연은 인간의 흉물스런 모습 밑에도 훌륭한 재능을 깃들게 합니다.

이 사실은 지금부터 내가 간추려서 말씀드리는, 우리와 같은 도시에 살고 있는 두 시민에게도 잘 나타나 있습니다.

한쪽은 포레제 다 라바타 씨라고 불리는 사람이었는데 키가 몽땅하고 볼품 없이 생긴 데다가 코가 꽉 주저앉았으니, 바론치 가문의 가장 흉하게 생긴 사람과 비교해도 그가 훨씬 추할 거라고 생각되었을 정도였습니다. 그런데 그는 법률에 정통하여 이름 있는 사람들까지도 민법의 대가로 칭송할 만큼 훌륭한 인물이었습니다.

다른 한 사람은 조토라고 하는 천재적인 화가였습니다. 그의 천재적인 재질로 말할 것 같으면 만물의 어버이며 하늘의 끊임없는 운행의 조작자인 대자연이 더는 아무것도 그에게 보탤 필요가 없을 정도로 우수했습니다. 즉 그는 연필이나 펜이나 붓으로 자연과 비슷하게 자연을 그리는 것이 아니었습니다. 차라리 그의 붓으로 그려진 여러 가지 자연물은 그 자연물과 흡사하다기보다, 보는 자의 시각이 잘못된 게 아닐까 여겨질 정도로 진짜로 보였던 것입니다.

그러므로 몇 세기 동안 지식인의 지성에 호소한다기보다 무지한 사람들의 눈을 즐겁게 하기 위해 그림을 그려 오던 일부 화가들의 잘못된 판단으로 인해 묻혀 버리고 말았던 회화에 그가 다시금 빛을 주었으므로, 그를 피렌체의 영광을 이루어 낸 하나의 빛이라 불러도 모자람이 없을 것입니다.

그러나 당시의 화가들 가운데에서 화백으로 불려야 마땅했음에도 불구하고 그는 너무나 겸손하여 그렇게 불리기를 한결같이 사양했습니다.

조토가 사양한 이 화백 칭호는 그보다 못한 축들이나 제자들이 다투어 빼앗아 갔으나 이것은 그에게 더욱더 큰 영광이 돌아가게 하는 결과가 되었습니다. 그런데 그의 예술이야말로 위대했습니다만 용모나 체격에 관해서도 포레제 씨보다 낫다고는 인사치레로라도 말할 수 없었습니다.

여기서 이야기가 달라지는데, 잘 들어 보세요. 포레제 씨와 조토는 무젤로에 땅이 있었습니다. 포레제 씨는 마침 재판소가 여름 휴가로 문을 닫게 되어 자기 땅을 보러 갔습니다. 그리고 세를 낸 늙다리 말을 타고 돌아오는 도중에, 마찬가지로 자기 땅을 돌아보고 피렌체로 돌아가는 조토와 만났습니다.

조토는 타고 있는 말이나 차림새가 그보다 형편이 없었습니다. 두 사람은 늙었으므로 천천히 말을 몰아 앞서거니 뒤서거니 했습니다. 그러다가 여름에는 흔히 있는 일입니다만 갑자기 소나기를 만났습니다. 두 사람은 친구로서 잘 알고 지내 어느 농가로 달려 들어갔습니다. 그러나 한참을 기다려도 비는 갤 기미도 보이지 않았고, 두 사람은 그날 중으로 피렌체로 돌아가야 했기 때문에, 마침 그런 곳밖에 없었으므로, 로마냐 지방에서 쓰는 낡은 망토와 너덜너덜 떨어진 헌 모자를 빌려 쓰고 말을 몰아 길을 떠났습니다.

이렇게 한참 말을 몰고 가노라니 비에 맞아 옷이 젖어 물에 빠진 생쥐 꼴이 되고, 말이 차올리는 진흙으로 온몸이 진흙투성이가 되어 버렸습니다. 이런 볼썽사나운 모습은 누가 보더라도 존경하는 마음을 일으킬 만한 것은 아니었습니다. 그러다가 차츰 날씨도 어느 정도 개어 오랫동안 입을 닫고 묵묵히 걷던 두 사람이 말을 하기 시작했습니다.

포레제 씨는 입담 좋은 조토의 말에 귀를 기울이면서 그를 머리에서 발끝까지 흘금흘금 훑어보았습니다. 그리하여 너무나 더럽고 볼썽사나운 꼴을 하고 있는 그를 향해 자기 모습은 생각지도 않고 히히히 웃기 시작했습니다.

"조토, 이제껏 한 번도 자네를 본 적이 없는 자가 여기 나타나서 우리를 본다면 과연 자네를 세계 제일의 화백이라고 생각할까?"

조토는 틈을 주지 않고 대답했습니다.

"포레제, 그자가 자네를 보고 이 사나이는 ABC 정도는 알고 있겠지, 하고 생각한다면 나를 세계 제일의 화가로 생각하겠지."

포레제 씨는 그 대답을 듣고 자기의 잘못을 깨달았으며, 가는 말이 고와야 오는 말이 곱다는 것을 똑똑히 알게 되었던 것입니다.

여섯째 이야기

미켈레 스칼차는 젊은이들에게 바론치 집안이 세계 으뜸가는 귀족이라고 저녁 내기를 하여 이를 증명하고 이긴다.

부인들은 조토의 재치 있는 대답에 모두 웃었습니다. 이윽고 여왕의 명령대로 피암메타가 이야기를 시작했습니다.

여러분, 지금 판필로가 거론한 바론치 가문의 일을 여러분은 잘 알지 못하리라고 생각합니다. 그 이야기를 들으니 바론치 가문에 얽힌 한 이야기가 떠올랐습니다. 그것은 그 가문이 얼마나 고귀한 문벌가였던가를 보여 주는 이야기인데, 오늘의 주제와 어긋나지 않는다고 생각되므로 한번 이야기해 볼까 해요.

우리 도시에 미켈레 스칼차라는 사람이 살았던 것은 그리 오래된 일은 아닙니다. 그는 주변에서 드물게 보이는 믿음직스럽고 쾌활한 젊은이로 언제나 색다른 얘깃거리를 가지고 있었습니다. 그래서 피렌체의 청년들은 무슨 모임을 가질 때 그가 와주는 것을 여간 반기지 않았습니다. 그런데 어느 날 이런 일이 일어났습니다. 즉 그가 친구 몇 사람과 함께 우기의 언덕으로 올라갔을 때 그들 사이에서 어느 가문이 피렌체에서 가장 훌륭하고 가장 오래된 귀족일까 하는 논의가 벌어졌던 것입니다. 어떤 자는 우베르티 집안이라 하고, 어떤 자는 람베르티 집안이라고 맞서는 등 생각나는 대로 저마다 다른 집안의 이름을 쳐들었습니다. 가만히 듣고 있던 스칼차는 싱그레 웃으며 이렇게 말했습니다.

"다들 집어치워. 자네들은 왜 그다지도 어리석은가! 자네들은 자기가 무슨 말을 하고 있는지도 모르는 모양이구먼. 가장 오래되고 가장 높은 귀족 문벌은 피렌체는 물론이고 온 세계나 마렘마에서도 바론치 집안이라는 게 뻔하지 않은가. 이것은 모든 학자가, 그리고 나처럼 그 집안을 잘 아는 모든 사람이 인정하고 있어. 자네들이 다른 집안과 헷갈리면 난처하니까 다짐을 해 두지만, 산타마리아 마조레 성당 곁에 있는 바로 자네들 집 근처의 바론치 집안 말일세."

청년들은 그가 다른 집안을 내세울 것이 틀림없다고 생각했으므로 그 말을 듣자 모두 한결같이 빈정거리면서 이렇게 말했습니다.

"아니, 우릴 놀리는 건가? 자네 말투는 우리가 바론치 집안을 전혀 모른다고 단정하는 것 같은데."

그러자 스칼차는 말했습니다.

"절대로 놀리는 게 아니야. 사실을 곧이곧대로 말하고 있어. 어디, 누구든 나하고 저녁 내기를 하지 않겠나? 내기에 이긴 자에게 그가 선택한 친구 여섯 명과 더불어 저녁을 대접하기로 하지. 나는 기꺼이 내기에 응할 테니. 아니 그 이상의 짓이라도 하겠네. 심판자는 자네들 가운데 하나로 정하기로 하고 나는 그 심판의 판정에 복종하겠네."

친구들 가운데에서 네리 만니니라는 자가 내기를 하자고 나섰습니다.

"그럼 내가 내기하고 저녁이나 얻어먹지."

이렇게 하여 모두 피에로 디 피오렌티노를 심판으로 뽑는 일에 의견의 일치를 보아 그의 집으로 몰려갔습니다. 다른 이들도 스칼차가 져서 당황하는 꼴을 보려고 함께 따라가서 이 문제를 논의했습니다. 피에로는 신중한 사나이였기에 먼저 네리의 주장을 듣고 나서 다음에 스칼차를 향해 말했습니다.

"한데 자네는 자신의 의견을 어떻게 증명할 수 있는가?"

스칼차는 대답했습니다.

"어떻게 증명할 수 있느냐고? 그럼 나는 자네뿐만이 아니라 다른 모든 반대자들도 내가 주장하는 말이 정말이라고 긍정할 만한 올바른 이유를 말하기로 함세. 자네도 알다시피 인간은 오래되면 오래될수록 귀하다고 여기네. 이것은 아까 우리들 사이에서 논의되었던 바일세. 그러니 바론치 집안이 어느 집안보다 오래됐다고 한다면 가장 귀족성이 높다는 말이 되지. 그와 같은 관계로 바론치 집안이 어떤 집안보다도 가장 오래되었다는 것을 증명하기만 하면 어김없이 나는 이 내기에 이기게 되는 것이네.

여기서 자네에게 말하고자 하는 바는, 바론치 집안은 신(神)께서 그림을 익히기 시작했을 때에 만드신 집안이란 점이네. 이와 반대로 다른 집안은 그림 솜씨가 숙달된 뒤에 만드셨다는 것을 알아야 해. 이것이 진실이라는 것은 바론치 가문의 사람들과 다른 집안 사람들을 비교해 보면 알 수 있을 것이네. 다른 집안 사람들은 구멍새가 정돈되고 신체도 균형이 잡혀 있는데 바론치 집안의 사람을 살펴볼 것 같으면 어떤 자는 아주 기다랗고 좁은 얼굴을 하고 있는가 하면, 어떤 자는 펀펀한 얼굴을 하고 있고, 또한 사뭇 코가 기다란 자가 있는가 하면, 짤막한 코를 붙인 자도 있다네. 그리고 걷어 말린 주걱턱도 있으며, 툭 튀어나온 턱을 가진 자도 있지. 마치 당나귀 턱같이 말일세. 또 한쪽 눈이 다른 한쪽 눈보다 커다란 자가 있는가 하면 한쪽 눈이 다른 한쪽보다 축 처져 붙은 자도 있다네. 그야말로 그림을 배우기 시작한 어린아이가 그린 얼굴이나 마찬가지 아닌가. 그러니까 아까도 내가 말한 것처럼, 신께서 그림을 익히기 시작하셨을 무렵에 바론치 집안을 만드셨다는 이야기가 뚜렷한 사실이라고 생각하는 것일세. 따라서 바론치 집안이 다른 집안보다 오래되었고 고귀한 문벌이라고 할 수 있지 않은가."

이렇게 설명하는 말을 듣고 심판인 피에로도 저녁 내기를 건 네리도 다른 자들도 모두 그 사실을 깨닫게 되어 스칼차의 유쾌한 말솜씨에 와아 하고 웃음을 터뜨렸습니다. 그리고 그가 정녕 저녁 식사 내기에 이겼다고 인정하고, 또한 확실히 바론치 집안사람들이야말로 피렌체는 물론이고 온 세계나 마렘마에서도, 가장 오래되고 가장 고귀한 사람들이라는 것을 인정하게 되었습니다.

앞에서 판필로가 포레제 씨의 흉한 얼굴을 쳐들어 바론치 집안의 사람보다 더 흉하다고 말한 것은 이유가 없지는 않았던 것입니다.

일곱째 이야기

필리파 부인은 연인과 함께 있다가 남편 눈에 띄어 법정에 불려 가게 되는데, 그 자리에서 재치 있는 대답을 하여 무사히 풀려나고 법을 개정시키기에 이른다.

이미 피암메타는 입을 다물었으나 바론치 집안이 다른 모든 귀족 집안보다 뛰어나다는 주장을 내세운 스칼차의 색다른 의견에 사람들의 웃음은 여간해서 그칠 성싶지 않았습니다. 그러나 여왕이 필로스트라토에게 다음 이야기를 하도록 분부하였고 그는 다음과 같은 이야기를 했습니다.

여러분, 이야기 솜씨가 좋다는 것은 어떤 경우에 있어서나 바람직한 일입니다만, 특히 필요에 따라 솜씨 있게 이야기할 수 있다는 것은 여간 훌륭하지 않다고 생각합니다. 내가 지금부터 말씀드릴 귀부인이야말로 그것을 잘하는 사람이었죠. 이분은 교묘한 말솜씨로 듣는 사람이 명랑하게 웃게끔 했을 뿐만 아니라, 이제 여러분이 이야기를 들으면 아시리라고 생각합니다만 불명예스러운 죽음의 함정에서 자신을 구했습니다.

오래전 도시 프라토에는 사실 가혹하다기보다 비난의 대상이 될 만한 법이 있었습니다. 이 법은 정부와 간통하는 현장을 남편에게 들킨 여자도, 돈을 받고 남자에게 몸을 파는 장면을 발각당한 여자와 마찬가지로 불에 태워 죽인다는 것이었습니다. 아직도 이 법이 시행되고 있었을 때의 이야기입니다. 필리파 부인이라는, 미인이며 남달리 바람기 많은 귀족 부인이 자기 방에서 그녀가 목숨보다 더 사랑하는 젊은 미남 귀족 라차리노 데 과찰리오트리의 가슴에 안겨 있는 장면을 남편인 리날도 데 풀리에지에게 들켜 버렸던 것입니다.

현장을 본 리날도는 그만 눈이 뒤집혀서 곧바로 두 사람을 죽이려고 했으나 겨우 참았습니다. 사실 나중의 자기 몸을 걱정하지 않았다면 분한 나머지 죽였을는지도 모르는 일입니다.

그런데 그 순간에는 참아 냈습니다만 자기가 손을 쓰는 일, 즉 자기 손으로 아내를 죽이는 일은 허락되지 않았으므로 프라토 도시의 법에 따라 그것을 실행에 옮기려고 결심했습니다. 그리하여 아내의 죄를 충분히 증명할 만한 증거가 있었기에 날이 밝자 다른 사람의 의견은 따로 들을 것도 없이 재판소에 고소하여 아내를 데려가도록 했습니다.

실상 일반적으로 사랑을 하는 여인들이 그러하듯이 이 여인은 대담했기 때문에, 여러 친구들이랑 친척들이 만류했음에도 불구하고, 비겁하게 재판소에 가지 않고 도망쳐 살면서 어젯밤 안겼던 근사한 그 연인의 정부답지 않은 인간이 되기보다, 가서 있는 그대로를 고백하고 깨끗이 죽는 편이 낫다고 굳게 결심했습니다. 그래서 숱한 남녀에 에워싸여 그들이 사실을 부인하도록 부추김을 받는 가운데 행정장관 앞으로 나아가, 낯빛 하나 변하지 않고 또렷한 말투로 자기에게 묻고자 하는 말이 무어냐고 물었습니다.

장관은 그녀를 바라보는 동안 그녀가 여간 미인이 아니고 행동거지가 고상한 여자임을 알았으며, 또한 그녀의 말을 듣는 동안 그녀가 풍요로운 마음의 소유자라는 것을 알고 동정하는 마음이 저절로 솟았습니다. 그리하여 어쩌면 그녀가 자기의 명예를 손상시키지 않으려고, 스스로 사형선고를 받을 만한 말을 그녀 자신이 고백하지는 않을까 걱정하기까지 했습니다. 그렇지만 제소된 사건에 대해 심문하지 않을 수 없어 이렇게 말했습니다.

"부인, 보시는 바와 같이 여기 당신 남편인 리날도가 있고, 심히 유감스럽게도 당신이 다른 남자와 불의를 저지르는 현장을 보았다고 호소하고 있습니다. 그리고 이 도시의 법에 따라 사형에 처해 주기를 내게 청하고 있습니다. 그러나 당신이 자백하지 않으면 사형을 내릴 수는 없습니다. 그러니까 잘 생각하시고 당신 남편이 제소한 일이 사실인지 아닌지를 대답해 주시오."

그러자 부인은 조금도 당황하지 않고 명랑한 목소리로 이렇게 대답했습니다.

"장관님, 리날도는 내 남편이고 그가 어제저녁에 라차리노의 가슴에 안겨 있는 나를 본 것도 틀림없는 사실입니다. 내가 그를 진심으로 사랑했기 때문에 그렇게 했던 것입니다. 한데 당신께서도 아시리라 믿습니다만 법은 평등해야 하지 않겠습니까? 그리고 법의 적용을 받는 모든 사람의 동의 아래 만들어지지 않으면 안 되는 것이라고 확신합니다. 그런데 이 법은 그렇게 만들어지지 않았습니다. 왜냐하면 여자는 남자보다 많은 사람을 만족시킬 수 있음에도 불구하고 여자만을 심히 구속하고 있기 때문입니다. 그것뿐만 아니라 그 법이 만들어졌을 때 여자들 가운데에는 아무도 동의하지 않았으며, 의견을 내놓지도 않았습니다. 그러므로 악법이라 불려 마땅한 줄로 압니다. 그럼에도 불구하고 당신께서 여자라는 내 육체에 대해 편견을 가지고 당신 자신의 마음에 등을 돌리시면서까지 이 법의 집행자가 되고 싶으시다면 서슴지 마시고 그리하십시오. 한데 그 어떤 판결을 내리시기 전에 나에게 약간의 자비를 베풀어 주시기를 바랍니다. 당신께서 직접, 남편이 나를 원했을 때 내가 언제 어느 때 한 번이라도 그에게 몸을 맡기는 일을 마다한 적이 있었는지 그에게 물어보아 주시라는 것입니다."

이에 대해 리날도는 장관이 물어보기를 기다릴 것도 없이 즉석에서 아내는 아무런 주저도 없이 자기가 요구할 때마다 늘 쾌락을 충족시켜 주었다고 대답했습니다.

"그렇다면 장관님." 부인은 곧 말을 이었습니다. "묻겠습니다만, 남편이 필요해서 즐길 만큼을 언제나 내게서 얻고 있었다고 한다면, 그럼에도 나 자신이 주체하지 못하는 그것은 어떻게 처리해야 했을까요? 개에게라도 던져 주어야 했을까요? 나를 자기 목숨보다도 사랑해 주시는 한 귀족의 필요에 응하는 편이 허비하거나 썩혀 버리는 것보다 훨씬 좋지 않았나요?"

법정에서는 간통죄가 심의되고 더군다나 대단히 이름 있는 귀부인에 대한 것이라는 소문이 퍼져, 온 프라토 시민들이 몰려와 있었습니다.

그들은 이 통쾌한 진술을 듣자 거침없이 왁자지껄 웃음을 터뜨린 다음 이구동성으로 부인의 말은 지당하며 자기들도 동감이라고 외쳤습니다. 그리고 사람들은 법정에서 물러가기 전에 장관의 권고도 있고 하여 이 잔혹한 법은 돈을 받고 남편을 배신한 여자에 한해서만 적용하기로 했습니다.

이와 같은 사태로 리날도는 뜻하지 않게 법이 개정되어 멍하니 서 있었습니다만 곧 법정을 떠났습니다. 그리고 부인은 화형을 면하고 자유의 몸이 되어 의기양양하게 집으로 돌아갔습니다.

여덟째 이야기

프레스코는 조카딸에게 만일 그녀의 말처럼 불쾌한 사람을 보기가 싫으면 자기 얼굴을 거울에 비쳐 보지 말라고 충고한다.

필로스트라토의 이야기는 처음에 귀를 기울이던 부인들을 조금 부끄럽게 만들었고 그 증거로 그녀들은 얼굴을 아련히 붉히고 있었습니다만, 곧 서로 얼굴을 마주 보며 웃음이 터지려는 것을 겨우 참으면서 싱긋벙긋 이야기를 경청했습니다.

그의 이야기가 끝나자 여왕은 에밀리아를 바라보며 다음 이야기를 하라고 분부했습니다. 에밀리아는 깊은 잠에서 깨기라도 한 것처럼 후욱 숨을 내뿜고는 이야기하기 시작했습니다.

정숙하신 여러분, 나는 잠시 딴생각에 정신을 빼앗겼던 터라, 여왕님의 분부에 따라 아주 짧은 이야기로 맡겨진 책무를 다해 보려고 합니다. 정신을 차리고 있었더라면 이런 짧은 이야기는 하지 않을 것입니다만…… 한 젊은 아가씨가 큰아버지의 풍자를 이해할 만한 머리를 가졌더라면 어리석은 행위는 하지 않았을 것이라는 이야기입니다.

여러분, 프레스코 다 첼라티코에게는 치에스카라는 애칭으로 불리는 조카딸이 있었습니다. 그녀는 얼굴도 맵시도 아리따운 아가씨였습니다. 하기는 흔히 볼 수 있는, 천사 같은 모습과는 상당히 거리가 멀었습니다만, 언제나 남들이 아름답다거나 기품이 있다면서 칭찬을 해주니 코가 우뚝해져 가지고, 눈에 띄는 사람은 남녀를 불문하고 모조리 흉을 보는 버릇이 있었습니다.

그녀는 성미가 까다롭고 쉬 싫증을 느끼며 누구보다도 화를 잘내, 자기 마음에 드는 일이라곤 없는 사람 같았습니다. 게다가 어찌나 거만했던지 프랑스 왕가의 고귀한 분도 이보다 거만하지는 않았을 거라고 생각할 정도였습니다. 그녀는 길을 가다가 사람을 만나면 쓰레기 타는 고약한 냄새가 코를 찔렀을 때와 같이 악취를 맡거나 한 것처럼 얼굴을 찡그리곤 했습니다.

이 밖에도 까다롭고 다루기 힘든 성질이 있었습니다만 그것은 잠시 접어두기로 하고, 어느 날 그녀가 집으로 돌아가니 큰아버지인 프레스코가 와 있었습니다. 그녀는 잔뜩 찡그린 얼굴을 하고 그 곁에 앉아 후욱 한숨을 쉬었습니다. 그래서 프레스코가 물어보았습니다.

"치에스카, 오늘은 축제일인데 왜 이리 일찍 돌아왔니?"

그러자 그녀는 무뚝뚝하게 대답했습니다.

"네, 큰아버지, 말씀대로 일찍 돌아와 버렸어요. 글쎄 오늘처럼 이 거리에 불쾌하고 멋없는 남녀가 득시글거린 적은 없었으니까요. 게다가 길을 가는 사람들도 불쾌한 느낌을 주는 사람 천지였어요. 정말 운수가 사납자니 큰아버지, 나만큼 불쾌한 것을 많이 보게 된 사람도 없을 거예요. 그래서 더 이상은 보지 않으려고 이렇게 일찍 돌아온 거예요."

프레스코는 그 말을 듣자 조카딸의 그러한 태도가 못마땅하여 이렇게 말했습니다.

"치에스카, 네가 말하듯이 그처럼 불쾌한 것이 마음에 들지 않거든, 그리고 언제나 즐거운 마음으로 있고 싶거든, 앞으로는 거울에 자기 얼굴을 비쳐 보지 않는 게 좋겠다."

그러나 속이 빈 갈대 이상으로 머리가 텅 빈 주제에 솔로몬 왕과 자신을 비교하던 그녀는 프레스코의 경구를 조금도 알아듣지 못했습니다. 오히려 자기도 다른 여성들처럼 거울에 자기를 비쳐 볼 작정이라고 대답하는 형편이었습니다. 이렇게 그녀는 언제까지나 어리석은 여자인 채로 아직까지도 그런 생활을 하고 있습니다.

아홉째 이야기

귀도 카발칸티는 갑자기 자신을 에워싼 피렌체의 기사들에게 경구로 점잖게 핀잔을 준다.

여왕은 에밀리아의 이야기가 끝나면 마지막으로 이야기할 특권을 가진 사람을 빼고는 자기밖에 남지 않았다는 것을 알고 다음과 같은 이야기를 시작했습니다.

여러분, 오늘은 내가 이야기하려던 것을 두 가지나 여러분이 먼저 이야기해 버렸습니다. 그래도 아직 한 가지는 남아 있습니다. 그 이야기의 끝맺음에는 지금까지 여러분이 이야기한 감동은 조금도 없을는지 모르지만 훌륭한 경구가 포함되어 있습니다.

한데 여러분에게 일러두고 싶은 것은 옛날 우리 도시에는 칭찬할 만한 아리따운 풍습이 있었다는 사실입니다. 그러나 시민들이 모두 잘살게 됨에 따라 차츰 욕심이 늘었기 때문에 그러한 좋은 풍습은 자취도 없이 사라지고 오늘날에 이르러서는 아무것도 남아 있지 않습니다. 그와 같은 좋은 풍습의 하나로 피렌체 곳곳에 서로 이웃한 귀족들이 모여 몇 개의 단체를 만들고 즐겨 비용을 내는 사람을 입회시키는 클럽이 있었습니다. 그리하여 오늘은 누구, 내일은 누구라는 식으로 차례를 정하고 그 사람 차례가 돌아오는 날에는 회원 모두를 식사에 초대하는 것이었습니다. 또 때마침 내방 중인 외국 귀족이나 일반 시민들도 자주 초대되었습니다.

적어도 1년에 한 번은 모두가 똑같은 복장을 했고, 또 축제일에는 말을 타고 거리를 누볐습니다. 그리고 때로는, 즉 대축일이라든가 전승(戰勝) 보고라든가 그 밖의 좋은 소식이 있을 때는 무술 시합이 열렸습니다. 이러한 단체 가운데에는 베토 브루넬레스키 씨의 클럽이 있었는데 베토 씨나 그 동료 회원들은 카발칸테 데 카발칸티 씨의 아들 귀도를 입회시키려고 크게 고심하고 있었습니다.

그것은 까닭이 없는 일이 아니었습니다. 물론 그런 것을 클럽에서 문제 삼지는 않았습니다만, 그는 세상에서도 손꼽히는 논리학자의 한 사람이고 물리학자이기도 했으니까요. 또한 그는 매우 우아하고 예절 바른 사람인 동시에 뛰어난 웅변가이기도 하며, 자기가 하고자 하는 일이 귀족에게 적합하기만 하다면 그 누구보다도 훌륭하게 해낼 사람이었기 때문입니다. 더욱이 아주 돈이 많아서 자기가 값어치 있다고 생각한 사람에 대해서는 최고의 영예를 주어 부양하기를 서슴지 않았기 때문이었습니다. 그러나 베토 씨는 아무리 해도 그를 입회시킬 수가 없었습니다. 그래서 그도 그의 동료들도 그 까닭은 귀도 씨가 가끔 사색에 잠겨 현실과 동떨어진 생활을 하기 때문이라고 믿게 돼 버렸습니다. 게다가 그는 쾌락주의적 견해를 가지고 있었기 때문에 그의 사색은 신이 존재하지 않는다는 것을 발견하려고 안간힘을 쓰고 있는 것일 뿐이라고 수군거렸습니다.

한데 어느 날의 일입니다. 귀도는 오르토 산 미켈레를 나와 늘 걷는 길 가운데 하나인 아디마리 거리를 지나 산 조반니 성당 근처에까지 이르렀습니다. 이 성당 언저리에는 현재는 산타 레파라타 성당 안에 있는 대리석 무덤이랑 그 밖의 묘석들이 많이 있었기 때문에, 거기 있는 반암(斑岩) 기둥과 지금 말한 무덤들이 때마침 닫혀 있는 산 조반니 성당 입구 사이에 서 있었습니다.

그때 베토 씨가 클럽 회원들과 더불어 산타 레파라타 성당 광장 쪽으로 말을 달려오다가 귀도 씨가 묘지에 있는 것이 보이자 그들은 이렇게 의논했습니다.

"우리 가서 그를 좀 놀려 주자."

모두들 말에 박차를 가하고 유쾌한 습격이라도 하는 듯이 말을 몰아 그가 조금도 알아차리지 못하는 사이에 가까이 다가가 이렇게 말을 걸었습니다.

"귀도, 자네는 우리 클럽 회원이 되기를 꺼리는 모양인데 만약에 자네가 신이 존재하지 않는다는 것을 발견한다면 어떻게 할 작정인가?"

사람들에게 둘러싸이자 귀도는 즉시 이렇게 대답했습니다.

"이보게들, 자기 집에 있을 때는 함부로 지껄이게도 되는 법이지."

그리고 나서 가까이에 있는 큰 묘석에 손을 얹고는, 아주 몸이 날랜 사람이었으므로 훌쩍 저쪽으로 뛰어넘어 그들 곁에서 멀어져 갔습니다.

사람들은 한동안 멍하니 서 있었습니다만, 이윽고 저놈은 미쳤다느니 그의 말에는 별다른 의미가 없다느니 하면서 떠들기 시작했습니다. 그리고 다시 이런 곳에서 일반 시민은 혹시 모르지만 우리가 뭘 할 수 있겠나, 귀도도 우리와 마찬가지가 아닌가 등등 저마다 한마디씩 지껄였습니다. 그러자 베토 씨는 모두를 향해 입을 열었습니다.

"그가 한 말을 알아듣지 못했다면 정신이 이상한 건 자네들이야. 그는 품위 있게 짧은 말로 우리를 꾸짖었던 거야. 잘들 보게. 여기 있는 숱한 묘석은 모두 죽은 자의 집일세. 그러므로 거기에는 죽은 사람이 들어가 살고 있지. 그것을 그는 우리들의 집이라고 하여 우리나 그 밖의 교양도 없고 학문도 없는 자를 그나 그 밖의 학자와 비교해서 죽은 사람보다 못하다고 비꼬았던 것일세. 그러므로 여기 있는 우리는 자기 집에 있는 꼴이 되네."

이리하여 그들은 겨우 귀도가 말하려고 했던 의미를 깨닫고 스스로 부끄러워하면서 다시는 그에게 클럽 입회를 권하지 않았습니다. 그리고 그들은 베토 씨를 머리가 좋고 이해력이 풍부한 기사라고 생각하게 되었다고 합니다.

열째 이야기

수도사 치폴라는 농부들에게 천사 가브리엘의 날개를 보여 주겠다고 약속한다. 그런데 날개 대신 숯밖에 없어, 성 로렌초를 태운 숯이라고 말하여 얼버무린다.

모두들 각자의 이야기를 끝마쳤으므로 디오네오는 마침내 자기 차례가 되었다고 생각했습니다. 그는 여왕의 엄숙한 명령을 기다릴 것도 없이 귀도 카발칸티의 예리한 경구에 감탄해 마지않는 사람들에게 조용히 해주기를 부탁하면서 이야기를 시작했습니다.

여러분, 나는 내가 가장 마음에 드는 이야기를 할 특권을 갖고 있습니다만, 오늘은 여러분이 훌륭하게 이야기한 주제에서 벗어나지 않을 생각입니다. 여러분의 이야기에 보조를 맞춰 성 안토니오회의 수도사 하나가 두 젊은이에게 모욕당하려는 찰나에 그것을 얼마나 교묘하게 또 얼마나 재치 있게 막아 냈는지 그 이야기를 하려고 합니다.

아직 해도 중천에 걸렸으니 이 이야기의 내용을 늘여 상세히 말해도 여러분께 폐가 되지 않으리라 생각합니다.

여러분도 아마 들었을 줄 압니다만 체르탈도라는 곳은 우리 도시 근교의 발델사에 있는 성밑 마을입니다. 자그마한 고장이기는 했으나 옛날에는 귀족이나 부자가 꽤 많이 살고 있었습니다.

이곳에서는 좋은 풀이 자란다고 해서 성 안토니오회의 수도사 하나는 해마다 한 번은 이 고장의 우매한 자들로부터 헌금을 받아 가는 것을 연중행사로 하고 있었습니다. 그의 이름은 치폴라였는데 이 지방이 토스카나를 통틀어서 유명한 양파(치폴라) 산지인 까닭도 있어 이 이름 때문에 크게 환영을 받았는지도 모를 일입니다.

수도사 치폴라는 애교 있는 붉은 얼굴의 왜소한 사나이였습니다만 세상에 드물게 보이는 유쾌한 인물이었습니다. 게다가 아무런 학문도 배우지 못했는데 임기응변, 유례없는 능변으로 그를 잘 모르는 사람은 수사학(修辭學)의 대가라고 생각했을 것이고, 로마의 웅변가 툴리우스(키케로)나 쿠인틸리아누스의 재현이라고까지 말했을 것입니다. 그와 같은 이유로 이 지방 모든 사람의 친구이면서 아버지 대신인 사람이고 또 자애로운 수도사였던 터입니다.

그는 늘 하던 대로, 어느 해 8월에 이 마을로 찾아들었습니다. 그리고 어느 일요일 아침, 교구의 성당에 근방 마을의 선남선녀들이 미사 드리러 몰려오자 때는 왔도다 하고 쓱 앞에 나서서 이렇게 말했습니다.

"여러분, 여러분도 알다시피 해마다 재산이나 신앙의 정도에 따라 여러분의 밀이나 곡식을 거룩한 성 안토니오 님의 가난한 종에게 기꺼이 내놓아 왔습니다. 그것은 성 안토니오 님이 여러분의 소나 당나귀 또 돼지나 양을 지켜주시는 데 대한 사례인 것입니다. 그 밖에 한 해에 한 번 약간의 회비를 내게 되어 있으며 특히 회원으로 가입한 분은 그렇게 해야만 합니다. 나는 그와 같은 것을 거두어들이기 위해서, 수도원장님의 지시로 여기 파견된 것입니다. 그러므로 여러분은 신의 축복을 받으시고 오후 3시에 기도가 끝나고 종소리가 울리면 모두 이 성당 앞으로 모이십시오. 그렇게 하면 나는 여느 때와 마찬가지로 설교할 것이니 여러분은 십자가에 입 맞추십시오. 여러분은 모두가 거룩하신 성 안토니오 님을 깊이 믿고 계시므로, 설교 외에도 나 자신이 바다 건너 성지에서 가지고 온 가장 신성하고 가장 아름다운 유물을 특별한 은총으로 여러분에게 보여 드리겠습니다. 그것은 다름 아니라 천사 가브리엘 님의 날개 중 하나인데, 천사께서 나자렛에 수태 고지(受胎告知)하러 오셨을 때 성모 마리아 님의 방에다 남겨 놓고 가신 것입니다."

이렇게 말하고 치폴라는 미사를 집전하러 돌아갔습니다.

그가 이런 이야기를 하고 있을 때 성당 안의 많은 사람들 중에 조반니 델 브라고니에라, 비아지오 피치니라는 대단히 짓궂은 두 청년이 있었습니다.

두 사람은 치폴라의 성스러운 유물 이야기를 속으로 비웃고 있었습니다만, 본디 이 수도사와는 친구로 지내는 사이였으므로 어디 한번 천사의 날개라는 것으로 놀려 주리라고 별렀습니다.

두 사람은 그날 아침 치폴라가 시내 중심에 있는 언덕 위의 숙소에서 한 친구와 함께 식사한다는 것을 알고 있었기에, 식탁에 마주 앉았으리라고 짐작되는 시간에 맞추어 그의 숙소로 찾아갔습니다. 그들의 계획은, 비아지오가 치폴라의 하인과 이야기하는 틈에 조반니가 그의 짐에서 그 날개를 찾아 발견하면 몰래 감추고, 그 뒤에 그가 신자들 앞에서 어떻게 하는지를 두고 보자는 것이었습니다.

수도사 치폴라에게는 방금 말한 바와 같이 하인이 하나 있었습니다. 어떤 사람은 그를 고래 구치오라든가 더러운 구치오라고 불렀으며 또는 돼지 구치오라고 부르는 사람도 있었습니다. 어찌나 더러운 놈인지 화가인 리포 토포 조차도 그림으로 그려 주지 않았을 정도였습니다. 치폴라는 이 하인에 대해 그의 친구들에게 농담 반 진담 반으로 이런 말을 곧잘 했습니다.

"내 하인은 아홉 가지나 결점을 갖고 있다. 그 가운데 어느 한 가지 결점이라도 솔로몬이라든가 아리스토텔레스라든가 세네카라든가가 가지게 된다면 이 훌륭한 사람들의 온갖 덕이나 지혜나 신성함을 망가뜨려 버릴 것이다. 그런데 덕도 지혜도 경건함 한 조각도 없는 이 사나이에게 아홉 개나 결점이 있으니 어떤 놈인지는 상상하고도 남겠지."

그래서 아홉 개의 결점이란 어떤 것인가 하고 물으면, 그는 노래처럼 가락을 붙여 이렇게 대답했습니다.

"그렇다면 말해 주리. 어른 말씀 듣지 않고, 남의 흉을 보는 버릇에, 하나에서 열까지 잊어 먹고, 게다가 무례하기 짝이 없도다. 이 밖에 결점은 수없이 많으나 그것은 차라리 말을 않으리. 한 가지 허리 잡고 웃을 일은 어딜 가나 마누라를 얻어서 살림을 차리고 싶어 하는 일. 그리고 지저분한 검은 수염을 매만지지도 않고 주제에 천하의 미남자로 자처하면서 자기를 한 번 본 여자들은 모두가 자기에게 반한다고 진정코 생각하는 사나이라나. 그런 모양이니 멋대로 하게끔 놓아두면 허리띠가 끌러진 것도 모르고 계집애 꽁무니만 쫓아다닐걸. 그렇지만 내게는 쓸모 있는 놈. 누군가가 나하고 단둘이서만 비밀스런 이야기를 하려고 해도 놈이 새중간에 들어서 참견하니까 비밀 이야기는 아예 못하며, 내가 무슨 질문을 받을 경우엔 자칫 내가 대답하지 못할까 걱정하며 저 혼자 판단으로 네, 아니오를 서슴지 않고 대신 대답해 주니 쓸모가 있지 않은가."

한데 치폴라는 이런 사나이를 여관에 남겨 두고 아무도 내 물건에 손을 대서는 안 된다, 특별히 신성한 물건이 들어 있는 행낭은 아무도 만져서는 안 된다고 엄한 분부를 내렸습니다.

그러나 불결한 구치오는 나이팅게일이 푸른 가지에 앉는 것보다도 더 부엌에 있는 것을 좋아했는데, 특히 하녀 이외에 아무도 없을 때는 더욱 그랬습니다. 그런 그가 어떻든 이 여관집 부엌에서 우둥퉁하게 살이 찌고 볼썽사납게 생긴 난쟁이를 겨우 면한 여자를, 닭똥을 주워 담는 그릇처럼 생긴 유방에다가 바론치 가문 사람들같이 못생기고 언제나 땀내를 풍기는 그을음투성이 하녀였습니다만, 발견해 냈으므로 독수리가 썩어 가는 고기를 쪼아 먹으려고 날아 앉듯이 주인인 치폴라의 방을 비워 놓고 물건을 내버려 둔 채 부엌으로 내려갔습니다. 그리하여 8월의 더운 날임에도 불구하고 화덕 가까이에 자리 잡고 앉자 누타라고 하는 그 하녀와 시시덕거리기 시작했는데, 자기는 귀족 대리로서 엄청나게 많은 돈을 남에게 빌려주고서도 지금 몇만이라는 돈을 갖고 있으며, 또 주인어른이 말씀하거나 행동하시는 대로 자기도 말하고 행동할 수 있다고 코를 벌름거리며 호기를 부리는 것이었습니다.

그런 주제에 그 모자를 볼 것 같으면 알토파시오의 가마솥에 처넣고 끓였으면 좋을 성싶을 정도로 기름때가 줄줄 흐르고, 조끼는 누덕누덕 기웠고, 그리고 목이랑 겨드랑 밑은 때가 켜켜이 들어앉아 타타르나 인도의 직물(織物) 이상으로 얼룩덜룩 여러 가지 빛깔이 나는 형편이었습니다. 구두는 아가리를 벌릴 대로 벌리고 양말도 구멍투성이인 주제에 마치 자기가 샤티옹의 영주라도 되는 듯이 그녀에게 훌륭한 옷을 입혀 호강시켜 주고 싶다느니, 남의 턱 하나로 움직이는 이런 환경에서 구해 주고 싶다느니, 재산은 없으나마 미래의 행복을 바랄 수 있는 처지에 앉혀 주고 싶다느니 열심히 꼬이는 것이었습니다. 그 밖에 달콤한 말들로 여러 가지 약속을 늘어놓았으나 이도 저도 모두 헛수고가 되어 이제까지 그의 계획이 모두 그랬던 것처럼 실패로 끝나 버렸습니다.

두 청년은 돼지 구치오가 이 누타와 노닥거리는 것을 보고 자기들의 수고가 반으로 줄어들었다고 판단했던 터라, 크게 기뻐하며 활짝 열린 치폴라의 방으로 들어갔습니다. 둘이서 맨 먼저 한 일은 천사의 날개가 들어 있는 행낭을 찾는 일이었습니다.

행낭을 찾아 그 속에 비단 보자기로 몇 겹이나 싼 작은 상자가 있어 열어 보니 앵무새의 꽁지깃이 한 개 들어 있었습니다. 두 사람은 그것이야말로 그가 체르탈도 사람들에게 보여 준다고 약속한 천사의 날개임이 틀림없다고 생각했습니다.

사실 그런 것으로도 당시에는 손쉽게 사람을 속일 수가 있었던 것입니다. 이집트의 아름다운 그림이나 물건이 토스카나 지방에는 아주 조금밖에 들어와 있지 않았으니까요. 그와 같은 것이 대량으로 들어와서 온 이탈리아를 파멸의 구렁텅이로 몰아넣은 것은 훨씬 뒤의 일이었습니다. 그러니 그와 같은 것이 어느 계층에 조금은 알려졌다 하더라도 대부분의 평민들이 알 까닭이 있었겠습니까? 아직도 옛사람의 소박함과 우직함이 그대로 이어지고 있어 앵무새 같은 것을 본 적도 들은 적도 없었기 때문에 생각해 내지도 못했던 겁니다.

두 청년은 날개를 찾아내고는 크게 기뻐하며 꺼낸 다음 마침 방구석에 숯이 있어 상자를 비워 놓지 않기 위해 그것을 넣어 두었습니다. 그리고 상자를 덮고 아무도 건드리지 않았던 것처럼 그전과 똑같이 해놓고 의기양양하게 깃털을 가지고 돌아갔습니다. 상자 속에 깃털 대신 숯이 들어 있는 것을 발견하면 치폴라는 어떻게 말할 것인가 하고 가슴을 졸이며 기대하면서 말입니다.

성당에 있던 단순하고 소박한 남자와 여자들은 3시의 일과 뒤에 천사 가브리엘의 날개를 볼 수 있다는 말을 듣고 미사가 끝나자 저마다 자기 집으로 돌아갔습니다. 그리하여 이 사나이에게서 저 사나이에게로 이 여자에게서 저 여자에게로 전해져, 식사가 끝나자 셀 수 없을 정도로 많은 남녀가 거리의 가장 높은 곳에 몰려들어 그 날개를 보려고 기다렸습니다.

치폴라는 배가 불룩하도록 점심을 먹고 조금 눈을 붙였다가 3시가 좀 지나자 일어났습니다. 그리고 숱한 사람들이 천사의 날개를 보려고 거리에 몰려들었다는 말을 듣자 지저분한 구치오에게 종과 행낭을 가져오도록 분부했습니다.

구치오는 마지못해 부엌의 누타 곁을 떠나 지시받은 물건을 가지고 어슬렁

어슬렁 왔습니다. 그는 물을 어찌나 많이 마셨던지 물배가 차서 숨을 헐떡헐떡 몰아쉬며 도착하여 성당 입구에 있던 치폴라의 명령으로 힘껏 종을 울리기 시작했습니다.

온 거리의 사람들이 몰려들자 자기의 소지품이 꿈에라도 건드려졌을 리가 없다고 생각한 치폴라는 지체 없이 설교로 들어가 자기에게 유리한 말을 물 흐르듯이 늘어놓았습니다. 그리고 마침내 천사 가브리엘의 날개를 보여 줄 단계에 이르자 먼저 사뭇 엄숙하게 고백의 기도를 드리고, 두 개의 촛불을 밝힌 다음 자기의 두건을 벗고 나서 천천히 비단 보자기를 풀어 예의 작은 상자를 꺼냈습니다.

그는 또 한 번 천사 가브리엘과 그 유물을 찬양하고, 작은 상자를 열었습니다. 그러자 그는 상자 속에 숯이 가득 들어찬 것을 보았습니다. 하지만 고래 구치오가 그런 엄청난 짓을 저지를 사나이는 못 되었으므로 그의 소행이라고는 의심도 하지 않았습니다. 또 누군가가 그런 짓을 못 하게끔 잘 감시하지 않았다고 그를 욕하지도 않았습니다. 다만 그가 얼마나 믿음성 없고 시키는 대로 하지 않는 무책임한 얼간이라는 것을 잘 알고 있으면서 자기의 소중한 물건을 감시해 달라고 부탁한 일을 마음속으로 저주했습니다. 그러나 그는 얼굴빛 하나 변하지 않고 고개를 들더니 두 손을 하늘 높이 쳐들고 엄숙하고 우렁찬 목소리로 말했습니다.

"오오, 신이시여, 신의 거룩한 힘을 영원히 찬양할지어다."

그리고 작은 상자의 뚜껑을 덮은 다음 군중을 향해 말했습니다.

"신사 숙녀 여러분, 나는 젊어서, 아니 차라리 아직 어리다고 할 수 있었을 그 시절에 태양이 가장 빨리 떠오르는 동방 여러 나라를 윗분의 분부로 순방한 일이 있었습니다. 그리고 나는 포르첼라나 가문의 특권을 얻도록 크게 노력하라는 엄명을 받았습니다. 그 증명을 받아 내는 일은 따로 비용이 드는 것은 아니었습니다만 그것을 얻음으로써 이익을 볼 수 있는 사람이 많았던 터입니다. 그와 같은 관계로 먼 길을 떠났습니다. 먼저 베네치아를 출발하여 보르고 데이 그레치로 향했으며, 다음에 말을 타고 가르보의 나라로 향하고 그 다음으로 발다카, 다음에 파리오네에 다다랐다가 거기서 갖은 고생 끝에 사르데냐로 갔습니다. 그런데 왜 나는 지금 애써 찾아 헤맨 모든 나라의 이름을 말씀드리고 있는 것일까요? 나는 성 조르지오의 해협을 지나 매우 많은 민족이 섞여 살고 있는 트루피아국(사기의 나라)과 부피아국(허풍의 나라)으로 건너갔습니다. 다음으로 멘초냐국(허위의 나라)에 이르렀는데 그 나라에는 우리들 종파의 수도사나 다른 종파의 수도사가 많이 있었습니다. 그 사람들은 자기들의 이익만 취하며 타인의 노고에는 무관심하고 신을 위한 일체의 부자유와 절제도 꺼리고 있었는데, 화폐라고 일컫는 것 없이 황금 덩어리가 그대로 온 나라 안에서 통용되고 있었습니다. 그리고 아브루치 지방으로 갔습니다만 그곳 남녀는 나막신을 신고 산을 탔으며, 돼지 내장으로 소시지를 만들었습니다. 거기를 지나니 막대기에 빵을 꿰고 포도주를 가죽 부대에 넣어 가지고 다니는 사람들과 마주쳤습니다. 다음으로 바스크 지방의 산골로 들어가게 되었습니다만 골짜기의 개울은 모두 산기슭 쪽으로 흐르고 있었습니다. 이렇게 하여 얼마 뒤에 산골 깊숙이 들어가 드디어 인도의 파스티나카에 이르렀던 것입니다.

그 나라에서 나는, 내가 입고 있는 옷에 맹세합니다만, 보지 못한 자로서는 결코 믿지 않을 일로서 커다란 도끼가 하늘을 나는 것을 보았습니다. 그리고 그 일에 대해서는 내가 그 나라에서 만난 대상인(大商人)으로 호두 껍데기를 잘게 쪼개어 팔고 있던 마소 델 사지오가 거짓말이 아니라는 것을 증명해 줄 것입니다. 하지만 나는 찾으러 간 것을 찾지 못하고 인도에서부터는 바다를 건너가지 않으면 안 되었으므로, 되돌아서서 여름에는 차게 식힌 빵을 은화 네 닢으로 살 수 있고, 따뜻한 빵은 그냥 준다고 하는 성지를 찾아갔습니다. 그리하여 그곳에서 나는 예루살렘에서 가장 훌륭한 대주교이며 존경해야 할 논미블라스메테 세보이피아체 씨를 만났습니다. 이분은 내가 늘 입고 있던 거룩한 성 안토니오의 수도복에 경의를 표하시고 당신께서 소장하고 계신 성스러운 유물의 전부를 나에게 보아 달라고 분부하셨습니다. 그것은 실로 무진장한 것이어서 내가 그 전부를 센다고 하면 몇 마일 걷는 동안에도 다 셀 수 없을 정도였습니다. 그러나 여러분을 실망시키고 싶지 않기에 그 몇몇을 말씀드리기로 하겠습니다.

대주교는 먼저 완전무결한 썩지 않은 성령의 손가락을 보여 주셨습니다. 다음으로 성 프란체스코에게 모습을 나타내신 성령 세라핌의 앞머리라든가, 세라핌 천사들의 손톱이라든가, 또 저 살뜰한 베르붐의 틀림없는 갈비뼈의 하나와 가톨릭의 성녀 산타페의 의복이라든가, 또 동방의 세 박사에게 나타난 별빛을 잠깐 보여 주셨으며, 악마와 싸웠을 때에 흘린 성 미카엘의 땀이 들어 있는 작은 병이라든가, 성 나사로의 죽음의 원인이 되었던 턱이라든가, 그 밖에 여러 가지 것을 보여 주셨습니다. 거기서 내가 모렐로산(山)의 비탈을 그린 것이라든가, 이탈리아 속어로 번역한 카프리치오의 몇 장(章)인가의 책을 드렸던 바, 대주교는 오랫동안 그것들을 찾아 헤매었노라고 하시면서 자신의 신성한 유물들, 즉 성녀 크로체의 앞니 한 개라든가 솔로몬 신전의 종소리를 담은 작은 병이라든가 이미 말씀드린 천사 가브리엘의 날개라든가 성 게라르도 다 빌라마냐의 나막신 한 짝을 주셨습니다. 그것은 뒤에 피렌체에서 게라르도 디 본시에게 주어 버렸는데 그는 그것을 몹시 소중히 간직하고 있습니다. 또한 대주교는 성 로렌초가 불에 타 죽어 지상 지복(至上至福)의 순교자가 되었을 때 타고 남은 숯을 내게 주셨습니다. 그와 같은 것의 전부를 나는 경건한 마음으로 몸에 지니고 다닙니다.

그런데 대주교는 그런 유물들이 진짜인지 아닌지 증명이 되기까지는 사람들에게 보여서는 안 된다고 하셨습니다. 그러나 현재는 그것들이 기적을 나타내기도 했으며 그 대주교님이 보내온 편지도 있어 진짜가 틀림없다는 것을 확인했으므로, 사람들에게 보여 주어도 좋다는 허락이 났습니다. 그러나 다른 사람에게 맡겨 두기가 걱정스러워 언제나 내가 지니고 다닙니다. 사실 천사 가브리엘의 날개는 상하지 않도록 작은 상자에 넣어 가지고 있으며 성 로렌초를 태운 숯은 다른 상자에 넣어 두고 있습니다. 그런데 그 두 상자는 퍽이나 비슷하게 생겨서 가끔 뒤바뀌기가 일쑤입니다. 지금도 그와 같은 일이 일어난 모양입니다. 나는 날개가 들어 있는 상자인 줄 알고 그만 숯이 들어 있는 상자를 가져온 것입니다. 하지만 나는 그것을 잘못이라고는 생각하지 않습니다. 아니 오히려 신의 거룩하신 뜻이라 생각하고 신께서 이틀 뒤에 이곳에서 성 로렌초 축제가 열린다는 것을 나로 하여금 떠올리도록 숯이 든 상자를 내게 건네주신 거라고 믿습니다. 신께서는 성 로렌초를 태운 숯을 여러분에게 보여 드림으로써 여러분의 마음에 순교자를 향한 신앙심을 불타오르게 하려는 뜻에서, 내가 원한 날개가 아니라 신성하기 그지없는 신체에서 흘러

내린 체액으로 말미암아 꺼진 성스러운 숯을 내게 건네주셨던 것입니다. 이와 같은 경위이니 축복받으신 여러분, 모자를 벗으시고 여기 나오셔서 경건한 마음으로 보아 주시기 바랍니다. 한데 특히 내가 말씀드리고 싶은 것은 이 숯으로 십(十)자를 그려 받으면 누구나 1년간은 절대로 화상 같은 것을 입는 일 없이 무사히 지낼 수 있다는 점입니다."

이렇게 말을 마친 그는 자기가 지은 성 로렌초의 찬가를 부르면서 상자를 열어 숯을 보여 줬습니다. 어리석은 시민들은 경건하고 경이에 찬 눈으로 한동안 멍하니 보고 있었습니다만, 이윽고 와아 하고 물밀 듯이 밀려들어 치폴라를 에워쌌습니다. 그리고 저마다 그 숯으로 십자를 그려 달라고 아우성치며 이제껏 없었을 만큼의 많은 헌금을 냈습니다.

거기서 치폴라는 숯을 손에 들고 그들 곁으로 다가가 흰 셔츠랑 조끼랑 부인들의 베일에 뚜렷이 알아볼 수 있도록 커다란 십자를 그리기 시작했습니다. 그리고 이제까지 자주 경험해 온 바이지만 아무리 십자를 그려도 상자 속의 숯은 늘 그대로라고 되풀이해서 말하는 것이었습니다.

이렇게 하여 크게 돈벌이를 하고 체르탈도 사람들을 몽땅 십자군 병정으로 만들어 버렸으며, 그에게서 천사의 날개를 빼앗아 골탕 먹이려고 한 자들을 임기응변의 지혜로 오히려 골려 주었습니다.

두 청년은 그 자리에 참석하여 그의 설교를 들었는데 순간적인 기지로 곤경을 무난히 넘기고, 거기다가 이야기를 길게 끌어 붙이는 교묘한 솜씨에 턱이 빠질 정도로 크게 웃었습니다.

그리고 사람들이 돌아가자 자기들이 한 짓을 실토하고 곧바로 천사의 날개를 돌려주었습니다. 이 날개가 그날 숯이 올렸던 것 이상의 성과를 다음 해에 올렸다는 것은 더 말할 필요조차 없습니다.

이 이야기가 모두를 더없이 기쁘게 하고 유쾌하게 해주었음은 물론입니다. 치폴라의 일은 그 하는 짓 모두가 웃음을 자아내는 것이었습니다만, 특히 그 순례 여행의 일과 그가 보기도 하고 가져오기도 했다는 신성한 유물의 이야기에 이르러서는 웃음이 그치지 않았습니다.

여왕은 이야기도 끝나고 자기의 역할도 끝났다는 것을 알자 자리에서 일어나 왕관을 집어 들고 방긋 웃으면서 디오네오의 머리에 올려놓고 이렇게 말했습니다.

"디오네오, 이제까지 여성들이 여러분을 이끌고 통솔해 온 책임이 얼마나 무거웠는가를 경험할 차례가 돌아왔습니다. 어서 왕이 되어 주십시오. 당신의 통치가 얼마나 훌륭했던가를 모두가 두고두고 칭찬하도록 어엿하게 솜씨를 발휘하시기를."

디오네오는 왕관을 받자 웃으면서 대답했습니다.

"여러분은 이제까지 나보다 훌륭한 왕을 자주 보아 왔습니다. 여기서 내가 말하는 것은 오랫동안 자기의 지위를 유지하는 왕을 말하는 것입니다만…… 만약에 여러분이 진짜 왕에게 했듯이 내게 복종해 주신다면 제아무리 떠들썩한 축제도 재미없다고 생각할 정도로 즐거운 기분을 만끽시켜 드리려고 생각합니다. 자, 잔소리는 이 정도로 하고 내 솜씨껏 훌륭한 통치를 펼쳐 보겠습니다."

그는 말을 마치자 이제까지 해온 대로 하인 우두머리를 불러 자기의 통치가 계속되는 동안 해야 할 일들을 시원스레 지시하고 나서 이렇게 말했습니다.

"여러분, 우리는 이제까지 인간의 재치에 대해 여러 가지 방법으로 여러 가지 경우를 이야기해 왔습니다. 만약에 아까 그 하녀 리치스카가 나타나지 않았더라면, 나는 내일을 대비하여 이야깃거리를 발견하느라고 몹시 애썼을 것입니다만 너무나 다행스럽게도 그녀의 말로 화제를 찾아낼 수 있었습니다. 여러분들도 아까 들으신 바와 같이 그녀는 숫처녀인 채로 시집간 아가씨는 없다고 했으며, 또 남편 있는 아낙네가 어떻게 남편을 배신하고 골탕 먹이는가를 덧붙여 말했습니다. 한데 앞의 문제는 새삼스럽게 다룰 것까지도 없는 유치한 것이므로 그냥 두기로 하고, 나중 문제는 화제로 삼으면 상당히 재미있을 것이니 한번 다뤄 볼까 합니다. 그러므로 모처럼 애써서 리치스카가 이야기의 실마리를 만들어 주었던 것이니 내일은 부인들이 사랑을 위해, 혹은 자신을 구하기 위해, 남편 모르게 또는 남편이 눈치챘는지 모르는 일이지만 남편을 배신한 부정행위에 대해서 이야기해 주셨으면 좋겠습니다."

그러자 이와 같은 이야기는 자기들에게는 부적당하다고 생각한 여자들이 두엇 있어, 그와 같은 주제는 바꾸었으면 좋겠다고 말했습니다.

그것에 대해 왕은 대답했습니다.

"여러분, 나도 내가 낸 문제를 여러분들과 마찬가지로 잘 알고 있습니다. 지금은 남녀가 부정한 행위를 하지 않도록 조심하기만 하면 그러한 이야기를 화제 삼는 일은 허락되는 시대이므로, 기왕 제안한 것을 당신들의 희망 때문에 취소할 수는 없습니다. 바야흐로 괴질의 만연으로 인하여 재판관은 법정을 버리고 돌보지 않으며, 신의 규범과 같이 인간의 규범도 침묵을 지키는 이때에, 생명을 유지하기 위해 무한한 자유가 저마다에게 허락되었다는 생각이 들지 않습니까? 그러므로 여러분이 이야기 속에서 다소 정절이 해이해졌다고 해도 음탕한 행위를 바랐기 때문이 아니라 여러분 자신이나 다른 사람들을 즐겁게 만들어 주기 위해서이니, 앞으로 점잖은 논의로 누가 다른 누군가를 비난하는 일은 없으리라고 생각합니다. 그리고 우리 모임은 첫날부터 현재까지 지극히 청결한 생활을 해왔으므로, 어떠한 내용의 이야기가 나올지라도 무슨 나쁜 행위로 더럽혀진 적은 없었으며, 신의 가호로 결단코 앞으로도 더럽혀지는 일이 없으리라고 생각합니다.

또 여러분의 정숙함을 모르는 자가 있을까요? 나는 기분 전환을 위한 이야기뿐만이 아니라 죽음의 공포조차도 여러분의 정조를 위협할 수는 없다고 굳게 믿습니다. 바로 말해서 여러분이 그와 같이 부덕한 이야기를 억제한다면, 오히려 여러분이 그와 같은 죄를 지었기 때문이 아닌가 하고 의심할 것이며, 아마도 그 때문에 그런 이야기를 꺼린다고 잘못된 추측을 하는지도 모릅니다. 이제까지 나는 여러분의 말을 순순히 따랐는데, 지금 내게 왕의 자리를 주고 손에 그 실권을 맡기고 나서 그런 권리는 허락할 수 없다고 말씀하신다면 이거야 어처구니없는 명예를 나에게 주었다는 말이 되겠습니다. 자, 그러면 여러분과는 달리 더 저급한 사람들에게 적용되는 그런 의혹은 버리시고 거리낌 없이 재미있는 이야기를 생각해 두시기 바랍니다."

이 말을 듣고 여자들은 그의 제안대로 하겠다고 대답했습니다. 거기서 왕은 저녁 식사 시간까지 각자에게 자유 시간을 허락했습니다.

오늘 이야기는 모두 짧았기 때문에 아직도 해는 높고 날이 저물려면 멀었습니다. 그리하여 디오네오가 다른 청년들과 체스판 앞에 앉았을 때 엘리사는 여자들을 한쪽 구석으로 불러 모아 놓고 이렇게 말했습니다.

"나는 내가 이리로 왔을 때부터, 아직 여러분이 한 번도 가보신 적이 없다고 생각됩니다만, 여기서 아주 가까운 곳으로 여러분을 안내하고 싶었습니다. 여자의 골짜기라고 불리는 곳인데, 아직 해가 높은 오늘 가지 않으면 여러분을 안내할 기회는 다시없을 듯합니다. 그러니 여러분께서 가 보시면 아마도 반드시 크게 기뻐하실 겁니다."

여자들은 모두 그러고 싶다고 대답했습니다. 그리하여 저마다 하녀를 불러 남자들에게는 아무 말도 하지 말도록 이르고 떠났습니다. 이렇게 1마일도 걷지 않아 여자의 골짜기에 이르렀습니다. 오솔길을 지나 골짜기로 들어가니 한쪽으로 맑디맑은 시냇물이 흐르고 있었습니다. 특히 가장 무더운 때였으므로 모두 얼마나 반가웠는지 모릅니다. 실로 상상 밖의 맑은 물이었기 때문이지요.

뒤에 그녀들 가운데 두엇이 내게 말해 주었습니다만 골짜기에 안긴 평지는 사람의 손으로 만들어졌다고는 생각할 수 없고, 자연적으로 만들어진 것이라고는 하나 마치 컴퍼스로 그린 것같이 동그란 모양을 하고 있었습니다. 둘레는 반 마일 남짓한데 그다지 높지 않은 여섯 개의 언덕으로 에워싸이고, 그 여섯 개의 언덕 위에는 아름다운 성곽 모양을 한 조그만 저택이 하나씩 있었습니다. 언덕 비탈은 평지를 향해 층계처럼 여러 층을 이루며 내려오고 있어 마치 위에서 아래로 점차 원을 좁혀 내려오는 원형극장의 돌단 같았습니다.

그리고 남쪽 언덕 경사면에는 포도랑 올리브랑 아몬드랑 버찌랑 무화과랑 그 밖의 열매가 달리는 나무들이 갖가지 모양으로 심어져 있어 손바닥만 한 빈땅도 없었습니다. 북쪽 비탈에는 떡갈나무와 물푸레나무와 그 밖의 나무들이 빽빽하게 들어서 숲을 이루고 있었습니다.

그곳의 평지는 그녀들이 들어온 입구 이외에는 들어올 데라고는 없었으며, 전나무, 삼나무, 월계수, 소나무 등이 꽉 들어차 있어 누군가가 최고의 기술로 심은 게 아닐까 생각될 정도였습니다. 그리고 그와 같은 나무들 사이로는 아직도 해가 높아, 꼭두서니 빛깔이나 그 밖의 온갖 빛깔로 흐드러지게 피어난 평지의 풀밭에 아련한 빛이 새어 나오기도 하고, 더러는 그늘진 곳도 있었습니다.

더욱 즐겁게 생각된 것은 작은 여울이었습니다. 여울은 두 개의 언덕을 나누는 골짜기 하나에서 흘러나와 천연석 바위가 많은 곳으로 떨어져 싱그러운 소리로 귀를 간질였고, 멀리서 보면 뭔가 짓눌려 뭉개진 것에서 알알이 흩어져 나오는, 수은과도 같은 물보라가 흩날리고 있었습니다. 거기서 좁고 판판한 곳에 이르면 물은 아름다운 시내가 되어 쏜살같이 평지의 한복판을 가로질러 작은 호수를 이루었습니다. 그것은 도시 사람들이 필요할 때 마당에다 만드는 웅덩이와 비슷했습니다. 더욱이 물은 사람의 가슴께밖에 차지 않고, 한 점의 티끌도 없이 거울처럼 맑아서 밑바닥의 아주 작은 돌멩이 하나하나까지 보였으며, 마음만 먹는다면 거뜬히 그 수까지도 셀 수 있었을 것입니다.

그처럼 수면에 가만히 눈을 두고 있으니 밑바닥이 들여다보일 뿐만 아니라, 많은 물고기들이 쓱쓱 헤엄쳐 다니는 것이 보이지 않겠습니까? 그것은 끝도 없는, 지칠 줄 모르는 즐거움이었습니다. 호숫가는 둑으로 되어 있지 않고 풀밭이 그대로 죽 깔려 있어 주위의 물기 머금은 풀들이 아름답게 보였습니다. 물이 흘러넘치면 다른 하나의 시내가 받아 이끌고 작은 골짜기 밖으로 나아가 다시 낮은 데로 쉴 새 없이 흐르는 것이었습니다.

한데 젊은 숙녀들은 이곳에 다다르자 언저리를 둘러보며 그 아름다움에 탄성을 올리고, 마침 무더위도 한창이라 눈앞에 호수가 보이자 누가 엿볼 걱정도 없었기 때문에 목욕을 하려고 마음먹었습니다. 그녀들은 하녀에게 길목에 가서 지키고 있다가 만약에 누가 오면 알리도록 이른 다음, 일곱 여자 모두 옷을 벗고 물속에 뛰어들었습니다. 물은 눈처럼 새하얀 그녀들의 몸을 받아 안았습니다. 그것은 마치 투명한 유리컵에 빨간 장미를 꽂은 것 같은 광경이었습니다.

그녀들이 들어갔어도 물은 조금도 흐려지지 않았으므로 여자들은 도망칠 곳을 잃어버리고 우왕좌왕하는 물고기를 뒤쫓아 잡으려고 했습니다. 이렇게 법석을 피우면서 몇 마리의 물고기를 잡았습니다. 이윽고 물에서 나와 옷을 입었습니다. 그리고 그녀들은 이 아름다운 곳에 대해 이미 찬탄한 말보다 더 훌륭한 찬사를 찾지 못한 채, 별장으로 돌아가야 할 시간이 되어 그곳의 아름다움에 대한 말을 주거니 받거니 하면서 느릿느릿 발걸음을 옮겼습니다. 그렇게 하여 꼭 알맞은 시간에 별장에 다다르니, 떠났을 때와 마찬가지로 아직도 청년들은 체스를 두고 있었습니다. 팜피네아는 곧 그들에게 말을 걸었습니다.

"오늘 드디어 우리는 당신네들을 속여 넘겼어요."

"어떻게요?" 디오네오가 말했습니다.

"말없이 진짜 다녀오셨군요?"

"네, 그래요."

팜피네아는 그렇게 대답하고 자기들이 어디 갔다 왔는지, 거기가 어떤 곳이며 여기서 얼마나 떨어져 있는지를 모조리 이야기했습니다.

왕은 그곳의 더할 나위 없는 아름다움에 대해서 듣자 불현듯 가보고 싶어져서 곧 저녁 식사를 차리도록 했습니다. 함께 유쾌하게 식사를 마친 뒤 세 청년은 숙녀들을 남겨 놓고 하인들과 함께 그 골짜기로 떠났습니다. 그리고 세 사람 모두 아직 한 번도 와본 일이 없었기에 언저리를 샅샅이 둘러보더니, 이 세상에서 둘도 없는 아름다운 장소라고 입을 모아 칭찬했습니다.

청년들은 목욕하고 옷을 입자 시간이 너무 늦어 서둘러 별장으로 돌아왔습니다. 여자들은 피암메타의 노래에 맞춰 춤을 추고 있었습니다. 춤이 끝나자 청년들은 그녀들과 더불어 여인의 골짜기에 대해 이야기하고 그 아름다움을 온갖 말로 찬양했습니다.

그래서 왕은 하인 우두머리를 불러 내일 낮에 거기서 드러눕거나 낮잠을 자고 싶은 사람이 있으면 그렇게 할 수 있도록 아침나절에 침대 몇 개를 마련해 놓도록 했습니다. 그런 다음 등불이랑 포도주랑 과자를 가져오게 하고 어느 정도 피로가 풀리자 다 같이 춤추자고 말했습니다. 왕의 말을 듣고 판필로가 춤추기 시작하니 왕은 엘리사를 돌아보고 웃으면서 말했습니다.

"아리따운 귀부인, 오늘 당신은 내게 왕관의 명예를 주셨습니다. 그래서 나는 오늘 저녁 당신에게 칸초네를 한 곡조 부탁드리겠습니다. 자, 당신이 가장 좋아하는 노래를 불러 주십시오."

그러자 엘리사는 생긋 웃고 기꺼이 불러 드리겠다면서 방울이 구르는 듯한 고운 목소리로 노래를 시작했습니다.

오, 사랑의 신이여

그대의 손톱을 피했으나
언제까지
피할 수 있으리오,
나를 기어이 붙잡고야 말리니
두려운 사랑의 사슬이여.

어린 처녀인 내가
살뜰한 그대와 싸우기는 했어도
오로지 평화를 바라면서
끝내 믿으리라 다짐하고
무기는 모두 버렸거늘,
무도하고 욕심 많은
당신은 폭군
무기와 갈고리를 휘두르면서
홀연 내게로 덤벼들도다.

이윽고 그대의 사슬에 얽혀
슬픔에 잠긴 죽음의 심연,
나를 그 젊은이의
볼모로 삼아
마음대로 하라고 주었으니.
아, 그대의 지배는
혹독한지고,
숨도 쉬지 못하고
울지도 못하고
내 몸은 자꾸만 말라 가네.

나의 소원을 바람이 싣고 가도
그대는 듣지 않고

모른 체하니
그로 말미암아 괴로움은 더할 뿐이라.
사는 일도 괴로우나
어이해 죽지도 못하나,
아, 사랑의 신이시여
이 몸을 애처로이 여기소서
내게 죽음을 주소서,
그대의 사슬에 비끄러맨 채.

만일 이것조차
이루어질 수 없다면
사슬을 풀고 희망을 안겨 주오,
아, 사랑의 신이여
당신 뜻대로 하소서.
만일 내 소망
이루어 주신다면
나는 옛날의 아름다움 되찾고
내 몸을 희고 붉은
꽃으로 장식하여
외로움을 멀리할 자신 있으니.

엘리사가 구슬프게 한숨지으며 이 노래를 불렀을 때 사람들은 가사의 미묘한 뜻을 헤아리지 못한 채 야릇한 기분을 맛보았지만, 무슨 까닭으로 이런 노래를 불렀는지 짐작하는 이는 없었습니다.

그러나 왕은 몹시 기분이 좋았던지 틴다로를 불러 자기의 피리를 가져오도록 분부했습니다. 그리고 그 피리 소리에 맞추어 모두들 더욱더 흥겨운 마음으로 춤추게 했습니다. 이윽고 밤이 깊어지자 왕은 다들 침실로 물러가도록 했습니다.

일곱째 날

《데카메론》의 일곱째 날이 시작됩니다. 이날은 디오네오의 주재 아래 옛날부터 '여자들이 사랑을 위해서 또는 자기 한 몸을 구하기 위해서'라는 이유로 남몰래, 또는 들키고서라도, 어떻게든지 남편에게 해온 여러 가지 계책을 이야기합니다.

하인 우두머리가 일어나 주인이 내린 지시와 명령대로 커다란 짐짝과 더불어 여인의 골짜기로 떠났을 때는, 이미 동쪽 하늘 별은 자취 없이 사라지고 우리가 샛별이라고 부르는 별이 꼭 하나, 밝을 무렵의 으스름 속에서 아직도 반짝이고 있을 즈음이었습니다.

하인 우두머리의 커다란 짐이 출발하고 얼마 뒤에 왕은 짐꾼들이 떠드는 소리, 수레를 끄는 가축들이 내는 어수선한 소리에 잠이 깨어 일어나 부인들과 청년들을 동시에 깨워 일으켰습니다. 모두가 걷기 시작했을 때 태양은 아직 그다지 높이 떠올라 있지 않았습니다. 이 아침만큼 나이팅게일이나 다른 새들이 명랑하게 우짖은 적은 없었습니다. 새들의 노래에 에워싸여 여인의 골짜기에 다다르니 더 많은 새들이 그들을 맞아 주었으므로 자기들의 도착을 기뻐해 주는 것 같은 마음이 들었습니다.

거기서 언저리를 돌아다니면서 천천히 살펴보니 하루 중 그 시간이 그곳의 아름다움이 한층 더 깊어지는 때였던지, 어제보다 더욱 아름답고 신비스럽게 느껴졌습니다. 그들은 고급 포도주와 과자로 배를 채우고 새들에게 질세라 노래를 부르기 시작했습니다. 그러자 새들도 지기 싫다는 듯이 달콤하고 새로운 가락으로 지저귀는 것이었습니다.

아침 식사 시간이 되자 아름다운 호수 곁에서 자라는 싱싱한 월계수와 그밖의 아름다운 나무들 아래에 식탁을 놓고, 왕의 말에 따라 모두들 모여 앉아 물고기가 떼 지어 헤엄치는 것을 바라보면서 식사했습니다. 모두들 그것을 즐겁게 바라보았을 뿐만 아니라 자주 입 밖에 내어 속삭였습니다. 식사가 끝나고 음식과 식탁이 치워지자 전보다 더욱 즐겁게 악기에 맞추어 노래를 불렀습니다.

한편 재치 있는 하인 우두머리가 미리 골짜기 여기저기에다 침대를 놓고 프랑스식 커튼으로 둘러친 데다가 그 위에 햇빛을 가리는 장막까지 마련해 놓았으므로 그들은 왕의 허락을 얻어 자러 갈 수도 있었으며, 잠자고 싶지 않은 사람은 늘 하는 다른 놀이를 할 수도 있었습니다.

그러나 모두들 일어날 시간이 되고 저마다 이야기할 때가 되었으므로, 왕의 뜻에 따라 식사한 장소 근처의 잔디밭에 융단을 깔고 모두 호수 곁에 자리 잡고 앉자 왕은 에밀리아에게 먼저 이야기의 실마리를 풀라고 분부했습니다.

에밀리아는 생글거리면서 즐거운 듯이 다음과 같은 이야기를 시작했습니다.

첫째 이야기

잔니 로테링기는 한밤중에 자기 집 문을 두드리는 소리를 듣는다. 아내를 깨우니 그녀는 귀신이 틀림없다고 남편을 속인다. 두 사람은 문간에 가서 기도로 귀신을 물리치기로 한다. 그러자 문을 두드리는 소리가 그친다.

전하, 오늘 예정된 이런 재미있는 이야깃거리의 실마리를 풀어 나갈 사람으로 내가 아닌 다른 분을 지명하셨더라면 얼마나 좋았을까요? 하지만 다른 분들의 이야기에 생기를 불어넣으라는 분부이니 기꺼이 하겠습니다.

여러분, 나는 앞으로 여러분께 도움이 될 만한 이야기를 해드리려고 합니다. 왜냐하면 나와 마찬가지로 여인네들은 모두 용기가 없기 때문입니다. 특히 귀신이라면 그 이름만 듣고도 무서워 떨죠. 바로 말해서 나는 귀신이 어떻게 생겼는지 모르며, 또 귀신을 두려워하는 사람들 가운데에서도 그것이 무엇인지를 아는 자를 만난 적이 없었습니다. 그러므로 내 이야기를 잘 기억해 두신다면 만약 귀신이 여러분 앞에 나타났을 경우 그를 쫓는 데 아주 도움이 되는 효과적이고 신성한 기도문을 준비해 둘 수 있을 것입니다.

옛날 피렌체의 산 브란카치오 지구에 잔니 로테링기라는 양모상(羊毛商)이 있었습니다. 보통의 세상일에는 서투른 편이었습니다만 장사 솜씨는 볼만한 점이 있었죠. 게다가 지극히 순박한 사나이였기 때문에 자주 산타마리아 노벨라 성당의 성가대 대표를 맡기도 했습니다. 거기서 그는 성가대를 감독하고, 그것에 관련된 일들을 곧잘 해서 대단히 자랑거리로 삼고 있었습니다. 하긴 그럴 수 있었던 것도 어느 정도 돈을 자유롭게 만지는 신분이었기 때문에 수도사들에게 열심히 모이를 뿌려 주었던 덕택입니다만.

수도사들은 가끔 양말, 외투, 두건 등을 얻어 가며 그에게 영험한 기도문을 가르쳐 주기도 하고, 속어로 된 주기도문이며 성 알레소의 노래, 성 베르나르도의 애가(哀歌), 돈나 마텔다의 찬가 등을 가르쳐 주었습니다. 또 그 밖에 쓸데없는 것까지 열심히 가르쳤습니다만, 그는 그것들을 꽤나 소중히 여겨 자신의 영혼을 깨끗이 하기 위해 아주 부지런히 써먹고 있었습니다.

한데 이 사나이에게는 테사라고 하는 매우 귀엽고 아리따운 아내가 있었습니다. 만누치오 달라 쿠쿨리아의 딸로 여간 똑똑하고 약은 여자가 아니었었죠.

남편이 지극히 단순한 사나이라는 것을 알고 있는 그녀는 페데리고 디 네리 페골로티라는, 잘생기고 아주 젊은 사나이와 사랑을 주고받았습니다. 청년도 그녀를 몹시 사랑해 그녀는 그에게 하녀를 보내어 남편 잔니의 아름다운 별장으로 만나러 오도록 전했습니다. 그녀는 여름이 되면 그 별장에서 묵었는데, 남편은 가끔 와서 저녁을 함께 먹기도 하고 또 함께 자기도 하다가 아침이 되면 가게나 자기의 성가대로 돌아가는 것이었습니다.

페데리고는 어떻게 해서든지 테사와 만나야겠다고 생각하던 차에 하녀의 말을 듣자 몹시 기뻐했고, 약속한 날의 저녁 무렵 그 별장으로 찾아갔습니다. 그날 밤은 남편 잔니가 없었으므로 흐뭇한 마음으로 즐겁게 식사하고 함께 별장에서 지냈습니다. 그리고 그녀는 사나이의 가슴에 안겨 남편이 자랑삼는 찬송가를 여섯 곡이나 가르쳐 주었습니다.

한데 그녀로서는 이것이 맨 처음으로 한 밀회였습니다. 그러나 이것을 마지막 밀회로 하고 싶지 않았고 페데리고도 같은 생각이었기 때문에, 그가 와도 되는 날을 일일이 하녀를 통해 전하느니 차라리 다음과 같이 하자고 의논하여 정했습니다.

즉 그가 그녀의 별장보다 조금 높은 곳에 있는 그의 별장을 오갈 때 그녀의 별장 곁에 있는 포도밭을 살펴본다. 포도밭 말뚝 위에 당나귀 대가리가 올라앉아 있을 텐데, 그 턱뼈가 피렌체 쪽으로 가 있으면 그날 밤은 확실히 안전하게 그녀에게로 올 수 있다. 만약 출입문이 열려 있지 않으면 살짝 세 번 두드려라. 그렇게 하면 그녀가 나와서 문을 열고 맞아들일 것이다. 그런데 만약 당나귀 턱뼈가 피에솔레 쪽으로 가 있으면 남편이 왔다는 뜻이니 오지 않기로 한다. 이와 같은 방법으로 두 사람은 자주 밀회를 즐겼습니다.

그런데 어느 날 저녁에 이런 일이 일어나지 않았겠습니까? 그날 밤에는 페데리고가 와서 저녁을 함께 먹기로 되어 있어서 테사는 커다란 수탉을 요리했습니다. 한데 올 까닭이 없었던 잔니가 밤이 깊었을 때 불쑥 나타났던 것입니다. 그래서 그녀는 크게 당황하여 별도로 쪄놓았던 약간의 절인 고기로 남편과 함께 식사했습니다. 그리고 하녀를 시켜 맛있게 찐 두 마리의 수탉과 갓 낳은 달걀 한 무더기와 고급 백포도주 한 병을 냅킨에 싸서 정원에 갖다 놓게 했습니다. 이 정원은 집 안을 거치지 않고서도 갈 수 있는 위치에 있는데, 그녀는 가끔 여기서 페데리고와 함께 저녁 식사를 들었던 것입니다. 그래서 그녀는 하녀에게 정원 잔디밭 옆의 복숭아나무 밑에 그것을 놓아두라고 지시했습니다. 한데 그녀는 갑자기 남편이 와서 몹시 당황하는 바람에, 페데리고더러 집 안으로 들어오지 말고 정원에서 기다리도록 하라고 하녀에게 말하는 것을 깜빡 잊어버리고 말았습니다.

자, 테사와 잔니는 침대에 나란히 드러눕고 마찬가지로 하녀도 잠들어 버렸는데 페데리고가 와서 문을 두드리는 사태가 벌어졌습니다. 그는 가볍게 한 번 문을 두드렸습니다. 그 문은 침실과 가까웠으므로 곧 잔니뿐만 아니라 그녀도 그 소리를 들었습니다. 하나 남편은 아내를 조금도 의심하지 않았기 때문에 아무 생각 없이 눈을 감고 있었습니다.

이윽고 페데리고는 두 번째 노크를 했습니다. 이번에는 잔니도 놀라서 아내를 쿡 찔렀습니다.

"테사, 무슨 소리가 나는데 당신 들었소? 아무래도 우리 집 문을 두드리는 것 같은데……."

아내는 물론 남편보다 더 잘 듣고 있었습니다만 그제야 잠이 깬 체하면서 딴전을 부리며 말했습니다.

"네? 뭐라고 하시는 거예요?"

"우리 집 문을 두드리는 소리 같아."

"문을 두드리는 소리라뇨? 아이고, 무서워라. 잔니, 당신 모르세요? 귀신이에요. 요즘 밤마다 와서 어찌나 무서운지…… 아이고, 저 소리를 들으면 이불을 푹 뒤집어쓰고 밝을 때까지 얼굴을 내밀지도 못한다니까요."

"무섭긴 뭐가 무서워. 귀신이라고 해도 나는 자기 전에 성가 '그대에게 빛을', '꾸짖음' 같은 것들을 외었고 그 밖에도 여러 가지 기도를 드렸으니까 괜찮아. 또 성부와 성자와 성령의 거룩한 이름을 찬양하고 침대 구석구석에까지 성호를 그어 두었으니까 그렇게 무서워할 것 없어. 귀신에게 제아무리 힘이 있대도 우리한테 해코지할 수는 없을걸."

아내는 남편이 그 어떤 의혹을 품지 않게끔, 또 연인에게 남편이 와 있다는 것을 알려 주지 않으면 안 되겠다고 작정하고 일어나 남편에게 이렇게 말했습니다.

"어머, 그거참 잘됐네요. 하지만 당신은 당신 나름대로의 방법을 취했지만 나는 그것만으로는 안심할 수 없잖아요. 그러니까 내가 당신 뒤를 따라갈 테니 둘이서 같이 귀신을 쫓는 기도문을 외우기로 해요."

"그래, 어떻게 외는 건데?"

"내가 그 기도문을 잘 알고 있어요. 실은 언젠가 내가 속죄 때문에 피에솔레에 갔을 때 여은자(女隱者) 한 분이 '잔니, 이것은 하느님께서 나를 위해 가르쳐 주신 가장 신성한 것이에요' 하며 내가 몹시 무서움을 탄다는 것을 알고 아주 영험한 기도를 가르쳐 주었어요. 그 은자는 은자가 되기 전에 몇 번이나 외었는데 여간 효험이 있지 않았대요. 하지만 나는 혼자 욀 용기는 없어요. 지금은 당신이 옆에 계시니까 우리 둘이서 악마를 쫓는 기도를 드립시다."

잔니는 그렇게 하는 것이 좋겠다고 대답했습니다. 그래서 두 사람은 일어나 함께 문 앞으로 갔습니다. 밖에서는 페데리고가 아까부터 이상하다고 생각하면서도 서 있었습니다. 그 문 앞에서 아내가 남편에게 말했습니다.

"내가 외거들랑 침을 뱉어요."

"아, 좋아" 하고 남편은 대답했습니다.

그러자 아내는 기도문을 외기 시작했습니다.

"귀신이여, 밤에 나오는 귀신이여, 그대는 꼬리를 추켜세우고 왔구나. 그러므로 꼬리를 일으켜 세우고 나가라. 정원으로 가서 복숭아나무 밑을 보면 기름에 지진 요리와 우리 집 닭이 낳은 달걀 백 개가 있다. 병에 입을 대고 포도주를 실컷 마시고 썩 물러가라. 내게도 또 잔니에게도 해를 입히지 말지어다."

이렇게 왼 다음 재빨리 남편에게 말했습니다.

"여보 잔니, 침을 뱉어요."

남편은 퉤, 하고 침을 뱉었습니다.

밖에 있던 페데리고는 테사의 말을 듣자 질투하는 마음도 사라지고 오직 실망뿐이었으나, 한편으로는 웃음이 터져 나오려고 해서 억지로 참았습니다. 그리고 잔니가 침을 뱉었을 때 작은 목소리로 중얼거렸습니다.

"이왕이면 이도 같이 뱉어 버리지."

아내는 이런 모양으로 귀신 쫓기 기도문을 세 번 외고 남편과 함께 침대로 돌아갔습니다.

그녀와 더불어 식사할 셈으로 왔던 페데리고는 기도문의 뜻을 알아차리고 배고픈 김에 정원으로 갔습니다. 그리하여 커다란 복숭아나무 밑에서 맛있게 찐 두 마리의 수탉과 포도주와 달걀을 찾아내어 그것을 가지고 집으로 돌아가 혼자 배불리 먹었습니다. 그 뒤로도 그는 몇 번이나 그녀와 몰래 만났습니다. 그때마다 이 액막이 기도문 이야기를 하고선 허리를 잡았습니다.

한데 어떤 사람들은 이 이야기가 사실은 이렇다고 주장하고 있습니다. 아내가 당나귀 머리를 피에솔레 쪽으로 돌려놓았는데, 포도밭 옆을 지나던 농부가 몽둥이로 쳐서 피렌체 쪽으로 바꿔 놓았다는 것입니다.

그것을 본 페데리고는 자신을 부르는 것이라고만 생각하고 그녀의 집으로 갔다가 다음과 같은 액막이 주문을 듣게 되었다는 것이죠.

"귀신이여 귀신이여, 물러가라. 당나귀 머리를 돌려놓은 건 내가 아니라 남이로다. 신이 벌을 내릴까 두려울시고, 나는 잔니와 여기 있음이어라."

이것을 들은 샛서방은 함께 자지도 못하고 저녁도 얻어먹지 못한 채 돌아갔다는 것입니다.

그런데 내 이웃인 호호백발 할머니가 내게 말하길, 자신이 처녀 시절에 들은 바로는 양쪽 다 사실이라고 합니다.

다만 나중 이야기는 잔니 로테링기에게 일어난 일이 아니라 산 피에트로 문(門) 곁에 살고 있던 잔니 디 넬로라는 이름을 가진, 로테링기 못지않게 멍청하고 바보스러운 사나이에게 일어났던 일이라고 했습니다.

그러니까 여러분, 이 이야기는 마음에 드시는 아무 쪽이나 취하시면 됩니다.

아니, 양쪽 다 취하셔도 물론 좋고요. 이와 같은 이야기는 경험상 알아 두신다면 이런 일이 일어났을 때 크게 도움이 될 줄 압니다. 잘 기억해 두셨다가 이용해 주십시오.

둘째 이야기

페로넬라는 남편이 돌아왔으므로 정부를 빈 통에 숨긴다. 남편이 그 통을 팔기로 했다고 하자, 그녀는 자기가 이미 통을 팔았으며 지금 통에 흠이 있는지 없는지 산 사람이 안에 들어가 살펴보는 중이라고 꾸며 댄다. 통에서 나온 사나이는 남편에게 통 속을 깨끗이 긁어내게 하고 자기 집으로 운반시킨다.

에밀리아의 이야기를 들은 사람들은 크게 웃고 그것이 정말로 효과 있는 훌륭한 기도문이라고 칭찬해 마지않았습니다. 에밀리아의 이야기가 끝났기 때문에 왕은 필로스트라토에게 다음 이야기를 시켰고, 그는 서슴지 않고 이렇게 이야기하기 시작했습니다.

여러분, 세상 남자들은, 특히 남편이라는 족속들은 당신들 부인네들을 속여먹는 일이 퍽이나 많습니다. 그런데 간혹 여자가 그런 속임수를 쓰게 된다면 그녀 스스로 그것을 자랑삼아 퍼뜨릴 것이 틀림없는데, 남자가 할 수 있는 일이라면 충분히 여자도 할 만하다는 것을 알려야 하기 때문입니다. 그것은 여러분에게도 매우 유리한 일입니다. 다른 한쪽이 알고 있는 일을 이쪽도 알고 있으면 그리 쉽사리 속아 넘어가지는 않기 때문입니다.

한데 오늘 이러한 주제로 우리가 이야기를 나눈 것이 세상 남자들 사이에 알려지면, 자기들 남자도 여자의 속임수에 걸려 넘어간다는 것을 알고 어쩌면 여자를 속이는 일을 크게 조심하게 되는지도 모르겠습니다. 내가 지금부터 이야기하려고 하는 것은 신분이 낮은 젊은 어머니에 관해서입니다. 순간의 기지로 남편에게서 자기를 구원하는 이야기입니다.

여러분, 그다지 먼 옛날 일은 아닙니다만 나폴리에 사는 한 가난한 사나이가 페로넬라라는 젊고 요염한 미인을 아내로 맞았습니다. 사나이는 미장일을 하고 아내는 실을 자아 그런대로 오순도순 살아갔습니다. 그런데 어느 날 멋쟁이 젊은이가 페로넬라를 보자마자 홀딱 반해 버렸습니다. 그리하여 별별 수단을 다 부려 여자를 꾀어 여자 쪽에서도 끝내는 꼬리를 치게 되었습니다.

두 사람은 은근히 만나 사랑을 속삭일 수 있도록 이렇게 계획을 짰습니다. 남편은 아침 일찍 일어나 일하러 가든가 일을 찾으러 나가므로 젊은이는 가까운 곳에 있다가 그가 나가는 것을 확인하고 그녀 집으로 들어오기로 말입니다. 다행히 그 근처는 아보리오라는 한적한 거리로 사람이 별로 오가지 않았으니까요. 이렇게 하여 두 사람은 몇 번이나 몰래 사랑을 즐기곤 했던 것입니다.

그러던 어느 날 아침의 일입니다. 사람 좋은 남편이 나갔으므로 잔넬로 스크리냐리오(이것이 젊은이의 이름이었습니다)는 집 안으로 들어가 페로넬라와 사랑을 나누고 있었는데, 얼마 뒤에 남편이, 여느 때는 하루 종일 돌아오는 일이 없었는데, 뜻밖에도 되돌아오지 않았겠습니까? 그런데 문이 안으로 잠겨 있어 남편은 탕탕 문을 두드리면서 이렇게 혼잣말로 중얼거리는 것이었습니다.

"아아, 하느님 감사합니다. 나를 가난뱅이로 만들기는 하셨습니다만 이토록 품행이 바른 훌륭한 아내를 주셨으니 감사합니다! 글쎄 내가 나가자 아무도 와서 시끄럽게 굴지 못하게끔 얼른 문을 잠그니 말입니다."

페로넬라는 문을 두드리는 소리를 듣고 남편이 돌아왔다는 것을 알았으므로 사나이에게 이렇게 말했습니다.

"아아, 잔넬로, 큰일 났어요. 남편이 돌아왔어요. 야단났네, 어떡하면 좋아! 이제까지 이런 엉뚱한 때에 돌아온 적이 없었는데 웬일일까? 혹시 당신이 집으로 들어오는 걸 보았을까요? 아이고, 어쨌거나 안됐지만 저기 저 통 속으로 좀 들어가세요. 나는 문을 열어야 하니까요. 오늘 아침에 왜 이렇게 일찍 돌아왔는지는 곧 알게 될 테고."

잔넬로는 얼른 통 속으로 들어갔습니다. 그러자 페로넬라는 문간으로 가서 문을 열고 새침한 얼굴로 말했습니다.

"웬일로 오늘 아침에는 이렇게도 일찍 돌아왔나요? 보아하니 오늘은 일을 얻지 못한 모양이군요. 연장을 들고 되돌아온 걸 보니. 아니 그렇게 하고선 어떻게 살려는 거예요? 누가 빵을 거저 준답니까? 내 치마에다가 속옷까지 모조리 저당 잡히려는 건가요? 나더러 손톱이 닳아 빠질 정도로 물레를 돌리라는 그 말인가요? 나는 그래도 등잔 켤 기름값이라도 벌려고 억척을 부리는데. 이봐요, 동네 사람들은 그렇게 억척같이 일하는 나를 보고 놀라기도 하고 업신여기기도 한다고요. 바보스럽게 잘도 참고 일한다면서. 아니 그런데, 당신은 이렇게 양손을 늘어뜨리고 어슬렁어슬렁 돌아온 건가요?"

페로넬라는 이렇게 말하고 눈물을 흘리는 동시에 다시 처음부터 똑같은 잔소리를 늘어놓기 시작했습니다.

"아아, 불쌍한 내 신세야, 팔자도 사납구나! 나는 말이죠, 까놓고 말하면 아주 근사한 젊은 부자하고 혼인할 수도 있었다고요. 그런 걸 여편네 생각은 조금도 않는 머저리 같은 작자하고 살려고 거절을 했으니. 남의 집 마누라들은 저마다 샛서방을 맞아 재미 보고 있어요. 둘이나 셋쯤 그런 사나이가 없는 여자라곤 없다니까요. 그렇게 재미를 보면서 남편에게는 달을 해라고 속여 먹는다고요. 아아, 그런 것과 견주어 보면 나는 너무나 불쌍해! 이것도 다 내가 사람이 너무 좋다 보니까 그런 이야기에는 조금도 귀를 기울이지 않고 일만 죽도록 하는 탓이야. 나는 왜 다른 사람들처럼 샛서방을 하나나 둘쯤 갖지 못하는지 내가 내 마음을 모르겠다니까. 이봐요, 당신 잘 들어요. 나도 나쁜 짓을 하려고 맘만 먹으면 얼마든지 상대는 있어요. 내게 홀딱 반해서 원하기만 하면 옷이든 보석이든 돈이든 싫도록 안겨 준다는 잘생긴 남자들이 수두룩하다고요. 하지만 나는 그런 짓은 못하는 여자니까 그런 생각은 꿈에도 해보지 않았지. 아아, 그런데 당신은 일해야 할 시간에 집으로 돌아오다뇨!"

그러자 남편은 이렇게 말했습니다.

"여보, 너무 그러지 마오. 당신이 어떤 여자인지는 나도 잘 알고 있소. 오늘 아침에도 당신이 훌륭하다는 걸 새삼 깨달았소. 나는 당신 말대로 일을 찾아 나갔지. 그런데 당신도 잊고 나도 잊어버렸지만 오늘은 성 갈레오네 축일로 일하지 않는 날이 아니오. 그래서 이 시간에 돌아왔지, 내가 왜 괜히 돌아왔 겠소? 하지만 나는 한 달 이상 먹을 걱정을 하지 않아도 되는 방법을 발견했 어. 실은 여기 모시고 온 분에게 저 통을 팔 약속을 했던 거요. 당신도 알다시 피 우리로서는 자리만 차지해서 처치 곤란한 물건이니까. 이분이 글쎄 5질리 아토(백합이 새겨진 은화)에 사주신대."

그러자 페로넬라가 말했습니다.

"그것도 나를 짜증 나게 하는 일이라고요. 당신은 남자랍시고 이리저리 돌 아다녀 세상일은 다 잘 알 텐데 그래요. 이런 좋은 통을 5질리아토에 팔겠단 말인가요? 나는 집 밖에는 거의 나간 적도 없는 여자지만, 저것이 자리를 차 지하기에 어떤 사람에게 7질리아토에 팔았다고요. 그 사람은 당신이 돌아왔 을 때 통이 튼튼한가 어떤가 하고 막 그 속으로 들어간 참이었어요."

남편은 그 말을 듣고 대단히 기뻐하며 통을 사러 온 사나이에게 말했습 니다.

"당신에게는 미안하게 됐소만 돌아가시오. 들은 바와 같이 당신은 은화 다 섯 닢을 주겠다고 했는데 마누라는 일곱 닢에 팔았다지 뭡니까."

"할 수 없지" 하고 그 사나이는 돌아갔습니다.

그러자 페로넬라는 "당신이 이제 돌아왔으니까 이리 와서 흥정 좀 하세요" 라고 남편에게 말했습니다.

한편 통 속에 들어간 잔넬로는 난처한 일이 생기지 않을까 걱정하면서 귀 를 세우고 있었습니다만, 페로넬라의 말을 듣자 얼른 통에서 튀어나와 남편 이 돌아온 것을 꿈에도 몰랐다는 듯이 의젓하게 물었습니다.

"아주머니, 어디 계세요?"

"여기 있소, 왜 그러오?"

곁에 와 있던 남편이 물었습니다.

"당신 누구요? 나는 지금 이 통을 아주머니하고 흥정하는 중인데요."

잔넬로가 말했습니다.

"걱정 말고 나하고 흥정하면 되오. 내가 이 집 주인이니까."

사람 좋은 사나이가 대답했습니다.

"이 통은 튼튼하기는 한데 지게미를 퍽이나 오래 담아 둔 모양이더군요. 뭔가 딱딱하게 눌어붙어서 손톱으로 긁어도 떨어지지 않아요. 그걸 깨끗하게 떼 주지 않으면 못 사겠는데요." 잔넬로가 이렇게 말했습니다.

그러자 페로넬라가 얼른 대답했습니다.

"아뇨, 그런 것 때문에 못 팔지는 않아요. 내 남편이 당장 깨끗이 긁어낼 테니까요."

옆에 서 있던 남편은 "암, 암, 그렇고말고"라고 하면서 맞장구쳤습니다.

이리하여 그는 연장을 내려놓고 윗옷을 벗고는 셔츠 바람이 되어 통 속으로 들어가 쇠붙이로 지게미를 박박 긁어내기 시작했습니다. 그러자 페로넬라는 남편이 일하는 모양을 보고 싶기라도 한 것처럼 그다지 크지도 않은 통 아가리에 머리를 처박고 게다가 한쪽 팔과 어깨마저 밀어 넣고서는 "여보, 여기도 깎아요. 그리고 여기도. 그리고 저쪽도요"라고 말하기도 하고 "여봐요, 여기도 아직 그대로 있네요" 등등 주워섬기며 참견이 대단했습니다.

이처럼 그녀가 남편에게 지시하고 가르쳐 주는 사이에 잔넬로는 갑자기 주인이 돌아왔기 때문에 이날 아침 아직도 욕망을 채우지 못하고 있었으므로, 만족스럽게 되지는 않으리라고 생각하면서도 할 수 있는 만큼이라도 바라는 바를 이루리라고 마음먹었습니다. 그래서 통 아가리를 엎드려 막고 있는 여자의 뒤로 가서, 넓은 들판에서 고삐가 풀린 수말이 욕정에 불타올라 파르티아의 암말을 덮치는 듯한 모습으로 타오르는 욕정을 채우고야 말았습니다.

그 일이 끝난 순간에 통 속도 깨끗이 매만져졌습니다. 젊은이는 페로넬라에게서 떨어지고 그녀도 통에서 얼굴을 꺼냈으며 남편은 밖으로 나왔습니다.

그러자 페로넬라가 자기 연인에게 말했습니다.

"이 등불을 들고 당신의 주문대로 아주 깨끗하게 되었는지 어떤지 살펴보아요."

잔넬로는 통 속을 둘러보고 잘됐으며 마음에 든다고 대답했습니다. 그러고는 은화 일곱 닢을 치르고 그 통을 자기 집까지 남편을 시켜 옮기게 했습니다.

셋째 이야기

수도사 리날도가 자신이 이름을 지어 준 아이의 어머니와 밀회하고 있을 때 남편이 돌아와 그가 아내와 침실에 있는 것을 발견한다. 그러자 아내는 수도사가 기도문을 외어 아이의 병을 쫓아내는 중이라고 남편을 속인다.

필로스트라토는 파르티아 암말에 대해 모호하게 얼버무렸고, 그에 따라 교양 있는 부인들은 함부로 웃을 수도 없어 다른 일로 웃는 체하고 있었습니다. 그건 그렇다 치고 그의 이야기가 끝나자 왕은 이번에는 엘리사더러 이야기하라고 했습니다. 엘리사는 준비하고 있었으므로 바로 이야기를 시작했습니다.

여러분, 에밀리아가 귀신을 몰아낸 이야기를 듣고 나는 다른 주문 이야기를 생각해 냈습니다. 에밀리아의 이야기만큼은 재미가 없지만 지금 당장 우리가 다루는 주제에 맞는 것이 생각나지 않아 그냥 말씀드리려고 합니다.

옛날 시에나에 리날도라고 하는 집안 좋고 퍽 우아한 청년이 살았습니다. 그는 이웃에 사는 어느 부자의 대단히 아름다운 부인에게 뜨거운 연정을 품고 있었습니다. 그리하여 만약에 남의 의심을 사는 일 없이 부인과 대화할 수만 있다면 자기의 욕망도 채울 수 있을 것이 틀림없다고 자신만만했습니다만, 그럴 만한 기회도 쉽사리 오지 않고 게다가 부인은 임신 중이었으므로 그렇다면 어떻게 해서든지 그 태어날 아이의 대부가 되어야겠다고 생각했습니다. 그래서 그녀의 남편과 애써 가까워진 뒤 가장 적당하다고 여겨지는 방법으로 대부가 되고 싶다는 뜻을 비추어 결국 그렇게 하기로 되었습니다.

리날도는 아기의 대부가 되어 아녜사 부인과 이야기할 썩 좋은 핑계가 생겨 용기가 솟아났으며, 부인도 연정을 담은 그의 눈빛으로 전부터 짐작하고 있던 그의 고백을 듣게 되었습니다. 한데 고백을 들은 부인은 불쾌해하지는 않는 듯했으나 그리 반기는 것처럼 보이지도 않았습니다.

그 뒤 얼마 안 되어 리날도는, 몇 가지 이점이 있었던 것인지 무슨 까닭에서인지 수도사가 되어 수도 생활을 시작했습니다. 처음에 수도사가 되었을 때는 아녜사 부인에 대한 연정이나 그 밖의 세속에서의 겉치레는 얼마간 생각도 나지 않았습니다만, 시간이 지남에 따라 수도복을 입은 채 옛날 기분으로 되돌아가 옷도 고급 천으로 만들고 겉모습을 가꾸기 시작했는데, 가진 물건 모두가 값지고 호화로웠습니다. 그리고 칸초네·소네트·발라드를 짓기도 하고 또 자신이 부르기도 하는 등 어쨌든 이와 비슷한 여러 가지 행동들을 하기 시작했던 것입니다. 하지만 이런 짓들을 리날도만 했겠습니까? 수도사라는 자들이 모두 그 모양인데 말이죠. 아아, 이처럼 어지러운 세상을 나는 꾸짖고 싶은 것입니다!

그들은 비곗살이 쪄서 배가 튀어나온 것도 아랑곳하지 않고 얼굴에는 화장을 하고, 보드라운 비단옷을 입고, 호화로운 장식물을 몸에 지니는 것을 조금도 부끄럽게 생각하지 않습니다. 그리고 비둘기처럼이 아니고 기세등등한 수탉처럼 볏을 세우고 건방지게 걷습니다.

게다가 더욱 나쁜 것은, 그들의 방에는 화장용 연고나 유약이 가득 든 항아리며 각종 과자가 든 상자, 증류수와 기름을 담은 병, 아가리 좁은 단지, 말바시아 포도주나 그리스산 백포도주 등 그 밖의 값비싼 포도주가 담긴 항아리가 놓여 있어 보는 사람의 눈에는 수도사의 방이라기보다 마치 고급술이나 향료품 가게로 비친다는 말까지는 하지 않겠습니다만, 그들은 자기들이 통풍(痛風) 환자라는 사실이 남에게 알려져도 부끄러워하지 않으며, 또 단식을 하거나 검소한 식사를 하는 절도 있는 생활이 몸의 살을 빼주고 건강에도 가장 적합하다는 것을 세상 사람들이 모른다고 생각하는 겁니다. 절제된 생활을 하면 비록 병이 생기는 일이 있을지라도 적어도 통풍에는 걸리지 않습니다. 통풍에 걸리지 않으려면 수도사다운 청빈한 생활에 덧붙여서 절제가 있어야 하고, 기타 여러 가지 방법을 쓰는 것이 좋다고 되어 있습니다.

그런데 그들은 검소한 생활과 밤새워 하는 공부와 기도와 종교상의 규율에 복종하는 일이 안색을 창백하게 만들어, 사람들로 하여금 동정심을 일으키게 한다는 것을 세상 사람이 모르는 줄 압니다. 또 성 도미니쿠스나 성 프란체스코가 혼자서 네 벌이나 되는 수도복을 가지고 있지는 않았으며, 또한 섬유에 물들여서 짠 양모나 그 밖의 보드라운 옷감을 몸에 대지도 않았으며, 본디 거친 털로 짠 옷감을 보여 주기 위해서가 아니라 추위를 막기 위해서 입고 있었다는 사실을 세상 사람들은 모르는 줄 압니다. 신이여, 원하옵건대 이와 같은 일에 높으신 배려를 내리시옵소서. 오로지 수도사들을 살이나 찌게 하는 단순 소박한 사람들의 마음에 높으신 배려를 내리시옵소서.

리날도는 다시 옛날 기분으로 돌아가 열심히 아녜사 부인을 찾아다녔습니다. 그러는 동안 조금씩 대담해져서 가슴에 품고 있는 욕망을 부인에게 하소연하기 시작했습니다.

선량한 부인은 몹시 끈덕진 구애를 받는 동안에 수도사 리날도가 전에 생각하던 것보다는 잘생겼다는 것을 알았습니다. 그리고 하도 시달림을 받게 되니 어느 날은 상대가 간절히 원하면 여자들이란 대개 모조리 허락할 마음이 드는 것처럼, 그녀도 그런 마음이 되어 이렇게 말했습니다.

"어머나! 리날도 님, 수도사직에 있는 분도 그런 생각을 하는 것인가요?"

그러자 수도사 리날도는 대답했습니다.

"부인, 이 수도복 따위는 간단히 벗어 버릴 수가 있습니다. 그러면 내가 수도사가 아니라 여느 사람과 같은 한 사나이라고 생각하시겠죠?"

부인은 터져 나오려는 웃음을 억지로 참으면서 이렇게 말했습니다.

"아이고, 어처구니없어라! 당신은 내 아들의 대부가 아닙니까? 그런 일이 어떻게 받아들여지겠어요? 그건 아주 나쁜 짓이에요. 나는 그것이 무거운 죄가 된다는 말을 자주 들었습니다. 큰 죄가 아니라면 원하시는 바를 받아들여도 좋지만요."

그러자 리날도가 말했습니다.

"그런 까닭으로 받아들이지 않는다면 당신은 바보입니다. 나는 그것이 죄가 아니라고는 하지 않습니다. 하지만 신께서는 뉘우치는 자는 용서하십니다. 한데 당신 아들에게 세례를 준 나와 친아버지인 당신 남편과 어느 쪽이 아드님과 더 가까운지 한번 말씀해 보시죠."

그러자 부인은 대답했습니다.

"그거야 내 남편이지요."

"그렇습니다." 리날도는 말했습니다.

"남편께서는 당신과 함께 잠자리에 드시지요?"

"네, 언제나" 하고 부인은 대답했습니다.

"그렇다면" 리날도가 말했습니다. "당신의 남편보다는 내가 아드님에게 덜 가깝지만 마땅히 남편과 마찬가지로 당신과 함께 잘 수 있을 것입니다."

부인은 그런 논리 따위는 알지도 못했고, 마음을 바꿀 필요도 느끼지 못했지만 리날도의 말을 그럴듯하다고 생각했던지, 아니면 그렇게 생각하는 체했던 것인지 이렇게 대답했습니다.

"당신의 그 현명한 말씀을 반박할 만한 자가 있을까요?"

이렇게 하여 리날도가 아들의 대부임에도 불구하고 부인은 그가 바라는 대로 몸을 맡겼습니다. 그것은 한 번으로 끝나지 않았습니다. 그들은 사람들이 의혹의 눈으로 보지 않은 덕분에, 대부라는 이름 뒤에 숨어 자주 사랑을 즐겼습니다.

그러던 어느 날 다음과 같은 일이 일어나고 말았습니다. 리날도가 부인의 집으로 가니 예쁘고 아주 귀엽게 생긴 젊은 하녀 외에는 아무도 없어서, 데리고 간 수도사더러 그녀에게 기도문을 가르쳐 주도록 일러 함께 다락방으로 올려 보내고, 자기는 어린아이를 받아 안고 부인의 침실로 들어가 문을 잠그고 방에 놓인 안락의자 위에서 즐거움에 빠졌습니다.

이때 남편이 돌아왔습니다. 그는 아무것도 모른 채 부인의 침실로 가서 문을 두드리며 부인의 이름을 불렀습니다.

아녜사 부인은 노크 소리를 듣고 깜짝 놀라며 말했습니다.

"야단났군요, 남편이 돌아왔으니. 끝내 일이 드러나고 말았어요."

그때 리날도는 외투도 두건도 벗고 속옷만 걸치고 있었는데 그녀의 말을 듣더니 이렇게 대답했습니다.

"정말 그렇군요. 옷이라도 입고 있다면 그런대로 얼버무리겠지만, 부인이 문을 열면 그가 이런 모습으로 있는 나를 볼 테고, 그땐 어떤 변명도 소용없겠지요."

그러자 부인은 언뜻 좋은 생각이 떠오른 듯 말했습니다.

"어서 옷을 입으세요. 다 입거들랑 이 아이를 껴안고서 내가 남편에게 하는 말에 적당히 꼬리를 맞춰 주세요. 뒷일은 내게 맡기고요."

사람 좋은 남편은 아직도 문을 두드리고 있었습니다. 부인은 문을 향해 대답했습니다.

"지금 열어요."

그리고는 자리에서 일어나 웃는 낯으로 걸어가 문을 열면서 남편을 맞아들였습니다.

"여보, 우리 아이 대부님이신 리날도 수사님이 와 계세요. 하느님께서 보내신 분이에요. 글쎄 오시지 않았더라면 오늘 아기는 목숨을 잃을 뻔했지 뭐예요?"

어리석은 열성 신자인 남편은 그 말을 듣자 곧 새파랗게 질리며 "아니, 왜?" 하고 외쳤습니다.

"여보, 방금 아기가 기절을 했어요. 나는 애가 죽는 줄 알았다고요. 만약에 리날도 님이 오시지 않았더라면 어떻게 해야 할지 몰랐을 거예요. 리날도 님은 아기의 어깨를 껴안고 내게 이렇게 말씀하셨어요. '부인 이것은 배 속에 벌레가 생긴 겁니다. 만일 벌레가 심장까지 기어 올라가면 목숨이 위태롭습니다. 그러나 내가 주문을 외워 벌레를 모두 죽일 테니까 걱정 마십시오. 내가 여기서 나가기 전에 아기를 전보다 더 튼튼하게 만들어 놓겠습니다.' 그래서 기도를 드리려면 당신이 있어야 했지만 하녀가 당신이 집에 계시지 않는다는 것을 알고 있어서 리날도 님은 이 집에서 가장 높은 다락방에 올라가 하녀더러 기도를 드리도록 일러 함께 오신 신부님과 함께 올려 보냈습니다. 그리고 리날도 님과 나는 이 방으로 들어왔어요. 실은 이와 같은 거룩한 일에는 다른 사람이 끼면 방해가 되어 아기 어머니만 들어오는 법이라는군요. 그래서 우리는 방문을 잠갔습니다. 리날도 님은 아직도 아기를 팔에 안고 계시고요. 함께 오신 신부님이 기도를 끝마칠 때까지 기다리시는 모양인가 봐요. 아마도 이제 끝난 모양이죠. 아기는 완전히 정상으로 돌아왔으니까요."

착하기만 한 남편은 어린아이에 대한 사랑으로 가슴이 미어져 아내의 새빨간 거짓말을 의심하기는커녕 곧이곧대로 믿고 크게 한숨을 내쉬며 "아기를 보아야겠군" 하고 말했습니다.

"안 돼요, 지금 들어가시면 안 됩니다. 모처럼 애써 잘됐는데 그러다가 다 망치고 말 거예요. 잠깐만 여기서 기다려 주세요. 들어가셔도 좋을 때를 내가 알려 드릴 테니까요. 그때 부르겠어요."

부인의 능숙한 연극을 듣고 있던 리날도는 천천히 옷을 입을 수 있었고 아기를 안고 모든 준비를 갖춘 다음 부인을 불렀습니다.

"부인, 주인어른의 목소리 아닙니까?"

그러자 머저리 같은 남편이 대답했습니다.

"네, 그렇습니다."

"어서" 하고 리날도는 말했습니다. "이리로 들어오십시오."

열성 신자인 남편이 들어오자 리날도가 말했습니다.

"신의 은총으로 원기를 회복한 아기를 받으십시오. 조금 전까지만 해도 당신이 저녁에 돌아와 살아 있는 아기를 못 보시리라고 걱정했습니다만, 신에게 감사하십시오. 그리고 성 암브루오지오 님의 성상 앞에 아기와 같은 크기의 조각상을 초로 깎아 바치십시오. 성자의 어진 덕으로 신께서 은총을 내리셨으니까요."

어린아이는 아버지를 보자 달려가 안기며 재롱을 부렸습니다. 아버지는 아이를 껴안고 눈물을 흘리면서 무덤에서 데려오기라도 한 듯이 입맞춤하고, 어린아이를 고쳐 준 대부에게 감사의 말을 늘어놓기 시작했습니다.

한편 리날도가 데리고 온 수도사는 다락방에서 귀여운 하녀에게 기도문을 하나가 아니라 네 개 이상이나 가르쳐 주고, 어떤 수녀에게서 받은 흰 마직(麻織) 지갑을 주었습니다. 그리하여 열렬한 자기 신자로 만들어 버렸습니다만, 부인이 자기 침실로 남편을 불러들이는 소리를 듣자 그 방에서 일어나는 일을 샅샅이 듣고 볼 수 있는 장소까지 살그머니 내려왔습니다.

모든 일이 무사히 끝난 것을 알았으므로 그는 아래로 내려와 부인의 침실에 들어가자 이렇게 말했습니다.

"리날도 님, 당신께서 지시한 네 가지 기도를 전부 외웠습니다." 그 말에 리날도가 대꾸했습니다.

"형제여, 그대는 실로 장하다. 참 수고가 많았다. 나는 주인어른이 돌아오셨을 때 아직 두 개밖에 외우지 못했었는데. 그러나 그대와 나의 노력으로 신께서 은총을 베푸시어 아기는 원기를 회복했다."

신앙심 깊은 남편은 고급 포도주와 과자를 가져오게 하여 아들의 대부와 동행한 수도사에게 극진히 대접했습니다. 그것은 그때 두 사람에게는 무엇보다도 훌륭한 대접이었습니다. 그들이 돌아갈 때 그는 집 앞까지 나와 안녕히 가십시오, 하고 배웅했습니다. 그리고 망설임 없이 밀랍상을 주문하여 시에나의 성 암브루오지오 성상 앞에 다른 조상과 나란히 놓아 달라고 보냈습니다.

물론 밀라노의 성 암브루오지오의 성상 앞은 아닙니다.

넷째 이야기

토파노는 어느 날 밤 아내를 밖으로 쫓아내고 문을 잠가 버린다. 그녀는 빌어도 남편이 문을 열어 주지 않자 우물에 빠져 죽는 체하며 커다란 돌을 던져 넣는다. 토파노가 집에서 뛰어나와 달려가자 아내는 거꾸로 남편을 바깥에 두고 문을 잠가 골탕을 먹인다.

왕은 엘리사의 이야기가 끝나자 이어 라우레타를 돌아보며 다음은 당신 차례라고 분부를 내렸습니다. 그러자 그녀는 곧바로 이야기를 시작했습니다.

아아, 사랑의 신, 그 힘은 얼마나 크고 힘찬 것일까요! 그 타이르는 말과 앞날을 내다보는 힘은 얼마나 황홀한 것일까요! 어떤 철학자 혹은 어떤 예술가가 당신처럼 길을 구하는 자에게 그 밑받침이 될 만한 것을 주고 앞날을 미리 가르쳐 줄 수 있을까요?

분명히 다른 어떤 가르침도 당신의 것과 비교하면 지극히 둔하고 느리다는 것을 이제까지 본 것들로도 알 수 있다고 생각합니다. 그래서 여러분, 나는 지극히 단순한 한 여인이 써먹었던 꾀를 꼭 하나 덧붙여서 말씀드리려고 합니다. 사랑의 힘이었기에 그와 같이 할 수 있었지, 다른 무엇으로도 그렇게 하지 못했을 것입니다.

옛날 아주 옛날에 아레초 시내에 토파노라는 부자가 살았습니다. 그는 사람들이 기타(Ghita) 부인이라고 부르는 아름다운 여자를 아내로 맞았지만, 어찌 된 까닭인지 그 뒤로 갑자기 질투심이 강한 사나이가 되고 말았습니다.

그리하여 부인은 남편에게 마구 화를 내며 왜 그렇게 시샘을 하느냐고 몇 번이나 따져 묻곤 했습니다만, 특별히 이렇다 할 이유도 없는 듯했습니다. 그러자 부인은 까닭도 없이 질투하는 남편을 한번 실컷 골려 주어야겠다고 생각하게 되었습니다.

마침 부인에게 진작부터 한 청년이 뜨거운 눈길을 보내오고 있어 그를 이용하리라 마음먹고 자기 쪽에서도 은근한 뜻을 전하기 시작했습니다. 그리하여 두 사람 사이는 급속도로 진척되어 더 이상 말 따위는 필요 없게 되었으므로, 마침내 부인은 남편을 구체적으로 어떻게 골려 줄지를 생각해 보기로 했습니다.

부인은 남편의 여러 가지 나쁜 버릇 중에서도 술버릇이 가장 나쁘다는 것을 알고 있었기에 실컷 마시라고 권하기도 하고 또 자주 마시도록 이끌기도 했습니다. 이런 식으로 버릇을 들여 그녀는 자기가 원한다면 언제고 남편을 취하게 만들 수 있었습니다.

이렇게 부인은 남편이 취해 있는 것에 완전히 자신을 얻어 대담하게도 그 사나이를 집 안으로 끌어들였을 뿐만 아니라, 다행인지 불행인지 사나이의 집이 가까운 것을 핑계로 자기 쪽에서 찾아가 함께 밤을 새우는 일도 한두 번이 아니었습니다.

사랑의 볼모가 된 부인이 이렇게 놀아나자 그제야 이 불행한 남편은 자기 더러만 마시라고 권하면서 아내는 조금도 술을 마시지 않는다는 것을 알게 되었습니다. 그러자 그는 자기가 취해서 곯아떨어진 사이에 아내가 다른 사나이와 정을 통하려고 자신에게만 거듭 마시라고 권하는 것이 아닌가 하고 의심을 품기 시작했습니다. 그래서 사실을 확인하리라 마음먹고 그날은 마시지도 않았으면서 몹시 취한 체 비틀거리며 집에 돌아가, 전에 없이 혀 꼬부라진 소리로 말 같지 않은 소리를 횡설수설 늘어놓았습니다.

아내는 그것을 진짜로 믿고, 곯아떨어져 깊은 잠에 빠지게 하려면 좀 더 퍼먹여야 한다는 생각도 미처 못 하고 곧 잠자리에 눕혔습니다. 이렇게 남편을 재워 놓고 이제까지 몇 번이나 그랬듯이 집을 빠져나가 연인의 집에 가서 한밤중까지 있었습니다.

토파노는 아내가 나갔다는 것을 깨닫자 일어나 문을 안에서 잠가 버렸습니다. 그리고 창가에 앉아 있었는데, 그러면 아내가 돌아오는 것을 보게 될 테고 또한 그녀의 행실을 자기가 짐작하고 있다는 것을 아내에게 깨닫게 할 수 있으리라 여겼기 때문입니다. 이렇게 아내가 돌아오기까지 우두커니 의자에 걸터앉아 있었습니다.

한편 집으로 돌아온 부인은 문이 안에서 잠겨 있는 걸 알고, 이거 야단났다고 생각했습니다. 비통한 심정이었으나 억지로 당기면 열릴지도 모른다는 생각에 시도해 보았습니다. 그 모습을 지켜보던 토파노는 조금 가엾은 생각이 들었습니다만, 이윽고 이렇게 말했습니다.

"여보, 그렇게 애써 봤자 안 될걸. 들어올 수는 없을 거야. 돌아가시지. 지금까지 당신이 있던 데로 말이오. 이제 절대로 집으로 돌아올 수 없으니까. 내가 당신네 친척이나 이웃 사람들 앞에서 이 문제에 대해 당신에게 알맞은 명예로운 조치를 취하기까지는."

그러자 부인은 "나는 당신이 생각하시는 그런 곳에 가 있었던 것이 아니에요. 옆집 아주머니가 요즘 밤은 긴데 잠이 오지 않아 혼자서 심심하다고 하기에 그분하고 이제까지 이야기를 나누고 있었어요. 제발 문을 열고 안으로 들어가게 해주세요" 하고 빌었습니다.

한데 이 쌀쌀맞은 남편은 아직 아무도 모르는 자기들의 수치를 아레초의 모든 사람에게 알려야겠다고 벼르고 있었기에, 이런 정도의 애원에는 귀를 기울이려고도 하지 않았습니다.

부인은 애원이 통하지 않는 것을 알자 이번에는 위협하는 길밖에 없다 생각하고 "좋아요, 열어 주지 않겠다면 당신을 이 세상에서 가장 나쁜 사람으로 만들어 주겠어요"라고 했습니다. 그러자 토파노는 말했습니다.

"당신이 뭘 한다고?"

부인은 사랑의 신(神)에게 가르침을 얻어 벌써 오래전부터 꾀가 늘었으므로 이렇게 말했습니다.

"당신이 내게 누명을 씌워 망신을 시킬 작정이라면 나는 차라리 여기 있는 낡은 우물에 몸을 던질 거예요. 나중에 내가 죽은 채로 발견되면 사람들은 당신이 술에 취해서 나를 우물에 던졌다고 생각할 게 틀림없어요. 그렇게 되면 당신은 이 동네에서 내빼든가 재산을 몰수당하고 추방되든가, 아니면 나를 죽인 범인으로 체포되겠죠. 하긴 범인임에 틀림없으니까, 목이 뎅겅 날아가고 말 거라고요."

이런 위협의 말 정도로는 토파노의 어리석은 생각을 바꿀 수 없었습니다.

"그래, 좋다고요. 나야말로 당신의 이런 한심한 행위를 참을 수 없어요. 오, 하느님, 제발 용서해 주십시오. 내 실패는 여기 놓아두고 갈 테니 반짇고리에 도로 담아 주세요."

이렇게 말을 마친 부인은, 그날 밤은 한길에서 사람을 만나도 누가 누군지 알아보지 못할 정도로 깜깜했습니다만 우물가로 다가가서 곁에 있던 커다란 돌을 집어 들고 "오, 주님, 용서해 주십시오"라고 외치며 우물 속에 던졌습니다.

돌은 물에 떨어지면서 풍덩 하고 커다란 소리를 냈습니다.

토파노는 그 소리를 듣고, 이거 틀림없이 아내가 몸을 던졌구나 하고 생각했습니다. 그래서 두레박을 찾아 들고 냅다 집 밖으로 뛰어나가 아내를 건지려고 우물로 달려갔습니다.

부인은 문 뒤에 착 달라붙어 있다가 남편이 우물로 뛰어가자 집 안으로 달려 들어가 안에서 문을 잠가 버렸습니다.

그리고 창가에 앉아서 노래라도 부르듯이 이렇게 말했습니다.

"술을 마시려면 물을 타셔야죠. 하지만 밤에는 좋지 않잖아요?"

토파노는 그녀의 목소리를 듣고서야 속아 넘어갔다는 것을 알고 문으로 되돌아갔습니다만, 안으로 들어갈 수 없자 당장 문을 열라고 소리를 지르기 시작했습니다.

부인은 그때까지는 조용히 말했습니다만, 이번에는 부르짖듯이 크게 소리를 질렀습니다.

"아이고 맙소사, 이 주정뱅이야, 오늘 밤엔 집 안에 들여놓지 않을 테야. 당신의 그 추태야말로 이젠 지긋지긋하다고요. 당신이 어떤 인간인지, 한밤중에 몇 시에 집에 돌아오는지를 이젠 사람들도 알아야 해요."

한편 토파노 쪽에서도 마주 소리 지르고 욕하고 했으므로 이웃집 사람들이 듣고 일어나 창문으로 얼굴을 내밀고, 무슨 일이냐고 저마다 떠들었습니다.

부인은 울면서 이렇게 대답했습니다.

"이 사람은 정말 질이 좋지 못해요. 밤마다 취해서 돌아오지 않으면 술집에서 자기가 일쑤거든요. 집으로 돌아온다는 것이 날이면 날마다 이렇게 한밤중이니 내가 살 수 있겠어요? 하지만 이제 더 이상 못 참겠어요. 그래서 저 인간이 마음을 고칠 것인가 아닌가를 보려고 집 안에 들여놓지 않고 망신을 주는 거랍니다."

그러자 토파노는 사실은 이러이러한 게 아니냐고 큰 소리로 아내를 위협했습니다. 이에 대해 부인은 이웃 사람들에게 다음과 같이 그럴싸하게 변명하는 것이었습니다.

"저 사람 꼴을 보세요! 만약에 내가 지금 저 사람처럼 한길에 있고 저이가 나처럼 집 안에 있었더라면 여러분은 어떻게 생각하셨겠어요? 아마도 그가 하는 말이 진짜라고 생각하시겠지요. 이 정도니 저 사람의 배짱을 아시고도 남을 거예요. 그가 했다고 내가 생각하는 일을, 오히려 내가 했다고 떠들어대지 않습니까. 나를 놀래 주려고 우물에다가 뭔지는 모르지만 풍덩 빠뜨렸어요. 아이고, 차라리 자기가 빠져 죽었으면 얼마나 좋겠어요? 그랬으면 억병으로 마신 술도 말짱하게 깰 거고요."

이웃 사람들은 남자 여자 할 것 없이 모두 토파노를 비난하기 시작했습니다. 그리고 아내를 모함한 일을 몹시 꾸짖고 호되게 다그쳤습니다. 그래서 눈 깜짝할 사이에 이 소동은 이 거리에서 저 거리로 퍼져 나가 끝내는 부인의 친정에까지 알려지게 되었습니다.

친정 식구들은 곧바로 달려와서 일의 자초지종을 이웃 사람들에게 듣고 토파노를 붙잡아 뼈가 부서질 만큼 두들겨 주었습니다. 그리고 집 안으로 들어가 부인의 짐을 챙기고 토파노에게는 쉴 새 없이 욕을 해대며 그녀를 데리고 친정으로 돌아갔습니다.

토파노는 일이 묘하게 되었고, 자기의 지나친 질투심이 이런 결과를 빚어냈다고 생각했습니다. 본디 부인을 너무나 사랑했기 때문에 저질러진 일이었기에, 친구 두엇을 중간에 넣어 모든 것을 사과하고 평온한 마음으로 부인을 맞아들일 것을 다짐하고는, 그녀에게 앞으로는 절대로 시새우지 않겠다고 굳게 약속했습니다.

그뿐만이 아니라 아내에게 어떤 재미를 보아도 상관없으나 자기 눈에만 띄지 않게 잘하라고 허락해 주었습니다.

이렇게 마치 어수룩한 촌놈처럼 그는 어처구니없는 꼴을 당한 끝에 평화협정을 맺었던 것입니다.

사랑이여 만세, 탐욕이여 멸망하라. 싸움이여 모두 그칠지어다.

다섯째 이야기

어떤 질투심 많은 사나이가 신부로 꾸며 아내의 참회를 듣는다. 아내는 밤마다 찾아오는 어느 신부를 사랑하고 있다고 말한다. 질투심 강한 남편은 남몰래 문간에 숨어서 감시하지만, 그동안 아내는 지붕으로 연인을 불러들여 즐긴다.

라우레타의 이야기가 끝나자 모두들 아내가 심술궂은 남편을 잘 골려 주었다고 온갖 말로 칭찬했습니다. 그러자 왕은 시간을 허비하지 않기 위해 피암메타를 돌아다보며 살뜰한 태도로 이번에는 당신이 이야기를 해주십시오, 부탁했으므로 그녀는 다음과 같이 이야기를 시작했습니다.

여러분, 방금 이야기를 듣고 나는 질투심 많은 사나이의 이야기를 해야겠다는 마음을 먹었습니다. 그와 같은 사나이에 대해 부인들은, 특히 이유도 없는 질투일 경우에는 마땅히 앙갚음을 해야 한다고 생각합니다. 그래서 만약에 입법자가 온갖 사태를 고루 살펴보았더라면, 자기만 생각하고 남을 해치는 자에 대해서 제정한 벌과는 별도로 이와 같은 경우의 부인네들을 위해서는 다른 벌을 정했어야 한다고 생각합니다. 왜냐하면 질투심 많은 사나이는 젊은 여성의 목숨을 노리는 자이며 애써 그 죽음을 바라는 자이기 때문입니다.

부인들은 일주일 내내 집 안에 들어앉아 집안일과 식구들의 일을 보살피고 있습니다만, 마음속으로는 역시 다른 사람들이 하고 있듯이 축제일에는 그 어떤 위로나 휴식이나 즐거움을 얻고 싶어 하는 것입니다. 예컨대 들에서 일하는 농부나 거리의 직공이나 재판소의 관리들처럼 말입니다. 이레째에는 하느님께서도 그날까지의 노고에서 떠나 쉬셨으며, 종교의 규율이나 사회의 법칙도 신의 은총을 생각하고 일반 시민의 공통적인 행복을 헤아려 일하는 날과 쉬는 날을 구별하고 있는 것입니다.

그런데 질투심 많은 사나이들이란 그런 일을 도무지 생각하지 않습니다. 오히려 모두가 들뜬 기분으로 즐기는 날에 여자들을 한결 엄하게 집 안에 가둬 놓아 더욱더 그녀들을 슬프게 하고 참담하게 합니다. 그것이 얼마나 여자들의 몸과 마음을 지치게 만드는지는 겪은 자가 아니면 절대 알 수 없습니다.

그러므로 결론부터 먼저 말씀드린다면 여자가 그릇된 질투를 일삼는 남편에게 그 어떤 앙갚음을 하더라도 결단코 나무랄 것이 아니라 차라리 칭찬해 주어야 마땅한 일이 아닐는지요.

옛날 아리미노 시내에 돈과 땅을 많이 갖고 있는 부자 상인이 살았습니다. 그는 세상에 보기 드문 미인을 아내로 두었는데 언제부터인가 몹시 질투를 하게 되었습니다. 특별한 이유가 있었던 것은 아니며, 아내를 몹시 사랑했고 그녀가 너무 예뻤기 때문일 것입니다. 그리고 아내가 애써 그의 마음에 들도록 처신하는 것으로 미루어 보아 어떤 사나이라도 아내를 좋아할 게 틀림없다고 지레짐작한 데다, 누구나 아내를 예쁘다고 생각할 것이고, 또 자기에게 하는 것처럼 남에게도 상냥하게 대하리라 생각했기 때문이겠죠.

그와 같은 병적인 질투에 눈이 어두워진 남편이 감시를 엄하게 하고 그 행동을 구속하고 있어서, 그녀는 마치 사형선고를 받은 중죄인이나 다를 바 없었는데, 죄인도 형리에게 이처럼 엄한 감시는 받지 않으리라 생각될 정도였습니다. 그래서 부인은 남의 결혼식에도 축제에도 또는 성당에조차 가지 못했으며 어떤 핑계로도 집 밖으로는 한 발도 내놓을 수 없는 형편이었습니다.

아니 그건 그렇다 치고 더 지독한 것은 창문으로 얼굴을 내미는 일마저 금지되고, 어떤 이유로도 집 안에서 밖을 내다보지 못한다는 것이었습니다. 그리하여 그녀의 생활은 실로 최악이라고 할 수 있었는데, 자기로서는 아무런 잘못도 없다고 생각하느니만큼 그 고통은 정말로 참기 어려웠습니다. 이런 식으로 남편에게서 부당한 취급을 받는다고 생각하니 그녀는 이왕이면 이에 상응한 학대의 이유를—찾아낼 수만 있다면—무슨 짓을 해서라도 찾고야 말리라고 결심했습니다.

그런데 창문으로조차 얼굴을 내밀 수가 없고 집 앞을 지나는 누군가의 은근한 눈길에 미소지을 형편도 못 되었으므로, 마침 잘생기고 쾌활한 젊은이가 옆집에 산다는 것을 떠올리고는 옆집과 자기 집 사이의 벽에 구멍을 뚫을 수만 있다면 자주 얼굴을 마주하게 될 것이고 또 상대방이 받아들여 준다면 자기의 사랑을 바칠 수도 있을 거라 생각했습니다. 그리고 이와 같은 방법으로 남편에게서 질투의 악마가 나가 버릴 때까지는 지금의 처참한 생활을 그대로 참아 보자고 생각했습니다.

어느 날 그녀의 남편이 집에 없을 때 벽의 여기저기를 살펴보다가, 좀처럼 사람 눈에 띄지 않는 곳에 우연히 조그만 구멍이 뚫려 있는 것을 발견했습니다. 그래서 그 작은 구멍으로 들여다보니 저쪽에서는 잘 보이지 않는 모양이었으나 구멍이 뚫린 곳이 바로 방이라는 것을 알아채고, "만약에 저기가 필리포의 방이라면(즉 옆집 청년의 방이라면) 반은 성공한 건데" 하고 혼잣말을 했습니다.

그리하여 그녀는 자기를 동정하는 하녀에게 조심조심 엿보게 하여, 그곳이 바로 그 청년이 혼자 자는 방이라는 것을 알아냈습니다. 부인은 그 뒤부터 틈만 있으면 구멍을 엿보았습니다. 그리고 청년이 방에 있다는 것을 알자, 작은 돌멩이랑 나무 부스러기를 던져 넣었습니다. 어떤 반응이 오나 하고 기다리고 있으려니 청년이 곧 다가왔습니다. 그녀는 청년의 이름을 불렀습니다.

청년은 그 목소리가 귀에 익었기에 얼른 대답했습니다. 부인은 기운이 나서 짤막하게 자기의 마음을 실토했습니다. 청년은 매우 기뻐하며 아무도 모르게 자기 쪽에서 그 구멍을 넓혔습니다. 이렇게 두 사람은 자주 대화를 나누고 손을 맞잡고 했습니다만 질투쟁이 남편의 눈이 하도 엄하여 그 이상의 일은 하지 못했습니다.

어느덧 크리스마스가 다가와 부인은 남편에게, 만약 허락해 주신다면 그날 아침에는 다른 신자들과 마찬가지로 성당에 가서 고해성사도 하고 영성체도 했으면 좋겠다고 말했습니다.

그러자 질투심 많은 남편은 이렇게 대답했습니다.

"고해한다고? 그래, 도대체 무슨 죄를 저질렀어?"

"뭐라고요?" 부인이 말했습니다. "당신은 내가 집 안에만 갇혀 있으니까 성인이라도 된 줄 아시는 모양이지요? 나도 세상 사람들과 마찬가지로 죄를 짓고 있어요. 하지만 당신에게는 말하고 싶지 않아요. 당신은 신부님이 아니니까요."

질투심 많은 남편은 이 말에 의혹을 품고 아내가 어떤 죄를 범했는지 꼭 알아내고야 말리라고 마음먹었습니다. 그리고 교묘한 방법을 하나 생각해 냈습니다.

그는 아내에게 자신들의 교구 성당에는 가도 좋지만 다른 성당에 가서는 안 된다, 그리고 아침 일찍 가서 주교가 정해 준 신부에게 고해해야 하며 다른 신부에게 해서도 안 된다, 그것이 끝나면 곧바로 집으로 돌아오라고 말했습니다.

부인은 대강 남편의 말뜻을 짐작했기에 더 이상 길게 말하지 않고, 그렇게 하겠다고 대답했습니다.

크리스마스 아침이 되자 부인은 새벽같이 일어나 단장을 하고 남편이 정해 준 성당으로 갔습니다. 한편 질투쟁이 남편도 일찍 일어나 같은 성당에 그녀보다 먼저 가 있었습니다.

한데 그는 그 성당의 신부와 짜고서 흔히 신부가 입는 얼굴을 가리는 두건 달린 신부복을 입고 성가대에 섞여 앉아 있었습니다.

성당에 도착한 부인은 주교님을 만나게 해달라고 청했습니다. 주교가 나오자 그녀는 참회하고 싶다고 말했는데, 주교는 자기가 지금 들을 수 없으니 동료 신부를 보내겠다고 대답했습니다. 그리고 그 자리에서 물러가자, 그녀로서는 참으로 불행하게도 그 질투쟁이 남편을 보내는 것이 아니겠습니까?

남편은 아주 점잔을 빼면서 걸어왔습니다. 그런데 아직 날이 활짝 밝지 않았고 두건을 눌러썼다고는 하나 아내의 눈은 속일 수 없어, 부인은 곧바로 남편임을 알아보았습니다. 그러고는 마음속으로 뇌까렸습니다.

'질투쟁이 내 남편이 신부로 변장했다니 차라리 잘됐구나. 모른 체하고 듣고 싶어 하는 말을 모두 해줘야지.'

그리하여 그녀는 시치미를 떼고서 그의 발아래 꿇어앉았습니다. 한데 질투쟁이 남편은 혀가 매끄럽게 돌아가지 못하게끔 일부러 입에 작은 돌멩이를 두어 개 집어넣었습니다. 그런 혀짤배기소리를 하면 아내가 알아차리지 못할 것으로 생각했으며, 또한 신부로 변장했으니 절대로 눈치챌 걱정은 없다고 굳게 믿었습니다.

마침내 고해할 단계에 이르자 부인은 자기가 결혼한 몸임을 먼저 말하고, 다음으로 신변의 자질구레한 일들을 이야기한 다음 최근 어떤 신부와 사랑에 빠졌는데 그가 밤마다 자기와 잠자리를 같이하러 온다고 고백했습니다.

이 말을 들은 순간 질투쟁이 남편은 칼로 심장을 콱 찔린 것 같은 충격을 받았습니다. 만약에 그가 나머지 일들을 더 알고자 원하지 않았더라면 고해를 듣는 일 따위는 집어치우고 집으로 달려가 버렸을 것입니다. 하지만 어쨌든 아랫배에 잔뜩 힘을 주고 물었습니다.

"뭐라고요? 그렇다면 남편은 당신과 함께 자지 않나요?"

"아니요, 잡니다."

"그럼" 하고 질투심 많은 남편이 말했습니다.

"어떻게 그 신부도 함께 잘 수 있는 거죠?"

"네, 신부님. 저는 그분이 어떤 재주를 부리는진 모릅니다만, 저희 집에는 그분이 손을 대면 열리지 않는 문이라곤 하나도 없습니다. 그분의 말씀이, 저의 침실 앞에 이르러서 문을 열기 전에 두어 마디 기도문 비슷한 것을 외우면 남편은 이내 깊은 잠에 빠지게 된다는 것입니다. 그래서 잠에 빠진 다음에 문을 열고 방 안으로 들어와 저와 자는데, 아직 한 번도 실패한 적은 없습니다."

그러자 질투심 많은 남편이 말했습니다.

"부인, 그것은 잘못입니다. 나쁜 짓입니다. 그와 같은 일은 그만두어야 합니다."

그러자 부인이 대답했습니다.

"신부님, 그렇게는 도저히 할 수 없습니다. 저는 그분을 너무나도 사랑하니까요."

"그렇다면" 하고 남편이 말했습니다. "나는 당신의 죄를 사해 줄 수가 없습니다."

이번에는 부인이 말했습니다.

"그건 정말 안타까운 일이군요. 저는 이곳에 거짓말하러 온 것이 아닙니다. 그걸 그만둘 수 있다면 그렇게 할 겁니다."

질투쟁이 남편이 말했습니다.

"잘 들으십시오, 부인. 사실 당신이 영혼을 잃어버리는 모습을 보는 것은 참 슬픈 일입니다. 그렇지만 나는 당신을 대신하여 하느님께 특별한 기도를 드리는 수고를 아끼지 않을 것입니다. 하느님은 반드시 당신에게 은총을 베푸시리라 생각합니다. 여기서 성당의 보좌 신부를 가끔씩 보낼 것이니 영험이 있는지 어떤지는 그때 가서 다시 의논하기로 합시다."

그러자 부인이 말했습니다.

"신부님, 어떤 신분의 사람일지라도 낯선 사람을 저희 집에 보낸다는 것은 생각지도 마십시오. 만약에 남편이 알게 되는 날에는, 여간 질투심이 강한 사람이 아니어서 아내와 무슨 나쁜 짓을 하러 왔다고 믿어 버릴 것이 틀림없습니다. 그렇게 되면 저는 1년 내내 단 하루도 마음 편하게 남편과 지낼 수 없게 될 겁니다."

이번에는 질투쟁이 남편이 말했습니다.

"부인, 그런 걱정은 아예 마십시오. 남편분이 그렇게 하지 못하도록 내가 잘 깨우쳐 주겠습니다."

그 말을 듣고 부인이 대답했습니다.

"그렇게만 해주신다면 얼마나 좋겠습니까. 감사합니다."

이렇게 부인은 고해성사를 끝내고 일어나 미사를 드리러 갔습니다.

남편은 자신의 불행을 크게 슬퍼하면서 신부복을 벗으러 갔습니다. 그리고 그 신부와 아내가 사랑을 속삭이는 현장을 잡아내어 두 사람에게 따끔한 맛을 보여 줄 방법을 이것저것 생각하면서 집으로 돌아갔습니다.

부인은 성당에서 돌아와 남편의 우울한 낯빛을 보자 자기가 엄청난 크리스마스 선물을 했다는 것을 알았습니다. 그러나 남편은 자기가 신부로 변장했던 일을 애써 감추며 그녀의 고백을 알고 있는 듯한 눈치조차 보이지 않으려고 안간힘을 썼습니다. 그리고 그날 밤은 한길 쪽으로 난 문을 지켜 그 신부가 오나 안 오나를 볼 생각으로 아내에게 이렇게 말했습니다.

"오늘 저녁에 나는 밖에서 식사하고 어쩌면 자고 들어올지 모르니 한길 쪽으로 난 문은 꼭 걸어 잠가요. 그리고 층계 중간에 있는 문과 침실문도 꼭 잠그고, 적당한 시간에 먼저 자도 좋아."

부인은 "네, 알았어요"라고 대답했습니다.

이렇게 하여 부인은 알맞은 시간에 구멍으로 가서 늘 하는 신호를 보냈습니다. 그것을 듣고 필리포가 나타났습니다. 부인은 오늘 아침에 자기가 한 일과 남편이 식사 뒤에 나가면서 하던 말을 들려준 다음 이렇게 말했습니다.

"남편은 틀림없이 외출하지 않고 바깥문 근처에서 망을 보고 있을 거예요. 그러니까 오늘 밤에는 어떻게 지붕을 타고서라도 내 방으로 오세요. 그러면 우리들은 함께 지낼 수 있을 테니까요."

청년은 크게 기뻐하며 "부인, 그렇게 하겠습니다" 하고 대답했습니다.

밤이 되자 질투쟁이 남편은 칼을 품고 아무도 몰래 아래층 방에 들어가 숨었습니다. 그래서 부인은 때가 왔다고 하인에게 분부하여 문이라는 문은 모조리 잠그게 하고, 특히 층계 중간에 있는 문은 질투쟁이 남편이 절대로 들어오지 못하도록 엄중히 단속시켰습니다.

청년은 떨어지지 않게 조심조심 지붕을 타고 왔습니다. 이렇게 하여 두 사람은 침대에 들어가 서로 깊은 정을 나누었습니다. 그리고 날이 밝자 젊은이는 자기 집으로 돌아갔습니다.

한편 질투쟁이 남편은 골똘히 생각에 잠겨 저녁 식사도 하지 않고 추위에 떨면서 밤새도록 칼을 껴안은 채 이제나저제나 아내의 정부인 신부가 오기를 기다리고 있었습니다. 하지만 밝을녘이 되자 더 이상 망을 보고 있을 수 없어 아래층 방으로 자러 갔습니다.

그리고 9시 가까이 되어 일어나니 문이 다 열려 있어 밖에서 들어오는 체하고 자기 방으로 들어가 식사를 했습니다. 그리고 한참 뒤에 한 소년을, 아내가 고해한 신부가 말한 보좌 신부로 꾸며 그녀에게 보냈습니다. 물론 정부라던 신부가 왔던가를 물어보기 위해서였죠.

심부름꾼 소년을 익히 알고 있던 부인은 어제저녁에는 오시지 않았다, 만약에 이런 일이 계속되면 잊으려야 잊을 수 없는 분이기는 하지만 그런대로 잊히지 않겠느냐고 대답했습니다.

자, 여러분 더 이상 무엇을 말할 필요가 있겠습니까? 남편은 남편대로 아내가 말하는 신부가 오면 붙잡으려고 몇 밤이나 망을 보고 있었으며, 아내는 아내대로 연인과 둘이서 즐거운 시간을 보냈던 것입니다. 그러다가 마침내 고통을 이기지 못하게 된 질투쟁이 남편은 초췌해진 얼굴로 아내에게 당신이 고해하러 간 그날 아침에 신부에게 무슨 고백을 했느냐고 따졌습니다.

그러자 부인은 그것은 온당하지 않고 예의에 어긋나는 일이므로 더 이상 이야기하고 싶지 않다고 대답했습니다.

"야, 이 매춘부야! 나는 네가 무슨 말을 했는지 다 알고 있어. 네가 반한 신부가 어디 사는 어떤 놈인지, 밤마다 마술을 써서 너하고 자고 가는 놈이 어디서 굴러먹던 녀석인지를 내 꼭 밝혀내야겠다. 실토하지 않았단 봐라, 목뼈를 분질러 놓을 테니."

그러자 부인은 자기가 어떤 신부와 사랑에 빠졌다는 것은 거짓말이라고 속 시원하게 대답했습니다.

"아니, 뭐라고?" 남편이 외쳤습니다. "당신은 이러이러하다고 신부에게 고해하지 않았나?"

"신부님이 신자의 고해 내용을 당신에게 고자질할 리는 없을 텐데요. 그렇다면 당신이 그 자리에 있었다는 말이 되는군요. 네, 나는 분명히 그렇게 말했습니다."

"그럼" 하고 질투심 많은 남편이 다그쳤습니다. "그 신부 놈은 누구야, 빨리 말해."

부인은 웃었습니다.

"숫양이 뿔을 잡혀 도살장으로 끌려가듯이 현명한 사람이 어리석은 여자에게 끌려다니는 꼴이 정말 재미있는 구경거리군요. 본디 당신은 그다지 현명한 편은 아니었지만 아무런 까닭 없이 가슴속에 질투심을 품게 된 뒤로는 더욱 어리석어진 것 같아요. 그러니 당신이 우둔한 짐승같이 되면 될수록 내 명예는 더욱 떨어지게 되지요. 여보세요, 당신에게 마음의 눈이 보이지 않으니 나도 눈뜬장님이라고 생각하십니까? 천만에요. 그렇지는 않습니다. 나는 내 고해를 듣는 신부님이 누구인지 곧바로 알아챘어요. 그가 당신이라는 것을 알았단 말이에요. 그래서 나는 당신이 듣고 싶어 하는 말을 하려고 결심했죠. 그리고 그대로 했어요. 하지만 당신이 스스로 생각하는 것만큼 현명한 분이라면 자기가 데리고 사는 아내의 비밀을 그런 방법으로 알려고 하지는 않았을 거예요. 또 공연한 의심을 품지 않고, 아내가 당신에게 고백한 것이 사실이라 하더라도 조금도 죄를 범하지 않았다는 것을 알았을 거예요.

나는 어떤 신부를 사랑하고 있다고 말씀드렸지요. 내가 그토록 사랑하는 당신은 그때 신부가 되어 있지 않았던가요? 나는 당신이 나와 함께 자길 바랄 때는 어떤 문도 잠겨 있지 않을 거라고 말씀드렸죠. 당신이 내게로 오시고자 했을 때 어느 문 하나라도 당신을 막은 적이 있나요? 내가 그 신부는 밤마다 나와 함께 잔다고 말한 것처럼 하룻밤이라도 당신이 나와 함께 자지 않은 날이 있었던가요? 또 당신은 자주 보좌 신부를 내게 보냈지만, 잘 아시는 바와 같이 그때는 당신이 내게로 오시지 않았기 때문에 그 신부는 오지 않았다고 대답했던 거예요. 질투의 불길에 눈이 어두워진 당신 말고 이런 것을 판단하지 못하는 바보가 세상에 또 있을까요? 그런데도 당신은 밤중에 망을 보기 위해 집에 있으면서 밖에서 식사하고 밖에서 자고 오시는 체했지요.

이제 잠에서 깨세요. 이제 그만 본디 자기 자신으로 돌아가세요. 당신의 졸렬한 수법을 다른 사람들이 알게 되면 얼마나 비웃겠어요? 당신이 지금 하고 계신 삼엄한 감시 같은 것은 어서 그만두시는 게 좋겠군요. 하느님께 맹세코, 만약에 내가 당신을 배신할 마음만 먹는다면 당신의 두 눈이 백 개로 늘어난다 하더라도, 그 백 개의 눈을 까맣게 속이고 나의 환락을 손쉽게 취할 수 있어요."

아내의 비밀을 감쪽같이 알아냈다고 콧대가 오똑해져 있던 이 어리석은 질투쟁이 남편은 이 말에 질투의 뿔이 꺾였습니다. 그리고 아무런 대꾸도 하지 못한 채 아내를 착하고 똑똑한 여자라고 생각했습니다. 그리하여 정작 질투가 필요하지 않을 때는 질투 이상의 것을 몸에 두르고 정말로 질투해야 할 때 이렇게 벗어 버렸던 것입니다.

그래서 이 똑똑한 아내는 자신의 쾌락을 거의 자유분방하게 누릴 수 있게 되어 연인이 고양이처럼 지붕을 타고 오게 하지 않고 문으로 조심스럽게 들어오게 하여 둘이서 수없이 즐거운 시간을 가졌으며 편안한 생활을 누릴 수 있었던 것입니다.

여섯째 이야기

람베르투치오 씨의 사랑을 받고 있는 이사벨라 부인이 레오네토와 몰래 사랑을 나누고 있는데 바로 그가 찾아온다. 거기에 또 그녀 남편이 돌아온다. 남편은 람베르투치오에게 단검을 쥐어 주어 밖으로 쫓아낸다. 다음에 남편은 레오네토를 집까지 바래다준다.

피암메타의 이야기는 모두의 환영을 받았습니다. 사람들은 아내가 한 일은 참 훌륭하다, 그런 바보 남편에게는 마땅히 그렇게 해야 한다고 단언했습니다. 그러나 이제 그 이야기도 끝나 왕은 팜피네아에게 다음 이야기를 하라고 지시했습니다. 그녀는 다음과 같은 이야기를 시작했습니다.

　세상에는 지극히 단순한 생각으로 사랑은 사람에게서 옳고 그름을 가려내는 힘을 빼앗고, 사랑에 빠진 자의 눈을 멀게 한다고 말하는 사람이 많이 있습니다. 하지만 그것은 어리석은 생각입니다. 지금까지의 이야기에도 잘 나타나 있는데, 여기서 나는 다시 한 번 그것을 확인하고자 합니다.
　온갖 혜택을 골고루 받고 있는 우리 도시에 젊고 아름다우며 신분이 높은 부인이 살았습니다. 이 부인은 돈 많고 인물도 훌륭한 기사의 아내였습니다. 한데 인간이란 존재는 늘 같은 것만 먹으면 싫증을 일으켜 색다른 것을 먹고 싶어 하는 법입니다. 이 부인도 남편에게 싫증을 느끼고, 출신은 그다지 좋지 않지만 품위 있고 예절 바른 청년 레오네토를 좋아하게 되었습니다. 그 젊은 이도 물론 그녀를 좋아했습니다. 여러분도 아시는 바와 같이 서로의 마음이 통하면 으레 열매를 맺게 마련이 아니겠습니까. 두 사람의 사랑이 이뤄지는 데 있어서도 그다지 긴 시간이 필요하진 않았답니다.
　그런데 이 부인은 아름다울 뿐만 아니라 그지없이 우아한 사람이었으므로, 람베르투치오 씨라고 불리는 기사가 또한 뜨거운 마음을 품고 있었습니다. 하지만 부인은 그를 천박한 사람으로 알고 있었기에 불쾌하게 생각하고 선물을 산더미처럼 갖다 쌓아도 사랑할 마음이 일지 않았습니다. 남자 쪽에서는 몇 번이나 사람을 내세워 그녀에게 뜨거운 정을 호소했지만 조금도 효과가 없었습니다. 화가 난 그는 상당히 권세 있는 기사였던 만큼 자기 뜻을 받아주지 않으면 뭇사람들 앞에서 망신을 주겠다고 사람을 통해 엄포를 놓았습니다. 그렇게 되니 부인은 두려운 마음이 생기고 그의 사람됨을 알고 있었기에 할 수 없이 그의 뜻을 받아들이기로 마음먹었습니다.
　이 이사벨라라는 부인은 해마다 여름이 되면, 우리도 그렇습니다만, 시골에 있는 아름다운 별장으로 가는 것이 관례였습니다. 그런데 어느 날 아침 남편이 말을 타고 며칠 동안 다른 지방을 다녀오게 되어 레오네토에게 이를 알려 별장으로 오게 했습니다. 그는 크게 기뻐하며 곧바로 달려왔습니다.
　한편 람베르투치오도 이사벨라 부인의 남편이 어디 다니러 갔다는 말을 듣고는 곧 부인의 집으로 말을 타고 달려와 문을 쾅쾅 두드렸습니다. 부인의 하녀는 그를 보자 레오네토와 부인이 함께 있는 침실로 달려가 문밖에서 이렇게 말했습니다.

"마님, 람베르투치오 님이 혼자서 오셨습니다."

부인은 그 말을 듣자 앞이 캄캄해졌습니다. 그를 몹시 두려워하는 부인은 레오네토에게 람베르투치오가 돌아갈 때까지 미안하지만 침대의 커튼 뒤에 숨어 있으라고 애원했습니다. 레오네토도 부인 이상으로 그를 두려워하고 있었으므로 시키는 대로 했습니다. 그런 다음 그녀는 람베르투치오를 안내하라고 하녀에게 일렀습니다. 하녀가 대문을 여니 그는 앞마당에 말을 매고 집 안으로 들어갔습니다. 부인은 층계 위에서 웃는 얼굴로 정답게 인사를 하고 무슨 볼일로 오셨느냐고 물었습니다. 람베르투치오는 부인을 껴안고 입을 맞춘 다음 말했습니다.

"사랑하는 그대여, 남편께서 나가셨다기에 잠시나마 그대와 함께 즐기고자 왔소."

그러고 나서 두 사람은 침실로 들어가 안에서 문을 잠근 다음 사랑의 행위를 하기 시작했습니다. 그들이 이처럼 기쁨과 즐거움에 빠져 있을 때 아주 뜻밖에도 갑자기 남편이 돌아왔습니다. 하녀는 집 근처에서 주인의 모습을 보고 달려와서 부인에게 알렸습니다.

"마님, 나리께서 돌아오셨습니다. 벌써 안마당까지 오셨을 겁니다."

부인은 하녀의 말을 듣자 집 안에는 두 사나이가 있고, 안마당에는 람베르투치오의 말이 매어져 있으므로 그를 숨길 방도는 없다고 생각하고 낯빛이 새파랗게 되었습니다. 하지만 이내 침대에서 뛰어내려 결심한 듯 그에게 이렇게 말했습니다.

"당신이 진정으로 나를 사랑하고 내 목숨을 구원해 주고 싶다면 내가 말하는 대로 해주세요. 단검을 빼 들고 화가 잔뜩 난 무서운 모습으로 이렇게 외치면서 층계를 달려 내려가는 겁니다. '잘 들어 둬라. 난 네놈을 어디서든 붙잡고야 말 테니.' 만약 그때 남편이 당신을 말리든가 무엇을 물어보든가 하더라도 지금 그 말 말고는 아무 대답도 하지 마세요. 그리고 말을 타고 무슨 일이 있더라도 멈추지 말고 달려가야 합니다."

람베르투치오는 그렇게 하겠다고 대답했습니다. 그리하여 단검을 빼 들자 이제까지의 피로와 갑작스럽게 돌아온 집주인에 대한 분노로 얼굴이 빨갛게 달아올라 부인이 시키는 대로 했습니다.

말에서 내린 남편은 안마당에 낯선 말이 매어져 있는 것을 보고 미심쩍게 여기면서 집 안으로 들어가려고 했는데, 바로 그때 람베르투치오가 층계를 뛰어 내려오는 것을 보았습니다. 그리고 그의 부르짖음과 무서운 모습에 놀라 말을 걸었습니다.

"아니, 웬일입니까?"

람베르투치오는 그를 본 체도 않고 등자에 발을 걸어 훌쩍 뛰어오르면서 "어디 두고 보자. 내가 너를 반드시 붙잡고야 말 테다" 하고 외치면서 쏜살같이 말을 달려 사라져 버렸습니다.

남편이 안으로 들어가니 부인이 층계 위에서 두려움에 떨고 있었습니다.

"웬일이오? 무슨 일로 람베르투치오가 저다지도 화가 나서 야단이란 말이오?" 남편이 물었습니다.

부인은 침실로 돌아가 레오네토에게 들리도록 큰 소리로 대답했습니다.

"여보, 나는 이런 무서운 꼴은 정말 처음 당했어요. 지금 여기 알지도 못하는 젊은 남자가 도망쳐 들어오더니 이어 람베르투치오 님이 단검을 들고 쫓아오지 뭐예요. 마침 이 방문이 열려 있었는데 젊은이는 와들와들 떨면서 '마님, 제발 살려 주십시오. 당신이 구원해 주시지 않으면 잡혀 죽습니다' 이렇게 말하는 게 아니겠어요? 내가 정신없이 일어나 당신은 누구며 무슨 사정으로 이렇게 됐느냐고 물으려는 순간 람베르투치오가 '배신자는 어디 있느냐?' 소리치며 층계를 올라왔어요. 나는 문 앞에 버티고 서서 안으로 밀고 들어오려는 그를 막았지요. 다행히 그는 예의 바른 분이어서 자기가 안으로 들어오는 것을 내가 싫어하는 걸 알자 더 이상 억지를 부리지 못하고 당신이 지금 보신 것처럼 아래로 내려갔던 거예요."

그 말을 들은 남편은 말했습니다.

"참 잘했소, 당신. 글쎄 우리 집에서 살인이라도 났더라면 어떻게 할 뻔했소? 그것참 람베르투치오 씨가 젊은 사나이를 쫓아 여기까지 뛰어들다니 추태도 이만저만이 아니로군."

그리고 그 젊은이는 어디 있느냐고 물었습니다.

"글쎄, 나도 어디 숨었는지 모르겠군요" 하고 부인이 대답했습니다. 그러자 남편은 큰 소리로 말했습니다.

"여보게, 젊은이 어디 있나? 이제 괜찮으니 그만 나오게."

둘이 하는 말을 하나도 빼놓지 않고 다 듣고 있던 레오네토는 당연히 그렇겠지만 두려움에 떨면서 커튼 뒤에서 나왔습니다. 그러자 그녀의 남편이 물었습니다.

"자네, 람베르투치오 씨와 무슨 일이라도 있었는가?"

청년이 대답했습니다.

"아닙니다, 절대로 아무 일도 없습니다. 그분은 정신이 돌았던지 뭔가 잘못 아신 모양입니다. 글쎄 이 댁 근처 길에서 나를 보자 갑자기 단검을 빼 들고 '이 배신자야, 죽여 줄 테다' 하고 외치지 않겠습니까? 나는 까닭을 물을 겨를조차 없이 꽁지 빠지게 달아났습니다. 그래서 댁으로 도망쳐 들어왔던 것인데, 신의 자비와 이 고마우신 마님 덕분에 그를 피할 수 있었습니다."

그러자 그녀의 남편은 말했습니다.

"그만 돌아가도록 하지. 무서울 건 없으니까. 내가 자네 집까지 바래다줌세. 그가 왜 자네를 죽이려고 했는지 나중에 그 까닭을 잘 알아보도록 하게나."

그리하여 셋이 식사한 다음 그는 청년을 말에 태워 피렌체에 있는 그의 집까지 무사히 바래다주었습니다.

청년은 부인의 지시에 따라 그날 밤 은밀히 람베르투치오 씨를 찾아가 여러 가지로 의논한 끝에 앞으로의 일, 그렇죠, 각자 사랑을 나눌 날짜나 시간 등에 대해 약속했습니다. 결국 남편은 아내에게 놀림당했다는 것을 조금도 알아차리지 못했습니다.

일곱째 이야기

로도비코는 베아트리체 부인에게 자기가 품고 있는 사랑을 호소한다. 그녀는 남편 에가노를 자기로 꾸며 정원에 내보내고 로도비코와 즐긴다. 그런 다음 로도비코는 일어나 정원으로 가서 거기 있는 에가노를 몽둥이로 두들겨 준다.

팜피네아가 이야기한 이사벨라 부인의 지혜에 모두들 감탄해 마지않을 때 왕은 다음 차례로 필로메나를 지명했습니다. 그러자 그녀는 곧 이야기의 실마리를 풀기 시작했습니다.

여러분, 내 생각이 잘못되지 않았다면 방금 들었던 이야기보다 더 재미있는 이야기를 지금부터 들려드리려고 합니다.

옛날 파리에 피렌체 태생의 귀족이 있었습니다. 이 사람은 가난해서 장사를 시작했는데 뜻밖에 장사가 잘되어 큰 부자가 되었습니다. 부인과의 사이에 아들 하나를 두었는데 이름은 로도비코라 했습니다. 그런데 아버지는 아들을 장사치로 만들고 싶지 않아 아버지인 자기가 귀족 출신이라는 것을 강력히 인식시키면서 장사에 대해서는 일체 모르게 하고 다른 귀족들과 함께 프랑스 국왕을 섬기도록 했으므로, 아들은 올바른 예절과 귀족으로서 알아야 할 여러 가지 일들을 몸에 익히게 되었습니다.

이렇게 지내고 있을 때의 일입니다만 어느 날 성지(聖地) 예루살렘에서 돌아온 몇 명의 기사들이 그곳 젊은이들과 어울리게 되었습니다. 로도비코도 거기 함께 있었습니다. 기사들이 프랑스와 영국, 그 밖의 나라들의 미인에 대한 이야기를 주고받는 동안에 한 기사가 자기는 별의별 나라를 다 돌아다니면서 여자들을 숱하게 보았지만, 볼로냐의 에가노 데 갈루치의 아내 베아트리체 부인만큼 아름다운 여자는 본 적이 없다고 말했습니다. 그 말에 볼로냐에서 함께 그 부인을 보았던 동료 기사들도 모두 찬성했습니다.

이 이야기를 들은 로도비코는 아직 연애해 본 일이 없었기 때문에 그녀를 만나 보고자 하는 마음이 불길처럼 타올라 그 일이 머리에 달라붙어 떨어지지 않았습니다. 그래서 그녀를 만나 볼 결심을 하고 마음에 들면 아주 오랫동안 묵으려고 마음먹고 아버지에게 성지순례를 떠나겠다면서 허락해 줄 것을 청했습니다. 아버지는 그다지 내키지는 않으나 허락했습니다.

이렇게 그는 아니키노라는 이름으로 볼로냐에 갔습니다. 다행스럽게도 그 다음 날인 축제일에 그녀를 만나게 되었습니다. 더욱이 상상했던 것보다 더 그녀가 아름다워서 곧 사랑의 포로가 되어, 목적을 이룰 때까지는 볼로냐를 떠나지 않으리라 마음먹었습니다.

그래서 여러 가지로 방법을 생각한 끝에 많은 하인을 두고 있는 그 집에 하인으로 들어가기만 하면 그런대로 자기가 원하는 일을 이루게 될지도 모른다고 생각하게 되었습니다.

거기서 그는 자신의 말을 몇 마리 팔아 버리고 하인에게는 자기를 모른 체하라고 당부하면서 그가 살아갈 방도를 마련해 준 다음, 여관 주인과 친해져서 누구든 부잣집 하인으로 들어가게 해달라고 부탁했습니다. 그러자 주인은 이렇게 말했습니다.

"당신은 이 도시의 귀족 에가노라는 분의 하인으로 알맞을 것 같군요. 그분은 하인을 많이 쓰고 있는데 모두 당신처럼 풍채가 훌륭한 사람들뿐이죠. 어디 내가 이야기를 건네 보리다."

여관 주인은 그대로 했습니다. 그리고 곧바로 아니키노의 일을 성사시켰습니다. 아니키노는 얼마나 기뻤는지 모릅니다.

아니키노는 이렇게 에가노의 집에 들어가 살게 되었는데 부인의 모습을 자주 볼 수 있다는 행복을 누리면서 착실히 에가노를 받들어 모셨으므로, 여지없이 신임을 얻어 아니키노가 없으면 아무것도 못하는 정도가 되었습니다. 이리하여 에가노는 자기의 일뿐만 아니라 하나에서 열까지 모든 일을 그에게 맡기는 형편이었습니다.

어느 날의 일입니다. 에가노는 사냥하러 가고 아니키노가 집에 남아 있었는데, 베아트리체 부인은 아직 그의 연정을 알아차리지는 못했으나, 그 차림새나 행동거지를 지켜보면서 그를 퍽 마음에 들어 했고, 남들도 칭찬하고 있었기에 그를 불러 체스를 두게 되었습니다. 아니키노는 부인의 마음을 잡아보려고 하던 터라 교묘하게 져주었으므로 부인은 여간 기뻐하지 않았습니다. 하녀들도 모두 체스를 구경하다가 이윽고 그 자리를 떠나 단둘이 남게 되었습니다. 그러자 아니키노는 땅이 꺼지게 한숨을 지었는데, 부인이 그 모습을 보고 이렇게 물었습니다.

"아니키노, 왜 그래? 나한테 져서 속이 상한 모양이지?"

"마님" 하고 아니키노는 대답했습니다. "저의 한숨은 그런 것 때문이 아닙니다. 더 중대한 원인에서 온 것입니다."

"제발 부탁이니 머뭇거리지 말고 말해 봐." 부인이 다그쳤습니다. 아니키노는 깊이 사랑하는 부인이 "제발 부탁이니"라고 말하는 것을 듣자 먼저보다도 더 크게 한숨을 지었습니다. 그러자 부인은 다시 왜 그렇게 한숨짓는지, 그 까닭을 이야기하라고 간곡히 권했습니다.

"마님, 이런 말씀을 드리면" 하고 아니키노는 말했습니다. "마님께서 불쾌해 하시지 않을까 몹시 걱정됩니다. 그리고 다른 사람에게 말씀하실까 봐 두렵습니다."

그러자 부인이 대답했습니다.

"그런 일쯤 나로서는 조금도 대단하지 않아. 아니키노가 말하려는 것이 무엇인지는 모르지만 걱정하지 마. 원하지 않는다면 비밀은 반드시 지킬 테니."

"마님께서 그렇게 약속해 주신다면" 이렇게 말하면서 아니키노는 눈물 어린 눈을 들어 자기의 신분을 밝히고 그녀의 소문을 듣고 이 고장으로 찾아왔으며 끝내는 그녀를 사랑하게 되었다는 말과 왜 에가노 씨의 하인이 되었는가를 단숨에 말해 버렸습니다. 그리고 매우 조심스럽게, 바라건대 자기를 불쌍히 여겨 자신이 마음속 깊숙이 간직한 뜨거운 연정을 굽어살펴, 도저히 그것이 안 되는 일이라면 지금 이 상태로 그냥 두어서 그녀를 혼자라도 사랑하게 해달라고 간청했습니다.

아아, 볼로냐 사람의 마음은 이 얼마나 살뜰한 것일까요! 이런 경우 이 볼로냐인의 행동은 칭찬할 만한 것이었습니다. 결단코 눈물이나 한숨에는 꺾이지 않았습니다만 소망이나 사랑의 간청에는 휘고 말았습니다. 여기서 내가 칭찬을 아무리 구구히 늘어놓아도 지나치다고 할 수 없을 것입니다.

다정다감한 부인은 아니키노가 이야기하는 동안 물끄러미 바라보고 있었습니다만, 그의 말을 믿고 그가 바라는 바를 받아들이기로 했으며 그의 연정을 가슴 깊이 새겼습니다. 그리하여 그녀도 몇 번이나 한숨을 짓고 이렇게 대답했습니다.

"여봐요, 가엾은 아니키노, 아무 걱정 말아요. 나는 이제껏 귀족과 신사를 비롯한 온갖 사람의 선물이나 약속이나 호소 따위에, 과거에도 그런 일이 자주 있었고 지금도 많은 사람의 유혹이 있습니다만, 단 한 번도 마음이 흔들린 적은 없어요. 그러니까 누구 하나 다른 남자를 사랑한 적은 없어요. 한데 당신이 이야기하는 그 짧은 동안에 나는 나 자신이 아닌 것처럼 느껴질 정도로

한 사나이에게 마음을 온통 빼앗겨 버렸군요. 정말로 당신은 내 마음을 움켜 잡고 놓지 않습니다. 나는 당신에게 내 마음을 드리겠어요. 오늘 밤 안으로 당신의 사랑을 이루어 드릴 것을 약속합니다. 한밤중에 내 침실로 오세요. 문을 열어 놓을 테니까요. 당신은 어느 침대에서 내가 자는지 알고 있죠? 내가 드러누운 쪽으로 와야 해요. 혹시 내가 잠들었으면 흔들어 깨우세요. 나는 당신이 그토록 오랫동안 갈망해 온 사랑을 드리겠어요. 이 모든 약속이 정말이라는 증거로 키스해 드리지요."

이렇게 말하고 부인은 그의 목에 팔을 돌려 열렬히 키스를 했습니다. 아니키노도 당연히 부인에게 뜨거운 키스로 화답했지요. 이렇게 해서 이야기가 끝나자 아니키노는 부인의 곁을 떠나 그날 밤 몰래 사랑을 나눌 가장 큰 즐거움에 가슴 설레며 볼일을 보러 나갔습니다.

에가노는 사냥터에서 돌아오자 몹시 지쳐서 식사를 마치고 바로 침대에 들자마자 잠들었습니다. 그리고 부인도 그 뒤를 따랐습니다만 약속대로 문을 열어 놓았습니다.

아니키노는 약속한 시간에 와서 살그머니 침실로 들어갔습니다. 들어가 안으로 문을 잠그고 부인이 드러누운 쪽으로 돌아가서 그녀의 가슴에 손을 대 보니 잠들지 않았다는 것을 알 수 있었습니다. 부인은 아니키노가 가슴에 손을 대자 그 손을 꽉 부여잡고 침대 위에서 몸을 뒤척였습니다. 그런데 그것이 너무나 격렬한 움직임이었으므로 잠들었던 남편이 눈을 떴습니다. 그때 부인은 남편에게 말했습니다.

"여보, 에가노, 엊저녁엔 당신이 하도 지치신 것 같아서 아무 말도 안 했는데 집에 있는 하인들 가운데 누가 가장 착하고 성실하며, 가장 미더운지 내게 말씀해 주시지 않겠어요?"

"아니, 왜 그런 말을 하필이면 이 밤중에 물어보오? 당신도 알지 않소. 아니키노만큼 내가 믿고 사랑하는 하인은 없다는 걸. 그런데 왜 그런 말을 묻는 거요?" 에가노가 되물었습니다.

아니키노는 에가노가 잠이 깬 것을 알고 자기에 대해 이야기하는 것을 듣자 부인이 자기를 속이려는 것은 아닌가 하고 크게 걱정이 되어 몇 번이나 손을 뿌리치고 달아나 버리려고 했습니다. 그러나 부인이 꽉 붙잡고 있었기 때문에 도저히 도망칠 수가 없었습니다. 부인은 남편의 물음에 이렇게 대답했습니다.

"말씀드리죠. 나도 당신이 지금 말씀하신 그대로라고 생각해 왔으며 그 사나이가 다른 어느 하인보다도 당신에게 충성을 바친다고 믿었습니다. 그런데 그는 그것을 배반했어요. 글쎄 오늘 당신이 사냥터로 나가신 뒤 이 근처에서 어물어물 돌아다니더니 때는 왔다고 생각한 모양인지 뻔뻔스럽게도 내게 수작을 부리지 않겠어요? 그래서 나는 이 일의 증거를 여러 가지 쳐들 필요가 없게 하려고, 또 당신이 직접 그 눈으로 보실 수 있도록 하려고 그 요구를 들어 줄 테니 오늘 밤에 정원으로 나가 소나무 밑에서 기다리고 있으라고 대답해 주었어요. 그렇죠. 나는 물론 거기 갈 생각은 없고말고요. 하지만 당신이 직접 그 사나이의 충성심을 시험해 보실 마음이 있거든 내 속옷을 입고 베일을 쓰시고서, 마당에 나가 그자가 오나 기다려 보시지요. 틀림없이 오리라 생각합니다만."

부인의 말을 듣고 에가노가 말했습니다.

"물론 보러 가야지."

그는 이렇게 말하고 일어나서 깜깜한 중에도 한껏 솜씨를 내어 부인의 옷을 매만져 입고 머리에는 베일을 두른 다음 정원으로 나가 소나무 밑에서 아니키노를 기다렸습니다.

남편이 일어나 방 밖으로 나갔다는 것을 확인하고 나자 이번에는 부인이 일어나 문을 안에서 잠가 버렸습니다.

아니키노는 난생처음으로 이런 두려운 꼴을 당하여 부인의 손아귀에서 벗어나려고 몸부림치며 또 몇 번인가 부인을 저주하고 이런 부인을 사모한 일을 후회하며 그녀의 말을 믿어 버린 자기의 경솔함을 뉘우쳤습니다만, 마지막에 이르러 부인의 능숙한 솜씨를 깨닫고 자기야말로 이 세상에서 가장 행복한 사나이라고 느꼈습니다. 그리고 부인이 침대로 돌아오자 그녀처럼 옷을 벗고 더불어 오랫동안 쾌락과 환희를 맛보았습니다. 이윽고 부인은 아니키노가 여기에 더 머물러서는 안 된다는 것을 깨달아 그를 일어나게 하여 옷을 입혀주면서 이렇게 말했습니다.

"사랑하는 아니키노, 가는 버드나무 가지를 꺾어서 정원으로 나가요. 거기

소나무 밑에서 에가노가 기다리고 있을 테니 나를 시험하기 위해 그런 부드러운 말로 유혹하며 수작을 부렸던 것처럼 꾸미고 에가노를 욕하면서 버들가지로 마구 때려요. 그렇게 하면 앞으로는 더욱 황홀한 쾌락을 계속해서 맛볼 수 있을 거예요."

아니키노는 일어나 버드나무 가지를 들고 정원으로 나가서 소나무 밑으로 다가갔습니다. 그러자 에가노는 그가 다가오는 것을 크게 기뻐하는 체하면서 역시 마주 다가왔습니다. 거기서 아니키노는 그를 향해 외쳤습니다.

"이 몹쓸 여자 같으니라고. 내 짐작대로 이렇게 나왔구나. 그래, 내가 존경하는 주인어른을 배반했단 말이지? 이런 여자는 혼 좀 내줘야 한다니까."

이렇게 외치며 버들가지를 휘둘러대기 시작했습니다.

에가노는 아니키노의 부르짖음과 버드나무 가지를 보자 끽소리도 못 하고 꽁지가 빠지게 도망쳤습니다. 아니키노는 뒤쫓아 가면서 마구 외쳤습니다.

"그래, 도망치는 게 좋을 거다, 이 몹쓸 여자야. 날이 밝으면 곧바로 주인어른께 달려가 일러바치지 않을 줄 알고!"

에가노는 호되게 얻어맞고 걸음아 날 살려라 하고 침실로 도망쳐 들어왔습니다. 부인은 아니키노가 정원에 나왔더냐고, 시치미를 떼고 남편에게 물었습니다.

"차라리 나가지 말았더라면 좋았을걸 그랬어. 글쎄, 당신인 줄 알고 날 마구 후려갈기잖아. 게다가 입에 담지 못할 상스런 욕을 막 퍼붓더군. 나는 그놈이 당신을 꾀어 날 망신시키려 한다고 의심했었는데 실상 알고 보니 당신이 평상시에 좀 들뜬 것같이 보였기 때문에 한번 시험하려고 한 거야."

그러자 부인이 말했습니다.

"신의 거룩한 뜻으로 그 사나이는 나를 말로 시험하고 당신을 행동으로 시험했군요. 나는 당신이 그의 행위를 견뎌 낸 이상으로 그의 상스런 욕을 꾹 참아야 할까 봅니다. 어쨌든 그는 결국 충성스런 하인이니까 친절하게 대해 주어야겠어요."

"정말 당신 말이 맞아." 에가노는 고개를 끄덕이며 말했습니다.

이 사건으로 인하여 에가노는 이 세상에서 가장 정숙한 아내와 어떤 귀족도 갖지 못한 성실한 하인을 두었다고 믿게 되었습니다.

그 뒤로 두 사람은 아니키노를 끌어내어 몇 번이나 이 사건을 웃음거리로 삼았습니다.

아니키노와 부인은 아니키노가 즐겨 '볼로냐의 에가노'라고 부른 주인과 함께 사는 동안 내내, 만약 이런 일이 일어나지 않았더라면 있을 수 없다고 생각될 만큼 사랑의 쾌락과 환희를 맛보았던 것입니다.

여덟째 이야기

질투가 심한 사나이가 아내를 의심하게 된다. 그러자 아내는 발가락에 끈을 매어 밤에 연인이 왔다는 것을 알린다. 남편은 그것을 알고 그를 뒤쫓는다. 아내는 자기 대신 다른 여자를 침대에 눕혀 둔다. 남편은 그 여자를 때리고 머리카락을 잘라 버린다. 그리고 아내 형제들에게 가서 사실을 호소하지만, 형제들은 그것이 사실이 아님을 알고 마구 욕한다.

모두들 베아트리체 부인이 남편을 너무 가혹하게 다룬 것에 놀라 마지않았습니다. 그리고 또 아니키노가 부인에게 손목을 잡힌 채, 그가 그녀에게 사랑을 고백했다고 남편에게 고자질하는 것을 들었을 때 얼마나 두려웠을까 하고 서로 수군거렸습니다. 그러나 필로메나가 이야기를 끝마쳤으므로, 왕은 네이필레 쪽을 향해서 "자, 이번에는 당신이오" 하고 말했습니다. 그러자 네이필레는 먼저 생긋 웃고 이야기를 시작했습니다.

여러분, 이제까지 여러분이 하신 이야기처럼 나도 근사한 이야기를 하겠다고 한다면 그야말로 얼토당토않은 일이라고 하지 않을 수 없겠습니다. 하지만 신의 힘을 빌려 무사히 책임을 다하고자 합니다.

옛날에 우리 도시에 아리구치오 베를링기에리라는 부자 상인이 있었습니다. 이 사람은 옛 상인들이 했던 것처럼 어리석게도 귀족 출신 아가씨와 혼인하여 귀족이 되고자 생각했습니다. 그리하여 그와는 도무지 어울리지 않는 시스몬다라는 귀족 아가씨와 결혼을 했습니다.

한데 상인들은 흔히 그렇습니다만, 그는 일 때문에 사방으로 돌아다녀 부인과 함께 있는 날이 적었기에, 그녀는 전부터 그녀를 사모하던 청년 루베르토와 깊은 관계를 맺게 되었습니다.

이렇게 두 사람의 정이 깊어졌기 때문에 그것이 아마도 노골적인 행동으로 나타났던 모양이겠지요. 청년은 그녀를 황홀경에서 헤매게 할 정도로 즐거움의 극치를 맛보게 해주었는데, 남편인 아리구치오는 무슨 눈치를 챘던지 아니면 어떤 소문이라도 들었던지 아내를 의심하기 시작하고 세상에 둘도 없는 질투쟁이 사나이가 되었습니다. 그리하여 지방을 돌아다니는 일도 그만두고 장삿일도 그만 상관하지 않게 되었습니다. 모든 주의력을 아내를 감시하는 데에 기울였던 것입니다.

더욱이 아내가 침대에 드러눕는 소리를 듣기 전에는 절대로 그도 잠들지 않으려고 해서, 아내는 루베르토와 사랑을 나누지 못하게 되어 버려 완전히 슬픔에 잠기고 말았습니다.

그렇지만 무슨 짓을 해서라도 그와 만나야겠다고 그 방법을 골똘히 생각했으며 청년은 청년대로 보채 그녀는 마침내 다음과 같은 방법을 생각해 냈습니다.

즉 그녀의 침실은 한길 쪽으로 나 있고, 또 남편 아리구치오는 잠이 쉬 들지 않지만 한번 잠들었다 하면 옆에서 아무리 떠들어도 깨어나지 않는 사람이었기 때문에, 루베르토를 한밤중에 집 앞까지 오게 해 남편이 곯아떨어지면 집 안으로 끌여들여 잠시나마 더불어 즐기려고 했던 것입니다. 그래서 아무도 모르게 침실 창문에서 아래로 끈을 한 가닥 내려뜨리고 그 한쪽 끝을 자기 엄지발가락에 매어 그가 온 것을 알게 하는 방법을 마련했습니다.

부인은 이 일을 루베르토에게 알려 주고, 창 밑에 오거든 반드시 끈을 잡아당기라고 일러두었습니다. 만약 남편이 잠들었으면 그녀는 그대로 끈을 잡아당기게 내버려 둔 채 문을 열어 줄 것이고, 만약에 잠들지 않았으면 끈을 자기 쪽으로 도로 잡아당길 테니 기다리지 말라는 것이었습니다.

그 계획은 루베르토의 마음에 들었습니다. 그는 자주 찾아왔지만, 그녀와 함께 시간을 보내는 일도 있었고 또 그렇지 못한 때도 있었습니다.

이런 방법이 계속되는 동안 마침내 어느 날 밤, 아내가 잠든 틈에 아리구치오가 침대 속에서 다리를 펴다가 끈을 발견했습니다. 더듬어 보니 아내의 발가락에 그 끈이 매어져 있어 "이거 분명히 무슨 음모가 있구나"라고 혼잣말을 했습니다.

이윽고 그 끈이 창문 밖으로 빠져나가 있는 것을 알자 더욱더 그렇다고 확신했습니다. 그리하여 끈을 살그머니 아내의 발가락에서 풀어 자기 발가락에 매어 놓고 이제나저제나 무슨 일이 일어나기를 기다렸습니다.

오래 기다릴 것도 없이 루베르토가 왔습니다. 그리고 여느 때와 마찬가지로 끈을 꽉 잡아당겼고 아리구치오는 오호라 이거로구나, 하고 고개를 끄덕거렸습니다. 그런데 그가 끈을 꽉 비끄러매지 않았기 때문에 끈은 스르르 풀려 루베르토에게로 끌려갔고 이것을 루베르토는 기다리라는 신호로 생각하고 기다리고 있었습니다.

아리구치오는 벌떡 일어나 무기를 손에 들고 어떤 놈이든 죽여 줄 테다, 하면서 문간 쪽으로 달려갔습니다.

그는 상인이기는 했습니다만 힘이 센 난폭한 사나이였습니다. 그런 만큼 바깥문을 여는 솜씨가 늘 그 아내가 하는 것처럼 조용하지 않았기에, 밖에서 기다리고 있던 루베르토는 무슨 변이 일어났으며 문을 연 사람은 남편인 아리구치오라는 것을 순간적으로 느껴 휙 돌아서서 도망치기 시작했습니다. 그 뒤를 아리구치오가 쫓아갔습니다.

루베르토는 있는 힘을 다해서 뛰었지만 상대방이 계속 뒤쫓아 왔기 때문에 결국 품고 있던 칼을 빼 들고 맞서 싸웠습니다. 이리하여 한쪽이 쳐들어가면 다른 한쪽이 막는 격렬한 싸움이 벌어졌습니다.

아내는 아리구치오가 방문을 여는 소리에 잠이 깨어 발가락에 매었던 끈이 풀렸다는 것을 알자 곧 자기들의 음모가 드러났구나 하고 생각했습니다. 그리고 아리구치오가 루베르토를 뒤쫓아 가는 소리를 듣자 어떤 사태가 벌어질지를 짐작하고 벌떡 일어나 모든 일을 잘 알고 있는 심복 하녀를 불러 자기 대신 침대에 누워 있어 달라고 간청했습니다. 이 일로 네가 난처하게 될 까닭은 없으며 보상도 충분히 할 테니 네가 나인 체하고 아리구치오가 마구 때리더라도 꾹 참아 달라고 부탁했습니다.

이렇게 해놓고 방의 불을 끈 다음 방 밖으로 나가 마당 한구석에 숨어서 어떻게 될 것인가 하고 기다렸습니다.

아리구치오와 루베르토가 격렬한 싸움을 벌이는 통에 그 떠들썩한 소리를 듣고 근처 사람들이 일어나 저마다 한 마디씩 욕하기 시작했습니다. 그런데 아리구치오는 자기를 사람들이 알아볼까 봐 겁나서 상대가 어떤 자인지 확인하지도 못하고 또 솜씨가 서툴러서 작은 상처 하나도 입히지 못한 채 상대방을 내버려 두고 집으로 돌아갔습니다. 그리고 침실로 뛰어들자 화가 머리끝까지 치밀어 고래고래 소리를 질렀습니다.

"야, 어디 있냐? 내 눈을 속이려고 불을 껐겠지만 그리 쉽게 되지는 않을걸."

그렇게 욕하며 침대로 다가가 하녀를 아내로 알고 움켜잡았습니다. 그리고 있는 힘을 다해 치고 차고 해서 하녀의 얼굴은 형편없이 일그러졌을 뿐만 아니라 끝내는 그것도 모자랐던지 머리카락까지 싹둑 잘라 버렸습니다.

하녀는 이런 지독한 꼴을 당하고 소리 높여 울며 간간이 "아이고 나 죽네, 아이고 살려 주세요" 하고 외쳤습니다. 물론 그 목소리는 찢어질 듯한 울음소리였기에 아리구치오는 하녀라고는 깨닫지 못하고 미친 듯이 날뛰었습니다.

앞에서 말한 바와 같이 그녀를 실컷 때리고 머리카락을 자른 뒤 그가 이렇게 말했습니다.

"이 매춘부야, 이제 난 네까짓 것에는 손도 대고 싶지 않다. 하지만 네 친정에 가서 네년의 어처구니없는 행실을 일러 주어야겠다. 그리고 그들이 와서 내 명예가 손상되지 않는 방법으로 너를 데리고 가도록 하겠다. 다시는 이 집에 못 있게 될 줄 알아라."

이렇게 말하고 방에서 나가 밖으로 자물쇠를 채운 다음 혼자서 어디론가 가버렸습니다.

한편 시스몬다 부인은 숨어서 낱낱이 엿보았던 터입니다만, 남편이 나가 버렸다는 것을 알자 침실을 열고 불을 다시 켰습니다. 하녀는 상처투성이가 되어 엉엉 울고 있었지요.

부인이 갖은 말로 위로하여 자기 방으로 돌아가게 하고 아무도 모르게 상처를 매만져 주었을 뿐만 아니라, 돈도 많이 주어, 그렇습니다, 아리구치오의 돈도 많이 주었기에, 하녀는 그것으로 만족했습니다.

이렇게 하녀를 방으로 돌려보내고 아내는 재빨리 침대를 정돈하여 그날 밤에는 아무도 거기서 자지 않았던 것처럼 해놓고, 램프를 켜서 방을 환하게 만들었습니다. 그리고 아직 잠자리에 들지 않았다는 증거로 자기의 매무새도 정돈했습니다. 다음에 작은 램프에 불을 켜고 헝겊 조각을 들고서 층계 가장 위쪽에 앉아 바느질을 하면서 앞으로 일어날 일을 기다리고 있었습니다.

아리구치오는 집에서 뛰쳐나가자 빠른 걸음으로 아내의 친정집으로 가서 쾅쾅 세게 문을 두들겼고 그 소리를 듣고 자던 사람들이 깨어 일어났습니다. 세 명의 처남과 어머니는 아리구치오가 온 것을 알고 불을 켜 가지고 그에게로 다가왔습니다. 그리고 무슨 일로 한밤중에 혼자 왔느냐고 저마다 물었습니다.

아리구치오는 아내 시스몬다의 발가락에 끈이 매어져 있더라는 이야기부터 시작하여 어떤 일이 드러나고 어떤 일이 일어났는가를 대강 이야기했습니다. 그리고 자기가 한 일에 대한 증거를 보여 주기 위해 아내에게서 잘라 냈다고 믿는 머리카락을 그들에게 건네주고, 자기는 더 이상 그녀를 집에 둘 마음이 없으니까 당신들이 집에 와서 내 명예를 해치지 않을 만한 조치를 취해 주어야겠다고 덧붙였습니다.

처남들은 이야기를 듣고 분개했으며 그의 제안에 찬성하면서 누이에 대해서 여간 화내는 것이 아니었습니다. 그리하여 그녀를 혼내 줄 생각으로 횃불을 들고 아리구치오와 더불어 그의 집으로 향했습니다.

그 모습을 본 어머니는 눈물을 흘리면서 뒤쫓아 오며, 아들 하나하나에게 그런 일을 실제 눈으로 보지도 확인도 하지 않은 채 함부로 믿어서는 안 된다, 사위가 무슨 다른 이유로 아내와 옥신각신한 끝에 골려 주려고 하는 수작인지도 모른다, 아니면 뭔가 자기변명을 위해 아내에게 죄를 뒤집어씌우려고 하는 것인지도 모른다고 되풀이했을뿐더러, 다시 내 딸의 일은 내가 가장 잘 알고 있다, 어려서부터 자기 손으로 길렀으니까 잘 알고 있을 수밖에 없는데 그런 짓을 했다니 어처구니없어서 말도 나오지 않는다는 등 그 밖에 그와 비슷한 말을 여러 가지로 늘어놓는 것이었습니다.

모두들 아리구치오와 함께 그의 집에 도착하여 안으로 들어가 층계를 올라가기 시작했습니다. 그러자 시스몬다 부인이 그 소리를 듣고 말했습니다.

"누구예요?"

오빠 하나가 대답했습니다.

"누가 왔는지 네가 잘 알 게 아니냐. 이 못된 년 같으니라고!"

그러자 시스몬다 부인은 시치미 떼고 말했습니다.

"아니, 이 밤중에 그 무슨 상스러운 욕이에요? 아아, 주여 살피소서!"

그러고는 일어서면서 말을 이었습니다.

"어머 오라버니들, 어서 오세요. 이 시각에 세 분이서 무슨 일로 여기 오셨나요?"

모두들 그녀가 층대에 걸터앉아 바느질을 하고 있는 모습을 보고, 그리고 아리구치오가 온몸이 피투성이가 될 정도로 때려 주었다는데 얼굴에는 얻어맞은 자국조차 없는 것을 보고 처음에는 얼마간 놀랐으나 곧 치솟는 화를 억누르면서, 아리구치오가 너를 책망하고 있는 문제는 어찌 되었느냐, 깡그리 자백하지 않으면 혼날 줄 알아라, 하고 을러댔습니다. 그러자 부인이 말했습니다.

"아니, 갑자기 뭘 자백하라는 건지 알 수 없군요. 아리구치오가 뭐 내게 화가 났나요?"

아리구치오는 그녀를 바라보면서 자기가 그녀의 얼굴을 백 번도 더 때렸을 텐데, 이제 보니 그런 티라곤 눈곱만큼도 없다는 것을 알고 그저 멍하니 서 있었습니다.

오빠들은 아리구치오가 한 이야기를, 즉 끈 이야기며 마구 두들겨 팬 이야기, 그 밖의 일들을 대강 그녀에게 들려주었습니다.

그러자 아내는 아리구치오를 향해 "아니 여보, 이게 도대체 무슨 말인가요? 왜 당신은 내가 그런 여자도 아닌데, 내게 죄를 들씌워 자신의 얼굴에 똥칠을 하는 거예요? 또 당신 자신이 그렇지도 않으면서 왜 악독한 남편이 애써 되려는 겁니까? 더구나 오늘 밤에는 나와 함께 잠자리에 들지도 않았으면서 왜 그런 말씀을 하는 거지요? 당신이 언제 집에 계셨어요? 그리고, 아이고 기가 차서, 아니 언제 나를 때렸죠? 나는 맞은 기억이 없어요"라고 대답했으므로 아리구치오가 말했습니다.

"이 망할 년아, 우린 함께 잠자리에 들었잖아? 그리고 내가 네 정부인가 뭔가를 쫓아갔다가 되돌아왔고 말이다. 내가 너를 실컷 두들겨 패 주고 머리카락까지 자르지 않았느냐?"

이번에는 아내가 대답했습니다.

"당신은 어젯밤에 집에서 주무시지 않았어요. 하지만 그것은 내가 진실을 말하는지 아닌지 증거가 없으니까 더 고집부리지 않겠어요. 한데 당신이 말씀하시는, 나를 때렸다는 둥 머리카락을 잘랐다는 둥 하는 점에 대해서는 어디까지나 밝혀내야겠어요. 당신은 그렇게 말씀하시지만 나는 얻어맞은 적이 없어요. 오라버니들도 또 당신도 내 몸에 조금이라도 얻어맞은 흔적이 있는지 잘 보아 주세요. 하지만 다짐해 두겠는데 당신이 내 몸을 손으로 더듬는다든가 하는 그런 뻔뻔스런 짓을 해서는 절대로 안 돼요. 얼굴을 할퀴어 버릴 테니까. 그리고 내 머리카락을 잘랐다고 했는데 나는 머리카락을 잘린 기억도 없고, 또 실제로 눈으로 보지도 못했으니 당신이 내 머리카락을 자르지는 않았을 거예요. 아니, 당신이 그렇게 딱 잘라 말씀하시는 걸 보면 어쩌면 나도 모르는 사이에 잘랐는지도 모르는 일이겠군요. 그럼 내 머리카락이 잘렸는지 아닌지 우리 보도록 하십시다."

이렇게 말하고 그녀는 머리에서 베일을 벗어 머리카락이 잘렸는지 아닌지를 확인하게 했습니다만, 물론 그런 흔적조차도 없었습니다. 세 오빠와 어머니는 그녀가 말하는 것을 듣고 또 그것이 사실임을 확인하자 정색하고 아리구치오에게 말했습니다.

"여보게, 아리구치오, 이게 어떻게 된 일인가? 자네가 떠들어댄 이야기하고는 전혀 다르지 않은가? 모든 일을 어떻게 증명할 건지 자네 처지가 딱할 따름일세."

아리구치오는 여우에 홀린 사람처럼 멍하니 서 있었습니다만, 그래도 변명을 해야겠다고 생각했습니다. 그러나 증거로 보여 주리라 마음먹었던 것이 이렇게 되어 버렸으므로 더 할 말이 없었습니다. 그러자 아내는 오빠들을 보고 또 이렇게 말했습니다.

"오라버니들, 저 사람은 내가 죽어도 하기 싫은 말을 하게 하려고 오라버니들을 찾아갔던 거예요. 자신의 몹쓸 짓과 행패를 내 입을 통해 증명하기 위해서요. 그렇다면 원이나 풀어 주도록 할까요! 저 사람이 오라버니들에게 한 말은 실제로 일어난 일이고 또 그 자신이 한 일이라고 생각되는군요. 좀 들어 보세요. 오라버니들이 불행하게도 나를 아내로 내준 이 훌륭한 남자는 그래도 상인이랍시고 세상의 신용을 얻고자 한답니다. 그래서 수도사보다 더 근엄하고 숫처녀보다도 더 조신한 인간이어야 할 터인데 실상은 술독에 빠져서 취하지 않는 날이라곤 거의 없습니다. 그뿐만이 아니라 이런 여자 저런 여자 할 것 없이 질이 좋지 못한 여자들과 놀아나고 있는 난봉꾼이에요. 그러고선 오라버니들이 이제도 보시는 바와 같이 한밤중은커녕 아침까지라도 나를 기다리게 하는 형편이라고요. 지난밤에도 이 양반은 취해서, 길바닥에 돌아다니는 여자와 자다가 발가락에 매어 놓은 끈을, 모르기는 하지만, 발견했던 모양이지요. 그래서 이 사람이 아까 말한 격투를 벌이고 여자에게로 되돌아가서 치고 차고 머리카락을 자르고 했을 것이 틀림없어요. 그건 그때까지도 술이 깨지 않았기 때문이었을 거예요. 그러면서도 나하고 함께 자다가 그렇게 했다고 생각하니 참 기가 막혀서. 어디, 이 남자의 얼굴을 잘 보세요. 아직 술이 덜 깼잖아요. 하지만 결국 이 남자가 나에게 무슨 억지를 쓰거나 간에 나는 그를 술주정뱅이로 여기고 있으니까 너무 나무라지 마세요. 그리고 나 자신이 그를 용서했으니까 오라버니들도 용서해 주세요.”

그녀의 어머니는 이 말을 듣자 꽥꽥 아우성치며 이렇게 말했습니다.

“아이고 내 딸아, 하늘에 맹세코 그런 착한 말일랑 하지 마라. 이런 배은망덕한 염치도 없는 개돼지는 죽여도 시원찮을 정도라고. 이놈은 너처럼 훌륭한 여자를 데리고 살 자격이 없어. 글쎄, 생각 좀 해보려무나. 설사 너를 진흙 속에서 주웠다고 하더라도 이 사나이에겐 과분하다 그 말이다. 아무렴, 과분하고말고. 내 딸이 이런 당나귀 똥만도 못한 장사치 따위의 입길에 오르다니. 이놈, 네놈의 악운도 오늘이 마지막이다. 닳아서 찌그러진 구두를 신고 허리에 펜을 찌르고 로마냐 지방의 촌무지렁이 티가 덕지덕지한 산적(山賊)의 끄나풀 따위가 약간 돈이 생기니까, 귀족 출신 처녀나 양가댁 규수에게 장가들고 싶어서 문장(紋章)이 새겨진 무구(武具)를 자랑하면서 하던 말이 여간 걸작 아니더라고. ‘나로 말할 것 같으면 이러이러한 문벌의 자제로서’라나 뭐라 나를 씨부렁대면서…… 아들놈들이 내 말을 듣지 않아서 이 지경이 되었구나. 실상 너는 아주 하찮은 지참금으로 귀디 백작 가문에 출가할 수도 있었다고. 그런 걸 아들놈들은, 네가 글쎄 피렌체 제일의 훌륭한 신붓감이고 가장 착한 아가씨였는데도 마치 우리가 너를 전혀 알지도 못했던 것처럼 염치도 남의 이목도 아랑곳없이 한밤중에 아내를 화냥년 다루듯 하는 사내놈에게 시집을 보냈으니. 하늘에 맹세코 내 말이 지당하다고 생각하거든 이놈을 당장에 요절을 내야 마땅하느니라."

그러고 나서 이번에는 아들들 쪽을 향해 말을 이었습니다.

"똑똑히 봐라. 아까 내가 그럴 리가 없다고 말한 그대로가 아니냐. 너희들의 저 알량한 매부가 누이동생에게 어떤 행패를 부렸는지 들었느냐? 돈냥이나 잡은 장사치랍시고 이거야 너무하잖아! 만약에 내가 너희들이라면 저놈이 저렇게 엉뚱한 말을 하고 뻔뻔스런 행동을 하는 것을 보고 죽여 버리지 않고서는 가슴이 편치도 않고 만족하지도 못했을 것이다. 나는 여자지만 만약에 남자라면 남의 손을 빌릴 것도 없지, 없고말고. 아, 주님이시여, 저놈을 불행의 구렁텅이에 떨어뜨려 주소서! 저 염치도 모르는 주정뱅이 놈을."

형제들은 이런 모양을 보고 들었으므로 아리구치오에게 어떤 악인도 듣지 못했을 가장 큰 저주와 욕설을 퍼붓고서 마지막으로 이렇게 말했습니다.

"이번만은 취중이라 특별히 용서해 주겠다. 목숨이 아깝거든 앞으로 이런 이야기가 다시 우리 귀에 들리지 않게 해라. 만약 다시 한 번 이런 일이 귀에 들어오면 그땐 이번 몫과 한데 합쳐서 아주 들었다 놓을 테니."

이렇게 말하고 돌아갔습니다.

한참을 멍하니 서 있던 아리구치오는 자기가 한 일이 정말이었는지 아니면 꿈이라도 꾸었는지 자기도 갈피를 잡지 못해 아내를 그대로 내버려 두었습니다.

아내는 이 같은 순간의 기지로 위기를 모면했을 뿐만이 아니라 그 뒤로는 남편의 눈을 조금도 걱정하지 않고 사랑의 환희를 마음껏 즐겼던 것입니다.

아홉째 이야기

니코스트라토스의 아내 리디아는 피로스를 사랑한다. 그것을 확인하려고 피로스는 그녀에게 세 가지 일을 요구하고 그녀는 모두 해낸다. 더욱이 남편 니코스트라토스 앞에서 연인과 사랑의 유희를 하고 그가 본 일이 현실이 아니라고 믿게 한다.

네이필레의 이야기가 어찌나 재미있던지 아무리 왕이 그들에게 입을 다물라고 하고 판필로에게 다음 이야기를 하라고 해도 숙녀들은 언제까지나 그 이야기로 웃고 떠드느라고 좀처럼 조용해지지 않았습니다. 그러나 차츰 저마다 입을 다물어 조용해졌기에 판필로가 이야기하기 시작했습니다.

여러분, 나는 열렬한 사랑을 하는 자는 무슨 일에 있어서나 대담하게 밀고 나가면 비록 그것이 곤란하고 위험스러운 일일지라도 성공하지 않을 까닭이 없다고 생각합니다.

이제까지 이와 흡사한 이야기는 몇 번이나 여러분이 되풀이했습니다만 이제부터 내가 이야기하는 것으로 더욱 분명해질 줄 압니다. 하기는 이 여성의 경우는 재치를 발휘했다기보다 운이 좋았다고 할 수 있습니다만……

그러므로 나는 지금 내가 이야기할 여자의 흉내를 내면 반드시 잘될 것이라고는 아무에게도 권하고 싶지 않습니다. 왜냐하면 모두 이런 식으로 행운이 따른다고는 단언할 수 없으며, 또 이 세상 모든 남자가 하나같이 장님일 리도 없기 때문입니다.

옛날 그리스 아카이아의 가장 오래된 도시 아르고스에, 이곳은 크다기보다 옛 왕들 덕분에 잘 알려진 도시입니다만, 니코스트라토스라는 귀족이 살고 있었습니다. 이 사람은 중년이 지나서 우연한 일로 리디아라고 하는 아름답고 아주 대담한 귀부인을 아내로 맞아들이게 되었습니다.

그는 귀족이고 부자이기도 했으므로 하인을 많이 거느리고 숱한 개와 매를 키웠으며, 특히 사냥하는 것을 다시없는 즐거움으로 삼고 있었습니다. 그런데 그 많은 하인들 가운데 잘생기고 훌륭한 체격을 가진, 무슨 일을 시키든지 빈틈이 없고 하인답지 않게 기품도 있는 피로스라는 젊은이가 있어 니코스트라토스는 누구보다도 그를 아끼고 또 믿었습니다.

한데 이 하인에 대해 리디아 부인이 밤이나 낮이나 그를 그리워하지 않을 수 없을 만큼 그만 열을 올리게 되어 버렸습니다. 그러나 피로스 쪽에서는 눈치채지 못했는지 아니면 그럴 마음이 없는지 조금도 반응을 보이지 않아, 부인은 가슴이 쓰릴 정도로 안절부절못하고 있었습니다.

그리하여 뜨거운 마음속을 모조리 털어놓으려는 생각에 루스카라는 이름의, 그녀가 가장 믿는 하녀를 불러 이렇게 말했습니다.

"루스카, 나는 이제까지 너에게 여러 가지로 잘해 주었으니까 앞으로는 내가 하는 말을 잘 듣고 시키는 대로 해주면 좋겠구나. 그리고 지금부터 내가 하는 말은 내가 전하라는 사람 말고는 어떤 사람에게도 절대로 말해서는 안돼. 루스카, 너도 알겠지만 나는 아직 너무나 젊을 뿐만 아니라 여자가 필요로 하는 것을 넘쳐흐를 만큼 많이 갖고 있어. 간단히 말해서 단 한 가지만 뺀다면 아무런 아쉬움도 없단다. 그 한 가지란 내 나이에 비해 남편이 너무 늙었다는 점이야. 그래서 젊은 여자들은 모두 생활을 즐기고 있는데 나는 불만스러운 나날을 보내고 있어.

그러나 다른 여자들처럼 즐거운 생활을 했으면 하면서도 저런 늙은 남편과 사는 이상 아무리 재산이 있어도 진실로 몸과 마음을 서로 허락하는 사이가 될 수는 없고, 젊은 나의 쾌락이나 건강한 몸을 만족시켜 줄 아무런 방도도 찾지 못한 채 나 자신을 몹시 미워하게 되는구나. 하지만 이날 이때까지 그런 일은 바라지 않기로 마음을 도사려 먹고 있었단다. 그러다가 마침내 다른 모든 소망과 마찬가지로 이런 욕망도 한번 채워 보려고 결심했어. 그리고 그렇게 할 바엔 누구보다도 사랑할 만한 가치가 있는 그 피로스를 껴안아 욕망을 채워 볼 작정이다. 그래서 나는 오로지 그 사나이만을 생각하게 되어 단 하루라도 그를 보지 못하거나 그의 소식을 듣지 못하면 죽어 버릴 것만 같지 뭐냐. 이대로 피로스와 사랑을 이루지 못한다면 나는 영영 죽고 말 거야. 그러니 나를 가엾게 생각하거든 네가 가장 좋다고 생각하는 방법으로 내 마음을 그에게 전해 다오. 내가 그러더라고 하면서 그에게 가서 내게로 오도록 전해 다오."

하녀는, 알아 모시겠습니다 하고 대답했습니다. 그리하여 기회를 노리고 자리를 가려 피로스를 곁에 불러서 아주 능숙하게 마님의 소망을 전했습니다. 피로스는 그 말을 듣자 천만뜻밖의 일이었던 만큼 몹시 놀랐습니다. 그리고 부인이 자기를 시험하기 위해 그런 말을 전한 것으로만 여겨 무뚝뚝하게 대답했습니다.

"루스카, 마님께서 그런 말씀을 하시다니 믿을 수가 없어. 너도 네가 지껄인 말이 어떤 성질의 것인지 잘 생각해 봐. 설령 그것이 진심이라고 해도 너를 시키시다니 믿을 수 없는 일이야. 또 진짜로 너를 시켜 그런 말씀을 내게 전하셨다고 하더라도 주인어른은 과분할 정도로 나를 믿으셔. 나는 내 목숨을 걸면서까지 그런 모욕을 주인어른에게 드리고 싶지는 않아. 그러니까 앞으로 그 따위 말은 절대로 하지 마라, 알았지?"

루스카는 그런 쌀쌀한 대답을 듣고도 놀라지 않고서 말했습니다.

"피로스, 나는 이런 일만이 아니라 마님의 분부라면 어떤 일이든 시키시는 대로 몇 번이고 전하러 올 거야. 네가 좋아하든 싫어하든 말이다. 하지만 너는 진짜 이상한 사람이구나."

그러고는 피로스의 대답을 어떻게 전하나 걱정하면서 부인에게로 돌아갔습니다. 부인은 하녀의 이야기를 듣고 나니 죽고 싶어졌습니다. 그런 뒤 이삼일 지나 다시 하녀에게 이렇게 말했습니다.

"루스카, 너는 떡갈나무가 한 번이나 두 번의 도끼질로는 넘어가지 않는다는 것을 알겠지. 그 사나이는 내가 얼마나 안타깝게 그리워하는 줄도 모르고 공연히 주인에 대한 충성심만 쳐드는 모양이니 이제 한 번 더 그에게 가다오. 그래서 틈을 보아 불타는 내 마음을 송두리째 전해 다오. 그리고 꼭 성공하도록 네가 좀 애써 주렴. 잘되지 않는 날에는 나는 죽을 수밖에 없어. 글쎄 내가 자기를 시험한다고 생각하다니. 나는 자기의 사랑을 진심으로 갈구하고 있는데."

하녀가 부인을 위로하고 피로스를 찾아가니, 그는 기분 좋은 일이 있었던 모양인지 반색하며 맞아 주었습니다. 루스카는 부드러운 말로 달래기 시작했습니다.

"피로스, 나는 며칠 전에 네 주인이기도 하고 내 주인이기도 한 마님께서 얼마나 뜨거운 마음으로 너를 사랑하시는지 이야기했었지. 지금 다시 말하지만 네가 전날과 마찬가지로 고집만 부리고 있으면 얼마 가지 않아 마님은 돌아가실지도 몰라. 제발 마님의 소망을 이루어 드리렴. 나는 네가 꽤 영리한 남자라고 생각했었는데, 네가 그리 고집만 세우면 오히려 멍텅구리라고 생각하지 않을 수 없을 거야. 그렇게도 아름답고 착하고 젊으신 분이 모든 걸 다 제쳐 놓고 너를 사랑하신다니 얼마나 영광스러운 일이야? 게다가 마님은 그처럼 무르익은 것을 네 눈앞에, 네 젊은 욕망 앞에 바치겠노라고 하시며 네 젊음의 욕구에 이다지도 적절한 안식처를 제공하시겠다는데 그걸 마다할 까닭이 어디 있니? 너만 똑똑하게 굴면 사랑의 환희의 길을 타고 지금보다 더 좋은 위치에 올라갈 수도 있다는 것을 모르니? 네가 가진 사랑을 그분에게 허락하기만 하면 무기거나 말이거나 옷이거나 돈이거나 모든 것이 마음대로 되는 생활을 할 수 있잖아. 이보다 더 좋은 길이 어디 또 있다고 생각하니?

자, 내 말에 귀를 기울이고 조용히 생각해 봐. 행운의 여신이 웃는 얼굴로 성큼성큼 걸어서 마중 나오는 일이란 일생에 단 한 번 있을까 말까 하다는 것을 생각해 봐. 그런 때 행운의 여신을 받아들이지 못하는 자는 나중에 빈털터리 가난뱅이가 되어도 자신을 원망할 뿐이지, 하느님을 원망하지도 못한다고. 그리고 하인과 주인 사이의 충성이란 것은 친구나 친척 사이의 것과는 약간 달라. 오히려 하인은 주인에게서 받고 있는 그와 같은 방법으로 되도록이면 주인을 이용하는 것이 좋아. 만약 너에게 아름다운 아내나 어머니나 딸이나 또는 누이동생이 있어 니코스트라토스 님께서 마음에 드셨다면 네가 마님의 일로 니코스트라토스 님에게 바치고 있는 것 같은 성실성이 그분에게도 있으리라고 생각하니? 그렇다고 믿는다면 바보도 그런 바보는 없어. 아무리 울고불고 애원해도, 네가 어떻게 생각하든 말든 주인께서는 억지로라도 욕망을 채우실 게 틀림없다고. 그러니까 우리도 주인들이 우리와 같은 자들을 대하는 것과 마찬가지로 해보자는 그 말이야. 행운의 별을 어서 품 안에 받아들여. 바보같이 행운을 쫓아 버리지 말고 스스로 즐겁게 받아들여. 만약에 네가 끝까지 거절한다면 아마도 마님을 죽음으로 몰고 가는 사태가 벌어질 거고, 앞으로 너는 늘 후회스런 마음에 쫓겨 죽음을 생각하게 될 것이 뻔해."

그렇지 않아도 루스카가 지난번에 들려주었던 말을 몇 번이나 돌이켜 생각해 왔던 피로스는 만약에 루스카가 다시 찾아와 자기를 시험하는 것이 아니라고 확인되면 다른 대답을 해주리라, 모든 것을 부인의 뜻에 따르리라고 신중히 생각하고 있었으므로 이렇게 대답했습니다.

"잘 들어, 루스카. 나도 네 말이 모두 정말이라고 생각해. 하지만 주인어른께서는 여간 영리한 분이 아니신 데다가 일을 모두 내게 맡기고 계시니, 나리의 생각이나 의견으로 나를 시험하려는 게 아닌가 하고 크게 걱정스럽기도 하단다. 그러니, 내가 원하는 세 가지 것을 뚜렷이 보여 주기만 하면 무슨 일이든 기꺼이 받아들이기로 하지. 내가 원하는 세 가지 일이란 이런 거야. 먼저 부인이 니코스트라토스 님 눈앞에서 그 길이 잘 든 매를 죽일 것, 다음은 니코스트라토스 님의 수염을 한 줌 뽑아 내게 가져올 것, 마지막으로 니코스트라토스 님의 가장 튼튼한 이를 하나 뽑아 역시 내게로 가져올 것."

루스카는 이거 쉽지 않은 일이구나, 하고 걱정했으며 부인에게도 보통 힘든 일이 아니라고 걱정했습니다만, 선량한 위안자이고 충고의 스승인 사랑의 신은 부인으로 하여금 이를 해내고야 말리라고 결심하게 했습니다. 그래서 그녀는 하녀를 보내어 그의 요구를 반드시, 또 되도록 빨리 들어주겠다고 전했습니다. 그런 뒤에, 그가 주인인 니코스트라토스를 매우 영리한 분이라고 말했으나 자기는 도리어 그 영리한 남편이 보는 앞에서 피로스와 사랑의 행위를 하면서 그에게는 그것이 현실에서 일어나는 일이 아닌 것으로 믿게 하겠노라고 전하게 했습니다.

피로스는 부인이 어떻게 할 것인가 하고 기대하기 시작했습니다. 그러자 사나흘 뒤에, 이런 일은 자주 있었습니다만, 니코스트라토스는 몇몇 귀족들을 초대하여 성대한 만찬회를 열었습니다. 식사도 끝나고 식탁이 치워졌을 무렵 부인은 녹색 벨벳 옷을 입고 여러 가지 화려한 보석으로 꾸민 다음 자기 방에서 나와 손님들이 모인 홀로 들어갔습니다. 그리고 피로스를 비롯하여 여러 사람이 보고 있는 앞에서 니코스트라토스가 애지중지하는 매가 앉아 있는 화로 다가가더니 짐짓 어루만지는 체하면서 묶은 끈을 풀자 매를 번쩍 쳐들어 벽에 내팽개쳐서 죽게 했습니다.

그것을 본 니코스트라토스가 그녀를 향해 외쳤습니다.

"아니, 이게 무슨 짓이란 말이오!"

부인은 그의 말에는 아무 대답도 않고 어리둥절하게 쳐다보고 있는 귀족들에게 이렇게 말했습니다.

"여러분, 이따위 매에게 복수할 만한 용기가 없다면 가령 나를 욕보이려는 왕에 대한 복수는 생각조차도 못 할 것입니다. 여러분께 말씀드리고 싶은 것은 이 새는 남성이 여성에게 안겨 주어야 할 쾌락의 시간을 오랫동안 내게서 빼앗아 왔다는 것입니다. 그 까닭을 말씀드리자면, 날이 새기가 무섭게 내 남편은 침실을 박차고 일어나 매를 떼어 들고 말을 몰아 넓은 들판으로 나가서 매와 노닐기 때문입니다. 그로 말미암아 나는 여러분께서도 아시는 바와 같이 혼자 쓸쓸히 침대에 남겨집니다. 그래서 나는 몇 번이나 방금 내가 한 것 같은 일을 해보려고 했던 것입니다. 하나, 어떤 사정이 있어 삼가 왔습니다. 그것은 다름이 아니라 나의 슬픔을 올바르게 판단하실 여러분께서 그것을 이해해 주시리라고 내가 믿는 순간에 하려고 그 기회를 기다렸던 것입니다."

그 말을 들은 귀족들은 니코스트라토스에 대한 부인의 애정은 실로 그 말대로임이 틀림없다고 생각하고 모두 허허 웃으면서 완전히 혼란 상태에 빠져 버린 니코스트라토스를 향해 이렇게 말했습니다.

"여보게! 자네 부인이 매를 죽여 자네의 모욕에 보복한 것은 더없이 마땅한 처사가 아니겠나!"

그때 부인은 벌써 자기 방으로 물러가 있었기에 사람들은 이 일에 대해 이런 저런 농을 늘어놓으면서 니코스트라토스의 화를 끝내는 웃음으로 바꿔 놓았습니다.

피로스는 이것을 보고 "마님은 내 행운의 사랑에 훌륭한 실마리를 만들어 주셨다. 신이시여, 끈기 있게 계속하게 해주소서" 이렇게 혼잣말을 했습니다.

리디아 부인이 매를 죽인 뒤 어느 날의 일입니다. 부인은 니코스트라토스와 함께 침대에 드러누워 그를 애무하면서 장난을 치기 시작했습니다. 그리고 남편은 장난으로 부인의 머리카락을 가볍게 잡아당겼습니다. 그것을 기회로 그녀는 피로스가 낸 두 번째 난제를 해결하게 되었던 것입니다.

부인이 웃으면서 남편의 수염을 쥐고 힘껏 잡아당기는 바람에 한 줌이나 되는 수염이 턱에서 뽑혔습니다. 니코스트라토스가 앗, 하고 소리 지르며 아파하자 그녀는 이렇게 말했습니다.

"아니, 왜 그러세요? 내가 당신 수염을 대여섯 가닥 뽑았기로서니 뭘 그리 야단이신가요? 당신이 내 머리카락을 잡아당겼을 때의 아픔에다 대면 아무것도 아닐 텐데요."

그런 수작을 하면서 두 사람은 장난을 쳤는데 부인은 남편에게서 뽑은 수염을 몰래 감췄다가 바로 그날 그녀가 사랑하는 연인에게 보냈습니다.

셋째 문제에 대해서는 부인도 심사숙고하지 않을 수 없었습니다. 그러나 그녀는 여간 영리하지 않았고 사랑의 신이 다시 지혜를 보태 주었으므로 그 일을 성사시킬 좋은 방법을 생각해 냈습니다.

니코스트라토스에게는 그와 같은 신분인 어느 귀족의 두 아들이 귀족다운 예의범절과 교양을 배우기 위해 와 있으면서 그의 시중을 들고 있었는데, 니코스트라토스가 식사할 때 한 소년은 접시에 고기를 잘라 담아내고 다른 소년은 음료를 따르는 일을 하고 있었습니다.

부인은 이 두 소년을 불러다가 니코스트라토스의 입에서 악취가 풍긴다고 믿게 하고, 시중들 때는 되도록 머리를 뒤로 젖히라고 분부한 다음 이 일은 절대로 입 밖에 내서는 안 된다고 굳게 다짐을 놓았습니다.

두 소년은 이것을 진짜로 알고 부인이 지시한 대로 자세를 취하기 시작했습니다. 이렇게 해놓고 어느 날 부인은 니코스트라토스에게 다음과 같이 물었습니다.

"여보, 당신은 그 두 소년이 시중을 들 때 무슨 이상한 눈치를 채지 못했어요?"

"왜 채지 못해. 그 까닭을 그들에게 물어보려고 하는 참인데."

니코스트라토스는 대답했습니다.

"당신이 일부러 물어보실 필요는 없어요. 내가 말할 수 있는 일이니까요. 실은 당신을 불쾌하게 해드리지 않으려고 오랫동안 죽 참아 왔습니다만 다른 사람들이 그렇다고 알게 된 이상 이제 말해야 할까 봅니다. 사실은 당신 입에서 악취가 풍겨 견디기 어려워요. 그 소년들이 이제까지 그런 행동을 취하지 않았는데 요즘에 와서 그렇게 하니 까닭은 그것밖에 없다고 생각해요. 당신은 언제나 귀족들과 교제하셔야 하는데 정말 큰일이 아닐 수 없군요. 그러니 무슨 방법으로라도 고쳐야 하지 않겠습니까?"라고 부인이 말했습니다.

"글쎄 왜 그럴까, 충치라도 생겼나?"

"아마도 그럴 거예요."

그리하여 부인은 남편을 창문가로 데리고 가서 입을 벌리게 하고 이리저리 입 안을 살펴본 다음 이렇게 말했습니다.

"어머나 니코스트라토스, 어떻게 당신은 이 지경이 될 때까지 참았어요? 이쪽으로 하나가 상했어요. 내가 보는 바로는 벌레 먹은 정도가 아닌 것 같아요. 완전히 썩었어요. 더 내버려 두면 그쪽 이 전부를 망치게 될 거예요. 그러니까 더 나빠지기 전에 이 충치를 빼버리는 게 좋겠어요."

그러자 니코스트라토스가 대답했습니다.

"당신이 그렇게 생각한다면 그렇게 해야겠군. 당장 의사를 불러다가 빼버립시다."

부인은 그의 말을 가로막았습니다.

"그런 일로 치과 의사를 부르다니 별말씀 다 하시네요. 의사가 아니어도 내가 잘 뺄 수 있으니까 내게 맡기세요. 치과 의사들은 치료를 굉장히 거칠게 한답니다. 그런 곤욕을 당하는 당신을 보거나 아파하는 소리를 듣는 것은 나로서는 견딜 수 없는 일이에요. 그러니까 내가 모두 해드리겠어요. 만약에 너무 아프거나 하면 곧 그만두겠어요. 의사는 그렇게 하지 않지만요."

그리하여 부인은 기구를 가져오게 했으며, 루스카만을 남기고 다른 하인들은 모두 밖으로 내몰았습니다.

그리고 안에서 문을 잠그자 니코스트라토스를 식탁 위에 눕혔습니다. 다음은 입 안에 커다란 쇠집게를 밀어 넣어 이 하나를 꽉 집고 남편이 아픔을 견디지 못해 아우성치는 것도 아랑곳없이 루스카더러 꼼짝 못 하게 몸을 누르라고 하고 자기는 온 힘을 다해 그 이를 빼냈습니다.

리디아 부인은 그 이를 얼른 감추고 미리 준비해 두었던 몹시 썩은 다른 이를 아파서 거의 죽어 가는 남편에게 보여 주며 이렇게 말했습니다.

"보세요, 당신 이가 이 지경이 되어 있었다고요."

남편은 너무나 아픈 꼴을 당하여 불평이 이만저만이 아니었습니다만 그것을 진짜로 알고 충치가 이제 없어졌다고 생각하니 곧 통증이 가시는 것 같았습니다. 그리고 이것저것 다른 일로 위로받는 동안 통증도 처음보다 가벼워졌으므로 방에서 나갔습니다.

부인은 그 이를 루스카에게 주어 연인에게로 가져가게 했습니다. 피로스는 이것으로 부인의 사랑이 진실이라는 것을 알았으므로 어떤 요구에도 응하겠노라고 대답했습니다.

피로스와의 관계에서 가장 안전한 방법을 찾아야겠다고 생각한 부인은 그의 요구대로 약속을 다했다는 것과, 시간이 허락하는 한에 있어서 몇 번이라도 그와 함께 지내고 싶다는 것을 생각하면서 꾀병을 앓고 드러누워 있으려니까, 어느 날 식사 뒤에 니코스트라토스가 병세가 어떤가 궁금하여 들어

왔습니다. 그녀는 피로스밖에 아무도 따라온 자가 없는 것을 보자 병도 이제 많이 나았다고 하면서 둘이서 부축하여 자기를 정원으로 데려가 달라고 청했습니다.

그리하여 니코스트라토스가 한쪽을, 피로스가 다른 한쪽을 껴안듯이 하여 정원으로 데리고 나갔습니다. 그리고 한 그루의 큰 배나무 밑 잔디에 앉았습니다.

이렇게 세 사람이 함께 한참 앉아 있으려니 미리 피로스에게 말해 둔대로 부인은 "피로스, 나 배가 먹고 싶구나. 올라가 몇 개 떨어뜨려 주렴" 하고 말했습니다.

피로스는 곧 나무에 올라가 배를 아래로 떨어뜨리기 시작했습니다. 그러면서 이렇게 말하는 것이 아니겠습니까?

"어머나 나리, 그 무슨 짓을 하시는 겁니까? 그리고 마님, 마님조차 저의 눈 앞에서 그걸 받아들이시다니 부끄럽지도 않으십니까? 두 분께서는 저를 장님으로 생각하시는 겁니까? 바로 조금 전까지 몸져 드러누우셨는데 그런 짓을 하실 정도로 갑자기 병이 나으셨단 말입니까? 그런 짓을 하고 싶으시걸랑 아름다운 방이 많이 있는데 그런 방에 가셔서 하시지요. 이놈의 눈앞에서 하시기보다 훨씬 품위가 있지 않겠습니까?"

부인은 남편을 쳐다보며 말했습니다.

"피로스가 뭐라고 지껄이는 거죠? 미친 것 아니에요?"

그러자 피로스가 말했습니다.

"천만에요 마님, 제가 왜 미칩니까. 마님과 나리께서는 이놈이 하는 말을 믿지 않으신다는 겁니까?"

니코스트라토스는 어처구니없는 듯이 이렇게 말했습니다.

"피로스, 너 꿈꾸고 있는 거냐?"

그 말에 피로스가 대답했습니다.

"나리, 저는 꿈을 꾸고 있지 않습니다. 마님이나 나리께서도 꿈을 꾸고 계시지는 않겠죠! 아니, 열심히 몸을 움직이고 계십니다. 이 배나무가 그렇게 움직이면 배는 하나도 남지 않고 다 떨어져 버릴 겁니다."

그러자 부인이 말했습니다.

"어머나, 이게 웬일이죠? 피로스 말대로 정말 그렇게 보이다니, 그런 일도 있을 수 있을까요? 하느님의 은총으로 내가 그전처럼 건강하기만 하다면 그가 하는 말이 정말인지 아닌지 나무에 올라가 볼 텐데요."

피로스는 배나무 위에서 입을 다물지 않고 계속해서 이상한 말만 지껄였습니다. 니코스트라토스는 듣다 못해 외쳤습니다.

"썩 내려오지 못할까?"

피로스가 내려오자 다시 말했습니다.

"도대체 뭐가 보인다는 게냐?"

그러자 피로스는 대답했습니다.

"주인어른들께서는 제가 미쳤든가 꿈이라도 꾼 줄 아시는 모양이군요. 하지만 저는 실제로 나리가 마님을 타고 올라앉으신 걸 보았습니다. 이렇게 말씀드려 죄송합니다만…… 그런데 나무에서 내려와 보니 나리는 일어나 거기 그렇게 앉아 계시는군요."

"정말 너는" 하고 니코스트라토스가 말했습니다. "머리가 단단히 돌았구나. 네가 나무에 오른 뒤로 우리는 움직이지 않고 여기 이렇게 앉아 있었다. 네가 보았다는 것 같은 일이 있을 수가 있느냐?"

그러자 피로스가 말했습니다.

"이것은 이러쿵저러쿵 말할 문제가 아닙니다. 저는 틀림없이 보았습니다. 보고말고요. 나리가 마님 위에 올라타신 것을."

니코스트라토스는 더욱더 놀라 이렇게 말하지 않을 수 없었습니다.

"그럼, 어디 내가 올라가 봐야겠다. 이 배나무가 마술을 써서 올라가면 그런 볼 만한 광경이 눈에 비치는지."

그렇게 말하고 나무에 올라갔습니다.

남편이 나무에 올라가기 시작하자 부인은 피로스와 서로 애무를 하기 시작했습니다. 그것을 본 니코스트라토스가 외쳤습니다.

"야 이 화냥년아, 그 무슨 짓을 하고 있느냐! 피로스, 내가 그다지도 믿고 있는 네가 아니냐!"

그러고는 배나무에서 내려오기 시작했습니다.

부인은 피로스에게 말했습니다.

"얌전하게 앉아 있자."

그들은 아까 주인이 앉아 있었던 것처럼 점잖게 앉아 있었습니다.

니코스트라토스는 나무에서 내려와 두 사람 모두 먼저대로 가만히 앉아 있는 것을 보고는 욕을 해댔습니다.

그러자 피로스가 그에게 말했습니다.

"나리, 이제 돌이켜 생각하니 나리가 아까 말씀하신 바와 같이 제가 배나무 위에 있을 때 보았던 일은 착각이었습니다. 그렇다고 생각하지 않으면 아무래도 이해가 가지 않습니다. 저도 주인어른께서도 잘못 보았다는 것을 잘 알 수가 있습니다. 실상 그토록 총명하시고 정숙하신 마님께서 무엇 때문에 그런 짓을 하여 나리에게 모욕을 드리겠습니까? 그런 일은 있을 수 없습니다. 곰곰 생각하니 이 모든 것이 착각임에 틀림없습니다. 이놈으로 말할 것 같으면 주인어른 앞에서 그런 짓을 감히 하려고 생각하느니 차라리 이 몸을 갈기갈기 찢겠습니다. 이런 착각을 일으키게 한 것은 확실히 이 배나무 탓이 틀림없습니다. 제가 그런 엄청난 짓을 하지도 않았는데, 그리고 생각조차 하지 않았는데 그런 일을 제가 한 것처럼 주인어른께서 말씀하시는 것을 제가 듣지 않았다면 주인어른께서 마님과 여기서 그런 일을 하지 않으셨다고 해도 절대 믿으려 하지 않았을 겁니다."

니코스트라토스는 두 사람이 모두 자기 앞에서 그런 짓을 할 리가 없다고 말하는 것을 정말로 생각하여 꾸짖고 푸념하는 것을 그치고, 이 배나무에 오르면 눈앞이 다르게 보이니 꿈만 같고 불가사의한 일이라고 말하기 시작했습니다.

그러나 부인은 니코스트라토스가 자기에 대해 한 말이 못마땅하다는 듯이 이렇게 말했습니다.

"어쨌거나 앞으로는 되도록이면 이런 부끄러운 일이 내게는 물론 다른 여자들에게도 절대로 있어서는 안 되겠어요. 자, 피로스, 달려가서 도끼를 가져와요. 그래서 당장에 이 배나무를 잘라 이 몸의 수모를 깨끗이 씻어 줘요. 하기야 약간의 사려 분별도 없이 이성(理性)의 눈이 까맣게 어두워진 주인어른의 머리에 일격을 가하는 편이 오히려 좋을는지 모르지만…… 설령 머릿속에서는 그와 같이 생각했다 할지라도 마음으로 판단하실 때에야 어떻게 그런 일이 일어났다고 감히 느끼거나 생각할 수 있을까요?"

피로스는 서슴지 않고 도끼를 가져다가 배나무를 잘라 쓰러뜨렸습니다. 나무가 쓰러진 것을 보자 부인은 니코스트라토스에게 말했습니다.

"내 정절의 적(敵)이 쓰러지니 가슴이 후련하군요."

그렇게 말하고 계속해서 용서를 비는 니코스트라토스를 너그러이 용서해 주고는, 나는 나 자신보다도 당신을 더 사랑하고 있으니 앞으로 이와 같은 판단은 절대로 하지 말라고 다짐시켰습니다.

이렇게 하여 두 사람에게 여지없이 속아 넘어간 가엾은 남편은 부인과 그 연인을 데리고 저택 안으로 돌아갔습니다.

그 뒤 저택 안에서 리디아 부인의 피로스와 피로스의 리디아 부인은 몇 번이나 즐거운 사랑을 나누었던 것입니다. 아아, 주님이시여, 우리에게도 그와 같은 환락을 주시옵소서.

열째 이야기

사이좋은 시에나 사람 둘 중 한 명이 어떤 아이의 대부를 서게 되고, 두 사람 다 그 아이의 어머니를 사랑하게 된다. 대부인 사나이가 죽게 되자 그는 약속에 따라 다른 한 사나이에게 나타나 저세상 이야기를 들려준다.

이어서 이야기하지 않으면 안 될 사람은 주재자인 왕뿐이었습니다. 왕은 아무런 죄도 없이 도끼에 찍힌 배나무를 동정해 마지않는 부인들이 겨우 입을 다무는 것을 기다려 이렇게 이야기하기 시작했습니다.

스스로 만든 법에 대한 가장 큰 봉사자야말로 참된 국왕이라는 것은 지극히 명백한 일입니다. 만약에 그렇지 못하다면 벌을 내려도 좋다는 결과가 되어 국왕도 국왕이 아닌 자와 마찬가지로 심판받아야 마땅합니다. 그런데 당신들의 왕인 내가 그와 같은 벌과 책망을 받아야 하게 되었습니다.

실은 어제, 나는 오늘 나눈 우리들의 이야기에 나 자신의 특권을 행사하지 않고, 당신들과 마찬가지로 규정을 지켜 이제까지 여러분이 이야기한 것과 같은 이야기를 하려고 생각하고 그와 같은 규정을 마련했던 것입니다. 그런데 내가 이야기하려고 생각하던 것은 모조리 여러분이 이야기했을 뿐만 아니라 그 모두가 실로 재미있었으므로, 아무리 기억을 더듬어 보아도 더 재미있는 이야깃거리를 생각해 내지 못하겠습니다.

그래서 스스로 규정을 만들었으나 지키지 못하게 되었으니 마땅히 벌을 받지 않으면 안 되겠습니다. 그러므로 이제부터 내게 가해지는 어떤 벌이라 도 달게 받아들일 각오로 이제껏 해온 대로 나의 특권을 행사하기로 하겠습니다.

여러분, 엘리사가 이야기한 대부와 그 아기 어머니의 이야기와 시에나 사람 들의 어리석음을 꼬집은 이야기가 꽤나 재미있었기에 재치 있는 아내에게 어리석은 남편이 속는다는 이야깃거리는 그만두고 시에나인에 관한 짤막한 이야기를 다뤄 보기로 하겠습니다. 종교적이지 않은 점이 많이 있습니다만 부분적으로는 여간 재미있는 이야기가 아닙니다.

옛날 시에나에 팅고치오 미니, 메우치오 디 투라라는 두 젊은이가 살았습니다. 두 사람은 살라야 문(門)안에 살고 있으면서 둘만이 어울렸을 뿐 거의 다른 사람들과 사귀지 않았으므로 몹시 사이가 좋은 것처럼 보였습니다. 그래도 남이 하는 대로 성당에도 가고 설교도 들어, 사람이 죽으면 그 영혼이 살아 있을 때 행동한 값어치에 따라 저세상에서 어떤 명예를 받게 된다든지 또 비참한 상태에 놓이게 된다든지 하는 것을 짐작하고 있었습니다.

두 사람은 더욱 확실한 것을 알고자 했습니다만 그 방법이 없었으므로 만약에 어느 쪽인가가 먼저 죽으면 뒤에 남은 자에게 나타나 알기를 원하는 이야기를 해주기로 약속했습니다. 그리고 두 사람은 굳게 맹세를 했습니다.

이와 같은 약속을 한 뒤로도 두 사람은 앞서 말한 바와 같이 어느 때랄 것 없이 자주 오가고 있었습니다만, 우연한 기회에 팅고치오가 캄포레지에 사는 암브루오지오 안셀미니라는 사람의 아들의 대부가 되었습니다. 아내 미타 부인과의 사이에 둔 아들이었습니다.

그리하여 팅고치오는 메우치오와 함께 자주 이 세례자의 어머니를 방문했습니다. 그런데 팅고치오는 세례자의 어머니가 대단히 아름다운 데다 요염하기 그지없어 대부라는 위치도 잊은 채 그녀를 사모하게 되었습니다. 한편 메우치오도 그녀가 마음에 들었던 참에 팅고치오가 입에 침이 마르도록 칭찬하는 소리를 듣고 어느덧 그녀에게 반해 버렸습니다.

그런데 이에 대해서는 두 사람이 서로서로 경계하고 있었는데 그 까닭은 다음과 같은 것이었습니다. 팅고치오가 자기의 사랑을 그에게 알리지 않으려고 하는 것은, 자기 대자의 어머니를 사랑하는 것은 자신에게 있어서 죄악이라고 생각했으며, 만약에 남이 알게 되면 그보다 더한 망신은 없다고 여겼기 때문입니다. 또 메우치오 쪽은 그런 일로 경계하는 것이 아니라 팅고치오가 그녀를 연모한다는 것을 알고 있었기 때문입니다. 그는 마음속으로 이렇게 중얼거렸습니다.

"만약에 이 일을 그에게 고백하면 그는 나를 질투할 게 틀림없어. 그렇게 되면 그는 언제든 그녀와 자유로이 대화할 수 있으니 그녀가 나를 미워하게 만들 거야. 그렇게 되면 생전 가야 그녀는 나를 좋아해 줄 리가 없어."

이제 말한 바와 같이 두 젊은이는 이런 상태로 짝사랑을 하고 있었는데 팅고치오는 어쨌든 자기 마음을 하소연할 기회가 많았기에, 부드러운 태도와 달콤한 말로 공세를 한 결과 마침내 그녀를 자기 뜻대로 손아귀에 넣어 버렸습니다. 메우치오는 곧 그것을 알아챘습니다. 그는 아주 불쾌했습니다만, 자기도 기회를 엿보아 사랑의 소망을 이뤄 보고자 마음먹고 있었기에 팅고치오가 자기의 행동을 경계하거나 방해하지 않게 하려고 그의 일에 대해서는 모른 체했습니다.

이렇듯 두 사람은 똑같이 사랑을 계속하고 있었는데, 이미 사랑의 승리에 취해 있던 팅고치오는 부인의 기름진 토지에 집착하여 연장을 넣어 지나치게 일구는 바람에 정력을 있는 대로 소비해 버려 병을 얻기에 이르렀습니다. 그리고 갈수록 병이 심해져 끝내는 이 세상과 영영 작별하고 말았습니다.

죽은 지 사흘째 되는 날에, 아마도 그 이전에는 올 수 없었던 모양이지요, 생전에 했던 약속대로 팅고치오는 한밤중에 메우치오의 침실에 나타났습니다. 그리고 잠든 그를 불러 깨웠던 것입니다. 잠에서 깨어난 메우치오가 물었습니다. "너는 누구냐?"

"나야, 나, 팅고치오야. 약속한 대로 저세상 이야기를 들려주려고 왔다" 이렇게 그는 대답했습니다.

메우치오는 그 말을 듣자 흠칫 놀랐습니다만 마음을 가라앉히고 "잘 왔다,

형제여"하고 대답한 다음 너는 정말 죽은 거냐고 물었습니다. 그 물음에 대해 팅고치오는 대답했습니다.

"죽는다는 것은 두 번 다시 돌아오지 못한다는 것을 뜻하지. 만약에 내가 죽었다면 어떻게 여기 올 수 있었겠는가?"

"아아"하고 메우치오는 말했습니다. "나는 그런 걸 물어보는 게 아냐. 네가 지옥에 떨어져 죄의 대가를 치르고 있는지 어떤지를 묻는 것이다."

팅고치오는 대답했습니다.

"그렇지는 않아. 하지만 내가 저지른 죄로 인해 퍽 괴로움을 당하고는 있다."

이 말을 듣고 메우치오는 저세상에서는 현세에서 죄를 범한 자를 어떻게 벌하는지 특별히 자세하게 듣기를 원했습니다. 팅고치오는 모조리 털어놓았습니다. 메우치오는 이 세상에서 그를 위해 무엇이든 도와줄 것이 있느냐고 물었습니다. 그러자 팅고치오는 물론 있지, 나를 위해 미사를 올리고 기도드리고 헌금을 모아 달라, 저세상에 있는 자로서는 그런 일들이 퍽 도움이 된다고 대답했습니다.

그 말을 들은 메우치오는 기꺼이 그렇게 해주겠다고 말했습니다만 팅고치오가 돌아갈 즈음해서 대자의 어머니 일이 떠올랐으므로 약간 고개를 쳐들고 물었습니다.

"팅고치오, 지금 막 생각났는데 자네가 세상에 있을 때 곧잘 함께 자곤 하던 대자의 어머니 일로는 어떤 벌을 받았나?"

그러자 팅고치오는 대답했습니다.

"메우치오, 내가 저세상에 가니 내 죄를 송두리째 아는 듯싶은 사람이 하나 있었다. 그 사람은 내게 지금 이 세상에서 지은 죄를 갚으려면 가장 큰 벌을 받으면서 속죄하는 곳으로 가라고 명령하더군. 그곳에는 나와 마찬가지로 벌을 받고 있는 자들이 많이 있었지. 나는 그 속에 있는 동안에 대자의 어머니와 관계한 일을 생각해 내고 그때 받고 있던 것보다 더한 형벌을 받게 되지 않을까 두려워져서, 새빨갛게 타오르는 불 속에 있는데도 몸이 덜덜 떨려왔다네. 그런데 내 곁에 있던 사나이가 그것을 보고 '이보게, 불 속에 있으면서 떨다니 자네는 여기 있는 다른 자들보다도 더 무거운 죄를 지었는가?' 하고 묻잖겠나. 그래서 내가 '여보시오, 나는 속세에서 지은 죄로 심한 벌을 받을 것을 생각하니 무서워서 견딜 수가 없구려' 하고 대답하니 그것은 어떤 죄냐고 다시 묻길래 '대자의 어머니와 함께 잔 죄요. 너무 도가 지나쳐 병을 얻었을 정도였소' 하고 대답하자 '당신, 굉장한 바보로구먼. 그까짓 일로 걱정할 것 없어. 여기서는 대자의 어머니 따위는 문제삼지도 않아'라고 하지 않겠나. 그 말을 듣고 나는 가슴을 쓸어내렸지."

이런 말들을 주고받는 사이에 날이 새었습니다.

"메우치오, 잘 있어. 더 이상 자네와 함께 있을 수는 없어."

팅고치오는 이렇게 말하고는 갑자기 자취를 감추었습니다.

메우치오는 저세상에서는 대자의 어머니 따위의 일은 조금도 문제삼지 않는다는 사실을 알고 나자, 이제까지 그런 여자와의 관계는 있는 힘껏 마다해왔던 터라 자기의 어리석음을 비웃었습니다. 그리하여 그 뒤로는 바보스런 짓에서 벗어나 아주 약삭빠르게 실속을 차리게 되었습니다. 이런 것을 진작에 리날도 수도사가 알았더라면 그는 대자의 어머니와 정을 통할 때 삼단 논법 같은 어려운 방법을 쓸 것까지도 없었을 겁니다.

왕의 이야기가 끝나 더 이야기할 사람이 남지 않았을 때 서녘으로 기울어진 태양의 얼굴을 서풍이 불어와 간질여 주었습니다. 왕은 이렇게 말하면서 머리에서 왕관을 벗어 라우레타의 머리에 올려놓았습니다.

"라우레타, 월계관과 같은 이름을 가진 당신의 머리에 관을 올려놓습니다. 주재자로서 여러분의 기쁨과 위안이 될 만한 것을 명령해 주십시오."

이렇게 말하고 다시 자리에 앉았습니다.

여왕이 된 라우레타는 하인 우두머리를 불러, 쾌적한 골짜기에서 충분히 즐거운 시간을 보낸 다음 천천히 별장으로 돌아가고자 하니 식탁 준비를 해달라고 지시했습니다. 그런 뒤, 다시 자기가 지배권을 갖고 있는 동안에 해야 할 일들을 덧붙여 분부했습니다. 그리고 모두를 향해 말했습니다.

"어제 디오네오는 여성이 남편에게 쓴 속임수에 관련된 이야기를 하라고 하셨습니다. 그래서 만약에 내가 곧바로 앙갚음하는 개처럼 행동을 한다면 내일은 남자가 아내를 상대로 벌인 속임수에 대한 이야기를 하라고 하겠지요. 그러나 그렇게는 하지 않기로 하고 누구랄 것 없이 여자가 남자에게, 혹은 남자가 여자나 다른 남자에게 했던 속임수에 대해 저마다 이야기해 주셨으면 좋겠다고 생각합니다. 이와 같은 주제로 이야기하면 오늘과 마찬가지로 분명 즐거우리라 생각되는 바입니다."

이렇게 말하고 일어서더니 식사 시간까지 모두에게 자유 시간을 주었습니다. 부인들과 청년들은 자리에서 일어났습니다만, 더러는 신을 벗고 맑은 물속으로 들어가기도 하고 더러는 푸른 잔디밭 위에 가지런히 늘어서 있는 나무들 사이를 한가롭게 거닐었습니다.

디오네오와 피암메타는 한참 동안 아르치타와 팔레모네의 노래를 불렀습니다. 이렇게 각자가 기분 전환을 하면서 저녁 식사 시간까지 매우 즐겁게 지냈습니다.

모두들 작은 호숫가의 식탁에 둘러앉아 무수한 새들의 노랫소리에 귀를 기울이고 언덕 주위에서 불어오는 산들바람에 땀을 식히면서, 파리 한 마리의 방해도 받는 일 없이 즐겁고 흐뭇한 마음으로 식사를 했습니다.

이렇게 하여 식탁이 치워진 뒤에 잠시 쾌적한 골짜기를 산책했지만 아직 어두워지지 않았으므로, 여왕의 지시에 따라 별장을 향해 천천히 걸음을 옮기기 시작했습니다. 그리고 여느 때와 마찬가지로 그날 이야기된 것 가운데 특별히 재미있었던 대목을 들어 이야기하면서 어둡기 전에 아름다운 별장에 도착했습니다.

별장에서는 차디찬 포도주와 과자로 산책의 피로를 풀고 아름다운 분수 둘레에서 틴다로의 피리와 그 밖의 악기에 맞추어 춤을 추었습니다.

마지막으로 여왕의 명령에 따라 필로메나가 칸초네를 불렀습니다.

아, 슬프다, 나의 생명!
애처롭다, 내게서 영영 떠난 채
돌아오지 않으니, 그 어느 날
그대, 내게로 돌아오려나.

웬일인지 모르나, 이 내 가슴에
뜨거운 불길은 예전처럼

타오르네.
오, 내 마음 사로잡은 행복이여
오, 아늑한 휴식의 시간이여.

그대여 대답하라, 나의 물음에.
물을 사람 없으니 누구에게 물으리,
아, 그대여 내게 소망을 주오
방황하는 이 마음 쓰다듬어 주오.

이 몸을 불태우는 즐거움이
그 어떤 것인지
나는 말을 못 하네,
밤낮으로 타는 곳 알지 못하니.
눈도 귀도 그리고 마음조차도
불가사의한 큰 힘으로
새로운 불을 태우기에.
그 불 속에서 몸을 태우는
나를 어루만지고 위로함은
그대밖에 아무도 없음으로.

아, 알려 다오 어느 날인지
나를 매혹한 그대 눈에
입맞춘 이 몸이
그대와 만날 날은.
아, 알려 다오 내 사랑, 내 영혼이여
그대 어느 날에나 올 것인지
"곧"이라 말해 나를 위로해 다오.
그대가 오는 날은 늦을지라도
오래오래 내 곁에 있어 주오,

사랑의 상처가 나을 때까지.

그대 온다면 부여잡고
다시는 보내지 않으리
옛날같이 어리석지 않으니
다시는 껴안고 놓지 않으리.
달콤한 입맞춤
내 소망 채우리라.
어서 와서 이 몸 껴안아 주오,
그대를 생각하면 나도 모르게
사랑 노래 절로 나오네.

그 노래는 새롭고 즐거운 사랑이 필로메나의 가슴에 피어나기 시작한 증거라고 모두들 생각했습니다.

가사로 미루어 볼 때 그녀의 모습에서 느껴지는 것보다 훨씬 더 행복한 듯했기에 그 자리에 있는 모든 사람은 부러워하지 않을 수 없었습니다.

이윽고 그 노래가 끝나자 여왕은 내일이 금요일이라는 것을 떠올리고 조용히 말했습니다.

"신사 숙녀 여러분, 내일은 주님의 수난일이라는 것을 아시리라 믿습니다. 기억하고 계시겠지만, 지난번 네이필레가 여왕일 때도 수난일이어서 우리는 진심으로 기도드리고 이튿날인 토요일도 그렇게 했었지요. 그러므로 나는 네이필레의 좋은 예에 따라 내일도 모레도 지난날처럼 오락이나 이야기는 삼가고 우리들 영혼의 건강을 위해 그와 같은 날이 있다는 것을 명심하면서 거룩하게 지내는 것이 어떨까 생각합니다."

여왕의 경건한 말은 모두를 감동시켰습니다. 그리고 여왕의 허락이 있었고 밤도 알맞게 깊었기에 저마다 방으로 자러 갔습니다.

여덟째 날

《데카메론》의 여덟째 날이 시작됩니다. 이날은 라우레타의 주재 아래 여자가 남자를, 남자가 여자를 속이고 또는 남자끼리 속이는 이야기가 중심이 됩니다.

일요일 아침, 주위에 있는 높은 산들의 꼭대기에는 벌써 아침 햇빛이 반짝여 그림자와 그늘은 모두 사라지고, 언저리에 물체의 모습을 뚜렷이 보여 주고 있었습니다.

이때 여왕은 일어나 다른 사람들과 함께 이슬에 젖은 초원을 거닐었습니다. 그런 다음 모두들 근처의 작은 성당을 찾아 하루를 시작하는 일과로서 기도를 드렸습니다. 별장으로 돌아와서 즐겁게 식사를 마치고는 노래를 부르고 춤을 추며 놀았습니다. 그리고 여왕의 허락이 떨어지자 쉬고 싶은 자는 물러가 쉬었습니다.

그러나 태양이 중천을 지났을 무렵, 여왕의 지시대로 모두 아름다운 분수가에 모여 앉았습니다. 가장 먼저 여왕의 지명을 받은 네이필레의 이야기는 다음과 같습니다.

첫째 이야기

굴파르도는 친구 과스파루올로에게서 돈을 빌린 다음, 그의 아내에게 돈을 줄 테니 잠자리를 함께하자고 약속하고 그 돈을 준다. 그 뒤 그녀 앞에서 남편 과스파루올로를 향해 부인에게 돈을 돌려주었다고 말하자 그녀는 마지못해 그렇다고 대답한다.

오늘은 신의 뜻에 따라 내가 이야기의 실마리를 풀게 되어 매우 기쁩니다.

여러분, 그 까닭은 이제까지 여자가 남자를 속인 이야기가 많이 있었던 만큼 남자가 여자를 속인 이야기를 해보고 싶었기 때문입니다. 그렇다고 해서 그 이야기 속에서 남자가 한 짓을 비난하거나 여자가 부당한 취급을 당했다고 불평을 할 생각은 아닙니다. 아니, 오히려 남자 쪽을 칭찬하고 여자를 비난할 것이며, 특히 남자들도 믿었던 사람에게 속아 넘어가는 일이 흔히 있듯이 자기를 믿는 자를 속일 수가 있다는 점을 밝히고자 하는 것입니다. 좀 더 분명하게 말하면 상대를 속이는 것이 아니라 정당한 보복을 했다고 할 수 있겠지요.

그러므로 여자는 누구 할 것 없이 정숙하지 않으면 안 되고 자기의 정조를 목숨보다 더 소중하게 지키며 어떤 이유로도 그것을 더럽히는 일이 있어서는 안 됩니다. 그런데 여자는 본디 약해서 이것이 완전히 지켜지지는 않고 있습니다. 그렇다 하더라도 금전을 위해서 그런 행동을 한 여자만은 화형에 처해야 한다고 나는 단언합니다.

그와는 달리 사랑 때문에 그렇게 했을 경우는 사랑의 힘은 너무나 강렬하다고 누구나 알고 있는 만큼, 지난날 필로스트라토가 프라토의 필리파 부인에게 일어난 일을(여섯째 날의 일곱째 이야기) 이야기한 것과 같이 지나치게 엄하지 않은 재판관이라면 관대하게 다루리라 생각합니다.

옛날, 밀라노에 굴파르도라는 독일 군인이 있었습니다. 체격도 훌륭하고 독일인으로는 드물게도 윗사람에게 온갖 충성을 다하는 군인이었습니다. 그는 자기가 꾼 돈은 조금도 날짜를 어기지 않고 꼬박꼬박 갚았으므로 싼 이자로도 큰돈을 빌려주려는 상인이 많았습니다.

한데 그런 그가 밀라노에 사는 동안 암브루오지아 부인이라는 대단한 미인을 사랑하게 되었습니다. 그녀는 그의 친구인 과스파루올로 카가스트라치오라는 돈 많은 상인의 아내였습니다.

그는 조심조심 마음을 나타내지 않고 그 부인을 연모하고 있었기에 남편도 다른 사람들도 눈치채지 못했습니다만, 어느 날은 심부름꾼을 보내어 원컨대 자기의 사랑을 받아들여 주면 기쁘겠다, 나는 당신이 원하는 것이라면 서슴지 않고 무엇이든지 하겠다고 그녀에게 전했습니다.

부인은 여러 가지 말끝에 만약 굴파르도가 다음 두 가지 일을 해준다면 사랑을 받아들이겠다고 말했습니다. 하나는 이 일을 절대로 남에게 알리지 않을 것, 둘째는 자기가 지금 돈이 긴급히 필요하니 금화 200피오리노를 달라는 것이었습니다. 그렇게 해주면 그가 시키는 대로 무엇이든지 하겠다고 했습니다.

그녀의 탐욕스러운 말을 들은 굴파르도는 이제까지 훌륭한 귀부인이라고만 생각해 왔는데 그 천박스런 심성에 화가 치밀면서 열렬한 사랑이 하루아침에 환멸로 변했습니다. 그래서 그녀를 골려 주어야겠다 생각하고 다시 사람을 보내어 당신의 소원은 무엇이든 들어주겠다, 돈을 마련할 테니 언제 가지고 가야 좋을지 알려 주기 바란다, 또한 이 일은 자기가 가장 믿고 있으며 언제나 짝이 되어 일하는 친구 이외에는 아무에게도 알리지 않겠다고 전하게 했습니다.

부인은, 아니 이 악녀는 그 말을 듣자 몹시 기뻐했습니다. 그리고 남편 과스파루올로는 장삿일로 사나흘 뒤 제노바로 출장가게 되었으니 그때 다시 알리겠노라고 대답했습니다.

굴파르도는 때를 보아 과스파루올로를 찾아가서 이렇게 말했습니다.

"내가 지금 어떤 일을 하려고 하는데 그 일을 하자면 금화 200피오리노가 필요하네. 그러니 자네가 언제나 받는 이자로 그것을 빌려주지 않겠나?"

과스파루올로는 기꺼이 승낙하고 그 자리에서 당장 빌려주었습니다. 그리고 사나흘 뒤에 그는 부인이 말한 대로 제노바를 향해 떠났습니다. 부인은 곧 굴파르도에게 금화 200피오리노를 가지고 그녀에게 오도록 사람을 보냈습니다. 굴파르도는 다른 친구와 함께 부인의 집으로 가서 기다리고 있던 부인과 만나자, 그 친구가 있는 데서 대뜸 200피오리노를 건네주고 이렇게 말했습니다.

"부인, 이 돈을 받으십시오. 그리고 주인께서 돌아오시면 드리십시오."

부인은 돈을 받았습니다만 왜 굴파르도가 그런 말을 하는지 알지 못했습니다. 다만 그 일의 대가로 그 돈을 그녀에게 준다는 것을 친구에게 알리지 않으려고 그렇게 하는 줄로만 알았습니다.

그래서 부인은 대답했습니다.

"물론 그렇게 하고말고요. 어디 얼만가 세어 보아야지."

그러고 나서 돈을 식탁 위에 쏟아 세어 보고는 몹시 기뻐하며 챙겨 넣은 다음 굴파르도에게로 돌아왔습니다. 그리하여 침실로 데리고 들어가 그날 밤만이 아니라 그 뒤 몇 밤이나 남편이 제노바에서 돌아올 때까지 계속 몸을 맡겨 그를 즐겁게 했습니다.

과스파루올로가 제노바에서 돌아온 다음 굴파르도는, 그가 아내와 함께 있을 때를 겨냥하여 찾아가 이렇게 말했습니다.

"과스파루올로, 그 돈, 그러니까 며칠 전에 자네가 내게 빌려준 금화 200피오리노는 쓸 필요가 없게 되었네. 그래서 자네가 없는 사이에 바로 부인에게 드렸다네. 그러니 그렇게 알고 장부에서 지워 주게."

과스파루올로는 아내를 돌아다보며 돈을 그에게서 받았느냐고 물었습니다. 그녀는 그 자리에 굴파르도가 데려온 증인까지 있으니 부인할 수도 없어 마지못해 이렇게 말했습니다.

"네, 그래요. 분명히 받았어요. 당신에게 말한다는 걸 깜박 잊었군요."

그러자 과스파루올로는 말했습니다.

"굴파르도, 돌려주어 감사하네. 어서 안심하고 돌아가게. 장부는 틀림없이 정리해 놓겠으니."

굴파르도는 의기양양해서 돌아가고 부인은 부끄러워 쥐구멍을 찾으며 부덕의 대가인 더러운 돈을 남편에게 돌려주었습니다. 이렇게 하여 재치 있는 탕아는 한 푼의 비용도 들이지 않고 욕심 사나운 여자를 농락했던 것입니다.

둘째 이야기

바를룽고의 사제가 농부 아내 벨콜로레와 자고 자기 외투를 저당물로 놓고 간다. 며칠 뒤 그녀에게서 양념절구를 빌렸다가 나중에 돌려주면서 저당물로 놓고 간 외투를 달라고 심부름꾼에게 시킨다. 어리석은 여자는 중얼중얼 불평하면서도 돌려주지 않을 수 없게 된다.

굴파르도가 욕심 사나운 밀라노 여인을 골탕 먹인 일을 신사 숙녀들은 한결같이 입에 침이 마르도록 칭찬했습니다. 이윽고 여왕은 판필로에게 다음 이야기를 하도록 분부했습니다. 그래서 판필로는 이렇게 이야기의 실마리를 풀어 나갔습니다.

아름다운 귀부인 여러분, 나는 언제나 우리를 모욕하면서 우리들의 모욕을 받는 일은 없는 사람들, 즉 사제라고 일컫는 족속에 관한 짤막한 이야기를 하고자 합니다. 그들로 말할 것 같으면 우리의 아내들을 십자군을 일으켜서라도 언제나 정복하려고 벼르고 있습니다.

그리하여 단 한 사람이라도 정복하게 되면, 마치 알렉산드리아에서 술탄을 사로잡아 아비뇽으로 데리고 오기라도 한 듯 의기양양할 뿐만 아니라 이것으로 말미암아 모든 죄를 용서받은 것처럼 생각합니다.

그것에 대해 우리들은 그들에게 보복할 수는 없습니다. 다만 그들 사제가 아내를 습격할 때에 못지않은 열의로 사제의 어머니나 자매나 연인이나 딸들에게 분풀이를 하고 있습니다. 그래서 나는 시골 마을의 정사(情事)를 하나 이야기하려고 합니다. 길게 늘어놓을 것도 없이 결론을 먼저 말하면 실로 우스꽝스런 이야기로, 성직자라는 족속에 대해서는 절대로 아무것도 믿어서는 안 된다는 것을 깨닫게 되리라 생각합니다.

그런데 여러분도 아시든가 혹은 들으신 적이 있을지 모르겠습니다만 여기서 그다지 멀지 않은 바를룽고 마을에 영리하면서 여자에 관해서 정력을 쏟는 신부가 한 사람 있었습니다.

이 신부는, 책을 읽는 솜씨는 그리 칭찬할 만한 것이 못 되었습니다만 일요일만 되면 느릅나무 아래서 교구의 신자들에게 실로 고마우신 성경 이야기를 들려주곤 했습니다. 그리고 남자들이 어디 나가게 되면 먼저 있던 사제보다도 더 열심히 그 마누라들을 찾아가서는 축복을 내리면서 축일의 성물(聖物)이며 성수, 타다 남은 초 등을 선물로 주는 것이었습니다.

당시 교구 안에서 가장 그의 마음에 들었던 사람은 벤티베냐 델 마초라는 농부의 아내로, 벨콜로레 부인이었습니다. 그녀는 시골 여자답지 않게 요염하고 머리카락이 까맣고 윤기가 도는, 어떤 여자보다 절구질하기에 알맞은 탄력 있는 몸매를 갖고 있습니다. 더욱이 솜씨 좋게 탬버린을 치면서, 〈물이 계곡으로 흐른다〉를 고운 목소리로 노래 부르곤 했습니다. 그리고 때에 따라 한쪽 손에 하늘거리는 예쁜 손수건을 들고 근처의 누구보다도 맵시 있게 이 지방 특유의 춤이나 원무를 추기도 했습니다.

이처럼 아름답고 발랄한 그녀에게 사제는 정신이 이상해질 정도로 열을 올리며 날이면 날마다 어디로 가야 만날 수 있을까 하고 집 근처를 헤매고 다녔습니다. 그래서 그녀가 성당에 왔다는 것을 알게 되면 자신이 성가의 권위자라도 되는 듯이 미사곡인 〈키리에〉나 〈상투스〉를 큰 소리로 읊었으나 그 목소리는 마치 당나귀 울음소리와도 흡사했습니다.

그러나 그녀가 보이지 않으면 김빠진 목소리로 기도문을 읽었습니다. 하지만 무슨 일이나 깔축없이 잘 꾸려 나가는 재주가 있었기에, 남편인 벤티베냐델 마초도 사제의 그런 심보를 알아차리지 못했으며 이웃 사람들조차 알지 못했습니다.

그런데 사제는 좀 더 벨콜로레에게 접근하려고 때때로 선물을 보냈습니다. 어떤 때는 자기가 손수 심어 가꾼, 이 근처에서는 가장 훌륭하고 신선한 채소를 선물하기도 했습니다. 그리고 기회만 있으면 게슴츠레한 눈으로 그녀를 바라보며 은근한 말을 걸곤 했습니다. 그래도 이 풀어놓고 기른 말 같은 시골 여자는 아는 체도 하지 않고 시치미를 뗐습니다. 이리하여 사제 선생은 좀처럼 목적을 이룰 수가 없었습니다. 한데 어느 날 오후였습니다. 사제 선생이 마을 이쪽저쪽을 돌아다니고 있다가 산더미처럼 짐을 실은 당나귀를 끌고 가는 벤티베냐와 딱 마주쳤습니다. 사제는 말을 걸어 어디로 가느냐고 물었습니다. 벤티베냐가 대답했습니다. "아이고 이거 신부님, 사실은 잠시 볼일이 있어 시내로 나가는 길입니다. 이 물건을 보나코리 다 지네스트레토 님에게 갖다 드리려고요. 우리네야 뭘 알겠습니까만 즉결재판소 판사님으로부터 출두하라는 지시가 내려왔는데 그 일로 보나코리 님의 힘을 좀 빌릴까 해서요."

옳다구나 하고 생각한 사제는 이렇게 말했습니다.

"잘해야겠군. 그러면 내 축복을 받고 가게. 은총이 내리시길. 그리고 빨리 돌아오길 바라네. 그런데 라푸치오나 날디노를 만나거들랑 내 도리깨의 가죽 끈을 얼른 갖다 달라고 잊지 말고 전해 주게나."

벤티베냐는 잘 알겠다고 대답하고는 피렌체를 향해 걸어갔습니다. 사제는 지금이야말로 벨콜로레에게 가서 사랑의 문을 두드려 볼 만한 때라고 생각했습니다. 그래서 발걸음을 재촉하여 그녀의 집 앞에까지 오자 성큼성큼 안으로 걸어 들어가 "안녕하시오, 여기 아무도 없는가?" 하고 소리를 질렀습니다. 다락방에 있던 벨콜로레는 그 목소리를 듣고 이렇게 대답했습니다.

"어머나, 신부님, 어서 오세요. 이 무더운 날에 산책이라도 나오셨나요?"

사제는 대답했습니다.

"하느님의 은총으로 잠시 벨콜로레하고 함께 지낼까 하고 왔지. 실은 주인이 시내로 나가는 걸 보았기에."

벨콜로레는 다락방에서 내려와 주저앉아서는 아까 남편이 두들겨 놓은 양배추 씨를 고르기 시작했습니다.

사제는 그것을 보고 이렇게 말했습니다.

"여봐 벨콜로레, 끝내 나를 이렇게 내버려 두어 죽일 셈인가?"

벨콜로레는 그만 웃음을 터뜨렸습니다.

"어머나, 신부님, 내가 뭘 어쨌다는 거예요?"

"뭘 어쩌지야 않지. 하지만 내가 원하고 하느님께서도 허락하신 일을 해주지 않으니 말이지."

벨콜로레는 딱 잘라 말했습니다.

"아이고 참! 어서 돌아가요, 돌아가라고요! 아니, 신부도 그런 짓을 하나요?"

그러자 사제가 말했습니다.

"음, 우리들은 속세의 보통 남자들보다 훨씬 솜씨 있게 한다고. 그럴 리가 없다고는 할 수 없겠지. 어디 더 들어 볼 텐가? 우리는 그 방법이 여간 능숙하지 않아. 그 까닭을 알아? 우리는 죽 정력을 모았다가 절구질을 하기 때문이지. 여자 쪽은 가만히 드러누워 이쪽이 하는 대로 맡겨 두면 된다고."

이번에는 벨콜로레가 말했습니다.

"그런 말 아무리 해야 소용없어요. 당신네들은 악마보다 더 욕심꾸러기예요."

사제가 다시 말했습니다.

"어디, 뭐가 갖고 싶은가? 예쁜 신을 사줄까? 비단 리본을 사줄까? 고급 양털로 만든 허리띠는 어때? 뭐든지 갖고 싶은 걸로 말해 보라니까."

벨콜로레는 대답했습니다.

"신부님, 필요없다니까요! 난 그런 것 죄다 갖고 있어요. 하지만 그렇게 나를 생각해 주신다면 왜 나를 위해 힘을 빌려주시지 않는 거예요? 그렇게만 해주면 나는 당신이 원하는 일을 하겠어요."

"어디, 소망을 말해 봐. 내가 기꺼이 들어주지."

벨콜로레는 기회를 놓칠세라 말했습니다.

"나는 이번 토요일에 털실 짠 것을 갖다 주고 또 물레를 고치러 피렌체로 갑니다. 그래서, 신부님은 물론 가지고 계시리라 믿습니다만, 5리라쯤 꾸어 주시면 보라색 치마와 내가 시집올 때 가지고 온, 축일에 두르는 허리띠를 전당 포에서 찾을 수 있습니다. 보시는 바와 같이 요즘 그게 없어서 성당에도 화려한 자리에도 나가지 못한답니다. 그러니까 5리라를 빌려주시면 신부님이 원하시는 일을 해드릴 수 있어요."

"안됐지만 지금은 마침 가진 돈이 없어. 하지만 틀림없이 토요일 안으로 자네 부탁을 들어주지."

"역시 그렇군요." 벨콜로레는 말했습니다.

"당신네들 신부는 모두 말로 하는 약속은 의젓하게 합니다. 그렇지만 나중에 지킨 예가 없는걸요. 내게도 누군가가 빌리우차에게 한 것처럼 할 셈인가 보군요. 정말 이런 짓은 하시는 게 아닙니다. 글쎄 그 때문에 그 여자는 소문만 나고 말았으니까요. 지금 가지신 게 없으면 가서 가져오면 되잖아요."

"이거 놀랐는데" 하고 사제는 말했습니다. "그래, 나더러 사제관까지 가서 가져오라는 말이지. 여기는 지금 나밖에 아무도 없는 절호의 기회가 아닌가. 사제관까지 갔다가 돌아오는 동안에 방해할 사람이 끼어드는지 누가 알아? 이런 좋은 기회가 두 번 다시 있을지 없을지 누가 안단 말인가!"

그러자 그녀는 쌀쌀하게 말했습니다.

"가고 싶거든 가시고, 싫으면 그대로 여기 계시죠, 뭐."

사제는 무엇이든 물건으로 호의를 표시하지 않는 한 자기의 바람을 받아들여 줄 성싶지 않다는 것을 알았습니다. 그러나 이제 새삼스럽게 갔다가 온다는 위험한 다리는 건너고 싶지 않았으므로 "음, 옳거니, 자네는 내가 돈을 나중에 가져온다는 말을 믿지 못하겠다 그 말이지. 그럼 이렇게 하면 어떨까, 내 이 푸른 외투를 벗어 놓고 간다든가……" 하고 말했습니다.

그러자 벨콜로레는 얼굴을 쳐들고 "아, 그 외투 말씀인가요? 그거 얼마나 값을 쳐주나요?"

"값이 얼마냐고?" 사제가 반문했습니다. "이건 두아지오산(産)으로 3리라는 문제없다는 것을 알아야지. 근처 사람들은 4리라는 한다고 하지만. 고물상 로토에게서 7리라 주고 샀는데 아직 보름도 입지 않았어. 당신도 알고 있겠지만 물건값에 정통한 불리에토가 5솔도는 싸게 샀다고 내게 그러더군."

"어머, 그래요?" 벨콜로레는 말했습니다. "하지만 믿을 수 있어야지. 어쨌거나 이리 주어 보세요."

활시위를 잔뜩 당기고 있던 사제는 외투를 벗어 건네주었습니다. 그녀는 그것을 받아 보관하고 나서 말했습니다.

"신부님, 저쪽 광으로 가시죠. 거기라면 아무도 오지 않으니까요."

그리하여 두 사람은 그렇게 했습니다. 광 속에서 사제는 이 세상에 두 번 다시 없는 다디단 입맞춤을 하고 그녀와 오래오래 즐겼습니다. 그리고 결혼식에 참례했던 것처럼 신부복만을 입고 성당으로 돌아갔습니다.

성당에 돌아가자 사제는 1년 동안 제단에 바쳤던 밀초 끄트러기를 모두 모아도 5리라의 절반도 되지 않는다는 것을 알고 큰일이구나 싶어 외투를 잡혀 두고 온 일을 후회했습니다. 그리하여 어떻게 해야 공짜로 찾아올 수 있을까 하고 그 방법을 생각하기 시작했습니다. 사제는 다소 능청스러운 데가 있었으므로 공짜로 다시 찾을 수 있는 썩 교묘한 방법을 생각해 냈습니다. 그리고 그대로 실행했습니다. 즉 이튿날은 축일이었으므로 그는 옆집 사내아이를 그녀의 집에 보내 빈구치오 달 포지오와 누토 불리에티가 내일 아침에 식사하러 오게 되어서 소스를 만들려고 하니 댁의 양념절구를 빌려주면 좋겠다고 말하게 했습니다.

벨콜로레는 양념절구를 내주었습니다. 그리하여 사제는 벤티베냐 델 마초와 벨콜로레가 식사하리라고 짐작되는 시간에 맞추어 보좌 신부를 불러 이렇게 지시했습니다.

"이 양념절구를 벨콜로레에게 도로 갖다 주면서 이렇게 말해라. '주임 신부님이 대단히 감사해하고 계십니다. 그리고 아까 소년이 저당물로 놓고 간 신부님의 외투를 돌려주셨으면 합니다'라고 말이다."

보좌 신부가 절구를 가지고 벨콜로레에게로 가니 마침 그녀는 남편 벤티베냐와 더불어 식사하고 있었습니다.

그는 절구를 내려놓고 사제가 일러 준 대로 말했습니다.

벨콜로레는 외투를 돌려 달라는 말을 듣고 뭔가 대답을 하려고 했는데, 남편 벤티베냐가 얼굴을 찡그리며 말했습니다.

"아니, 당신은 그래, 신부님한테 저당을 잡았다는 거요? 별짓도 다하는구먼, 못된 여편네 같으니라고. 냉큼 돌려드리지 못할까! 당신 같은 여자는 암에 걸려 죽어야 마땅해. 신부님이 필요하시다면 뭐든지 그냥 빌려드려야지. 설사 우리 집 당나귀를 내놓으라고 하신대도 싫다고는 못할 텐데."

벨콜로레는 잔뜩 부어 가지고 일어나 침대 밑의 상자에서 외투를 꺼내더니 보좌 신부에게 건네주며 다음과 같이 부탁했습니다.

"신부님에게 이렇게 전해 주세요. 내 절구로 앞으로는 절대 소스를 만들게 하지 않겠다고, 또 이번 일로 신부님의 체면은 엉망진창이 되었다고 말입니다."

보좌 신부는 외투를 가지고 돌아가 그녀의 말을 전했습니다. 그러자 사제는 빙그레 웃으면서 말했습니다.

"네가 다음에 벨콜로레 부인을 만나거든 신부님이 이렇게 전하시라 했다고 말해 주어라. 절구를 빌려주지 않으면 나는 절구공이를 빌려주지 않겠다, 피차일반 아니냐고 말이다."

남편 벤티베냐는 아내가 그런 실례의 말을 사제에게 한 것은 자기가 화를 냈기 때문이라고 생각하고 그리 마음에도 두지 않았습니다. 그러나 완전히 속아 넘어간 벨콜로레는 포도를 따 들일 때까지 사제와 말 한마디 나누지 않았습니다.

그 뒤 사제는 그녀를 마왕의 입에 처넣어 버리겠다고 위협했고, 그녀는 그만 겁이 나서 생포도주와 따끈한 군밤을 선물하고 사제와 화해했습니다. 그런 뒤부터는 둘이서 곧잘 재미를 보곤 했습니다.

더욱이 사제는 5리라 대신에 탬버린 가죽을 수선해 주고 방울까지 달아 주어 그녀는 아주 만족스러워했습니다.

셋째 이야기

칼란드리노와 브루노와 부팔마코가 혈석(블러드스톤)을 찾으러 무뇨네강으로 간다. 칼란드리노는 그 돌을 찾아냈다고 생각한다. 그가 돌을 잔뜩 주워 담아 집으로 돌아가니 아내가 마구 야단친다. 그는 화가 나서 아내를 때린다. 그리고 두 친구에게 자기보다 그들이 더 잘 알고 있는 사실을 새삼스럽게 말해 준다.

이야기 도중에서부터 웃기 시작한 부인들은 판필로의 이야기가 끝난 다음에도 좀처럼 웃음을 그치지 못했습니다만, 여왕은 엘리사에게 다음 이야기를 하라고 말했습니다. 그녀는 입가에 미소를 띤 채 이야기하기 시작했습니다.

여러분, 내 이야기는 재미있다기보다 실제로 있었던 아주 짧은 이야기이므로 판필로의 이야기만큼 여러분을 웃길 수 있을지 잘 모르겠습니다. 그러나 열심히 해보겠습니다.

그리 먼 옛날은 아니지만 우리 도시에, 이 도시로 말할 것 같으면 끊임없이 새로운 거주자가 늘어나 갖가지 풍습이 섞여 행해지고 있습니다만, 칼란드리노라는 이름을 가진 몹시 단순하고 좀 색다른 짓을 하는 사나이가 있었습니다. 그는 브루노와 부팔마코라는 두 화가와 자주 어울려 다녔습니다.

이 두 사람은 무척 명랑하며 또한 여간 재치 있는 사람들이 아니었는데, 칼란드리노의 기괴한 행동과 단순한 성격을 재미있어하여 친하게 사귀고 있었던 것입니다.

그즈음 마음먹는 일마다 아주 짓궂고 재미있게 해내는 인물인 마소 델 사지오라는 젊은이가 있었습니다.

이 젊은이는 칼란드리노가 바보스럽다는 말을 듣고 한번 그를 놀려 주든가 터무니없는 일을 진짜로 믿게 하든가 해서 재미있는 시간을 가져 보자고 생각하게 되었습니다.

마침 어느 날, 칼란드리노가 성 조반니 성당에서 바로 얼마 전 마련된 제단 위의 벽화며 돋을새김된 조각을 열심히 구경하는 모습을 발견한 마소는 자기 계획을 실천할 절호의 기회가 왔다고 생각했습니다. 마소는 자기 계획을 함께 있는 친구들에게 귀띔하고 칼란드리노가 혼자 앉아 있는 곳으로 슬며시 다가갔습니다. 그리고 그의 존재는 무시한 채 여러 가지 돌의 불가사의한 마력에 대해 이야기했습니다. 마소는 물론 자기가 돌 연구에 있어 대가인 듯 꾸몄습니다.

칼란드리노는 그 이야기를 무심히 들었습니다. 그러다가 한참 뒤 그 이야기가 그다지 비밀에 속하는 일도 아니라고 생각하고 일어나 이야기에 끼어들었습니다. 이거야말로 마소가 노린 점이었지요. 칼란드리노는 신이 나서 이야기를 계속하는 마소에게 그런 마력을 가진 돌이 어디에 있느냐고 물었습니다. 마소는 그 돌이 주로 바스크인이 살고 있는 베를린초네라는 지방에 있는데 그곳은 세상 사람들이 벤고디, 즉 이 세상의 낙원이라고 부르는 곳으로, 소시지로 포도나무를 묶고 푼돈으로 거위 한 마리를 살 수 있으며 덤으로 새끼 거위까지 붙여 준다고 대답했습니다.

뿐만 아니라 그 지방에는 파르메산 가루치즈가 산을 이루고, 그 산에 사는 사람들은 마카로니와 라비올리를 만들어 수탉 삶은 수프에 데쳐서 산 밑으로 흘려보낸다, 아무나 원하는 사람은 퍼서 먹고 더욱이 그 언저리에는 한 방울의 물도 섞이지 않은 진짜 백포도주 강이 흘러 누구든지 마실 수 있다고 덧붙여 늘어놓았습니다.

"흠……" 하고 칼란드리노는 놀라면서 물었습니다. "정말 근사한 곳이군요. 그런데 삶아 낸 수탉은 어떻게 한다던가요?"

"그거야 물론 바스크인이 모두 먹어 치우지요." 마소가 시치미 떼고 대답했습니다.

"당신은 거기 가보신 적 있습니까?" 칼란드리노가 물었습니다.

"가본 적 있느냐고요? 이 사람, 참…… 아마 천 번도 더 갔을 거요." 마소가 곧바로 대답을 했습니다.

그러자 칼란드리노는 다시 물었습니다. "그곳은 여기서 거리가 얼마나 됩니까?"

"천 마일이 넘지요. 밤새도록 손꼽아도 다 꼽지 못할 만큼 엄청난 숫자가 되오." 마소는 이렇게 대답했습니다.

그러자 칼란드리노가 다시 말했습니다. "그렇다면 아브루치보다도 멀겠습니다그려."

"아, 그렇고말고요." 마소가 대답했습니다. "좀 더 멀죠."

머리가 아주 단순한 칼란드리노는 마소가 웃지도 않고 의젓한 얼굴로 그런 말을 하니, 저런 자신만만한 태도는 분명한 사실을 이야기할 때에만 지닐 수 있는 거라고 생각하고 완전히 속아 넘어갔습니다.

"꽤 멀군요. 좀 가깝다면 가서 마카로니가 흘러내리는 것을 보기도 하고 실컷 먹기도 했으면 좋으련만. 한마디 여쭙겠습니다만, 그 언저리에 아까 말씀하신 불가사의의 마석은 없는지요?"

마소는 대답했습니다.

"왜 없겠소. 아주 전능한 마력을 가진 두 가지 돌이 있습니다. 하나는 세티냐노와 몬티시에서 나는 돌로, 그것으로 절구를 만들면 밀가루가 저절로 쏟아져 나오는 힘을 가지고 있습니다. 그래서 그 지방 사람들은 '은총은 하늘에서, 절구는 몬티시에서'라고들 말하지요. 하지만 그런 따위의 돌은 널려 있어 우리로서는 그리 신기할 것도 없지요. 말하자면 그 사람들의 에메랄드 비슷한 것입니다. 거기에는 모렐로산보다 더 큰 에메랄드 산이 있어 밤이 되면 반짝반짝 아름답게 빛나지요. 그리고 이런 것도 알아 두는 편이 좋을 겁니다. 절구를 파기 전에 끌로 잘 다듬어 곱게 만들어 술탄에게 가져가면 바라는 것을 무엇이든지 준다는 겁니다. 또 다른 한 가지 돌은 보석 세공사들이 혈석이라고 부르는 보석인데, 이 보석의 불가사의한 힘이 굉장해서 갖고 있는 동안 내내 자기 모습을 다른 사람이 보지 못합니다."

"그거 정말 굉장한 마력입니다그려. 한데 그 보석은 어디 있습니까?"

마소는 무뇨네강에 가면 언제든지 얻을 수 있다고 대답했습니다.

"크기는 어느 정도인가요? 그리고 빛깔은?"

"크기야 여러 가지 있지요. 큰 것도, 작은 것도 있습니다. 하지만 빛깔은 거의 검정에 가깝다고나 할까요?"

칼란드리노는 그것을 모두 외운 다음 달리 볼일이 있는 체하면서 마소와 헤어져, 그 돌을 찾아 떠날 것을 결심했습니다. 그렇지만 브루노와 부팔마코 몰래 그런 일을 하려고는 하지 않았습니다. 두 사람과 특별히 친한 사이였으니까요. 그래서 곧 두 사람을 찾아내 다른 사람들보다 먼저 셋에서 그 돌을 찾으러 가야 한다고 마음먹었습니다. 그리하여 그들을 찾는 일로 오전을 온

통 허비해 버렸습니다.

오후 3시 기도를 끝마치자 그제야 문득 두 사람이 파엔차의 수녀원에서 일한다는 것이 생각났습니다. 몹시 더운 날이었습니다만 자기 볼일은 모두 집 어치우고 그들에게로 달려가, 두 사람을 불러내다가 이렇게 말했습니다.

"여봐, 자네들이 내 말을 믿기만 하면 우리는 피렌체에서 가장 큰 부자가 되네. 실은 어떤 믿을 만한 사람에게서 들었는데, 무뇨네강에 가면 불가사의한 마석이 있어 그것을 지니고 있으면 아무도 자기의 모습을 보지 못한다는 거야. 그러니 꾸물거리지 말고 다른 자들이 가기 전에 그 돌을 찾으러 가야겠네. 어떤가? 틀림없이 우리는 그 돌을 찾을 수 있네. 내가 그 돌을 알고 있으니까. 찾아내기만 하면 우리가 할 일이라곤 그것을 자루에 넣어 거래소를 찾아가는 일밖에 없어. 자네들도 알다시피 그곳에는 언제나 은화와 금화가 쌓여 있다네. 그것을 갖고 싶은 만큼 가져올 수 있어. 그렇잖은가, 우리들의 모습은 아무도 보지 못하니까. 그렇게 되면 온종일 달팽이처럼 매달려 벽을 칠할 필요도 없을 거고 당장에 부자가 된다, 그 말씀이야."

브루노와 부팔마코는 그만 웃음이 터지려는 것을 가까스로 참고 짐짓 놀란 체하면서 칼란드리노의 생각을 훌륭하다고 크게 칭찬했습니다. 부팔마코는 그 돌의 이름이 무엇이냐고 물었습니다. 본디 머리가 좋지 못한 칼란드리노는 벌써 까맣게 돌 이름을 잊어버렸으므로 이렇게 대답했습니다.

"돌 이름은 알아서 뭐하게? 마력만 있으면 됐지. 어정거리지 말고 떠나는 편이 좋겠네."

"좋아." 브루노가 말했습니다.

"한데 그 돌은 어떤 모양인가?"

칼란드리노가 대답했습니다.

"모양은 가지가지지만 빛깔은 거의가 꺼멓다네. 그러니까 거무스름한 건 모조리 주워야 해. 그렇게 주워 놓으면 그 속에 진짜가 있을 테니까. 자, 꾸물거리지 말고 어서 떠나자니까."

그러자 브루노가 "잠깐만" 하고 가로막으며 부팔마코에게 말했습니다.

"칼란드리노 말이 맞겠지만 아무래도 시간이 적당치 않다고 생각하지 않나? 이렇게 해가 중천에 있으니 무뇨네강 언저리는 볕이 쨍쨍하여 모두 벌써 말랐을 거야. 지금쯤 거기 돌들은 하얗게 돼 있어. 아침이라면 볕도 없으니까 검게 보일 테지만. 게다가 오늘은 일하는 날이기 때문에 무뇨네강 근처는 여러 가지 이유로 사람이 들끓을 걸세. 그러니까 우리가 무엇을 하는지를 알면 우리하고 같은 짓을 하기 시작할 거야. 그렇게 되면 우리보다 놈들이 돌을 많이 주워 우리가 애써 주우러 간 보람이 없어진다네. 알겠지? 이건 검은 돌을 확실히 가려낼 수 있는 아침에 할 일이라고 생각해. 그리고 아무도 그런 곳을 찾지 않는 축제일 같은 때가 좋아."

브루노의 의견에 부팔마코도 찬성했습니다. 이어 칼란드리노도 그것에 찬성했으므로, 세 사람은 다음 일요일 아침에 함께 그 돌을 찾으러 가기로 결정했습니다.

칼란드리노는 이 일을 어떤 사람이 은밀히 가르쳐 준 것이니 무슨 일이 있더라도 절대로 다른 사람에게는 알리지 말라고 다짐을 받아 두었습니다. 그런 다음 '벤고디'에 대해서 들은 이야기는 사실이라고 맹세까지 하며 두 사람에게 단언하는 것이었습니다. 칼란드리노가 가버리자 두 사람은 이 일을 어떻게 해야 좋을지 의논했습니다.

한편 칼란드리노는 일요일 아침이 애타게 기다려져서 견딜 수가 없었습니다. 그러다 마침내 그 아침이 오자 날이 새기가 무섭게 일어나 친구들을 깨워 가지고 산갈로 문을 지나 무뇨네강 쪽으로 걸음을 재촉하여 돌을 찾으면서 경사면을 내려갔습니다. 칼란드리노는 굉장히 열을 올리고 있었기에, 앞장서서 이리저리 재빠르게 뛰어다니며 검은 돌이 눈에 띄면 정신없이 주웠습니다.

두 친구도 뒤를 따라다니며 가끔 하나둘씩 돌을 주웠습니다. 그런데 칼란드리노 쪽은 눈 깜짝할 사이에 주머니가 불룩해져서 제대로 걸음도 걷지 못하게 되어, 헐렁한 옷자락을 걷어 올려 허리띠로 묶어서 자루를 만들었지만 그것도 잠깐 동안에 가득 찼습니다. 부팔마코와 브루노는 칼란드리노가 돌을 실컷 주운 모양이고 아침 식사 시간도 가까웠으므로 미리 짠 대로 브루노가 부팔마코에게 말했습니다.

"칼란드리노는 어디 갔을까?"

부팔마코는 칼란드리노가 바로 곁에 있는데도 여기저기를 두리번거리면서 "모르겠는데, 아까까지는 여기 있었는데……" 능청을 떨었습니다.

"정말 조금 전까지는 여기 있었어. 어쩌면 지금쯤은 집으로 돌아가 아침밥을 먹고 있는지도 몰라. 우리가 무뇨네강을 따라 내려오면서 검정 돌을 눈이 빨개서 찾는 동안에 혼자 가버린 모양이야." 이렇게 브루노가 대답했습니다.

"흥, 우리 꼴은 이게 뭐야!" 부팔마코가 혀를 찼습니다.

"우리를 속이고 혼자 내빼다니, 놈의 이야기를 진짜로 알아들은 우리가 바보지. 제기랄, 무뇨네강에 그런 마력을 가진 돌이 있다고 믿는 바보 천치가 우리 말고 또 어디 있겠나?"

칼란드리노는 두 사람의 대화를 듣는 동안에 이미 자기가 그 돌을 주웠기 때문에 그 마력으로 그들의 눈앞에 있는데도 자기의 모습이 보이지 않는다고 생각했습니다. 그리하여 뜻밖의 행운에 너무 좋아서 두 사람을 내버려 두고 집으로 돌아가기 시작했습니다.

그것을 본 부팔마코가 브루노에게 말했습니다.

"어떻게 할까? 우리도 돌아가는 수밖에 없지 않겠나?"

브루노가 대답했습니다.

"응, 돌아가세. 하지만 앞으로는 절대로 이런 꼴은 당하지 않아. 놈이 곁에 있으면 이 돌로 발뒤꿈치를 짓찧어 한 달쯤 꼼짝달싹 못 하게 만들어 놓을 텐데. 이런 장난을 다시는 할 수 없도록 말이야."

그렇게 말하고 팔을 뻗쳐 작은 돌 하나를 힘껏 칼란드리노의 발꿈치를 향해 던졌습니다. 돌에 맞은 칼란드리노는 어찌나 아픈지 맞은 쪽 발을 쳐들고 숨을 몰아쉬었습니다만 소리는 내지 못하고 그냥 걸어갔습니다. 이번에 부팔마코가 아까 주웠던 돌멩이 하나를 손에 꺼내 들고 브루노에게 말했습니다.

"이것 보게. 이 매끈한 돌로 칼란드리노의 허리뼈를 갈겼으면 좋겠군."

이렇게 말하기가 무섭게 뒤에서 그의 허리를 향해 세게 던졌습니다.

두 사람은 이런 모양으로 욕하고 돌을 던지면서 무뇨네강을 따라 산갈로 문까지 걸었습니다. 그리고 주워 온 돌을 모두 땅바닥에 버린 다음 세관 관리와 잠시 서서 이야기했습니다.

세관 직원들은 미리 두 사람에게서 이야기를 들었기 때문에 보이지 않는 체하고 아무 말 없이 칼란드리노를 지나가게 하고는 모두 허리를 잡고 웃었습니다.

칼란드리노는 세관 직원의 조사도 받지 않고 칸토 알라 마치나 근처의 자기 집에 도착했습니다. 운명의 여신도 이런 장난을 재미있다고 생각한 것일까요? 무뇨네강 방면으로 갔다가 거리로 되돌아왔지만 마침 식사 시간이어서 만나는 사람도 그다지 많지 않았고 말을 붙여 오는 사람도 없었습니다. 이렇게 하여 칼란드리노는 무거운 짐을 끌고 집 안으로 들어갔습니다.

그때 매우 아름답고 영리하기도 한 그의 아내 테사가 우연히 층계 입구에 서 있었습니다. 그녀는 식전부터 남편이 집을 비워 화가 잔뜩 나 있던 참이었으므로, 그가 돌아온 것을 보자 고래고래 소리 지르기 시작했습니다.

"아니, 어디를 싸다니다 이제 나타나는 거예요! 아침 식사 시간이 지난 지가 언젠데!"

칼란드리노는 그 말을 듣자 자기의 모습이 보였다는 것을 알고 너무나 화가 나서 냅다 호통을 쳤습니다.

"아니, 이년 봐라! 네가 그런 데 서 있었구나. 그래, 나를 잘도 알아냈군. 제기랄, 가만두지 않겠다!"

그렇게 외치면서 층계를 뛰어오르자마자, 가지고 온 숱한 돌멩이를 내던지고 야수처럼 아내에게 덤벼들었습니다. 그리하여 머리채를 휘어잡고 주먹을 휘두르고 발까지 동원하여 온몸의 뼈가 으스러져라 치고 차고 했습니다. 아내가 가슴에 성호를 그으면서 빌어도 그만두려고 하지 않았습니다.

한편 부팔마코와 브루노는 잠시 세관 관리와 웃으면서 이야기하고 있다가 이윽고 칼란드리노의 뒤를 따라갔습니다. 그리고 그의 집 문 앞에 다다르니 그가 아내를 두들겨 패는 소동이 벌어지고 있어 헐레벌떡 달려온 것처럼 꾸미고 그를 불렀습니다.

칼란드리노는 땀투성이가 된 채 숨을 몰아쉬면서 시뻘건 얼굴을 창문으로 내밀었습니다. 그리고 두 사람더러 올라오라고 했습니다.

두 사람이 약간 난처한 듯이 머뭇거리다가 올라가 보니 방 안에는 온통 돌멩이가 흩어져 있고, 구석에는 옷이 갈기갈기 찢어진 아내가 머리를 산발하고 피멍이 든 일그러진 얼굴로 울고 있었습니다. 칼란드리노 쪽도 허리띠가 풀어지고 데친 파처럼 되어 힘없이 방바닥에 앉아 있었습니다.

두 사람은 잠시 이 참담한 광경을 바라보고 있다가 "칼란드리노, 이게 웬일인가? 방에 이런 돌멩이를 잔뜩 들여다가 벽이라도 쌓을 생각인가?" 묻고는, 다시 "그리고 아주머니는 어떻게 된 거지? 자네가 때린 모양인데 무슨 일이 있었나?" 이렇게 한마디씩 했습니다.

칼란드리노는 무거운 돌을 옮기느라 쌓인 피로와, 아내를 때렸다는 부끄러움과, 붙잡았다고 생각한 행운을 놓친 화로 씨근씨근 거친 숨을 몰아쉴 뿐 대답을 할 수가 없는 모양이었습니다. 그가 대답을 하지 못하자 부팔마코가 다시 말했습니다.

"칼란드리노, 자네가 아무리 화나는 일이 있다고 하더라도 애꿎은 우리까지 끌어낼 필요가 있는가? 마력의 돌을 준다고 데리고 가서는 온다 간다 말도 없이, 바보 천치 다루듯이 무뇨네강에 우리를 내버리고 돌아가 버리다니. 우리야말로 공연한 봉변이지. 이런 일은 앞으로 절대 없도록 해주게."

이 말을 들은 칼란드리노는 기운이 나서 이렇게 대답했습니다.

"자네들, 너무 화내지 말게. 자네들이 생각한 것처럼 그렇게 일이 잘되지 않았어. 내가 그 돌을 찾아낸 게 바로 악운이었지! 내 말이 정말인지 아닌지 어디 들어 볼 텐가? 자네들이 맨 처음에 내가 어디 있는지 찾았을 때 나는 1미터도 떨어지지 않은 바로 곁에 서 있었다네. 그런데 자네들 눈에는 내가 보이지 않는 것 같아서 나는 그대로 자네들의 조금 앞을 줄곧 걸어서 돌아왔던 거라네."

그리고 두 친구가 주고받은 말을 처음부터 끝까지 주워섬긴 다음 돌멩이에 얻어맞은 뒤꿈치와 허리의 멍을 보여 주면서 덧붙였습니다.

"여기 있는 이 숱한 돌을 가지고 내가 관문을 지나왔는데 아무도 나를 보는 것 같지 않더군. 세관 관리들이란 뭐 조금 이상한 것만 보아도 정떨어질 만큼 시끄럽게 조사를 했었는데, 그것만이 아냐. 여느 때 같으면 말을 걸고 한잔 하자고 잡아끄는 친구 놈들이 나를 만나고도 내가 보이지 않는 듯 아무 말도 건네지 않았다네. 그런데 숨 가쁘게 집으로 돌아오니 이 여편네가 툭 튀어나와서는 그만 나를 알아보지 않았겠나. 알다시피 여자란 사물의 효력을 송두리째 없애 버리는 요물이 아닌가. 그 때문에 나는 피렌체 으뜸가는 행복한 놈이 될 수 있었는데 가장 불행한 놈이 되어 버렸지. 그래서 나는 이 여편네를 두들겨 패서 아주 반죽음을 만들어 놓았어. 내가 어째서 저년의 힘줄을 끊어 놓지 않았는지 나도 모를 일이야. 저년을 아내로 맞아들인 일이 한스러울 뿐이네!"

그는 다시 화가 치밀어 또 아내를 두들기려고 일어섰습니다.

부팔마코와 브루노는 칼란드리노의 이야기를 들으면서 한 마디 한 마디에 짐짓 놀라기도 하고 고개를 끄덕이기도 하며 곧 터지려는 웃음을 가까스로 참고 있었습니다.

그러나 칼란드리노가 미친 듯이 일어나 아내에게 덤비는 것을 보자 얼른 가로막고 서서 차분하게 타일렀습니다.

"이번 일에 있어 아주머니는 아무 죄도 없어. 자네는 여자가 요물이며 사물의 효력을 없애 버리는 힘을 가졌다는 사실을 잘 알면서도, 오늘 이렇게 돌을 가지고 돌아온다는 것을 미리 아주머니에게 일러두지 않았으니까 말일세. 자네가 운이 없었기 때문인지, 아니면 돌을 발견했을 때 알려 주었어야 할 친구에게 알리지 않고 속이려 한 마음이 있었기 때문인지, 어떻든 하느님께서는 그 같은 것들을 자네에게 미리 가르쳐 주시지 않은 것 같군."

그런 뒤로도 두 사람은 여러 가지 말로 타일러 울고 있는 아내와 그를 화해시키고, 발 디딜 자리도 없을 만큼 돌멩이가 흩어져 있는 방에 벌레 씹은 표정을 짓고 있는 그를 남겨 둔 채 돌아갔습니다.

넷째 이야기

피에솔레의 신부가 어떤 과부를 연모하나 그녀는 그를 몹시 싫어한다. 신부는 그녀인 줄 알고 그녀의 하녀와 잔다. 이 현장을 과부와 남동생들이 주교에게 보여 준다.

엘리사의 이야기는 모두에게 큰 환영을 받았습니다. 여왕은 곧 에밀리아를 향해 다음 이야기를 하라고 눈짓했으므로 그녀는 즉시 이야기하기 시작했습니다.

여러분, 신부도 그렇고 수도사도 그렇고 무릇 성직자가 얼마나 우리들의 마음을 유혹하고 있는지 이제까지 여러분의 이야기로도 잘 알 수 있다고 생각합니다. 그러나 이것으로 그만 끝났다고는 할 수 없습니다. 나는 그것에 보태어 또 하나 어떤 사제의 이야기를 해보려고 합니다. 그 사람은 관습 따위는 무시하고, 상대방이 자기를 좋아하건 말건 그런 일은 전혀 아랑곳하지 않고 한 귀부인에게 홀딱 반해 버렸습니다. 그런데 그 부인은 대단히 총명한 사람이었으므로 그의 뻔뻔스런 행동에 알맞게 대해 주었던 것입니다.

여러분도 아시는 바와 같이 여기서도 그 언덕이 보이는 피에솔레는, 지금은 황폐하여 형편없이 되어 버렸습니다만, 매우 오래된 곳으로 예전엔 꽤 큰 도시였습니다. 그러므로 이 도시에 주교를 두지 않았던 일은 한 번도 없었습니다. 그래서 지금도 계신 것입니다.

한데 이 도시의 성당 근처에 그다지 크지는 않으나 유서 깊은 저택과 토지를 가진 피카르다라는 귀족 과부가 살았습니다.

그녀의 집은 넉넉한 편이 아니었기 때문에 1년의 거의 절반을 젊고도 착한 그리고 예절 바른 두 동생의 집에 가서 지낼 때가 많았습니다. 부인은 자주 성당에 나갔는데 아직도 젊고 아름다우며 매력적이어서, 사제는 그녀에게 홀딱 마음을 빼앗겨 다른 것은 아무것도 눈에 보이지 않을 정도가 되어 버렸습니다. 그러다가 그는 몹시 대담하게도 그녀를 사랑한다는 것을 스스로 고백했을 뿐만 아니라, 내가 사랑한다는 것을 기뻐하지 않으면 안 된다, 그리고 내가 사랑하는 것처럼 그대도 나를 사랑해야 한다고 말했던 것입니다.

사제는 나이가 많았지만 마음은 여간 젊지 않았으며 자부심도 강한 데다가 거만했습니다. 또한 무슨 일에나 자신만만하고 그 태도나 품성이 불쾌하고 얼굴을 찡그리게 할 만한 점이 많았으며, 욕심 사납고 천박했기 때문에 아무도 그를 좋게 생각하지 않았습니다. 그 가운데에서도 특히 싫어한 사람이 이 부인이었습니다. 왜냐하면 좋아하지 않았을뿐더러 머리가 아플 정도로 혐오감을 느꼈기 때문이었습니다. 이처럼 보기조차 역겨운 그의 고백을 듣자 총명한 부인은 이렇게 대답했습니다.

"신부님, 당신께서 나를 사랑해 주신다니 정말 감사한 일입니다. 그러니까 나도 당신을 사랑해 드려야 하지 않겠습니까? 기꺼이 사랑해 드리겠습니다. 하지만 당신의 사랑과 나의 사랑 사이에는 약간의 더러움도 있어서는 안 됩니다. 당신은 나의 정신적인 아버지이며 사제이십니다. 더욱이 당신은 이제 무척이나 늙으셨으므로 바르고 청결한 행위를 하지 않으면 안 됩니다. 게다가 나는 연애니 사랑이니에 마음이 들뜰 젊은 아가씨도 아니고 과부입니다. 과부가 어떠한 몸가짐을 해야 하는지는 신부님도 잘 아실 것입니다. 그러므로 당신이 원하시는 것 같은 방법으로 나는 당신을 사랑해 드릴 수 없으며 나도 그와 같은 당신의 사랑을 받기를 원하지 않으니 너그러이 살펴 주시기 바랍니다."

사제는 이렇듯 그녀에게서 아무것도 얻은 바가 없었습니다만 이런 정도의 일로 물러나거나 손을 들 만큼 심장이 약한 사나이는 아니었습니다. 염치 불구하고 편지를 내거나 사람을 보내는 등 끈질기게 설득하기를 마지않았으며 그녀가 성당에 나오기라도 하면 자기가 나타나서 서두르는 형편이었습니다.

그리하여 부인은 이런 끈질긴 사랑의 공세가 여자로서 차마 견디기 어렵고 번거로워서도 견딜 수 없었기 때문에, 그리고 달리 어떻게 할 도리가 없었기 때문에 적당한 방법으로 이 귀찮은 상황에서 벗어나려고 생각했습니다. 한데 그렇게 하려면 먼저 남동생들과 의논하지 않을 수 없었습니다.

부인은 사제가 추근댄다는 것과 자기가 마음먹고 있는 계획을 다 말했습니다. 이렇게 동생들과 의논한 다음 그녀는 여느 때와 마찬가지로 성당에 나갔습니다.

사제는 그녀를 보자 얼른 쫓아와 늘 그렇듯이 무례한 태도로 말을 걸었습니다. 부인은 사제가 다가오는 것을 보더니 생긋 웃었습니다. 구석진 자리에 이르러 사제가 또다시 그런 식으로 사랑의 하소연을 늘어놓기 시작하자 부인은 후유 한숨을 내쉬고 나서 이렇게 말했습니다.

"신부님, 제아무리 견고한 성이라도 날마다 공격을 되풀이해서 받으면 무너지지 않는 것은 하나도 없다고 전부터 들어 왔습니다만, 내게 일어나고 보니 정말인 것을 알았습니다. 신부님은 어떤 때는 달콤한 말로 어떤 때는 눈물로, 또 어떤 때는 그 밖의 방법으로 나를 공격하여 마침내 나의 굳은 결심을 보기 좋게 무너뜨렸습니다. 그토록 이 몸을 사랑해 주시니 차라리 신부님의 것이 되어 버리기로 결심했습니다."

사제는 그 말에 너무나 좋아서 어쩔 줄을 몰랐습니다.

"부인, 고맙소. 사실 나는 어떤 부인에게도 이런 냉담한 꼴은 당한 적이 없었는데 당신은 어찌나 냉정한지, 아니 정말 두 손 들었소. 그리고 나는 언제나 '여자는 금(金)이 아니라 은과 같은 것이어서 쇠망치에는 견뎌 내지 못한다'고 말해 왔지만…… 어쨌든 지금은 그런 것 따위는 아무래도 좋소. 언제 어디서 단둘이 만날 수 있겠소?"

부인은 대답했습니다.

"나의 친절하신 신부님, 언제 어느 때라도 좋습니다. 그렇잖아요? 내게는 밤을 함께 지내는 남편이 없으니까요. 하지만 어디가 좋을지는 나도 모르겠군요."

그러자 사제는 말했습니다.

"그래, 댁에서는 안 되겠소?"

부인이 대답했습니다.

"신부님, 아시다시피 내게는 젊은 동생이 둘이나 있고, 그들은 밤이나 낮이나 친구를 집에 끌어들이고 있습니다. 게다가 우리 집은 그다지 넓지 않거든요. 그래서 벙어리처럼 완전히 입을 닫고 있거나 장님처럼 어둠도 상관없는 자가 아니면 도저히 안 됩니다. 그렇게 해도 괜찮다면 오셔도 좋습니다. 어차피 동생들은 내 방에는 들어오지 않으니까요. 하지만 내 방과 동생들 방은 벽을 사이에 두고 붙어 있어서 아무리 작은 소리라도 다 들린답니다."

그러자 사제는 이렇게 말했습니다.

"부인, 그런 일쯤이라면 하루나 이틀 밤은 참을 만합니다. 차츰 마음 놓고 즐길 만한 다른 좋은 장소가 생겨나겠지요."

그러자 부인이 말했습니다.

"신부님, 그 일은 신부님에게 맡기겠습니다만 꼭 하나 부탁드리고 싶은 것은, 이 일은 절대 비밀로 하셔서 다른 사람의 귀에 들어가지 않게 해주십사는 것입니다."

그 말에 사제는 "부인, 그 점은 걱정 마시오. 그럼 되도록이면 오늘 밤에라도 만납시다"라고 말했습니다.

"네, 좋아요."

부인은 그렇게 승낙하고 어떻게, 언제 오면 되는지 절차를 가르쳐 주고 사제와 헤어져 집으로 돌아갔습니다.

마침 부인은 하녀 하나를 데리고 있었는데 나이도 꽤 들었고 세상에 둘도 없을 만큼 못생기고 기형적인 얼굴의 소유자였습니다. 코는 납작한 데다가 입은 비뚤어지고 입술은 두꺼우며 이는 크고 들쭉날쭉하며 눈은 사팔뜨기에다가 늘 눈병에 걸려 있었고, 얼굴빛은 마치 한여름을 피에솔레가 아니라 시니갈리아에서 지내고 온 것처럼 녹황색을 띠고 있었습니다.

게다가 절름발이여서 몸의 오른쪽 절반이 약간 부자유스러웠습니다. 그리고 이름은 치우타였습니다만, 이렇게 납빛 얼굴을 하고 있었으므로 누구나 할 것 없이 치우타차라고 부르며 업신여겼습니다. 그리고 몸만 기형인 게 아니라 마음씨도 다소 일그러져 있었습니다. 부인은 이 하녀를 불러 이렇게 말했습니다.

"치우타차, 미안하지만 오늘 밤에 나를 위해 좀 애써 주어야겠다. 그렇게 해 주면 네게 고운 속옷을 사줄 테니."

치우타차는 속옷이라는 말에 귀가 번쩍 띄어 곧장 대답했습니다.

"마님, 속옷을 주신다니 불 속이든 그 어디든 뛰어들겠습니다. 정말입니다."

"그럼, 약속한 거다" 하고 부인은 다짐을 두었습니다. "너 오늘 밤에는 어떤 사나이하고 내 침대에서 자야겠다. 그리고 그 사나이를 실컷 사랑해 주어야 겠지만 너도 알다시피 옆방에서 동생들이 자고 있으니까 조금이라도 소리를 내어 눈치채게 해서는 안 되느니라. 나중에 고운 속옷을 줄 테니까."

치우타차는 대답했습니다.

"네, 필요하시다면 하나가 아니라 여섯 사나이하고라도 자겠습니다."

밤이 되자 약속한 대로 사제가 왔습니다. 그리하여 두 동생은 누나의 지시 대로 자기들 방에서 귀를 세우고 있었습니다. 사제는 그런 줄은 꿈에도 모르고 발소리를 죽여 가며 어둠 속에서 더듬더듬 부인의 침실을 찾아 계획대로 침대에 들어갔습니다. 그러자 반대쪽에서 기다리던 치우타차는 미리 부인이 이러저러하게 하라고 가르쳐 준 대로 침대에 들어갔습니다. 사제는 자기 곁에 있는 사람이 부인이라 믿고 치우타차를 끌어안으며 아무 말 없이 입을 맞추기 시작했습니다. 치우타차 쪽에서도 그에게 입을 맞추었습니다. 이리하여 사제는 사랑의 환락에 빠져 오랫동안 바라고 바라던 것을 얻은 듯 기쁨에 취해 있었습니다.

부인은 일이 이쯤 되자 동생들과 미리 짠 대로 다음 일에 착수했습니다. 그들은 자기들 방을 나와 거리의 광장으로 갔습니다. 그러자 다행스럽게도 자기들이 하려고 마음먹은 일이 힘들이지 않고 쉽게 이루어졌습니다. 왜냐하면 더운 계절이었으므로 주교가 이 두 사람에게 그들의 집에 가서 함께 포도주라도 마시고 싶다고 진작부터 말하고 있었는데, 그날 밤 주교는 두 사람을 만나자 또다시 자기의 희망을 말하고 함께 그들 집으로 향했기 때문입니다. 그리하여 등불을 환히 밝힌 그들 집의 서늘한 안마당으로 들어가 세 사람은 고급 포도주를 마시기 시작했습니다.

다 마시고 나자 동생들이 이렇게 말했습니다.

"주교님, 저희들이 먼저 주교님을 초대했어야 하는데 이런 누추한 집에 일부러 와주셔서 정말 고맙습니다. 그런데 주교님께 보여 드리고 싶은 게 좀 있습니다만 보아 주실는지요?"

주교는 기꺼이 보겠다고 대답했습니다. 그러자 동생 하나가 한 손에 횃불을 들고 앞장서고 그 뒤에 주교와 다른 사람들이 따라, 신부가 치우타차와 자고 있는 방으로 갔습니다. 한편 신부는 그때 막 숨 가쁘게 말을 몰아 세 번째의 목적을 이루고 난 다음이라 좀 지쳐 있었으므로 더운데도 불구하고 치우타차를 껴안고 숨을 들이쉬고 있었습니다.

그때 한 손에 횃불을 든 동생이 앞장서서 방으로 들어가고 그 뒤를 따라 주교와 다른 사람들이 들어가, 신부가 치우타차를 껴안고 있는 모습을 똑똑히 보아 버렸습니다.

이 바람에 신부는 감았던 눈을 뜨고 횃불과 주위에 있는 많은 사람들을 발견하고 어쩔 줄 몰라 부끄러운 나머지 이불 속에 머리를 처박았습니다. 주교는 큰 소리로 욕하며 신부의 머리를 끌어내어 누구와 자고 있는지를 보여 주었습니다.

신부는 부인에게 속아 넘어간 것을 깨닫고 자기의 주책없는 짓을 돌이켜 생각하면서 차마 눈뜨고 볼 수 없을 만큼 풀이 죽어 버렸습니다. 그리고 주교의 명령대로 옷을 입고 저지른 죄의 대가를 치르기 위해 감시를 받으면서 성당으로 돌아갔습니다.

또 주교는 주교대로 어떻게 이런 일이 일어났는지, 어째서 치우타차와 자게 되었는지 한시바삐 알고 싶어 견딜 수 없었습니다.

부인의 동생들은 모든 이야기를 자세히 했습니다. 그것을 듣자 주교는 부인을 크게 찬양하며 다른 신부들 손을 빌리지 않고 그 신부를 골탕 먹인 동생들을 칭찬했습니다.

주교는 신부에게 40일의 벌을 주어 단단히 혼냈습니다만, 그는 그 나름대로 사랑의 실패와 분노로 40일 넘게 고민하지 않을 수 없었습니다. 그뿐만이 아닙니다. 그로부터 나날이 어지간히 지난 뒤에도 큰길을 걸어가면 아이들이 그를 손가락질하며 "저것 봐, 치우타차와 잔 신부가 간다"고 놀려댔습니다.

제아무리 낯 두꺼운 신부도 여기에는 두 손 바짝 들지 않을 수 없었습니다.

이리하여 총명한 부인은 염치없는 구애의 번거로움을 보기 좋게 잘라 버렸습니다. 그리고 치우타차는 고운 속옷을 벗었을 뿐만 아니라 좀처럼 갖기 힘든 즐거운 하룻밤을 보냈던 것입니다.

다섯째 이야기

마르케 출신인 판사가 피렌체의 법정에서 재판하고 있을 때 세 젊은이가 그의 바지를 벗긴다.

에밀리아가 이야기를 마치니 모두들 그 미망인의 슬기를 찬양했습니다. 그리고 여왕은 필로스트라토를 바라보며 "자, 당신 차례입니다"라고 말했습니다. 그는 서슴지 않고, 준비는 다 되었습니다, 하고 대답하며 이야기를 시작했습니다.

여러분, 조금 전 엘리사의 이야기 속에 마소 델 사지오라는 청년의 이름이 나왔었는데 나도 내가 하려고 마음먹었던 이야기를 그만두고 그와 그의 친구들의 이야기를 하려고 합니다. 여러분이 입에 담기 부끄러워할 만한 말이 더러 나와 다소 고상하지 못한 점은 있습니다만, 반면에 허리가 끊어질 정도로 우습고 재미있는 이야기이므로 굳이 들려드리기로 했답니다.

여러분도 이미 들으셨을 줄 압니다만 우리 도시에는 곧잘 마르케 출신 장관이 부임해 옵니다. 그들은 일반적으로 비열한 성품을 가지고 있어 몹시 인색하고 쩨쩨한 생활을 하고 있습니다. 그들이 하는 짓이란 그 모두가 인색이라는 한마디로 나타납니다. 그리하여 이러한 타고난 거지 근성과 욕심으로 인하여 그들은 법률학교에서 재판관이나 공증인을 데려오려고 하지 않고 어디선가 농부나 구둣방 출신으로밖에 보이지 않는 자들을 끌어옵니다. 그와 같은 장관 한 사람이 부임하여 숱한 재판관을 데려왔는데 그 가운데 니콜라 다 산레피디오 씨라는 사나이가 섞여 있었습니다. 그는 아무리 좋게 보려 해도 자물쇠 장수 같았습니다만, 범죄 사건 담당 판사로 배치되었습니다.

흔히 있는 일입니다만, 시민은 재판에 그다지 관련되지 않았어도 재판소에 잘 가는 법입니다. 그런데 마침 어느 날 아침에 마소 델 사지오가 친구를 만나러 재판소에 갔습니다. 그리하여 그 니콜라가 재판석에 앉아 있는 것을 발견했는데, 마치 태어나 처음 보는 괴상한 새처럼 보였기 때문에 머리끝에서 발끝까지 유심히 관찰하게 되었습니다.

그는 머리에는 굴뚝에 쑤셔 넣었던 것 같은 꾀죄죄한 다람쥐 가죽 모자를 쓰고 허리에는 잉크병을 찼으며 맞지도 않는 긴 양복을 입고 있었습니다. 그밖의 여러 가지 점이 법관들의 점잖은 차림새나 일반 시민들의 옷 입은 맵시와는 아득히 거리가 먼 것이었습니다. 그 가운데에서도 특별히 눈에 띄는 것은 바지였습니다. 앉으면 꽉 죄는 모양인지 앞을 툭 터놓아 허리가 온통 드러나 보였습니다.

그리하여 그를 오래 쳐다보기도 겸연쩍어서 그만 집어치우고 만나러 갔던 친구도 내버려 둔 채 무슨 새로운 일이나 없을까 하고 거리로 나왔습니다. 마침 그때 리비와 마테우초라고 하는 두 친구를 만났습니다. 둘 다 마소 못지않게 활달하고 유쾌한 사람들이었습니다. 그는 그들에게 말했습니다.

"만약에 내게 호의를 가지고 있거들랑 함께 재판소까지 가지 않겠나? 자네들이 이제껏 보지도 못했던 머저리 자식을 보여 줄 테니까."

이렇게 하여 두 사람을 데리고 재판소에 가서 아까 본 재판관과 그가 입고 있는 바지를 보여 주었습니다.

그들은 멀리서 이 모양을 보고 웃음을 터뜨렸습니다. 그리고 재판관 나리가 앉아 있는 긴 의자 쪽으로 조금 다가가 보니 그 의자 아래로 쉽게 들어갈 수 있다는 것을 알아냈습니다. 게다가 재판관이 발을 올려놓고 있는 나무판이 헐고 부서져 있어서 쉽사리 그 안으로 손이나 발을 들이밀 수 있다는 것도 눈치챘습니다. 그런 사실을 안 마소가 친구들에게 말했습니다.

"우리 셋이서 저 바지를 벗겨 보았으면 싶다. 틀림없이 잘될 거야."

그때 이미 그들은 어떻게 해야 할지를 환히 알 수 있었습니다. 그리하여 서로 어떻게 말하고 어떻게 행동할 것인가를 의논하고, 다음 날 아침에 다시 재판소에 모였습니다. 법정은 사람들로 꽉 차 있었습니다. 마테우초는 아무도 눈치채지 못하게 의자 밑으로 기어들어가 재판관의 발 아래까지 갔습니다. 마소가 한쪽에서 재판관에게로 다가가 법복 자락을 붙잡자 리비는 반대쪽에서 다가가 마찬가지로 법복 자락을 붙잡았습니다. 그리고 마소가 이렇게 말하기 시작했습니다.

"재판관님, 오, 재판관님, 비옵나니 그쪽에 있는 그 도둑놈이 내빼기 전에 놈이 내게서 훔쳐 간 장화를 찾아 주십시오. 훔치지 않았다고 하겠지만 놈은 밑창을 갈고 한 달 동안이나 신고 다니고 있습니다."

그러자 리비가 반대쪽으로 외쳤습니다.

"재판관님, 그 부랑자 놈이 하는 말은 믿지를 마십시오. 내게서 도둑질해 간 가방 때문에 고소하러 왔다는 걸 알고 내가 전부터 가지고 있는 내 장화를 자기 장화라고 우기는 겁니다. 재판관님이 나를 못 믿으시겠으면 과일 가게 그라사든, 놈이 내 집에서 나가는 걸 보았다는, 산타마리아에서 베르차야까지 쓰레기 치우러 다니는 청소부든 누구든 모두 증인으로 내세울 수 있습니다."

이번에는 반대쪽에서 마소가 리비의 말이 채 끝나기도 전에 소리를 질렀고, 이에 리비가 다시 소리를 지르며 말했습니다.

그리하여 재판관은 두 사람의 주장을 좀 더 잘 들으려고 일어섰습니다. 이때다, 하고 마테우초는 번개처럼 한 손을 나무판 틈으로 내밀어 재판관의 바지 아랫부분을 붙잡고 세게 잡아당겼습니다. 재판관은 몸이 바짝 마른 편이어서 바지는 걸릴 것도 없이 훌렁 벗겨져 버렸습니다. 재판관은 놀랐으나 왜 그렇게 되었는지는 모르는 채 윗옷 앞섶을 잡아당겨 여미고 도로 앉았습니다.

그러자 마소와 리비가 양쪽에서 그를 붙잡고 아우성쳤습니다.

"재판관님, 재판관님은 비겁하십니다. 말을 다 듣지도 않고 도망치시다니요. 이 고장에서는 이런 조그만 사건은 서류로 제출하지 않습니다."

이렇게 말하면서 옷을 움켜잡고 있었기 때문에 법정에 있는 사람들은 모두 그의 바지가 벗겨져 내려갔다는 것을 알게 되었습니다. 마테우초는 한참 동안 붙잡고 있다가 손을 놓고 법정 밖으로 빠져나가 아무에게도 들키지 않고 어디론가 사라져 버렸습니다.

리비는 장난이 성공했다고 생각하고 "나는 이 일을 심의회에 호소하겠습니다"라고 했습니다.

그러자 마소는 반대쪽에서 법복을 잡고 있던 손을 놓고 "아니, 나는 오늘 아침처럼 이렇게 복잡하지 않을 때에 몇 번이라도 여기에 호소하러 오겠습니다"라고 말했습니다.

그러고는 두 사람은 서로 다른 방향으로 헤어져서 뒤도 돌아보지 않고 가 버렸습니다. 재판관은 자다가 일어나기라도 한 것처럼 여러 사람 앞에서 바지를 추켜올렸습니다. 그리고 그제야 겨우 장난이라는 것을 깨닫고 장화와 가방 문제로 호소하던 두 사람은 어디 갔느냐고 사람들에게 물었습니다. 그러나 이미 그 자리에 없다는 것을 알자 피렌체에서는 재판관 바지를 벗기는 습관이 있느냐고 마구 화를 냈습니다.

한편 도시의 장관은 이 이야기를 듣고 화가 나서 야단이었습니다. 하지만 나중에 친구가, 장관이 훌륭한 재판관을 데려와야 하는데도 불구하고 엉터리 재판관을 데려온 것에 피렌체 사람들이 화가 나서 버릇을 가르치려고 한 짓이라고 말해 주어, 잠자코 있느니만 못하다고 생각한 장관은 이 문제는 더 이상 묻지 않고 그대로 내버려 두기로 했습니다.

여섯째 이야기

브루노와 부팔마코가 칼란드리노의 돼지를 훔친다. 두 사람이 생강으로 만든 환약과 베르나치아 포도주로 누가 도둑인지 점을 치게 하고 쓴 알로에를 설탕에 버무린 개먹이 경단을 칼란드리노에게 한 개, 또 한 개, 이렇게 두 개를 먹는다. 너무 써서 그가 토하는 바람에 자기가 자기 돼지를 훔친 것처럼 상황을 만들어 버린다. 두 사람은 아내에게 고자질하겠다고 을러대어 수탉 두 마리를 받아낸다.

필로스트라토의 이야기가 끝나자 모두들 허리를 잡고 웃었습니다. 여왕은 필로메나에게 다음 이야기를 하라고 지시했습니다. 그녀는 이렇게 이야기하기 시작했습니다.

여러분, 필로스트라토는 마소라는 이름에서 떠올려 지금 여러분이 들으신 것 같은 이야기를 했습니다만, 그와 마찬가지로 나도 칼란드리노와 그의 친구의 이름에서 떠오르는 것이 있어 또 하나 그 사람들의 이야기를 해볼까 합니다. 틀림없이 이 이야기는 여러분을 기쁘게 해드릴 것입니다. 여러분이 이미 들으셨기에 새삼스럽게 칼란드리노와 브루노 그리고 부팔마코가 어떤 인물인가를 설명할 것까지는 없다고 생각합니다. 따라서 이야기를 그냥 진행시키겠습니다. 칼란드리노는 피렌체에서 그리 멀지 않은 곳에 작은 농장을 가지고 있었습니다. 아내가 지참금으로 가지고 온 땅이며, 수확물은 여러 종류가 있었습니다. 그리고 해마다 돼지 한 마리를 키우곤 했는데 섣달이 되면 그와 아내는 언제나처럼 농장으로 가서 그 돼지를 잡아 소금에 절였습니다.

그런데 어느 해의 일입니다. 아내가 건강이 좋지 못해 칼란드리노 혼자서 돼지를 잡으러 가게 되었습니다. 그의 아내가 오지 않는다는 말을 들은 브루노와 부팔마코는 칼란드리노의 농장 가까이에 사는 친한 친구인 신부를 찾아가서 나흘간 묵기로 했습니다.

두 사람이 도착한 날 아침에 칼란드리노가 돼지를 잡았습니다. 그리고 두 사람이 신부와 함께 있는 것을 보자 이렇게 말했습니다.

"잘들 왔어. 내가 얼마나 훌륭한 농장 관리인인지 자네들에게 좀 보여 주어야겠군."

그러고는 그들을 집으로 데리고 가서 잡은 돼지를 보여 주었습니다.

굉장히 크고 살진 돼지였습니다. 칼란드리노는 두고두고 먹기 위해 소금에 절일 것이라고 말했습니다. 그러자 브루노가 말했습니다.

"쳇, 자네는 정말 바보야! 이걸 팔아서 그 돈으로 멋지게 놀아 보세. 아주머니더러는 도둑맞았다고 하면 될 테고!"

칼란드리노는 허둥지둥 대답했습니다.

"안 돼 안 돼. 마누라가 그런 말을 믿을 것 같은가? 분명히 날 쫓아낼 텐데. 두 번 다시 그런 말은 하지 말게. 난 그런 짓 안 해."

두 사람은 열심히 권했습니다만 칼란드리노는 전혀 응하지 않았습니다. 그리고 마지못해 두 사람을 식사에 초대했지요. 그러나 그들은 거절하고 돌아가 버렸습니다.

브루노는 부팔마코에게 말했습니다.

"오늘 밤에 그 돼지를 훔쳐 내세."

부팔마코가 대답했습니다.

"어떻게 훔쳐?"

"내 솜씨만 보고 있게. 하기는 놈이 돼지를 놓아둔 장소에서 다른 곳으로 옮겨야 되지만……."

"그럼" 하고 부팔마코가 말했습니다. "해보세. 안 할 수는 없지. 성공하면 신부님과 함께 배를 두드리면서 먹어야지."

그 말을 들은 신부도 그거 참말로 반가운 일이라고 대답했습니다.

브루노가 말하기를 "이건 약간 기교가 필요해. 여봐, 부팔마코, 칼란드리노는 그 주제에 욕심이 많아서 공짜라면 얼마든지 마시는 놈이지. 우선 놈을 주막으로 끌고 가자. 거기서 신부님이 우리에게 축복을 내리고 셈도 모두 그분이 치르는 체하면서 놈에게는 한 푼도 쓰지 못하게 하는 거야. 그렇게 되면 억병으로 취해 버리지 않겠나. 어떻든 놈은 혼자 있으니까 일은 문제없이 잘 될 게 틀림없어."

두 사람은 브루노의 말대로 했습니다. 칼란드리노는 신부가 다른 사람에게 셈을 치르지 못하게 하는 것을 보자 마구 퍼마셨습니다. 그렇게 도를 넘길 필요는 없는데 바가지로 퍼마셨던 것입니다. 그래서 술집에서 나왔을 때는 밤도 어지간히 깊었으며 식사할 생각도 전혀 없었기 때문에, 집으로 돌아가자 문단속도 하지 않은 채 그대로 침대에 쓰러졌습니다.

부팔마코와 브루노는 신부와 함께 식사하러 갔습니다. 그리고 식사를 마치자 미리 계획한 대로 칼란드리노의 집에 몰래 들어가려고 브루노가 여러 가지 연장을 들고 살금살금 기어갔습니다. 그런데 출입문이 열려 있었기 때문에 연장을 쓸 것도 없이 안으로 들어가 돼지를 훔쳐 신부의 집에 갖다 놓고 자러 갔습니다.

칼란드리노는 아침이 되자 술도 깨어 일어났습니다. 그리하여 아래층으로 내려가 둘러보니 돼지의 그림자조차 찾을 수 없었습니다. 그리고 출입문도 열려 있었습니다. 그는 누가 돼지를 가져갔는지 아느냐고 두어 사람에게 물어보았지만 그들은 모두 모르겠다며 고개를 저었습니다. 이제 소중한 돼지가 행방불명이 되었다는 것이 분명했기에 그는 큰일 났다, 큰일 났다, 하면서 새파랗게 질려 울부짖었습니다.

브루노와 부팔마코는 일어나서 칼란드리노가 돼지를 도둑맞고 어떻게 하고 있는가 보려고 그의 집 쪽으로 갔습니다.

칼란드리노는 두 사람을 보더니 울상을 하고 이렇게 말했습니다.

"아아, 내 돼지를 도둑맞았어."

브루노는 곁으로 다가서며 대꾸했습니다.

"이거 놀랐는데, 자네 언제부터 그런 거짓말까지 할 줄 알게 되었나?"

"아아" 하고 칼란드리노가 울음 섞인 목소리로 말했습니다. "정말로 도둑맞았다니까."

"그래, 그렇게 말해야지." 브루노가 말했습니다. "더 큰 소리로 떠들어. 모두 그렇게 믿게."

그 말을 듣자 칼란드리노는 더욱 크게 소리를 질렀습니다.

"하늘에 맹세코 나는 거짓말을 하지 않아. 정말 돼지를 잃어버렸어."

거기서 브루노가 말했습니다.

"더 크게, 더 소리쳐. 큰 소리로 떠들라고. 사람들이 다 듣게. 그렇게 해야 모두들 믿지."

그러자 칼란드리노는 "자네는 내 영혼을 악마에게 팔게 만들 작정인가! 내 말을 믿지 않는단 말이지? 돼지를 도둑맞지 않았다면 내 목을 매달아도 좋아" 하고 말했습니다.

"흐응! 어떡하다가 그렇게 됐지? 어제 자네 집에 있는 것을 이 두 눈으로 똑똑히 보았어. 돼지가 바람에 날아가 버리기라도 했단 말인가?"

"아이고, 도둑맞았다니까."

"흐응!" 하고 브루노가 비웃었습니다. "그런 일이 있을 수 있을까?"

"틀림없대도!" 칼란드리노는 징징 울면서 "도둑맞았어. 난 이제 끝이야. 어떻게 집으로 돌아가지? 마누라는 믿지 않을 테고 믿어 준다고 하더라도 이 일로 일 년 내내 싸워야 할 테니" 하고 말했습니다.

그러자 브루노가 말했습니다.

"아니, 그게 정말이라면, 난처하게 됐군그래. 하지만 칼란드리노, 어제 내가 아주머니에게 그렇게 말하라고 그랬었잖아. 아주머니와 우리를 동시에 속이려고? 아서요, 아서."

칼란드리노는 다시 소리를 질렀습니다.

"아아, 틀림없는 사실이라는데 자네들은 나를 슬프게 하고 하느님이나 성인들까지도 모욕하려 드는 건가? 똑똑히 말해 두네. 나는 어젯밤에 돼지를 도둑맞았어."

그러자 부팔마코가 나섰습니다.

"아니, 정말 그렇다면 찾을 방법을 생각해야지 않나?"

"무슨 방법이 있다는 거야?" 하고 칼란드리노가 물었습니다.

부팔마코는 얼른 대답했습니다.

"설마 인도 같은 먼 곳에서 돼지를 훔치러 오는 자는 없겠지. 틀림없이 이 근처에 사는 놈이 훔쳤을 거야. 만약에 자네가 사람들을 불러 모을 수만 있다면 빵과 치즈로 점을 칠 수 있을 텐데…… 그렇게 하면 당장에 훔쳐 간 놈을 잡아 낼 수 있지."

"그래, 그래" 하고 브루노가 맞장구치며 이렇게 말했습니다. "동네 사람들을 불러다가 한번 빵과 치즈로 점쳐 보게나. 그 가운데 누군가가 훔쳤을 건 뻔하니까. 하긴 그런 사실을 알면 오지도 않을 테지만."

"그럼 어떻게 한단 말인가?" 부팔마코가 물었습니다.

그러자 브루노가 대답했습니다.

"생강 환약과 고급 베르나치아 포도주로 해보자고. 마시러 오라고 하면 돼. 그러면 모두 무엇인지도 모르고 올 것 아닌가. 빵과 치즈 점이나 마찬가지로 생강 환약도 효험이 있으니까."

"확실히 자네 말이 옳아. 한데 칼란드리노, 자네는 어떻게 생각하나? 한번 해보지그래."

칼란드리노가 대답했습니다.

"오히려 내가 바라는 바야. 누가 훔쳤는지 그것만 알면 절반은 찾은 셈이니까."

"내게 맡겨." 브루노가 말했습니다. "자네가 돈만 내주면 피렌체까지 자네를 위해서 재료를 구입하러 갔다 오겠네."

칼란드리노는 갖고 있던 40솔도 정도의 돈을 선뜻 내놓았습니다.

브루노는 피렌체의 친구 약국에 가서 동글동글하게 잘 영근 생강을 1파운드 사고 그것으로 개먹이 환약을 두 개 만들고 나서 설탕에 버무려 간에 좋다는 알로에 속에 넣었습니다. 그리고 다른 환약처럼 설탕에 뒹굴렸습니다. 그리고 다른 환약과 구별이 잘 안 되거나 뒤바뀌지 않도록, 즉 잘 알아보게끔 그 두 개에는 표시를 했습니다. 다음에 고급 베르나치아 포도주 한 병을 사 가지고 칼란드리노의 농장 집으로 돌아오자 이렇게 말했습니다.

"내일 아침에 자네가 의심스럽다고 생각되는 놈들을 오라고 해. 휴일이니까 기꺼이 올걸. 나랑 부팔마코는 오늘 저녁에 환약에 주문을 걸어 두었다가 내일 아침 자네에게 가져옴세. 그리고 내가 자네를 위해서 사람들에게 나눠 주고 그 밖의 일도 내가 다 맡아서 해주겠네."

칼란드리노는 그렇게 하겠다고 했습니다. 이튿날 아침에 농장에 일하러 왔던 피렌체의 젊은이들과 그 고장 농민들이 성당 앞 느릅나무 둘레에 모이자 브루노와 부팔마코는 작은 상자에 넣은 환약과 포도주 병을 가지고 왔습니다. 그리고 모두들 둥그렇게 모여 서게 한 다음 브루노가 이렇게 말했습니다.

"여러분, 왜 여러분을 여기 모이라고 했는지 그 까닭을 이야기하지 않으면 안 되겠습니다. 여러분이 몹시 화를 낼 만한 사건이 일어나더라도 나를 원망하지 말아 주었으면 해서입니다. 사실은 지금 여기 있는 칼란드리노가 엊저녁에 크고 살진 돼지 한 마리를 도둑맞았습니다만 누가 훔쳐 갔는지 모르고 있습니다. 그런데 여기 모인 우리들 가운데 한 명이 돼지를 훔친 게 틀림없으므로, 그 범인을 찾아내기 위해 이 환약을 하나씩 드릴 테니 먹고 또 포도주를 마셔 달라는 겁니다. 여기서 미리 여러분이 알아 두셔야 할 사실은, 돼지를 훔친 범인은 이 환약을 삼키지 못할 뿐만이 아니라 워낙 독약보다도 써서 토하지 않을 수 없다는 것입니다. 그런고로 이렇게 많은 사람들이 보는 앞에서 망신을 당하는 것보다 저지른 죄를 뉘우치고 신부님에게 고백하는 편이 낫지 않은가 생각합니다. 그렇게만 하신다면 구태여 이런 시험을 하지 않아도 되지 않겠습니까?"

그런데 모인 사람들은 모두 그 환약을 삼키겠다고 했습니다. 그리하여 브루노는 칼란드리노를 포함해서 모든 사람을 한 줄로 늘어서게 하고 끝에서부터 차례로 환약을 나누어 주었습니다. 그리하여 칼란드리노의 차례가 되었을 때 표시를 해놓은 개먹이 환약을 집어 그의 손바닥에 올려놓았습니다.

칼란드리노는 서슴없이 입에 넣고 깨물기 시작했습니다. 그러나 알로에의 쓴맛을 견딜 수 없어 왝 뱉어 버렸습니다. 사람들은 누가 뱉는가 하고 눈이 화등잔이 되어 서로서로 감시했습니다. 한편 브루노는 아직 다 나눠 주지 않았으므로 그런 것은 짐짓 못 본 체하고 있었습니다만 뒤에서 "아니 칼란드리노 씨, 웬일이오?" 하는 소리가 들렸습니다. 그래서 고개를 돌려 보니 칼란드리노가 환약을 뱉었지 뭡니까.

브루노는 이렇게 말했습니다.

"잠깐 기다리게. 다른 까닭이 있어 뱉었는지도 모르니까 다른 걸 먹어 보지."

그렇게 말하고 두 개째를 집어 그의 입에 넣어 주고 다시 다른 사람에게도 나누어 주기를 계속했습니다.

칼란드리노에게는 처음 것도 몹시 썼지만 이번 것은 더욱 견딜 수 없이 썼습니다. 하지만 뱉어서야 될 말이냐고 한참 동안 입 안에 넣고 우물우물 씹다가 이윽고 닭똥 같은 눈물을 뚝뚝 떨어뜨리기 시작했습니다. 그리하여 마침내 더 견디지 못하고 처음 것과 마찬가지로 그만 땅바닥에 뱉어 버렸습니다.

부팔마코와 브루노는 사람들에게 포도주를 돌리고 있었습니다만 이 광경을 보자 그 두 사람은 물론이거니와 다른 사람들도 모두 돼지 도둑은 칼란드리노 자신이라고 외쳤습니다.

그 사람들 가운데에는 그에게 마구 욕을 퍼붓는 자도 있었습니다.

그러는 동안에 하나둘 모두 돌아가 버리고 뒤에는 브루노와 부팔마코, 칼란드리노만이 그 자리에 남았습니다.

부팔마코가 그에게 말했습니다.

"이것으로 자네가 돼지를 훔쳤다는 것을 알았네. 자네는 돼지를 판 돈으로 우리에게 술을 사기가 싫으니까 도둑맞았다고 거짓말했지."

칼란드리노는 아직도 입 안이 써서 견딜 수 없었습니다만 맹세코 돼지 도둑은 자기가 아니라고 주장했습니다.

그러자 부팔마코가 말했습니다.

"어쨌든 얼마 받았나? 6피오리노인가?"

그 말을 듣자 칼란드리노는 금방이라도 울음이 터질 듯이 보였습니다. 이번에는 브루노가 한마디 했습니다.

"잘 들어, 칼란드리노. 여기서 지금 환약도 먹고 포도주도 마신 사람 가운데 하나가 내게 가르쳐 주었어. 자네는 2층에 여자를 감춰 놓고 있는데 물건이란 물건은 모두 빼돌려서 그 여자에게 바치고 있으니, 돼지도 틀림없이 그여자에게 주었을 것이라고 그러더군. 자네라는 사나이도 이젠 사람을 속이게 되었군 그래. 언젠가도 검정 돌을 찾는답시고 우리를 무뇨네강까지 데리고 갔었지. 그때도 자네는 우리들을 어리둥절하게 만들더니 내버려 두고 혼자 돌아가 버렸어. 그런 뒤로 자기가 그 돌을 발견했다고 사뭇 우릴 속이지 않았나. 그래, 이번에도 자네는 누구에게 주었든가 팔았든가 해버린 돼지를 도둑맞았다고 법석을 떨면서 우리를 속이려는 것이 아닌가? 우리는 이젠 자네의 그속임수를 너무나 잘 알았고 또 여러 번 겪은 일이라 더는 속지 않아. 솔직히말해서 우리가 이 점을 치게 되기까지 얼마나 애썼는지 아나? 그러니까 우리가 아주머니에게 미주알고주알 다 일러바치기 전에 어때, 수탉 두 마리만 우리에게 내놓으라고."

칼란드리노는 자기 말을 믿어 주지 않는 일이 슬퍼서 견딜 수 없었습니다만, 아내가 화내면 큰일이라고 생각하고 시키는 대로 수탉 두 마리를 내놓았습니다.

브루노와 부팔마코 두 사람은 큰 손해를 본 데다 거짓말쟁이 누명까지 쓰게 된 칼란드리노를 내버려 둔 채 소금에 절인 돼지고기를 가지고 피렌체로 돌아갔다고 합니다.

일곱째 이야기

어떤 학자가 다른 남자를 사랑하는 과부를 연모한다. 그녀는 눈 오는 밤에 거짓말로 학자를 기다리게 한다. 그 뒤 학자는 꾀를 부려 7월 한더위에 그녀를 하루 종일 알몸으로 높은 탑 위에 서 있게 하여 파리와 등에의 시달림을 받게 한다.

숙녀들은 불쌍한 칼란드리노의 이야기를 들으면서 계속 웃음을 터뜨렸습니다. 만일 칼란드리노가 돼지를 도둑맞은 뒤에 두 마리의 수탉까지 빼앗기고 만 것에 대해 가엾게 생각하지 않았다면 그들은 한동안 웃음을 그치지 못했을 것입니다.

필로메나의 이야기가 끝나자 여왕은 팜피네아에게 이야기를 하라고 지시했습니다. 팜피네아는 곧 이야기를 시작했습니다.

여러분, 남을 속이면 자기도 속는다는 것은 흔히 있는 일입니다. 그러므로 남을 놀리며 즐거워하는 것은 그다지 권장할 바가 못 됩니다.

우리는 이제까지 여러 이야기를 들으면서 사람을 골탕 먹이고 속인 일에 대해 박수를 보냈습니다만, 속은 뒤에 보복을 했다는 이야기는 아직 한 번도 듣지 못했습니다. 그래서 나는 당연한 앙갚음으로 복수당한 우리 도시의 한 부인 이야기를 할 텐데, 그 부인에게 동정심을 갖지 않는 바는 아니지만, 이 부인은 사람을 속였다가 거꾸로 이번에는 자기가 속아 지독한 욕을 보았습니다. 그러므로 이와 같은 이야기를 듣는다는 것은 여러분에게 도움이 되리라고 생각합니다.

아직 그다지 오래된 일은 아닙니다만, 약간 잘난 체하기는 했으나 매우 아름답고 말씨도 우아하며, 재산도 꽤 많은 엘레나라는 이름의 젊은 부인이 피렌체에 살고 있었습니다.

그녀는 남편이 죽어 과부가 되었는데 스스로 고른, 잘생기고 기품도 있는 어느 청년을 사랑하고 있었기에 다시 시집을 간다는 생각은 하지도 않았습니다. 누구의 눈치도 살필 필요 없이 깊이 신뢰하는 하녀의 주선으로 그 청년과 가끔 즐거운 시간을 보냈습니다. 마침 그 무렵에 우리 도시의 귀족으로 파리에서 오래 유학 중이던 리니에리라는 청년이 피렌체로 돌아왔습니다. 이 사람은 세상의 다른 학자들처럼 자기의 학문을 돈벌이를 위해 팔아먹으려고 하지 않고 사물의 원리나 이치를 깊이 파헤쳤습니다. 훌륭한 신사였던 그는 귀족적 정신과 학식 덕분에 커다란 존경을 받았습니다.

한데 가끔 일어나는 일입니다만 이 리니에리에게도 사물의 심오한 이치를 터득하는 일보다 사랑의 포로가 되어 버리는 일이 한발 먼저 일어나게 되었습니다.

그것은 어느 날 축제일 행사를 구경하러 가던 그의 눈앞에, 이 엘레나라는 젊고 아름다운 과부가 나타난 일에서 비롯되었습니다. 그때 그녀는 우리 도시에서 과부가 모두 그러하듯 검은 옷을 입고 있었습니다만 이제까지 이처럼 아름답고 요염한 여성은 처음 보는 것같이 느껴졌습니다. 그래서 그때 그는 마음속으로 신께서 그녀의 보드라운 알몸을 껴안는 은혜를 내려 주시는 자야말로 세상에 둘도 없는 행운아라고 생각했던 것입니다.

그리하여 정신없이 그녀를 바라보고 있었습니다만 큰일이나 귀한 물건을 노력 없이 얻을 수 없다는 것을 잘 알고 있었기에 그녀의 환심을 사기 위해서는 어떤 고생도 어떤 번거로움도 결단코 마다하지 않으리라고 결심했습니다. 그렇게 해야만 그녀를 기쁘게 하는 사랑을 얻을 수가 있고, 그렇게 함으로써 그녀를 자기의 것으로 만들 수 있는 힘을 얻는다고 생각했기 때문입니다.

한편 이 젊은 부인은 남자가 쳐다본다고 해서 눈을 내리까는 성격이 아니었습니다. 아니, 여느 때보다도 더 호들갑스럽게 두리번거리고 있었기에 은근한 눈으로 자기를 바라보는 사람이 있음을 재빨리 알아냈습니다. 그리하여 리니에리의 눈초리를 의식하며 마음속으로 '오늘 이렇게 나온 게 헛걸음은 아니군. 내 짐작이 틀리지 않는다면 봉을 잡은 것 같아' 하고 중얼거렸습니다.

그래서 두 번 세 번 추파를 던져 그가 마음에 들었다는 것을 알리려고 애썼습니다. 왜냐하면 자신의 미모로 낚아 붙잡아 두는 남자들이 많아질수록 자기 아름다움의 가치가 높아지고, 특히 자기가 사랑을 베풀어 준 자는 한결 더 깊이 그 아름다움을 찬양하리라고 생각했기 때문입니다. 그래서 이 총명한 학자는 철학적 사색을 내던지고 온 마음을 그녀에게 기울였습니다. 그리고 그녀의 집을 알아내자 그녀의 마음에 든 것이 틀림없다는 자신을 가지고 핑계를 만들어 그 집 앞을 왔다 갔다 했습니다.

그녀 쪽에서는 이미 말한 바와 같이 자기의 가치를 자랑하고 싶은 마음이 있었기에 그를 무척이나 반기는 듯한 눈치를 보였습니다. 그리하여 젊은 학자는 그녀의 하녀에게 어찌어찌 접근하여 자기의 마음을 고백하고 부인과의 사이를 주선해 달라고 부탁했습니다. 하녀가 쾌히 승낙하고 부인에게 이야기하자 부인은 깔깔대면서 말했습니다.

"그 사람은 일껏 파리까지 가서 학문을 연구하고 돌아왔는데 어디서 그것을 잃어버렸는지, 너 알겠니? 아니, 좋아, 그가 원하는 것을 줘 보자꾸나. 다음에 너더러 뭐라고 하거든, 당신보다 더 마님이 당신을 사모하고 있다고 말해 주렴. 거기에 덧붙여, 그런데 마님은 체면상 정절을 지키지 않으면 안 되고, 다른 부인네들에 대해서도 양심에 부끄러울 바가 없어야 한다고 생각하는 분이라고 말해라. 만약에 그가 세상 평판대로 현명한 분이라면 나를 한결 깊이 생각하게 될 테니까."

아아, 얼마나 앙큼스러운 나쁜 여자인가요. 여러분, 그녀는 학자를 괴롭히는 결과가 어떻게 되리라는 것을 알지 못했던 것입니다. 그래서 하녀는 다음에 학자와 만났을 때 부인이 말한 대로 전했습니다.

학자는 크게 기뻐하며 더욱 열심히 편지를 쓰고 선물을 보내며 법석을 떨었습니다. 그리고 그 모두가 받아들여지기는 했습니다만 지극히 평범한 회답밖에 얻지 못했습니다. 이처럼 그녀는 오랫동안 잡아당겼다 늦추었다 하면서 그를 애태웠던 것입니다. 이렇게 해놓고 마지막으로 그녀는 이 일을 자기 애인에게 다 말해 버렸습니다. 그러자 그는 몹시 화를 내면서 눈에 띨 만큼 질투의 빛을 드러냈습니다. 그녀는 이런 일로 자기를 의심하는 것은 부당한 일임을 알리기 위해, 또 한편 너무나 끈덕지게 학자가 졸라대므로 하녀를 시켜 다음과 같은 내용을 전하게 했습니다.

즉 마님은 당신의 사랑을 잘 알고는 있지만 워낙 바쁘기 때문에 받아들일 겨를이 이제껏 없었는데 다가오는 크리스마스에는 함께 지낼 수 있다, 별일 없으시면 크리스마스 날 밤에 우리 집 안마당으로 오라, 마님도 되도록이면 일찍 안마당으로 나가실 것이다, 하고 전하게 했던 것입니다.

학자는 하늘에라도 오를 것 같은 마음으로 정해 준 때에 부인의 집으로 갔습니다. 그러자 하녀가 나와 안마당으로 안내하고 문을 잠갔기 때문에 그는 혼자 우두커니 기다렸습니다.

그날 밤 부인은 연인을 불러 함께 식사를 하면서 자기가 미리 생각해 둔 방법을 털어놓고 이렇게 덧붙였습니다.

"그러니까 당신이 어처구니없게도 시샘하고 있는 그를, 내가 어떻게 사랑하고 어떻게 다루는가를 잘 좀 보세요."

연인은 이 말을 듣자 호기심에 가슴이 두근거릴 정도였습니다. 그리고 부인이 꾸몄다는 일을 얼른 보았으면 했습니다. 그런데 그 전날 큰 눈이 내려 온 세상은 눈으로 하얗게 덮여 있었습니다. 그래서 안마당으로 들어온 지 얼마 되지도 않았는데 학자는 벌써 추위를 느끼기 시작했습니다만, 이제 곧 따뜻한 방에서 쉬게 되리라고 생각하며 꾹 참았습니다. 부인은 이윽고 연인에게 말했습니다.

"자, 침실로 갑시다. 그리고 당신이 질투하는 그 사나이가 어떻게 하고 있는지, 또 내가 심부름시킨 하녀에게 어떤 말을 하는지 들창으로 내다봅시다."

두 사람은 들창께로 가서 밖에서는 보이지 않게 안마당을 바라보았는데 다른 들창에서 하녀가 학자에게 이렇게 말하는 소리가 들려왔습니다.

"리니에리 님, 마님은 정말 미안해하고 계세요. 글쎄 오빠 되시는 분이 하필 오늘 저녁에 오셨지 뭡니까. 이제껏 이야기하시다가 식사를 함께 드셨는데 그래도 돌아가시지 않는군요. 하지만 이제 곧 돌아가실 거예요. 그래서 마님은 아직 안마당으로 나오시지 못했지만 조금만 더 기다리시면 나오실 겁니다. 마님이 오래 기다리시게 해서 정말 미안하다고 말씀드려 달라고 하셨습니다."

학자는 그 말을 곧이듣고 대답했습니다.

"부인에게 이렇게 말씀드려라. 손님이 돌아가서 내게로 올 수 있을 때까지 너무 걱정하지 마시라고. 하지만 조금이라도 빨리 나오시도록 잘 말씀드리게."

하녀는 창문을 닫고 자러 갔습니다.

그러자 부인은 연인에게 말했습니다.

"어때요? 당신이 질투하는 것처럼 내가 저 사람을 사랑한다면 저렇게 안마당에서 꽁꽁 얼어 있는데 아무렇지 않게 보고만 있겠어요?"

그러고 나서 부인은 마음이 풀어진 연인과 함께 침실에 들어갔습니다. 그리고 가엾은 학자의 흉을 보고 웃으면서 오래오래 육체의 환락에 취했습니다.

학자는 걸터앉을 자리도 추위를 막아 볼 데도 없었으므로 몸을 녹이기 위해 이리저리 안마당을 돌아다녔습니다. 그리고 부인의 오빠가 언제까지나 자리를 뜨지 않는 일을 못마땅하게 생각했습니다. 그리하여 출입문 쪽에서 조그만 소리라도 난 것 같은 느낌이 들면 부인이 문을 열어 주러 온 것이 아닌가 하고 가슴을 두근거리곤 했습니다만 번번이 헛된 기대로 끝났습니다. 부인은 한밤중까지 연인과 즐기고 나서 이렇게 말했습니다.

"당신은 저 학자를 어떻게 생각하세요? 저 사람의 학식과 내가 당신에게 품은 사랑과 어느 쪽이 더 크다고 생각하세요? 지난번에 내가 한 말을 불쾌하게 생각한 당신의 그 마음을, 저분을 괴롭히고 있는 추위가 말끔하게 씻어 주지 못했나요?"

그러자 연인이 대답했습니다.

"왜 씻어 내지 못했겠소. 내 사랑하는 귀여운 사람, 나는 알고 있어요. 당신이 내 행복이고 휴식이며 희망의 전부라는 걸. 그리고 그와 마찬가지로 내가 당신 것이라는 걸."

"그러면 그 증거로 천 번만 키스해 주세요" 하고 부인은 말했습니다. 그러자 젊은 연인은 부인을 꼭 끌어안고 천 번이 아니라 만 번도 더 키스했습니다. 두 사람은 잠시 그와 같은 사랑의 유희를 즐기고 있었습니다만 이윽고 부인은 그에게 이렇게 말했습니다.

"저기, 잠깐 일어나 보세요. 내 새 연인이 하루 종일 나 때문에 태우고 있다는 사랑의 불이 그만 꺼졌는지 어떤지 보러 가시지 않겠어요?"

두 사람은 일어나 아까 그 창으로 다가갔습니다. 그리고 안마당을 내려다보니 학자 선생은 너무나 추워서 이를 딱딱 맞부딪치면서 그 소리에 맞추어 이제껏 보지도 못했던 템포로 눈 위에서 춤을 추고 있었습니다. 그것을 본 부인이 말했습니다.

"당신, 어떻게 생각해요? 나팔이나 피리 없이도 내가 사나이로 하여금 능히 춤을 추게 한다고 생각지 않으세요?"

연인은 웃으며 "내 소중한 사람, 당신 말 그대로요" 하고 대답했습니다. 부인이 이어 말했습니다.

"현관까지 내려가 보고 싶어요. 내가 말을 걸 테니 당신은 절대로 소리를 내면 안 돼요. 저 사람이 어떤 대답을 하는지 들어 봅시다. 그냥 보는 것하고는 또 다른 재미가 있을 것 아니에요?"

이렇게 하여 그녀는 살그머니 침실 문을 열고 안마당으로 통하는 문께로 내려갔습니다. 그리고 문을 열지 않고 틈에 입을 대고서 낮은 목소리로 그의 이름을 불렀습니다.

학자는 이름을 부르는 소리를 듣자 방으로 들어가게 되었다고만 생각하고 하느님께 감사하며 입구로 달려왔습니다.

"부인, 나 여기 있소. 여기 있습니다. 어서 문을 열어 주십시오. 추워 죽겠습니다."

그러자 부인이 말했습니다.

"아, 그렇겠죠. 나는 당신이 몹시 추위를 탄다는 것을 알고 있습니다. 이 지방은 눈이 조금만 내려도 여간 춥지 않은걸요! 그리고 파리는 눈이 많이 내리는 도시라는 것도 알고 있습니다. 그래도 아직 문을 열어 드릴 수 없으니 어떻게 하죠? 내 오라버니가 저녁에 오셔서 식사까지 하시고서 아직도 돌아가지 않고 있으시답니다. 하지만 이제 곧 돌아가실 테니까 그러면 이내 문을 열겠습니다. 겨우 틈을 보아 당신이 추위에 떨면서 기다리시는 것을 위로해 드리러 빠져나왔어요."

이에 학자가 애원했습니다.

"아, 부인, 제발 좀 빨리 문을 열어 주십시오. 조금 전부터 눈이 퍼붓기 시작했는데 아직도 내리고 있으니 우선 지붕 밑으로라도 들어가게 해주십시오. 그렇게 하면 언제까지라도 기다리겠습니다."

"어머, 마음 착하신 분, 하지만 그것은 안 될 일이에요. 이 문은 여닫을 때마다 큰 소리가 납니다. 열다가 조금만 소리를 내도 오라버니가 들으실 거예요. 내 곧 돌아가시도록 오라버니에게 잘 말씀드리겠어요. 내가 문을 열어 드릴 수 있도록 말이죠" 하고 부인이 대답했습니다.

"그럼 빨리 돌아오십시오. 그리고 부탁입니다만 내가 안에 들어가 몸을 녹일 수 있도록 불을 잔뜩 지펴 놓아 주십시오. 이제 손발의 감각조차 없어졌을 만큼 아주 얼어 버렸으니까요."

"어머나, 그럴 리가 없잖아요. 당신이 자주 보내셨던 편지에는 나 때문에 뜨거운 사랑의 불꽃을 태우고 있다고 쓰여 있던데요. 그럼 그 말은 거짓이었군요. 어쨌든 방으로 돌아갈 테니 조금만 기다려 주세요. 기운 내시고요."

부인의 연인은 이와 같은 수작을 보고 여간 기뻐하지 않았습니다. 그리고 부인과 다시 침실로 돌아가 그날 밤은 잠깐 눈을 붙였을 뿐 밤새도록 사랑의 환희를 맛보고 학자 선생을 웃음거리로 만들어 버렸습니다.

가엾게도 그 젊은 학자는—마치 황새처럼 이를 맞부딪치고 있었습니다만—자기가 속았다는 것을 나중에서야 겨우 깨닫고 있는 힘을 다해 문을 때려 부수려고 했습니다. 그리고 달리 나갈 구멍이 없나 두리번거리며 근처를 살펴보았습니다. 그리하여 마침내 전혀 가망이 없다는 것을 알자 우리에 갇힌 사자처럼 이리저리 왔다 갔다 하면서 눈을 저주하고 부인의 악랄함을 욕하고 밤이 긴 것을 한탄하면서 자기의 경솔함을 후회했습니다. 동시에 부인에 대해 격렬한 분노를 느끼면서 오랫동안 품어 온 뜨거운 연정은 완전히 뒤집혀 잔혹하고 격한 증오로 바뀌었습니다. 그리하여 앙갚음할 방법을 이리저리 궁리하기 시작했습니다. 애초에 그녀를 갖고자 원했던 열망 이상으로 세찬 복수심에 쫓겼던 것입니다.

기나긴 겨울밤이 밝아 오며 새벽빛이 비치기 시작했습니다. 그러자 하녀가 부인이 전하는 말을 가지고 내려와 가운뎃뜰로 들어가는 대문을 열어 주며 사뭇 안됐다는 듯이 이렇게 말했습니다.

"참말로 엊저녁에 오신 분을 저주하고 싶은 마음이 드는군요. 밤새도록 이렇게 고생하시다뇨. 하마터면 선생님은 얼어 죽으실 뻔했잖아요. 하지만 이유는 알고 계시죠? 너무 화내지 마십시오. 어젯밤에는 뜻을 이루지 못하셨지만 또 밤이 있으니까요. 제가 잘 아는데, 마님도 이런 불쾌한 일을 겪으시기는 난생처음일 거예요."

학자는 화가 머리끝까지 났습니다만 본디 총명한 사람이었기에 이제 와서 아무리 위협해 본들 상대방에게 약점밖에 잡히지 않는다는 것을 잘 알고 있었습니다. 그래서 폭발하려는 격한 화를 가까스로 가슴속에 밀어 넣었습니다. 그리고 평온한 목소리로 조금도 화난 모습을 보이지 않고 이렇게 말했습니다.

"사실 나는 이제까지 이렇게 몹쓸 꼴을 당한 적은 없다. 하지만 부인에게야 무슨 죄가 있겠나. 나를 가엾게 생각했기 때문에 애써 빠져나와 사과하고 위로의 말씀을 하시지 않았겠는가. 게다가 자네 말대로 어젯밤이야 그랬다손 치더라도 또 다음 기회라는 것이 있으니까. 부인에게 그렇게 말씀 전하고 자네도 잘 있게."

학자는 온몸이 꽁꽁 얼어 집으로 돌아오는 것이 고작이었습니다. 잠을 자지 못한 데다 피로까지 더해 거의 죽을 뻔한 상태로 침대 위에 몸을 내던져 잠들어 버렸습니다. 잠을 깨고 보니 손발이 사라져 버린 것 같은 느낌이었습니다. 그래서 몇몇 의사를 불러 동상 치료를 부탁했습니다.

의사들이 지체 않고 여러 가지 응급조치를 해준 덕분에, 곧 그의 신경이 되살아나고 기운도 되찾았습니다. 만일 학자가 늙었고 날씨가 곧 따뜻해지지 않았으면 그는 이 타격을 이겨 내지 못했을 것입니다. 그는 건강을 회복하고 기운이 나자 증오의 빛을 애써 감추고 전보다 더 그 과부를 사모하는 체하고 있었습니다.

이렇게 시간이 흘러 그의 마음을 만족시킬 수 있는 좋은 기회가 왔습니다. 과부의 사랑을 받고 있던 청년이 이제 그녀의 사랑 따위는 거들떠보지도 않고 다른 여자를 사모하게 되었기 때문입니다. 그리고 그녀를 즐겁게 할 만한 일은 도무지 하질 않아 부인은 눈물로 지새며 비탄에 빠져 몸도 마음도 시들어 가는 형편이었습니다.

그런데 주인에게 몹시 충성스러웠던 하녀는 연인을 잃어버리고 슬퍼하는 부인을 위로할 좋은 방법을 갖가지로 궁리하던 중, 여느 때와 같이 예의 학자가 근방을 지나가는 것을 보자 문득 어리석은 생각을 떠올렸습니다. 전과 마찬가지로 주인의 젊은 연인이 그녀를 다시 사랑하게 되려면 무슨 강신술(降神術) 같은 것을 하면 좋지 않을까, 그렇게 하려면 학자 선생은 그 방면의 대가임이 틀림없을 테니 그에게 부탁해 보자 하고 생각했던 것입니다. 하녀는 곧 자기 생각을 주인에게 이야기했습니다.

본디 그다지 영리하다고 할 수 없는 부인은 만약에 학자가 강신술을 알고 있었다면 당연히 이미 자기 자신을 위해 사용했을 것이라는 데에 생각이 미치지 못한 채 하녀의 말을 믿고 당장에 그에게로 가서 강신술을 해줄 수 있는지 물어보고, 그렇게 해준다면 그 사례로 그가 원하는 바를 남김없이 들어주겠다는 약속도 전하라고 지시했습니다.

하녀는 맡은 바 소임을 충실하게 또 훌륭하게 다했습니다.

학자는 그녀의 말을 듣자 크게 기뻐하며 마음속으로 '오오, 하느님, 감사합니다. 내가 쏟은 사랑에 그토록 모욕으로 답한 악녀에게 당신의 도움을 얻어 엄벌을 내릴 기회가 마침내 왔습니다' 하고 말했습니다. 그리하여 하녀에게 이렇게 말했던 것입니다.

"그런 일이라면 걱정하지 않으셔도 좋다고 부인에게 전하게. 설령 연인이 저 멀리 인도에 갔다 하더라도 즉시 돌아오게 하고 부인에게 두 손 모아 사죄하도록 만들겠다고. 한데 그것에 관해서 부인이 취해야 할 방법은 직접 만나 말씀드리겠으니, 시간과 장소는 부인에게 맡긴다고 전해 주게나. 또 나로서는 실로 동정을 금치 못하는 바이라고……."

하녀는 이 대답을 부인에게 전했습니다. 그리하여 산타루치아 델 프라토에서 부인과 학자가 만나게 되었는데, 그녀는 학자를 거의 죽게 만들었던 일 따위는 까맣게 잊어버렸는지 오로지 자신의 일과 자신의 염원만을 호소하며 제발 도와달라고 애원했습니다. 그래서 학자는 이렇게 말했습니다.

"부인, 나는 파리에서 여러 가지 것을 배웠습니다. 물론 강신술도 배웠죠. 그런 만큼 그것에 자신이 있습니다. 그런데 하느님이 강신술을 몹시 싫어하시기 때문에 나는 나 자신을 위해서나 남을 위해서나 절대로 사용하지 않을 것을 굳게 맹세했습니다. 그러나 내가 당신에게 품은 사랑은 흔히 있는 그런 것이 아니므로 당신이 그토록 간절히 원하는 바를 도저히 거절할 수가 없군요. 그러니 그로 인해 내가 악마의 집으로 쫓겨 가는 한이 있더라도 당신이 원하시는 일이라면 해보기로 하겠습니다. 한데 이 술법은 당신이 생각하는 것 이상으로 힘든 일인데 특히 여자가 남자의 사랑을 다시 돌아오게 한다든가, 또 그 반대의 일을 하게 하는 것은 여간 어려운 일이 아닙니다. 왜냐하면 이 술법은 바로 당사자가 하지 않으면 안 되기 때문입니다. 또 한밤중에 호젓한 장소에 가서 다만 홀로 행하는 것이 좋기 때문에 대담한 마음의 소유자여야 합니다. 그런 일을 과연 당신이 해낼 수 있을는지 나로서는 잘 모르겠군요."

그러자 사랑에 완전히 눈이 먼 부인은 이렇게 대답했습니다.

"사랑이 이리도 나를 못 견디게 하니, 실수로 나를 버린 그를 되돌아오게 하기 위해서라면 어떤 일이라도 못 할 게 없습니다. 어서 내게 어떤 일을 해야 하는지 가르쳐 주십시오."

복수심에 불타고 있는 학자는 이렇게 말했습니다.

"부인, 그렇다면 나는 당신이 되찾고자 하는 남자를 대신할 놋쇠 인형을 만들지 않으면 안 됩니다. 내가 그것을 만들어 보내거든 해가 저문 뒤에, 사람들이 잠들려고 할 때 홀로 알몸이 되어 여울에 들어가 그 인형과 일곱 차례 목욕하십시오. 그것이 끝나면 알몸 그대로 나무 위든가 어디 빈 집의 지붕 위에 올라가십시오. 그리고 손에 인형을 들고 북쪽을 향해 내가 써드린 기도문을 일곱 번 외우십시오. 그렇게 외우고 나면 부인이 이제껏 보지 못했던 너무나 아리따운 두 아가씨가 곁으로 다가올 겁니다. 그녀들은 부인에게 인사하고 무슨 일을 해드릴까요, 하고 물을 것입니다. 그 두 아가씨에게 당신의 소망을 상세히 말씀하십시오. 그때 반드시 주의해야 할 점이 있는데, 상대방 이름을 잘못 말하면 안 된다는 것입니다. 당신이 이야기를 마치면 두 사람은 돌아갑니다. 거기서 당신은 옷을 벗어 놓은 곳으로 가서 다시 옷을 입고 집으로 가시면 됩니다. 이렇게 하기만 하면 틀림없이 다음 날 한밤중이 되기 전에 당신의 연인이 눈물을 흘리면서 당신 앞에 나타나 용서를 빌고 절대로 마음 변치 않겠다고 맹세할 것입니다. 그리고 그 뒤로는 다른 여성 때문에 당신을 버리는 일은 절대로 없을 겁니다."

부인은 이런 말들을 아무런 의심 없이 믿고 벌써 사랑하는 연인을 가슴에 껴안은 것 같은 기분이 되어 이렇게 말했습니다.

"안심하십시오. 반드시 훌륭하게 해내겠습니다. 그리고 나로서는 정말 안성맞춤인 것은 발디르노에 내 소유의 농장이 있고 강변이 바로 곁에 있다는 것입니다. 더욱이 7월도 다 되었습니다. 찬물 속에 들어가는 것도 기분이 좋으면 좋았지 나쁘지는 않을 겁니다. 그뿐만이 아니라 제 기억으로는 개울에서 그다지 떨어지지 않은 곳에 사람이 살지 않는 작은 탑이 있습니다. 거기는 인적이 드문 호젓한 장소여서, 양치기들이 길을 잃은 가축을 찾아다니다가 간혹 사다리를 타고 탑 위의 편편한 바닥으로 올라가는 일이 있을 뿐 아무도 살지는 않습니다. 나는 거기 올라가 당신의 지시를 훌륭하게 이행하겠습니다."

학자는 부인이 말한 장소와 탑을 잘 알고 있었으므로 부인의 계획을 믿을 수 있었고 또 그것을 만족스럽게 생각했기에 이렇게 말했습니다.

"부인, 나는 아직 그 근처에 가본 일이 없어서 당신의 농장도 탑도 잘 모르겠군요. 하지만 당신의 말씀대로라면 그 이상 더 적당한 곳은 없겠습니다. 그럼 얼마 뒤에 놋쇠 인형과 기도문을 보내드리지요. 한데 다시 부탁드립니다만 당신이 소망을 이루시고 내가 도움이 되었다는 것을 알게 되시거든 나를 생각하시고 꼭 나와의 약속을 지켜 주시기를 바랍니다."

부인은 꼭 그렇게 하겠다고 대답하고 학자와 헤어져 집으로 돌아갔습니다. 학자는 자기의 계획대로 일이 이루어질 성싶어 크게 기뻐하며 마술의 글자를 새긴 인형을 만들고 기도문이랍시고 아무렇게나 두어 줄 휘갈겨 썼습니다. 그리하여 알맞은 때에 그것을 부인에게 보냈습니다. 그리고 그날 밤에 자기가 명령한 일을 즉시 실행하도록 지시했습니다.

그런 다음에 아무도 모르게 자기의 하녀를 데리고 이번 음모를 실현시키기 위해 그 탑 근처에 살고 있는 친구의 집으로 갔습니다.

한편 부인도 하녀를 데리고 자기 소유의 농장으로 갔습니다. 그리고 밤이 되자 침대에 들어가는 체하고 하녀를 먼저 자게 한 다음 살그머니 집을 빠져나와 아르노강 기슭의 탑이 있는 근방으로 갔습니다. 사방을 둘러봐도 사람 그림자 하나 없고 바스락 소리 하나도 들려오지 않았으므로 그녀는 옷을 벗어 풀숲에 숨기고 인형을 손에 든 채 일곱 번 목욕했습니다. 그런 다음 알몸 그대로 손에 인형을 들고 탑을 향해 걸었습니다.

학자는 한밤중이 되자 탑 옆의 버드나무 숲속에 하녀와 함께 숨어서 그녀의 거동을 일일이 살펴보고 있었는데, 부인이 발가벗은 몸으로 자기 곁을 지나갈 때 밤의 어둠 속에 부인의 새하얀 몸이 뚜렷이 떠오르는 것이 눈에 보였습니다. 그리고 그녀의 불룩한 젖가슴이랑 그 밖의 부분을 어둠 속에서나마 볼 수 있어 그 아름다움에 정신이 혼미해졌습니다만 조금 뒤에 일어날 일을 생각하니 동정의 마음을 도무지 금할 수 없었습니다.

그와 동시에 한편으로는 몸이 달아오르며 축 늘어져 있던 것이 빳빳하게 일어나 그만 그 자리에서 튀어 나가서 알몸을 부둥켜안고 욕망을 채우고 싶은 충동이 일어났습니다. 그리하여 욕망과 복수의 틈새에 끼여 자칫 욕망 앞에 무릎을 꿇을 뻔도 했습니다.

그렇지만 그는 자기가 놓인 입장을 생각하고 자신이 받았던 모욕을 떠올렸고, 그러자 다시금 세차게 화가 치밀어 오르는 것이었습니다. 이렇게 동정과 욕정을 물리쳐 버리고 단호한 결의로 그녀를 지나쳐 보냈습니다.

부인은 탑 위에 올라가자 북쪽을 향해 학자가 가르쳐 준 기도문을 외기 시작했습니다. 학자는 이윽고 탑 안으로 숨어 들어가 부인이 타고 올라간 사다리를 가만히 떼어 냈습니다. 그리고 부인이 어떤 말을 하고 어떤 행동을 하는가를 지켜보았습니다. 부인은 기도문을 일곱 번 외고 두 아가씨가 나타나기를 이제나저제나 하고 기다리는 모양이었습니다. 이렇게 꽤나 오래 기다렸습니다만 아가씨들은 나타나지 않고, 벌거벗은 몸에는 새벽의 냉기가 스며들기 시작했습니다. 아무리 기다려도 학자가 그녀에게 말한 일이 일어나지 않는 것을 애석하게 여기면서 부인은 혼잣말을 했습니다.

"내가 그에게 한 것처럼 날 골탕 먹일 작정인지 몰라. 그 앙갚음으로 이런 짓을 꾸몄다면 어지간히 서투른 것이 아닌가. 그때와 비교하면 지금은 밤의 길이가 절반도 못 되고 춥다고 해도 별로 대단하지 않으니까."

그리하여 날이 완전히 새기 전에 탑에서 내려오려고 했습니다만 사다리가 없어졌다는 것을 알았습니다. 그녀는 비로소 눈앞이 캄캄해지는 것 같은 절망감을 느꼈습니다. 그리고 정신이 아찔해지면서 그 자리에 쓰러져 버렸습니다.

그러나 한참 뒤에 겨우 정신을 차리고 일어나 앉아 복받치는 슬픔을 가누지 못하고 훌쩍훌쩍 울기 시작했습니다. 그리고 이 모두가 그 학자의 짓이라고 짐작이 갔기에 그제야 그를 욕보인 일을 후회하고, 경계하지 않으면 안 될 자를 함부로 믿어 버린 일을 후회했습니다. 이렇게 꽤나 오랜 시간이 흘렀습니다. 그러다가 여기서 내려갈 방도는 없는가, 하고 둘레를 살펴보았습니다만 아무런 길도 없다는 것을 알자 다시 몸부림치도록 흐느껴 울며 절망적인 생각에 사로잡힌 채 혼잣말을 했습니다.

'아아, 나처럼 불행한 여자가 또 있을까. 이렇게 벌거숭이로 있는 것을 사람들이 본다면…… 형제들이랑 친척들이랑 이웃들이랑, 아니 피렌체의 모든 사람들이 뭐라고 할까? 정숙한 여자라고만 생각하던 나를 뒤에서 손가락질하며 욕하겠지. 거짓말을 늘어놓아 변명하려 들면 못할 것도 없지만 그 저주스러운 학자 같으니라고. 놈은 모조리 알고 있으니까 당장에 들통이 날 테고…… 아아 내 신세야…… 한꺼번에 젊은 연인과 명예를 잃어버리다니……'

이렇게 푸념하고 앉았으려니 더욱더 슬퍼져서 당장에라도 높은 탑 위에서 몸을 던지고 싶은 생각마저 들었습니다. 그러나 벌써 태양이 떠오르고 있었으므로 한쪽 벽에 다가가 하녀에게 심부름을 시킬 만한 양치기 소년이라도 지나가지 않나 하고 이쪽저쪽 둘러보고 있으려니, 나무 밑에서 졸고 있던 학자가 잠이 깨어 그녀를 올려다보는 모습이 보였습니다.

그러자 학자는 이렇게 말했습니다.

"안녕하십니까? 부인, 아가씨들이 왔던가요?"

부인은 그를 보고 그 목소리를 듣자 다시 흐느껴 울며 이야기하고 싶은 것이 있으니 탑으로 올라오셨으면 좋겠다고 애원했습니다.

학자는 아래에서도 목소리는 충분히 들리니 말씀하시라고 정중하게 대꾸했습니다. 부인은 탑 위에서 엎드리고 있었습니다만 겨우 얼굴을 쳐들자 울음 섞인 목소리로 말하기 시작했습니다.

"리니에리 님, 비록 내가 하룻밤 당신을 골탕 먹였다고는 하지만 이만하면 충분히 앙갚음을 하셨습니다. 아무리 7월이라고는 하지만 알몸으론 밤의 냉기를 견디기 어려웠습니다. 게다가 나는 당신을 속인 일과 당신을 믿었던 어리석음을 실컷 후회하며 울어서 눈이 아직 얼굴에 붙어 있는 것이 이상할 정도가 되었습니다. 그러니 나를 위해서가 아니라 하느님과 당신을 위해서도, 만약에 당신이 신사라면 내게서 받은 모욕의 앙갚음으로 이제까지 당신이 하신 일은 이것으로 그만 거두어 주십시오. 그리고 내 옷을 가져오게 하여 여기서 내려갈 수 있게 해주십시오. 나중에 당신이 되돌려 줄 수 없는 것, 즉 내 명예를 손상시키지 말아 주십시오. 그날 밤 내가 당신과 함께 지낼 수 있었을 기회를 내가 빼앗았다고 이러시는 거라면 이번에는 당신의 형편이 좋으실 때 언제라도 그 밤 대신으로 몇 밤이라도 함께 지내도록 하겠으니까요. 어서 이것으로 그만두어 주십시오. 당신은 어엿한 남자로서 충분히 앙갚음을 하셨고 미욱한 내 마음을 일깨워 주셨으니 이 이상 연약한 여자에게 당신의 힘을 휘두르지 마시기 바랍니다. 독수리가 비둘기를 이겼다고 해서 조금도 명예롭지는 않을 거예요. 제발 빌겠으니 당신의 명예를 위해 나를 가엾게 여겨 주십시오."

학자는 독한 마음으로 자기가 받은 모욕을 곱씹기도 하고, 부인이 울며 호소하는 것을 바라보기도 하면서 잠시 마음속으로 쾌감과 연민을 함께 느끼고 있었습니다.

쾌감이란 바라고 바라던 복수의 기쁨이고 연민이란 불쌍한 자에게 동정을 베풀지 않을 수 없는 그의 마음이 움직여 느낀 슬픔이었습니다. 그러나 인정은 복수의 감정을 이겨 내지 못하고 이렇게 말하는 것이었습니다.

"엘레나 부인, 실제로 나는 그때 눈물을 흘릴 수도, 지금 당신이 말하는 것 것처럼 달콤한 꿈과도 같은 말을 할 수도 없었지만, 만약에 당신이 그날 밤 추위로 거의 죽게 되어 눈이 내리는 안마당에 갇힌 내가 그나마 지붕 밑에라도 들여놓아 달라고 그토록 애원했을 때 약간의 동정이라도 베풀어 주었더라면, 지금 당신의 소원을 들어주는 일은 지극히 간단했을 겁니다. 그런데 당신의 그 명예라는 것이 손상되는 일이 그토록 중대하고 거기 벌거숭이로 있는 일이 그토록 괴로운 사건이라 생각된다면 당신도 기억하고 있을 그 겨울밤, 당신 집 안마당에서 이를 딱딱 마주치며 눈을 짓밟고 미친 듯이 헤매는 나를 불쌍하다고도 생각지 않고 알몸으로 두 팔에 안겨 있던 그 사나이에게 부탁해 보시면 어떻겠습니까? 그 사나이에게 도움을 청하십시오. 그 사나이더러 옷을 가져오라고 하십시오. 거기서 내려오게 그 사나이더러 사다리를 가져오라고 하시지요. 당신의 명예를 굳게 지켜 준다고 믿고 있는 사나이에게, 그리고 당신이 의심한 일조차 없는 사나이에게 부탁하시면 어떻겠습니까? 왜 당신은 그를 불러 도와달라고 하지 않습니까? 그 이상으로 적합한 자는 이 세상에 없지 않습니까? 당신은 그의 것입니다. 당신을 지키고 돕지 않는다면 그가 무엇을 지키고 무엇을 돕는다는 말입니까? 그를 부르십시오. 당신은 정말 어리석군요. 당신이 그에게 품고 있는 사랑을 시험하십시오. 그의 지혜와 당신의 지혜가 나의 어리석음에서 당신을 구해 낼 수 있는지 어쩐지 시험해 보십시오.

어리석음이라니 생각납니다만 당신은 그와 즐기면서 나의 어리석음과 당신이 그에게 품고 있는 애정과 어느 쪽이 더 크다고 생각하느냐고 물었다지요? 지금 나는 내가 원하지 않는 것을 받을 생각은 없으며 내가 원해서 당신이 거절하지 않는다 해도 그것을 받아들일 생각이 없습니다. 그러니까 만약에 당신이 여기서 무사히 내려오게 되거든 그와 같은 당신의 밤은 당신의 연인을 위해 남겨 두십시오. 그와 같은 밤은 당신의 것이고 그의 것입니다. 나는 그 지긋지긋한 하룻밤을 싫도록 맛보아야 했습니다. 아직도 그런 모욕의 밤은 하룻밤으로 족합니다.

그런데도 당신의 교활함은 나를 꾀어 호의를 얻으려고 합니다. 그리고 입으로는 나를 훌륭한 신사라고 말하면서 뒷구멍으로는 내가 너그러운 마음이 되어, 당신 스스로의 죄로 인해 받는 벌에서 구해 달라고 합니다. 하지만 당신의 달콤한 말은 지난날 당신의 악독하다고밖에 할 수 없는 약속이 그랬던 것처럼 지금 나의 지성의 눈을 속일 수는 없습니다. 나는 나를 알고 있습니다. 파리에서 공부하는 동안 스스로 깨우치기도 했고, 당신이 그 하룻밤으로 내게 가르쳐 주기도 했습니다. 하지만 비록 내가 너그러운 인간이라 하더라도, 당신은 그 너그러움을 누릴 인간이 못 됩니다. 당신과 같은 야수(野獸)에게는 죽음의 징벌이 필요하고 그것과 같은 죽음의 복수가 이뤄져야 합니다. 당신이 말한 것 같은 일은 인간 세상에서는 통용되지 않습니다. 나는 독수리가 아니며 당신도 비둘기는 아닙니다. 당신은 비둘기는커녕 인류의 오랜 예부터의 적인 독사로 보일 정도이며, 따라서 온갖 증오와 힘을 기울여 벌을 줄 작정입니다.

내가 지금 하는 일은, 복수란 모욕 이상의 것이어야 한다는 점을 생각하면 복수라고는 할 수 없습니다. 차라리 벌이라고 해야겠죠. 이것은 같은 일이라고 할 수 없습니다. 그런 뜻에서 나는 벌을 실행으로 옮길 작정입니다. 만약에 당신에 의해 내 마음이 얼마나 심한 고통을 받았던가를 생각하고 앙갚음하려고 마음먹는다면 당신의 목숨을 빼앗는다 해도 도저히 만족하지는 못할 것입니다. 설령 당신과 같은 여자를 백 명 죽인다 한들…… 그러므로 나는 한 사람의 비겁하고 악랄한 여자를 죽이는 것입니다. 여기서 만약 몇 년만 지나면 주름투성이가 될 당신의 얼굴을 조금이라도 칼로 그어 놓는다면 당신이 이 근처의 천한 하녀와 도대체 어디가 다르다는 건가요? 아까 나를 훌륭한 남자라고 말했는데 당신은 그런 남자를 죽이는 일쯤은 아무렇지도 않게 여기고 있습니다. 그와 같은 인간의 생명은 당신 따위의 인간이 10만 명 덤벼들어도—온 생애를 애쓰며 발버둥 쳐도 해내지 못할—이 세상을 위해 유익한 일을 단 하루에 해치웁니다.

자, 나는 당신이 지금 당하고 있는 슬픔을 놓고 다소나마 인간다운 감정을 지닌 인간을 희롱하는 일이 어떤 결과를 가져오는지, 그리고 학자를 속이면 어떻게 되는지를 가르쳐 드리지요. 또 당신이 여기서 빠져나간 다음에도 다시는 절대로 이런 바보스러운 짓을 저지르지 않을 만한 교훈을 가르쳐 드리지요. 한데 당신이 그렇게나 거기서 내려오고 싶으면 왜 땅바닥으로 뛰어내리지 않습니까? 그렇게 하면 신의 도움으로 당장에 목뼈가 부러져 당신이 지금 탄식하고 있는 괴로움에서 풀려납니다. 나는 더 이상 아무 말 않겠습니다. 나는 훌륭하게 당신을 탑으로 올려 보내는 일을 성공시켰습니다. 자, 이제는 지난날에 당신이 나를 우롱하는 일에 성공한 것처럼 여기서 뛰어내리는 일에도 성공해 보십시오."

학자가 이렇게 말하는 동안, 비참해진 그녀는 내내 울었습니다. 그럭저럭 시간이 흘러 태양은 훨씬 높아졌습니다. 학자가 입을 다물자 그녀가 말하기 시작했습니다.

"아아, 무정하신 분, 그 저주스러운 하룻밤이 당신으로서는 잊을 수 없는 것이고 나의 잘못이, 내 고운 자태도, 내 뜨거운 눈물도, 애원의 목소리도, 이 모두가 조금도 당신을 움직이지 못할 정도로 가혹한 것이었다고 하더라도 이제는 조금이나마 마음을 움직여 주십시오. 내가 이처럼 마지막으로 당신을 믿고 나의 모든 비밀을 고백했기 때문에 그야말로 내 죄를 당신이 바라던 대로 보복할 수가 있었던 것이니까요. 만약에 내가 당신을 믿고 이번 일을 부탁드리지 않았더라면 당신이 그토록 바라던 복수의 길은 아무 데도 열리지 않았을 것이 아닙니까. 아아! 노여움을 거두시고 나를 용서해 주십시오.

만약에 당신이 용서하시고 여기서 내려가게 해주시면 나는 그 불성실한 사나이와는 손을 끊고, 설령 당신이 내 아리따움에 침을 뱉고 그런 아름다움이란 한낱 물거품에 지나지 않는다든가 정을 느끼지 못하겠다고 하신다든가 해도 당신을 가장 사랑하는 주인으로 삼아 성심껏 섬기겠습니다. 나는 아름다움이란 다른 부인네들의 아름다움도 포함하여 그것이 어떠한 것일지라도, 또 전혀 정겹지 않은 것일지라도 젊은 남성들이 열망하는 것이며 그들의 즐거움이 되리라는 것을 알고 있습니다. 당신도 혈기 왕성한 젊은이가 아닙니까! 내가 아무리 잔인하게 취급당하더라도 당신이 거짓말쟁이가 되지 않는 이상, 전에는 그토록 나를 사랑하시던 당신이 여기 당신의 눈앞에서 내가 절망한 나머지 몸을 던져 죽는 것 같은 가혹한 보복을 하실 마음이라고는 도저히 믿지 못하겠습니다. 아! 제발 빌겠습니다. 햇볕이 내리쪼이기 시작했습니다. 밤에는 심한 추위에 떨었습니다만 이 더위도 견딜 수 없을 만큼 나를 괴롭히기 시작합니다."

학자는 실로 유쾌한 듯이 그녀의 말을 듣고 있다가 이렇게 말했습니다.

"부인, 당신이 나를 믿고 의지했던 것은 나에 대한 사랑 때문이 아니라 당신이 잃어버린 사랑을 되찾기 위해서였습니다. 따라서 가장 큰 불행을 받아들이는 것밖에는 아무것도 남지 않은 상황이었습니다. 그리고 이와 같은 방법만이 내가 할 수 있는, 유일하며 더없이 좋은 복수라고 믿는다면 그것은 잘못 생각한 것입니다. 내게는 여러 가지 방법이 있었습니다. 당신을 못 잊는 체하면서 당신 발밑에 숱한 함정을 파놓았습니다. 만약에 지금 이 함정에 빠지지 않았다고 하더라도 필연적으로 그 숱한 함정들 가운데 하나에 빠졌으리라는 것은 뻔한 일입니다. 그야말로 더 큰 수치와 고통을 겪어야 했을지도 모르지요. 그리고 내가 이런 방법을 취한 것은 당신을 편안하게 해주기 위해서가 아니라 어서 빨리 내가 기쁨을 맛보고 싶었기 때문입니다. 그리고 모두가 실패로 돌아가도 내게는 펜의 힘이 남겨져 있었습니다. 펜을 휘둘러 당신의 일을 온 세상에 고하면 사람들이 그것을 읽을 것이 틀림없으니 당신은 아아, 태어나지 않았더라면 좋았을걸, 하고 천 번은 더 생각했을 겁니다.

펜의 힘은 그것을 경험하지 않은 사람으로서는 생각할 수도 없을 만큼 어마어마합니다. 분명하게 맹세합니다만, 지금하고 있는 이 복수가 처음부터 마지막까지 나를 즐겁게 해주듯이, 당신이 세상 사람들 앞에서 부끄러움을 느낄 정도가 아니라 눈을 뽑아 버리고 싶을 정도로, 자신이 수치스러워서 견디지 못할 만큼, 온갖 흉을 거침없이 썼을 것입니다. 그러니 작은 개울물이 바닷물 때문에 불어났다고 해서 바다를 탓하는 따위의 일일랑 그만두어 주십시오. 당신의 사랑이라든가 당신이 내 것이 된다든가 그런 일은 앞에서도 말씀드린 바와 같이 지금의 나는 전혀 개의치 않습니다. 되도록이면 당신은 이제까지 그랬듯이 그냥 그의 것으로 계십시오. 나는 지난날에는 그를 미워했습니다만 그가 당신을 배신했기 때문에 지금은 그를 사랑하고 있습니다. 당신네들은 생기 있는 싱싱한 몸매에 검은 수염을 기른 젊은이들이 바람을 일으키며 걸어가든가, 춤을 추거나, 운동 경기를 하는 것을 보면 그만 반해서 그들의 사랑을 얻고자 애를 태웁니다. 젊은이들이 하는 그런 짓은 중년의 사나이들도 해온 일이며, 그들 젊은이는 앞으로 공부하지 않으면 안 된다는 것을 알고 있습니다. 그런데 당신들은 그들을 어엿한 기사(騎士)라고 믿으며 중년 사나이보다 하루에 몇 마일이나 더 걸을 수 있으니, 하고 확신하고 있습니다.

나는 맹세코 단언하는데 그들 젊은이는 힘들어서 거칠게 꼬리를 내두릅니다만, 그들보다 나이 먹은 남자들은 이제껏 연습을 많이 하여 어디에 벼룩이 있는가를 잘 알고 있습니다. 그리고 양(量)이 많고 맛이 좋지 않은 것보다 시간이 걸리고 양은 적더라도 맛이 좋은 것을 골라야 한다고 말하고 싶습니다. 또 너무 말을 빨리 몰면 아무리 젊어도 금방 지쳐 버립니다. 그러나 천천히 몰고 가면 다른 사람보다 다소 늦더라도 지치지 않고 목적지에 이를 수 있습니다.

지성이 없는 동물과도 같은 당신들은 얼마나 많은 악(惡)이 조그만 아름다움의 그늘에도 깃들여 있는지를 모릅니다. 젊은 사람들은 한 여자로 만족하지 않고 마음에 드는 여자를 몇이라도 갖고 싶어 합니다. 그들의 사랑은 변덕스러우니까요. 아니 지금 당신의 경우야말로 산 증거라고 하겠습니다. 그리고 그들은 여자에게 떠받들리고 애무받을 가치가 있다고 생각합니다. 자기들이 손아귀에 넣은 여자를 자랑하는 것만큼 명예로운 일은 없다고 여깁니다. 그런 실수를 하기 때문에 많은 여자들이 입이 무거운 신부의 품에 안기러 가는 것입니다.

당신의 정사를 알고 있는 사람은 하녀와 나 이외에는 아무도 없다고 말씀하시지만 그건 완전한 착각입니다. 그렇게 생각하시고 싶으면 그렇게 생각하시죠. 그 사나이 집 근처에서는 당신과의 이야기로 떠들썩하고 당신 집 가까이에서도 역시 마찬가집니다. 그러나 으레 그러한 이야기가 당사자의 귀에 들어가거나 전해지는 것은 가장 마지막인 법입니다. 그리고 중년의 사나이들은 선물을 합니다만 젊은 남자들은 빼앗을 뿐입니다. 당신은 스스로 잘못된 선택을 했으니 이미 몸을 맡긴 그 남자 것이 되어 있으면 됩니다. 당신이 희롱한 나는 다른 사람에게 맡겨 두십시오. 나는 당신 이상으로 나를 알고 있는, 그리고 당신보다 더 아름다운 여성을 발견했으니까요. 그러므로 당신은 이런 시달림을 받을 필요가 없는 저세상으로 내가 이 눈으로 보고자 원하는 최대의 보증을 가지고 갈 수 있으니, 어서 거기서 뛰어내리십시오. 그렇습니다. 내가 믿고 있는 것처럼 이미 악마의 품에 안긴 당신의 영혼은 쏜살같이 거꾸로 떨어지는 당신을 보고 내 눈이 어지러워지는지 그렇지 않는지를 보실 수 있을 것입니다. 하지만 그렇게까지 나를 기쁘게 해주지는 않으리라고 생각하고 있으니 태양이 당신의 피부를 태우기 시작하거든 나를 괴롭힌 추위나 생각하고 계시죠. 그래서 그 더위와 한데 섞어 보십시오. 그렇게 하면 아마 햇볕도 쾌적하게 느껴질 것입니다."

슬픔의 구렁텅이에 빠진 부인은 학자의 말이 참혹한 죽음을 뜻하고 있다는 것을 깨닫고 다시 소리 내어 울면서 이렇게 말했습니다.

"아아, 나를 조금도 동정하지 않으신다고 하더라도, 당신이 발견했다고 그리고 사랑하신다고 말씀하신, 나보다 아름답다는 부인에게 당신이 가지신 사랑의 마음을, 조금이나마 내게도 나누어 주십시오. 그리고 그분을 사랑하는 마음으로 나를 용서해 주십시오. 내가 벌거숭이로 있지 않게 옷을 가져다주십시오. 그러면 나는 여기서 뛰어내릴 수 있으니까요."

그러자 학자는 웃음을 터뜨렸습니다. 그리고 벌써 9시도 지났기에 이렇게 말했습니다.

"아아, 그 여성을 들어 내게 용서를 빌다니, 안 된다고는 못 하겠군요. 옷이 어디 있는지 가르쳐 주십시오. 가져오지요. 여기서 내려오도록 해드리지요."

부인은 그 말을 믿고 어느 정도 마음을 놓았습니다. 그리하여 옷을 벗어 놓은 자리를 가르쳐 주었습니다.

학자는 탑 밖으로 나와 하녀에게 여기서 절대 떠나지 말고, 자신이 돌아올 때까지 아무도 접근하지 못하도록 감시하라고 분부했습니다. 그러고는 친구 집에 가서 천천히 식사한 다음, 때를 보아 침대에 들어가 잠을 청했습니다.

탑에 남겨진 부인은 덧없는 희망에 얼마간 기운이 났지만 몸을 기울인 채 애절한 마음으로 기다리기 시작했습니다. 때로는 생각에 잠겨, 때로는 훌쩍훌쩍 울면서, 또 옷을 가져다준다는 학자의 약속에 밝은 희망을 가져 보기도 하고, 때로는 영영 돌아오지 않는 것이 아닌가 걱정하기도 하고, 또 불길한 예감에 사로잡히기도 하면서 절망의 밑바닥을 헤매고 있었습니다. 이렇게 하고 있는 동안에 지난밤을 지새웠던 터라 깊은 잠에 떨어졌습니다.

이미 정오가 되어 타는 듯이 내리쪼이는 태양은 그녀의 연한 살갗과 아무 것도 쓰지 않은 머리를 인정사정없이 공격하여 살갗이 탔을 뿐만 아니라 온 몸에 물집이 생겼습니다. 그 쓰리고 아픈 통증에 그녀도 곤한 잠을 깨지 않을 수 없었습니다. 이렇게 불에 덴 것 같은 아픔을 느끼고 몸을 움직여 보니 움직일 때마다 마치 양피지를 태울 때처럼, 잡아당기면 덴 살갗이 입을 벌려 껍질이 벗겨지는 듯한 느낌이 들었습니다. 게다가 머리가 쪼개질 듯이 아프고 눈이 쑥 빠지는 것 같은 기분이 들었지만 그것은 놀랄 것까지도 없는 당연한 일이었습니다.

그리고 탑 위의 평평한 바닥이 몹시 뜨거워져서 서 있을 자리도 없게 되어 버렸습니다. 그래서 한군데 가만히 있지 못하고 울면서 이리저리 옮겨 다니고 있었습니다.

그럴뿐더러 바람이 한 점도 없어 파리와 등에가 앵앵거리며 몰려들어 그대로 드러난 살갗에 앉으니 한 마리 한 마리의 주둥아리가 마치 송곳인 양 콕콕 찌르는 형편이었습니다. 그래서 그녀는 쉴 새 없이 팔을 들어 그것들을 쫓으면서 자신의 운명과, 배신한 연인과, 또 학자를 저주했습니다.

이와 같은 모진 더위와 내리쪼이는 태양과 파리와 등에, 그리고 배고픔과 그보다 더한 목마름에 시달리고, 보태어 절망적인 생각에 떨면서 찔리고 아프고 쓰라린 꼴을 참다못해 그녀는 마침내 일어나 무슨 일이 일어나도 상관없다는 기분으로 목이 찢어져라 하고 소리를 질러 구원을 청하려고, 어디 사람 그림자라도 보이지 않나, 목소리는 들리지 않나 하고 사방을 둘러보기 시작했습니다.

그러나 여기서도 그녀는 운명의 손을, 운명의 소리를 찾아내지 못했습니다. 그날따라 농부들은 심한 더위를 피해 들에 나오지 않았습니다. 하기는 그들은 집 근처에서 보리를 타작하고 있었기 때문에 그날은 밭에 나가지 않았던 것입니다. 그러니 들리는 것은 매미 소리뿐이고 보이는 것은 아르노강뿐이었습니다. 강물은 물을 마시고 싶은 욕망을 돋우어 목마름을 달래주기는커녕 오히려 더하게 했습니다. 또 멀리 숲이나 나무 그늘과 집이 보였습니다만 그와 같은 것들은 모두 어떻게 해볼 도리 없이 괴로움의 씨앗이 될 뿐이었습니다.

이 이상 더 불행한 여자의 이야기를 계속해야 할까요? 그녀는 하늘의 햇볕과 발밑 바닥의 타는 듯한 뜨거움에 시달리고 사방팔방으로 파리와 등에에 물려 온몸이 상처투성이가 되어 버려서 어제까지의 흰 살갗은 부드러움을 잃어버리고 꼭두서니 빛깔로 빨갛게 부풀어 올랐으며, 피딱지가 말라붙어 옴두꺼비 형상이 되었기 때문에 이를 본 자는 이 세상에서 가장 추한 동물을 보았다고 생각할 것이 틀림없습니다.

부인은 이제 희망도 기대도 버리고 이대로 죽음을 기다릴 뿐이었지만 한편 학자는 벌써 4시 반도 지났기에 일어나 부인의 일을 생각하고 어떤 일이 벌어졌나, 그 꼴을 보려고 탑으로 갔습니다. 그리고 아직 아무것도 먹지 못한 하녀를 식사하러 보냈습니다. 부인은 그가 왔다는 것을 알자 심한 고통으로 숨이 끊어질 듯하면서도 입구 쪽으로 와서 앉아 울면서 말하기 시작했습니다.

"리니에리 님, 이제 당신은 충분히 내게 복수하셨습니다. 내가 당신을 한겨울 밤에 마당에서 얼게 했듯이, 당신은 한여름 낮에 이 탑 위에서 나를 불에 태웠습니다. 그뿐만이 아니라 배고픔과 목마름으로 숨이 끊어지는 괴로움을 맛보게 했습니다. 그러니 어서 위에 올라오셔서 더 이상 내 몸과 마음에 죽음의 고통을 주지 마시고 그만 죽여 주십시오. 내가 벌로 받은 고통은 말씀드린 그대로입니다. 죽음밖에 아무런 소망도 없습니다. 아아, 그 자비조차 마다하신다면 물이라도 한 잔 갖다 주십시오. 온몸이 바삭바삭 말라 들어가 눈물도 나오지 않을 정도입니다. 입술이라도 축이게 해주십시오."

학자는 그 목소리로 미루어 그녀가 완전히 지쳤다는 것을 알았습니다. 그리고 일부분이기는 하지만 몸이 볕에 타서 화상을 입은 것도 보였습니다. 그 끔찍한 모습과 울음 섞인 애원에 어느 정도 동정하는 마음이 솟아나지 않을 수 없었습니다. 하지만 딱 잘라 말했습니다.

"나쁜 여자 같으니라고, 이제 당신은 내 손에서 죽지는 못하오. 죽고 싶으면 당신 손으로 죽으시오. 더위를 가시기 위해서라면 당신이 추위를 녹이라고 내게 줬던 불만큼의 물이나 줄까요? 내 동상은 냄새나는 대변의 온기로 치료했을 정도로 말할 수 없는 고통을 겪었으니, 당신의 화상은 장미 향수의 냉기로 치료하면 되겠군요. 나는 신경은 둘째 치고 목숨까지 잃을 뻔했지만 당신은 화상으로 껍질이 벗겨지면 뱀이 묵은 껍질 벗어 버리듯이 꽤나 고운 살갗이 될 것 아니겠소?"

"아아, 불쌍한 내 신세야!" 부인은 울면서 푸념했습니다. "이렇게까지 해서 아름다움이 얻어진다면, 오오, 하느님이시여! 그따위 것은 나를 미워하는 자들에게 나누어 주십시오. 정말 당신은 어떤 야수보다도 잔인한 사람이군요. 어찌하여 이렇게까지 나를 괴롭혀야 하는 걸까요! 만약에 내가 잔학무도한 방법으로 당신의 친척들을 모조리 죽였다면 당신 같은 사람에게서 얼마나 더 지독한 복수를 당했을까요? 한 도시의 시민 모두를 죽여 버린 배신자에게라 해도 당신이 내게 가하고 있는, 햇볕에 지지고 파리와 등에가 덤비게 하는 것 같은 몹쓸 행패 이상의 잔학한 형벌이 내려지리라곤 생각지 않습니다. 당신은 한 잔의 물조차 내게 주려고 하지 않습니다. 사형 판결을 받은 죄인도 형장으로 가기에 앞서 그들이 원하면 대개 포도주를 마시게 해주지 않습니까! 이제 알았습니다. 당신이 끝까지 잔인하리라는 것도, 내 애원에 조금도 마음을 움직이지 않으리라는 것도 잘 알았습니다. 신은 내 마음을 가엾게 굽어살피실 테니 이대로 참고 죽어 가기로 하겠습니다. 나는 신께 당신의 행패를 올바른 눈으로 살펴보시도록 청하겠습니다."

이렇게 말하고 나서 부인은 타는 듯한 이 더위에서 놓여나지 못한다는 것에 절망하며 사뭇 괴로운 듯이 바닥 가운데께로 돌아갔습니다. 그리고 고통스런 나머지 흐느껴 울며 자신의 불행과 목마름으로 몇 번이나 숨이 끊어지는가, 생각했는지 모릅니다.

그러나 저녁 무렵이 되자 학자는 이쯤 하면 그녀를 충분히 혼내 주었다고 생각해 부인의 옷을 가져오게 하여 하녀의 망토에 싸 가지고 가엾은 부인의 집으로 갔습니다. 집에서는 그녀의 하녀가 사뭇 슬프고도 초조한 모습으로 말도 없이 문 앞에 주저앉아 있었습니다.

학자가 이렇게 말했습니다.

"부인은 안녕하신가?"

그러자 하녀가 대답했습니다.

"선생님, 글쎄 그것을 잘 모르겠습니다. 엊저녁에 주무시러 가시는 것을 보았는데 아침에 보니 침실에 계시지 않더군요. 아무리 찾아도 안 계시니 어떻게 되셨는지 짐작도 가지 않습니다. 그래서 걱정하고 있답니다. 선생님은 혹시 아시는지요?"

학자는 대답했습니다.

"내가 부인을 모신 곳에 자네도 데리고 갈 걸 그랬군. 그렇게 했더라면 내가 부인의 죄를 벌한 것처럼 자네도 벌할 수 있었을 테니까! 하지만 내 가혹한 벌의 손아귀에서 벗어날 수는 없어. 나를 생각해 내지 않고서는 어떤 남자에 대해서도 장난을 치지 못하게 자네가 한 짓에 대해서는 갚음을 해야 하니까."

이렇게 말하며 학자는 자기의 하녀를 돌아보고 말했습니다.

"옷을 이 여자에게 건네주고, 가고 싶거든 주인에게로 가라고 말해 줘라."

하녀는 분부대로 했습니다. 하녀가 받아 보니 틀림없는 주인의 옷이었으므로 부인이 죽은 게 아닐까 두려운 마음이 들었습니다. 그래서 하마터면 소리를 지를 뻔했습니다. 그리하여 울며불며 학자가 이미 그 자리에서 사라졌기에 옷을 가지고 탑 있는 데로 달려갔습니다.

그날 운이 나쁘게도 부인 소유 농장의 농부가 돼지 두 마리를 잃어버렸습니다. 그들은 돼지를 찾으려고 학자가 가버린 탑 근처까지 왔습니다. 그리고 돼지가 어디 있나 하고 두리번거리고 있으려니 어디선가 숨이 끊어질 듯한 가냘픈 여자의 울음소리가 들려와서 탑 옆의 비탈길로 올라갔습니다.

"거기서 누가 울고 있는 거요?"

농부는 버럭 소리를 질렀습니다.

부인은 소작인의 목소리를 알아듣고 이름을 부르며 이렇게 말했습니다.

"아아! 하녀에게 뛰어가서 얼른 이리로 오라고 해."

소작인은 주인아씨의 목소리라는 것을 알고 "아니, 주인마님 아니십니까? 그런 높은 곳엔 왜 올라가셨나요? 마님의 하녀가 하루 종일 마님을 찾아다니던데요. 그런 곳에 올라가 계시리라고 누가 생각이나 했겠습니까?"라고 말했습니다.

그러고 나서 소작인은 사다리를 가져다가 똑바로 세워 놓고 칡덩굴로 꽉 비끄러맸습니다.

그때 하녀가 탑 아래로 와서 공손한 말씨를 쓸 겨를도 없었던지 손바닥을 탁탁 치면서 소리 질렀습니다.

"아이고 마님, 어디 있어요?"

부인은 그 목소리를 듣자 갑자기 기운이 솟아났습니다.

"아이고 너냐! 나는 이 위에 있다. 울지 말고 어서 내 옷 가지고 올라오너라."

하녀는 주인의 목소리를 듣고 기운이 나서 소작인이 세워 놓은 사다리를 타고 위로 올라갔습니다. 그리고 그의 부축을 받아 탑 위에 다다랐습니다. 한데 주인이 인간의 몸이라기보다 마치 타다 만 장작처럼 몰골사나운 모습으로 뒹굴고 있는 것을 보자, 자기 얼굴을 손톱으로 할퀴면서 주인 위에 엎어지며 와앙 울음을 터뜨렸습니다. 부인은 울지 말고 어서 옷을 입혀 달라고 말했습니다. 그리고 옷을 가지고 온 하녀와 자기 앞에 서 있는 소작인 이외에는 자기가 어디 있었는지를 아무도 모른다는 것을 알자, 얼마쯤 가슴을 쓸어내리며 이 일은 아무에게도 말해서는 안 된다고 당부했습니다.

소작인은 여러 가지로 위로를 하고 걸을 수 없게 된 부인을 부축하여 무사히 탑 아래로 데리고 내려왔습니다.

뒤에 처진 마음씨 나쁜 하녀는 사다리를 타고 내려오다가 아차 발이 미끄러져 아래로 굴러떨어지는 바람에 허리뼈가 부러졌습니다. 그래서 심한 아픔을 참지 못하고 사자가 울부짖듯 엉엉 울어댔습니다.

소작인은 부인을 풀밭 위에 가만히 눕혀 놓고 하녀가 어떻게 되었나 하고 보러 갔습니다. 그녀의 허리뼈가 부러졌다는 것을 알자 마찬가지로 풀밭으로 데려다가 부인 곁에 눕혔습니다.

부인은 자기의 불행 위에 다시 하녀의 허리뼈가 부러지는 재난이 겹치자 그녀의 힘도 빌릴 수 없다고 생각하면서 슬프디 슬픈 목소리로 울기 시작했습니다.

소작인은 그 광경이 너무나 애처로워 위로할 말도 잊은 채 자기도 울어 버렸습니다.

그러나 이미 해는 서산에 지려 하고 이런 곳에서 밤을 맞으면 곤란하다고 생각해, 그는 슬픔의 나락에 빠져 있는 부인의 동의를 얻어 자기 집으로 돌아가서 두 형제와 아내를 불러 커다란 한 장의 널빤지를 가져오게 했습니다.

그리하여 하녀를 널빤지에 태우고 두 사람을 집으로 데리고 갔습니다.

그리고 부인이 약간의 물을 얻어 마시고 여러 가지로 위로를 받아 이윽고 원기를 되찾자 소작인은 그녀를 껴안아 일으켜 침실로 데리고 갔습니다.

소작인의 아내는 물에 축인 빵을 대접하고 옷을 벗겨 침대에 눕혔습니다. 다음에 부인과 하녀를 그날 밤 안으로 피렌체에 있는 부인의 집으로 데리고 갔습니다.

그런데 약삭빠른 부인은 자기와 하녀에게 일어난 불상사를 실제의 사건과는 다르게 얼토당토않은 이야기로 꾸며 형제자매나 다른 사람들에게 마술에 걸렸었던 것처럼 이야기했습니다.

그리하여 의사를 데려와 부인은 비명을 올릴 정도의 아픔과 괴로움을 맛보는 곤경을 치렀지만, 의사들은 고열과 거기에서 생긴 여러 가지 병을 낫게 해주었습니다. 허리뼈를 다친 하녀도 마찬가지로 고쳐 주었습니다.

이 사건 뒤로 부인은 연인의 일을 잊어버리고 또 사람을 속이거나 사랑하는 일을 신중히 다뤘습니다. 학자는 하녀가 허리뼈를 다쳤다는 말을 듣고 이제야 완전히 복수했다고 기뻐했습니다만 겉으로는 내색도 않고 예전대로 지냈습니다.

이렇게 하여 그다지 총명하지 못했던 부인은 학자일지라도 다른 인간과 마찬가지로 속일 수 있다고 생각하고, 모두가 그렇다고는 할 수 없겠으나 대부분의 학자들이 악마의 꼬리가 어디 달려 있는가까지 알고 있는 사람들이라는 것을 모르는 채로 사람을 우롱하다가 이런 봉변을 당했던 것입니다.

그러므로 여러분, 사람을 놀릴 때는 여간 조심하지 않으면 안 되겠습니다. 특히 학자에 대해서는 더더욱 말입니다.

여덟째 이야기

친하게 사귀고 있는 두 사나이 가운데 하나가 다른 사나이의 아내와 관계한다. 그것을 안 남편은 아내와 짜고, 그를 상자에 가둔 채 그 상자 위에서 상대방 사나이의 아내와 관계한다.

여자들은 엘레나가 당한 이야기를 듣고 통쾌하게 여기면서 가슴이 아픈 것 같은 슬픈 마음도 들었습니다. 그러나 그녀가 그런 봉변을 당한 것은 얼마쯤 마땅하다고 생각해 비록 학자의 보복이 지나치게 완고하다, 아니 잔혹하다고까지 느꼈지만 그에 대해 적지 않게 동정하기도 했습니다.

팜피네아의 이야기가 끝났기에 여왕은 피암메타에게 다음 이야기를 하라고 지시했습니다. 그녀는 기꺼이 다음과 같은 이야기를 시작했습니다.

여러분, 화가 머리끝까지 치밀었던 학자의 보복이 얼마쯤 여러분의 가슴을 아프게 해드린 것 같으므로 좀 유쾌한 이야기로 여러분의 날카로워진 신경을 어루만져 주는 것이 좋지 않을까 생각합니다. 나는 한 젊은이가 심한 모욕을 당했으나 잘 참고 있다가 묘한 방법으로 보복한 이야기를 하려고 합니다. 이 이야기를 들으시면 남자가 모욕을 당해 보복할 경우에는 당한 것보다 훨씬 심한 복수를 하여 모욕을 주기보다는, '반격'을 가하는 정도로 만족해야 한다는 것을 알게 되실 겁니다.

여러분, 나도 들은 이야기입니다만 시에나에 매우 살림이 넉넉하고 평민으로서는 집안도 좋다고 할 수 있는 두 젊은이가 살았답니다. 한 사람은 스피넬로치오 타베나, 다른 한 사람은 제파 디 미노라 했으며 둘 다 집이 카몰리아 큰길에 있어 엎어지면 코 닿을 거리였습니다.

이 두 젊은이는 일 년 내내 서로 오가면서 지내 곁에서 보면 형제가 아닌가 할 만큼 사이가 좋았으며 둘 다 아름다운 아내를 두고 있었습니다.

스피넬로치오는 제파가 집에 있거나 말거나 수시로 그의 집을 드나드는 동안에 그의 아내와 야릇한 사이가 되어 함께 자게 되었습니다. 이 일은 오랫동안 비밀리에 계속되었습니다. 그러다가 어느 날 제파가 밖에 나가지 않고 집에 있다는 걸 아내가 모르는 상태일 때, 스피넬로치오가 제파를 부르러 왔습니다.

아내는 남편이 없다고 대답했고, 스피넬로치오는 얼씨구나 하고 올라와 응접실에 있는 친구의 아내를 껴안고 키스하기 시작했습니다. 그녀도 물론 그에게 키스했습니다.

제파는 이것을 보고 아무 말 않고 몸을 숨긴 채 그들이 하는 꼴을 지켜보기로 마음먹었습니다. 하지만 지켜볼 겨를도 없이 아내와 스피넬로치오는 서로 껴안고서 침실로 들어가더니 문을 잠가 버렸습니다. 그는 몹시 분개했습니다.

그러나 떠들어 봤자 그가 받은 모욕이 줄어들기는커녕 망신만 당하게 된다는 것을 알고 아무도 모르게 이 보복을 하려면 어떻게 해야 하나 궁리하기 시작했습니다. 그는 오래 궁리하다가 방법이 하나 머리에 떠올라서 스피넬로치오가 아내와 즐기는 동안 내내 몸을 숨기고 있었습니다.

스피넬로치오가 나가 버리자 제파는 성큼성큼 침실 안으로 들어갔습니다. 아내는 아직 스피넬로치오가 장난하다가 떨어뜨린 베일을 만지고 있었습니다.

그는 말했습니다.

"당신 뭘 하고 있지?"

"베일을 쓰려는 중이에요." 아내가 대답하자 제파는 말했습니다.

"그거야 눈에 보이니까 알아. 조금 전에 뭘 했느냐고!"

그리고 제파는 자기가 본 바를 늘어놓기 시작했습니다. 그녀는 당황하여 여러 가지로 변명한 다음 스피넬로치오의 요구를 딱 잘라 거절하지 못했음을 고백하고 울면서 용서를 빌었습니다.

그러자 제파는 아내에게 말했습니다.

"당신은 엄청난 짓을 저질렀어. 만일 내 용서를 받고 싶거든 내가 시키는 대로 무슨 일이나 해야 해. 내 말을 잘 들어. 당신은 스피넬로치오에게 내일 아침 9시에 어떻게든 구실을 붙여 나를 따돌리고 당신에게 오라고 말해. 그리고 그가 여기 닿을 때쯤 내가 돌아올 테니 그를 이 상자에 넣고 자물쇠를 채우라고. 그 뒤의 일은 다시 가르쳐 주지. 그리 겁먹을 건 없어. 그에게 조금도 해를 입히지 않겠다고 약속할게."

아내는 남편을 만족시키기 위해 그렇게 하겠노라고 대답했습니다.

이튿날, 제파와 스피넬로치오가 함께 있다가 9시가 되니 스피넬로치오는 제파의 아내를 만나러 갈 약속을 해두었으므로 이렇게 말했습니다.

"나는 오늘 아침에 한 친구와 식사를 함께하기로 약속했어. 기다릴 테니 그만 가봐야겠군."

그러자 제파가 말했습니다.

"식사를 할 시간이 아니지 않은가?"

스피넬로치오가 대답했습니다.

"상관없어. 내 일로 꼭 이야기할 것이 있거든. 그래서 일찌감치 가는 편이 좋아."

스피넬로치오는 곧 제파와 헤어져 먼 길로 돌아서 제파의 집으로 갔습니다. 그리하여 스피넬로치오가 제파의 아내와 둘이서 침실로 들어간 찰나에 때맞추어 제파가 돌아왔습니다. 아내는 그 소리를 듣고 겁에 질린 것 같은 표정을 지으면서 남편이 말한 상자 속에 그를 숨겼습니다. 그리고 자물쇠를 채운 다음 침실에서 나왔습니다.

제파는 아내에게 말했습니다.

"여보, 식사해야지."

"네, 그러지요."

"스피넬로치오는 오늘 아침에 친구랑 식사 약속이 있다면서 가버렸어. 그러니 부인이 혼자 있을 거야. 창문으로 얼굴을 내밀고 좀 불러. 집에 와서 식사를 함께하자고."

아내는 지은 죄가 있는지라 다소곳이 남편의 명령대로 했습니다.

스피넬로치오의 아내는 남편이 다른 데서 식사한다고 들은 데다가 제파의 아내가 자꾸만 권해 이윽고 그들의 집으로 건너왔습니다.

그녀가 오자 제파는 끌어안을 듯 환영하며 정답게 그녀의 손을 잡더니 아내더러 부엌에 가 있으라고 작은 소리로 말했습니다. 그리고 그녀를 침실로 데리고 들어가 방문을 잠가 버렸습니다.

스피넬로치오의 아내는 침실 문을 잠그는 것을 보고 말했습니다.

"어머나, 제파 씨, 왜 이러시는 거예요? 이러시려고 나를 부르셨나요? 이것이 스피넬로치오와 다정한 친구인 당신이 할 짓인가요? 이렇게 하는 것이 친구 사이의 우정인가요?"

그러자 제파는 그녀의 남편이 갇혀 있는 상자 곁으로 다가가 그녀를 꽉 부둥켜안으면서 말했습니다.

"부인, 그렇게 불평하시기 전에 내가 하는 말을 들어 주십시오. 나는 스피넬로치오를 형제처럼 사랑해 왔으며 지금도 사랑하고 있습니다. 그런데 내가 그를 지나치게 믿었던 탓인지—그는 내가 모르는 줄 알고 있습니다만—그가 당신과 함께 자듯이 내 아내와 눈이 맞아 자곤 한답니다. 그러니 나는 그를 사랑하므로 그가 내 아내를 겁탈한 데 대해 나도 당신을 껴안아 모욕을 앙갚음하는 방법 이외의 짓은 하고 싶지 않습니다. 당신이 응하지 않으면 그는 어김없이 이 사실로 말미암아 큰 봉변을 당해야 합니다. 물론 그렇게 할 사람은 바로 나지요. 나는 이 모욕을 이대로 눈감아 줄 생각은 조금도 없기 때문에 당신이나 그가 마음 놓고 살 수 없을 만큼 보복을 해줄 것입니다."

이 말을 들은 스피넬로치오의 아내는 제파가 여러 가지 증거를 든 뒤이므로 그것을 믿고 말했습니다.

"제파 씨, 당신의 앙갚음이 내게 달렸으니 당신이 나한테 하려는 일에 순순히 따르겠어요. 그런데 우리가 이렇게 하지 않으면 안 된다 하더라도 나는 당신 부인과 사이좋게 지내고 싶어요. 부인이 내게 안겨 준 모욕에는 더 이의를 말하지 않고 이제까지 해온 대로 지내겠습니다."

그 말에 대해 제파는 대답했습니다.

"나도 그렇게 하도록 하겠습니다. 그럴 뿐만 아니라 당신 말고 아무도 갖지 못할 값비싸고 아름다운 보석을 드리겠습니다."

그는 그녀를 껴안고 키스하며 그녀의 남편이 갇혀 있는 상자 위에 그녀를 눕혔습니다. 그리하여 그 위에서 마음껏 그녀와 즐기고 그녀도 또한 그와 즐겼습니다.

상자 속에 갇힌 스피넬로치오는 제파가 한 말을 모두 듣고 아내의 대답도 들었습니다. 그리고 머리 위에서 이뤄지는 환희의 춤 소리를 듣고 죽음과도 같은 괴로움을 오래 맛보았습니다. 만일 제파가 두렵지 않았다면 상자 속에서 아내를 마구 욕했겠지요. 그러나 본디 그런 나쁜 행동은 자기가 시작했고, 제파가 그렇게 하는 것도 무리가 아니라고 돌이켜 생각한 그는 자기에게 친구로서 인간미 있게 대해 준 제파만 좋다면 전보다 더 친한 친구가 되어야겠다고 혼잣말을 했습니다. 마음껏 남의 아내와 즐긴 제파는 상자에서 내려왔습니다. 그녀가 약속한 보석을 달라고 했기에 침실 문을 열고 아내를 불러 들어오게 했습니다.

아내는 "부인, 내게 앙갚음을 했군요" 하고 웃으면서 다른 말은 하지 않았습니다.

제파는 아내더러 "이 상자를 열어" 하고 말했습니다.

그녀는 상자를 열었습니다. 제파는 그 속에 있는 스피넬로치오를 그의 아내에게 보여 주었습니다.

여러분, 제파를 쳐다보고 그가 자기의 행위를 알고 있다는 것을 안 스피넬로치오와, 남편을 내려다보고는 자기가 남편의 머리 위에서 한 일을 남편이 듣기도 하고 느끼기도 했으리라는 것을 알게 된 아내와 어느 쪽이 더 부끄러워했을지는 쉽게 판단할 수 없는 문제라고 생각하지 않으십니까?"

제파는 스피넬로치오의 아내에게 말했습니다.

"이것이 당신에게 드리는 보석입니다."

스피넬로치오는 상자에서 나와 길게 변명하지 않고 말했습니다.

"제파, 이거야말로 피장파장이라는 거로군. 아까 자네가 내 아내에게 말한 것처럼 우리는 전처럼 친구로 지내세. 그것이 좋아. 우리들은 서로 아내를 따로따로 가졌다는 것밖에 다른 점이라곤 아무것도 없으니, 앞으로는 함께 즐기지 않겠나?"

제파는 그것을 승낙했습니다. 이리하여 네 사람은 세계에서 둘도 없을 만큼 사이좋게 오순도순 식사했습니다. 그리고 그 뒤로는 아무 걱정할 것 없이 싸우지도 않고 두 아내는 두 남편을 가지고 남편은 저마다 두 아내를 거느리고 살았습니다.

아홉째 이야기

의사인 시모네 선생은 브루노와 부팔마코가 참가하고 있다는 '약탈' 회원이 되기 위해 한밤중에 어떤 장소에 갔는데, 부팔마코는 오물이 가득 찬 두엄 구덩이에 그를 처넣고 달아난다.

여자들은 시에나 사람 두 명이 아내를 함께한 일에 대해 왈가왈부하고 있었습니다만 그것이 일단락되자, 여왕은 디오네오의 마지막 차례의 특권을 무시할 수 없어 자기가 이야기하기 시작했습니다.

여러분, 스피넬로치오가 제파에게 한 대 얻어맞은 것은 자업자득이라고 하겠습니다. 그러므로 팜피네아가 말씀하신 것과 같이 사람을 속이려고 한 자나 속아 넘어가도 마땅한 자에게 속여서 앙갚음을 했다고 해서 그를 굳이 책망할 것이 없다고 생각합니다.

스피넬로치오는 자업자득이었습니다. 그런데 나도 사람을 속이려고 한 어떤 사나이의 이야기를 하려고 합니다. 앙갚음한 사람들의 행위는 비난이 아니라 칭찬을 받아야 마땅합니다. 이번에 앙갚음당한 것은 볼로냐에서 피렌체로 다람쥐 가죽 모자를 쓰고 돌아온 바보스러운 의사였습니다.

늘 보는 바입니다만, 우리 도시의 사람들은 재판관이 되고 의사가 되고 공증인이 되어 볼로냐에서 헐렁헐렁하고 긴 옷을 입거나 새빨간 옷에 다람쥐 가죽 모자를 쓰거나 그 밖에 어마어마한 차림새를 하고 돌아옵니다. 그런 모습이 어떤 효과를 내는지도 우리는 늘 보게 됩니다.

그런데 학문보다도 물려받은 재산 덕을 톡톡히 본 시모네 다 빌라 선생이 새빨간 옷에 폭 넓은 리본을 늘어뜨린 모자를 쓰고, 그의 말대로라면 의학박사가 되어 돌아온 것은 그다지 오래된 일은 아닙니다. 그리하여 그는 현재 우리가 코코메로 거리라고 부르는 곳에 집을 마련했습니다.

말한 바와 같이, 갓 돌아온 이 시모네 선생에게는 여러 가지 묘한 버릇이 있었습니다만 그중에서도 거리를 지나는 사람을 보면 저것은 누구냐고 아랫사람에게 묻지 않고는 견디지 못하는 야릇한 버릇이 있었습니다. 마치 통행인의 차림새로 약을 조제해야 한다는 듯이 그것을 기억에 새겨 두는 것이었습니다.

특히 그의 관심을 끈 사람들 중에 오늘 두 번이나 이야기에 나온 부팔마코와 브루노라는 두 화가가 있었습니다. 두 사람은 늘 행동을 함께했는데, 의사 선생의 집 근처에 살았습니다. 그리고 의사의 눈에는 이 두 사람이 번거로운 세상사에는 아랑곳없이 그야말로 즐겁게—사실 그대로였습니다만—살아가는 것처럼 비쳤으므로 만나는 사람마다 붙잡고 그들에 대해 묻곤 했습니다.

그리하여 그들이 가난뱅이 화가라는 것을 알아냈습니다만 정말로 가난하다면 저토록 즐거울 수는 없지 않을까 의심스러웠습니다. 그리고 매우 능청스러운 작자들이라는 소문도 들었기에 아무도 모르는 뒷구멍에서 딴 벌이를 하는 게 틀림없다고 생각했습니다.

그래서 할 수만 있다면 두 사람과, 아니 어느 한 사람과라도 친해졌으면 좋겠다고 생각하는 동안에 브루노와 먼저 사귀게 되었습니다. 그런데 브루노는 두어 번밖에 만나지 못했지만 이 의사가 똑똑지 못하다는 것을 알고서, 그가 장기(長技)로 삼는 엉터리 이야기를 들려주면서 즐거운 시간을 보내게 되었습니다. 한편 의사 또한 그와 함께 시간을 보내는 일이 재미있어 그가 없으면 견디지 못할 지경이 되었습니다.

이렇게 몇 번인가 그를 식사에 초대하고 나자 이쯤 되면 털어놓고 이야기할 수 있겠다고 생각한 의사는, 자네도 부팔마코도 가난하다고 들었는데 어떻게 그리 즐겁게 지낼 수 있는가, 참으로 놀랍다, 그 까닭을 가르쳐 주지 않겠느냐, 하고 말했습니다.

브루노는 의사의 말을 듣자 건방지고 바보스러운 질문도 다 하는군, 하고 생각하면서 허허허 웃었습니다. 그리하여 어리석은 질문에 어울리는 대답을 해주려고 이렇게 말했습니다.

"선생님, 나는 우리가 어떤 생활을 하고 있는지 사람들에게 알리고 싶지 않습니다. 하지만 선생님과는 친구 사이고 아무에게도 말씀하지 않으리라는 것을 알고 있으니 다 털어놓겠습니다. 내 친구와 내가, 보시는 바와 같이, 아주 즐겁고 행복하게 지내는 것은 틀림없는 사실입니다. 그러나 우리가 그리는 그림이나 쥐꼬리만 한 땅에서 들어오는 수입으로는 우리가 날마다 쓰는 물값도 제대로 치를 수 없지요. 그렇다고 해서 우리가 도둑질을 한다고 생각하시면 곤란합니다. 우리는 약탈을 합니다. 그 덕분에 우리는 우리가 필요로 하는 것을 남에게는 조금도 손해를 끼치지 않고 즐겁게 손에 넣습니다. 그렇게 해서 우리는 당신이 보는 바와 같은 즐거운 생활을 할 수 있는 거죠."

의사는 이 말을 듣고 뭐가 뭔지 전혀 알지도 못하면서 진짜로 받아들이고 눈이 둥그레졌습니다. 그래서 당장에, 약탈을 하다니 어떻게 하는 것이냐, 아무에게도 절대로 말하지 않을 테니 좀 가르쳐 달라고 안절부절못했습니다.

"아이고, 선생님!" 하고 브루노는 말했습니다. "지금 무엇을 물으시는 겁니까? 당신이 알고자 하는 일은 절대 비밀에 속하는 일입니다. 그것을 아시게 되면 나는 파멸하여 이 세상에 살아남지 못합니다. 아니, 남이 알면 산갈로의 마왕 루치페로의 입에 처넣어집니다. 그러나 나는 레냐야처럼 너그러우신 선생님의 인품을 존경하고 선생님을 신뢰하는 만큼, 그 소망을 차마 거절할 수 없군요. 아까 비밀을 지키겠다고 약속하신 것처럼 몬테소네의 십자가에 맹세해 주신다면 그 약속을 믿고 이야기해 드리겠습니다."

의사는 아무에게도 말하지 않겠다고 굳게 약속했습니다.

"그러면 존경하는 선생님" 브루노가 말하기 시작했습니다. "먼저 선생님은 우리 도시에, 그다지 오래되지는 않았습니다만 스코틀랜드 태생의 마이클 스콧이라고 하는 강신술의 대가가 있었다는 것을 알아 두셔야 합니다. 그리고 지금 살아 계신 분은 별로 없습니다만 그는 당시의 많은 귀족들로부터 크나큰 존경을 받았습니다. 그런데 그 대가가 이 도시를 떠날 때, 여러 사람들의 간절한 청을 받아들여 유능한 제자 두 사람을 남기고 가면서 자기를 존경해 마지않던 귀족들이 기뻐하는 일이라면 무엇이든 모두 들어드리라고 명령했습니다. 그리하여 두 제자는 그런 귀족들에게 은밀한 사랑의 다리 역할도 해주고 그 밖에 하찮은 일도 해주면서 성심껏 봉사를 했습니다. 그 뒤 그들은 이 도시의 풍습이 마음에 들어 오래오래 머물러 있게 되었는데, 귀족이거나 평민이거나 또 부자거나 가난뱅이거나 간에 자기들의 생활 방식에 맞는다는 이유만으로 여러 사람과 친교를 맺었습니다. 그리고 그와 같은 친구들을 기쁘게 해주려고 25명쯤으로 어떤 모임을 조직하여 적어도 한 달에 두 번, 두 사람이 정한 장소에서 모이기로 했는데, 회원들은 모이기만 하면 저마다 자기들의 소원을 말했고 두 사람은 그날 밤 안으로 당장 그들의 소원을 이루게 해주었습니다.

부팔마코와 나는 특별히 이 두 사람과 친교를 맺고 있었으므로 그 모임에 들어가게 되어 지금까지 그곳의 회원입니다. 들어 보십시오. 우리가 모이고 또 식사하는 큰 홀과 안락의자 쿠션의 호화로움, 왕실풍의 훌륭한 식탁의 화려함은 누구라도 놀라 자빠질 정도입니다. 게다가 회원 하나하나의 시중을 드는 고상하고 아리따운 시종과 시녀의 그 나비와도 같은 맵시, 그뿐인가요, 우리가 먹고 마시는 데 쓰는 식기류, 즉 접시·주전자·포도주병·컵에다가 그 밖의 금과 은으로 된 그릇들의 찬란한 광채, 그리고 각자의 기호대로 산더미 같은 각종 요리가 꼭 알맞은 시점에 눈앞으로 날라져 오는 것입니다. 실내에서는 무수한 악기가 음악을 연주합니다만 귀를 간질이는 그 달콤한 소리와 그 울림, 멜로디의 황홀함은 도저히 나로서는 일일이 설명할 수가 없습니다. 또 식사 때 켜지는 촛불 수가 얼마나 많은지, 먹는 과자의 종류가 얼마나 다양한지, 마시는 포도주가 얼마나 고급인지, 이것도 나로서는 말로 다 하지 못합니다. 그런데 선생님, 우리가 그 모임에 갈 때 선생님이 지금 보시는 것과 같은 모습으로 간다고 생각하시면 곤란합니다. 모두 황제 부럽지 않은 어엿한 차림을 하고 갑니다. 값비싼 옷에 화려한 보석들로 잔뜩 꾸미고서 말이죠.

하지만 이러한 즐거움 가운데 가장 큰 것은 미인을 만날 수 있다는 것입니다. 남자가 원하면 눈 깜짝할 사이에 세계 어디서나 달려오니까요. 이를테면 바르바니키의 귀부인과 바스크의 여왕, 술탄의 왕비와 오스베크의 황후, 노르니에카의 챤챤페라, 베를린초네의 세미스탄테, 나르시아의 스칼페드라 등의 부인입니다. 왜 내가 일일이 이런 이름을 대는지 아시겠습니까? 거기에는 온 세상의 여왕들이 모두 오기 때문입니다. 엉덩이 한복판에 뿔이 돋친 신부 조반니의 부인 스킨키무라까지 온다니까요.

자, 그다음이 볼만합니다. 그녀들은 과자를 먹고 포도주를 마시면 두어 가지 춤을 추고 자기를 원하는 남자와 저마다 침실로 갑니다. 그 침실이라는 것이 황홀경이라고나 할까요, 꼭 천국을 떠올리게 하는 침실입니다. 그리고 선생님이 커민 열매를 갈 때 쓰는 약제실의 향미료 단지처럼 향기로운 냄새가 사방에 풍깁니다. 그리고 그곳에는 베네치아 총독의 것보다 더 훌륭하다고 생각될 만한 호화로운 침대가 있는데 거기서 자는 것입니다. 따라서 직녀(織女)들이 상대방을 기쁘게 해주기 위해 어떻게 다리를 놀려 베를 짜는지, 그것은 선생님의 상상력에 맡기겠습니다.

내가 생각하건대 그 모든 사람들 중에서 가장 맛있는 국물을 마시는 것은 부팔마코와 나일 것입니다. 그것은 몇 번이나 몇 번이나 부팔마코는 세계에 그 유례가 없는 미인인 프랑스의 여왕을, 그리고 나는 영국 여왕을 오게 했기 때문입니다. 게다가 우리는 그녀들이 우리 말고 다른 자에게는 관심도 갖지 않게 만드는 방법을 터득하고 있었으니까요. 우리가 이처럼 훌륭한 여왕의 사랑을 독차지하고 있다는 것을 생각하시면, 세상 사람들 누구보다도 즐겁게 살 수밖에 없다는 걸 선생님도 아시겠지요. 그것을 별도로 하고서라도 우리는 금화 2000피오리노나 3000피오리노쯤 필요할 때는 언제든지 얻을 수 있습니다. 그래서 우리는 이 일을 속된 말로 일부러 '약탈하러 간다'고 하는 것이죠. 옛날에 해적들이 남의 것을 약탈했듯이 우리도 그렇게 하고 있습니다. 다만 해적들과 크게 다른 점은 그들은 약탈한 것을 돌려주지 않지만 우리는 쓰고서 돌려주는 점입니다. 자, 훌륭하신 선생님, 내가 약탈하러 간다고 하는 의미를 아셨습니까? 이런 일을 얼마나 내가 비밀로 해두고 싶었는가도 아셨을 줄 압니다. 따라서 이제 더 이상 말씀드리지는 못합니다."

의사라고는 해도 어린아이의 비듬이나 가려움증 정도밖에 치료할 줄 모르는 선생은 브루노의 말을 진짜로 믿어 버렸습니다. 그리고 이제 다른 일에는 아무런 열정도 태우지 않을 정도로 그 모임에 참가했으면 하는 마음만이 불같이 타올랐습니다. 의사는 브루노에게 두 사람이 그렇게 희희낙락하게 지내는 것도 정말 불가사의한 일은 아니라고 대답은 했습니다만 이제부터 더욱더 그와 친하게 사귀어 그가 자기를 믿고 부탁하는 바를 쾌히 받아들여 줄 때까지 모임에 자기도 끼워 달라고 말하고 싶은 것을 참고 있자니 얼마나 괴로운지 몰랐습니다.

그리하여 선생은 당장은 그렇게 참았습니다만 더욱더 브루노와 교류를 계속하며 아침저녁으로 식사에 초대하는 등 극진한 친절을 베풀었습니다. 이와 같이 친밀한 교제를 이어 오는 동안에 선생은 브루노 없이는 살아가지 못할 것 같은 마음이 되어 버렸습니다.

브루노는 일이 잘 진행된다고 생각하면서도 의사의 친절을 받기만 하고 보답이 없으면 은혜를 모르는 놈이라고 생각할까 봐 의사의 응접실에 사순절 그림을 그려 붙였고, 침실 입구에는 어린양을 그려 주었으며, 복도 출입구에는 그의 진찰을 받을 환자가 다른 의사와 그를 구별할 수 있도록 변기(便器)를 하나 그려 붙였습니다. 그리고 복도에는 고양이와 쥐가 싸우는 그림을 그려 놓았는데, 의사는 이것을 썩 잘된 그림이라고 생각했습니다. 이와 같은 봉사는 그렇다 치고 식사를 함께하지 않을 때는 가끔 이런 이야기를 들려주었습니다.

"어젯밤도 그 모임에 다녀왔습니다만 영국 여왕이 어째 좀 싫증이 나기 시작해서 타타르 대왕의 구메드라를 불러 달라고 했지요."

그러자 선생은 이렇게 묻는 것이었습니다.

"구메드라라니 뭔가? 나는 그런 이름을 모르겠는데."

"오오, 선생님!" 하고 브루노가 말했습니다. "선생님이 모르신다고 해서 이상할 것도 없습니다. 포르코그라소나 반나체나 같은 이름도 들어 본 적이 없다고 사람들이 말하는 것을 들었으니까요."

그러자 의사가 말했습니다.

"자네가 말하는 건 히포크라테스와 아비센나 아닌가?"

브루노가 대답했습니다.

"글쎄요, 나도 잘 모릅니다. 선생님이 내가 말하는 이름을 잘 모르듯이 나도 선생님이 말씀하시는 이름은 전혀 모르겠습니다. 한데 구메드라라는 것은 대한국(大汗國)의 말로 황후라는 뜻입니다. 아아, 참 눈부신 미인이었습니다. 그 여자라면 틀림없이 선생님으로 하여금 약도 관장도 고약도 잊어버리게 만들 겁니다."

이렇게 브루노는 의사 선생의 불붙는 마음에 부채질하는 것 같은 말을 거듭해서 들려주곤 했는데, 마침 어느 날 밤에 선생은 고양이와 쥐가 싸우는 그림을 그리고 있는 브루노 곁에서 불을 밝혀 주고 있다가, 이제까지 여러 가지로 그에게 잘 대해 주었으니 상대방도 완전히 자기를 살뜰한 친구로 여기리라 믿고 또한 곁에 아무도 없고 단둘이었으므로, 이렇게 말을 꺼냈습니다.

"브루노, 하느님도 굽어살피시겠지만 지금 내가 하고 있는 것처럼 자네를 위해 애쓰는 자가 세상에 또 있을까? 자네가 나더러 페레톨라로 가라고 하면 나는 곧바로 뛰어갈 것이네. 그러니까 내가 믿는 마음으로 자네에게 무슨 부탁을 한다고 해서 조금도 놀라지 말아 주게. 자네도 알다시피 자네가 그 즐거운 모임의 광경을 내게 이야기하고 나서 아직 그다지 오래되지는 않았어. 한데 그 이야기를 들은 뒤로 나도 거기에 참가했으면 하는 마음이 불같이 일어나 다른 소망은 아무것도 없을 정도야. 하기는 까닭이 없는 것은 아니네. 그 모임에 내가 가입하면 저절로 알게 될 일이야. 모임에 참가해서 내가 지난해에 카카빈칠리에서 만난, 자네가 이제까지 본 적도 없는 최고의 미인을—나는 그녀에게 내 모든 행복을 걸고 있다네—불러올 수 없다면 자네가 나를 놀렸다고 믿을 수밖에 없으니까 말이야. 그녀를 만났을 때, 나는 그리스도께 맹세코 그녀에게 볼로냐 은화 10그로소를 주겠다고 했네. 그녀가 나를 받아들이게끔 말이지. 한데 그녀가 받아들이지 않았네. 그래서 내가 특별히 청하는 바인데, 어떻게 하면 모임에 들어갈 수 있는지 가르쳐 주고 또 내가 그럴 수 있도록 자네도 좀 애써 달라는 것일세. 그렇게 되기만 하면 자네는 사실 나처럼 선량하고 믿음직스런 훌륭한 회원을 하나 얻게 되는 것이 아닌가. 자네는 이미 내가 뛰어난 기량과 건장한 체격을 가졌다는 것을 알고 있겠지. 자 봐, 내 얼굴은 장미 빛깔이야. 그리고 의학 박사지. 이런 훌륭한 인간은 그리 흔하지 않을걸. 게다가 나는 고상한 이야기, 아름다운 칸초네, 뭐든지 알고 있어. 어때 원한다면 한 곡조 뽑을까……."

이렇게 말하고 갑자기 노래를 부르기 시작했습니다.

브루노는 너무나 우스워서 하마터면 웃음보를 터뜨릴 뻔했습니다만 간신히 참았습니다. 노래를 끝낸 의사가 물어보았습니다.

"어떤가?"

브루노는 대답했습니다.

"수수깡 칠현금(七絃琴)도 따르지 못하겠습니다. 목소리가 왕방울 굴리는 소리군요."

의사가 말했습니다.

"듣기 전에는 이 정도일 줄은 몰랐겠지."

"바로 말씀대로입니다."

그러자 의사는 더욱 신이 나서 말했습니다.

"이 밖에도 아는 것이 많지만 지금은 이만해 두지. 아버지는 지금 자네가 보는 나하고 꼭 닮은 귀족이었네. 시골에서 살기는 했지만. 내 어머니는 발레키오 태생이었네. 역시 귀족이지. 그리고 자네도 보아서 알겠지만 난 온 피렌체 안의 어떤 의사보다 값진 책과 의복을 가지고 있네. 맹세코 말하지만 통틀어 값으로 따지면 100바가티노는 될 거야. 이건 10년 전부터 가지고 있는 물건이야. 그러니 꼭 모임에 들어가도록 자네가 나서서 힘 좀 써주게나. 맹세코 말하는데, 만약에 그렇게 해주면 자네가 병이 나도 한 푼도 약값은 받지 않을 테니까."

브루노는 그와 같은 말을 듣고 늘 머저리라고는 생각해 왔습니다만 이렇게 대답했습니다.

"선생님, 좀 더 이쪽으로 불을 밝혀 주셔야죠. 이 서생원들의 꼬리를 다 그리기까지는 곁에서 좀 조용히 있어 주세요. 끝나면 대답하겠으니."

꼬리를 다 그리고 나서 브루노는 난처하다는 듯이 이렇게 말했습니다.

"선생님, 선생님이 내게 베풀어 주신 은혜는 이만저만한 것이 아닙니다. 나는 그것을 잘 알고 있습니다. 그렇지만 요컨대 선생님이 내게 부탁하시는 일은, 선생님의 위대한 두뇌로서는 지극히 사소한 일이겠습니다만, 나로서는 너무나 벅찬 일입니다. 하지만 선생님을 위해서 힘써 드리지 않는다면 내가 그렇게 해드릴 사람은 이 세상에는 달리 없습니다. 그러겠다고 하는 것도 내가 선생님을 진심으로 사랑하고 있기 때문이며 또 선생님이 하신 말씀에 매혹되었기 때문입니다. 선생님의 말씀이야말로 내 마음을 여지없이 뒤흔들어 놓았을 뿐만 아니라 신자(信者)라면 벗은 발로 절할 정도로 지혜롭기 그지없습니다. 이렇게 선생님과 사귀면 사귈수록 선생님은 현명하신 분이란 생각이 듭니다. 덧붙여서 말씀드립니다만 나는 내 마음을 사로잡는 것이 아무것도 없는 현실을 한탄해 왔습니다. 하지만 선생님만은 나를 휘어잡고 놓지 않는다는 말씀입니다. 이렇게 말하는 것은 나와 마찬가지로 선생님도 훌륭한 미인의 몸을 우러러본다는 사실을 알았기 때문입니다.

그럼에도 불구하고 말씀드리고자 하는 것은 선생님이 원하시는 일을 해드릴 수 없다는 것입니다. 선생님이 필요로 하시는 일을 선생님을 위해서 해드릴 수 없습니다. 그러나 선생님은 위대하고 현명하신 신념을 걸고 비밀을 굳게 지키신다고 내게 약속해 주셨으니 선생님이 어떻게 하면 되는지 그 방법을 알려 드리기로 하지요. 아까 말씀하신 대로 값진 책과 그 밖에 갖가지 물건을 숱하게 갖고 계시다는 것이 확실하다고 여겨지는 만큼 반드시 목적을 이루실 수 있으리라 믿습니다."

그 말에 의사가 말했습니다.

"확실하게 말해 주기 바라네. 한데 내가 듣건대 자네는 나를 아직도 잘 모르고, 내가 비밀을 지켜 낼 만한 사나이인지도 아직 모르는 모양이야. 과스파루올로 다 살리체토 씨가 포를림포폴리 시장 아래서 재판관으로 있을 때, 무슨 일이거나 내게는 다 말해 주었는데, 이런 일은 세상에 그리 흔히 있는 일은 아니야. 그러는 것도 내가 굳게 비밀을 지키는 사나이라고 생각했기 때문이 아니겠는가. 내가 정말을 말하는지 아닌지를 알고 싶은가? 그가 베르가미나와 결혼하려고 했을 때 가장 먼저 의중을 밝힌 상대는 누구였겠나? 바로 나였네. 어떤가, 이제 알았겠지!"

"아아, 좋습니다." 브루노는 말했습니다. "그러한 분이 믿으셨다면 나도 믿겠습니다. 선생님은 이런 방법을 취하시면 됩니다. 우리 모임에는 회장이 한 사람, 고문이 둘인데 모두 6개월마다 바뀝니다. 다음 달에는 어김없이 부팔마코가 회장이 되고 내가 고문이 됩니다. 그렇게 결정이 내려져 있습니다. 거기서 회장이 되면 대단한 권한이 주어지므로 마음에 드는 자를 입회시킬 수가 있습니다. 그러니 선생님은 되도록 부팔마코와 친하게 지내면서 그에게 정중히 대하십시오. 그는 선생님이 이토록 현명한 분인 줄 알면 당장에 홀딱 반해 버릴 겁니다. 그런 사나이지요. 선생님의 그 명석한 두뇌와 갖고 계신 훌륭한 물건으로 마음을 잡아 놓으면 모임에 들어가게 해달라는 부탁도 한결 수월해집니다. 그가 고개를 가로젓지는 않을 겁니다. 거기다가 내가 선생님 말씀은 좋게 전하고 있으니까요. 그래서 지금도 그는 선생님에게 굉장한 호감을 가지고 있습니다. 그리고 선생님이 운을 뗀 뒤의 일은 내게 맡겨 주십시오."

그러자 의사는 말했습니다.

"과연 자네 말은 그럴듯하군. 만약에 그가 현명한 사람을 알아보는 사나이라면 내가 슬쩍 한마디 하는 것을 듣기만 해도 수시로 나를 만나고 싶어서 찾아다니지 않고서는 견딜 수 없게 만들어 보이겠네. 본디 나는 남아돌 정도의 지혜를 갖고 있으니까 한 도시에 그 지혜를 마구 뿌린대도 남은 지혜를 주체하지 못할 정도라고."

이렇게 작정한 뒤에 브루노는 부팔마코에게 일의 자초지종을 차근차근 이야기해 주었습니다. 그것을 들은 부팔마코는 이 바보 선생에게서 손님으로 초대받을 날을 조바심치며 기다렸습니다.

한편 의사는 어떻게든 약탈하러 가고 싶어서 몸이 근질거렸으므로 지체 않고 부팔마코를 친구로 삼는 일에 성공했습니다. 그리하여 세상에 드문 훌륭한 만찬이나 정찬에 그를 초대했습니다. 물론 브루노도 함께였습니다. 거기서 두 사람은 신사처럼 점잔을 빼며 고급 포도주며 살진 수탉 등 그 밖의 여러 가지 요리를 대접받았습니다. 그리고 초대받지 않았을 때도 어슬렁어슬렁 찾아가, 다른 분이라면 이렇게 한가하게 찾아다니지 않습니다, 하면서 그 집에 눌어붙곤 했습니다.

의사 선생은 이제 슬슬 이야기를 붙여도 좋을 시기라고 생각하고 브루노에게 말했을 때와 같이 부팔마코에게 말했습니다. 그러자 부팔마코는 느닷없이 화를 내면서 마구 소리를 질렀습니다.

"파시냐노의 신께 맹세코 말하지만 이놈 브루노야, 네놈의 코빼기가 뒤꿈치에 가서 붙을 만큼 두들겨 패야 알겠느냐? 배신자 같으니라고, 선생님에게 이런 말씀을 한 건 너밖에 없으렷다."

그러자 의사는 틀림없이 다른 데서 들었노라고 브루노를 감쌌습니다. 그리고 제 딴에는 여러 가지 현명한 말을 늘어놓아 상대를 달랬습니다. 그러자 부팔마코는 의사를 향해 말했습니다.

"선생님, 당신이 볼로냐에 가서서 굳게 비밀을 지키는 법을 배워 가지고 돌아오신 것은 참으로 잘하신 일입니다. 덧붙여 내가 말씀드리고 싶은 것은 선생님은 세상의 바보들처럼 사과 위의 ABC를 공부하신 분이 아니라 참외 위에서 공부하셨다는 점입니다. 참외 쪽이 더 길지 않습니까? 그리고 내가 잘못 짐작하는 것이 아니라면 선생님은 일요일에 세례를 받으셨습니다. 그리고 브루노의 말에 의하면 선생님은 거기서 의학을 공부하셨다는데 나로서는 사람을 휘어잡는 술법을 공부했다고밖에 여겨지지 않습니다. 선생님처럼 현명하게 머리를 쓰시고 현명하게 말씀하시는 분을 나는 아직 본 적이 없으니까요."

의사는 그의 말을 가로막으며 브루노에게 이렇게 말했습니다.

"지혜 있는 분과 이야기하고 사귀는 일은 정말 즐거운 일이 아닐 수 없군! 이분처럼 이렇게 눈 깜짝할 사이에 내 마음을 구석구석까지 살펴 주는 사람이 세상에 또 있을까? 자네도 이분만큼은 내 가치를 알아주지 못했지. 자, 그건 그렇다 치고 자네가 부팔마코 씨는 지혜로운 사람을 좋아한다고 했을 때 내가 뭐라고 자네에게 대답했는지 적어도 그 정도는 말해 주지 않겠나? 어떤가, 나는 지혜롭게 행동하지 않았나?"

그러자 브루노가 대답했습니다.

"정말 뜻밖일 정도입니다."

거기서 의사는 부팔마코에게 말했습니다.

"내가 볼로냐에 있었을 때 당신이 나를 만났더라면 다른 말을 하셨을 겁니다. 거기서는 아이나 어른이나 박사나 학생이나 모두가 나를 좋아했습니다. 그렇죠, 이 내 화술과 명석한 두뇌로 모든 사람을 만족시킬 수 있었습니다. 뿐만 아니라 사람들이 웃지 않고서는 못 배기는 재미있는 말을 했지요. 그래서 모두가 좋아서 야단이었습니다. 아아, 내가 볼로냐를 떠날 때는 모두 소리내어 울었습니다. 그리고 모두 나더러 더 머물러 달라고 애원하는 것이 아니겠습니까. 꼭 붙잡아야 하겠으니까 전체 학생의 의학 강의는 나 혼자에게 맡긴다고까지 말이 나오더란 말씀입니다. 그렇지만 거절했지요. 내가 지금 가지고 있는, 조상 대대로 전해 내려오는 막대한 재산을 상속받게 되었기 때문입니다. 그리고 그대로 했던 것입니다."

이번에는 브루노가 부팔마코에게 말했습니다.

"어떻게 생각해? 내가 자네에게 말했을 때 자네는 믿지 않았지. 거짓말이 아니네. 이분만큼 당나귀 오줌에 대해서 잘 아는 사람은 이 세상에는 아무도 없어. 거짓말 같으면 한번 찾아보라고. 여기서 파리의 성문까지 찾아 헤매도 이런 훌륭한 의사는 눈에 띌 리 없어. 자, 선생님이 소망하시는 일을 싫다고 할 수는 없을 테지."

선생은 말했습니다.

"브루노가 말을 참 잘했소. 하지만 나는 아직 이곳에서는 그다지 알려지지 않았소. 이 도시의 사람들은 어느 쪽인가 하면 이해가 빠르지 못하더군요. 그러나 당신은 여러 박사들 중에서도 내가 어떤 위치를 차지하고 있는지 알아야 하오."

그러자 부팔마코는 말했습니다.

"선생님, 정말로 당신은 내가 생각했던 것보다 훨씬 식견이 높습니다. 그래서 나는 당신과 같은 현명한 사람에게 어울리는 말을 쓰겠습니다만, 당신이 우리 모임에 참가할 수 있도록 틀림없이 주선하겠다고 잠정적으로 말씀드립니다."

이와 같은 약속이 이뤄지자 두 사람에 대한 의사의 태도는 더욱 정중해졌습니다. 두 사람은 무척 즐거워하면서 지독히 허무하고 맹랑한 엉터리 짓을 꾸몄습니다. 즉 모든 인류의 몸 중에 가장 끝부분에서 발견되는 가장 아름다운 것, 즉 치빌라리 백작부인을 정사의 상대로 안겨 주겠다고 약속한 것입니다. 의사가 그 백작부인이 누굽니까 하고 묻자, 부팔마코는 이렇게 대답했습니다.

"아이고, 시모네 선생. 그분은 참으로 의젓한 부인으로 이 세상에 그녀의 권한이 미치지 않는 가정은 거의 없습니다. 다른 사람뿐만이 아니라 성 프란체스코회의 신부들도 캐스터네츠를 치면서 그녀에게 경의를 표하고 있습니다. 다시 말씀드리자면 부인이 외출이라도 하시거나, 심지어 미행(微行)을 하신다 해도 이내 알려져 버립니다. 그런데 부인은 어느 날 밤에 잠깐 신선한 공기를 마시기 위해서 그리고 발을 씻기도 할 겸 아르노강으로 나가셨죠. 선생님 댁 앞을 지나쳐 가신 것은 바로 어젯밤의 일입니다. 하지만 가장 오래 머무시는 곳은 라테리나입니다. 부인의 하인들은 늘 그 둘레를 보살피고 부인의 권위를 나타내기 위해 모두 청소용 막대기와 철봉을 들고 다닙니다. 부인을 모시는 사람들 중에는 문지기 각하를 비롯해서 반토막 남작, 빗자루 경, 설사 경 등이 있습니다. 모두 선생님으로서는 정다운 이름의 분들뿐입니다만 지금은 이미 기억에서 사라지셨겠지요. 그러니 카카빈칠리 여인의 일 따위는 깨끗이 잊어버리시고 만약에 우리 계획대로 잘되기만 하면 이 훌륭한 백작부인의 부드러운 품속에 선생님을 안기게 해드리겠습니다."

볼로냐에서 태어나고 자란 의사 선생은 그런 말을 알지 못했으므로 그와 같은 부인이라면 만족한다고 대답했습니다.

이런 엉터리 짓을 한 뒤에 두 화가는 선생님은 입회가 허락되었습니다, 하고 전했습니다.

마침내 회원이 모인다는 날 밤이 되자 의사는 두 사람을 식사에 초대했습니다. 그리고 식사가 끝나자 그 모임에 가려면 어떤 방법을 취해야 하는지 물었습니다. 부팔마코가 대답했습니다.

"선생님, 선생님은 크게 용기를 내셔야 합니다. 만약에 용기를 내지 못하시면 일이 잘못될 우려가 있으며 우리도 큰 타격을 받게 됩니다. 어느 정도로 대담하게 행동하셔야 하는가는 이제부터 말씀드리겠습니다. 오늘 밤 선생님은 사람들이 잠들었을 즈음에 가장 훌륭한 옷을 차려입고 산타마리아 노벨라 성당 밖의, 최근에 새로 봉분한 무덤 가운데 하나에 걸터앉아 계십시오.

그것은 선생님이 처음으로 명예로운 회원으로서 다른 회원들 앞에 선을 보이기 때문이고, 또 당시 우리는 그 자리에 있지 않았기 때문에 들은 바를 말씀드리는 것입니다만, 선생님은 귀족이시니까 백작부인은 자신의 비용으로 선생을 목욕의 기사로 뽑고자 하시는 모양입니다. 그리고 선생님은 우리가 보내는 영접의 사자가 선생님을 맞으러 갈 때까지 그대로 죽 기다리고 계십시오. 여기서 죄다 말씀드립니다만 영접의 사자라는 것은 뿔이 돋친 그다지 크지 않은 검은 짐승입니다. 그 짐승은 선생님 눈앞에서 광장을 무서운 기세로 뛰어다니며 선생님을 놀래 주려 할 것입니다. 그러다가 곧 선생님이 놀라지 않는다는 것을 알면 가만히 다가올 겁니다. 다가오거든 조금도 무서워하지 마시고 무덤에서 내려와 신이나 성자에게 의지하지 말고 그 짐승의 등에 올라타십시오. 타셨거든 가슴에 팔짱을 끼고 짐승을 붙잡지 말고 그냥 앞으로 나아가십시오. 그러면 짐승은 천천히 걸어서 우리에게로 옵니다. 그러나 그사이에 선생님이 무서워하며 신이나 성인의 이름을 외우면 짐승은 선생님을 내던지거나 혹은 몸을 흔들어 선생님에게 구린 꼴을 보여 드릴는지 모릅니다. 그러니 자신이 없다면 아예 묘지로 가지 않으시는 편이 좋을 겁니다. 선생님도 손해일 뿐만 아니라 우리에게도 무엇 하나 이득이 되는 일은 없으니까요."

그러자 의사가 말했습니다.

"당신은 아직도 나를 잘 모르는 모양이구려. 내가 장갑을 끼고 긴 상의를 입고 있으니까 그렇게 보는 모양이오. 볼로냐에 있었을 무렵, 한밤중에 친구들과 함께 곧잘 여자의 집을 찾았는데 그럴 때 저지른 일을 아신다면 아마 깜짝 놀랄 것이오. 거짓말이 아니오. 어느 날 밤은 한 여자가, 그 여자는 단순히 나쁘다기보다 질이 좋지 못한 여자로 키는 똥자루 정도밖에 안되었는데, 우리와 함께 가려고 하지 않아 먼저 그녀를 주먹으로 갈기고 다음에 번쩍 들어 태질하듯이 내던졌소. 그랬더니 끝내는 항복하고 따라오더군.

또 한번은 이런 일이 있었다오. 하인 하나만을 데리고 성모송 기도시간 바로 뒤에 성 프란체스코회의 묘지 옆을 지난 일이 있었소. 그날 그 묘지에는 여자가 매장되었는데 나는 조금도 무섭지 않았다오. 그러니까 그런 일이라면 걱정할 필요가 없소. 남보다 몇 배는 용기가 있고 원기 왕성하오. 여기서 말해 두겠습니다만 훌륭한 모습으로 여러분 앞에 나서기 위해 나는 의학박사 학위를 받을 때 입었던 빨간 가운을 입고 가겠소. 나를 본 회원 여러분은 몹시 기뻐할 것이고 얼마 안 가 내가 회장이 되리라는 것을 짐작할 것이오. 또 백작부인은 아직 나를 만나 보시지도 않고 내게 반해서 목욕의 기사로 발탁해 주신다는 형편이니, 내가 모임에 들어가면 얼마나 모임의 운영이 순조롭게 풀려 나갈지 짐작되지요? 기사의 칭호는 내게 어울리지는 않으나 그 작위를 솜씨 있게 유지해 나갈 것인지 아닌지는 그녀가 이미 알고 있을 것이오. 자, 그대들은 모든 것을 내게 맡기시오."

그러자 부팔마코가 말했습니다.

"아니, 정말로 훌륭한 말씀입니다. 그렇지만 절대로 우리를 속이진 마십시오. 우리가 사자를 보냈을 때, 거기 계시지 않거나 우리에게 오시지 않거나 하는 일은 없기를 바라겠습니다. 내가 이렇게 말씀드리는 것은 날씨가 아직도 춥고 당신들 의사 선생님들은 추위에는 지나치게 예민하시기 때문입니다."

"천만에요" 하고 의사가 말했습니다. "나는 그런 병신이 아니오. 추위 같은 거 아무렇지도 않소. 사람들은 흔히 밤중에 소변보러 일어날 때 이것저것 껴입지만 나는 겨울에도 조끼 위에 털옷을 걸칠 뿐 그 이상은 껴입지 않소. 그러니까 틀림없이 묘지로 갈 것이오."

이윽고 두 사람이 돌아가고 밤이 깊어지자 의사는 구실을 붙여 아내는 집에 남아 있게 하고 몰래 가장 좋은 옷을 꺼내 입은 다음 밖으로 나가 가르쳐 준 대로 무덤 하나에 올라갔습니다. 그날 밤은 몹시 추웠으므로 선생은 대리석 위에 몸을 옹그리고 앉아 짐승이 오기를 기다렸습니다.

몸집이 크고 다부지게 생긴 부팔마코는 지금은 그다지 유행하고 있지 않습니다만 어떤 놀이에 흔히 쓰이는 가면을 구해서 얼굴에 쓰고 또 검은 모피를 뒤집어 입어 꼭 곰처럼 보이게 꾸몄습니다. 가면에는 뿔이 없어 악마의 얼굴로 보이지 않기 때문이었습니다. 이런 모양으로 그는 산타마리아 노벨라 성당의 새 광장으로 갔습니다. 브루노는 상황을 살펴보려고 그 뒤를 따라갔습니다. 부팔마코는 의사 선생이 와 있는 것을 보자 온 광장을 뛰기도 하고 달리기도 하고 미친 듯이 코를 풀기도 하고 어흥어흥 짖기도 하고 꺼이꺼이 외치기도 했습니다.

의사는 괴상하게 생긴 짐승을 보고 그 울부짖는 소리를 듣자 본디 무섭타는 여자보다 더 겁이 많은 작자였으므로 그만 머리카락이 하늘로 뻗치고 몸이 덜덜덜 떨렸습니다. 그래서 이런 때에 이런 곳에 오느니 집에 있는 편이 좋았을걸 그랬다고 후회했습니다. 그러나 정신을 가다듬어 이왕 온 바엔 마음을 침착하게 먹으려고 노력한 결과 두 사람에게서 들은 훌륭한 것들을 보아야겠다는 기분이 차츰 강해졌습니다. 그러는 동안에 앞에서 말한 바와 같이 미쳐 날뛰던 부팔마코는 마음이 가라앉은 체하면서 의사가 앉아 있는 무덤 쪽으로 다가가 다소곳이 섰습니다.

의사는 몸이 떨려 처음에는 그 등에 올라탈까 말까 하고 망설였습니다. 그러나 만약 올라타지 않으면 큰 봉변을 당할지도 모른다는 걱정에 결국은 그 두려움이 처음의 두려움을 이겼습니다. 의사는 무덤에서 내려와 작은 소리로 "신이시여, 굽어살피소서" 하면서 짐승의 등에 올라탔습니다. 그리하여 온전하게 걸터앉자 와들와들 떨면서도 지시받은 대로 가슴에 팔짱을 끼고 모든 것을 짐승에게 맡겼습니다. 짐승이 된 부팔마코는 똑바로 산타마리아 델라 스칼라 쪽으로 네 발로 조용히 기어가 리폴레 수녀원 근처에 이르렀습니다.

당시 그 근처에는 분뇨 구덩이가 많이 있었습니다. 농민들이 밭에 거름을 줄 때 쓰게 하려고 치빌라리 백작부인이 많이 모아 두었던 것입니다. 부팔마코는 그 분뇨 구덩이의 하나에 다가가자 때는 왔느니라 하고 의사 선생의 한쪽 다리를 붙잡고 등을 탁 쳐서 냅다 거름 구덩이에 처박았습니다.

이렇게 해놓고 다시 미치광이처럼 어흥어흥 짖기도 하고 울부짖기도 하면서 산타마리아 델라 스칼라 성당을 지나 오니산티 초원을 향해 갔습니다. 그러자 거기에는 웃음을 참지 못하고 내뺀 브루노가 먼저 와 있었습니다. 두 사람은 허리를 잡고 웃고 법석을 떨면서 의사 선생이 어떤 모양으로 거름투성이가 되었는가를 보려고 멀리서 발돋움하여 쳐다보았습니다.

의사 선생은 떨어진 장소가 얼마나 더러운 곳인가를 깨닫자 허우적거리며 밖으로 기어 올라가려고 했습니다. 그런데 한쪽 발을 올려놓았는가 하면 다른 한쪽 발이 쭉 미끄러져 도로 풍덩 떨어져 들어가 틀림없이 머리에서 발끝까지 민망스럽게도 분뇨투성이가 되었을 뿐만 아니라 조금은 입에 들어가기도 한 모양이었습니다. 그러다 겨우겨우 밖으로 기어 나오기는 했는데 다람쥐 가죽 모자는 거기 떨어뜨려 버렸습니다.

선생은 두 손으로 분뇨를 닦고 훑어 내리고 하면서 어디다 호소하지도 못하고 그대로 집으로 돌아가 탕탕 문을 두드렸습니다. 선생이 이런 구린내 나는 몸뚱이를 이끌고 집 안으로 들어가 문을 닫으려는 순간이었습니다. 부인이 남편을 어떻게 다루는가를 보려고 브루노와 부팔마코가 슬쩍 다가왔습니다. 귀 기울여 들으니 부인은 어떤 악인에게도 퍼붓지 못할 정도의 욕설을 마구 퍼부어대는 것이었습니다.

"얼씨구, 참 그 꼴좋다! 아니 어떤 년한테 갔던 거요? 그 아끼던 붉은 가운을 꺼내 입고 가더니 훌륭도 하셔라…… 이제 나는 필요 없다, 그 말이구먼. 하지만 나는요, 아직은 온 교구 사람들을 다 만족시켜 줄 만하다고요. 당신쯤은 문제가 아니지. 빠져야 마땅할 구덩이에 빠졌걸랑 그냥 죽어 버릴 일이지 뭣 하러 살아 왔어? 아이고 내 신세야. 다들 들어 봐요. 여기 명예도 높으신 의학박사님이 깜깜 밤중에 똥통에 빠지셨습니다."

이렇게 부인은 선생이 몸을 씻는 동안 욕설을 퍼부으며 한밤중이 지나서까지 남편을 윽박질렀습니다. 한데 이튿날 아침이 되자, 브루노와 부팔마코는 그림물감으로 온몸에 멍을 그려 가지고 의사의 집으로 왔습니다. 의사는 벌써 일어나 있었지요. 그들이 집 안에 발을 들여놓으니 온통 구린내가 진동하여 머리가 아플 지경이었습니다. 아무리 씻어도 냄새가 가시지 않았던 것입니다. 의사는 두 사람이 왔다는 것을 알고 나와서 "잘 왔소" 인사했습니다. 인사를 받은 브루노와 부팔마코는 미리 짜고 온 대로 화를 내며 이렇게 대답했습니다.

"선생, 우리는 그런 인사를 당신에게 들으러 온 게 아니오. 차라리 하느님의 자비로 누가 우리를 찔러 죽여 주었으면 좋겠습니다. 여보시오, 사람을 이렇게 배신할 수가 있소? 우리는 선생에게 명예와 쾌락을 주려고 했는데, 선생이 우리에게 보답한 것은 개돼지처럼 우리가 죽임을 당하는 일이었으니. 선생의 불성실한 행위로 인해 엊저녁 우리는 실컷 매 맞았습니다. 그렇게 매질하면 당나귀라도 로마까지 갈 거요. 그것뿐인가요. 우리가 선생을 입회시키려던 모임에서 하마터면 쫓겨날 뻔했다고요. 믿지 못하겠다면 우리 몸뚱이가 어떻게 됐는지 좀 보시오."

이렇게 말하고 두 사람은 어두운 쪽을 향해 가슴을 열어 물감으로 그린 퍼런 멍을 보이고 얼른 다시 여몄습니다.

의사는 잘못했노라고 사죄하고 자기가 어떤 곳에 어떤 모습으로 처넣어졌던가를 이야기하기 시작했습니다.

그러자 부팔마코가 덮어씌우듯이 말했습니다.

"나는 선생이 아르노강에나 빠져 버렸으면 했습니다. 왜 선생은 신이나 성인의 구원을 빌었나요? 미리 일러두지 않았소!"

의사는 대답했습니다.

"맹세코 구원을 빌지 않았소."

"뭣이라고요? 빌지 않았다? 그럴 리가 없지, 빌었다던데. 우리 사자가 선생은 사시나무 떨듯이 와들와들 떨면서 자기가 어디 있는지도 모를 정도로 겁을 내고 있었다고 합디다. 선생은 이번에 우리를 보기 좋게 골탕 먹였지만 앞으로는 그렇게 안 될 거요. 우리는 이에 상당한 보복을 하고야 말 테니까."

의사 선생은 열심히 사죄하고 더 이상 망신시키지 말아 달라고 애원하면서 갖은 말로 두 사람을 달랬습니다. 그리고 그런 뒤로는 자기의 볼썽사나운 사건을 사람들에게 퍼뜨릴까 염려하여 두 사람을 계속 잘 대접하고 정중히 식사 초대를 하는 등 극진한 대접을 했다는 것입니다.

이렇게 들으신 바와 같이 내 이야기는 끝났습니다만, 볼로냐 유학을 했어도 진짜 공부는 하지 않은 자에게는 좀 더 지혜를 가르쳐 줄 필요가 있다고 생각하지 않으십니까?

열째 이야기

한 상인이 팔레르모로 물건을 가져와 판매한 돈을 시칠리아 여자가 교묘하게 뺏는다. 그는 다음에 먼저보다 더 많은 물건을 가지고 온 것처럼 꾸며 그녀에게서 돈을 빌리고 헝겊 부스러기와 바닷물만 놓고 간다.

여왕의 이야기는 도중에 부인들의 폭소를 얼마나 많이 자아냈는지 모릅니다. 어떤 부인은 너무 웃어 눈물을 흘릴 정도였습니다. 그 이야기가 끝나자 자기 차례임을 알고 디오네오가 입을 열었습니다.

여러분, 교묘한 수를 써서 상대를 속였다고 우쭐하다가 더 교묘한 술책에 걸려 거꾸로 속아 넘어가면 그 속임수가 얼마나 바보스럽고 우스꽝스러운 것인지 말할 필요도 없겠지요. 여러분은 이제까지 저마다 재미있는 이야기를 하셨습니다만 나도 지지 않고 재미있는 이야기를 하나 하겠습니다. 이것은 속아 넘어간 여자가 여러분 이야기 속의 어떠한 남자보다 훨씬 잘 속이는 선수였기 때문에 더욱 재미있다고 생각합니다.

예부터 항구 해안에는 물건을 가지고 들어온 상인이 짐을 풀 때—지금도 그렇게 하지만—그 고장 영주나 관청이 설치한 세관이라고 부르는 창고에 일단 물건을 전부 넣어 두는 관습이 있었습니다.

상인이 그 책임자에게 모든 상품과 그 가격을 써넣은 서류를 건네면 그는 상품을 넣어 둘 창고를 지정해 줍니다. 상인은 물건을 넣고 문을 잠급니다. 그러면 세관원은 장부에 모든 상품을 그 상인의 채권으로 기입하고 상품을 전부 또는 조금씩 창고에서 꺼낼 때마다 상인으로부터 권리금을 받습니다.

그리고 중간 매매인은 그 장부를 들춰 보관된 상품의 수량과 품질을 살펴보고 그 주인인 상인의 이름을 알아내어 필요에 따라 물물 교환이라든가 매매라든가 그 밖의 방법을 상인과 의논합니다.

이런 관습이 다른 고장에서도 그렇습니다만, 시칠리아의 도시 팔레르모에도 있었습니다. 그런데 팔레르모에는 아름답지만 정직한 점에 있어서는 보잘것없는 여자가 많았습니다. 지금도 마찬가지입니다. 잘 모르는 사람들은 그녀들이 아주 훌륭하고 정직한 줄 알았으며 지금도 그렇게 생각하고 있을 것입니다.

그녀들은 주머니는 물론이고 껍데기까지 벗겨내는 악랄한 짓을 했습니다. 먼저 외국 상인이 오면 세관 장부를 들춰 보아 그가 가진 상품이 무엇이며 얼마나 있는지 조사합니다. 그 일이 끝나면 곧 뇌쇄적인 유혹의 손을 뻗쳐 달콤한 말로 그들을 꾀어 사랑의 볼모로 만듭니다.

이제까지 이런 수법에 걸려든 상인이 수없이 많아 그녀들은 그들의 물건을 거의 빼앗았을 뿐만 아니라 껍데기까지 홀랑 벗겼습니다. 상인들 가운데에는 상품은 물론 배까지 빼앗긴 이도 있었습니다. 그만큼 이 고장 여자 이발사들은 솜씨 있게 면도칼 쓰는 방법을 알고 있었던 것입니다.

그리 오래된 일은 아닙니다만 사람들이 살라바에토라고 부르는 니콜로 다치냐노라는 우리 도시의 젊은이가, 도매상 주인의 분부로 마침 살레르노 시장에서 팔다 남은 금화 500피오리노어치의 양모 옷감을 가지고 이곳에 왔습니다. 그는 명세서를 세무 관리에게 건네고 상품을 창고에 들이고는 그다지 서두르는 빛도 없이 가끔 거리에 놀러 나가곤 했습니다.

그는 금발에 눈부실 만큼 잘생긴 여간 매력 있는 청년이 아니었는데, 여자 이발사 가운데 하나가 어떤 기회에 그의 소문을 듣고 눈독을 들여 추파를 보내기 시작했습니다. 살라바에토는 그 눈치를 알아차리고는 그녀를 지위 높은 훌륭한 부인이라고 여겨 자기 정도의 미남이라면 그녀의 마음에 들 것이 틀림없다고 생각하며 자신 있게 이 정사를 성취시키려고 마음먹었습니다. 그는 그런 말을 아무에게도 하지 않고 그녀의 집 창문 아래를 왔다 갔다 하기 시작했습니다.

그녀는 그것을 알자 처음 나흘은 요염한 곁눈질로 그의 마음을 부채질해 놓고 자기도 그를 애타게 사모하는 것처럼 꾸며 보인 다음, 정사의 사자로는 더할 나위 없이 적격인 그녀의 하녀를 살그머니 그에게로 보냈습니다.

하녀는 갖은 거짓말을 늘어놓고 눈물까지 흘리면서 말했습니다.

"마님은 밤이나 낮이나 안절부절못할 정도로 당신의 남자다운 모습에 정신을 잃고 있습니다. 그래서 당신만 허락하신다면 모든 걸 제쳐 놓고 어딘가의 온천 여관에서 은밀하게 만날 수 없을까 하고 애태우고 계십니다."

이렇게 말을 마친 하녀는 돈주머니에서 반지 한 개를 꺼내어 마님이 보내는 선물이라고 그에게 주었습니다.

살라바에토는 이 말을 듣자 이 세상에 자기 같은 행운아는 없다고 생각하며 반지를 받아 눈시울에 비비고 입을 맞춘 다음 손가락에 끼었습니다. 그리고 하녀에게 대답했습니다.

"얀코피오레 부인이 그토록 나를 사랑하고 계신다니요! 하지만 그것은 부인의 짝사랑만은 아니었습니다. 나 또한 목숨보다 더 그녀를 사랑하고 있으니 그녀가 원한다면 언제 어디에라도 달려가겠습니다."

하녀가 돌아가 이 대답을 전하니 얼마 뒤에 살라바에토에게 내일 저녁때 이러이러한 온천 여관에서 기다리고 있겠다는 소식이 왔습니다.

그는 그 말을 아무에게도 하지 않고 어김없이 그 시간에 도착해 보니 그녀의 지시로 이미 방까지 마련되어 있었습니다. 이윽고 두 명의 여자 노예가 짐을 가지고 왔습니다. 하나는 머리에 크고 아름다운 보료를 이고 또 하나는 여러 가지 물건이 잔뜩 든 커다란 바구니를 이고 있었습니다. 그리하여 이 보료를 침대에 깔고, 그 위에 비단으로 선을 두른 홑이불을 편 다음 고운 무늬가 그려진 베개를 두 개 나란히 놓고 키프로스산 순백의 헝겊을 덮어 놓았습니다. 그것이 끝나니 두 사람은 옷을 벗고 욕조에 들어가 욕조를 깨끗이 닦았습니다.

그러자 얼마 뒤에 부인이 다른 여자 노예 둘을 데리고 그리로 왔습니다. 그녀는 잠시 숨을 돌리고 나서 살라바에토에게 유난스러운 몸짓과 아양을 떠는 말로 인사했습니다. 그리고 땅이 꺼질 듯한 한숨을 몇 번이나 쉰 다음 그를 껴안고 키스하면서 이렇게 말했습니다.

"당신이 아니었다면 나는 여기 오지 않았을 겁니다. 귀여운 토스카나의 낭군, 당신은 내 가슴에 불을 질러 놓았어요."

이런 말을 하고 이어서 두 사람은 옷을 벗고 탕 속에 들어갔습니다. 두 여자 노예도 함께 들어갔습니다. 여자는 다른 사람의 손은 대지도 못하게 하고 자기가 직접 사향 비누와 정향(丁香) 비누로 살라바에토의 몸을 구석구석까지 공들여 씻어 준 뒤에, 노예들을 시켜 자기 몸을 씻고 매만지게 했습니다.

목욕이 끝나니 노예들은 새하얗고 보드라운 두 장의 시트를 가져왔습니다. 시트에서는 장미 향기가 향긋하게 풍겨 나와 온 방 안이 장미꽃으로 꽉 찬 것 같은 느낌이 들었습니다. 두 여자 노예는 시트로 살라바에토와 부인을 저마다 감쌌습니다. 그리고 두 사람을 안아서 침대 위에 눕혔습니다.

이윽고 땀이 마르자 노예들은 시트를 벗기고 알몸인 그들을 다시 다른 시트 위에 옮겨 눕혔습니다. 노예들은 커다란 바구니 속에서 장미와 재스민, 오렌지와 레몬 꽃 향이 가득한 아름다운 은제 향수병을 꺼내어 두 사람의 몸에 뿌렸습니다. 다음에 과자 상자와 값비싼 포도주병을 꺼내 놓았습니다. 두 사람은 그것을 먹으며 피로를 풀었습니다.

살라바에토는 천국에 있는 것 같았습니다. 그리고 몇 번이나 몇 번이나 그녀를 바라보았습니다만 그녀는 정말 놀라울 정도의 미인이었습니다. 이렇게 되니 살라바에토는 두 노예가 어서 나가고 그녀의 보드라운 가슴에 안기고 싶은 마음이 간절해졌습니다.

여자의 지시로 노예들이 촛불을 남겨 놓고 방에서 나가자 여자는 살라바에토를 껴안았고 그도 여자를 껴안았습니다. 그의 눈에는 여자의 온몸이 사랑에 불타고 있는 듯이 비치어 기쁨으로 터질 듯한 가슴을 억누르지 못하며 오래오래 사랑의 환희를 맛보았습니다.

그러나 이윽고 여자는 그만 일어날 시간이 되었다고 생각한 모양인지 노예들을 불러 옷시중을 들게 하고 다시 과자를 먹고 포도주를 마셔 원기를 회복했습니다. 여자는 아까 그 향수로 얼굴과 손을 씻고 돌아갈 즈음에 살라바에토에게 이렇게 말했습니다.

"상관없으시면 오늘 저녁에 오셔서 식사하시고 주무시면 기쁘겠습니다만……."

이미 여자의 아리따움과 사나이를 기쁘게 만드는 기교에 정신을 빼앗긴 살라바에토는 그녀가 자기를 진심으로 사랑하는 줄 알고 이렇게 대답했습니다.

"부인, 당신이 기뻐하실 일이라면 무엇이거나 마다하지 않겠습니다. 오늘 밤만이 아니라 언제라도 원하시는 일을 하겠습니다. 무엇이든지 명령해 주십시오."

여자는 집으로 돌아가자 침실을 아름다운 의상과 가구로 장식하게 하고 맛있는 저녁 식사를 준비시켜 놓고서 살라바에토를 기다렸습니다. 살라바에토는 다소 어두워진 다음에 여자의 집으로 갔습니다. 여자는 그를 안아 들일 듯이 맞아들이고 극진한 대접을 했습니다.

그리고 침실에 들어가니 알로에의 그윽한 향내가 코를 찌르고 키프로스섬의 전통적인 새(鳥) 장식이 달린 호화찬란한 침대가 놓였으며, 옷장에는 화려한 의상이 수도 없이 걸려 있었습니다.

이 모두가, 아니 그 하나하나가 그녀의 높은 신분과 부유한 환경을 말해 주었습니다. 설령 그녀의 생활에 대해서 그와 반대인 나쁜 소문을 들었다고 하더라도 어떻게 그것을 믿을 수 있었겠습니까? 또 그녀가 몇 명의 남자를 속였다는 것을 믿는다고 하더라도 그것이 막상 그에게 떨어지리라고는 꿈에도 생각지 못했습니다. 그날 밤 그는 더욱 열중해서 그녀와 껴안고 가장 큰 쾌락에 잠겼습니다.

아침이 되자 여자는 예쁜 지갑이 달린 가볍고 정교한 은벨트를 그에게 둘러 주며 이렇게 말했습니다.

"나의 정다운 살라바에토, 바라건대 이 몸을 버리지 마세요. 당신의 기쁨을 위해 나는 몸을 바칩니다. 그리고 내 집에 있는 것은 모두 당신의 것이고 또 내가 할 수 있는 일은 무슨 일이거나 당신의 분부대로 하겠습니다."

살라바에토는 대단히 기뻐하며 그녀를 껴안고 입을 맞췄습니다. 그리하여 그녀의 집에서 나오자 상인들이 늘 모이는 곳으로 갔습니다. 이렇게 한 푼의 돈도 쓰지 않고 한 번도 아닌 두 번이나 그녀와 정을 맺자 더욱더 그녀에게 열중하게 되었고, 그러는 한편 창고의 양모 옷감도 팔아 크게 이익을 올렸습니다. 여자는 당장에 그 일을 그의 입을 통해서가 아니라 다른 사람에게서 들었습니다.

한데 어느 날 밤에 살라바에토가 그녀의 집을 찾아가니 그녀는 기분이 들떠서 수다를 떨고 아양을 부리면서 애정에 불타올라 마치 팔에 안긴 채 숨이 끊어지기라도 할 것 같이 열렬한 입맞춤을 하고 세게 껴안았습니다. 그리고 자기가 가지고 있던 근사한 은컵을 그에게 주려고 했습니다. 그러나 살라바에토는 받지 않았습니다. 왜냐하면 자신은 은화 한 닢에 상당하는 물건조차 그녀에게 주지 않았는데 이제까지 자기는 금화 서른 닢 정도의 것을 받았기 때문이었습니다.

이렇게 해서 그녀는 자기 쪽에서 열을 올리고 있는 것같이 꾸며 보이고 또 활달한 여자인 것처럼 보인 뒤에 미리 일러두었던 대로 그녀의 여자 노예 하나에게 자신을 부르러 오게 했습니다. 그녀는 침실에서 나가더니 얼마 뒤에 울면서 돌아왔습니다. 그리고 침대에 몸을 내던지고 그토록 슬플 수가 있을까 싶을 만큼 슬프게 울었습니다.

깜짝 놀란 살라바에토는 허둥지둥 껴안아 일으키고 떨리는 목소리로 물었습니다.

"아아, 내 사랑, 갑자기 이렇게 울다니 어떻게 된 건가요? 왜 이다지도 슬프게 웁니까? 제발 말해 주어요, 어서."

여자는 남자의 애간장을 다 녹인 다음에 이렇게 말했습니다.

"아아, 정다운 내 사랑, 난 어떻게 해야 할지 어떻게 말해야 좋을지 모르겠습니다. 지금 메시나에서 편지가 왔어요. 오빠가 보낸 편지인데, 오늘부터 여드레 이내에 내가 가진 물건을 팔든가 저당을 잡히든가 해서 금화 1000피오리노를 보내 주지 않으면 자기는 교수형을 당하게 된다고 하네요. 아아, 나는 어떻게 해야 할지 모르겠군요. 그렇게 급히 돈을 마련할 수 있을는지 모르겠어요. 글쎄, 보름 정도만 여유가 있어도 그 이상의 돈을 빌릴 수도 있고 내가 갖고 있는 땅의 일부를 팔 수도 있을 텐데 이다지도 급하니 큰일이군요. 이런 불길한 소식이 오다니 차라리 죽는 게 낫겠어요."

이렇게 말하고 사뭇 암담한 얼굴로 다시 쓰러져 우는 것이었습니다.

살라바에토는 사랑에 눈이 어두워 판단력을 잃고 있었기에 여자의 눈물이 진짜라고 생각하고 그 말에 거짓은 없으리라 믿으며 이렇게 말했습니다.

"부인, 1000피오리노까지는 모르겠습니다만 15일 이내로 돌려주실 것이라면 500쯤은 마련할 수 있습니다. 정말 당신은 운이 좋았다고나 할까요. 실은 내 물건이 팔렸습니다. 그렇지 않았더라면 은화 한 닢도 빌려드리지 못했을 텐데요."

"어머 그러셨나요?" 여자는 말했습니다. "그렇다면 당신은 그동안 곤란하셨겠군요. 그러면 왜 진작에 내게 말씀하지 않으셨어요? 1000까지는 모르겠습니다만 100이나 200정도는 언제라도 빌려드렸을 텐데. 그런 형편이신데 어떻게 당신의 도움을 받겠습니까? 안 될 말씀이에요."

살라바에토는 그 말에 더욱 감격해서 말했습니다.

"부인, 그렇게 말씀하시면 오히려 섭섭합니다. 나라도 지금의 당신 같은 필요에 쫓기면 아마도 당신에게 부탁했을 것입니다."

"오오, 살라바에토!" 하고 여자는 대답했습니다. "이제야말로 나에 대한 당신의 사랑이 진실하고 완전하다는 것을 알았습니다. 아아, 내가 그런 큰돈을 청하지도 않았는데 자진해서 나를 이 어려운 처지를 구해 주시겠다니…… 이렇게 해주시지 않아도 나는 당신의 것이었는데 이젠 더한층 당신의 것이 되지 않고서는 견디지 못하겠습니다. 덕분에 오빠는 살았습니다.

하지만 당신은 상인이시고 상인에게는 언제나 돈이 필요하다는 것을 생각하면 정말 마음이 내키지 않는군요. 그렇다고는 해도 지금 나는 필요에 쫓기고 있으며 어김없이 돌려드릴 생각이니까 역시 주시는 걸 받아야 할까 봐요. 돈이 혹시 마련되지 않으면 내 물건을 모두 저당 잡히겠어요."

그녀는 눈물을 흘리며 이렇게 말하고 살라바에토의 얼굴 위에 쓰러졌습니다.

살라바에토는 부드럽게 그녀를 위로해 주었습니다. 그리하여 그날 밤은 그녀와 함께 지내고 자기가 얼마나 그녀를 사랑하며 얼마나 호기로운 사나이인가를 보여 주기 위해 기다리게 할 것까지도 없이 당장에 500피오리노의 금화를 가져왔습니다. 여자는 눈물을 흘리는 체하며 마음속으로는 비웃으면서 그 돈을 받았습니다.

여자는 돈을 얻어 내자 태도가 변하기 시작했습니다. 이제까지는 살라바에토가 원하면 언제라도 그녀를 찾아갈 수가 있었는데, 이제는 이런저런 구실을 붙여 일곱 번에 한 번쯤밖에 만나 주지 않고 얼굴을 보는 것은 물론이고 환영이나 애무 같은 것은 생각지도 못하는 형편이 되었습니다.

그러는 동안 돈을 돌려줄 날짜도 지나 그가 돌려 달라고 하자, 곧 갚겠다고 미루기만 하는 채로 이럭저럭 한 달이 지나고 두 달이 지났습니다. 그제야 살라바에토도 이 악질 여자가 사기 친 것임을 깨닫고 자기의 어리석음을 뉘우쳤지만, 증인을 세운 것도 아니니 그녀가 돌려주지 않으면 받아 낼 아무런 방도도 없다는 것을 알았습니다. 또 그녀에 대한 소문은 진작에 듣고 있었기에 누구에게 하소연할 수도 없어 자신의 경솔로 일어난 그와 같은 일을 애석해하며 자기 자신의 바보스러움을 오로지 한탄할 뿐이었습니다.

한편 도매상 주인은 자주 편지를 띄워 팔린 물건 값을 보내라고 독촉했습니다. 그러나 그것은 이미 불가능해진 일이었으므로 그는 자기의 잘못이 드러나기 전에 팔레르모를 뜨기로 했습니다. 그리하여 작은 배를 타고 가야 할 피사에는 가지 않고 나폴리로 갔습니다.

그 무렵, 나폴리에는 우리 도시 출신인 피에트로 델로 카니지아노라는 사람이 살았습니다. 그는 콘스탄티노플의 황후의 재정관으로, 아는 것이 많고 재능이 풍부한 사람이었습니다. 게다가 살라바에토와는 친한 친구이고 그의 가족과도 잘 아는 사이였습니다. 살라바에토는 며칠을 말도 않고 우울한 가운데 보냈습니다만 카니지아노가 매우 사려 분별이 깊은 사람인 것을 알고 있었기에 자기의 실수와 불행한 사건을 낱낱이 털어놓고, 이제 피렌체로 돌아갈 마음은 없으니 이곳에서 살게 해달라고 그에게 도움을 청했습니다.

카니지아노는 그 이야기를 듣자 얼굴을 찡그리며 이렇게 말했습니다.

"큰 실수를 했군. 실수는 전적으로 자네 탓이야. 자네는 주인의 분부를 지키지 않았어. 정사에 그런 거액의 돈을, 그것도 한꺼번에 잃다니. 하지만 지난 일은 어쩔 수 없으니 달리 찾아낼 방법을 생각해야겠군."

이렇게 말하고 아무튼 지혜가 있는 사람이었으므로 어떻게 해야 좋을지를 생각해 내서 살라바에토에게 가르쳐 주었습니다.

살라바에토는 그가 권한 방법이 마음에 들어 그 모험적인 일을 진행시키기로 마음먹었습니다. 그는 아직도 얼마간 돈을 가지고 있었고 카니지아노도 상당한 돈을 빌려주었으므로, 그 돈으로 단단하게 묶은 짐짝을 숱하게 만들고 다시 스무 개가량의 기름통을 사서 가득 채운 다음 모두 배에 싣고 팔레르모로 출발했습니다. 그리하여 세관원에게 짐짝의 명세서와 통의 가격표를 건네주고 소유권이 모두 자기에게 있다는 것을 명시한 다음 짐들을 창고에 넣었습니다. 그리고 뒤이어 오는 상품이 도착할 때까지는 아무도 건드리지 말게 해달라고 요청했습니다.

얀코피오레는 이 소문을 듣고 그가 도착하기를 기다리는 상품은 좋이 3000피오리노의 가치가 있지만 현재 입고시킨 물건만으로도 2000피오리노 이상은 된다는 사실을 알아내자 자기가 속여서 빼앗은 돈은 하찮은 것이었다고 생각했습니다. 그래서 먼저 빼앗은 500피오리노는 돌려주고 이번에는 5000피오리노를 후려내야겠다고 생각하고 그에게 심부름꾼을 보냈습니다.

기다렸다는 듯 살라바에토는 곧바로 달려갔습니다.

그러자 그녀는 그가 가지고 온 물건 같은 것은 전혀 모르는 체하고 야단스럽게 환영하며 이렇게 말했습니다.

"아마 당신은 그 돈을 기한이 지났는데도 갚지 않아 굉장히 화났을 거예요……."

살라바에토는 껄껄껄 웃고 나서 대답했습니다.

"부인, 솔직히 말해서 그때는 약간 화가 났소. 부인이 믿음을 지켰더라면 나는 부인이 기뻐하시는 일에 내 심장이라도 기꺼이 내드리고 싶었는데 그렇게 하지 못하도록 만들어 놓고 말았으니까요. 어쨌든 당신 때문에 내가 얼마나 애썼는지 좀 알아주셔야겠습니다. 나는 당신을 말로 다할 수 없을 정도로 사랑하기 때문에 내 땅의 반 이상을 팔아 지금 이곳으로 넉넉히 2000피오리노는 될 만한 상품을 갖고 왔으며 다시 3000피오리노 이상의 물건이 도착하기를 기다리고 있습니다. 실은 나는 이 고장에 창고를 짓고 당신 곁에서 머물 마음을 먹고 있습니다. 그렇게 하면 당신을 사랑하는 어떤 사나이보다 더 많이 당신의 사랑을 얻을 수 있으리라고 믿기 때문입니다."

그러자 여자가 말했습니다.

"네에 네에, 살라바에토 님. 당신이 좋아하시는 일이라면 나도 대찬성이에요. 나야말로 내 목숨보다 더 당신을 사랑하고 있으니까요. 그러니까 여기 머무신다는 거죠? 아아, 행복해라! 그동안 나는 다시 한 번 당신을 만나 즐거운 나날을 보낼 수는 없을까 애태웠는데…….

그런데 내가 깊이 사과드려야 할 것은 당신이 출발하실 즈음에 집에 오셨어도 모시지 못한 일과 또 몇 번 오셨어도 전처럼 극진한 대접을 하지 못했던 일, 게다가 기한 안에 돈을 갚아드리지 못한 일들입니다.

하지만 나는 그때 고뇌의 밑바닥을 헤매고 있었습니다. 그리고 아무리 사랑하는 분에게라도 그분의 소원대로 웃는 얼굴을 하지도, 즐겨 상대하지도 못하리만큼 처참한 지경에서 허덕이고 있었다는 것을 알아주시기 바랍니다. 더욱이 여자의 몸으로 1000피오리노의 돈을 만들기란 여간 어려운 일이 아니었습니다. 날마다 이런 일로 속고, 저런 일로 속고, 사는 것 같지도 않았습니다. 그러니 자연히 나도 남에게 거짓말을 하지 않을 수 없게 되었어요. 그런 만큼 당신의 돈을 돌려드리지 못한 것도 절대로 악의가 있었던 것은 아닙니다.

한데 당신이 떠나신 뒤로 이내 돈이 마련되었습니다. 주소만 알았더라도 당신에게 돈을 보냈을 거예요. 믿어 주시겠죠? 그렇게 돼서 돌려드리지 못했던 것인데, 여기 이렇게 잘 간직하고 있습니다."

이렇게 말하고 그녀는 빌린 돈과 같은 액수의 돈이 들어 있는 돈주머니를 가져오게 하여 그의 손에 건네주며 말했습니다.

"500피오리노, 맞는지 세어 보십시오."

살라바에토는 웃음보가 마구 흔들거렸습니다. 돈을 세어 보니 분명히 금화

500피오리노였으므로 그것을 챙겨 넣고 말했습니다.

"부인, 당신의 말씀이 모두 진실이라는 것을 나는 믿겠습니다. 이것이 충분히 증명하고 있습니다. 말씀드리겠습니다만 앞으로도 돈이 필요한 일이 생겼을 때는 이런 일도 있고, 또 내가 당신에게 품은 사랑 때문에라도 내 힘으로 구할 수 있을 만한 금액이라면 당신을 위해 마련해 드리겠습니다. 내가 여기서 살게 된다면 당신에게 그것을 보여 줄 수 있을 것입니다."

이렇듯 겉으로는 그녀와의 사랑이 도로 이루어져 살라바에토는 다시 열심히 드나들었습니다. 여자는 온갖 정성과 기교를 다해 사나이를 기쁘게 하고 극진한 대접을 하면서 최고의 사랑을 쏟았습니다.

그러나 살라바에토는 여자의 사기에는 사기로 갚으려고 결심한 터이기에 어느 날 그녀의 하녀가 와서 오늘 밤 오셔서 식사를 함께하고 주무시도록 하라는 초청을 전하자, 금방 죽을 것만 같은 우울한 표정을 짓고 그녀의 집으로 갔습니다.

얀코피오레는 그를 껴안고 마구 입 맞추면서 왜 그렇게 슬픈 얼굴을 하고 있느냐고 물었습니다.

그는 실컷 지껄이게 해놓고서 이렇게 말했습니다.

"나는 운명의 신의 미움을 받았습니다. 실은 내가 기다리고 있던 물건을 실은 배가 모나코의 해적에게 습격당했답니다. 이것을 도로 찾으려면 1만 피오리노의 돈이 듭니다. 그중 내가 치를 몫은 1000피오리노이지만 내게는 한 푼도 없습니다. 당신이 돌려준 500피오리노는 리넨을 보내 달라고 바로 송금해 버렸으니까요. 그래서 가지고 온 물건을 빨리 팔아 치우려고 생각했는데 시기가 나빠서 절반 값도 보지 않는 모양입니다. 그리고 이 다급한 고비를 도와 줄 만한 사람을 찾으려 해도 어디 아는 사람이 있어야지요. 그러니 누구에게 호소해야 할지 막막하기만 합니다. 서둘러 돈을 보내지 않으면 물건은 모나코로 가고 나는 무일푼이 됩니다."

여자는 이 이야기를 듣고 이제는 게도 구럭도 다 놓치게 되었구나 하고 낙심천만이었습니다만, 상품을 해적에게 빼앗기지 않으려면 어떻게 해야 될까 생각하면서 이렇게 말했습니다.

"사랑하는 당신이 그처럼 곤경에 빠졌다니 정말 마음이 아파서 견딜 수 없군요. 하지만 이렇게 슬퍼한들 무슨 소용이 있겠습니까! 글쎄 내가 그 정도의 거금을 가지고만 있다면 당장에 드릴 텐데요. 그런데 지금 마침 가진 것이 없으니 어떻게 하죠? 하기는 내가 곤란에 처했을 때 500피오리노를 융통해 줬던 사람은 있습니다. 그런데 이자가 여간 비싸야죠. 3할 이하로는 안 된다지 뭡니까. 만약에 당신이 그 돈을 꾸고 싶다면 충분한 저당을 넣어 보증하지 않으면 안 됩니다. 나로서는 당신을 위해서라면 그 사람이 빌려주는 금액에 따라 내 물건 전부와 몸까지 저당 잡혀도 좋습니다. 하지만 모자라는 몫에 대해서는 어떤 보증을 하실 것인지요?"

물론 살라바에토는 그녀가 무슨 배짱으로 그렇게 나오는지 그 까닭을 곧 알았습니다. 그리고 그것이 그녀 자신의 돈이라는 것도 알았습니다. 그래서 그는 무척 기쁜 표정을 지으며 고맙다고 한 다음, 다급하게 되었으니 높은 이자라도 상관없겠다고 말했습니다. 그리고 세관 창고에 보관해 둔 상품 명의를 바꾸어 보증하겠다, 그러나 필요에 따라서는 그 상품을 중매인이나 그 밖의 사람에게 보여 줄 수 있도록, 또 도둑맞거나 물건을 바꿔치기 하지 못하도록 창고 열쇠는 자기가 맡아야겠다고 말했습니다.

여자는 그 정도라면 충분한 보증이 되니, 그렇게 해도 좋다고 대답했습니다.

그리하여 약속한 날짜가 되자 그녀는 대단히 믿고 있는 중매인에게 사람을 보내어 일의 자초지종을 이야기하고 금화 1000피오리노를 건넸습니다. 그러자 중매인은 마치 자기가 빌려주는 듯 그것을 살라바에토에게 주었습니다. 살라바에토는 창고에 맡겨 둔 물건을 중매인 명의로 바꿔 놓았습니다. 다음에 두 사람은 양도 증서에 각각 서명을 마치고 나서 헤어졌습니다.

살라바에토는 금화 1500피오리노를 챙겨서 재빨리 배를 타고 나폴리의 피에트로 델로 카니지아노에게로 돌아갔습니다. 그리고 옷감을 팔기 위해 그를 보냈던 피렌체의 주인에게 늦어서 죄송하다는 사연과 더불어 돈을 보내고 피에트로와 얼마간의 돈을 빌려준 사람들에게 돈을 돌려주었습니다. 카니지아노와 그는 며칠씩이나 시칠리아 여인을 골탕 먹인 이야기를 되풀이하면서 통쾌하게 웃었습니다. 그 뒤 그는 상인이라는 직업이 싫어져서 페라라로 갔습니다.

한편 얀코피오레는 살라바에토를 팔레르모에서 볼 수 없어 이상하게 생각하고 점점 의심을 품게 되었습니다. 더욱이 두 달이 지나도록 자기 앞에 나타나지 않아 마침내 중매인을 시켜 창고 문을 비틀어 열게 했습니다. 그리고 우선 기름이 들어찼으리라고 생각하던 통을 열어 보니 모두 위에만 기름이 떴을 뿐 나머지는 바닷물이라는 것을 알았습니다.

짐짝은 어떤가 하고 끌러 보니 옷감이 들어 있는 것은 두 개뿐이고 나머지는 삼베 부스러기가 들어차 있었습니다. 결국 모두 합쳐 200피오리노도 되지 않았습니다.

이렇게 되니 내로라하고 뽐내던 악녀 얀코피오레도 코가 납작해져서 500피오리노를 돌려준 뒤에 1000피오리노라는 큰돈을 빌려준 일을 한탄하고 후회하면서 가슴을 쳤습니다.

이렇게 그녀는 남을 속이다가 보기 좋게 되속아 큰 손해를 보고, 뛰는 놈 위에 나는 놈이 있다는 것을 깨달았던 것입니다.

디오네오가 이야기를 끝마치자 라우레타는 그 이상 여왕의 자리에 앉아 있을 수 없는 시기가 왔다는 것을 알고 좋은 결과를 만들어 준 피에트로 델로 카니지아노의 조언과 그것을 행동으로 옮긴 살라바에토의 민첩함을 칭찬한 다음 월계관을 벗어 에밀리아의 머리에 씌워 주고 상냥하게 말했습니다.

"에밀리아, 당신이 얼마나 사랑스러운 여왕이 되는지는 모르겠습니다만 아름다운 여왕이 되리라는 것은 틀림없습니다. 당신의 아름다움에 어울리는 훌륭한 지배를 기대하겠습니다."

그렇게 말하고 자리에 앉았습니다.

에밀리아는 여왕이 된 일뿐만이 아니라 여자가 가장 바라는 아름다움을 칭찬받았으므로 다소 수줍음을 보이며 밝을녘의 빛을 받아 피어나기 시작한 장미꽃처럼 아련히 뺨에 홍조를 띠었습니다. 그러나 잠시 눈을 내리깔고 있는 동안에 달아오르던 뺨도 식어 하인 우두머리를 불러 필요한 것을 지시하고 이렇게 말했습니다.

"여러분, 여러분도 아시는 바와 같이 소는 하루에 몇 시간씩 멍에를 지고 일합니다만 멍에를 벗으면 숲속의 가고 싶은 곳으로 가서 자유롭게 풀을 뜯습니다. 또 우리는 초록이 짙은 여러 가지 나무들이 심어진 정원이라는 것이 단순히 떡갈나무뿐인 숲보다 훨씬 아름답다는 것을 알고 있습니다.

그래서 우리가 며칠 동안 규칙에 따라 저마다 이야기를 해왔다는 것을 생각하면 잠시나마 산책을 해서 다시 멍에를 지기 위한 힘을 되찾는 것이 필요할 뿐만 아니라 유익하고 적절한 일이라고 나는 생각합니다.

그러니 내일은 저마다 마음에 드는 소재를 이야기하기로 하고 특별한 제한을 두지는 않겠습니다. 이렇게 하면 마음에 드는 이야기를 할 수 있으므로 하나의 주제를 정해 놓을 때보다 재미있고도 변화무쌍한 이야기가 나오지 않을까요? 따라서 내 뒤를 이어 주재하시는 분은 휴식을 취한 뒤인 만큼 우리도 훨씬 원기가 남아 있을 테니 규정대로 묶을 수 있을 겁니다."

그리고 나서 여왕은 저녁 식사 시간까지 각자에게 자유 시간을 주었습니다.

모두들 여왕의 말을 듣자 그녀를 참으로 슬기로운 여왕이라고 칭찬했습니다. 그리고 일어나 저마다 한가한 시간을 가졌습니다. 숙녀들은 화환을 만들거나 즐겁게 놀며 장난을 즐기기도 하고, 청년들은 내기 놀음을 하거나 노래를 부르기도 했습니다. 이렇게 저녁 식사 때까지 시간을 보냈습니다.

식사 시간이 되자 모두들 아름다운 분수 옆에서 떠들썩하고 유쾌한 식사를 했습니다. 그리고 식후에는 여느 때와 같이 노래 부르고 춤추면서 놀았습니다.

그것도 거의 끝날 무렵이 되었을 때 여왕은 전례를 본받아, 아직도 제멋대로 노래 부르는 자가 있었습니다만, 판필로에게 한 곡조 불러 달라고 요청했습니다.

판필로는 가락도 멋들어지게 다음과 같은 노래를 불렀습니다.

사랑이여, 사랑이여
사랑은 좋은 것 즐거운 것
내 마음 가벼이 하늘을 날고
가슴 불같이 타니 행복은 가득해.

기쁘다, 사랑이여

가슴에 넘치는
즐거움은
나도 모르게 절로 나타나
마음은 가벼이
하늘을 나네.
그렇지만 소중한 그대를
사랑하는 이 몸은
가슴의 아픔도 가볍지는 않으리.

내 행복의 사랑이여, 사랑이여
노래로 엮을거나
붓으로 쓸거나
만일 그대가 알면
괴로움 더하여
숨겨야 하리라.
그러나 고백하기 전에
즐거운 마음을 말끝에서
어렴풋이나마 알게 되리니.

누군가 말했어라, 그 옛날에
처녀를 만났을 그때에
어찌 껴안지 않았느냐고
다가가
인사했을 그때에
어찌 뺨을 만지지 않았느냐고.
그러나 마음의 기쁨을 오직 숨기고
타는 마음 부여안은 이 내 몸의
행복을 그대는 아시는가.

판필로의 노래는 끝났습니다. 사람들은 그의 노래를 따라 부르는 동안 그가 알아차리지 못하도록 조심하면서 노래를 엮어 부르는 그의 마음속을 추측하려고 하나하나의 가사에 주의를 기울였습니다. 그리고 온갖 상상을 다해 보았습니다만 참뜻을 조금도 파악할 수가 없었습니다.

이윽고 여왕은 판필로의 노래도 끝났고 부인들도 남자들도 그만 자고 싶어 한다는 것을 알자 모두들 침실로 물러가도록 명령했습니다.

아홉째 날

《데카메론》의 아홉째 날이 시작됩니다. 이날은 에밀리아가 여왕이 되어 저마다 나름대로 재미있다고 생각되는 이야기를 하게 됩니다.

어두운 장막을 걷는 아침 햇살은 별이 깜빡이는 희뿌연 하늘을 말끔히 밝고 푸른 하늘로 바꾸어 놓았습니다. 풀밭에서는 조그만 화초들이 고개를 들기 시작했습니다. 그럴 무렵 에밀리아는 일어나서 부인들과 청년들을 깨웠습니다.

모두들 모여들어서는, 천천히 걸음을 옮기는 여왕의 뒤를 따라 저택에서 많이 떨어지지 않은 숲까지 걸어갔습니다. 숲에 들어서니 새끼 사슴과 어미 사슴, 그리고 그 밖의 동물들이, 사나운 위세를 떨치는 페스트로 말미암아 사냥꾼이 나타나지 않은 덕분에 이젠 마음 놓고 뛰놀며 오히려 사냥꾼 일행을 기다리기라도 하는 것 같았습니다.

그들은 붙들기라도 할 듯이 여기저기에 있는 동물에게 다가가서는 그것들을 토닥거리기도 하고 어르기도 하면서 한참 동안 놀았습니다. 그러다 보니 어느새 해가 중천에까지 이르렀기에 돌아갈 때가 된 것을 알았습니다.

모두들 떡갈나무의 잔가지로 테를 만들어 머리에 쓰고, 향기 짙은 꽃과 풀을 손에 가득 꺾어 들었습니다. 만약 이들을 만난 사람이 있다면 "오, 죽음도 이 사람들을 꺾지는 못하겠구나. 만약 꺾인다 해도 즐거운 마음으로 죽음을 맞이할 것이니" 이렇게 말할 것임에 틀림없습니다.

모두들 이렇게 노래도 부르고, 수다를 떨기도 하고, 우스갯소리도 하면서 별장으로 돌아왔습니다. 별장에서는 이미 모든 준비를 갖추어 놓고, 하인들이 싱글벙글 기꺼운 낯으로 맞아 주었습니다.

잠시 쉰 다음, 식탁에 앉기 전에 부인들과 청년들은 차례로 즐거운 칸초네를 여섯 곡쯤 불렀습니다. 그런 다음 세수를 마치자 여왕의 분부를 좇아 하인 우두머리가 모두를 식탁으로 안내했습니다. 곧 음식이 나와 다 같이 즐겁게 식사를 했습니다. 이윽고 식탁에서 물러나서는 다시 한동안 둥글게 돌며 춤을 추고 악기도 연주했습니다. 그러다가 여왕의 명령으로, 원하는 사람은 침실로 쉬러 갔습니다.

그러나 때가 되자, 모두들 여느 때의 장소로 이야기를 하러 모였습니다. 여왕이 필로메나의 얼굴을 바라보면서, 오늘 이야기의 시작은 당신이에요, 하자 그녀는 씽긋이 웃으면서 다음과 같이 이야기를 시작했습니다.

첫째 이야기

프란체스카 부인이 리누치오와 알레산드로라는 두 남자의 구애를 받지만 어느 쪽도 마음에 들지 않아 한 사람은 시체가 되어 무덤에 들게 하고 또 한 사람은 그 시체를 무덤에서 꺼내 오게 한다. 그런데 그들은 시키는 대로 하지 못해서 다시는 부인에게 치근대지 못하게 된다.

여왕님, 여왕님의 명예로운 분부에 의하여 이 널따란 자유의 광장에서 이야기의 첫머리를 풀게 된 것은, 나에게 더할 나위 없이 큰 기쁨입니다. 만약 내가 훌륭히 이야기를 마친다면, 다음 분들도 더욱 훌륭히 이야기를 해주시리라 믿습니다.

여러분, 지금까지 해온 이야기들을 통해서 사랑의 힘이 어떤 것이며 얼마나 강한 것인지 거듭 깨닫게 되었습니다. 하지만 나는 그 정도로는 아직 충분하지 않으며, 앞으로 1년을 더 얘기해도 끝이 나리라고는 생각하지 않습니다.

예로부터 사랑이란, 연인을 갖가지 죽음의 위험 속으로 몰아넣을 뿐만 아니라 경우에 따라서는 시체를 꺼내러 무덤 속에 들어가기까지 해야 하는 것입니다. 나는 지금까지의 이야기에다가 하나 덧붙여서 그런 이야기를 할까 합니다.

옛날 피스토이아의 시내에 매우 아름다운 부인이 살았습니다. 이 부인을, 피렌체에서 추방되어 피스토이아에 머물게 된 리누치오 팔레르미니와 알레산드로 키아르몬테지라는 두 사내가 서로 그런 마음을 품은 줄은 모르고 우연히 열렬히 연모하게 되어, 저마다 그녀의 사랑을 차지하려고 은근히 속을 태우고 있었습니다.

그런데 프란체스카 데 라차리라는 그 귀부인은, 자주 두 사람의 심부름꾼을 만나고 사랑의 하소연을 받다 보니 때로는 마음이 솔깃해지기도 해서 딱 잘라 거절을 못 하고 있다가, 우연히 그런 성가심을 물리칠 묘안이 떠올랐던 것입니다.

그 묘안이란, 불가능한 일은 아니나 아무도 하려고 들지 않을 일을 두 사람에게 시켜 보자는 것이었습니다. 만약 그들이 그 일을 하지 않으면, 그때는 더 이상 두 사람이 보내는 심부름꾼의 이야기 따위는 듣지 않겠노라는 버젓한 명분이 되어 줄 만한 것이었습니다. 그것은 다음과 같은 계획이었습니다.

그녀에게 그런 생각이 떠오른 그날, 피스토이아의 거리에서 한 사내가 죽었습니다. 그 사내의 조상은 귀족이었습니다만, 피스토이아에서는 말할 것도 없고 이 세상에서 둘도 없는 악인이라는 평이 나 있는 사람이었습니다. 거기다가 살아 있을 때 그는 모르는 사람이 처음 보면 소름이 끼칠 정도로 추하고 일그러진 얼굴을 하고 있었습니다. 그는 성 프란체스코회의 성당 밖에 있는 묘지에 묻혔습니다. 부인은 그것이 자기 계획에 안성맞춤이라고 생각했습니다.

그래서 하녀에게 이렇게 말했습니다.

"너도 알고 있듯이, 나는 하루 종일 리누치오와 알레산드로라는 두 피렌체 사람의 심부름꾼들이 늘어놓는 말에 시달림을 당하고 있다. 하지만 나는 두 사람을 사랑하고 싶은 마음은 티끌만큼도 없어. 그래서 성가신 두 사람을 떼어 버리기 위해 내가 제시하는 요구를 받아들일 수 있는지, 한번 시험해 볼 작정이다. 아마 두 사람은 못할 거야. 그렇게 되면 성가신 일도 끝낼 수가 있는 거지.

너는 오늘 아침 성 프란체스코회의 수도원 묘지에 스칸나디오(앞서 말한 악인을 이렇게 불렀습니다)가 묻힌 것을 알고 있지? 그 사내는, 살아 있을 때뿐만이 아니라 죽어서도, 아무리 담대한 사람이라도 보고 무서워하지 않을 수 없는 얼굴이야.

그러니 너는 먼저 몰래 알레산드로에게 가서 이렇게 전해. '프란체스카 마님의 심부름으로 왔습니다. 당신이 이런 일을 해주신다면 오랫동안 바라셨던 마님을 만날 수가 있고, 마님의 사랑을 얻을 수 있는 기회가 올 것 같습니다. 머지않아 아시게 되겠지만, 어떤 사정에 의해 마님의 친척 한 분이 오늘 아침에 매장된 스칸나디오의 시체를 오늘 밤에 집으로 옮겨 오게 되어 있습니다. 그러나 마님은, 설령 죽었다 해도 그 사내를 무서워하시기 때문에 그런 일이 벌어지면 큰일이라고 말씀하십니다. 그래서 당신이 한 가지 큰 수고를 해주십사는 말입니다. 사람들이 잠든 밤중에 스칸나디오가 묻힌 무덤에 들어가서 시체의 옷을 벗겨 입고 마님의 집으로 운반될 때까지 한마디도 하지 말고 죽은 사람이 되어 달라는 부탁입니다. 그렇게 하신다면 마님은 당신을 기꺼이 맞으실 것이며, 당신은 마님과 함께 계시게 되는 것입니다. 그 뒤의 일은 마님에게 맡기시고, 언제라도 당신이 좋으실 때 돌아오시면 됩니다'라고. 그래서 만약 그 사내가 해보겠노라 하면 그만이고, 만약 싫다고 하면, 내 뜻이라 해서 다시는 내 앞에 모습을 나타내지 말라, 목숨을 아끼는 비겁자인 주제에 심부름꾼 따위를 보내지 말라고 전해라.

그런 다음에는 다시 리누치오에게 가서 이렇게 말하면 된다. '프란체스카 마님은 당신이 마님을 위해 한 가지 큰 수고를 해주신다면, 당신의 뜻대로 응하겠다고 하십니다. 다름 아니라 오늘 밤 당신은 오늘 아침에 묻힌 스칸나디오의 무덤에 가서, 어떤 소리를 듣든지 입도 떼지 말고 몰래 시체를 꺼내어 마님 댁까지 날라다 달라는 부탁이십니다. 마님이 왜 그런 일을 하시는지 그 까닭은 마님 댁에 도착하면 아시게 되고, 그렇게 해주신다면 마님한테서 기쁨을 얻으실 수 있을 것입니다. 하나 만약 그 일을 못하시겠다면, 앞으로는 심부름꾼을 보내서 마님을 성가시게 하는 일이 없도록 해달라고 하셨습니다'라고, 알겠니?"

하녀는 두 사람에게 갔습니다. 그러고는 두 사람에게 지시받은 대로 어김없이 주인의 말을 전했습니다. 그러자 두 사람으로부터 그녀가 바라는 일이라면 무덤 속은 물론이고 지옥에라도 가겠다는 씩씩한 대답을 들었습니다.

하녀가 마님에게 두 사람의 대답을 전하니, 그녀는 두 사람이 그런 짓을 할 만큼 정신이 돌았는지 한번 볼만한 일이라고 기대했습니다.

그럭저럭 밤이 되어 사람들이 잠들었을 무렵, 알레산드로 키아르몬테지는 윗옷을 벗고 스칸나디오가 묻혀 있는 무덤에 가기 위해 집을 나섰습니다. 그런데 걷고 있노라니 어쩐지 갑자기 무서운 생각이 들어서 혼자말로 중얼거렸습니다.

"암만 생각해도 어리석은 일이야! 내가 어딜 가고 있는 거지? 그 여자의 친척들이 내가 그녀를 연모하는 것을 알고 공연한 오해를 하여 무덤 속에서 나를 죽이려고 이런 짓을 그녀에게 시킨 게 아닐까? 그렇게 되면 손해 보는 것은 나 한 사람뿐이고, 그들이 한 짓은 감쪽같이 세상에 알려지지도 않을 것이 아닌가. 그렇잖으면, 누군지 모르지만 내게 원한을 품은 자가 이런 짓을 시키는 것이 아닐까? 어쩌면 그녀가 그자를 사랑해서 그 녀석을 위해 이런 짓을 시킨 게 아닐까?"

아울러 이런 말도 중얼거렸습니다.

"설령 그런 일은 없다손 치더라도, 친척들이 나를 그녀의 집에 운반한다고 해도, 그들이 스칸나디오의 시체를 그녀의 팔이나 품에 안길 리가 없지 않나. 오히려 그가 그들에게 어떤 몹쓸 짓을 저지른 적이 있어서 시체에 복수라도 하겠다는 생각으로 그러는지도 모르겠군. 그녀는 내가 무슨 소리를 듣더라도 입을 떼어서는 안 된다고 했어. 만약 그들이 내 눈알을 도려내든가, 이를 뽑든가, 그런 장난을 하면 어떡하지? 그래도 가만히 있을 수 있을까? 만약 입을 뗀다든가, 나라는 것이 알려지면 역시 해를 입기는 마찬가지일 테고, 설사 그런 짓을 안 한다 해도 내게 소득이라곤 없지 않나. 녀석들이 나를 여자 집에 옮겨다 놓지는 않을 테니까. 그렇게 되면 여자는 부탁을 저버렸다 해서 내가 바라는 것은 아무것도 안 해줄 것이 아닌가."

이런 말들을 중얼거리며 그는 그냥 집으로 되돌아갈 판이었습니다. 그러나 열렬한 연모의 정이 그 생각과는 반대되는 강한 힘으로 그를 자꾸만 나아가게 해서 마침내 무덤까지 오게 되고 말았습니다. 그는 무덤을 열고 그 속으로 들어가 스칸나디오의 옷을 벗겨 자기가 입었습니다. 그러고는 무덤을 닫고 스칸나디오가 누웠던 자리에 눕자, 이 사내가 생전에 어떤 자였으며, 또 사람들한테서 자주 들었던, 깊은 밤중에 무덤 속뿐만 아니라 여러 곳에서 일어난다는 기기괴괴한 이야기들이 자꾸만 머리에 떠올랐습니다. 그러자 오싹 소름이 끼치고 온몸의 털이 쭈뼛 곤두섰습니다. 바로 지금이라도 스칸나디오가 벌떡 일어나서 자기의 목을 댕강 자르지나 않을까 하는 생각이 들었습니다. 그러면서도 강렬한 사랑의 마음으로 그러저러한 공포심을 극복하고 마치 시체가 된 것처럼 누워서 자신에게 닥쳐올 일을 가만히 기다렸습니다.

한편 리누치오도 한밤중이 되자 부인의 부탁을 실행하기 위해 집을 나섰습니다. 그리고는 걸어가면서 혹시 일어날지도 모르는 갖가지 일을 생각해 보았습니다. 즉 그것은, 스칸나디오의 시체를 둘러메고 가다가 관리에게 붙들려 요술쟁이라 해서 화형에 처해지지나 않을는지, 또는 이 일이 나중에 알려질 경우 그의 친척들한테서 미움을 사지나 않을는지, 그 밖에도 그 비슷한 일들이 생기지 않을는지 이런저런 생각을 되뇌일수록 발이 무거워지는 것이었습니다.

그러다가도 생각을 고쳐 혼잣말로 이렇게 중얼거렸습니다.

"아니다, 내가 그렇게 사랑하고 지금도 못 잊는 그 부인이 처음으로 하는 부탁을 어찌 함부로 거절할 수 있단 말인가! 더구나 그녀의 사랑을 얻을 수 있다는데. 설사 죽음이 예정된 일이라도 사내가 일단 약속한 이상 해야만 돼."

결국 끝까지 걸어서 무덤에 이르자, 서슴지 않고 무덤의 돌문을 열었습니다.

알레산드로는 무덤의 돌문이 열리는 소리를 들으니 또다시 와락 무서운 생각이 들었으나 꾹 숨을 죽이고 있었습니다.

리누치오는 안에 들어오자 스칸나디오의 시체인 줄 알고 알레산드로의 두 다리를 잡아 밖으로 끌어내어 어깨에 둘러메고는 부인의 집을 향하여 성큼성큼 걸음을 옮겼습니다. 그는 걸으면서 다른 것에는 아무런 주의도 기울이지 않았기 때문에 자주 시체를 길모퉁이에 부딪치기도 하고 거리에 놓인 의자 따위에 부딪치기도 했습니다. 그날 밤은 별 하나 없이 깜깜했기 때문에 어디를 어떻게 걷고 있는지 몰랐던 것입니다.

아무튼 있는 용기를 다해서 리누치오는 귀부인의 집 문밖까지 닿았습니다. 부인은 하녀와 함께 리누치오가 알레산드로를 메고 올까, 하고 창가에서 기다리고 있었습니다만, 이미 속으로는 두 사람을 모두 쫓아 버릴 생각을 하고 있었습니다. 그런데 마침 그때 그 근처에는 마을의 관리들이 도둑을 잡으려고 잠복해 있었는데 리누치오의 발소리를 듣자, 이 밤중에 틀림없이 수상한 놈이다 싶어 선뜻 등불을 들이대고 방패와 창을 겨누며 소리를 질렀습니다.

"누구냐?"

리누치오는 관리인 줄 알자 그만 알레산드로를 내동댕이치고 걸음아 날 살려라, 하고 달아났습니다.

알레산드로도 재빨리 일어나서 긴 수의(壽衣)를 질질 끌며 역시 달아났습니다.

부인은 관리가 비춘 불빛으로 알레산드로를 둘러멘 리누치오의 모습을 똑똑히 보았으며, 또한 스칸나디오의 옷을 입은 알레산드로를 알아차리고는, 두 사람의 담대함에 그저 놀랄 따름이었습니다. 놀라기는 했습니다만, 알레산드로가 거리에 내동댕이쳐지더니 다시 허둥지둥 달아나는 꼴이 우스워서 배를 움켜쥐고 웃었습니다.

그녀는 일이 이런 식으로 무사히 끝나게 된 것을 기뻐하며 두 사내의 성가심을 면하게 된 것은 오로지 하느님의 은혜라 여겨 감사했습니다. 그러고는 안으로 돌아와 침실에 들어가자, 그 두 사람은 자기가 부탁한 일을 실제로 수행했으니 자기를 진심으로 사랑했음에 틀림없다고 하녀와 이야기를 나누었습니다.

리누치오는 엉뚱한 재난을 한탄도 하고 저주도 했으나 그대로 집으로 돌아가지는 않았습니다. 그는 관리들이 근처를 떠난 것을 알자 알레산드로를 집어던진 장소로 되돌아왔습니다. 자기의 임무를 완수하려고 시체를 찾기 위해 사방을 손으로 더듬어 보았습니다. 그러나 보이지 않자, 관리들이 가져간 줄로만 알고 서운하게 생각하면서 집으로 돌아갔습니다.

한편 알레산드로는 누가 자기를 끌고 온지도 모르고, 달리 어떻게 할 도리도 없고 해서 공연한 재난을 한탄하면서 역시 자기 집으로 돌아가고 말았습니다.

이튿날 아침이 되자, 스칸나디오의 무덤이 열려 있고 안의 시체가 보이지 않자—사실은 알레산드로가 시체를 안쪽 구석에 감추어 두었기 때문인데—어리석은 사람들이 악마가 가져갔다고 떠들어대는 바람에 피스토이아는 온통 그 소문으로 왁자지껄했습니다. 이런 결과가 되었는데도 불구하고 두 사내는 자기가 한 일과 뜻밖의 사고가 생긴 것을 알리며, 그 때문에 부인의 명령을 완전히 이행치 못했노라 사과하면서 그녀의 호의와 사랑을 간청해 왔습니다.

그러나 부인은 그런 변명을 못 믿는 척, 이쪽 부탁을 전혀 이행치 못했으니 아무런 보답도 할 의사가 없다고 딱 잘라 대답하여, 마침내 그들을 떼어 버렸다는 것입니다.

둘째 이야기

어느 수녀원 원장이 애인과 함께 자고 있는 수녀를 발견하고 그 죄를 꾸짖으려고 허둥거리며 어두운 방 안에서 일어난다. 그런데 자기도 신부와 함께 자고 있던 참이었으므로, 두건인 줄 알고 신부의 반바지를 머리에 쓴다. 수녀는 자기를 비난하는 원장에게 그 사실을 깨닫게 하여 곧 아무 탈 없이 그 뒤부터는 마음 놓고 애인과 즐긴다.

필로메나의 이야기가 끝났습니다. 사랑할 마음이 내키지 않는 성가신 사내들을 훌륭히 떼어 버린 귀부인의 현명한 머리는 사람들에게 찬사를 받았습니다만, 반대로 연인들의 그와 같은 뻔뻔스런 배짱은 사랑이 아니고 미친 짓이라고 비난을 받았습니다. 이때 여왕은 엘리사를 바라보고 상냥하게 "엘리사, 뒤를 이어 주세요" 하고 말했습니다. 엘리사는 곧 말문을 열었습니다.

여러분, 프란체스카 부인은 지금 이야기처럼 아주 멋지게 성가심을 피할 수가 있었습니다. 런데 내가 지금부터 이야기할 젊은 수녀는 운도 좋았습니다만, 상황을 재빠르게 파악한 말솜씨로 눈앞의 위기를 모면했던 것입니다.

여러분도 아시다시피 세상에는 스스로 어리석기 짝이 없는 주제에 남의 스승인 양 으스대기도 하고, 남에게 벌을 내릴 수 있다고 믿는 사람이 허다합니다.

이제 내 이야기를 들으시면 아시겠지만, 운명이란 가끔 그러한 사람들을 효과적으로 응징하고 있습니다. 내가 이야기하는 수녀를 감독하고 있던 수녀원장한테도 그런 일이 일어났던 것입니다.

롬바르디아에 규율도 엄하고 신앙심도 독실한 유명한 수녀원이 있었습니다. 거기에 있는 수녀들 가운데 귀족 출신으로 미모가 뛰어난 이자베타라는 젊은 수녀가 있었습니다. 그녀는 어느 날 친척이 면회를 왔을 때 함께 따라온 청년에게 한눈에 반해 버렸습니다.

한편 청년 쪽도 그녀가 드물게 보는 미인이며, 그 눈매에서 자기처럼 그녀의 욕정이 불붙은 것을 알고 역시 마음이 뜨거워졌습니다. 하지만 서로 괴로워하면서도 그들의 사랑은 오래도록 결실을 보지 못하고 있었습니다. 이와 같이 서로 마음을 태우다가 마침내 청년은 그녀에게 숨어들 수 있는 방법을 찾아냈습니다. 그것에 그녀도 만족했으므로 청년은 한 번이 아니라 여러 차례 그녀에게 숨어들어 서로 사랑의 즐거움에 잠기곤 했습니다.

그런데 이러한 일을 계속하다가 어느 날 밤 청년이 이자베타와 헤어져 돌아가는 것을 한 수녀에게 그만 들키고 말았습니다. 그러나 두 사람은 모두 들킨 것을 몰랐습니다. 그 수녀는 다른 사람에게 이 사실을 퍼뜨려 버렸습니다.

결국 수녀들은 우선 원장에게 일러바쳐서 그녀를 벌하자고 의견을 모았습니다. 이름이 우심발다라는 수녀원장은 수녀들과 그녀를 알고 있는 사람들 사이에서는 선량하고 성덕(聖德)이 높다는 평을 듣고 있었습니다.

한 걸음 나아가 수녀들은 원장이 사실을 부정하지 못하도록 원장에게 그녀가 청년과 몰래 만나는 장면을 보여 주기로 했기 때문에, 그들은 입을 굳게 다물고 현장을 잡기 위해 저마다 몰래 밤을 새워 감시를 계속하고 있었습니다.

한편 이자베타는 그런 줄은 꿈에도 모르고 어느 날 밤 애인을 방으로 끌어들였습니다. 그 일은 이내 망을 보던 사람들에게 알려졌습니다. 그들은 밤이 깊었기 때문에 두 패로 갈라져 한 패는 이자베타의 방을 감시하고 다른 한 패는 원장의 방에 알리러 갔습니다. 그들은 문을 탕탕 두들기면서 이렇게 말했습니다.

"원장님, 빨리 일어나세요. 이자베타가 젊은 사내를 방에 끌어들였습니다."

그날 밤 수녀원장은, 지금까지 종종 큼직한 상자에 넣어 자기 방에 끌어들였던 한 사제와 함께 자고 있었습니다. 원장은 밖의 소리를 듣자 그들이 서두르다가 내친김에 문을 밀어 열어 버리지나 않을까 두려운 나머지 벌떡 일어났습니다. 그러고는 익숙한 자기 방이라 깜깜한 가운데서 옷을 챙겨 입었는데, 그만 접어 둔 두건을 집어 든다는 것이 잘못하여 사제의 반바지를 손에 쥐었습니다. 그러고는 너무나 당황하여 그런 줄은 조금도 모르고 두건 대신 사제의 반바지를 머리에 쓰고 밖으로 나왔습니다. 그녀는 얼른 쾅 하고 문을 닫으며 이렇게 말했습니다.

"그 뻔뻔스런 계집은 어디 있느냐?"

원장은 수녀들과 함께 이자베타의 방 앞까지 갔습니다. 그동안 수녀들은 이자베타가 죄를 저지르는 현장을 잡으려는 데 정신이 팔려 원장이 무엇을 쓰고 있는지도 모르고 있었습니다. 원장은 여러 사람과 힘을 합해서 방문을 힘껏 밀었습니다. 그리하여 우르르 방으로 몰려드니, 침대 위에서 두 연인이 꼭 끌어안고 있었습니다. 두 사람은 뜻밖의 일이라 당황한 나머지 어쩔 줄을 몰라 그대로 가만히 있었던 것입니다.

젊은 수녀는 다른 수녀들에게 끌려 나가 원장이 지명한 집회소로 연행되었습니다.

청년은 그 자리에 남아 있었습니다. 그는 옷을 챙겨 입고는 만약 그녀에게 무슨 일이 생기면 있는 힘을 다해서 그녀를 데리고 달아나려는 결심을 굳힌 채, 일이 어떻게 되어 가는지 지켜보고 있었습니다. 원장은 집회소의 원장석에 앉자, 죄를 범한 수녀만을 바라보고 있는 수녀들 앞에서 지금까지 어느 여자에게도 해본 적이 없는 심한 비난을 퍼부었습니다. 이 수녀원의 신성(神聖)과 정결과 명성이 그녀의 음란한 행위와 파렴치한 행동으로 더럽혀졌다면서 욕을 퍼부었을 뿐만 아니라 덧붙여서 협박 비슷한 말까지 했습니다.

이자베타는 죄지은 몸인 만큼 부끄러운 나머지 그저 오들오들 떨 뿐 대꾸할 말이 없어 굳게 입을 다물고 있었기 때문에 그 모습은 다른 수녀들의 동정심을 불러일으켰습니다. 그런데도 원장은 계속 구구하게 꾸짖었기 때문에 참다못해 이자베타는 용기를 내어 얼굴을 들었습니다. 그러자 원장이 쓰고 있는 반바지가 눈에 띄었습니다. 더구나 그 끈이 흔들리고 있는 것이 아니겠습니까? 그녀는 그것이 무엇인지를 알게 되자 가까스로 안도의 숨을 돌리며 이렇게 말했습니다.

"원장님, 제발 두건 끈을 매신 다음에 하실 말씀을 계속해 주세요."

원장은 그 말뜻을 모르고 이렇게 말했습니다.

"두건이 어쨌단 말이냐? 이제 와서 능청맞게 딴전을 부리자는 거냐? 농담으로 넘겨 버릴 짓을 했다는 거냐?"

젊은 수녀는 다시 한 번 말했습니다.

"원장님, 제발 두건의 끈을 매어 주십시오. 그러신 다음 좋으실 대로 실컷 꾸짖어 주세요."

그제야 비로소 다른 수녀들도 고개를 들어 원장의 머리를 바라보았습니다. 그와 함께 원장도 두 손을 올려 두건을 만져 보았으며, 이자베타가 어째서 그런 말을 했는지 모두들 그 까닭을 알게 되었습니다.

원장은 자기도 같은 죄를 저질렀다는 것을 깨닫고 아울러 그것이 여러 사람에게 드러난 것을 알고는 설교를 그치고 다시 말투를 바꾸었습니다. 그리하여 인간이 육신의 자극으로부터 자기 자신을 지키는 일이 불가능하다고 결론을 내렸습니다. 그러니 지금까지 그랬던 것처럼 몰래 할 수 있을 때는 각자 적당히 해도 상관없다고 말했습니다.

이렇게 해서 원장은 젊은 수녀를 용서한 다음, 다시 사제와 동침하기 위해 자기 방으로 돌아가고 이자베타도 애인이 기다리고 있는 자기 방으로 돌아갔습니다. 그 뒤부터 이자베타는 그녀에게 부러움의 시선을 보내는 다른 수녀들에게 보란 듯이 자주 그 청년을 끌어들였습니다. 그리고 애인이 없었던 다른 수녀들도 때를 만난 듯 몰래 사랑의 모험을 찾아 애인을 구하기 시작하게 되었다는 것입니다.

셋째 이야기

의사 시모네 선생은 브루노와 부팔마코와 넬로의 부탁을 받고 칼란드리노가 임신했다고 곧이듣게 한다. 칼란드리노는 피임약을 만들어 달라면서 이들에게 수탉과 돈을 준다. 결국 유산을 해서 분만을 모면한다.

엘리사의 이야기가 끝나자 모두들 질투심 많은 수녀들의 괴롭힘에서 젊은 수녀를 흔쾌히 구해 주신 하느님에게 감사드렸습니다. 이윽고 여왕은 필로스트라토에게 다음 이야기를 하도록 지시했습니다. 그는 명령을 기다렸다는 듯이 입을 열고 이야기하기 시작했습니다.

여러분, 나는 어제 마르케의 멍청한 재판관 이야기를 하느라고 칼란드리노

이야기를 하려다 그만 딴전을 부리고 말았습니다. 지금까지 그와 그의 동료에 관한 일은 많이 이야기하셨지만, 그에 관한 것이라면 여러분이 무척 좋아하시리라 믿으므로 어제 내가 작정했던 대로 그 이야기를 해보겠습니다.

칼란드리노가 어떤 남자이며 이 이야기에 나오는 사람들이 어떤 이들인가는 지금까지 한 이야기로 밝혀져 있습니다. 그러니 그 점에 대해서는 더 말하지 않고, 여기에서는 칼란드리노의 큰어머니가 죽어 현금으로 200리라쯤 되는 유산이 굴러 들어온 일부터 말씀드리겠습니다.

칼란드리노는 땅을 사겠다는 말을 퍼뜨리기 시작했습니다. 그리고 금화로 1만 피오리노쯤 있는 듯이 온 피렌체의 중개인들과 교섭을 벌였으나, 막상 흥정이 되면 이야기는 그만 깨어지곤 했습니다.

이 소문을 들은 브루노와 부팔마코는, 고양이 낯짝만 한 땅을 사러 돌아다니기보다 우리들과 노는 게 더 낫다고 몇 차례나 부추겼지만, 단 한 번도 그에게 술 한잔 얻어먹을 수 없었습니다.

그러던 어느 날, 그들이 그런 푸념을 늘어놓고 있노라니 마침 그들의 단짝인 넬로라는 화가가 찾아왔습니다. 세 사람은 칼란드리노에게 한턱 쓰게 할 좋은 수가 없을까 머리를 짰습니다. 이윽고 계책이 짜여 저마다 맡을 역할이 정해졌습니다. 이튿날 아침 칼란드리노가 나들이를 가기 전, 그의 집 가까이에 있다가 그가 집을 나서자 우연히 만난 것처럼 넬로가 말을 걸었습니다.

"여, 칼란드리노, 오늘 하루 행운을 비네."

그러자 칼란드리노도 "자네는 오늘 하루뿐만 아니라 1년 내내 행복해지기를 비네" 하고 대꾸했습니다. 넬로는 잠시 망설이다가 그의 곁으로 다가와 얼굴을 힐끔힐끔 살피기 시작했습니다. 칼란드리노는 이상한 듯이 물었습니다.

"뭘 그렇게 살피는 거야?"

그러자 넬로는 "자네, 어제저녁에 별일 없었나? 얼굴이 이상한데!" 하고 지껄였습니다. 칼란드리노는 그 말에 깜짝 놀랐습니다.

"뭐라고? 내가 어떻게 보이는데?"

"아니, 뭐라고 꼬집어 말할 수는 없지만 전혀 사람이 달라진 것 같네. 뭐, 별일 없겠지."

넬로는 이렇게 말하고는 그대로 그를 남겨 둔 채 가버렸습니다.

칼란드리노는 여우에게 홀린 듯 얼떨떨해서 걸어갔습니다. 거기서 그리 떨어지지 않은 곳에 있던 부팔마코가, 그가 넬로와 헤어진 것을 보고 성큼성큼 다가와 "어떤가?" 인사하고는 "자네 기분이 아무렇지도 않은가?" 하고 물었습니다.

칼란드리노는 대답했습니다.

"아무렇지도 않지만, 저기서 넬로를 만났는데 내가 전혀 다른 사람 같다더군. 내가 절대로 탈이 났을 리가 없는데."

"정말이지, 뭐가 있는 것 같군. 자네 반은 죽은 사람같이 보인단 말이네" 하고 부팔마코가 입을 놀렸습니다. 그 말을 들으니 칼란드리노는 곧 열이 오르는 듯한 느낌이 들었습니다.

그때 브루노가 나타났습니다. 그리고 칼란드리노의 얼굴을 보며 놀란 듯 말했습니다.

"칼란드리노, 자네 얼굴이 웬일인가? 마치 죽은 사람 같잖나. 자넨 아무렇지도 않나?"

칼란드리노는 세 사람이 한결같이 그런 말을 하니 아무래도 자기가 병에 걸린 줄 알고 그만 풀이 죽어 중얼거렸습니다.

"어쩌면 좋지?"

놓칠세라 브루노가 다짐하듯 말했습니다.

"빨리 집에 돌아가 침대로 곧장 가서 이불을 덮고 눕게나. 그리고 시모네 선생에게 자네 오줌을 보내 보게. 자네도 알다시피 그분은 우리 친구 아닌가. 어떻게 됐는지 곧 봐줄 거야. 우리도 함께 따라가 할 일이 있으면 뭐든지 도와줌세."

마침 넬로가 되돌아와 네 사람은 칼란드리노의 집으로 갔습니다.

칼란드리노는 풀이 죽어 방에 들어서자 부인에게 말했습니다.

"여보, 이리 와서 이불을 좀 덮어 주구려. 아무래도 심상찮은 병인 것 같아."

그러고는 눕기 전에 소변을 받아 하녀를 시켜 시모네 선생에게 보냈습니다. 선생은 베키오 시장에서 멜론이 그려진 간판을 걸고 병원을 운영하고 있었습니다. 브루노는 친구들에게 말했습니다.

"자네들은 여기 남아 있게. 나는 의사가 뭐라고 하는지 가보고 올 테니. 필요하다면 선생을 데리고 오겠네."

그러자 칼란드리노가 말했습니다.

"그래, 부디 좀 그래 주게. 어떤 증세인지 좀 알려 주게. 웬일인지는 몰라도 확실히 몸이 이상하단 말이야."

브루노는 소변을 가지고 간 하녀보다 한 걸음 먼저 시모네 선생한테 갔습니다. 그러고는 자기들의 계획을 미리 말해 두었습니다. 선생은 하녀가 오자 소변을 검사하고 말했습니다.

"돌아가거든 칼란드리노에게 몸을 절대 차게 하지 말라고 전해라. 나도 곧 뒤따라가서 진찰하고 처방을 일러 주겠으니."

하녀가 돌아와 그렇게 전하고 있는데 뒤따라 선생과 브루노가 들어왔습니다. 선생은 칼란드리노 곁에 앉아 맥을 짚어 보더니, 이윽고 그의 부인이 있는 앞에서 말했습니다.

"칼란드리노, 이제는 알겠네. 친구로서 솔직히 말하겠는데, 자네는 다른 데는 나쁜 곳이 없고, 오직 임신을 했을 따름이야."

이 말을 듣자 칼란드리노는 비통한 소리를 지르며 말했습니다.

"아, 이럴 수가! 테사, 당신이 자꾸만 위로 올라탔기 때문이야. 내가 뭐랬어?"

부인은 무척 얌전한 여자였기 때문에 부끄러워서 얼굴이 새빨개졌습니다. 그러더니 고개를 푹 숙이고 한마디 말도 없이 방 밖으로 나갔습니다. 칼란드리노는 마구 푸념을 뇌까려댔습니다.

"아, 나는 어째서 이토록 불행할까! 어쩌면 좋지? 어떻게 아이를 낳는담? 애가 어디로 나오지? 여편네가 색골인 탓에 내가 죽게 되었구나. 빌어먹을 년, 내게 복이 오는 만큼만 화가 미쳐라. 내가 이렇듯 기진맥진하지만 않다면 일어나서 두들겨 줬으면 시원하겠구나. 다리몽둥이라도 분질러 놔야만 직성이 풀릴 것 같군. 그년을 위에 태우는 게 아니었는데. 앞으로는 결코 그런 짓을 하지 말아야지. 자꾸 그러면 그년은 위에 타고 싶은 나머지 먼저 말라 죽을 게 아닌가."

브루노와 부팔마코는 이 말을 듣자 배꼽이 빠질 만큼 웃음이 터질 것 같았지만 꾹 참았습니다. 그러나 시모네 선생은 이가 몽땅 빠질 만큼 하하하 웃어 댔습니다.

이윽고 칼란드리노가 어떻게 해야 좋은가, 제발 살려 달라고 부탁하기 시작해 선생은 말했습니다.

"칼란드리노, 너무 낙담하지 말게. 하느님 은혜로 우리가 일찍 알게 되었으니 다행일세. 대단한 일은 아니야. 이삼 일 안에 고쳐 주지. 하기야 돈은 좀 들 것이네만."

칼란드리노는 대답했습니다.

"선생님, 부디 잘 부탁합니다. 내게 땅을 사려던 돈이 200리라 있습니다. 필요하시다면 모두 드리겠습니다. 부디 애만 낳지 않게 해주십시오. 정말 어쩌면 좋을지 모르겠습니다. 여자들이 애를 낳을 때 울부짖는 건, 난 딱 질색입니다. 여자들은 그토록 큰 그릇을 가졌는데도 애고애고 울어대는 판인데……내가 그런 고통을 겪어야 한다면 애를 낳기 전에 죽고 말 겁니다."

시모네 선생은 점잖게 말했습니다.

"걱정 말게. 내가 잘 듣는 물약을 만들어 줄 테니. 사흘만 지나면 깨끗이 녹아서, 자네는 갓 잡은 생선보다 더 팔팔해질 거야. 그런데 앞으로는 머리를 잘 써서 이런 바보 같은 일이 없도록 하게나. 그 물약을 만들려면 토실토실 살진 좋은 수탉이 여섯 마리 있어야 하네. 그리고 다른 필요한 것을 사기 위해 5리라쯤 있어야 하니, 그 돈을 수탉과 함께 내 집으로 보내 주게. 그럼, 내일 아침까지 어김없이 그 물약을 만들어 보낼 테니 한 번에 큰 컵으로 한 잔씩만 먹도록 하게."

칼란드리노는 이 말을 듣자 "선생님, 잘 부탁합니다. 나는 오직 선생님만 믿고 있겠습니다" 하고, 브루노에게 5리라와 수탉 살 돈을 주면서 귀찮겠지만 좀 수고를 해달라고 부탁했습니다.

의사는 칼란드리노의 집을 나오자, 별난 포도주를 얼마쯤 만들어 그의 집으로 전했습니다.

한편 브루노는 술안주에 필요한 것과 수탉을 사다가 의사와 친구들과 함께 실컷 먹었습니다.

칼란드리노는 사흘 동안 아침마다 그 포도주를 마셨습니다. 의사와 친구들이 그의 집에 찾아왔습니다. 의사는 그의 맥을 짚어 보고 말했습니다.

"칼란드리노, 깨끗이 다 나았군. 이젠 어떤 일을 해도 상관없으니 집에 가만히 누워 있을 필요가 없네."

칼란드리노는 기뻐하며 일어나 곧 일하러 밖으로 나갔습니다. 그리고는 만나는 사람마다 시모네 선생의 용한 치료를 자랑하며, 사흘 만에 조금도 고통 없이 유산을 시켜 주었다고 퍼뜨리고 다녔습니다.

브루노와 부팔마코와 넬로는 인색한 칼란드리노를 단단히 골려 주어 매우 흡족했으나, 끝내 모든 것을 알아차린 그의 아내 테사가 남편에게 종알종알 바가지를 긁어댄 것은 두말할 필요도 없지요.

넷째 이야기

포르타리고 집안의 아들 체코는 부온콘벤토에서 노름을 하여 자기가 가진 것 모두와 안줄리에리 집안 아들인 체코의 돈까지 몽땅 털린다. 그러자 포르타리고 집안의 체코는 셔츠 하나만 입고 안줄리에리 집안의 체코를 따라가 자기 옷을 훔친 도둑이라 뒤집어씌워 마을 사람들에게 붙잡게 한다. 그리고 그의 옷뿐만 아니라 말까지 빼앗아 타고, 그를 셔츠 바람에 맨발 꼴로 만들어 놓고 떠난다.

칼란드리노가 아내에게 한 말을 듣고 모두들 깔깔 웃음을 터뜨리고 말았습니다. 그럭저럭 필로스트라토의 이야기가 끝나고, 여왕의 분부를 좇아 다음에는 네이필레가 이야기를 시작했습니다.

여러분, 많은 사람들이 자기가 지혜롭고 훌륭하다는 것을 남에게 알리는 일이 어리석음과 결점을 드러내는 일보다 어렵다면, 말을 삼간다는 것은 헛된 일이 아니라고 생각합니다. 그 점은 지금 칼란드리노의 바보 같은 짓으로 분명히 알게 되었습니다.

그는 어리석음으로 인해 몸에도 없는 병을 고치려고 아내와의 비밀스러운 즐거움까지 남들 앞에서 지껄여 버렸던 것입니다. 그런데 나는 지금 그것과는 반대되는 이야기를 하나 생각해 냈습니다. 한 사내의 나쁜 꾀가 다른 사내보다 앞섰기 때문에 그에게 많은 손해와 모욕을 주었다는 것인데 그것을 한번 이야기해 보겠습니다.

그렇게 오래된 일은 아닙니다만, 시에나에 이미 청년기를 벗어난 두 사내가 살았습니다. 둘 다 이름은 체코였으나 한 사람은 안줄리에리라는 성이고 또 한 사람은 포르타리고라는 성이었습니다. 두 사람의 생활 방식은 여러모로 달랐습니다만, 한 가지 점에서는 일치하고 있었습니다. 둘 다 아버지를 아주 싫어한다는 것이었습니다. 그 때문에 친구가 되어 늘 가까이 지내고 있었습니다.

그런데 잘생기고 사교계 예절을 몸에 익힌 안줄리에리는 아버지가 보내 주는 생활비만으로는 시에나에서의 생활에 불편한 점이 많았습니다. 한데 우연히, 그의 보호자로 그를 매우 사랑해 주었던 어느 추기경이 교황의 사절로 마르카 단코나에 와 있다는 소식을 듣고, 자기의 처지가 나아지겠구나 생각하고는 그를 찾아가려고 마음먹었습니다. 그래서 그 일을 아버지에게 알리면서, 옷과 말을 갖추어 당당한 풍채로 그를 방문하고 싶으니 6개월분의 생활비를 한꺼번에 보내 달라 해서 승낙을 받았습니다.

그리하여 자기의 하인으로 데리고 갈 사람을 찾고 있었는데, 그것을 포르타리고가 들었습니다. 그는 곧 안줄리에리를 찾아와서, 제발 자기를 데리고 가달라, 하인도 좋고 종도 좋으며, 무슨 일이라도 하겠으니 먹여만 준다면 급료 따위는 필요 없다고 사정했습니다. 그러자 안줄리에리는 자네라면 적당하기는 하나, 노름을 하는 데다 때로는 주정까지 하니 데리고 갈 수 없다고 했습니다. 이 말을 듣고 포르타리고가, 기필코 두 가지 다 삼가겠다고 몇 번이나 맹세를 하면서 무릎을 꿇을 정도로 사정을 하는 바람에, 안줄리에리는 그만 마음이 움직여 승낙을 하고 말았습니다.

어느 날 아침 두 사람은 출발하여 부온콘벤토에 도착해서 식사를 하게 되었습니다. 안줄리에리는 식사가 끝나자—그날은 무척 더운 날씨였기 때문에—낮잠을 좀 잘 셈으로 잠자리를 만들라 해서는 포르타리고에게 거들어 달래서 옷을 벗고, 3시가 되면 깨워 달라 부탁한 다음 침대에 누웠습니다.

포르타리고는 안줄리에리가 잠들자 목로술집으로 나가 술을 몇 잔 들이켜고는 그곳에 있던 무리들과 노름을 시작했습니다. 그러나 그는 바로 얼마 갖고 있던 돈과 입고 있던 옷까지 몽땅 털리고 말았습니다. 그가 뺏긴 것을 되찾으려고 셔츠만 걸친 채 안줄리에리가 자고 있는 방에 오니 그는 곤히 잠들어있었습니다. 그래서 지갑에 있던 돈을 죄다 빼내었습니다. 그러고는 다시 가서 노름을 했으나 역시 아까같이 몽땅 털리고 말았습니다.

안줄리에리는 눈을 뜨자 일어나서 옷을 입고 포르타리고를 불렀으나 나타나지 않았습니다. 보나 마나 어디서 자고 있으려니 짐작하고는 놔두고 갈 작정으로 말안장을 얹고 여행 가방을 실으면서 코르시냐노에 닿으면 다른 하인을 고용해야겠다고 생각했습니다. 그러고는 떠나기 전에 여인숙 주인에게 셈을 치르려고 하니 지갑에 돈이 한 푼도 없는 겁니다. 그만 큰 소동이 벌어지고 말았습니다. 안줄리에리가, 이 여인숙에서 도둑을 맞았으니 하인 하녀 모두를 시에나로 붙들어 가서 감옥에 처넣겠노라 위협했기 때문에 여인숙 안이 발칵 뒤집힌 것입니다. 그런 판에 포르타리고가 셔츠만 하나 걸친 꼴로 나타났습니다. 돈을 훔친 데 재미를 붙여 이번에는 옷을 들고 가려고 나타난 것입니다. 그는 안줄리에리가 벌써 말 채비를 해놓은 것을 보고 이렇게 말했습니다.

"이게 웬일인가, 안줄리에리? 벌써 떠나려나? 잠깐만 기다려 주게. 내 옷을 38솔도로 저당 잡은 자가 곧 이리 올 걸세. 35솔도만 지불하면 반드시 되돌려 주기로 되어 있다네."

미처 그 말이 끝나기 전에 한 사내가 찾아와서, 돈을 훔친 것은 포르타리고가 틀림없다, 그가 노름에서 잃은 돈이 이만저만하다고 안줄리에리에게 말했습니다. 그 말을 듣자 안줄리에리는 화가 머리끝까지 나서 포르타리고를 마구 다그쳤습니다. 만약 그가 하느님을 두려워하지 않는 사람이었다면 그 이상의 제재를 가했을 것입니다. 그는 시에나의 결석 재판(缺席裁判)에 회부하여 교수형에 처하도록 하겠으니 그리 알라고 입으로만 겁을 주면서 말에 올랐습니다. 포르타리고는 안줄리에리가 다른 사람에게 지껄이고 있기라도 한 것처럼 뻔뻔스럽게 이렇게 대꾸했습니다.

"여보게, 안줄리에리, 이런 판에 그런 말을 해봤자 아무 소용없다네. 내 말을 들어 보게. 지금 당장 35솔도를 내면 되찾을 수 있단 말일세. 내일로 연기되면 내가 잡힌 38솔도에서 한 푼도 안 깎아 준단 말이야. 왜냐하면 그의 말대로 내가 돈을 걸었기 때문이지. 어째서 3솔도를 벌 생각은 안 하는 건가?"

안줄리에리는 그가 제멋대로 지껄여대는 말을 들으니 속이 부글부글 끓어올랐습니다. 더구나 모여 선 무리들이 안줄리에리의 돈을 포르타리고가 노름에서 날린 게 아니라, 포르타리고의 돈을 안줄리에리가 아직 보관하고 있는 듯 여기는 것 같아서 호통을 쳤습니다.

"네 옷이 나와 무슨 관계가 있느냐? 너는 목을 매달아야 할 놈이야. 내 돈을 훔쳐서 노름을 하고는 이제 앞길을 막고 방해까지 하다니, 날 바보 취급하는 것도 작작해 두게."

그러자 포르타리고는 마이동풍으로 받아넘기면서 대답했습니다.

"아니, 어째서 자네는 내게서 3솔도를 벌 기회를 뺏으려는 건가? 내가 못 갚을까 봐 그러나? 자, 날 봐서 내놓게. 왜 그렇게 갈 길을 서두르나. 저녁때까지는 토레니에리에 닿을 수 있네. 어서 지갑을 꺼내게. 온 시에나를 다 뒤져도 그렇게 내 몸에 맞는 옷은 없다네. 그것을 38솔도로 그자에게 넘겨주다니! 자 그마치 40솔도 이상은 나갈 텐데. 자네는 정말 내게 이중으로 손해를 보게 할 셈인가?"

안줄리에리는 그가 돈을 훔친 것도 모자라 막무가내로 떼를 쓰니 어처구니가 없어 그만 대꾸도 않고 말 머리를 돌려 토레니에리를 향해 떠나고 말았습니다. 포르타리고는 나쁜 꾀를 생각해 내어 셔츠 바람으로 그를 뒤쫓기 시작했습니다. 그리하여 2마일도 넘게 안줄리에리의 귀가 따갑도록 소리소리 지르며 따라가노라니, 안줄리에리의 앞길 쪽 밭에 있던 농부들이 이쪽으로 몰려오는 것이 눈에 띄었습니다. 그러자 그는 큰 소리로 외쳤습니다.

"저놈 잡아라! 저놈 잡아라!"

농부들은 괭이와 삽을 손에 들고 안줄리에리의 길을 막는, 소리 지르며 셔츠 바람으로 쫓아오는 사나이가 몽땅 털린 것이 틀림없다 싶어 안줄리에리를 붙들고 못 가게 했습니다. 안줄리에리는 자기 신분을 밝히고 어떻게 된 일인지를 설명했으나 먹혀들지가 않았습니다. 그러자 포르타리고가 달려와 노려보면서 입을 놀렸습니다.

"이 도둑놈, 내 것을 훔쳐 달아나다니, 너를 죽여도 시원치 않다!"

이렇게 외치고는 마을 사람들을 보고 말했습니다.

"여러분들, 알 만하시지요? 이 사나이는 노름에서 가진 것을 모두 털리고는, 나를 이 꼴로 여인숙에 버려두고 달아났습니다. 하느님과 여러분 덕택으로 보잘것없는 물건이나마 되찾게 되었습니다. 이 은혜 잊지 않겠습니다."

안줄리에리는 여러모로 해명했지만, 농부들은 그 말을 믿지 않았습니다.

포르타리고는 농부들의 힘을 빌려 그를 말에서 끌어내려 옷을 벗겨 자기가 입었습니다. 그리고 말 위에 올라, 안줄리에리를 셔츠 한 장에 맨발 꼴로 둔 채 시에나로 돌아왔습니다. 그러고는 안줄리에리와 노름을 해서 이겨 말과 옷을 차지한 것이라고 퍼뜨렸습니다.

안줄리에리는 부자처럼 차려입고 마르카의 추기경을 찾아가려다가, 가엾게도 셔츠 바람에 맨발로 부온콘벤토에 갔습니다만 한동안 시에나로 돌아올 용기가 나지 않았습니다. 하는 수 없이 옷을 빌려 입고 포르타리고가 타던 노새를 타고 코르시냐노의 친척집에 가서, 다시 아버지한테서 돈이 올 때까지 머물러 있었습니다.

이같이 포르타리고의 나쁜 꾀는 안줄리에리의 모처럼 만의 계획을 엉망진창으로 만들어 버렸습니다만, 언젠가 어디에서든 안줄리에리의 보복을 안 받으리라 누가 보장하겠습니까.

다섯째 이야기

칼란드리노가 젊은 여인에게 반하자 브루노는 그에게 부적을 만들어 준다. 그가 그 부적을 여인의 몸에 대자 여인이 그를 따라온다. 그런데 그만 아내에게 들켜 단단히 혼이 난다.

네이필레의 짧은 이야기가 끝나자 모두들 별로 웃지도 않고 이러쿵저러쿵 비평도 하지 않았습니다. 여왕은 피암메타를 바라보고 다음 이야기를 하도록 분부를 내렸습니다. 그러자 피암메타는 기다렸다는 듯이 생긋이 웃으며, 기꺼이 이야기를 하겠습니다, 하고는 입을 열기 시작했습니다.

여러분, 이야깃거리는 여러 가지가 있습니다만, 만약 이야기하시는 분이 때와 장소를 분별하여 잘 선택한다면, 재미없는 이야기는 하나도 없으리라는 것을 여러분도 아시리라 믿습니다. 그리고 우리가 이곳에 모여 있는 이유 또한, 말할 것도 없이 즐겁고 재미있게 시간을 보내자는 것 이외에는 아무런 목적이 없으니까, 기쁘게 즐길 수만 있다면 지금 이곳이야말로 제격이라 하겠습니다. 그런 만큼 설령 천 번을 이야기한 것이라도 다시 이야기가 나오면 역시 마찬가지로 즐거우리라 생각합니다.

그런 까닭으로 해서, 칼란드리노의 이야기는 전에도 몇 차례 나왔고 조금 전에 필로스트라토도 이야기했지만, 나도 기어이 또 한 가지를 덧붙여 보고자 합니다.

만약 내가 사건의 진상을 벗어나서 이야기를 하려 든다면, 이름을 바꾸어 이야기를 구성하든지 해서 그렇게 할 수 있을 것입니다. 하지만 사실 그 자체를 벗어나서 이야기를 한다는 것은 솔직한 것을 좋아하는 분들에게 흥미를 떨어뜨리는 결과가 되기 때문에 나는 사실을 사실대로 여러분에게 이야기하기로 하겠습니다.

니콜로 코르나키니는 우리와 마찬가지로 이 도시의 사람이며 상당한 부자였습니다. 그는 여러 군데 땅을 가지고 있었는데 그중에서도 카메라타에는 특히 아름다운 땅을 가지고 있어서, 그곳에 멋진 집을 지었습니다. 그러고는 브루노와 부팔마코에게 온 집 안에 그림을 그려 달라고 부탁했습니다. 그것이 여간 큰일이 아니어서 두 사람은 넬로와 칼란드리노한테도 거들어 달래서 함께 일을 시작했습니다. 그럴 즈음 그 집은 이미 두세 개의 방에 침대와 가구가 놓여 있었고 늙은 하녀 하나가 집을 지키고 있었습니다만, 다른 가족은 살고 있지 않았습니다. 그리하여 니콜로의 아들로 아직 총각인 필리포가 가끔 여자를 데리고 와 재미를 보면서 이틀이나 사흘씩 지내는 데 이용되고 있었습니다.

그런 짓을 거듭하던 어느 날 그는 니콜로자라는 여인을 데리고 왔는데, 건달인 만지오네가 카말돌리에 있는 어느 집에 두고 매춘을 시키고 있는 여자였습니다. 그녀는 제법 얼굴이 반반하고 차림도 말쑥한 데다, 그런 환경의 여자인데도 불구하고 예의도 차릴 줄 알고 말도 잘했습니다.

그런데 어느 날 낮이었습니다. 그녀가 흰 잠옷 차림에다 머리도 그냥 걷어 올린 꼴로 침실에서 나와 안마당 우물에서 세수를 하고 있노라니, 마침 거기에 칼란드리노가 물을 길러 왔다가 아주 상냥하게 인사를 했습니다.

그녀도 같이 인사를 하고 흘금거렸습니다. 칼란드리노가 좀 괴짜로 보였기 때문입니다. 칼란드리노도 그녀를 가만히 살펴보니 제법 미인인 터라—좀 더 머물만 한 적당한 핑계를 찾으면서—동료들에게 물을 길어 갈 생각은 않고 꾸물거렸습니다. 그렇다고 처음 만난 사람이니 감히 말을 붙일 수도 없었습니다. 그녀는 사내가 자기를 훑어보는 것을 깨닫자 한번 놀려 줄 생각을 했습니다. 그래서 가끔 바라보면서 한숨을 지었습니다. 그러자 칼란드리노는 금세 넋을 잃고는, 필리포가 침실에서 그녀를 부를 때까지 그 자리를 떠나지 않고 있었습니다.

이윽고 칼란드리노는 일을 하러 돌아왔습니다만, 자꾸만 길게 한숨을 쉬었습니다. 브루노는 그가 일하는 태도를 보고는 이내 깨닫고 말을 건넸습니다.

"웬일이야, 칼란드리노? 한숨만 쉬고 있구나."

칼란드리노가 대답했습니다.

"누가 날 도와줄 사람이 없을까? 그렇게 해주면 참 좋겠네."

"뭘?" 하고 브루노가 물었습니다.

그러자 칼란드리노가 대꾸했습니다. "남들에게 말하면 곤란하지만, 실은 이 집에 굉장히 미인인 데다 마치 요정 같은 젊은 여자가 있단 말일세. 자넨 곧이 안 들을지 모르나 그 여인이 내게 홀딱 반한 것 같아. 아까 물을 길러 갔을 때 만났는데."

"그래?" 하고 브루노가 맞장구를 쳤습니다. "하지만 조심하게나. 그 여잔 필리포의 부인일지도 모르니."

칼란드리노는 고개를 끄덕였습니다.

"그럴지도 몰라. 그가 부르니까 그의 침실 쪽으로 가더군. 하지만, 그게 어쨌단 말인가? 이 일에 관해선 필리포는 물론이고 예수 그리스도조차 눈을 감아 달랠 판인데. 솔직히 말해서 난 그 여인에게 홀딱 빠지고 말았어. 자네한테 표현을 잘 못하겠네만……."

그러자 브루노는 장단을 맞춰 주었습니다.

"그래? 정 그렇다면 내가 그 여자가 누구인지 알아봐 주지. 혹시 필리포의 아내라 해도 간단히 주물러 주지. 난 그녀와 가까운 사이란 말이야. 한데 부팔마코에게 이걸 알렸으면 좋겠어. 그 녀석과 함께가 아니면 그 여자와 이야기하기가 좀 거북해서."

이에 칼란드리노가 말했습니다.

"부팔마코라면 괜찮지만, 넬로는 조심해야 돼. 그 녀석은 테사의 친척이기 때문에 산통을 다 깨뜨리고 말 테니까."

브루노가 머리를 끄덕였습니다.

"그럴 거야."

사실 브루노도 그녀가 이 집에 오는 것을 가끔 보았으며, 필리포가 지껄이기도 했기 때문에 어떤 여자인지 잘 알고 있었습니다. 그래서 칼란드리노가 잠시 일손을 놓고 그녀를 보러 간 사이에 넬로와 부팔마코에게 사실을 다 털어놓고 말았습니다. 그러고는 이 연애 문제를 어떻게 처리하느냐에 대해 몰래 수작을 짜놓았습니다.

이윽고 칼란드리노가 들어오자 브루노는 나직한 목소리로 물었습니다.

"그래, 만났나?"

"응, 그 여잔 날 말라 죽게 한단 말이야!"

브루노가 말했습니다.

"그럼 내가 아는 여자인지 가보고 오지. 만약 그렇다면 내게 맡겨 두라고."

그리고 브루노는 아래로 내려갔습니다. 마침 필리포가 여자와 함께 있었기 때문에, 칼란드리노가 어떤 사내이며 어떤 이야기를 했는가를 툭 털어놓고 그의 연정을 한번 크게 놀려 주자고 서로 의논했습니다. 그러고는 돌아와서 칼란드리노에게 이렇게 말했습니다.

"역시 그 여자더군. 그러니 여간 조심을 하지 않으면 안 돼. 만약 필리포가 알게 되면 아르노강의 물을 몽땅 뒤집어쓸지도 모른단 말이야. 한데, 내가 그 여자에게 뚜쟁이 노릇을 한다면 대관절 어떻게 말을 해달라는 거야?"

칼란드리노는 얼른 대답했습니다.

"좋아, 우선 내가 그녀에게 애를 갖게 하고 싶을 정도로 그녀를 그리워한다고 해주게. 그다음에는 내가 그녀의 종이 되어 무슨 일이든 하고자 한다고, 설사 그녀가 아무것도 바라지 않더라도, 알겠나?"

"알았어, 맡겨 두게나" 하고 브루노는 그의 말에 대꾸했습니다.

저녁 먹을 시간이 되어 모두들 일을 잠시 놓고 안마당으로 내려갔습니다. 거기에 필리포와 니콜로자가 찾아와서, 칼란드리노를 위해 잠시 머물러 있었습니다. 그러자 칼란드리노는 니콜로자를 뚫어지게 바라보면서 장님이라도 알아차리고 깨달을 정도로 이상한 수작을 걸었습니다.

그러나 잠시 뒤에 그들은 이 집에서 떠나야 했기 때문에 칼란드리노의 서운함이란 이루 말할 수가 없었습니다. 피렌체로 돌아오는 길에 브루노는 칼란드리노에게 이렇게 말했습니다.

"정말 자넨 솜씨가 비상해. 얼음을 불 위에 얹은 것처럼 눈 깜짝할 사이에 그 여자를 녹여 버렸군그래. 만약 자네가 레벡을 들고 나와서 익숙한 연가(戀歌)를 두세 곡 부르기만 한다면 그 여잔 창문에서 자네 품으로 뛰어내릴 걸세."

칼란드리노는 신이 나서 말했습니다.

"그렇게 생각하나? 그럼 레벡을 갖고 올까?"

"그러지" 하고 브루노는 대답했습니다.

그러자 칼란드리노는 이렇게 지껄였습니다.

"오늘 내가 그 여자 이야기를 꺼냈을 때 자넨 믿지 않는 것 같더군. 난 다른 사내들보다 내가 하고 싶은 일을 더 빨리 해치울 자신이 있단 말이야. 그만한 미인을 이렇게 빨리 녹여 버리는 것, 나 말고 할 수 있는 녀석이 있는 줄 아나? 하루 종일 여기저기 뛰어다니고, 천년이 걸려도 개암나무 열매 세 움큼도 벌지 못할 너절한 요즘 젊은 녀석들이 대체 무얼 한다는 건가. 그럼, 내가 레벡을 타는 것을 자네에게 한번 보여 줄까? 멋진 솜씨지. 그리고 나는 자네가 생각하는 정도로 나이를 먹지 않았다는 것을 알아주게나. 그걸 그 여잔 잘 알고 있는 거야. 만약 그렇지 않다 해도, 내가 그 여자의 어깨에 손을 올려놓기만 하면 바로 알게 될 거야. 맹세코 내 기막힌 솜씨를 보여 주겠네. 바보 같은 어머니가 애를 따라다니듯 그 여자가 내 뒤만 쫓도록 해 보이겠단 말이야."

"음, 음" 하고 브루노가 장단을 맞추었습니다. "자넨 실컷 그 여자의 단물을 빨겠지. 레벡의 실꾸리 같은 이빨로 그 여자의 새빨간 입술과 장미꽃 같은 붉은 뺨을 물고 냠냠거리다가 나중에는 몸뚱이까지 몽땅 먹어 치우는 것이 눈에 선하군."

칼란드리노는 그런 말을 들으니 이미 그렇게 된 것 같은 느낌이 들었습니다. 그래서 기뻐 어쩔 줄 몰라 가만히 있지 못하고 노래를 불렀다가 뛰었다가 했습니다.

그 이튿날 정말 칼란드리노가 레벡을 가지고 와서 그것을 튕기면서 노래를 불렀기 때문에 아무튼 모두들 즐거운 시간을 가졌습니다. 그는 너무도 그녀가 보고 싶은 나머지 그날은 도무지 일손이 잡히지 않아 몇 번이나 창가로 가기도 하고 문간으로 달려가는가 하면 이내 안마당으로 나가곤 하면서 들떠 있었습니다.

여자 쪽에서도, 브루노가 시킨 대로 그가 그러도록 그럴싸하게 맞장구를 쳐주었습니다.

한편 브루노는 사람을 시켜 여러 가지 지시를 했고, 그녀도 자주 형편을 알려 왔습니다. 그래서 그녀가 외출할 때는 대개의 경우 그녀로부터 편지가 오게끔 했습니다. 편지에는 그가 잔뜩 애가 달도록, 지금 친척 집에 있기 때문에 만날 수가 없다는 등의 사연을 적었습니다.

이렇게 해서 이 일에 관계하고 있는 브루노와 부팔마코가 마치 여자에게서 재촉을 받는 것처럼 꾸며 칼란드리노에게 때로는 상아로 만든 빗을, 때로는 지갑을, 때로는 주머니칼 따위를 선물하도록 하고, 여자 쪽에서는 아무런 값어치도 없는 물건이라든가 가짜 가락지 따위를 답례로 보내게 하여 칼란드리노를 잔뜩 흥분시켜서 세상에 다시없는 재미를 구경하고 있었습니다. 그밖에도 잘 주선해 달라는 뜻으로 칼란드리노로부터 새참을 대접받기도 하고 식사를 대접받기도 했습니다.

한편 두 사람이 이런 식으로 조금도 사태가 진전되지 않도록 해서 두 달이상을 끌자, 칼란드리노는 이 집 일도 드디어 끝날 때가 가까워진 것을 알게 되었습니다. 그리하여 일이 끝나기 전에 이 사랑이 이뤄지지 않으면 영원토록 목적을 이루는 것이 불가능함을 깨닫고는, 브루노를 졸라대기도 하고, 마구 다그치기도 했습니다.

그래서 브루노는 여자가 그 집에 왔을 때 우선 필리포와 여자를 만나 어떻게 할지를 상의한 다음, 칼란드리노에게 이렇게 말했습니다.

"이봐, 칼란드리노, 그녀는 자네가 바라는 대로 하겠다고 몇 번이나 약속을 했는지 모르네. 하지만 한 번도 좀처럼 응하지 않으니 아무래도 자넬 놀리고 있는 것 같아. 약속을 지키지 않으니까, 자네만 좋다면 우격다짐으로라도 우리가 그렇게 하도록 만들어 줄까?"

"부탁이야! 제발 빨리 그렇게 해주게."

칼란드리노의 대답을 듣고 브루노가 이렇게 말했습니다.

"그럼 내가 부적을 만들어 줄 테니, 그것을 지니고 그 여자를 건드려 보겠나?"

"좋아."

"그럼" 하고 브루노가 말을 이었습니다. "사산(死産)된 새끼 양의 가죽 약간과 살아 있는 박쥐 한 마리에다 향 세 개와 성당의 초를 한 자루 갖다 주게. 그 뒤는 내게 맡기면 돼."

칼란드리노는 그날 밤을 새우다시피 해서 연장을 들고 박쥐를 잡았습니다. 가까스로 한 마리를 잡자 다른 물건과 함께 브루노에게 가져갔습니다. 브루노는 침실에 틀어박혀서 갖다 준 양가죽 위에다 밑도 끝도 없는 문구를 휘갈겨 써선 그것을 칼란드리노에게 주며 말했습니다.

"칼란드리노, 알겠나, 자네가 글이 적힌 이것을 가지고 그 여자의 몸에 대면 여자는 자네 뒤를 따라올 거야. 그리고 자네 소원을 풀어 줄 것인즉, 오늘 필리포가 외출을 하거든 어떻게든 해서 그 여자에게 다가가 이것을 대도록 하게. 그러고는 곧 곁에 있는 광에 들어가게나. 거기라면 아무도 올 리가 없으니 장소가 아주 좋단 말이야. 그 여자는 반드시 따라갈 테니까 그다음에는 어떻게 하면 좋을지, 그건 자네가 잘 알고 있겠지."

그러자 칼란드리노는 하늘에라도 오를 듯이 기뻐서 그 부적을 받으며 자신만만한 대답을 했습니다.

"응, 내게 맡겨 두게나."

한편 칼란드리노가 경계하고 있던 넬로는 이 문제에 대해 누구보다 흥미를 가지고는, 그를 골려 줄 기회를 벼르고 있었습니다. 그러던 중 브루노의 귀띔을 받자 곧 피렌체에 있는 칼란드리노의 아내에게 가서 이렇게 말했습니다.

"테사, 칼란드리노가 무뇨네의 돌을 가지고 돌아왔을 때 까닭 없이 너를 얼마나 때렸는지 잊지는 않았겠지. 그 분풀이를 안 할 텐가? 만약 그러기 싫다면 앞으로는 나를 친척으로도 친구로도 생각지 말게. 실은 칼란드리노가 일하고 있는 집의 여자에게 홀딱 반해 있어. 그 계집이란 게 또 여간 색골이 아니어서 틈만 나면 그를 방 안으로 끌어들이고 있단 말이야. 조금 전에도 서로 만나자 무언가 약속을 하더군. 그러니 네가 나타나서 현장을 덮쳐 단단히 혼을 내주란 말이야."

테사는 농담으로 들어 넘길 말이 아니라고 여기고 벌떡 일어나서 이렇게 뇌까렸습니다.

"어머나! 주책도 없이 그런 짓을 해! 절대로 안 될 일이야, 절대로. 오라버니 얼굴을 보아서도 그냥 둘 수는 없어요."

그러고는 외투를 손에 들자 하녀를 데리고 곧 넬로와 함께 카메라타로 출발했습니다.

브루노는 멀리서 그녀가 오는 것을 보자 필리포에게 말했습니다.

"왔습니다, 왔습니다. 우리 친구가 옵니다."

그러자 필리포는 칼란드리노와 그 밖의 무리들이 일하고 있는 곳으로 가서 이렇게 말했습니다.

"여러분, 난 지금부터 피렌체에 다녀오겠습니다. 열심히 일들을 해주십시오."

그러고는 그곳을 떠나 칼란드리노가 어떤 짓을 하는지 숨어서 볼 수 있는 장소로 갔습니다.

필리포가 어지간히 멀리 갔으리라 생각하고 칼란드리노가 안마당으로 내려가니 니콜로자가 혼자 서 있었습니다.

그는 얼른 말을 걸었습니다.

여자는 자기가 취해야 할 행동을 알고 있었기 때문에 다가가서 여느 때와는 달리 약간 상냥한 태도를 해 보였습니다. 칼란드리노는 재빨리 손에 들었던 부적을 그녀의 몸에 대었습니다. 댄 다음에는 아무런 말도 없이 뒤도 돌아보지 않고 곧바로 광 쪽으로 걸음을 옮겼습니다.

니콜로자는 뒤를 따라갔습니다. 그리고 광에 들어서자 문을 닫고 칼란드리노에게 매달렸습니다. 그러고는 거기 쌓아 둔 짚더미 위에 그를 쓰러뜨린 다음 몸 위에 걸터타고, 그의 두 어깨에 두 손을 짚고 얼굴을 가까이 하지 못하도록 하고는, 일부러 욕정을 못 참는 듯이 이렇게 종알거렸습니다.

"아, 나의 다시없는 칼란드리노, 당신은 나의 심장, 나의 영혼, 나의 보물, 내 마음의 안식처예요. 얼마나 오래도록 내 것으로 만들어서 내 가슴에 껴안고 싶었는지 몰라요. 당신은 상냥한 마음씨로 내 사랑을 차지했어요. 그 레벡으로 내 마음을 사로잡고 말았어요. 내가 당신을 끌어안고 있는 것은 꿈이 아니고 사실이겠죠?"

칼란드리노는 몸도 제대로 못 움직이면서 대답했습니다.

"아, 그리운 내 님이여, 키스를!"

니콜로자는 대꾸했습니다.

"어머나, 급하기도 하셔라. 그보다도 내게 좀 더 똑똑히 보여 주세요. 내 눈이 싫증이 나도록 당신의 상냥한 얼굴을 보여 주세요."

브루노와 부팔마코는 필리포가 숨어 있는 곳으로 갔습니다. 그리하여 셋이서 이런 광경을 보고 들었습니다. 그런데 막 칼란드리노가 키스를 하려는 참에, 넬로가 테사를 데리고 도착했습니다. 광 앞에 이르자 넬로가 말했습니다.

"틀림없이 둘은 몰래 사랑을 나누고 있을 거야."

화가 머리끝까지 치민 테사는 두 손으로 광문을 열어젖히고 안으로 뛰어들었습니다. 보니 니콜로자가 칼란드리노 위에 걸터타고 있는 것이 아니겠습니까? 니콜로자는 그녀를 보자 잽싸게 일어나 필리포가 숨어 있는 곳으로 달아났습니다.

테사는 아직 일어나지 못한 칼란드리노에게 달려들어 손톱으로 얼굴을 마구 할퀴었습니다. 그러다가 머리털을 휘어잡고 마구 내두르며 소리 질렀습니다.

"이 개돼지 같은 녀석, 용케도 이따위 짓을 하는구나. 이 색정에 미친 잡놈아, 너 같은 녀석을 좋아한 내가 저주를 받아야지. 집구석에도 네놈이 팔 우물은 얼마든지 있는데 다른 계집을 건드려, 이 오입쟁이야! 제 주제도 모르는 악당 같으니. 이 늙은 병신아! 너 따위는 아무리 짜봤자 한 방울의 기름도 안 나올 게다. 하느님께 맹세코 네놈이 걸터타고 임신시킨 것은 테사가 아니렷다. 너 같은 놈에게 그런 재미를 보겠다니, 그런 더러운 마음을 먹은 년은 급살을 맞을 거야!"

칼란드리노는 아내가 나타난 것을 알자 혼이 나가서 아무렇게나 아내에게 몸을 내맡기고 있었습니다. 얼마나 긁히고 꼬집히고 머리털을 쥐어뜯겼는지, 이윽고 비실비실 일어나 모자를 주워 들면서, 그렇게 떠들지 말아 달라, 그 여자는 이 집 주인의 부인인데 남편을 찢어 죽이고 싶지 않거든 큰 소리를 치지 말라고 코가 땅에 닿도록 빌었습니다. 그제야 테사가 쏘아붙였습니다.

"그런 계집은 벌을 받아야 해."

브루노와 부팔마코는 필리포와 니콜로자와 함께 이런 광경을 보고 배를 움켜쥐고 웃다가, 떠들썩한 소리를 듣고 온 척하며 그 자리에 모습을 나타냈습니다. 그러고는 갖은 말로 테사를 달래며, 칼란드리노를 보고는, 만약 이 일을 필리포가 알면 자네에게 해를 입히려 들지 모르니 피렌체에 돌아가서 다시는 카메라타에 오지 않는 것이 좋겠다고 충고했습니다.

이렇게 온몸을 쥐어뜯기고 온 얼굴이 할퀴어져 볼썽사나운 꼴이 된 칼란드리노는 피렌체로 돌아오자 두 번 다시 그 집으로 갈 용기가 나지 않았으며 낮이나 밤이나 아내의 구박을 감수해야 했고, 거기다가 자기의 친구들과 니콜로자와 필리포의 웃음거리가 되고 말았습니다. 그리하여 그의 불타는 사랑을 마침내 단념할 수밖에 없었습니다.

여섯째 이야기

두 젊은이가 어떤 남자의 집에 묵게 되었는데, 그 가운데 하나가 남자의 딸 곁에 파고든다. 그리고 그 집 부인은 실수로 다른 젊은이와 자게 된다. 딸과 함께 잔 젊은이는 친구인 줄 알고 딸의 아버지 곁에 누워 모든 것을 지껄이고 만다. 그만 큰 소동이 벌어질 찰나에 부인이 재치 있게 딸의 침대로 옮겨 누워 말을 용케 꾸며 대어 사태를 탈 없이 수습한다.

칼란드리노의 이야기는 전에도 여러 차례 그들을 웃겼지만 이번에도 모두를 웃겼습니다. 칼란드리노의 행동은 여러 가지로 부인들의 입에 올랐으나, 일단락되자 여왕은 다음으로 판필로에게 이야기를 하도록 분부를 내렸습니다. 그러자 그는 다음과 같은 이야기를 시작했습니다.

여러분, 칼란드리노가 반했던 여자 이름이 니콜로자라는 말을 듣고, 나도 또 한 사람의 니콜로자 이야기를 머리에 떠올렸습니다. 그 이야기를 여러분에게 해드리기로 하겠습니다. 이것을 들으시면 영리한 한 여인이 기막힌 재치를 부려 사건을 용케 수습한 것을 아시게 될 겁니다.

그리 오래된 일은 아닙니다만, 무뇨네의 골짜기에 어느 성품 좋은 사람이 살았습니다. 그 남자는 돈을 벌기 위해 나그네에게 음식을 팔고 있었습니다. 가난해서 집도 조그마했습니다만, 사람을 가리는 편이어서 낯익은 몇 사람에게만 가끔 잠자리를 제공하곤 했습니다.

그 남자의 부인은 상당한 미인이었으며, 부부에게는 자녀가 두 명 있었습니다. 하나는 열대여섯 살인 예쁘고 참한 처녀였고, 하나는 아직 어머니의 젖을 먹는 돌 전의 아들이었습니다.

우리 도시의 귀족 출신으로 풍채도 좋고 남에게 호감을 주는 한 젊은이가 이 근처를 가끔 오가다가 그 처녀를 발견하고는 그만 홀딱 반해 버렸습니다. 그리고 처녀도 이런 훌륭한 청년에게 사랑받는 것을 자랑으로 알고, 오래오래 사랑해 달라는 뜻에서 상냥하게 대하다 보니 어느새 그가 좋아지고 말았습니다.

만약 피누치오가, 이것이 그 청년의 이름이었습니다만, 자기 자신과 그녀에 대한 세상의 비난을 두려워하지 않았다면 그들의 사랑이 뜨거운 정도로 봐서 훨씬 빨리 여러 차례 결실을 보았을 것입니다.

날이 갈수록 마음이 들떠서 피누치오는 어떻게든 그녀를 만나고 싶어졌습니다. 그래서 그녀의 집에 묵을 좋은 방법이 없을까 하고 갖가지 꾀를 짜보았습니다. 사실 그는 처녀의 집 사정을 훤히 알고 있었기 때문에 묵게만 되면 아무도 몰래 그녀를 껴안을 수가 있다고 생각했습니다. 그래서 그는 곧 행동으로 옮기기 시작했습니다.

그는 이 사실을 잘 알고 있는 아드리아노라는 친구와 함께 두 마리의 말을 빌려 타고, 아마도 짚을 채워 넣었을 큼직한 가방 두 개를 안장에 달고, 어느 날 밤 피렌체를 나섰습니다. 그들이 길을 멀리 돌아서 무뇨네의 골짜기에 도착했을 때는 이미 밤이 이슥했습니다. 그래서 마치 로마냐에서 돌아오는 것처럼 뒤로 돌아가 그 집의 문을 두드렸습니다. 주인은 두 사람을 잘 알고 있었기 때문에 곧 문을 열었습니다.

"부탁하오." 피누치오가 입을 열었습니다. "우리를 하룻밤 재워 줄 수가 없겠소? 실은 피렌체에 들어갈 수 있을 줄 알았는데, 보다시피 생각과는 다르게 이런 시간에 예까지밖에 못 오고 말았소."

그러자 주인이 말했습니다.

"피누치오 님, 아시다시피 여기는 도련님 같은 분이 주무실 만한 곳이 아닙니다. 하지만 이런 시간에 도착하셨으니 다른 데 가실 수도 없으시겠죠. 좋습니다. 기꺼이 잠자리를 제공하도록 하겠습니다."

이리하여 젊은이들은 말에서 내려 조그마한 방으로 들어가 우선 말을 돌본 다음 가지고 온 음식을 꺼내어 주인과 함께 식사를 했습니다.

그런데 이 집에는 방이라곤 좁은 방 하나뿐이었기 때문에 주인은 머리를 짜내어 조그만 침대를 세 개 배치했습니다. 침대 세 개를 쉽게 놓을 만한 넓이가 못 되었기에 두 개는 벽 쪽에 바짝 붙여서 놓고 또 하나는 반대쪽 벽에 붙여서 방 가운데에 간신히 사람이 다닐 수 있는 통로를 만들었습니다. 주인은 세 개의 침대 가운데서 괜찮은 것을 하나 골라 두 사람에게 주었습니다.

이윽고 두 사람이 자는 체하고 있노라니, 주인은 남은 침대의 하나에는 딸을 재우고 또 하나에는 부인과 함께 누웠습니다. 부인은 자기가 누운 침대 옆에 아기를 재우는 요람을 당겨 놓았습니다. 이렇게 배치가 된 것을 피누치오는 눈여겨봐 두었다가 잠시 뒤 모두들 곤히 잠든 틈을 타서 가만히 일어나 사랑스러운 처녀가 자고 있는 침대로 숨어들었습니다.

처녀는 처음에는 무서워했으나 곧 반기면서 곁으로 맞아들였습니다. 그러고는 기다리고 바랐던 즐거움을 맛보면서 함께 잤습니다.

이와 같이 피누치오가 처녀와 자고 있는데, 마침 고양이가 시렁에서 무엇을 떨어뜨렸는지, 달카닥 하는 소리가 났습니다. 그 소리에 부인이 눈을 떴습니다. 부인은 무엇이 깨지지 않았나 걱정이 되어 일어나서 소리 난 쪽으로 어둠 속을 더듬더듬 갔습니다.

그런 일을 몰랐던 아드리아노는 소변을 보려고 일어나서 변소를 찾아 더듬고 가다가 부인이 놓아둔 요람에 부딪쳤습니다. 그것을 치우지 않고는 갈 수가 없기 때문에 그것을 들어 자기가 누웠던 침대 쪽에 옮겨 놓았습니다. 그러고는 소변을 보고 돌아와서 요람 따위는 잊어버리고 침대에 기어들었습니다.

고양이가 떨어뜨린 것은 대단한 것이 아니었기 때문에 부인은 고양이를 꾸짖고 침실로 돌아와 곧장 남편이 자고 있는 쪽으로 더듬어 갔습니다.

그런데 아기의 요람이 없지 않겠습니까?

'어머나, 큰일 날 뻔했네. 손님의 침대에 들어갈 뻔했군!'

혼자 속으로 중얼거리며 다시 더듬으니 요람이 손에 잡혔습니다. 거기가 남편이 자는 침대인 줄 알고 아드리아노의 곁으로 파고들었습니다.

아직 잠들지 않았던 아드리아노는 얼른 알아차리고 그녀를 기꺼이 맞아들였습니다. 그러고는 한마디 입도 못 떼게 하고 잘 다루어서 몇 차례나 그녀를 기쁘게 해주었습니다.

한편 피누치오는 진작부터 바랐던 사랑의 즐거움을 맛보았기 때문에 이대로 있다가 처녀와 함께 잠들어 버리면 큰일이라고 생각하고, 자기 침대에 가려고 일어났습니다. 저쪽으로 가려 하다 요람에 부딪히자 그곳이 주인의 침대인 줄 알고, 조금 더 가서 주인과 함께 눕게 되었습니다.

주인은 피누치오가 파고들자 눈을 떴습니다. 피누치오는 아드리아노의 곁에 누운 줄 알고는 "이봐, 니콜로자 같은 굉장한 아가씨를 만난 것은 처음이야. 정말 사내가 여자한테서 얻을 수 있는 최상의 즐거움을 맛보았어. 여길 빠져나가서, 여섯 번 이상이나 쾌감을 맛보았단 말이야" 하고 지껄였습니다.

주인은 이 말을 듣자 발끈해서 '이놈은 여간 악마가 아니군!' 하고 혼잣말로 중얼거린 다음, 분노를 터뜨리며 "피누치오 씨, 무슨 짓이오? 어째서 그런 짓을 했는지 까닭을 모르겠소. 이 원수는 반드시 갚고 말 테요" 하고 뇌까렸습니다.

피누치오는 그다지 영리한 편은 아니었기 때문에 아차 하면서도 잘 둘러대지 못하고 "나에게 복수를 해? 네가 어떻게 하겠다는 거야?" 하고 대꾸를 했습니다.

그러자 남편과 자고 있는 줄로만 알았던 부인이 아드리아노에게 말했습니다.

"저런, 우리 집 손님들이 서로 말다툼을 하는군요."

아드리아노는 웃으면서 대답했습니다.

"놔두라고. 좀 싸우라지. 어젯밤에 너무 마셔대더군."

부인은 아드리아노의 목소리를 듣자 곧 자기가 어디에 있고 누구와 자고 있는지 깨달았습니다. 그녀는 영리한 여자였으므로 더 아무 말도 하지 않고 일어나 어린애 요람을 들고 깜깜한 속을 더듬어 딸의 침대 곁에 갖다 놓고 딸과 함께 누웠습니다. 그런 다음 남편의 목소리를 듣고 눈을 뜬 것처럼 해서 남편의 이름을 불러, 뭣 때문에 피누치오 님과 다투느냐고 물었습니다.

남편이 대답했습니다.

"지금 막 이 친구가 니콜로자와 잤다고 지껄이는 말을 못 들었소?"

부인은 얼른 둘러댔습니다.

"그분은 아무렇게나 지껄이고 있는 거예요. 니콜로자가 그분과 잘 리 있나요. 내가 줄곧 여기 누워 있었는데요. 그런 말을 믿다니, 당신 좀 어리석군요. 두 분이 간밤에 너무 마시는 게 아닌가 싶었는데, 아마 밤중에 꿈이라도 꾸시고 꿈속에서 쏘다니시다가 재미를 보신 모양이지요. 목을 분지르지 않은 게 다행이에요. 피누치오 님은 거기서 뭘 하세요? 어째서 자기 침대로 안 가시지요?"

아드리아노는 부인이 용케 자신의 수치와 딸의 수치를 둘러대는 것을 보고 입을 열었습니다.

"피누치오, 자네는 꿈을 꾸고 일어나 그 꿈을 사실처럼 말하는 버릇이 있잖나. 언젠가는 혼이 날 테니 조심하라고 몇 번이나 타일렀는데…… 자, 이리 오게. 불행한 밤이란 바로 이런 밤인 거야."

주인은 아내가 한 말과 아드리아노의 말을 듣고는 피누치오가 꿈을 꾸었다고 믿었습니다. 그래서 그의 어깨를 흔들어 깨우며 말했습니다.

"피누치오 님, 일어나시오. 자기 침대로 돌아가구려."

피누치오는 사정을 알아차리고 일부러 꿈꾸는 사람 같은 시늉을 하면서 새삼 헛소리를 했습니다. 그러자 주인은 배꼽을 쥐고 웃어댔습니다. 피누치오는 주인이 자기 몸을 흔드는 것을 알면서도 짐짓 잠에서 갓 깬 것처럼 아드리아노를 보고 입을 열었습니다.

"벌써 날이 밝았나? 왜 부르지?"

"자, 이리 오게."

피누치오는 아직 졸려 죽겠는 듯한 동작으로 느릿느릿 주인 곁에서 일어나 아드리아노가 있는 침대로 돌아왔습니다.

이윽고 날이 새자 두 사람은 일어났습니다. 그러자 주인은 다시 크게 웃으면서 꿈 이야기를 꺼내며 피누치오를 놀렸습니다. 두 젊은이는 두세 마디 맞장구를 친 다음, 말안장을 얹고 가방을 실었습니다. 그러고는 주인과 한잔 나눈 다음, 말에 올라 피렌체로 떠났습니다. 일이 성공했을 뿐만 아니라 결과도 잘 되어 둘은 크게 만족했습니다.

피누치오는 그 뒤에도 다시 좋은 방법을 찾아 여러 차례 니콜로자와 몰래 사랑을 나누었습니다.

니콜로자가 어머니에게 그분은 확실히 꿈을 꾼 것이라고 주장했던 것은 두말할 필요도 없습니다. 그러나 어머니는, 아드리아노의 포옹을 떠올리고는 자기만은 꿈을 꾼 것이 아니라고 혼잣말로 중얼거렸습니다.

일곱째 이야기

탈라노 디 몰레제는 이리가 아내의 얼굴과 목을 물어뜯는 꿈을 꾼다. 아내에게 조심하라고 주의를 주었지만, 아내는 믿지 않아 참말로 그런 일이 일어나고 만다.

판필로의 이야기가 끝나자 모두들 부인의 뛰어난 재치를 몹시 칭찬했습니다. 여왕이 팜피네아에게 이야기를 하도록 지시했기 때문에, 그녀는 다음과 같은 이야기를 하기 시작했습니다.

여러분, 앞에서도 우리는 대개 사람들이 한번 웃어넘기는 꿈같은 일이 사실로 나타난 이야기를 들은 적이 있습니다. 한 번 이야기하기는 했습니다만, 나는 내 이웃의 어느 부인이 남편이 꾼 나쁜 꿈을 믿지 않았다가 실제로 그런 일을 당하고 만 사건을 짧게나마 이야기하지 않을 수가 없습니다. 그렇게 오래된 일은 아닙니다.

여러분이 탈라노 디 몰레제라는 제법 신분이 높은 분을 아시는지 모르겠습니다. 이분은 마르가리타라는 젊고 매우 아름다운 여인을 아내로 맞았는데, 그녀는 말할 수 없이 무뚝뚝하고 고집이 세고 화를 잘 내는 성격이었습니다. 그녀는 남을 위해서는 손가락 하나 까닥하려 들지 않았고, 남들도 그녀를 위해서 아무런 일도 해주지 않았습니다.

그런 점이 탈라노로서는 무척 견디기 어려운 일이었습니다만, 어쩔 수도 없어서 그저 참고 지냈습니다.

그러던 중, 마침 두 사람이 시골의 별장에 머무르고 있을 때였습니다. 어느 날 밤 꿈에서 탈라노는 별장 가까이 있는, 자기 소유의 숲속을 아내가 거닐고 있는 모습을 보았습니다. 그가 꿈속에서 한가로이 거니는 아내의 모습을 보고 있는데 갑자기 숲의 으슥한 곳에서 무시무시한 큰 이리 한 마리가 나타나더니, 눈 깜짝할 사이에 그녀의 목을 물어 땅바닥에 쓰러뜨리는 것이 아니겠습니까. 그녀는 큰 소리로 "사람 살려!" 외치면서 이리가 끌고 가려는 것을 모면하려고 몸부림을 쳤습니다. 그리하여 가까스로 이리의 입에서 빠져나왔습니다만, 무참히도 목과 얼굴이 물어뜯겨 있었습니다.

탈라노는 이튿날 아침 일어나자 아내를 보고 말했습니다.

"여보, 난 당신이 남달리 무뚝뚝하기 때문에 단 하루도 당신과 즐거운 날을 보낸 적이 없는 것이 한이오. 하지만 당신에게 만약 일이 생긴다면 역시 나는 슬플 거요. 그러니 오늘은 내 말을 듣고 밖에 나가지 않는 게 좋겠소."

그러자 부인은 그 까닭을 물었습니다. 그는 간밤의 꿈을 자세히 들려주었습니다. 그랬더니 부인은 고개를 가로저으며 대꾸했습니다.

"자기가 싫어하는 사람은 꿈에서도 나쁘게 나오는 법이죠. 당신은 나를 걱정해 주는 척하지만, 내가 그렇게 되기를 바라시니까 그런 꿈을 꾸신 거예요. 걱정 마세요. 그런 불행을 만나 당신이 좋아하시지 않도록 오늘뿐만 아니라 앞으로도 조심을 하죠."

탈라노는 어처구니없어 이렇게 말했습니다.

"당신이 그렇게 나올 줄 알았소. 버짐 난 머리를 빗질해 주면 그 보답을 받는다고 하니까. 당신 좋을 대로 하구려. 난 당신을 생각해서 한 말이니까. 아무튼 한 번 더 주의해 두거니와, 오늘은 집에 있으라고. 그렇게 못 하겠다면, 숲속만이라도 가지 않도록 해요."

부인은 고개를 끄덕였습니다.

"네, 알겠어요."

그러면서도 마음속으로는 스스로 이렇게 중얼거리고 있었습니다.

'어째서 이이가 이런 불길한 소릴 해서 나를 겁주고 오늘 숲에 못 가게 할까? 반드시 숲에서 어느 부정(不貞)한 여자와 몰래 사랑을 즐길 약속을 한 거야. 그것을 내게 들킬까 봐 이러는 거야. 장님의 접시에서 실컷 훔쳐 먹자는 수작이지. 그런 줄도 모르고 이이의 말을 곧이들었다간 나만 바보가 되는 거지. 절대로 그런 짓을 시킬 수는 없어. 설령 꼬박 하루를 지켜봐야 한다고 하더라도 난 오늘 이이가 계획한 수작을 꼭 알아내고 말 거야.”

잠시 뒤 남편이 외출했습니다. 그러자 부인도 남편이 나간 문이 아닌 다른 쪽 문을 통해 밖으로 나왔습니다. 그러고는 조심조심 다른 사람에게 들키지 않도록 숲으로 갔습니다. 그녀는 나무가 가장 우거진 곳에 숨어서 누가 나타나는가 하고 사방을 두리번거리고 있었습니다.

티끌만큼도 걱정을 하지 않고 있었는데, 갑자기 으슥한 풀숲에서 보기에도 무시무시한 큼직한 이리가 튀어나왔습니다.

그녀는 이리를 보자 “사람 살려요!” 하고 간신히 외마디 소리를 질렀습니다만, 이미 그 순간에 이리는 그녀의 목을 덥석 물고 새끼 양을 끌고 가듯 잡아끌었습니다.

그녀는 목을 물렸기 때문에 더 이상 소리를 지를 수도, 살아날 재주도 없었습니다. 만일 그 자리에 양치기들이 나타나지 않았다면 이리는 그녀를 물고 가서 틀림없이 목을 물어뜯었을 것입니다.

양치기들은 큰 소리를 질러 아슬아슬하게 이리를 쫓았습니다.

가엾게도 비참한 사고를 당한 그녀가 별장의 여주인인 것을 알고 있던 양치기들이 그녀를 집으로 데려갔습니다. 그 뒤 오랫동안 치료를 받아 낫기는 했으나, 목 전체와 얼굴 한 곳에 심한 흉터가 남게 되었습니다. 그 때문에 지금까지 아름다운 미녀였던 그녀는 보기에도 흉측한 추녀가 되고 말았습니다.

그 뒤로 그녀는 남의 앞에 나가기를 부끄러워했고, 손해 볼 일도 아니었는데 자기의 고집으로 남편의 꿈을 믿지 않은 것을 후회하면서 슬픔 속에서 평생을 살았다는 이야기입니다.

여덟째 이야기

비온델로가 음식을 가지고 치아코를 속이자, 치아코는 그를 늘씬하게 매 맞도록 해서 보복한다.

이야기를 듣고 모두들, 탈라노가 자다가 본 것은 꿈이 아니고 환영이었음에 틀림없다, 그러니까 그대로 일이 일어났을 거라고 했습니다. 이윽고 여러 사람의 이야기가 뜸해지자, 여왕은 라우레타에게 이번에는 당신 차례라고 말했습니다. 그녀는 다음과 같은 이야기를 시작했습니다.

여러분, 오늘 나보다 앞선 분들이 지금까지 이미 이야기했던 내용을 다소 포함한 이야기를 하신 것처럼, 나도 어제 팜피네아가 이야기한 학자의 매서운 복수에서 실마리를 얻어 그것과 비슷한 복수담을 들려드리겠습니다. 하기야 어제만큼 가혹한 것은 아닙니다만, 보복을 당한 본인에게는 상당히 호된 일이었을 겁니다.

본론으로 들어가자면, 피렌체의 사람들에게 치아코라고 불리는 남자가 있었습니다. 이 남자는 세상에서 좀처럼 보기 힘든 대단한 식도락가였습니다.

거기다가 상당히 멋쟁이여서 그의 생활력으로서는 식비를 감당할 수가 없었기 때문에, 다행히 만담을 잘하는 것을 핑계로, 궁정에 드나들지는 않았으나, 음식을 잘 차려 먹는 부잣집에 만담가 행세를 하며 드나들고 있었습니다. 그래서 초대를 받거나 말거나 늘 찾아가서는 점심이든 저녁이든 얻어먹곤 했습니다.

그 무렵, 역시 피렌체에 비온델로라는 남자가 살았습니다. 몸이 자그마한 데다 퍽 유쾌한 사람으로 나비보다도 더 모양을 말쑥하게 가꾸어 금발 한 오라기도 헝클어지지 않도록 머리에는 조그만 모자를 쓰고 다니는 깔끔쟁이였는데, 치아코와 같은 직업을 가지고 있었습니다.

그런 그가 어느 사순절 아침에 비에리 데 체르키 씨를 위해 커다란 칠성 장어 두 마리를 어시장에서 사다가 치아코에게 들키고 말았습니다. 치아코는 얼른 비온델로에게 다가가서 말을 걸었습니다.

"대체 웬일인가?"

비온델로가 대답했습니다.

"어제저녁 코르소 도나티 씨 댁에, 이런 따위와는 비교도 안 되는 근사한 칠성장어 세 마리와 철갑상어 한 마리가 선물로 들어왔다네. 그러나 그것만 가지고는 귀족 네댓 명을 대접하기엔 부족하잖나. 그래서 두 마리만 더 사 오라는 거야. 자네도 안 오겠나?"

치아코는 흔쾌히 대답했습니다.

"물론 가고말고."

그는 시간에 맞춰 코르소 씨의 집으로 갔습니다. 코르소 씨는 이웃 사람 몇 명과 함께 있었는데, 아직 식당에 들어가기 전이었습니다. 그는 코르소 씨가, 무엇 때문에 왔느냐고 묻자 이렇게 대답했습니다.

"네, 나리, 실은 손님과 함께 식사 대접을 받으러 왔습니다."

그러자 코르소 씨는 말했습니다.

"잘 왔군. 시간에 맞춰 와서 다행이야. 그럼 식당으로 갑시다."

그래서 식탁에 앉았으나 처음 이집트콩과 다랑어절임이 나오고 나중에 아르노강의 민물고기 튀김이 나왔을 뿐, 더는 아무것도 없었습니다.

치아코는 비온델로에게 속은 것을 깨닫고 적잖이 노여운 생각이 들었습니다. 그래서 이 복수는 꼭 하겠노라 결심을 했습니다. 그로부터 며칠이 지나 비온델로와 딱 마주쳤는데, 이미 그때에는 그가 치아코를 골탕 먹였다고 소문을 쫙 퍼뜨리고 다닌 뒤였습니다. 비온델로는 치아코를 만나자 인사를 하고 싱글싱글 웃으며 코르소 씨 댁 칠성장어 맛이 어떻더냐고 물었습니다. 그러자 치아코는 아무렇지도 않은 듯 이렇게 대답했습니다.

"여드레가 아직 안 되었으니 네가 나보다 더 잘 알 텐데."

그는 비온델로와 헤어지자 곧 약삭빠른 장사치를 찾아가 일의 보수를 정한 뒤 유리병을 하나 내줬습니다. 그러고는 그를 카비치울리 화랑으로 데리고 가서 필리포 아르젠티라는 건장한 기사(騎士)를 가리키며 이렇게 말했습니다.

"이 병을 가지고 저 사람에게 가서 이렇게 말해. '나리, 비온델로의 심부름으로 왔습니다. 이 병을 나리의 붉은 고급 포도주로 루비색으로 만들어 주십사 하는 부탁입니다. 모기와 같은 동료들과 심심풀이를 하고 싶다고 했습니다.' 다만 그에게 잡히지 않도록 단단히 조심을 해야 해. 호되게 벌을 받을지도 모르고 또 내 계획까지 깨질지도 모르니까."

"그것 말고 다른 할 말은 없습니까?" 하고 장사치가 물었습니다.

"응, 없어. 갔다 오게. 그 말만 하고는 여기 있는 나한테로 오란 말이야. 그럼 약속한 돈을 줄 테니까."

치아코의 말을 듣고 장사치는 필리포 씨의 곁에 다가가서 시키는 대로 지껄여댔습니다. 그 말을 듣자 필리포 씨는 급한 성미에 그만 발끈 화를 내며 아는 사이임에도 비온델로가 자기를 놀리는 줄 알고는 얼굴이 벌겋게 되어 호통을 쳤습니다.

"루비색으로 해달라는 건 뭐며, 모기 같은 무리들이란 무슨 수작이야! 네놈도 그놈도 손을 봐야겠구나."

필리포는 호통치며 일어나 팔을 뻗쳐 장사치를 붙들려 했습니다. 장사치는 미리 주의를 받았기 때문에 얼른 몸을 빼어 달아났습니다. 그러고는 모든 것을 보고 있던 치아코에게 돌아와 필리포 씨가 한 말을 전했습니다.

치아코는 크게 만족하여 장사치에게 돈을 주고, 그길로 비온델로를 찾아가 말했습니다.

"요즘 카비치울리 화랑에 가보았나?"

"아니, 통 안 갔는데, 그건 왜 묻나?"

"필리포 씨가 사람을 시켜 자네를 찾는단 말을 들었기 때문일세. 까닭은 모르지만."

치아코의 말에 비온델로는 대답했습니다.

"알겠네. 어차피 그쪽으로 가는 길이니 한번 들러 보지."

비온델로가 화랑 쪽으로 걸어가자 무슨 일이 일어나는지 보려고 치아코는 그의 뒤를 몰래 따라갔습니다.

필리포 씨는 그 장사치를 놓쳐 아직 속이 부글부글 끓고 있었습니다. 장사치의 말로 미루어 헤아리니 아무래도 비온델로가 누군가의 부탁을 받고 자기를 놀리는 것만 같아 분해서 이를 부득부득 갈고 있던 중이었습니다. 이런 판에 불쑥 비온델로가 나타난 것입니다. 그는 비온델로를 보자마자 다가와 다짜고짜 그의 얼굴을 한 대 후려쳤습니다.

"억!" 비온델로는 비명을 질렀습니다.

"나리, 이게 무슨 일이십니까?"

필리포 씨는 그의 머리털을 움켜쥐고 그의 모자를 갈기갈기 찢어 팽개치면서 말했습니다.

"이 거짓말쟁이 녀석아, 까닭을 알게 해주지. 뭐라고? 루비색으로 만들어 줘? 모기 같은 동료 놈들과 뭘 해? 심부름을 시킨 게 어느 놈이냐? 내가 어린애인 줄 아나? 왜 사람을 놀리는 거야!"

필리포 씨는 소리를 지르면서 쇠뭉치 같은 주먹으로 그의 얼굴을 마구 후려치며 말끔히 빗은 머리를 새둥주리처럼 헝클어 놓고는 다시 그를 바깥 진창에 처넣어 입은 옷을 찢어 버렸습니다. 워낙 미친 듯 날뛰어 비온델로는 그동안 한마디도 할 틈이 없었습니다. 필리포 씨가, 루비색으로 해달라는 둥 모기 같은 무리라는 둥 지껄이는 말을 분명 듣기는 했으나, 그 뜻을 전혀 알 수 없었습니다.

아무튼 필리포 씨는 그를 실컷 뭉개 놓았습니다. 그제야 주위에 모여들었던 사람들이 엉망진창이 된 비온델로를 그의 손에서 가까스로 떼어 놓았습니다. 그러고는 어째서 필리포 씨가 이런 짓을 하게 되었는지 아느냐, 심부름꾼을 보내 이상한 말을 전한 것은 잘못이다, 하고 입을 모아 꾸짖으며 이젠 필리포 씨의 성품을 알았을 테니 함부로 가벼이 입을 놀리지 말라고 충고했습니다.

비온델로는 울면서 손발이 닳도록 빈 다음, 자기는 심부름꾼을 보내 포도주 이야기 따위를 한 적이 없다고 변명했습니다. 그러다가 곧 그것이 치아코의 소행인 줄 깨닫고, 대충 차림을 매만진 다음 완전히 풀이 죽어 집으로 돌아갔습니다.

그 뒤 여러 날이 지나 얼굴의 상처가 없어지자 비온델로는 모처럼 외출을 했습니다. 그러다 마침 치아코를 만나게 되었습니다. 치아코는 웃으면서 입을 열었습니다.

"어이, 비온델로, 필리포 씨의 포도주 맛이 어떻던가?"

비온델로는 곧 되받아서 "코르소 씨의 칠성장어와 같은 맛이더군" 하고 대답했습니다.

그러자 치아코가 말했습니다.

"자업자득이야. 자네가 그렇게 내게 음식을 먹였으니, 나는 자네에게 술을 먹인 거야."

비온델로는 장난을 치면 그 이상의 보복이 온다는 것을 깨닫고 치아코에

게 화해하자고 했습니다. 그리고 그 뒤로는 그를 놀리지 않도록 조심했다고
합니다.

아홉째 이야기

어떻게 하면 남의 사랑을 받을 수 있는지, 어떻게 하면 사나운 아내를 길들일
수 있는지 묻기 위해 두 젊은이가 왕을 찾아간다. 왕은 한 사람에게는 사랑하면
된다 하고, 다른 한 사람에게는 거위 다리에 가보라고 한다.

여왕은 디오네오에게 마지막 차례의 특권을 주고 나면 남는 사람은 자기뿐
이기 때문에, 가엾은 꼴이 된 비온델로에 대한 부인들의 웃음이 멈추자 스스
로 다음과 같이 이야기를 시작했습니다.

여러분, 사물(事物)의 질서라는 것을 잘 생각해 보면, 모든 여성은 그 천성
과 습성, 그리고 법률에 의해 남성에게 복종을 해야만 하고, 또한 남성의 뜻
에 따르고 지배받아야만 한다는 것을 쉽게 아시리라 믿는 바입니다.

그러므로 남성에게 속하는 모든 여성이 그들로부터 평화와 위안과 안식을
얻고자 한다면 정숙해야 함은 물론이거니와, 겸허하고 참을성 있고 순종하지
않으면 안 됩니다. 그것이 곧 총명한 여성들의 가장 가치 있고 특별한 재산인
것입니다. 이 점에 대해 모든 사물에 공통된 행복을 알리려 하는 법률은 우
리들을 모든 면에서 지배할 수는 없다손 치더라도, 감히 말할진대 습관과 습
성은 실로 위대한 힘을 지닌 소중한 것이며, 그리고 천성이라는 것은 분명히
다음과 같은 일을 가리키고 있습니다.

그것은 우리들의 몸을 부드럽고 우아하게 만들고, 마음을 겁이 많고 공포
심 많은 것으로 만들며 감정을 어질고 여리게 만드는 한편, 몸을 연약하게 하
고 목소리를 곱게 하며 거동을 얌전하게 만들고 있습니다. 이런 것들은 모두
다른 것의 지배를 받을 필요가 있다는 것을 명백히 증명합니다.

그러니 도움과 지배를 필요로 하는 자는 자기의 지배자를 존경하고 그에
게 복종하고 속해야만 합니다. 그런데 남성 말고 그 무엇이 우리를 지배하고
도와줄 수 있겠습니까? 따라서 우리는 남성을 크게 존경하고 남성에게 복종

해야만 합니다. 거기서 벗어나는 자는 심한 비난을 받을 뿐만 아니라 따끔한 응징을 받아야만 한다고 생각합니다.

나는 전부터 이러한 생각을 가지고 있었습니다만, 아까 팜피네아가 한 이야기에서 탈리노의 사나운 아내에 대해 남편이 하지 못한 응징을 하느님이 하신 걸 듣고 새삼 그런 생각이 드는 것입니다. 조금 전에 말씀드린 바와 같이 내 생각으로는 그러한 타고난 애교와 연민, 순종이 결여된 모든 여성은 무겁고 엄한 벌을 받아야 한다고 생각합니다. 그래서 나는 그런 나쁜 병에 걸린 여성을 고치는 양약으로 솔로몬이 내린 충고를 여러분에게 이야기하고자 합니다. 아울러 이러한 약을 필요로 하는 여성이든 아니든, 어떠한 여성이든지, 남성들 사이에서 자주 입에 오르내리는 "말은 좋든 사납든 박차가 필요하고, 여자는 착하든 사납든 몽둥이가 필요하다" 속담을 들려줘야 한다고 봅니다. 이 속담을 농담으로 받아들이고 싶은 분은 그런대로 가볍게 받아들여도 좋고, 진지하게 해석하고 싶은 분은 진지하게 받아들여도 좋습니다.

여성이란 모두 연약해서 쉽게 굽히는 성질을 가졌습니다. 그러니 지나치게 마음을 풀어놓아 생기는 여성의 부정은, 그것을 고치기 위해 벌을 줄 몽둥이가 필요합니다. 또한 마음이 곧은 여성에 대해서도 그 덕을 기리기 위해 그녀를 올바르게 유지시키고 겁을 줄 몽둥이가 필요하다고 봅니다.

설교는 이 정도로 하고, 내 머리에 지금 떠오른 이야기를 하겠습니다. 옛날, 솔로몬 왕의 영특함은 온 세계에 널리 알려져 있었습니다. 그래서 왕을 직접 만나 자기의 절박하고 어려운 문제에 대해 왕의 의견을 들으려고 세계 각지에서 온 많은 사람들이 날이면 날마다 모여들었습니다. 그러한 사람들 가운데 멜리소라는 라이아초 출신의 젊은이가 있었습니다. 그는 그곳에서 태어나 그곳에서 살고 있는 귀족이자 큰 부자였습니다.

그는 솔로몬을 만나려고 예루살렘을 향해 말을 타고 가다가 마침 안티오크를 지났을 무렵, 그와 같은 목적으로 여행을 하는 요셉이라는 젊은이를 만났습니다. 그들은 곧 친구가 되어 함께 여행을 했는데, 나그네끼리 흔히 그러듯 여러 가지 이야기를 주고받았습니다.

멜리소는 요셉의 신분과 출신지를 듣고 난 다음, 어디에 뭘 하러 가느냐고 물었습니다. 그러자 요셉은 자기 아내가 어떤 여자보다도 사납고 고집이 세어 아무리 타이르고 사정을 해도 막무가내이고, 또한 어떤 방법을 취해도 그녀의 옹고집을 고칠 수가 없기 때문에 아내를 어떻게 다루어야 할지 솔로몬의 의견을 들으러 가는 길이라고 대답했습니다.

이번에는 요셉이 멜리소의 여행 목적을 물었습니다. 멜리소는 서슴지 않고 말해 주었습니다.

"나는 라이아초에 사는데 당신과 마찬가지로 고민이 있습니다. 나는 아직 젊고 돈이 많아서 동네 사람들을 자주 초대하여 잔치를 베풀고 있습니다. 그런데 정말 이상한 일이지만, 아무리 그런 일을 해도 나를 좋아하는 사람은 단 한 사람도 없습니다. 그래서 어떻게 하면 남의 사랑을 받을 수 있을까, 그 의견을 물으러 당신이 가는 곳에 나도 가는 것입니다."

이리하여 두 사람은 함께 여행을 계속하여 마침내 예루살렘에 이르렀습니다. 솔로몬 왕의 높은 관리 한 사람의 소개로 왕 앞에 안내되자 우선 멜리소가 간단하게 자기 용건을 말했습니다. 그러자 솔로몬은 다만 한마디 "사랑하라" 하고 대답할 뿐이었습니다. 그 말뿐 멜리소는 곧 밖으로 밀려났습니다.

다음에는 요셉이 어떤 이유로 왔는지 그 까닭을 말했습니다. 그러자 솔로몬은 "거위 다리에 가보라"고만 대답할 뿐이었습니다. 그 말만으로 요셉도 역시 왕 앞에서 쫓겨나고 말았습니다. 그러고는 기다리고 있던 멜리소를 만나 솔로몬의 대답을 들려주었습니다.

두 사람은 왕의 말을 이렇게 저렇게 생각해 보았으나 뜻을 알 수가 없어 결국 자기들 문제에는 아무 소용이 없다고 생각했습니다. 그들은 고스란히 바보 취급을 받은 기분으로 집으로 돌아갔습니다.

그리하여 두 사람이 며칠 동안 갈 길을 바삐 가고 있노라니, 하루는 훌륭한 다리가 놓여 있는 어느 강기슭에 이르렀습니다. 많은 대상들이 노새와 말에 짐을 싣고 다리를 건너고 있었기 때문에 두 사람은 하는 수 없이 기다려야만 했습니다.

그들이 거의 모두 건넜을 무렵입니다. 흔히 있는 일이지만, 한 마리의 노새가 무엇에 놀랐는지 한사코 다리를 건너려 하지 않았습니다. 그러자 마부는 몽둥이를 휘둘러 노새를 앞으로 나아가게 하려고 사정없이 갈겨댔습니다.

그러나 노새는 길을 이리저리 왔다 갔다 할 뿐 가끔 뒷걸음질까지 하면서 좀처럼 다리를 건너려 하지 않았습니다. 마부는 화가 잔뜩 나서 몽둥이를 들고 힘껏 사정없이 때렸습니다. 머리든 배든 엉덩이든 닥치는 대로 두들겨도 아무 소용이 없었습니다. 멜리소와 요셉은 이런 광경을 차마 볼 수 없어, 몇 차례나 마부에게 말했습니다.

"저런! 여보시게, 너무 심하잖소. 죽일 작정이오? 왜 곱게 달래서 몰고 갈 생각을 안 하오? 당신처럼 때리기보다는 그러는 게 훨씬 효과 있을 거요."

그러자 마부는 대꾸했습니다.

"두 분은 자기가 타고 있는 말의 성질을 아시겠지요. 나는 내 노새의 버릇을 알고 있지요. 이놈은 내게 맡겨 두십시오."

그러고는 다시 때리기 시작했습니다. 얼마 동안 두들겨 패고 나니 마침내 앞으로 나아가기 시작했습니다. 마부는 결국 자기 방식대로 해서 성공한 셈입니다.

이 일을 보고 두 젊은이는 다리를 건너려다 문득 다리께에 앉아 있는 어느 남자에게 이 다리 이름을 물었습니다.

그 남자는 대답했습니다.

"네, 거위 다리라고 부릅니다."

요셉은 그 말을 듣자 얼른 솔로몬 왕의 말을 떠올리고 멜리소에게 말했습니다.

"여보게, 이제야 솔로몬 왕이 한 충고가 정말 맞았다는 것을 알았네. 나는 내 아내에게 손 한 번 안 대보았는데, 지금 저 마부가 내가 할 일을 가르쳐 주었네. 이제 똑똑히 깨달았네."

그로부터 며칠 뒤 안티오크에 닿자, 요셉은 이삼 일 동안 자기 집에서 쉬어 가라고 멜리소를 붙들었습니다. 그의 아내는 역력히 싫은 얼굴로 맞았습니다만, 요셉은 멜리소가 좋아하는 음식을 만들도록 일렀습니다. 멜리소는 요셉이 너무도 권하여 두세 가지 자기가 좋아하는 요리 이름을 댔습니다. 그러나 부인은 지금까지도 그랬듯이 멜리소가 주문한 것과는 정반대의 음식을 내놓았습니다. 그것을 보고 요셉은 얼굴빛을 바꾸며 화냈습니다.

"당신은 이 친구한테서 이러이러한 음식의 요청을 받지 않았소?"

부인은 콧방귀를 뀌며 돌아보고 입을 놀렸습니다.

"이제 와서 그건 또 무슨 뚱딴지같은 소리예요? 드시고 싶으면 드시구려. 다른 것을 만들라고 하셨지만, 난 그럴 수가 없었어요. 좋거든 드시고, 싫거든 그만두시구려."

멜리소는 부인의 대꾸를 듣고 입이 딱 벌어져 대단한 여자구나, 하고 생각했습니다. 요셉은 아내의 말을 듣고 나자 "이봐, 당신 말버릇은 여전하군. 하지만 당신의 그따위 버릇을 이제는 고쳐 줄 테니 그리 알아." 그러면서 멜리소를 돌아보았습니다.

"여보게, 솔로몬 왕의 충고대로 되는지 당장 시험해 보세. 어떤 일이 벌어지더라도 개의치 말고 내가 하는 짓을 그저 놀이인 줄만 알게나. 그리고 나를 말리지도 말게. 우리가 노새를 동정했을 때 마부가 한 말을 떠올리기 바라네."

멜리소는 대답했습니다.

"여기는 자네 집이네. 자네가 그렇게 하겠다면 좋도록 할 따름이지."

요셉은 단단하고 둥근 감탕나무 몽둥이를 찾아 들고 아내가 골이 나서 투덜거리며 들어간 침실로 들어갔습니다. 그러고는 아내의 머리채를 휘어잡고 발아래 쓰러뜨린 다음 그 감탕나무 몽둥이로 마구 후려갈겼습니다. 부인은 처음에는 크게 소리 지르며 발악하고 기를 쓰기도 했으나, 요셉이 매질을 멈추지 않자 더럭 겁이 났는지 살려 달라고 애원하다가 나중에는 앞으로는 반드시 시키는 대로 하겠다고 싹싹 빌었습니다. 그러나 요셉은 멈추기는커녕 더욱 미친 듯이 가슴이든 허리든 어깨든 마구 두들기며 지칠 때까지 매를 놓지 않았습니다. 간단히 말하면, 부인의 온몸에 매가 닿지 않은 곳은 한 군데도 없었습니다. 그리고 나서 다시 멜리소에게로 돌아온 요셉은 말했습니다.

"내일이 되면, '거위 다리에 가보라'는 충고가 입증될 것일세."

잠시 쉬었다가 세수를 하고 그는 멜리소와 식사를 했습니다. 그러고는 시간이 되어 잠자리에 들었습니다.

한편 사나웠던 부인은 비실비실 몸을 일으켜 침대에 올라가 어떻게든 푹 쉬려고 했습니다. 그리고 날이 밝자 일찌감치 일어나 어떤 음식을 만들까 하고 요셉에게 사람을 보내왔습니다.

요셉은 멜리소와 웃으면서 이것저것 지시했습니다. 이윽고 아침 식사를 할 시간이 되어 식당에 가보니, 지시한 음식이 고스란히 차려져 있었습니다. 이를 보자 두 사람은 그 자리에서 처음에는 나쁜 의도로 받아들였던 솔로몬 왕의 충고를 크게 칭찬했습니다.

그로부터 며칠이 지나 멜리소는 요셉과 헤어져 집으로 돌아왔습니다. 그리고는 총명하다는 어느 사람에게 솔로몬 왕의 충고를 들려주었습니다. 그러자 그 사람은 말했습니다.

"그보다 더 훌륭한 충고를 당신에게 해줄 사람은 아마 없을 겁니다. 당신은 남을 사랑하지 않았습니다. 당신이 베푼 값진 요리와 접대는 그 사람들에 대한 사랑이 아니고 단순한 겉치레였다는 것을 아십시오. 그러니 솔로몬 왕의 말처럼 남을 진심으로 사랑하십시오. 그러면 남들로부터 사랑을 받습니다."

이렇게 해서 사나운 아내는 벌받고, 젊은이는 남을 사랑하고 또 사랑받는 사람이 되었습니다.

열째 이야기

잔니 신부는 친구 피에트로의 부탁을 받고 그의 부인을 암말로 둔갑시키는 마술을 부린다. 막바지에 이르러 꼬리를 달 판인데, 피에트로가 꼬리는 필요 없다고 지껄여 그만 마술이 깨지고 만다.

여왕의 이야기를 듣고 부인들은 적잖이 투덜거렸습니다만, 남자들은 흡족해서 너털웃음을 터뜨렸습니다. 이윽고 잠잠해지자 디오네오가 다음과 같은 이야기를 시작했습니다.

여러분, 여러 마리의 흰 비둘기 속에 한 마리의 검은 까마귀가 섞여 있으면, 백조보다도 그 아름다움이 더 두드러져 보이는 법입니다. 그것과 마찬가지로 여러 현명한 사람들 속에 그다지 현명하지 못한 사람이 섞이면, 현명한 사람의 훌륭함에 광채를 더해 줄 뿐만 아니라, 그들을 즐겁게 해주는 것입니다.

여러분은 매우 사리에 밝고 점잖으신 만큼 나처럼 다소 지혜가 모자라는 자는 여기 있는 것만으로 여러분의 훌륭함을 더욱 돋보이게 한다고 생각합니다. 즉 혹시 내게 값어치가 있다면, 그것은 여러분의 가치를 깎기보다는 기쁨을 드린다고 하겠습니다. 그래서 있는 그대로의 나를 털어놓을 것이니 나의 무례함을 용서해 주십시오. 그리고 지금부터 말씀드리는 이야기에 관해서도, 만약 내가 재치가 있다면 여러분이 손해를 보시는 셈 치시고 참고 들어주시기 바랍니다.

그럼 아주 짧은 이야기를 하겠습니다만, 그 가운데서 여러분은 마술을 부려 어떤 짓을 하려는 사람이 시키는 일을 얼마나 충실히 지켜야 되는지, 또한 마술 도중에 사소한 실수라도 생기면 어떻게 그 모든 것이 허물어지는지 아시게 될 것입니다.

한두 해 전 일입니다만, 바를레타에 잔니 디 바롤로라는 신부가 살았습니다. 그는 성당이 경제적으로 어려웠기 때문에 생활을 지탱하기 위해 한 마리의 암말에 물건을 싣고 풀리아의 여러 시장을 돌며 장사를 시작했습니다.

그러는 동안에 그는 트레산티에 사는 피에트로라는 사내와 무척 친해졌습니다. 이 사내도 역시 노새에 물건을 싣고 장사를 하고 있었습니다. 그래서 신부는 친근한 정을 나타내는 뜻에서 풀리아 지방의 관습에 따라 그를 친구 피에트로라고 불렀습니다. 그쯤 되다 보니, 피에트로가 바를레타에 오면 언제나자기 성당에 데리고 와서 재우고 크게 환대를 했습니다.

한편, 피에트로도 매우 가난해서 트레산티에 조그마한 집 하나밖에 가지고 있지 않았습니다. 그 집은 그와 그의 젊고 아름다운 부인과 그리고 그의 소유인 한 마리의 노새만이 겨우 들어가 살 수 있는 집이었습니다. 그러나 그는 잔니가 트레산티에 올 때마다 자기 집에 데려가서는 자기가 바를레타에서 환대받은 답례의 뜻으로 정성껏 그를 대접했습니다.

그렇지만 막상 잘 때가 되면 예쁜 아내와 둘이 누울 조그만 침대 하나밖에 없어서 뜻대로 대접을 할 수가 없었습니다. 결국 잔니의 암말을 좁은 외양간의 노새 곁에 매고 그 옆에 짚단을 어느 정도 쌓아서 그를 자게 하는 수밖에 도리가 없었습니다. 부인은 신부가 바를레타에서 남편을 환대하는 것을 알고 있었기 때문에, 그가 올 적마다 자기는 이웃에 사는 주디체 레오의 카라프레사라는 젊은 아낙네에게 자러 갈 테니 신부를 남편과 한방에서 주무시게 하라고 남편에게 권했습니다. 또 신부에게도 직접 권했지만 그는 한사코 사양했습니다. 그런 일이 자주 있자 어느 날 신부는 그녀에게 이렇게 말했습니다.

"부인, 나는 상관 마십시오. 난 충분히 잘 자고 있습니다. 사실은 내가 마음만 먹으면 이 암말을 아름다운 처녀로 둔갑시켜 데리고 자기도 하고, 다시 말로 만들고 싶으면 즉시 말로 바꾼답니다. 그러니 나는 저 암말과 떨어질 수 없는 거죠."

젊은 아내는 깜짝 놀랐습니다만, 신부의 말을 믿고는 남편에게 그 이야기를 하고 자기가 생각해 낸 것을 덧붙였습니다.

"당신의 말대로 저분이 정말 당신 친구라면 그 마술을 배워 보면 어때요? 그렇게 하면 나를 암말로 만들 수가 있고, 그래서 노새와 말 두 마리로 장사를 하면 갑절로 벌 수 있잖아요? 집에 돌아와선 나를 다시 사람인 여자로 만들면 되잖아요?"

바른대로 말해서 피에트로는 좀 모자라는 사내였기 때문에 마술 이야기를 믿고 아내의 충고에 귀를 기울였습니다. 그러고는 간곡히 잔니에게 그 비결을 가르쳐 달라고 졸랐습니다. 잔니는 그런 부질없는 짓은 그만두라고 거절했습니다만, 끝내 뿌리칠 수가 없어서 이렇게 말했습니다.

"좋아, 그토록 원한다면 내일 아침 우리는 여느 때처럼 일찍 일어나도록 하세. 새벽에 말일세. 그때 그 비법을 가르쳐 주지. 한데 이 마술에서 가장 어려운 것은 꼬리를 붙이는 일이야. 물론 머지않아 알게 되겠지만."

피에트로와 부인 젬마타는 기대하는 마음이 지나치게 커서 뜬눈으로 밤을 지새웠습니다. 그러다가 새벽이 가까워지자 일어나 잔니를 깨웠습니다. 잔니는 일어나서 속옷 바람으로 피에트로의 침실로 와서 입을 열었습니다.

"나는 이것을 자네 부부 말고는 아무에게도 가르쳐 준 적이 없어. 그것도 워낙 간청을 하기 때문인 거야. 잘 배우려면 내가 하라는 대로 해야 돼."

두 사람은 물론 하라는 대로 하겠다고 말했습니다. 그러자 잔니는 등불을 피에트로에게 넘겨주며 말했습니다.

"내가 하는 것을 잘 보란 말이야. 그리고 내가 하는 말을 잘 기억해 두어야 해. 일을 망치지 않으려거든 자네가 귀로 듣고 눈으로 보는 것에 대해 절대로 한마디도 입을 떼어서는 안 돼. 오직 꼬리가 잘 붙도록 마음속으로 빌란 말이야."

피에트로는 등불을 받아 들고, 그렇게 하겠노라고 대답했습니다. 그러자 잔니는 즉시 젬마타를 발가벗겨 암말처럼 마룻바닥에 네 발로 엎드리게 하고, 무슨 일이 생겨도 절대로 한마디도 해서는 안 된다고 일렀습니다. 그런 다음, 두 손으로 그녀의 얼굴을 쓰다듬으면서 이렇게 중얼거렸습니다.

"이것이 말의 아름다운 얼굴이 되소서."

다음에는 머리카락을 만지며 말했습니다.

"이것이 말의 아름다운 갈기가 되소서."

다음에는 팔을 만지며 말했습니다.

"이것이 말의 근사한 다리와 발이 되소서."

그러고는 다시 그녀의 가슴에 손을 대니 토실토실하고 동그만 젖이 닿아, 부르지도 않은 것이 그만 슬그머니 고개를 추켜들었습니다. 그는 이렇게 말했습니다.

"그리고 이것이 말의 근사한 가슴이 되소서."

그러면서 그녀의 등과 배와 엉덩이와 허벅지와 다리를 만졌습니다. 그리고 마지막으로 꼬리를 붙이는 일만이 남았기 때문에 자기의 속옷을 걷어 올리고, 사람을 심는 말뚝을 손에 쥐자 그것을 만들어진 구멍에 집어넣으면서 이렇게 말했습니다.

"그리고 이것이 말의 아름다운 꼬리가 되소서."

아까부터 모든 짓을 잠자코 지켜보던 피에트로는, 이 마지막 수작을 보자 기겁을 하여 큰 소리로 외쳤습니다.

"어, 어, 잔니! 꼬리는 필요 없어, 꼬리는 필요 없어!"

이때는 이미 식물의 뿌리에서 액체가 나온 뒤여서, 잔니는 쑥 잡아 빼며 이렇게 대꾸했습니다.

"아니, 피에트로, 어찌 된 일이야? 어떤 것을 보더라도 입을 떼어서는 안 된다고 하지 않았나. 조금만 더 참았으면 암말로 둔갑을 할 판이었는데, 자넨 마술을 죄다 망치고 말았네. 이렇게 되면 부인은 두 번 다시 암말이 될 수가 없는 거야."

그러자 피에트로가 입을 열었습니다.

"좋아, 난 그런 꼬리는 필요 없어. 그런데 어째서 나더러 하라고 말해 주지 않았나? 그리고 너무 깊이 넣는 것 같았어."

잔니는 대답했습니다.

"자네는 처음이기 때문에 나처럼 넣는 방법을 모르는 줄 알았지."

젊은 부인은 이 말을 듣자 일어나서 떠들썩하게 남편에게 말했습니다.

"아유, 당신은 어쩌면 그렇게 모자라요! 어째서 당신과 내 일을 망쳐 놓느냔 말예요. 꼬리 없는 말을 본 적이 있나요? 이젠 가난한 당신이 더욱 가난해져도 하는 수 없어요."

부인은 피에트로가 갑자기 입을 열었기 때문에 자기가 젊은 암말이 되는 방법이 없어졌다고 낙담을 하며 서운한 표정으로 옷을 입었습니다. 그리고 피에트로는 예전처럼 노새를 몰고 장사를 하면서 잔니와 함께 비톤토의 시장에 가곤 했습니다만, 두 번 다시 그런 부탁은 하지 않았습니다.

디오네오가 기대했던 것 이상으로, 이 이야기의 내용을 알아차린 여자들이 자지러지게 웃어댔는지, 그것은 지금 웃고 계시는 여러분의 상상에 맡기겠습니다. 이리하여 이날의 이야기도 끝이 났습니다. 그리고 햇살도 기울었기 때문에, 여왕은 자기가 다스리는 시간이 지난 것을 알고 일어나 왕관을 벗어 판필로의 머리에 씌워 주었습니다. 오직 그만이 아직 이 영예를 받지 않고 있었던 유일한 사람이었습니다. 여왕은 미소 어린 낯으로 말했습니다.

"전하, 전하의 책임은 중대하십니다. 전하가 마지막이니, 이미 이 지위에 있던 저와 다른 분들의 모자란 부분을 채우셔야 할 처지에 놓이셨으며, 마땅히 그렇게 하셔야만 합니다. 하느님이 제게 은총을 베풀어 주셨듯 왕위에 오르신 전하께도 은총을 내리시길 바랍니다."

판필로는 기꺼이 왕의 영예를 받고 이렇게 말했습니다.

"당신과 모든 분들의 힘에 의해, 나는 여러분들이 나도 칭찬을 받을 수 있도록 힘써 줄 것을 믿어 의심치 않습니다."

그리고는 전례대로 하인 우두머리에게 필요한 것을 명한 다음 부인들을 향하여 이렇게 말했습니다.

"사랑을 잘 알고 계시는 숙녀 여러분, 오늘의 여왕이었던 에밀리아는 여러분이 다소라도 편안한 마음을 가지시라는 뜻에서 어떤 주제에 구애됨이 없이 자유로이 이야기를 진행했습니다. 그리고 이제 충분한 휴식을 취하셨으니,

다시 예전의 법도를 따르는 것이 좋을 듯합니다. 그럼, 내일은 여러분 각자가 다음과 같은 주제로 이야기할 수 있도록 미리 생각해 두시기 바랍니다. 즉 연애라든가 그 밖의 일을 너그럽고도 훌륭하게 해낸 사람의 이야기입니다. 그런 일이 화제에 오르거나 귀에 들리면, 분명 여러분의 마음은 진작부터 그렇게 해봤으면 했을 것이기에, 활활 타오르리라 생각하는 바입니다. 우리들의 생명은 육체적으로는 짧은 것이지만, 그 명성은 영원히 남는 것이 아니겠습니까! 인간은 오직 먹는 것만을 바라는 짐승과는 다르기에 모든 힘을 기울여 탐구하고 실행할 일이라 생각합니다."

모두가 이 제안을 반겼습니다. 새로운 왕의 허락을 받자 모두들 일어나서 각자 자기가 가장 좋아하는 것을 골라 여느 때와 같이 오락을 즐기면서 저녁 시간까지 놀았습니다. 이윽고 저녁 식사 때가 되자 오순도순 모여 식사를 하고, 그 뒤 다시 관례대로 춤을 추러 일어나 멜로디보다는 가사가 훨씬 재미있는 노래를 여러 곡 불렀습니다. 그러다가 왕은 네이필레에게 자기 대신 한 곡을 불러 달라고 부탁했습니다.

네이필레는 스스럼없이 일어나 맑고 푸른 아름다운 목소리로 노래를 부르기 시작했습니다.

나는 아리따운 청춘
즐겁게 노래하자, 달콤한 추억을
사랑의 은총 기리며.

붉고 희고 노란 꽃을 그려
푸른 목장 가노라니
가시 있는 장미 있고 흰 백합 있네.
어쩌면 그리 닮았을까
나를 잡고 놓지 않는 그분을.
그 모습 기쁨보다도
깊은 정 일깨워 주네.

그분을 빼닮은
그 꽃을 꺾어 들고
입 맞추며 속삭이니
마음 활짝 열리고
그리움 타오른다.
어화, 다른 꽃으로 테 만들어
황금빛 머리를 묶자.

들판의 꽃이 내 눈에
주는 기쁨은
달콤한 사랑으로 나를 불태운
그분을 보는 느낌.
하나 꽃향내에 가슴 메어
나오는 것은 한숨뿐
사랑의 말을 할 수 없어라.
그러나 내 가슴의 탄식은
여느 여인의 슬픔과는 다른 것
뜨겁고 감미로운 이 한숨
마음 설레고 기쁨 주어서
내 입을 열 것 같네
"임이여, 어서 오소서
이 몸이 쓰러지기 전에."

네이필레의 칸초네는 왕을 비롯하여 모든 부인들에게 많은 박수갈채를 받았습니다. 노래가 끝나니 밤이 꽤 깊어 있었습니다. 왕은 내일까지 푹 쉬라고 모두에게 분부를 내렸습니다.

열째 날

《데카메론》의 열째 날이 시작됩니다. 이날은 판필로가 왕이 되어 그의 주재 아래 사랑과 그 밖의 사건에서 상상 밖의 아량을 베풀었다든가 또는 너그러운 행위를 한 이야기가 펼쳐집니다.

판필로가 일어나서 부인들과 청년들을 깨우게 했을 때는 이미 동쪽 하늘의 조각구름이, 바로 곁에까지 다가온 햇살을 받아 그 가장자리를 찬란한 황금빛으로 물들이고 있었습니다만, 서쪽 하늘의 조각구름은 아직 꼭두서닛빛이었습니다. 이윽고 모두들 일어나서 모여들자, 왕은 어디 가면 즐겁겠는가를 상의하여 천천히 앞장서서 걸음을 옮기기 시작했습니다. 그의 바로 뒤를 필로메나와 피암메타가 따르고 이어서 다른 사람들이 따라갔습니다. 그러면서 모두들 자신들의 앞날에 대해 이것저것 서로 이야기를 나누며 오랫동안 산책을 했습니다.

이렇게 사방을 한 바퀴 돌고 나니 햇살이 따가워졌기 때문에 모두들 별장으로 돌아왔습니다. 그러고는 맑은 물을 내뿜는 분수 둘레에 모여서 컵을 씻어 찬물을 떠 마시기도 하면서, 식사 시간까지 뜰의 시원한 그늘 아래서 즐거운 시간을 보냈습니다.

그러다가 여느 때처럼 식사를 하고 낮잠을 잔 다음 왕이 택한 장소로 모였습니다. 그러자 왕은 네이필레에게 첫 번째로 이야기를 하라고 명령을 내렸습니다. 그녀는 기꺼이 다음과 같이 이야기를 시작했습니다.

첫째 이야기

스페인 국왕을 섬기던 한 기사가 자기는 보답을 받지 못한다는 불만을 가지고 그곳을 떠나려고 한다. 왕은 그것이 왕의 탓이 아니라 그에게 운이 없기 때문이라는 것을 실제로 증명해 보이고, 그 뒤 후한 보상을 내린다.

　여러분, 우리들의 왕이, 사람의 훌륭한 관용(寬容)을 소재로 한 이야기를 맨 먼저 하라는 분부를 나에게 내리신 것을 참으로 감사해 마지않는 바입니다. 태양이 하늘의 아름다움이며 장식인 것처럼, 인간의 관용이란 각자의 덕에 의한 광채라고 생각합니다. 그래서 나는, 나로서는 꽤 재미있다고 생각되는 짧은 이야기를 하나 해볼까 합니다. 이것을 기억하고 계시면 반드시 인생에 도움이 되리라 믿습니다.

　그런데 여러분이 알아 두실 일은 옛날부터 이 도시에는 많은 훌륭한 기사가 있었다는 점입니다. 그중에서 가장 훌륭한 기사는 아마도 루지에리 데 피조반니라고 하는 사람일 것입니다.

　이 사람은 부자이고 큰 포부를 품고 있었으나, 토스카나 지방의 생활과 습관으로 봐서 그런 곳에 살아서는 아무래도 자기의 참된 값어치를 발휘할 수가 없다고 생각한 나머지, 당시 명성이 다른 영주(領主)를 능가하고 있던 스페인 왕 알폰소 밑에 가서 한번 일을 해보리라 결심을 했습니다.

　그리하여 그는 근사한 옷과 투구와 여러 필의 말과 종자를 데리고 스페인으로 가니, 왕은 정중히 그를 맞아 주었습니다. 이렇게 해서 루지에리 씨는 스페인에 머무르게 되었는데, 그는 그동안 화려한 생활을 하고 뛰어난 무술 솜씨를 보였기 때문에 곧 자신의 값어치를 인정받게 되었습니다.

　그런 가운데 그는 상당한 기간 동안 머물러 있었습니다만, 왕의 정사(政事)를 보고 있노라니 그로서는 아무래도 납득이 가지 않는 일이 많았습니다. 국왕은 이번에는 이 기사, 다음에는 저 기사 하는 식으로 별로 쓸모도 없는 자들에게 성(城)과 도시와 영지를 나누어 주는 듯이 보였습니다. 그런데도 그 가치를 알고 있음에 틀림이 없는 자기에게는 어떠한 선물도 없어, 이래서는 자기의 평판도 땅에 떨어지고 말 것이라 생각했습니다. 그래서 스페인을 떠나려고 결심한 다음 왕에게 하직 청원을 드렸습니다.

　국왕은 쾌히 허락하면서 지금까지 아무도 탄 적이 없는 근사한 나귀를 선물했습니다. 그 나귀는 긴 여행을 해야 되는 루지에리에게는 매우 요긴한 도움이 되는 것이었습니다.

그런 다음 국왕은 곧 신중한 한 신하를 불러 어떻게든 교묘히 국왕으로부터 파견된 것을 눈치채지 못하도록 해서 여행의 첫날을 루지에리와 동행하라고 일렀습니다. 그래서 루지에리가 지껄이는 왕에 관한 모든 말을 빠짐없이 보고하도록 했습니다. 그런 뒤에 하루가 지나거든 그를 자기 앞으로 도로 데려오라는 명령을 내렸습니다. 그래서 한시도 주의를 게을리하지 않고 신하는 루지에리가 그곳을 출발하자 곧 자기도 이탈리아에 가는 것처럼 해서 용케 루지에리의 일행 속에 끼어들었습니다.

루지에리 씨는 왕이 하사한 나귀를 타고 가는데, 그 신하가 다가와서 이러저러하게 말을 걸었습니다. 그는 9시 무렵이 되자 이렇게 말했습니다.

"말들을 외양간에 넣어서 오줌을 누게 하는 것이 좋겠습니다만……"

그래서 말들은 외양간에 들어가 모두 오줌을 누었습니다만, 나귀는 소변을 보지 않았습니다.

다시 신하는 루지에리 씨의 말을 주의 깊게 들으면서 길을 갔습니다. 그러다 어느 냇가에 도착했습니다. 말들은 모두 물을 먹는데 나귀는 냇물에 들어가 질질 오줌을 쌌습니다. 그것을 보고 루지에리 씨는 호통을 쳤습니다.

"이런! 이놈아, 벌받겠다. 너는 꼭 너를 내게 준 국왕 같구나!"

신하는 이 말을 기억해 두었습니다. 그러고는 온종일 함께 길을 가면서 여러 가지 말을 귀담아들었으나 왕을 칭찬하는 말 이외에는 단 한 마디의 욕설도 들을 수가 없었습니다.

이튿날 아침, 일행이 다시 말에 올라 토스카나를 향해 떠나려 할 때, 신하는 루지에리 씨에게 국왕의 명령을 전했습니다. 그래서 일행은 곧 되돌아섰습니다.

왕은 루지에리 씨가 나귀를 꾸짖은 말을 이미 전해 들었기 때문에 그를 부르자 빙긋이 웃으면서, 자기가 어째서 나귀를 닮았는지, 나귀는 왜 자기를 닮았는지를 물었습니다. 루지에리 씨는 태연히 대답했습니다.

"전하, 전하는 그 나귀를 닮으셨습니다. 그 나귀는 용변을 볼 곳에서는 안 보고, 봐서 안 될 곳에선 봤습니다. 그와 마찬가지로 전하는 주지 않아도 괜찮을 자에게는 선물을 내리시고, 정작 주어야 할 사람에게는 주시지 않았기 때문입니다."

그러자 국왕은 이렇게 말했습니다.

"루지에리 경, 내가 아무런 자격도 없는 자에게는 상을 내리고 그대에게는 아무것도 내리지 않은 것은 그대가 많은 상을 받을 만한 가치가 없어서도 아니고, 훌륭한 기사인 것을 인정하지 않아서도 아니오. 다만 그대의 운이 나빠서 내가 상을 내릴 기회가 없었던 거요. 그것은 내 탓이 아니오. 내 말이 사실임을 그대에게 보여 주리다."

이에 루지에리 씨가 대답했습니다.

"전하, 저는 유복한 것을 그다지 바라지는 않기 때문에 전하께 상을 받지 못한 것을 원통해하는 것은 아니옵니다. 다만 저의 가치에 상당하는 증표를 내려 주시지 않는 것이 불만이옵니다. 이제 전하께서 그 까닭을 설명해 주신 덕분에 비록 증표가 없을지라도 전하를 믿고 모실 수 있습니다만, 전하께서 보여 주시겠다는 그것을 마주할 준비는 되어 있습니다."

그러자 왕은 그를 넓은 방으로 데리고 갔습니다. 거기에는 미리 지시를 내렸는지, 뚜껑이 단단히 닫힌 큼직한 금궤가 두 개 놓여 있었습니다. 왕은 여러 신하들 앞에서 이렇게 말했습니다.

"루지에리 경, 이 금궤 하나에는, 내 왕관과 지팡이와 십자가가 달린 보옥(寶玉), 그리고 그 밖에 값진 허리띠와 반지 등 내가 소중히 여기는 여러 가지 물건들이 들어 있소. 그리고 다른 하나에는 흙이 꽉 채워져 있을 뿐이오. 그러니 그대는 그 어느 쪽이든 택하시오. 그렇게 하면 그대의 참된 값어치에 대해 보답을 하지 않는 것이 나였는지, 그대의 운이었는지 알 수가 있을 것이오."

루지에리 씨는 왕의 뜻을 좇아, 그중의 하나를 잡았습니다. 왕은 곧 뚜껑을 열도록 명령을 내렸습니다. 그는 뚜껑을 열었습니다. 그러자 그 속에는 흙이 가득 담겨 있었습니다. 그것을 보고 왕은 싱긋이 웃으며 입을 뗐습니다.

"루지에리 경, 이제 내가 그대에게 운이 나쁘다고 한 말이 사실이었음을 잘 알았을 것이오. 그러나 확실히 그대의 값어치는 내가 운명의 힘에 거역해도 괜찮을 만하오. 그리고 나는 그대가 스페인 사람이 될 뜻이 없다는 것을 잘 알고 있는 까닭에, 이곳에서는 성이든 도시든 그대에게 줄 생각은 없으나, 운명이 그대에게 주지 않았던 금궤를 운명에 거역하여 그대에게 내리는 바이오. 고향으로 가지고 가서, 그대의 진짜 값어치에 대한 내 선물로서 고향 사람들에게 크게 자랑하기 바라오."

루지에리 씨는 그것을 받자, 그 은총에 어울리는 정중한 감사의 뜻을 전한 뒤 무척이나 기쁜 마음으로 토스카나에 돌아왔습니다.

둘째 이야기

기노 디 타코는 클뤼니의 수도원장을 가두어 놓고 그의 위병을 고친 다음 풀어준다. 수도원장은 로마 교황청에 돌아가 교황 보니파키우스와 그를 화해시킨다. 교황은 그를 스페달레의 관리장에 임명한다.

알폰소 왕이 피렌체의 기사에게 한 훌륭한 행위는 모두의 칭찬을 받았습니다. 왕도 이 이야기가 마음에 들었습니다. 왕은 이어서 엘리사에게 다음 이야기를 하도록 지시를 내렸습니다. 그녀는 곧 이야기를 시작했습니다.

여러분, 국왕이 훌륭한 분이었고, 또 자기의 신하에게 베푼 너그러운 행위는 참으로 훌륭했다고 할 수밖에 달리 칭찬할 말이 없을 것 같아요. 그렇지만 어느 성직자가 적으로 여기던 사람에게 보여 주었던, 그 누구에게도 비난받지 않을 기적적인 훌륭한 행위를 이야기한다면, 우리는 도대체 어떤 칭찬의 말을 해줄 수 있을는지 모르겠어요.

국왕의 훌륭한 행동은 곧 높은 덕을 드러내는 것이며, 여기서 말하는 신부의 훌륭한 행위는 기적적인 것이라고밖에 할 말이 없습니다. 왜냐하면 신부란 모두 시에나의 여자 이상으로 탐욕이 심해서 관용에 대해서는 적의에 찬 칼을 휘두르기 때문입니다. 예컨대 사람은 누구든 모욕을 받으면 복수심에 불타는 것이 당연하지만, 아시다시피 신부란 입으로는 참으라고 가르치고 모욕을 받더라도 너그러이 용서하는 것을 칭찬하면서도 실제로는 보통 사람보다 더 복수심을 불태우기 때문입니다. 그런데 한 성직자가 얼마나 너그럽게 행동했는가를 여러분은 다음 이야기로 아실 수 있으리라 믿습니다.

기노 디 타코라는 사나이가 있었는데 대담무쌍하게 약탈 행위를 하여 사방에 악명을 떨치고 있었습니다. 그는 시에나에서 추방되자 산타 피오레 백작을 적으로 삼고, 라디코파니를 부추겨 로마 교황청에 대해 반기를 들게 하고 부하를 시켜 시에나 근처를 지나는 사람을 약탈하게 했습니다.

어느 해 보니파키우스 8세가 로마에 있을 때, 클뤼니의 수도원장이 교황청을 찾았습니다. 그는 이 세상에서 가장 부유한 성직자 중 하나로 알려져 있었습니다. 그런데 그는 로마에 머무르는 동안에 위병을 얻었고 의사들로부터 시에나의 온천에 가면 고칠 수 있다는 말을 들었습니다.

교황의 허락을 얻은 그는 기노의 악명 따위는 개의치 않고, 많은 일용품과 살림에 종자를 갖추어 야단스러운 행렬을 지어 떠났습니다.

기노는 그가 온다는 소식을 듣자 곧 그를 잡으려고 넓게 그물을 쳤습니다. 그러고는 종자 하나라도 놓치지 않게끔 수도원장을 좁은 길에서 포위했습니다. 그런 다음, 부하 가운데서 가장 영리한 자에게 여러 명의 졸개를 붙여 사자(使者)로 보내어 기노의 전갈이니 자기와 함께 기노의 성까지 함께 가달라고 정중히 요청토록 했습니다.

그 말을 듣자 수도원장은 발끈 화를 냈습니다. 그러고는 그런 짓은 못하겠다, 기노와는 아무런 상관도 없다고 호통을 쳤습니다. 뿐만 아니라 나는 갈 길이 바쁘다, 내 길을 방해하는 자가 있다면 용서치 않겠노라 했습니다. 사자는 공손한 말로 이렇게 대꾸했습니다.

"수도원장님, 원장님은 하느님의 힘 말고는 아무것도 두려워하지 않는 저희들에게 오셨습니다. 이곳에서는 파문(破門)도 금령(禁令)도 아무 소용이 없습니다. 그러니 오직 지금 말씀드린 대로 기노의 제안을 따르시는 것이 상책이라 생각됩니다."

이런 이야기를 나누는 동안에 주위는 완전히 기노의 부하들로 둘러싸이고 말았습니다. 수도원장은 종자들도 몽땅 붙들린 것을 알고 몹시 화를 냈으나, 하는 수 없이 사자를 따라 성으로 갔습니다. 짐과 일행도 그의 뒤를 따랐습니다.

그가 말에서 내리자 기노의 명령에 의해, 신부 혼자 어두컴컴한 별관의 한 방으로 안내되었습니다. 그리고 종자들은 그 신분에 따라 각각 안락한 방으로 안내되고, 말과 짐은 손 하나 대지 않고 안전한 장소로 옮겨졌습니다. 이런 일을 마치자 기노는 수도원장 앞에 나아가 자기는 기노가 아닌 것처럼 이렇게 말했습니다.

"원장님, 원장님을 손님으로 맞은 기노가, 원장님께 어디에 무슨 일로 가시는지 여쭤어 보라고 합니다."

수도원장은 현명한 사람이었으므로 거드름을 피우지 않고 자신이 가는 곳과 그 이유를 말했습니다. 기노는 그 말을 듣고 물러갔습니다. 그러고는 온천 갈 필요 없이 병을 고쳐 줄 생각을 했습니다. 그래서 방에 불을 계속 지펴서 덥게 하라 지시하고, 방을 감시할 것을 부하에게 일러 놓고는 이튿날 아침까지 나타나지 않았습니다. 그러다가 아침이 되자 새하얀 냅킨에 싼 토스트 두 조각과 수도원장 자신이 가지고 온 코르닐리아산(産) 백포도주를 커다란 컵에 가득 따라 가지고 와서 이렇게 말했습니다.

"원장님, 기노는 젊었을 때 의학을 배웠습니다. 그래서 그가 만든 약만큼 위병에 효험이 있는 약은 없다고 합니다. 여기 가져온 것은 그 첫 번째의 약입니다. 어서 이것을 드시고 쾌차하십시오."

수도원장은 말할 기운이 없을 정도로 배가 고팠기 때문에 투덜거리면서도 빵 조각을 먹고 백포도주를 마셨습니다. 그러고는 거드름을 부리며 여러 가지를 지껄이고 묻고 또 푸념을 터뜨리면서, 무엇보다 기노를 만나게 해달라고 강력히 요구했습니다.

기노는 그의 말을 들으면서, 일부는 흘려버리고 어느 대목은 정중한 대답을 했는데, 특히 기노에 대해서는 가급적 빨리 문안드릴 거라고 딱 잘라 말했습니다. 그런 다음에 그 자리에서 물러나 이튿날 같은 양의 토스트와 백포도주를 가지고 올 때까지 모습을 나타내지 않았습니다. 이리하여 며칠이 지났습니다. 그사이 그가 계획적으로 몰래 갖다 놓은 마른 완두를 수도원장이 먹어 치운 것을 알았습니다. 그제야 그는 기노의 전갈이라면서, 위의 증세가 어떠냐고 물었습니다. 수도원장은 곧 이렇게 대답했습니다.

"난 그의 손에서 풀려났으면 좋겠네. 그의 약이 내 병을 고쳐 주었으니, 이제 먹을 생각뿐이네."

이에 기노는 수도원장의 여러 가지 물건을 써서 그의 종자들을 시켜 근사하게 꾸미게 하고 큰 잔치 준비를 시켰습니다. 그 잔치에는 성안의 여러 사람과 수도원장의 종자들까지 초대하기로 했습니다. 기노는 다음 날 아침 그에게 가서 말했습니다.

"원장님, 원장님은 병이 다 나으셨기 때문에 병실에서 나오셔도 됩니다."

이렇게 말하고 기노는 그의 손을 잡고 잔치 준비가 되어 있는 방으로 가서 그의 종자들과 있게 하고, 자기는 잔치를 성대히 치르는 데 필요한 지시를 하기 위해 밖으로 나갔습니다.

수도원장은 종자들을 만나자 안도의 숨을 쉬며, 자기가 어떤 생활을 했는지 들려주었습니다. 한편 종자들은 그와는 반대로 기노로부터 놀랄 만큼 극진한 대접을 받았다고 말했습니다.

이윽고 식사 시간이 되어, 수도원장과 종자들은 잇따라 나오는 맛있는 요리와 값비싼 포도주를 대접받았으나 기노에 대한 이야기는 아직도 수도원장에게 알리지 않았습니다.

이렇게 수도원장을 며칠간 머물러 있게 한 기노는 그의 짐을 모조리 홀에 내다 놓고, 그 창문 아래의 가운데뜰에 그의 말을 또한 죄다 몰아다 놓고는 그의 앞에 나타났습니다. 그러고는 먼저 몸 상태를 묻고 다음으로 말을 탈 수 있는가를 물었습니다.

수도원장은 위도 좋아졌고 몸도 좋아졌다, 이제 남은 일은 기노에게서 벗어나는 일뿐이라고 대답했습니다. 기노는 모든 짐을 내려놓고 종자들을 전부 모여 있게 한 홀로 수도원장을 안내했습니다. 그러고는 그의 말이 죄다 내려다보이는 창가로 데려가 이렇게 말했습니다.

"원장님, 원장님이 꼭 들어주십사 하는 말씀은, 원장님이 눈앞에 보고 계신 나, 기노 디 타코는 귀족으로 태어났으면서 집에서 쫓겨나 곤궁한 처지가 되고 거기다가 많은 적을 가졌기 때문에, 스스로의 몸을 지키고 귀족의 체면을 지키기 위해서 도둑이 되고 교황청의 적이 되었다는 사실입니다. 그러나 결코 정신이 썩었기 때문은 아닙니다. 원장님이 참으로 훌륭한 분이라고 생각했기 때문에 위병을 고쳐 드렸고, 다른 사람들과 마찬가지로 대할 생각도 갖지 않았습니다. 만약 다른 사람이었다면, 내 손아귀에 들었으니 그 짐은 죄다 내 뜻대로 하고 말았을 것입니다. 하지만 당장 필요한 것들이 있는 내 사정을 고려하셔서 원장님의 짐 가운데서 쓰실 것만을 가지시기 바랍니다. 짐은 모두 원장님 앞에 놓여 있으며, 말은 죄다 가운데뜰에 매어 둔 것을 이 창문으로 보실 수 있을 것입니다. 그러니 그 일부이든 전부이든 좋으실 대로 가지십시오. 또한 이곳에서 떠나시든 더 머물러 계시든 좋으실 대로 하시기 바랍니다."

수도원장은 이처럼 관대한 말이 도둑의 입에서 나올 수 있을까 하고 크게 놀랐습니다. 아울러 그가 무척 마음에 들어서 지금까지 품고 있던 분노는 순식간에 사라져 진심으로 기노를 친구로 생각하고 와락 끌어안으며 이렇게 말했습니다.

"나는 하느님께 맹세하겠네. 자네와 같은 훌륭한 사람의 우정을 얻기 위해서는, 지금까지 자네가 나에게 준 모욕보다도 더 심한 모욕이라도 견디겠노라고. 자네를 이러한 악으로 몰아넣은 운명이야말로 저주를 받아 마땅하네."

그러고 나서 그는 자기의 짐 가운데서 꼭 필요한 일부만을 취하고, 또 말도 몇 필만을 가진 다음 나머지는 죄다 그대로 남겨 두고 로마로 돌아갔습니다.

교황은 수도원장이 도둑에게 붙들렸다는 소식을 듣고 매우 걱정을 하고 있었는데, 그가 돌아오자 병 치료의 효과가 있었느냐고 물었습니다. 수도원장은 웃으면서 대답했습니다.

"교황님, 저는 온천보다도 훨씬 가까운 곳에서 훌륭한 의사를 만났습니다. 그는 거뜬히 저를 고쳐 주었습니다."

그러고는 자세히 어떻게 된 일인지를 말하자 교황은 소리 내어 웃었습니다.

수도원장은 이야기를 하다가, 관대한 기노의 마음에 새삼 감동되어, 교황에게 은총을 내려 주기를 간청했습니다. 무엇인가 다른 부탁을 할 줄 알았던 교황은 쾌히 그렇게 하겠다고 대답했습니다. 그래서 수도원장은 말을 이었습니다.

"교황님, 저의 간청이란, 저의 의사인 기노 디 타코에게 은총을 베풀어 주십사 하는 것입니다. 제가 지금까지 보아 온 얼마 안 되는 훌륭한 사람들 가운데서도 그야말로 가장 빼어난 인물이기 때문입니다. 그가 행한 악은, 그 자신보다도 운명에게 큰 죄가 있다고 생각되기 때문입니다. 만약 교황님께서 그가 자기 성향에 어울리게 살아갈 수 있도록 어떤 일을 내리셔서 그의 방향을 바꾸어 주신다면, 교황님도 머잖아 저와 같은 생각을 가지시리라 믿어 의심치 않습니다."

교황은 이 말을 듣자 본디 아량이 풍부하고 훌륭한 인물을 좋아하는지라, 그대가 말하는 것과 같은 인물이라면 기꺼이 그렇게 하겠으며, 그리고 그가 여기까지 오도록 해주겠노라 약속을 했습니다.

이리하여 기노는 수도원장이 권하는 것을 좇아 안전 통행증을 받아 가지고 교황청으로 왔습니다. 얼마 지나지 않아 교황은 그가 훌륭한 인물인 것을 인정하고 그와 화해하고 그를 기사에 임명함과 동시에 스페달레의 높은 관리로 삼았습니다. 또한 기노는 교황청과 클뤼니 수도원장의 친구가 되고, 하느님의 종이 되어 평생토록 그 지위를 지켰습니다.

셋째 이야기

미트라다네스는 나탄의 신망을 시기하여 그를 죽이러 갔다가 나탄인 줄 모르고 그를 만난다. 그리하여 바로 그로부터 나탄을 죽이는 방법을 배우고 숲에서 다시 만난다. 미트리다네스는 그가 곧 나탄임을 알고 부끄러운 마음이 들어 사과하고 그와 친해진다.

모두들 성직자가 훌륭한 행동을 한 이야기를 듣고는 마치 기적이 일어난 듯한 느낌이 들었습니다. 이윽고 여자들의 감상(感想)이 끝나자 왕은 필로스트라토에게 다음 이야기를 하라는 명령을 내렸습니다. 그래서 그는 곧 입을 열었습니다.

여러분, 스페인 국왕의 너그러운 행동은 참으로 훌륭했고, 클뤼니 수도원장의 행위도 일찍이 들은 적이 없는 훌륭한 처사입니다. 그러나 여기 어떤 사람이 관용의 도를 보이려고 자기의 목숨을 노리는 자에게 스스로 목숨을 내놓을 계획을 세웠고, 만약 상대가 정말로 목숨을 앗으려 했다면 기꺼이 그에게 목숨을 맡겼을 거라는 내 이야기를 들으시면, 아마 무척 놀라실 것입니다. 나는 바로 그런 이야기를 간략하게 줄거리만 추려서 여러분에게 말씀드리고자 합니다.

사연인즉, 여러 명의 제노바 사람과 카타요 지방에 간 일이 있는 사람들의 말대로라면, 그 지방에 나탄이라는 큰 부자이자 귀족이 살았다는데, 그건 사실인 것 같습니다. 그 사람은 한 길목에 별장을 가지고 있었으며, 그 한길은 서쪽에서 동쪽으로 가든지 동쪽에서 서쪽으로 가든지 아무튼 반드시 지나야만

하는 길이었습니다. 그는 마음이 넓고 생각이 깊은 사람이어서 어떻게든 남의 신망을 얻으려고 했습니다. 그래서 많은 목수를 고용하여 짧은 기간에 좀처럼 보기 드문 화려하고 웅장한 집을 지어, 기회만 있으면 손님들을 만족하게 대접할 수 있도록 갖가지 도구를 갖추어 놓았습니다. 그러고는 많은 하인과 하녀를 고용해서, 이 한길을 오가는 사람이면 누구든 기꺼이 맞아들여서 극진한 대접을 하도록 했습니다. 이런 칭찬받을 만한 습관이 계속되다 보니, 그의 명성은 동방(東方)뿐만 아니라 서방에까지 널리 알려지게 되었습니다.

그는 이미 나이가 들었지만, 지치지도 않고 돈을 아낌없이 써서 행인들을 환대하는 일을 게을리하지 않았습니다. 마침 그의 명성이 거기에서 과히 멀지 않은 곳에 사는 미트리다네스라는 젊은이의 귀에 들어갔습니다. 그는 나탄보다 자기가 부자인 줄 알고 있었기 때문에 그 명성과 덕망을 시기한 나머지 자기가 더욱 대범하다는 점을 보여 그의 명성을 없애 버린든지 깎아내리든지 하려는 계획을 세웠습니다. 그래서 나탄처럼 호사한 저택을 세우고 가까이 오가는 사람들에게 아직껏 누구도 그런 적이 없을 정도로 크게 잔치를 베풀어 주었습니다. 그러자 곧 소문이 퍼졌습니다.

그런데 어느 날 이 젊은이가 혼자서 자기 집 뜰에 있노라니 초라해 보이는 여인 하나가 동냥을 하러 왔습니다. 그는 달라는 대로 주었습니다. 그러자 이번에는 그 여인이 다른 문으로 들어와 다시 구걸을 하기에 역시 주었습니다. 이렇게 계속하기를 열두 번이나 했습니다. 열세 번째가 되자 마침내 미트리다네스가 입을 떼었습니다.

"아주머니, 당신 하는 짓이 너무 끈질기지 않소?"

그러면서도 그는 여인에게 돈을 주었습니다. 그의 말을 듣자 노파는 이렇게 대답했습니다.

"정말 나탄 나리의 대범하심이란 놀랄 만하죠. 그분 댁에는 이 댁처럼 서른두 군데의 출입구가 있지요. 제가 들어가서 동냥을 하면, 그 어른은 한 번도 낯을 보시려고 하지 않고 그때마다 돈을 주셨답니다. 한데, 이 댁에서는 불과 열세 번밖에 안 되었는데 얼굴을 알아보고, 거기다가 꾸지람까지 하시는군요."

이런 말을 중얼거리며 나간 노파는 두 번 다시 나타나지 않았습니다. 노파의 말을 듣고, 나탄의 명성을 떨어뜨리려던 미트리다네스는 얼굴을 붉히며 화를 내어 중얼거렸습니다.

"이게 무슨 꼴이냐! 이토록 노력을 하고 있는데도 그런 사소한 일조차 나탄에게 미치지 못하다니, 이래 가지고 어느 세월에 그를 앞지를 수 있단 말이냐. 그자를 이 땅 위에서 없애 버리지 않는 한 난 헛수고만 할 뿐이야. 그자가 늙어서 죽기라도 한다면 모르겠지만…… 에라, 내 손으로 그자를 처치해 버리는 게 낫겠다."

그는 갑자기 벌떡 일어나서, 자기의 결의를 아무에게도 밝히지 않은 채 부하 몇 명만 데리고 말에 올라 사흘 뒤에 나탄이 살고 있는 땅에 도착했습니다.

부하들에게는 자기의 친지도 동행도 아닌 것처럼 행동하라 이르고, 자기 명령이 있을 때까지 객줏집에 있으라고 지시했습니다. 그러고는 저녁때쯤 혼자 나갔다가 나탄의 화려한 집에서 그다지 떨어지지 않은 곳에서 초라한 차림으로 홀로 거닐고 있는 나탄을 만났습니다. 그는 나탄을 몰랐기 때문에 그 사람에게 나탄의 집이 어딘지 물었습니다. 나탄은 쾌히 응답했습니다.

"젊은이, 이 근처를 나만큼 잘 아는 사람은 없답니다. 괜찮다면 내가 안내하죠."

그는, 그건 매우 고마운 일이나 될 수 있는 대로 나탄을 만난다거나 그에게 알려지고 싶지 않다고 대꾸했습니다. 그러자 나탄은 이렇게 말했습니다.

"그렇게 하고 싶다면 좋도록 합시다."

미트리다네스는 말에서 내려, 친근히 대해 주는 나탄과 나란히 그의 훌륭한 집으로 갔습니다.

집에 이르자 나탄은 하인 한 사람에게 젊은이의 말고삐를 잡으라고 이르고, 그의 귀에다 입을 대고 자기가 나탄인 것을 이 청년에게 절대 비밀로 하도록 온 집안에 일러 놓으라고 소곤거렸습니다.

저택 안으로 들어간 나탄은 미트리다네스를 훌륭하게 꾸민 방으로 안내했습니다. 거기라면 나탄이 그를 대접하도록 한 사람 외에는 아무도 자기를 볼수가 없었기 때문입니다. 그래서 나탄 자신이 젊은이에게 극진한 대접을 했습니다.

미트리다네스는 그와 함께 있는 동안 자기도 모르게 아버지와 같은 공경심을 느껴, 당신은 누구냐고 물었습니다.

나탄은 이렇게 대답했습니다.

"난 나탄의 심부름을 하는 하잘것없는 하인입니다. 어릴 때부터 나탄과 함께 나이를 먹었으나, 당신이 기대하는 듯한 그런 지위에 끌어올려 주지 않는군요. 그래서 다른 사람들이 온갖 말로 칭찬하는 것처럼 나탄을 칭찬할 마음이 내키지 않는답니다."

이 말을 들으니 미트리다네스는, 신중하기만 한다면 자기의 뜻을 이룰 수 있을 듯한 느낌이 들었습니다. 나탄은 그에게 매우 정중하게, 당신은 누구이며 무슨 일로 왔느냐고 물은 다음, 자기가 할 수 있는 일이라면 무엇이든지 도움을 아끼지 않겠노라 했습니다.

미트리다네스는 한동안 대답을 주저하다가 마침내 상대에 대한 믿음이 생겨 자초지종을 들려준 다음 반드시 비밀을 지켜 달라고 부탁했습니다. 그러고는 덧붙여서 그가 조언해 주고 도와줄 것을 요청했습니다.

나탄은 미트리다네스의 말을 듣고 그 잔인한 계획에 속으로 분노를 느꼈으나, 이내 마음을 가라앉히고 태연한 표정으로 이렇게 대답했습니다.

"미트리다네스 씨, 당신의 아버님은 훌륭한 분이셨습니다. 그 아버님 덕택으로 당신은 지금과 같이 남들에게 훌륭하게 베풀고 있습니다. 아버님의 명망을 깎지 않겠다는 뜻이겠죠. 난 당신이 나탄의 신망을 질투하는 것을 매우 대견한 일로 봅니다. 그와 같은 부러움이 강렬해지면 말할 수 없이 비참한 이 세상이 곧 낙원으로 바뀔 것이기 때문입니다. 당신이 내게 들려준 계획은 꼭 비밀을 지키겠습니다. 그 일에 대해 내가 협조하기 전에 아주 도움이 될 만한 이야기를 알려 주고 싶군요. 여기서 반 마일쯤 떨어진 곳에 조그만 숲이 있는데, 나탄은 아침마다 혼자서 그 숲에 나가 꽤 오래 산책을 합니다. 당신이 그 숲에서 그를 만난다면 어렵지 않게 당신 뜻을 이룰 수 있을 겁니다. 당신이 그를 죽인 다음 아무에게도 들키지 않고 집으로 돌아가려면 당신이 간 길을 버리고 숲 왼쪽 길로 가는 것이 좋습니다. 길은 좀 나쁘지만 집으로 돌아가는 지름길이고 또 안전합니다."

미트리다네스는 이윽고 나탄이 밖으로 나가자 숨어 있는 부하들에게 내일은 어디서 기다리라고 지시했습니다.

한편 나탄은 그 이튿날 아침, 자기가 미트리다네스에게 한 조언도 잊은 듯이 여느 때처럼 혼자서 그 숲으로 갔습니다. 물론 죽음을 각오한 것이었습니다.

미트리다네스는 아침에 일어나자 지니고 다니는 활과 칼을 가지고 말에 올라 숲으로 갔습니다. 멀리 나탄이 혼자서 숲속을 거니는 모습이 보였습니다. 그를 습격하기 전에 우선 그의 얼굴을 보고 목소리를 듣고 싶은 생각이 들어 그를 향하여 말을 몰았습니다. 다가가자 나탄의 머리에 맨 수건을 낚아채며 소리쳤습니다.

"이 늙다리야, 넌 여기서 죽는 거다!"

나탄은 다음과 같은 대꾸를 했을 따름이었습니다.

"그렇다면, 난 그만한 값어치가 있겠군."

미트리다네스는 그 목소리를 듣고 그의 얼굴을 보고는 그가 바로 어제 자기를 기꺼이 맞아서 친절히 안내해 주고, 진심으로 조언을 해준 나탄이었다는 것을 알았습니다. 그 순간 분노는 수치로 변했습니다. 그는 나탄을 찌르려고 빼어 든 칼을 내던지고 말에서 뛰어내려 눈물을 흘리면서 나탄의 발아래 꿇어 엎드렸습니다.

"위대하신 아버지, 이제야 대범하신 그 뜻을 깨달았습니다. 까닭도 없이 목숨을 노린 저에게 소중한 그 목숨을 주시려고 거짓 없이 이곳에 나타나셨습니다. 하느님은 이제야 천한 질투심에 사로잡혔던 못난 이성의 눈을 뜨게 해 주셨습니다. 어르신께서 제 뜻대로 응해 주신 만큼 저는 제 자신에게 무서운 죄의 가책을 느끼게 되었습니다. 어서 저에게 합당한 벌을 내려 주십시오."

나탄은 미트리다네스를 일으켜 세워 인자하게 끌어안고 볼을 비비며 입을 떼었습니다.

"내 아들아, 네가 네 행동을 죄라고 해서 용서를 빌 필요는 없다. 그것은 미움에서 나온 것이 아니라 훌륭한 인물이란 소리를 듣고 싶어서 한 것이 아니냐. 이젠 나 따위는 개의치 말고 살아라. 어느 누구보다도 훌륭한 삶을 살고 있다는 자신감을 가져라. 네 고고한 뜻을 생각해서 나는 누구보다도 너를 사랑한다. 너는 탐욕스러운 사람처럼 돈을 모으지 않고, 모은 돈의 씀씀이를 열어 두었잖느냐. 너는 유명해지려고 나를 죽이려 했던 것을 부끄러워해서는 안 되고, 또 내가 그런 일에 놀란다고 믿어서도 안 된다. 뛰어난 황제와 위대한 국왕은 사람을 죽이는 일밖에 달리 수단을 갖지 않는다. 그것도 너처럼 한 사람이 아니고 무수한 사람을 죽이고 마을을 불사르고 도시를 점령하고 땅을 넓혀서 그것으로 자신들의 이름을 높이고 있다. 그런데 너는 너의 명망을 위해 나 한 사람을 죽이려 했는데, 그것이 뭐 놀랄 만한 일이냐."

미트리다네스는 새삼 자기에 대한 변명도 하지 못한 채 나탄의 말에 감복하면서, 나탄이 그런 결심을 하고 자기에게 방법까지 가르쳐 준 일이 아무래도 이해하기 힘들다고 말했습니다.

나탄은 이렇게 대답했습니다.

"나의 결의와 충고에 대해 네가 이상히 여길 것은 없다. 왜냐하면 모든 일을 내 뜻대로 자유롭게 하게 된 뒤부터 내 집에 오는 손님에 대해서는 그가 누구든 부탁을 해오면 내가 할 수 있는 범위 내에서 만족시켜 주지 않은 적이 없었기 때문이다. 너는 내 생명을 노리고 왔다. 너의 소원을 듣고 보니 네가 소원을 풀지 못하고 갈 오직 한 사람이 될 것 같기에 곧 내 목숨을 내어줄 결심을 한 것이다. 그래서 소원을 풀고, 또 그 뒤에 네가 목숨을 잃지 않아도 되게끔 조언을 해준 거다. 다시 한 번 말하거니와 내 목숨이 필요하다면 마다하지 말고 가져가서 네 스스로를 만족시켜라. 내 목숨은 더 이상 소용이 없다. 80년이나 살아서 즐거운 일도 많았고 숱한 위안도 있었다. 자연의 이치를 따르자면, 다른 사람이나 일반 만물의 변천대로 내 목숨은 이미 앞이 내다보인다. 그러니 내 의지와 상관없이 수명이 다할 때를 기다리기보다는, 내가 내 재산을 쓰듯 필요한 사람에게 주어 버리는 것이 좋단 말이다.

백 년을 남에게 주는 일도 조그마한 선물에 불과하다. 더욱이 앞으로 6년이나 8년쯤이야 아주 초라한 선물이 아니겠느냐. 자, 원하거든 내 목숨을 가져가거라. 부탁한다. 내가 지금까지 살아오는 동안에 목숨을 달라는 사람은 만난 적이 없어. 만약 네가 나타나지 않았다면 평생토록 그런 사람을 못 만날 뻔했다. 설사 용케 그런 사람을 만난다 하더라도 소중히 하면 할수록 내 생명은 값어치가 떨어지는 것을 알고 있다. 그러니 값어치가 떨어지기 전에 부탁이니 내 목숨을 가져가려무나."

미트리다네스는 깊은 수치심에 휩싸여 입을 떼었습니다.

"어르신 같은 귀한 목숨을 가져가다니요? 이제까지 빼앗으려고 생각한 것만으로도 하느님이 용서하시지 않을 것입니다. 저는 어르신의 목숨을 줄이기는커녕 할 수만 있다면 기꺼이 제 목숨을 보태어 늘려 드리고 싶습니다."

그러자 나탄은 즉시 대답했습니다.

"가능하다면 네 목숨을 보태고 싶단 말이지? 지금까지 어느 누구에게도 그런 짓을 한 적이 없는, 그러니까 남의 것을 취한 적이 없는 나에게 네 것을 취하게 만들 작정이구나?"

"네, 그러합니다."

"그럼 내가 하라는 대로 해라. 너는 젊은 몸으로 이곳 내 집에 있거라. 그래서 너는 나탄이라 스스로 칭하고, 나는 네 집에 가서 미트리다네스를 칭하기로 하자."

그러자 미트리다네스는 얼른 대답을 했습니다.

"만약 제가 어르신을 알고 또한 이제껏 해오신 일을 할 수만 있다면 당장에라도 말씀을 따르겠습니다. 그러나 저의 행위로는 나탄 님의 명성을 떨어뜨릴 것이 너무도 분명합니다. 자기 일도 제대로 못 하는 주제라 남의 일을 망치는 것이 고작일 것입니다. 그러니 그 말씀에는 따르지 못하겠습니다."

이와 같이 나탄과 미트리다네스 사이에는 겸양의 미덕에 넘치는 말들이 오갔습니다. 이윽고 나탄은 그를 데리고 집으로 돌아왔습니다. 나탄은 극진히 여러 날 동안 미트리다네스를 대접하면서 그의 위대하고 훌륭한 계획을 정성스러운 뜻을 가득 담은 말로 격려해 주었습니다.

이윽고 미트리다네스가 그의 부하들을 데리고 집으로 돌아가려 하자, 나탄은 자기의 대범함이 결코 미트리다네스 이상은 못 된다는 것을 그가 알아듣도록 이야기를 해서 그들을 돌려보냈습니다.

넷째 이야기

젠틸레 데 카리센디 씨는 모도나에서 돌아와 죽어서 장례를 마친, 그가 사랑했던 여자를 무덤에서 꺼낸다. 여자는 되살아나 아들을 낳는다. 젠틸레 씨는 그녀의 남편 니콜루치오 카차니미코에게 그녀와 아이를 돌려준다.

모두들 자기 목숨에 관한 일을 그토록 대범하게 다룰 수 있다는 것에 크게 놀랐습니다. 그러고는 나탄이 스페인 국왕이나 클뤼니의 수도원장보다도 더 너그러운 사람이라는 판단을 내렸습니다. 이런 말들이 한참 오간 뒤 왕은 라우레타에게 다음 이야기를 하라는 눈짓을 보냈습니다. 그래서 라우레타는 곧 이야기를 시작했습니다.

여러분, 지금까지 이야기에 나온 것은 모두 장하고 훌륭한 일들뿐이었습니다.

그러니 만약 우리들이 모든 주제에 풍부한 이야깃거리를 제공해 주는 연애 문제를 언급하지 않는다면, 우리들의 이야기는 깨끗이 바닥이 드러나 매번 같은 곳을 어정거릴 뿐, 별로 새로운 이야기의 밑천이 남아 있지 않을 듯합니다. 그래서 나는 그 점도 고려하고 또 우리 젊은이들이 자주 입에 담는 점을 염두에 두고서 사랑하는 사람이 베푼 관용에 대한 이야기를 시작하고자 합니다.

사랑이란 사랑하는 것을 차지하기 위해 보배롭고 귀중한 것들을 보내기도 하고 미워하는 마음도 잊고, 자기의 목숨과 명예, 그리고 가장 소중한 명성까지도 숱한 위험 속에 내맡기는 것이 사실일진대, 이 이야기 속에 나오는 행위는 모든 점을 생각해서 지금까지 나누었던 어떠한 관용 정신의 이야기에도 뒤지지 않음을 아시게 될 것입니다.

여러분, 옛날 롬바르디아의 유서 깊은 도시인 볼로냐에 미덕과 고귀한 혈통으로 많은 존경을 받던 젠틸레 데 카리센디라는 기사가 살고 있었습니다. 아직 젊었던 그는 니콜루치오 카차니미코라는 사람의 부인인 카탈리나를 연모하고 있었으나, 그 부인으로부터 조금도 호의적인 반응을 얻지 못해 비관한 나머지 마침 모도나의 시장으로 임명되자 볼로냐를 떠났습니다.

그 무렵 남편인 니콜루치오는 볼로냐에 없었습니다. 그리고 부인은 임신 중이어서 도시에서 3마일 정도 떨어진 영지에 가 있었는데, 어느 날 갑자기 심한 발작을 일으켜 쓰러졌습니다. 그것이 워낙 심한 발작이었기 때문에 아무도 부인이 살아 있다고는 보지 않았습니다. 의사까지도 사망했다는 진단을 내리고 말았습니다.

부인의 가까운 친척들은 그녀가 임신한 지 얼마 안 되었다는 말을 들었기에 태아도 미처 크지 못했을 것으로 보고, 별다른 생각도 없이 눈물 속에 그녀를 가까운 성당 묘지에 묻어 주었습니다.

이 소식은 친구로부터 곧 젠틸레 씨에게 알려졌습니다. 그는 지금까지 부인에게서 티끌만 한 호의도 받은 적이 없었으나 매우 슬퍼하면서 이렇게 혼잣말을 중얼거렸습니다.

"카탈리나, 기어이 당신이 돌아가셨군요. 나는 당신이 살아 있는 동안 당신한테서 단 한 번도 호의에 찬 눈길을 받지 못했습니다. 그러나 당신이 죽어서 스스로 몸을 포기한 지금에야말로 나는 당신한테서 키스를 받을 수 있게 되었습니다."

그는 자신이 어디로 떠나는지 아무에게도 알리지 말라고 하인들에게 명령한 뒤, 그중 하나를 데리고 말에 올라 단숨에 부인이 묻혀 있는 묘지로 달려갔습니다. 때는 이미 한밤중이었습니다. 그는 곧 무덤 문을 열고 조심조심 안으로 들어가서 부인의 곁에 누워 얼굴을 부인의 볼에 대고 하염없이 흐르는 눈물 속에서 몇 번이고 키스를 퍼부었습니다. 그런데, 인간의 욕망이란 끝이 없고 더욱이 그칠 줄을 모르는 법입니다. 그래서 그는 이제 돌아가야지 하고 생각하면서도, 이렇게 중얼거리지 않을 수가 없었습니다.

"아아, 애써 여기까지 왔는데, 한 번쯤 가슴에 손을 댄들 안 될 까닭은 없겠지. 이제 두 번 다시 만질 수도 없고, 또 지금까지 손을 댄 적도 없었으니까."

이렇게 욕망을 이기지 못한 그는 부인의 가슴에 손을 대고 오랫동안 있었습니다. 그러자 어쩐지 부인의 심장이 뛰고 있는 듯한 느낌이 들지 않겠습니까? 가슴이 섬뜩했으나 모든 공포심을 억누르고 더욱 주의를 집중하고 있노라니 맥박은 희미하지만 분명히 심장이 멈춘 것이 아님을 알 수 있었습니다. 그래서 그는 하인의 도움을 빌려 살그머니 그녀를 무덤에서 꺼내 자기의 말에 태우고 비밀리에 볼로냐에 있는 자기 집으로 데리고 왔습니다.

그의 집에는 슬기롭고 어진 어머니가 계셨습니다. 아들한테서 모든 사정을 들은 어머니는 남몰래 방에 불을 지피고 부인을 목욕시켜, 거의 다 죽은 목숨을 다시 이 세상에 소생시켜 주었습니다. 생기를 되찾은 부인은 깊고 긴 한숨을 내쉬더니 이렇게 중얼거렸습니다.

"어머나, 내가 지금 어디 있나요?"

믿음직한 젠틸레 씨의 어머니는 이렇게 대답했습니다.

"안심해요. 당신은 조금도 염려할 필요가 없는 곳에 있다오."

부인은 정신을 차려 사방을 살펴보았으나 어딘지 도무지 알 수가 없었습니다. 더구나 눈앞에 젠틸레 씨가 있는 것을 보고는 한층 놀라서 그의 어머니에게 어째서 자기가 여기 와 있는지 그 까닭을 이야기해 달라고 부탁했습니다. 그 말에 젠틸레 씨는 자초지종을 조리 있게 들려주었습니다.

그 이야기를 들으며 부인은 눈물을 줄줄 흘리다가 이윽고 깍듯한 감사의 말을 전했습니다. 그러고는 그가 자기에 대해서 품고 있던 애정과 그의 고마운 은혜를 기리기 위해서도, 이 집에서 그녀와 남편의 명예를 더럽히는 일이 없도록 날이 밝으면 집으로 돌려보내 달라고 간청했습니다. 이에 대해 젠틸레 씨는 이렇게 대답했습니다.

"부인, 나의 욕망이 과거에 아무리 격렬한 것이었다 해도, 지금까지 내가 당신에 대해 품고 있었던 애정으로 하느님이 당신을 죽음에서 되살아나게 하는 은총을 내게 베푸셨으니 지금부터는 다른 곳에서도 당신을, 사랑하는 누이로서 대하게 해주시기 바랍니다. 오늘 밤 내가 당신에게 베푼 호의는 그 어떠한 감사도 받을 만한 것으로 생각합니다. 그러니 지금부터 내가 하려는 한 가지 부탁만은 거절하지 않기를 바랍니다."

부인은, 자기가 할 수 있는 일이고 올바른 일이라면 무엇이든 하겠노라고 대답했습니다. 그러자 젠틸레 씨는 입을 떼었습니다.

"부인, 당신의 친척과 그리고 볼로냐의 사람들은 모두 한결같이 당신이 죽은 것으로 알고 있습니다. 그러니 아무도 당신이 집으로 돌아올 것을 기대하고 있지 않습니다. 그러므로 내가 모도나에서 돌아올 때까지 내 어머니와 함께 여기서 조용히 지내 주기를 부탁합니다. 물론 나는 빨리 돌아오겠습니다. 이런 부탁을 하는 까닭은 이 도시의 많은 시민들 앞에서 당신의 남편에게 귀중하고 굉장한 선물로서 당신을 되돌려 주고 싶은 마음에서입니다."

부인은, 친척들에게 자기가 살아 있는 것을 알려 기쁘게 해주고 싶은 마음이 간절했으나, 그의 고마운 은혜와 그의 부탁에 나쁜 뜻이 없음을 깨닫고는 그의 말을 따르기로 결심했습니다. 그래서 꼭 그렇게 하겠노라고 약속을 했습니다. 그런데 부인은 이 대답을 하자마자 갑자기 진통이 오는 것을 느꼈습니다. 젠틸레 씨의 어머니는 해산일이 다가왔음을 알고 극진히 간호를 해주었습니다. 이윽고 그녀는 사내아이를 낳았습니다. 젠틸레 씨와 부인의 기쁨은 이루 말할 수 없었습니다.

젠틸레 씨는 그녀가 자기의 아내이기라도 한 것처럼 모든 필요한 조치를 갖추어 주고, 가족들에게 부인을 잘 돌봐 주라는 당부를 남기고 비밀리에 모도나로 돌아갔습니다.

마침내 그는 임기를 마치고 볼로냐로 돌아갈 날이 되었습니다. 볼로냐에 돌아가는 날 아침에 니콜루치오 카차니미코 씨를 포함한 도시의 유지들 여럿을 초청하여 자기 집에서 성대한 잔치를 베풀 준비를 마쳐 놓도록 가족에게 전갈을 보냈습니다.

드디어 젠틸레 씨는 집에 돌아왔습니다. 그는 말에서 내려 먼저 손님들에게 인사를 하고 나서 부인의 거실로 갔습니다. 그는 부인이 전보다 훨씬 아름다워지고 건강해졌으며, 사내아이도 탈 없이 자란 것을 보고 기뻐서 웃는 낯으로 손님들을 식당으로 안내하고 맛있는 음식들을 대접했습니다.

그는 미리 자기가 취할 행동과 그에 대처할 부인의 행동을 맞춰 놓았기 때문에, 그럭저럭 잔치가 끝날 무렵 자리에서 일어나 다음과 같은 이야기를 꺼냈습니다.

"여러분, 이것은 언젠가 다른 사람한테서 들은 얘깁니다만 페르시아에는 옛날부터 퍽 재미있는 풍습이 있다고 합니다. 그것은 다름 아니라, 친구를 대접하고자 할 때는 그를 자기 집으로 초청하여 아내이든 애인이든 혹은 딸이든, 아무튼 자기가 가장 아끼는 것을 친구에게 보여 주고, 만약 할 수만 있다면 기꺼이 자신의 심장조차도 보여 줄 용의가 있다는 것입니다. 나는 이러한 풍습을 볼로냐에서도 한번 해보고 싶은 생각을 가지고 있습니다. 여러분은 기꺼이 우리 집 잔치에 와주셨습니다. 그래서 나는, 나로서는 이 세상에서 둘도 없고 언제까지라도 갖고 싶은 소중한 것을 여러분에게 보여 드려 페르시아인들처럼 경의를 표하고자 합니다.

그런데, 그 전에 내가 지금부터 말씀드리는 문제에 대해서 어떤 의견을 갖고 계시는지 먼저 말씀해 주시기 바랍니다. 어떤 사람이 집에 착하고 충실한 하인을 두고 있었는데, 그 주인은 병에 걸린 하인의 최후를 봐주려 하지 않고 그 하인을 거리로 끌어내 버렸습니다. 마침 그때 낯선 사람이 지나다가 그것을 보고, 환자를 불쌍히 여겨 자기 집으로 데리고 가서 약값을 아끼지 않고 친절히 간병하여 되살려 주었습니다. 여기서 여러분에게 묻고 싶습니다. 만약 먼저 주인이 되돌려 달라고 할 때 그럴 수가 없다 하여 거절한다면, 첫 번째 주인이 두 번째 주인에게 시비를 건다거나 비난을 하는 것이 옳은 일일까요, 아니면 그른 일일까요?"

초대된 손님들은 그 문제를 서로 상의하다가 마침내 의견의 일치를 보고는, 가장 말주변이 있는 니콜루치오 카차니미코를 대표로 내세워 대답하도록 했습니다.

그는 먼저 페르시아의 풍습을 찬양한 다음 자기도 다른 분들과 마찬가지 의견이라면서, 첫 번째 주인은 하인이 병들자 간병을 안 해주었을 뿐만 아니라 거리에 버렸으니 그 하인에 대해서 아무런 권리도 없다, 따라서 하인이 두 번째 주인으로부터 받은 은혜를 위해 그의 하인이 되는 게 마땅하다, 말할 것도 없이 두 번째 주인이 하인으로 부리고 있어도 최초의 주인에게 조금도 폐 끼치는 바 없으며, 그것은 폭력을 행사한 것도 아니고 어떤 모욕을 준 것도 아니기 때문이다라고 말했습니다.

그 자리에 모인 손님들은 모두 훌륭한 사람들이었기 때문에 이구동성으로 니콜루치오가 한 대답과 똑같은 의견이라고 덧붙였습니다.

젠틸레 씨는 이런 대답을 니콜루치오가 한 것을 만족스럽게 여기며, 자기도 같은 생각이라고 말하고 다음과 같이 말을 이었습니다.

"그럼, 약속한 바와 같이 여러분에게 보여 드리겠습니다."

그는 두 하녀를 불러, 이미 화려하게 단장을 마친 부인을 어서 모시고 나와 여러분들을 즐겁게 해드리도록 하라고 일렀습니다. 부인은 두 하녀의 부축을 받으며 귀여운 아들을 팔에 안고 거실로 들어갔습니다. 그러고는 젠틸레 씨의 지시를 좇아 한 훌륭한 신사 곁에 앉았습니다. 젠틸레 씨는 입을 열었습니다.

"여러분, 이 사람이 내가 가장 소중히 여기고 또한 그 무엇보다도 놓기 아까워하는 것입니다. 내 말이 빈말인지 잘 봐주시기 바랍니다."

손님들은 그녀에게 인사를 하고, 그녀를 바라보더니 젠틸레 씨가 소중히 여길 만한 분이라고 입을 모아 칭찬했습니다. 그들 가운데에는 만약 그 부인이 죽지 않았다면 바로 그 부인임을 알아볼 만한 사람이 여럿 있었습니다.

그 가운데에서도 니콜루치오는 물끄러미 그녀를 바라보다가 젠틸레 씨가 잠깐 자리를 뜬 틈을 타서 이 부인이 누구인지 정말 알고 싶어 더 이상 못 참겠다는 듯이, 당신은 볼로냐의 사람인가, 아니면 타지방 사람인가 직접 그녀에게 물었습니다.

부인은 남편에게 그런 질문을 받고도 대답을 하지 않는다는 것이 무척 괴로웠습니다. 그러나 젠틸레 씨와의 약속을 지키기 위해 입을 다물고 있었습니다. 그러자 어떤 사람은 그 아이는 당신의 아들입니까, 또는 당신은 젠틸레 씨의 부인입니까, 혹은 친척입니까 하는 물음을 던졌습니다. 하지만 부인은 어떤 물음에도 답하지 않았습니다. 젠틸레 씨가 돌아오자 한 손님이 물었습니다.

"젠틸레 씨, 이분은 매우 아름다우시지만 벙어리인 것 같군요. 사실입니까?"

"여러분!" 젠틸레 씨가 말했습니다.

"그녀가 지금 입을 떼지 않는 것은, 그녀의 미덕이 보통이 아님을 뜻하는 것입니다."

"그럼, 어서 말씀해 주십시오." 그 손님이 말을 받았습니다.

"대관절 이 부인은 누구십니까?"

젠틸레 씨가 대답했습니다.

"말씀드리겠습니다. 한 가지 여러분에게 부탁드리고 싶은 것은, 내가 어떤 말을 하든지 내 말이 끝날 때까지는 어느 분이든 자리를 뜨지 말아 달라는 것입니다."

손님들은 모두 그렇게 하겠다고 약속했습니다. 그리고 이미 식탁 위도 치워졌기 때문에, 젠틸레 씨는 부인 곁에 앉으며 입을 열었습니다.

"여러분, 이 부인이야말로 여러분에게 아까 말씀드린 바로 그런 충실한 하인에 해당하는 분입니다. 이분이 가족한테서 그다지 소중한 대접도 받지 못하고, 또 소용없는 천한 존재로 거리에 버림받은 것을 내가 주웠습니다. 그래서 나의 정성스러운 간호와 노력으로 죽음의 심연에서 살려 냈습니다. 하느님은 나의 친절한 사랑을 가상히 여기셔서, 두려운 시체에 불과하던 것을 나를 위해 이토록 아름다운 분으로 다시 살려 주셨습니다. 그럼, 여러분이 어떻게 그런 일이 내게 일어났는가를 아시도록 설명해 드리겠습니다."

이렇게 말하고는 자기가 그녀를 연모했던 이야기부터 그때까지 있었던 일을 털어놓자, 듣는 사람들은 누구 하나 놀라지 않는 이가 없었습니다. 그는 다시 덧붙여 말했습니다.

"그러한 사정이니, 여기 계시는 여러분이, 특히 니콜루치오 씨가 아까 말씀하신 의견을 바꾸시지 않는 한 이분은 어김없이 나의 것이며, 어느 누구이든 어떤 정당한 권리를 내세우더라도 이분을 돌려 달라고는 할 수 없다고 생각합니다."

이 선언에 대해 아무도 이의를 말하지 않았습니다. 오히려 사람들은 그가 다시 무슨 말을 꺼내기를 기다리는 표정들이었습니다. 니콜루치오를 비롯한 여러 사람들과 부인은 감동한 나머지 눈시울을 적시고 있었습니다. 이윽고 젠틸레 씨는 일어나서 어린애를 받아 안고 부인의 손을 끌며 니콜루치오에게 다가가 이렇게 말했습니다.

"자, 일어나십시오. 나는 당신의 부인을 돌려드리는 게 아닙니다. 당신의 집안과 부인의 친척들이 이분을 버렸기 때문입니다. 그러나 이 아이의 양부(養父)인 나는 이 부인을 아이와 함께 당신에게 선사하고 싶습니다. 이 아이는 분명히 당신의 아들입니다. 그런데 내가 세례식에 입회하여 젠틸레라고 이름 지었습니다. 아울러 당신에게 말씀드리고 싶은 것은 부인이 석 달쯤 내 집에 있었다고 해서 이분을 섭섭히 대하시지는 말아 달라는 점입니다. 하느님에게 맹세를 드리는 바입니다만, 하느님은, 실제로 그렇게 되었습니다만, 이분의 목숨을 건져 주도록 나에게 이분을 연모하게 하신 것 같습니다. 이분이 댁에 계셨다면, 내 집에서 나의 어머니와 지낸 것처럼 당신과 깨끗한 나날을 보내지 못했을 것입니다."

여기까지 말한 젠틸레 씨는 부인을 향하여 입을 떼었습니다.

"자, 부인, 부인이 내게 하신 모든 약속으로부터 부인을 해방하여 니콜루치오 씨에게 보내드립니다."

말을 마친 그는 부인과 아이를 니콜루치오의 손에 넘겨주고 자기 자리로 돌아왔습니다.

니콜루치오는 세상에 이런 일도 있나 싶어 그 기쁨은 이루 말할 수가 없었습니다. 덩실덩실 춤이라도 출 듯이 부인과 아이를 받고는 온갖 말로 감사의 뜻을 표했습니다. 다른 손님들도 모두 감동하여 눈물을 흘리며 입을 모아 젠틸레 씨를 칭송했습니다.

부인은 축제날 같은 떠들썩한 대환영을 받으며 자기 집으로 돌아갔습니다. 그리고 모든 볼로냐 사람들로부터 오랫동안 경이의 시선을 받았습니다. 그 뒤부터 젠틸레 씨는 니콜루치오를 비롯한 그의 집안과 부인의 친척들과도 가깝게 사귀며 살았답니다.

한데 여러분, 여러분은 어떻게 생각하십니까? 국왕이 왕관과 그 밖의 보물을 내린 일과, 수도원장이 돈도 들이지 않고 교황과 도둑을 화해시킨 일, 그리고 노인이 자기의 목을 적의 칼날 앞에 내맡긴 일들과 비교해서 젠틸레 씨의 행위가 그에 못 미친다고 생각하십니까?

젊음의 피가 끓는 젠틸레 씨는 남이 아무렇게나 버리고 돌보지 않아 잃어버린 것을 자기가 애써 찾아 사랑하는 부인을 다시 살렸으며, 당연히 자기에게 권리가 있으면서도 자기의 욕망을 깨끗하게 눌렀을 뿐만 아니라, 지금까지 온갖 것을 바치고 싶었고 훔치고 싶은 생각까지 가졌던 것을 막상 자유롭게 할 수 있는 때가 되자 되돌려 준 것입니다. 이런 점을 따져 볼 때, 지금까지의 이야기 가운데서 이것과 비교할 수 있는 것은 없다고 나는 생각합니다.

다섯째 이야기

디아노라 부인은 안살도 씨에게 1월의 뜰을 5월의 뜰처럼 아름답게 해달라고 부탁한다. 안살도 씨는 한 요술사에게 부탁하여 가까스로 소원을 들어준다. 남편은 그녀가 안살도 씨에게 몸을 맡길 것을 허락한다. 남편의 너그러움을 들은 안살도 씨가 그녀와의 약속을 취소하자 요술사는 이에 감동하여 안살도 씨로부터 아무 보수도 받지 않겠노라고 말한다.

젠틸레 씨의 행위는 명랑한 동료들로부터 하늘에 뻗칠 것 같은 드높은 찬사를 받았습니다. 이번에는 왕이 에밀리아에게 다음 이야기를 하도록 지시했기 때문에, 에밀리아는 기다렸다는 듯이 기꺼이 다음과 같은 이야기를 했습니다.

　인자하신 여러분, 젠틸레 씨의 행위가 너그럽지 않았다고 말씀하실 분은 한 분도 안 계실 줄 압니다. 하지만 때와 장소에 따라서는 그 이상의 너그러움을 베푼 일도 당연히 있을 법하다고 생각합니다. 그래서 그 한 예로서 짧은 이야기지만 여러분에게 들려드리고자 합니다.

　프리올리 지방으로 말할 것 같으면, 날씨는 춥지만 산이 아름답고 여러 줄기의 강이 흐르며 맑은 샘이 곳곳에 솟아오르는 쾌적한 고장으로, 그곳에 우디네라는 조그만 도시가 있습니다.

　옛날 이 도시에 디아노라라는 아름다운 귀부인이 살았습니다. 그녀는 질베르토라는 매우 대범한 큰 부자의 아내였습니다. 부인은 아름다웠기 때문에, 안살도 그라덴세라는 지위도 높고 무예와 범절이 세상에 널리 알려진 남작으로부터 열렬한 사랑을 받게 되었습니다.

　남작이 부인을 사랑하는 마음은 너무도 뜨거워서 그녀의 사랑을 받기 위해서는 무슨 일이든 했으며 자주 심부름꾼을 보내어 마음을 하소연했으나, 그런 노력은 번번이 허사였습니다.

　부인은 이 기사의 집요함을 피하기 위해 어떻게 하면 그가 요구하는 것을 시원하게 거절할 수 있을까 생각했습니다. 그러기 위해서는 먼저 그의 사랑을 끊어야만 되겠기에 자기 판단으로는 도저히 불가능해 보이는 요구를 생각해 냈습니다. 그것으로 그의 집요함을 끊자는 것이었습니다. 그래서 어느 날 기사의 심부름으로 자주 자기에게 오는 여자를 보고 이렇게 말했습니다.

　"당신은 안살도 씨가 더없이 나를 사랑하고 계신다고 자주 말하고, 또 근사한 갖가지 선물을 그분이 보낸다고 하며 가져왔지만, 선물을 받았다고 해서 내가 그분을 사랑하는 것도 아니고, 그분의 뜻을 따르려 한다는 것도 아니니, 그것들은 되돌려 드리겠어요. 그렇지만 당신이 말하는 것처럼 그분이 그토록 나를 사랑한다는 확신을 갖게 되면 반드시 그분을 사랑하기 위해 행동할 것이며 그분이 바라는 일을 하겠어요. 그러니 내가 부탁하는 일을 해주셔서 성의를 보이신다면 곧바로 그분이 하자는 대로 따르겠습니다."

　심부름 온 여자는 물었습니다.

"마님, 마님은 그분에게 어떤 일을 부탁하시렵니까?"

부인은 대답했습니다.

"내 부탁은 이렇습니다. 내년 1월 이 고장에서 5월의 뜰과 똑같이 싱싱하고 녹색 풀이 가득하고 꽃이 활짝 피고 푸르른 나뭇잎이 우거진 뜰을 보았으면 해요. 그것이 불가능하다면 당신뿐만이 아니라 그 누구든 심부름을 보내지 말도록 해줘요. 그런데도 여전히 귀찮게 한다면, 지금까지는 모든 일을 남편이나 친척에게 알리지 않았지만 이젠 다 털어놓고 성가심을 덜어 달라고 하겠어요."

기사는 부인의 요구를 전해 듣자 그런 일을 하기란 도저히 불가능하리라는 생각이 들었습니다. 그녀가 자기의 희망을 포기시키려는 것이 아니면 그런 억지 요구를 할 리가 없다고 생각하면서도, 할 수 있는 데까지는 해볼 결심을 굳혔습니다. 그래서 여러 지방과 다른 나라에 사람을 보내어 자기를 도와줄 사람이나 조언을 해줄 사람을 널리 찾아보게 했습니다. 그랬더니 충분한 보수를 준다면 요술을 부려 그 일을 해 보이겠다는 사람이 나타났습니다. 안살도 씨는 막대한 돈을 치를 약속을 하고 기쁜 마음으로 기다렸습니다.

드디어 매서운 추위가 와서 모든 것이 눈과 얼음에 뒤덮이게 되자 그 요술사는 1월이 시작되는 날 밤에 도시 근처의 아름다운 목장에 요술을 걸었습니다. 이튿날 아침 그것을 본 사람의 말에 의하면, 지금까지 아무도 본 적이 없을 만큼 푸른 풀과 무성한 나뭇잎에 갖가지 과일이 주렁주렁 달린 아름다운 정원이 나타났다는 것입니다.

안살도 씨는 그것을 보자 크게 기뻐하며 그 뜰에 피어 있는 가장 아름다운 꽃과 과일을 따서 은밀히 부인에게 전하고, 그녀가 요구한 정원을 보러 와달라는 초청을 했습니다. 그것은 말할 것도 없이 자기가 그녀를 사랑하고 있다는 것을 알아주고, 하느님에게 맹세한 약속을 떠올려 신의를 지키는 부인으로서 그 약속을 지켜 달라는 뜻이었습니다.

부인은 아름다운 꽃과 과일을 보았고, 또 많은 사람들로부터 그 뜰의 화려함에 대해 이미 들었기에 자기의 약속을 후회하기 시작했습니다. 후회를 하면서도 호기심이 앞서서 다른 여러 아낙네들과 함께 그 정원을 구경하러 갔습니다. 그러고는 경탄의 소리를 지르지 않을 수 없었습니다. 그리고 결과가 어떻게 되는가를 생각하고는, 슬픔에 젖은 그 어느 여인보다도 더 풀이 죽어 자기 집으로 돌아왔습니다.

부인은 너무 풀이 죽어서 그만 그 기색이 얼굴에 다 드러났습니다. 남편은 그것을 깨닫고 그 이유를 물었습니다. 부인은 수치스럽게 생각하여 한동안 잠자코 있었으나 마침내 하는 수 없이 모든 사실을 분명하게 고백했습니다. 질베르토는 그 말을 듣자 처음에는 무척 화를 냈지만 부인의 마음이 순수했다는 것을 알고는 노여움을 참고 이렇게 충고했습니다.

"디아노라, 자기의 정조를 걸고 남과 조건부의 약속을 한다든가, 심부름하는 사람이 지껄이는 말에 귀를 기울인다는 것은 정숙한 부인이 취할 현명한 짓이 못 되오. 남을 통해서 듣는 말이란 여러 사람의 상상 이상의 힘을 가지는 것이며, 그것이 연인의 경우에는 모든 것을 가능하게 할 정도로 힘을 갖는 법이오. 아무튼 당신은 처음에 솔깃했다가 나중에 약속을 했으니, 일이 고약하게 되었소. 그러나 나는 당신 마음이 죄 없이 깨끗함을 알고 있으니, 당신이 한 약속의 매듭을 풀어 주기 위해 다른 사람이라면 감히 할 수 없는 짓을 당신에게 허락하겠소. 그 이유의 하나는 그 요술사가 두렵기 때문이오. 만약 당신이 안살도 씨를 속이기라도 한다면 아마도 그는 요술사에게 부탁해서 우리를 혼내 줄 거요. 어쨌든 당신은 안살도 씨에게 가서 가능한 방법으로 당신의 정조를 지키면서 이번 약속의 의무를 풀어 달라고 하오. 정 그것이 어렵다면 이번만은 몸을 허락하되 마음까지 허락해서는 안 되오."

남편의 말을 듣고 부인은 눈물을 흘리면서 그러한 너그러움을 그대로 받아들일 수는 없다고 대답했습니다. 질베르토는 부인이 완강히 거부함에도 불구하고 그것이 자기 마음을 더 개운케 해줄 거라고 타일렀습니다. 그래서 부인은 이튿날 아침 날이 새자마자 몸치장도 하는 둥 마는 둥 하고 두 하인을 앞세우고 하녀 하나와 함께 안살도 씨의 집을 찾아갔습니다.

안살도는 부인이 왔다는 전갈을 받자 크게 놀라 일어나서, 곧 요술사를 불러 이렇게 말했습니다.

"당신의 요술 덕분으로 얼마나 굉장한 것을 얻게 되었는지 한번 구경하시구려."

그러고 나서 부인을 만난 안살도는 불순한 생각은 티끌만큼도 하지 않고,

정중히 부인을 맞아 난로에 불이 훨훨 타는 훌륭한 방으로 안내하여 부인이 자리에 앉기를 기다려 이렇게 입을 열었습니다.

"부인, 오랫동안 부인을 그렸던 사랑에 용서를 빌고자 합니다만, 부인이 이처럼 이른 시간에 여러 종자를 거느리고 찾아오신 진짜 까닭을 말씀해 주실 수가 없겠습니까?"

부인은 부끄러운 듯, 두 눈에 눈물을 글썽이며 대답했습니다.

"제가 여기 온 것은 사랑 때문도 아니고, 약속을 지키기 위해서도 아닙니다. 남편의 지시를 따랐기 때문입니다. 남편은 자기의 명예와 제 명예보다도, 남작님이 이룰 수 없는 사랑을 위해 치르신 수고에 대해 존경한 나머지 저를 이곳으로 보냈습니다. 그래서 남편의 지시를 따라 이번에는 남작님의 뜻을 좇을까 합니다."

안살도 씨는 부인의 말을 듣자, 처음의 놀라움보다 더한 놀라움을 느꼈습니다. 질베르토의 너그러움에 감동한 그는 부인에 대한 열정이 동정으로 바뀌어 이렇게 말했습니다.

"부인, 부인의 말씀대로 내가 행동한다면, 나는 나의 사랑을 동정해 주는 분의 명예를 더럽히게 되니, 그것을 도저히 용납할 수가 없습니다. 그러니, 부인은 나의 누이로서 여기 있도록 하세요. 그러다가 마음이 내키는 대로 자유로이 댁으로 돌아가십시오. 그렇게 하면 예절을 차릴 줄 아는 남편의 체면에 대해서는 지시한 대로 따른 결과가 되고, 또 내 쪽에서는 그에 대한 감사의 뜻을 전하는 것이 되지 않겠습니까? 앞으로 나는 오래오래 형제로서 또 심부름꾼으로서 부인 댁에 오갈 수 있겠죠."

부인은 이런 말을 들으니 한층 기뻤습니다.

"저는 지금까지 남작님이 하신 일로 미루어, 제가 댁에 찾아온 일이 이런 결과가 되고, 남작님이 제게 바라셨던 것이 이렇게 되리라고는 도무지 믿을 수가 없습니다. 이 점에 대해 저는 언제까지라도 은혜를 잊지 않겠습니다."

부인은 작별을 고하고, 정중히 하인들의 보호를 받으며 남편의 곁으로 돌아왔습니다. 이 일로 해서 질베르토와 안살도 씨 사이에는 친밀한 우정이 맺어졌습니다.

한편, 요술사는 안살도 씨가 약속한 보수를 주려 하자 안살도 씨에 대한 질베르토의 관용과 부인에 대한 안살도 씨의 너그러움에 감동하여 이렇게 대답했습니다.

"질베르토 씨가 자신의 명예에 대해, 또한 당신께서 자신의 사랑에 대해 지극히 너그러운 태도를 취하신 것을 안 이상, 나도 마찬가지로 나의 보수에 대해 어찌 대범하지 않을 수가 있겠습니까. 그러므로 그 돈은 당신의 수중에 두시는 것이 낫겠다고 생각했으니 부디 그냥 가지십시오."

남작은 그것을 부끄럽게 생각하여 전부가 아니면 일부라도 주려 했으나 헛수고였습니다. 그로부터 사흘 뒤 요술사는 깨끗이 그 정원을 없애 버리고 떠나려 하여, 남작은 하는 수 없이 그와 작별을 해야 했습니다. 그리고 그 뒤부터는 부인에 대한 떳떳지 못한 사랑의 마음을 씻고, 참다운 친애의 정을 가지게 되었습니다.

여러분, 이런 일을 어떻게 평하면 좋겠습니까? 아까 이야기에 나온 다 죽어가는 부인에 대한 희망도 희박했던 사랑을, 이와 같은 행동을 한 안살도 씨의 너그러움과 비교하려는 그 자체가 어리석은 일 같습니다.

여섯째 이야기

싸움에 이긴 늙은 샤를 왕은 젊은 아가씨에게 연정을 느꼈으나, 자기의 어리석은 생각을 부끄럽게 여기고 그녀와 그 여동생에게 훌륭한 혼수를 마련해 주어 다른 사람과 결혼시킨다.

부인들은 디아노라 부인의 사건에 대해 질베르토와 안살도 씨, 그리고 요술사 가운데서 누가 가장 너그러웠느냐 하고 한참 의견을 주고받았습니다만, 아무리 시간을 소모해도 충분한 의견을 내놓을 수는 없었을 것입니다. 왕은 한참 동안 이야기하도록 내버려 두었다가 피암메타를 바라보며 모두들 적당히 그쯤에서 논의를 그만하고 자기 몫의 이야기를 시작하라고 명령을 내렸습니다. 그래서 피암메타는 망설임 없이 말문을 열었습니다.

여러분, 나는 우리들과 같은 모임에서는, 이야기의 의도가 모호해서 논란의 여지가 있는 내용은 꺼내지 않는 게 좋다고 전부터 생각해 왔습니다. 토론을 한다는 것은 실을 자를 줄도 모르는 우리들보다는, 학교에 있는 학생들이 할 일입니다. 나는 지금 이야기로 여러분이 토론하시는 것을 보고 문득 마음속에 그런 의문이 생겼습니다만, 그건 그렇다고 치고, 신분이 낮은 사람의 이야기가 아닌 높은 국왕이 자신의 명예를 조금도 깎지 않고 기사로서 어울리는 훌륭한 행동을 했다는 이야기를 하나 들려드리고자 합니다.

여러분은 샤를 왕, 즉 샤를 1세에 관해서 종종 들으셨을 줄 압니다. 그의 위대한 업적과 만프레디 왕과 싸워서 얻은 빛나는 승리로 인해 피렌체에서 황제당(皇帝黨)인 기벨린당이 추방되고 교황당(敎皇黨)인 겔프당이 돌아왔습니다.

그 때문에 네리 델리 우베르티라는 기사가 가족 모두와 막대한 돈을 가지고 피렌체를 떠났으나, 그는 샤를 왕의 지배력이 미치지 않는 다른 나라까지 달아날 생각은 없었습니다. 그는 단지 인적이 드문 곳에 살면서 남은 생을 안락하게 보내려고 스타비아의 해안에 위치한 카스텔로라는 곳으로 갔습니다. 그러고는 마을에서 조금 떨어진, 올리브나무와 호두나무와 밤나무가 우거진 비옥한 땅을 사서 아름답고 넓은 집을 지었습니다. 집 옆에는 아름다운 정원을 만들고, 물이 풍부한 것을 이용하여 뜰 한가운데 피렌체식으로 맑고 아름다운 연못을 파고 여러 지방에서 사들인 진기한 물고기를 많이 넣었습니다.

그는 날마다 이 정원을 더욱 아름답게 꾸미는 데만 전념하고 있었는데, 마침 더운 계절이어서 샤를 왕이 피서를 위해 카스텔로 해안에 왔습니다. 거기서 왕은 네리 씨의 정원이 매우 아름답다는 소문을 듣고 꼭 보고 싶다고 했습니다. 더구나 소유자가 반대당의 기사라는 말을 듣고는, 그렇다면 이 기회에 친해 두는 것이 좋겠다는 생각을 했습니다. 그래서 사신(使臣)을 보내어 내일 밤 네 명의 수행원을 데리고 몰래 찾아갈 테니 자기와 함께 아름다운 뜰에서 식사를 하자고 요청했습니다.

네리 씨로서는 대단히 기쁜 일이었습니다. 그래서 굉장한 음식을 장만하고 온 가족이 정성껏 대접을 하도록 모든 준비를 갖추어 국왕을 정원으로 모셨습니다.

국왕은 정원을 비롯해서 네리 씨의 저택을 두루 살펴보고 크게 찬사를 보낸 다음, 연못가에 마련된 식탁으로 와서 손을 씻고 식탁에 앉았습니다. 그러고는 수행원의 한 사람인 기 드 몽포르 백작을 한쪽 옆에 앉히고 다른 한쪽에는 네리 씨에게 앉도록 명령한 다음, 따라온 세 사람은 네리 씨가 정해 주는 자리에 앉도록 했습니다. 일행의 앞에는 진귀한 그릇들이 놓이고 값비싼 포도주가 나왔습니다. 그러고는 조용한 분위기에서 지루한 느낌 없이 식사가 순서에 맞게 차분히 진행되자 국왕은 크게 칭찬을 했습니다.

국왕이 이처럼 즐겁게 식사를 하며 고요한 분위기에서 흡족함을 만끽하고 있을 때, 열네 살쯤 되어 보이는 아가씨 둘이 정원으로 들어왔습니다. 하나는 금실 같은 금발을 말아 올렸고, 머리를 말아 올리지 않은 아가씨의 머리 위에는 백화등(白花藤)의 조그마한 화환이 하나 얹혀 있었습니다. 두 아가씨의 아름다운 얼굴과 상냥한 자태는 천사를 떠올리게 했습니다. 눈같이 흰 엷은 리넨 옷을 입었는데, 허리 윗부분은 몸에 착 달라붙었고 아래로 내려갈수록 넓게 퍼져 발목까지 덮여 있었습니다.

앞에 선 아가씨는 어깨에 멘 한 쌍의 손그물을 왼손으로 잡고 오른손에는 긴 막대기를 들고 있었습니다. 뒤를 따르는 아가씨는 왼쪽 어깨에 냄비를 메고 왼쪽 겨드랑에는 한 단의 장작을 끼고 손에는 삼발이를 들었으며, 다른 한 손에는 기름통과 불이 붙은 관솔을 들고 있었습니다.

국왕은 그것을 보고 놀라 눈이 둥그레지며, 이건 어쩌자는 건가 하고 신기하게 여기며 다음 행동을 기대했습니다.

두 아가씨는 왕의 앞으로 조심조심 다가오더니 수줍은 듯 머리를 숙여 경의를 표했습니다. 그리고 나서 연못가로 가더니 냄비를 들었던 아가씨는 가졌던 물건을 땅에 내려놓고 다른 아가씨가 가졌던 막대기를 받아 들었습니다. 그러고는 둘 다 연못 속으로 들어가 물이 가슴께에 닿는 곳까지 갔습니다.

이때 네리 씨의 하인 하나가 곧 불을 피우고 삼발이 위에 냄비를 걸고 냄비에다 기름을 부어서 아가씨들이 잡은 고기를 던져 주길 기다렸습니다. 연못 속의 아가씨들은, 한 사람이 고기가 숨어 있을 듯한 곳을 막대기로 확인하고 또 한 사람은 손그물을 대고 기다리곤 했는데, 그 광경을 지켜보던 왕이 크게 기뻐하고 있는 동안에 많은 물고기를 잡아 올렸습니다.

펄떡펄떡 뛰는 물고기가 하인에게 던져지면 하인은 그것을 냄비에 넣었는데, 두 아가씨는 미리 당부를 받았는지 가장 근사한 몇 마리를 골라 왕과 백작과 아버지가 앉아 있는 식탁 위로 던졌습니다.

식탁 위에서 생선이 펄떡펄떡 뛰자 국왕은 흥이 나서 손으로 그것을 붙잡아 아가씨들에게 도로 던져 주곤 했습니다. 이렇듯 즐겁게 보내는 사이에 하인은 생선 튀김을 해 올렸습니다. 이것은 미리 네리 씨가 지시했던 것으로서, 맛있는 요리라기보다 즉흥적인 안주로 왕 앞에 바쳐졌습니다.

아가씨들은 생선 튀김도 어지간히 되었고 그 밖에도 여러 마리의 고기를 잡았기 때문에, 희고 엷은 옷이 몸에 찰싹 붙어서 속살이 보일 듯 말 듯한 모습으로 연못에서 나왔습니다. 그러고는 저마다 가지고 나온 물건을 다시 챙겨 들고 왕의 앞을 부끄러운 듯이 지나 집 안으로 돌아갔습니다.

국왕과 백작과 다른 수행원들은 이 두 아가씨에게 매혹되어 버려, 모두 마음속으로 그 아름다운 자태에 감탄하고 있었습니다. 귀여우면서도 아리따운 그 모습은 특히 국왕의 마음을 사로잡았습니다. 국왕은 두 아가씨가 연못에서 나왔을 때 그들의 몸매에 매료돼 있었기 때문에 혹시 누가 옆에서 손가락으로 찔러도 깨닫지 못했을 것입니다. 두 아가씨가 누구이며 어째서 그런 일을 했는지 알기도 전에 그만 두 사람을 귀여워해 주겠다는 강한 욕망이 마음속에 생겨났습니다. 왕은 스스로 사랑의 포로가 된 것을 깨달았습니다. 다만 두 사람은 아주 닮았기 때문에, 아무리 주의 깊게 보아도 어느 쪽이 더 마음에 드는지 가려낼 수가 없었습니다. 이런 여러 가지 생각에 사로잡힌 국왕은, 이윽고 네리 씨를 바라보고 조금 전 두 아가씨는 누구냐고 물었습니다. 네리 씨는 이렇게 대답했습니다.

"전하, 저 애들은 저의 쌍둥이 딸입니다. 한 아이는 미인 지네브라라 하고 다른 아이는 금발 이조타라 부르고 있습니다."

국왕은 두 사람의 미모를 온갖 말로 칭찬한 다음 빨리 출가시키라고 권했습니다. 그러자 네리 씨는 시집보낼 방법도 수단도 없다고 변명했습니다.

이윽고 식사가 끝난 뒤에 후식이 나오게 되자 두 아가씨는 아름다운 엷은 명주 블라우스를 입고 두 손에 여러 가지 계절의 과일을 담은 커다란 은쟁반을 들고 나타나 국왕 앞의 식탁에 놓았습니다. 그리고 나서 조금 뒤로 물러나 다음과 같은 노랫말로 이중창을 불렀습니다.

사랑이여, 사랑이여, 그대 곁에 왔지만
오래도록 노래하기는 어렵답니다.

　노랫소리는 구슬을 굴리는 듯 달콤하게 마음을 파고들어서, 국왕은 기쁜
마음으로 두 사람을 바라보며 귀를 기울였습니다. 마치 하늘의 천사가 내려
와 노래를 부르는 듯한 느낌이었습니다. 노래가 끝나자 두 아가씨는 국왕 앞
에 무릎을 꿇고, 이만 물러나겠다며 머리를 조아렸습니다. 왕은 속으로는 섭
섭했으나 겉으로는 쾌히 고개를 끄덕였습니다.

　마침내 식사가 끝났습니다. 국왕은 수행원과 함께 말에 올라 네리 씨와 작
별을 고하고 왕궁으로 돌아왔습니다.

　왕궁으로 돌아온 뒤에도 국왕은 연모의 정을 가슴속에 간직하게 되었습니
다. 나랏일이 아무리 바빠도 미인 지네브라의 아름다움과 사랑스러움이 머릿
속에서 떠나지 않았습니다. 그녀를 그리다 보니 그녀를 그대로 본뜬 동생
도 보고 싶어져서 연모의 정은 괴로움만 더해 갔습니다. 이젠 머리에 다른 생
각은 하나도 들어오지 않았습니다.

　견디다 못한 왕은 이것저것 구실을 만들어서 네리 씨와 연락을 주고받았
고, 지네브라의 얼굴을 보기 위해 자주 그 아름다운 정원으로 가곤 했습니다.
물론 그것만으론 마음이 흡족하지 않았지만 별다른 방법도 떠오르지 않았습
니다. 마침내는 한쪽만이 아니고 둘 다 아버지에게서 뺏으려고 야심을 품게
되었습니다. 그리고는 자기의 연모의 정과 의도를 기 백작에게 털어놓았습니
다. 그러자 마음이 올곧은 백작은 이렇게 대답했습니다.

　"전하, 저는 전하의 말씀에 크게 놀라지 않을 수 없습니다. 저는 일찍부터
전하를 모셔 왔기 때문에 그 놀라움이 더욱 큽니다. 사랑이란 날카로운 손톱
으로 붙들어야 되는 것인데, 젊은 시절에는 그러한 열정을 갖지 않으셨으면
서 어찌하여 노경에 드신 지금에야 사랑에 빠지신 겁니까? 마치 기적이 일어
난 듯 저에게는 이상하다기보다도 기괴하기 짝이 없는 일로 여겨집니다. 황공
하오나 제가 전하께 간언드릴 자리에 있기에 삼가 말씀을 올립니다. 전하는
새로 얻으신 나라에서 배반과 기만에 찬 미지의 국민을 다스리고 계시며, 아
직 싸움이 끝나지 않은 것을 아셔야 합니다. 아직도 나라에는 커다란 화근이

남아 있으며 어렵고 중차대한 일들이 쌓여 전하의 자리가 따스할 겨를이 없는데, 백성의 이목을 끄는 사랑에 빠지심은 부당한 처사임을 살피셔야 합니다. 그것은 고매한 국왕이 취할 행동이 아니라, 신분이 낮은 젊은이가 취할 행동입니다. 더욱 안 될 일은, 그 불쌍한 기사로부터 두 딸을 뺏으려고 하시는 그 말씀입니다. 그가 할 수 있는 최대의 경의로 자기 집에 전하를 모셨고, 또한 전하를 환대하기 위해 거의 알몸에 가깝게 딸을 선보인 것은 자기가 전하를 신뢰하는 증표로, 전하가 영특하신 국왕이시지 결코 탐욕스러운 이리가 아니시라는 것을 그가 믿고 있다는 증거를 보인 것입니다. 전하, 전하는 만프레디가 부녀자들에게 한 바로 그런 난폭한 행동을 벌하시기 위해 이 왕국을 몸소 정벌하신 것을 벌써 잊으셨습니까?

전하를 존경하는 자에게 그 명예와 희망과 위안을 약탈하는 배반이 일찍이 다른 데서 행해진 일이 있습니까? 무겁고 영원한 형벌에 해당하는 배반 말입니다. 만약 전하가 그런 행동을 하신다면 전하는 뭐라고 변명하시겠습니까? '그는 기벨린 당원(黨員)이니까 그랬노라' 하시면 충분한 변명이 되실 줄 아십니까? 안 되옵니다. 그들이 누구이든 전하의 지휘 아래 무릎을 꿇는 자에게 그런 부당한 취급을 하시는 것이 과연 정의를 주장하는 왕도(王道)인지 헤아려 주십시오. 전하, 저는 전하가 만프레디 왕을 무찌르신 것이 전하의 가장 위대한 업적임을 알고 있으나, 자기 자신을 극복하는 것도 한층 커다란 영예라고 믿습니다. 그러니 전하는 백성의 모범이 되시고 자신을 극복하시어 그러한 욕망을 억제하셔서 모처럼 획득하신 영예를 그 같은 오명(汚名)으로 해치는 일이 없으시길 바랍니다."

이 말은 왕의 마음을 날카롭게 찔렀습니다. 그것이 진실임을 알기 때문에 고통이 더욱 컸습니다. 왕은 몇 차례 뜨거운 한숨을 쉬다가 이렇게 말했습니다.

"백작은 이런 것을 아오? 용감하고 위대한 기사는 모든 적이 아무리 강하더라도 쉽게 이길 수가 있지만, 그런 기사도 자기 욕망을 이긴다는 것은 참으로 어려운 일이오. 그러나 그 고통이 아무리 큰든, 그것을 극복하는 데 얼마나 큰 힘이 들든 그대의 말은 나를 깨우쳐 주었소. 앞으로 며칠 동안에, 내가 적을 무찔렀던 것처럼 자신을 극복한 모습을 그대에게 보여 주리다."

이런 말을 한 국왕은 며칠 뒤 나폴리로 돌아갔습니다. 그러고는 자기가 비열한 행동을 하려던 원인을 없애기 위해, 또한 네리 씨한테서 받은 훌륭한 접대에 상을 내리기 위해 두 아가씨를 결혼시켜 주기로 마음먹었습니다. 사실 자기의 것이 되기를 그토록 바랐던 두 아가씨를 남에게 준다는 것은 정말 괴로운 일이었습니다. 그러나 국왕은 네리 씨의 딸로서가 아니라 자기의 딸, 즉 공주로서 결혼시키려 했던 것입니다.

네리 씨는 크게 기뻐했습니다. 딸들에게는 막대한 지참금이 주어져서, 미인 지네브라는 마페오 다 팔리치 씨와 결혼시키고 금발의 이조타는 굴리엘모 델라 마냐 씨와 결혼시켰습니다. 두 사람 모두 귀족의 기사로 지체가 높은 남작이었습니다.

왕은 그녀들을 결혼시키고는 가슴의 깊은 고통을 참으면서 풀리아에 가서 고된 일에 쫓기며 스스로 강한 욕망을 누르고 연모의 정념을 끊었기에 남은 생애 동안 그러한 열정에서 초탈한 생활을 할 수 있었습니다.

사람들은 아마, 한 국왕이 아가씨 둘쯤 결혼시키는 것은 사소한 일에 불과하다고 말할지 모르겠습니다. 나도 그렇게 생각합니다. 그러나 사랑의 포로가 되었던 한 나라의 왕이 자기가 그리던 아가씨로부터 사랑의 말 한마디도 듣지 않고, 꽃 한 송이, 사랑의 열매 하나 따지 않고 그 아가씨를 다른 데로 시집보낸 것은 참으로 훌륭한 일이라 하겠습니다.

그토록 훌륭한 국왕은 네리 씨에게는 많은 상을 내리고, 사랑했던 아가씨들에게는 충분한 지참금을 마련해 줌으로써, 마침내 자기 자신을 용감하게 극복할 수 있었습니다.

일곱째 이야기

피에트로 왕은 병상에 누운 리자가 자신을 열렬히 연모한다는 말을 듣고 그녀를 위로해 준 다음 젊은 귀족과 결혼시켜 준다. 그러고는 그녀 이마에 키스하며 앞으로 자기는 그녀의 기사가 되겠다고 공언한다.

피암메타의 이야기가 끝나자 샤를 왕의 당당하고 훌륭한 행위는 모두의 찬사를 받았습니다만 기벨린당에 속한 한 부인만은 칭찬하지 않았습니다. 다음으로는 팜피네아가 왕에게 지명을 받아 다음과 같이 이야기를 시작했습니다.

사리를 잘 판단하시는 여러분, 정치적 원한으로 나쁜 마음을 품지 않는 한, 너그러운 샤를 왕을 칭찬하지 않을 사람은 한 분도 없으리라 생각합니다. 문득 지금 이야기에 못지않게 칭찬할 만한 행동이 왕과는 반대파인, 우리와 같은 피렌체의 아가씨에게서 이루어졌던 일이 생각났기에 그 이야기를 들려드리고자 합니다.

시칠리아에서 프랑스인이 추방된 당시의 일입니다. 팔레르모에 베르나르도 푸치니라는 피렌체인 부자 약장사가 살았습니다. 부인과의 사이에는 나이가 찬 아름다운 딸 하나밖에 없었습니다. 그 무렵 아라곤의 피에트로 왕이 시칠리아섬의 군주가 되자, 그는 자신의 지휘 아래 있는 여러 제후(諸侯)들을 모아 팔레르모에서 성대한 축제를 베풀었습니다.

그 축제일에 왕은 카탈루냐식의 마상(馬上) 창술(槍術)시합을 가졌는데, 이름이 리자인 베르나르도의 딸이 공교롭게도 이것을 자기 집 창문을 통해 다른 부인들과 함께 구경했습니다. 그러다 리자는 왕이 경기에 나서서 말을 달리는 것을 보고 말았습니다. 몇 차례 바라보노라니 그만 왕이 갑자기 좋아져 열렬한 연모의 정까지 느끼게 되었습니다. 축제가 끝나고 여느 때와 같은 생활이 계속되었으나, 그녀는 신분이 하늘과 땅만큼 차이가 있는 연정(戀情) 외에는 아무것도 머리에 들어오지 않았습니다.

그녀를 슬프게 하는 것은 무엇보다도 자기의 신분이 낮다는 점이었습니다. 그런 낮은 신분으로 행복한 결과를 얻는다는 것은 도저히 바랄 수 없는 일이었으나, 국왕을 연모하는 마음을 단념하려고 하지 않았습니다. 그러면서도 최악의 사태가 벌어질 것을 염려하여 감히 남에게 털어놓을 수도 없었습니다.

물론 왕 쪽에서는 그런 일을 알 턱도 없고 관심을 기울일 리도 만무했습니다. 처녀는 남몰래 괴로움을 겪고 있을 따름이었습니다. 날이 갈수록 연정은 점점 더 깊어만 가고 고민이 쌓인 나머지 아름다운 처녀는 마침내 상사병에 걸리고 말았습니다. 그래서 볕을 쬐는 눈처럼 나날이 두드러지게 수척해졌습니다.

부모는 딸의 모습을 보고 걱정하면서 기운을 돋워 주려고 의사다 약이다 해서 할 수 있는 방법은 모두 써보았으나, 아무런 소용이 없었습니다. 딸은 사랑에 절망한 나머지 이미 살아갈 의욕을 잃고 있었던 것입니다.

비탄에 빠진 아버지는 어느 날 딸에게, 네 소원이 뭔지 말해 보라고 했습니다. 그 순간 그녀는 만에 하나, 죽기 전에 자기의 가슴속에 감추고 있는 사랑과 결의를 왕에게 알릴 길이 있지 않을까 하는 생각이 들었습니다. 그래서 아버지에게 미누치오 다레초를 불러 달라고 했습니다. 그 무렵 미누치오는 가장 뛰어난 가수이자 연주가로서 세상에 알려져 있었습니다. 그는 자주 피에트로 왕 앞에도 불려가곤 했습니다.

아버지 베르나르도는 리자가 그의 노래와 연주를 듣고 싶어 하는 줄 알고 곧 그에게 연락을 취했습니다. 그는 본디 활달한 사람이었기에 곧 그녀를 찾아 주었습니다. 그러고는 부드러운 말로 그녀를 위로한 다음, 비올라를 손에 들고 소나타를 두세 곡 연주하고 또 칸초네 두세 곡을 불렀습니다.

그는 처녀를 위로할 마음이었는데 결과는 오히려 젊은 아가씨의 연정을 더욱 불붙게 했습니다. 노래가 끝나자, 리자가 그와 둘이서만 할 이야기가 있다고 해서 다른 사람들은 모두 밖으로 나갔습니다. 처녀는 그에게 이렇게 말했습니다.

"미누치오 님, 저는 비밀을 지켜 주실 가장 믿을 수 있는 분으로 선생님을 택했습니다. 우선 선생님은 제가 지금부터 말씀드리는 분 이외에는 어느 누구에게도 이 비밀을 말하지 마세요. 또 선생님은 그런 힘을 가지고 계시니 저를 도와주시기를 부탁드립니다. 제발 도와주세요. 선생님, 말씀드리고자 하는 것은, 우리 왕께서 군주의 자리에 올라 축제를 베푸신 날 그분이 창술 시합을 하시는 모습을 보고 난 뒤 제가 그만 이렇게 되었다는 얘기입니다. 그날부터 제 마음속에는 전하에 대한 불같이 뜨거운 사모의 정이 타올라 보다시피 이런 꼴이 되었습니다. 전 국왕을 사모한다는 것이 얼마나 억지스러운 일인가를 잘 알고 있습니다. 그런데도 그런 생각을 끊기는커녕 누그러뜨리지도 못하고 이렇게 견딘다는 것은 더할 나위 없는 괴로움이기 때문에, 그 고통을 없애기 위해 저는 죽음을 선택했습니다. 이건 조금도 거짓이 없는 제 진심이에요.

한데 왕께서 이 일을 모르신다면, 저는 조금도 위안을 받지 못할 게 아니겠어요? 그래서 선생님 이외에는 제 딱한 사정을 말씀드릴 분이 없을 것 같기에 선생님을 뵙고자 한 것이에요. 제발 안 된다는 말씀은 말아 주세요. 제 사정을 전하께 전해 주시고 그 대답을 제게 알려 주실 수 없겠는지요? 그렇게만 해주신다면, 저는 이 고통에서 벗어나 기꺼이 죽겠습니다."

리자는 눈물을 흘리며 여기까지 말하더니 입을 다물었습니다.

미누치오는 그녀의 숭고한 마음과 무서운 결심에 놀랐고 또 가엾은 생각이 들었습니다. 아울러 어떻게 하면 그녀의 소원을 그대로 전해 줄 수 있을까 고민하다 그 방법이 퍼뜩 떠올라 이렇게 말했습니다.

"리자, 부디 나를 믿어요. 그 일로 난 절대로 당신을 배신하지 않을 테니 안심하고 살아 있어요. 그처럼 위대한 국왕에게 사모의 정을 갖게 된 당신의 사랑의 모험에 깊은 경의를 표합니다. 내 반드시 힘써 줄게요. 그래서 당신이 위안을 받고 다시 건강해지길 바랍니다. 반드시 사흘 안으로 당신이 기뻐할 소식을 가지고 오겠으니, 부디 기다려요. 자, 그럼 그 일을 위해 시간을 낭비하지 않도록 난 일어서겠습니다."

리자는 다시 한 번 간곡히 부탁하고, 힘을 내어 기다리겠으니 하느님의 가호를 받아서 성공해 달라고 덧붙였습니다.

미누치오는 리자의 집을 나오자 당시 빼어난 시인이었던 미코 다 시에나를 만나러 가서, 그에게 부탁하여 다음과 같은 시 한 편을 받았습니다.

사랑이여, 내 님에게 가서
내 모든 고통을 말해 다오.
내 욕망을 숨기는 두려움 때문에
죽을 것 같다고 말해 다오.

사랑이여, 두 손 꼭 쥐고 그대의 자비에 호소하나니
내 주인이 계신 곳으로 데려가 다오.
내가 그를 사랑하고 그리워한다 말해 다오.
내 심장이 그의 불길로 슬프게 타오르는구나.

아, 나는 말할 시간 없을지 몰라 죽는 게 두렵도다.
나의 고통이 언제 나로 하여금
부끄러움과 두려움 속에 나를 죽게 할지
제발 나의 고통을 그가 알고 있기를.

사랑이여, 그것이 내키지 않더라도
나에게 그런 확신을 심어 주어
내 마음을 알리게 해다오.
나의 구원을 위하여 내 님에게로 가서
제발, 다정한 나의 주인에게 기억을 떠올리게 해주오.
다른 기사들과 겨루며 창과 방패를 든 그를
내가 본 그 아름다운 날,
매료당해 몹시 고통스러워지고
나의 가슴이 죽어 소멸했다는 걸.

미누치오는 곧 이 가사의 내용에 어울리는 부드럽고 구슬픈 가락을 붙여 사흘째 되는 날 궁으로 들어갔습니다. 그때 피에트로 왕은 식사를 하는 중이 었는데, 그를 보고 비올라로 한 곡 부르라는 분부를 내렸습니다.

미누치오는 비올라를 타면서 이 노래를 구슬프게 부르기 시작했습니다. 넓은 홀에 있던 사람들은 모두 소리를 죽이고 노래에 매혹되었습니다. 특히 국왕의 감동은 한결 컸습니다.

미누치오의 노래가 끝나자 국왕은, 지금까지 들은 적이 없는 노래인데 어디서 나온 것이냐고 물었습니다.

"전하" 하고 미누치오가 대답했습니다. "이 가사가 만들어지고 제가 가락을 붙인 지 아직 사흘이 되지 않았습니다."

그러자 국왕은 다시 그 사연을 물었습니다. 그는 다시 이렇게 대답했습니다.

"황공하오나 그것은 전하 한 분 이외에는 아뢸 수가 없는 내용입니다."

국왕은 그 사연을 꼭 듣고 싶어서 식사가 끝나자 자기 방으로 그를 불러들였습니다. 미누치오는 그제야 들은 말을 조리 있게 국왕에게 아뢰었습니다. 그 말을 들은 국왕은 크게 기뻐하며 그 아가씨를 칭찬하고 그토록 갸륵한 아가씨라면 동정을 아끼지 않겠노라 했습니다. 그러고는 덧붙여서 국왕의 전갈이라 하여 그녀를 위로해 주고, 저녁때에는 꼭 그녀의 집을 찾겠다는 소식을 전하도록 일렀습니다.

미누치오는 이런 굉장한 소식을 가지고 리자를 찾게 된 것을 무한히 기뻐하며, 즉시 비올라를 들고 그녀의 집으로 달려갔습니다. 그는 리자와 단둘이 되자 자초지종을 이야기한 다음, 비올라를 타면서 그 노래를 불렀습니다. 그녀는 무척 기뻐하고 더없이 만족을 느꼈습니다. 그러자 곧 얼굴에 혈색이 돌며 건강을 되찾는 징후가 뚜렷이 드러났습니다. 가족들은 누구 하나 그런 일이 생기리라는 것을 모르는 가운데 그녀는 국왕이 오신다는 저녁때를 들뜬 마음으로 기다렸습니다.

국왕은 인자하고 너그러운 분이었기 때문에 미누치오로부터 들은 말을 몇 번이나 되뇌어 보았습니다. 그 처녀를 생각하고 그 아름다운 마음을 알게 되니 가엾은 마음이 한결 솟아올랐습니다. 그래서 해가 기울자 산책이라도 나가는 듯이 말을 타고 약국이 있는 근처까지 왔습니다. 그러고는 신하를 보내어 약국의 아름다운 정원의 문을 열어 달라 해서 뜰 안에 들어와 말에서 내렸습니다. 이윽고 국왕은 베르나르도에게 그대의 딸은 아직 결혼을 하지 않았느냐고 물었습니다.

베르나르도는 황공해서 머리를 조아렸습니다.

"전하, 제 딸아이는 아직 미혼이옵니다. 그보다는 무거운 병에 걸려 누워 있사온데, 이상하게도 오늘 오후부터는 갑자기 회복되고 있사옵니다."

왕은 처녀의 병세가 회복되고 있다는 말이 무엇을 뜻하는가를 곧 깨닫고 이렇게 입을 떼었습니다.

"아름답다고 소문이 난 그대의 딸이 그런 젊은 나이에 이 세상을 떠난다면 그만큼 큰 손해가 없으렸다. 어디 내가 한번 문병을 해볼까."

국왕은 베르나르도와 신하 둘만을 데리고 곧 처녀의 방으로 갔습니다. 그는 방 안에 들어서자 처녀가 몸을 일으켜 그토록 기다리고 있는 침대 쪽으로 서슴지 않고 다가갔습니다. 그러고는 그녀의 손을 잡고 이렇게 말했습니다.

"처녀야, 어찌 된 일이냐? 너는 젊은 몸으로서, 사람들에게 기쁨을 주어야 할 텐데 무거운 병에 걸리다니. 한시바삐 다 나아서 세상에 기쁨을 주도록 해라. 진심으로 부탁하는 바이다."

리자는 무엇보다도 그리운 님의 손에 자기 손이 쥐어진 것을 기뻐하며, 적잖이 부끄럽기는 했으나 하늘에라도 오를 듯한 기쁨을 감출 길 없어 용기를 내어 이렇게 대답했습니다.

"전하, 저는 무력하고 가냘픈 주제에 무거운 짐을 들려 했던 것이 병의 근원이 되었습니다. 그러나 전하의 크신 은총에 의해 곧 나으리라 믿습니다."

국왕만은 처녀의 말 뒤에 숨겨진 뜻을 알 수가 있었습니다. 그래서 한층 더 갸륵한 처녀라는 생각을 가지고 이런 아버지 아래 태어난 처녀의 불운을 마음속으로 슬퍼했습니다. 그리고 오랫동안 그곳에 머물러 있으면서 그녀를 위로하고 격려한 다음 왕궁으로 돌아왔습니다.

국왕의 이와 같은 따스한 인간미 넘치는 행동은 사람들로부터 크게 칭송을 받았습니다. 약장사와 딸에게는 다시없는 영예였습니다. 특히 리자의 기쁨이란, 어떤 여자도 애인한테서 이런 기쁨을 받은 적이 없을 만큼 컸습니다. 그녀는 큰 희망을 안고 며칠 사이에 병이 다 나아 전보다도 더한층 예뻐졌습니다.

리자의 병이 낫자 왕은 이러한 사랑에 대해 어떤 갚음을 해주어야 좋을지 왕비와 여러 가지로 상의한 끝에, 어느 날 많은 기사를 데리고 말에 올라 약국을 찾았습니다. 왕은 집 안에 들어서자 주인과 딸을 불렀습니다. 왕비도 많은 시녀를 거느리고 도착하여 리자를 둘러싸고 떠들썩한 잔치가 벌어졌습니다. 이윽고 왕과 왕비는 리자를 가까이 불러서 이렇게 말했습니다.

"갸륵한 처녀야, 너의 숭고한 사랑은 나에게서 큰 명예를 받게 되었다. 따라서 나는, 나에 대한 네 사랑을 위해 네가 만족할 만한 대책을 마련했다. 그 명예란 너도 나이가 찼으니까 내가 정해 주는 자를 남편으로 맞아 달라는 거다. 그 대신에 나는 너를 지키는 기사가 되어 주리라. 그러나 그대로부터 사랑을 바라지는 않겠다. 오직 한 번의 키스만으로 족하다."

리자는 부끄러워 얼굴을 붉히며, 왕이 기뻐하도록 고개를 끄덕이면서 이렇게 대답했습니다.

"전하, 제가 국왕을 사모해 온 것이 세상에 알려지면 아마 사람들은 저더러 머리가 돌았다, 분수도 모른다, 거기에다 국왕의 존귀하신 신분도 모르는 미치광이라고 떠들어델 것입니다. 하나 골고루 사람의 마음을 살피시는 하느님께서 아시겠지만, 제가 처음으로 전하를 사모할 마음이 생겼을 때 제가 약장사 베르나르도의 딸이라는 것과, 그런 미천한 소녀가 터무니없이 높은 구름 위의 분에게 마음을 붙이는 것은 잘못이라는 것을 알고 있었습니다. 그러나 전하께서 잘 아시는 바와 같이, 사람이란 누구든 선악을 가려서 사랑을 하는 것이 아니라 욕망과 감정에 의해 사랑을 하는 것인 줄 압니다. 이러한 정의(定義)에 저는 몇 번이고 힘껏 항의했지만 끝내 이기지 못하고 그만 전하를 사모하게 되었습니다. 지금도 사모하고 앞으로도 끝까지 영원히 사모할 것이옵니다. 이제 저는 전하의 사랑의 노예가 되었으니 국왕의 뜻이 저의 뜻이 되게끔 애쓸 따름입니다.

그러니 이 기쁨은 제가 기꺼이 남편을 맞아서가 아니라, 또한 저에게 명예로운 지위를 주는 남편을 전하께서 내리셔서가 아니라, 전하께서 저더러 불속에 뛰어들라 하시더라도 그것이 국왕을 기쁘게 해드리는 일이라면 기꺼이 따르겠다는 마음 때문입니다. 전하께서 소녀의 기사가 되어 주시겠다는 말씀, 저로서는 더없는 기쁨임을 물론 아시리라 믿습니다. 그러므로 그 점에 대해서는 더 이상 말씀드리지 않겠습니다. 또한 소녀의 사모에 대한 한 가지 증표로서 키스를 바라시나 저의 남편 될 사람의 허락 없이는 따르지 않겠습니다. 그보다도 두 분께서 여기까지 오셨다는 이 큰 은혜는 도저히 제가 갚을 엄두가 나지 않아, 저를 대신하여 하느님께서 감사의 인사를 드리시도록 오직 하느님께 기도드릴 따름입니다."

이렇게 말하고 리자는 입을 다물었습니다.

왕비는 그녀의 대답이 매우 마음에 들었으며, 왕이 말한 대로 제법 총명한 처녀라고 생각했습니다. 국왕은 처녀의 부모를 가까이 불렀습니다. 자기의 뜻을 그들이 모두 만족해하는 것을 알자 한 청년을 불러오도록 일렀습니다. 그 청년은 페르디코네라는 이름으로 귀족이었으나 부자는 아니었습니다. 그가 가까이 오자, 본디 이의가 없었던 그에게 반지 두 개를 내리며 리자와 결혼을 시켰습니다.

국왕은 그 자리에서 자신과 왕비가 내린 갖가지 보석과 귀중품 외에 땅이 비옥하여 수확물이 풍부한 체팔루와 칼라타벨로타 두 군데 영지를 페르디코네에게 내리겠노라 하고 이렇게 말했습니다.

"이 땅은 신부의 지참금으로서 그대에게 주노라. 내가 그대에게 내리는 것은 뒷날을 기다릴지어다."

이번에는 리자를 보고 이렇게 말했습니다.

"그럼 나는 그대의 사랑의 증표로서 내가 받아야만 할 그 열매를 받겠노라."

그러고는, 두 손으로 그녀의 머리를 짚고 그녀의 이마에 키스했습니다.

신랑 신부의 부모와 특히 신부 리자의 기쁨은 말할 수 없이 컸으며, 성대한 잔치를 베풀어 결혼을 축하했습니다. 많은 사람들이 단언하기를 왕은 리자에 대해 성실히 약속을 지켰다고 합니다. 즉 평생 동안 자기는 리자의 기사라고 칭하며, 무슨 시합장이든 반드시 그녀가 선사한 장식용 띠를 매고 출전했다고 합니다.

왕이 이런 일을 하면 신하의 마음을 잡을 수가 있으니, 신하로서도 충성을 다하게 되는 것입니다. 그래서 영원한 명성이 얻어지는 것이 아니겠습니까? 오늘날에 와서 대부분의 군주는 폭군이 되고 무도한 왕이 되었기에, 이러한 일에 마음을 쓰는 분은 매우 드물거나 아니면 거의 없게 된 것이 너무나 유감스럽습니다.

여덟째 이야기

소프로니아는 지시푸스의 아내가 될 줄 알고 있었는데, 티투스 퀸티우스 풀부스의 아내가 되고 만다. 그녀는 남편을 따라 로마로 갔는데, 뒷날 형편없는 신세가 된 지시푸스가 로마에 온다. 지시푸스는 티투스가 그를 보고 그냥 스쳐 지나가자 멸시받은 줄 착각하고, 죽어 버리려고 스스로 살인했다고 거짓 진술한다. 티투스는 그가 지시푸스임을 알고 그 대신 자기가 살인했다고 나서게 되는데, 실제로 살인한 자가 그것을 알고 죄를 뉘우치고 자수해 고백한다. 결국 그들은 옥타비아누스에 의해 모두 무죄 석방이 된다. 티투스는 지시푸스에게 자기 여동생을 시집보내고 모든 재산을 그와 함께 나누어 가진다.

팜피네아의 이야기가 끝나자 모두들 피에트로 왕을 극구 칭찬했습니다만, 그 가운데 기벨린당에 속하는 부인은 찬사를 더욱 아끼지 않았습니다. 그러한 찬사들이 멈출 때를 기다려 필로메나는 왕의 명령으로 다음과 같은 이야기를 시작했습니다.

여러분, 왕이란 하려고 들면 어떤 일이든 못 할 게 없습니다. 그러니 그 행동에는 특히 너그러움이 요구되게 마련입니다. 그 점을 모르는 분은 안 계실 줄 압니다만, 여러분은 어떻습니까?"

그런 까닭으로 자기 힘으로 처리할 수 있는 사람의 너그러움은 당연한 것이 되지만, 힘없는 사람으로서 너그러움이 그다지 기대되지 않는 자가 그런 행동을 하는 경우를 보면, 왕의 경우에는 놀란다거나 크게 추켜세울 것은 못된다고 봅니다. 따라서 여러분이 왕의 행위를 최대의 찬사로 찬양하는 것은 당연하지만, 나는 우리와 같은 보통 사람이 왕의 행위를 닮은, 아니 그 이상의 일을 했을 때 한결 기쁘게 여기고 더욱 감복할 것임에 틀림없을 줄 믿어 의심치 않습니다. 그래서 나는 시민인 두 친구 사이에 일어난 찬양할 만큼 훌륭한 너그러움에 대한 이야기를 여러분에게 들려주기로 하겠습니다.

옥타비아누스가 아직 아우구스투스 칭호를 받기 전의 삼두정치(三頭政治) 체제 아래 로마 제국을 다스리고 있을 때의 일인데, 로마에 푸블리우스 퀸티우스 풀부스라는 귀족이 있었습니다. 이 사람에게는 뛰어난 재능을 가진 아들 티투스 퀸티우스 풀부스가 있었는데, 철학을 공부시키기 위해 아테네로 보내어 옛날부터 친한 친구인 크레메스라는 귀족에게 맡겼습니다.

티투스는 크레메스의 집에 머물며 그의 아들인 지시푸스와 함께 생활했습니다. 그러면서 티투스와 지시푸스는 철학자 아리스티푸스 아래에서 공부하도록 지시를 받았습니다. 이렇게 두 젊은이는 함께 생활하는 동안에, 자기들의 생각과 습관이 똑같은 것을 알게 되어, 두 사람 사이에는 죽음 말고는 그 무엇도 갈라놓을 수가 없을 만큼 깊은 형제애와 우정이 싹텄습니다. 두 사람은 언제나 함께 있지 않으면 마음이 안정되지도 않았고 행복하지도 않았습니다.

철학 공부를 시작한 두 젊은이는 똑같이 뛰어난 재능을 가져서 공부도 같은 진도로 나갔고, 마침내는 철학의 깊은 진리를 터득하게 되어 세상에서 크게 칭찬을 받았습니다. 크레메스는 친자식처럼 차별 없이 대했습니다. 이러한 생활을 기쁨 속에서 누리는 가운데 어느덧 3년이란 세월이 흘렀습니다.

그런데 만물이 변하는 법칙에 따라, 그해가 다 갈 무렵 노령의 크레메스가 세상을 떠났습니다. 두 사람이 똑같이 아버지로 모시던 분이라 둘 다 깊은 슬픔에 잠겼습니다. 크레메스의 친구들과 친척들이 어느 쪽을 더 위로해야 좋을지 몰랐을 정도였습니다.

그로부터 몇 달이 지나서였습니다. 지시푸스의 친구와 집안사람들이 모여서 그에게 장가를 들라 권했습니다. 이 자리에 티투스도 함께 있었습니다. 상대는 상당한 미인으로, 나이 열다섯 살의 소프로니아라는 명문 귀족의 자손이며 아테네에 사는 처녀였습니다.

마침내 혼사가 이뤄지고 결혼식 날이 가까워졌습니다. 그러나 지시푸스는 아직 그녀를 만난 적이 없었기에, 하루는 티투스에게 함께 그녀를 만나러 가 달라고 부탁했습니다.

그리하여 두 사람이 그녀의 집에 도착하니 그녀가 나와서 두 사람 사이에 앉았습니다. 그러자 티투스는 친구의 신부를 감정(鑑定)이라도 하는 것처럼 열심히 관찰했습니다. 아무리 뜯어보아도 그녀는 어느 한 곳 나무랄 데가 없는 미인이었습니다. 그래서 그만 속으로 감탄을 하다가, 그런 것을 내색은 하지 않았으나 어느새 연정을 느끼게 되었습니다. 한 여자에게 반한 남자들이 그러하듯, 그녀에게 매혹된 그 연정은 뜨거웠습니다. 하지만 두 사람은 그녀와 잠시 자리를 함께했다가 곧 집으로 돌아왔습니다.

티투스는 자기 방에 들어가 혼자가 되자 그녀에 대한 생각을 되살려 보았는데, 생각할수록 그리움이 짙어만 갔습니다. 그는 수없이 뜨거운 한숨을 내쉬며 이렇게 혼자 중얼거렸습니다.

"티투스, 이 녀석, 너는 어째서 그다지도 졸렬하냐! 대체 어디다 정신과 사랑과 희망을 걸고 있는 거지? 지금까지 크레메스와 그의 가족한테서 입은 두터운 은혜를 생각해서도 그렇고 지시푸스와의 깊은 우정을 위해서도 그렇지, 그녀가 그의 신부가 될 사람이며 네가 누이로서 존중해야 된다는 것을 모른단 말이냐? 너는 누굴 그리는 거냐? 잘못된 사랑에 끌려 어디로 가겠다는 거냐? 그릇된 희망을 안은 채 어디에 이르려는 거냐? 이성(理性)의 눈을 뜨라고. 딱한 친구야, 자기 처지를 알아야지. 이성을 일깨우고, 의롭지 못한 욕정을 누르고, 불건전한 희망은 버려야 해. 네 생각을 딴 데로 돌려라. 자신의 음탕함과 맞서라. 그리하여 자기 자신을 극복하는 거다. 아직 시간이 있다. 그것은 네가 바라서는 안 되는 일이다. 그것은 정의가 아니다. 네가 설령 소원을 이룰 수 있다 해도 너는 그래서는 안 되기에, 참다운 우정이 바라는 것과 네가 해야 할 일을 생각한다면 피하는 것이 옳다. 티투스, 어떻게 하면 좋지? 네가 해야 할 일을 하려면, 옳지 않은 사랑을 단념해야지.”

이렇게 뇌면서도 잠시 뒤 생각이 소프로니아에 미치니 다시 마음이 달라져서, 지금까지 한 말을 모두 부인하고 중얼거렸습니다.

“사랑의 율법은 다른 어떤 율법보다 강한 힘을 가졌다. 그것은 우정의 율법뿐만 아니라 신의 율법조차도 깨뜨린다. 옛날부터 아버지가 딸을 사랑한 일도 있었지 않았는가? 오빠가 여동생을 사랑한 일도, 계모가 전실 자식을 사랑한 일도 있지. 이러한 일들은 옛날부터 수천 번 있었고, 이런 것들이야말로 한 사내가 친구의 아내를 사랑하는 것에 비하면 훨씬 기괴한 일이 아닌가! 거기다가 나는 아직 젊다. 청춘은 사랑의 율법에 지배되는 거다. 사랑의 신이 기뻐하시는 것은 내게도 기쁨이 되는 것이 당연한 일이다. 점잖은 짓은 나이 먹은 사람이 하는 거다. 사랑의 신이 바라는 일이라면 나도 바랄 수가 있다. 그녀의 아름다움은 누구에게나 사랑받을 가치가 있다. 젊은 내가 그녀를 사랑한다고 누가 나를 대놓고 비난할 수 있단 말인가. 나는 그녀가 지시푸스의 것이니까 사랑하는 게 아니다. 설령 누구의 여인이든 나는 그녀를 사랑하기 때문에 사랑하는 거다. 다만 인연이 나빴을 따름이다. 남이 아닌 친구인 지시푸스의 손에 넘어가게 된 것이 잘못이다. 그녀가 아름답기 때문에 남에게 사랑을 받음이 당연하다고 하면, 내가 그녀를 사랑하는 것을 지시푸스가 안다 해도 다른 사람이 사랑하는 것보다 훨씬 만족스레 생각해야 할 일이다.”

이러한 구실을 끌어대어도 보고, 자기를 비웃으면서 이렇게도 저렇게도 생각하다가 꼬박 하루 낮과 밤을 보냈을 뿐만 아니라, 그날부터 며칠이나 그런 판이고 보니, 마침내 음식도 목구멍에 넘어가지 않고 잠도 못 자게 되어, 몸과 마음이 약해진 나머지 그만 병상에 눕게 되고 말았습니다.

지시푸스는 친구가 무엇인가 깊은 고민에 빠졌다가 기어이 병을 얻어 눕게 되는 것을 보고, 매우 안타깝게 여겨 잠시도 곁을 떠나지 않고 극진히 간호하고 위로하면서 가끔 고뇌의 까닭과 병의 원인을 물었습니다. 그럴 때마다 티투스는 거짓으로 딴 핑계를 댔으나, 마침내 지시푸스가 그것을 알아차리자 한숨을 쉬며 목멘 소리로 이렇게 고백했습니다.

"지시푸스, 운명이 도의적인 문제로 나를 시험하려 드네. 부끄럽게도 내가 지게끔 운명이 인도한 것을 생각하니, 신이 허락하신다면 나는 사는 것보다 차라리 죽는 게 낫다고 생각했네. 나는 당연한 벌로서 한시라도 빨리 죽음이 올 것을 기다리고 있네. 내 비열함을 생각할 때 사는 것보다 그것이 내게 더 어울려. 자네에게 숨길 수도 없고 속일 수도 없는 일이니 부끄럽지만 모두 털어놓겠네."

이처럼 어렵사리 입을 열고는, 자기 고뇌의 이유와 여러 가지 생각과 또 그 생각과 싸웠던 이야기부터 시작해서 마지막에는 어느 생각이 이겼으며, 그리고 그녀에 대한 사모 때문에 몸이 병들게 되었다는 것을 고백했습니다. 그러고는 그것이 안 될 짓인 줄 알기에 그 벌로서 죽음을 결심했으며, 그래서 한시라도 빨리 생을 끝내고 싶다는 말을 했습니다.

지시푸스는 그의 고백을 듣고 그의 비탄을 목격하자, 자기도 그처럼 뜨겁지는 않지만 젊은 그녀의 미모에 끌렸기 때문에 처음에는 너무 놀라서 당황했습니다. 그러나 이내 소프로니아보다도 친구의 생명이 더 소중하다는 생각이 들었습니다. 그래서 그의 눈물에 끌려 자기도 눈물을 흘리면서 이렇게 대답했습니다.

"티투스, 자네 입장에서는 남의 위로가 필요없었을지 모르겠네만, 자네가 오랫동안 그런 심각한 고민을 숨기고 있었다는 것을 생각하니 두터운 우정으로 맺어진 나로서는 자네를 비난하고 싶네. 올바른 일로 여겨지지 않는다고 해서 그것을 친구에게 숨기는 것은 잘못이야. 물론 바른 일을 숨기는 것보다는 낫다고 해도…… 친구란 옳은 일에 대해 기뻐해 주는 것과 마찬가지로, 옳지 못한 일에 대해선 그것을 친구의 마음에서 없앨 방법을 생각해야 하는 거야. 여기서 그런 이야기는 그만두고, 가장 중요한 문제를 생각해 보세. 자네가 나와 약혼한 소프로니아를 연모했다고 해도 난 그다지 놀랄 게 없네. 오히려 그렇게 되지 않았다면 이상히 여길 판일세. 그녀의 아름다움을 알고 자네 마음의 고귀함을 안다면 자네가 좋아하게 된 대상이 훌륭하면 할수록 열정을 불태우는 것이 당연하기 때문일세. 자넨 만약 상대가 내가 아니고 다른 사람이라면 자네가 그녀를 사모하는 것이 옳다고 생각하고, 또 자네가 입 밖에는 내지 않지만 그녀를 내게 주게 된 운명을 슬퍼하는 것 같네그려.

자네가 슬퍼하면 할수록 자네가 소프로니아를 사모하는 일이 정당해지는 거야. 자네가 여느 때처럼 현명하리라는 것을 전제로 묻겠는데, 대체 운명은 누구에게 그녀를 주었어야 옳았을까? 설령 누구이든 그녀를 얻게 되면, 자네의 사랑이 정당한 것이라 해도 그 사내는 자네를 위해서라기보다 자기를 위해 그녀를 사랑하게 되었을 걸세. 그러니 나에 대해서는 예전처럼 자네가 나를 친구로 생각한다면 조금도 신경 쓰지 말게. 왜냐하면 우리는 친구가 된 뒤 어떤 것이든 내 것이 자네 것이 아닌 적은 없었기 때문일세. 만약 다른 수로도 어떻게 할 수 없을 만큼 사정이 진전되었다면 모르겠지만 아직 그녀는 자네만의 소유가 될 수 있는 상태에 있으니 그렇게 되도록 하겠네. 내가 어떤 일을 올바르게 행할 수가 있으면서도 자네가 바라는 일을 이루어 주지 못한다면, 나의 우정 따위가 자네를 위하는 것인지 어떤지 모를 것이 아닌가. 소프로니아는 나의 약혼자로, 나도 그녀를 사랑하며 성대한 결혼식을 기다리는 것이 사실일세. 그러나 자네가 나 이상으로 뜨거운 열정을 쏟아 그토록 그녀를 사모하고 있는 이상, 그녀는 내 아내로서가 아니라 자네 아내로서 내 침실에 들어오게 될 테니 안심하게나. 이제 쓸데없는 생각을 버리게. 우울한 마음을 털고 잃어버린 건강을 되찾게. 위안을 얻었으니 기운을 내게. 그리고 지금부터는 내 사랑보다 훨씬 훌륭한 자네 사랑의 보답을 기다리게."

티투스는 지시푸스가 이와 같이 위로하는 말을 들으니 희망이 솟아나 기쁜 마음이 들었으나 그럴수록 한편으로는 부끄러운 생각이 들었습니다. 지시푸스가 관대하면 관대할수록 그것을 이용한다는 것이 매우 부끄럽게 여겨졌습니다. 그래서 여전히 눈물을 흘리며 애써 이렇게 대답했습니다.

"지시푸스, 자네의 진실하고 너그러운 우정은 내가 해야 할 일을 명백히 가르쳐 주었네. 하느님이 가장 어울리는 것으로서 자네에게 내리신 여인을 내가 어찌 뺏을 수가 있겠나? 만약 하느님이 내게 그녀가 어울린다고 생각하셨다면 자네 아닌 다른 누구도 마찬가지지만, 어째서 하느님이 그녀를 자네에게 내리셨겠나? 자넨 기꺼이 하느님의 선택을 받고, 적절한 판단과 정당한 선물을 받게나. 하느님은 나를 그러한 행복에 해당되지 않는 자로 여겨 눈물 속에 있게 하셨으니, 이대로 고통을 겪도록 버려두게. 언젠가는 나도 그것을 극복하여 자넬 안심시키든가, 아니면 눈물이 나를 이길지도 모르지만, 반드시 이 고통에서 벗어나 보이겠네."

이 말에 지시푸스는 이렇게 대꾸했습니다.

"티투스, 내 뜻에 자네가 따르지 않을 수 없게 되거나 자네 스스로의 뜻이 내 뜻과 같이 되도록 우리의 우정이 허락해 준다면, 지금이야말로 진실로 내 우정을 보일 기회라고 생각하네. 그러니 내 부탁을 자네가 기꺼이 들어주지 않는다 해도, 친구를 위해 기울일 수 있는 최대의 노력으로 소프로니아가 자네 것이 되도록 노력하겠네. 난 사랑의 힘이 얼마나 강한가를 잘 알고, 연인들을 불행한 죽음으로 몰고 간 예가 허다한 것도 알고 있네. 지금 자네 상태를 보니 이미 뒤로 물러설 수도, 운명을 극복할 수도 없어 이대로 가면 자네는 절망에 빠져서 죽어 버릴 것을 알고 있네. 그렇게 되면 나도 틀림없이 자네 뒤를 따라 죽게 될 걸세. 그래서 설령 내가 자네를 사랑하지 않는다고 해도 내가 살기 위해서는 자네 생명이 소중하네. 그러니 소프로니아는 자네 것이 되는 걸세. 그녀가 아니고는 지금의 자네를 기쁘게 해줄 사람이 달리 어디 있는가?

나는 다른 사람에게서 애정을 돌리는 일을 쉽게 할 수 있네. 그렇게 되면 자네도 만족할 테고 나도 만족하겠지. 아내를 찾는 것이 친구를 찾는 것보다 귀하고 어려운 일이라면 이 문제에 대해 내가 그렇게 너그러울 수는 없을 거야. 다른 아내를 찾기는 매우 쉽지만 다른 친구를 또 하나 구하는 일은 쉽지 않을 것 같으니, 자넬 잃기보다는 자네에게 그녀를 넘겨주자는 걸세. 이는 결코 그녀를 잃는 것이 아닐세. 그녀를 자네에게 주어서 잃은 것이 아니라, 그녀가 훨씬 행복해질 수 있는 사람에게 넘겨주는 것이니, 내 부탁이 조금이라도 자네 마음을 움직였다면 어서 그런 고뇌에서 빠져나와 자네와 내가 한꺼번에 안심하게 해주게나. 그리고 밝은 희망을 가지고 자네가 사랑하는 사람을 뜨겁게 그리워하며 바라는 그 기쁨을 잡게나."

티투스는 지시푸스가 소프로니아를 자기에게 양보한다는 말이 더없이 부끄러웠음에도, 한편으로는 친구의 고마운 말에 끌려 마침내 이렇게 대답했습니다.

"지시푸스, 자네는 자네가 원하는 일이라며 내게 부탁을 들어 달라고 하는데, 난 내가 올바른 짓을 하는 건지 자네가 기뻐하도록 하는 건지, 뭐라고 말해야 좋을지 모르겠네. 아무튼 자네의 너그러운 마음 덕분에 내 부끄러움이 없어졌으니 자네 말을 따르겠네. 하나 맹세코 말하거니와, 내가 자네로부터 사랑하는 여자를 받았을 뿐만 아니라 목숨까지도 구원받았다는 것을 결코 모르는 인간은 아니라는 것을 알아주게. 어느 날이든 내가 나 자신을 불쌍히 여기는 이상으로 자네가 나를 불쌍히 여기고 동정해 준 우정에 대하여, 자네의 명예와 행복을 위해 보답할 날이 있기를 하느님께 기도하겠네."

이 말을 듣고 지시푸스는 이렇게 말했습니다.

"티투스, 이 일이 잘되기를 바란다면 이런 방법을 취해야 할 것 같네. 자네도 알다시피 소프로니아가 내 약혼자가 된 것은, 내 친척과 그녀의 친척이 오랫동안 상의한 결과였네. 따라서 내가 만약 이제 와서 그녀를 아내로 맞지 않겠다고 하면 양쪽의 친척이 노발대발할 걸세. 그래도 확실히 그녀가 자네 것이 된다는 보장이 선다면 걱정은 없지만, 내가 이대로 그녀를 거절한다면 친척들이 즉시 그녀를 다른 사내와 결혼시키지 않을지, 그것이 걱정일세. 그다른 사내가, 물론 자네라고만은 할 수 없잖은가. 그렇게 되면 내가 손에 못넣은 것을 자네도 잃는 결과가 되고 마네. 그러니 자네가 싫지 않다면 이야기를 이대로 진행시키는 게 좋을 듯하네. 즉 그녀를 내 아내로서 집에 맞아들이고 결혼식을 올리는 걸세. 그런 다음 미리 짜둔 대로 자넨 그녀를 아내로 정하여 잠자리를 함께하는 거야. 그러고 나서 시간이 흐르고 기회가 오거든 사실을 널리 알리도록 하세. 친척들이 동의하면 다행한 일이고, 만약 불만을 표시한다 해도 이미 사실로 정해진 것을 되돌릴 수는 없는 법, 납득하지 않고서야 어쩌겠나?"

이 생각은 티투스의 마음에 들었습니다. 그래서 티투스의 병이 다 나아 건강을 회복하자, 지시푸스는 소프로니아를 자기의 신부로 맞아들였습니다. 그러고는 성대한 결혼식을 거행하고, 밤이 되자 부인들은 신부를 신방에 데려다주고 돌아갔습니다.

티투스의 침실은 지시푸스의 침실과 나란히 붙어 있었기 때문에 서로 오갈 수가 있었습니다. 지시푸스는 먼저 자기 침실에 들어갔다가 불을 모두 끄고 가만히 티투스의 방으로 건너가 그에게 자기 신부와 자러 가라고 일렀습니다.

티투스는 그 말을 들으니 새삼 수치와 후회를 느껴 가지 않겠다고 고집을 부렸습니다. 그러나 지시푸스는 진심이었기 때문에 오랜 설득 끝에 간신히 그를 자기 침실로 들여보낼 수가 있었습니다.

티투스는 잠자리에 들자 신부를 꼭 끌어안으며 그녀의 마음을 풀어 주려는 듯이, 나의 아내가 되겠느냐고 나직이 속삭였습니다. 그녀는 상대가 지시푸스인 줄 알고 승낙했습니다. 그러자 티투스는 그녀의 손가락에 값지고 예쁜 반지를 끼워 주며 이렇게 말했습니다.

"그럼, 나는 당신의 남편이 되겠소."

이렇게 해서 다시 맺어지고, 그녀는 오랫동안 사랑의 기쁨에 젖었습니다. 그녀를 포함한 모두가 이런 일을 눈치채지 못했으며 그녀와 백년가약을 맺은 사람이 지시푸스인 줄만 알았습니다.

한편, 소프로니아와 티투스의 결혼이 이렇게 이루어지고 있는 사이에 그의 아버지 푸블리우스가 죽었습니다. 그래서 그에게 곧 로마로 돌아와 아버지의 일을 물려받으라는 편지가 왔습니다. 그는 지시푸스와 상의하여 소프로니아를 데리고 로마로 돌아가기로 작정했습니다. 이렇게 되니 일의 전말을 그녀에게 고백하지 않고는 그녀의 동의를 얻을 수가 없게 되었습니다. 그래서 어느 날 두 사람은 그녀를 침실로 불러서 사정을 모두 털어놓았습니다. 티투스는 이렇게 되기까지 두 사람 사이에 있었던 여러 가지 일을 이야기했습니다.

그녀는 적잖이 화난 듯이 번갈아 두 사람을 바라보고 있다가, 이윽고 자기가 지시푸스에게 속았다는 푸념과 함께 울음을 터뜨렸습니다. 그리고 더 이상 아무 말도 하지 않고 친정에 돌아가서 부모에게 자기와 아버지, 어머니, 모두 지시푸스에게 속았다고 마구 넋두리를 하며 자기는 지시푸스의 아내가 아니라 티투스의 아내가 되었노라고 말했습니다.

이것은 소프로니아의 아버지로서는 중대한 사건이었습니다. 그는 자기의 친척들과 지시푸스의 친척에게 수없이 비난을 퍼부었습니다. 양가에서는 이 것저것 논쟁이 벌어지고 심한 항의가 나왔습니다. 지시푸스는 자기 집안은 말할 것도 없고 소프로니아의 친척들로부터도 크게 미움을 사서 꾸중 정도 가 아니라 엄벌에 처해야 한다는 분노를 샀습니다.

그러나 지시푸스는, 자기는 올바른 일을 했다고 주장하며 소프로니아를 자 기보다도 훌륭한 사람과 결혼시켰으니 오히려 그녀의 친척한테서 사례를 받 아야 한다고 주장했습니다.

한편 티투스는 이러한 모든 일들이 귀에 들리게 되어 여러 가지로 성가셨 으나 꾹 참고 견뎌 냈습니다. 한데 그리스인에게는 자신한테 맞서는 사람이 적다고 생각할수록, 다시 말해서 상대가 굽신거리거나 비굴하게 굴면 굴수록 큰소리를 치고 윽박지르는 습성이 있는 것을 알고 있었기 때문에 더 이상 그 들의 시비를 참고 넘어가서는 안 되겠다고 마음을 먹었습니다. 그래서 로마인 의 불굴의 정신과 아테네인의 지혜를 갖추고 있던 그는 지극히 적절한 방법 으로, 지시푸스의 친척과 소프로니아의 친척들에게 한 성당에 모여 달라고 해서, 지시푸스를 데리고 그곳에 가서 모인 사람들에게 이렇게 말했습니다.

"여러분, 사람이 행하는 일은 영원한 하느님의 배려와 기도에 의한 것임을 많은 철학자가 믿었습니다. 따라서 많은 사람들은 이 세상에서 일어나는 일 은 필연적인 것이라고 믿습니다. 또 이 필연성은, 일어난 사실에만 한정해야 한다고 말하는 사람들도 있습니다. 이러한 의견을 약간의 건전한 판단력을 가지고 생각해 본다면 여러분은 이미 바꿀 수 없는 사실을 비난하고 있는 셈 이며, 그것은 하느님보다도 여러분들이 더 현명하다고 생각하는 일밖에는 되 지 않습니다. 하느님이야말로 영원한 율법으로서 한 치의 그릇됨도 없이 우리 를 지배하고 우리의 일들을 정해 주십니다. 그러니 하느님이 하시는 일을 비 난한다는 것은 온전한 사고로는 할 수 있는 것이 아니며, 게다가 인간의 일이 아니라는 것을 명백히 가리키고 있는 것입니다. 감히 그러한 짓을 하는 자는 쇠사슬로 묶어 놓아야만 합니다.

이번 일에 대해서 내 생각을 말씀드린다면, 소프로니아를 지시푸스의 아내 가 되게 하려고 했는데 내 아내가 되었기 때문에 여러분이 이러쿵저러쿵하시 는 게 사실이라면, 여러분은 모두 하느님에 의해 쇠사슬에 묶여야만 할 사람들입니다. 실제로 그녀가 지시푸스의 것이 아니고, 사실이 그러하듯 옛날부터 정해진 데에 따라 내 것이 되었다는 사실을 인정하지 않기 때문입니다. 그러나 측량할 수 없는 하느님의 결정과 뜻에 대해서 이야기한다는 것은 우리에게 딱딱하고 어려운 것인 듯하니, 하느님이 우리 인간의 일에 대해서는 하나도 간섭하시지 않는다고 가정하고 인간의 사고(思考)에 대해서 생각해 보고자 합니다. 그것을 이야기하자면 나는 나의 평소 생활 태도와 반대되는 두 가지 일을 말해야만 되겠습니다. 하나는 나 자신을 다소 칭찬하는 일이며, 하나는 남을 다소 욕하고 낮추는 일입니다. 그러나 어느 것이든 진실에서 벗어난 이야기는 아니며, 현실에서도 그것을 필요로 하기 때문에 하는 수 없습니다. 여러분은 이성(理性)이 시켜서가 아니라, 순간적인 화 때문에 줄곧 푸념을 하고 계십니다. 푸념이라기보다는 소란입니다. 나에게 말하라면, 지시푸스야말로 크게 칭찬받을 만한 인물이라 생각합니다. 그런데도 불구하고 여러분 생각은, 그를 그녀와 결합시켰더니 제멋대로 그녀를 나의 아내로 주었다고 해서 그를 크게 욕하고 꾸짖고 괴롭히고 있습니다.

하지만 이성을 가지고 생각해 본다면 이렇습니다. 하나는 그가 친구로서 마땅히 할 일을 한 것이며 또 한 가지는 여러분이 못 하신 일을 그가 현명히 해냈다는 것입니다. 나는 우정이라는 신성한 율법으로 한 친구가 다른 친구에게 어떻게 행동해 달라고 바란 점에 대해서는 여기서 새삼 설명하고 싶지 않습니다. 우정의 단단한 매듭이란 혈연이나 친척 관계보다도 한층 튼튼하다는 것을 여러분이 떠올려 주시면 족합니다. 왜냐하면 친구는 우리들 스스로가 가려서 선택한 관계이지만 친척은 운명에 의해 만들어진 것이기 때문입니다. 그러므로 지시푸스는 여러분들의 환심보다도 나의 목숨을 중시한 것인데, 그것은 내가 그를 친구로 생각하며 그도 나를 친구로 생각해서 한 행동이니 조금도 이상할 게 없습니다.

두 번째 이유에 대해서는, 즉 여러분은 현명하지 못했지만 그는 현명했다는 점을 곧 설명해 드리는 게 좋을 것 같습니다. 그 이유는, 여러분은 하느님의 섭리에 대해서도, 우정의 힘에 대해서도 전혀 모르는 것처럼 보이기 때문입니다. 소프로니아를 청년 철학자인 지시푸스에게 준 것은 여러분의 생각이자 의견이며 결정이었습니다. 한편 지시푸스는 다시 철학자에게 그녀를 주었습니다. 여러분은 아테네 사람에게 주었고, 지시푸스는 로마 사람에게 주었습니다. 또한 여러분은 젊은 귀족에게 주었고, 지시푸스는 다시 좋은 가문의 귀족에게 주었습니다. 여러분은 젊은 부자에게 주었고, 지시푸스는 최상의 부자에게 주었습니다. 여러분은 그녀를 사랑하지 않을 뿐만 아니라 잘 알지도 못하는 청년에게 그녀를 주었지만 지시푸스는 그녀의 모든 행복을 바라고 자기의 목숨보다도 그녀를 사랑한 청년에게 주었습니다. 그러면 여기서 내가 말하는 것이 진실인지 아닌지 또한 여러분이 한 일이 잘한 것인지 못한 것인지 하나하나 따져 보기로 합시다.

내가 지시푸스와 같은 젊은 철학자인지 아닌지는, 나의 얼굴과 연구를 구차하게 이야기할 것도 없이 밝힐 수가 있습니다. 내 나이와 그의 나이는 같으며 늘 함께 공부했습니다. 그가 아테네 사람이고 내가 로마 사람임에는 틀림이 없습니다. 도시의 자랑거리를 말한다면, 나는 독립 도시 출신이며, 그는 속령 도시 출생입니다. 나는 세계에서 이름난 도시에서 태어났으며, 그는 나의 나라에 속한 도시에서 태어났습니다. 다시 말하거니와, 나는 군사 시설이 잘 갖춰져 있고 세계를 지배하며 학문이 번창하는 도시 태생이지만, 그는 학문 이외의 점에서는 자기가 태어난 도시를 자랑할 수가 없습니다. 그뿐만 아니라, 이곳 여러분의 눈에는 내가 천한 태생으로 보일지도 모르지만, 나는 로마의 천민 찌꺼기에서 태어나지는 않았습니다. 나의 소유인 여러 건물과 로마의 공공장소에는 유명했던 내 선조의 조각상이 수두룩하게 장식되어 있습니다. 그리고 로마의 연대기에는 내 조상 퀸티우스 집안의 사람들이 로마의 카피톨리노 언덕에서 벌어진 싸움에서 숱하게 이기고 돌아온 것을 기록한 것이 실려 있습니다.

그것은 오랜 조상들의 일로 그치는 것이 아니라 오늘에 와서 우리 가문의 이름은 뚜렷한 영예에 빛나고 있습니다. 나의 재산에 대해서는, 청렴결백함이 옛날 로마 귀족의 훌륭한 재산이었던 점을 생각한다면 입 밖에 내기가 부끄럽습니다만, 빈곤이 가난한 서민들한테서도 비난받고 부(富)는 존중되고 있는 이상 나는 가난한 자가 아닌 행운아로서 주체스러울 만큼 많은 재산을 가지고 있음을 말씀드립니다. 여러분이 이곳 아테네에서 지시푸스를 친척으로 두고 있다는 사실을 매우 소중히 여겼고 지금도 그러하다는 걸 나도 잘 알고 있습니다. 하지만 여러분이 공적인 일이건 사적인 일이건 간에 기회와 용건을 불문하고 로마에 나라는 유력한 인물이 있음을 이용할 수 있고, 또 친절히 노력하는 후원자를 갖게 된다는 것을 생각하면, 로마를 가까이한다는 것이 결코 나쁘지는 않을 것입니다.

감정을 버리고 이성을 가지고 생각한다면, 지시푸스의 생각보다 여러분의 생각을 칭찬하는 사람이 과연 있겠습니까? 절대로 단 한 사람도 없다고 봅니다. 그렇게 되면 소프로니아는 로마의 오랜 명문 귀족이며 부자인 지시푸스의 친구 티투스 퀸티우스 풀부스와 더없이 좋은 결혼을 한 셈입니다. 그것을 슬퍼한다거나 불만스레 여기는 사람은 당연한 것을 모르는 사람입니다. 아마 여러분 가운데는 소프로니아가 티투스의 아내가 된 것을 애탄하는 것이 아니라 그 방법, 즉 도둑질하듯이 친구와 친척에게 알리지도 않고 몰래 그의 아내가 된 점에 화를 내고 있는 분이 계실지도 모릅니다. 그러나 그것은 이상할 것도 없고 진기한 일도 아닙니다. 나는 이 자리에서, 아버지의 의사에 반(反)하여 결혼한 여자라든가, 애인과 달아난 여자라든가, 처음에는 애인이었다가 나중에 아내가 된 여자에 대해서는 언급을 회피하겠습니다. 또 결혼 전에 임신하여 아이를 낳은 뒤에 결혼을 밝힌다든가, 어쩔 수 없는 처지가 되어 상대에게 결혼을 승낙한 여자에 대해서도 말하지 않겠습니다. 다만 소프로니아에게는 그러한 일이 일어나지 않았습니다. 오히려 정당한 순서를 밟아 신중히 올바르게 지시푸스로부터 티투스에게 주어진 것입니다.

여러분 가운데에는 그가 결혼할 권리가 없는 자에게 그녀를 결혼시켰다고 할 사람이 있을지 모르겠습니다. 그것이야말로 어리석은 잠꼬대이며 다시 생각해 볼 가치도 없는 말입니다. 운명이란 새삼 일을 결정적으로 만들기 위해 여러 가지 방법이라든가 새로운 연장을 쓰지는 않습니다. 만약 목적만 좋다면 철학자가 아닌 구두장이가, 비밀리에든 공공연하게든 자기의 판단으로 내 문제를 결정했다 해도, 나는 일일이 신경 쓰지 않겠습니다. 만약 그 구두장이가 일을 처리할 수 없는 분별없는 자라면 주의를 해야겠지만, 그렇지 않다면 나는 그 일에 대해서 감사해야만 합니다. 만약 지시푸스가 소프로니아를 훌륭히 결혼시켰다면, 그 방법이 어떻든 그것을 탄식한다거나 그를 비방한다는 것은 더욱 바보짓입니다. 혹시 그의 분별과 지혜를 믿지 못하겠다면, 그가 두 번 다시 결혼하지 못하도록 주의해야만 합니다. 그리고 이번 일에 대해서는 그에게 감사를 해야 합니다.

아무튼 내가 책략이라든가, 기만에 의해 소프로니아라는 사람을 통하여 여러분의 존귀한 혈통을 조금이라도 더럽히지 않았다는 점을 알아 달라는 것입니다. 나는 그녀를 몰래 아내로 삼았지만 그녀의 순결을 훔치는 강탈자와 같은 흉내를 내지 않았으며, 당신들과 친척이 되는 것을 싫어해서 적대감을 가지고 부정한 수단으로 그녀를 손에 넣은 것도 아닙니다. 그녀의 뛰어난 미모에 취하고 그녀의 가치에 감동하여 아내로 삼은 것입니다. 만약 당신들이 말하는 순서를 밟아서 그녀를 아내로 삼으려 했다면 그녀는 여러분의 절대적인 사랑을 받고 있기 때문에, 나와 결혼하면 그녀를 로마로 데려갈 것을 염려하여 도저히 내게 주지 않았을 것입니다. 그래서 나는 이제 여러분에게 밝혀진 것과 마찬가지로 은밀한 수단으로 지시푸스에게 나를 위해 그렇게 하도록 한 것입니다. 그 뒤에는 내가 그녀를 열렬히 사모하는 애인으로서가 아니라, 남편으로서 인연을 맺으려고 노력했습니다. 그녀 자신이 진실을 증명하겠지만, 나는 먼저 그녀에게 나를 남편으로 원하느냐고 똑똑히 물어, 그녀의 '네'라는 대답을 듣고 반지를 손가락에 끼워 주며 결혼한 것입니다. 만약 그녀가 나에게 속았다고 생각한다면, 책망을 받을 사람은 내가 아니라, 내가 누군지를 묻지 않았던 그녀입니다.

어쨌든 소프로니아가 자신도 모르게 티투스 퀸티우스의 아내가 된 것은 친구인 지시푸스와 그녀를 사랑한 나에 의해 행해진 커다란 죄악이자 커다란 잘못입니다. 그 때문에 여러분은 그를 원망하고 위협하며 질책하고 있습니다. 그런데 만약 그가 그녀를 악당이나 악한 또는 하인에게라도 주었다면 어떻게 하시겠습니까? 쇠사슬로 묶어서 감옥에 처넣고 십자가를 지우겠습니까? 그러나 여기선 그 일에 대해 언급하지 않기로 합시다.

그런데 나에게 그만 뜻밖의 일이 일어나고 말았습니다. 아버지가 갑자기 돌아가셔서 로마로 돌아가야 하는 것입니다. 그래서 소프로니아를 데리고 가려는 생각에서 아직 숨겨 두려던 일을 여러분에게 밝히는 것입니다. 만약 여러분이 총명한 분들이라면 이 일을 기뻐해 주시고 허락해 주시리라 생각합니다. 내가 여러분을 속이거나 모욕할 생각이었다면 그녀를 욕보인 채로 버려두고 갈 수도 있었을 것입니다. 하지만 그런 짓은 당치도 않은 일입니다. 로마 사람의 핏속에는 그런 비열한 근성은 흐르고 있지 않습니다. 아무튼 소프로니아는 하느님의 허락을 얻어, 인간 굴레의 힘에 의해, 내 친구 지시푸스의 칭찬할 만한 판단력으로 그리고 나의 사랑에 의해 나의 아내가 되었습니다.

그런데도 불구하고 여러분은 하느님이나 다른 어떤 사람들보다도 현명한 것처럼 자만하며, 실로 좋지 않은 두 가지 방법으로 나에게 손해를 끼치려 하고 있습니다. 그 하나는 내가 미워서 아무런 권리도 없으면서 그녀를 붙들고 있는 일입니다. 그리고 다른 하나는 여러 가지로 은혜를 입었는데도 불구하고 지시푸스를 적으로 몰아 부당한 취급을 하고 있는 점입니다. 이런 점에서 여러분이 얼마나 잘못된 생각을 하고 있는지, 나는 지금 그것을 입 밖에 내고 싶지는 않습니다. 오직 나는 여러분을 친구로 생각하여 말씀드립니다만, 부디 노여움을 풀고 모든 원한을 버리고 내가 지금 여러분을 친척으로 알고 떠날 수 있도록, 또한 친척으로 살아갈 수 있도록 소프로니아를 돌려주시도록 충고하는 바입니다. 그러나 그것이 여러분의 마음에 들든 안 들든 여러분이 내 부탁을 고려하지 않는다면 나는 지시푸스를 기어코 로마로 데려가고 말 것입니다. 그리고 로마에 도착하면 여러분이 아무리 싫어해도 반드시, 당연히 나의 그녀를 되찾겠습니다. 그러고 나서 끝까지 여러분을 적으로 삼아 로마 사람의 분노가 어떤 것인가를 경험하도록 하겠습니다.”

티투스는 이런 말을 마치자 얼굴에 노기를 가득 띤 채 일어나서 지시푸스의 손을 잡아끌며, 성당에 있는 사람 따위는 무시한 채 위협하는 태도를 보이며 나갔습니다. 그러자 그 자리에 남은 사람들 가운데 어떤 사람은 티투스가 말한 친척 관계와 우정에 대한 이치에 감복하고 어떤 사람은 그가 마지막에 지껄인 위협에 놀라기도 하여, 지시푸스가 그렇게 바라지 않는 한 그를 친척이 아닌 것처럼 생각한다거나, 티투스를 적으로 삼는 것보다는 그와 친척이 되는 것이 좋겠다는 의견의 일치를 보았습니다. 그래서 모두 다시 티투스를 찾아가서, 소프로니아가 그의 아내가 되는 것을 찬성하고 또한 그와 가까운 친척으로 또 좋은 친구로서 지시푸스와도 사귀고 싶다는 말을 전했습니다. 이렇게 하여 그들은 사이좋은 친척과 친구로서 즐겁게 이야기를 나누다가 집에 돌아가 소프로니아를 돌려보내 주었습니다.

소프로니아는 본디 총명한 여자로서 사태를 판단할 수 있었기 때문에, 지시푸스에게 품고 있었던 애정을 티투스에게로 돌렸습니다. 그리고 그와 함께 로마에 갔는데, 로마에서 극진한 환영을 받았습니다.

　한편 아테네에 남은 지시푸스는 세상 사람들로부터 냉대를 받고, 또 자기 집안과 시민들 사이에 분쟁이 벌어져 빈털터리의 비참한 신세가 되어 아테네에서 쫓겨났을 뿐만 아니라 영구적인 추방 처분을 받게 되었습니다. 지시푸스는 재산은커녕 거의 거지 신세가 되었는데, 혹시 티투스가 자기를 생각해주겠지 하는 기대와, 글쎄 어떨는지 하는 불안을 가지고 로마로 갔습니다.

　거기서 그는 티투스의 힘과 능력이 여전하고 모든 로마 시민의 두터운 신망을 받고 있는 것도 알게 되었습니다. 그의 호화로운 저택도 알아내서 집 앞에 가서 티투스가 나오기를 기다렸습니다. 그는 너무 초라한 꼴을 하고 있었기 때문에 자기가 먼저 말을 걸 용기가 나지 않아 티투스가 먼저 자기를 알아보도록 자기의 모습이 그의 눈에 띄게끔 애썼습니다.

　그런데 티투스는 그냥 스쳐 지나가고 말았습니다. 지시푸스는 자기를 알아차렸는데도 모른 체한 것처럼 생각하고, 옛날 그를 위해 베푼 정성을 떠올리고는 와락 분노를 느끼면서 절망하여 그 자리를 떠났습니다.

　어느덧 밤이 되었습니다. 굶은 데다 돈도 없고 어디로 가야 할지 막막하여 죽기를 결심하고 무작정 걷다가 도시 변두리의 가장 황폐한 곳까지 왔습니다. 마침 그곳에 큼직한 동굴이 있어 밤을 새우려고 안으로 들어갔습니다. 그러고는 땅바닥에 초라한 몸을 뉘고 오랫동안 눈물을 흘리다가 지쳐서 잠이 들었습니다.

　그런데 새벽녘에, 간밤에 함께 도둑질을 하러 갔던 두 사람이 훔친 물건을 걸머지고 그 동굴로 들어왔습니다. 그런데 두 사람 사이에 싸움이 벌어지더니 힘센 사내가 상대를 죽이고 나가는 것이었습니다.

　이 싸움을 보고 들은 지시푸스는 스스로 목숨을 끊지 않아도 자기가 바라는 대로 죽을 수 있는 길이 열린 것을 알았습니다. 그래서 그는 달아나지 않고 있었습니다. 용케도 빨리 사건을 알고 관리들이 달려왔을 때도 그곳에 가만히 있었습니다. 그리하여 지시푸스는 체포되어 인정사정없이 끌려갔습니다.

　취조를 받은 그는 자기가 죽였다고 자백하고, 그 동굴에서 떠날 수가 없었노라 진술했습니다. 결국 마르쿠스 바로라는 집정관은 당시의 법에 의거하여 책형(磔刑)에 처하라는 명을 내렸습니다.

마침 이때 티투스는 재판소에 와 있었는데, 불쌍한 사형수의 얼굴을 보고 처형되는 이유를 듣는 사이에 그가 지시푸스라는 것을 알았습니다. 그는 친구의 불운에 놀람과 동시에 그가 어떻게 로마에 와 있는지 궁금하게 여겼습니다. 그러나저러나 어떻게든 그를 구해야겠다는 생각을 했습니다. 그를 구하자면 자기가 대신 죄를 뒤집어쓰는 일밖에 달리 방법이 없다고 생각하고는 선뜻 나서서 이렇게 외쳤습니다.

"마르쿠스 바로 님, 귀관이 지금 죄를 언도한 저 불쌍한 사람을 불러 주시오! 그는 무죄입니다. 오늘 아침 귀관의 부하 관리들이 발견한 자를 죽인 것은 나이니, 하느님을 거역한 죄는 마땅히 내게 있습니다. 이 이상 죄가 조금도 없는 사람을 죽음으로 몰아넣어 다시 하느님의 노여움을 사고 싶지는 않습니다."

바로는 놀랐습니다. 그는 우선 법정에 있는 모든 사람들이 그의 말을 들은 것을 애통하게 여겼습니다. 그래서 자기의 명예를 위해서도 법이 명한 것을 취소할 수가 없기 때문에, 지시푸스를 불러와 티투스가 보는 앞에서 이렇게 말했습니다.

"어째서 그대는 고문도 받지 않았는데, 자기가 하지도 않은 일을 고백하여 목숨을 끊으려는 어리석은 짓을 했는가? 그대는 어젯밤 살인을 한 범인이라고 진술했지만, 지금 이 사람이 와서 죽인 것은 그대가 아니라 자기라고 주장하고 있다."

지시푸스는 그 남자를 보고 티투스인 것을 알았습니다. 그와 동시에, 지난날 자기한테서 받은 은혜를 갚기 위해 자기를 구하려고 그런 주장을 하는 것도 깨달았습니다. 그래서 그의 동정에 눈물을 흘리면서 입을 떼었습니다.

"바로 님, 정말 제가 죽였습니다. 저를 살리고자 하는 티투스의 동정도 이미 때가 늦었습니다."

그러자 반대편에서 티투스가 말했습니다.

"집정관님, 보시다시피 이 사람은 다른 나라 사람입니다. 살인 현장에 있던 것이 발견되었지만 무기도 가지고 있지 않았습니다. 자기가 비참한 신세니까 죽으려고 그런 말을 하고 있는 것을 아실 것입니다. 그러니 그를 놓아주고, 처형을 받아야 할 나를 벌해 주십시오."

바로는 두 사람의 강경한 주장에 놀랐습니다. 그러면서 이미 두 사람 다 죄가 없는 게 틀림없다는 것을 알고는 어떻게 풀어 줄지 그 방법을 생각하고 있는데, 그 자리에 한 젊은이가 나타났습니다. 그 사내는 푸블리우스 암부스투스라고 하는, 말할 수 없는 악당으로 모든 로마 사람들에게 그 이름이 잘 알려진 큰 도둑이었습니다. 살인은 실제로 이 사내가 한 것입니다. 그는 두 사람이 서로 죄를 쓰려고 하지만 범죄에는 전혀 관계없다는 걸 알고 있기에, 두 사람의 결백에 양심의 가책을 느껴 마침내 바로 앞에 나타나서 이렇게 말했습니다.

"집정관님, 저의 운명의 신이 두 사람이 처한 어려운 문제를 해결하라고 저를 이곳으로 보냈습니다. 어떤 신이 저를 자극하여 자신의 죄를 자백해야만 된다고 만들었는지 모르겠습니다. 그러나 이 두 사람이 서로 죄가 있다고 하는 이 문제는 그들과는 전혀 무관함을 알아주시기 바랍니다. 제가 오늘 아침에 사람을 죽인 진짜 범인입니다. 제가 죽인 사내와 훔친 물건을 나누고 있을 때 여기 있는 저 불행한 사람이 그곳에서 자고 있는 것을 보았습니다. 티투스에 대해서는 새삼 무죄 운운의 말을 할 필요조차 없습니다. 그의 명성은 널리 알려진 바이며, 그런 짓을 할 사람도 아닙니다. 두 사람을 무죄 방면하시고 저를 법이 명하는 바에 따라 처벌해 주십시오."

이 사건은 이미 옥타비아누스의 귀에까지 들어갔습니다. 그는 세 사람을 불러서 각각 처벌을 받으려는 이유를 물었습니다. 세 사람은 그 까닭을 말했습니다.

옥타비아누스는 두 사람은 무고하다는 이유로, 그리고 세 번째 사내는 두 사람에게 동정했다는 이유로, 세 사람을 모두 석방했습니다.

티투스는 지시푸스의 손을 잡고 먼저 그의 어리석고 옹졸함을 한바탕 꾸짖고, 그를 부둥켜안고 크게 기뻐하며 자기 집으로 데리고 갔습니다. 소프로니아는 그를 보고 동정의 눈물을 흘리며 형제처럼 반겼습니다.

티투스는 훌륭한 음식으로 지시푸스의 원기를 돋워 주고 옷을 갈아입힌 다음, 그의 미덕과 신분에 어울리는 차림을 갖추어 주고 자기의 모든 재산과 땅을 그와 나눠 갖기로 했습니다. 그러고는 풀비아라는 자기 여동생을 짝지어 주면서 이렇게 말했습니다.

"지시푸스, 자넨 여기서 나와 함께 살든지, 아니면 내가 준 것을 모두 가지고 그리스로 돌아가든지 어느 쪽이든 자네 좋도록 하게."

지시푸스는 고향에서 추방된 몸이고, 한편으론 티투스의 고마운 우정에 크게 감사했기 때문에 로마 사람이 되기로 결심했습니다. 이렇게 하여 로마에서 그는 풀비아와 부부가 되고, 티투스는 소프로니아와 부부가 되어 언제까지나 한집에서 즐겁게 지내면서 세월이 갈수록 더욱 가까운 사이가 되었습니다.

이와 같이 우정은 지극히 신성한 것입니다. 그것은 단순히 존경할 것만이 아니라 영구히 칭송할 일입니다.

그것은 온갖 너그러움과 정직함의 어머니라고도 할 수 있는 것이며, 친애와 감사의 자매라고도 할 수 있는 것입니다. 그러면서 증오와 탐욕을 원수로 알고, 남의 부탁을 받지 않고서도 그 사람이 바라는 일을 너그러이 해주는 마음가짐을 하고 있습니다.

오늘날은 이러한 우정의 힘이 인간의 굴욕적이며 죄 많고 불쌍한 탐욕 속에 묻혀 좀처럼 보이지 않게 되었습니다. 이 탐욕은 자기 이익만을 생각해서 우정을 이 땅의 저편으로 영원히 쫓아내고 말았습니다.

우정이 아니고서야 어떤 애정, 어떤 재물, 어떤 친척 관계가 지시푸스의 가슴에, 티투스의 눈물과 한숨과 열정에 감동해서 자기가 사랑하는 정숙하고 아름다운 신부를 티투스에게 양보할 마음이 들게 했겠습니까?

우정이 아니라면 어떤 율법, 어떤 협박, 어떤 공포가 지시푸스의 젊은 품이 인기척 없는 어두운 곳이라든가 잠자리에서 자주 마음이 쏠렸음에 틀림이 없을, 젊고 아름다운 아가씨의 포옹을 마다하도록 할 수가 있었겠습니까?

또한 우정이 아니고서야 어떠한 권위, 어떠한 가치, 어떠한 이익이 친구의 바람을 들어주기 위해 자기 집안이나 소프로니아 집안의 신뢰를 잃는 일이라든가, 세상의 악평과 조소와 모욕까지도 무시하게끔 만들 수가 있었겠습니까?

또 한편, 우정이 아니고서야 그 어느 누가 티투스로 하여금 못 본 체할 수가 있었는데도 잠시의 주저도 없이, 지시푸스가 스스로 택한 죽음의 십자가로부터 그를 구하기 위해 자기의 목숨을 내놓는 결의를 하게 만들 수가 있었 겠습니까?

우정이 아니고서야 그 어떤 사람이 티투스로 하여금 운명에 의해 재산을 빼앗겨 버린 지시푸스와 자기 재산을 나눠 갖겠다는 결정을 서슴없이 내리게 끔 했겠습니까?

또한 우정이 아니고서야 티투스로 하여금, 비렁뱅이의 비참하기 짝이 없는 궁지에 놓인 지시푸스에게 아무런 거리낌도 없이 여동생을 줄 결심을 하게끔 했겠습니까?

대체로 세상 사람들은 배우자의 재산과 형제와 자식이 많기를 기대합니다. 그리고 자기의 재산으로 많은 하인을 부리고 있습니다. 그러면서도 누구든 아버지 형제나 주인을 다급한 위기에서 구해 주려고 노력하기보다는 자신에 게 닥치는 사소한 위험부터 겁을 먹고 먼저 없애려 합니다.

그러나 친구 관계에 있어서는 그와 정반대의 현상을 볼 수가 있는 것입 니다.

아홉째 이야기

상인 차림을 한 술탄 살라딘은 토렐로 씨의 환대를 받는다. 십자군 원정이 시 작되어 전쟁에 나가게 된 토렐로 씨는 부인에게 어느 기간이 지나거든 재혼하라 는 허락을 한다. 그는 종군 중에 포로가 되어 매부리를 하고 있다가 술탄에게 알 려진다. 술탄은 토렐로 씨임을 알고 극진히 대우한다. 토렐로 씨가 아내의 재혼 을 근심하자 요술로 하룻밤 사이 파비아로 돌려보낸다. 그는 재혼하려는 아내의 결혼식장에 나타나 아내를 데리고 자기 집으로 돌아온다.

필로메나의 이야기가 끝나자, 티투스가 장하게 은혜를 갚은 것에 대해 모 두들 저마다 칭찬의 말을 아끼지 않았습니다. 이윽고 왕은 디오네오를 위해 마지막 차례를 남겨 두고 다음과 같은 이야기를 시작했습니다.

여러분, 필로메나가 이야기한 깊은 우정은 정말 진실을 보여주고 있습니다. 아울러 끝으로 오늘날 우정이라는 것이 사람들로부터 대수롭지 않게 여겨지고 있다고 개탄했는데 그것 또한 당연한 일인 줄 압니다.

만일 우리들이 세상의 잘못을 바로잡으려고 또는 비난하려고 이곳에 모여 있다고 한다면, 나는 그 주장에 좀 더 설명을 덧붙이겠습니다. 그러나 우리들의 목적은 다른 데 있으니, 좀 깁니다만, 살라딘이 너그럽게 행동한 흥미진진한 이야기를 하나 여러분에게 들려드리려 합니다. 왜냐하면 우리는 저마다 결점이 있어 완전하게 모든 사람의 우정을 차지할 수는 없지만, 나의 이야기를 들으면 우정이 있는 한 그 선행에 대한 보답을 기대할 수 있으니 적어도 친구를 위해 봉사하는 기쁨을 얻을 수 있으리라 생각되기 때문입니다.

사람들 말에 의하면, 황제 페데리고 1세 시대에 그리스도교 신자들에 의해 성지 탈환을 위한 원정이 이루어졌다고 합니다. 그즈음 바빌로니아의 군주이며 용맹스러운 술탄으로 알려진 살라딘은 그것을 미리 알고 적을 맞아 쳐부술 모든 준비를 갖추기 위해, 이 원정에 참가하는 그리스도교 군대의 병력과 장비를 친히 알아내러 가겠다고 결심했습니다. 그래서 이집트에서 자기가 없는 동안 정사(政事)를 어떻게 할 것인지 일러 놓고, 가장 신중한 중신 두 사람과 하인 셋만 데리고 장사꾼처럼 꾸며 길을 떠났습니다.

그리하여 살라딘은 많은 그리스도교 나라들을 돌아다니다가 롬바르디아 지방으로 가기 위해 말을 타고 산악지대를 건너다, 밀라노에서 파비아로 가는 도중에 그만 날이 저물고 말았습니다. 거기서 우연히 토렐로 디 스트라라는 귀족을 만나게 되었습니다. 그는 많은 종자와 개와 매를 데리고 테시노 언덕에 있는 아름다운 별장으로 쉬러 가는 길이었습니다.

토렐로 씨는 그들을 보자 외국의 귀족임에 틀림없다고 생각하여 경의를 표시하고 싶었습니다. 마침 술탄이 종자 하나를 보고 파비아로 가려면 길이 얼마나 남았으며 성문이 닫히기 전에 닿을 수 있는지 물었기 때문에, 토렐로 씨는 하인의 대답을 기다릴 것도 없이 자기가 나서서 대답을 했습니다.

"성문이 닫히기 전까지 여러분이 파비아에 닿기는 어렵습니다."

"그렇다면" 하고 술탄이 말했습니다. "어디든 적당한 객줏집을 좀 가르쳐 주십시오. 우리는 외국인입니다."

토렐로 씨는 대답했습니다.

"좋습니다. 마침 볼일이 있어 하인 하나를 파비아 언저리까지 보내려던 참입니다. 여러분을 모시고 가게 할 테니, 그가 주무실 만한 곳으로 안내할 것입니다."

그는 종자들 가운데서 똑똑한 사람을 불러 용건을 일러 주고 그들과 함께 가도록 했습니다. 그러고는 곧장 자기 별장으로 와서 빨리 만찬 준비를 하도록 지시하고 정원에 식탁을 차리도록 했습니다. 그런 뒤 문간에 나아가 그들이 오기를 기다렸습니다.

토렐로의 지시를 받은 종자는 외국 사람들과 잡담을 늘어놓으면서 길을 돌아 그들이 눈치채지 못하게 주인의 별장으로 안내했습니다. 토렐로 씨는 그들을 보자 달려가 싱글벙글 웃으면서 말했습니다.

"여러분, 잘 오셨습니다."

술탄은 매우 눈치가 빠른 사람이었으므로 사정을 곧 알아차렸습니다. 저 기사는 아까 만났을 때 자기들을 초대하고 싶었으나 자칫 거절당할 것을 염려하여 자기 집에서 쉬어 가게 하려고 교묘히 안내시킨 거라고 생각했습니다. 그는 인사를 하면서 말했습니다.

"주인, 친절한 사람에 대해서도 투정을 할 수가 있다고 한다면, 나도 한마디 해야겠소. 우리의 길이 얼마쯤 늦어진 것은 물론이고, 단 한 번의 인사로 주인의 신세를 질 까닭이 없는데도 우리에게 이런 정중한 대접을 받아들이게 만든 데 대해 투정을 안 할 수 없습니다그려."

총명하고 말주변 좋은 기사는 대답했습니다.

"여러분의 행색을 미루어 보건대, 나의 이러한 대접이 범절에 어긋나지나 않는지 오히려 염려됩니다. 여러분이 나한테서 받으시는 대접은 보잘것없는 친절입니다. 하지만 파비아를 이렇게 벗어나서는 달리 마땅한 객줏집이 없습니다. 그 때문에 수고스러우시지만 길을 멀리 돌도록 했는데, 그 점 언짢게 생각하지 마십시오."

이런 이야기를 하고 있는데 여러 하인들이 나와 그들을 말에서 내리게 하고 마구간으로 말을 끌고 갔습니다. 그런 다음 토렐로 씨는 세 귀빈을 준비가 갖추어진 방으로 안내하여 신을 벗게 하고 차게 식힌 포도주를 내다가 기운을 돋워 주며 식사 시간까지 즐거운 이야기를 나누었습니다.

술탄과 그의 중신, 그리고 하인들은 모두 라틴어를 잘 알고 있었으므로 말을 주고받는 데 불편을 느끼지 않았습니다.

그들은 이 기사가 매우 서글서글한 사람이며 범절을 차릴 줄 아는 귀족이라고 생각하고, 또 여태껏 이토록 말주변 좋은 사람을 만난 적이 없다고 생각했습니다.

한편 토렐로 씨는 처음에 생각했던 것보다 이들이 훨씬 신분이 높은 분이라고 판단하여, 이날 밤 많은 사람을 초대해서 성대한 잔치를 베풀지 못한 것을 아쉬워했습니다. 그래서 그는 이튿날 아침에 서운한 기분을 풀어야겠다고 여겨 한 하인을 심부름 보내, 별장 가까이 파비아의 자기 집에 있는 총명하고 후덕한 아내에게 뜻을 전했습니다. 그러고는 곧 다른 나라에서 온 신사들을 정원으로 안내하여 점잖게 그들의 신분을 물었습니다.

그 물음에 술탄은 대답했습니다.

"우리는 키프로스섬에 사는 상인으로 일이 있어 파리에 가는 길입니다."

그러자 토렐로 씨는 말했습니다.

"키프로스에는 많은 상인이 있다는 것을 압니다만, 이 고장에도 여러분과 같은 훌륭한 상인이 있다면 얼마나 좋을까 하는 생각이 듭니다."

이 밖에 다른 잡담을 잠시 나누는 동안 식사 시간이 되었습니다. 식탁에는 갑자기 준비한 식사치고는 굉장한 성찬이 차려져 있었으며 그 범절에 조금도 소홀함이 없었습니다.

식사가 끝나자 토렐로 씨는 그들이 피로하리라 짐작하여 깨끗한 잠자리로 안내하고 자기도 곧 침실로 갔습니다.

한편, 하인이 파비아에 가서 부인에게 주인의 전갈을 알리자, 귀부인이라기보다 왕비와도 같은 그녀는 곧 여러 친구에게 알리고 하인을 시켜 큰 잔치를 준비하게 했습니다. 많은 횃불을 밝히고 귀족들을 초대하는 한편 양털 옷감과 수달피 등을 마련하여 남편의 지시대로 모든 준비를 소홀함이 없이 끝냈습니다.

날이 밝아 다른 나라에서 온 신사들이 일어나자 토렐로 씨는 그들과 함께 말을 타고 매를 데리고 가까운 늪에 가서 매를 날려 보였습니다. 술탄이 누구한 사람 파비아로 보내 가장 훌륭한 여관을 소개시켜 줄 수 없겠느냐고 하자 토렐로 씨는 대답했습니다.

"내가 안내해 드리겠습니다. 마침 볼일이 있어 가니까요."

그들은 그 말을 믿고 기뻐하며 그와 함께 떠났습니다. 그리하여 시내에 들어섰을 때는 이미 9시가 지나 있었습니다. 그들은 여관으로 안내된 줄 알았는데, 사실은 토렐로 씨의 저택에 도착한 것입니다. 거기에는 50명도 넘는 그 도시의 유지들이 다른 나라에서 온 일행을 맞으러 나와 있었습니다. 그들은 곧 다가와 말고삐를 받아 들었습니다. 술탄과 그의 신하들은 곧 사정을 알아차리고 말했습니다.

"토렐로 씨, 이건 우리가 부탁한 일이 아닙니다. 어젯밤에는 뜻밖의 후대를 받고 폐를 끼쳤습니다. 그러니 부담 없이 우리가 여행을 할 수 있도록 해주십시오."

이 말에 토렐로 씨는 대답했습니다.

"여러분, 지난밤의 일은 여러분보다도 운명에 감사하고 있습니다. 여행 도중이어서 한때나마 여러분을 그런 협소한 곳에 모셨습니다. 하지만 오늘 아침의 일은, 여러분 주위에 계시는 귀족들과 함께 여러분에게 감사를 드려야 되겠습니다. 만일 이분들과 함께 식사하시기를 꺼리신다면 좋도록 하십시오."

술탄과 신하들은 어쩔 수 없이 말에서 내려야만 했습니다. 그들은 모든 귀족들의 큰 환영을 받으면서 방으로 안내되었습니다. 방들은 모두 아주 호화롭게 꾸며져 있었습니다. 그들은 짐을 풀고 잠시 음료수를 마시며 숨을 돌린 다음 눈이 휘둥그레질 만큼 차려 놓은 홀로 나갔습니다. 그들이 손을 씻고 식탁에 앉으니 산해진미가 잇따라 나왔습니다. 만일 황제가 방문했다 해도 결코 실례가 안 될 대접이었습니다.

술탄과 신하들은 높은 신분이어서 호사함을 숱하게 보아 왔지만 그럼에도 불구하고 놀라고 말았습니다. 그러면서 속으로 기사는 시민이지만 반드시 귀족은 아닐 수도 있다는 것을 알았기 때문에, 이 사람이야말로 가장 훌륭한 기사 가운데 하나이리라고 생각했습니다.

식사가 끝나고 식탁이 치워지자 한동안 이야기가 뜸해졌는데, 더위가 심해져 파비아 사람들은 토렐로 씨의 권유에 따라 모두 쉬러 가고 그 자리에 그와 세 손님만이 남았습니다. 그는 자신이 가진 소중한 것은 모두 보여 주려는 뜻에서 손님들을 한 방으로 데려가 자기의 부인을 불러오게 했습니다.

몸이 늘씬하고 매우 아름다운 부인은 호화로운 옷을 차려입고 천사와도 같은 두 아들을 양옆에 거느리고 손님들 앞에 나타났습니다. 그러고는 상냥하게 인사했습니다. 손님들은 그녀를 보자 공손히 맞아 자기들 사이에 자리를 권하고 귀여운 두 아들을 입을 모아 칭찬했습니다. 토렐로 씨가 잠시 자리를 뜨자 부인은, 여러분은 어디서 오셔서 어딜 가시느냐고 정중히 물었습니다. 손님들은 토렐로 씨에게 대답한 것과 똑같은 대답을 했습니다. 그러자 부인은 상냥한 표정으로 말했습니다.

　"그러시다면 여자다운 저의 의견이 도움이 되시리라 믿습니다. 아무쪼록 제가 드리는 보잘것없는 선물을 거절하시거나 천대하지 말아 주십시오. 부디 여자란 속이 좁아서 조그마한 선물밖에 못 하는 것으로 아시고, 또한 선물이란 양보다도 주는 사람의 성의로 여겨 받아 주시기 바랍니다."

　그러면서 그들에게 여느 시민이나 상인이 입는 것이 아닌 귀족 옷 한 벌을 내놓았습니다. 하나는 안이 명주이고, 다른 하나는 안이 가죽인 옷과 값진 엷은 명주 잠옷과 삼베 속옷이었습니다.

　"이것을 받아 주시기 바랍니다. 저는 주인에게도 이것과 똑같은 것을 입히고 있습니다. 여러분이 부인 곁을 떠나셔서 오랜 여행을 하고 계시는 점과 앞으로도 계속 여행하실 것을 고려하고, 또 상인이란 몸단장을 말쑥이 하고 깨끗한 인상을 주어야 한다는 것을 참작하여 비록 값싼 것이지만 도움 되시리라 생각하고 드리는 것입니다."

　그들은 놀라 눈을 둥그렇게 떴습니다. 그는 토렐로 씨가 자기들에게 성심껏 친절을 베풀려는 것을 알았습니다. 그러면서 문득 상인이 입는 옷이 아닌 사치스러운 옷을 보고 혹시 신분이 탄로 난 게 아닌가 하는 느낌이 들었으나 이렇게 대답했습니다.

　"부인, 몹시 훌륭한 옷들이어서 선뜻 받기가 거북합니다. 그러나 부인의 특별한 성의이니 함부로 거절할 수도 없군요."

　선물을 다 주고 나니, 토렐로 씨는 다시 돌아왔습니다. 부인은 손님들에게 작별 인사를 하고 나갔습니다. 그러고는 그들의 수행원들에게도 신분에 맞는 같은 선물을 주었습니다.

　토렐로 씨는 마치 애원하듯 그들에게 그날도 자기 집에 묵어 달라고 간청했습니다. 그들은 잠시 쉰 다음 선물받은 옷을 입고 토렐로 씨와 함께 말을 타고 시내를 구경하다가 저녁 시간에 다시 여러 높은 사람들과 호화로운 만찬을 가졌습니다.

그 밤에 자고 아침이 되어 일어나 보니, 자기들이 타고 온 지친 말 대신 세 마리의 늠름한 말이 준비되어 있고, 하인들에게도 튼튼해 보이는 새 말이 갖추어져 있었습니다. 술탄은 그것을 보고 신하들에게 말했습니다.

"나는 오늘날까지 이토록 예의를 차리는 신사를 만난 적이 없다. 만일 그리스도교 국왕들이 이 기사와 같은 사람들뿐이라면 바빌로니아의 술탄은 그 어느 한 사람과도 맞서지 못하리라. 하물며 전쟁 준비를 하고 있는 여러 군주가 그렇다면 그건 말할 것도 없는 일이 아닌가."

술탄은 말을 사양하지 않고 정중히 감사의 뜻을 전한 다음 신하들과 함께 말에 올랐습니다.

토렐로 씨는 여러 사람들과 더불어 도시를 벗어난 먼 곳까지 그들을 배웅했습니다. 술탄은 토렐로 씨가 아주 마음에 들어 헤어지기 무척 섭섭했지만, 서둘러 길을 가야 하므로 그만 돌아가 달라고 부탁했습니다. 토렐로 씨도 그들과의 작별을 애석하게 여기면서 말했습니다.

"여러분, 바라신다면 여기서 헤어지겠습니다. 그러나 한마디 말씀드릴 것이 있습니다. 나는 여러분이 어떤 분이신지 모릅니다. 또한 여러분이 말씀하신 이상의 것을 물으려고도 하지 않겠습니다. 그러나 어떤 분이시든 다음에는 상인이라고 곧이듣지 않도록 해주십시오. 그럼, 안녕히 가십시오."

술탄은 이미 토렐로 씨 사람들과 작별 인사를 한 뒤였으므로 이렇게 대답했습니다.

"토렐로 씨, 당신의 믿음을 얻기 위해 언젠가는 우리의 물건을 보여 드릴 날이 있을 것입니다. 안녕히 계십시오."

술탄과 그 신하들은 만일 목숨이 붙어 있고 예상하고 있는 싸움이 벌어지지 않는다면 토렐로 씨의 후한 대접에 못지않은, 아니 그 이상의 보답을 하겠노라 마음속으로 굳게 맹세하며 떠났습니다. 술탄은 그의 행동과 그의 부인의 처사, 즉 그들이 베풀어 준 갖가지 호의를 온갖 말로 칭찬하면서 신하들에게 당부를 했습니다.

그 뒤 술탄은 갖은 고생 끝에 서방 여러 나라를 탐색하고 바다로 나와 수행원들과 함께 알렉산드리아로 돌아왔으며 충분한 방어 태세를 갖추었습니다.

한편 토렐로 씨는 파비아에 돌아와서 그 세 사람이 어떤 인물인지 오랫동안 생각해 보았으나, 사실을 밝혀낼 수도 없고 그 윤곽조차 잡을 수 없었습니다.

마침내 십자군 원정 시기가 다가왔습니다. 곳곳에서 모든 준비가 갖추어지자 토렐로 씨는 울며 말리는 부인을 뿌리치고 결연히 이 원정에 참가하기로 결심했습니다. 그는 모든 장비를 갖추고 말에 오르기 바로 전, 사랑하는 아내를 보고 말했습니다.

"여보, 당신도 알 줄 믿소만 나는 나의 명예와 영혼의 구원을 위해 이 십자군 원정에 출정하오. 집안일과 집안의 명예에 관한 일은 당신에게 맡기고 가오. 내가 전쟁에 나가는 것은 정해진 사실이지만, 앞으로 여러 가지 일이 생길 테니 반드시 돌아온다고는 단정할 수 없소. 그래서 당신에게 이런 부탁을 하고 싶소. 내 신상에 일어나는 일에 대해, 내 생명에 관한 확실한 소식이 없거든 출발하는 오늘부터 헤아려 1년 1개월 1일이 될 때까지는 재혼을 삼가 주기 바라오."

부인은 쓰러져 흐느끼면서 대답했습니다.

"여보, 당신이 나를 남겨 두고 전쟁터로 가시는 이 슬픔을 어떻게 견딘단 말이에요? 내 목숨이 이 슬픔을 넘어서 버틴다면 비록 당신이 싸움터에서 돌아가시는 일이 있더라도 나는 토렐로의 아내로서 당신의 추억을 간직하면서 남은 삶을 보낼 터이니 부디 탈 없이 돌아오세요. 또 만에 하나 부득이한 경우에도 마음 놓고 눈을 감으세요."

토렐로 씨는 다시 말했습니다.

"여보, 당신이니까 약속한 것은 반드시 지켜 주리라 믿소. 하지만 당신은 아직 젊소. 그리고 아름다우며 좋은 집안 출신이오. 게다가 당신의 미덕은 세상에 널리 알려져 있소. 그러니 내가 전사한 것이 알려지면 여러 귀족과 신사들이 기필코 당신의 형제와 친척에게 가서 당신을 아내로 삼게 해달라고 조를 거요. 그런 사람들이 졸라대면 당신이 아무리 거절해도 어려울 거요. 끝내 어쩔 수 없이 그들의 뜻을 따르게 되고 말 거요. 내가 기한을 정하는 것도 그런 이유에서이며 그 이상의 기한은 원치 않겠소."

부인은 대답했습니다.

"나는 조금 전에 말씀드린 것을 지켜 나갈 작정이에요. 만일 다른 일을 해야 할 경우가 생긴다면 당신 분부대로 따르지요. 당신이 말씀하신 기한 안에 당신과 나에게 그런 일이 생기지 않도록 하느님께 기도를 드리겠어요."

부인은 울면서 토렐로 씨의 품에 몸을 맡기고 손에서 반지를 뽑아 남편에게 주면서 말했습니다.

"만일 두 번 다시 뵙지 못하고 내가 죽거든, 이 반지를 보며 내 생각을 해주세요."

남편은 반지를 받자 말에 올라타 여러 사람에게 작별을 고하고 원정길에 올랐습니다. 그리고 부하와 함께 제노바에 닿아 곧 갤리선을 타고 이윽고 아크레에 이르렀습니다. 여기서 그는 다른 그리스도교 나라 군대와 합류했습니다. 그런데 나쁜 질병이 유행하기 시작하여 많은 군사들이 잇따라 목숨을 잃었습니다. 질병이 한참 번지고 있는 동안에 술탄의 계략이 성공했는지 아니면 운이 좋았던 것인지, 아무튼 나쁜 질병에서 벗어난 그리스도교 나라의 군사들은 술탄의 포로가 되고 말았습니다. 그리하여 그들은 여러 곳에 나뉘어 감옥에 갇혔습니다.

토렐로 씨도 그 가운데 한 사람이 되어 알렉산드리아로 끌려가 감옥에 갇혔습니다.

그는 아무한테도 얼굴이 알려져 있지 않았고, 또 자신도 알려지기를 두려워했습니다. 그는 능숙한 매 조련술을 인정받아 매를 훈련시키는 일을 맡게 되었습니다. 이 일이 술탄의 귀에 들어갔습니다. 술탄은 곧 그를 감옥에서 불러내어 자기 조련사로 삼았습니다.

한편 토렐로 씨는 술탄으로부터 세례명만으로 불리고 있었으므로 술탄이 그를 알아보지 못했고, 그도 술탄을 지난날의 그 상인인 줄 모르고 고향인 파비아만 그리며 세월을 보냈습니다. 그러면서 몇 번이나 달아나려고 시도했으나 성공하지 못했습니다.

하루는 제노바에서 술탄에게로 사자(使者)가 몇 명 와서 포로로 잡혀 있는 제노바인 몇 명을 돌려 달라고 했습니다. 토렐로 씨는 그들이 돌아가는 편에 자기가 살아 있다는 것과 되도록 빨리 돌아갈 테니 기다려 달라는 편지를 부인 앞으로 써 보내기로 했습니다. 그 같은 사연의 편지를 써서 자신의 숙부인 산 피에트로 인 치엘 도로 수도원의 원장에게 전해 달라고, 안면이 있는 사자 한 사람에게 간곡히 부탁했습니다.

이러한 나날을 보내던 중 우연히 어느 날 술탄이 토렐로 씨와 매에 관한 이야기를 나누게 되었습니다. 이야기를 하면서 토렐로 씨는 싱글벙글하는 그의 독특한 미소를 입가에 지었습니다. 술탄은 파비아의 그의 집에 머무는 동안 그 버릇에 강한 인상을 받아 그 미소를 기억하고 있었습니다. 그 순간 술탄은 토렐로 씨를 떠올렸습니다. 자세히 살펴보니 틀림없이 그라는 확신이 들었습니다. 그래서 매 이야기를 멈추고 이렇게 말을 꺼냈습니다.

"그리스도교 신자여, 너는 서방의 어느 나라 사람이냐?"

"전하." 토렐로 씨는 머리를 조아렸습니다.

"저는 롬바르디아의 파비아라는 곳에서 태어난 가난하고 미천한 인간이옵니다."

술탄은 그 말을 듣자 자기 추측이 틀림없다고 여겨 기쁜 마음으로 중얼거렸습니다.

"신은 내가 얼마나 그의 친절에 감사하고 있는지, 그에게 보여 줄 절호의 기회를 주셨다."

그러고 나서 아무 말 없이 자기 옷을 한 방에 진열케 하고는 그를 그곳으로 데리고 가서 말했습니다.

"그리스도교 신자여, 잘 봐라. 이 옷들 가운데 네 눈에 익은 옷이 있는지 없는지."

토렐로 씨는 주의 깊게 살펴보았고, 곧 그 가운데 자기 아내가 술탄에게 준 옷이 있음을 알았습니다. 그러나 틀림없이 아내가 준 것이라고 단정할 수는 없다는 생각이 들어 대답했습니다.

"전하, 잘 모르겠습니다. 그러나 저 두 벌의 옷은 지난날 세 상인이 저희 집에 머문 적이 있는데, 그때 그들이 입었던 옷과 똑같습니다."

술탄은 더 이상 알아볼 것도 없어서 친근히 그를 끌어안으며 말했습니다.

"그대는 토렐로 디 스트라구려. 나는 부인한테서 저 옷들을 선물받은 세상인 가운데 한 사람이오. 그대와 헤어질 때 언젠가 보답할 날이 있을 거라고 말했던 것처럼, 이제 나는 내 보답이 어떤 것인지 그대에게 확실히 보여 줄 수 있게 되었구려."

이 말을 들으니 토렐로 씨는 와락 반갑고 기쁜 마음이 들었으나 한편으로는 부끄러운 생각도 들었습니다. 이러한 분을 손님으로 맞았던 일은 기뻤으나 빈약한 대접을 했다는 느낌이 들어 부끄러웠습니다. 이런 그의 태도를 보고 술탄은 말했습니다.

"토렐로, 신이 이곳의 나에게 그대를 보낸 이상 내가 주인이 아니라 그대가 주인이 된 줄로 생각하시오."

이렇듯 크게 반기면서 술탄은 그에게 왕후(王侯)와 같은 훌륭한 옷을 입혀 많은 중신들 앞에 데리고 나갔습니다. 그러고는 그가 위대한 인물이라는 것을 찬양하고 자기 은총을 감사히 여기는 이는 모두 자기처럼 그를 존경하라는 명령을 내렸습니다. 그리하여 모두들 술탄의 명령에 따랐는데, 그 가운데에서도 술탄을 수행하여 그의 집에서 함께 신세 진 두 신하는 보다 더 정중하게 대해 주었습니다.

갑자기 높은 영광의 자리에 앉게 되면서부터 토렐로 씨는 롬바르디아의 일을 잠시 잊게 되었습니다. 그 한 가지 까닭은 자기 편지가 숙부에게 틀림없이 전달되었으리라 믿었기 때문이기도 했습니다.

그런데 고약한 일이 하나 생기고 말았습니다. 그리스도교 나라 군대가 술탄에 의해 포로가 된 날 싸움터에서인지 부대에서인지는 확실치 않지만, 토렐로 디 디그네스라고 하는 이름의 신분 낮은 프로방스 출신 기사가 죽어서 장사를 지냈습니다. 토렐로 디 스트라 씨 이름은 온 군대에 알려져 있었기 때문에 그로 말미암아 "토렐로 씨가 죽었다"는 소문이 퍼지기 시작했습니다. 말하자면 죽은 사람이 디 디그네스가 아니고 디 스트라 씨인 것처럼 오인하게 된 것입니다. 더욱이 뒤따라 일어난 포로 소동 때문에 잘못이 바로잡아질 겨를도 없었습니다.

결국 많은 이탈리아 사람들이 그 소문을 가지고 본국으로 돌아갔고, 개중에는 죽은 것을 직접 보았으며 매장에도 참석하여 지켜보았다고 경솔한 말을 떠들어대는 자까지 나왔습니다. 그 소문은 부인 귀에 들어가고 그의 친척들도 듣게 되어 온 집안은 깊은 슬픔에 잠기고 말았습니다. 그들뿐만 아니라 그를 알고 있는 모든 사람들이 슬픈 마음을 누르지 못했습니다.

부인의 한탄과 슬픔과 비통한 마음이 얼마나 깊고 심했는지, 그것을 절실히 나타내려면 긴 표현들을 엮어야 될 것입니다. 아무튼 부인은 몇 달 동안 가슴을 에는 슬픔에 잠겨 있었는데, 그 슬픔이 얼마쯤 가실 무렵, 롬바르디아 지방의 유지와 형제 친척들로부터 재혼하는 것이 어떠냐는 권유가 들어오기 시작했습니다.

처음에는 그런 말만 나오면 울면서 고개를 저었으나, 끝내는 토렐로 씨가 그녀에게 당부하고 간 기한 안에는 결혼을 안 한다는 조건을 내걸고, 친척들의 권유를 따르지 않을 수 없게 되었습니다.

파비아에서 부인의 신상에 이러한 일이 생겨 재혼할 날이 8일밖에 남지 않았을 때, 알렉산드리아의 토렐로 씨는 우연히 제노바로 돌아가는 갤리선에 지난번의 제노바인 사자들과 함께 탔던 한 사나이를 만났습니다. 그는 그 사나이를 불러 뱃길이 어떠했으며, 제노바에는 탈 없이 닿았느냐고 물었습니다. 그러자 그는 이렇게 대답했습니다.

"나리, 내가 도중에서 내린 크레타섬에서 들은 말에 따르면, 그 배는 불운한 항해를 한 것 같습니다. 시칠리아에 다가갔을 무렵 사나운 북풍을 만나 바버리의 암초에 부딪혀 침몰했는데, 살아남은 자는 하나도 없었다고 합니다. 그 배에 탔던 내 형제들도 죽었습니다."

토렐로 씨는 이 말이 사실임에 틀림없다고 생각했습니다. 아내에게 약속한 기한이 이제 며칠 남지 않았고, 또 자기 신상에 일어난 일을 파비아에서는 전혀 알지 못할 테니 아내가 틀림없이 재혼할 것이라는 생각이 들었습니다. 이런 생각을 하니 불현듯 슬픔이 북받쳐 식욕이 떨어지고 잠도 이룰 수 없었습니다. 차라리 죽어 버릴까 하는 생각까지 하게 되었습니다.

이 소식을 듣고 술탄은 지체 없이 그에게 달려와 그를 달래 겨우 그의 병과 고뇌하는 이유를 알고는, 어째서 이렇게 되기 전에 말하지 않았느냐고 나무랐습니다. 그리고 꼭 그래야 된다면 기한 안에 파비아로 돌아가도록 해줄 테니 힘을 내라고 위로하면서 그 방법을 알려 주었습니다.

토렐로 씨는 술탄의 말을 믿었습니다. 그러한 일은 가능하며, 지금까지도 종종 그런 예가 있다는 말을 여러 차례 들었기 때문에 곧 기운을 되찾아 부디 서둘러 달라고 술탄에게 재촉했습니다. 술탄은 전에 요술을 행한 일이 있는 요술사를 불러 토렐로 씨를 침대에 실은 채 하룻밤 사이에 파비아로 보낼 방법을 찾아내라고 명령했습니다. 그러자 요술사는 그를 잠들게 하라고 말했습니다.

지시를 끝낸 술탄은 토렐로 씨에게 돌아왔습니다. 그러고는 그가 될 수 있으면 기한까지 파비아에 가고 싶어 하며, 그것이 불가능할 경우 죽을 결심까지 하고 있는 것을 알고는 말했습니다.

"토렐로, 나는 그대가 얼마나 열렬히 부인을 사랑하는지 알며 또 부인이 다른 남자와 결혼하지 않을까 몹시 걱정하는 것도 다 알고 있소. 난 그 점에 대해 당신을 조금도 비난하지 않겠소. 나는 지금까지 수많은 부인들을 보아 왔지만 머지않아 사라질 아름다움은 그만두고라도 당신 부인의 예의범절과 훌륭한 거동과 말솜씨는 아무리 칭찬해도 모자랄 지경이기 때문이오. 운명이 그대를 이곳에 보냈으니, 그대와 내가 살아 있는 동안 동등한 군주로서 함께 이 왕국을 다스리며 지낸다면 얼마나 좋겠소. 하지만 신이 그것을 허락지 않는구려. 그대가 기일까지 파비아에 못 돌아간다면 죽을 결심까지 하고 있으니, 성대하고 화려하게 그대의 신분에 어울리는 수행원을 붙여 집으로 보내 줄 시간적 여유가 없는 것이 유감스러울 따름이오. 이처럼 시간상으로도 여유가 없고 또 한시라도 빨리 고향으로 돌아가고 싶어 하니, 내가 할 수 있는 일이란 아까 말한 방법으로 그대를 보내 주는 것밖에 없구려."

이 말에 토렐로 씨는 대답했습니다.

"전하, 그 말씀을 듣기 전에 나는 이미 전하로부터 수많은 은총을 입었습니다. 그것만으로도 분에 넘치는 영광이며 기쁨입니다. 지금의 말씀을 듣지 않아도 나는 앞으로 흡족한 마음으로 살며 일생을 마칠 것입니다. 그러니 일단 떠나려고 결심한 이상 분부하신 일을 곧 실행해 주시기 바랍니다. 왜냐하면 내일이 아내더러 기다려 달라고 한 마지막 날이기 때문입니다."

술탄은 그 일이 틀림없이 실행된다고 대답했습니다. 이튿날이 되자, 그날로 그를 보내 주기 위해 술탄은 자기 나라 관습대로 벨벳과 금란(金襴)으로 싸인 요를 깐 아름답고 호화로운 침대를 넓은 홀에 준비시키고, 그 위에 커다란 진주와 값진 보석을 아름답게 박아 넣은 이불—뒷날 이탈리아에서 가치를 헤아릴 수 없는 보물로 여겨졌는데—을 덮고 이러한 잠자리에 어울리는 베개를 놓도록 했습니다.

그런 다음 그는 이미 건강을 되찾은 토렐로 씨에게 지금까지 아무도 본 적 없는 최고로 호사스러운 사라센의 옷을 입히고 머리에는 풍속대로 긴 터번을 하나 감아 주도록 일렀습니다.

어느덧 시간이 꽤 지났으므로 술탄은 여러 중신을 데리고 토렐로 씨가 있는 방으로 가서 그의 옆에 앉으며 목멘 소리로 말했습니다.

"토렐로, 마침내 그대와 헤어질 때가 왔구려. 그대밖에 태울 수 없는 여행이므로 내가 함께 갈 수도 없고, 수행원을 붙일 수도 없어 이 방에서 작별 인사를 하려고 왔소. 그대와 헤어지기 전에 우리들 사이의 우정과 애정을 생각하여 나를 잊지 않기를 바라오. 그리고 될 수 있다면 우리들이 살아 있는 동안에, 그곳 롬바르디아의 일이 끝나면 한 번 더 나를 만나러 오구려. 만나게 되면 얼마나 반갑겠소. 또한 서두르느라고 내가 미처 하지 못한 대접을 할 수도 있을 게 아니오. 그런 기회가 올 때까지 편지로 소식을 전하는 것도 그리 성가신 일은 아닐 거요. 내게 바라는 것이 있으면 뭐든지 이야기하오. 그대의 부탁이라면 어느 누구의 부탁보다도 기꺼이 들어드리리다."

토렐로 씨는 눈물을 참을 수 없었습니다. 눈물이 말문을 막아 가까스로, 전하의 후의와 친절을 깊이 감사하며 잊지 않겠습니다, 하고 대답했습니다. 술탄은 다정하게 그를 끌어안고 목멘 소리로 말했습니다.

"그럼 잘 가오."

술탄이 일어서자 따라온 중신들도 모두 작별의 인사를 했습니다. 그러고는 술탄과 함께 넓은 홀로 나오니, 거기에는 그가 탈 침대가 준비되어 있었습니다.

이미 밤도 이슥했고, 또 요술사가 토렐로 씨의 출발을 서두르고 있었기 때문에 한 의사가 물약을 가져다 원기를 돋우는 약인 것처럼 토렐로 씨에게 먹였습니다. 그는 곧 깊은 잠에 떨어졌습니다.

그는 잠든 채 옮겨져서 술탄의 지시대로 호사스러운 침대 위에 눕혀졌습니다. 술탄은 그의 머리맡에 매우 값진 큰 왕관을 놓았는데, 나중에 토렐로 씨의 부인이 술탄의 선물임을 똑똑히 알 수 있도록 왕관에 글씨를 새겨 넣었습니다.

그리고 술탄은 토렐로 씨의 손가락에 타오르는 횃불처럼 휘황찬란하게 빛나는, 그 값이 얼마인지 헤아릴 수 없을 만큼 비싼 루비 반지를 끼워 주었습니다. 또한 장식만으로도 값진 것으로 보이는 보배로운 칼을 허리띠와 함께 그의 허리에 채워 주었습니다. 그 허리띠에는 온갖 값진 보석과 좀처럼 구경할 수 없는 진주가 여러 개 박혀 있었습니다. 다음에는 그의 양쪽으로 금화를 가득 담은 커다란 금항아리 두 개를 놓고 다시 많은 진주를 꿴 목걸이와 반지와 장식 띠와, 그 밖에 오래오래 이야깃거리가 될 수 있을 만한 갖가지 물건을 얹어 놓았습니다.

그러고 나서 토렐로 씨의 이마에 키스하고, 요술사에게 그를 보내라는 명령을 내렸습니다. 그러자 순식간에 토렐로 씨를 태운 침대는 술탄의 눈앞에서 사라지고, 뒤에는 술탄과 그의 중신들만이 남아 이야기를 나누고 있었습니다.

토렐로 씨는 소원대로 파비아의 산 피에트로 인 치엘 도로 수도원에 닿았으나, 앞서의 많은 보석류와 장식품을 가지고 아직도 침대에 누워 잠들어 있었습니다. 때는 새벽종이 울린 바로 뒤여서 성물(聖物)을 관리하는 수도사가 등불을 손에 들고 수도원 안으로 들어왔습니다. 그는 곧 호화로운 침대를 발견하고 깜짝 놀랐을 뿐만 아니라 겁이 나서 뒤도 돌아보지 않고 달아났습니다. 원장과 수도사들이 달아나는 그를 보고 놀라 까닭을 물었습니다.

그가 까닭을 말하자 원장은 말했습니다.

"아니, 어린아이도 아니고 이 수도원에 갓 온 풋내기도 아닌데 그런 일 따위로 놀라다니 그게 무슨 꼴이냐. 그렇다면 우리가 가서 무엇이 너를 놀라게 했는지 봐야겠구나."

그러고는 등불을 여러 개 켜 들고 원장이 앞서서 여러 수도사를 이끌고 수도원 안으로 들어갔습니다. 과연 호사스러운 침대가 놓여 있고 그 위에서 귀족으로 보이는 사람이 잠자고 있는 것이 아니겠습니까. 이상한 일도 다 있구나, 하고 의아해하면서 눈부신 보석들을 바라보고 있는데, 때마침 약효가 다 떨어져 토렐로 씨가 눈을 뜨고 길게 한숨을 뿜었습니다.

그것을 본 수도사들과 원장은 한꺼번에 놀라서 "하느님 구원해 주소서"를 외치면서 달아나기 시작했습니다.

토렐로 씨는 눈을 뜨고 사방을 두리번거리다가 술탄에게 부탁한 곳에 와 있는 것을 알고 크게 기뻐했습니다. 그는 일어서서 자기 주위에 있는 것을 자세히 살펴보았습니다. 그러고는 전부터 술탄의 넓은 아량을 알고는 있었으나 새삼 그것을 절실히 느꼈습니다.

그는 수도사들이 달아나기 시작한 까닭을 알고는 더 이상 몸을 움직이지 않고 급히 원장의 이름을 부르며, 자기는 조카인 토렐로이니 겁내지 말라고 부탁했습니다.

원장은 그 말을 듣자, 이미 토렐로가 몇 달 전에 죽은 줄 알고 있었으므로 더욱 겁을 먹었습니다. 그러나 자기 이름이 잇따라 불리고, 또 눈앞에 보이는 것이 진짜 사람이라는 사실에 마음을 가라앉혀 가슴에 두 손을 모으고 곧 그의 곁으로 다가갔습니다.

"원장님, 뭘 그렇게 겁내십니까? 나는 살아 있습니다. 하느님 덕분으로 지금 바다 저쪽에서 돌아온 참입니다."

원장은 그가 수염을 길게 기르고 아라비아식 차림을 하고 있어 잘 알아보지 못하다가, 이윽고 그라는 것을 알고는 완전히 마음 놓고 그의 손을 잡으며 말했습니다.

"내 아들아, 잘 돌아왔다. 우리들이 겁내는 것을 보고 놀라지 마라. 이 고장에서는 네가 죽은 줄로 다들 믿고 있단다. 그래서 네 아내 아달리에타도 친척들한테 강요당하다 못해 억지로 내키지 않는 재혼을 하게 되었다. 바로 오늘 아침에 새 시댁으로 가게 되어 있지. 이미 결혼식 준비와 피로연 준비가 다 되어 있을 게다."

토렐로 씨는 그 말을 듣자 화려한 침대에서 뛰어내려 원장과 수도사들에게 떠들썩하게 인사를 하고는 그들에게 자기가 볼일을 마칠 때까지 자신이 돌아온 것을 아무에게도 알리지 말아 달라고 부탁했습니다. 그러고는 많은 귀중한 보석들을 보관시키고, 지금까지 자기에게 일어났던 일들을 모두 원장에게 들려주었습니다.

원장은 조카의 행운을 기뻐하며, 그와 함께 하느님께 감사의 기도를 올렸습니다.

그런 뒤 토렐로 씨는 아내의 새 남편 될 사람이 누구인지 물었습니다. 원장은 그 이름을 알려 주었습니다. 그러자 토렐로 씨는 말했습니다.

"나는 내가 돌아온 것을 남들이 알기 전에, 아내가 이번 결혼을 어떤 마음으로 하는지 알고 싶습니다. 성직에 계시는 분이 그런 화려한 잔치에 참석하시는 것은 예가 없는 일입니다만, 나를 위해 함께 가주십시오."

원장은 기꺼이 그렇게 하겠다고 대답했습니다. 이윽고 날이 완전히 밝자 원장은 신랑 집으로 사람을 보내 결혼 피로연에 친구와 함께 참석하겠노라고 알렸습니다. 귀족인 신랑은 매우 반가운 일이라고 회답을 보내왔습니다.

드디어 잔치 시간이 되자 토렐로 씨는 입었던 차림대로 원장과 함께 신랑 집으로 갔는데, 모두들 놀란 눈으로 그의 차림을 바라보았으나 그가 누구인지는 아무도 몰랐습니다. 원장은 술탄이 프랑스 국왕에게 대사로 파견한 사라센 사람이라고 모두에게 그를 소개했습니다.

토렐로 씨는 아내 맞은편에 앉게 되었는데, 그는 몹시 기뻐하며 그녀를 바라보았습니다. 그런데 어쩐지 그녀는 결혼이 달갑지 않은 듯 우울한 빛을 띠고 있었습니다.

그녀도 가끔 그를 바라보았으나, 그가 수염을 길게 기르고 색다른 옷을 입은 데다 죽은 줄로만 알았기 때문에 남편이라고는 전혀 생각지도 못했습니다.

토렐로 씨는 이제 자신을 드러내도 괜찮은 때가 되었다고 생각하고, 떠날 때 아내가 준 반지를 손에 쥐고서 그녀 곁에서 시중들고 있는 젊은이를 불러 말했습니다.

"우리나라 풍속에는 다른 나라 사람이 결혼식 피로연에 초대받아 참석하면, 그분이 참석해 준 감사의 표시로 신부가 포도주를 한 잔 가득 부어 권하는데, 그 다른 나라 사람은 기꺼이 그것을 받아 얼마쯤 마시고 잔에 다시 뚜껑을 덮어 나머지를 신부가 마시도록 되돌려 준다고 신부에게 여쭈어라."

젊은이는 부인에게 그 말을 전했습니다. 범절을 아는 총명한 그녀는 그가 신분 높은 사람인 줄 알고, 그가 온 것에 대해 감사의 뜻을 나타내려고 눈앞에 있던 커다란 황금 잔을 씻어 오게 하여 포도주를 가득 따라 그에게 가져가도록 일렀습니다.

　토렐로 씨는 반지를 입 안에 넣고 포도주를 마시다가 그것을 다른 사람이 모르도록 슬그머니 잔 안에 뱉어 넣고 포도주가 조금 남은 잔을 뚜껑을 닫아서 부인에게 되돌려 보냈습니다.

　부인은 잔을 받아 들자 그 외국인이 말하는 풍속을 좇아 뚜껑을 열고 입에 갖다 대었습니다. 그 순간 반지가 잔 속에 들어 있는 것을 알게 되었습니다. 그녀는 말없이 한참 동안 그 반지를 들여다보았습니다. 틀림없이 남편이 출정할 때 자기가 준 반지였습니다. 그녀는 그것을 꺼내 손에 들고 다른 나라 사람으로 생각했던 토렐로 씨를 똑똑히 바라보았습니다. 그렇게 되니 그가 누구인 줄 모를 리 없습니다. 그녀는 미친 듯이 앞에 놓인 탁자를 뒤집어엎으며 소리쳤습니다.

　"저, 저분은 내 남편이에요. 틀림없는 토렐로 씨예요."

　그녀는 외치면서 남편이 앉아 있는 자리로 달려가 옷이며 탁자 위의 음식도 아랑곳없이 와락 달려들어 껴안았습니다. 사람들이 놀라서 떼어 놓으려 했으나 막무가내로 남편을 껴안은 채 풀지 않았습니다. 토렐로 씨가 나중에 얼마든지 시간이 있을 테니 손을 놓으라고 타일러서야 겨우 떨어졌습니다.

　부인이 제정신을 찾았을 때에는 이미 연회가 혼란의 도가니에 빠져 버렸습니다. 그 혼란 속에서 토렐로 씨가 훌륭한 기사가 되어 돌아왔다고 하여 새로운 환희의 소동이 한쪽에서 일어났습니다. 그러자 그는 조용히 해달라고 모두에게 말했습니다. 주위는 곧 조용해졌습니다.

　토렐로 씨는 자기가 떠날 때부터 오늘까지 있었던 일들을 모두 들려주었습니다. 그러고는 자기가 죽은 줄 알고 자기 아내와 결혼하려 했던 귀족에게, 자기가 살아 있으니 아내를 데려가도 아무 불만 없을 거라고 생각한다고 말하고 끝을 맺었습니다.

　신랑은 무척 당황하고 마음이 아팠지만 친구처럼 너그럽게, 그녀에 관해선 그녀가 좋도록 하는 것이 자기 뜻이라고 대답했습니다.

　부인은 새 신랑한테서 받은 반지와 관을 그 자리에 벗어 놓았습니다. 그러고는 잔 속에서 꺼낸 반지를 끼고 술탄이 선사한 관을 썼습니다. 그런 다음 둘이서 나란히 그 집을 나와 피로연에 모였던 사람들을 이끌고 토렐로 씨 집으로 갔습니다. 지금까지 슬퍼하고 있었던 친구들과 친척들, 그리고 정말 기적이라면서 그를 보러 온 모든 시민들을 맞아 토렐로 씨는 오랫동안 즐겁고 떠들썩한 잔치를 베풀었습니다.

토렐로 씨는 결혼식 비용을 들인 상대편 귀족과 수도원 원장과 그 밖의 사람들에게 값진 보석을 나누어 준 뒤 곧 자기의 행복한 귀국을 알리는 편지를 술탄에게 보내, 앞으로도 술탄을 친구로서 또한 충실한 종으로서 섬기려 한다는 사연을 덧붙였습니다.

그는 더욱더 남에게 예의 바르고 친절하게 행동하면서 훌륭한 부인과 함께 오래오래 남은 생을 즐겼습니다. 이것이 토렐로 씨와 그의 사랑하는 부인이 겪은 슬픈 운명의 행복한 결말로, 흔쾌히 남에게 친절을 베푼 일의 보답이었습니다.

실로 많은 사람들이 이러한 행위를 하려고 노력은 하나 그런 친절을 알면서도 실행에 옮기는 방법을 모르고 있습니다. 친절을 베풀기도 전에 베푼 이상의 보상을 기대하기 때문입니다. 그러한 사람들에게 비록 아무 보답이 없다 하더라도, 그들 자신뿐만 아니라 다른 사람들도 그것을 결코 이상히 여길 것은 못 된다고 하겠습니다.

열째 이야기

살루초의 후작은 아랫사람들의 권유에 못 이겨 아내를 맞기로 했는데, 생각하는 바가 있어 한 농부의 딸을 맞아들인다. 그녀에게서 두 자녀를 얻어 모두 친척에게 몰래 보내 기르면서 그녀에게는 아이들이 죽었다고도 하고 또 성장한 딸을 데려오면서 새로 결혼한다고도 했으나 그녀는 조금도 화를 내거나 질투하지 않는다. 후작은 일단 쫓아냈던 그녀를 다시 불러와 깍듯이 후작부인 대접을 하고, 모든 사람에게 그녀의 어질고 정숙한 덕을 기리게 한다.

왕의 긴 이야기가 끝나자 모두들 매우 흡족한 표정들이었습니다. 디오네오는 유들유들 웃으면서, "그 친절한 토렐로 씨는 그날 밤 껍죽대는 '작은 아들'을 오랜만에 기분 좋게 놀릴 생각뿐이었을 터이니, 여러분이 아무리 추켜세워 주어도 동전 한 푼 없을 겁니다" 하고 말했습니다.

그는 자기 차례밖에 남지 않은 것을 알고 있었으므로 다음과 같은 이야기를 시작했습니다.

여러분, 오늘은 국왕이라든가 술탄의 이야기뿐인 것 같습니다. 나도 그 범위에서 그리 벗어나지 않는 이야기를 하겠습니다. 마지막에는 경사스러운 일을 맞아 축하하게 되지만, 처음에는 너그럽기는커녕 미치광이 같은 행위를 한 어느 후작의 이야기입니다. 그 행위는 끝에 가서 좋은 결과를 가져왔지만, 이만저만 고약한 짓을 한 것이 아니니 아무에게도 그런 짓을 하도록 권할 수는 없습니다.

이미 꽤 오래된 일로 살루초의 후작 집안을 이어받은 구알티에리라는 젊은 이가 있었습니다. 그는 결혼도 하지 않고 틈만 나면 매사냥이나 들로 사냥을 가는 것 말고는 아무 일도 하지 않고 나날을 보냈습니다. 결혼해서 자녀를 두려는 생각 같은 건 하지도 않았습니다. 이 점만을 따진다면 꽤 총명했다고 할 수 있겠지요.

이러한 생활을 아랫사람들이 좋아할 리 없습니다. 주인에게 자식이 없으면 자기들이 섬길 사람이 없어져 난처하므로 결혼하도록 여러 차례 권하면서 자손을 둘 수 있는 가문을 찾아 후작의 마음에 들 만한 아가씨를 고르겠다고 말하곤 했습니다.

그럴 때마다 구알티에리는 대꾸했습니다.

"나는 내 마음에 맞는 여자를 구하는 게 얼마나 어려우며, 세상에 그와 반대되는 여자가 얼마나 많은지, 또한 자기 뜻에 맞지 않는 여자를 얻은 남자가 얼마나 괴로운 생활을 하는지 그러한 일들을 잘 헤아려 결혼하려 하는데, 그대들은 무턱대고 자꾸만 나에게 결혼을 강요하는구나. 게다가 그 부모를 보면 딸을 알 수 있다고 지껄여대며 내 마음에 들 만한 여자를 구하겠다고 하는데, 그런 짓은 다 어리석어. 그대들은 어떻게 처녀의 아버지를 알 수 있다는 말인가? 또 그 어머니를 어떻게 알 수 있는가? 난 그런 것을 믿을 수 없네. 비록 부모에 관해 알았다 해도 세상에는 딸이 부모를 닮지 않은 예가 얼마든지 있잖은가. 굳이 그런 쇠사슬로 나를 붙들어 맬 작정이면 좋도록 하게. 하지만 만일 결과가 나쁘면 남의 탓으로 돌리고 싶지 않으니 나 자신이 구해 보겠네.

그래서 내가 고른 여자가 내 아내로서 그대들로부터 존경을 받지 못하면, 그때는 그대들의 부탁 때문에 하기 싫은 결혼을 한 것이 얼마나 심각한 결과가 되었는지 그 책임을 분명히 해두겠네."

충직한 부하들은 주인이 결혼할 마음을 가지게 된 것만으로 만족한다고 대답했습니다.

구알티에리는 오래전부터 자기 집 가까이에 있는 한 가난한 농가의 얌전한 딸에게 관심을 가지고 있었습니다. 그녀가 매우 아름다워 보여 그녀와 결혼하면 행복한 생활을 할 수 있으리라고 여겼습니다. 그래서 그 가난한 처녀의 아버지를 불러 의논하고 그녀를 아내로 맞겠다고 결정했습니다. 결정한 뒤 구알티에리는 이웃의 친지들과 친구를 모아 놓고 말했습니다.

"여러분, 여러분은 내가 결혼할 마음이 있다고 했을 때 기뻐해 주었고, 지금도 기뻐하고 있을 줄 아오. 내가 그러한 결심을 한 것은, 내가 결혼하고 싶어서가 아니라 여러분을 기쁘게 해주고 싶어서였소. 여러분은 내가 어떤 여자를 맞이하든 만족하고 부인으로서 존경하겠다고 약속한 것을 잊지 않았을 거요. 이제 내가 여러분과의 약속을 지키고, 또한 여러분도 나와의 약속을 지켜줄 때가 온 것 같소. 나는 이웃 마을에 사는 한 처녀를 발견했고, 그녀를 아내로 맞을 작정이오. 이삼 일 안에 내 집으로 데리고 오겠소. 그러니 여러분과 내가 서로 약속을 지킨 것에 대해 기뻐할 수 있도록 어떻게 하면 결혼식을 화려하게 치르고 또 그녀를 정중히 맞을 수 있는지 모두들 생각해 주기 바라오."

선량한 사람들은 모두 입을 모아 축하해 마지않을 일이라고 하면서, 그분이 어떤 분이든 후작부인으로 맞아 모든 일에 후작부인으로서 받들겠다고 대답했습니다. 그리고 모두들 곧 화려하고 성대한 잔치를 베풀 준비를 서둘렀습니다. 구알티에리도 물론 준비를 했습니다.

그는 훌륭한 피로연을 베풀 준비를 시키고, 많은 친구와 친척과 귀족들과 가까이 사는 사람들을 초대하도록 지시를 내렸습니다. 그리고 신부가 될 처녀와 같은 몸집의 아가씨에게 치수를 맞추어 화려하고 값진 옷을 여러 벌 짓게 했습니다. 그 밖에도 허리띠라든가 반지를 비롯하여 신부가 필요로 하는 값지고 아름다운 모든 물건을 마련하도록 했습니다.

마침내 결혼식 날이 되었습니다. 구알티에리는 8시 반쯤 축하객들과 함께 말에 올라 말했습니다.

"자, 여러분, 신부를 맞으러 갈 시간이 되었습니다."

그는 모두를 데리고 신부의 집이 있는 마을로 갔습니다. 신부의 집에 이르니 마침 그녀는 우물에 물을 길러 갔다가 돌아오는 길이었습니다. 물을 길어놓고 다른 여자들과 함께 구알티에리의 신부를 구경하러 가려던 참이었지요.

구알티에리는 그녀를 보자 그리셀다, 하고 이름을 부르며, 아버지가 어디계시냐고 물었습니다. 그녀는 부끄러운 표정으로 "나리, 집에 있습니다" 하고 대답했습니다.

구알티에리는 말에서 내려 따라온 사람들을 거기서 기다리게 해두고 혼자 집 안으로 들어갔습니다. 그러고는 집 안에 있던 처녀의 아버지 잔누콜레를 보고 말했습니다.

"나는 그리셀다와 결혼하기 위해 찾아왔소. 그런데 그 전에 그녀를 당신 앞에 불러 놓고 물어볼 말이 있소."

그런 다음 그녀를 보고, 내가 그대를 아내로 맞으면 늘 내 마음에 흡족하도록 해주겠는지, 또 내가 하는 말과 행동에 대해 어떤 일이든 화내지 않고 늘 순종하겠는지 묻자, 그녀는 그 물음에 낱낱이 "네" 하고 대답했습니다.

구알티에리는 그녀 손을 잡고 밖으로 데리고 나와 따라온 사람들과 마을 사람들이 지켜보는 가운데 그녀에게 새로 지어 온 옷으로 갈아입히고 구두를 신기고 머리 위에 관을 씌웠습니다. 그러고 나서 놀라는 사람들을 보며 말했습니다.

"여러분, 내가 아내로 맞으려 하는 여자요. 그녀가 나를 남편으로 바란다면."

그러고는 부끄러워 어쩔 줄 모르는 처녀에게 물었습니다.

"그리셀다, 그대는 나를 남편으로 맞겠는가?"

"네." 그녀는 대답했습니다.

"그럼, 나도 그대를 아내로 맞겠소."

이리하여 그는 여러 사람 앞에서 청혼을 했습니다.

그런 다음 그녀를 말에 태워 정중히 자기 집으로 데리고 갔습니다.

드디어 그의 집에서는 화려하고 성대한 결혼식과 축하연이 베풀어졌는데, 그것은 프랑스 국왕이 공주를 맞이한 것만큼이나 성대했습니다.

젊은 신부는 옷이 바뀌자 마음 씀과 몸가짐이 완전히 달라진 것처럼 보였습니다. 이미 말씀드린 바와 같이 그녀는 얼굴과 자태가 매우 아름다웠으므로 그것이 한층 돋보이고 우아하며 예의범절이 있어 보여 이제는 잔누콜레의 딸, 양치기의 딸이었다는 생각은 깨끗이 지워지고 귀족의 딸처럼 여겨지게 되었습니다. 그러므로 그녀에 대해 알고 있는 사람들은 모두 놀라지 않을 수 없었습니다.

게다가 그녀는 남편에게 순종하여 잘 받들었기 때문에, 그는 자기를 이 세상에서 더없이 행복한 사람으로 여겼습니다. 또 남편의 아랫사람에게도 매우 상냥하고 인자하게 대해 누구 한 사람 그녀를 사랑하지 않는 이가 없었으며, 기꺼이 극진한 대우를 하지 않는 사람이 없었습니다. 모두들 그녀의 행복과 영화를 바라 마지않았습니다.

구알티에리는 처음에는 그런 아내를 맞았다고 빈정거림을 받기도 했으나, 이제는 그야말로 세상에서 가장 현명하고 가장 선견지명이 있는 남자라는 소리를 듣게 되었습니다. 그 말고는 누추한 차림과 허술한 옷 아래 감춰져 있던 그녀의 고고한 자질을 알아본 사람이 없었기 때문입니다.

그는 짧은 시일 안에, 결혼할 무렵에는 그녀로 말미암아 남편에 대한 나쁜 말들이 좀 있었지만, 사람들의 생각을 정반대로 바꾸어 그녀가 훌륭한 사람이라는 말을 듣게 하고, 아울러 사람들이 그녀의 행복을 바라게끔 만들었던 것입니다.

구알티에리와 결혼하고 얼마 지나지 않아 그녀는 임신을 하여 딸을 낳았습니다. 구알티에리의 기쁨은 이루 말할 수 없이 컸습니다.

이때 그의 마음에 기묘한 생각이 고개를 쳐들었습니다. 즉 오랜 세월을 두고 아내로서 견디기 어려운 고통을 주어 그녀의 인내력을 시험해 보려 한 것입니다. 그래서 처음에는 싫은 소리도 해보고, 화도 내보고, 아랫사람들이 그녀의 낮은 신분을 불만스레 여기고 있다는 둥 투정을 부리다가 아이를 낳자 더욱 심하게 그런 푸념을 늘어놓았습니다. 심지어 여자아이를 낳았다고 아랫사람들이 섭섭히 여긴다는 말까지 덧붙였습니다.

부인은 남편의 그러한 말을 들어도 얼굴빛 하나 달라지지 않고 어질고 착한 그대로의 태도로 말했습니다.

"내 일에 관해선 부디 당신 체면이 유지되고 당신 스스로가 만족하시도록 잘 처리해 주세요. 나는 여러분들보다 신분이 낮다는 것을 잘 알고, 당신의 너그러운 마음이 주신 지금과 같은 명예가 내게 어울리지 않는다는 것도 잘 알고 있으니, 무슨 일이든 만족해요."

이런 대답을 들은 구알티에리는, 그녀가 자기와 남들에게서 받고 있는 영예에 대해 조금도 잘난 체하지 않는 것을 알고 속으로 매우 기뻤습니다.

이렇듯 그녀가 딸을 낳아 아랫사람들이 좋아하지 않는다는 말을 아내에게 해놓고, 구알티에리는 곧 하인 하나에게 무언가 지시하여 아내한테 보냈습니다. 하인은 크게 슬픈 낯을 하고 그녀에게 말했습니다.

"마님, 소인이 목숨을 이어 나가려면 나리께서 소인에게 명하신 말씀을 아뢰야만 되겠습니다. 나리의 명령은 마님한테서 아가씨를 빼앗아 소인이……."

하인은 여기까지 말하고 입을 다물었습니다. 부인은 하인의 말을 듣자 그 얼굴빛을 살피고 또 남편이 한 말을 떠올리고는 남편이 그에게 딸을 죽이도록 명령한 것을 알았습니다. 그래서 마음속에는 슬픔이 가득했으나 곧 아이를 요람에서 안아 키스를 하고 축복을 하면서 태연한 표정으로 하인의 팔에 안겨주며 말했습니다.

"자, 받아요. 당신은 나의 주인께서 명하신 대로 해요. 그러나 새나 짐승의 밥이 되도록 하라는 명은 받지 않았거든 부디 그렇게는 안 되도록 해줘요."

하인은 아이를 받아 안고 나가서 부인의 말을 구알티에리에게 전했습니다. 그는 아내의 의연한 태도에 놀라면서 하인을 시켜 볼로냐의 친척 집으로 아이를 보내, 자기 자식이라는 것을 비밀로 하여 소중히 길러 달라고 부탁했습니다.

그 뒤 몇 달이 지나 부인은 다시 임신하여 아들을 낳았습니다. 구알티에리의 기쁨은 비길 데가 없었습니다. 그러면서도 지금까지 한 짓으로는 직성이 풀리지 않는지 더 심하게 아내를 괴롭혀 보려고, 어느 날 그녀에게 분연히 말했습니다.

"여보, 당신이 아들을 낳으니 아랫사람들이, 앞으로 잔누콜레의 손자 따위를 주인으로 받들어 섬겨야 하느냐고 불평을 마구 늘어놓는구려. 나와 하인과의 관계가 어색해져서 큰일이오. 아마 지난번처럼 하지 않으면 내가 이곳에서 쫓겨날지도 모르겠소. 또 마지막에 가서는 당신과 헤어지고 다른 아내를 맞아야 되지 않을는지……."

부인은 잠자코 듣고 있다가 대답했습니다.

"부디 당신 뜻대로 하세요. 나에 대해서는 걱정하지 마세요. 나는 당신이 기뻐하시는 것만 알면 그 이상 바랄 게 없어요."

그로부터 며칠 지나지 않아 구알티에리는 딸과 같은 방법으로 아들도 죽인 것처럼 해서 딸을 보냈던 볼로냐로 보내 길러 달라고 부탁했습니다. 이때에도 부인은 딸의 경우와 마찬가지로 얼굴빛 하나 바꾸지 않고 푸념도 늘어놓지 않았습니다.

지독한 구알티에리도 이에는 놀라지 않을 수 없었습니다. 그래서 그녀와 같은 태도를 취할 수 있는 여자는 이 세상에서 달리 찾아볼 수 없을 거라고 깊이 느꼈습니다. 그뿐만 아니라 그녀가 자식에게 애착이 없다고 생각할 수도 있었겠으나, 그는 그녀가 자식들을 무척 사랑한다는 것을 알고 있었으므로, 그 반대로 그녀가 매우 영리하기 때문에 그러한 태도를 취했을 거라고 믿었습니다.

아랫사람들은 주인이 애들을 죽였다고 믿고 그를 크게 나무라기 시작했으며 잔혹한 사나이라고 비난했습니다. 그리고 반대로 부인에 대해서는 매우 동정했습니다.

부인은 이같이 죽은 애들에 관해 애도의 뜻을 나타내는 사람들에게 자기로서는 달가운 일이 아니지만 자식을 낳게 한 남편이 바라는 일이니 하는 수 없는 일이라고만 말했습니다.

맏딸이 태어나고 여러 해가 지난 뒤, 구알티에리는 아내의 인내를 시험할 마지막 때가 왔다고 생각하여 아랫사람들에게 그리셀다를 더 이상 데리고 살 수가 없다, 그녀를 아내로 맞은 것은 젊은 혈기에 저지른 잘못이었다, 그러니 어떻게든 교황의 허락을 얻어 그리셀다를 보내고 다른 여자를 맞아야겠다고 했습니다. 그러자 선량한 아랫사람들은 그를 크게 비난했습니다. 그는 그 비난에 대해, 그렇게 하는 수밖에 도리가 없다고만 대꾸했습니다.

부인은 이 말을 듣자, 마침내 친정으로 돌아가야 하는구나, 아마 또 양 떼를 지키며 살아가야 하겠지, 내가 진심으로 행복을 바랐던 남편이 다른 여자를 맞는 것을 말없이 지켜보고 있어야만 하겠지, 하는 생각이 들어 서러움에 가슴이 메었습니다. 그러나 지금까지 묵묵히 운명의 모욕에 견디어 온 것처럼 이번에도 참고 견디어야 한다고 결심했습니다.

그 뒤 얼마 안 되어 구알티에리는 로마로부터 가짜 편지를 보내오게 하여, 아랫사람들에게 교황이 그리셀다와 이혼하고 다른 아내를 맞아도 된다는 허락을 내리셨다고 곧이듣도록 했습니다. 그러고는 아내를 불러 여러 사람이 보는 앞에서 말했습니다.

"교황님 허락이 내렸으니 나는 이제 당신과 헤어져 다른 여자를 맞을 수 있게 되었소. 내 조상은 이 고장의 높은 영주였으나 당신 조상은 줄곧 농부였으니 더 이상 당신을 아내로 데리고 살 수 없소. 그러니 가지고 온 물건을 챙겨 친정으로 돌아가도록 하오. 나는 나에게 어울리는 다른 여자를 구하여 아내로 맞겠소."

부인은 이 심한 말을 듣고도 여느 여자에게서는 도저히 볼 수 없는 태도로 눈물을 참고 말했습니다.

"나는 나의 보잘것없는 처지가 당신의 고귀한 신분에 어울리지 않는다는 것을 잘 알고 있었어요. 당신과 결혼하여 얻은 신분은 당신과 하느님의 은총에 의해 얻어진 것이라 생각하며 늘 빚진 마음으로 살아왔지요. 부디 도로 가져가도록 하세요. 나는 돌려드리는 것이 마땅하다고 보며, 실제로 기꺼이 내놓겠어요. 여기 당신이 나와 결혼하실 때 주신 반지가 있어요. 어서 받으세요. 당신은 내가 시집올 때 가져온 것을 가지고 돌아가라는 분부를 내리셨는데, 그 점에 대해선 경리(經理)도 지갑도 나귀도 필요 없어요. 나는 맨몸으로 시집온 것을 잘 알고 있으니까요. 당신의 자식을 낳은 내 몸을 남에게 보여도 상관없다고 생각하신다면, 나는 벌거벗은 몸으로 돌아가겠어요. 다만 내가 가지고 왔다가 이제는 되갖고 갈 수 없게 된 순결한 몸값을 유일한 지참금 삼아 이 몸에 속옷 한 벌만 걸치게 해주세요."

구알티에리는 누구보다도 가슴이 뭉클했으나, 일부러 근엄한 표정을 지으며 말했습니다.

"그렇다면 속옷 한 벌은 입고 가도록 하오."

모여 있던 사람들은, 부인이 13년 넘게 마님으로 계셨으니 그런 초라하고 부끄러운 모습으로 댁을 나가시는 것을 남들이 보지 않도록 부디 입을 옷만은 주라고 간청했습니다. 그러나 그 간청도 헛수고였습니다. 마침내 부인은 속옷 바람으로 신도 벗은 채 모두들에게 작별을 한 다음 저택을 나와 울면서 친정으로 돌아갔습니다. 그녀를 본 이들은 누구 하나 눈물을 흘리지 않는 사람이 없었습니다.

잔누콜레는 구알티에리가 진심에서 딸을 아내로 맞은 게 아니라 믿고, 이런 일이 있을 것을 예상하여 딸이 시집가는 날 아침에 벗어 놓고 간 옷을 그대로 간직하고 있었습니다. 그는 그것을 딸에게 내주었습니다. 그녀는 다시 그것을 입고 옛날처럼 집안일을 돌보며, 잔인한 운명이 내리는 매서운 공격을 강한 의지로 참고 견디었습니다.

한편 구알티에리는 파나고의 백작 집안에서 한 규수를 다시 맞는 것처럼 일을 꾸몄습니다. 그러고는 결혼식을 위한 성대한 준비를 하면서 그리셀다에게 사람을 보내 좀 와달라고 했습니다. 그녀가 오자 그는 말했습니다.

"이번에 새로 아내를 맞는데 크게 환영의 뜻을 나타내고 싶소. 그런데 그대는 그런 축하에 필요한 여러 가지 준비를 한다든가 방을 꾸밀 줄 아는 하녀들이 우리 집에 없다는 것을 알 거요. 그대는 다른 부인들보다 그런 일을 잘 알고 있으니 준비를 좀 해주오. 잠시 여주인이 된 기분으로 그대가 알맞다고 생각하는 부인들을 초대하여 새사람을 맞도록 해주오. 그러고 나서 결혼식이 끝나거든 집으로 돌아가도록 하오."

그리셀다는 자기에게 행운을 안겨 주어 그에게 품고 있던 애정을 잠시도 버리지 못하고 있었으나, 그의 이런 말은 하나하나 비수가 되어 그녀의 가슴을 찔렀습니다. 그러나 그녀는 대답했습니다.

"네, 곧 준비를 하겠어요."

그녀는 바로 얼마 전 속옷 바람으로 나간 집에 남루한 옷을 입고 다시 들어와 방들을 청소하고 식탁에 테이블보를 씌우고 벽에는 벽걸이를 걸고 부엌을 정돈시켰습니다. 그녀는 마치 이 집 하녀인 것처럼 모든 일을 직접 했습니다. 그리하여 모든 일을 빈틈없이 끝낸 다음 구알티에리의 이름으로 가까이 사는 귀부인들에게 초대장을 띄우고 결혼식을 기다렸습니다. 그리고 결혼식 날이 되자 그녀는 초라한 차림이었으나 귀부인다운 마음과 예절로 기꺼이 여자 손님들을 맞았습니다.

구알티에리가 파나고 백작 가문으로 출가한 볼로냐의 친척 집에 소중히 길러 달라고 부탁한 아이들 중 딸은 이때 이미 열두 살로 세상에 드물게 아름다운 처녀로 자라 있었고, 아들은 여섯 살이었습니다. 그는 심부름꾼을 친척 집으로 보내 딸과 아들을 살루초로 데려와 달라고 했습니다. 올 때는 버젓하고 훌륭한 수행인을 붙이고, 딸에게는 자기의 신상을 아무에게도 밝히지 말도록 부탁했습니다. 또 세상 사람들에게는 구알티에리에게 시집간다고 말하도록 일렀습니다.

친척인 귀족은 후작의 부탁대로 여행길에 올랐습니다. 그리하여 며칠 뒤 훌륭한 수행인들을 거느린 두 남매를 데리고 잔치 시간에 대어 살루초에 이르렀습니다. 집 안에는 사람들이 모여 구알티에리의 신부를 기다리고 있었습니다.

이윽고 그녀는 귀부인들의 마중을 받으며 홀로 들어왔습니다. 그리셀다는 일하던 차림 그대로 친근하게 다가가 말했습니다.

"아가씨, 잘 오셨어요."

귀부인들이 그리셀다를 방 안에 남겨 두든지, 아니면 그러한 차림새로 손님 앞에 나가지 않도록 전에 이 집에서 입던 옷을 그녀에게 입히라고 간곡히 구알티에리에게 사정했으나 들어주지 않았기 때문에, 그녀는 하는 수 없이 그냥 식탁에 나가 신부를 접대했습니다.

모든 사람의 눈길이 신부에게 쏠렸습니다. 모두들 입을 모아 구알티에리는 용케도 부인을 바꾸었다고 소곤거렸습니다. 그런 가운데 그리셀다만은 유난히 신부와 그의 어린 동생을 몹시 칭찬했습니다.

구알티에리는 그녀가 이러한 사태가 벌어져도 조금도 동요하지 않고 또 추태도 부리지 않는 것을 보자 그녀의 인내력이 여간 강하지 않다는 것을 깨달았습니다. 즉 그녀가 매우 총명하다는 것을 알게 되었습니다. 그는 차가운 표정 뒤에 감추고 있었던 괴로운 마음에서 이제는 그녀를 풀어 주어야겠다고 생각했습니다. 그래서 그녀를 가까이 불러 여러 사람이 보는 가운데 웃으며 말했습니다.

"그대는 신부를 어떻게 생각하오?"

"나리" 하고 그리셀다는 대답했습니다.

"나리에게 아주 잘 어울리는 분인 것 같아요. 나는 그렇게 믿고 있지만, 저분이 저 아름다움과 겸하여 총명하시다면 나리는 이 세상에서 가장 복 많은 분으로 행복하게 사실 게 틀림없어요. 혹시 내가 소원을 말씀드릴 수 있다면, 부디 나리께서 예전의 부인에게 주신 그런 괴로움을 저분에게는 주시지 않도록 각별히 부탁드리겠어요. 예전의 부인은 어릴 때부터 고생 속에서 자랐지만 저분은 나이도 훨씬 어리고 또 애지중지 성장한 분이기 때문이에요."

구알티에리는 그리셀다가 자기 딸을 그의 아내로 맞는 줄 굳게 믿고 칭찬 이외의 말은 한 마디도 하지 않는 것을 보고 곁에 앉히며 말했습니다.

"그리셀다, 마침내 나는 긴 세월 동안에 걸쳐 당신의 인내를 알게 되었소. 나를 잔인하고 사악하며 짐승 같은 사나이라고 욕한 사람들에게 이제 알려 줄 일이 있소. 실은 나는 당신에게 참된 아내의 길을 가르치고 그들에게는 아내를 맞으면 어떻게 다루어야 하는지를 가르치려고, 또한 당신과 부부로 살아가는 동안 오래오래 평화가 있기를 바라는 마음에서 예정된 목적 아래 여태 이런 연극을 했소. 그것을 알릴 때가 온 거요.

사실 당신을 아내로 맞으려 했을 때, 나는 우리들 사이에 영원한 평화가 오지 않는 게 아닐까 걱정했었소. 그래서 그 점을 한번 밝혀 보려고 당신이 알다시피 갖가지 수단으로 당신을 괴롭히고 고통을 주었소. 이제 나는 당신이 말로나 행동으로나 나에게 거역하지 않았다는 것을 알았으니, 여러 해 동안 당신에게서 빼앗았던 것을 한꺼번에 돌려주고, 내가 당신에게 준 고통을 그 갑절 이상의 사랑으로 되돌려 주려고 하오. 자, 당신은 기쁘게, 당신이 내 신부로 알고 있는 이 딸과 아들을 우리의 자식으로 받으시오. 이 아이들은 당신을 비롯하여 여러 사람들이 오랫동안 내가 잔혹하게 죽인 것으로 믿고 있었던 우리의 친자식이오. 난 당신의 남편이며, 누구보다도 당신을 사랑하고 있소. 나는 나만큼 자기 아내를 만족히 여기는 자는 이 세상에 아무도 없을 것이라고 당당히 여러 사람들에게 자랑할 수 있소."

말을 마친 그는 그녀를 끌어안고 키스를 했습니다. 그러고는 기쁨에 넘쳐

울고 있는 그녀를 붙들어 일으키고는, 이 이야기를 처음부터 듣고 크게 놀라는 딸을 끌어안고 다음으로 아들을 끌어안았습니다. 그녀를 비롯하여 그곳에 모여 있던 사람들은 모두 깜짝 놀랐습니다.

귀부인들은 크게 기뻐하며 식탁에서 떨어져 그리셀다를 데리고 그녀의 옛날 방으로 갔습니다. 먼저 가장 큰 축복의 인사를 한 다음, 초라한 옷을 벗기고 전에 입었던 훌륭한 옷을 입혔습니다. 남루한 옷을 입었어도 그렇게 보였었지만, 이제는 버젓한 여주인이 되어 다시 홀로 나왔습니다.

모든 사람들은 크게 기뻐하며, 그들 부부의 자녀와 함께 떠들썩한 축하를 하면서, 한층 성대한 잔치를 여러 날 동안 베풀었습니다. 사람들은 구알티에리가 부인에게 행한 시험은 잔인하고 매정한 행위라고 입방아를 찧었습니다만, 그를 매우 총명한 사람이라고도 하고 또 그리셀다는 어느 누구보다 현명한 여자라고도 했습니다.

파나고 백작은 이삼 일 뒤 볼로냐로 돌아갔습니다. 그리고 구알티에리는 잔누콜레를 장인으로 받들어 지금까지 하던 농사일을 그만두게 하고 지체를 높여 주어, 그는 사람들로부터 존경받으며 즐거운 생활을 하다가 생을 마쳤습니다.

그는 또 얼마 뒤 딸을 훌륭한 가문으로 시집보내고, 그리셀다를 한층 더 존경하고 사랑하면서 행복하게 살았습니다.

자, 이런 이야기를 들으시면 모두들 왕실에 태어나도 사람들 위에 군림하기는커녕 돼지를 먹이는 자와 같은 사람이 있는 것처럼, 누추한 오두막집에도 하늘에서 성령이 내려오는 일이 없다고는 할 수 없겠지요? 또 그리셀다 이외에 구알티에리가 시도한 그 유례를 듣지도 보지도 못한 가혹한 시험의 고통을 의연한 태도로 참고 견딜 수 있었던 사람은 또 어디 있겠습니까?"

사실 구알티에리로서는, 그녀를 속옷 바람으로 쫓아냈을 때 그녀가 보다 나은 옷을 얻으려고 다른 남자에게 몸을 팔았다 해도 아마 그녀를 욕할 수 없었을 것입니다.

디오네오의 이야기가 끝났습니다. 부인들 사이에는 의견이 분분하여 여러 말들이 오갔습니다. 이윽고 왕은 하늘을 쳐다보았습니다. 해가 이미 기울고 황혼이 다가온 것을 알자 왕은 앉은 채로 입을 열었습니다.

"숙녀 여러분, 여러분도 아실 줄 믿습니다만, 인간의 뛰어난 지혜는 단순히 과거와 현재의 사물을 아는 것만으론 충분치 않습니다. 위대한 사람들은 그런 것들을 통하여 미래를 살필 줄 아는 것이 최고의 지혜라고 말합니다. 여러분도 아시다시피 그 무서운 페스트가 번지기 시작하자 온 거리에 가득 찬 암담한 기분과 한탄과 고뇌를 피하여 우리의 건강과 생명을 지키기 위해 우리가 얼마 동안 다른 곳으로 옮겨 위안을 얻으려고 피렌체를 떠난 지 내일로 보름이 됩니다. 내 생각으로, 우리는 훌륭히 그 보람을 얻었다고 봅니다. 내 견해가 옳다면, 갖가지 재미있는 이야기들 가운데 욕정을 자극할 이야기가 나왔다는 서운함이 있고, 줄곧 먹고 마시고 노래하고 악기를 퉁겨 약한 마음에 반드시 알맞다고 할 수 없는 놀이에 빠진 느낌도 없지 않으나 그 밖의 행위와 모든 말들은 나의 입장에서나 여러분의 입장으로나 하나도 비난할 점이 없었다고 봅니다. 즉 우리들 사이에는 꾸준히 품위가 지켜졌고, 꾸준히 마음을 모았으며, 늘 형제처럼 가깝게 지냈다는 것을 나는 이 눈으로 보고 이 귀로 들었습니다. 이것은 곧 여러분과 나의 명예이며 은혜로 나에게 가장 반가운 일입니다.

그런데 이러한 생활을 오래 계속하다 보면 달갑잖은 어떤 일이 생길지도 모르며, 너무 오랜 머무름으로 사람들의 입에 오를지도 모릅니다. 게다가 우리는 저마다, 아직은 내가 가지고 있는 왕이라는 주재자의 역할을 하루씩 마쳤으니 여러분이 생각만 정하신다면 우리가 떠났던 곳으로 다시 돌아가는 게 좋지 않을까 합니다. 그뿐만 아니라 여러분이 잘 생각해 보신다면, 우리들의 이 모임은 이미 이웃에 알려졌으니 어쩌면 우리의 여러 가지 위안에 방해되는 일들이 생길지도 모릅니다. 여러분이 내 생각에 따라와 주신다면, 나는 내일 아침 우리의 출발 시간까지 여러분한테서 받은 이 왕관을 그대로 쓰고 있을까 합니다. 그러나 여러분이 다르게 생각하신다면, 내일이라는 날을 위해 이 왕관을 벗을 작정입니다."

이에 대해서 부인들과 젊은이들 사이에 여러 가지 의견이 오갔으나, 결국 왕의 의견을 유익하고 적절한 것으로 인정하여 그의 말대로 하기로 했습니다. 왕은 하인 우두머리를 불러 내일 할 일을 협의하면서, 모두에게 저녁 식사 때까지 자유 시간을 주었습니다.

　부인들과 젊은이들은 왕을 따라 일어나 여느 때처럼 저마다 오락을 시작했습니다. 그러다가 저녁 식사 때가 되자 기쁘게 모였습니다. 그리고 식사를 끝낸 다음에는 노래를 부르고 악기를 연주하고 춤도 추었습니다. 라우레타가 춤을 추자 왕은 피암메타에게 칸초네를 한 곡 부르라고 명령을 내렸습니다.

　그녀는 기꺼이 노래를 불렀습니다.

　　사랑에 질투가 없다면
　　나만큼 기쁠 사람 달리 없겠지.
　　질투할 사람은 좋도록 하세요.

　　비록 잘생긴 연인이
　　여자를 젊음으로 포식해도
　　나는 끌립니다.
　　덕 높고 대담무쌍하고
　　용맹하며 머리 뛰어나고
　　예의 바르고 말은 공손하며
　　점잖고 듬직한 그분 말입니다.
　　온갖 희망을 거기에 걸고
　　나는 그분을 사랑합니다.

　　그러나 나처럼
　　다른 여자도 총명하여서
　　내 마음과 같은 듯싶어
　　내 마음 뺏지나 않을는지
　　마음이 떨려서 두렵습니다.
　　지나친 생각이라 다짐하면서도
　　내 행복한 이 사랑이
　　지금은 서러움 되어

한숨을 지으며 불안하게 삽니다.

내 님이 진실을 알고
굳게 믿고 있다면
질투의 마음이 일지 않을 텐데.
그러나 여기저기에
애인을 유혹하는 여자가 우글우글
맹세를 깨뜨리는 남자도 많으니,
나의 어두운 마음, 죽고만 싶습니다.
엿보는 사람 보면 의심이 생겨
뺏기지나 않을까 속이 타요.

오, 하느님, 여자들에게
나를 욕보이지 않도록
일러 주세요
설마 나를 상처 입히고
알랑알랑 아양 떨어
남자를 녹이는 여자는 없겠지만
만에 하나라도 있다면
내가 다치지는 않을지언정
그런 파렴치함은 용서 못 해요.

그 뒤에도 계속해서 두세 곡의 칸초네가 불려졌으나, 이미 밤이 이슥했으므로 왕의 분부를 좇아 모두들 침실로 자러 갔습니다.

이튿날 날이 밝자 모두들 일어나, 이미 하인 우두머리가 짐을 모두 보냈기 때문에 신중히 왕의 인도를 따라 피렌체로 돌아갔습니다.

그리하여 세 젊은이는 처음 부인들을 만난 산타마리아 노벨라 성당에 일곱 부인들을 남겨 두고 저마다 다음 놀이를 찾아 나섰습니다. 그리고 부인들은 집으로 돌아갔습니다.

맺음말

　지체 높은 젊은 숙녀 여러분, 내가 이 이야기를 쓰면서 꼭 실천하려고 약속 드린 일이 오랜 고생 끝에 가까스로 완성의 단계에 이른 것은 오로지 하느님 의 은총에 의한 일이라 믿으며, 또한 그것은 나의 공적이 아니라 여러분의 동 정 어린 바람 덕분이라 믿고 기뻐해 마지않는 바입니다. 그러므로 먼저 하느 님에게, 다음으로 여러분에게 감사를 드리고 지친 팔과 붓을 쉬려고 합니다.

　여러분에게 그 양해를 구하기 전에 나는 간단히, 여러분 가운데에서 어느 분이든, 또는 다른 사람이든 알지 못하는 사이에 의문이 생겨나 언급할지도 모르는 두세 가지 문제에 대해, 그 점에 대해서는 세상의 다른 문제 이상으 로 나에게 특별한 권리가 있다고 생각지는 않지만, 아니 오히려 그 점은 넷째 날의 머리글에서 말씀드린 기억이 있기 때문에, 대답하려고 합니다.

　여러분 가운데는 내가 이 이야기 속에 지나치게 제멋대로인 일을 적었으며, 때로는 마치 여성이 그러한 일을 입에 담는 것처럼 썼다는, 즉 정숙한 여성이 그런 이야기를 입에 담고 또 그런 여성으로부터 듣기에는 부적당한 말이 종 종 나온다고 세상 사람들이 말하는 것을 가끔 들으셨을 줄 압니다. 그러나 나는 그것을 부정합니다. 왜냐하면 그럴싸하게 얌전한 말을 하면서 어떤 경 우에는 정반대되는 말을 하는 것 같은, 그런 정직하지 못한 말은 하나도 쓰지 않았기 때문입니다. 나는 그것만은 훌륭히 이행했다고 믿고 있습니다.

　하지만 그러한 일이 있다고 가정하여, 여러분이 이기실 테니 소송까지 벌여 서 여러분과 다툴 생각은 없으므로, 내가 그러한 것을 쓴 가장 직접적인 까 닭을 말씀드리겠습니다. 우선 두세 이야기 가운데 좀 제멋대로인 말이 있다 치더라도 그것은 이 이야기의 성격상 그것이 필요했기 때문입니다. 그런 이야 기를 만일 이해심 있는 사람이 보았다면, 내가 이야기의 성격을 바꿀 마음이 없었던 이상, 내가 다른 말을 쓸 수 없었던 까닭을 똑똑히 알았으리라 믿습니다.

어쨌든 이 이야기 가운데 그러한 부분이 얼마쯤 있다고 칩시다. 행동은 제쳐 두고 입으로 지껄이는 말만 중히 여기며 겉으로 착한 체해 보이려는 위선적인 여자로서는 아마 입장이 곤란한 고약한 말이, 아니 그보다도 훨씬 심한 부정(不貞)을 나타내는 말이 쓰여 있다 치더라도 대체로 남녀는 하루 종일 구멍이니, 말뚝이니, 방앗간이니 절굿공이니, 소시지니, 순대니 또는 그와 비슷한 말들을 지껄일 터이니 내가 그러한 것을 여기에 적은 것은 당연하다고 말하고 싶습니다.

나의 펜이 화가의 붓보다 권위 있는 것은 아닐 텐데, 화가는 아무 비난도 받지 않고 정당한 비판조차도 받지 않습니다. 화가가 성 미카엘이 칼이나 창을 휘둘러 뱀을 퇴치하는 그림을 그린다거나 성 게오르기우스가 자기를 좋아하는 용을 퇴치하는 그림을 그린 것은 아무도 탓하지 않습니다.

그러나 그리스도를 남성으로 묘사하고 하와를 여성으로 그리면서도, 인류를 구제하기 위해 십자가 위에서 죽음을 택하신 그리스도에 대해 어떤 때에는 한 개의 못을, 어떤 때에는 두 개의 못을 가지고 그 발을 십자가에 못 박는 것은 언급하지 않을 수가 없습니다.

그건 그렇다 치고, 그런 제멋대로 하는 말은 비록 교회의 역사 가운데 내가 쓴 것보다 훨씬 추문이 되는 이야기가 적잖이 있다 하더라도, 깨끗한 정신과 깨끗한 말을 해야 할 성당 안에서는 지껄이지 않는 게 묵계로 되어 있고, 또한 다른 곳보다 엄숙함이 요구되는 철학을 공부하는 사람이 모이는 학교라든가, 성직자들 사이라든가, 곳에 따라서는 철학자들 사이에서도 지껄여지지 않고 있습니다. 그러나 기분풀이를 할 대저택의 정원 같은 곳에서는 젊은 사람들 사이라든가, 진귀한 이야기 같은 것은 외면하는 꽤 나이 많은 사람들 사이에서, 실제로 가장 정숙한 생활을 하는 몸이면서도 연인과 밀회하다가 허겁지겁 남자의 반바지를 뒤집어쓰고 달려 나오는 판이니, 이런 이야기가 오가고 있습니다.

그러한 말은 어떤 것이든 다른 일들과 마찬가지로, 듣는 사람에 따라 해롭기도 하고 이롭기도 합니다. 친칠리오네나 스콜라요나 그 밖의 사람들도 말하듯, 술이 건강한 이에게는 근사한 음료가 되나 몸에 열이 있는 이에게는 해롭다는 것을 모르는 사람이 있을는지요? 술이 열 있는 이에게 해롭다고 해서, 우리가 술 자체를 욕하겠습니까? 불이 아주 쓸모 있는 것, 인간에게 필요 불가결한 것임을 모르는 사람이 있겠습니까? 불이 집을 태우고 마을을 사르고 거리를 쓸어 버린다고 해서 불이 나쁘다고 말하겠습니까? 무기는 평화롭게 살기를 바라는 사람의 행복을 지켜 주지만, 한편 본질적으로 나쁘기 때문이 아니라 그것을 나쁘게 쓰는 사람을 자주 죽음으로 몰고 가곤 합니다.

썩은 마음을 지닌 사람은 결코 건강한 말을 이해하지 못합니다. 그들에게는 정숙한 말이 소용없습니다. 그와 마찬가지로 정숙하지 못한 말도 건강한 마음을 가진 사람을 해치는 데는 도움이 되지 않습니다. 이것은 마치 햇빛과 진흙, 하늘의 아름다움과 땅 위의 추함의 관계와도 같습니다.

어떤 책의 어떤 말과 어떤 문자가, 성서에 쓰여 있는 말보다 더 신성하고 가치 있고 존경할 만하겠습니까? 그런데도 세상에는 성서의 말을 나쁜 뜻으로 해석하여 자신과 다른 사람을 지옥에 빠뜨리는 일이 너무도 자주 일어나고 있습니다.

모든 사물은 그 자체에 있어 어떤 일에든 유익합니다. 그러나 그것이 나쁘게 쓰이면 많은 일에 해로워지는 수가 있습니다. 나는 내 글에 대해 그렇게 말하고 싶습니다.

만일 이 이야기의 내용에서 악의에 찬 말들이나 나쁜 면만 끌어내려는 이가 있다 해도 이야기는 그것을 금하지 않을 것입니다. 어쩌다 우연히 그러한 점이 있다 해도 그것은 억지로 왜곡된 풀이를 했기 때문입니다. 또한 이 이야기에 유익한 점을 발견하는 사람이 있다면 나는 그것도 금하지 않을 것입니다. 이 이야기들은 그즈음에, 그리고 여기에 나오는 사람들에 의해 이야기로서 전해지고 있기 때문에, 이것들이 그즈음의 사람들에게 읽혔다면 유익한 점이 있고 정당한 이야기가 쓰여 있지 않을 리 없기 때문입니다. 만일 고해성사를 집전하는 신부 때문에 기도를 한다든가 또는 푸딩이나 파이를 만들어야 하는 사람이 있다면 그렇게 하십시오. 믿음이 두터운 체하는 사람들은 기도가 있으면 기도를 하고, 만들 것이 있는 사람들은 그것을 만드십시오. 억지로 이 이야기를 읽히려고 쫓아다니지는 않을 테니까요.

이 이야기 속에는 오히려 넣지 않는 게 좋았을 것을 넣었다고 말하는 사람이 있을지 모릅니다. 그것을 인정한다고 해도, 나는 실제로 그러한 이야기가 행해지지 않았다면 쓸 수도 없었을 테고 쓸 리도 없었을 것입니다. 그러므로 이러한 이야기는 재미있는 이야기로 전해지고 있다고 여길 것이며, 또 나는 그것을 재미있고 우습게 쓴 셈입니다.

나는 내가 이 이야기들의 창작자이며 작자였다고 가정한다고 해도, 사실은 작자가 아닙니다만, 모든 이야기가 근사한 게 못 되는 것을 부끄럽게 여기지는 않습니다. 모든 일을 훌륭히 완벽하게 행하시는 하느님을 빼고는, 그러한 일을 할 수 있는 훌륭한 작가는 이 세상에 한 사람도 없기 때문입니다. 12용사의 무리를 만든 샤를 대제조차도 12용사만으로는 군대를 만들지 못했던 것입니다.

많은 일들 가운데에는 저마다 질이 다른 것이 섞여 있다는 것을 알고 있습니다. 아무리 잘 경작된 밭이라도 곡식 사이에 쐐기풀이라든가 엉겅퀴라든가 가시풀이든가 잡초가 섞이지 않은 법이 없습니다. 만일 내가 여러분들처럼 순진한 젊은 여성들을 위해 이 이야기를 쓰는 게 아니라면, 훌륭한 이야기를 찾으려 애쓰고 또 그 찾은 것을 주의 깊게 신중히 쓰려고 애쓰는 것은 바보스러운 짓이었을 겁니다.

요컨대 이 이야기를 읽으시는 분은, 나쁜 자극을 주는 것은 피하고 재미있다고 생각하는 것만 읽으면 됩니다. 그 때문에 읽는 사람을 그르치지 않도록 이야기 첫머리에 모두 그 내용 전체의 줄거리가 짧게 서술되어 있습니다.

또한 부인들 가운데에는 너무 긴 이야기가 있다고 할 분이 있을 줄 압니다. 그 점에 대해서는 거듭 말하지만, 다른 볼일이 있는 분은 비록 짧은 이야기라도 읽을 마음이 나지 않을 거라는 것입니다. 내가 이 이야기를 쓰기 시작하여 고생고생 끝에 겨우 완성한, 지금에 이르기까지 얼마나 긴 세월이 흘렀는지 모릅니다. 그동안 줄곧 내 머리에서 떠나지 않은 생각은, 다름 아닌 여가 있는 분들에게 읽히기 위해 심혈을 기울이자는 것이었습니다. 그러니 여가를 메우기 위해 읽는 분에게는 여가를 이용하는 목적에 크게 들어맞으므로 결코 긴 이야기라고 생각지 않으리라 봅니다.

그리고 짧은 이야기는 단순히 시간을 보내는 게 아니라 쓸모 있게 쓰려고 노력하는 학생에게, 사랑의 즐거움만으로는 소비하지 못할 만큼 여분의 시간을 가지고 있는 여러 부인들에게보다 읽기에 더 알맞습니다. 반대로 부인 여러분에게는, 부인네들은 공부를 하러 아테네며 볼로냐며 파리에 가지 않으므로 공부로써 지식을 닦는 학생 여러분보다 긴 이야기가 안성맞춤입니다.

나는 우스개와 허튼 이야기가 너무 많으며 그러한 서술은 신중하고 점잖은 사람에게 알맞지 않다고 말하는 부인들이 있음을 조금도 의심하지 않습니다. 그런 분들에게는 호의적인 열의가 넘쳐 나의 명성을 걱정해 주는 것이므로, 감사와 인사의 말을 드리고 싶습니다. 그러나 그것과 반대의 의견에 대해서는 이렇게 대답하고 싶습니다. 사실 나는 신중한 사나이라는 것을 고백합니다. 지난날에도 늘 그러했습니다. 하지만 내가 신중하지 못했다고 보는 사람들에게는, 나는 무게 있는 사람이 아니라 물 위에 뜰 정도로 아주 가벼운 사람임을 단언합니다. 그리고 사람들의 죄를 꾸짖기 위해 신부들이 하는 설교라는 것이 오늘날에 와서는 농담과 우스갯소리와 웃음거리에 지나지 않는다는 것을 미루어 생각한다면, 그러한 것이 부인들의 갑갑증을 내쫓기 위해 내 이야기 속에 쓰여 있다 해도 조금도 나쁜 일은 아니라고 생각하고 싶습니다. 만일 이러한 것 때문에 크게 웃는다면 예레미야의 개탄, 그리스도의 수난, 막달라 마리아의 한탄과 같은 슬픔으로부터도 쉽게 여러분을 구해 드릴 수 있을 것입니다. 그리고 내가 이야기 여기저기에서 신부의 실체를 폭로하고 있으므로 내 말에는 독이 있고 악의가 있다고 말하는 부인들도 없다고 할 수 없겠지요.

그러나 그러한 말을 하는 사람들은 용서해 주어야 합니다. 그녀들은 옳은 이유로 자기들을 감동시키는 것 말고는 믿을 수 없다고 여기기 때문이며, 신부는 선량한 사람들로 하느님을 위한 사랑 때문에 부자유스러운 생활을 하지 않고 살아간다고 생각하기 때문입니다. 신부들은 물레방아가 풍부한 물의 힘으로 가루를 빻는 것처럼 조금씩 차츰 수확을 거두면서도 그 일을 야단스럽게 남에게 지껄이지 않는 법입니다. 그래서 바로 말씀드리거니와, 만일 그들이 입에서 조금씩의 악취만 내뿜지 않는다면 그들과 서로 친하게 지내는 것은 매우 즐거운 일임에 틀림없습니다.

그런데 세상일은 조금도 확정성이 없이 늘 변동하고 있습니다. 그러니 내 입에도 그러한 변화가 일어날지 모릅니다. 내 일에 관한 나의 판단력은 그 힘을 잃게 되기 때문에 내 판단력을 믿지는 않지만, 바로 얼마 전 이웃 부인이 나에게, 내 말은 이 세상에서 가장 훌륭하고 달콤한 맛을 지녔다고 했습니다. 이런 말을 들었을 때에는 거의 다 써서 더 쓸 이야기가 조금밖에 남지 않았을 때였습니다. 나는 나쁜 의도를 가지고 여러 가지로 하는 말들에 대해 그 대답으로서 이것을 말씀드리고 싶습니다.

아무튼 여러분이 느낀 것을 그대로 말한다든가, 뭔가 생각한 것을 이렇게 늘어놓는 일은 이제 이쯤 해두고, 오랜 고생 끝에 도움을 받아 대망의 끝맺음을 할 수 있도록 이끌어 주신 하느님께 경건한 감사를 드리면서 마침내 나의 말을 마치고자 합니다.

상냥하신 부인 여러분, 이것을 읽고 조금이나마 도움이 되었다고 생각하는 분이 계시면, 나를 생각하면서 하느님의 은총을 받아 평화롭게 사시기를 바라마지 않습니다.

이리하여 《갈레오토 공 이야기》라고도 불리는 《데카메론》의 마지막 열째 날이 끝납니다.

보카치오의 생애와 작품에 대하여

보카치오와 인문주의

사실 단테(Dante)와 페트라르카(Petrarca)가 이탈리아의 초창기 문학에 눈부신 업적을 이루어 놓았다지만, 그 시대에 보카치오(Boccaccio)가 없었다면 어딘지 공허감을 느낄 것이 분명하다. 전자들은 시(詩)에서, 후자는 산문(散文)에서 저마다 두드러진 작품을 남겨 이탈리아 문학을 빛내고 있기 때문이다. 중세기 문학의 위대한 마무리를 장식하는 단테에 이어, 새로운 시대의 출발점을 찍어 이탈리아 문학에 근대성을 불어넣었던 사람이 페트라르카이다. 그로부터 참다운 의미에서 근대 이탈리아 문학이 시작된다고 봐야 하는데, 그의 주된 사상은 인본주의(Umanesimo)이다. 보카치오도 이 사상의 테두리 안에서 높이 평가될 인물이다. 그러므로 보카치오에 대해 이야기하기에 앞서 인문주의란 무엇이며, 왜 생겨났는가 살펴보아야 할 필요가 있다. 반드시 타당하다고 할 수는 없지만 중세를 가리켜 암흑의 시대라고 부른다. 문화 활동이 종교적 속박 때문에 침체되어 신의 문제에 너무나 집착한 나머지, 문학이나 예술의 가장 중요한 소재는 한사코 신이나 신적인 것, 또는 그들을 칭송하기 위한 것에 국한되어 있었다. 인간 본위 문화의 헬레니즘이 로마에 이식되어 발전해 갔지만 교권 만능의 문화권에서 헬레니즘은 자취를 감추고 말았다.

인문주의는 여기에 대항해서 생겨난 것이다. 그리스도교 사상은 인정하면서, 아니 오히려 그것을 더욱 고양된 의미로 승화시켜 문학 속에 표현하고자 하되, 인간의 문제에 관심을 갖기 시작했다. 따라서 오랫동안 잊혔던 고전 작품 속에서 인간의 참다운 가치를 찾아보고 새로운 문학의 방향을 설정하는 이정표를 세우는 데 필요한 초석을 찾으려고 했으니, 이것이 곧 인문주의의 근본이다. 고전 연구 작업이 페트라르카나 보카치오 이전에도 있었지만, 수사

1490년 피렌체 경관 피렌체 선사박물관 소장.

학상 혹은 문체론상 모방을 찾기 위해서였을 뿐이고 본질적인 연구는 곧 인
문주의자들에 의해 이루어졌다.

그렇다면 중세 문학성과 근대 문학성은 어떻게 다르단 말인가? 단테, 페트
라르카, 보카치오의 시를 보자.

> 내 여인이 인사할 때
> 한껏 거룩하고 성스럽게 보여
> 누구든 혀를 떨며 굳어지고
> 눈 들어 쳐다보질 못하네.

이것은 단테의 소네트 가운데 하나이다. '내 여인'은 바로 '베아트리체'이다.
그녀가 인사할 때 매우 거룩하고 성스럽게 보인다니, 그야말로 시인에겐 고귀
한 존재이지 평범한 여인은 아니다. 그녀는 천사적인 인물로 승화되었고, 또

단테는 그녀를 통하여 인간적인 사랑이
라기보다 신적인 사랑을 노래하고 있다.
이 소네트가 실린 《신생 La vita nuova》이
나 《신곡 La Divina Commedia》에 나타
나는 여성에 대한 사랑은 일반인의 것
이 아니고, 시인과 승화된 천사와의 사
랑 같은 느낌을 주고 있다.

보카치오(1313~1375)

　　바로 가까이 가 말했다.
　　"그대를 사랑하오."
　　미소 머금은 그녀
　　온몸을 내게 돌려…….

　베아트리체는 성모 마리아의 이미지를 갖고 있다. 《신생(新生)》을 자서전적
인 이야기로 받아 준다고 할 때, 단테의 베아트리체에 대한 사랑을 중세 문학
적 태도에서 벗어나 생각해 본다면 납득할 수 없는 결과를 불러오고고야 만
다. 베아트리체는 인간이 아니다. 천사이자 선(善)의 집합체이다. 단테는 그녀
를 통해 선의 방향과 신적인 사랑을 우리에게 말해 주고 있다. 그런데 페트라
르카에 이르면 이와 아주 다른 점을 발견하게 될 것이다.

　　맑고 신선하며 달콤한 물가,
　　거기 내게만 여인으로 보이는 그녀,
　　아름다운 자태를 드리우네.

　이것은 페트라르카의 시의 한 부분이다. '여인'은 곧 '라우라'이다. 성스런 이
미지의 베아트리체는 자태가 아름다운 현실의 여인으로 나타난다. 그녀는 천
사가 아니다. 평범한 여인이다. 이러한 사상은 보카치오의 시에도 잘 드러나
있는데, 그가 그리던 여성은 '피암메타'이다.

꽃 따러 돌아다니는
그녀를 보았을 적

　꽃 따러 다니는 여인, 그녀는 우리 생활 속의 여인이고 우리가 사랑할 수
있는 여인이지, 결코 베아트리체가 될 수 없다.
　이처럼 인문주의자들의 관점은 중세기의 신적인 문제에서 인간적인 점으
로 압축되고 있다. 고전 작품을 연구하여 그 속에서 예술관을 찾아내려는 이
들의 특성을 조금이나마 알 수 있을 것이다. 인간의 문제, 인간을 중점적으로
다루는 문제의식에서 출발한 인문주의는 곧 이탈리아에서 르네상스가 태동
하게 된 직접적인 동기를 유발시키고 있다. 보카치오는 페트라르카가 출발점
을 찍어 놓은 이 인문주의의 계승자이며, 탁월한 산문력과 창작력을 구사하
여 모든 대중 속에 깊숙이 파고든 작가였다.

보카치오의 삶
　단테나 페트라르카의 생애에 대하여 정확히 알 수 없듯이, 조반니 보카치
오의 생애에 대해서도 뚜렷이 알려진 사실이 없다. 그의 여러 작품을 통하여
유추하는 정도이기에 의견이 제각기 다르다. 따라서 여기에서는 보편화된 이
야기를 채택하겠다.
　그는 1313년에 피렌체 부근의 체르탈도에서 보카치오 디 켈리노와 잔이라
는 여성 사이에서 태어난 사생아이다. 그의 아버지 보카치오는 무역업에 종
사하여 외국에 자주 다녔으므로 잔을 파리에서 만났다.
　잔이 귀족 출신의 과부라는 전설 같은 이야기가 있지만 재봉사로 보는 견
해가 지배적이다. 조반니는 어머니와 함께 파리에서 유년 시절을 보낸 뒤, 그
녀가 죽고 나자 피렌체의 아버지에게로 보내졌다. 조반니는 이때부터 조반니
다 스트라다로부터 라틴어 문법을 배웠으며, 남달리 총명한 두뇌를 소유하고
있음을 과시라도 하듯 여섯 살 때부터 시를 쓰기 시작했다. 그러나 그의 아버
지는 그에게 자기 일을 물려주려고, 그가 열두 살이 되자 나폴리에 보내 상술
(商術)을 배우도록 했다. 그리하여 보카치오가 제2의 고향으로 여기는 나폴리
에서의 생활이 시작됐다.

단테(1265~1321)

페트라르카(1304~1374)

그 무렵 나폴리는 문화의 중심지인 동시에 생기에 넘친 왕국이었다. 보카치오는 그곳의 문화와 정서적인 삶에 빠져들었으며, 문학에 대한 열정 때문에 상업 공부를 포기할 수밖에 없었다. 그는 왕립 도서관 사서인 파올로 다 페루자와 친분 관계를 맺고 그의 가르침을 받아 문학 공부에만 전념했다. 그러던 중 드디어 아버지에게 가서 문학에 대한 자기의 뜻을 말하자 아버지는 조건부로 승낙했다. 문학을 공부하기 위해 상업을 포기하는 것은 좋으나 그 대신 교회법(敎會法)을 배우라는 조건이었다. 보카치오는 이때부터 법률 공부를 시작했다. 법률 공부를 하려면 자연히 라틴어를 완전히 습득해야만 했다. 그런데 라틴어를 공부하면 할수록 문학에 끌려 결국 완전히 문학으로 돌아섰다.

베르길리우스의 《아이네이스》·스타티우스의 《테베 원정 이야기》 등의 작품과 그리스 신화를 본격적으로 연구하면서, 보카치오는 타고난 창작력을 발휘하여 주옥 같은 시를 쓰기 시작했다. 그는 문학 활동을 본격적으로 펼치면서 나폴리 귀족 사회에 드나들게 되었다. 게다가 제노바 출신의 천문학자 안달로 네 델 네그로와 칼라브리아의 신부인 바를라암(Barlaam)에게서 그리스어 문학을 배웠기에, 고전 문학에 대한 해박한 지식을 갖고 있어 앙주(Anjou) 왕가로부터 총애를 받았다. 그는 로베르토 당조(Roberto d'Angiò, 앙주 카페 왕조 출신의 나폴리 왕국의 왕) 딸인 마리아(사생아라는 설이 있으나 정확하지 않음)와 어느 날 성당에서 만나 그녀에게 사랑을 느꼈다. 아름다운 글을 쓰며 문학에 대하여 조예가 깊어 마리아의 마음을 끌 수 있었으나, 바람기가 다분했던 그녀는 보카치오의 마음을 괴롭히기 일쑤였다.

보카치오는 그녀와의 사랑을 곧잘 시로 표현하곤 했다. 그의 문학 속에 나타나는 인물은 피암메타라는 이름을 가진 여인이며, 이 여인은 곧 마리아의 분신으로서 보카치오의 뮤즈라고 볼 수 있다. 마리아(피암메타)는 드디어 보카치오를 버리게 되며, 그 뒤 얼마 안 가서 세상을 떠난다. 베아트리체를 잃은 단테와 마찬가지로 보카치오도 그녀의 죽음을 깊이 애도하며, 연인을 잃은 찢어질 듯한 심정을 시와 소설 속에 표현한다.

1340년 끝 무렵 보카치오는 슬픈 소식을 들었다. 그가 이미 확고부동한 시인으로서 각광을 받고 있을 즈음에, 나폴리의 바르디 가문의 은행이 파산하여, 그 은행과 깊은 연관을 맺고 있던 보카치오의 아버지도 자연히 망하게 된다. 이리하여 그는 아버지로부터 피렌체로 돌아오라는 명령을 받았다. 제2의 고향이며 젊음의 보금자리였던 아름다운 도시 나폴리를 떠나야 한다는 것이 그에겐 너무나 충격적인 일이었다. 그리하여 새로운 환경에 적응하지 못하고 마냥 나폴리에 대한 향수에 사로잡히게 되었다. 이때부터 그는 방황하기 시작하여 라벤나, 포를리 등을 돌아다니다 결국엔 또다시 나폴리에 이르렀다.

1349년 아버지가 죽자 곧 피렌체로 돌아왔다. 페스트가 유행하여 피렌체 전역을 휩쓸 무렵이었다. 이때를 전후하여 그의 명성은 차츰차츰 알려져 위대한 시인 페트라르카도 만나게 되고, 그의 주선으로 비교적 안정된 생활을 하게 된다. 《데카메론》은 이 시기의 작품이다.

그는 여러 도시 국가에 외교관으로 나가기도 했으나, 타고난 재주인 문필 작업을 버릴 수는 없었다. 그러나 최고의 인문주의자이며 시인인 동시에 윤리가(倫理家)인 페트라르카를 만난 뒤, 이제까지의 방탕한 생활을 깊이 반성하며 신(神)을 의식하게 되었다. 이 세상에서의 삶이란 항상 헛된 것이란 생각을 갖게 되었던 것이다. 그가 새로운 삶의 길에 들어서도록 직접적인 충고를 준 사람은 페로니라는 사제였는데(1362), 이 사람의 충고는 너무나도 과격하여 보카치오로 하여금 비종교적인 모든 작품을 불태우도록 종용할 정도였다. 만일 페트라르카가 개입하지 않았다면 오늘날 우리가 읽을 수 있는《데카메론》도 그 무렵 사라졌을지 모른다.

페트라르카는 보카치오에게 보낸 편지에서, 속세적인 학문과 그리스도교적인 의식은 별개 문제이며 이들 양자 사이엔 결코 갈등이 존재하지 않는다고 썼다. 이 편지를 받고 난 보카치오는 비록 그리스도교적인 사관에 심취하고 종교적인 삶의 방식에 젖어 있었다 하더라도 자기 작품을 불태우는 어리석은 일을 저지르지는 않았다. 그러나 정신적

《데카메론》 머리말 부분

인 갈등이 심하여 창작 생활을 포기하고 고전 연구와 철학에 헌신했다. 1362년 조반나(Giovanna) 공주의 초청을 받아 나폴리에 다시 갔으나, 기대했던 것과는 달리 너무나 초라한 대접을 받고는 6개월도 못 되어 떠나게 되었다. 그 다음 해에 페트라르카의 초청을 받아 베네치아에서 오랫동안 안정된 생활을 하면서 그와 깊은 우정을 나누게 되었다.

1370년경에 나폴리를 다시 방문하고, 곧 고향인 체르탈도에 가서 머물다 피렌체 영주의 초청으로 성 스테파노 디 바디아 성당에서 단테의《신곡》에 대한 강의를 하게 되었다. 그러나 도중에 건강이 악화되어 체르탈도로 다시 돌아가 1375년 12월 21일 세상을 떠났다.

젊은 시절의 작품

그가 젊었을 때 남긴 작품들은 모두가 나폴리에서 살던 시절(1334~1340)에 썼던 것들로서《디아나의 사냥 Caccia di Diana》,《필로콜로 Filocolo》,《필로스트라토 Filostrato》,《테세이다 Teseida》, 그리고 많은 시들이 포함된다. "철학, 정치, 윤리 등의 요소가 풍부한 페트라르카와는 달리, 그는 이들 작품들을 통

하여 전적으로 시적이며 예술적인 성격을 나타내고 있다"고 나탈리노 사페뇨(Natalino Sapegno) 교수는 지적하고 있다. 모든 작품들의 형식은 다르나, 근본적으로 일맥상통하는 사실성을 내용으로 하며, 훗날 《데카메론》 속에 이것이 반영되고 있는 느낌을 준다.

《디아나의 사냥》은 삼연체(三連體) 시로, 여신의 인도 아래 벌어지는 사냥 대회를 담고 있다. 이 시는 사실주의적 신화주의의 구조 아래 전개되는 여러 장면에서 나폴리 귀족 사회의 여인들 모습을 적나라하게 묘사한다.

그의 시들은 앞에서 밝힌 바와 같이, 사랑하는 피암메타라는 여성과 얽힌 감정을 소네트, 칸초네, 발라드, 마드리갈 형식을 빌려 표현한 작품들이다. 아리스토텔레스의 《시학 Poetica》에서 볼 수 있듯이, 최초의 시작 활동은 모방이라고 하지 않는가? 보카치오도 시를 쓸 때 단테, 페트라르카, 귀니첼리 등의 청신체(淸新體) 시파(Dolce stil nuovo)의 작품들을 많이 모방했다. 그러나 보카치오의 작품은 그들의 작품과는 애정관이 다르며, 시 속에 대중성과 음악성을 삽입하여 독특한 맛을 풍긴다.

《필로콜로》는 피암메타를 위하여 1336년경에 쓴, 플로리오(Florio)와 비앙코피오레(Biancofiore)의 이야기를 담은 모험 소설이다. 필로콜로란 필로코포의 뜻으로서 '사랑에 지쳐'라는 의미를 지니고 있다. 줄거리를 간단히 소개한다.

플로리오와 비앙코피오레는 어렸을 때부터 함께 자라나 이제 서로 사랑하는 사이가 된다. 사내아이는 스페인의 펠리체 왕의 아들이며 소녀는 로마의 스키피오 가문의 후손인데, 그녀가 왕권에 도전한다는 혐의를 받고 형벌을 받는다. 플로리오는 교묘한 술책을 써서 그녀를 구하여 도망하게 해주었는데, 소녀가 죽었다느니 혹은 다른 사람을 사랑했었다느니 하는 소문이 나돌게 되자 플로리오는 화가 난다.

그러던 어느 날 꿈속에 나타난 소녀가, 당신을 사랑하지만 바빌로니아에 노예로 팔려 갔다고 얘기를 해주게 된다. 플로리오는 필로콜록이라는 가명으로 그녀를 찾아 길을 나선다. 나폴리, 시칠리아, 로데스를 거쳐 알렉산드리아에 이르러 그녀가 바빌로니아 궁정에 노예로 들어가기 전에 탑 속에 갇혀 있다는 것을 알게 된다. 그는 몰래 접근하여 그녀와 만나 서로 껴

안은 채 이제껏 겪었던 고통을
잊게 되지만, 이들은 발각되어
중형에 처해진다. 그들이 헤어
날 길 없이 실의에 차 있을 때,
사랑과 미(美)의 여신 베누스
가 나타나 그들을 구해 준다.
이때, 이제껏 비밀 속에 싸여
있던 사실도 아울러 밝혀진다.
즉 플로리오는 소녀의 조카이
며, 소녀도 고귀한 집안의 딸
이라는 사실이다. 이들은 다시
로마로 돌아와, 그들과 그들의
가족이 그리스도교 신자가 된
뒤 결혼식을 올리게 된다.

▲산타 마리아 노벨라 성당
보카치오 및 《데카메론》은 르네상스 시대 상업 도시이
자 예술의 도시였던 피렌체와 밀접하게 관련되어 있다.
이야기의 시작점으로 설정된 피렌체의 이 성당은 지금
도 아름다운 모습으로 많은 시민들을 불러모으고 있다.

▼삶의 기쁨을 누리는 남녀 열 사람
노벨라 성당에서 만난 귀부인 일곱과 귀공자 셋이 별장
에 모여서 이야기를 나누고 있는 장면. 1492년 간행된
《데카메론》 '머리말'에 실린 그림.

이 소설의 이야기는 그 무렵
유럽에 널리 유행하던 것인데,
보카치오가 대중들이 읽을 수
있도록 산문으로 썼다. 《필로콜
로》는 아직 중세의 수사학을 벗
어나지 못했을뿐더러 고전 작
품에서 많은 표현을 모방했지만
내용이 아주 달라졌다는 것을 알 수 있다. 이 소설에서 우리는 꿈의 이야기를
듣게 된다. 최초의 심리 소설이라고 평가할 수 있는 요소라 하겠다. 피암메타
와 보카치오의 사랑에 얽힌 극히 자전적(自傳的)인 점을 허구화시키는 데 성
공했으며, 특히 사랑의 장면 같은 것은 현대 소설이 무색할 정도로 사실적인
수법을 써서 표현했다는 점이 주목된다.

《필로스트라토》는 이탈리아 문학사에 나오는 최초의 서술체 8행시로서 모
두 9곡(曲)으로 되어 있다.

브누아 드 생모르(Benoît de Sainte-Maure)의 《트로이 이야기 Roman de Troie》를 변형시킨, 일종의 트로이 역사에서 주제를 따왔다. 여자 주인공 프리세이다는 곧 피암메타의 분신으로서 그녀의 바람기 가득한 내면을 심리적으로 분석했다. 보카치오는 여주인공을 바람결의 종잇장으로 비유하고 있다. 이 장시는 폴리치아노(Poliziano) 등 많은 모방자들의 작품을 낳게 했다.

《테세이다》이 작품도 역시 8행으로 된 장시이다. 《아이네이스》와 《테베 원정 이야기》의 형태를 모방하여 1339~1340년 사이에 썼다. 그러나 그는 베르길리우스나 스타티우스 등과 같은 서사시인적인 성격을 갖고 있지 않았다. 비록 역사적인 사건에서 소재를 발굴해 왔다 하더라도 그의 시는 어디까지나 신화적 성격을 띠고 있을 뿐 서사성은 없다는 의미다.

피렌체에 돌아와 쓴 작품

나폴리에서 청년 시절을 보내며 썼던 보카치오의 초기 작품들을 살펴보면 자전적인 요소를, 심리 분석적 방법을 써서 소설화 및 시화시켰다는 것을 알 수 있다. 또 그는 중세성을 벗어나 오히려 고전 작품으로 돌아가 거기서 자기 작품의 전형을 찾았다는 것도 지적할 수 있는 중요한 사실이다. 한 가지 재미있는 것은, 비록 고전 작품을 전형으로 여겼지만, 고전에서 나오는 병사나 장군이 아니라 중세적인 기사가 주인공으로 나타난다는 점일 것이다. 이것은 피암메타라는 여인을 더욱 사로잡기 위한 속셈으로 풀이될 수 있는 성질이다. 즉 장군이나 병사들의 용맹담을 미화시키는 것보다는, 여인을 위하여 생명을 바칠 수 있는 정신을 가진 기사들의 모습을 그리는 것이 효과적이라는 판단에서 나온 의도적인 일이라고 볼 수 있다.

이미 말했듯이 이러한 작품들은 대개가 자전적 요소를 지니고 있다. 나폴리에서 피렌체로 돌아와 썼던 작품들의 소재도 그와 비슷한 것이다. 그러나 이 작품들 속엔 과거의 아름다웠던 시절을 회상하고 그리워하는 마음이 더욱 엉기어 있음을 알 수 있다. 사실 그 무렵 보카치오의 생활은 암담하기 그지없었다. 화려했던 지난날을 회상하며 눈물을 흘리는, 그런 생활의 주인공이었다. 단테의 《신곡》에 유명한 구절이 있다.

영화 〈보카치오〉(1962)
F. 펠리니 감독이 《데카메론》을 현대판으로 제작한 영화. 제2화 '유혹'의 한 장면. 이탈리아인의 열정적이고도 치밀한 성격, 수다스러움, 활기찬 에너지, 기묘한 여성 숭배 등을 체현해 냈다.

······불행 속에서
행복한 시절을 회상하는 것보다
더 큰 고통은 없다······

그렇다. 보카치오는 바로 이와 같은 처지에 놓여 있었다. 따라서 이 시기의 작품은 더욱 철학적이며, 윤리적이고 종교적인 성격을 띠고 있다. 사랑이라는 것도 결국엔 덕으로 정화(淨化)되어 신의 뜻에 부합해야만 가치가 있다고 보게 된다. 육감적인 소재를 다루어도 윤리를 강하게 의식하며 결국에는 도덕적인 요소를 갈파(喝破)하는 인상을 준다.

《아메토의 요정 Ninfale d′Ameto》, 《사랑의 환영(幻影) Amorosa visione》, 《피암메타 부인의 애가(哀歌) Elegia di Madonna Fiammetta》, 《피에솔레의 요정 Ninfale fiesolano》 등이 이 시기의 작품들이다.

《아메토의 요정》은 1341~1342년에 쓴 은유적 소설로, 사냥꾼 아메토와 요정 리아와의 사랑에 얽힌 이야기로 되어 있다. 19개의 노래가 섞인 산문체인데, 아직 그의 특유한 정립된 문체가 아니라 다분히 고전 작품을 모방한 냄새가 나는 표현법과 문체가 점철되어 있다. 그러나 여기 나오는 요정의 이야기 등은 훗날의 명작 《데카메론》 속에 정화되어 나타나고 있을 만큼 좋은 소재라고 볼 수 있다.

《사랑의 환영(幻影)》은 불안한 생활로 말미암은 정신적 갈등에서 나온 작품이기에 도덕적 은유가 짙게 깔려 있다. 단테의 영감이 깃든 삼연체 시로서 50곡으로 이루어졌다. 이 시는 피암메타에게 증정되어 있다. 그녀를 이상화시킬 목적에서 쓴 작품이긴 해도 시대적으론 뒷걸음질하는 느낌을 주는 작품이다. 즉 단테나 귀니첼리가 그들의 여인을 성스럽게 하고 이상화시킨 것에 비해, 보카치오가 이 작품에서 그와 같은 수법을 쓴 것은 시대적으로 놀랄 만큼 뒤졌다는 비평을 받을 만하다. 피암메타의 이상화 작업은 은유를 즐겨 사용했지만 단테가 《신곡》에서 한 것에 비하면 초라하며, 윤리적인 의도 아래 구성된 그 내용도 빈약하다.

《피암메타 부인의 애가(哀歌)》는 산문으로 된 소설인데, 《사랑의 환영》에서 미흡하다고 생각되는 점들이 완전히 제거된 격조 높은 작품이다. 피암메타가 자기의 연인, 판필로(보카치오)와의 사랑에 관한 이야기를 일인칭 수법으로 전개해 나가고 있다. 이 소설 속의 이야기는 실제의 작자와 연인과의 관계와는 달리, 남자가 여자를 버리고 달아나 슬픔을 그녀에게 안겨 주게 된다.

《피에솔레의 요정》은 8연체로 된 전원시이다. 피렌체 시기에 남긴 작품 가운데에서 가장 성공한 작품으로 평가되고 있다. 보카치오는 아프리코라는 목동과 멘솔라라는 요정과의 사랑 이야기를 피렌체와 피에솔레의 발생에 얽힌 신화적인 전설에 부합되도록 꾸몄다. 줄거리를 간단히 소개한다.

어느 조그만 숲속에서 아프리코는 달의 여신 디아나와 그의 요정들을 쳐다보고 있다. 그들은 피에솔레의 언덕에서 사냥을 즐기는 중이다. 아프리코가 그들을 보다가 깜박 잠이 든 사이에 베누스가 꿈속에 나타나, 그로 하여금 요정들 가운데 가장 아름다운 멘솔라에게 접근하도록 일러 준다. 잠을 깬 아프리코는 꿈속에서 들은 바대로 하나, 소녀는 놀라 도망간다. 그는 눈물을 흘리며 그녀를 찾아 나선다. 아무리 헤매어도 그녀는 없고, 그의 슬픔은 비탄으로 변해 간다. 베누스가 다시 나타나 그로 하여금 요정으로 분장하라고 암시한다. 아프리코는 그대로 하고 다시 멘솔라를 찾아 나서서 성공한다. 그리하여 예전의 고통은 사라지고 멘솔라와 즐거운 사랑의 대화를 나누게 된다. 그러나 그녀는 몸을 허락한 것을 후회하며 디아나가 격노하지나 않을까 두려워 달아난다. 그녀는 홀로 외롭게 지내면서도 아프

리코에 대한 사랑을 버리지 못
한다. 그녀를 기다리고 기다리
던 아프리코는 결국 그녀가 자
기를 버렸으리라 믿고서 강물
속으로 뛰어든다. 한편 멘솔라
가 어린아이를 물로 바꾸어 버
린다. 이리하여 두 연인은 같은
물속에서 만나게 된다.

아프리코는 보카치오 자신을
상징적으로 나타내고 있다. 그는
피암메타를 자기 곁에서 달아나
지 못하게 하려고 이와 같은 시
를 꾸며 그때마다 그녀에게 읽
어 주었다. 시적인 환상과 감정의
처리는 말할 것도 없고, 장면마
다의 사실적인 묘사가 일품이다.
이 작품에 이르러 보카치오 특

선정성 강조 보카치오는 인간의 행동에 큰 영향을 미
치는 강력한 성(性)의 힘을 노래했다. 성직자가 엄청난
죄를 저지른다는 내용의 이야기들도 실은 그들의 어리
석음을 비판하는 것이라기보다는, 그 욕구가 도저히
거부하기 힘든 '자연의 섭리'임을 밝히는 것이었다. 그
러나 《데카메론》은 흔히 호색문학으로 간주되는 경향
이 있었고, 특히 삽화를 통해서 그런 선정성이 강조되
곤 했다. 위는 《데카메론》 '첫째 날 넷째 이야기' 삽화.

유의 언어 문체가 정립되었다는 것을 알 수 있다.

《데카메론》에 대하여

보카치오는 단테의 명작 《Commedia》를 가리켜 《Divina Commedia》 즉 《신
곡(神曲)》이라고 불렀다. 막연히 희극이라는 제목을 붙인 것으로서는 이 위대
한 작품을 너무 과소평가한다고 보았기 때문이다. 그러니까 인간으로서는 도
저히 미칠 수 없는 경지에 도달한 작품이기에 '신성한(Divina)'이라는 형용사를
붙여 주어야 된다고 했다. 그가 세상을 떠나고 어느덧 5세기가 지났을 때, 데
상크티스(Francesco De Sanctis)라는 위대한 문학자가 이탈리아에 나타나 "이것은
《데카메론 인곡(人曲), 즉 Umana Commedia라 해야 할 것이다"라고 썼다. 이
말은 보카치오의 《데카메론》도 단테의 《신곡》 못지않게 훌륭한 작품으로 평

가한 것이라고 풀이할 수 있다.

사실 《데카메론》은 이탈리아뿐만이 아니라 전 유럽에서 가장 먼저 산문으로 된 최고의 문체를 구사한 소설이다. 세계 문학 역사상 이 작품만큼 모방, 변형, 표절을 당한 작품은 찾아보기 어렵다.

《데카메론》이 가톨릭적 윤리관에 어긋난 작품이라 해서 한때 소외된 적이 있으나, 이른바 사실주의 문학관이 대두됨에 따라 이 작품에 대한 재평가 작업이 활발해졌다.

1349년경에 쓰기 시작해 1353년에 끝낸 이 《데카메론》은 10일 동안에 펼쳐지는 이야기 모임에서 나온 100가지 이야기와 10편의 발라드로 구성되어 있다. 제목이 암시하는 바는 '10일의'라는 것인데 이것은 그리스어에서 연유한 것이다. 비록 서로서로가 독립된 작품들이긴 해도 일정한 규격 속에 질서 정연하게 분류된 단편 소설들이다.

1348년 무렵 페스트가 피렌체를 휩쓸어 수많은 사람들이 죽었다. 이러한 역사적인 재난이 이 작품의 배경에 깔려 있다. 즉 폐허가 되어 가는 피렌체, 살아남은 사람들은 꽃의 도시라고 불리는 아름답기 그지없는 이 피렌체를 버리고 멀리 피신한다. 황량한 분위기, 시체가 여기저기에 뒹구는 무시무시한 상황 속에 작은 도시의 어느 성당에서 일곱 명의 귀부인들이 우연히 만나게 된다. 그들은 살아날 궁리를 모색하던 끝에 피난을 가기로 의견을 모은다. 팜피네아, 필로메나, 네이필레, 피암메타, 엘리사, 라우레타, 에밀리아라 부르는 여인들이다. 여자들만 피난을 떠나기에는 어려운 점이 많았기 때문에 남자들과 함께 가자는 의견이 나와 모두에게 환영을 받는다. 그들이 의논을 하고 있는데 마침 남자 셋이 성당에 들어온다. 그들은 필로스트라토, 판필로, 디오네오라는 아름다운 청년들이다. 여자들로부터 설명을 듣고 난 청년들은 즉시 찬성한다. 이들 열 명의 젊은 남녀들은 한 집단이 되어 피렌체 교외에 있는 피에솔레 언덕으로 향한다.

그들은 피에솔레 언덕에 있는 큰 별장에 여장(旅裝)을 풀고 드디어 안도의 숨을 돌린다. 무료한 시간을 어떻게 메꿀지 몰라 고민하다가 마침내 열 사람이 차례대로 하루에 한 편씩 이야기를 하자고 의견을 모은다. 이렇게 해서 열흘 동안에 모두 100편의 이야기가 나오는 셈이다. 그들은 2주일 동안 그곳에

《데카메론》'다섯째 날의 열째 이야기'와 '열째 날의 넷째 이야기' 삽화

머문다. 그러나 그리스도의 수난일인 금요일과, 토요일에는 휴식만 취하기로
되어 있기에 그들이 이야기를 하는 날은 열흘이다. 열 사람이 모두 이야기를
끝내면 밤이 된다. 그들은 빙 둘러앉아 노래도 부르고 춤도 춘다. 이때 부르
는 발라드가 매일 한 편씩 있으므로 《데카메론》에는 100편의 이야기와 10편
의 발라드가 담겨 있다. 이 100편의 이야기 속에는 사회의 각계각층의 인물
들을 비유적으로 풍자하고 있기에 그 무렵의 시대상이 적나라하게 드러난다.

　첫째 날과 아홉째 날의 주제는 자유이고, 둘째 날에는 많은 갈등과 고뇌
를 겪고 나서 행복한 끝을 맺게 되는 사람들의 이야기, 셋째 날엔 갈망하던
것을 획득하는 사람들의 이야기, 넷째 날에는 불행한 결말을 맞는 사람들의
사랑 이야기, 다섯째 날에는 넷째 날과는 반대로 행복한 사랑의 결실을 맺는
사람들의 이야기, 여섯째 날에는 재치를 이용하여 교묘한 응답을 하면서 위
기에서 벗어나는 사람들의 이야기, 일곱째 날과 여덟째 날의 주제는 부부간
이나 남녀 사이에 서로 속고 속이는 이야기, 마지막 날에는 고상하고 관대한
주제나 영혼의 위대성에 관한 이야기를 한다. 이 가운데 가장 우수한 것은
셋째와 일곱째 날의 이야기로서, 각각 네이필레와 디오네오의 주재 아래 진
행된다.

100편의 소설을 읽으면서 독자는 보카치오의 무한한 상상력에 경악을 금치 못할 것이다. 하지만 이 모든 이야기들은 완전한 의미에서 보카치오가 다 창작한 것은 아니다. 전설처럼 떠돌아다니는 이야기들과 13세기에 이탈리아 중부 지방에 떠돌던 이야기들, 심지어는 작가 자신이 이전에 썼던 소설 등에서 유래한 것들이 매우 많다. 그러나 이 모든 이야기들이 질서 있게 분류된 사실은 흥미로운 일이다. 작가의 정신에서 우러나오는 예술론에 입각된 통일성과 인간의 지성이 표현할 수 있는 한계성을 초월한 인상을 주는 표현의 우월성이 지적되어야 하겠다.

차례로 이야기를 하는 열 명의 주인공들은 공동체의 일원으로 단체 의식이 아주 강하다. 페스트란 공동의 적을 피하여 그들 자신의 안녕을 찾기 위한 정신에서 너 나 할 것 없이 서로를 위해 주는 입장이다.

보카치오가 페스트를 작품의 첫머리에 소개하는 것은 퍽 흥미 있는 일이다. 성경에 나오는 소돔과 고모라의 이야기를 우리는 잘 알고 있다. 너무나 음란했던 이 도시들이 신의 벌을 받아 멸망하지 않았는가! 1384년에 피렌체를 휩쓸었던 이 페스트도 신의 노여움에서 야기된 일이라는 것이다. 그 무렵 피렌체는 유럽의 경제권을 쥐고 있었으며, 가장 호사스런 생활의 중심지였다. 그러나 도덕적으로는 너무나 타락해 있었다. 일반 시민은 두말할 필요가 없고 성직자들마저 음란하고 방탕한 삶을 살아가고 있었다. 도덕도 땅에 떨어졌었다. 이러한 상황에서 보카치오는 일종의 고발정신을 내세워 《데카메론》을 쓰기로 작정했다.

'페스트'를 상징적으로 해석하는 경향은 점점 더 고조되어 심지어는 러시아의 포멀리즘(형식주의)이나 구조주의 문학자들까지 이 문제에 열을 올리고 있다. 부패한 도시 피렌체에 내리는 신의 벌이라는 것이다. 옳은 말이다. 보카치오 자신이 이 작품의 머리말에 밝히고 있는 바와 같이, 신의 뜻을 모독한 사람들이 받아야 할 당연한 벌이 곧 페스트로 나타났다는 이론이다. 앞에서도 말했듯이, 그 무렵 이 사회는 소돔과 고모라의 사회와 마찬가지였다. 작가 자신도 감미로운 애정 행각에 빠져 청년 시절을 보냈고, 상인, 노동자, 성직자, 정치인, 귀부인, 평민 등등 모두가 음란한 생활을 했다. 이와 같은 비윤리적 생활관 이면에 도사리고 있는 것은 사회악을 불러일으키는 그릇된 정치관,

〈나스타지오 델리 오네스티의 이야기〉 많은 화가들이 《데카메론》에 나오는 이야기를 제재로 삼았는데, 그중에서도 가장 유명한 것은 '다섯째 날 여덟째 이야기'를 묘사한 보티첼리의 이 작품이다. 남자의 간절한 구애를 뿌리쳐 버린 무정한 처녀가 개한테 물리고 있다(사진 중앙). 이것은 그녀에게 닥쳐오는 냉혹한 운명을 암시한다.

종교관(특히 그 시대에는 종교의 힘이 매우 컸으므로)이라고 말할 수 있다. 비록 단테나 페트라르카처럼 정치에 깊이 관여한 사실은 없었으나 그도 그 영향을 극심하게 받았다. 외교 사절로 여러 곳에 파견되는 등 때로는 정치적으로 힘을 가진 사람들의 비호를 받아야 했다. 교회와 행정부는 항상 견원지간이나 다름없이 싸움을 그치지 않았다. 정치적, 정신적 지주였던 가톨릭교도 제구실을 못하고 있었다.

　이러한 사회상이 곧 《데카메론》 속에 잘 반영되어 있다. 그러므로 오늘날 그의 작품을 사실주의적 관점에서 평가하고 있는 것이다. 문학을 사회의 반영으로 보았을 때 거론될 수 있는 문제라 할 수 있다. 그러나 그는 작품 속에 소개되는 모든 인물들이나 사건들을 독특한 목적의식 아래 다루는 것이 아니라 신랄한 풍자와 재치 있는 유머로 독자의 의식 속에 심어 나간다.

　젊은 시절의 작품에서 볼 수 있는 자서전적 요소는 찾을 수 없다. 그가 연인 피암메타를 의식하며 썼던 작품들의 성격은 《데카메론》에 나타나지 않고 단지 그 작품들 속에 삽입했다가 끌어내는 정도에서 그친다. 다시 말해서 초기 작품 속에서는 관능과 이상만을 추구했는데, 이 작품에서 그는 관능과 이성을 대조시키며 또한 이상과 현실의 대치점을 중요시하고 있다. 주된 주제의 폭이 그만큼 넓어졌다는 의미가 되겠다.

100편의 이야기 속에 흐르는 단일성과 또 그것으로 인해 작가가 우리에게 나타내고자 했던 의도는 무엇일까? 무엇보다도 삶에 대한 애착심을 들어야 하겠다. 삶을 영위하는 인간이 존재하는 한, 삶을 사랑해야 하며 그 삶을 도덕적으로나 종교적인 관점에서 정상적인 것이 되도록 노력해야 한다는 것이다. 또한 인생이란 사랑, 지성, 친절, 모험, 영웅심과 직결되어 있고, 따라서 이 모든 것은 운명의 손아귀에 달려 있다고 보았다. 이른바 운명론자의 관점을 취하고 있다. 이 점에 있어서 단테의 운명론(〈지옥편〉 8곡)을 떠올릴 수 있다. 무리한 마음으로 인생을 성급히 서둘러 봤자 소용없다는 것이다.

일반적으로 숙명론자는 비관론에 빠질 수가 있으나 때로는 그 반대일 수도 있다. 보카치오는 이 후자에 속한다고 말할 수 있는데, 왜냐하면 그는 인생—현실적인 인생—을 현상 그대로 받아들이는 견해를 고수하기 때문이다.

작품 속에 들어 있는 이러한 점을 미처 깨닫지 못하고 그를 외설적인 작가로 단정해 버리는 사람도 적지 않다. 비록 《데카메론》 속에 성적인 문제가 자주 나온다 해도, 그것은 어디까지나 단순히 쾌락을 위한 것이 아니라 부정적인 요소를 내세워 긍정적인 점을 가장 생생한 현실로 만들고자 한 것이다. 이탈리아 문학자 사페뇨 교수도 보카치오의 애정관을 고귀한 열정(una passione nobile)으로 표현하고 있다.

《데카메론》 이후에 나온 소설 《코르바치오 Corbaccio》는 보카치오의 마지막 걸작인데, 이 작품이 담고 있는 문제의식은 《데카메론》과 큰 차이가 없다. 섬세한 문제를 개발하여 이 두 작품 속에 소개한 그의 업적은 놀랄 만하다.

보카치오 연보

1313년   피렌체 부근의 체르탈도에서 보카치오 디 켈리노와 프랑스 여성 잔 사이에 조반니 보카치오, 태어나다. 이후 유년 시절을 파리에서 보낸 것으로 알려져 있으나, 부모와 집안에 대해서는 정확히 밝혀진 바 없다.

1319년(6세)   어머니, 세상을 떠나다. 보카치오는 피렌체의 아버지에게 돌아와 조반니 다 스트라다에게서 라틴어 문법을 배우다. 이 무렵부터 시를 쓰기 시작하다.

1325년(12세)   나폴리에 있는 바르디 상회(商會)에서 근무하다. 이곳은 아버지의 거래처로, 아버지는 그에게 상술을 습득케 하여 가업을 잇도록 할 계획을 세우다. 이후 왕립 도서관 사서인 파올로 다 페루자의 가르침을 받아 문학 공부에 열중하다. 나폴리의 활발한 문명과 예술에 매혹되어 문학열을 더욱 크게 자극받다. 상업을 포기하고 문학을 하겠다고 아버지에게 간청한 결과, 교회법을 전공해야 한다는 조건부로 승낙을 받다. 그러나 법률을 공부함에 있어 필수적인 라틴어를 하면 할수록 문학에 매혹되어 아예 문학으로 완전히 돌아서다.

1336년(23세)   부활제 전야에 로베르토 왕의 사생아라고 알려진 마리아를 만나 사랑을 느끼다. 단테가 '베아트리체'를 만난 것처럼 마리아와의 만남은 보카치오의 인생에 중요한 의미가 되다. 보카치오는《필로콜로》를 마리아의 권유에 의해 쓰다.

1338년(25세)   《필로스트라토》,《디아나의 사냥》을 쓰다.

1340년(27세)   아버지의 사업 실패로 나폴리에서 피렌체로 돌아오다.《테세이다》를 쓰다.

1342년(29세) 《아메토의 요정》, 《사랑의 환영(幻影)》, 《피암메타 부인의 애가(哀歌)》, 《피에솔레의 요정》을 쓰다. 스물세 살 때부터 사랑을 느낀 마리아를 그는 '피암메타'라는 이름으로 작품에서 구원의 여인으로 삼다.

1348년(35세) 페스트가 번져 피렌체에서 많은 사람이 죽다. 《데카메론》 발단의 한 동기가 되다.

1349년(36세) 아버지가 세상을 떠나다. 피렌체 공화 정부로부터 외교관으로 임명받아 로마 교황을 비롯하여 여러 나라의 황제, 제후들을 만나게 되다.

1353년(40세) 《데카메론》을 완성하다.

1354년(41세) 여인에 대한 풍자시 《코르바치오》를 쓰다. 이 작품은 그의 만년을 정리하는 걸작으로 평가되다.

1359년(46세) 아홉 살 손위인 페트라르카와 밀라노에서 만나 친교를 맺다. 《명사 열전》을 발표하다.

1360년(47세) 《이교신(異敎神)들의 계보》를 발표하다.

1363년(50세) 페트라르카의 초청을 받아 이후 베네치아에서 오랫동안 머무르며 안정된 생활을 하다.

1364년(51세) 《단테의 삶》을 완성하다.

1370년(57세) 피렌체 영주의 초청을 받아, 피렌체에 있는 성 스테파노 디 바디아 성당에서 단테의 《신곡》을 강의하다.

1375년(62세) 고향 체르탈도에서 12월 21일 세상을 떠나다.

한형곤

한국외국어대학교 이탈리아어과 및 한국외국어대학교 대학원 영문과 졸업. 이탈리아
로마대학교에서 이탈리아문학 전공, 문학박사학위 수여. 한국외국어대학교 이탈리아어
과 교수 및 기획조정처장·부총장 역임. 미국 델라웨어대학교 교환교수 역임. 한국펜클럽
문학상 수상, 이탈리아자유작가연맹 문학상 수상, 이탈리아정부 문화훈장 기사장 등을
받음. 지은책에 《이탈리아문학의 이해》《문예사조》《비교문학》 등, 옮긴책에 몬탈레스의
《몬탈레선집》, 단테의 《신곡》, 아우렐리우스의 《명상록》 등이 있음.

Giovanni Boccaccio
DECAMERON
데카메론
조반니 보카치오 지음/한형곤 옮김
1판 1쇄 발행/1975. 10. 1
2판 1쇄 발행/2007. 10. 1
2판 6쇄 발행/2022. 6. 1
발행인 고윤주
발행처 동서문화사
창업 1956. 12. 12. 등록 16-3799
서울 중구 마른내로 144(쌍림동)
☎ 546-0331~2 Fax. 545-0331
www.dongsuhbook.com
＊

사업자등록번호 211-87-75330
ISBN 978-89-497-0432-6 04080
ISBN 978-89-497-0382-4 (세트)